HISTOIRE DE LA TRANSYLVANIE

HISTOIRE DE LA

TRANSYLVANIE

par

Gábor Barta, István Bóna, Béla Köpeczi,
†László Makkai, Ambrus Miskolczy, †András Mócsy,
Katalin Péter, Zoltán Szász, Endre Tóth,
†Zsolt Trócsányi, Ágnes R. Várkonyi, Gábor Vékony

Sous la direction de

Béla Köpeczi

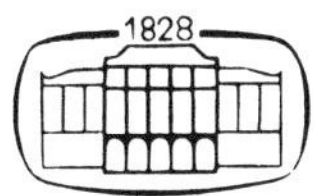

AKADÉMIAI KIADÓ, BUDAPEST

Traduit du hongrois d'après:

Erdély rövid története, Akadémiai Kiadó, Budapest 1989

Traducteurs

László Csejdy, Anna Gortvai, István Merán, Gábor Pap,
László Sujtó, Imre Szabics, Éva R. Szilágyi

Traduction revue par

Michel Soignet

Nous remercions

M. Jean Bérenger

de ses précieux conseils.

ISBN 963 05 5901 3

Akadémiai Kiadó és Nyomda Vállalat, Budapest

Printed in Hungary

Avant-propos

La région au passé riche et mouvementé que les Hongrois appellent Erdély, les Allemands Siebenbürgen et les Roumains Ardeal ou Transilvania s'étend au nord-ouest de l'arc des Carpates orientales et fait partie aujourd'hui de la République de Roumanie. Dans son acception actuelle ce terme comprend en fait, outre la Transylvanie historique telle qu'elle était officiellement définie depuis le Moyen Age jusqu'en 1918, aussi des territoires d'une étendue presque aussi grande, qui longent la Grande Plaine hongroise. Depuis de longs siècles on voit cohabiter sur ces territoires des Roumains, des Hongrois, des Saxons et d'autres ethnies moins nombreuses et, de ce fait, la Transylvanie tient une place spéciale dans l'Europe du point de vue à la fois linguistique, confessionnel et culturel. Elle a appartenu, au cours de son histoire, à différentes formations politiques: partiellement occupée par le royaume des Daces, elle sera province de l'Empire romain, puis un carrefour des peuples nomades en migration; ensuite elle deviendra, successivement, partie intégrante de la Hongrie médiévale, Principauté dépendant tantôt des Turcs, tantôt des Habsbourg, partie de la Hongrie en 1848-49, celle de la Monarchie austro-hongroise à partir de 1867, enfin celle de la Roumanie depuis 1918, mise à part la période de 1940-1944 où elle se voit partagée entre la Hongrie et la Roumanie.

C'est en rapport avec ces faits que la Transylvanie est devenue, depuis bien longtemps, l'objet de controverses qui dépassent le domaine politique pour envahir même les recherches historiques — comme en témoigne l'écho à l'ouvrage en trois volumes qu' a publié Akadémiai Kiadó en 1986 par les soins de l'Institut de Recherches Historiques de l'Académie des Sciences.

Les auteurs de ce travail de synthèse s'étaient proposé d'écrire une histoire de la Transylvanie en récusant l'esprit des historiographies nationalistes. Ils voulaient observer essentiellement les critères de la rigueur scientifique, de manière à tenir compte de l'évolution caractéristique de chacune des trois ethnies dans les domaines social, politique et culturel.

L'ouvrage a suscité un écho vif, et l'on ne peut que s'en réjouir si les critiques professionnelles venant de l'intérieur du pays ou de l'étranger ne se contentaient pas de louer son ambition de frayer de nouveaux chemins ou ses matériaux souvent inédits, réunis au prix d'un immense travail, et sa recherche de l'objectivité, mais ont également montré ses faiblesses, ses inégalités et désigné les thèmes qui nécessitaient des investigations complémentaires.

D'autant plus regrettable est le fait qu'en Roumanie une véritable campagne politique fut lancée par les tenants de la politique officielle et ses historiens contre l'ouvrage et ses auteurs qu'on accusait de nationalisme, de visées revanchardes et de la falsification de l'histoire. Cette réaction prouve que le traitement injuste des problèmes nationaux et minoritaires peut entraver non seulement la coopération des historiens et, partant, l'approche complexe des problèmes du passé commun, mais met en danger la coexistence même des peuples et des Etats, voire les contacts entre les individus.

L'accès à l'ouvrage en trois volumes étant réservé à ceux qui connaissent le hongrois, nous avons envisagé son édition abrégée en langues étrangères, et entre autres en français, afin de le faire parvenir au plus grand nombre de lecteurs s'intéressant à ce thème. Tâche à laquelle on n'a pu répondre qu'en extrayant de la grande synthèse un livre pratiquement nouveau dans lequel fut réuni l'essentiel des résultats sous une forme succincte et tenant compte des connaissances du public francophone relatives à cette région de l'Europe. Malheureusement tous les auteurs et directeurs du volume n'étaient plus là pour mener à bien cette tâche : László Makkai, András Mócsy et Zsolt Trócsányi étaient disparus entre-temps, leurs études furent reprises et condensées respectivement par Gábor Vékony et Ambrus Miskolczy, si bien que ces deux chapitres peuvent être considérés comme dus aussi aux efforts intellectuels de ces derniers. La tâche d'András Mócsy, directeur de la partie archéologique, fut assumée par István Bóna et celle de László Makkai par Gábor Barta. Les travaux de la version française étaient dirigés par Béla Köpeczi comme éditeur.

Les auteurs et les remanieurs se sont efforcés d'intégrer les résultats scientifiques les plus récents ainsi que de tenir compte des critiques formulées à l'égard des volumes précédents et d'en éliminer les défauts évidents. Ils ont arrêté à 1944 le chapitre final qui offre un survol de l'histoire de cette région après 1918. Si l'on a opté pour cette solution, c'est que l'appréciation de la dernière période soulève d'âpres discussions cependant que nous ne disposons ni de données ni d'analyses suffisantes permettant une approche vraiment scientifique.

Tout comme dans la version en trois volumes, les auteurs exposent ici leurs vues et convictions personnelles, ce qui implique qu'ils ne sont pas toujours d'accord sur tous les points. La rédaction a tenté d'éliminer certaines contradictions, sans pour autant entraver la liberté des auteurs, et a fini par maintenir certaines différences de vues et par signaler les questions controversées.

Des discussions n'ont fait que renforcer les auteurs dans leur conviction qu'en écrivant l'histoire de la Transylvanie ils avaient à faire face aux problèmes fondamentaux de la responsabilité scientifique qu'ils devaient assumer devant l'opinion tant professionnelle que générale. Ils étaient tous d'accord pour affirmer qu'afin de connaître le passé, il faut se fonder sur les *faits* et les présenter, analyser et interpréter toujours en fonction du contexte et des conditions spéciales de l'époque examinée. Ils récusent les traditions du nationalisme romantique et toute tentative de justifier par le droit dit « historique » quelqu'idéologie ou conscience nationales que ce soit. Ils refusent toutes les simplifications ou réductions qui cherchent à expliquer le processus historique depuis les temps les plus reculés par un seul facteur : le fait ethnique. Le finalisme, qui projette dans le passé les conditions ethniques et politiques de la fin du XXe siècle leur semble tout aussi inacceptable. Tout en accordant une grande importance aux luttes d'indépendance et aux efforts en vue de la formation d'Etats nationaux, ils n'y voient pas un principe conducteur de toute l'histoire et sont persuadés que les conditions économiques et sociales, indépendantes des données ethniques, jouaient un rôle déterminant jusqu'à l'apparition des nations modernes, et elles ne perdaient pas leur importance même dans les périodes ultérieures. Enfin, ils soulignent comme une assertion fondamentale tirée des expériences historiques que l'intérêt de chacune des nations veut la coopération et que la condition absolue en est la reconnaissance et le respect réciproques de leurs droits collectifs et individuels, de leurs langues, de leurs cultures et de leur passé.

Pour faciliter la tâche du lecteur intéressé, l'ouvrage a été pourvu de quelques outils pratiques : bibliographie, tableau chronologique, cartes, illustrations, index des thèmes, des noms et des toponymes. Pour certains termes qui n'existent pas en français, nous avons utilisé les correspondants latins de l'époque afin d'éviter les malentendus. Les noms des personnes ont été maintenus sous leur forme originale, non traduite, sauf pour les souverains qui sont traduits conformément à l'usage français (mais la version hongroise est indiquée à la première apparition de ces noms). Pour les toponymes, nous avons employé dans le texte leurs variantes hongroises qui avaient été utilisées officiellement pendant la partie prépondérante de l'histoire transylvaine, soit jusqu'en 1918. Les versions roumaines ou allemandes, s'il en existe, sont données dans un Index afin de faciliter l'identification.

Béla Köpeczi

La Transylvanie
de la préhistoire jusqu'à l'arrivée des tribus hongroises

I — La préhistoire et l'Antiquité

1. La préhistoire de la Transylvanie

Des débuts jusqu'au néolithique

La préhistoire pleine d'avatars du bassin transylvain ne saurait être étudiée indépendamment de celle des territoires limitrophes. Les bassins du Szamos, du Maros et de l'Olt ne cessèrent d'être traversés par des marchands et des peuples à la recherche de nouveaux espaces d'habitation. Les hommes attirés par les ressources minières de la région ne furent pas arrêtés par les montagnes, tandis que les monticules les plus insignifiants devinrent parfois de véritables frontières : les bassins de Csík et de Háromszék, séparés par le plateau de Hargita et les monts de Barót, aussi bien que le territoire nommé plus tard Barcaság et le plateau de Fogaras ont abrité, durant l'âge préhistorique, plusieurs civilisations distinctes. En raison du morcellement géographique et du flot incessant d'immigrants, rares furent les périodes d'unité culturelle et ethnique.

Bien qu'on ne puisse exclure la présence, sur ce territoire, de groupes humains dès le paléolithique inférieur, les premières traces certaines de la vie humaine en Transylvanie datent du paléolithique moyen. Un nombre considérable de paléoanthropes viennent s'établir, au début de la dernière période de glaciation, dans les cavernes de la région du cours moyen du Maros. Une partie des sites archéologiques qui y ont été mis au jour s'apparentent à ceux, antérieurs ou contemporains, des cavernes de l'ouest de la péninsule balkanique. Les instruments étaient exclusivement fabriqués de quartzite. Fait notable : tandis que les hommes de la civilisation charentienne d'un site de Hongrie s'employaient à la chasse des jeunes ours des cavernes, le cheval sauvage ne tardait pas à devenir l'animal le plus chassé dans la région de Hátszeg.

L'industrie de la civilisation de Charente s'est répandue, au-delà du Hátszeg, sur l'ensemble du territoire des Carpates du Sud, phénomène attesté en particulier par les sites retrouvés à Pestera dans le défilé de Törcsvár, et à Baia de Fier, sur le versant sud de cette même montagne. (Pour indiquer les sites et les civilisations, l'auteur se sert des dénominations employées dans la littérature archéologique internationale.)

La fin du paléolithique moyen voit l'apparition en Transylvanie de groupes humains qui utilisent des instruments travaillés aux deux bouts et éclatés sur leur surface entière. On les apparente généralement aux objets également à forme foliacée, fabriqués dans le cercle de rayonnement de la civilisation de Szeleta. Ces objets n'ont rien de commun avec ceux des industries locales antérieures: par contre, ils ont certainement contribué à la technique des pointes travaillées sur les deux côtes devant apparaître dans le Charentien supérieur.

Les traces de l'industrie aurignacienne ne s'y manifestent qu'à partir de sa phase avancée, notamment dans la deuxième période froide de la dernière glaciation. On connaît seulement les habitations troglodytiques provisoires des hommes de l'Aurignacien qui relayèrent peu à peu les chasseurs d'ours des cavernes munis des pointes foliacées de l'interglaciaire de Würm 1/2. L'innovation, certes éphémère, de l'aurignacien, la pointe d'os poli, ne figure pas parmi les instruments retrouvés (excepté la pointe de Baia de Fier, qui date de l'Aurignacien tardif). On a retrouvé, à Csoklovina, des pointes de feu des chasseurs d'ours des cavernes qui, comme l'atteste une voûte crânienne, appartenaient probablement à la race protonordique.

Dès l'époque de Würm 2/3, les chasseurs de mammouths et de rennes de la civilisation gravettienne orientale contournent pour ainsi dire la région limitée par les Carpates du Sud-Est. Seuls deux sites archéologiques proches de la source de la Dîmboviţa indiquent l'établissement provisoire de ces chasseurs de la plaine dans des cavernes. Les vestiges de leurs ateliers de Szitabodza se trouvent à la frontière de la Transylvanie.

Après le déplacement du manteau de glace des Carpates, le bassin transylvain ne se peuple que très lentement. Les sites épigravettiens et tardenoisiens sont plutôt rares: on n'en trouve que quelques-uns, en particulier près du cours supérieur de la rivière Bodza. A côté de minuscules lames, pointes, grattoirs de lames et d'ongles de pouce, ils recèlent des instruments trapézoïdaux caractéristiques du Tardenoisien. Durant la même période, des hommes protoeuropoïdes romanelliens et aziliens domestiquent le chien et s'essayent très probablement à la culture des céréales et à l'élevage du porc.

Le progrès de ces peuples épipaléolithiques engagés sur la voie de la production de nourriture est brusquement arrêté par des immigrés venus des Balkans du Sud: le peuple de la civilisation de Starčevo—Körös. Par l'intermédiaire des Anatoliens, ceux-ci avaient, sur leur territoire d'habitation initial, fait l'apprentissage de la culture du froment et de l'avoine, de même que l'élevage des chèvres et des moutons. La culture du mil et la domestication des bovins sont sans doute le fruit de leur propre progrès.

Leurs établissements se situaient sur des cours d'eau, parfois même sur des terrasses fluviales. Appuyées sur des colonnes, leurs maisons se contruisaient de clayonnages recouverts de boue. Outre ces bâtiments, ils habitaient également des cabanes creusées dans le sol. Ils enterraient leurs morts dans leurs villages mêmes. Tandis que le peuple épipaléolithique, qui se rattache à la race de Crô-Magnon, couchait les défunts sur le dos, les hommes de la civilisation de Starčevo—Körös (des protoméditerranéens pour la plupart) les couchaient sur le côté, les jambes relevées, généralement sans mobiliers funéraires.

Le legs archéologique de ces sites témoigne de la production de nourriture permanente, mais avec des différences considérables d'un site à l'autre. Parfois, la proportion des animaux chassés et des animaux élevés est à peu près égale: ailleurs, la quantité de ces derniers est plus de six fois supérieure aux premiers. L'élevage des bovins prend le pas sur celui des moutons et des chèvres, domestiqués plus tôt, alors que les porcs se multiplient considérablement un peu partout. (Il est vrai qu'il existe également des sites où l'on n'élevait pas de porcs du tout.) Sur le plan de la nourriture végétale, les mêmes variations s'observent en ce qui concerne la cueillette et la culture. Bien que les pierres meulières retrouvées sur de nombreux sites de Transylvanie aient évidemment servi à moudre du grain, il ne s'agissait pas nécessairement de grains de blés. Les instruments de pierre sont rarement pourvus de lames en forme de faucille. Toujours est-il que le peuple de la civilisation de Starčevo —Körös se composait de communautés productrices de nourriture, même si la cueillette constituait un appoint non négligeable. De plus, il est à présumer que quelques groupes humains se spécialisèrent dans l'extraction de minerais, ce qui expliquerait leur installation dans les cavernes inhabitées depuis le pléistocène supérieur.

Le peuple de Starčevo—Körös a dû pénétrer en Transylvanie du côté du Banat. Leurs premières colonies ont laissé des traces sur l'emplacement actuel de la ville de Kolozsvár. Remontant le cours du Szamos, plusieurs groupes appartenant à ce peuple vinrent s'établir sur le territoire de la Hongrie. Ils se mêlaient aux peuples épipaléolithiques locaux, ce qui explique la présence, dans des sépultures mises au jour à Bácstorok, de dépouilles d'hommes et de femmes s'apparentant à la race alpine et de Crô-Magnon et enterrés dans et entre les maisons, conformément aux coutumes de l'époque.

Vers 5000 avant notre ère, d'autres groupes de ce peuple arrivèrent en Transylvanie en franchissant le Maros. Les traits caractéristiques de leur civilisation matérielle apparaissent dans plusieurs sites du Sud de la Grande Plaine hongroise. De tous les groupes humains de la Transylvanie de cette époque, ceux-ci nous sont le mieux connus. Ils utilisaient des vases grossièrement façonnés, fabriqués d'un mélange de glume, mais aussi des plats finement travaillés, engobés de rouge, ornés de taches blanches peintes, caractéristiques de la période précédente. Or la peinture est fort rare en Transylvanie, de même que dans le Sud de la Grande Plaine hongroise. Une autre exception est constituée par le site de Lécfalva où l'on a remis au jour des poteries multicolores. Leurs traces les plus anciennes ont été retrouvées à Szászhermány et dont la couche la plus profonde témoigne de relations très étroites avec les territoires de la Bulgarie, tandis que la fin de leur histoire coïncide à peu près avec la dernière phase de la civilisation de Starčevo—Körös.

Au sortir d'une période très courte de transition, le néolithique moyen voit la fin de l'unité qui caractérisait le néolithique inférieur. Affluant pour ainsi dire de toutes les directions, de nouveaux groupes humains viennent alors s'installer en Transylvanie. Le peuple de la civilisation de Vinča—Tordos s'établit sur le cours moyen du Maros, entre les Carpates de l'Est et les Monts Métalliques, et jusqu'au plateau de Fogaras, à l'Est. Venus de Moldavie, des hommes fabriquant des objets en céramique ornés de lignes occupent le Sud-Est allant jusqu'à l'actuel Mezőség, au nord-ouest. Répandu sur la Grande Plaine du Sud-Est, le groupe de Szakálhát laisse son empreinte le long du cours du Szamos ; un peu plus au nord, ce sont des groupes apparentés aux populations du Nord-Est de la Grande Plaine qui pratiquaient l'art de la céramique peinte.

Les conditions démographiques du néolithique moyen déterminent pour une très longue période (jusqu'à la fin de l'âge du cuivre) l'histoire transylvaine. C'est justement le peuple le mieux connu de nous, celui de la civilisation de Vinča—Tordos, qui quitte alors la plupart de ses habitations en Transylvanie. Ce n'est pas qu'un pur hasard si le peuple qui occupait antérieurement les territoires du centre de la péninsule balkanique s'établit dans les environs des Monts Métalliques ; en effet, on y a retrouvé des instruments de cuivre provenant des époques les plus reculées, et les gisements d'or de Zalatna, à sa proximité, sont depuis très longtemps exploités.

Les tablettes pictographiques mises au jour à Tărtăria, en 1961, méritent une attention toute particulière en raison de leur étonnante ressemblance avec des tablettes protoélamites et protosumériennes. Or, les rapports directs entre ces deux territoires sont à peine justifiables puisque, outre la distance géographique, un intervalle de 1000 ans sépare le legs transylvain de celui de Mésopotamie. D'autre part, comme chacun sait, bien des écritures linéaires et géométriques des époques antérieures sont analogues sans qu'il y ait eu pour autant de contacts effectifs entre les peuples qui les pratiquaient. Cependant, les tablettes de Tărtăria — étant donné qu'elles portent sans aucun doute des

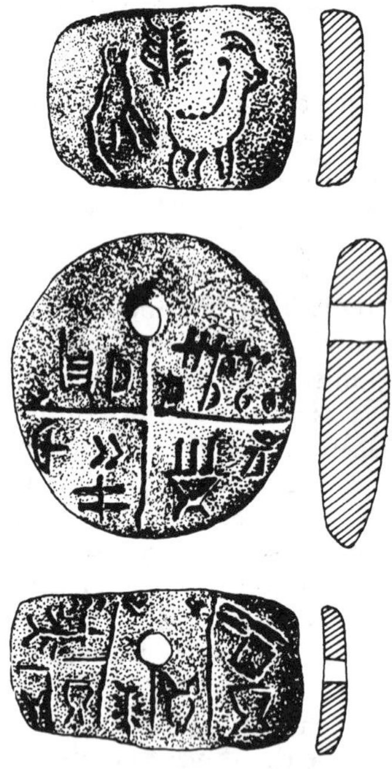

Fig. 1. Les tablettes de terre cuite de Alsótatárlaka (Tărtăria)

écritures — ont permis de considérer comme des graphies une partie des signes tracés sur les objets d'argile de la civilisation de Vinča—Tordos, conformément aux hypothèses déjà avancées. Cela nous amène à conclure que — fait très significatif — les peuples établis sur le Maros tentèrent, vers 4000 avant notre ère, l'écriture. On doit en même temps supposer l'existence, sur ce territoire, d'un Etat aux structures très rudimentaires s'appuyant sur un certain nombre de lieux de culte aussi bien que sur une répartition du travail entre les communautés humaines. Cette évolution fut la conséquence logique du fait que certains groupes qui exploitaient les gisements métallifères de la région ne pouvaient se suffire à eux-mêmes et devaient recourir aux produits agricoles provenant d'autres peuples.

Or la tentative de créer en Transylvanie une société fondée sur la répartition des biens par une action centrale devait échouer : de nouvelles migrations massives arrêtèrent cette évolution. Dans le Sud-Est, le territoire du peuple de la céramique rubanée qui pratiquait une culture céréalière et un élevage très primitifs (la proportion des animaux chassés était au moins de l'ordre de 50 pour 100), fut envahi par les éleveurs de bovins, de moutons et de chèvres de la civilisation de Boïan, venus de Moldavie et de Munténie de l'Est. Certains groupes peu nombreux se déplacèrent de la région de l'Olt sur le cours moyen du Maros, où leurs énormes pots et plats ornés de triangles gravés et de faisceaux de lignes incisées apparurent bientôt dans les colonies de la civilisation de Vinča—Tordos.

Le véritable tournant est cependant constitué par le déplacement des groupes à la céramique peinte de la région du Szamos (Transylvanie du Nord) le long du cours du Maros. Leurs poteries ornées de peinture rouge ou parfois noire sur un fond blanc ou orange se retrouvent déjà sporadiquement dans les couches supérieures des sites de Vinča—Tordos, ce qui permet de supposer une fusion partielle des nouveaux venus avec la population locale. Or, étant donné que les vestiges provenant des époques ultérieures ne témoignent guère d'un mélange de peuples, il est fort probable que la plupart des hommes de la civilisation de Vinča—Tordos avaient quitté leur territoire.

L'âge du cuivre

Ainsi, pour un temps assez bref, au tournant du néolithique moyen et du néolithique supérieur, la plus grande partie de la Transylvanie est habitée par une population homogène; seule les hauts plateaux de la Transylvanie du Sud sont occupés par le peuple de la civilisation de Boïan. Formées des groupes à la céramique peinte, les communautés de la civilisation de Petreşti occuperont pendant très longtemps la Transylvanie du Sud, mais aussi une partie du Centre. La possession des mines de métal leur permet de nouer des contacts avec les habitants de territoires très éloignés (Munténie et Dobroudja), et probablement aussi avec la population de contrées situées encore plus au sud. Leurs poteries sont tellement cuites qu'elles sonnent comme des métaux lorsqu'on les frappe; elles sont ornées de méandres et de spirales peints en noir, rouge et brun. Leurs plats, vases à épaules et supports cylindriques de pots témoignent, sur le plan technologique, de la connaissance de certaines opérations de fonderie, ce que confirme le legs d'objets de cuivre. Leurs bijoux en or (et les imitations), parvenus aussi dans le Sud jusqu'en Bulgarie et en Grèce, et dans le Nord jusqu'au bassin de Kassa, témoignent de l'exploitation ininterrompue des gisements d'or.

Les progrès de la civilisation de Petreşti se poursuivirent jusqu'à la fin de l'âge du cuivre, mais sur le seul territoire occupé antérieurement par le peuple de Vinča—Tordos. Les territoires des groupes de la céramique peinte de la région du Szamos furent envahis par des cavaliers protoeuropoïdes éleveurs de bovins et de chevaux, qui venaient de la steppe du Pont via les Carpates de l'Est. Ils possédèrent bientôt tous les établissements du peuple de la céramique peinte. Contrairement aux coutumes de l'époque néolithique, ils enterraient leurs morts dans des cimetières situés loin de leurs habitations, ce dont témoigne, entre autres, le cimetière mis au jour à Marosdécse. Ils couchaient les défunts sur le dos, les jambes légèrement relevées; on trouve près d'eux de longs couteaux de pierre du Pont, des massues de pierre à tête noueuse et des bols rudimentaires. L'influence de l'Orient est attestée par la présence de l'ocre ensevelie auprès des corps.

A la même époque, le peuple de la civilisation de Boïan dut céder son territoire (Transylvanie du Sud-Est) à celui de la civilisation de Cucuteni—

Tripolje (Cucuteni—Erősd). Ces migrations entraînèrent, dans la partie orientale du bassin carpatique, le renouvellement continuel de la population et, par suite du brassage des populations, la continuelle transformation de la culture matérielle et des conditions de vie.

Né de cette fusion ethnique, le peuple de la civilisation de Tiszapolgár s'établit dans la région de la Tisza, dans le Nord de la Transylvanie, et dans le Banat. Certains groupes s'aventurent cependant jusqu'au Sud transylvain, tandis que d'autres, partis du Banat, remontent le cours moyen du Maros. Les habitations de huttes rudimentaires de ce peuple de cultivateurs et d'éleveurs de bovins et de chevaux d'une part, aussi bien que les villages des hommes de Cucuteni—Tripolje, de l'autre, entouraient celles de la civilisation de Petreşti, dont le peuple continuait, malgré tous ces avatars, à vivre sa vie paisible, vraisemblablement du fait que les populations environnantes avaient besoin de la compétence de ces métallurgistes.

C'est grâce à ses nouveaux voisins, aux hommes de Petreşti, que le peuple de Cucuteni—Tripolje fit l'apprentissage de l'art de la peinture de poteries. Leurs pots ornés de deux ou de trois couleurs différentes (noire, blanche et rouge) appliquées sur ces objets avant même la cuisson sont particulièrement abondants dans les couches situées à plus de quatre mètres de profondeur qui ont été mises au jour dans le site d'Erősd-Tyiszkhegy. Celle-ci comprenait essentiellement des maisons à structure de poteaux et de clayonnages recouverts d'une boue épaisse et abritant des foyers d'argile à rebords. Les habitants vivaient, pour une part, déjà de la culture, plus particulièrement de celle du froment planté en lignes. Malgré l'élevage très répandu des bovins, la plus grande partie de la viande provenait de la chasse. La plupart de leurs instruments (des haches et des ramures de cerfs transformées en houes) étaient fabriqués de pierres et d'os ; seules les alènes et les parures étaient en cuivre. Leurs minuscules statuettes d'argile et leurs sceaux d'argile, qui servaient à la peinture du corps, nous renseignent sur leurs rites et leur organisation par lignages.

Le peuple de Cucuteni—Tripolje parvint, au nord, jusqu'au cours supérieur du Maros, où il s'établit dans le voisinage de celui de la civilisation de Tiszapolgár. Le territoire de ce dernier fut plus tard envahi par les hommes de la civilisation de Bodrogkeresztúr, qui s'installèrent parfois dans les villages mêmes des occupés. Comme les conditions de la culture céréalière et de l'élevage intensifs étaient beaucoup plus favorables dans le Banat et la Grande Plaine hongroise, leur établissement partiel en Transylvanie ne saurait s'expliquer autrement que par leur intérêt pour les gisements de métaux. Fait caractéristique à cet égard : à mesure qu'on s'approche (à partir de la Transylvanie) du centre de l'aire de la civilisation de Bodrogkeresztúr, on constate une multiplication des objets de cuivre. Les mines de cuivre permettent la fabrication de marteaux d'arme, de cognées, de pics à tranchants opposés qui se répandent sur toute l'étendue de la Grande Plaine. Les cimetières de la région de la Tisza recèlent en outre un grand nombre de bijoux en or. Ces objets en or sont extrêmement rares en Transylvanie même : la seule pièce que nous connaissions provient d'un site de la civilisation de Bodrogkeresztúr près de Marosvásárhely.

Par ailleurs, les traces transylvaines de cette civilisation ne diffèrent guère de celles de la Grande Plaine. Dans leurs sépultures, les corps couchés sur le côté, les jambes relevées, sont entourés de vases à deux anses (dits des « pots à lait »), de récipients en forme de pots de fleurs et de bols. Leurs villages se composaient de maisons bâties à même le sol ; un de leurs groupes, installé au milieu du peuple de Cucuteni—Tripolje, érigea même de petites maisons d'argile à plancher sur poutres.

Avec l'arrivée du peuple de la civilisation de Bodrogkeresztúr dans le bassin de Háromszék, la Transylvanie connaît le début d'un processus d'intégration tout particulier. Les vestiges qui proviennent des confins de l'Est du Mezőség témoignent de la fusion des peuples des civilisations de Bodrogkeresztúr, de Petreşti et de Cucuteni—Tripolje, tandis que, dans la région du cours moyen du Maros, les hommes de Bodrogkeresztúr se mêlent à ceux de Petreşti. Ce processus finit par aboutir à la formation d'une civilisation matérielle qui constituera l'héritage commun des peuples de l'Olténie et de la Transylvanie du Sud-Ouest.

Quelques groupes humains issus de ce brassage de populations vont s'établir dans la Grande Plaine hongroise; d'autres — sans doute en suivant le cours du Szamos — arrivent en Subcarpatie et en Slovaquie de l'Est.

Les hommes de Băile Herculane—Cheile Turzii (Herkulesfürdő—Tordai hasadék) s'installent souvent dans des grottes. Or ce n'est guère de leur propre gré que ce peuple de cultivateurs, d'éléveurs, de mineurs et de marchands vient s'abriter dans des cavernes mornes et peu confortables, éloignées de tous et de tout. C'est qu'à cette époque, les troupeaux de pasteurs venus des steppes de l'Est paissent déjà dans les plaines de Valachie et de Moldavie. Pénétrant par les Carpates, ces guerriers détruisent les communautés locales qui s'enfuient dans les montagnes, dans les cavernes ou dans des régions lointaines. Ceux qui restent doivent essayer, dans une certaine mesure, de cohabiter avec la première vague des nouveaux venus, jusqu'à ce que l'afflux incessant de ces pasteurs ne les chasse finalement même des montagnes.

Ces transformations marquent, une fois de plus, l'arrivée d'une nouvelle période dans l'histoire de la Transylvanie, mais aussi dans celle de toute l'Europe centrale et orientale. Sur le Bas-Danube, les hommes de l'Est fusionnent avec les populations locales, à qui se mêlent encore des groupes venus des Balkans du Sud, peut-être d'Anatolie. Le peuple ainsi formé, celui de la civilisation de Cernavoda III, pénètre lui aussi dans la région du Maros. Leur cheptel comprend essentiellement des moutons, des chèvres, des porcs, des chevaux et des bovins. Parmi les os de bovins retrouvés, ceux de vieux mâles sont majoritaires, ce qui témoigne du nombre très élevé des bœufs, et, par conséquent, de l'emploi de charrues (araires ou charrues fabriqués de ramures).

Après ce démarrage difficile, l'essor trouve cependant vite son terme. Vers 2000 une nouvelle vague de migrations aboutit au renouvellement de la population transylvaine: des groupes pastoraux quittent la Macédoine et la chaîne des Balkans pour venir s'établir dans la région des Carpates du Sud-Est. C'est le peuple de la civilisation de Coţofeni—Kolozskorpád. Ils s'installent un peu partout, depuis les plateaux jusqu'aux pâturages longeant les cours d'eau, voire dans les cavernes des montagnes. Ils sont les premiers, en Transylvanie, à pratiquer l'incinération des morts; toutefois, on trouve encore des squelettes dans les sépultures de la première période. Ceux-ci sont parsemés d'ocre rouge, ce qui tient ou bien à des coutumes empruntées à leurs voisins orientaux, ou bien à la survivance de traditions conservées par un peuple originaire d'Europe orientale. Leurs agglomérations, situées les unes près des autres, et les abords de celles-ci sont très caractéristiques du mode de vie de ce peuple pastoral semi-nomade.

Quoique ce peuple soit originaire d'un environnement naturel presque parfaitement identique à celui de la civilisation de Cernavoda III, ses poteries sont néanmoins toutes différentes. Leurs vases à anses à puiser très cambrées et à bec tordu, leurs bols pansus, leurs urnes et leurs ascos ne sont couverts, durant la première période, que de courtes lignes creusées ou de rayures (les mêmes motifs de décoration et quelques pots de forme analogue sont également utilisés par le peuple de Cernavoda III), qui seront plus tard agrémentées d'ornements en forme de lentilles. Notons également l'apparition de lignes piquées servant à fixer le remplissage de chaux, surtout en territoire transylvain.

L'époque de la civilisation de Coţofeni II—Kolozskorpád voit l'intrusion en Transylvanie du Sud de tribus pastorales originaires de régions situées au-delà des Carpates. Partis du bassin de Háromszék et de l'emplacement de l'actuelle ville de Brassó, les hommes de Folteşti III—Zabala avancent jusqu'à la région du cours moyen du Maros. Leurs établissements ne nous sont guère connus. Ils inhumaient leurs morts les jambes relevées et couchés sur le côté, tantôt dans de simples fosses, tantôt dans des caisses de pierre recouvertes de tertres. Comme leur legs archéologique se mêle parfois à celui des hommes de Coţofeni, l'éventualité de la fusion, ici et là, de ces deux peuples n'est pas exclue.

L'âge du bronze

Vers le milieu du premier âge du bronze, le territoire des hommes de Folteşti III—Zăbala est occupé, en Transylvanie du Sud (et dans toute la Valachie), par des immigrés appartenant à la civilisation de Glina III—Schneckenberg, qui construisent leurs villages sur des élévations. Ils élèvent surtout des moutons et utilisent des charrues de ramures pour labourer la terre.

Un modèle de charrette en argile retrouvé à Kucsuláta atteste les débuts de l'emploi d'attelages. Outre les couteaux courbés et les marteaux d'arme de pierre, les instruments de cuivre sont rares : seuls quelques alènes et ciseaux, parfois aussi des doloires (sortes de cognées plates), des cognées et des poignards ont pu être mis au jour lors des fouilles. Leurs poteries grossières sont faites d'un mélange de sable et de coquilles broyées en poudre. Leurs bols à anse simple ou double, de même que leurs minuscules tasses à anse ont la surface lisse et luisante. Dans les sépultures, il est rare de trouver des objets auprès des morts couchés sur le côté dans des caisses de pierre.

Tandis que la région de l'Olt est occupée par le peuple de Glina III—Schneckenberg, le reste de la Transylvanie continue à être habité par les hommes de Coţofeni. L'ornement le plus fréquent de cette période tardive est la piqûre des rainures dessinées sur les poteries, alors qu'on assiste au recul, voire à la disparition totale des motifs en forme de lentilles. Munies de foyers et de fours, les maisons en clayonnages recouverts de boue de Kelnek, à la suite du changement du mode de vie, comprennent déjà deux pièces. Il y a un lien logique incontestable entre l'installation de longue durée du peuple de la civilisation de Cîlnic et la concentration massive de leurs habitations dans les environs des Monts Métalliques. Les haches de cuivre dites de type oriental, utilisées dès l'époque de la civilisation de Cernavoda III, abondent dans cette région. Bien que cette arme, répandue dans toute l'Europe centrale et orientale, n'ait pas été uniquement fabriquée sur le territoire de la civilisation de Cîlnic, le fait qu'un legs antérieur de 40 haches proviennent du site de Bányabükk n'en est pas moins significatif.

Au tournant du premier âge du bronze et du bronze moyen, des groupes humains venus de Moldavie immigrent dans le bassin de Háromszék. C'est le peuple de la civilisation de Ciomortan, apparenté à celui de Monteoru et de Costişa. Ces nouveaux arrivés renforcent de remparts leurs habitations établies sur la « Colline du Château » de Csíkcsomortány. Leurs sépultures contiennent quelques cruches à double anse, pots pansus et tasses auprès des corps couchés sur le côté, les jambes relevées.

Certaines de leurs habitations fortifiées ne devaient pas subsister très longtemps. Incapables d'arrêter l'afflux des groupes du peuple de Monteoru, ils se virent contraints de se déplacer vers l'Ouest de la Transylvanie. Le motif caractéristique de triangles incisés, les lignes parallèles formées de piqûres et les bols à orifice large apparaîtront plus tard, dans la civilisation de Wietenberg.

Cette civilisation dont l'héritage est le plus important parmi ceux provenant de l'âge du bronze moyen, a parsemé de ses vestiges tout le bassin entouré de montagnes. Or les traces les plus anciennes de la vie matérielle du peuple de Wietenberg ont été retrouvées dans le Nord, voire en dehors de la Transylvanie. Les matériaux trouvés ici s'apparentent, par nombre de leurs traits, à ceux de la civilisation d'Ottomány de la région située au-delà de la Tisza, qui datent du premier âge du bronze ; l'influence des peuples de Ciomortan et de Tei ne se manifeste que plus tard. Les hommes d'Ottomány incinéraient leurs morts, de même que la population transylvaine de l'âge du bronze moyen, dont les voisins pratiquaient l'inhumation, que ce soit dans la Grande Plaine ou en dehors du bassin carpatique. Il semble qu'au début de l'âge du bronze moyen, le peuple de la région située au-delà de la Tisza ait pénétré en Transylvanie (ce dont témoignent les sites de Dés et de Bágyon près de la rivière Aranyos), pour s'y mêler à celui de Ciomortan et, plus au Sud, à celui de Tei.

Le peuple de la civilisation de Wietenberg finit par occuper l'ensemble de la Transylvanie, à l'exception des territoires situés au-delà des monts de Hargita : le bassin de Háromszék est occupé par le peuple de Monteoru, qui déloge les hommes de Ciomortan.

Les hommes de Wietenberg parsemèrent de leurs établissements les terrasses fluviales, plateaux et sommets faciles à défendre. Leurs constructions étaient pour la plupart des maisons à support ou à madrier auxquelles s'ajoutaient encore quelques cabanes enfoncées dans le sol. Curieusement, leur legs contient peu d'objets relatifs à la culture des terres, tandis que la part de la chasse et de l'élevage (en particulier celui des bovins) semble avoir été très importante dans leur « économie ». Possesseurs exclusifs des mines de Transylvanie, ils troquaient sans doute leurs produits d'or et de cuivre contre le blé de leurs voisins.

Les fouilles effectuées sur leur territoire ont mis au jour tous les types d'objets de bronze et de cuivre courants en Europe centrale et orientale, mais ceux-ci provenaient très rarement de trésors enfouis. Or les sites contenant des trésors constituent pour ainsi dire un cercle qui épouse la ligne de leurs frontières. Ainsi — et sans doute également en raison de leurs « citadelles » — on doit supposer chez eux une aristocratie guerrière numériquement très forte. Outre leurs haches de type oriental et pics à panne en forme de disque de bronze, ils utilisaient de longues épées rappelant celles des Achéens de Mycènes. Or le combat à longue épée constitue un fait insolite en Transylvanie. Il est également frappant que, contrairement aux territoires limitrophes, la Transylvanie ne nous fournit aucun indice permettant de conclure que ces hommes se déplaçaient à cheval.

Comme la civilisation de Wietenberg présente encore d'autres traits analogues à celle de Mycènes, il n'est pas exclu que la population transylvaine des XIVe-XVe siècles avant notre ère ait été sous la domination de guerriers venus du Sud. Cette aristocratie s'est considérablement enrichie par l'exploitation de plus en plus intensive des mines et le commerce des produits de métal. Ces objets métalliques apparaissent le plus souvent à l'extérieur du territoire de la civilisation de Wietenberg, où les marchands furent sans doute dévalisés par des étrangers avides de trésors. Ainsi, on enfouit dans le sol toute une livraison de haches d'or, de disques d'or et de bijoux à Cófalva (territoire de la civilisation de Monteoru), ainsi qu'une quantité importante d'épées et de poignards en or, qui appartenaient aux hommes de Tei, à Perşinari, en Munténie. Les trésors recélés par d'autres sites ont vraisemblablement une origine identique.

Le bien-être dû à l'abondance en or se manifeste dans toutes les sphères de la vie quotidienne. Les femmes libérées du labour de la terre façonnaient à domicile des objets richement ornés, dont subsistent seulement quelques pots d'argile. Par des incisions, des cachetages et des piqûres, elles traçaient des méandres et des spirales sur leurs pots sphériques, plats et tasses ansées. Elles fabriquaient également des ascos, des pots mélangeurs à plusieurs orifices et des modèles de chariots pour leurs rites de plus en plus diversifiés. Leurs édifices de culte abritaient également des foyers sacrés ornés, dont témoigne en particulier le site éponyme de Wietenberg, près de Segesvár.

Vers la fin du XIVe siècle avant notre ère, des tribus de pasteurs d'Europe centrale envahissent le bassin carpatique. Les migrations de peuples se succèdent en chaîne et ébranlent, directement ou indirectement, les assises économiques de la vie des forgerons, marchands et guerriers transylvains. Sur leurs routes familières, par lesquelles ces derniers ont jusque-là transporté leurs marchandises, vagabondent maintenant des hommes encore jamais vus. Il y a également quelques groupes de fugitifs qui pénètrent en Transylvanie où la population locale doit enfouir ses trésors dans le sol.

Le peuple de la civilisation des tumulus qui suit ces fugitifs le long du Maros prend possession du Sud transylvain : les sites des environs de Szeben, de Mezőség et de la région située au-delà des monts de Hargita témoignent de leur passage. Ils s'allient aux émigrés de la Grande Plaine pour occuper eux aussi le Sud-Ouest. Une partie du peuple de la civilisation de Wietenberg va alors s'établir dans les montagnes pour y fonder des habitations rupestres, tandis que la plupart se dirigent vers le Nord. Là, près du Szamos, dans le Máramaros et en Subcarpatie, ils se joignent au peuple de la civilisation de Gyulavarsánd pour se défendre en commun contre les incursions successives des hommes de la civilisation des tumulus et des peuplades que ceux-ci ont assimilées.

Par suite de l'absence de structures consolidées et d'unité ethnique et territoriale stable, la Transylvanie devient, dans la première phase du dernier âge du bronze, la proie facile des pasteurs venus des steppes orientales. Cette migration n'est pas attestée par des trésors enfouis parce que, selon toute probabilité, la population locale n'avait pas grand-chose à cacher. Les nouveaux occupants qui pénètrent par les défilés des Carpates, les hommes de la civilisation de Noua, avancent jusqu'au cours moyen du Szamos au nord, et jusqu'aux Monts Métalliques à l'ouest.

Malheureusement, les établissements transylvains de ces éleveurs de bovins et de moutons sont relativement peu connus, car ils érigaient sans doute des bâtiments de structure légère en bois, semblables à ceux de Moldavie. Ils pratiquaient simultanément l'inhumation et l'incinération; dans le premier cas, ils couchaient eux aussi leurs morts sur le côté, les jambes relevées. La plupart de leurs pots ornés de nervures et de leurs bols à double anse très simples étaient fabriqués par des hommes de la civilisation de Monteoru, qu'ils avaient assimilés. Leurs pointes de flèche en os à trois tranchants, les os à trois trous rattachant la bride au mors, leurs aiguilles de bronze à col noduleux, leurs faucilles à manche crochu ont tous des origines très lointaines : ils remontent au peuple oriental de la civilisation de Sabatinovka, jadis établi entre le Dniestr et le Dniepr. Ces Protoeuropoïdes (à côté des types anthropologiques alpines et méditerranéens qui apparurent eux aussi en Transylvanie) parlaient sans doute l'iranien ancien; ainsi l'établissement du peuple de la civilisation de Noua dans le bassin carpatique marque la présence des premiers Iraniens dans la région.

Vers le début du premier millénaire avant notre ère, la population de la Transylvanie et de la région du Szamos et de la Tisza se voit contrainte d'enfouir ses trésors. La grande majorité du peuple de Noua, afin d'éviter l'esclavage, s'enfuit vers l'Est.

Les nouveaux conquérants, les hommes de la civilisation de Gáva, prennent progressivement possession des rives de la rivière Küküllő, de la vallée de l'Olt, du plateau de Mezőség et de la région du Szamos. Certaines de leurs habitations sont renforcées d'ouvrages de défense; ils habitent des maisons à support ou à trainoir, mais parfois également des huttes à plan ovale ou rectangulaire, avec foyer de torchis au milieu. Ils élèvent surtout des bovins et des chevaux. Malgré le nombre très élevé des faucilles de bronze retrouvées, ils s'intéressaient peu à l'agriculture; la plus grande partie de la viande consommée provenait encore de la chasse.

Dès le début de leur installation, l'art du bronze connaît un nouvel essor dans les environs des Monts Métalliques. La presque totalité de leurs instruments, outils, armes et parures sont en effet en bronze. Leurs dépôts creusés dans le sol (Ispánlaka, Felsőújvár, Nagysink, Marosfelfalu, etc.) contiennent d'innombrables haches, faucilles, épées, lances, ceintures, aiguilles et chaudrons.

Incinérant leurs morts et déposant leurs cendres dans des urnes, les hommes de la civilisation de Gáva et les peuplades qui leur sont apparentées repoussent très loin, à la fin du dernier âge du bronze, les limites de leurs territoires. Ils parsemèrent de leurs habitations et cimetières non seulement la Transylvanie, mais aussi le Banat et la région située au-delà de la Tisza, voire la Galicie et la Bessarabie. Certains groupes traversent les steppes boisées et parviennent même jusqu'à la région du Dniepr. Les vestiges de leur civilisation matérielle semblent prouver que le Sud des Carpates, la Valachie et la Bulgarie du Nord étaient elles aussi, à cette époque, des régions habitées de peuples parlant sans doute des langues proches de celle des hommes de Gáva. Ce territoire recoupe plus ou moins la région où devaient s'installer plus tard les Daces, les Gètes et les Mésiens.

Entre la fin de l'âge du bronze et l'apparition de ces peuples signalée par les chroniqueurs de l'Antiquité, la Transylvanie ne connut aucune migration importante susceptible de conduire à un renouvellement massif de la population qui l'habitait. Aussi est-il fort probable que les vestiges de la civilisation de Gáva et des peuples apparentés soit l'héritage des peuples établis dans cette région avant l'arrivée des Daces, des Gètes et des Mésiens. Leur origine est tout à fait claire : il s'agit de la formation, à la fin de l'âge du bronze, d'un peuple parlant une langue commune (ou des langues voisines) et provenant de la fusion lente des communautés issues de la population de l'âge du bronze moyen, installées en Transylvanie avec les hommes de la civilisation des tumulus.

L'âge du fer

La fin de l'âge du bronze met un terme définitif à la vie paisible des mineurs et des marchands. De nouveau, dans la région du Danube et dans le bassin carpatique, des groupes de cavaliers asiatiques apparaissent et bouleversent le mode de vie des paysans des villages. Ces nouveaux venus issus de peuples différents se livrent de sanglants combats entre eux, et contraignent des villages entiers à se déplacer, dévastant et dépeuplant de vastes étendues de terres. L'accalmie qui suit la fin de cette vague de migrations voit l'apparition, le long du cours du Danube, de petites communautés d'ethnies mixtes et provoquent un certain renouvellement de la population sur le territoire des hommes de Gáva et des peuplades qui leur sont apparentées. En effet, par suite de tous ces bouleversements, la grande majorité de la population de l'âge du bronze tardif a quitté la Transylvanie, probablement pour aller s'établir dans des contrées situées au-delà des Carpates. Leurs villages désertés sont occupés par les nouveaux venus, aussi bien que par des peuples du Bas-Danube ainsi que par quelques groupes venus de la Transdanubie du Sud.

Les premières traces des hommes de la civilisation de Basarabi jalonnent le cours moyen du Maros ; un peu plus tard, ils s'établissent sur l'ensemble du territoire du plateau transylvain. Leurs habitations en Transylvanie, à l'encontre de celles de Valachie, ont une existence plus longue ; elles sont même souvent entourées d'ouvrages de protection. A côté de leurs maisons à clayonnages recouverts de boue, ils érigent également des constructions légères sans aucune fondation. En dehors de l'élevage, la majorité de la population vit du travail des métaux : il est caractéristique que dans les sites de leurs régions frontalières on a trouvé des objets de bronze jamais ou rarement utilisés par les Transylvains eux-mêmes, mais seulement dans les territoires voisins.

Ce peuple fit de remarquables progrès dans le domaine de la métallurgie du fer : outre les armes et les outils, certaines parties du harnais et les accessoires de vêtement sont de plus en plus fréquemment faits en fer. Ils renoncent bientôt à tout emploi du bronze : ainsi remplacent-ils, par exemple, les parties en bronze de la bride par des mors en fer de même forme. Leurs armes — des épées et des acinas (akinakai) — rappellent souvent, par leur aspect à bout de poignée en anneau ouvert, les épées de l'âge du bronze tardif. Ils utilisent également des poignards de lame arquée à tranchant unique et à poignée en T, proches des armes caractéristiques du groupe de Balta Verde, leurs voisins.

Bien que leur industrie de l'or ne nous soit guère connue, il est à présumer que bien des objets en or parvenus dans la région des Carpates sont de leur fabrication, puisque dans l'ancienne couche du site de Mihályfalva on a retrouvé entre autres les pendants du bracelet du site de Dálya et de la perle ailée de Michałkowo. Comme les objets en or datant d'époques ultérieures sont eux aussi assez rares, il est fort probable qu'ils vendaient à l'extérieur la quasi-totalité de leurs produits.

Les rites funéraires sont, à cette époque, uniformes sur l'ensemble du territoire transylvain. Les défunts sont étendus sur le dos, la tête vers l'Est ou l'Ouest. Les morts emportent dans l'au-delà leurs parures, vêtements, armes 22 et instruments, aussi bien que des provisions carnées et des boissons contenues dans des pots déposés dans les sépultures. Un rituel sévère prescrivait probablement que seules trois sortes de pots (urne, tasse ansée et plat à rebord retiré) pouvaient être placés auprès des défunts. Certes, les sites datant de la période qui suivait immédiament l'âge du bronze comprennent aussi des tumulus à squelettes de chevaux, toutefois les pots retrouvés dans ces sépultures portent déjà l'empreinte des coutumes des époques à venir. A l'époque où les pots tournés se répandent dans la région du Bas-Danube et dans la Grande Plaine hongroise, on continue, en Transylvanie, à déposer dans les sépultures des récipients pareils à ceux décrits plus haut.

Ce peuple observant strictement ses rites est sans doute proche parent des Scythes d'Europe orientale. Vers la fin du Ve siècle avant notre ère, Hérodote — qui se fonde entièrement sur les ouvrages de Hécatée de Milet datant de la fin du siècle précédent — écrit que le Maros vient de la région habitée par les Agathyrses pour se jeter dans le Danube (IV, 48). D'autre part, ceux-ci sont les voisins des Neures (IV, 125), qui occupent la région de la rivière Bug, où le Tiras (c'est-à-dire le Dniestr) prend sa source (IV, 17, 51). Or ces données concernent non seulement la Transylvanie, mais l'ensemble de la partie est du bassin carpatique, voire la totalité du territoire de celui-ci.

Lors de la campagne menée en Europe contre les Scythes par le roi de Perse Darios, à la fin du VIe siècle avant notre ère, les Agathyrses attaquent eux aussi les Scythes, peut-être en vertu de leur alliance conclue avec les Perses.

Hérodote (c'est-à-dire Hécatée) dit que les Agathyrses raffinés et parés d'or vivent en communauté des femmes (IV, 104), ce qui signifie ou bien mariage en groupes, ou bien — et c'est le plus probable à notre avis — polyandrie. Toujours est-il que les données fournies par Hécatée ne valent guère pour la période tardive des cimetières transylvains (époque de Csombord) ; force nous est de conclure qu'elles ne peuvent concerner que des époques antérieures.

Vers 500 avant notre ère, les Agathyrses continuent encore à étendre leurs territoires et envahissent de leurs produits l'Est de la Grande Plaine. Lorsque cette région est occupée par des groupes venus de Valachie et du centre des Balkans, au début du Ve siècle, ils évacuent leurs villages dans la Grande Plaine tout en conservant celles de Transylvanie. Les objets métalliques (miroirs, acinas, fermetures de carquois, etc.) répandus à l'intérieur et à l'extérieur du bassin carpatique révèlent qu'ils continuent à pourvoir la population des régions limitrophes (et parfois aussi de contrées plus éloignées) en produits scythiques très recherchés.

Les Agathyrses finissent cependant par disparaître de l'horizon du monde hellénique. Hérodote signale encore leur roi Spargapeithes, qui aurait vécu vers le milieu du Ve siècle avant notre ère. Le dernier à les mentionner est Aristote, qui, en tant que précepteur d'Alexandre le Grand, les décrit comme un peuple très respectueux de ses lois, les récitant même sous forme de chants (Probl. V 9, 28). Le milieu du IVe siècle les trouve encore en Transylvanie. Ensuite, au témoignage des fouilles archéologiques, les cimetières agathyrses ne reçoivent plus de dépouilles : les habitants de la Transylvanie abandonnent leurs morts et quittent presque tous la région. Cette fuite s'explique par l'arrivée des Celtes. Ceux-ci apparaissent dès la fin du IVe siècle avant notre ère à l'est des Balkans : en 335, ils envoient des messages de paix à la cour d'Alexandre ; un peu plus tard, leur offensive est arrêtée par Cassandre, au pied de la chaîne des Balkans.

La Transylvanie désertée accueille pour un temps les Celtes qui cherchent à se fixer définitivement. Les fouilles archéologiques n'attestent les traces de leur établissement qu'à partir du début du IIIe siècle avant notre ère. (Seules quelques sépultures de guerriers ayant parcouru les Balkans nous sont connues des décennies précédentes.) Les premiers vestiges de style celtique — que nous devons considérer comme provenant des Celtes, à l'encontre de la plupart des sites transylvains datant de l'époque de la civilisation de la Tène — apparaissent, de manière caractéristique, aux environs des Monts Métalliques et des rivières Sajó et Szamos. Parmi les habitants de la partie transylvaine de la future Dacie, le seul peuple d'origine celtique que nous connaissions est celui des Cotines-Cotenses (Ptol. III, 8, 3., ILS 8965). Certains groupes de Cotines-Cotenses se sont établis à l'Ouest du Massif du Nord ; ils sont mentionnés par Tacite, qui note en particulier que — *horribile dictu* — ils s'emploient à exploiter des mines de fer (Germ. 43). Ces données nous permettent de voir dans les Cotines de Dacie les descendants des Celtes s'étant établis ici au IIIe siècle avant notre ère. Ceux-ci ont donc constitué une minorité importante — quoique numériquement faible — de la population transylvaine de l'époque celtique.

Cependant les nouveaux immigrés étaient essentiellement des Daces de la Grande Plaine. Les traits antérieurs de leur civilisation matérielle se laissent deviner derrière la « mode » celtique qui envahit tout, avec les produits unicolores de son artisanat, exportés jusque dans les contrées les plus éloignées : grands pots, urnes et bols ansés, de même que de petits couteaux courbés, retrouvés un peu partout. Dans la majorité des cimetières transylvains de l'âge du fer tardif, on trouve des dépouilles appartenant à ce peuple. Les rites funéraires sont aussi variés que ceux de la Grande Plaine : tantôt ils enterrent leurs morts, tantôt ils les incinèrent avant de jeter leurs cendres au fond de la fosse ou de les réunir dans des urnes.

La diffusion générale des pots tournés et les progrès de la métallurgie pourvoient l'artisanat domestique et l'agriculture d'outils et d'instruments. Ceci nous autorise à conclure à la formation d'une couche sociale distincte des artisans qui constituent parfois un groupe ethnique différent — par ex. les Cotines — au sein de la population. Les innombrables armes, harnais et chars de combat d'une part, et l'existence de communautés non armées de l'autre, témoignent de l'assujettissement des « civils » à une caste numériquement importante de guerriers. Cette structure sociale permet la production permanente d'un surplus à écouler, ce qui implique la nécessité d'introduire des valeurs généralisées dans le commerce, relayant bientôt le troc direct tant en Transylvanie que dans les régions limitrophes.

Les pièces de monnaie dites « celtiques orientales » ou « daces » sont des imitations des tétradrachmes de Philippe II et d'Alexandre, si bien qu'on les utilisait d'abord en concurrence avec les pièces authentiques des rois de Macédoine. Or, l'évolution de la frappe des monnaies suit fidèlement l'histoire politique : dès l'apparition de Burebista, on cesse d'imiter les pièces macédoniennes. Les relations entre la Transylvanie et le « monde celtique » étant rompues, à partir de 150 avant notre ère, les monnaies frappées dans les ateliers de Transylvanie ont très rarement cours au-delà des Carpates ou dans la Grande Plaine.

2. Le royaume de Dacie

Le peuple dace

La datation et l'authenticité des premières mentions du peuple dace ne sont pas sans poser plusieurs très sérieux problèmes. D'une part, les données dont nous disposons doivent être utilisées avec une grande prudence, dans la mesure où les sources narratives, à l'origine très détaillées, n'existent qu'en extraits dans lesquels les récapitulations de l'histoire de certains peuples condensent fréquemment des événements d'époques différentes. L'autre difficulté vient de la double dénomination du peuple dace. La littérature grecque et romaine désigne sous plusieurs noms différents les tribus établies dans l'Est de la péninsule balkanique, dans la vallée du Bas-Danube et en Transylvanie. Le territoire situé au sud des Monts de Balkan et délimité à l'est par la Macédoine était habité par des Thraces, qui entrèrent très tôt en contact avec le monde hellénique, tandis que la région située au nord des Balkans et sur les rives du Bas-Danube étaient occupée par des Gètes. Les sources grecques utilisent également pour les Daces de Transylvanie, la dénomination de « Gètes », alors que les chroniqueurs romains, se référant à des sources grecques, traduisent souvent arbitrairement le mot « Gète » par « Dace », même lorsqu'il s'agit de Gètes proprement dits. Aussi doit-on utiliser avec certaines réserves les données sporadiques mentionnant la participation dace aux combats que les Romains menèrent, durant le IIe et le Ier siècles avant notre ère, contre les tribus thraces, gètes et celtiques, à la frontière nord de la Macédoine.

Le legs archéologique qui date de cette période ne fait guère la lumière sur ces questions. On trouve, sur le territoire du futur royaume de Dacie de l'époque de Burebista, qui s'étend du Dniestr au Danube et des Balkans aux Carpates du Nord, diverses communautés que l'on pourrait appeler « Gètes » au sud, « Bastarnes » à l'est, et « Celtes » à l'intérieur des Carpates. Exceptée la persistance de la métallurgie celtique du fer, la civilisation matérielle transylvaine connaît des transformations radicales. Les poteries retrouvées révèlent une proportion croissante de produits céramiques grossiers et non tournés; s'il y avait des potiers qui utilisaient des tours, ils étaient des immigrés venus des Balkans et du Bas-Danube, et non des artisans celtes. Les vestiges de l'architecture monumentale dace (Újvárhely, Kosztesd, Blidaru, etc.) révèlent, dès le Ier siècle avant notre ère, la maîtrise d'une technique d'origine grecque, et non celtique. Les murs à chemise de pierre maintenus par des poutres sont encore généralement répandus au moment de la chute du royaume de Dacie, et c'est sans doute à cette époque même qu'on érige la plupart des édifices construits avec cette technique. Les objets d'argent des orfèvres daces dont les équivalents ont été retrouvés, curieusement, dans la péninsule ibérique, sont en réalité les produits de la périphérie du monde celtique et ne remontent pas non plus à des époques antérieures à celle de Burebista. Les pots d'argent de Szörcse et de Csíkszentkirály ont probablement été confectionnés par des artisans grecs de l'époque romaine; les fibules à masques et les bracelets à enroulements multiples, par des orfèvres « barbares » initiés à cet art par leurs confrères grecs. Dans la mesure où l'on trouve, sur le territoire limité par les hautes montagnes de Ruszka, de Szörény et de Kudzsir et dans la vallée du Maros, parmi les pots en céramique non tournés, aussi des pièces originaires de Moldavie et du Bas-Danube, on est en droit de penser que l'incidence de la civilisation dace ne fut dans ce domaine que secondaire, et qu'elle n'était qu'une conséquence de l'avènement de l'empire de Burebista.

On a fondé, au cours du Ier siècle avant notre ère, de nombreux villages fortifiés sur les élévations du territoire dont le centre était la vallée de la rivière Városvíz, affluent du Maros, et qui était barrée au nord par des montagnes infranchissables, mais qui était cependant reliée au Danube par la vallée du Maros et celles des rivières Zsil et Olt. Selon des estimations récentes, le nombre des habitations ouvertes (c'est-à-dire non fortifiées) n'a cessé d'augmenter au cours des IIe et Ier siècles avant notre ère, ce qui permet de conclure à la transformation de la société dace. La nature de cette transformation est pourtant difficile à définir. Il est certain que l'influence celtique, très sensible dans le Nord de la Transylvanie, a singulièrement contribué au progrès technique. L'utilisation d'instruments de fer, l'adoption du tour de potier ainsi que d'autres inventions et innovations, aussi bien que la construction de forteresses sur des lieux élevés sont autant de manifestations de l'empreinte de la civilisation des *oppida* du premier âge celtique. L'emploi de signes monétaires et la frappe locale de monnaies indiquent que, du moins pour certaines catégories de marchandises et de valeurs, l'argent frappé est désormais utilisé comme étalon et devient un instrument de mesure adéquat des richesses accumulées. Cependant, tout comme chez les Celtes du Danube, la monnaie est loin de devenir un étalon universellement accepté et sa diffusion relative n'est guère accompagnée du progrès de l'économie de marché. L'économie dace était caractérisée par la prépondérance des exploitations familiales et de l'autarcie, ce qui signifie que la plupart des pots d'argile utilisés dans les foyers familiaux étaient eux-mêmes fabriqués à domicile ou tout au plus à l'intérieur d'une petite communauté et n'étaient pas des objets de commerce. De ce point de vue, l'économie dace, même à l'époque du royaume de Dacie, était moins développée que celle des Celtes du Danube.

Le règne de Burebista

Il nous reste ainsi à savoir quelles ont pu être les causes intrinsèques qui ont conduit à la construction de places fortes, signes d'une structuration très avancée de la société, à l'accumulation des richesses (en particulier de l'argent) et surtout au renforcement spectaculaire et inattendu de la puissance dace. Les très laconiques sources sur la société dace parlent de deux couches nettement distinctes, à la manière de castes : celle des « porteurs de toques » et celle des « chevelus ». En effet, les aristocrates daces sont plus tard représentés coiffés de toques de feutre. La ségrégation d'une aristocratie peu nombreuse et des masses populaires assujetties donne ainsi une explication satisfaisante de la dualité des fonds archéologiques des Daces, dualité qui est unique dans tous les matériaux datant du début de l'âge du fer sur l'ensemble de la région danubienne : tandis que les sites situés sur l'emplacement des forteresses daces de jadis recèlent avant tout de superbes produits de céramique ainsi que des miroirs fabriqués par des Grecs et des pots de céramique peinte tournés, sortis d'ateliers locaux, ceux des habitats ouverts sont pour la plupart des objets en céramique très simples, voire grossiers, façonnés à la main et reproduisant les traditions de l'âge du fer, ainsi que quelques objets métalliques très rudimentaires.

Le fait même qu'une tribu — ou un groupe de tribus — parvienne rapidement à contrôler d'immenses territoires en utilisant comme alliés ou en soumettant plusieurs peuples qui lui sont étrangers aussi linguistiquement, n'est pas insolite dans l'histoire déjà plus ou moins connue des peuples danubiens et balkaniques des derniers siècles avant notre ère. Avant même que les Daces aient étendu leur domination sur les régions du cours inférieur et moyen du Danube, la Macédoine, tombée sous le joug romain, devait faire face aux incursions des Scordisques celtiques puis, vers le milieu du Ier siècle, aux assauts des Dardanes. Dès le milieu du IIIe siècle, le lieu d'établissement central des Scordisques se trouvait à l'emplacement de l'actuelle ville de Belgrade, tandis que les Dardanes étaient originaires du Sud de la Serbie et de la Macédoine actuelles. Lorsque les sources parlent des Scordisques comme des principaux ennemis de Rome, voire de ses uniques ennemis dans les Balkans, elles ne disent rien des Dardanes, ou bien elles se contentent de signaler que ceux-ci s'allièrent avec d'autres tribus thraces contre les Romains. Dès que la puissance des Scordisques, au tournant des IIe et Ier siècles avant notre ère, est brisée, ils ne sont plus guère mentionnés parmi les ennemis balkaniques de Rome. Au fur et à mesure que les Scordisques deviennent moins dangereux, les incursions des Dardanes ainsi que d'autres tribus thraces, naguère seulement auxiliaires des premiers, se font de plus en plus fréquentes. L'histoire politique du bassin carpatique des derniers siècles avant notre ère est également marquée par la domination d'une seule tribu ou groupe de tribus. Le Nord et l'Ouest étaient, à la fin du IIe siècle avant notre ère, contrôlés par un groupe de tribus celtiques, dirigé par celle des Boïes. La vallée de la Save appartenait aux Scordisques qui, jusqu'au début du Ier siècle avant notre ère, tinrent les tribus pannoniennes établies entre la Drave et la Save sous leur joug. L'hégémonie des Scordisques fut probablement brisée, dans cette région, à la suite d'une série de revers essuyés devant les Romains qui les attaquaient à partir de la Macédoine. Dans les années 60, les tribus pannoniennes accédèrent à l'indépendance ; en effet, le plan stratégique du roi du Pont, Mithridate, qui se proposait d'attaquer l'Italie en traversant la péninsule balkanique et les Alpes, mentionne les Pannons (et non plus les Scordisques) comme possesseurs de cette région.

Ces peuples du bassin carpatique et des Balkans durent faire face, vers le milieu du Ier siècle avant notre ère, à l'expansion rapide et inattendue du royaume dace de Burebista. Les sources ne nous permettent pas d'établir avec certitude si Burebista fut effectivement le premier monarque dace suffisamment puissant pour soumettre à son autorité l'ensemble des tribus daces ou s'il put, dans ses efforts, s'appuyer sur les progrès de la centralisation entamée par ses prédécesseurs. Les chroniques font coïncider certains événements importants de son règne avec quelques dates capitales de l'histoire romaine : ainsi, par exemple, le pontife Decaineus, soutien et conseiller de Burebista, serait arrivé en Dacie au moment de l'avènement de Sulla (82 av. J.-C.), tandis que Burebista aurait été assassiné la même année que César (44 av. J.-C.). Ce rapprochement artificiel ne nous permet guère plus que de situer le règne de Burebista avant le milieu du Ier siècle avant notre ère. Selon la *Geographica* de Strabon (notre source essentielle pour l'étude de cette période), la réalisation de ses grandes conquêtes n'occupa que quelques années de son règne, long peut-être de quatre décennies. D'après une inscription de Dionysopolis (Balčik, Bulgarie)[1], Burebista était « le premier et le plus grand roi de Thrace » vers

[1] G. Mikhaïlov, Inscriptiones Graecae in Bulgaria repertae I, Sophia, 1970², n° 13 = Á. Dobó, Inscriptiones... n° 837.

48 avant notre ère. Cette même inscription mentionne également un roi gète, auprès du père duquel la ville de Dionysopolis avait délégué une ambassade, que celui-ci reçut à Argedava. Le caractère fragmentaire du texte ne nous permet pas d'établir si ce roi d'Argedava était ou non le père de Burebista; il reste également à savoir si la ville d'Argedava est la même qu'Archidava (Varadia), sur la frontière est du Banat. Si tel était le cas, il faudrait présumer que le roi qui avait reçu l'ambassade des Grecs à Argedava était bien le père de Burebista. Cette hypothèse est par ailleurs infirmée par le fait que l'influence de Burebista, dans la première moitié de son règne, ne s'étendait sans doute pas encore jusqu'aux villes grecques de la mer Noire. Le plan téméraire du roi du Pont Mithridate, qui date des années 60, ne mentionne les Daces ni comme ennemis ni comme alliés, ce qui porte à croire qu'ils ne contrôlaient alors ni le Bas-Danube ni les bords de la mer Noire. Tout cela nous amène à conclure que toutes les conquêtes durent être réalisées effectivement en l'espace de quelques années, au milieu du premier siècle avant notre ère. Burebista devait employer la première étape, plus longue, de son règne à forger l'unité des tribus daces et, en même temps, à fonder et consolider le royaume dace. Dans ces opérations très sanglantes Burebista était secondé par son conseiller, le pontife Decaineus, investi de «pouvoirs quasi royaux».

S'étant acquitté de la tâche difficile de réaliser l'unité politique des tribus daces, Burebista prit rapidement possession de vastes territoires. L'ordre de ses conquêtes est l'objet de controverses, puisque les sources se contentent de signaler ses progrès. Or, Burebista étendit la puissance dace dans trois directions. Au sud-est, il avança jusqu'à la mer Noire, s'emparant des villes grecques situées entre le delta du Danube et les Monts du Balkan, raison pour laquelle il avait précédemment dû assujettir les tribus gètes installées sur le Bas-Danube, et aussi, vraisemblablement, les Bastarnes établis au nord de ceux-ci, sur les versants extérieurs des Carpates. D'origine celtique ou germanique, le peuple des Bastarnes, dès le IIe siècle avant notre ère, fournit des troupes à l'armée des rois de Macédoine ainsi qu'à d'autres puissances étrangères, tandis qu'après la mort de Burebista, la communauté se mit au service, voire à la solde des Daces luttant contre les Romains.

Une deuxième poussée, déjà très dangereuse aux yeux des Romains, fut dirigée sur la Macédoine. Après avoir franchi le Danube, Burebista progressa jusqu'à la province romaine de Macédoine et aux côtes dalmates, elles aussi occupées par les légions, tout en dévastant la majeure partie de la péninsule balkanique. La nécessité de parer au danger dace fut, dans la politique étrangère romaine des dernières années de César, un impératif de tout premier ordre. Cependant, le seul résultat positif de ces conquêtes balkaniques fut que, après avoir été défaits par Burebista, les Scordisques s'allièrent aux Daces. Au sortir des guerres qui suivirent, les Daces s'implantèrent durablement au sud du Danube, sur le territoire de la future Serbie. Enfin, l'expansion dace se dirigea également contre les voisins celtes de l'Ouest. La fédération de tribus dominée par les Boïes comptait dans ses rangs, dans la première moitié du Ier siècle avant notre ère, aussi les tribus celtiques de la Transylvanie septentrionale. Burebista s'employa vraisemblablement, tout d'abord, à briser la résistance des Taurisques et des Anartes, et se heurta ainsi au groupe de tribus celtiques commandé par les Boïes qui contrôlaient la totalité de la partie nord du bassin carpatique. Le conflit éclata au moment où les Daces, franchissant le Maros, commencèrent à avancer vers la région habitée par les Boïes (la Transdanubie et l'Ouest de la Slovaquie actuelle). La victoire de Burebista sur les Celtes entraîna non seulement la dislocation de la fédération de tribus dominée par les Boïes, mais aussi l'établissement des Daces dans la partie méridionale de l'actuelle Slovaquie. Cela est attesté, outre la diffusion des produits de céramique façonnés à la main caractéristiques des Daces, par la « dacisation » progressive, au IIe siècle après notre ère, des noms de personnes des Celtes installés en Slovaquie du Sud.

Cette mutation des rapports de pouvoir dans les régions du Moyen et du Bas-Danube était d'autant plus inquiétante pour les Romains qu'elle était le fait d'un peuple naguère peu connu et établi à l'écart de leur sphère d'influence, mais qui était devenu, avec une rapidité étonnante, un élément de tout premier ordre sur les frontières de l'Illyricum (c'est-à-dire des côtes dalmates) et de la Macédoine. La destruction de la puissance dace figurait ainsi parmi les desseins majeurs de la politique étrangère de Jules César. Il avait l'intention de l'attaquer à partir de la Macédoine, probablement en 44 ou en 43 avant notre ère, mais il en fut empêché par les conspirateurs de l'an 44. A peu près à la même époque, Burebista tomba lui aussi victime d'un attentat politique. Le complot — qui, au dire de nos sources, était plutôt une révolte — fut vraisemblablement ourdi par certains groupes particularistes de la noblesse dace, puisque l'unité politique des tribus daces n'avait pu se réaliser que par l'éviction de la plupart des chefs de tribus jusque-là indépendants. On ne peut bien entendu pas exclure que les maîtres de Rome n'aient pas trempé dans l'assassinat de Burebista ; plusieurs de ses successeurs entretinrent des relations avec Octave, puis avec Antoine.

La période de transition

Burebista avait, à l'apogée de son pouvoir, 200 000 guerriers sous ses ordres ; un peu plus tard, les effectifs de l'armée dace seraient passés à un cinquième de ce chiffre. Son royaume se scinda d'abord en quatre, puis en cinq parties distinctes. Dans la région centrale, Decaineus réussit dans un premier temps à régner sur la propre tribu de Burebista, cependant que Comosicus (apparemment son successeur) parvint selon toute évidence à unir de manière définitive en sa personne les pouvoirs de roi et de pontife. La liste des rois qui se succédèrent de Burebista à Decebalus doit comprendre ceux qui furent les maîtres de cette région centrale (Transylvanie du Sud-Ouest) ; les autres rois daces et gètes cités à l'époque d'Auguste régnaient par contre sur les tribus sécessionistes des Gètes du Bas-Danube. Par ailleurs, la liste des monarques du royaume de Dacie n'est pas sans poser de problèmes. Comosicus y est mentionné comme le successeur de Burebista et de Decaineus, alors que le Dace Cotiso, dont le nom figure dans plusieurs sources comme maître du Danube à la hauteur des Portes de fer, est absent de cette liste. Or, comme celle-ci contient un certain nombre d'erreurs de plume, il apparaît comme vraisemblable que Comosicus ait été identifié à Cotiso, qui a régné, selon toute probabilité, sur la partie centrale de l'ancien royaume de Burebista.

De tous les royaumes issus de la dislocation de l'empire de Burebista, seul celui de Transylvanie (à l'intérieur des Carpates) peut être considéré comme royaume dace proprement dit : les autres rois ont tous régné sur diverses tribus gètes. Parmi ces derniers, les sources citent le nom de Dicomes qui, pendant la guerre civile qui suivit la mort de César, entra en relations avec Antoine et lui proposa même de prêter main forte à la bataille d'Actium. Cotiso lui, se rapprocha d'Octave et, à en croire les accusations d'Antoine, celui-ci alla jusqu'à envisager de nouer des liens familiaux avec lui. Les autres rois gètes ou daces changèrent plusieurs fois de camps entre les factions romaines, espérant pouvoir, le cas échéant, monnayer leurs services. Ces relations diplomatiques, singulièrement complexes pour les peuples « barbares » de cette époque, s'expliquent par le fait que chaque roi qui régnait sur une partie de l'ancien royaume dace se considérait comme le successeur légitime de Burebista ; par conséquent il cherchait, afin de réaliser ses ambitions hégémoniques, des appuis extérieurs. Dans ces conditions, la menace d'une attaque dace ne pouvait non plus être ignorée de l'opinion romaine de l'après-César. Prétendant recueillir l'héritage de César, Octave se targuait d'exécuter le testament politique de son prédécesseur en déclarant la guerre aux Daces malgré l'inopportunité d'une telle action. Il commença même la guerre de 35-33 av. J.-C. contre les Iapodes par des harangues répandant l'idée de la campagne dace, alors que son objectif véritable était l'occupation de la côte adriatique pour faciliter les relations entre l'Italie et les Balkans. L'un des résultats de cette expédition fut la prise de la ville de Siscia (Sisak), dans la vallée de la Save, qui sera plus tard une base opérationnelle de premier ordre contre les Daces.

Bien entendu, la guerre dace n'eut pas lieu. D'une part, parce que les années suivantes furent celles de la phase décisive de la lutte pour le pouvoir ; d'autre part, du fait que la menace dace n'était pas suffisamment grave pour prévaloir des visées directes de la politique étrangère romaine. Rome se contenta donc de refouler Cotiso des territoires situés au sud du Danube ; cette opération se déroula en 29 av. J.-C. peu après la victoire d'Octave à Actium. Dans la première phase d'une guerre balkanique de plusieurs années, M. Licinius Crassus réussit à vaincre Cotiso, qui se maintint cependant sur la rive gauche du Danube, et conserva vraisemblablement pour une longue période encore la partie centrale du royaume de Burebista.

Ainsi, l'avance d'Auguste sur le Danube ne menaçait-elle pas directement les Daces, auxquels Rome ne devait se heurter — ou se lier — que plus tard, dans la campagne militaire et diplomatique de grande envergure qui visait à régler la situation politique des territoires situés au nord du Danube. Cette opération avait bien entendu été précédée de l'invasion du Norique et de la Pannonie, ainsi que de la mise sur pied de l'armée de la Mésie, qui relevait de la Macédoine, puis comme dernière phase de ce grandiose déploiement des forces, les Romains firent les premiers pas vers l'extension de leur domination sur la rive gauche du Danube. Pendant la guerre qui conduisait à l'occupation de la Pannonie (10 av. J.-C.), les Daces franchirent le fleuve ; leur attaque une fois refoulée, Auguste décida une expédition de vengeance, qui « contraignit les Daces à supporter la domination du peuple romaine »[2]. Il est fort probable que cette campagne fût menée par M. Vinicius, qui avait vaincu, on le sait, lors d'une précédente campagne, l'armée des Bastarnes, avant de contraindre des peuplades daces et celtiques à accepter « l'alliance »[3] romaine. Une autre campagne, menée par Lentulus, se déroula à peu près au même moment : celui-ci obligea « le peuple peu abordable » des Daces des montagnes à s'enfuir au nord du Danube et il installa des postes de guet sur la rive sud. Cette opération, selon une de nos sources, aurait eu pour résultat « de refouler la Dacie, sinon de la vaincre »[4]. Des campagnes romaines ultérieures, seuls quelques détails

[2] Res gestae divi Augusti (Monumentum Ancyranum) 30 = Á. Dobó, Inscriptiones... n° 769.
[3] Á. Dobó, Inscriptiones... n° 769a.
[4] Florus, Epitome II, 28 (= IV, 12).

nous sont connus : ainsi, par exemple, nous savons qu'une armée romaine se rapprocha des Daces en remontant la Tisza et le Maros en bateau et que la remarque du poète, selon laquelle le Pont était accessible par une voie courte pour la tribu des « Appuli » de Dacie (il s'agit vraisemblablement des habitants des environs d'Apulum [Gyulafehérvár]), devait elle aussi faire écho à un événement contemporain. Or, cette remarque additionnelle est la seule allusion au fait que les Daces auraient, après la mort de Burebista, cherché des contacts dans la région du Bas-Danube. La route la plus courte entre Apulum et le Pont passe par la vallée de l'Olt ; ce ne fut certainement pas un hasard si Auguste — qui, du reste, n'accordait pas une très grande importance à l'occupation militaire de la frontière du Danube qu'il venait d'atteindre — établit un des premiers camps des légions danubiennes (Oescus = Gigen) tout près de l'embouchure de l'Olt. Un autre camp datant vraisemblablement de l'époque d'Auguste (Carnuntum = Deutschaltenburg) fut installé à proximité du royaume germanique de Maroboduus, autre adversaire dangereux des Romains sur le Danube. Cela indique également que, même après sa dislocation et ses énormes pertes territoriales, le royaume de Dacie relevait toujours des formations politiques les plus structurées et difficilement accessibles.

Dans ces conditions, le lent progrès de deux tribus de cavaliers sarmates, qui continuaient à se déplacer vers l'Ouest le long du Bas-Danube, fut certainement très avantageux pour les Romains ayant à peine consolidé leurs positions danubiennes. Ainsi, les Iazyges, suivis de près par les Roxolans, venaient-ils s'interposer entre les Gètes et les Daces et devaient jouer le rôle d'une sorte d'ethnie tampon entre l'Empire romain et ses adversaires. L'incessante migration des Sarmates — qui bénéficiaient parfois de l'appui de Rome — dut être l'une des causes des incursions plus ou moins importantes des Daces qui ralliaient parfois à leurs attaques aussi les Sarmates. Pour diminuer les tensions entre les diverses peuplades installées au nord du Danube, les Romains avaient, dès le règne d'Auguste, procédé à des transferts de population. Ils avaient contraint un grand nombre de Daces à aller s'établir en Mésie en cédant leur place aux Sarmates. Les troubles ainsi suscités ne devaient s'apaiser que très lentement. La Mésie est ravagée par les Daces et Sarmates jusque dans les dernières années du règne de Tibère. Ces bouleversements furent suivis d'une longue période de paix, qui correspond, selon la liste de rois mentionnée plus haut, aux quarante ans de règne du roi dace Coryllus.

Comme aucune autre source ne mentionne Coryllus, il est à présumer qu'il s'agit là d'une faute du copiste qui s'est trompé en écrivant le nom dace relativement fréquent de Scorilo. Or nous connaissons une anecdote à propos d'un roi dace nommé Scorilo : voulant convaincre son peuple de la vanité de toute ingérence dans la lutte des factions romaines, il aurait lâché deux chiens l'un sur l'autre puis aurait fait conduire un loup devant les deux bêtes acharnées à s'entre-déchirer ; les deux chiens se seraient immédiatement rués sur le loup.[5] Cette prudence devait caractériser l'ensemble du règne de Coryllus-Scorilo : en effet, lors de la première crise grave de l'Empire romain (68-69 de notre ère), l'exemple des chiens se montra d'une actualité toute particulière lorsque les légions parties pour la guerre civile abandonnèrent la défense du *limes* danubien. Les Sarmates profitèrent à maintes reprises de cette situation pour infliger de lourdes défaites à des armées romaines, capturant même des proconsuls. Or, l'exemple de Scorilo peut être de manière tout à fait évidente

[5] Frontinus, Strategemata I, 10, 4.

mis en rapport avec un événement précis. Durant la crise de 68-69, les Daces traversèrent eux aussi le Danube en Mésie et occupèrent quelques camps romains près du *limes*. Nous ignorons si l'expédition avait été décidée par Scorilo lui-même ou par le chef d'une tribu dace indépendante de lui. Si l'exemple des chiens vient effectivement du roi dace nommé par erreur Coryllus, il est probable que l'attaque ait été lancée par des Daces indépendants de Valachie et Coryllus (c'est-à-dire Scorilo) devait suggérer cette leçon pour calmer son peuple.

Tacite note, à propos de l'incursion en question, qu' « on ne peut jamais faire confiance »[6] au peuple dace. Bien que cette opinion se base aussi sur les expériences ultérieures des guerres daco-romaines, les Daces faisaient, depuis l'époque de Burebista, l'objet d'une attention soutenue de la part de Rome. L'établissement du rapport appelé « alliance », partout ailleurs réussi (il s'agit en réalité d'un rapport d'étroite dépendance) s'avérait plus difficile avec le royaume de Dacie. Lorsqu'on affirmait pendant un moment vers la fin du règne d'Auguste, que les Daces n'étaient plus aussi dangereux qu'auparavant, voire qu'ils étaient même prêts à reconnaître la suprématie romaine, cette impression dut s'inspirer de l'attitude pacifique de Scorilo. Il semble cependant que l'alliance *(foedus)* daco-romaine se fondait sur des bases peu solides. L'Etat dace différait sur plusieurs points des Etats satellites germaniques et sarmates établis près de la frontière danubienne de l'Empire romain. Le royaume de Dacie jouissait d'une situation géographique singulièrement favorable : du côté du Danube, son centre était protégé par des montagnes inaccessibles ; une éventuelle offensive romaine — qu'elle vînt de l'ouest par la vallée du Temes ou du Maros, ou de l'est par la vallée du Zsil ou de l'Olt — aurait obligé l'armée à faire un grand détour et à franchir des défilés et des cols bien défendus. De toute manière, du point de vue tactique, les Daces bénéficiaient d'avantages, en particulier sur la section la plus importante de la frontière danubienne de l'Empire romain, où le fleuve traverse, dans une vallée étroite et escarpée, les franges sud des Carpates, et où il fallait tailler un chemin dans le rocher afin de permettre le halage de bateaux. Cette grande réalisation technique de l'Antiquité fut achevée vers la fin du règne de Tibère. Peut-être ne fut-ce pas un hasard non plus si les rapports daco-romains connurent alors une période de paix. Rome était sans doute prête à consentir aux Daces d'importants sacrifices matériels pour obtenir en contrepartie la sécurité de la navigation danubienne.

Le royaume de Décébale

En dehors des avantages dus à cette situation géographique, la politique étrangère romaine devait également tenir compte de la cohésion du royaume de Dacie, de son organisation centralisée. La « citadelle royale » de Sarmizegethusa était entourée de toute une série de places fortes construites sur le versant ouest des monts de Kudzsir, ce qui permettait de défendre efficacement le siège royal lui-même contre une éventuelle attaque des tribus daces révoltées des régions périphériques. Etendues sur plusieurs hectares, entourées de remparts, de murs épais et souvent flanquées de tours, ces forteresses abritaient non seulement des guerriers, mais aussi des ateliers, magasins,

[6] TACITE, Historiae III, 46, 2.

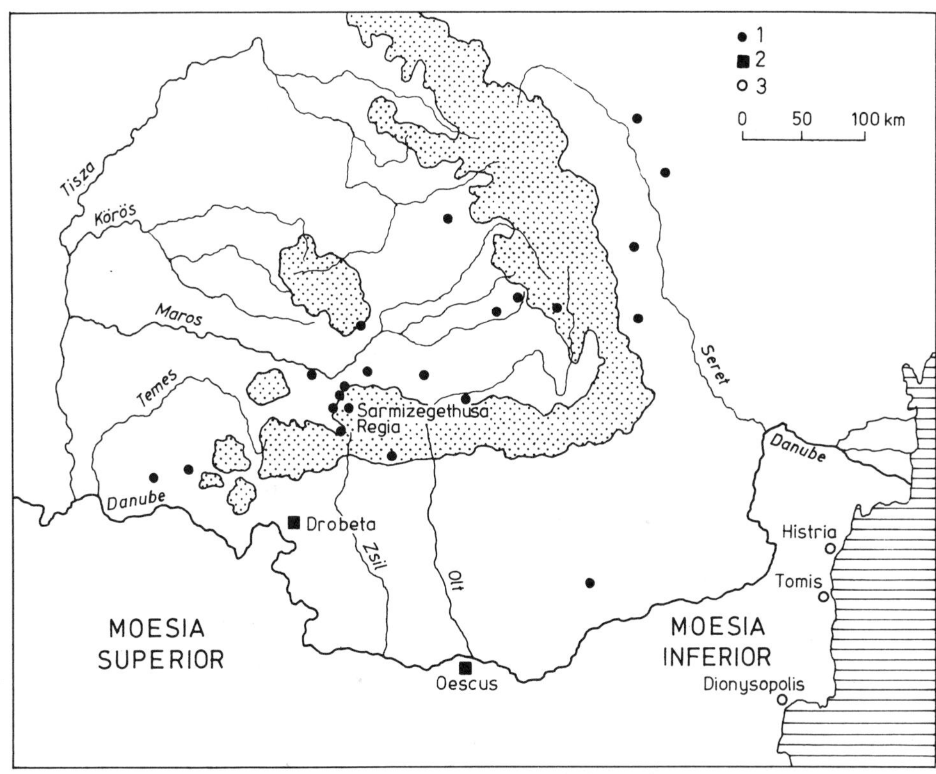

Carte 1. La Transylvanie à l'époque du royaume de Dacie

1 — forteresse dace, 2 — camp militaire romain, 3 — ville romaine

trésors, voire des sanctuaires royaux. Les murs de pierres soutenus par des poutres, les cours et les routes dallées, les escaliers en pierre et les égoûts creusés dans d'énormes blocs de pierre témoignent de la capacité de concentration de main-d'œuvre et de l'éclat du pouvoir royal. L'effet de ce « faste monarchique » sur un peuple primitif ne doit pas être sous-estimé ; la distance qui séparait, au sein de la société dace, « coiffés » et « chevelus » nécessitait probablement la magnificence du décor qui entourait la personne royale.

La religion, dont les lieux de culte situés près des forteresses viennent d'être mis au jour par de récentes fouilles archéologiques roumaines, était également au service de la centralisation monarchique. Les sanctuaires tantôt ronds, bordés de pierres disposées dans un ordre régulier (servant sans doute aussi de calendrier), tantôt rectangulaires, appuyés sur quatre rangées de piliers, célébraient des cultes mêlés de croyances astrologiques. L'origine de ces cultes remonte, selon les écrivains de l'Antiquité, au Thrace Zalmoxis (ou, selon certains, Zamolxis), qui aurait été disciple de Pythagore. Les enseignements du fabuleux Zalmoxis, élevé dans la sphère des divinités, faisaient entre autres l'éloge de la vie ascétique. Cette mythologie d'origine thraco-gète avait vraisemblablement été introduite en Dacie par Decaineus, qui avait été invité à la cour de Burebista par le roi lui-même et était devenu le principal conseiller de celui-ci. Burebista reconnut les avantages d'ordre politique qu'il pouvait tirer
33 de cette religion et en fit un instrument permettant la concentration de tous les

pouvoirs. L'exercice de culte était un privilège. Aussi les prêtres étaient-ils les gardiens jaloux du secret de leurs dogmes. Le pontife lui-même était en quelque sorte un médiateur entre le roi et le monde supraterrestre. Il est possible que la médication ait elle aussi fait partie des attributions des prêtres : les livres de médecine grecs mentionnent un grand nombre d'herbes médicinales daces avec leurs noms daces, ce qui témoigne du développement des connaissances médicales et botaniques de ce peuple.

Les fouilles effectuées sur l'emplacement des forteresses daces ont permis de mettre au jour, outre les objets usuels de fabrication locale, un certain nombre de produits importés de Rome. Une partie de ceux-ci étaient des produits de luxe qu'on pouvait retrouver partout chez les notabilités barbares des régions situées au-delà des frontières de l'Empire romain. Mais ici, les marchandises importées de Rome comprenaient, en dehors des objets de luxe destinés à l'aristocratie tribale, des instruments et des outils de fer de bonne qualité pouvant contribuer aux progrès de l'artisanat dans les forteresses. Il est même probable que les Daces faisaient appel à des spécialistes romains pour diriger les travaux de fortification. On a retrouvé, notamment sur des pierres de sanctuaires, des signes accompagnés de caractères grecs, dont certains ont sans doute été tracés par les tailleurs de pierre afin de faciliter l'assemblage de ces « éléments préfabriqués », tandis que d'autres signes doivent être mis en rapport avec la fonction de calendrier de ces sanctuaires. Sur un pot gigantesque en forme de cône renversé (peut-être un instrument de culte), on a découvert deux cachets à lettres latines, en tous points identiques à ceux utilisés comme timbres sur les briques romaines; ils portent l'inscription DECEBALVS et PER SCORILO.

L'archéologie roumaine traduit ces deux inscriptions comme « Décébale, fils de Scorilo ». Or les deux noms se trouvent sur deux cachets différents apposés sur un même pot, comme si l'un était celui du propriétaire (celui dont émane la commande), l'autre, celui de l'artisan. La référence au roi Décébale serait presque évidente si le mot *rex* n'était pas absent du texte. De plus, si l'on accepte l'interprétation des archéologues roumains, on doit voir en Décébale le fils de Scorilo; or, un troisième roi régna entre le « père » et le « fils »: Diurpaneus, qui donna une nouvelle orientation à la politique dace, orientation qui devait être suivie tout au long du règne glorieux de Décébale jusqu'à l'effondrement du royaume de Dacie.

Comme nous l'avons vu, le rapport d'« alliance » que l'Empire romain entretenait en tout lieu avec les peuples vivant près de ses frontières était tout à fait acceptable pour Scorilo, sans doute parce que Tibère s'engagea à lui verser, après la construction de la route qui longeait la gorge du Danube, un subside *(stipendium)* annuel très élevé. Iordanes écrira à un moment bien ultérieur que le roi Diurpaneus fit irruption dans l'Empire quand « sous le règne de Domitien, les Daces, craignant la rapacité de celui-ci, eurent dénoncé, après un long répit, le traité qu'ils avaient conclu avec d'autres Empereurs ».[7] Il est possible que Domitien se soit effectivement proposé de diminuer le subside annuel, extrêmement élevé, mais il apparaît comme peu vraisemblable qu'il ait voulu prendre cette mesure à un moment où l'attaque des Germains du Danube était imminente. Il est beaucoup plus probable que les Daces entreprirent leur offensive, provoquant de lourdes pertes romaines, en tenant compte de la menace germanique simultanée.

[7] JORDANES, Getica, 76.

Les Daces lancèrent leur offensive dans le courant de l'hiver 85-86 au plus tard, peut-être en franchissant, comme ils l'avaient si souvent fait à des époques précédentes, le fleuve gelé. L'attaque surprise prit les Romains au dépourvu : le proconsul de la Mésie, Oppius Sabinus, y trouva la mort. La gravité de la situation ressort du fait que Domitien accourut immédiatement en Mésie et y passa plusieurs mois à préparer la revanche. Il confia la direction de la contre-offensive à Cornelius Fuscus, commandant de la garde prétorienne, qui traversa le Danube et pénétra assez profondément sur le territoire dace. Ce fut à ce moment critique que Diurpaneus transmit le pouvoir royal à Décébale, qui marque le début de son règne par une retentissante victoire sur les Romains. Fuscus lui-même trouva la mort sur le champ de bataille. Les pertes humaines de Rome furent si lourdes que toute une légion dut être portée disparue. Ce ne fut que le troisième chef de guerre romain, Tettius Iulianus, qui réussit, en 88, à arracher une victoire décisive à Tapae, dans un défilé qui ouvrait la route vers le siège dace de la royauté.

Nos sources très fragmentaires rendent malaisé de reconstruire l'évolution des rapports daco-romains après la paix et l'« alliance » qui furent bientôt conclues. L'historiographie romaine, hostile à Domitien, voyait dans le traité de paix la victoire de Décébale, puisque celui-ci reçut non seulement un subside très élevé, mais aussi des spécialistes romains dont le savoir-faire pouvait servir des objectifs tant pacifiques que militaires. Cependant, après la victoire de Tettius Iulianus mais avant la conclusion de la paix, une armée romaine put être conduite impunément à travers la Grande Plaine, c'est-à-dire le « royaume de Décébale »[8], sur le front germanique : de plus, Décébale avait fait plusieurs tentatives de paix avant la défaite de Tapae, tout en sachant que Domitien poursuivit la guerre dans des conditions extrêmement difficiles (il était, dans le même temps, aux prises avec les Germains).

Décébale omit, dans les années suivantes, de profiter des difficultés de Rome, lorsque Domitien dut mener, en Pannonie, une guerre longue et épuisante, pleine de revers, contre les Germains et les Sarmates. Il semblait s'être contenté d'avoir obtenu un *stipendium* fort élevé et des spécialistes romains. Au lieu de se rendre personnellement à la cérémonie de paix, Décébale se fit représenter par un ambassadeur nommé Diegis (peut-être son frère), dont Domitien orna la tête du diadème symbolisant la dignité des princes « alliés ».

Jusqu'à présent, les recherches n'ont pas encore pu déterminer avec précision les différentes périodes de construction des châteaux daces. Or il est fort possible que l'édification des murs de pierre et des tours ait été, au moins en partie, due à l'effort de Décébale qui, pour de tels travaux, employait des spécialistes romains. Le cachet portant le nom de Décébale est peut-être l'œuvre d'un militaire romain, d'autant qu'il est parfaitement identique à ceux utilisés dans les briqueteries militaires romaines. Les tuiles qui couvraient les édifices des forteresses devaient être elles aussi fabriquées par des artisans romains.

Durant les dix ans de l'alliance romaine consécutive au traité de paix, Décébale poussa très loin les frontières de son royaume. Les Romains toléraient les annexions territoriales tant que celles-ci ne sortaient pas du cadre du système d'alliances, c'est-à-dire qu'elles n'allaient pas à l'encontre de traités conclus avec d'autres princes, et qu'elles ne menaçaient pas de bouleverser le

[8] Á. Dobó, Inscriptiones... 502 = n° 774a.

réseau soigneusement construit des alliances. La description géographique de Ptolémée nous permet de reconstituer avec précision l'expansion du royaume de Décébale, puisque son manuel de géographie, écrit bien des années après la conquête de la Dacie, ne fait pas coïncider les frontières daces avec celles de la province romaine et ignore complètement les légions romaines stationnées en Dacie, alors qu'il les signale dans toutes les autres provinces romaines. De plus, il parle de Sarmizegethusa comme du «siège royal». Or, il devait s'agir là non de la colonie romaine fondée à l'emplacement de Várhely, mais du château royal situé près d'Újvárhely. La Dacie de Décébale était limitée à l'ouest par la Tisza, au nord par les Carpates, à l'est par le Dniestr. Ce vaste territoire, également habité par bon nombre de Celtes, Sarmates et autres peuples différents des Daces, dut être progressivement assujetti par le roi non sans quelques guerres. Ptolémée énumère l'ensemble des peuples assujettis par Décébale, mais omet malheureusement d'indiquer leurs établissements exacts. Ceux du Nord, grâce à d'autres sources, nous sont connus, tels les tribus celtes des Anartes et des Teurisques, quelques tribus du groupe des Boïes établies au Nord de la Transylvanie, ainsi que les Coïstoboces de langue thrace, installés au-delà des Carpates. Les noms des autres peuples ne sont cités nulle part ailleurs. Leurs noms d'ethnie sont très souvent des dérivés de toponymes (Predavenses, Ratakenses, Kaukoenses, Buridavenses, etc.). Comme il s'agit là de peuples occupant des positions centrales sur la carte de Ptolémée, on peut avancer l'hypothèse que Décébale répartit les Daces entre des régions ayant chacune son centre, et mit ainsi un terme brutal à l'organisation tribale traditionnelle. Il est caractéristique que le seul nom de tribu dace connu de longue date, celui des «Appuli», ne figure pas, même sous sa forme *Apulenses,* dérivée du toponyme *Apulum,* sur la liste des peuples dressée par Ptolémée.

3. La Dacie, province romaine

Conquête et organisation de la province

Au Ier siècle avant notre ère, la frontière européenne de l'Empire romain se figea le long du Rhin et du Danube, conformément au principe de créer une ligne de défense militaire qui épousât le cours des eaux séparant l'Empire de ses voisins. En effet, ces grands fleuves rebutaient les ennemis de Rome et entravaient les incursions mineures, tout en facilitant, pour les Romains, le transport des troupes, des vivres et des matériaux entre les forts et les postes de vigie installés aux points stratégiques et aux abords des gués. Les peuples vivant près du *limes* furent amenés, parfois par la force, à accepter l'alliance romaine. Or, une puissance étrangère forte ne pouvait être intégrée dans ce système. Aussi, riches de l'expérience des 150 années écoulées, les Romains ne considéraient pas comme définitive la paix conclue en 89 avec Décébale, encore qu'elle ne fût rompue par aucune des deux parties pendant fort longtemps. Avec sa puissance politique, économique et militaire, la Dacie constituait, aux yeux de Rome, une source permanente de conflits.

Cependant, la situation intérieure ajoutée à des considérations de politique extérieure empêchèrent l'Empire, pendant les vingt années qui suivirent, d'entreprendre une nouvelle campagne contre les Daces. L'année 89 vit la révolte d'Antonius Saturninus en Germanie, tandis que la guerre sarmate de 89-92 immobilisa plusieurs légions romaines en Pannonie. Après 93, l'exécution d'un assez grand nombre de sénateurs d'opposition et la crise profonde de l'autorité impériale conduisirent à l'assassinat de Domitien, en 96. Après le court règne de Nerva, Trajan (98-117) se mit bientôt à préparer la guerre dace. L'empereur fit des efforts sans précédent pour rendre la victoire aussi sûre que possible. Il avait à sa disposition une immense force armée: les légions, les troupes auxiliaires et les diverses unités stationnées le long du Moyen et du Bas-Danube comptaient près de 200 000 hommes. La plupart de ces effectifs prirent part à la campagne commencée en 102.

Après des préparatifs d'une durée de trois ans, l'armée romaine se mit en route. Comme on ne dispose que de quelques fragments des ouvrages contemporains écrits sur cette guerre, on doit essentiellement se fonder — en dehors des œuvres de l'historiographe Cassius Dio (IIIe siècle) et du relief en forme de bande, long de 200 mètres, de la colonne triomphale élevée plus tard à Rome — sur les fouilles archéologiques. L'état-major était commandé par l'empereur en personne, assisté de son ami et collaborateur le plus proche, Licinius Sura. Une grande partie des troupes fut concentrée aux environs du camp militaire de Viminacium, en Mésie supérieure. L'objectif final était d'investir Sarmizegethusa Regia, «capitale» protégée par un réseau de fortifications de Décébale, vers laquelle les troupes romaines s'acheminaient de plusieurs directions.

Les principales directions de l'offensive furent définies en fonction des possibilités de franchir le Danube, à des endroits protégés par des bateaux de guerre. A l'extrémité occidentale, une armée partit de Lederata (Ram, Yougoslavie) et traversa la partie orientale du Banat pour fonder une base militaire dans les monts de Hátszeg. Il apparaît des notes de l'empereur, dont un fragment de quelques mots s'est conservé, que lui-même prit cette route pour conduire ses troupes vers l'intérieur de la Dacie. Une deuxième armée fort nombreuse lança son attaque depuis Drobeta (Turnu-Severin), alors que certaines unités franchirent le Danube à Dierna (Orsova).

Comme, d'entrée de jeu, les Romains eurent nettement l'avantage, les Daces demandèrent bientôt la paix. Mais Décébale refusa de se rendre personnellement aux négociations et les combats reprirent de plus belle. Le long des frontières septentrionales de la Mésie inférieure, les troupes romaines se déployaient sur une longue ligne de front et s'avançaient, depuis le Danube, vers les Carpates du Sud. Lorsqu'elles réussirent à encercler le mont de Szászváros, Décébale se vit contraint de se rendre et d'accepter des conditions de paix extrêmement dures qui consacraient de facto la fin du royaume de Dacie. Les Daces durent livrer aux vainqueurs leurs armes, machines de guerre et officiers du génie, aussi bien que les déserteurs romains réfugiés chez eux; de plus, ils furent contraints de raser leurs fortifications, de céder à l'Empire les territoires occupés par les Romains, et de renoncer à toute politique étrangère indépendante de Rome. La moitié occidentale de la Dacie occupée par les Romains fut rattachée à la Mésie supérieure et la moitié orientale à la Mésie inférieure. Aussitôt la guerre terminée, Trajan fit construire par son architecte Apollodore le pont de pierre de Drobeta afin d'assurer, indépendamment des conditions climatiques, les communications et l'approvisionnement de l'armée au-delà du Danube.

Décébale tenta cependant de réorganiser la résistance armée. Il réussit à reconquérir une partie de son pays et noua des alliances avec les peuplades voisines. Il fit capturer un officier romain de haut rang nommé Longinus pour exercer un chantage auprès de l'empereur, puis tenta de faire assassiner Trajan (Cassius Dio, LXVIII, 11, 3). La réaction romaine ne se fit pas attendre longtemps : la seconde guerre dace éclata dès 105. Trajan se proposa alors d'attaquer le cœur même de la Dacie : Sarmizegethusa Regia. Les places fortes daces furent occupées et démantelées les unes après les autres en 106. Les défenseurs de la dernière forteresse s'empoisonnèrent avant l'assaut romain. Décébale prit la fuite. Ensuite, pour éviter de se retrouver en captivité, il se donna la mort. Un soldat romain, Claudius Maximus, coupa la tête du roi et se rendit devant l'empereur pour lui offrir cet illustre trophée.

De retour à Rome, après une marche triomphale, Trajan fit exposer au public la tête de Décébale sur l'escalier des Gémonies et fit célébrer la destruction de l'exécrable adversaire par des jeux de cirque. On frappa également des monnaies portant l'inscription DACIA CAPTA. L'ensemble du territoire naguère possédé par la Dacie fut occupé par l'armée romaine.

Ce fut à l'occasion de ces deux guerres daces que l'armée romaine franchit pour la première fois la frontière européenne fixée le long des fleuves de l'Empire et ce, dans l'intention de prévenir la menace d'une agression ennemie en lançant une campagne de conquête pour faire du territoire ennemi une province romaine — encore que les maîtres de Rome eussent souvent hésité à conserver la Dacie comme province.

La mise en place de l'administration romaine s'effectua rapidement sous le gouvernement de Terentius Scaurianus, premier légat de la province romaine de Dacie (106-110/112). Les monnaies portant l'inscription DACIA AUGUSTI PROVINCIA datent de 112. Scaurianus réussit à introduire toutes les mesures nécessaires pour transformer le territoire occupé en province impériale. Il fit recenser la population et mesurer la superficie des terres. Or les tâches les plus urgentes étaient le tracé des frontières fortifiées et l'organisation de la défense militaire. Dans les provinces d'Europe, les légions et les troupes auxiliaires étaient, en premier lieu, stationnées sur les frontières fluviales du Danube et du Rhin. En l'absence de cours d'eau important, comme par exemple en Germanie méridionale ou en Rhétie, on installa partout des ouvrages de défense comportant levées de terre et fossés, aménagés, malgré l'inégalité des surfaces, en ligne parfaitement droite. Or, en Dacie, les conditions géographiques ne favorisaient la mise en place d'aucun de ces deux systèmes. Les conquérants mirent dix ans environ à créer une véritable chaîne de camps militaires ; ceux situés en bordure de la province marquaient aussi les frontières de l'Empire romain.

La protection militaire de la nouvelle province fut d'abord confiée à deux légions, renforcées d'un grand nombre de troupes auxiliaires. La *legio IIII Flavia* stationnait à Bersobis (Bersovia) jusqu'en 118-119. L'autre, la *legio XIII Gemina,* campait probablement, dès son installation, à Apulum (Gyulafehérvár), au cœur de la Transylvanie.

Pour ce qui est des troupes auxiliaires, elles consistaient en des unités de 500 hommes, fantassins et cavaliers, et des unités de 1 000 cavaliers. L'organisation des unités d'armes fut définitivement fixée dès les années vingt du IIe siècle. L'armée romaine envoyée en Dacie procéda immédiatement à la construction des routes, celles-ci étant d'une extrême importance stratégique dans une province qui s'avançait en profondeur à l'intérieur des territoires ennemis.

Trajan fit établir les vétérans des guerres daces à Colonia Dacica (l'ancienne Sarmizegethusa), première ville de Dacie romaine. Il fit venir dans la nouvelle province de grands effectifs de colons destinés à peupler les terres désertées pendant les hostilités. Les enfants jouant dans le giron d'une figure féminine incarnant la Dacie sur les médailles frappées pour célébrer la fondation de la province symbolisent sans doute cette œuvre colonisatrice.

La création de la province romaine de Dacie fut suivie, en 107-108, de combats sur la frontière ouest. Nos sources apportent très peu de lumière sur ce point : on sait seulement (SHA, *vita Hadr.*, 3, 9) que le légat de la Pannonie Inférieure, le futur empereur Hadrien entra en guerre avec les Iazyges et les Sarmates établis entre le Danube et la Tisza bien que ceux-ci eussent aidé les Romains lors des guerres daces. Les Sarmates gardaient sans doute rancune aux Romains puisque, malgré leurs sollicitations réitérées, Trajan refusait de leur restituer la moitié orientale du Banat que Décébale leur avait arrachée avant les guerres daco-romaines (Cassius Dio, LXVIII, 10, 3-4). D'autre part, les Iazyges installés entre le Danube et la Tisza se trouvaient maintenant voisins des Romains non seulement à l'ouest et au sud, mais aussi à l'est, ce qui n'était pas sans les inquiéter.

Ces luttes une fois terminées, la stabilité politique semblait être garantie dans la province.

Or, ces espoirs eurent tôt fait de s'évanouir. Après la disparition de Trajan, en 117, le territoire de la Dacie devint le théâtre de la première grande confrontation entre l'Empire romain et les peuples des territoires limitrophes. Les Iazyges et les Roxolans envahirent le deux Mésies. Les luttes n'épargnèrent pas la Dacie, où la situation s'aggrava singulièrement après la mort du vaillant légat Quadratus Bassus, brillant chef militaire. Les Roxolans étaient entrés en guerre par suite de la diminution des subsides versés par Rome, tandis que les Iazyges voulaient obtenir satisfaction de leurs revendications territoriales ; de plus, la province romaine nouvellement créée avait séparé, dans la région du Bas-Danube, ces deux peuples apparentés. Hadrien se rendit personnellement d'abord en Mésie, puis en Dacie, où, à Drobeta, « craignant de voir les Barbares occuper les fortifications qui protégeaient le pont et franchir aisément le Danube, il en fit détruire le tablier » (Cassius Dio, LXVIII, 13, 6). L'empereur finit par se concilier avec les Roxolans en s'engageant à rétablir les montants antérieurs des subventions. En ce qui concerne la menace iazyge, il recourut à une formule jusque-là inédite en nommant le valeureux officier de l'ordre équestre Q. Marcius Turbo à la tête de la Pannonie Inférieure et de la Mésie à la fois, ce qui permit à celui-ci d'attaquer les Iazyges simultanément de deux côtés, mais ils cessèrent bientôt toute résistance.

La guerre sarmate de 116-118 avait montré que l'importance de la Dacie était minime du point de vue de la prévention et du refoulement des attaques ennemies contre les provinces situées au sud du Danube. En anéantissant le royaume de Décébale, les Romains avaient définitivement écarté le péril dace, mais ils avaient en même temps supprimé une zone tampon susceptible d'arrêter les tribus sarmates. Or celles-ci, de plus en plus puissantes, menaçaient déjà non seulement le *limes* danubien, mais aussi la Dacie, en particulier la région du Temes (Banat) et de l'Olténie. Cavaliers nomades, les Sarmates étaient d'un moindre danger pour la Transylvanie montagneuse mais, alliés aux tribus « daces libres », celtes et germaniques établies près de la frontière septentrionale de la Dacie, ils pouvaient lancer des attaques concentrées sur l'ensemble du *limes* du Bas-Danube ainsi que sur les frontières de la Dacie. Par conséquent, la défense du *limes*, singulièrement allongé à la suite de l'annexion de la Dacie, exigeait la présence d'une force armée beaucoup plus importante qu'avant. C'était peut-être pour cette raison qu'Hadrien — dont les conceptions stratégiques étaient de caractère plutôt défensif — envisageait déjà, au début de son règne, de faire évacuer la Dacie (Eutropius, VIII, 6, 2). La situation militaire aurait d'ailleurs entièrement justifié une telle décision. En effet, l'idée de renoncer à des conquêtes de son prédécesseur faites au prix de guerres coûteuses n'était pas du tout étrangère à Hadrien : il ordonna en effet à son armée d'évacuer les territoires occupés au-delà de l'Euphrate et du Tigre. Il finit pourtant par renoncer à son projet et s'employa à réorganiser la défense de la province. Il fit revenir la *legio IIII Flavia* à son précédent campement en deçà du Danube, à Singidunum (Belgrade), pour renforcer ainsi le *limes* danubien contre l'éventualité d'incursions iazyges. En dehors de la défense proprement dite de son territoire, les forces militaires de la Dacie devaient surtout jouer un rôle tactique dans les combats consécutifs à l'attaque ennemie. Au lieu d'opérer de manière autonome, son armée ne pouvait, le plus souvent, résister efficacement que conjointement avec celles d'autres provinces.

Dans ses provinces frontalières européennes, l'Empire romain s'employait à établir une ligne défensive qui pût marquer très visiblement la frontière devant les peuples barbares et assurer en même temps des communications terrestres ou fluviales rapides entre les forteresses qui jalonnaient le *limes*. La question est de savoir quel intérêt Rome avait à conserver une province difficile à contrôler, alors qu'elle possédait déjà la frontière danubienne, plus courte et beaucoup plus conforme à la stratégie habituelle de la défense romaine. Pourquoi l'empereur a-t-il décidé, non sans quelques hésitations, il est vrai, de conserver une province dont la défense exigeait la présence d'une force armée beaucoup plus grande et beaucoup plus coûteuse que celle des autres provinces ? La réponse : Rome, qui n'avait pas évacué ce territoire au sortir des guerres daces, ne pouvait le faire plus tard sans une perte considérable de son prestige. Il est à présumer en outre que les gisements d'or de Transylvanie durent dans une large mesure inspirer à Rome la décision de se maintenir dans cette province.

La mise en place de l'administration romaine

L'œuvre d'organisation amorcée sous Marcius Turbo, mais qui se prolongea vraisemblablement encore sous le gouvernement de son successeur, Iulius Severus (120-126), concernait le tracé des frontières et la disposition des forces armées de Dacie, aussi bien que les territoires voisins du *Barbaricum*, à savoir le Banat, l'Olténie et la Valachie. Ce fut au plus tard à cette époque qu'on fit revenir de Valachie les unités de l'armée de la Mésie Inférieure qui y stationnaient et qu'on abandonna ainsi un territoire occupé dans les guerres daces. La partie de la Dacie située à l'ouest de la rivière Olt fut organisée en une nouvelle province sous le nom de Dacie Inférieure, gouvernée par un *procurator* de l'ordre équestre. Cette province, qui ne devait pas accueillir de légion romaine, bénéficiait d'une certaine autonomie sur le plan administratif. Elle était limitée au sud par le Danube, au nord-ouest par la Dacie Supérieure, à l'est, en partie par les camps disposés en ligne le long de l'Olt, en partie par le *Limes Transalutanus*, une ligne fortifiée qui était à peu près parallèle à l'Olt, à une distance de 25-35 kilomètres.

La partie centrale du royaume de Décébale — qui comprenait le centre de la Transylvanie et l'Est du Banat jusqu'aux Carpates orientales — reçut le nom de Dacie Supérieure. Après le départ de la *legio IIII Flavia*, la seule légion de Dacie fut la *legio XIII Gemina* stationnant à Apulum (Dacie supérieure, où siégeait le légat de la province, également chargé du commandement de la légion).

Probablement dès le moment de la réorganisation politique de 118, mais de toute façon avant 124, le Nord de la Dacie (la Transylvanie septentrionale) devint une province distincte appelée *Dacia Porolissensis*, du nom du campement militaire de Porolissum (Mojgrad). En l'absence de légion romaine, cette province était gouvernée, comme la Dacie Inférieure, par un *procurator* de l'ordre équestre. Le légat de la Dacie Supérieure exerçait un contrôle militaire sur les deux autres provinces. La Dacie unifiée fut ainsi scindée en trois parties.

Il y avait au total quelque 80 camps militaires en Dacie. L'insuffisance des recherches archéologiques ne nous permet pas d'établir l'ordre chronologique dans lequel ils furent construits (il est possible que certains d'entre eux n'aient été utilisés que provisoirement). Le nombre assez élevé des forteresses s'explique également par le fait que les Romains n'avaient installé que quelques camps de dimensions habituelles outre les petits forts sur la frontière de l'Olt et le *Limes Transalutanus*; ainsi une seule unité militaire était répartie entre plusieurs forteresses. En *Dacia Porolissensis*, les garnisons des 15 camps étaient fournies, en 164, par 3 unités de cavalerie et 12 unités d'infanterie, soit au total, si on excepte les détachements de légionnaires, près de 11 500 hommes. Les effectifs de l'ensemble de l'armée de Dacie du IIe siècle sont estimés à 45 à 50 000 soldats.

Les quelque 15 camps de la première période étaient entourés de levées de terre renforcées de pieux. Plus tard, ils furent protégés, entièrement ou en partie, par des murailles ainsi que des ouvrages de défense en pierre. Amorcés sous le règne d'Hadrien, ces travaux se poursuivirent sous Antonin le Pieux. Certaines fortifications ne furent cependant pas achevées avant le début du IIIe siècle.

Au témoignage du milliaire d'Ajtony, qui date de 109-110, la construction des principales routes militaires commença dès l'occupation romaine et dura probablement jusqu'à la réorganisation politique de 118. Leur tracé nous est connue grâce à la *Tabula Peutingeriana*, un relevé de routes du IIIe siècle qui note les distances entre les localités, des camps pour l'essentiel. La *Tabula* indique les routes principales qui conduisaient, via Apulum, jusqu'à la frontière du Nord depuis Dierna et les deux ponts de Lederata et de Drobeta qui reliaient la Dacie à l'Empire, en traversant le Danube. Ces routes assuraient la communication entre les lieux de passage stratégiques, la capitale de la province et la frontière septentrionale. La carte ne signale pas les routes de la Dacie de l'Est, puisque ce territoire fut évacué par l'armée romaine vers le milieu du IIIe siècle, c'est-à-dire avant l'élaboration de la carte en question.

On connaît bien la route qui reliait la Dacie à la Pannonie Inférieure à travers le *Barbaricum*: elle se séparait de la route Tibiscum—Apulum à l'embouchure du Sztrigy, traversait la vallée du Maros vers l'Ouest et continuait au-delà de la frontière, le long de la vallée du Maros, jusqu'à l'embouchure de la rivière, pour arriver en Pannonie Inférieure, entre le Danube et la Tisza. La section qui longeait le Maros ne figure pas sur la carte. Les briques marquées de sceaux ainsi que les ruines d'édifices retrouvées à Bulcs, près d'Arad, à Nagyszentmiklós et à Németcsanád témoignent du contrôle constant de la route par l'armée. Un tronçon de près de 50 kilomètres de son talus a été remis au jour entre le Danube et la Tisza. Cette route permettait des communications rapides entre la Pannonie et la Dacie. La pierre tombale venant de

 Micia, qui représente un batelier, ainsi que l'inscription de la confrérie bate-

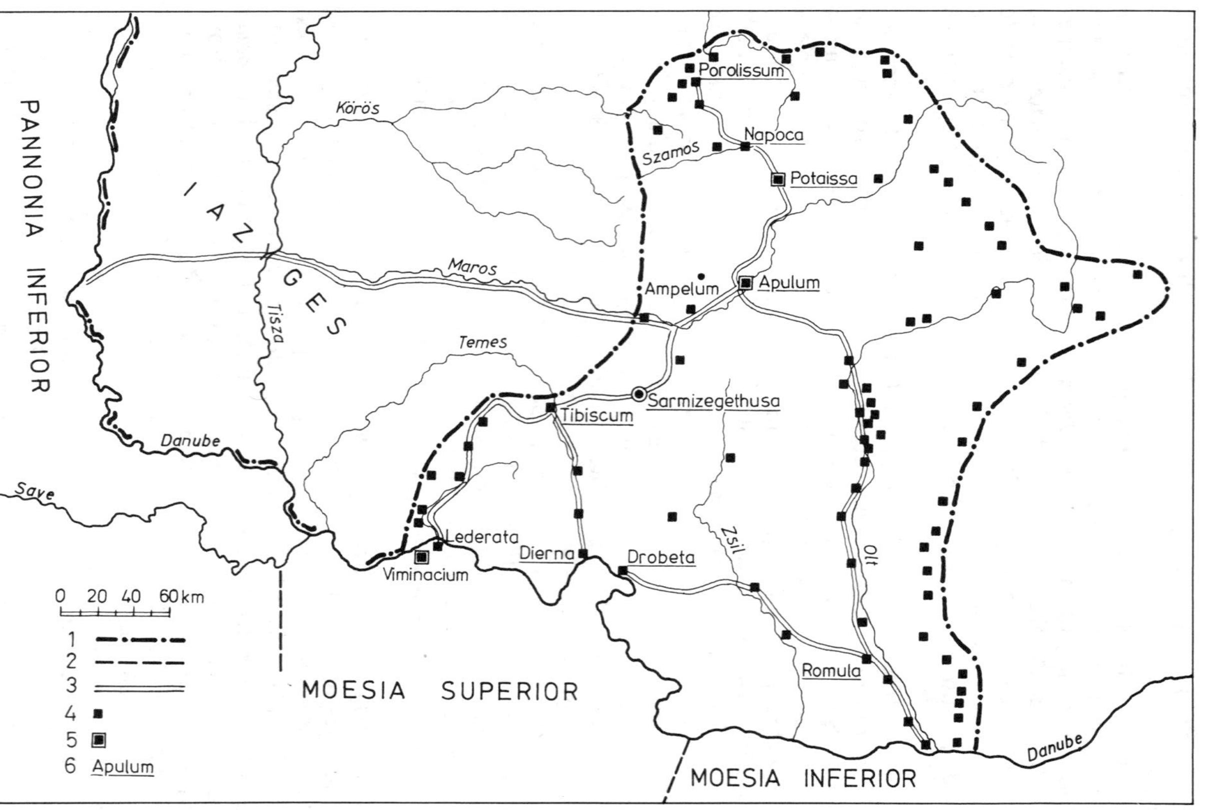

Carte 2. La Dacie entre 106-261

1 — limes de l' Empire, 2 — frontière de province, 3 — route, 4 — camp des troupes auxiliaires, 5 — camp de légion, 6 — municipia

lière *(collegium nautarum)* d'Apulum témoignent de l'existence, sur le Maros, d'une route de navigation parallèle (CIL III, 1209). Bien entendu, la section qui traversait le territoire iazyge devait être étroitement surveillée par l'armée.

Les matériaux archéologiques mis au jour à proximité donnent lieu à différentes interprétations quant à l'appartenance politique du Banat. Certains voient dans la route qui longe le Maros le *limes* de l'Empire et ce, malgré l'absence complète de camps et de fortifications à proximité de la route, tout comme il n'y en avait pas le long de la Tisza, qui constituait la limite ouest de la région. La présence des populations sarmate et iazyge, aussi bien que l'absence totale d'ouvrages de défense et de vestiges romains, nous amènent à conclure que le territoire situé à l'est et au sud de la ligne Tisza—Maros ne pouvait, du point de vue administratif, faire partie de la Dacie.

Etant donné que les vingt années qui suivirent la réorganisation politique de 118 ne virent éclater aucune guerre plus importante sur le territoire de la Dacie ou dans ses abords, l'œuvre de redressement put être durablement poursuivie. Même sous le règne d'Antonin le Pieux (138-161), nos sources ne parlent que dans l'abstrait de la menace dace. Il s'agit des «Daces libres» *(daci liberi)* installés au nord et à l'est de la province et non assujettis par les Romains ou enfuis pendant les guerres, ainsi que de Carps et de Coïstoboces. Nous avons très peu d'informations sur leurs combats ; de toute manière, la menace d'une guerre proprement dite ne se faisait pas encore sentir. Le biographe d'Antonin le Pieux (SHA, *vita Pii,* 5,4) se contente de signaler en passant que l'empereur fit soumettre par ses légats les Germains, les Daces ainsi que d'autres peuples, y compris des Juifs entrés en rébellion. Le fait que l'épithète triomphale *Dacicus* apparaisse en 157 parmi les titres de l'empereur, nous permet de dater cette guerre dace. En effet, Statius Priscus et Macrinius Vindex, légats de Dacie Supérieure et de *Dacia Porolissensis* en 156-158, étaient des militaires de talent. Comme les forces armées des deux provinces s'avéraient insuffisantes pour refouler les envahisseurs, on dut faire venir d'Afrique des troupes maures. Bien que ces combats ne soient attestés qu'en Dacie Supérieure, ces incursions laissaient néanmoins présager de la longue guerre qui allait, quelques années plus tard, se déclarer sur l'ensemble du *limes* danubien.

Economie et commerce

Le poids économique des provinces frontalières d'Europe centrale de l'Empire romain était faible. Elles ne réalisaient pas d'exportations significatives. De plus, la présence d'une armée extrêmement nombreuse nécessitait des dépenses considérables. Néanmoins, les gisements miniers de Transylvanie rehaussaient sans doute, aux yeux de Rome, la valeur de la Dacie. A côté des mines de fer et de sel, les plus importantes étaient les mines d'or. Bien que nous ayons à notre disposition des sources particulièrement abondantes à ce sujet, elles n'informent pas de leur exploitation à l'époque dace (au témoignage des fouilles archéologiques, les Daces affectionnaient surtout les bijoux en argent), ni du rendement des mines sous l'occupation romaine. Les mines d'or de Transylvanie doivent leur célébrité aux inscriptions des tablettes de bois recouvertes de cire (voir illustration) qui ont été retrouvées à Verespatak, déjà à l'âge moderne, en 1786, 1790, ainsi que durant le XIXe siècle. Ces tablettes comprennent des documents d'affaires, des contrats d'achat et de vente et des relevés de comptes datant de 131-167.

Les Romains se mirent probablement à exploiter les mines d'or *(aurariae*

Dacicae) peu après la fondation de la province. Le centre de la production minière se trouvait dans les Monts Métalliques où les mineurs vivaient dans de petits villages ou dans les agglomérations plus importantes d'Ampelum (Zalatna) et d'Alburnus Maior (Abrudbánya).

La zone minière *(territorium metalli)* étant propriété impériale, les agglomérations n'y possédaient pas d'autonomie municipale. (Il n'est même pas certain que Ampelum ait été élevé au rang de *municipium*). L'organisation administrative et les mines d'or relevaient de *procuratores* de mines *(procurator aurarium),* recrutés le plus souvent parmi les esclaves affranchis de la maison impériale. Il apparaît de la tablette de cire datant de 131 que les mines étaient déjà exploitées sous Hadrien. Chargés de la direction professionnelle et de l'administration, les officiers des mines *(vilici, tabularii, dispensatores)* étaient eux aussi d'anciens esclaves ou hommes libres de l'empereur pour la plupart. Le *librarius,* secrétaire de l'office du *procurator,* pouvait être choisi parmi les soldats de la *legio XIII Gemina.* Mais il y avait encore d'autres soldats dans la zone minière : ceux du *numerus Maurorum Hispanorum* d'origine nord-africaine devaient protéger cette région d'importance stratégique contre les attaques extérieures et les bandes de pillards.

Les inscriptions des tablettes de cire ainsi que d'autres vestiges nous éclairent amplement sur la population de cette zone minière. Les mineurs étaient pour la plupart des Illyriens des tribus des Pirustes, des Sardéates et des Buridustes qu'on avait fait venir de Dalmatie. Les noms illyriens de la région minière constituaient la majorité (environ 64 pour 100) de tous les noms illyriens de Dacie. Les rétributions fort élevées laissent croire que, malgré les efforts de colonisation, la pénurie de main-d'œuvre, dans la région, était permanente. Le texte d'une tablette de cire révèle que la population ne cessa de diminuer jusqu'aux années 60 du IIe siècle. Le 9 février 167 — à la veille de la longue guerre —, les officiers du *Juppiter Cernenus collegium* d'Alburnus prononcèrent leur dissolution car, des 54 membres, seuls 17 restèrent à Alburnus.

En dehors des exploitations minières, la vie économique de la Dacie ne nous est guère connue. Comme dans d'autres provinces, l'artisanat y était essentiellement autarcique. L'outillage agricole était forgé avec le fer extrait des mines locales, de même que les instruments des mineurs. La branche artisanale la mieux étudiée par les archéologues est la fabrication des ustensiles domestiques en céramique quoique, le nombre d'ateliers et de fours de potier jusqu'à présent mis au jour reste encore très bas. On n'a pas pu établir les caractéristiques d'une industrie céramique propre à l'ensemble de la province. Si, en Dacie méridionale, l'influence de la céramique fabriquée au sud du Danube s'observe tant dans la forme des objets que dans le traitement des surfaces, le Nord était plutôt à l'école du Norique et de la Pannonie, attestée par le type de pot à trois pieds. Dans une région encore mal localisée de la Transylvanie du Nord, on fabriquait cependant des céramiques à une décoration particulièrement caractéristique : des pots hémisphériques ornés d'estampages à l'extérieur. L'origine des pots gris et roses produits en grande quantité à Porolissum est à chercher nettement dans l'art céramique des ateliers de Pannonie du Sud. L'ornement, à l'origine par reliefs figuratifs, des pots *terra sigillata* fut progressivement relayé par de simples dessins géométriques, où les motifs étaient imprimés à l'extérieur des pots au moyen d'estampes.

La mise en place de voies de transport terrestre et fluvial permit aux peuples de Dacie de nouer des liens commerciaux avec des provinces lointaines, et le gonflement des effectifs de l'armée offrait la garantie de débouchés. D'autre part, l'origine orientale d'un grand nombre des habitants de la province facilitait les opérations de commerce avec les Syriens qui dominaient pratiquement les marchés romains. Les inscriptions font état d'un grand nombre de négociants. Cependant, les fouilles archéologiques nous renseignent très peu sur leurs affaires. Ils faisaient probablement le commerce d'articles périssables (vivres, textiles, etc.), qui ne se sont pas conservés dans les matières archéologiques datant de cette époque. Outre les métaux précieux, la province exportait vraisemblablement aussi du sel et du fer et livrait peut-être des fauves (ours, loups) pour des jeux de cirque.

La longue guerre et le relèvement de la Dacie sous Septime Sévère

Après le milieu du IIe siècle, la migration des Goths du Nord-Ouest vers le Sud-Est commença à inquiéter les peuples établis près de la frontière romaine, au nord du bassin subcarpatique, et il en résulta une lourde guerre, longue d'une quinzaine d'années. Les tribus germaniques — goths, longobardes et vandales — parties à la recherche d'un pays nouveau, menaçaient de déloger ces peuples qui, réduits par Rome à un état de client, mais aussi attachés aux richesses de l'Empire, refusaient de leur céder la place.

Or, la sécurité de la région s'était considérablement dégradée en 162, lorsque l'empereur Marc-Aurèle fit revenir des unités militaires des provinces frontalières européennes — dont la Dacie — afin de les engager dans la guerre contre les Parthes, lancée l'année précédente. Grâce à leur habileté politique, les légats romains réussirent cependant à retarder les hostilités. Les monnaies trouvées à Tibód (dont la dernière pièce est de 167) et la date la plus récente sur les tablettes de cire (29 mai 167) — enfouies par leurs propriétaires dans la terre à la nouvelle de la guerre — attestent que les luttes débutèrent après cette date. Les premières hostilités s'accompagnèrent d'une réorganisation politique et militaire. Nous ne sommes pas encore en mesure d'établir l'ordre chronologique de ces changements opérés en l'espace de trois ans. Etant donné que les premières mesures furent prises dans une situation très critique, il est fort peu probable que les formules définitives aient été immédiatement trouvées. A peine rentrée à Troesmis (Dobrudja) de la campagne de l'Ouest, la *legio V Macedonica* fut envoyée en Dacie, après la mi-167, où elle s'installa au camp de Potaissa (Torda). Son stationnement en Dacie septentrionale révèle que l'état-major romain s'attendait en premier lieu à des attaques contre la Transylvanie. On modifia aussi les structures politiques de la Dacie : les trois provinces furent réunies et placées, entre 167 et 170, sous l'administration d'un légat commun appelé désormais *legatus pro praetore Daciarum trium*. Les provinces changèrent de nom : la Dacie supérieure devint Apulensis, la Dacie inférieure, Malvensis (d'après une localité encore non identifiée). On procéda donc de la même manière que lors de la fondation de la *Dacia Porolissensis :* les provinces reçurent le nom d'une ville située sur leur territoire. Dans le même temps, le camp de Potaissa fut rattaché à Dacia Apulensis.

La guerre atteignit son paroxysme entre 167 et 170. Attaquée de trois côtés sur ses longues frontières, la Dacie traversait alors une période très critique. Son armée fut incapable d'empêcher les Barbares d'envahir les deux Mésies. L'état-major romain nomma des militaires de talent aux postes de légats et de *procuratores* des provinces danubiennes ; plusieurs d'entre eux trouvèrent la mort sur le champ de bataille, tels M. Claudius Fronto, qui avait été légat de la Mésie Supérieure, en 167. La partie occidentale de la Dacie et la Mésie Supérieure furent placées sous un même commandement militaire, afin d'arrêter l'attaque iazyge venant du côté du Banat. En 168, Fronto était légat des deux provinces, avant d'être nommé à la tête des *Tres Daciae*. Après la défaite de l'armée de Mésie Supérieure et la mort du légat fraîchement promu, la Mésie Supérieure fut elle aussi rattachée à la Dacie. Par suite des attaques concertées des tribus germaniques et sarmates, la situation militaire de la Dacie devenait extrêmement précaire. Fronto, « ayant remporté des victoires sur les Germains et les Sarmates, mourut d'une mort héroïque en combattant vaillamment pour l'Etat », précise l'inscription de sa statue érigée au Forum de Trajan, à Rome (CIL, VI, 1377). Une inscription de Sarmizegethusa lui rend également hommage pour ses exploits (CIL III, 1457). Une troisième parle du péril menaçant la ville ; elle est dédiée à Marc-Aurèle puisque, d'après le texte, l'empereur fit délivrer la ville en détresse par ses troupes (CIL III, 7969).

Nos sources ne nous fournissent aucun renseignement sur les combats sur le front de l'Est de la Dacie, il est fort probable qu'il n'y ait pas eu de batailles très sanglantes, d'autant que l'attaque ennemie la plus sérieuse fut dirigée vers le Sud. Contournant la Dacie, les Coïstoboces et les Sarmates ravagèrent la Mésie Inférieure et avancèrent jusqu'en Achaïe, pillant les sanctuaires d'Eleusis. Allié à la tribu des Vandales Asdinges *(Hasdingi)*, le légat Cornelius Clemens réussit à les vaincre en 171 ou 172 (Cassius Dio, LXXI, 12, 1). On était déjà en train de se ressaisir : l'Empire tenta de faire jouer sa diplomatie. « Tarbus, chef d'une tribu voisine, qui se rendit en Dacie et réclama un tribut annuel en agitant la menace de la guerre » (Cassius Dio, LXXI, 11), fut également mis au pas par les alliés de Rome.

Rome autorisa quelques peuplades à venir s'établir sur le territoire de l'Empire, notamment en Pannonie, en Mésie et en Germanie : en fait, les Barbares belliqueux penchaient à s'abriter derrière les frontières de l'Empire, qui garantissaient leur sécurité. Les événements des années suivantes étaient fonction des initiatives militaires des Romains ; ceux-ci finirent par vaincre l'ennemi sur son propre territoire. Un peu plus tard, Marc-Aurèle permit aux Iazyges d'entrer en relation, à travers la Dacie, avec les Roxolans établis à l'est, à condition d'obtenir chaque fois l'autorisation du légat de la province. (Cassius Dio, LXXI, 19, 1-2.)

La *legio I Italica* de Mésie Inférieure participa également aux combats qui se déroulaient près de la frontière septentrionale de la Dacie. Vers 180, l'empereur Commode, fils de Marc-Aurèle, conduisit une campagne victorieuse contre les peuples établis ici, en particulier les *Buri :* « Epuisés, les *Buri* acceptèrent finalement de conclure un traité... (Commode) prit des otages et emmena 15 000 prisonniers de guerre. Il força les autres à jurer qu'ils ne s'établiraient ni ne feraient paître leurs bêtes dans une zone de 40 stades depuis les frontières de la Dacie. Sabinianus offrit aux Daces vivant au-delà des frontières de donner des terres à 12 000 d'entre eux dans notre Dacie ». (Cassius Dio, LXXII, 3. Vettius Sabinianus était alors légat de Dacie.)

Au sortir de cette longue guerre, Rome avait réussi à raffermir ses alliances sur le côté de ses frontières, alors que les Germains, eux, commencèrent à s'établir au nord de la province de Dacie.

La longue guerre, la peste, l'insuffisance de la défense militaire et la lenteur, par rapport à d'autres provinces, de la création des autonomies municipales suscitèrent, sous le règne de Commode, le mécontentement de la population de la Dacie. La biographie de l'empereur est d'ailleurs très laconique à ce sujet. Le milieu des années 180 vit, en Dacie également, la révolte des *provin-*

ciales (SHA, *vita Commodi,* 13, 5-6). Nous ne connaissons pas les détails, mais rien ne prouve à nos yeux que les Daces autochtones aient participé à ces soulèvements. La Germanie fut elle aussi le théâtre de mouvements identiques. Il se peut que ce fût à cette époque que les légions de Dacie obtinrent, pour leur fidélité, l'épithète distinctive *pia fidelis, pia constans.* La légion d'Apulum fit élever une statue en l'honneur de l'empereur (CIL III, 1172).

Commode étant assassiné en 192, les légions de Pannonie proclamèrent empereur, à Carnuntum (Deutschaltenburg), le légat Septime Sévère, en mars 193. L'armée de Dacie ne tarda pas à assurer le nouveau maître de Rome de sa fidélité. Celui-ci confia à son frère le gouvernement de la province. Les unités militaires de Dacie appuyèrent par la suite Sévère dans sa lutte contre les empereurs rivaux. Le règne de Septime Sévère fut particulièrement bénéfique pour les provinces danubiennes qui l'avaient, dès le départ, soutenu. La paix avec l'extérieur favorisait l'essor économique. Le redressement de la Dacie est en premier lieu attesté par les progrès de l'urbanisation : Septime Sévère accorda des autonomies municipales à trois agglomérations, et une quatrième fut élevée au rang de *colonia.* Ce fut probablement sous son règne que plusieurs villes de Dacie reçurent le privilège de *ius Italicum* : ces villes, qui bénéficiaient des mêmes droits que les terres d'Italie, n'étaient plus soumises à l'impôt.

L'insuffisance des recherches archéologiques ne nous permet pas encore d'étudier dans le détail la prospérité que la Dacie connut sous Septime Sévère. Il paraît cependant que l'essor, au lieu de s'étendre à l'ensemble de la province, se limitait essentiellement à la Transylvanie. Ses bénéficiaires principaux étaient les soldats des deux légions et ceux des troupes auxiliaires. Il est fort probable que la reconstruction et l'agrandissement des villes fut, à la suite des dévastations entraînées par les guerres marcomanes, le résultat d'une politique consciente d'urbanisation.

Sous Septime Sévère, la Dacie ne dut faire face à aucune attaque ennemie. Tous les camps militaires furent, après la longue guerre, reconstruits ; les levées de terre furent partout remplacées par des ouvrages de défense en pierre. D'après certains historiens, le *Limes Transalutanus* date lui aussi de cette période. En 212-213 la Dacie devint à nouveau le théâtre de combats : le Nord de la Transylvanie fut alors ravagé, vraisemblablement par les Daces libres, les Vandales et les Carps. La paix une fois revenue, Caracalla visita la province avant de conduire son armée à la guerre ayant éclaté dans les régions orientales de son empire.

Cependant, après l'assassinat de Caracalla, les Daces libres, « ravageant une bonne partie de la Dacie, eurent même l'audace de ramener avec eux les otages que Caracalla leur avait pris conformément au traité » (219) (Cassius Dio LXVIII, 27). Quant au dernier des Sévères, Alexandre (225-235), peu d'inscriptions, en Dacie, datent de son règne : elles étaient pour la plupart dédiées à l'empereur et à sa mère Iulia Mammaea, et les assuraient de la fidélité inconditionnelle de l'armée.

Les agglomérations. L'urbanisation en Dacie

Devenu propriété de l'Etat romain à la suite de la conquête, le sol dace fut divisé en *territoria* militaires, *territoria* municipaux et propriétés impériales, conformément au droit administratif romain. Trajan se hâta d'accorder à la Dacie le statut de *provincia,* d'autant plus que le maintien de l'administration militaire aurait inévitablement donné l'image d'un état de désordre et d'insécurité régnant dans la région nouvellement acquise, ce qui n'aurait pas manqué de décourager les colons que l'empereur s'employait à y faire venir. L'introduction d'une administration répondant aux besoins de la population rendait nécessaire la fondation d'une agglomération proprement civile, c'est-à-dire d'une ville. Ainsi fut fait en 110-112 au plus tard, lorsque l'empereur fonda, près de l'emplacement de Sarmizegethusa Regia, *Colonia Ulpia Traiana Augusta*, où il établit les vétérans des guerres daces. Les Daces restés dans la région ne furent guère encouragés à s'y installer ; en effet, l'évacuation de la population indigène y semblait plus qu'ailleurs nécessaire en raison de la rareté, dans ce pays montagneux, des terres arables. *Colonia Ulpia* resta la seule ville de Dacie jusqu'à l'avènement d'Hadrien. Elle fut par la suite appelée Sarmizegethusa Regia, quoiqu'elle fût située à 37 km à l'ouest de l'ancienne « capitale » de Décébale et qu'aucune agglomération n'y eût auparavant existé.

L'adoption des toponymes daces s'effectuait conformément à la pratique romaine habituelle. La transmission des noms de lieu daces s'explique par le fait qu'au moment où l'armée romaine, lors de la première guerre dace, envahit ce pays, les agglomérations existaient encore. Il suffit de se référer, sur ce point, au témoignage de l'empereur lui-même qui a noté dans son ouvrage sur les guerres daces les étapes de la progression de l'armée romaine. Le fragment qui reste de son journal contient la phrase suivante : « de là, nous continuâmes à avancer jusqu'à Bersobis, puis Aisisis ».

Bien entendu, la survie des toponymes daces ne prouve pas nécessairement celle des agglomérations indigènes surtout lorsque les villes romaines furent fondées sur ou près de l'emplacement des camps militaires supprimés, comme cela arrivait le plus souvent en Dacie. L'installation d'un camp romain dans une localité dace mettait naturellement fin à l'existence de celle-ci. Quand le camp se trouvait à proximité d'une localité indigène, il prit néanmoins le nom de celle-ci, comme c'était le cas d'Aquincum ou de Brigetio en Pannonie, ou de Singidunum en Mésie. Pour ce qui est de la Dacie, l'exemple de Sarmizegethusa Regia et de la Colonia Dacica témoigne de la liberté avec laquelle les Romains utilisaient les noms de lieu daces. Cela revient à dire que les noms daces des camps romains ne permettent ni d'identifier des colonies daces, ni de conclure à leur survie à l'époque romaine.

En créant les trois provinces daces, Hadrien fit fonder, pour faciliter l'organisation de l'administration civile, deux villes nouvelles. Le *vicus*, situé près du camp de Drobeta, sur le Danube, devint le *municipium* de la Dacie Inférieure. Le choix de ce lieu n'avait rien de fortuit. L'importance de la colonie qui protégeait la tête nord du pont s'était, en raison des progrès du trafic, singulièrement accrue, et le gonflement de sa population la disposait également à être dotée de l'autonomie municipale. Dans la province du Nord (en Dacia Porolissensis), ce fut Napoca (Kolozsvár) qui s'éleva au rang de *municipium*.

Or, l'urbanisation de la province ne progressait que très lentement. La fondation de la première ville fut nécessitée par la mise en place de l'administration civile ; celle des deux villes suivantes, par la création de provinces nouvelles. Les circonstances et l'ordre chronologique de la création des villes fondées ultérieurement nous sont peu connus. Le *vicus* du camp de Romula (Reşca, Olténie) devint *municipium* après le départ des troupes militaires, peut-être sous Antonin le Pieux ou sous Marc-Aurèle. Celui-ci fit élever au rang de ville l'agglomération civile située près du camp de la légion d'Apulum

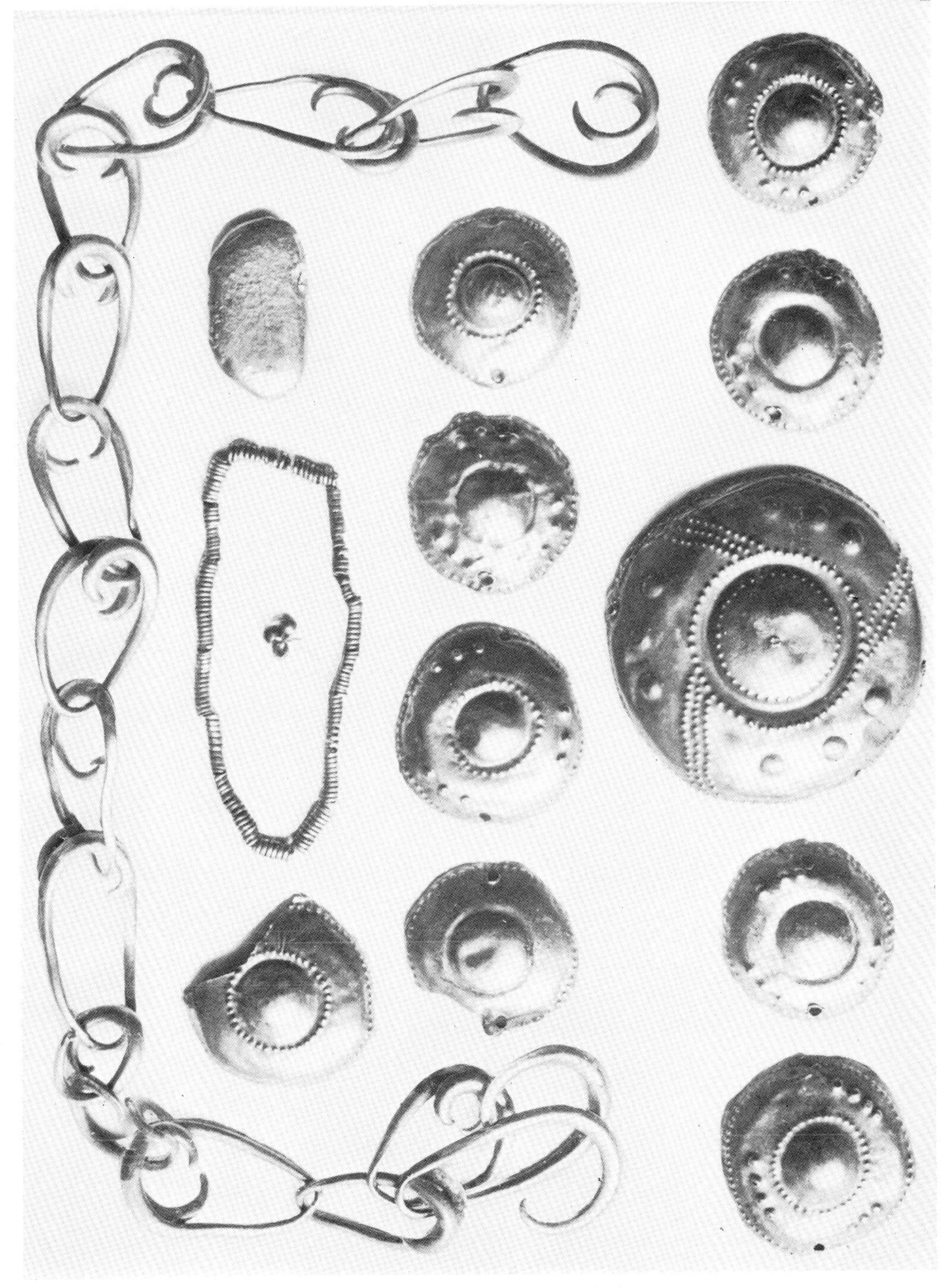

1. Objets d'or provenant de l'âge du bronze, Somogyom

1

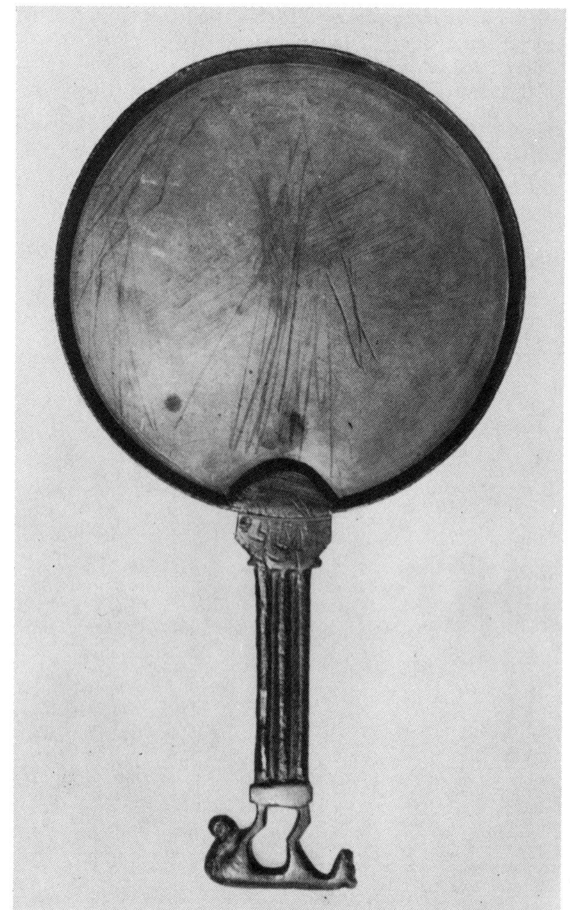

2

2. Objets scythiques: *1)* Cliquetant de bronze, Gernyeszeg; *2)* Miroir de bronze, Makkfalva

3. Bijoux d'argent daces: *1)* Torockószentgyörgy, environs de Nagyenyed et Nagyvárad; *2-3)* Nagykágya, Darlac et Cserbel

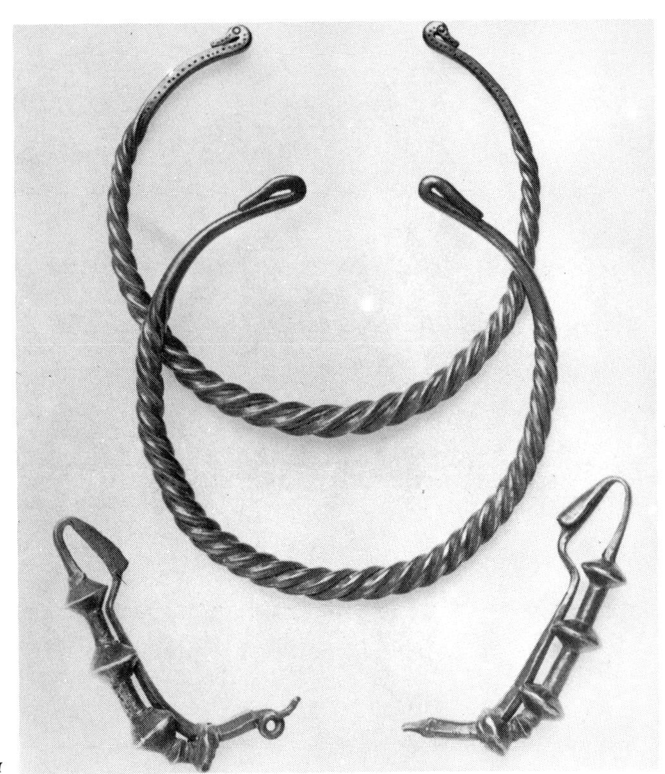

1

2–3

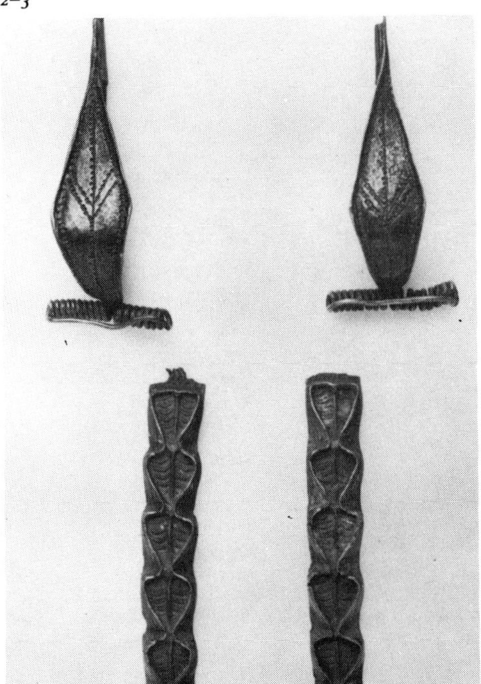

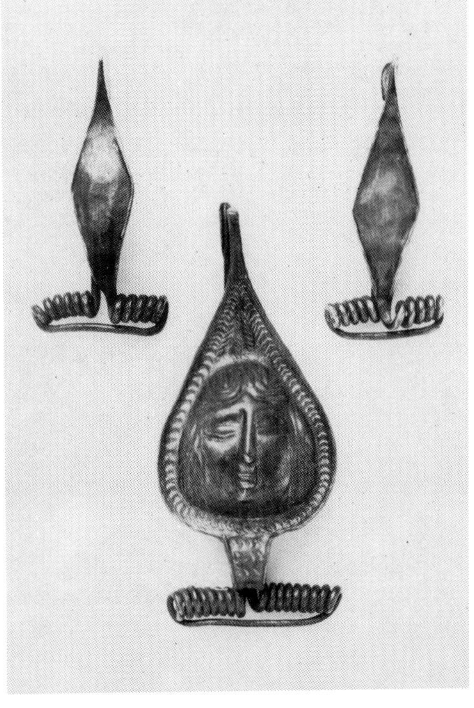

4. Monnaies provenant de la Dacie: *1)* Monnaie datant de l'époque de la fondation de la Dacie; *2-3)* Deniers frappés vers la fin des guerres daces, avec les figures symboliques de la Dacie soumise et du Danube; *4)* Monnaie frappée à Viminacium sous le règne de Philippus, avec la figure de la Dacie et les enseignes de ses légions

5. Tablettes de cire provenant de Verespatak

6. Plat d'apparat provenant de Bereck, un chef-d'œuvre des potiers goths de Transylvanie

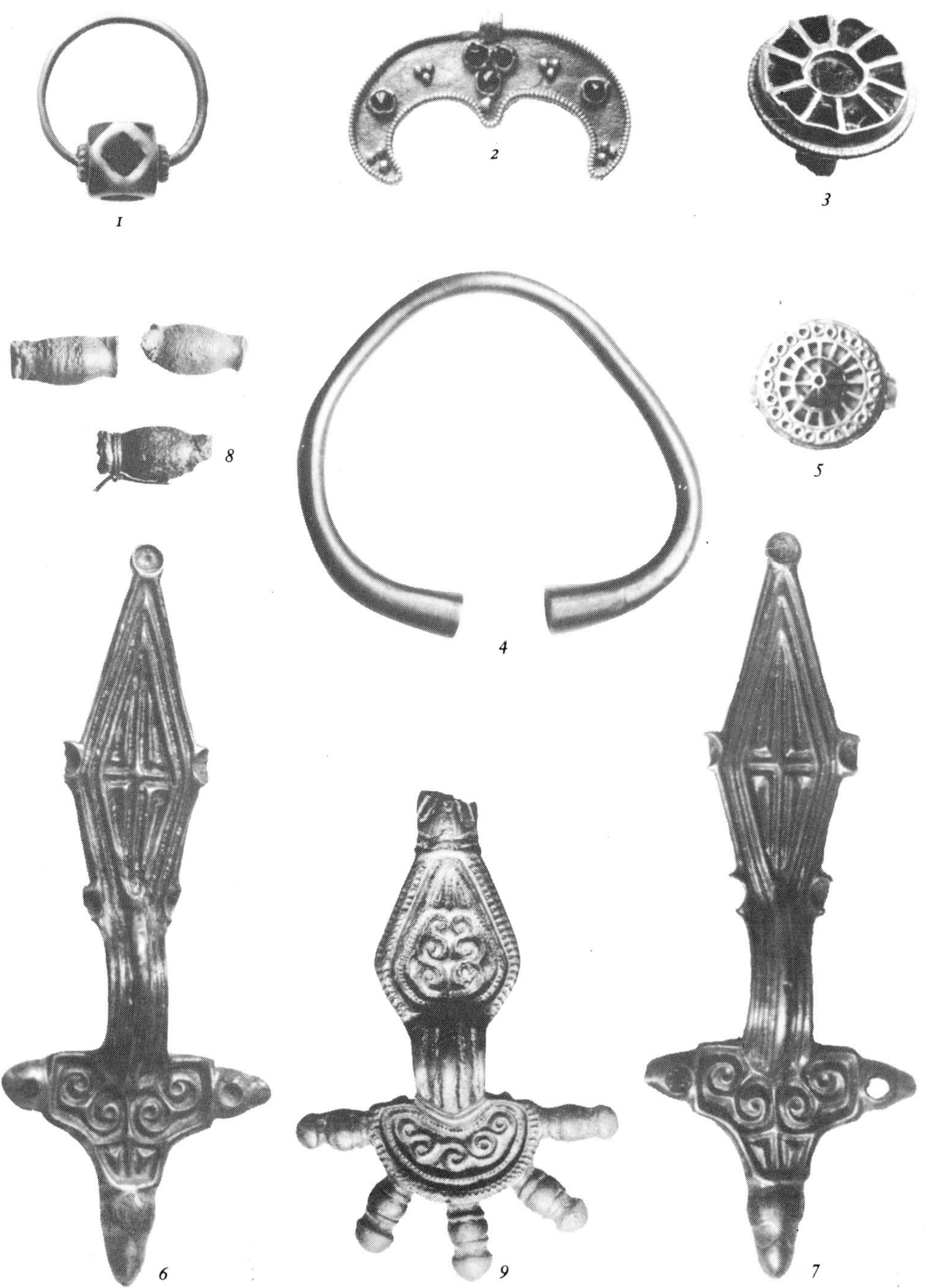

7. Bijoux gépides: *1)* Boucle d'oreille en or avec pierres précieuses, Bánffyhunyad *2)* Pendentif d'or en forme de croissant, Nagyvárad; *3)* Bouton émaillé de poignée d'épée, Transylvanie; *4)* Bracelet d'or, Transylvanie; *5)* Bague d'or, Nagyszentmiklós; *6-7)* Paire de fibules, Nagyvárad: *8)* Perles d'or; *9)* Fibule, Nagyvárad

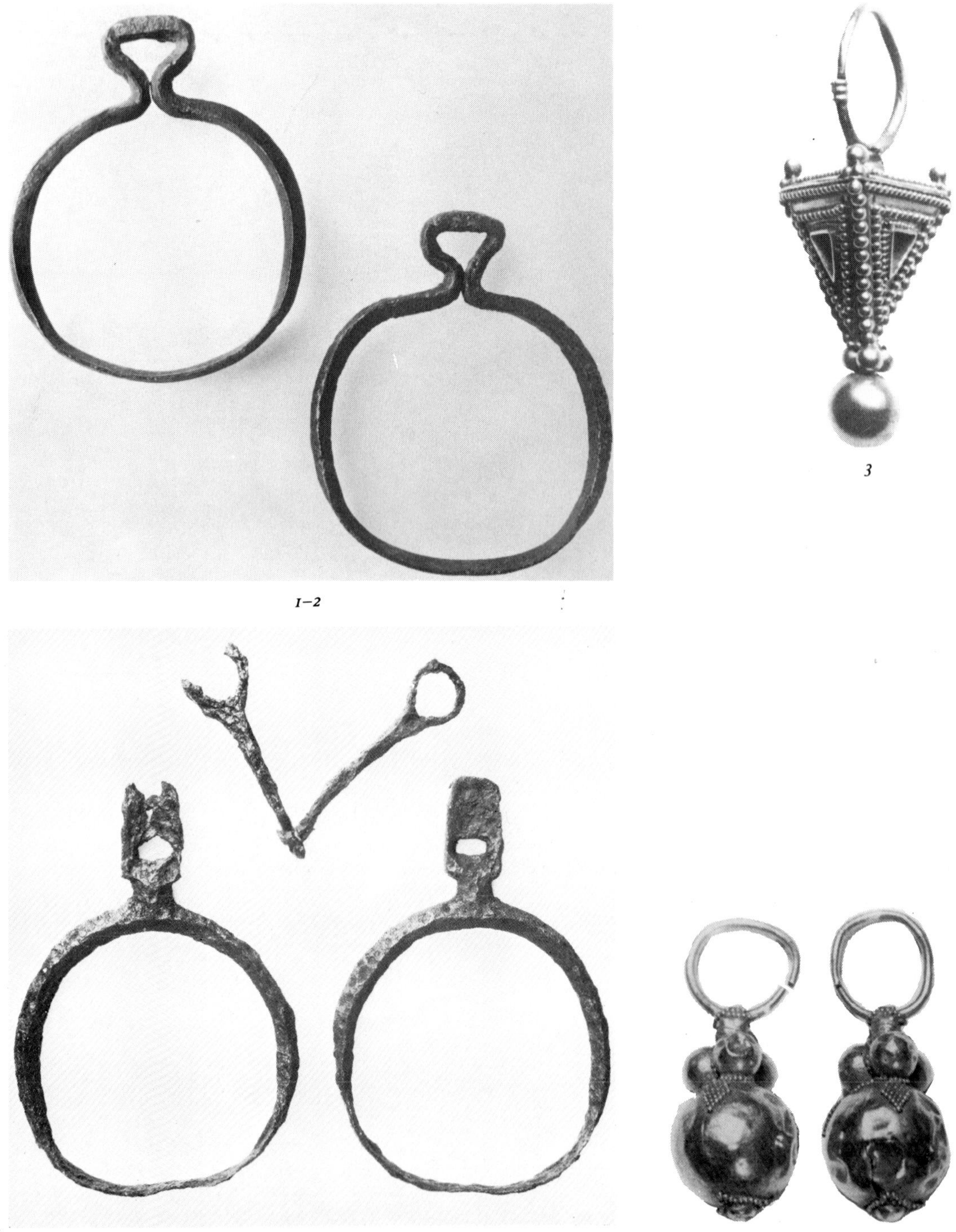

8. Mobiliers funéraires de la première époque avare: *1-2)* Paire d'étriers, Dicsőszentmárton; *3)* Boucle d'oreille en or provenant d'une ancienne collection privée de Transylvanie; *4-6)* Mors et étriers, Németpereg; *7)* Paire de boucles d'oreille, Torda

(Apulum I), que les sources signaleront un peu plus tard comme *colonia* : cette nouvelle promotion dut avoir lieu avant la fin du règne de Commode. Ce fut sous Septime Sévère que l'urbanisation fit de notables progrès. Les *canabae* des camps de légions d'Apulum (Apulum II) et de Potaissa accédèrent alors au statut de *municipia.* Les *vici* des camps de Tibiscum (Zsuppa) et de Dierna (Orsova), près du Danube, devinrent des *municipia* au IIIe siècle, peut-être déjà sous les Sévères, tandis que Drobeta fut promue au rang de *colonia.* Ce même honneur fut par la suite accordé à Potaissa et à Apulum II par l'empereur Caracalla. La ville de Malva, devenue *colonia* en 230, reste encore à identifier: de l'avis de certains, il s'agit de Romula, alors que d'autres la localisent ailleurs.

La Dacie comptait au total 11 à 12 villes, dont 3 ou 4 *municipia* et 8 *coloniae.* (Le statut d'Apulum est incertain, tandis que l'identité de Romula et celle de Malva sont contestées.) En regard d'autres provinces le nombre des villes est singulièrement bas : la Mésie supérieure — un peu plus petite que la Dacie — en comptait 13, la Pannonie, un peu plus grande, 20 à 23. Signalons que, dans d'autres provinces, le réseau urbain s'étendait à peu près uniformément sur l'ensemble du territoire tandis que les villes de Dacie se concentraient dans la moitié ouest de la province.

Les *civitates* qui, partout ailleurs, favorisaient la « civilisation » de la population indigène étaient complètement absentes en Dacie. Il semble que ce fut surtout pour cette raison que plusieurs (5 ou 6) agglomérations durent attendre le règne de Septime Sévère pour accéder au statut de ville. Les villes de Dacie pouvaient seulement naître des agglomérations militaires constituées à proximité des camps, puisque c'étaient là les seuls lieux où se constituaient des communautés suffisamment nombreuses. Or, cela était encore impossible au IIe siècle : la promotion au rang de *municipia* de ces localités administrées par l'armée (qui abritaient les familles des soldats, des vétérans, des commerçants et des artisans) devait s'accompagner de la cession d'une partie des *territoria,* puisque les terrains, pourtant nécessaires pour le ravitaillement des soldats, devaient être rattachés aux villes. Il fallut attendre le règne de Septime Sévère pour pouvoir procéder à la suppression des *territoria* militaires. Ces considérations avaient retardé les progrès de l'urbanisation de la Dacie. En raison du nombre élevé des camps, les surfaces occupées par les *territoria* militaires étaient singulièrement étendues, alors que la conquête tardive de la Dacie ajoutée aux faibles effectifs de la population civile ne permettaient pas l'apparition d'agglomérations civiles au sens exact du terme. Surgies uniquement en Dacie occidentale, ces villes, peu nombreuses, ne pouvaient que fort modérément servir de relais au rayonnement de la civilisation romaine.

Les efforts de colonisation entrepris après la conquête s'avérèrent plus ou moins vains, d'autant que les années 160 allaient marquer le début de départs massifs. Les pertes humaines entraînées par les ravages de la longue guerre et de la peste accentuèrent encore la régression démographique. Dans ces conditions, tout progrès urbain était impossible. De plus, le fléchissement de l'économie, à la suite des guerres marcomanes et en raison de l'absence totale d'autonomie municipale, conduisirent à des soulèvements populaires. Aussi Rome dut-elle prendre des mesures radicales pour promouvoir le peuplement de la province. L'octroi du *ius Italicum* — faveur accordée avant la fin du règne de Septime Sévère —, qui dispensait de l'impôt foncier les villes de Sarmizegethusa, de Napoca, d'Apulum, de Potaissa (et peut-être aussi de Dierna) devait favoriser l'immigration en Dacie. De fait, de nombreux Syriens et autres Orientaux vinrent s'établir en Dacie. C'est également sous les Sévères qu'on procéda à la création des institutions du culte impérial ainsi que de l'assemblée provinciale. (L'absence d'institutions du culte impérial destinées à exprimer le civisme des habitants est frappante, en Dacie, à l'époque précédente.) Réunissant les villes et les *civitates* indigènes, l'assemblée de la province, tout en servant d'instrument au culte impérial, représentait en plus les intérêts de la population dans la mesure où, après l'expiration du mandat du proconsul, elle avait le droit de dénoncer celui-ci à l'empereur pour ses abus et excès. Aucune preuve n'atteste, en Dacie, l'existence de cette institution avant l'avènement des Sévères, tandis que de nombreuses inscriptions en font par la suite mention. Le titre de *metropolis,* qui désignait le siège de l'assemblée de la province, n'apparaîtra pas avec le nom de Sarmizegethusa Regia avant le règne d'Alexandre Sévère (222-235).

L'institution singulièrement tardive de l'assemblée provinciale tient probablement à deux raisons. D'une part, comme les villes étaient peu nombreuses au IIe siècle, le gouvernement ne voyait pas encore la nécessité de créer l'assemblée provinciale, pas davantage que de s'efforcer plus particulièrement de propager le culte impérial, d'autant que les cérémonies de ce culte étaient régulièrement observées dans les camps militaires aussi bien que dans les villes où elles étaient du ressort des *augustales*. D'autre part, la faible population locale ne disposait pas de *civitates*. Mais la multiplication des villes et l'augmentation de la population urbaine sous les Sévères nécessitèrent la création de l'assemblée provinciale et des instruments du culte impérial. Conformément à l'usage dans les provinces de l'Est, le grand prêtre du culte impérial fut appelé en Dacie *coronatus* : « porteur de couronne ».

Ainsi, après un siècle d'occupation romaine, l'époque des Sévères apporta, en Dacie, le développement des villes et des structures de la vie urbaine. Cette période de paix allait cependant prendre fin au bout de deux ou de trois décennies, tout comme les efforts de romanisation lancés à partir de ces noyaux urbains.

La vie rurale ne nous est guère connue. Il semble que la formation des *villae* se limitait essentiellement aux régions urbanisées. Les bâtiments élevés au centre des propriétés terriennes, que les fouilles ont mis au jour, se trouvaient pour la plupart dans la partie occidentale de la province, notamment en Transylvanie, et uniquement à proximité des villes. Ces bâtiments avaient le plus souvent des dimensions modestes : ils occupaient une superficie de 400 mètres carrés en moyenne. La simplicité de l'aménagement intérieur et l'absence presque totale de tout luxe (mosaïques, fresques ou revêtements en marbre) laissent supposer que les *villae* devaient appartenir à des propriétaires petits ou moyens. On n'a guère découvert de *villae* dans la plaine d'Olténie, dont le sol est d'ailleurs beaucoup plus favorable à l'agriculture.

La population : Daces et colons

Eutrope signale, à propos de la population de la province, qu'« après la conquête de la Dacie, Trajan y fit venir de tous les coins du monde romain d'énormes masses de populations destinées à peupler les campagnes et les villes, puisque les hommes, à la suite des longues guerres de Décébale, y faisaient défaut » (VIII, 6, 2). L'historiographe établit ainsi une relation de cause à effet entre la diminution de la population indigène par suite de la guerre de conquête et le repeuplement entrepris par Trajan. Or, la transformation des territoires occupés en provinces romaines s'effectuait généralement par l'installation de vétérans dotés de terres, qui étaient suivis de leurs familles et de marchands. Ainsi, s'il ne s'était agi que de cela en Dacie, Eutrope n'eût pas dû insister. Il soulignait cependant le dépeuplement de la province, dû au dépérissement de la population dace.

Le sort de la population d'un territoire nouvellement acquis dépendait essentiellement de la manière dont Rome en avait pris possession. Lorsque l'annexion se faisait sans résistance armée, les pertes humaines des indigènes étaient négligeables. Or, ce n'était pas le cas en Dacie : le pays avait été incorporé dans l'Empire romain après deux lourdes guerres et des hostilités longues d'un siècle et demi, à l'occasion desquelles les Daces s'étaient attiré la haine des Romains (Cassius Dio, LXVII, 6, 1 et 6, 5). Les menées de Décébale les firent, après la première guerre, encore davantage exécrer ; à leurs yeux, ce fut le parjure du roi qui conduisit à la reprise des hostilités. D'autres agissements de Décébale confirmèrent encore les Romains dans leur conviction qu'ils avaient affaire à un adversaire déloyal : il s'employa à gagner à sa cause le prisonnier Longinus, puis, lorsque celui-ci fit marche arrière, « il eut l'audace de réclamer, contre la libération de Longinus, le territoire allant jusqu'à Istria ainsi que des dommages de guerre ». Sachant que Trajan ne pouvait satisfaire ces revendications, Longinus réduisit à néant les projets de Décébale en se donnant la mort (Cassius Dio, LXVIII, 12, 1-5). Décébale recourut alors à des sicaires pour tenter de faire assassiner Trajan à son quartier général de Mésie (Cassius Dio, LXVIII, 11, 3).

Ces actions du roi dace ne manquèrent pas de laisser des traces profondes dans l'esprit des Romains, si bien qu'elles allaient déterminer pour plusieurs siècles l'image que ceux-ci se faisaient des Daces. Il n'est donc pas étonnant que les Romains se fussent efforcés d'anéantir complètement les Daces. D'ailleurs, l'extermination de Barbares qui attaquaient l'Empire romain ne posait pas, à leurs yeux, de problèmes éthiques. Cette position, déjà affirmée par Auguste *(Res Gestae Divi Augusti 3)*, déterminait l'attitude romaine dans la pratique. Marc-Aurèle envisagea lui aussi un temps l'anéantissement des Iazyges (Cassius Dio, LXXI, 15, 1-2). Bien entendu, cet anéantissement ne signifiait pas seulement la mise à mort des récalcitrants, mais aussi la vente du reste comme esclaves et éventuellement l'enrôlement forcé des hommes dans l'armée des provinces lointaines. Par conséquent, les Daces qui restèrent jusqu'au bout fidèles à Décébale ne pouvaient espérer la miséricorde des vainqueurs : aussi la colonne triomphale de Trajan représente-t-elle, entre autres, le suicide collectif de l'aristocratie dace. Après la victoire, 10 000 gladiateurs — vraisemblablement des prisonniers de guerre daces pour la plupart — luttèrent aux jeux de cirque de Rome durant 123 jours. Médecin de l'empereur, témoin et historiographe de cette campagne, Criton dit que les Romains firent un grand nombre des prisonniers et que Trajan — sans doute après la bataille finale — ne laissa la vie qu'à quarante d'entre eux. Bien que ces chiffres soient sans doute exagérés, ils sont néanmoins très révélateurs des relations daco-romaines et des pertes humaines subies par les vaincus.

Les hommes restés en vie furent enrôlés dans des troupes auxiliaires pour être envoyés en *Britannia* ou en Orient. Leur sort ultérieur nous est inconnu. Rien ne prouve qu'aucun d'entre eux fût rentré dans son pays comme vétéran. Pour prendre la mesure du dépeuplement, rappelons que la nouvelle province se constituait justement sur la partie centrale du royaume de Décébale, c'est-à-dire sur le territoire où les pertes humaines étaient les plus élevées et pas seulement à cause des guerres, mais aussi en raison de la fidélité à Décébale dont beaucoup firent preuve jusqu'au bout, voire jusqu'à boire la ciguë. Ce fut dans cette région que les victimes furent les plus nombreuses : ceux qui ne furent ni exterminés ni vendus comme esclaves se réfugièrent dans des territoires où les Romains ne pénétraient pas encore.

Une étape importante de la constitution des nouvelles provinces était l'incorporation des populations indigènes dans des organisations territoriales administratives appelées *civitates peregrinae.* Au début contrôlées par l'armée, ces *civitates* associaient cependant les chefs du peuple à la direction des affaires. Plus tard, la direction des *civitates* revenait à l'aristocratie tribale *(principes),* qui se voyait conférer d'importants privilèges. Instruments de la romanisation, les *civitates* constituaient également les noyaux des futures communautés urbaines. Or, rien ne prouve l'existence de ces structures en Dacie. Cela tient, sans doute, en partie à l'absence d'aristocratie tribale. Celle-ci avait en effet été liquidée sous l'autocratie de Décébale ou anéantie avec la « noblesse » dace pendant les guerres. Il est à cet égard très caractéristique qu'il n'existe qu'un seul nom de peuple ou de tribu de l'ancienne Dacie qui ait survécu à l'époque romaine : il s'agit du *vicus Anar(torum),* villages des Anartes en Transylvanie du Nord (CIL III, 8060). Mais les habitants de ce village étaient non des Daces, mais des Celtes soumis par ceux-ci. Le seul *princeps* dont le nom est connu (Aurelius Aper) n'était pas dace lui non plus, mais un chef de tribu originaire de Dalmatie (CIL III, 1322). La seconde cause de l'absence de *civitates* doit être recherchée dans la faiblesse numérique de la population locale. Aussi le gouvernement ne voyait-il pas la nécessité de mettre en place des structures administratives qui favorisassent la romanisation du reste des Daces, ce qui eut pour conséquence que ceux-ci demeurèrent tout à fait étrangers à la civilisation urbaine. Les inscriptions relatives aux corps municipaux ne contiennent en effet aucun nom « thraco-dace ».

Les inscriptions et les données archéologiques nous permettent en général de connaître dans le détail la colonisation effectuée, comme dit Eutrope, « ex toto orbe Romano ». Les premiers immigrants étaient les vétérans des légions qui, devenus citoyens romains, s'établirent en Dacie lors de la fondation de Sarmizegethusa Regia. Ceux dont les noms témoignent de leur origine italique étaient en partie d'anciens soldats des légions de Pannonie de l'Ouest ou de Mésie. Bien que les inscriptions ne mentionnent que très rarement que tel ou tel homme était originaire de Pannonie de l'Ouest ou du Noricum, la diffusion de certains anthroponymes typiques révèle leur origine. Les coutumes funéraires caractéristiques de la Pannonie et du Norique, la présence massive de certains objets typiques et surtout quelques traits particuliers des vestiges mis au jour en Dacie du Nord nous amènent à conclure au nombre très élevé des colons originaires de ces provinces.

Un autre groupe venu du Moyen-Danube était originaire de la Dalmatie et il s'était établi, au témoignage de leurs inscriptions, tribu après tribu, sur le *territorium metalli.* Beaucoup d'entre eux n'étaient pas encore des citoyens romains, seulement des *peregrini.* Vivant complètement isolés des autres peuplades, ils étaient les premiers à exploiter les mines *(vicus Pirustarum)* des Monts Métalliques. Nombre de descendants de ces peuples venus de Dalmatie, du Norique et de Pannonie accédèrent aux rangs de l'oligarchie municipale. De Pannonie et du Norique venaient non seulement des citoyens romains, mais aussi des hommes portant des noms celtiques (Bonio, Bucco, Cotu, Veponius).

L'armée romaine avait, dans une large mesure, contribué à la diversité ethnique de la province. Les troupes auxiliaires stationnant en Dacie comprenaient de nombreuses unités organisées sur des bases ethniques. Aussi est-il surprenant de constater que le nombre des noms de personne thraces, malgré les effectifs très nombreux des soldats d'origine thrace et des hommes venus des Balkans, était très bas. Cela s'explique sans doute par le fait qu'au terme de leur service, les hommes des provinces limitrophes enrôlés dans l'armée rentraient, au lieu de s'établir en Dacie, dans leur pays natal. Beaucoup d'entre eux venaient des provinces orientales ou du Sud des Balkans, c'est-à-dire de l'aire linguistique grecque.

Dans les contrées à configuration accidentée, les Romains employaient volontiers des unités spéciales, comme par exemple les archers de Palmyre. Trois détachements de ce genre, en dehors d'autres troupes syriennes (des archers pour la plupart) et de diverses unités de Commagène, stationnaient dans l'Ouest de la Dacie. Le chiffre de la population originaire d'Asie Mineure ne cessa, après les guerres marcomanes, de croître.

Nous possédons environ 3 000 noms de personnes authentiques de Dacie, dont les trois quarts (près de 2 000) sont des noms romains, à côté de 320 noms grecs (ou grecs orientaux), 120 noms illyriens, 70 noms celtiques et 60 noms sémitiques (ou syriens). Le nombre des noms thraco-daces est lui aussi de 60, c'est-à-dire seulement 2 pour 100 de l'ensemble des données onomastiques. Ce sont pour la plupart des noms thraces authentiques ; ceux qui les portaient étaient sans doute originaires des régions situées au sud du Danube. Comme on n'est pas encore parvenu à distinguer avec certitude les uns des autres, les anthroponymes de ces deux peuples — dace et thrace — dont la parenté est encore sujet à discussion —, il semble préférable de les recenser ensemble. Ce qui est par contre certain, c'est que les noms de personne authentiquement daces (Bitus, Butus, Decebalus, Diurpanaeus, Sassa, Scorilo) se rencontrent justement non en Dacie, mais dans d'autres provinces de l'Empire romain, où les Daces étaient vendus comme esclaves. Au Norique, où la romanisation avait commencé un siècle plus tôt, les noms de personnes indigènes constituent pourtant 24 pour 100 de l'ensemble des données onomastiques. Il est donc évident que la participation des Daces fut, au point de vue de la romanisation de la province, minime.

L'établissement en Dacie des groupes humains originaires du Norique, de Pannonie et d'Illyrie est attesté par la présence d'un grand nombre de tumulus dans toute la province, notamment en Transylvanie. La coutume d'élever un tertre au-dessus des cendres des défunts brûlés au bûcher était particulièrement fréquente en Pannonie occidentale et dans l'Est du Norique. En dehors des tumulus, les vases d'argile (pots à trois pieds, couvercles en forme de plats, grands plats à parois verticaux) caractéristiques du Norique et de Pannonie, retrouvés près des corps témoignent encore des liens étroits entre le Norique, la Pannonie et la Dacie. Le plus grand cimetière de colons venus du Norique et de Pannonie se trouve à Szászhermány, où l'on a recensé 300 tumulus. D'autres encore se trouvent à Kálbor et à Magyarigen. A côté des tertres de terre, il en existe d'autres qui sont entourés de murs ou de remparts. Un des premiers exemples de ce dernier type a été mis au jour à Sarmizegethusa où un immense tumulus d'un diamètre de 21 mètres s'élève sur la tombe d'une fillette de la famille des Aurelius. Le petit cimetière de Csolnakos, dont les petits tertres sont entourés d'un mur rond, a son pendant à Carnuntum, en Pannonie occidentale (Deutschaltenburg).

En dehors des rites funéraires, nous avons très peu d'indications relatives aux croyances des peuples du Norique et de la Pannonie. Ceux qui venaient des pays celtiques et germaniques devaient apporter le culte de Sulaviae, d'Epona et d'Hercules Magusanus. La propagation du culte de Silvanus en

Dacie témoigne peut-être d'influences pannoniennes. Un autel de Iuppiter Depulsor renvoie aux environs de Poetovio, en Pannonie du Sud-Ouest, où l'on a retrouvé des autels similaires dédiés à Jupiter protecteur ; l'autel de Dacie est d'ailleurs l'œuvre d'un artiste de nom illyrien.

Les peuples venus du Sud et de l'Orient, notamment de Syrie, nous ont légué très peu d'objets usuels ou de parures, tandis que les vestiges relatifs à leur religion sont abondants. Il ne fait aucun doute que les dalles funéraires représentant le défunt au milieu du repas de funérailles ont une origine méridionale, et plus particulièrement grecque. La diffusion, notamment dans la partie méridionale de la province, des images de culte en marbre des divinités équestres du Danube remonte également à des influences méridionales. L'industrie céramique de la Dacie du Sud accuse des parentés avec celle de la Mésie.

Le nombre important des autels et des temples dédiés aux dieux de leurs pays *(Diis patriis)* par les peuples venus du Moyen-Orient témoigne de leur attachement à leur terre natale, aussi bien que de la solidité et de l'intimité de leur vie religieuse. Ils vénéraient avant tout la divinité principale de Doliche, qu'ils identifiaient à Jupiter et dont le culte se propageait en Dacie par d'innombrables autels et images consacrés à son culte. Les Palmyriens avaient leurs propres temples à Sarmizegethusa, à Porolissum et à Micia. Les origines et la variété des mythologies répandues dans la population sont révélées par les noms de nombreuses divinités orientales retrouvés dans les inscriptions (Iuppiter Tavianus, Erusenus, Mater Troclimene, Iupiter Heliopolitanus, Azizus, Bonus Puer, Balmarcades, Mabarazes, Malagbel, Bellahamon, Benefalarobolas).

La Dacie faisait partie des provinces latinophones : le latin étant la langue de l'administration, les inscriptions officielles étaient rédigées et gravées en latin. La diffusion du latin était promue par l'arrivée en Dacie de légionnaires et de colons venus d'Occident, pour peu qu'ils descendent de familles italiques et qu'ils parlent eux-mêmes cette langue. Pour ce qui est des Illyriens et des Celtes, il est fort peu probable qu'ils fussent parvenus à un haut niveau de romanisation, car ils avaient gagné la Dacie très tôt. Il se peut qu'ils aient parlé le latin, sans toutefois l'avoir complètement assimilé : ils auraient dû parvenir à une romanisation totale en Dacie. Tel fut le cas des Pirustes de Dalmatie. D'autres immigrants venaient de régions où la langue administrative était le grec. Une partie de ceux-ci arrivaient de territoires dont la population était peu hellénisée. Aussi parlaient-ils encore leur propre langue, comme par exemple les Galates. Beaucoup plus nombreux étaient cependant les Palmyriens (les archers et leurs familles), qui avaient leur écriture propre, dont ils se servaient éventuellement sur les inscriptions de Dacie. Quelque rares qu'elles soient, ces inscriptions ne sauraient être négligées, d'autant plus qu'elles sont complètement absentes chez d'autres communautés syriennes établies en Europe. Les inscriptions grecques sont assez fréquentes, et — ce qui n'est pas sans surprendre dans une province de langue latine — on les retrouve non dans une ville donnée, mais un peu partout en Dacie, tout comme les inscriptions en langue syrienne. Les textes en grec ou en langues orientales gravés sur les briques ou les parois des pots sont également fréquents. L'usage du latin et du grec était donc généralement répandu dans la province. Il est très significatif à cet égard qu'Apulum fût nommé « Ville d'Or » non en latin mais en grec (Chrysopolis) et qu'on se servît d'un vocable grec pour désigner le grand prêtre du culte impérial.

Les immigrants venus du Sud arrivaient de Thrace (où la langue officielle était le grec) et de Mésie (de langue officielle latine). Or cette dernière province était en réalité de langue mixte: on y parlait aussi le grec. L'arrivée des Thraces en Dacie ne devait pas favoriser la diffusion du latin : ils étaient pour la plupart des soldats, dont la langue de service était le latin, mais dont le pays natal faisait plus ou moins partie de l'aire de la langue grecque. Ils conservèrent longtemps leur langue maternelle: leurs noms très caractéristiques subsistèrent jusqu'aux débuts de l'époque byzantine. Par conséquent, les soldats d'origine thrace — qui, au début du IIe siècle, ne relevaient de Rome que depuis une soixantaine d'années — ne pouvaient pas avoir le latin comme langue maternelle en Dacie non plus. L'exemple des Thraces — un des peuples les moins romanisables de l'Empire — nous avertit que — en admettant la parenté thraco-dace — ce processus de romanisation devait se dérouler avec une pareille lenteur chez les Daces. Cela revient à dire que, dans la province romaine de Dacie — qui n'a existé que pendant 165 ans, c'est-à-dire beaucoup moins que toute autre province —, les indigènes ne pouvaient pas assimiler la langue latine.

La carte linguistique de la Dacie est, de ce fait, extrêmement complexe. La langue qui pouvait servir d'instrument à la création de l'unité linguistique était le latin, langue officielle de la province; il n'y avait cependant que les officiers de l'administratiton et de l'armée et la majorité des soldats de la seule légion qui y avait stationné avant 167 et de la seconde, arrivée après cette date, qui le parlaient — ou presque — comme leur langue maternelle. Pour que les indigènes fussent à même d'assimiler le latin, les immigrés auraient tout d'abord dû constituer de solides communautés de langue latine.

Les chances de romanisation de la population étaient donc assez limitées. Il semble même que le gouvernement romain fit en Dacie beaucoup moins d'efforts qu'ailleurs pour romaniser les indigènes. Or, il faut voir à ce propos quelle était la composition réelle de la population locale. Au témoignage des fouilles archéologiques, des restes de la population dace subsistaient encore dans la province. On a mis au jour un petit nombre de leurs colonies et cimetières, mais leur datation continue à poser des problèmes, et il n'est pas prouvé que toutes ces agglomérations restaient habitées après la conquête romaine. A Obrázsa, Maroslekence, Mezőszentjakab, Radnót et Segesvár, on a retrouvé des tombes rattachées aux villages indigènes. (Cependant, les inscriptions de celles de Segesvár portent uniquement des noms illyriens.) Les cimetières attribués à la population locale ne furent plus utilisés après l'évacuation de la province par les Romains. La plupart des ces cimetières contiennent d'ailleurs des tombes renfermant des cendres : après avoir incinéré les défunts à un endroit communément utilisé à cette fin, on mettait leurs cendres dans une fosse — généralement de forme ovale — creusée dans le sol, ou bien on les déposait dans des urnes. Ces dernières sont généralement attribuées aux Daces quoique, dans d'autres provinces, ce rite fût pratiqué par la population romaine. Plus rares sont les tombes dont les défunts avaient été brûlés au bûcher sur le lieu même de la sépulture — c'est le cas de la plupart des tumulus. Parfois les cimetières témoignent de la coexistence de divers rites. Les tombes à squelettes commencent à se multiplier dans les cimetières urbains à partir de la fin du IIe siècle (Apulum, Napoca).

Lors de l'examen ethnique de ces cimetières, il faut tenir compte de l'établissement dans la province de deux groupes connus de Daces libres, arrivés dans les dernières années du IIe siècle. Dans certains cimetières de Dacie (notamment à Mezőszopor), on a retrouvé des bijoux en argent attribuables aux Carps, établis au-delà des frontières orientales de la province.

La matière archéologique provenant des Daces restés dans le pays après la conquête romaine est très pauvre : à côté des vestiges d'habitations et de cimetières, les fouilles ont seulement mis au jour quelques poteries. Ils n'ont laissé aucune inscription, pierre taillée, représentation vestimentaire, ni de bijoux. Les vestiges de leur civilisation matérielle se limitent presque exclusivement à des objets de poterie.

A l'époque romaine, seuls quelques types subsistent de la riche céramique dace des siècles précédents. Ces produits ont été presque tous façonnés à la main : l'emploi du tour est bien rare après la dislocation du royaume dace. Les parois des pots étaient parfois ornés par l'impression des doigts et de diverses décorations imitant des fils retors. Le « bol dace », trapu, à parois épais, évasé en forme d'arc près de son bec et muni en général d'une, et plus rarement de deux anses, est également une pièce très caractéristique. Toute cette gamme d'objets reflète une civilisation assez fruste, probablement liée à la persistance du mode de vie rudimentaire des couches inférieures de la société dace d'avant la conquête.

La céramique dace de l'époque de l'occupation romaine met en lumière la diffusion très limitée, dans la province, de la romanisation. Tandis qu'en Pannonie les poteries façonnées à la main disparaissent avant la fin du IIe siècle pour céder la place, au siècle suivant, à une céramique uniformément fabriquée au tour, on ne constate guère, en Dacie, d'interaction entre l'art des indigènes et celui des colons. La permanence de l'industrie céramique dace atteste justement la non-romanisation des indigènes. Processus long et complexe, cette romanisation, qui peut être suivie dans le détail dans d'autres provinces grâce aux fouilles archéologiques, ne saurait être démontrée dans le cas de la Dacie.

Ailleurs, la romanisation conduisait progressivement à l'assimilation par la population locale de divers éléments de la civilisation romaine (coutumes, etc.). La diffusion des techniques romaines changea tout d'abord la vie matérielle. Les conditions de vie de certaines couches de la société se transformèrent elles aussi. Dans la plupart des cas, la romanisation fut plus ou moins librement acceptée, favorisée par la mise en place des structures administratives et des *civitates*, de même que par l'urbanisation et le service militaire. Les tribus finirent par se désintégrer ; les longues années de service militaire, la participation à la vie urbaine et au commerce entraînaient des mutations profondes dans la société. Cette évolution, qui s'étalait sur plusieurs générations, conduisait d'abord au bilinguisme, puis à la substitution du latin à la langue des indigènes. Dans les provinces occupées par l'Empire romain, ce processus nécessitait généralement 400 ans — voire plus — pour s'accomplir. La romanisation était accompagnée et appuyée de certaines mesures venues de l'extérieur, et les fouilles archéologiques permettent de suivre les étapes d'une intégration et d'une assimilation progressives. Or, il n'existe aucune trace de cette évolution en Dacie.

De plus, la diversité des langues parlées par les populations établies en Dacie par les Romains ne favorisait guère l'adoption du latin par les Daces autochtones. En effet, on conçoit difficilement comment les soldats thraces ou syriens des camps militaires auraient pu le leur apprendre. Etant le moteur de ce progrès dans les autres provinces, les *civitates* y étaient complètement absentes. Leur manque, en Dacie, est tellement frappant qu'on est inévitablement amené à l'expliquer non seulement par la faiblesse numérique de la population, mais aussi par le renoncement des Romains à tout effort sérieux de romanisation. L'aristocratie tribale, à laquelle ils auraient pu s'adresser, avait été anéantie par les guerres. Progressant avec une extrême lenteur, l'urbanisation n'avait atteint qu'une partie de la province. Les indigènes restèrent complètement étrangers à la vie urbaine, alors que ça eût été la seule voie possible de la romanisation.

Nulle trace de l'enrôlement des indigènes en unités militaires *linguistiques*, comme c'était le cas dans d'autres provinces au bout de quelques décennies après la conquête. Les vestiges de la vie religieuse ne portent aucune empreinte d'une mythologie dace ; pas une seule divinité dace ne nous est connue dans cette province. Malgré les tentatives de certains historiens, on n'a pas pu prouver que le culte de certaines divinités romaines cachait en fait la vénération d'un dieu local transmué par l'*interpretatio Romana*. Trait essentiel de la civilisation romaine, les inscriptions n'étaient nullement pratiquées par les Daces.

La province romaine de Dacie exista pendant 165 ans. L'assimilation en général et la substitution du latin à la langue locale ne pouvaient s'opérer en un temps si court. Dans la Pannonie, pourtant voisine de l'Italie, ou dans d'autres provinces, les 160 premières années de l'occupation romaine ne suffirent même pas à la romanisation de la civilisation matérielle de la population locale. Les objets usuels et les costumes n'avaient pas changé avant les guerres marcomanes et il fallut encore 200 ans pour que la romanisation progresse en profondeur. En Dacie, les ravages des guerres marcomanes furent suivis de l'établissement de colons d'origine orientale ; ensuite, au terme des guerres mettant fin au bien-être relatif de la génération de l'époque des Sévères, les Romains évacuèrent la Dacie. D'autre part, rien n'atteste la romanisation des groupes de Daces dispersés sur le territoire de la province et leur attachement à cette romanisation après le départ des Romains. L'assimilation du latin comme langue maternelle — qui marqua partout ailleurs l'aboutissement de ce processus — est non seulement indémontrable en Dacie, mais encore formellement démentie par les matériaux de recherches historiques et sociales.

Effondrement et retraite

Dans les années 220, la Dacie vécut la dernière décennie de paix de son histoire. L'année 231, où l'empereur Alexandre Sévère partait, à la tête de l'armée d'Illyrie, pour sa peu glorieuse campagne perse, marque également la fin de la migration des Goths venant du nord-ouest vers la mer Noire, dont la première étape avait déjà mis en branle les peuples du Bassin carpatique. Arrêtés dans leur marche par la mer Noire, les Goths s'établirent sur les côtes septentrionales de celle-ci et en Ukraine du Sud. Mais leur fixation ne fut que provisoire et n'apporta la paix ni à l'Empire romain ni à la Dacie. En fait, les Goths se servirent de cette courte période de trêve pour rassembler leurs forces avant de partir, dès le milieu des années 230, à l'assaut des provinces balkaniques et de la Dacie, où ils firent des ravages plus terribles que l'Empire romain n'avait jamais connus auparavant. La première incursion eut lieu sous le règne de Maximin (235-238). En 236, l'empereur ajouta l'épithète *Dacicus Maximus* à ses titres, ce qui révèle que la guerre avait déjà atteint la Dacie. La province était alors menacée surtout par les attaques incessantes des Daces libres et des Carps, poussés vers l'Ouest par les Goths. Les luttes se poursuivirent sous Gordien III (238-244) : les Carps s'efforçaient alors de franchir le *Limes Transalutanus*. Les trésors enterrés en Dacie, en Dobrudja et en Mésie

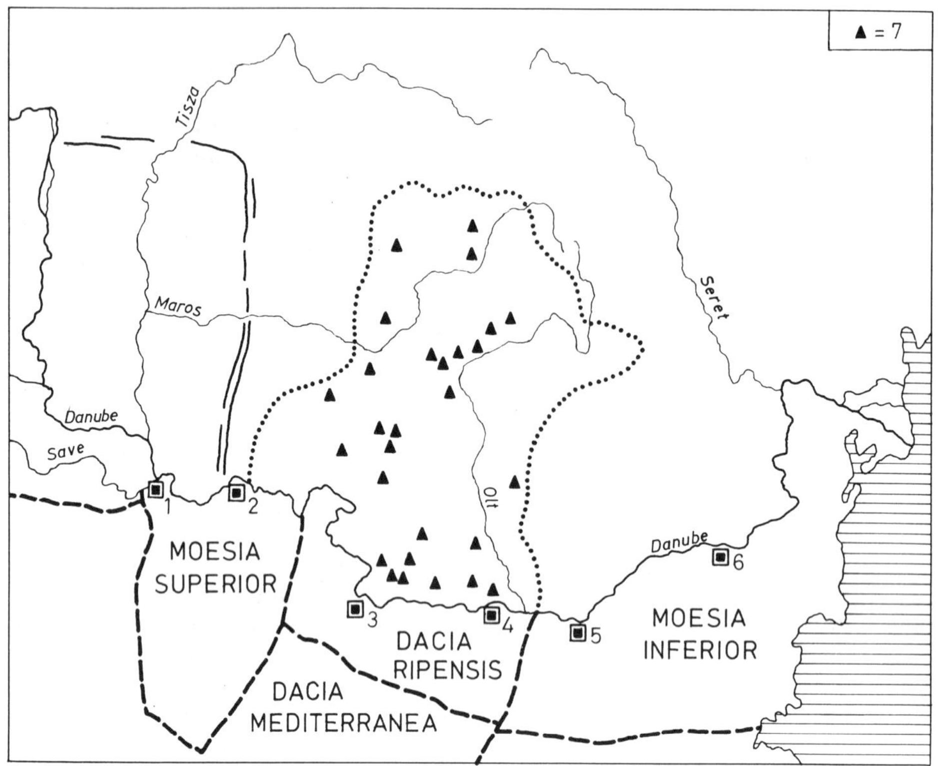

Carte 3. L' abandon de la Dacie

1 — Singidunum, 2 — Viminacium, 3 — Ratiaria, 4 — Oescus, 5 — Novae, 6 — Durostorum, 7 — Monnaies enfouies au milieu du IIIe siècle, indiquant le dépérissement de la Dacie

témoignent de la peur panique causée par leurs incursions. Nous possédons beaucoup de trésors monétaires enfouis sous Gordien III et ses successeurs que leurs propriétaires ne purent jamais déterrer. L'assemblée de la province de Dacie eut juste le temps d'exprimer sa reconnaissance à Gordien (CIL III, 1454), avant que le *limes* au-delà de l'Olt ne s'effondrât sous l'offensive vigoureuse des tribus carpes (245-247). Malgré quelques victoires éphémères dues à l'intervention de troupes venues de Pannonie, Rome fut incapable de conserver le *Limes Transalutanus.* L'insuffisance des recherches archéologiques ne nous permet pas d'établir la date exacte de l'évacuation définitive de ces fortifications par l'armée romaine; de toute façon, elle eut lieu avant 248 puisque, à cette date, le *limes* de l'Olt constituait déjà la ligne de front. Située sur l'Olt, Romula fut alors entourée de murailles par les soldats des légions de Mésie supérieure et de Germanie (IDR II, 324-328).

En 246-248, après que la frappe des monnaies eût cessé en Mésie, on créa un atelier à Viminacium, essentiellement pour pouvoir payer la solde des unités militaires du Bas-Danube. Pendant onze ans, celui-ci pourvut en pièces l'ensemble de la Dacie qui obtint d'ailleurs le droit de frapper sa propre monnaie. Mais les combats ne prirent pas fin.

Trajan Decius (249-251), dont on érigea une statue de bronze à Sarmizegethusa, est appelé *restitutor Daciarum* par une inscription d'Apulum. En 250, il prit aussi le titre de *Dacicus Maximus,* ce qui signifie qu'il avait réussi à refouler les attaques ennemies. Or, la circulation des monnaies cessa dans les camps militaires de Transylvanie orientale vers le milieu du IIIe siècle : les soldats avaient probablement quitté ces fortifications. La *Tabula Peutingeriana,* carte provenant de cette époque qui n'indique ni les routes à l'est de la Transylvanie ni le *Limes Transalutanus,* témoigne également de l'évacuation des régions du Nord-Est. Nul doute : les incursions des Carps avaient contraint la population à chercher refuge au sud du Danube, en Mésie. Sous le règne de Philippe l'Arabe, la mère du futur empereur Galère avait, devant la menace carpe, quitté la Dacie (Lactantius, *de mortibus persecutorum,* 9, 2 ; Aurelius Victor, *epitomae de Caesaribus* 10, 16). Elle ne fut probablement pas la seule à prendre cette décision.

Nos sources sont très laconiques au sujet des incursions que la Dacie a dû essuyer. C'est que les combats décisifs se déroulaient dans les Balkans, et que l'importance stratégique de la Dacie allait en diminuant. Gallien devint *Dacicus Maximus* en 257, ce qui revient à dire qu'il avait arrêté les Carps. Ce fut dans ces années-là que les derniers travaux de construction furent effectués dans plusieurs camps de la province. Les larges ouvertures des portes des camps d'Énlaka, de Barcarozsnyó, de Sebesváralja et de Porolissum furent entièrement ou partiellement murées pour limiter les lieux de passage éventuels de l'ennemi. D'après nos sources, les inscriptions, à partir du règne de

Fig. 2. Autels élevés à Poetovio, en Pannonie occidentale en l'honneur de Mithras par les légions évacuées de Dacie dans les années 260

Gallien, ne furent plus pratiquées en Dacie. La régression de la circulation des monnaies en Dacie de l'Ouest est évidente : en fait, à l'exception du camp militaire d'Apulum, on ne trouve guère de pièces provenant des camps ou des villes de cette époque. La pénurie monétaire qui accompagna les crises du milieu du IIIe siècle, devint ici particulièrement aiguë par suite de la fermeture, en 257-258, de l'atelier de Viminacium. Les défaites successives sur tous les fronts de cette guerre de trois décennies, l'état catastrophique de l'économie, la persistance du manque d'instrument monétaire et les crises politiques intérieures firent sombrer l'Empire dans l'anarchie. Cependant, au terme de toutes ces tribulations dues aux incursions ennemies, Gallien s'employa, dès la fin des années 250, à réorganiser son empire. Il mit sur pied une armée mobile, composée d'unités détachées de plusieurs légions, et refoula, en 260, les Alamans qui menaçaient déjà l'Italie. Il réussit également à consolider les positions romaines sur le Rhin.

Pour mieux assurer la défense de l'Italie et de l'Illyrie, Gallien créa un camp militaire central à Poetovio (Ptuj, Yougoslavie), que sa situation géographique prédestinait à ce rôle. Dans les années 260, les légions de Dacie — la *legio V Macedonica* et la *legio XIII Gemina* — s'établirent durablement dans cette ville, sous le commandement du *praepositus* Flavius Aper. Des inscriptions de marbre et des bas-reliefs témoignant de leur séjour ont été retrouvés au 3e sanctuaire de Mithra, reconstruit et aménagé par ces deux légions. La présence de l'état-major à Poetovio prouve qu'un grand nombre de détachements — sinon tous — des deux légions devaient stationner dans cette ville. Rome avait donc retiré ses troupes de la Dacie assaillie par les Barbares, laquelle avait définitivement perdu sa fonction militaire. Cette mesure était une suite logique des évacuations antérieures de territoires et annonçait les événements à venir.

La réorganisation des provinces danubiennes était favorisée par l'essoufflement des Goths au terme de leurs campagnes successives. En 269, Claude II défit complètement leur armée près de Naissus (Niš, Yougoslavie), ce qui lui valut l'épithète de *Gothicus*. Son successeur Aurélien, avant de partir pour la guerre d'Orient, nettoya l'Illyrie et la Thrace des pillards barbares, puis traversa le Danube et battit les Goths sur leur propre territoire. Le roi goth Cannabaudès trouva la mort dans cette guerre. Les hostilités cessèrent alors dans la région du Bas-Danube, ce qui apporta enfin le soulagement de la population, mais la Dacie ne pouvait plus être conservée. Sur les monnaies frappées en 270, c'est-à-dire au début du règne d'Aurélien, les exergues GENIUS ILLYRICI, PANNONIA et DACIA FELIX annoncent l'importance de l'Illyrie et le « bonheur » de la Dacie qui venait d'être sauvée.

Il n'est pas exclu que cette inscription fît allusion à la délivrance de la Dacie trajanienne, il est cependant beaucoup plus probable qu'elle célébrât seulement la sauvegarde de la population et la fondation de la nouvelle Dacie, au sud du Danube. En effet, Aurélien, qui se rendit personnellement sur les lieux pour mesurer la gravité de la situation, décida de renoncer à cette province terriblement ravagée et dépeuplée à la suite des invasions. Les quelques unités militaires qui y stationnaient encore furent retirées et le reste de la population fut transféré en Mésie. Pour garder les apparences, on créa entre les deux Mésies une nouvelle province appelée *Dacia Ripensis*, avec Serdica (Sofia) pour capitale.

Les derniers quarante ans de l'histoire de la Dacie prouvèrent une nouvelle fois ce qu'on avait déjà constaté sous Hadrien, à savoir que la Dacie n'avait aucune importance stratégique du point de vue de la défense des provinces 60 balkaniques et des parties centrales de l'Empire. Sarmates et Goths avaient pu ravager sans difficultés les deux Mésies et la Thrace à travers elle, car plusieurs dizaines de milliers de soldats n'étaient pas capables de défendre ses longues frontières. Par l'évacuation de la Dacie, Aurélien augmenta la solidité du *limes* considérablement raccourci, tout comme dans le triangle délimité par le Rhin et le Danube en Germanie et en Rhétie. Il ramena le *limes* danubien à son état de la fin du Ier siècle. La *legio XIII Gemina* rentra en Ratiaria, tandis que la *legio V Macedonica* reprit ses quartiers à Oescus, où elle avait stationné 170 ans plus tôt. Après avoir ainsi raccourci la ligne de front, Aurélien conduisit vers l'Orient une partie de l'armée d'Illyrie avec la ferme conviction d'avoir assuré la sécurité des provinces balkaniques.

Le sort de la population de la Dacie après la retraite des Romains

Nos sources relatent d'une manière identique l'évacuation de la Dacie. Consultons par exemple Eutrope (IX, 15) à ce sujet: Aurélien, «après la destruction de toute l'Illyrie et de toute la Mésie, fit évacuer la province de Dacie fondée par Trajan au-delà du Danube, renonçant à toute possibilité de la conserver. Aussi fit-il établir les Romains des villes et des campagnes de Dacie au centre de la Mésie, territoire auquel il donna le nom de Dacie. Celle-ci divise maintenant la Mésie en deux et se trouve, vue selon le courant de l'eau, sur la rive droite du Danube, alors qu'elle était auparavant sur sa rive gauche». On se demande donc s'il était malgré tout possible pour des *masses* de citoyens romains, parlant latin mais abandonnées par l'Empire, de demeurer sur le territoire de l'ancienne province, puis de survivre à la migration des peuples et de devenir finalement les ancêtres d'un peuple néo-latin. Le témoignage d'Eutrope ne saurait être remis en question que si les conditions démographiques et historiques de la fin du IIIe siècle n'avaient pas permis ou justifié un tel transfert de population, ou si on pouvait démontrer la présence *massive* dans la province, après 271, de populations parlant latin, c'est-à-dire parvenues au plus haut degré de romanisation. Ce n'est pas un hasard si nous insistons sur le mot *massive*: 130 à 150 ans plus tard, la civilisation romaine des régions du Moyen-Danube fut anéantie, dès l'effondrement des structures administratives et de l'armée de ces provinces (d'abord en Pannonie du Nord-Est, puis en Pannonie de l'Ouest et du Sud et dans certains territoires de la Rhétie, et du Norique) par les envahisseurs barbares. La population locale restée sur place, qui n'avait plus où s'enfuir puisque le Sud n'offrait plus de refuge, finit par se mêler aux envahisseurs successifs ou périt de leurs mains. Aucun peuple néo-latin n'est issu d'eux, encore que les conditions générales (en particulier une population homogène formée par 400 ans de romanisation) et la situation géographique y eussent été beaucoup plus favorables qu'en Transylvanie, dont le sol fut pendant très longtemps ravagé par les incursions et les pillages des Carps, des Goths, des Sarmates, des Vandales et des Gépides.

L'étude d'une éventuelle continuité ethnique en Dacie ne saurait se passer de l'examen des conditions qui ont favorisé, dans les provinces situées plus à l'ouest, la permanence de la population et la formation de peuples néo-latins. L'ethnogenèse des peuples néo-latins eut en général lieu 130 à 150 ans après l'évacuation de la Dacie, et, dans tous les cas, sur les territoires mêmes de l'Empire effondré. Certes, l'évolution était loin d'être identique sur l'ensemble de ces territoires. Dans l'Ouest et dans le Sud européens, la vie continuait dans une paix relative même après l'arrivée et l'établissement des Barbares, tandis que dans le bassin carpatique, où les peuples occupants (dont certains allaient fonder plus tard des Etats en Occident ou en Afrique) se succédèrent avec rapidité et la guerre avait tendance à s'éterniser. Or cette dévastation avait commencé en Dacie 130 à 150 ans plus tôt que dans les provinces danubiennes.

Pour ce qui est des conditions dans lesquelles l'évacuation se déroula, remarquons qu'il s'agissait d'une mesure bien préparée, prise au moment où Rome réussit à arrêter pour un temps les offensives des Goths qui, depuis dix ans, ravageaient pour ainsi dire quotidiennement le Nord des Balkans : ainsi, la population avait le temps d'aller chercher refuge ailleurs. Quoique l'amélioration générale de la situation, à la fin du IIIe siècle, fût loin d'être spectaculaire aux yeux des habitants de l'Empire, il est certain que la fin des incursions des Goths marquait un changement de conjoncture, notamment en Mésie, et montrait la capacité de l'Empire de défendre sa population. Cruellement dévastés par les guerres, les territoires au sud du Danube pouvaient accueillir des masses de population transférées. En effet, Eutrope dit que la Dacie fut évacuée non seulement parce qu'elle était indéfendable, mais aussi parce que l'Illyrie et la Mésie venaient d'être atrocement saccagées. Cependant, le fléchissement démographique était dû, outre les guerres, aux épidémies qui ravagèrent l'Illyrie dès les années 250 : « la peste, qui frappa les villes, fut plus terrible que jamais, dépassant largement le nombre de victimes des Barbares, si bien que les villes occupées et dévastées par ceux-ci étaient plus heureuses que celles atteintes par l'épidémie » (Zosimus, I, 37). Les pertes humaines étaient si énormes que la recolonisation de la Thrace, province voisine de la Mésie, n'était pas encore terminée au IVe siècle. Le dépeuplement des Balkans suggérait également de remplir ce vide par le transfert de la population de Dacie. De plus, Rome pouvait se féliciter d'avoir pu établir cette fois dans ses provinces ses propres sujets et non des Barbares.

L'évacuation de la Dacie ne se fit donc pas contre la volonté de sa population. Pourquoi ses habitants — en particulier les citoyens romains parlant latin — auraient-ils voulu rester sur ce territoire privé de toute protection militaire, exposé à des expéditions de pillage et à l'occupation, prêt à sombrer de nouveau dans la barbarie ? Dans les autres provinces, la fuite vers le Sud se déclencha spontanément lors du déclin de l'Empire romain, au début du Ve siècle, alors même que ces réfugiés ne pouvaient plus guère espérer trouver protection ou établissement. Pour les citoyens romains de langue latine, grecque ou éventuellement syrienne, rester au nord du Danube aurait été insensé alors qu'ils étaient en mesure de reprendre leur vie habituelle un peu plus loin, à l'intérieur des frontières sûres de l'Empire. On ne saurait supposer non plus que de sporadiques groupes humains d'origine dace peu romanisés et ne parlant pas le latin, aient tenu à rester dans la province quittée par les Romains. Nos sources prouvent exactement le contraire : vers la fin du IIe siècle, les Daces libres demandèrent à deux reprises de s'établir sur le territoire de l'Empire. Après la guerre marcomane, cette faveur fut accordée à un nombre inconnu d'individus, puis encore à 12 000 Daces. Ayant maintenant les Goths dans leur dos, ils ne restèrent guère dans cette région, encore qu'ils n'aient pu être romanisés en l'espace de 50 à 60 ans. Aux yeux des peuples établis près du *limes* depuis le IIe siècle, l'Empire romain représentait un cadre de bien-être et de sécurité, ceint de « murailles » et gardé par une armée vigilante, où ils demandaient les uns après les autres l'autorisation de s'installer. Au milieu du IIIe siècle, l'Empire n'avait point perdu de cet attrait, malgré d'incessantes guerres et l'anarchie politique: sous Gallien, les Marcomans furent transférés dans l'Empire, tout comme plus tard (en 295) les Carps dacisés qui venaient justement de dévaster la Dacie (Aurelius Victor, *epitomae de Caes.*, 39, 43).

Bien que le nombre des inscriptions élevées par la population civile tendît à diminuer dans l'ensemble de l'Empire romain à partir du milieu du IIIe siècle, les sources épigraphiques nous permet néanmoins de suivre le déplacement de la population de Dacie. Les inscriptions latines abondent au IVe siècle à Serdica, capitale de la Dacie nouvelle, située dans une région où avait dominé la langue grecque avant l'arrivée des habitants de la Dacie. Ces inscriptions sont dues très probablement à des gens de langue latine, originaires de l'ancienne Dacie.

Les sources narratives sont unanimes au sujet de l'évacuation de la Dacie. Le transfert de la population dans la province limitrophe ne devait pas poser de sérieux problèmes à l'administration hautement organisée de l'Etat romain. Bien entendu, cette opération ne fut pas effectuée d'un jour à l'autre, quoiqu'une bonne partie de la population civile se fût déjà enfuie de la province. Il est néanmoins possible — bien que nous n'ayons aucune preuve à ce sujet — que tous les habitants n'aient pas quitté la Dacie. Il est certain en tout cas — on l'a vu — que le nombre de ceux qui restèrent était insignifiant.

Le sort de la population d'une région, la continuité ou l'arrêt de la vie dans ses agglomérations se révèle nettement lors de l'étude de ses cimetières. Si la vie prend fin dans une agglomération en raison du dépérissement, de l'exode ou de la fuite de la population, les inhumations cessent elles aussi. Les objets usuels, les parures, les pièces vestimentaires et les monnaies trouvés dans les tombes permettent d'établir avec exactitude la date de la cessation des inhumations et, partant, de la disparition de la population. Ainsi, si l'on supposait, malgré le témoignage des sources écrites, que des groupes humains nombreux fussent restés en Dacie après l'évacuation de la province, cette thèse ne saurait être justifiée que par les matériaux des cimetières des villes, des habitations rurales et des camps romains, dans la mesure où les inhumations continuaient même après les années 270. Or, en dehors de cimetières minuscules se prêtant mal à de telles enquêtes, une seule nécropole urbaine a été complètement mise au jour, près de Romula, où les mises en terre y cessèrent dans le deuxième tiers du IIIe siècle. Les nécropoles de Napoca, d'Apulum et de Potaissa, ou ceux situés près des camps militaires n'ont pas encore été étudiés par les archéologues.

Pour soutenir la thèse de la permanence de la population, certains allèguent volontiers les monnaies frappées après 271 et le legs chrétien — ou plutôt considéré comme chrétien — retrouvé sur le territoire de l'ancienne Dacie. En réalité, une quantité tout à fait insignifiante de monnaies romaines datent de la seconde moitié du IIIe siècle: leur nombre ne commence à croître qu'à partir des premières années du IVe siècle. Or, ces monnaies étaient des instruments financiers qui furent parfois largement utilisés même par les peuples barbares en dehors du territoire de l'Empire romain. La circulation de l'argent romain dans l'aire d'établissement des Sarmates, et donc dans la Grande Plaine hongroise et le Banat qui n'ont jamais été colonisés par Rome, prouve que ces trouvailles ne peuvent confirmer ni la présence massive de descendants des habitants de la province, ni l'appartenance du Banat à l'Empire, c'est-à-dire à la Dacie.

 Après l'effondrement des structures politiques romaines, le christianisme était le seul facteur susceptible d'assurer la cohésion des populations des anciennes provinces. L'espoir du bonheur dans l'autre monde compensait, aux yeux de beaucoup, les souffrances dues aux crises des Ve-VIIe siècles. La mise en place des structures ecclésiastiques s'était effectivement achevée avant le IVe siècle ; elles commençaient même à se confondre avec celles de l'administration publique. Dès que les organes de l'Etat s'avérèrent incapables de s'acquitter de leurs devoirs — notamment de défendre les villes assurant la continuité de la civilisation romaine —, leur rôle fut progressivement assumé par les structures ecclésiastiques, en particulier par les évêchés, constitués d'après l'organisation territoriale des villes et placés sous le signe de l'universalité de l'Eglise chrétienne. Ces organisations épiscopales prenaient en main la direction de la vie urbaine, tentaient d'organiser la défense et négociaient avec les occupants.

Comme la formation des évêchés ne fut pas antérieure, dans tout l'Empire romain, au IVe siècle, ceux-ci ne pouvaient exister (ni favoriser la romanisation) dans la Dacie évacuée en 271. Les quelque 15 objets dits « chrétiens » — dont le lieu et les conditions de découverte sont sujets à caution ou dont la détermination a été même parfois erronée — ne permettent en aucun cas de conclure à l'existence de communautés chrétiennes, voire d'évêchés. Ils autorisent tout au plus à imaginer, dans la région, la présence de quelques chrétiens. Ils pouvaient provenir du commerce ou des pillages des Goths (eux-mêmes chrétiens) établis en Transylvanie au IVe siècle, tout aussi bien que de collections d'antiquités enfouies beaucoup plus tard. A l'exception de la découverte de Berethalom — que l'on peut par ailleurs attribuer avec certitude aux Goths —, ces « trouvailles » ne sont pas des objets liturgiques. En dernière analyse, ils sont aussi peu probants en ce qui concerne « l'état chrétien » de leurs propriétaires que ne le sont les veilleuses de bronze de la haute époque byzantine, retrouvées dans d'autres régions du Barbaricum, notamment à Tápiógyörgye (département de Pest, Hongrie) et à Luciu en Moldavie (Roumanie). Et on pourrait énumérer les analogies. De même, le propriétaire de la main de bronze de Iuppiter Dolichenus, ravie en Dacie et retrouvée en Ukraine, n'était pas nécessairement un citoyen romain initié à ce culte, pas plus que celui de la statue de bronze de Victoria, mise au jour dans le village d'Akasztó (département de Bács-Kiskun, Hongrie), n'était adepte de cette déesse romaine.

A côté des sources écrites et des données archéologiques, la toponymie nous aide également beaucoup dans l'étude des mutations ethniques. Les noms d'agglomérations, de montagnes et de cours d'eau permettent aux habitants de reconnaître leur environnement géographique. Ils font partie intégrante d'une civilisation ; leurs changements, déterminés par certaines lois, indiquent les modifications, les mutations ou la disparition de la population. Cependant, le changement des toponymes et le renouvellement de la population ne sont pas des processus simultanés, d'autant qu'il arrive rarement que les habitants d'une région disparaissent complètement. Or, la coexistence de deux ou de plusieurs peuples s'accompagne de l'adoption partielle, par les nouveaux venus, des noms géographiques. Ainsi les toponymes subsistent même lorsque la population éponyme a déjà disparu ou a été assimilée. Ce processus ne se fait jamais en sens inverse : lorsque les habitants d'une région donnée restent sur place, leurs toponymes ne disparaissent jamais complètement même si d'autres peuples aussi viennent s'y établir. L'apparition de nouveaux toponymes doit donc signaler l'arrivée et l'établissement de nouveaux venus. Leur survie est conditionnée par les mutations ethniques aussi bien que par les diversités culturelles, sociales et politiques. Il n'est guère d'exemple de renouvellement complet des toponymes sur des territoires entiers. Les rivages des grands fleuves et rivières ayant toujours été habités, leurs noms ont pu se maintenir pendant des millénaires. C'est le cas du Rhin et de l'Elbe ou, en Europe centrale, du Danube, de la Tisza et du Maros.

L'étude des noms géographiques est d'une importance particulière pour la période consécutive à la décomposition de l'Empire romain d'Occident. Souvent, elle seule permet de suivre, en l'absence de toute autre source, le sort de la population de certaines provinces. Là où la population romaine survécut en masses — c'est-à-dire dans les futurs pays néo-latins—, on trouve encore de nos jours bien des toponymes d'origine latine, marqués seulement par l'évolution des langues. Ailleurs, où les habitants ont dû céder une partie de leur territoire aux nouveaux venus, on constate un remplacement partiel des noms géographiques. Enfin, dans les provinces où le renouvellement ethnique a été radical, la population locale ayant disparu ou considérablement fléchi, les toponymes ont eux aussi changé dans une proportion beaucoup plus élevée que dans les deux cas précédents. Les changements successifs de langue s'accompagnaient de la modification plus rapide des toponymes originaux, voire de leur disparition. En Rhétie, au Norique et en Pannonie, la population romaine n'a survécu que de quelque dizaines d'années à l'effondrement de l'Empire pour disparaître ensuite définitivement; aussi très peu de noms géographiques ont-ils été conservés. Cependant, certains toponymes nés à l'époque romaine subsistent encore de nos jours dans des régions où les descendants des provinciaux romains de jadis ont déjà disparu depuis longtemps. On ne trouve pas de noms géographiques datant de l'Antiquité dans la Pannonie du Nord-Est, puisque le renouvellement de la population y fut rapide et complet. Par contre, dans la région située entre les rivières Drave et Save, et en Pannonie de l'Ouest, les noms des cours d'eau (Rába: Arrabo; Marcal: Mursella; Zala: Salla / Zöbernbach: Sevira, Savaria; Mura: Muria) et des villes (Wien: Vindobona; Ptuj, Pettau: Poetovio; Sisak /Sziszek/: Siscia) ont survécu. Le Szerémség (Sirmie/Srem) vient du latin Sirmium, le nom de Scarbantia (Sopron) ne remonte pas plus loin qu'au VIe siècle. Le nom de Savaria est resté inchangé; connu dès le IXe siècle, il était officiellement employé en concurrence avec le nom hongrois Szombathely jusqu'au XIXe siècle. Or, au IXe siècle, il n'y avait plus de peuples néo-latins dans ces régions de la Pannonie. La coexistence des peuples et l'assimilation ultérieure avaient néanmoins permis aux nouveaux habitants d'adopter les toponymes anciens. La persistance de certains noms géographiques de Pannonie eût été impossible si les Hongrois, à la conquête de leur pays, ne les avaient repris à leur compte. Il s'ensuit logiquement que si le peuple roumain de langue néo-latine s'était formé, en partie ou en totalité, sur le territoire de la Dacie de Trajan — notamment en Transylvanie —, *une bonne partie* des toponymes latins s'y serait conservée, comme chez les autres peuples néo-latins.

La vérité est cependant que seuls les noms de quelques cours d'eau importants viennent de cette époque: celui du Szamos (le mot Samum désignait au reste une localité) et du Maros (Marissus, Marisia); mais, comme ces rivières ne font que traverser l'ancienne Dacie, le fait que leur nom subsiste encore ne saurait guère être attribué à la seule population de cette province.

Le nom de l'Olt (Alutus) et celui, d'origine incertaine, de la Cserna (mot slave qu'on fait dériver, entre autres hypothèses, du mot Dierna ou Tierna) ont été conservés par les Romains et les Byzantins qui, de leurs petites forteresses, contrôlaient encore pendant des siècles la rive septentrionale du

Danube. En dehors de quelques noms de cours d'eau de Dacie intérieure (dont l'étymologie est sujette à caution), aucun nom de localité ne subsiste de cette époque. Cette disparition des toponymes de l'époque romaine, beaucoup plus prononcée que dans les provinces européennes de l'Empire, reflète fidèlement l'histoire de la province : elle est la conséquence de l'évacuation de la Dacie par les Romains et témoigne d'un renouvellement radical de sa population. (Les toponymes de consonance antique qui désignent actuellement certains lieux sur le territoire de l'ancienne Dacie sont des créations artificielles récentes.)

Les sources historiques, les fouilles archéologiques et la toponymie prouvent ainsi sans équivoque que le territoire de la Dacie, militairement et politiquement coupé de l'Empire après 270, fut ainsi définitivement perdu pour la civilisation romaine.

II — De la Dacie jusqu'à Erdőelve. L'époque de la migration des peuples en Transylvanie (271-895)

1. Les «hommes de la forêt». Les Goths en Transylvanie (271-380)

La destruction de la Dacie

L'histoire universelle de l'Antiquité et l'histoire de la Dacie telle que nous venons de la retracer nous renseignent amplement sur les attaques que les Carps, les Goths et les Gépides lancèrent, entre 238 et 270, contre les provinces romaines situées au nord et au sud du Bas-Danube. A la suite de ces attaques, la situation de la *Dacia Superior* ne tarda pas à devenir critique. A de rares exceptions près, les garnisons stationnant sur la frontière romaine de Transylvanie y restent jusqu'à la fin du règne commun de Philippe Ier et Philippe II (249), mais on y en trouve encore quelques-unes pendant le règne de Decius (249-251).

Le *limes* romain en Transylvanie avait été mis sur pied par une grande puissance expansionniste dans la plénitude de sa force et sûre d'elle-même. L'Empire négligea de bloquer les défilés et les cols — à l'exception du col de Vöröstorony — et se contenta de les surveiller depuis une chaîne de postes impropres à la défense; le massif de Lápos, au nord, les monts Kelemen et Görgény et le Hargita à l'est, les monts de Fogaras et de Brassó et les monts de Bereck au sud étaient un no man's land. La Dacie transylvaine était comme un immense théâtre antique dont Rome cédait les entrées et les tribunes à un public de Barbares et ne se réservait que la scène.

Les camps — plus tard, les places fortes des troupes auxiliaires — se constituèrent dans les plaines situées entre les montagnes et, en raison des difficultés de transport, le long ou dans la proximité des cours d'eau, sur des collines basses, sur les versants des vallées qui permettaient une bonne surveillance des plateaux situés à l'intérieur des montagnes et des cols. Autrement dit, Rome se contenta d'user de cet immense anneau de défense naturel qui — contrairement à une vieille opinion qui trouve quelque crédit même auprès de certains historiens modernes — ne constitua jamais, en fait, une ceinture de protection valable pour la Dacie transylvaine.

Dès les années 160 à 170, ce système s'avéra impropre à répondre à sa fonction et, sous le poids des attaques continuelles des Barbares, il devint, au milieu du IIIe siècle, une charge que le pouvoir romain, acculé à la défensive, n'était plus à même d'assumer. Après 248, les attaques démentelèrent successivement les forteresses et les villes protégées d'épais murs d'enceinte de la Scythia Minor, de la Mésie et de la Thrace, et même Athènes et Corinthe subirent un sort identique dans les années 260. Les performances militaires des troupes barbares montrèrent avec éclat qu'aucune place forte de la frontière de Dacie n'était assez puissante pour résister et empêcher l'ennemi de pénétrer dans la province. Le *limes* de l'Est de la Transylvanie, devenu impossible à défendre, fut cédé, dans les années 250, sans qu'aucune tentative ait été faite pour le protéger.

Dans la partie occidentale de la province, trois ou quatre villes et le *castrum* d'une seule légion résistent encore pendant un certain temps, tous situés le long de la voie principale conduisant vers le Sud. La défense de Micia (Vecel), qui protège la sortie occidentale de la vallée du Maros, est abandonnée sous le règne de Valérien (260). Comme en témoignent des monnaies enfouies sous terre (trésor monétaire de Galacs), le *castrum* d'Apulum, dernier bastion situé au centre de la Transylvanie, est, dès 268, en butte à des attaques, dans le même temps les Romains sont contraints de céder la voie de communication passant par Krassó-Szörény.

Les données écrites et les sources archéologiques de l'époque sont unanimes pour confirmer que l'armée romaine, les familles des soldats ainsi que l'ensemble de la population civile, dont l'existence était étroitement liée à la présence de l'armée, furent évacués de la province au plus tard au début du règne d'Aurélien (271). La vie cessa dans les 48 *castella* romains de Transylvanie situés en un demi-cercle allant de la section du Danube du Banat au col de Vöröstorony, tout comme dans les sites (dits *vici auxiliari*) qui en relevaient, en tiraient leur subsistance. Les témoins en sont jusqu'à ce jour les *camps* eux-mêmes. Ceux dont l'aire d'habitation ne fut pas couverte de constructions au cours du Moyen Age hongrois offrent aujourd'hui, avec leurs remparts de terre saillants et leurs fossés profonds, la même image que les *agri decumates* de Baden-Württemberg abandonnés par Rome à cette même époque, ou encore les postes frontières du mur Antoninus, en Ecosse, antérieurement abandonnés. Ils sont «vides» à l'extérieur comme à l'intérieur, puisqu'à l'époque des grandes constructions du Bas-Empire, il n'y a trace de vie ni à l'intérieur, ni autour d'eux (Bereck, Tihó, Alsókosály, Vármező, Magyarigen et même Pozsgás, proche de la région du Bas-Danube!).

Quant aux quatre villes *(municipium)* qui se maintinrent le plus longtemps, à savoir Napoca (Kolozsvár), Potaissa (Torda), Apulum (Gyulafehérvár) et Ulpia Traiana (Várhely/Gredistye), il est permis de supposer qu'une population pauvre et peu nombreuse qui vivait à l'intérieur ou autour de leurs murs acceptait la servitude goth. Toutefois l'archéologie révèle une présence (quelques sépultures) qui n'excède pas la fin des années 200. Dans le même temps, les bâtiments des forteresses militaires qui s'élevaient à l'intérieur des murs de pierre ayant, par endroit, survécu jusqu'à l'époque moderne, tombèrent rapidement en ruines; à l'emplacement de la résidence du commandant de la légion de Potaissa, il y avait, déjà au tournant du IVe et du Ve siècles, la tombe d'un barbare de l'Est. Les foyers, villas, métairies des anciens représentants de la «romanisation» disparurent au point qu'en certains endroits, ainsi par exemple à Palatka, les Goths du IVe siècle n'hésitaient pas à y enterrer leurs morts.

La seule possibilité de survivre, pour une population présumée «romanisée», aurait été de se défendre en se retirant dans des forteresses et des sites fortifiés construits à la hâte dans les montagnes; c'est ce que dut faire une partie de la population vivant *à l'intérieur* de l'Empire, dans les Balkans aussi bien qu'au cœur de la Pannonie, sur les collines d'Eifel-Hunsrück, entre le Rhin et la Moselle et, plus à l'ouest, dans les Ardennes. Les conditions naturelles en étaient données en Dacie transylvaine également et elles étaient même plus favorables qu'ailleurs. Néanmoins on ne trouve, en Transylvanie, aucune trace d'un site, refuge ou cachette datant du Bas-Empire. L' «autodéfense», si souvent alléguée, n'avait en réalité pas de bases concrètes.

Aucune source écrite de l'époque du Bas-Empire ou du Moyen Age ne fait mention d'une population romaine qui aurait «survécu» en Dacie transylvaine. Les noms des villes, agglomérations, places-fortes romaines de jadis se sont tous perdus et aucune langue, aucune source ne les a transmis au Moyen Age. Ce qui s'est conservé, ce sont des noms dont l'origine linguistique est inconnue et qui, pour les Romains eux-mêmes, constituaient un héritage préhistorique, tels que les appellations de quelques rivières, comme Temes, Maros, Körös, Szamos et Olt. C'est l'époque préromaine qui a légué à la postérité les noms des rivières Ampelus-Ompoly et Tierna-Cserna et, en ce qui concerne le nom de rivière Aranyos, qui est venu de l'iranien dans le hongrois, les mines d'or (aureus/arany) fournissent une explication évidente au nom hongrois, tout comme à sa variante slave (Zalatna, qui provient de zlato = or).

Le rite funéraire repéré dans le cimetière de Baráthely 1, qui est considéré, même par son découvreur archéologue, comme l'*unique* représentant en Transylvanie de la culture du Bas-Empire, rappelle effectivement les sépultures dites à cendres dispersées, antérieurement connues en Dacie et attestées en Pannonie sous le règne de Probus (276-282). Cependant on y cherche en vain les mobiliers funéraires caractéristiques des vraies sépultures romaines (vases, lampes, monnaies). Ce qui caractérise les tombes de Baráthely, ce sont les offrandes expressément barbares consistant en viande. Dans quelques tombes on a retrouvé des fragments de vase et des fibules caractéristiques des *sépultures à incinération* de la civilisation barbare de Marosszentanna-Tcherniakhov. Des sépultures attestant le même rite sont fréquentes dans les cimetières carpo-goths de Moldavie (par exemple Dančeni, Etulia, Baltzata, Hanska-Luteria II.) L'habitat jouxtant le cimetière a livré des objets du type de Marosszentanna-Tcherniakhov (vases, peignes, bijoux), ce qui nous autorise à conclure que la population enterrée au cimetière de Baráthely était originaire du Barbaricum. Il est d'ailleurs peu probable qu'une communauté romaine fermée de «survivants» ait réussi à «se terrer» à proximité d'une des voies les plus fréquentées de Transylvanie (entre Medgyes et Segesvár).

Les vestiges des rites funéraires et du costume qui allaient ensemble dans le Bas-Empire, et notamment dans les provinces à partir de l'époque de la tétrarchie, sont absents sur la rive gauche du Danube.

Les fibules cruciformes à bouton d'oignon, «insignes de service» prescrits ou accordés par le pouvoir d'Etat romain à ses propres sujets, ont dû parvenir au Barbaricum en tant que partie du butin. On en a trouvé en quantité modeste chez les Quades germaniques, les Sarmates de la Grande Plaine hongroise, les Gépides de l'Est de la Plaine (Muszka), ainsi que chez les Goths de Transylvanie (Obrázsa, Lemhény, Vecel). Ces fibules cruciformes, et plus particulièrement celles provenant de Pannonie, de Mésie et même d'Italie dans le cours du XIXe siècle dans des collections privées et publiques de Transylvanie, n'apportent pas la preuve de la présence d'une population romaine homogène dans le Barbaricum. La thèse souvent avancée, selon laquelle seuls des habitants «romanisés» avaient la possibilité d'utiliser la monnaie romaine, est une absurdité, en contradiction flagrante avec la réalité humaine. La «circulation» des monnaies romaines, si l'on en croit les 271 mises au jour sur le territoire de la Transylvanie, ne diffère en rien du trafic de la monnaie «romaine» des autres régions du Barbaricum, telle la Grande Plaine ou la Plaine polonaise.

L'intermède carp

Les premières attaques réellement dangereuses vinrent du côté des Carps barbares qui habitaient la Moldavie actuelle. Même si, selon certaines sources antiques, l'empereur Philippe l'Arabe aurait écarté le danger au moment même de leur offensive (244-247), il réussit à protéger, en réalité, le seul *limes* de l'Olt (Limes Alutanus). Les plus récentes monnaies mises au jour comme trésor monétaire enfoui en Transylvanie (par exemple à Mezőviszolya et Mezőbánd, tous deux près de Septér), furent frappées en 247-49 par Philippe Ier et II et témoignent, encore que les sources écrites n'en fassent pas mention, d'une attaque réussie contre le Nord-Est de la Dacie.

A Septér, sur la limite nord-est du bassin de Mezőség, on a récemment mis au jour un cimetière d'urnes témoignant d'une culture archéologique jusqu'à ce jour inconnue en Transylvanie mais qui peut être mise en rapport avec les Carps de Moldavie (civilisation de Poieneşti). Les Carps ont dû pénétrer en Dacie par le col de Borgó et les urnes en forme d'amphore de Bözöd et de Medgyes qui correspondent, par leur forme, à celles de Septér, permettent de conclure que les Carps ont poussé, au sud-ouest, jusqu'à la vallée du Nagy-Küküllő.

La pénétration des Carps ne doit pas être surestimée et plus particulièrement en ce qui concerne le chiffre de leur population. Dans l'*unique* — et en même temps le plus grand — cimetière, on a mis au jour 27 sépultures qui représentent la plupart des ensevelis. Le mobilier funéraire y est homogène et il s'agit des restes d'une seule génération qui vécut entre 250 et 290 environ. Parmi les vases et les bijoux des Carps, on en trouve plusieurs qui sont proches parents de ceux de la civilisation de Marosszentanna-Tcherniakhov, des Germains de l'Est. Des amphores «carpes» se rencontrent également dans la culture wisigoth, comme par exemple à Sepsiszentgyörgy-Eprestető ou à Baráthely, cependant que les plats, pots, tasses à anse, peignes, porte-aiguilles à ornement lissé de style goth sont fréquents dans les tombes de Septér. Ces contacts sont très importants puisque ce sont eux qui expliquent la couche la plus ancienne de la culture goth de Marosszentanna, en Transylvanie, celle qui est caractéristique, entre autres, précisément de Marosszentanna donnant son nom même à cette civilisation.

Après 290-300, on ne retrouve plus de vestiges carps en Dacie et aucune réponse n'est apportée à la question de savoir si ce peuple s'est rallié aux Carps établis en 295 en Pannonie ou bien s'il s'est fondu dans la masse des Goths.

Les Goths en Transylvanie

Les migrations et les campagnes des Goths, effectuées à partir de 235, ont été soigneusement étudiées par les historiens, et les recherches ont abouti à un résultat absolument homogène et ne faisant l'objet d'aucune controverse: à partir de 271, les territoires situés au nord du Bas-Danube (à l'ouest de Scythia Minor/Dobroudja) passent sous la domination des Goths et se nomment désormais, en langue gothique, Gutthiuda (du latin Gothia), la rive gauche du Danube devenant *ripa gothica* («rive gothe»). Après avoir occupé les régions voisines de la Dacie romaine, situées au-delà des Carpates, le peuple des Goths, jusque-là uni, se scinde. A l'est du Dniestr, vivent les *greuthungi* = Goths de la grève, également appelés Ostrogoths (goth: *austro* = brillant, reluisant, mais aussi oriental), à l'ouest et au sud-ouest du Dniestr,

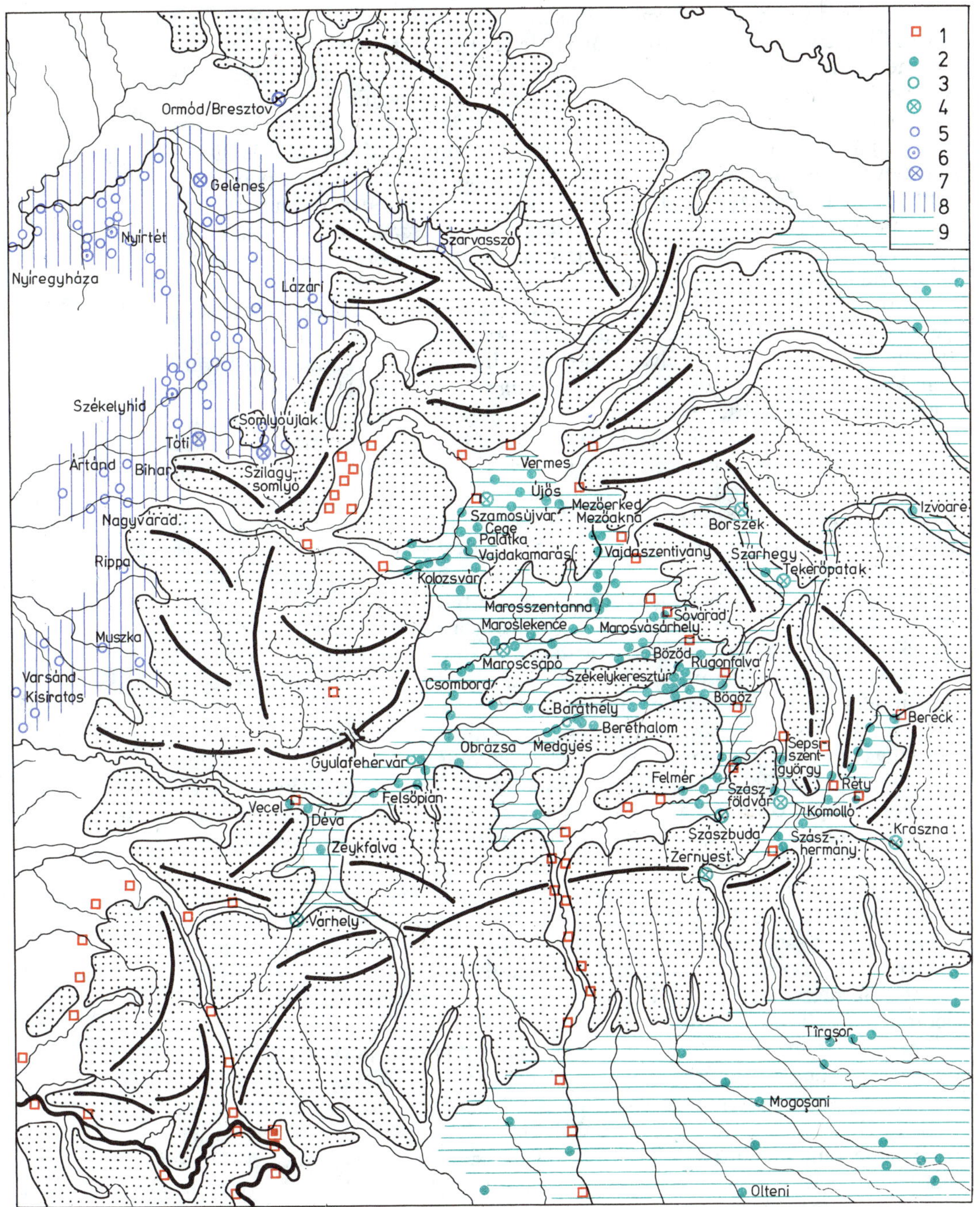

Carte 4. Les Goths en Dacie, 270-376/80

1 — les forteresses frontalières de Dacie avant l'évacuation 2 — les sites et cimetières des Tervingi-Wisigoths de la culture de Marosszentanna, 3 — population romaine présumée sous la domination des Goths, 4 — monnaies et trésors goths enfouis entre 376-380, 5 — Gépides avant la domination des Huns, 6 — monnaies d' or de Théodose à Honorius, 379-424, 7 — les trésors gépides cachés dans les années 420, 8 — territoire habité par les Goths, 9 — territoire habité par les Gépides dans le Nord et l'Est de la Plaine

les *tervingi* = Goths de la forêt, ou Wisigoths (goth : *vezu/vizu* = bon, brave, sage). Les dénominations goths en disent long : l'épithète « de la forêt » (sylvestre) ne pouvait être appliqué aux Goths vivant autrefois dans la région de la steppe du Pont qu'après qu'ils aient occupé la Transylvanie, pays de forêts et de montagnes.

Jusqu'à ces dernières années, personne n'a mis en doute que la Dacie transylvaine ait fait partie du pays des Goths. Ce n'est que depuis peu qu'on tente de contester, en se fondant sur des données historiques, l'occupation du bassin des Carpates (connues sous le nom goth de *Caucaland* = Hauhaland = pays des montagnes) par les Goths ou bien de la présenter comme un phénomène transitoire, épisodique.

En réalité, c'est justement aux Goths de Transylvanie, établis à l'intérieur de la chaîne des Carpates, que se réfère la source romaine officielle de l'époque qui dit que « Tervingi, pars alia Gothorum, adiuncta manu Taifalorum adversum Vandalos Gepidesque concurrant » (*Panegyrici Latini* III, 17, 1) = « l'autre groupe des Goths, les sylvestres (Tervingi), qui ont comme alliés les Taifals, a livré bataille aux Vandales et aux Gépides » (automne 291).[1] La tradition wisigothe, conservée dans l'*Origo Gothica* (Iordanes, *Getica* 98), révèle les causes de la guerre en question, à savoir que les belligérants s'affrontèrent pour la possession de l'ancienne Dacie romaine. Désireux de libérer son peuple de sa situation précaire, Fastida, roi des Gépides « prisonniers de montagnes sauvages et d'épaisses forêts »,[2] commença par proposer le partage pacifique de la Dacie. Sa proposition ayant été rejetée, il décida — non sans y être encouragé par les Romains — de passer à l'action, mais sans succès. Après la défaite, il se retira *ad patria,* dans son pays. Or, en dehors des Carpates, il n'existe aucune autre région où les Gépides auraient pu se trouver prisonniers de « montagnes sauvages ».

Quant à leurs alliés vandales, ceux-ci ne pouvaient être que les Vandales Hasdings qui vivaient, depuis 120 ans, dans les vallées de la Haute-Tisza et de ses affluents. Les Vandales « Silingues » de Silésie, eux, ne peuvent entrer en ligne de compte comme participants actifs à ces événements géographiquement lointains. Le théâtre de la bataille, mentionné en langue gothe dans l'*Origo Gothica* (*Auha* = g. *Ahwa,* eau, rivière), ne pourra jamais être identifié, tandis que l'oppidum « Galtis » situé à sa proximité, renvoie à une ancienne ville romaine. Les tentatives visant à réduire cette guerre à une escarmouche insignifiante et sans grande visée au bord de la rivière Prut altèrent l'essentiel des sources : le nom des participants, leur établissement et leurs buts. En effet, le but de la guerre était la division de la Dacie et son théâtre, sans l'ombre d'un doute, était la Transylvanie.

Après avoir réussi à défendre la Dacie contre d'autres Germains orientaux qui parlaient une langue apparentée, rien n'empêcha les Wisigoths de s'installer dans la vallée des rivières Küküllő, Kis-Szamos et Maros jusqu'à Micia (Vecel). Une des preuves historiques de leur établissement consiste dans le fait qu'ils lancèrent une attaque contre la Sarmatie de la plaine, alliée des Romains. Le 18 février 332, les Goths d'Ariaric subirent, sur le territoire de la région de Temes (actuel Banat), une défaite catastrophique infligée par l'armée romaine conduite par le fils de Constantin le Grand, le futur Constantin II, et venue secourir les Sarmates, en mauvaise posture. La défaite ne sembla

[1] Panegyrici Latini III(XI)17,1.

[2] « . . . inclusum se montium queritans asperitate silvarumque », JORDANES, Getica 98.

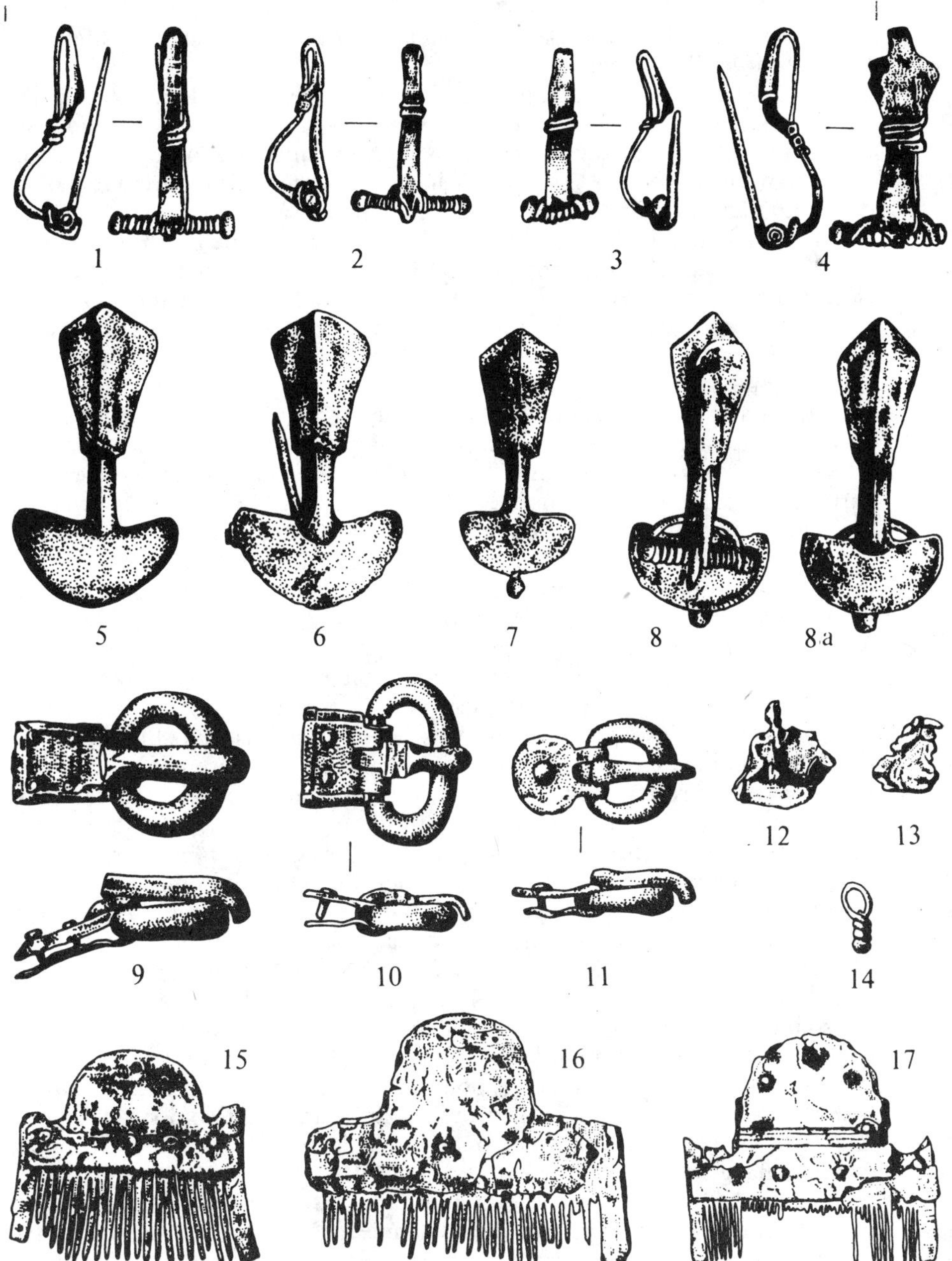

Fig. 3. Fibules de bronze, boucles de ceinture et peignes d'os provenant du cimetière goth de Marosszentanna

pas décourager les Goths : quelques années plus tard (vers 355), conduits par le roi Geberic, ils chassèrent de la vallée du Maros l'armée du roi vandale Visumar. En fait, sur cette partie du Maros traversant la plaine, les Goths ne pouvaient défendre que la Gothie dacienne où ils étaient fermement implantés. C'est ce qu'atteste une source romaine contemporaine (vers 350) digne de confiance,[3] c'est-à-dire : la Dacie est *maintenant* possédée par les Taifals, les Victofals et les Tervinges.

Assaillie par l'armée de l'empereur Valens, en 364 et 369, l'armée gothe du roi Athanaric se retira derrière les *Serrorum montes* (les Carpates du Sud-Est) puis, en 376, elle fuit devant les Huns en *Caucalanda*. L'occupation de la Dacie transylvaine par les Goths est, selon le témoignage des sources romaines contemporaines, un fait acquis qui ne demande pas à être prouvé. La littérature géographique des Ve et VIe siècles, lorsqu'elle traite de l'histoire des IIIe et IVe siècles, appelle uniformément la Dacie : Gothia. Ainsi Orose, au IVe siècle : « Dacia ubi est Gothia » — la Dacie est là où est maintenant la Gothia.[4]

L'archéologie a pu identifier les Wisigoths pour la première fois vers 1906, à partir des matériaux retrouvés au cimetière de Marosszentanna. Le spécialiste qui joua un rôle décisif dans ce travail, Béla Pósta, professeur d'archéologie à Kolozsvár, a pu personnellement visiter, au cours de ses voyages d'étude en Russie, les cimetières alors découverts (mais encore non publiés) dans la province de Kiev (Tcherniakhov, Romachki), et reconnaître le premier leur surprenante parenté avec le cimetière de Transylvanie, ainsi que l'arrière-plan historique où cette parenté trouve son origine. Grâce aux travaux d'István Kovács, son élève, ses conclusions ont été généralement diffusées et reconnues, de sorte que la dénomination collective de la culture gothe-germanique orientale des IIIe et IVe siècles est aujourd'hui : civilisation de Tcherniakhov-Marosszentanna/Sîntana de Mureş.

Tout comme les Germains dans leur ensemble, les Goths de la haute époque impériale incinéraient leurs morts. Ce rite, qui caractérise leur ethnie et leur origine, survivait jusqu'aux IIIe et IVe siècles. Toutefois, sous l'influence de la civilisation méditerranéenne et du christianisme, la coutume de l'enterrement des morts se répandit de plus en plus et l'incinération se fit rare. En Transylvanie, on connaît quelques sépultures gothes à incinération qui représentent éventuellement la première génération des Goths établie sur les lieux (ainsi, par exemple, sur le territoire intérieur du *castellum* romain détruit de Sóvárad) ; néanmoins, l'incinération est attestée, à des moments beaucoup plus tardifs, entre autres à Marosszentanna, au cimetière éponyme.

De récentes recherches ont distingué, dans le cimetière de Marosszentanna, trois phases successives d'utilisation. Ces phases correspondent à trois générations au moins de la population du village goth qui a commencé à utiliser le cimetière (300-376). La première phase est caractérisée par un véritable dépôt de vases contenant des aliments pour l'au-delà. Des sépultures d'origine identique sont connues en Transylvanie, par exemple à Csombord, Rugonfalva, Marosvásárhely. Dans la seconde phase, la mode et les bijoux accusent certains changements (fibules, peignes, boucles de ceinture de forme nouvelle) et le mort n'a droit qu'à un ou tout au plus à deux vases. Des sépultures de ce genre ont été mises au jour en Transylvanie, à Palatka, Mezőakna, Kolozsvár. La troisième phase témoigne, les tombes étant orientées dans la direction ouest-est, de la diffusion du christianisme. Il arrive qu'elles sont superposées aux tombes de la première phase qui, elles, ne sont plus visibles. Les mains des morts sont souvent jointes, les aliments qui accompagnent les morts dans les sépultures païennes disparaissent. On a trouvé des sépultures de ce type à Újős-Rét, Medgyes, etc.

[3] « Daciam ... *nunc* Taifali, Victohali et Tervingi habent », EUTROPIUS, Breviarium ab urbe condita 8,2,2.

[4] OROSIUS, Historiarum adversum paganos I, 54.

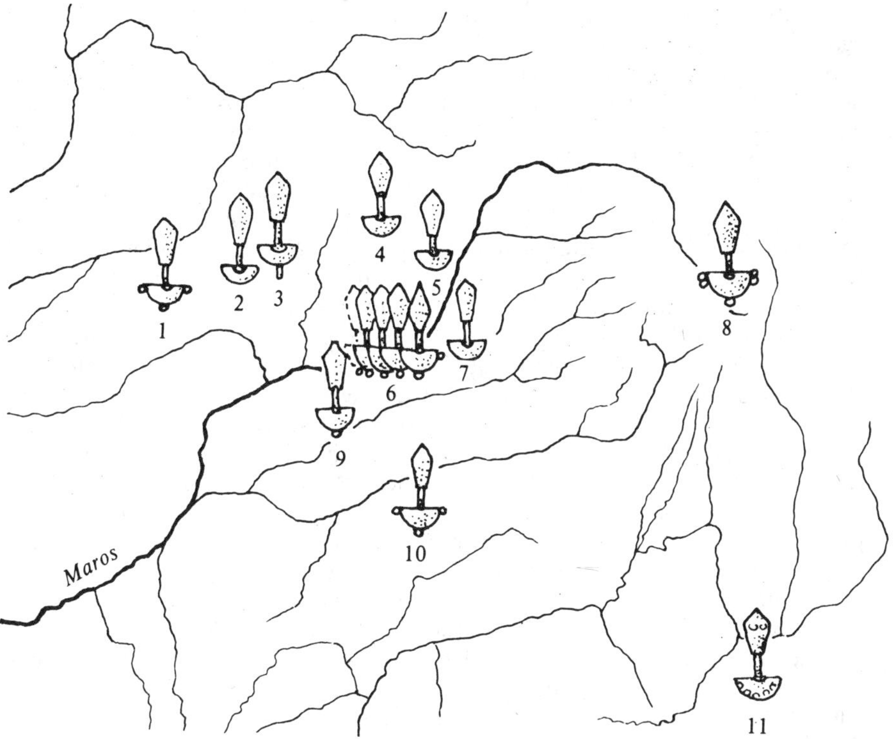

Fig. 4. La fibule à plaque, la parure la plus caractéristique des Goths, en Transylvanie

(1 — Kolozsvár, 2 — Magyarpalatka, 3 — Vajdakamarás, 4 — Újős-Rét, 5 — Mezőakna, 6 — Marosszentanna, 7 — Marosvásárhely, 8 — Gyergyótekerőpatak, 9 — Maroslekence, 10 — entre Baráthely et Ecel, 11 — Szászhermány)

Ornement du costume féminin des Goths et Germains de l'Est, la fibule dite «à plaque» qui retient la robe aux épaules ou sur la poitrine et constitue une variante plus tardive des fibules «à tête recourbée» n'apparaît que dans la deuxième phase. Des fibules de ce type se sont conservées chez les Wisigoths établis en Espagne. La répartition des fibules gothes en argent et en bronze, de forme hémycyclique, recouverte d'une plaque semi-ronde et d'une plaque pentagonale allongée reflète fort bien les lieux d'installation des Wisigoths en Transylvanie. Mais elle reflète aussi, malheureusement, le caractère accidentel des fouilles (Kolozsvár, Palatka, Vajdakamarás, Újős-Rét, Mezőakna, Marosszentanna, Marosvásárhely, Tekerőpatak, Maroslekence, Baráthely et le site de Szászhermány). Chez les Ostrogoths de la plaine, les sépultures des femmes aisées se caractérisent par des fibules fort ressemblantes à celles-ci, tandis que les fibules à plaques des autres Visigoths, qui vivaient au-delà des Carpates (à Independenţa, Spanţov, Izvorul, Alex. Odobescu, Tîrgşor, Leţcani et, tout récemment, elles ont été retrouvées en grand nombre à Bîrlad et à Mogoşani) correspondent entièrement à elles.

Que ces femmes fussent réellement d'origine gothe, cela ressort de l'inscription parfaitement lisible et compréhensible d'une fusaïole de Moldavie, tracée en écriture gothe runique. Des incisions runiques brèves se rencontrent également sur des fusaïoles de Valachie.

Non seulement les bijoux féminins sont uniformes mais, sur le territoire de la civilisation de Tcherniakhov-Marosszentanna, on constate la présence généralisée de certains accessoires du costume féminin, tels que les peignes en os au dos semi-circulaire ou à dos offrant un saillant arrondi, des types définis de pendentifs en os, bronze et argent et, dans le costume masculin, des boucles de ceinture et de sandales de forme particulière. La poterie gothe, qui perpétue certaines traditions celtiques tardives, tout en utilisant des techniques antiques, connaît elle aussi un développement uniforme. Ses productions caractéristiques dénotent à peu près les mêmes formes, les mêmes ornements et la même qualité technique, que ce soit au bord du Dniepr, du Dniestr, du Maros ou du Bas-Danube. Mais tandis que la poterie (et toute la civilisation matérielle) des Ostrogoths subit plutôt l'influence des villes gréco-romaines du Pont, celle des Wisigoths accuse une certaine ressemblance avec les productions artisanales des villes frontalières. Les influences et l'importation d'articles romains (verrerie, amphores, cruches en terre cuite) sont particulièrement nombreux dans la plaine qui s'étend au nord du Bas-Danube et se font plus rares à mesure qu'on monte vers le Nord. Les survivances de l'artisanat provincial romain antérieur aux Goths sont encore plus sporadiques : ainsi, la technique de cuire les vases spécialement en rouge ou jaune s'est perdue.

L'énorme majorité des vestiges archéologiques goths de Transylvanie ont été découverts, et publiés, essentiellement avant la Première guerre mondiale ou dans le second après-guerre immédiat, par des chercheurs hongrois et allemands de Transylvanie. Les fouilles méthodiques ont été suspendues en Transylvanie après la mise au jour d'environ 120 sépultures, alors qu'en Moldavie et en Valachie, le nombre des tombes fouillées et décrites est passé de 0 à 2000. Dans le même temps, un changement s'opéra aussi dans la conception des recherches : il y a de plus en plus de théories archéologiques qui mettent en doute la présence des Goths en Transylvanie ou tentent de la limiter à quelques cimetières soi-disant tardifs dans la région du Maros (Marosszentanna, Marosvásárhely, Mezőakna). D'autres rattachent les mêmes cimetières aux Goths d'Athanaric qui, dans leur fuite devant les Huns, cherchèrent après 376, un refuge temporaire en Transylvanie, ou encore à ceux de Radagaisus (?), vers 400. Par suite des recherches de grande envergure effectuées dans la plaine roumaine, même ceux des chercheurs qui reconnaissent la présence des Goths en Transylvanie après 271 ou 300 ont tendance à réduire à rien l'aire de la colonisation gothe en Dacie. Selon les théories les moins cohérentes, les Goths ne possédaient en Transylvanie que des cimetières et les agglomérations étaient habitées par une population romaine.

Les agglomérations gothes de Transylvanie ne se distinguent en rien, en réalité, de celles que l'on trouve sur l'ensemble du territoire de la civilisation de Tcherniakhov-Marosszentanna. Le fond de cabanes à une seule pièce était, en Transylvanie comme ailleurs, dans le sol — des maisons de ce genre n'existaient aux IIIe-IVe siècles même pas dans les villages les plus reculés de l'Empire romain —, leur toiture était soutenue par quatre ou six poteaux enfoncés dans le sol et elles ne comportaient pas de four bâti permanent. Comme les maisons nous ont livré les mêmes peignes, fibules, bijoux et fragments de poterie que les sépultures, leur appartenance à la même culture est évidente pour Bözöd-Lóc, Baráthely 1, Segesvár-Szőlők, Bögöz-Vizlok, Sepsiszentgyörgy-Eprestető, Szászhermány-Goldgrube, Székelykeresztúr, Réty-Telek, Brassó, etc. Un grand nombre de traces d'habitation ont été trouvées sur les sites de leurs habitats. Avec les cimetières et les tombes, celles-ci permettent de circonscrire avec une assez grande précision l'aire de l'établissement wisigoth en Transylvanie. Les 80 à 90 sites actuellement connus apportent la preuve que le territoire habité et mis en culture par les Romains s'est considérablement réduit par la suite. Sur l'aire des anciens *camps*, agglomérations, villas romains, on n'a guère trouvé de traces qui indiquent que les Goths y aient séjourné (par exemple Micia/Vecel, Bereck).

Les restes d'aliments (ossements d'animaux) placés dans les tombes ou mis au jour dans les agglomérations, la permanence des cimetières et le mode d'installation témoignent que — à la différence de leurs parents ostrogoths — les Wisigoths venus occuper la Transylvanie et la plaine située au nord du Bas-Danube étaient des paysans cultivateurs, observation confirmée par les écrits de Libanius, en 348-49 (*Oratio* 59, 89) et par le vocabulaire de la Bible tel qu'il apparaît dans la traduction de Vulfila. La traduction contient en effet presque tous les termes du labour, des semailles, de la moisson, ainsi que de la récolte et atteste l'existence d'un élevage sédentaire. L'ensemble des données archéologiques, linguistiques et historiques apportent un démenti à la thèse récemment formulée selon laquelle les Wisigoths vivant en Transylvanie et dans ses alentours constituaient un peuple de pâtres itinérants, voire «nomades», de grand bétail. Les termes goths attestant l'existence des métiers artisanaux villageois renvoient à une économie paysanne autarcique et l'ensemble des vestiges de l'artisanat wisigoth — poterie comprise — vient confirmer le caractère «barbare» de cet artisanat, même si l'on doit constater que, à l'instar de tous les autres peuples vivant du côté barbare du *limes*, cet artisanat ne pouvait rester, lui non plus, réfractaire à certaines influences de la civilisation romaine toute proche. En fait, les peuples germaniques étaient si fortement liés à l'Empire pour certains articles industriels et de luxe (vases en métal et en verre, tissus) et certains vivres (par exemple vin, huile) qu'«en temps de guerre, la suspension du trafic commercial provoquait un lourd manque d'articles nécessaires à la vie quotidienne».[5] Ces produits, les Goths les échangeaient contre des esclaves: c'est le sort que l'empereur Aurélien chercha à épargner à la population de la Dacie en l'emmenant avec lui.

Des informations sur la société wisigothe nous sont fournies par les termes correspondants de la traduction de la Bible par Vulfila, ensuite par la *Passio S. Sabae* — les actes du martyr goth Saba —, et par quelques auteurs de la fin de l'Antiquité, essentiellement Ammien Marcellin, mais les noms goths provenant de cette époque et les matières archéologiques ne sont pas moins révélateurs.

Après l'occupation de la Dacie, les Tervinges sylvestres ne sont plus divisés en tribus (la notion goth *thiuda* = tribu dénomme déjà, aux IIIe et IVe siècles, l'ensemble du peuple wisigoth et de son territoire) avec, à la tête du pouvoir central *(thiudinassus)*, au IVe siècle, un seul *thiudans* qui correspond au grec *basileus*. Le peuple wisigoth est constitué de clans et de familles *(kùnja = phylai-pagi)* avec, à leur tête, le *kindins (dux, arkhón)*. Le territoire *(garvi)*, qui correspond à un *kunja*, est habité par des grandes familles *(sibja)* mais, à quelques exceptions près, celles-ci ne sont plus liées entre elles par des rapports de consanguinité réelle. Un village *(haims)* était en général le lieu d'habitation d'un *sibi*; autrement dit, c'était le *sibi* qui constituait l'unité territoriale, économique et culturelle stable de cette époque. Le village, com-

 [5] AMMIANUS MARCELLINUS, Rerum gestarum libri 27,5.

posé de familles patriarcales *(fadreins)*, était administré par le conseil du village régenté, en pratique, par les anciens *(sinistans)*. Il existait en outre des sortes de hameaux *(weihsa)*.

A partir de l'époque des grandes campagnes et des conquêtes, le pouvoir effectif passa entre les mains des chefs militaires et de leur escorte. Le terme de *reiks (basiliskos, regulus)*, titre du chef militaire est, à partir des IIIe et IVe siècles, souvent attesté dans les noms composés (Geberic, Aoric, Ariaric, Munderic, etc.), et notamment dans celui d'*Athanaric*, le chef wisigoth le plus prestigieux du siècle. Le titre *iudex* attribué à Athanaricus signifie, déjà en bas latin, gouverneur (lieutenant, chef suprême) et, vu son rôle, son activité et l'autorité dont il jouissait, il ne peut faire aucun doute que son épithète *iudex potentissimus* — le juge le plus puissant — est l'équivalent du *thiudans* goth. Les *reiks* s'appuyaient sur la couche des *maistans (optimates-megistanes)*, c'est-à-dire des seigneurs des domaines et manoirs *(gards)*, dont ils étaient eux-mêmes issus. Le pouvoir de cette couche s'appuyait sur une suite plus ou moins nombreuse, composée de guerriers professionnels. Au IVe siècle, la société des Wisigoths libres *(freis)* était déjà fortement articulée. A côté des pauvres, on trouve une couche nombreuse de serviteurs et d'esclaves.

Les découvertes archéologiques ne contiennent que rarement des objets appartenant à la couche des *maistans*; tel est par exemple le cas d'un torque en or, probablement un insigne du pouvoir (Szászbuda) et d'une fibule en or avec pierres précieuses provenant «ex Transilvania», un chef-d'œuvre de l'orfèvrerie gothe du IVe siècle. La société des villages apparaît bien plus explicitement à travers les cimetières villageois, tel celui de Marosszentanna. Les tombes et leur mobilier révèlent à peu près la même stratification que la société du village où vécut le martyr goth Saba. Dans une communauté de 50 à 100 personnes, il y avait 4 à 5 couples aisés qui devaient jouer un rôle déterminant dans le conseil du village. La majorité des sépultures sont celles de familles paysannes simples ayant le même rang social *(waurstwja)*; les sépultures à rite fruste doivent indiquer des familles sans fortune *(unleths)*; les sépultures pouvant être attribuées à des esclaves *(skalks)* sont peu nombreuses. Dans un trésor caché à Tekerőpatak, on a mis au jour des bijoux ayant appartenu à une femme distinguée d'un rang au-dessus de la société villageoise. Ils ressemblent aux bijoux des femmes riches des villages, mais sont faits en argent massif et leur propriétaire possédait également des monnaies romaines.

Les sources écrites, tout comme les trouvailles archéologiques, sont riches en renseignements sur la religion ancestrale des Goths. L'inscription runique gothe du trésor de Pietroasa (Pétrossa), découvert sur la limite de la Dacie transylvaine, contient les mots: Gutanī ō wīh hailag.

Jusqu'à ces derniers temps, l'historiographie a porté un jugement tout aussi sévère sur le christianisme des Goths d'avant 376 que les Romains qui furent surtout frappés par leurs prêtres et prêtresses aux costumes bizarres, par les sanctuaires des clans remplis d'insignes religieux barbares, par leurs grossiers idoles transportés en char ainsi que par la voiture sacrée tirée par des cerfs. Les tentatives de christianisation étaient, récemment encore, considérées comme des actions isolées ayant touché — et encore seulement de façon transitoire — les seuls prisonniers romains entraînés par des Goths, ou l'ancienne population romaine assujettie et, à la rigueur, les couches inférieures de la population gothe. L'archéologie se montre encore plus sévère: pour admettre l'évangélisation des Goths, elle recherche des preuves matérielles du christianisme dans les sépultures gothes alors qu'on sait qu'avant 376, des preuves de ce genre sont rarissimes même dans les provinces limitrophes de l'Empire. On les chercherait en vain certes, mais il faut tout de même noter que, dans de nombreux cimetières wisigoths postérieurs au milieu du IVe siècle (par ex. à Marosszentanna), les aliments et boissons déposés dans la tombe deviennent rares ou disparaissent complètement tandis que les tombes orientées vers l'est et les mains jointes des morts sont de plus en plus fréquemment attestées. Or, ce sont là les critères rituels du christianisme du IVe siècle également pratiqués dans les provinces romaines.

Entre 369 et 372, c'est par la persécution des chrétiens qu'Athanaric cherche à écarter la responsabilité et à détourner l'attention de l'échec militaire des «puissants» ayant essuyé, en 367 et 369, des défaites de la part des Romains. Une communauté chrétienne constituée de quelques prisonniers de guerre et de quelques paysans goths n'aurait certainement par mérité une campagne de plusieurs années qui dota et l'Eglise catholique et l'arianisme d'un grand nombre de martyrs de nom goth.

En fait, les différentes missions chrétiennes (catholiques, sectaires, ariennes) avaient déjà afflué à la suite de la paix imposée aux Goths après la victoire romaine de 332, sur le territoire occupé par les Goths. Selon le témoignage de la Bible de Vulfila, ce furent les Ariens qui édifièrent l'Eglise chrétienne de langue gothe avec le plus de succès. Au moment de la première persécution (347-348), on comptait déjà un nombre considérable de Goths christianisés et, à partir de cette époque, l'histoire du christianisme goth peut être suivie de façon continue jusqu'au martyre de Saba (372) ou jusqu'en 378, année où le chef christianisé Fritigern envoya un presbytre chrétien en mission auprès de l'empereur Valens. Les nouvelles recherches internationales approfondies ont abandonné l'idée ancienne que les Goths n'adoptèrent le christianisme arien qu'après 382 et seulement sur le territoire de l'Empire, et reconnaissent qu'en 376, la majorité des Goths qui pénétraient dans l'Empire étaient membres de l'Eglise chrétienne d'Arius.

Compte tenu de ce qui vient d'être dit, les quelques lampes à huile paléochrétiennes mises au jour sur le territoire de la Transylvanie, ainsi que le donarium (tablette votive) découvert en 1775 à Berethalom, portant l'inscription ZENOVIVS et muni d'un pendentif en forme de chrisme, ne peut être considéré comme la preuve d'une quelconque présence «romaine» en Transylvanie. Le donarium de Berethalom fut en réalité fabriqué quelque part en Illyrie à l'intention d'un aristocrate, pour faire ultérieurement partie, avec les vases de bronze qui l'accompagnaient, de l'équipement d'un prêtre envoyé en mission. Le sermon chrétien s'adressait à tous et sa pratique n'était nullement attachée, au IVe siècle, à une population romaine ou romanisée.

La débâcle

Après que les Huns eurent écrasé l'empire ostrogoth d'Ermanaric, ils se tournèrent contre les Wisigoths. Athanaric crut pouvoir rencontrer l'ennemi en se cantonnant dans une position retranchée au bord du Dniestr et songea même à s'assurer contre toute attaque inattendue par une avant-garde. Les Huns réussirent cependant, grâce à une brillante tactique nomade, à passer dans le dos de l'avant-garde, à franchir le fleuve dans l'obscurité et, à l'aube, ils lancèrent une attaque inattendue contre l'armée d'Athanaric qui ne put leur résister. Le résultat est connu: la majorité des Wisigoths conduits par Fritigern et Alavivus demanda asile *(receptio)* à l'empereur Valens, maître de la partie est de l'Empire (automne 376), tandis qu'Athanaric et sa suite se replièrent vers la Transylvanie, la *Caucalandensis locus*. A la fin de 380, Athanaric se vit toutefois contraint de se réfugier avec les siens sur le territoire de l'Empire d'Orient. C'est ainsi que se termina, en Transylvanie et sur l'ensemble du territoire de la Gothie, le règne des Wisigoths.

La catastrophe et le départ des Goths sont attestés par de nombreux trésors enfouis sous la terre, parmi lesquels deux grandes garnitures d'or, des barres d'or romaines marquées de sceaux d'Etat de 367-375 (à Kraszna), et de 376-380 (à Földvár). Nous avons mentionné plus haut le trésor constitué de bijoux en argent mis au jour à Tekerőpatak, daté par des monnaies d'argent et un solidus d'or de Gratien, de l'année 376. Circonstance d'une extrême importance : il contient des bijoux qui représentent les derniers types de monnaies découverts jusqu'ici dans les cimetières wisigoths. Entre 370 et 380, on a caché des trésors plus ou moins importants à Maroscsapó, Zernyest, Szamosújvár et Várhely. Le grand nombre de trésors mis en sûreté est le signe d'une catastrophe générale, et, comme en témoigne celui de Tekerőpatak, qui date de la même époque, les habitats et cimetières wisigoths cessent d'exister au même moment. La poussée des Huns a chassé l'ancienne population germanique, et cela non seulement sur l'ensemble du territoire roumain actuel. En effet, on voit se dépeupler dans le même temps le territoire de la Pologne d'aujourd'hui, habité par de nombreuses tribus germaniques, circonstance qui facilitera la grande migration des Slaves devant s'amorcer après l'époque hunnique.

Les Wisigoths détruisirent les forteresses, les villes et les villages de la Dacie romaine. Et, ce qui fut plus grave encore, ils laissèrent pendant les cent ans que dura leur règne, dépérir ce qui avait pu survivre aux guerres. (Les régions des mines d'or restent, pendant tout le haut Moyen Age, des forêts vierges inhabitées). Les Goths ne surent que faire du mode de vie romaine, pas plus d'ailleurs que les Alamans qui, à la même époque, vinrent occuper les *agri decumates* et la Rhétie Occidentale, entre le Rhin, le Neckar et le Danube. L'étendue de cette terre, comprise entre les riches provinces rhénanes et danubiennes, n'était pas moindre que celle de la Dacie transylvaine effectivement occupée par les Romains. Après la conquête alamane, les forteresses et les agglomérations abandonnées sont envahies par la forêt ; à la suite de quoi les Germains, qui cherchaient uniquement des terres cultivables et des pâturages, ne conservèrent pas leurs noms antiques. Le peu qui restait de la population « romaine » antérieure se fondit dans la masse des conquérants. Ce parallèle laisse supposer avec une grande vraisemblance le sort de la Dacie romaine.

Les Gépides avant la domination des Huns (269-424)

Les sources romaines qui parlent des assaillants de la Dacie mentionnent pour la première fois les Gépides en 269. Une preuve indirecte de leur arrivée dans le bassin des Carpates est la première attaque des groupes vandales qu'ils ont chassés, contre la Pannonie, dans la région d'Aquincum (automne 270). Ils avaient été devancés, dans l'occupation de la Dacie romaine, par les Wisigoths, et leur attaque contre ceux-ci, avant 291, appuyée par Maximien Ier — dont il a déjà été question plus haut — s'est soldée par un échec. Aussi furent-ils contraints d'établir leur territoire en dehors de la Dacie, sur le bord extérieur 80 des montagnes qui limitaient l'ancienne province romaine au nord-ouest. Leurs vestiges archéologiques, d'un type entièrement nouveau (sépultures à squelettes avec certains éléments de la civilisation de Tcherniakhov, mais, à la différence des sépultures gothes, très riches en armes), sont de plus en plus explorés dans le Nord-Est de la Hongrie et le Nord-Ouest de la Roumanie. Il ne s'agit pas de la Dacie romaine et pas davantage de la Transylvanie historique mais de la zone nord-ouest de la Transylvanie actuelle. Le territoire occupé par les Wisigoths à l'intérieur de la Dacie romaine ne s'étendait que jusqu'à la rive droite du Kis-Szamos et ne se prolongeait au-delà de la rivière que dans la région de Kolozsvár. Le *limes* romain de Dacie se trouvait à quelque 70 kilomètres plus à l'ouest, sur les pentes intérieures du Mont Meszes; la zone intermédiaire constituait, pour les Goths, un «no man's land».

Le premier pays des Gépides se situait dans les vallées des rivières Sebes-Körös, Berettyó, Ér, Kraszna, Túr et Bas-Szamos, au nord-ouest du Meszes, n'atteignait donc même pas la frontière de la Dacie romaine et s'était éloigné du territoire de la Transylvanie au sens géographique du terme. Cela n'empêche pas, curieusement, les archéologues et historiens de s'obstiner à identifier la Transylvanie actuelle à la Transylvanie historique et à la Dacie romaine et de toujours situer le territoire des Gépides en «Transylvanie».

Les célèbres trésors que les princes gépides avaient amassés en cent ans et qui furent cachés, au moment où les Huns apparurent dans le bassin des Carpates (424), au pied d'une montagne à Szilágysomlyó (trésor I et II découverts sur un seul petit lopin de terre) ne peuvent donc pas être attribués aux Wisigoths établis à 100 km de là, au-delà d'une haute chaîne de montagnes, ni, à plus forte raison, à un «chef local» romain ou dace. Les deux trésors ont été mis au jour en Gépidie, et signalent, avec le trésor du même genre (mais moins important) découvert à Gelénes, au bord de la Haute-Tisza, ainsi que celui mis au jour à Ormód/Brestovo, en Ukraine carpatique, un tournant historique. Les trésors de Szilágysomlyó et les vestiges trouvés dans cette région (Szilágyújlak: torque en or massif, Zilah: pendentif en or, Szilágysomlyó: sépulture d'un Gépide armé datant des années 400) permettent de conclure avec assez de vraisemblance que le centre de l'implantation gépide de la première époque se trouvait dans la région de Szilágysomlyó, ouverte vers les vallées des rivières Kraszna-Ér-Berettyó et protégée à l'est par de hautes montagnes. C'est quelque part dans cette contrée que périt la première dynastie gépide qui fut plus tard remplacée par Ardaric, roi désigné par les Huns et qui allait fonder la grande puissance gépide.

2. Les Huns (376/424-455)

Le sort de la Gothie fut scellé par l'apparition des Huns. C'est en effet à la suite des poussées successives des Huns que la population gothe, qui avait coexisté — bien qu'en dehors du *limes* — avec l'Empire romain, quitta son territoire. Pour ce qui est des Huns eux-mêmes, on ne sait pas très bien où et comment, après leur victoire de 376, ils s'installèrent en Europe Orientale. C'est en 395 qu'ils attaquèrent pour la première fois des territoires relevant de l'Empire d'Orient: leurs avant-gardes, qui franchirent alors le Danube, étaient parties de Valachie. En décembre 400, ils exterminent, dans la même région, Gaina et ses Goths qui retournaient du territoire de l'Empire. Les mouvements des différentes armées hunniques vers l'Ouest provoquèrent assez rapidement la « seconde panique hunnique » : les Vandales et les Suèbes quittent à la hâte le bassin des Carpates, tandis qu'Alaric et ses Wisigoths tentent, pour la première fois, de pénétrer en Italie du côté de la Dalmatie (401/402).

Si la nouvelle guerre de l'armée hunnique du Bas-Danube conduite par Uldin contre l'Empire d'Orient (occupation de Castra Martis en 409) aboutit à un échec, Uldin n'en réussit pas moins à occuper et à incendier — avant que le gouvernement de Constantinople n'eût signé la paix avec les Huns (412) — les postes de défense romains de la rive gauche du Bas-Danube, c'est-à-dire l'ensemble des positions avancées, depuis Sucidava (Celei) près de l'embouchure de l'Olt, jusqu'à Lederata (Novi-Palánk), à l'ouest des Portes de Fer. Dans les décennies qui suivirent, les Huns occupèrent l'ensemble du territoire de la Valachie : il n'existe en effet aucune autre région d'Europe où l'on ait découvert autant de preuves archéologiques et des premiers déplacements et de l'installation des Huns que dans cette plaine sillonnée de rivières (chaudrons de sacrifice en cuivre et sépultures avec diadèmes en or). C'est depuis ce territoire que fut lancée, en 422, l'expédition contre la Thrace, et lorsque le roi Ruga et l'essentiel des forces hunniques poursuivirent ensuite leur route dans le bassin des Carpates, d'autres groupes de Huns, eux aussi venus de l'Est, occupèrent cette région. Ils ont dû être suffisamment nombreux car c'est quelque part dans la vallée de la rivière Buzău que se trouvait, entre 435 et 445, l'« ordu » (ville-campement) du prince Attila, le second personnage. Des trouvailles hunniques dignes d'un prince ont été mises au jour dans la région, et c'est probablement à cet ordu situé en dehors des Carpates qu'on peut rattacher un boucle en or découvert à Brassó. En été, probablement, un dignitaire hunnique se rendait, par le col Bodza, dans le Barcaság (Burzenland), fait attesté par un solidus de Théodose II frappé en 430 et découvert là-bas.

Le roi Ruga et le gros de l'armée des Huns campent, dès 424-425, dans la plaine située au sud du Körös ; c'est là qu'ils commencent à construire le nouvel ordu royal où en 449, Priscos, envoyé de l'Empire d'Orient se trouve en mission. Les villages des Gépides qui acceptent la domination des Huns sont repoussés vers la Grande Plaine, au nord de la ligne marquée par les rivières Körös et Sebes-Körös, ce qui contraignit apparemment les Gépides à pénétrer en Transylvanie jusqu'au cours du Szamos. Au sud de cette région, s'étendait le royaume des Huns.

Le Centre et le Sud de la Transylvanie, entourés de hautes montagnes et couverts de forêts, servaient aux Huns à la fois de voie de passage vers l'Est (par les cols de Vöröstorony et de Bodza ainsi que par le défilé de Borgó), de territoire de campement en été et de territoire de chasse en automne. La Transylvanie connut alors le plus bas niveau de peuplement de toute son histoire. On trouve à peine quelques habitations dans la vallée du Maros, du Sebes et du Nagy-Küküllő ainsi que le long des voies qui conduisent vers les cols. Le Nord de la Transylvanie n'a révélé, jusqu'à présent, aucune trace des Huns.

Une sorte de « centre », peut-être un ordu provisoire (on sait par Priscos qu'à l'époque d'Attila, il y en avait plusieurs), devait se situer dans les environs de la ville actuelle de Szászsebes, où on a découvert un solidus de Théodose II frappé en 429/30 ainsi que des monnaies d'or de Varakhran V, roi kouchansassanide (420-438). Or, ces dernières n'ont pu parvenir en Europe que par l'intermédiaire des Huns qui, dans les années 420, guerroyaient en Asie Centrale. D'autres monnaies d'or provenant des Empires d'Orient et d'Occident jalonnent également les étapes de la conquête ainsi que les itinéraires des Huns (Marosludas, Gyulafehérvár, Vízakna) : en effet, la diffusion des monnaies d'or extorquées aux deux empires romains sous forme de tribut reflète assez exactement les déplacements des Huns et de leurs alliés.

Une des trouvailles hunniques les plus importantes de Transylvanie est une cycade en or pur — symbole religieux, insigne de la dignité — qui provient de Sáromberke, à proximité du Maros, mais il n'est pas exclu que les fibules d'or ansées germaniques, recouvertes de pierres semi-précieuses — du style de Szilágysomlyó — découvertes à Völc, au bord du Kis-Küküllő, aient également appartenu à une femme riche de l'époque hunnique. A Csépány (environs de Beszterce), on a découvert la tombe isolée d'un noble enterré avec une monnaie d'or de Théodose II ainsi que des bijoux en or : elle remonte probablement à l'époque des Huns. Les autres objets découverts en Transylvanie sortent tous des tombes du «peuple commun» de l'époque. Elles sont d'ailleurs très caractéristiques : il s'agit de cruches à anse à décor lissé et de différents vases et gobelets en verre (Marosvásárhely, Maroskarna), comme on en a trouvé, de la même forme et du même dessin, dans des tombes et des sites éparpillés sur l'ensemble du territoire du cours moyen du Danube occupé par les Huns. De petits cimetières de famille, pareils à ceux qui marquent la présence hunnique depuis les Alpes jusqu'en Moldavie et la mer Noire, ont été découverts, ces dernières années, à Újős et Baráthely. Les tombes contenaient des fibules dites de type Perse—Léva, caractéristiques à la fois des Alains, des Huns et des Germains de cette époque. Ces tombes ont également livré des fibules dites de type Brigetio—Mártély remontant à l'époque des Huns. Une fibule semblable a été mise au jour à Arad-Mikelaka, à l'endroit où le Maros quitte le territoire de la Transylvanie. Autre objet hunnique trouvé en Transylvanie : la fibule alaine de style caucasien qui provient de Gyulafehérvár-Partos. Enfin, signalons encore, à titre de complément, les tombes hunniques découvertes sur le plateau de Nagyvárad-Szalka, à l'endroit où le Sebes-Körös débouche sur la Grande Plaine. (Les trouvailles «hunniques» de Mojgrad, qui occupaient une place centrale dans les théories plus anciennes, sont des faux modernes.)

Pendant les 50 ans de domination hunnique, le Sud de la Transylvanie redevint un pays sauvage et désert. Les territoires propres à la culture et à l'habitation se rétrécissaient d'une façon dramatique. Les grandes vallées des rivières ne servaient plus que de voies de communication et les régions accessibles autour d'elles devenaient le terrain de chasse des princes et des dignitaires hunniques.

3. Le royaume des Gépides (455-567)

Les sources de l'époque, tout comme Jordanes, dans son *Histoire des Goths,* insistent sur le rôle de premier plan que «l'innombrable» armée des Gépides joua dans la campagne menée par Attila contre la Gaule (451). Elle était conduite par Ardaric, «le plus célèbre des rois», qui pouvait seul se vanter, parmi les vassaux d'Attila (445-453), d'être admis aux négociations royales. Les Gépides devaient leur rôle privilégié au fait qu'ils avaient été le seul peuple, parmi les Germains de l'Est qui, à l'arrivée des Huns, n'avaient pas déserté le bassin des Carpates. De même qu'Attila, dans les campagnes qu'il mena contre les villes des deux empires romains, fut contraint de s'appuyer

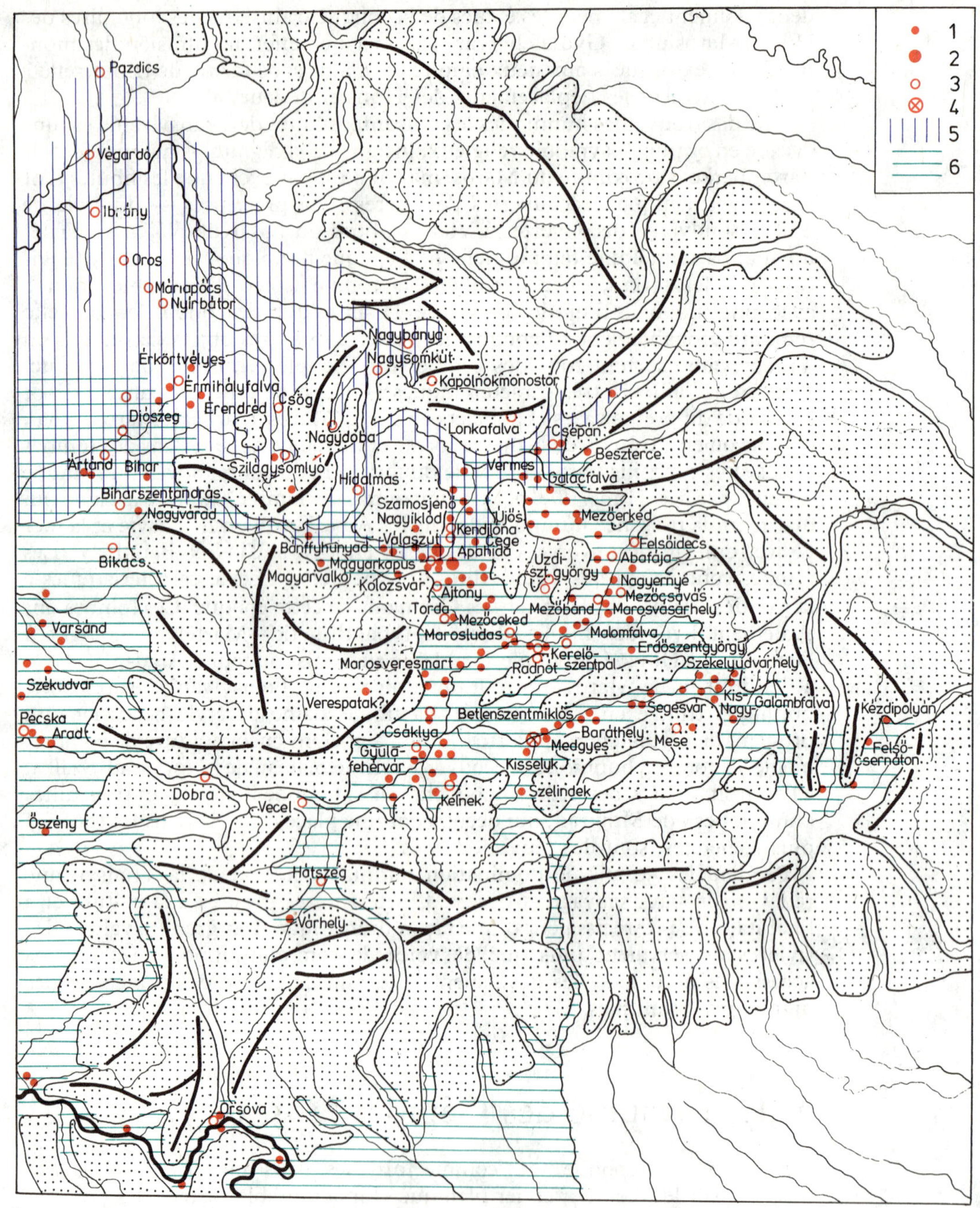

Carte 5. Les Gépides dans la Transylvanie et dans la partie est de la Plaine, 445/55-567

1 — habitation, tombe, cimetière, 2 — sépulture royale, trésor, 3 — monnaies d'or depuis l'époque de l'impôt de Théodose II, dans les années 440 jusqu'à la mort de Justinien Ier (565), 4 — monnaies cachées, 5 — la Gépidie jusqu' en 455 env., 6 — territoire habité par les Gépides entre 474-567

sur la population gépide — en majorité des hommes de pied —, de même la population de la ville-campement central ne put se passer de certains services assurés par les Gépides. Ardaric, le nouveau roi élevé par les Huns sur le trône gépide, régnait sur son peuple avec à peu près autant de pouvoir qu'Attila sur les peuples et les nobles de l'empire hunnique. Ce pouvoir avait été conféré, par les Huns et Attila, à Ardaric et à quelques autres princes vassaux et Ardaric était bien trop intelligent pour ne pas utiliser son pouvoir au profit de son peuple. Il n'existe aucune région du bassin des Carpates où on ait découvert autant d'oboles funéraires en or que sur la terre des Gépides. Même lorsque Théodose II mourut et que le flot d'or de l'Empire d'Orient fut tari, leurs maîtres hunniques leur assurèrent leur part des solidi de Théodose II frappés «à la maison». Au moment de la mort d'Attila (453), les Gépides constituaient l'aristocratie militaire germanique la plus riche et la mieux équipée de l'Europe de l'époque. C'est ce peuple, «les Gépides sévissant avec l'épée», et «l'épée d'Ardaric» qui assurèrent la victoire de la ligue des peuples danubiens alliés contre les Huns dans la bataille qu'elle livra, près de la rivière Nedao, à Ellak, fils et successeur d'Attila (455).

Après leur victoire, «les Gépides occupèrent les territoires de campement des Huns et s'approprièrent en vainqueurs l'ensemble du territoire de la Dacie».[6] A l'Empire romain (d'Orient), ces hommes puissants ne demandèrent qu'une «alliance amicale, la paix et un tribut annuel». Cette source de l'époque, conservant le récit de Priscos, témoigne de ce que les Gépides, après leur victoire, étendèrent considérablement leurs territoires en annexant les campements des Huns sur la rive gauche du Danube. Les frontières de leur empire, dans la première moitié du VIe siècle, sont clairement indiquées par une description empruntée à Cassiodore, et basée sur une source byzantine. Il en ressort que le peuple gépide est installé à l'ouest de la Scythia Minor (Dobroudja) et que son territoire est limité au sud par le Danube, au sud-est par l'Olt,[7] à l'est et au nord par la chaîne des Alpes — c'est-à-dire les Carpates du Sud et de l'Est — et à l'ouest par la Tisza. Peu après 550, comme nous le dit l'historiographe contemporain Jordanes, le pays *actuel* des Gépides s'étend en face de la Mésie, sur l'autre rive du Danube, sur un territoire que les anciens ont d'abord nommé Dacie, puis Gothie, qu'on nomme *à présent* Gépidie et qui est délimité au sud par le Danube.[8]

Du point de vue chronologique, c'est entre ces deux descriptions de la Gépidie qu'eut lieu la plus grande guerre de conquête des Gépides. Cassiodore ne pouvait pas encore la mentionner et Jordanes n'en parle qu'incidemment. En effet, au moment où il achevait son œuvre, les Gépides avaient déjà perdu les territoires conquis, conquête dont la légitimité n'avait d'ailleurs jamais été reconnue par l'Empire d'Orient, dont Jordanes était un ressortissant. La guerre déclenchée par les Gépides en 539 était une conséquence de l'alliance qu'ils avaient conclue avec Théodebert, roi des Francs, contre Byzance. Dans une bataille sanglante, ils anéantirent l'armée byzantine commandée par le général Calluc, puis, à la suite de cette victoire, ils purent étendre leur domination, jusqu'à la fin de 551, sur la zone danubienne des provinces *Moesia prima* et *Dacia ripensis,* de Singidunum (Belgrade) jusqu'à la région située en face de l'embouchure de l'Olt. Le fait que les Gépides aient contrôlé, ou plus exactement, ouvert la frontière le long du Bas-Danube, fut

[6] Jordanes, Getica 264 «totius Daciae fines».
[7] «... ab africo vero magnus ipse Danubius, et ab eoo Flutausis secat», Id. 33.
[8] «... a meridiae Danubii terminabant», Id. 74.

d'une importance historique : c'était là que, pendant 12 ans, les Gépides ont aidé les groupes slaves, ne cessant d'attaquer l'Empire d'Orient, ainsi que les Koutrigours bulgaro-turcs, en 550, à franchir le fleuve. C'est à cette époque que la population romanisée, qui avait été transférée en 270 de la Dacie de Trajan dans les villes des rives du Bas-Danube, et qui fut terrorisée à l'idée de subir la domination gépide, équivalant pour les Romains à l'esclavage, et menacée par les attaques des Slaves et des Koutrigours, s'enfuit à l'intérieur de la péninsule balkanique en emportant vers le Sud son dialecte latin, ainsi que le souvenir de son origine trajanienne et de son ancienne appartenance « dace ». Même si, après la victoire remportée en 551 par ses alliés lombards, Justinien Ier expulse les Gépides du territoire romain et referme la frontière du Bas-Danube, il ne peut ni ressusciter les villes, ni faire revenir leurs anciens habitants. A la place des *castella*, places fortes de défense et villes qui avaient existé sur les deux rives du Bas-Danube, on construit, surtout, après 552, de petites forteresses dans lesquelles des garnisons peu nombreuses d'origine partiellement ou entièrement barbare sont chargées, pendant une trentaine d'années encore, d'assurer la garde de la frontière. Les campagnes avares des années 580 et 590 finiront par liquider définitivement ces forteresses jusqu'à Dobroudja.

Les archéologues connaissent fort bien les vestiges des Gépides de l'époque des migrations, à savoir des Ve et VIe siècles. Les premières découvertes sont des bijoux qui proviennent de la tombe d'une femme riche appartenant à la noblesse et ont justement été découverts, en 1856, en Transylvanie (Klein-schelken/Kisselyk). József Hampel a constaté dès 1880, à propos de bijoux faisant partie d'un mobilier funéraire de Nagyvárad, que les bijoux de ce genre étaient, dans le bassin des Carpates, de style mérovingien. Sur la base de découvertes de plus en plus nombreuses et en s'appuyant sur ses excellentes connaissances des sources historiques, Hampel affirma, à la fin du siècle dernier, que les sépultures et cimetières qui ont livré des objets de ce genre à l'est de la Tisza appartenaient tous au peuple gépide. Dans sa publication décrivant le premier cimetière transylvain mis au jour et présenté de manière exemplaire (Mezőbánd/Band, 1906/7), István Kovács a démontré (1913) que la nécropole constituait un legs gépide de l'époque des migrations. Quoique l'archéologie ne soit pas, pour les Gépides non plus, restée à l'abri d'une confusion conceptuelle après la Première guerre mondiale, les fouilles et recherches sur l'ancienne Gépidie, qui se répartissait dorénavant sur trois pays, ne cessèrent pas pour autant (il est vrai qu'en Transylvanie, entre 1951 et 1956, elles entraient dans le « programme slave ») et, dès les années 1960, les tendances se clarifièrent. Aucun chercheur compétent de Hongrie, de Yougoslavie ou de Roumanie ne met plus en doute aujourd'hui que les habitats et cimetières de l'époque en question appartenaient aux Gépides. Ce qui présente par contre de grosses difficultés, c'est de faire accepter ces points de vue aux chercheurs occidentaux spécialistes de l'époque mérovingienne : il existe en effet un nombre encore assez élevé d'historiens et d'archéologues occidentaux qui ignorent délibérément les Gépides ou, s'ils tiennent compte de leur existence, ne reconnaissent comme gépides que les objets frustes ayant appartenu au bas peuple. Les chroniques haineuses des Goths et des Lombards de l'époque ont causé un grand tort aux Gépides : il est courant qu'on leur dispute leurs merveilleux trésors, leurs sépultures royales, leurs bijoux princiers, et qu'on les attribue du même coup aux Goths, aussi bien que leurs victoires. Les recherches locales portant sur la Gépidie se ressentent régulièrement de cette tendance : il en est ainsi, par exemple, de l'idée qui n'est confirmée par aucune source historique et selon laquelle les sépultures royales d'Apahida ou le trésor de Szamosfalva appartenaient aux chefs d'un groupe d'Ostrogoths qui auraient séjourné en Transylvanie jusqu'en 474 ou 490. Or, en réalité, la victoire décisive que les Gépides remportèrent sur les Huns et leur solide alliance avec l'Empire d'Orient (excepté les 12 années ci-dessus mentionnées) expliquent fort bien la richesse extraordinaire de leurs rois et de leur noblesse.

La diffusion des solidi de Théodose II, de Marcien et de Valentinien III — monnaies d'or que, dans le deuxième tiers du Ve siècle, les nobles gépides mettaient volontiers dans la tombe de leurs proches parents afin qu'ils puissent entrer dans l'au-delà — permettent de définir clairement l'étendue du territoire des Gépides à l'époque de la domination des Huns. La Gépidie s'étendait à l'ouest jusqu'à la ligne du Bodrog et de la Tisza, au sud jusqu'à la ligne du Körös et du Sebes-Körös et à l'est, jusqu'à la région de la source du Nagy-Szamos. Les riches mobiliers funéraires découverts dans le Partium et le Nord de la Transylvanie (par exemple à Érmihályfalva) servent à l'archéologie internationale pour dater par des monnaies le commencement de la « civilisation mérovingienne ». C'est à cette époque que les femmes nobles gépides ont commencé à porter des bijoux de « nouveaux riches » : des fibules en argent de grandes dimensions qui ornaient les robes aux deux épaules, des plaques-boucles de ceintures et bracelets luxueux, des boucles d'oreilles de type polyédrique en or et des colliers de perles. On trouve également des sépultures de ce genre dans le Partium, contigu de la Grande Plaine (par exemple à Érdengeleg et Gencs) et à Nagyvárad, une véritable nécropole de nobles.

Comme, grâce à d'importantes nécropoles (Ártánd I-II, etc.), les armes gépides de l'époque hunnique, le costume masculin et féminin ainsi que les autres objets de la civilisation matérielle sont aujourd'hui connus, on peut aisément reconstituer le peuplement de la Transylvanie après l'époque hunnique. En effet, les premiers conquérants avaient apporté avec eux les boucles d'oreilles, les fibules, etc. dont la forme était née dans leur patrie antérieure. Leurs oboles mortuaires étaient encore les monnaies frappées à la fin du règne de Théodose II, monnaies dont l'empire des Huns était pour ainsi dire submergé, ou encore les frappes tardives de Valentinien III (425-455), mais qui furent bientôt suivies des solidi de Léon Ier (457-474) et de Zénon (474-491). La diffusion des monnaies correspond parfaitement à celle des mobiliers funéraires de la haute période gépide, attestés jusque dans les vallées de la Transylvanie du Sud, jusqu'à Segesvár, Székelyudvarhely, Brassó, Szelindek, Hátszeg. La majorité provient de cimetières familiaux de hameaux et de métairies récemment établies (des villages de plus grandes dimensions ne s'étant pas constitués). La plupart des vestiges de l'époque gépide ont été mis au jour à Kolozsvár et dans ses environs où il faut admettre l'existence d'un important « centre » gépide.

Rois gépides en Transylvanie

Autour des ruines de Napoca, il se constitua un véritable anneau de sites habités par les membres de l'escorte militaire et de leurs familles. (Magyarvalkó, Kardosfalva, Szamosfalva, Apahida, etc.). Il est donc vraisemblable que les rois gépides ont fréquemment séjourné sur le territoire de l'ancienne ville. Quoique dégradés par le temps, les murs de la ville, selon toute vraisemblance, existaient encore et on réussit peut-être même à rendre habitable un des édifices publics en train de s'écrouler, comme le firent les Alamans puis les princes des Bajuvares à Castra Regina (Ratisbonne/Regensburg). Pour ce qui est de leur rang, les personnalités princières de Transylvanie semblent avoir été encore plus puissantes que ceux-ci, puisqu'elles furent enterrées en secret, loin de leur résidence, sur la terrasse du Kis-Szamos, à l'emplacement du village actuel d'Apahida. La première tombe princière fut découverte, et aussi ravagée, en 1889, mais on réussit à sauver une partie du mobilier funéraire. Le rapport publié, peu après, en hongrois et en allemand, faisait la somme d'à peu près tout ce qu'on en sait aujourd'hui. La trouvaille la plus importante livrée par la tombe est une fibule cruciforme en or antique-byzantine «à bulbe d'oignon». C'est une réplique plus grande et plus minutieusement travaillée de la fibule mise au jour de la tombe du roi franc Childeric Ier (†482), à Tournai; du point de vue romain, le prince d'Apahida était donc un chef barbare plus puissant et d'un rang plus élevé. Les cruches en argent de la tombe d'Apahida étaient également des cadeaux venant de Constantinople et constituent une richesse complémentaire par rapport à la tombe de Childeric. Le reste du mobilier funéraire comprend de riches *regalia* (insignes royaux) ainsi que des *personalia* (objets personnels). Le bracelet en or massif, évasé aux extrémités, était, depuis les IIIe-IVe siècles, le symbole des familles royales des Germains. Il ne fait pas de doute que les six pendentifs avec des têtes de sanglier en or qui étaient probablement accrochés à une sorte de diadème éventuellement en textile marquaient également une dignité. La ceinture du prince se fermait à l'aide d'une grande boucle d'or cloisonnée, garnie de pierres colorées ; il faut probablement compter parmi ses insignes un bol en verre ou en bois plaqué or. On est également renseigné sur la religion du mort, notamment par une bague en or rehaussée de croix : quant à son nom, il peut être reconstitué grâce à un anneau sigillaire portant l'inscription latine OMHARIVS et un monogramme grec dont on peut reconstruire le nom (AUD)OMARIUΣ. En lisant la lettre Ʀ de l'inscription latine comme «ri», nous avons la terminaison *harius*, ce qui est la réplique correcte du mot vieux germanique *harjaz* et du mot goth *harjis* (nom. et gén.) ayant le sens de «armée». Dans ce cas, une signification possible de Aud[om]harjis est «salut de l'armée». Si on lit la ligature comme «ir», nous avons le mot goth hairus = épée, la syllabe «om» restant toutefois obscure. Mais, étant donné ce sens évoquant l'arme et l'armée, l'étude des noms du même genre et de la même époque révèle que ce nom ne pouvait être porté que par un des rois des Gépides.

Une partie des mobiliers funéraires de la sépulture princière n° 2 de Apahida, mise au jour — et en partie dévastée — en 1968, à 500 mètres de la tombe n° 1, est apparentée aux trouvailles précédentes, puisqu'on y trouve, entre autres, le même type de boucle de ceinture que dans la tombe n° 1 ainsi que le gobelet en verre plaqué or et le bol en bois. Le reste du riche mobilier funéraire (épée longue et boucles du baudrier en or, plaque de sabretache ornée de pierres colorées cloisonnées et, dans une caisse en bois, de merveilleux ornements de selle et de harnachement) n'a pour la plupart pas d'équivalent dans la tombe n° 1. Dans le même temps, les *regalia* et les *personalia* font défaut : peut-être ont-ils disparu au moment de l'ouverture de la tombe. D'une troisième trouvaille (1979), on ne connaît qu'une boucle de ceinture en or d'orfèvrerie cloisonnée plus grande et plus somptueuse que les deux précédentes.

Le mobilier funéraire des trois tombes princières est pour ainsi dire complété par le trésor d'or caché, non loin d'Apahida, à Szamosfalva et découvert en 1962. Il contenait essentiellement des bijoux féminins (pendentif somp- 88 tueux suspendu à une chaîne torsadée, boucle de ceinture, perles de collier, bagues) mais également des parures masculines (bagues en or, torque).

Les bijoux d'Apahida—Szamosfalva sont les plus beaux spécimens des ornements princiers germaniques qui, fabriqués à la mode de l'époque hunnique, reflètent une incroyable richesse. Il est tout à fait légitime de les attribuer aux rois gépides du Ve siècle, les Ardariking. La *regia* de Napoca ainsi que les maisons environnantes habitées par l'escorte du roi cessent d'être utilisées au VIe siècle, ce qui indique une brusque modification : une nouvelle dynastie, celle d'Elemund, évince les Ardariking du pouvoir. Le trésor de Szamosfalva a sans doute appartenu à un membre de cette dernière famille qui, obligée de fuir, choisit de le confier à la terre.

Les Gépides à l'époque de la culture mérovingienne

Au tournant du Ve et du VIe siècles, dans les régions occidentale et centrale d'Europe, de l'Océan Atlantique à la Transylvanie, une nouvelle « civilisation » est en gestation. Son berceau est le Nord de la Gaule, plus exactement l'Austrasie, le « pays du Sud » qui s'étend sur les vallées du Rhin, de la Meuse, de la Moselle et du Main, conquises par les Francs. Non seulement les conditions politiques s'y raffermissent à l'époque de la dynastie mérovingienne, mais la vie économique connaît elle aussi, dans les anciennes villes romaines, une époque de renouveau. Dans la province, on voit se former des domaines qui vont se développer dans le sens des domaines féodaux et, sur les terres, se constituer des villages et des hameaux. Aux abords des agglomérations rurales qui ne se rattachent plus guère aux antécédents romains, la population ouvre des cimetières qui vont être utilisés pendant des siècles et dont les sépultures et le mobilier funéraire conservent sa mode, ses armes, ainsi que d'autres éléments de sa civilisation matérielle, sans oublier certains signes de son organisation sociale. A l'est du bloc franco-alaman, en Thuringe, en Bohême et sur le territoire de la Moravie actuelle, en Autriche, en Transdanubie, dans la région de la Tisza et enfin en Transylvanie, cette civilisation se double de ce qu'on appelle civilisation mérovingienne de l'Est ou civilisation des « cimetières par rangées », dont les tenants étaient d'autres peuples germaniques. En dehors et surtout à l'est et au sud du bassin des Carpates, on ne trouve plus la moindre trace de cette dernière, ce qui indique clairement le « partage » de l'Europe tel qu'il apparaît à cette époque. En deçà de la Thuringe et de l'Autriche Supérieure, l'épithète « mérovingien » n'a aucune raison d'être car la dynastie des Mérovingiens n'a en effet jamais dominé ces territoires. Elle est pourtant admise, du fait que, dans les deux premiers tiers du VIe siècle, les peuples habitant ces régions, en premier lieu les Lombards et les Gépides, entretenaient avec la dynastie mérovingienne des rapports politiques (les Gépides, par exemple, à l'époque de la guerre contre Byzance, en 539) et même dynastiques (comme les rois lombards). Ces rapports furent plus d'une fois, du point de vue du bassin médian du Danube, d'une importance décisive.

Plus importants que l'influence directe ou indirecte des Mérovingiens sur les lointains Gépides, furent les rapports avec Byzance et même — à en croire le témoignage des bijoux — les rapports qui existèrent, pendant un certain temps, entre Gépides et Goths de Crimée et les peuples scandinaves. Après la reconquête de la Syrmie (536), on retrouve trois blocs rattachés l'un à l'autre de façon assez lâche, qui forment le royaume gépide. Vers le Nord et l'Ouest, c'est la région de la Tisza, qui se trouve être la plus ouverte, vers le Sud et l'Italie, la Syrmie et, vers l'Est, pendant quelque temps, la Transylvanie. Lorsque, du fait des migrations slaves, les rapports avec l'Est cessèrent, la Transylvanie — partie du royaume gépide — se vit contrainte de se transformer en une province autarcique.

Un signe caractéristique de la stabilité économique et politique est l'existence d'un grand nombre d'agglomérations permanentes. Les villages gépides nés en Transylvanie ne s'appuyaient, au tournant des Ve et VIe siècles, sur aucun antécédent : ils n'eurent de prédécesseurs goths, romains ou préhistoriques qu'aux endroits stratégiques importants du point de vue économique ou de communication. La plupart étaient des villages ou hameaux nouvellement créés, habités par une population paysanne de cultivateurs et d'éleveurs qui venaient s'établir dans le pays.

Le site le mieux décrit se trouve dans le finage de Malomfalva-Podej, où on a mis au jour 34 fonds de cabanes semi-enterrées dans le sol, soutenues par deux fois un, ou deux fois deux et, le plus souvent, trois fois trois poteaux et couvertes d'un toit en bâtière. Tout comme dans les autres maisons germaniques de l'époque, on ne trouve ni âtre ni four. Dans quelques-unes, il y avait des métiers à tisser, dans d'autres des outils, des peignes, des couteaux, des bijoux simples et beaucoup de tessons qui tous renvoient à l'époque à laquelle les maisons furent construites et habitées. Tous ces objets sont des produits caractéristiques de la métallurgie gépide, réalisés en bronze et fer, ou de la fabrication des peignes en os et bois de cerf, ou encore de la poterie faite au tour. On en a trouvé des centaines dans les sites et les tombes des Gépides de la région de la Tisza. Ils ne dénotent aucune influence « locale », aucun trait qui serait inconnu dans les autres régions de la Gépidie. La population, qui s'adonnait à l'agriculture et à l'élevage, n'entretenait aucun rapport avec l'étranger. Les Gépides, qui habitèrent le site de Malomfalva entre 500 et 567, et les maisons de la dernière période furent victimes de l'attaque des Avars et, quelques années ou dizaines d'années plus tard, les terres devenues désertes sont repeuplées par les envahisseurs.

On a découvert, à plusieurs endroits de la Transylvanie, des traces de maisons, de villages et d'agglomérations plus ou moins grands, ressemblant à ceux de Malomfalva (Maroscsapó, Kutyfalva, Mezőszopor, Vajdaszentivány, Bethlenszentmiklós, Kézdipolyán-Kőhát – et, en dehors de la Transylvanie, en Bihar, des maisons avec des ateliers de peignes en os). Il faut tout particulièrement signaler les cabanes gépides semi-enterrées qui se trouvent sur le territoire intérieur complètement désert de l'ancien Apulum (dans la citadelle de Gyulafehérvár) : elles peuvent être datées à l'aide d'objets caractéristiques sortis de la main de potiers gépides, à savoir des vases à bec verseur. A noter également que des tessons de vases gépides à bec verseur et décoration estampillée et lissée caractéristique se rencontrent parfois aussi sur les sites construits sur des plateaux, à Kisselyk-Várhegy et Kisgalambfalva-Galat-tető par exemple. On y observe, à côté des maisons semi-enterrées, des restes de maisons en bois. En revanche, rien ne permet de conclure que les Gépides aient entouré ces sites, sur les hauteurs, de remparts de terre ; certains chercheurs ont qualifié d'ouvrages gépides des remparts préhistoriques ou médiévaux, voire des terrasses naturelles. Or, aucun site gépide n'était protégé.

Dans l'état actuel des recherches, ce sont plutôt les cimetières, ainsi que les tombes et découvertes liées aux cimetières, qui nous fournissent des indications sur la véritable étendue du territoire de Transylvanie habité par des

Gépides. Comme partout dans le royaume gépide, les cimetières se rattachent ici à deux types de sites : à des villages et à des hameaux. Au VIe siècle, les manoirs nobiliaires ont disparu de Transylvanie, la continuité de leur existence n'est attestée qu'en dehors du pays, près de Nagyvárad. Mais le cimetière seigneurial qui s'y trouve n'a malheureusement pas été fouillé avec compétence. Du mobilier funéraire des 10 sépultures découvertes et plusieurs fois fouillées, beaucoup de pièces ne sont pas entrées dans les collections. Les trouvailles existantes permettent pourtant de constater que les morts, les hommes aussi bien que les femmes, appartenaient à la plus haute noblesse du royaume gépide. Parmi les objets du mobilier funéraire, il y a des insignes chrétiens et des bijoux francs originaux. Des sépultures nobiliaires tout aussi riches des années postérieures à 536 sont connues en Syrmie, et cela n'est nullement dû au hasard, puisque c'est de là qu'au milieu du siècle, le roi Cunimund transféra la cour royale gépide à Sirmium, ville antique encore vivante, qu'habitait l'héritier du trône et où résidait l'évêque de l'Eglise arienne gépide.

Les cimetières de hameau se situent surtout dans la région du Kis-Szamos et du Maros (Magyarkapus, Nagyiklód, Mezőceked, Marosvásárhely, Maroscsapó), mais on en a également trouvé dans la vallée du Kis-Küküllő (par exemple à Bethlenszentmiklós). Le rite funéraire est homogène et de caractère chrétien : sépulture avec cercueil orienté ouest-est. Le mobilier est également homogène, fibules ansées de type gépide, peignes doubles à dents serrées, pointes de flèche, boucles en bronze et en fer, poteries de style gépide à décor lissé ou estampillé, rarement dépourvues de décoration, mais toujours fabriquées au tour rapide. Le nombre des vases varie fortement selon les cimetières et selon les conditions religieuses de la communauté.

A l'heure actuelle, on connaît peu de cimetières en Transylvanie qui fussent rattachés à un village. Dans celui de Malomfalva, la majorité des tombes fut détruite par des pilleurs une fois que l'habitation eut été désertée. Ce qui y est resté — fibules, perles, peignes, armes, etc. — offre des caractéristiques gépides tellement prononcées qu'on se croirait en présence d'un cimetière mis au jour par exemple à Szentes, en Hongrie. Des cimetières de village ont également été mis au jour à Beszterce et Galacfalva.

Le plus grand cimetière gépide de Transylvanie, et qui a été fouillé et décrit avec la plus grande compétence, est celui de Mezőbánd. A la différence de celui de Malomfalva, les sépultures y sont caractérisées par une abondance de vases destinés à contenir des aliments et par l'absence de plats de viande païens. Ce mélange particulier d'élements du rite chrétien et du rite païen se rencontre également ailleurs, chez les Gépides mi-païens, mi-chrétiens. Le cimetière de Mezőbánd est un de ceux que l'on continua à utiliser même après la conquête avare, tout comme celui de Marosnagylak ou le cimetière n° 3 de Baráthely. Les tombes de Marosveresmart semblent également constituer une partie d'une nécropole de ce genre.

Le nombre des mobiliers funéraires dont on connaît la provenance et des sites constitués d'une ou deux tombes s'élève à environ 40 au total. Ce sont des tombes « isolées » qui ont livré les bijoux gépides les plus caractéristiques de Transylvanie : deux boucles de ceinturon ornées d'une grande tête d'oiseau rapace, trouvées à Szamosjenő et à Maroscsapó. Il s'agit d'« insignes » des femmes de haut rang du VIe siècle, utilisés sur l'ensemble de la terre gépide.

Bien que les vestiges de la « culture mérovingienne » de Transylvanie soient connus par de nombreux sites et sépultures (étant donné que du haut Moyen Age c'est la seule période qui ait été un peu mieux étudiée en Transylvanie),

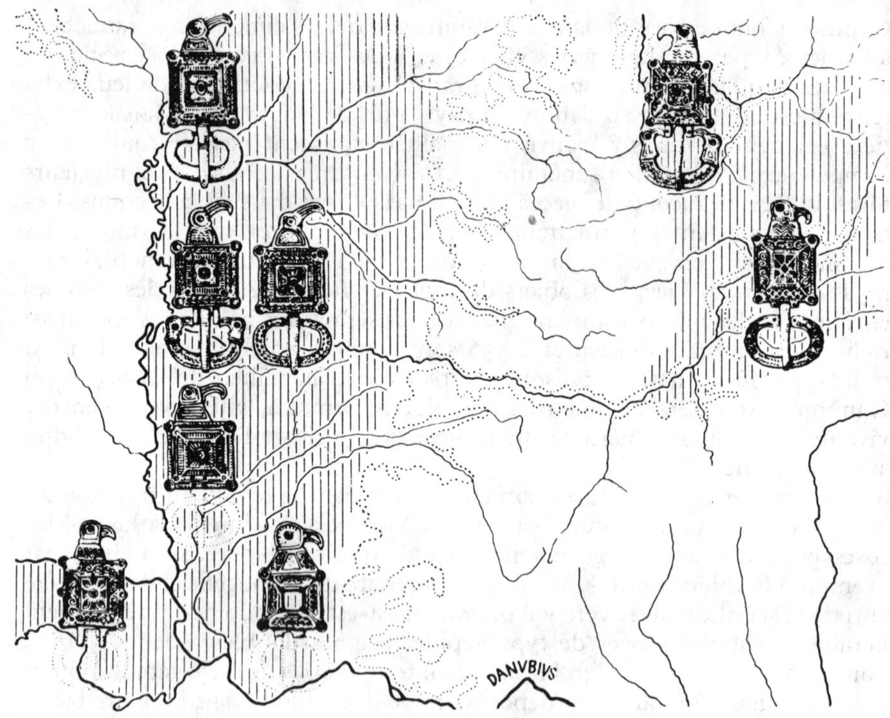

Fig. 5. Les territoires de la Gépidie sont marqués, au VIe siècle, par la parure la plus caractéristique des Gépides, le boucle à tête d'aigle

il n'est pas aisé de les interpréter. La seule chose qui semble certaine, c'est que cette civilisation est identique à celle du bloc gépide de la région d'au-delà de la Tisza et de la Syrmie, et qu'elle est apparentée à la culture des Lombards de Pannonie ainsi qu'à celle des Bavarois du Haut-Danube. Sa datation est assurée par les oboles d'or et autres objets métalliques byzantins découverts dans les sépultures du bord de la Tisza et de Syrmie. En Transylvanie, les tombes du VIe siècle sont rarement datées, alors que celles du territoire gépide le sont assez bien par les monnaies d'or de Justin Ier (518-527) et de Justinien Ier (527-565), utilisées comme oboles funéraires.

L'histoire de l'époque n'était pas à l'abri de bouleversements : plus haut, il a déjà été question de l'avènement d'Elemund et de sa dynastie au début du VIe siècle. En 546, cette dynastie est à son tour renversée par Thorisind. Les troubles qui accompagnent les prises de pouvoir entraînent, sur l'ensemble du territoire du royaume gépide, la dévastation de villages (et de cimetières). En Transylvanie, ces perturbations semblent remonter plus haut. Le seul trésor de monnaies à l'« intérieur » du royaume gépide a été caché entre Kisselyk et Mikeszásza, dans la vallée du Nagy-Küküllő, peu après le règne de Justin Ier. Le trésor contenait 50 à 80 ou peut-être 100 pièces d'or, que la famille du propriétaire avait commencé à rassembler dans les années 440, mais pas une seule de celles qui affluèrent dans le pays à l'époque de la « conjoncture » justinienne. Il n'est toutefois pas exclu que le trésor ait été mis en lieu sûr au moment du coup d'Etat de Thorisind.

Malgré les traits communs, la société gépide de Transylvanie du VIe siècle n'est qu'une copie plus modeste de la société de la Grande Plaine et, en particulier, de celle de Syrmie. Il n'y a que très peu de traces d'une escorte militaire qui, en général, entourait les rois et les princes. Or, étant donné la situation inverse au Ve siècle, nous n'avons aucune raison d'attribuer cette absence à l'insuffisance des recherches. Que les nobles et les chefs militaires gépides se soient, au VIe siècle, déplacés progressivement vers le Sud est un fait que l'historiographie a suffisamment prouvé. La couche des hommes armés des villages et de leurs familles ne semble pas avoir été très nombreuse. La plupart des Gépides de Transylvanie étaient des hommes libres moyennement aisés ou réellement pauvres, contraints au service et à des prestations. Cela semble correspondre aux conditions de la première époque du féodalisme. L'orfèvre-forgeron de Mezőbánd, dont la sépulture contenait non seulement ses outils mais aussi son casque de fer, comptait parmi les hommes de rang ou peut-être même parmi les nobles de la région.

Néanmoins à l'époque gépide, il se constitua une chaîne de villages et de hameaux de cultivateurs et d'éleveurs. Il en résulta un accroissement des surfaces cultivables et habitées, accroissement qui, bien qu'inférieur à l'extension de l'époque des Wisigoths, n'en signifie pas moins un progrès par rapport à la situation catastrophique de l'époque hunnique. C'est là — indubitablement — le mérite des Gépides.

Ni les Slaves ni les Avars ne réussirent à troubler la paix des Gépides de Transylvanie qui, dans l'intérêt de leur sécurité, veillaient soigneusement à ce que les cols et défilés encore praticables restent fermés. Grâce à cet isolement géographique, ce furent les Gépides de Transylvanie qui eurent le moins à souffrir de l'attaque avare qui survint en 567, bien que cette affirmation n'ait qu'un caractère relatif. 25 des 30 cimetières gépides datables du VIe siècle furent néanmoins abandonnés en 567, et il y a tout lieu de penser que les sites auxquels ils appartenaient avaient eux aussi disparu.

En étudiant objectivement les 4 ou 5 cimetières gépides rattachés à des villages reculés et qui continuaient à être utilisés après 567, on constate que tous proviennent de la culture gépide de Transylvanie, culture à laquelle ils sont liés tant par leurs traits matériels que spirituels. Il n'est toutefois pas exclu que les Avars aient établi, parmi les Gépides survivants, des Bajuvares (Bavarois), des Alamans et des Francs réfugiés. C'est du moins ce que suggèrent les quelques armes, ceinturons et reliquaires de la fin du VIe et du VIIe siècles qui y ont été mis au jour. On note la même présence dans d'autres provinces de l'Empire avar et il faut y voir l'application d'une méthode typique de la steppe. Ainsi la théorie des archéologues qui, dans quelques cimetières gépides transylvains d'une plus longue existence, veulent reconnaître la civilisation d'un « groupe » archéologique distinct, indépendant dans le temps (après 600 seulement) et par sa population « mêlée d'éléments autochtones » (« culture de Bánd ») est dépourvue de tout fondement.

Ce qui, en revanche, ne fait aucun doute, c'est qu'après les années 670, il n'y a plus aucune trace des Gépides en Transylvanie.

4. L'époque avare (567-827)

Les matériaux archéologiques de l'Empire avar, qui s'étendait autrefois sur les territoires de cinq pays danubiens actuels, comprennent plus de 2 000 sites, des dizaines de milliers de sépultures (cimetières à plusieurs centaines ou milliers de tombes entièrement mises au jour dans plusieurs pays), ainsi que des centaines de restes de maisons dans les villages de l'époque avare. La coopération internationale qui est à leur origine demande le respect, même si, dans les questions relatives à la chronologie et aux ethnies, les différentes archéologies «nationales» ne sont pas toujours entièrement d'accord. Cela ne vaut malheureusement pas pour la partie est (un tiers) de l'Empire avar. Les premières fouilles menées à bien par Márton Roska, à la veille de la Première guerre mondiale (1913), avec toutes les connaissances techniques, dans le cimetière avar de Marosgombás ont eu lieu à un moment où, en Hongrie, on comptait déjà plusieurs milliers de sépultures avares mises au jour et décrites, et elles ne purent aller au-delà de 13 tombes. Les résultats ne furent jamais publiés. Cela vaut également pour la seconde tentative, les fouilles de Sándor Ferenczi, commencées à la veille de la Deuxième guerre mondiale (1938). Il s'agit de 50 tombes que l'on n'a pu, jusqu'à ce jour, décrire dans une publication. Depuis, on n'a découvert de sépultures avares (de 2 à 6) qu'à certains endroits et uniquement en tant que «sous-produits» d'autres fouilles ou au cours d'indispensables fouilles de sauvetage.

Il n'est pas difficile d'émettre des hypothèses sur des recherches délibérément ralenties. Les interprétations des 12 sites qui, dans les derniers rapports sommaires, figurent comme avars (et dont 6 seraient des sépultures équestres «isolées», constituant ainsi un type inconnu en dehors de la «Transylvanie» actuelle) parlent d'une mince couche de «nomades équestres» au-dessus de la population «autochtone romaine» ou, selon d'autres, slave. Ces auteurs sont d'avis que les matières archéologiques avares attribuées au «groupe Mureş», ou «groupe Gîmbaş», n'apparurent dans le bassin transylvain qu'après la grande transformation intérieure survenue dans l'Empire avar, autrement dit après 670, et encore uniquement sur un territoire de 40 × 50 kilomètres environ. A en croire ces théories, de petits groupes avars y auraient vécu isolés jusqu'à la chute de l'Empire, moment à partir duquel on n'a plus aucune information à leur sujet. On tente, sur le territoire de la Transylvanie, de meubler le siècle allant jusqu'à 670 par la «survie» d'une population gépide «romanisée», du «type Bánd». Une telle interprétation des trouvailles avares de Transylvanie — quelques sporadiques qu'elles soient — ne peut être justifiée ni sur la base de l'archéologie universelle de l'époque avare ni au point de vue de la situation historique.

Chose curieuse, avant même que ce peuple d'Asie Centrale et Intérieure ne soit arrivé dans le bassin des Carpates, la Transylvanie avait déjà joué un rôle décisif dans l'histoire européenne des Avars. Après avoir conquis les steppes situées au nord de la mer Noire, les Avars, alliés de Justinien Ier, arrivèrent en effet en 562 aux abords du Bas-Danube, où leur khagan, Bayan, «fit dresser les tentes en multitude sur la large plaine».[9] C'est de là qu'ils s'adressèrent à l'Empire en lui demandant de les accueillir et de leur accorder une patrie définitive. L'empereur refusa d'accéder à leur demande, mais il leur fit miroi-

[9] Corippus, In laudem Iustini III.

ter la possibilité de mettre la main sur la *Pannonia Secunda,* propre à leur servir de territoire de campement. L'aventure semblait impossible à réaliser par les Portes de Fer ou les défilés longs et étroits des hautes chaînes des Carpates.

Le jeune et énergique khagan se décida alors à une action surprenante. Laissant le campement derrière lui, il se mit en route, avec ses cavaliers, longea la chaîne des Carpates et tenta de trouver un passage. Ces montagnes hautes de 1 500 à 2 000 mètres, couvertes des deux côtés de forêts denses sur une largeur de plusieurs centaines de kilomètres, n'offraient aucun moyen de pénétration à un peuple d'éleveurs se déplaçant avec son bétail, et les quelques cols viables étaient bloqués par les Gépides. C'est ainsi que les cavaliers avars parvinrent — au gré des montagnes — aux confins est de l'Empire Mérovingien *(Galliae)* où Sigebert Ier, roi d'Austrasie, les arrêta et les contraignit à rebrousser chemin (563). Comme Justin II, le nouvel empereur de Byzance, monté sur le trône à la fin de 565, cesse de les abreuver de promesses et d'or, les Avars tentent de franchir le Bas-Danube (hiver 565-66), mais leur tentative se solde par un échec. C'est à ce moment-là que Bayan décide une nouvelle fois de pénétrer, au prix du grand détour déjà connu, dans la plaine fertile protégée par la chaîne des montagnes.

Cette fois-ci, il y parvient: il défait les Francs et capture Sigebert auquel, dans l'espoir d'une alliance avantageuse, il rend toutefois la liberté. L'alliance en question allait être conclue, entre les Avars et les Lombards de Pannonie, par l'intermédiaire de Sigebert. Dans les circonstances politiques données, cela ne semblait pas difficile, la reine des Lombards (épouse du roi Alboin) étant la sœur de Sigebert. Cette alliance était tout aussi nécessaire aux Lombards qu'aux Avars qui redoutaient la menace des Turcs qui les poursuivaient. En effet, dans la guerre entre Lombards et Gépides qui avait éclaté l'année précédente, Justin II avait appuyé le roi gépide Cunimund et l'alliance byzantino-gépide constituait un danger mortel pour les Lombards. C'est dans ces conditions que naquit, entre peuples «vivant dans la peur», au début de 567, l'alliance avaro-lombarde de portée historique aux termes de laquelle Alboin céda d'avance les territoires gépides aux Avars.

L'armée équestre avare guidée par les Lombards à travers la Porte Morave vers le bassin des Carpates, puis du coude du Danube jusqu'à la Grande Plaine, porta un coup fatal au royaume gépide. Contrairement aux chroniques lombardes, bien ultérieures, gonflant leur propre rôle, les Byzantins contemporains savaient pertinemment que c'était Bayan qui «avait anéanti le royaume des Gépides».[10] Après une première attaque infructueuse contre Sirmium, en automne 567, Bayan prend possession de l'ensemble de la terre gépide située sur la rive gauche du Danube. Quant à la Transylvanie, les premiers Avars qui y pénétrèrent de l'ouest, en longeant le Maros, ouvrirent, par le défilé de Vöröstorony, la vallée de l'Olt au peuple avar qui attendaient depuis cinq ans de l'autre côté des montagnes. Les Avars arrivèrent de deux directions et firent un immense pillage au cours duquel la majorité des Gépides a probablement péri, comme cela était assez courant dans le Haut Moyen Age. Une telle extermination ne paraît impossible que de nos jours où l'on pense à des pays habités de plusieurs millions d'hommes, à l'époque, la couche dirigeante, qui comptait quelques dizaines de milliers d'individus, et la population, qui ne dépassait pas quelques centaines de milliers, étaient bien exposés à un tel

[10] Menandros Protecteur, Excerpta de legationibus fragmenta 27-28.

danger. Le Géographe de Ravenne (VIIe siècle) savait fort bien, de toute évidence — il le mentionne deux fois — que le territoire de l'ancienne «Datia prima et secunda» c'est-à-dire la plus ancienne (magna) «Datia», qui avait aussi pour nom la Gepidia, «était maintenant habitée par les Huns, autrement appelés Avars».[11]

Après la conquête avare de 567-568, l'importance de la Transylvanie (mais non celle de l'Est de la Grande Plaine et de la région du Temes) décroît considérablement, surtout lorsqu'au printemps 568, les Lombards cèdent la Pannonie à leurs redoutables alliés. Les restes de bûcher de type centre-asiatique (harnachements, mors, étriers et javelot consumés par le feu lors du repas funéraire et ensevelis à une faible profondeur) qui attestent la conquête avare la plus ancienne du bassin des Carpates n'ont surgi qu'à l'endroit où les rivières Maros-Aranka débouchent sur la Grande Plaine (Németszentpéter) et à un seul endroit encore, sur la rive du Kis-Küküllő (Dicsőszentmárton). (Ils sont d'ailleurs parmi les plus anciens étriers d'Europe, avec ceux leur ressemblant, trouvés en Hongrie.) A l'entrée intérieure des défilés, surtout dans le Sud de la Transylvanie, on doit néanmoins admettre la fondation, très ancienne, d'agglomérations de gardes avares. C'est ce à quoi renvoie, par exemple, la monnaie d'or de Chosroês Ier, roi de Perse (531-579), qui n'a pu échouer dans les environs de Brassó que par l'intermédiaire des Avars, comme cela est prouvé par les monnaies d'or de Justin II (565-572) et de Maurice Tibère (582-602), mises au jour dans la région des rivières Sebes et Olt. Les Avars utilisaient eux aussi ces monnaies byzantines comme oboles mortuaires; la majorité de celles qui se trouvent dans les collections transylvaines proviennent probablement de sépultures pillées dans les temps modernes.

Une preuve matérielle, provenant de Transylvanie, en est le solidus de Justin II retrouvé à Ispánlaka, près d'un squelette, déjà détérioré, dans un petit cimetière avar; cette tombe n'est pas publiée, pas plus que les autres sépultures de la haute époque avare d'ici, dont l'une est de caractère équestre, avec mobiliers funéraires d'or ou dorés. L'existence d'un centre avar, dès avant 600, dans la région où le Küküllő se jette dans le Maros, est attestée par la paire de boucles d'oreille d'or avec de grosses bulles pendantes, découverte, au début du siècle dernier à Torda, près d'un squelette; il s'agit de pièces de taille et d'une richesse exceptionnelles dont on ne connaît que 15 dans le bassin carpatique.

Pour le peuple avar venu occuper puis coloniser les vastes plaines et les pentes douces du bassin des Carpates, le petit bassin de Transylvanie et ses quelques vallées entourées de montagnes couvertes de forêts ne présentaient sans doute pas beaucoup d'attrait. On rencontre cependant, après la fin de la première grande étape des guerres contre Byzance (601-602), lorsque les Avars furent contraints de s'installer définitivement dans le bassin des Carpates, les traces de la constitution d'un nouveau «centre» de pouvoir avar en Transylvanie dont l'importance est d'ailleurs, pour le moment, difficile à évaluer. Quoi qu'il en soit, au témoignage des boucles d'oreilles en or avares avec pendeloques pyramidales (type de Szentendre et de Deszk) qui «proviennent de Transylvanie», malheureusement sans indication du site, il existait, dans cette région également, des Avars nobles. A l'heure actuelle, on ne peut localiser qu'un seul «centre» plus important, sur l'emplacement de Gyulafe-

[11] «Datia ... que modo Gipidia ascribuntur. In qua nunc Unorum gens habitare dinoscitur»; «Datia Prima et Secunda, que et Gipidia appellatur. Ubi modo Uni, qui et Avari inhabitant», Ravennatis Anonymi Cosmographia I. 11, resp. IV. 14.

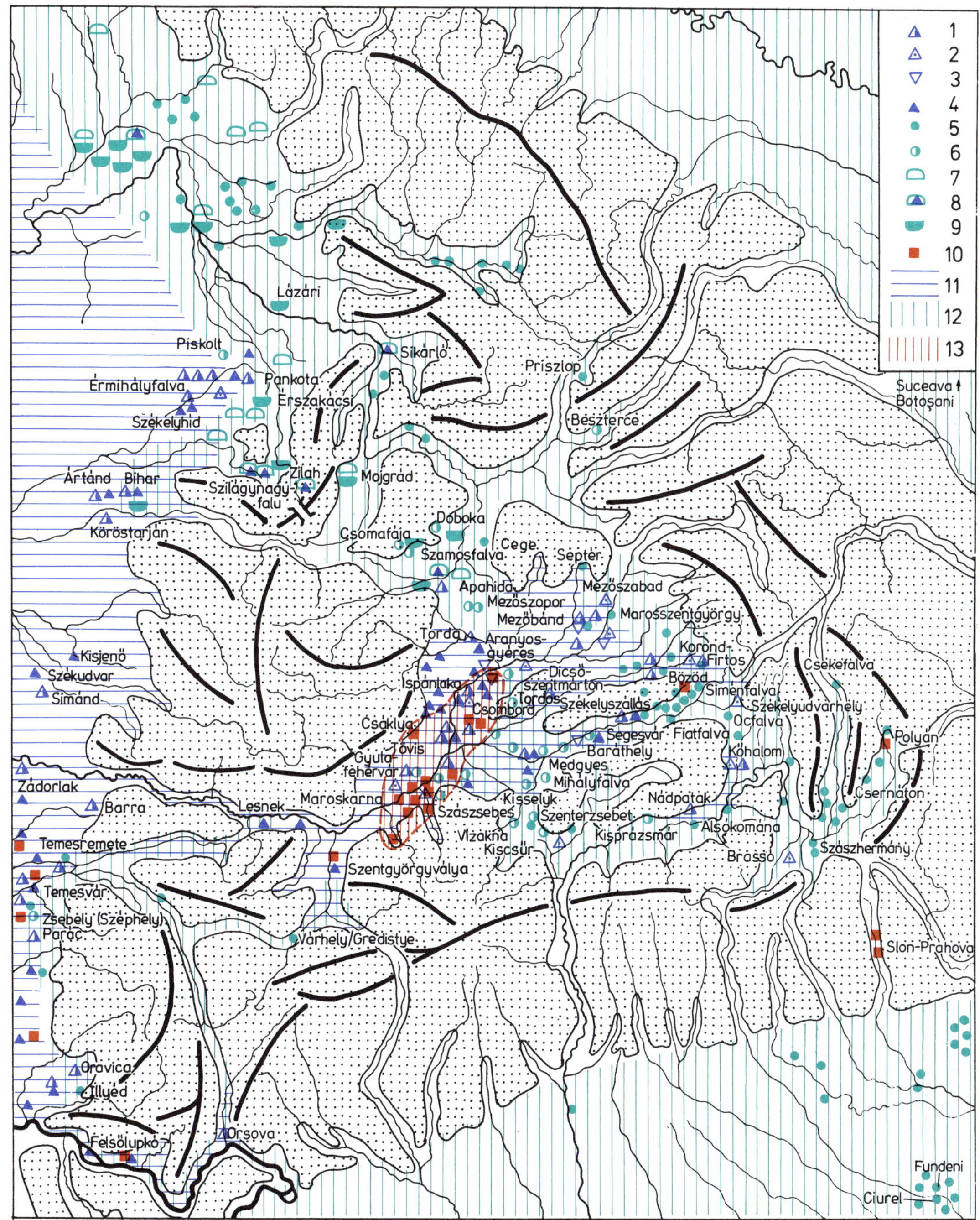

Carte 6. La population de la Transylvanie et de l'Est de la Plaine entre 567-895

1 — vestiges de la première époque avare, 567-675, 2 — monnaies d'or byzantines de la première époque avare, de Justin II à Constantin III, 565-641, 3 — des vestiges gépides à l' époque avare, 567-630/75, 4 — cimetières et habitations de l' époque avare tardive, 675—826, 5 — habitations slaves, 6 — sépultures à urne et cimetières à incinération, 7 — les cimetières de la population slave de type de Szilágynagyfalu, 8 — les mêmes avec des ornements de ceinture avares, 9 — les sites de la population slave de type de Szilágynagyfalu 10 — les indices archéologiques des envahisseurs bulgares, depuis 826, 11 — territoires habités par les Avars, 12 — territoires habités par les Slaves, 13 — enclave bulgare

hérvár, où on a mis au jour un harnachement de cheval en argent ainsi qu'une boucle de ceinture byzantine de la même époque. Des moules appartenant à des orfèvres avars, qui furent découvertes dans la vallée des deux Küküllő (Erzsébetváros, Korond) attestent que les passes de ceinture et de harnachement, signes du rang, furent fabriquées par les Avars en Transylvanie même. A Nagyenyed et à Mezőbánd, un groupe d'Avars équestres, qui enterraient leurs morts avec leur cheval, s'établit dans un village gépide et commença à utiliser les abords du cimetière gépide. Leur rite funéraire et leur costume correspondent à ceux des Avars de la Grande Plaine et de la Transdanubie. Outre cela, il y a seulement des vases fabriqués à la main en style avar (Malomfalva, Marosnagylak, Csapószentgyörgy) qui témoignent de l'installation des Avars avant 630. Dans la vallée du Szamos, en revanche, on n'a trouvé aucune trace de présence avare de la haute époque. Il en va tout autrement pour l'Est de la Grande Plaine, le Val d'Ér, la région située entre le Maros, l'Aranka et la région du Temes qui s'intégraient organiquement aux premiers territoires de campement des Avars. Elles ont livré des matières fort importantes du point de vue de la connaissance du peuple avar : tels les sépultures équestres et groupes de tombes de Érmihályfalva, la sépulture équestre d'un orfèvre à Fönlak, la sépulture équestre à casque, harnais et épée de Németszentpéter, datée par une monnaie d'or de Héraclius, frappée avant 625, ou encore, au sud, des sépultures de femmes portant des boucles d'oreille en argent à grand pendentif sphérique d'Oravicabánya, ainsi que les mobiliers funéraires des tombes avares précoces d'Orsova.

Après la défaite subie lors du siège de Constantinople (626) et une aventure à l'issue malheureuse en Italie (628), une crise générale ébranle, dès 630, l'Empire avar. Dans l'Ouest et dans le Sud-Ouest, des tribus slaves conquièrent leur indépendance ; à l'est, les Bulgares, rompant les alliances, se dressent contre les Avars et fondent un nouvel empire de la steppe. L'Empire avar lui-même connaîtra des guerres intestines. Les indices archéologiques des événements qui eurent lieu entre 630 et 638 nous viennent précisément de Transylvanie. C'est à cette époque qu'on cesse d'utiliser le cimetière de Mezőbánd et les tombes, y compris les tombes avares, sont ouvertes et pillées. Et c'est également à ce moment-là que l'unique grand trésor de monnaies d'or connu de l'époque avare sera confié au sol à Korond-Firtosvára (il contenait au moins 237 solidi, dont les derniers avaient été frappés en 624 à Byzance). La catastrophe qui fut à l'origine de son enfouissement dut survenir peu après cette date. Enfin, fait non négligeable, ce n'est qu'en Transylvanie que les tombes ont livré des pointes de lance et de javelot ajourées d'une forme et d'un ornement particuliers et uniquement utilisées à cette époque sur les steppes du Pont, ainsi que des squelettes de femmes en costume slave, probablement des Slaves de l'Est qui vivaient en compagnie des hommes armés en question. Les Avars de l'Est ou d'autres éléments turcs alliés avaient dû, au moment où se constitua le nouveau khanat bulgare (635), s'enfuir dans le pays avar situé en deçà des montagnes (Marosgombás, Tövis).

On connaît, à l'heure actuelle, en Transylvanie, peu de sites avars datant du VIIe siècle. Ceux qui furent mis au jour à Szászsebes, Malomfalva-Borsóföld, Marosszentgyörgy, Bözöd ne diffèrent, avec leurs cabanes rustiques semi-enterrées et munies de fours construits en pierre, en aucune manière des maisons avares de l'Est de la Grande Plaine (Bihar), ni de celles des grandes agglomérations avares de Hongrie. Les fragments de poterie fabriquée au tour ou à la main qui se trouvaient dans la terre de remblai des maisons ont également des traits communs.

A l'époque de Constantin IV (668-685), peu avant la conquête danubienne des Bulgares (derrière laquelle on discerne la naissance et l'expansion de l'Empire khazar), des groupes de peuple de l'Est, chassés de leurs territoires de campement — il s'agit en partie des Bulgares onogours (=wangars) et, en majorité, des groupes turcs apparentés aux Avars, dont peut-être des Khazars —, commencent à se répandre sur le territoire de l'Empire avar. Tandis que, dans le Nord et le Nord-Ouest, les frontières politiques du territoire de campement ainsi que les frontières politiques de l'Empire sont poussées nettement plus loin, à l'intérieur, nombre de sites cessent d'exister et d'autres se forment — avec, à côté de ces derniers, les nouveaux cimetières des nouveaux colons qui reflètent un rite (type d'harnachement, d'armes, de costumes) qu'il est impossible de faire remonter aux premiers temps avars. L'avènement de la nouvelle époque est attesté, dans la région du Temes, par des trouvailles datées par des monnaies d'or de Constant II et de Constantin IV. Malheureusement, on n'a rien trouvé de semblable en Transylvanie.

Cependant des groupes de tombes plus ou moins importants non datés, mais appartenant sans doute aux nouveaux colons, surgissent également en Transylvanie. Le mobilier funéraire comprend des armes de type nouveau — des sabres et des étriers d'un nouveau genre, adaptés à des bottes à talons plats, des chevaux portant des mors à branches avec psalions, des phalères, des pendentifs (on a également trouvé des maisons à fours en pierre à Csákó, puis à Oláhgorbó, Székelykeresztúr, Felenyed, Marosnagylak). De nouveaux colons commencent à enterrer leurs morts au cimetière de Tövis et un nouveau cimetière est ouvert à Aranyosgyéres. Au témoignage d'une bague en or, un de leurs chefs — leur prince — vécut et fut enterré sur le territoire de Gyulafehérvár. La période de transformation, qui dura environ 25 ans, mais que les sources écrites byzantines et franques ne mentionnent qu'indirectement, voire pas du tout, est assez mal connue sur l'ensemble du territoire de l'Empire avar. Ce n'est que très récemment que les chercheurs ont reconnu son importance. L'archéologie constate la naissance d'un nouvel art issu de la fusion des traditions de populations antérieures et nouvelles, et l'avènement des appliques de ceinture et de harnais de bronze coulé qui, sur la base de leurs motifs ornementaux les plus fréquents, a reçu le nom d'« ornementation à griffons et rinceaux ». La période est avant tout caractérisée par une population sédentaire : les villages se multiplient et se stabilisent. Sous la contrainte à la fois extérieure et intérieure, les peuples de l'Empire avar abandonnent petit à petit le mode de vie des pasteurs pour adopter celui des agriculteurs et éleveurs. A partir de la fin du VIIe siècle, 70 à 80% des grands cimetières avars connus attestent cette forme de vie de mieux en mieux stabilisée. Les nécropoles de village, qui renferment les morts de 4 à 5 générations, c'est-à-dire des milliers de personnes, ne sont pas rares.

L'existence en Transylvanie de tels cimetières datant de la fin du VIIe et du VIIIe siècles est attestée soit par des sépultures équestres dites « isolées » (Hari, Muzsnaháza, Magyarlapád, soit par un mobilier funéraire caractérisé par des boucles de ceinture à griffon et rinceaux, des porte-aiguilles en os ainsi que d'autres bijoux de l'époque (Tövis, Aranyosgyéres, Lesnyek, Szentgyörgyvá-lya). Dans l'Est du Banat (Temesvár-pont de Módos), sur la bordure est de la région comprise entre le Körös et le Maros (Székudvar) ainsi que dans la région d'Ér (Székelyhíd, Érdengeleg) la situation n'est guère plus favorable. De cette époque, on a connaissance de cabanes à four en pierre trouvées à Gyulafehérvár, sur le territoire du Stade. Les habitants de cette colonie élevaient des moutons et des bovins ; outre les fragments de poteries faites à la main ou au tour, un boucle d'oreille de bronze orné d'étoile et de pendentif en croissant a également permis la datation de leurs maisons. On a aussi signalé des cabanes à four en pierre en Bihar. On ne connaît que l'existence de la majorité des sites mais, en ce qui concerne la Transylvanie, ce fait lui-même permet de tirer d'importantes conclusions : au VIIIe siècle — et uniquement à cette époque-là —, les Avars se retirèrent réellement dans la vallée du Maros, dans les plaines situées au sud de la rivière Aranyos et à l'ouest de la rivière Nagy-Küküllő. Autrement dit, alors même que dans les autres régions de l'Empire avar, le territoire habité prend de l'extension, en Transylvanie, il se réduit et, à en juger par le grand nombre de guerriers équestres, il devient de plus en plus un terrain d'opérations militaires. La raison en est l'expansion de plus en plus marquée des Slaves vers l'ouest. Toutefois, les Avars y maintiennent leur position dominante, comme le prouve, par exemple, le cimetière n°2 slave à urnes de Baráthely qui contient également des sépultures équestres avares ainsi que des morts enterrés selon les rites et en costume avars. Ce cimetière, et probablement quelques autres sites du même genre, peuvent fournir une explication — la plus ancienne, mais discutée par certains — à la double dénomination de la rivière Küküllő, comme quoi le nom turc *kükäläγ* (en français : prunelle) serait passé dans le hongrois par l'intermédiaire du bulgare, puis du hongrois dans l'allemand saxon de Transylvanie *(Kokel)*. C'est à la même époque qu'est née l'appellation slave de même sens, *trnava* qui, à son tour, sera empruntée aux Slaves par les premiers Roumains qui immigreront en Transylvanie (Tîrnava).

Autant qu'on puisse en juger par les rares trouvailles avares du VIIIe siècle, les vestiges transylvains de la civilisation matérielle et de la culture (rites) avares ne présentent pas de particularités transylvaines : les passes de ceinture en bronze, les phalères, les bijoux, les armes, les harnais auraient pu être portés n'importe où dans l'Empire. Cela signifie, en d'autres termes, que la civilisation des Avars de Transylvanie ne resta pas en arrière du développement des Avars dans son ensemble. Dans le même temps, étant donné le nombre insuffisant de vestiges et d'observations disponibles, les détails en sont pour le moment peu connus et il est à craindre qu'ils le resteront encore longtemps.

5. Les Slaves jusqu'à la conquête hongroise

La grande migration slave qui allait modifier les conditions ethniques du Sud et de l'Est de l'Europe, commença au début du VIe siècle. Faute de sources écrites, seule l'archéologie est à même de repérer les traces les plus anciennes des tribus slaves qui se déplaçaient progressivement vers l'Ouest et pénétrèrent dans la région de l'Elbe, dans le bassin tchèque et même jusqu'aux sources du Main et de la Weser. Leur présence et leurs premières attaques dans la région du Bas-Danube sont signalées par les sources byzantines dès l'époque de Justin Ier (518-527). Les incursions se font, à l'époque de Justinien Ier (527-565), plus fréquentes et plus agressives et quelques groupes slaves s'installent même au sud du Danube. Dans les premiers temps, le bassin des Carpates, protégé par la chaîne de montagnes et les immenses zones de forêts qui les entourent des deux côtés, reste à l'abri de l'invasion slave. Au reste, depuis le temps des Gépides, les quelques cols qui conduisaient en Transylvanie avaient été bloqués et ils étaient surveillés par un nombre important de guerriers. Même les Avars — nous l'avons vu plus haut — ne purent les franchir. Dans les habitats et cimetières gépides d'avant 568, rien ne renvoie à un contact quelconque avec les Slaves, et inversement : avant 568, les vestiges slaves d'au-delà des Carpates ne dénoncent aucune influence gépide.

La disparition du royaume gépide créa, pour les Slaves également, des possibilités entièrement nouvelles. Les territoires dominés par les Avars s'étendaient jusqu'aux lointaines steppes orientales et, avant 635, la chaîne des Carpates ne constituait pas une frontière. Néanmoins, jusqu'aux environs de l'an 600, on ne trouve aucune trace de présence slave en Transylvanie, et leur invasion, souvent favorisée par les Avars, après 582, continue à se diriger vers la péninsule balkanique, au sud du Bas-Danube. Les Slaves, qui venaient de quitter de vastes régions boisées, se sentaient probablement peu attirés par un pays couvert de forêts. Cette situation évolua cependant dès que l'administration et les armées de Byzance eurent réussi à chasser les Avars des territoires situés au sud du Danube et à boucler une fois de plus la frontière sur le fleuve (601-602). Dès ce moment, les groupes slaves, qui se déplaçaient lentement, se virent contraints de s'arrêter et de s'établir, et ceux qui ne trouvèrent plus de place, poursuivirent leur chemin à la recherche d'une nouvelle patrie.

La première zone géographique, au début du VIIe siècle, où les Slaves entrent dans le champ visuel de l'archéologie est celle qui se situe à l'extérieur des Carpates entourant la Transylvanie. Leurs petits villages, constitués de cabanes semi-enterrées dans le sol, forment une sorte de demi-cercle autour des Carpates depuis la Bukovine jusqu'à la vallée de la rivière qui porte aujourd'hui encore le nom slave de Dîmboviţa (Kodyn—Suceava—Botoşani-Bucarest). Leurs pauvres constructions au four en pierre ont livré les mêmes vestiges frustes que celles de leur patrie antérieure, située entre le Dniestr et le Dniepr : surtout des pots simples, tournés à la main et des plateaux ronds pour galettes, produits de la civilisation connue dans l'archéologie sous les noms de Prague-Penkovka et Prague-Korčak, caractéristiques du monde slave archaïque. Les Slaves païens incinéraient leurs morts et enterraient ensuite les cendres dans de petits fossés ou des urnes. Le plus grand cimetière d'urnes connu de la haute époque slave a été découvert à Monteoru, à l'angle sud-est des Carpates (non publié), ce qui indique que, dans cette région, il y eut une installation slave massive. La coutume de l'incinération qui, à cette époque, n'avait plus cours chez d'autres peuples, atteste un peu partout la présence des Slaves.

En Transylvanie, les vestiges slaves les plus anciens datent du début du deuxième tiers du VIIe siècle, dans les villages gépides qui vivaient sous la domination des Avars ainsi que dans les cimetières avars. Il s'agit de fibules en métal blanc (potin) qui se terminent en une tête de masque (Marosgombás, Vecel, Székelyhíd), de fibules dites romano-byzantines en fer et en bronze (Baráthely, Malomfalva), d'anneaux ornant les tresses de cheveux des femmes, caractéristiques du costume féminin slave, ainsi que de pendentifs ornés d'étoiles et de grappes jadis tressées dans les cheveux, d'origine byzantine ou imitant des modèles byzantins (Marosgombás, Marosnagylak, Marosveresmart). Tout cela ne peut fournir tout au plus qu'une preuve vraisemblable du fait que les hommes gépides et avars ont épousé des femmes slaves. Toutefois, les fibules en question surgissent également en dehors du territoire avaro-gépide, sur des sites purement slaves (Fiatfalva, Kézdipolyán, Várhely), ce qui
 tend à prouver que les Slaves, dont les filles épousèrent des Gépides ou des

Avars, étaient réellement présents dans le bassin des Carpates. Une des femmes slaves emporta à Mezőbánd même son plateau à galette.

Les Slaves qui avaient pénétré, à travers les défilés qui s'ouvraient vers l'est (Békás, Tölgyes, Ojtoz), et s'étaient établis dans les vallées et bassins à l'intérieur des défilés, commencèrent à repeupler les territoires périphériques de l'Est et du Sud-Est de la Transylvanie, non habités depuis des siècles. Cela explique que les cours d'eau et les premiers villages de la région reçurent des noms slaves dont une part considérable est, de nos jours encore, toujours en usage (rivières au nom slave: Černavoda, Kvasena, Bystra/Bystrica, Lekenica; sites au nom slave: Černaton, Pol'an). Le fait que la région des Carpates et du Bas-Danube était devenue, au VIIe siècle, le pays des Slaves est connu même d'un géographe arménien de la fin du VIIe siècle, le Pseudo-Moïse de Corenatzi vivant pourtant fort loin de là: «du côté arctique (entendez: nordique) du Danobr s'étend le pays Dakia habité par les Sclaves, 25 clans»[12] Les matériaux importants mis au jour entre 1950 et 1975 n'ont été que partiellement décrits, mais ce qui en fut publié est d'une valeur exceptionnelle. Les villages slaves les plus anciens, qui datent du début du VIIe siècle, furent découverts dans le bassin de Háromszék (Kézdipolyán-Kőhát, Felsőcsernáton, Sepsiszentgyörgy-Bedeháza). Les Slaves se sont bientôt répandus aussi dans la région de l'Olt, dans le Barcaság (Brassó) et sur le territoire de Fogaras (par exemple Alsókomána). A travers les monts de Gyergyó et de Hargita, la dispersion slave atteint, au milieu du VIIe siècle, le cours supérieur des rivières Küküllő, où on a découvert et soigneusement exploré toute une série de villages (Bözöd qui accuse une influence avare, Székelyszállás, Fiatfalva, Székelykeresztúr, Székelyszenterzsébet). Sur les sites comptant un nombre considérable de cabanes (20 à 30), on utilisait encore la poterie modelée à la main de type Prague; à Székelykeresztúr, un moule de fonte taillé dans la pierre, qui est apparenté aux moules du même genre des sites slaves d'au-delà des Carpates, atteste également l'immigration slave. On ne sait pas si les nouveaux Slaves sont arrivés d'amont en aval dans la vallée de l'Olt ou ont remonté le cours de la rivière par le col de Vöröstorony mais, quoi qu'il en soit, leurs sites apparaissent dès la seconde moitié du VIIe siècle, à proximité de Nagyszeben (le nom de la ville remonte lui aussi au slave Cibin), à Kiscsűr et à Vízakna. Au VIIIe siècle, on voit apparaître de nouveaux villages sur les territoires slaves de Transylvanie (Földvár), alors que d'autres connaissent un renouveau (Kézdipolyán, Siménfalva, Szászhermány). Dans le même temps, l'expansion slave se poursuit (Segesvár, Ocfalva, Székelyszenterzsébet) et gagne la vallée de la Tisza supérieure (vallées du Szamos et du Lápos).

Les archéologues n'ont jamais pu déterminer les raisons de la pauvreté de la civilisation matérielle des Slaves de la haute époque. Ces gens vivaient dans de petits trous sombres et enfumés, creusés dans le sol et, au début, ils ne connaissaient même pas le tour de potier actionné à la main. Leurs tombes sont encore plus pauvres que leurs habitats. Cette pauvreté s'explique peut-être par la situation géographique des Slaves de Transylvanie qui, tout en se trouvant apparemment au centre, étaient relégués à la périphérie du monde slave de l'époque, isolés aussi des grandes civilisations (Byzance, Italie, Empire Mérovingien), dans le voisinage ou sur le territoire desquelles les autres Slaves évoluèrent beaucoup plus rapidement. En Transylvanie, on est frappé par l'absence de toute survivance de l'artisanat gépide. En matière d'agricul-

[12] Géographie de Moïse de Corena d'après Ptolémée. Ed. P. ARSÈNE SUKRY, Venise, 1881. «Europa» X.16.

ture et d'élevage, toutefois, les Slaves ne restèrent nullement en arrière des autres Slaves de la haute époque; leurs forgerons, par exemple, étaient nettement supérieurs à leurs potiers (socs de charrue, meule mobile à Siménfalva, socle de bêche ou de charrue à Sepsiszentgyörgy). Rien n'indique mieux l'efficacité de leur agriculture que la continuité de leurs villages dont plus d'un fut habité pendant des siècles et compta à plusieurs reprises jusqu'à 30 ou 40 cabanes.

Les Slaves qui avaient pénétré en Transylvanie incinéraient leurs morts tout comme leurs ancêtres. Leurs sépultures à urnes surgissent — par un curieux hasard — aux confins et dans le Nord de la Transylvanie (Piskolt, Nádasdaróc, Beszterce, Doboka), alors que — fautes de recherches — on ne connaît pas encore les cimetières de leurs premiers sites, dans le Sud de la Transylvanie. Cependant, dès la seconde moitié du VIIe siècle, les cimetières d'urnes slaves se rencontrent déjà dans les vallées des Küküllő (Oláhtordos, Nagyekemező, Magyarpéterfalva) et aussi dans les vallées de l'Olt et du Sebes (Vízakna, Nagyszeben-Szenterzsébet, Mihályfalva); sur ce dernier site une plaque-boucle d'apparat avare en bronze, postérieure à 670, permet de dater les débuts d'utilisation de la nécropole.

La coexistence des Avars et des Slaves a laissé peu de traces. La plus importante en est le cimetière n° 2 de Baráthely dont il a été question à propos des Avars. Un signe certain de cette coexistence est la présence, dans les urnes slaves, des mêmes bijoux du VIIIe siècle que ceux qui accompagnent les squelettes avars, et c'est ce qu'indique également l'apparition du tour de potier léger actionné à la main. La majorité des cimetières est cependant encore plus pauvre que les habitats : on n'a retiré des urnes que quelques couteaux en fer, fer de briquets et quelques perles en verre. Il semble probable que même la tradition archaïque slave, le sacrifice des veuves, ait été conservée dans quelques communautés (Vízakna).

Ce n'est qu'au IXe siècle qu'on commence à utiliser le cimetière d'urnes qui, dans l'archéologie plus ancienne, avait servi à dénommer la civilisation slave de Transylvanie : celui de Medgyes—Galgenberg. La civilisation slave ira se modifiant sous l'influence des Bulgares qui pénètrent en Transylvanie; c'est ainsi qu'on note, par exemple, l'utilisation de plus en plus fréquente, dans la poterie, du tour à main lourd, qu'on voit apparaître, au fond des urnes, la griffe du potier, ainsi que des ornementations liées à la technique du tour à main, qui rappellent la poterie bulgare du Danube. A Medgyes et dans certaines parties des cimetières qui remontent aux IXe et Xe siècles (à Mihályfalva, Oláhtordos et probablement aussi dans les tombes d'urnes de Csongva, ainsi que dans les grands cimetières d'urnes non encore publiés de Berve et Gyulafehérvár), on observe un système intérieur à rangées, qui reflète sans doute le régime militaire bulgare. Les Slaves vivant autour des centres bulgares furent contraints à des prestations lourdes et sévères, entre autres à l'extraction du sel et à l'abattage.

Le peuple des kourgans de Szilágynagyfalu

Les premières fouilles qui attestent la présence des Slaves dans le bassin des Carpates ont été effectuées en 1878-1880. Ces travaux de pionniers étaient dirigés par les grands spécialistes de l'archéologie hongroise du XIXe siècle. Les fouilles entreprises à Szilágynagyfalu ont permis de mettre au jour 6 tumuli sur un ensemble constitué de 43. Trois tertres ouverts en 1958 ont aidé à interpréter les observations faites au XIXe siècle. Dans les années 1957-58, on a fouillé un autre groupe de tertres comprenant également 6 tumuli à Szamosfalva, qui relève actuellement de la ville de Kolozsvár ; en outre, non loin de là, à Apahida, un tertre du même genre a été exploré au début du siècle. Toutes ces fouilles ont fait la lumière sur les héritages et l'existence d'une population slave indépendante dans le Nord-Ouest de la Transylvanie.

Les tumuli, hauts de 3 à 6 m, étaient, pour la plupart, des maisons mortuaires à charpente en bois sur plan carré ou rectangulaire, quelques tertres de moindre grandeur recélaient des chambres mortuaires de la dimension d'un cercueil; un seul ne comporte pas de charpente en bois. Tous les tumuli étaient des lieux de sépulture communautaires avec un mobilier funéraire comprenant de 3 à 22 vases. Une partie d'entre eux servait d'urne, d'autres, tels les seaux en bois entourés d'une bande de fer, de récipients d'aliments pour le mort. Dans certains tumuli, les cendres étaient dispersées sur une surface clayonnée ou sur des tapis et accompagnées de vivres, notamment de viande de porc, étrangère à l'alimentation des Avars.

A Szilágynagyfalu aussi bien qu'à Szamosfalva, on a retiré de quelques tertres des boucles de ceinturon en argent et en bronze de forme avare connue, datables avec exactitude. Elles indiquent, avec la sépulture équestre du site éponyme, que la population des tumuli s'était déjà établie sous l'existence de l'Empire avar. Il doit s'agir de Slaves libres reconnus comme alliés par les Avars (ceintures d'apparat avares) et venus occuper des territoires qui, depuis la disparition des Gépides, et même en partie avant, étaient inhabités. Des bijoux provenant d'autres tombes non examinés (par exemple Mojgrad) ainsi qu'une poterie fabriquée au tour et ornée de motifs à faisceaux et de lignes ondulées, pareille à celle trouvée dans les tertres, ont été également fournis par des maisons et des habitats (Nagyiklód, Csomafája, Szilágynagyfalu, Kisnyíres, Bihar, Érszakácsi, Lázári — à ce dernier endroit, on a aussi retiré de la cabane semi-enterrée un soc de charrue). Les trouvailles du territoire du Szilágyság accusent une parenté certaine avec celles des sites de la région de Bodrog et du cours supérieur de la Tisza (Karcsa, Anarcs) ainsi qu'avec les cimetières à tumuli (Királyhelmec, Tarpa).

Le lieu d'origine exact de ce peuple est encore à éclaircir. La sépulture à incinération sous tumulus, la poterie particulière et quelques bijoux renvoient, en ce qui concerne leur provenance, au-delà des Carpates. Tel quel, le groupe peut être rattaché à des Slaves « orientaux » fraîchement immigrés, encore que cet épithète, étant donné l'homogénéité de la langue slave au VIIIe siècle, indique plutôt une appartenance tribale-politique.

A partir du deuxième tiers du IXe siècle, le peuple des rives du Kis-Szamos se déplace, en raison probablement de l'apparition des Bulgares dans la vallée du Maros, vers le versant nord-ouest du mont Meszes. Il n'y avait que de rares contacts avec la vallée du Maros, contrôlée par les Bulgares, encore que les trouvailles de Szilágynagyfalu permettent justement de supposer que l'agglomération toute proche devait elle aussi compter des éléments slaves qui avaient fui devant les Bulgares. La population slave du type de Szilágynagyfalu, à en croire les observations archéologiques, existait encore à l'époque de la conquête hongroise et lui survécut même, bien que sur un territoire réduit, se limitant aux collines et aux clairières. Leur souvenir est évoqué par de nombreux noms de rivières et de lieux qui sont entrés dans la langue hongroise, puis roumaine. Cette population slave des comitats de Szatmár et de Kraszna qui devait se magyariser très lentement au cours du Moyen Age, ne joua aucun rôle dans le repeuplement hongrois de la Transylvanie car les Hongrois de la haute époque s'établirent au sud de la population slave de Szilágynagyfalu. A l'heure actuelle, rien ne nous autorise à admettre que les Slaves de cette région aient créé une organisation politique plus évoluée que la société tribale.

6. Le Sud de la Transylvanie sous la domination des Bulgares (827-895)

La guerre civile avare, qui éclata à la suite de la campagne de Charlemagne, en 791, a vraisemblablement décimé aussi les Avars de Transylvanie. Dans les luttes de l'année 795, non seulement le khagan, prince des territoires centraux, trouva la mort, mais sans doute aussi le jugurrus *(juγruš)*, chef suprême du Nord et de l'Est de l'Empire avar. Comme les campagnes franques ne dépassaient pas la Tisza, les Avars de l'Est auraient pu maintenir leur domination si, en 802-803, ils n'avaient pas dû affronter, en la personne du khan bulgare Croum, un ennemi encore plus redoutable que les Francs. Tandis que l'historiographie occidentale, prisonnière d'une fascination carolingienne, continue à vouloir ignorer que l'Empire avar fut en réalité liquidé par l'attaque des Bulgares, la majorité des historiens hongrois et surtout bulgares ont tendance à affirmer que, dès 804, l'Est de l'Empire avar était devenu partie intégrante de l'Empire bulgare. Cette date est cependant contredite par les annales carolingiennes 818-824 qui signalent que les Slaves, fuyant devant les Bulgares et recherchant l'amitié des Carolingiens — il s'agit des Timočans ayant vécu auparavant sur les rives de la rivière Timok et des Abodrites «predannici» ou dissidents —, tentèrent d'échapper à leurs anciens maîtres en pénétrant dans la «Dacie», située au nord du Danube.[13] Comme les Francs protégeaient ces Slaves et entendaient maintenir leur patronage, les Bulgares lancèrent, en 827, une attaque générale contre les possessions franques des confins entre la Drave et la Save. Au prix d'une guerre de plusieurs années, ils reprirent aux Francs la Syrmie actuelle et la Slavonie de l'Est. Une inscription du khan Omourtag (814-831) mentionne un tarkhan (dignitaire) bulgare qui se noya dans la Tisza. Cette donnée et le nom bulgare de Csongrád (Černigrad, fortin de terre et de bois près de la Tisza) confirment le fait que les Bulgares ont réellement occupé des territoires avant le traité de paix de 832. Une source du milieu du IXe siècle mentionne les Abodrites orientaux («osterabtrezi»)[14] de «Dacie» comme sujets bulgares, et des annales de l'époque affirment en 863 et 883 que l'armée des Bulgares alliés à l'Empire franc de l'Est attaque la Moravie, située sur la rive ouest de la rivière Garam. D'après une note du Perse Djaihāni datant de 870 environ, les peuples des «Bulgares (W.n.n.d.r.) et des Moraves (M.r.da) vivaient à une distance de dix journées de marche l'un de l'autre».[15] Les annales ne font mention de la Transylvanie que dans les dernières années de la domination bulgare: une ambassade d'Arnulf, roi des Francs de l'Est, demanda en 892 au khan bulgare Laodimir

[13] «Timociani...qui nuper a Bulgariorum societate descriverant et nostros fines se contulerant», Annales Regni Francorum ad A.818; «Timocianorum ... populum, qui dimissa Bulgarorum societate», Ibid. ad A.819; «Abodriti qui vulgo Praedenecenti vocatur et contermini Bulgaris Daciam Danubio adiacentem incolunt», Ibid. ad A.824.

[14] Geographus Bavarus, Descriptio pagorum Slavonum 2.

[15] Djaihani-Gardizi, A magyarok elődeiről és a honfoglalásról (Des prédécesseurs des Hongrois et de la conquête hongroise), Budapest, 1975², 88 = Gombos, Catalogus ... III. 1006.

(Vladimir) «de ne pas permettre aux Moraves d'acheter du sel».[16] La phrase en question contient une information rétrospective d'une importance fondamentale, à savoir que les Bulgares avaient mis la main sur une partie des mines de sel de la Transylvanie du Sud (Vízakna, Marosújvár, Kisakna) et faisaient le commerce du sel extrait par leurs sujets. Bien que les chroniques hongroises ne parlent pas de domination bulgare dans la Transylvanie du Sud, et qu'elles n'en aient gardé le souvenir que dans la région de la Tisza, l'extraction et le transport du sel constituent une preuve convaincante de ce qu'une grande partie de la vallée du Maros était réellement passée sous la domination des Bulgares. (On ne saurait admettre toutefois les «interprétations» des noms de lieu des XIIe et XIIIe siècles comme Zoloncamen→Slankamen en Syrmie, qui cherchent à trouver des mines de sel bulgares là où il n'y eut jamais de sel.)

La domination bulgare en Transylvanie est particulièrement bien attestée par l'archéologie. Près d'Alsótatárlaka, sur la rive gauche du Maros, en face de Maroskarna, des sépultures à ossements ont livré une série de vases dont ni la forme, ni la technique de fabrication, ni la décoration ne rappellent aucun spécimen de la poterie transylvaine plus ancienne ou contemporaine mais qui, en revanche, correspondent jusque dans leurs moindres détails à la céramique fabriquée à l'époque en Bulgarie, au sud du Bas-Danube. A Gyulafehérvár et dans ses environs (Kudzsir, Partos, Oláhgorbó, Szászsebes, Sebesány), on a mis au jour, à plusieurs endroits, des squelettes accompagnés de vases du style de Maroskarna, avec des perles, des couteaux, des restes de plats de viande païens et, à Oláhgorbó, avec des boucles d'oreille. Dans la région de Marosújvár et de Kisakna, on a retrouvé le cimetière d'une population qui enterrait ses morts en partie avec des vases du style de Maroskarna (Magyarszentbenedek), en partie avec une série de bijoux féminins pareils à ceux d'Oláhgorbó, qui sont neufs et sans précédents en Transylvanie (Csombord). Les chercheurs bulgares eurent vite fait de découvrir que les bijoux de Csombord et d'Oláhgorbó n'ont des répliques que dans les cimetières bulgares des IXe et Xe siècles. Cela revient à dire qu'ils identifièrent les trouvailles de Csombord — tout comme de Maroskarna — comme le legs de colons bulgares.

N'ayant, jusque-là, vu de bijoux du même genre (boucles et pendentifs d'oreille) que dans les matériaux publiés à propos des cimetières moraves, les chercheurs hongrois de Transylvanie qui ont fouillé et décrit le cimetière de Csombord croyaient avoir découvert une curiosité historique : les tombes de colons moraves qui s'occupaient de l'extraction et du transport du sel en Transylvanie. A propos de Csombord, cette hypothèse fut admise aussi par les spécialistes roumains et saxons, induits en erreur notamment par la paire d'éperons en fer provenant d'Alsótatárlaka qu'ils considéraient comme une preuve absolue de la présence morave. Or, aux VIIIe, IXe et Xe siècles, les éperons carolingiens et leurs imitations étaient un peu partout répandus dans les marches de l'Empire Carolingien-Franc de l'Est (on en a trouvé une grosse quantité, par exemple, en Dalmatie), et ils parvinrent jusque dans la Bulgarie danubienne et même chez les Hongrois du Xe siècle.

Les fouilles les plus récentes, à l'intérieur des murs du *castrum* romain d'Apulum, ont permis de mettre au jour, au-dessus de la couche romaine détruite au IIIe siècle, et en partie au-dessus des restes d'un site gépide du VIe siècle, une agglomération importante du IXe, avec de nombreuses maisons à

[16] « ... ne coemptio salis inde Maravanis daretur», Annales Fuldenses ad A.892.

Fig. 6. Boucles d'oreille d'argent des Bulgares danubiens provenant du cimetière de Csombord

moitié enfoncées dans le sol et dont on a retiré des fragments de poteries correspondant au style de Maroskarna, ornées de motifs profondément empreints et lissés. Le cimetière dépendant de cette agglomération a été retrouvé au nord-ouest du château situé sur l'actuel territoire de l'Hôpital Vétérinaire et du Service Ambulancier ; il contient des sépultures avec squelettes entourés d'amphores et de pots estampés sur leur fond, ainsi que des sépultures à urnes bulgaro-slaves. L'explication est évidente. On sait de bonne source que, du fait de ses murs romano-byzantins blancs, l'antique Singidunum était nommée par les Bulgares, dès le IXᵉ siècle, Belgrade (Château fort blanc). Ce nom pouvait également être appliqué à Apulum. Le nom bulgare Belgrade fut traduit au Xᵉ siècle par les Hongrois puis, lorsque le *gyula*, portant la seconde dignité des Hongrois, élut domicile dans les murs du *castrum*, celle-ci reçut le nom de Gyulafehérvár — le Château blanc de Gyula. Le nom se conserva jusqu'à nos jours, encore que le roi Etienne Iᵉʳ le Saint ait définitivement liquidé le pouvoir des *gyula*. Les Saxons, qui s'y établirent au XIIᵉ siècle, traduisirent le nom hongrois en allemand (Weyssenpurg), tandis que l'appellation Belgrade, maintenue par les Slaves de Transylvanie jusqu'à une date récente, donne en roumain Bălgrad. L'historiographie roumaine la plus récente semble ignorer le fait de la domination bulgare en Transylvanie, et même en Valachie, tandis que l'archéologie en attribue les vestiges — qu'elle ne considère même plus, depuis peu, comme bulgares — à une culture dite « Dridu », appellation qui entend évoquer les cultures néolithiques.

Les cimetières de la population de Maroskarna—Csombord diffèrent essentiellement des cimetières à incinération de la population slave, aussi bien que des tombes de l'époque avare antérieure et des nécropoles hongroises du Xᵉ siècle. Ils représentent un style à part, même dans le contexte bulgare, vu que les cimetières de Bulgarie, aux IXᵉ et Xᵉ siècles, sont pour la plupart bi-rituels et renferment à la fois les squelettes de la population turco-bulgare (protobulgare) qui enterrait ses morts fréquemment avec leur cheval, des aliments et en costume d'apparat, et les urnes des Slaves qui observaient la coutume de l'incinération. Les cimetières de Maroskarna et de Csombord, ainsi que les autres nécropoles transylvaines du même genre correspondent aux cimetières protobulgares (peu nombreux, du moins dans l'état actuel des recherches). Si l'on tient compte de la politique mise en œuvre par le khanat bulgare dans l'organisation de l'Empire, il semble logique que la population slave étrangère de Transylvanie ait été subordonnée non pas à des Bulgaro-Slaves mais à des Bulgaro-Turcs qui constituaient l'élément militaire conquérant.

La couche des conquérants, probablement assez mince, menait une existence séparée en Transylvanie. Leurs biens matériels, tels qu'ils furent découverts dans leurs sites et dans leurs tombes, ne montrent guère l'influence des Slaves soumis. Leur fourniture — comme le prouve le « vase-bouteille » jaune de style Bas-Danube trouvé à Marosnagylak, le site bulgare le plus septentrional connu jusqu'à présent — venait de l'endroit où ils envoyaient la majeure partie du sel extrait : la mère patrie.

La principale voie de communication allant de la mère patrie bulgare vers la Transylvanie était protégée, des deux côtés du Bas-Danube, par des forteresses construites en briques et en pierres. Elle cheminait le long de l'Olt et correspondait à l'ancienne route militaire romaine. Pour la protéger, on reconstruisit quelques forteresses romaines ; de même la forteresse d'Apulum-Belgrade assurait leur domination dans la Transylvanie du Sud. L'autre voie qui partait de la forteresse de Constantia sur le Bas-Danube et conduisait dans le défilé Bodza, était protégée, dans la région de Bucarest, Ploești-Bucov et Slon-Prahova, par des fortins construits d'abord de terre et de bois puis de briques cuites. Enfin, il existait une route qui, à partir du coude du Danube, en Dobroudja, en passant sous la forteresse aux murs de briques de Focșani actuel et par le défilé d'Ojtoz, menait jusque chez les Slaves vivant au bord de l'Olt-Tchernavoda ; son existence est attestée, entre autres, par des vases bulgaro-turcs intacts trouvés à Kézdipolyán et à Székelykeresztúr.

De nos jours, on a découvert des vestiges archéologiques bulgares près du Danube au niveau d'Orsova et dans le Banat, ainsi que le long de la Tisza, en amont jusqu'à Szentes, c'est-à-dire jusqu'à la région de Csongrád, supposée être le bastion septentrional de la domination bulgare.

Isolés de la mère patrie et peu nombreux, les conquérants bulgares de Transylvanie et de Belgrade, (seule forteresse bulgare de la Transylvanie sur la rive droite, septentrionale du Maros) ne pouvaient résister aux Hongrois dont la vague déferla sur eux en 895. C'est la raison pour laquelle la tradition hongroise transylvaine n'a pas conservé le souvenir local de la domination bulgare. Le peuple du cimetière de Csombord semble s'être soumis et continuait à habiter, au Xe siècle encore, la même région.

La Transylvanie dans l'Etat hongrois médiéval (895-1526)

I — Histoire de la Transylvanie depuis la conquête hongroise jusqu'à l'époque du premier établissement de colons allemands (895-1172)

Les Hongrois, qui appartiennent à la branche ougrienne de la famille des langues finno-ougriennes, apparaissent dans l'histoire écrite de l'Europe à propos d'un événement qui mérite l'attention. Le khagan du puissant Empire khazar envoie une ambassade à la cour de Théophile, empereur de Byzance (829-842), afin de lui demander de faire construire une forteresse sur la rive gauche du Don, à la frontière de la «Turkia», qui commence sur l'autre rive du fleuve. C'est ainsi que Petronas spatarios et ses bâtisseurs construisirent en 833/834 la «forteresse blanche» de Šárkel qui permit de marquer la frontière khazare-magyare. On avait besoin de ce nouveau Šárkel, qui était un fort en briques, parce que la vraie «Forteresse blanche» (Tzimlianskoe gorodistche) bâtie, elle, en pierres blanches sur la rive droite du Don, avait été détruite, dans les décennies qui suivirent l'année 813, par les Magyars (Hongrois) et leurs alliés, les Khazars (Kabars), révoltés contre leur khagan.

Tandis que les tribus hongroises vivant sur les bords du Don avec, à leur tête, le prince Levedi reconnaissent encore l'autorité nominale des Khazars, d'autres tribus hongroises et leurs alliés turcs surgissent dans la région du Bas-Danube, à une distance de «60 lieues de marche» de Šárkel. Les Byzantins les mentionnent sous le nom de «turkoi», «hunnoi» et déjà d'«ungroi» (vers 838). Cette dernière dénomination est le nom bulgaro-turc du peuple onogour, reporté sur les Magyars et qui a été conservé par les langues européennes jusqu'à ce jour (Ungar, Hongrois, Hungarian, Venger, etc.) C'est en partant du pays qui porte le nom composé turc-ancien hongrois d'Etelköz (Atelküzü = entre les fleuves; Constantin Porphyrogénète nous en communique l'étendue exacte: il s'agit de la région comprise entre les cours d'eau Seret-Prut-Dniestr-Bug-Dniepr) que «l'ennemi appelé Ungri»,[1] traversant la chaîne des Carpates, lance sa première attaque contre la Pannonie carolingienne, et c'est à cette occasion qu'ils posent pour la première fois le pied sur la terre qui deviendra leur patrie. Selon des sources arabo-persanes des années 870, les Hongrois (Magyars, soit m.dż.gh.r.), qui possèdent «de grandes étendues de champs de blé» et une armée de 20000 cavaliers, ont à leur tête un chef principal (k.nde = kende/kündü) et un prince qui gère les affaires et les conduit dans la guerre (dź.la = gyula). Les Kabars «révoltés» contre les

[1] «Hostes qui ungri vocantur», Annales Bertiniani ad A.862. Gombos, Catalogus... I.111.

Khazars, qui se joignirent plus tard à eux n'étaient probablement pas encore du nombre des Hongrois. Au moment de l'attaque qui, en 881, les porta jusqu'à Vienne (Venia), les deux armées sont encore mentionnées séparément (Ungari et Cowari).

Ce que l'histoire hongroise appelle la conquête du pays s'ouvre sur le départ forcé des tribus de l'Etelköz et leur déplacement vers l'intérieur de la chaîne des Carpates. L'événement fut provoqué par une alliance contre les Bulgares que Niketas Skleros conclut pour le compte de son maître Léon VI le Sage, empereur de Byzance, avec les princes hongrois Árpád et Ku[r]san, dans la région du Bas-Danube (894). Les Byzantins transportèrent une forte armée hongroise conduite par Levente (en translittération grecque : Liunti[ka]), fils d'Árpád, sur l'autre rive du Danube. L'armée hongroise battit le khan bulgare Syméon qui se refugia dans ses places fortes les mieux protégées (Mundraga = Madara, puis Dristra = Silistra). Il réussit, dans cette situation précaire, à gagner à sa cause les Pétchénègues turcs qui étaient apparus depuis peu (893) dans le dos des Hongrois. Pris entre deux feux, ces derniers ne purent qu'avancer. Le résultat de cette double menace sera la conquête du Bassin carpatique.

1. La conquête du Bassin carpatique par les Hongrois

Si un historien ou un archéologue contemporain se penche sur la question de la conquête du pays et plus particulièrement de la région transtibiscine (au-delà de la Tisza) ou de la Transylvanie, il est nécessairement confronté au problème de savoir s'il doit ou non utiliser la « source » la plus volumineuse et la plus détaillée, la *Gesta Hungarorum* de celui qu'on nomme Maître P., connu plus généralement sous l'appellation d'Anonymus. En effet, dans l'hypothèse où il tente un compromis, il devra assumer la même contradiction insoluble qui pèse depuis plus de deux siècles sur l'historiographie hongroise et étrangère. La *Gesta Hungarorum*, rédigée au cours du XIIIe siècle et conservée sous la forme d'une copie dans un manuscrit du XIVe, a été découverte au milieu du XVIIIe et considérée, dès sa publication, en 1746, comme une espèce de livre sacré. Or, tant à la lumière des sources écrites contemporaines qu'à celle des découvertes et résultats de l'archéologie, les données de la *Gesta* concernant l'histoire événementielle, ainsi que ses indications géographiques demandent à être profondément révisées. Les premiers pas dans cette direction ont été faits par la science historique de la fin du XIXe siècle, qui a adopté la méthode de la critique des sources, lui ayant progressivement permis de prouver que les données géographiques, ethniques et politiques consignées dans la *Gesta* correspondaient en réalité aux conditions et aspirations de l'époque de l'auteur — soit le début du XIIIe siècle, pour laquelle période elle s'avère une source précieuse — qui furent projetées dans un passé vieux de 300 ans. Quant à son genre, c'est une « geste », soit un récit des « choses faites » telle qu'on les aimait à cette époque et que ne pourraient utiliser comme source — et encore avec prudence — que les historiens de la littérature.

La critique de cette source n'était toutefois pas conséquente : il arrivait souvent (et il arrive encore) que, dans l'intérêt d'une nouvelle théorie, on ait considéré certains personnages ou événements figurant dans la *Gesta* comme relevant de la « tradition généalogique » authentique. Le résultat en est qu'il existe, même dans l'historiographie hongroise moderne, à propos d'Anonymus, deux théories difficiles à concilier. L'une n'exclut pas la possibilité que l'auteur de la *Gesta* transmette, en ce qui concerne notamment les noms de lieux hongrois dérivant des noms d'ethnies, de personne ou de métiers, des traditions généalogiques de l'époque de la conquête. L'autre, en revanche, tout en reconnaissant la légitimité et les résultats des recherches toponymiques remontant jusqu'au Xe siècle — met en doute le fait qu'Anonymus ait perpétué d'authentiques traditions historiques et familiales de la fin du IXe et du début du Xe siècle, estimant que ces dernières n'étaient justement possibles qu'à partir de la fin du Xe siècle.

Anonymus (*P. dictus magister*) cherche à étayer avec insistance les droits de propriété des familles nobles hongroises de l'époque de la conquête — le terme «de genere» apparaît pour la première fois chez lui —, droits qui, selon lui, sont tout aussi stables et impérissables que ceux des rois árpádiens. A l'en croire, ces familles auraient conquis chaque lopin de terre en versant leur propre sang dans une lutte incessante qui aurait duré dix ans (!) puis reçu tout ce qu'elles possédaient des mains d'Árpád lui-même.

En réalité, l'auteur de la *Gesta* n'a pas la moindre idée des événements et des protagonistes réels de la conquête, ni des sources contemporaines, abstraction faite de quelques données mal comprises de Regino (début du Xe siècle) ; c'est tout juste s'il connaît le nom d'Árpád et de quelques chefs qui vécurent et combattirent à des moments *différents* du Xe siècle. Il ignore jusqu'au nom des vrais adversaires des Hongrois de la conquête (Svatoplouk Ier et II, Moimir II, Arnulf, roi et empereur allemand, Braslaw, duc de Pannonie, Syméon, khan des Bulgares, Liutpold, duc de Bavière). Il ne sait rien de la bataille de Brasalauspurg (Pozsony, Presbourg), qui décida du sort de la conquête, pas plus que des centres potentiels ou effectifs de la défense locale (Tchernigrad/Csongrád, Mosaburg, Belgrade sur le Danube, Belgrade en Transylvanie). Les Bulgares mis à part, il ne connaît pas non plus les ennemis des conquérants (Moraves, Slovènes, Karantans, Francs, Bajuvars ou Bavarois). Il crée deux peuples ennemis venant de l'Est (Bisseni, Picenati), c'est-à-dire des Pétchénègues. Faute de mieux, il invente des ennemis et des adversaires afin que ses héros hongrois — non moins fabuleux — aient quelqu'un à soumettre. Il crée, de manière assez superficielle, à partir de noms de rivières (Laborc), de montagnes (Tarcal, Zobor, ce dernier emprunté à la montagne Sobor = = église en slave, près de Nyitra, éponyme de l'abbaye bénédictine de Zobor, fondée au début du XIe siècle), des noms de villages (Glad, Gyalu, Marót), ses noms de guerriers et de chefs, tels que Laborcy (Bulgare), Turzol (Couman), Zobur (Tchèque), Gelou (Valaque) et Glad (Bulgare de Vidine). Les principaux ennemis, le Bulgare Salan et le Khazar Ménmarót, sont les purs produits de son imagination et relèvent plutôt des contes populaires. Les peuples ennemis, les Tchèques qui, à l'époque de la conquête, vivaient loin de là, dans le Bassin tchèque, les Coumans (Kipčaq, Polovtsi) qui n'apparurent en Europe que dans la seconde moitié du XIe siècle (1055), les Valaques dont l'apparition sporadique dans le bassin des Carpates se situe au XIIIe siècle, témoignent tous des conditions des années 1200. La majorité de ses chefs hongrois menant à bien la conquête sont les ancêtres présumés des grands propriétaires terriens du début du XIIIe siècle, dont les familles descendaient en réalité des dignitaires de la nouvelle organisation d'Etat mise en place au XIe siècle.

Dans chaque histoire de la Transylvanie, quelle que soit la nationalité de son
 auteur, l'époque de la conquête a, jusqu'à ce jour, été déterminée par la

conception d'Anonymus exprimée dans la *Gesta*. D'après celui-ci, les conquérants entrés par le «col de Verecke» dans la vallée de la Tisza, tentèrent de pénétrer en Transylvanie le long de la rivière Szamos ou par la porte de Meszes. Le premier obstacle fut Ménmarót, chef khazar «au cœur bulgare», puissant adversaire, maître des forteresses de Szatmár et de Bihar. Ne pouvant le vaincre, ils finirent par devenir son allié. Le «chef» (dux) Gelou, «un Valaque» (quidam Blacus), qui résidait dans un château fort des bords de la rivière Szamos, organisa la résistance des habitants de la région (Blasii et Sclaui), population dont aucun historien ne parlait avec autant de mépris qu'Anonymus, auteur que l'historiographie actuelle roumaine ne cesse de glorifier (en oubliant de citer la moitié de la phrase qui dit textuellement: «uiliores homines essent tocius mundi»).

Les milieux scientifiques slaves et roumains — dont les nations vivent pourtant aux côtés des Hongrois dans le bassin des Carpates — omettent de recourir à la critique des sources en ce qui concerne la *Gesta* d'Anonymus et ont même fait, au XXe siècle, un pas en arrière en reconnaissant au notaire anonyme l'authenticité d'un correspondant de guerre tenant un journal précis des événements militaires de quatre siècles antérieurs et en qualifiant d'indiscutable «l'objectivité» de ce notaire du roi de Hongrie. L'historiographie roumaine considère de nos jours comme des personnages réels et authentiques les chefs sortis de l'imagination d'Anonymus; leurs faits et gestes auraient été, selon cette conception, les péripéties de la guerre du peuple roumain «défendant sa patrie», et leurs terres, des «voïvodats féodaux roumains» (voievodate). Aussi longtemps que l'historiographie officielle sera dominée par des partis pris, il est peu probable que l'on puisse aboutir à un compromis ou même à un rapprochement des vues.

Les données sûres et réellement authentiques de l'histoire des Hongrois aux IXe et Xe siècles proviennent de textes arabes (orientaux et ibériques), persans, latins d'Italie, d'Allemagne, de Franconie et grecs de Byzance. Les personnes et les événements figurant chez Anonymus n'y apparaissent pas, ou alors à un autre moment, et non pas à l'époque de la conquête du pays. L'histoire de la conquête telle qu'Anonymus nous la raconte ne correspond pas non plus à un texte qui faisait partie de la *Gesta* primitive écrite vers 1060 mais perdue, et qui fut repris par la plus ancienne chronique, dite *Gesta Ungarorum*, de l'époque de Ladislas Ier.

Les sources de l'époque ne nous livrent guère plus qu'une esquisse de la vraie histoire de la conquête hongroise. A l'heure actuelle, on n'a aucune preuve de ce que les premières campagnes que les Hongrois (et leurs alliés kabars) conduisirent tantôt comme alliés des Carolingiens, tantôt comme ceux des Moraves, contre la Moravie et la Pannonie (862, 881, 892, 894) soient parties d'une base à l'intérieur de la chaîne des Carpates. La situation changea radicalement au moment de la dernière campagne de Pannonie (894) qui coïncida avec la mort de Svatoplouk Ier (à la fin de l'automne) et avec la campagne que les Hongrois, alliés de Byzance, menèrent contre la Bulgarie et Syméon Ier. En effet, à la fin de l'année 894, les Pétchénègues, devenus les alliés des Bulgares, lancèrent une attaque générale contre les quartiers des Hongrois à l'Est. Au début de 895, les Bulgares, après avoir fait la paix à la hâte avec Byzance, infligèrent une défaite sanglante à l'armée hongroise qui, conduite par Levente, dévastait la Bulgarie au sud du Bas-Danube. En raison de l'attaque des Pétchénègues, cette armée ne pouvait plus retourner dans sa patrie antérieure et fut contrainte de traverser les Carpates du Sud, pour se retirer en Transylvanie où elle rencontra le gros du peuple hongrois lui aussi en fuite et utilisant, pour ce faire, tous les cols praticables des Carpates de l'Est. Enfin l'armée qui, à la fin de 894, avait attaqué la Pannonie ne pouvait pas non plus retourner à l'Est. C'est ainsi qu'avant la fin de l'année 895, toutes les forces importantes des Hongrois se trouvaient dans le bassin des Carpates qu'ils occupèrent, après avoir partout liquidé le régime bulgare, jusqu'à la ligne Danube—Garam.

Dans les années qui suivirent (896—été 900), aucune opération militaire n'est signalée dans le bassin des Carpates. C'était là la première phase de la conquête et de l'installation des Hongrois. Jusqu'à la fin du siècle, la Pannonie, soumise aux Carolingiens, était fermement tenue en main par le duc slave Braslaw; les Hongrois entretenaient des rapports amicaux avec les Moraves vivant au-delà du Garam.

La deuxième phase de la conquête débute sur l'alliance militaire d'Arnulf Ier avec les Hongrois. Une petite troupe hongroise qu'Arnulf avait autorisée à traverser la Pannonie, poussa, à la fin de 898, une reconnaissance armée dans le Frioul et les Marches, hostiles à l'empereur. A la demande de l'empereur, les Hongrois conduisent, dans le courant de l'été 899, une campagne de grande envergure en Italie du Nord, contre le roi Bérenger Ier, ennemi d'Arnulf. Leur victoire du 24 septembre 899, près de la rivière Brenta, signifie une entrée spectaculaire dans l'histoire européenne et, dans les 33 années qui suivent, ils ne perdront pas une seule bataille importante. Au moment de leur campagne en Italie, éclata, en Moravie, la guerre de succession des fils de Svatoplouk (898-899) dans laquelle Arnulf — probablement aidé par les Hongrois — prend le parti de Svatoplouk II. Un tournant décisif survient avec la mort subite d'Arnulf (le 8 décembre 899). Les Hongrois se sentent relevés de l'engagement qui les liait à l'empereur et, par là même, à Svatoplouk II. Comme ni les Carolingiens — Louis IV l'Enfant — ni les Moimirides ne renouvellent leur alliance avec eux, ils attaquent, en 900, la Moravie, qui est alors en proie à la guerre civile, et occupent le territoire entre le Garam et le Morava. Dans le même temps, l'armée qui revient d'Italie envahit la Pannonie sans rencontrer de résistance sérieuse. L'été 900 marque la deuxième étape de la conquête du pays. En automne de la même année, les Bavarois (Bajuvares) construisent déjà Ennsburg, forteresse destinée à arrêter les Hongrois qui pénètrent sur les deux rives du Danube jusqu'à la rivière Enns, et qui, selon les annales de Fulda, retournent ensuite en Pannonie comme dans un pays qui leur appartient *(ad sua in Pannoniam)*.

L'écrasement militaire de la Moravie et de Moimir II (902) permettait d'assurer la sécurité extérieure du bassin des Carpates nouvellement conquis, tandis que la victoire décisive remportée les 4 et 5 juillet 907 sur les Bavarois, qui avaient lancé leur attaque près de Brasalauspurg (Presbourg), ancienne forteresse stratégique de Braslaw, assurait aux Hongrois la prise en possession définitive du nouveau pays.

L'histoire des campagnes occidentales des Hongrois entre 862 et 955 a été étudiée, outre les historiens hongrois, par les historiens allemands, français et italiens. Quel que soit le jugement que l'on porte sur elles, il serait difficile de nier tant l'excellence de leur organisation militaire que les succès qu'ils remportèrent, au même titre qu'on reconnaît les succès non moins sanglants et destructeurs des campagnes des Vikings normands. Les armées de cavaliers hongrois triomphèrent sans difficultés des armées d'Italie, de Bavière, de Thuringe, de la Franconie de l'Est, de la Saxe et de la Bourgogne, prirent d'assaut, pillèrent et incendièrent les unes après les autres les villes d'Italie et d'Europe occidentale, parvinrent jusqu'au Danemark, à Brême, atteignirent la

Manche, l'Aquitaine jusqu'à l'Atlantique, l'Hispanie jusqu'à Saragosse, l'Italie jusqu'à Otrante et, à la fin des années 960 dans les Balkans, jusqu'à Constantinople et Thessalonique. Comparé à leurs batailles et campagnes de portée européenne, ce que l'imagination d'Anonymus leur attribue n'est qu'une batrachomyomachie contre des personnages imaginaires comme Laborcy, Zobor, Gelou, Glad, etc. Ceux qui prirent par exemple Bénévent, Narbonne, Brême se seraient montrés démunis, selon Anonymus, devant le château fort de ce fameux « Menumorout » (c'est la forme de l'ancien hongrois sous laquelle on a coutume de le citer, comme si cela enlevait quelque chose à l'origine hongroise du nom : Ménmarót = étalon morave) qu'on situe en Bihar. Les guerriers hongrois qui, pendant des décennies, semèrent la panique chez tout les peuples d'Europe, au-delà de la Seine, du Rhin, du Danube et de l'Ebre, reculèrent, à en croire le grand conteur que fut Anonymus, devant la porte de la montagne Meszes, du Maros ou de la Vág et s'inclinèrent devant des héros locaux de territoires pas plus grands qu'un comitat.

2. L'histoire de la Transylvanie et du bord oriental de la Grande Plaine pendant les cent ans qui suivirent la conquête du pays (895-1003)

La Geste primitive hongroise, écrite au plus tard dans les années 1060, a conservé le souvenir de l'unique itinéraire imaginable de la conquête (que l'on peut d'ailleurs également reconstituer à l'aide des sources de l'époque). Ainsi, le peuple des campements hongrois mis en état d'alerte prit la fuite, s'attroupa et se bouscula pendant trois mois à travers tous les cols et défilés des Carpates afin d'échapper aux « aigles » (anc. hongr. : bese = Besenyő/Pétchénègues ; lat. : bessi) qui ravageaient leur bétail et leurs chevaux. Par monts et par vaux, ils cherchaient à atteindre, au-delà des « Alpes », la Transylvanie (in Erdelw) qui faisait pour eux figure de refuge où, enfin, « ils se remirent de leurs fatigues, leurs bêtes reprirent leurs forces ».[2] Selon une tradition sans aucun doute authentique — tradition familiale de la dynastie árpádienne — Álmos, grand prince, père d'Árpád, fut tué en Transylvanie, « car il ne devait pas entrer en Pannonie ».[3] La raison de cette immolation sacrale exécutée à la manière khazare était probablement la défaite infligée par les Pétchénègues. L'armée, battue en Bulgarie, ne pouvait guère se réfugier ailleurs qu'en Transylvanie, car la voie qui longeait la rive sud du Bas-Danube était protégé par les forteresses bulgares de Vidine et Belgrade. Au moment de la conquête du pays, on ne vit d'ailleurs aucune armée bulgare dans le bassin des Carpates, aussi les Hongrois n'eurent-ils pas à combattre des forces bulgares notables. Dans les années 894-899, période qui devint presque fatale pour les Bulgares, on ne pouvait guère s'attendre à trouver, dans ces lointains confins, que quelques petites garnisons bulgares (50 à 300 hommes armés). En Transylvanie leur souvenir même a disparu.

[2] « In Erdelw igitur quieverunt et pecora sua recreaverunt », *SRH* I.28.

[3] « Almus in patria Erdelw occisus est, non enim potuit in Pannoniam introire », *SRH* I.28.

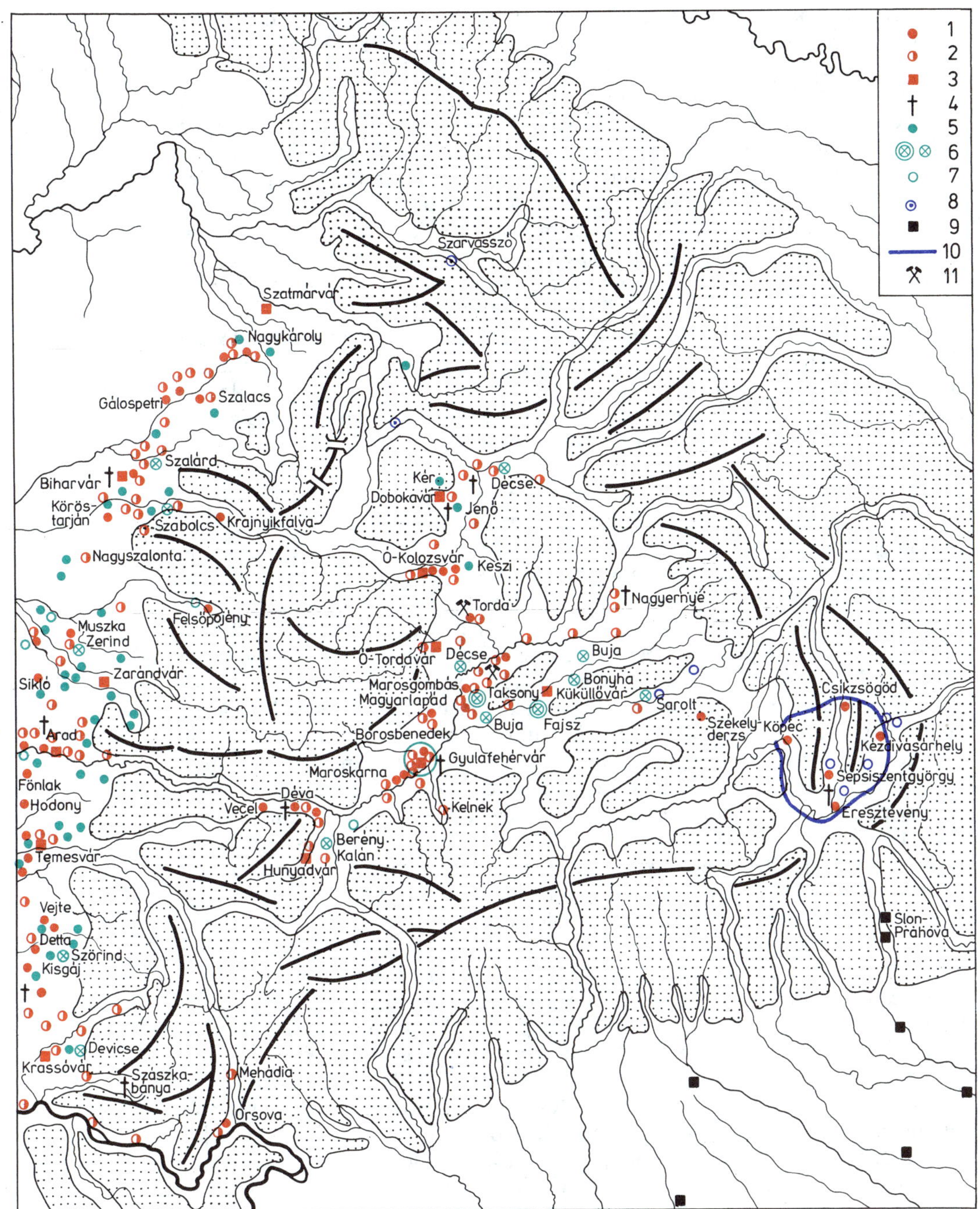

Carte 7. La Transylvanie et l'Est de la Plaine à l'époque de la conquête hongroise et de la fondation de l'Etat

1 — cimetières et objets des guerriers hongrois du Xe siècle, 2 — cimetières et objets des Hongrois communs aux Xe-XIe siècles, 3 — les châteaux des «ispán» hongrois, 4 — épées carolingiennes, viking et byzantines, 5 — agglomérations portant les noms des tribus hongroises ayant conquis le pays, 6 — campements et territoires princiers ou de chef de tribu, au Xe siècle, 7 — toponymes à caractère tribale, 8 — villages slaves ayant survécu aux Xe-XIe siècles, attestés par des fouilles, 9 — forteresses bulgares construites depuis le début du Xe siècle, 10 — fortifications frontalières des Hongrois contre les Bulgares au Xe siècle, 11 — premières mines de sel gemme

La dernière phrase du récit de la Geste primitive qui raconte la conquête, précise qu'en Transylvanie les Hongrois «construisirent sept fortins de terre *(septem castra terrea)*, y gardèrent leurs épouses et leur bétail et y demeurèrent eux-mêmes pendant un certain temps». S'il est clair que la remarque suivante ajoutée à cette phrase: «c'est pourquoi les Allemands appellent ce pays jusqu'à ce jour Simburg» (Siebenbürgen)[4] est un commentaire postérieur de plusieurs centaines d'années, il est non moins évident que l'affirmation concernant les sept fortins de terre ne pouvait pas non plus naître avant la construction des châteaux forts tenant lieu de centres administratifs des comes de Transylvanie, c'est-à-dire le XIe siècle. Il est peu probable que ces prétendus fortins aient été destinés à protéger les mines de sel immédiatement occupées par les sept tribus, comme certains le veulent. Au début, point n'était besoin d'extraire le sel des profondeurs de la terre, puisqu'à plusieurs endroits, il existait de véritables «montagnes de sel» en surface. Là où on pratiquait l'extraction du sel, on exploitait sans doute les quelques mines abandonnées des Bulgares au bord du Maros. Les Hongrois de la conquête, vu leur nombre, n'avaient de tout évidence nul besoin des huit grandes mines de sel de la Transylvanie médiévale.

La Transylvanie du IXe siècle, avec ses immenses étendues de forêts, n'aurait pas été à même de nourrir l'ensemble du peuple hongrois avec son bétail, pas même pendant quelques mois. La majorité des tribus fut donc obligée, dès 895, de poursuivre son chemin vers la Grande Plaine. Il est vrai que Constantin Porphyrogénète, en parlant de l'ensemble du quartier de la «Turkia»,[5] indique un territoire dont la plus grande rivière est la Tisza (Titza), ses cours d'eau intérieurs le Temes (Timésis), la Tutis (Bega?), le Maros (Morésis) et le Körös (Krisos) et qui, «à l'est», vers les territoires bulgares, serait limité par le Danube (Istros). On résoud généralement la contradiction en alléguant qu'il s'agit là uniquement du «pays» d'un des chefs hongrois, à savoir du *gyula* qui, après 952, se rendit à Byzance en personne. L'explication mérite d'être prise en considération, mais elle apparaît, en même temps, peu vraisemblable, car l'empereur acheva son ouvrage *avant* la visite du gyula. La description de la «Petite Turquie» est passée dans le livre de l'empereur — d'ailleurs non exempt d'une certaine confusion et mêlant des données d'âges différents — du rapport que le clerc Gabriel, envoyé en ambassade sur cette terre, rédigea entre 897 et 900, ce qui signifie qu'elle fixe la situation d'avant 900. Cela vaut également pour le Bavarois Aventin qui, au XVIe siècle, en utilisant des sources perdues, appellait, à plusieurs reprises, le pays des Hongrois d'avant 900, la Dacie, très exactement la Dacie en-deçà et la Dacie au-delà de la Tisza. Dans d'autres parties de son ouvrage, l'empereur Constantin se montre très bien informé sur le pays des Hongrois pour sa propre époque: «l'ancienne Pannonie des Lombards est maintenant le pays des Turcs», les voisins des Turcs sont à l'ouest la «Frangia» (Franconie), «les Turcs habitent la terre de Moravie au-dessus du Danube [le Sud-Ouest de la Slovaquie actuelle] et en-deçà, entre le Danube et la Save.»[6] Et même dans la suite de la description contradictoire qu'on vient de citer de la «Petite Turquie», on lit également que les voisins sont, à l'ouest les Francs, et au sud les Croates.[7] Il s'ensuit que la majorité des tribus hongroises

[4] *SRH* I.286.
[5] *DAI* 40. = *FBHH* 48.
[6] *DAI* 27. = *FBHH* 38.
[7] *DAI* 13. = *FBHH* 37; *DAI* 42. = *FBHH* 50; *DAI* 40. = *FBHH* 48.

qui ont occupé la «Dacie» l'ont rapidement quittée et il semble à peu près certain que le nombre des habitants hongrois de la Transylvanie continua à décroître après 900.

Au Xe siècle, la partie orientale de la Grande Plaine et la région du Temes — en gros le Partium des temps modernes —, qui font aujourd'hui partie de la Roumanie, ont très peu de commun avec la vraie Transylvanie, tandis qu'elles ressemblent en tous points aux régions de la Tisza en Hongrie. Les Hongrois n'y trouvèrent aucune population slave de quelqu'importance; les Slaves vivaient en blocs fermés au pied des montagnes et dans leurs prolongements boisés, et ne formaient que des îlots dans la plaine (ainsi par exemple, près du cours moyen de la Berettyó ou du cours inférieur du Fehér-Körös). De la région de Nyír—Ér jusqu'à Örsvár (Orsova) sur le Bas-Danube, on trouve dans Bihar, Zaránd, Arad, Temes fréquemment de tombes et cimetières hongrois plus ou moins vastes, mais presque toujours significatifs et bien fournis de l'époque de la conquête, tombes et cimetières qui, vers la fin du siècle, seront suivis des traces des *milites* du prince Géza (972-997). Cette importante présence hongroise est confirmée par les toponymes hongrois datant de la haute époque, en particulier par les noms de villages qui remontent aux noms des tribus hongroises. Ils sont aussi complétés, dans la partie orientale de la Plaine comme ailleurs, par des noms de tribus d'origine probablement kabar (Varsány, Tárkány) et par les noms de villages formés sur le mot Berény, qui signifie Alain. Des huit noms de tribus hongrois énumérés ici bas, sept (le nom de la tribu Kürt fait défaut dans la partie orientale de la Grande Plaine et en Transylvanie) se rencontrent, avec Tárkány, Varsány et Berény, à une fréquence élevée, dans les plaines de Bihar et de Zaránd (25 noms de villages). Bien que l'invasion des Mongoles, en 1241, ait détruit des centaines de villages de la région Maros—Temes—Bas-Danube (par endroit 30 à 70% du total) et que la population hongroise de ces régions ait été presque entièrement exterminée avant la fin des guerres turques ottomanes, il n'en reste pas moins, dans ces parties de la plaine, de 4 à 6 toponymes d'origine tribale par comitat. Ce sont — par ordre de fréquence — Kér, Jenő, Tarján, Nyék, Megyer, Gyarmat, Keszi ainsi que Tárkány et Varsány, également à caractère tribal.

Le campement d'un chef hongrois du Xe siècle, près de Biharvár (Château de Bihar), s'appelait Szalárd; «Salard dux» en était le chef qui, en 924, guerroyait en Italie du Nord et qui incendia Pavie. Quant à Zarándvár (Château de Zaránd), il perpétua le nom de Zerind, fils de Tevel, lui-même fils d'Árpád. Les deux châteaux-forts furent probablement construits au Xe siècle (c'est à cette époque qu'on commença à former des toponymes à partir de noms de personne), ce que l'archéologie a depuis longtemps prouvé pour Biharvár. Autour de Biharvár, se trouvaient également des villages qui étaient astreints à différentes prestations aux châteaux du Xe siècle (Kovácsi—forgerons, Csatár—armuriers, Ácsi—charpentiers, Szántó—agriculteurs, Vadász—chasseurs). Tous appartiennent à un type qui surgit comme noms de villages permanents dans les chartes du XIe siècle.

En Transylvanie, la situation est foncièrement différente. Sur le territoire des comitats de Belső-Szolnok, Torda, Küküllő, Fehér et Hunyad, on ne trouve pas d'agglomération portant le nom d'une tribu hongroise; dans le comitat de Doboka, il y a un Jenő et peut-être un Kér, dans le comitat de Kolozs un Keszi. Le seul Berény connu dans le comitat de Hunyad ne change rien au fait fort singulier, à savoir que les toponymes d'origine tribale sont, en Transylvanie, d'un nombre très bas, même par rapport à ceux de Hongrie, révélés par les recherches, elles-mêmes fort restreintes. Il est en tout cas certain qu'il y eut, en 942, à la tête des Hongrois, «sept émirs» ou chefs, comme nous l'apprend l'ouvrage historique récemment publié du Maure espagnol Ibn Hayyan. A cette même source, on doit également le nom de quelques-uns des sept chefs. Vers 950, Constantin Porphyrogénète, informé de source hongroise fiable, énumère encore correctement les «sept tribus»[8] *(geneai)* des «Turks», dont la troisième est Kürtgyarmat, mot formé de deux noms de tribu. Ces noms sont réels puisque les mêmes huit tribus se rencontrent dans les noms de 300 villages en majorité encore existants dans les régions du bassin carpatique habitées par des Hongrois. Leur fréquence varie de 23 à 58 et ils sont répartis de façon à peu près égale dans la Hongrie historique. L'auteur de la Gesta primitive rédigée au plus tard vers 1060 ne savait plus rien des tribus ou ne les estimait pas dignes d'être mentionnées. On ne trouve pas non plus d'allusion à des tribus, à l'organisation tribale ou à ses vestiges ni dans les lois d'Etienne Ier (997-1038), ni dans ses *Admonestations.* Dans le même temps, ces noms de tribus (y compris Varsány et Berény) tout aussi dispersés qu'à l'heure actuelle, commencent à apparaître, dans les chartes du XIe siècle (1001, 1002, 1009, 1061, 1075, 1086) comme noms de villages. Les tribus — quoi qu'on entende par ce terme — existaient donc encore au début du Xe siècle, mais elles furent réparties entre les différentes régions du pays avant la fin de ce même siècle, et cela est vrai même s'il faut admettre que des toponymes d'origine tribale ont été créés jusque dans le courant du XIe siècle. La destruction méthodique des organisations antérieures n'a pu survenir, au plus tard, que sous le règne du grand prince Géza (972-997). Ce prince apparaît, auprès des contemporains occidentaux et dans la tradition hongroise, comme un souverain énergique qui n'hésitait pas à verser le sang, ce qu'on explique à juste titre par le fait qu'il brisa et soumit les tribus et leurs chefs. Son action d'établir par la force les tribus hongroises, kabares et autres qui s'étaient jointes à eux, en les dispersant partout dans le pays, marqua la liquidation de l'organisation tribale. Comme le remarque un contemporain allemand, Géza «construisit un *regnum* qui s'étendait sur le pays entier».[9] La population ainsi dispersée était surveillée par la nouvelle armée *(militia, iobagiones)* de Géza, que ce prince avait créée à partir de son escorte militaire, en en grossissant substantiellement les rangs et en l'établissant selon des critères d'ordre stratégique (par exemple, dans le triangle Esztergom—Óbuda—Székesfehérvár).

A l'en juger par le nombre restreint des agglomérations à dénomination tribale, cette série d'événements qui s'échelonnèrent sur 25 ans, ne touchait pas la zone de colonisation hongroise de Transylvanie, qui allait entre le Maros et le Küküllő en englobant le Mezőség, excepté les environs du Kis-Szamos. L'absence de noms de tribus en Transylvanie prouve que, dans le dernier quart du Xe siècle, la Transylvanie s'était engagée dans une voie politique séparée.

Cette situation particulière n'a pas d'antécédents. Il est vrai que l'on connaît, en Transylvanie, des noms de villages (par exemple Maros-Bogát) qui semblent correspondre au nom d'un des chefs de l'époque des incursions (Bugat rex était un de ceux qui, en 923, commandaient l'armée menaçant Vérone). Mais, sur les 25 noms de lieu contenant l'élément Bogát, les 4 qui

[8] *DAI* 40. Néki, Megeri, Kurtugermatu, Tarián, Jenah, Kari, Kasi.

[9] BRUNO QUERFURTIENSIS, Vita Sancti Adalberti Pragensis. GOMBOS, Catalogus... III. 4912,2297.

sont attestés en Transylvanie sont tellement dispersés (du Kis-Szamos à la courbe de l'Olt, aux vallées de l'Aranyos et du Maros) qu'on ne pourrait aucunement les considérer comme lieux de campement d'un seigneur transylvain du Xe siècle ; de plus, ce nom d'origine slave est également attesté au XIe siècle. L'un ou l'autre des toponymes Bogát de Transylvanie ne pourrait être rattaché au porteur de ce nom de l'époque de la conquête que si des données archéologiques, toponymiques ou des sources écrites venaient confirmer l'hypothèse que les Hongrois de Transylvanie participèrent aux campagnes d'Italie. Or, il n'y a qu'une seule pièce de monnaie qui puisse révéler des rapports entre la Transylvanie et l'Europe de l'époque : la monnaie d'argent de Berthold, duc de Bavière (938-947), découverte en 1735 à Torda. Mais comme cette monnaie n'est pas perforée à la manière hongroise, pour être cousue sur une pièce de vêtement, il n'est pas certain qu'elle provient de la tombe d'un guerrier ayant pris part aux incursions, mais dut tomber entre les mains hongroises *avant* la victoire du duc près de Traun (943) pour parvenir ensuite en Transylvanie.

Deux toponymes semblent par contre appuyer le fait que, jusqu'au milieu du Xe siècle, la province était directement soumise au grand-prince. Grâce à Constantin Porphyrogénète, on sait que, vers 950, le grand-prince des Hongrois portait le nom de Falitchi/Falis (Fajsz), fils de Youtotcha (Jutas). En 955, après la défaite des Hongrois à Augsbourg, Fajsz disparaît et son nom n'est plus jamais repris par les membres de la maison d'Árpád, ce qui n'est sans doute pas une pure coïncidence. Comme toponyme, il n'est attesté que cinq fois sur l'ensemble de l'aire linguistique hongroise. Un des villages nommés Fajsz se trouve précisément en Transylvanie, non loin du futur Küküllővár, c'est-à-dire sur un territoire important du point de vue stratégique. Le nom, également rare, de Taksony, (chez Constantin Porphyrogénète : Taxin)[10] père du grand-prince Géza, s'est maintenu dans celui du village de Taksony qui se situait autrefois près du village d'Asszonynépe, entre le Küküllő et le Maros (lu par erreur Caxun au lieu de Taxun). Grâce aux deux toponymes rares rattachés aux territoires ou établissements princiers, on peut attester la domination d i r e c t e des grands-princes dans les régions frontalières transylvaines jusqu'à environ 970. Sous le prince Géza, cette domination diminua pour se limiter à la région du Nord-Ouest, entre Dés et Kolozs, et à la zone transylvaine menant à la Porte de Meszes. Là, en effet, le nom du village Magyardécse permet de supposer la domination de Géza (= Gyécsa ou Décse), et il en est de même pour les 2 ou 3 toponymes d'origine tribale. Cette région frontalière, qui est restée à la main de Géza, dut avoir son centre aux environs de Dés, là où fut trouvée une épée occidentale, témoignant de la présence de l'armée princière.

La population hongroise qui, à cette époque, vivait sur le territoire transylvain soumis aux chefs de la fédération tribale magyare se constituait des descendants des Hongrois restés sur place après la conquête. Au Xe siècle, elle vivait dans la vallée du Kis-Szamos—Aranyos, et dans le bassin arrosé par le Küküllő et le Maros, c'est-à-dire dans la région qui était autrefois habitée par les Avars et fut, avant la conquête, en partie soumise aux Bulgares. Pour pouvoir juger de sa taille et de son importance, il serait nécessaire d'avoir recours à des recherches archéologiques. Après le premier tiers du Xe siècle, la région frontalière, les « confins », se trouvaient, au témoignage des sites

[10] *DAI* 40. Taxin, Taxis = *FBHH* 49. Chronica Hungarorum : Toxun. *SRH* I.293.

archéologiques et des toponymes, à l'intérieur du bassin transylvain. Cela vaut également pour le territoire des futurs comitats frontaliers de Zala, Vas, Sopron, Moson, Borsova, Ung, etc.

La politique de Byzance et ses partisans

L'alliance que Byzance conclut, en 894, avec Árpád et Ku[r]san, princes des Magyars, s'avéra durable des deux côtés, bien que Byzance ne réussît pas à amener les «arkhôn» des «Turks» (c'est-à-dire les Hongrois) à intervenir, vers 897/898, contre les Pétchénègues. Comme l'écrit l'empereur Léon le Sage (avant 912), les «Turks ne sont maintenant nos voisins ni nos ennemis», ils cherchent à se comporter plutôt comme des amis (selon l'empereur, des «sujets»).[11] L'alliance entre Russes, Pétchénègues et Hongrois, dont il était question depuis 924/25, se dirigeait explicitement contre les Bulgares, ennemis héréditaires des Byzantins. Mais, lorsqu'elle se réalisa 10 ans plus tard, elle n'était plus la même. La défaite de 933 à Merseburg et la cessation du tribut allemand qui en fut la conséquence, contraignit les chefs hongrois avides de trésors à se fixer de nouveaux buts. Après avoir conclu une alliance avec les Pétchénègues, ils commencèrent à attaquer, en avril 934, les Bulgares, et lancèrent même, pour la première fois, comme le soulignent toutes les sources byzantines, une attaque inattendue contre l'Empire. Ils poussent jusqu'à Constantinople et ne renoncent à leur projet offensif que contre une grosse somme. L'événement apporte aussi un tournant dans l'histoire des Bulgares. En effet, les Pétchénègues liquidèrent, à ce moment-là ou un peu plus tard, le régime des Bulgares dans la Valachie actuelle et détruisirent les forteresses bulgares qui gardaient les sorties des Carpates du Sud. Vers 948, le pays des Pétchénègues «s'étend, à partir du cours inférieur du Danube, en face de Dristra (Silistra)», territoire où la province pétchénègue Jazikapan se trouvait seulement à une «demi-journée de marche» de la Bulgarie.[12] L'alliance hungaro-pétchénègue s'avéra durable, puisque le Xe siècle ne connut plus aucun affrontement entre les deux peuples.

En avril 943, les Hongrois attaquent à nouveau Byzance. La campagne se termine par une paix conclue pour une durée de 5 ans et, de toute évidence, largement payée. Au moment où expire ce délai, en 948, on voit apparaître à Byzance le troisième «arkhon» en rang de «Turkia», le horka *(kharkha)* Bulcsu, fils du horka Kál[i], en compagnie de Tormás-Termatch(u), fils de Tevel(i), arrière petit-fils d'Árpád, avec la mission de renouveler le traité de paix. L'ayant signé, Constantin VII Porphyrogénète en personne devient le parrain de Bulcsu qui se fait baptiser, reçoit le rang de «patrikios» et retourne dans son pays «comblé d'argent». «Peu après, le Gyula (Gylas), un autre prince des Turks, arrive dans la ville impériale, accepte d'être baptisé et reçoit les mêmes bienfaits et honneurs.» La visite du *gyula* a sans doute lieu après 952 puisque Constantin Porphyrogénète ne la mentionne pas encore dans son œuvre achevée cette même année, mais certainement avant 955, puisque Ioannes Skylitzès, parle déjà de la mort de Bulcsu. Dans le passage de Skylitzès cité plus haut on peut également lire: «Il (c'est-à-dire le gyula) emmena avec lui un moine célèbre pour sa piété, nommé Hiérotheos, que

[11] Léon le Sage, Tactique 18,76 = *FBHH* 23.
[12] *DAI* 42, resp. *DAI* 37. = *FBHH* 41.

Théophylacte (patriarche de Constantinople entre le 2 février 933 et le 27 février 956) avait sacré évêque de Turkia, et qui, arrivé sur les lieux, orienta bien des barbares errants vers le christianisme. Quant au Gyula, il resta dans la foi, ne fit jamais plus irruption sur le territoire des Romains et n'oublia pas non plus les chrétiens prisonniers, les racheta, eut soin d'eux et les affranchit. »[13] Cette information de la plus haute importance est reprise et complétée par un écrit polémique grec du XIIe siècle (conservé dans une traduction manuscrite russe du XVe siècle). Le complément dit pour l'essentiel ceci : « Et les prélats grecs ... n'avaient pas encore réussi à prendre pied sur leur terre (celle des Peons ou Magers = Hongrois) et à leur enseigner les paroles de l'Ecriture, lorsque l'un des deux princes (deux *knaza* = le *horka* et le *gyula*) qui avait nom Stephan mourut en toute piété dans la foi chrétienne, après avoir fait nombre de bonnes actions qui plaisent à Dieu, et retourna en paix dans le royaume des cieux. » On apprend également qu'aucun livre n'a été élaboré dans la langue des Pannons-Peons, ce dont profitèrent les « Latins impies ... qui se mirent en route de Rome avec leurs livres et leurs écrits. »[14] Comme l'évangélisation latine ne débuta qu'en automne 972, tout cela eut lieu avant cette date.

Pour comprendre ces textes, il faut d'une part savoir qu'à la tête de la confédération tribale, il y avait, à cette époque, trois chefs : le *kende* (chef sacral), le *gyula* (chef de guerre) et le *horka* (juge suprême ?). Tandis que les noms de dignité *kende* et *horka* tombèrent dans l'oubli, le *gyula* devint, après le milieu du XIe siècle, un nom de personne et les chroniqueurs des époques suivantes l'utilisent comme tel dans les récits du passé. Les sources arabes, qui avaient décrit les Hongrois avant la conquête — de même que Constantin Porphyrogénète vivant après la conquête et ayant été informé de la seconde dignité de « Turkia » par ses hôtes hongrois — savaient pertinemment que *dż.la* ou *jïla (gülas)* n'était pas un nom mais une dignité.

D'autre part, pour ce qui est de la suite des événements, les attaques hongroises contre Byzance recommencèrent dès avril 959 et les Hongrois avancèrent à nouveau jusqu'à Constantinople sous la conduite d'un chef nommé Apor (Opour, son nom et son territoire de campement se sont conservés dans le nom d'un ancien village situé au bord de la Tisza, dans le finage de Mindszent). En 961, l'armée hongroise dévastait la Thrace et la Macédoine ; en 968, les incursions qui les conduisirent jusqu'à Constantinople et Thessalonique leur permirent de faire un grand nombre de prisonniers qu'ils ramenèrent avec eux en Hongrie. Deux ans plus tard, en 970, les Hongrois-Russes-Bulgares alliés essuyèrent une défaite à Arcadioupolis, ce qui mit définitivement fin aux expéditions hongroises.

Nous disposons d'excellentes preuves matérielles pour déterminer le point de départ et la fin des campagnes contre Byzance. Par rapport aux précédentes décennies qui ne nous ont laissé que 15 pièces frappées au Xe siècle et un seul solidus d'or, la quantité de monnaies byzantines qui affluait en Hongrie, augmenta d'une manière spectaculaire, à l'époque de Romanos Ier et de ses fils. Cette croissance subite commence en 934 (22 frappes dont 5 en or). Le phénomène culmine pendant la brève période du règne de Constantin VII et de Romanos II (948-959), ce qui correspond parfaitement à la chronologie des

[13] IOANNES SCYLITSES, Synopsis 5 = *FBHH* 85sq.

[14] Publié en fac-similé d'après une vieille édition de Moscou : GÉZA FEHÉR, A nagyszentmiklósi kincs-rejtély megfejtésének útja (Le chemin qui a mené à la solution de l'énigme du trésor de Nagyszentmiklós), *Arhaeológiai Értesítő*, 1950, 45.

événements (28 monnaies, dont 24 en or!). Dans la période entre 963 et 970, les trouvailles sont en légère baisse (16 monnaies dont 8 solidi d'or); mais cela n'est toutefois qu'une apparence, car Ibrahim ben Yakoub note avec étonnement qu'à la foire de Prague, en 965, les marchands «turcs» de Hongrie payaient avec des monnaies d'or. A partir de 970, on ne trouve plus de monnaie d'aucune sorte. Or, ces monnaies byzantines de 834/969/70, en premier lieu les monnaies d'or ont été trouvées, sauf un seul solidus de Syrmie, sur les territoires longeant la Tisza entre Tokaj et Orsova. Et les tombes authentiques à monnaie d'or (10+2 découvertes funéraires) se situent, de plus près, sur le territoire allant des rivières Berettyó—Körös au Bas-Danube, à Temes. L'aire de diffusion des monnaies byzantines correspond à celle où furent mises au jour les tombes des Hongrois de la conquête, contenant des boucles d'apparat byzantines ornées de lions (sur les 7 découvertes 6 proviennent d'ici), des boucles d'oreille en or et en argent, une épée byzantine — cette dernière, à Kunágota, en compagnie de monnaies d'argent byzantines. Dans le bassin des Carpates, sur la rive droite du Danube — excepté la Syrmie —, les monnaies en or et en argent, ainsi que les bijoux byzantins font totalement défaut. Leur absence est encore plus frappante en Transylvanie où on n'a commencé à collecter des monnaies antiques qu'au XVIe siècle et où l'on continue à les chercher, avec l'appui de l'Etat, en tant que «preuves» de la présence ininterrompue de Byzance mêlée à la population «roumaine autochtone».

Les campagnes contre Byzance furent donc enterprises par des guerriers hongrois vivant dispersés dans la région transtibiscine, ce qui ne signifie bien entendu pas que le «tribut de paix» et les cadeaux destinés au horka et au grand-prince ne soient pas également parvenus dans d'autres régions. Leurs traces ne sont toutefois restées conservées que dans les tombes des guerriers de la région tibiscine. Les guerries y rapportèrent le butin et ils y ramenèrent probablement aussi les prisonniers que le *gyula* racheta entre 959 et 969.

Tout cela nous autorise à avancer l'hypothèse que la partie du pays soumise au «patrikios et gyula» Stephanos se situait dans la région transtibiscine, entre le Körös et le Maros, le nom de son campement central ayant probablement été conservé dans celui de l'actuelle ville de Gyula (première mention: Julamonostora = monastère de Jula). Comme l'évêque Hiérotheos évangélisait dans le pays du gyula, pour peu qu'il y eût une résidence, celle-ci devait se trouver à la cour du gyula, dans la Grande plaine.[15]

En poursuivant les armées russo-pétchénègues, Ioannes Tzimiskès, empereur de Byzance, parvint, en 970, pour la première fois depuis 300 ans, jusqu'au Bas-Danube où, en 971, il organise un thème byzantin avec comme centre Dorostolon (Silistra). Cet événement explique peut-être le déplacement inattendu du gyula Stephanos — allié hongrois potentiel de l'empereur — vers l'est, en Transylvanie. Comme au Xe siècle les Pétchénègues de la Valachie actuelle, complètement anéantis, disparurent provisoirement de la

[15] Il est peu probable que son siège se trouvât dans la Syrmie, région contiguë à la Bulgarie (Szávaszentdemeter/Sremska Mitrovica), alors même qu'un évêque bulgare-serbe exerçait déjà sur l'autre rive de la Save, à Sermon (Mačvanska Mitrovica), ce dont témoignait, depuis le milieu du Xe siècle, la cathédrale élevée sur les ruines d'une basilique des chrétiens primitifs (D. Minić, Le site d'habitation médiéval Mačvanska Mitrovica. Sirmium XI, Beograd, 1980, cf. aussi sur les cimetières médiévaux : Sirmium XII, Beograd, 1980). C'est, par ailleurs, ce Sirmion/Sermon-là qui fut occupé en 1018 par les Byzantins, et non la Syrmie/Szerémség hongroise, comme certains spécialistes le supposent. Un siège épiscopal serait difficile à supposer à Gyulafehérvár situé à grande distance, et qui, de toute façon, ne pouvait encore être la ville des gyula.

scène de l'histoire, le gyula devint, en Translyvanie du Sud, voisin des Byzantins du Bas-Danube. La Geste primitive hongroise entoure cet événement d'un halo légendaire. Le «grand et puissant duc Gyula» (Gula dux magnus et potens) aurait trouvé, au cours d'une chasse «in Erdeel», le château fort d'Alba (Civitatem Albam) construit jadis par les Romains. Le seul élément authentique de la légende de chasse est que ce n'était effectivement pas depuis l'époque de la conquête que les gyulas habitaient la ville romaine, mais qu'ils y établirent leur résidence plus tard, après avoir quitté la Hongrie. Comme à cette époque Hiérotheos n'était probablement plus en vie, on peut supposer que dans la suite du *gyula* se trouva son successeur, le «gouverneur épiscopal de Turkia», si tant est que son épiscopat eût un successeur — hypothèse étayée par la polémique grecque du XIIe siècle. Quoi qu'il en soit, la résidence translyvaine n'eut pas pour longtemps les Byzantins pour voisins. Les Bulgares qui, refoulés en Macédoine, se trouvaient, en 971, dans une situation fort précaire, envoyèrent, en 973, des ambassadeurs à Quedlinburg afin de demander l'aide de l'empereur Othon Ier, et ceux-ci parurent en même temps que les envoyés hongrois du grand-prince Géza. Ayant repris leurs forces vraisemblablement grâce à l'appui de Géza, les Bulgares chassèrent, en 976, les Byzantins de la région du Bas-Danube. Le pieux Stephanos ne vivait probablement plus à cette époque. Dans les années 970 au plus tard, au vieux gyula qui était contemporain des grands-princes Fajsz et Taksony, succéda le «second» gyula, contemporain, celui-ci, de Géza. Sa fille, Sarolt, devint l'épouse du grand-prince et ainsi la mère du futur roi Saint-Etienne.

Ce mariage, conclu sans aucun doute sur la base de considérations politiques, était surtout utile au gyula qui voulait se concilier les bonnes grâces du grand-prince. Sarolt était née dans la seconde moitié des années 950 dans la région transtibiscine, et bien que sûrement baptisée, selon la volonté de son pieux grand-père, par Hiérotheos, elle n'en reçut pas moins un nom turc du type khazar/kabar : Sar-aldy = hermine blanche ou Sarylty = blancheur. Le nom eut plus tard une traduction slave : Bele-knegini, qui signifie également Dame blanche. (Sa prétendue sœur aînée «Caroldu» est une invention d'Anonymus, plus exactement une de ses erreurs de lecture. Tout comme il forma, sur le nom hongrois Kalan, le nom d'un chef bulgare Calan⇄Chalan⇄Salan, il imagina la variante Carold⇄Charold⇄Sarolt(d)[16]. Mais comme Sarolt avait, selon les autres sources, un nom commençant par un S, «Caroldu» est devenue — faute de mieux — sa soeur.)

Le mariage eut lieu dans les années 970, et on suppose que Vajk-Etienne est né en 977, en tout cas, selon de récentes recherches, après 975, à un moment où la position du gyula s'était affaiblie, puisque, précisément en 976, les Bulgares coupèrent tout rapport direct avec Byzance. C'était de Transylvanie que Sarolt était venue à Esztergom, ce dont témoigne son domaine antérieur, le village Sarold, au bord du Nagy-Küküllő, près de Segesvár. Parmi les villages transylvains portant le nom de Décse, Marosdécse, situé dans la région du sel du Szamos, devait appartenir à Géza, père d'Etienne, mais le port du sel de Torda, Magyardécse, appartenait probablement au roi Géza Ier, Géza étant originellement Gyécse/Décse. On ne sait rien de plus sur le règne du gyula, père de Sarolt, sauf qu'il s'efforça d'organiser sa cour à Fehérvár à la manière d'un prince. C'est sans doute à son époque que fut construite la

[16] Cf. Katalin Fehértói, Árpádkori kis személynévtár = Petit index des noms propres d'époque árpádienne, Budapest, 1983.

chapelle de cour, une rotonde, et qu'on repoussa la frontière, dite « gyepű », plus à l'est, au-delà de Segesvár, dans la vallée du Küküllő.

Le frère de Sarolt (vraisemblablement son frère cadet puisque ses fils Boja et Bonyha moururent à l'âge de combattant, lors du deuxième complot contre le roi Pierre en 1046) dut obtenir la dignité de « troisième » gyula de Transylvanie vers la fin des années 980, puisque l'auteur de la Geste primitive se souvenait encore très bien de cet événement. Son contemporain, Basileos II, empereur de Byzance aux énergies inépuisables, le futur Bulgarocton = Tueur de Bulgares, entreprit peu avant, en 985, la lutte pour rétablir l'ancienne grandeur de l'Empire byzantin, lutte qui allait durer 40 ans et être couronnée de succès. Ses campagnes européennes commencèrent par une attaque contre les Bulgares.

Le « troisième » gyula pouvait donc à nouveau compter — et non sans raison — sur un appui direct de Byzance et, dans un premier temps, il n'avait pas à craindre les représailles des Árpádiens. A la place du prince Géza, trop âgé, c'était Sarolt, la sœur du gyula, qui détenait, dans les années 990, le pouvoir, « totum regnum manu tenuit » (Bruno de Querfurt,)[17]. La mort de Géza, l'avènement de son fils Etienne et la défaite de Koppány, prétendant au trône en 997, sonna cependant le glas pour le régime de Prokoui (= fils de Prok = restant ? successeur ? descendant ? — comme l'appelaient les Slaves, on ne sait pourquoi). Un quart du corps écartelé de Koppány vaincu fut envoyé en Transylvanie, sans doute à Fehérvár, la ville du gyula, ce qui ne peut vraiment pas être interprété comme un geste amical.

La raison de la chute rapide et inattendue du gyula est à chercher dans la nouvelle attaque que Basileos II lança contre la Bulgarie. A la fin de 1002, il occupa Vidine et rétablit au sud du Bas-Danube le théma de la Thrace byzantine. Il fallait donc empêcher que l'empereur n'offrît son secours au gyula qui, également influencé par ses prêtres byzantins, avait des visées sur le pouvoir.

Les annales de Hildesheim et d'Altaich retiennent brièvement, pour l'an 1003 : « Le roi hongrois Etienne marche à la tête de son armée contre son oncle maternel; le roi le fait prisonnier ainsi que sa femme et ses deux fils et soumet son royaume (regnum) au christianisme par la force. »[18] Il n'est question ni de résistance, ni de rencontres armées, ni — à fortiori — de « guerre entre Roumains et Hongrois ». Quant aux conséquences, elles ne nous autorisent pas davantage à de telles conclusions.

« L'histoire séparée » instable de la Transylvanie avait duré un bon quart de siècle et pris fin de la sorte. En refusant de jeter en prison le gyula qui ne voulait rien moins qu'être roi, Etienne commit une faute : le gyula ne tarda pas à s'évader d'Esztergom pour aller offrir ses services à l'ennemi d'Etienne, Boleslaw Ier le Courageux (Boleslaw Chrobry, 992-1025), roi de Pologne. Le trop généreux Etienne permit à son épouse de le rejoindre sans avoir demandé une rançon. Mais le seigneur Prokoui n'hésita pas à prendre les armes contre Etienne et son pays, dans le dessein de reconquérir son royaume. Etienne était contraint de le chasser du château fort frontalier que Boleslaw lui avait confié.

Tout cela se passa *avant* 1018, année où mourut l'évêque Thietmar de Merseburg dont émanent les dernières informations sur la vie de Prokoui. Il

[17] Gombos, Catalogus... III. 2203-2204.

[18] « Super avunculum suum, regem Iulum », Gombos, Catalogus... I.141, 339 et I.92, 205.

finit ses jours quelque part en Pologne ; ses fils Boja et Bonyha restèrent fidèles à Etienne et à leur peuple.

C'est après l'organisation de l'administration en Transylvanie et celle des livraisons de sel par le Maros et la Tisza que survint un événement auquel l'historiographie tant hongroise que roumaine ont coutume de donner une importance exagérée. La date où fut écrasée la sédition d'Ajtony est restée discutée jusqu'à ce jour (on la situe entre 1003 et 1028, intervalle bien vaste qui montre l'incertitude des spécialistes).

A l'époque du grand-prince Géza et au début du règne d'Etienne, la région des rivières Maros et Temes correspondait encore de tous points de vue aux conditions qui étaient celles de la Hongrie : cimetières de guerriers hongrois de la conquête, puis sépultures contenant les épées de la *militia* de Géza, enfin, dans la seconde moitié du règne d'Etienne, déjà de Hodony jusqu'à Mehadia : sépultures où étaient déposées des monnaies du roi.

L'événement lui-même n'est pas consigné dans les sources historiques de l'époque. Sur les quelque dix écrits, seules la Légende majeure de Saint Gérard (Legenda maior S. Gerardi) et la *Gesta* d'Anonymus l'ont conservé, mais en deux versions sensiblement différentes. Selon la Légende, le chef principal *(princeps)* Achtum/Ohtum (le nom remonte au terme turc altun = or, qui a donné Ajtony en hongrois, comme Falis a donné Fajsz) se fit baptiser à Vidine selon le rite grec, puis fonda, à Marosvár, par délégation de pouvoir des Grecs (=Byzantins), un monastère dédié à Saint Jean Baptiste, dans lequel il fit venir des moines et un supérieur grecs. La chose ne put survenir qu'après 1002, année à la fin de laquelle l'empereur Basileos II reprit Vidine aux Bulgares et étendit son empire sur l'ensemble du territoire environnant jusqu'au Bas- Danube, qui marquait la frontière des terres d'Ajtony. Ajtony, qui recherchait l'amitié de Byzance, refusait cependant d'abandonner ses mœurs païennes : il avait « sept épouses ». Même si c'est un élément fictif de la légende, il faut admettre qu'il vivait en polygamie. Après sa défaite, l'une d'elles passa en la possession du comes Csanád, une autre au comes Becs (les deux informations se recoupent mutuellement et sont, cette fois-ci, sans aucun doute authentiques). Sur les terres d'Ajtony, on voyait paître d'immenses troupeaux de chevaux et de bœufs « en plus de ceux qui étaient gardés dans les étables ».[19] Quant à cette dernière information, on l'aurait, il n'y a pas si longtemps, reléguée, tout comme les termes de métairies et de manoirs, parmi les éléments tardifs de la légende. Il se trouve cependant que les fouilles archéologiques ont permis de dégager, chez les Hongrois des Xe et XIe siècles, un nombre croissant d'indices de la pratique de l'élevage en étable.

Ajtony disposait d'un nombre élevé d'hommes armés — à l'origine sans doute les *milites* de Géza — et il en tirait un orgueil démesuré. Cet homme sanguin, immensément riche et vantard était probablement à l'origine le comes du château royal de Marosvár *(urbs Morisena)*, construit peu de temps auparavant. Ayant mal jugé des rapports de force, il passa du côté du puissant voisin du sud. Il réussit à étendre son pouvoir sur les Hongrois païens des environs de Békésvár jusqu'à la rivière Körös et il mit la main sur la région du Temes. Ce faisant, il commença à représenter un danger pour les voies de communication entre le centre royal et les parties de la Transylvanie qui venaient d'être annexées au pays. Ses ravages — il alla jusqu'à piller les bateaux du roi qui transportaient du sel —, ses mœurs païennes et surtout ses sympathies byzantines lui attirèrent la colère du roi Etienne.

[19] Vita S. Gerardi. *SRH* II.489.

Si l'on en croit la « Légende de Csanád », une adjonction au ton de conte populaire, historiquement peu crédible, de la Légende de Saint-Gérard, Etienne envoya Csanád (Chanad, Sunad), fils de Doboka, pour défaire Ajtony et le fit accompagner du gyula qui séjournait à la cour. Ce qui, en revanche, relève de la tradition authentique, c'est que Csanád livra bataille à l'armée d'Ajtony sur un site qui fut plus tard nommé Oroszlános, qui veut dire en hongrois: à lions. Dans le monastère du martyr Saint Georges surnommé Wruzlanmunustura (Oroszlánmonostora-monastère du lion, 1247) en raison des statues de lion qui en gardaient la porte, et élevés par Csanád en souvenir de la bataille, l'évêque Gérard établit plus tard les moines grecs de Marosvár. Tout le reste est obscur, y compris la fin d'Ajtony. Ses descendants, qui portaient le même nom, possèdent, jusqu'au XVe siècle, des terres dans les comitats de Csanád, Krassó et Kolozs. Etienne ignorait l'esprit de vengeance : tout comme dans le cas de Koppány, il refusa d'exterminer la famille d'Ajtony. (Cf. les dispositions y ayant trait de la loi II/2 d'Etienne.)

L'expédition contre Ajtony — ce fut, en réalité, plutôt une action policière — ne peut être datée par la fondation de l'évêché de Maros qui eut lieu (avec celle de l'évêché de Bihar) dans le cadre de l'organisation de l'Eglise en 1030. L'autorité de l'évêque de Kalocsa s'étendait, dès avant cette période, sur la région du Temes. La campagne dut avoir lieu bien des années avant 1015 ou 1018 car, dans l'une de ces années, mais probablement en 1015, Etienne Ier contribua, en tant qu'allié de Basileos II, à la défaite définitive de la Bulgarie et à la première ou deuxième prise de la Cesaria (« Ville Impériale »-Ohrid).

Alors que la Légende primitive de Gérard, rédigée à Csanádvár, ne dit rien de l'origine d'Ajtony, Anonymus croit savoir — et il le répète trois fois, tel un *epitheton ornans* — que celui-ci descendait du chef « couman » Glad, qui avait vécu à l'époque de la conquête. De même que la Légende de Gérard met Ajtony en rapport avec Vidine, Anonymus rattache lui aussi son Glad à Vidine (Bundyn) et va jusqu à affirmer qu'il en était originaire. Glad/Galad, dont le nom est probablement turc), est un personnage réel qui vécut au Xe ou au XIe siècle ; son existence est attestée par les villages nommés Gilád-Galád dans la région du Temes, existant depuis l'époque árpádienne (c'est peut-être à partir de ces noms de village que, suivant sa méthode habituelle, Anonymus créa les noms des adversaires des conquérants hongrois). Il mérite d'être signalé que vers 1500, Osvald de Lasko, aux dires d'une source inconnue, affirme qu'Ajtony était originaire de la région de Nyír. En dehors du conte d'Anonymus, nous n'avons donc aucune preuve de ce qu'un certain Glad ait été l'ancêtre d'Ajtony. Et quant à l'ethnie de l'hypothétique Glad, il ne pouvait être ni chef de tribu khabar ou hongrois, ni le maître d'un « voïvodat roumain » indépendant : Anonymus le tient expressément pour un Couman *(cuman)* et ne parle que des Coumans, Bulgares et Vlaques qui aidèrent Glad de l'extérieur. Il va de soi que ces derniers étaient les contemporains d'Anonymus, c'est-à-dire les peuples de l'empire bulgaro-roumain fondé par Asen et Pierre, avec l'aide des Coumans en 1186 (le titre latin d'Asen était à l'époque : rex Bulgarorum et Blachorum).

Ces dernières années, il est devenu « de mode » d'établir un rapport entre le trésor de Nagyszentmiklós et les Hongrois de Gyula ou d'Ajtony (ou les Roumains de Glad), ce qui — entre autres — s'explique probablement par la proximité de Csanád et de Nagyszentmiklós. Il se trouve toutefois que les vaisselles princières avares fabriquées aux VIIe et VIIIe siècles ne peuvent être rattachées à des personnes ou à des événements de plusieurs siècles ultérieurs. De plus, depuis qu'on a retrouvé, à Szarvas, sur un porte-aiguille avar en os du VIIIe siècle, le même alphabet des inscriptions runiques gravées ultérieurement sur les vases, il est clair que la date de leur recèlement ne peut être situé après la chute de l'Empire avar.

Les Hongrois conquérants en Transylvanie et dans la partie est de la Grande Plaine

L'identification des monuments archéologiques du peuple hongrois apparu dans le bassin des Carpates constitue aujourd'hui pour les archéologues un exercice de routine. Les sépultures équestres, certaines particularités des costumes et des armes ont pu être rattachés, dès 1834, grâce à leur datation par des monnaies occidentales du Xe siècle, aux Hongrois de l'époque de la conquête. A mesure que l'archéologie devint d'abord une mode, puis une activité scientifique, le nombre des vestiges de ce genre furent mis au jour en nombre fort élevé et à une cadence rapide, au point qu'à la fin du XIXe siècle et au début du XXe (1896, 1907), leur publication nécessitait déjà de gros volumes. D'autre part, les fouilles et recherches de plus en plus importantes du XXe siècle nous ont amenés, depuis quelques dizaines d'années, à reconnaître que les Hongrois du Xe siècle ne sont pas seulement représentés par les sépultures de quelques centaines d'hommes armés et les membres de sexe féminin de leurs familles, et cela d'autant moins que, même selon les calculs les plus optimistes, les sépultures équestres contenant des armes proviennent des membres de la couche moyenne de chaque génération, soit tout au plus de 20 à 40 000 personnes. La survie de la langue et du peuple hongrois a été assurée par le bas peuple, lui aussi venu de l'Est et qui nous a légué des souvenirs moins spectaculaires. On a également réalisé que la couche «païenne» équestre et armée, avec son orfèvrerie reflétant des croyances mythologiques, a disparu avant le début du XIe siècle (ou, plus exactement, s'est transformée en une aristocratie chrétienne avec un art chrétien); les villages et les cimetières du bas peuple — ou du moins le bas peuple lui-même — ont survécu sans grandes modifications aux bouleversements de la fondation de l'Etat chrétien. La culture du bas peuple devient, dès le tournant des Xe et XIe siècles, après avoir intégré les éléments slaves locaux et s'être enrichie de symboles chrétiens, la culture de *tout le peuple* de Hongrie: elle devient la culture «archéologique» proprement dite du nouvel Etat des Árpádiens. C'est pour cette raison qu'il n'est pas facile de distinguer, après le XIe siècle, en Transylvanie non plus, par les méthodes archéologiques les sites et cimetières slaves et hongrois. A mesure que le féodalisme et l'Eglise catholique romaine gagnent en force, le costume et les rites du bas peuple, privés de leurs particularités ethniques, se ternissent, s'appauvrissent. Cependant, ils continuent, pour l'essentiel, à être pratiqués par les gens qu'on oblige désormais à se faire enterrer autour des églises, et cela jusqu'au grand tournant que signifiera l'invasion des Mongols en 1241/42.

Grâce aux fouilles archéologiques, tout cela est aujourd'hui confirmé par les résultats de milliers de sites et de sépultures. Les sépultures équestres caractéristiques de la «couche moyenne» militaire ont surgi dans 550 sites, les vestiges de la culture «du bas peuple», et notamment des cimetières à 600, 900 et 1 300 tombes près des villages les plus anciens, sont connus en plus de 2 000 endroits dans les plaines et les plateaux du bassin des Carpates. Leur particularité est qu'à de rares exceptions près, ils n'ont, tout comme les toponymes des anciens

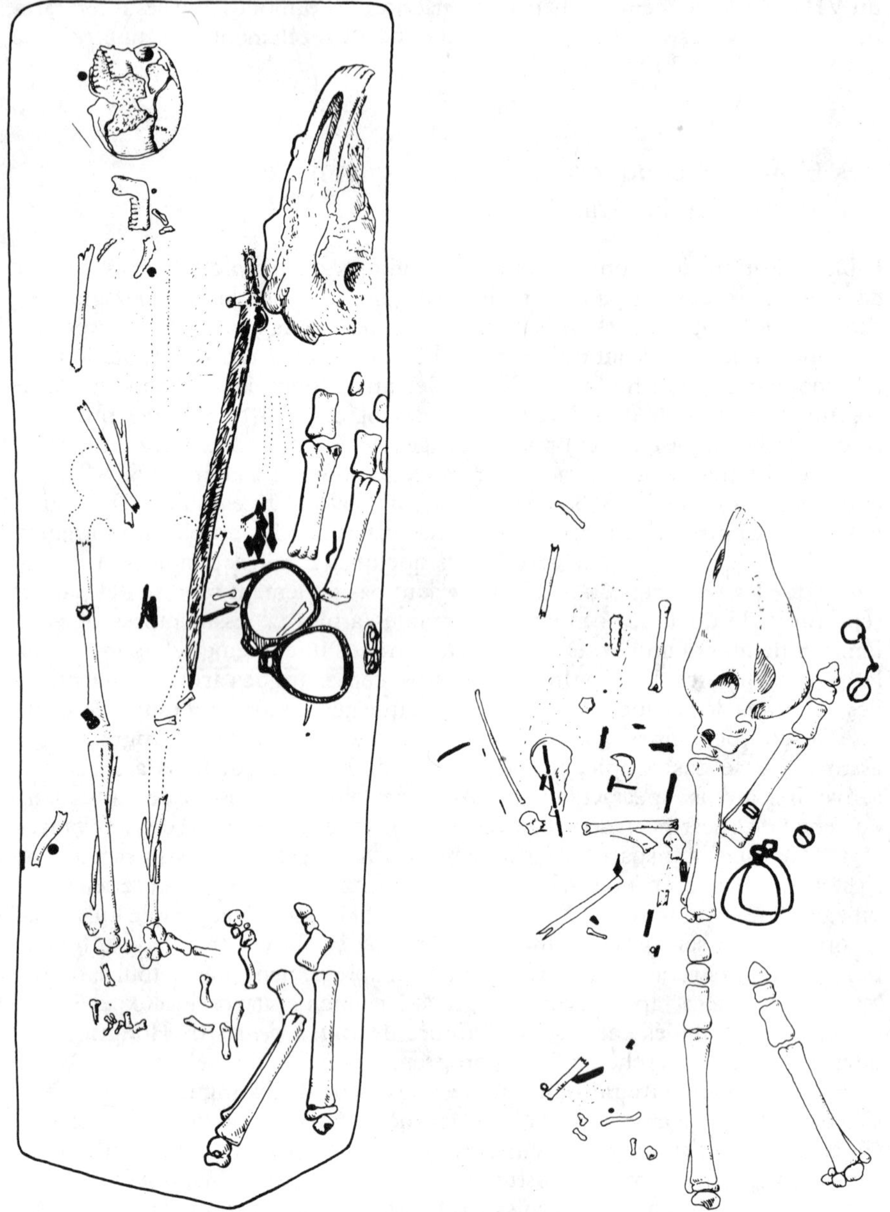

Fig. 7. Sépulture de guerrier hongrois à sabre, avec restes de cheval empaillé à sa gauche et sépulture détruite d'un guerrier de l'époque de la conquête, avec peau de cheval étalée à sa gauche, Kolozsvár, ancienne rue Zápolya

Hongrois, aucun rapport avec les sites et souvenirs des peuples qui avaient auparavant vécu là.

Les tombes les plus spectaculaires sont restées, jusqu'à nos jours, celles de la couche moyenne militaire. Leur caractéristique essentielle est la sépulture équestre partielle (symbolique) qui n'est typique ni chez les Avars des époques précédentes ni chez les peuples cavaliers qui pénétrèrent après les Hongrois dans les plaines d'Europe de l'Est. Cela vient du fait qu'on ne dépose dans la tombe que la peau du cheval consommé lors du repas funéraire — avec le crâne et les os des pattes, tantôt pliée, tantôt étendue de façon à ce qu'elle imite la forme du cheval, parfois même rembourrée de paille. Cette pratique est née de la croyance que l'âme du cheval — tout comme celle de l'homme — réside dans le crâne, la survie de l'animal dans l'au-delà étant donc assurée par l'enterrement du crâne. Dans certains cas, on ne place dans la tombe que le harnais ou la selle garnis; chez d'autres groupes ou grandes familles, même ceux-ci manquent. Dans ces cas, on suppose (sur la base de parallèles ethnographiques orientaux) que le crâne ou le harnais, éventuellement le cheval rembourré lui-même étaient suspendus au-dessus de la tombe, après le repas funéraire, de même que la tombe est marquée par la lance du défunt plantée dans le sol. Ici l'absence des os et du harnais du cheval dans les tombes de la couche moyenne indique des communautés qui observaient des coutumes ou des rites funéraires différents et non des groupes «non hongrois».

Il est en général caractéristique des Hongrois des Xe et XIe siècles qu'ils enterraient leurs morts, y compris leurs chefs — quelque riche qu'ait été leur costume — à une faible profondeur. Ces sépultures moins profondes que les tombes de n'importe quelle époque antérieure indiquent que le repos des morts semblait assuré dans le pays entier. Autrement dit, c'est là une preuve de l'existence d'un régime stable et d'un sentiment de sécurité. Conformément à une tradition orientale ancienne, ils installaient volontiers leurs cimetières sur des hauteurs, sur les versants des collines lorsqu'ils étaient dans la plaine, sur des tells ou des tertres funéraires de l'âge préhistorique.

Dans les petits cimetières à une ou deux rangées, où sont enterrés des membres de la couche moyenne militaire, hommes et femmes étaient enterrés selon un ordre rigoureusement déterminé, mais qui connaissait néanmoins quelques variantes. (Souvent, les femmes étaient, elles aussi, enterrées à la manière de la sépulture équestre «partielle».)

Autrefois on expliquait l'ordre intérieur de ces cimetières par les liens de consanguinité des grandes familles, hypothèse qui est toutefois infirmée par de crédibles arguments biologiques. Il apparaît aujourd'hui avec évidence qu'il s'agissait d'un ordonnement militaire dont les principes devraient être livrés par les fouilles qui sont en cours. Les «garnitures uniformes» de ces cimetières semblent être un reflet fidèle de l'ordonnement militaire. Au reste, ce qualificatif est sujet à caution puisque, étant fabriquées par des centaines de forgerons et d'orfèvres, ces garnitures ne furent en réalité jamais des «produits de masse». Or, on a retiré de ces tombes uniquement des étriers à semelles rondes en forme de poire et quelques types de mors, tous caractéristiques des équipements hongrois du Xe siècle — bien entendu de tailles différentes, en simple fer forgé ou ornés d'incrustations d'argent et d'or (Kolozsvár, Muszka, Perjámos). L'ornement des harnais renvoie également à ceux des peuples de la steppe des IXe et Xe siècles, mais cette composition, comme ces détails, ne se rencontrent que chez les Hongrois. Citons, à titre d'exemple, le harnais des chevaux des femmes appartenant à cette couche : bride et croupière garnies de plaques en argent ou en bronze à dessins de rosette, tel qu'il a été mis au jour sur 65 à 70 sites de l'ensemble du territoire de campement hongrois (par ex. Bihar, Sikló, Muszka).

Les sépultures de la couche moyenne ayant suivi une réglementation stricte, il n'est pas certain que le mort pût tout emporter dans l'au-delà de ce qu'il avait utilisé dans la vie. Le nombre décroissant (de 8 à 1) des flèches placées dans les carquois plaqués de fer montre clairement que les individus avaient droit, dans la mort, à des objets différents, même si nous ignorons si tout cela était réglé par les lois du ciel ou de la terre. De même, l'arme que les Hongrois utilisaient dans la lutte au corps-à-corps, le sabre à poignée inclinée et à lame recourbée ne se rencontre que dans 12% environ des sépultures équestres et dans 5% seulement de l'ensemble des sépultures masculines de la couche militaire. Or le sabre, dans une simple gaine de cuir ou dans un fourreau plaqué de bronze, d'argent ou d'or et munie d'une garde, n'était pas rare du tout, car pratiquement chaque guerrier à cheval en était pourvu. Son manque serait tout aussi difficile à imaginer que d'admettre que chaque archer partait pour la guerre en emportant seulement 1 à 8 flèches dans son carquois. Quoique ce fût le sabre qui s'accommoda le mieux de la technique de combat de cette époque, on possède les preuves matérielles de ce que les premiers conquérants utilisaient déjà, à côté de leurs armes traditionnelles, des armes «occidentales»: des épées à deux tranchants d'origine normanne-viking (en Transylvanie, par ex. à Gyulafehérvár) ou byzantine (Sepsiszentgyörgy). Les deux espèces d'armes tranchantes ne peuvent donc pas être «opposées» comme appartenant les unes à ceux qui venaient en conquérants, les autres à ceux qui «se défendaient», car elles ont été retrouvées ensemble (par. ex. à Arad-Csálya et Déva).

Dans l'ingénieux carquois hongrois plaqué de fer, les guerriers portaient des flèches plates qui se terminaient en une pointe à lame en forme de losange ou à deux branches «en queue d'hirondelle» (en Transylvanie : p. ex., à Kolozsvár et à Déva) ; le type et les dimensions de ces flèches étaient auparavant inconnus dans le bassin des Carpates. L'arc, fabriqué au prix d'un travail de nombreuses années, et plus particulièrement son carquois, étaient rarement déposés dans la tombe. Lorsque c'est le cas, on remarque la forme insolite des plaques de raidissement en os de leurs arcs reflex. La hache jouait un rôle secondaire dans les sépultures et — vu la nature des rites — on n'y trouve que rarement des pointes de lance (Sepsiszentgyörgy).

Le costume des hommes est caractérisé par des anneaux portés dans la tresse (leur port des cheveux caractéristique), des boutons de veste et des boucles de ceinturon de bronze ou de fer en forme de lyre (Temesvár, Kolozsvár, Maroskarna, Pécska). Chaque guerrier possédait bien entendu une ceinture et une sabretache en cuir. Le ceinturon, garni d'appliques de bronze et d'argent ornées de motifs végétaux d'origine orientale, était destiné à marquer le rang (Kolozsvár, Sajtény), tout comme les bagues de formes variées, garnies de pierres et surtout les plaques de sabretache en métal. Les chefs et les guerriers qui avaient participé aux campagnes occidentales cousaient souvent, sur leurs habits, des monnaies d'argent (Sikló, Orsova). Ces monnaies nous facilitent la datation des sépultures, jusqu'au milieu du Xe siècle. Une fausse croyance était assez répandue en Hongrie, selon laquelle les conquérants seraient arrivés dans le bassin des Carpates sans femmes ou épouses. Si cela avait effectivement été le cas, ils auraient perdu l'usage de leur langue en quelques dizaines d'années. En fait, dans les cimetières à caractère militaire, le taux des femmes se situe entre 30 et 40% — ce qui correspond à leur caractère militaire — alors que dans les cimetières du bas peuple cette proportion est souvent exactement inverse.

Ce qui nous permet d'imaginer le costume féminin, ce sont ses ornements en métal: boutons de veste, ornements ronds ou en forme de losange qui bordent le col de la chemise ou le cafetan, ou encore plaques à pendentifs plus ou moins grandes (Marosgombás). On a trouvé des bottes plaquées de métal

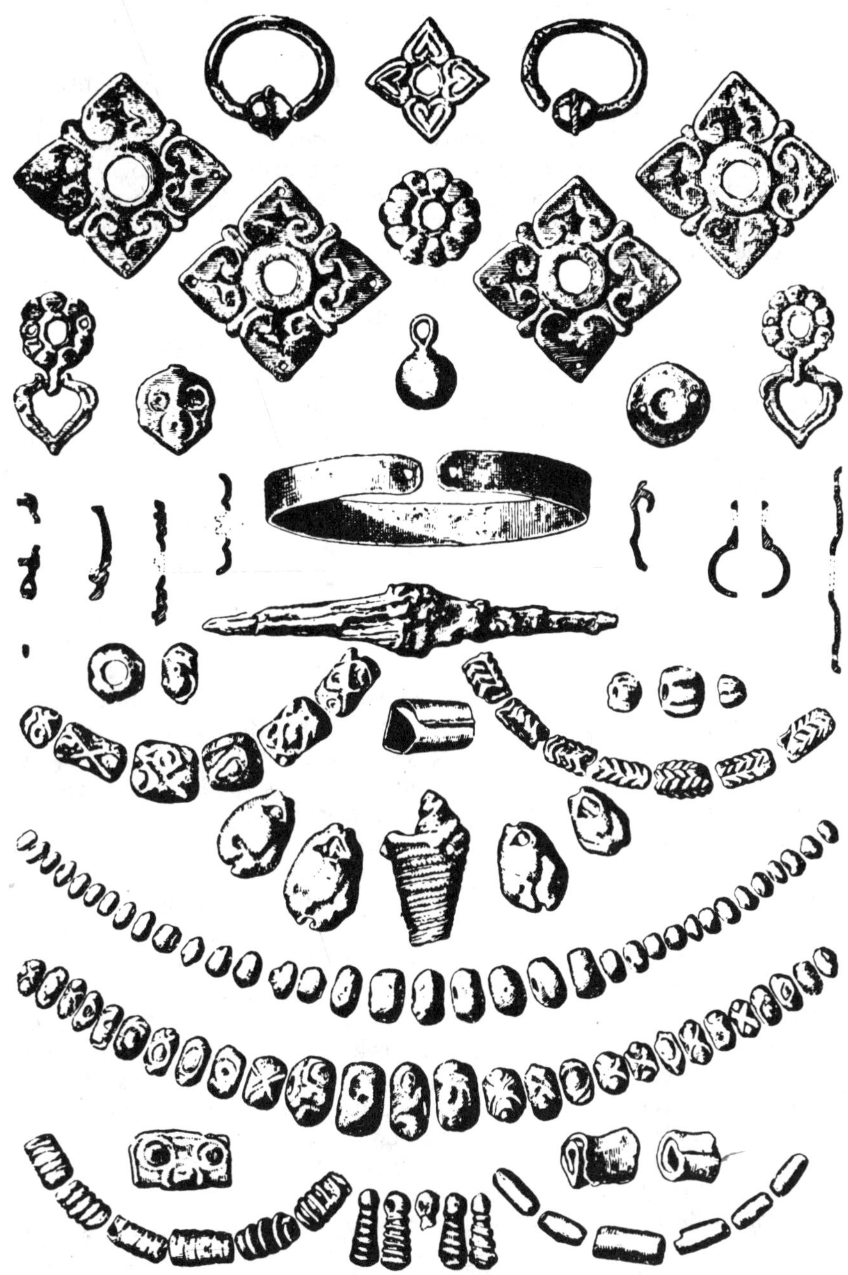

Fig. 8. Mobilier funéraire d'une femme hongroise à Marosgombás-Kismagura

(Bihar), des couvre-chefs plaqués et bien entendu des bijoux. Ce sont les Hongrois qui ont introduit dans le bassin des Carpates les boucles d'oreille orientales, ornées de longues rangées de perles (Bihar), ainsi que celles d'ori-

gine byzantine à pendentif en grappes de raisin. En argent, il en existe des variantes massives et creuses, à ornement granulé, ou en bronze, imitant les précédentes (Kolozsvár, Maroskarna). Les plus importants bijoux sont cependant les disques-pendentifs en plaques ajourés ou gravés et repoussés ainsi que les larges bracelets souvent à ornement gravé (Óbesenyő, Gálospetri, Gyulafehérvár). Après la conquête, on remarque près des femmes également des bijoux occidentaux, des boucles d'oreille à incrustation en émail et des broches en forme de disque. Butins des expéditions ou bien introduits par voie commerciale, ils parviennent — rarement il est vrai — jusqu'à la partie orientale de la Grande Plaine (Szalacs, Detta) ainsi qu'en Transylvanie (Gyulafehérvár).

Ni le costume assez puritain, orné de métal des hommes de la classe moyenne, ni leurs rites funéraires liés aux croyances n'apparaissent que rarement dans les cimetières du bas peuple ; par contre, les costumes féminins de la couche moyenne et ceux du bas peuple présentent bien des traits communs. Les torques, bagues et bracelets consistant en un fil de métal épais ou torsadé à partir de faisceaux de fils — encore une mode jusque-là inconnue dans le bassin des Carpates — sont parfois en or ou en argent chez les femmes nobles.

Quant aux pendentifs à deux branches ornant le col des robes de ces dernières, ils survivent, jusqu'au milieu du XIe siècle, chez les femmes du bas peuple, en de nombreuses variantes exécutées en bronze. On a trouvé un assez grand nombre de robes ornées de boutons en bronze et même des pendentifs pour tresses en bronze. D'origine inconnue, les bracelets en bronze ou en argent, ornés de têtes d'animaux tournés face à face et répandus dans le bassin des Carpates uniquement après la conquête, se retrouvent également chez les femmes des deux couches (Torda, Temesvár, Pécska, Biharfélegyháza). Les seuls bijoux qui ne surgissent que chez les femmes du bas peuple sont les bracelets et bagues en fil simple, les anneaux lisses à extrémités torsadées ou en forme de S ornant les cheveux, les pendentifs en forme de croissant, de valeur magique, sans oublier les différents colliers de perles en pâte de verre, dont une partie est déjà d'origine locale.

Cette culture « archéologique » hongroise facile à identifier par les moyens de la recherche apparaît en Transylvanie ainsi que dans la partie orientale de la Grande Plaine, dans les vallées et dans les plaines surtout, mais aussi n'importe où dans le pays. Malgré cela, quelques-uns des chercheurs hongrois avaient tendance à minimiser la présence des Hongrois en Transylvanie à l'époque de la conquête. En fait, ce n'était pas le réseau d'agglomérations qui manquait : les recherches n'ont jamais pris les dimensions nécessaires. En Transylvanie, les recherches archéologiques démarrèrent avec un retard de 50 ans par rapport à la Hongrie : les premières tombes de l'époque de la conquête ne furent découvertes en Transylvanie qu'en 1895 (Marosgombás) et les dernières fouilles méthodiques portant sur les souvenirs des Hongrois de la conquête datent de 1911 (Kolozsvár-rue Zápolya, les résultats n'ont été publiés qu'en 1942). Dans l'entre-deux-guerres, on n'a mis au jour qu'une seule tombe de l'époque de la conquête (Székelyderzs). Après la Deuxième guerre mondiale, on a découvert en de nombreux endroits, des tombes de la couche moyenne, presque sans exception au hasard de fouilles entreprises dans d'autres buts. Des archéologues consciencieux les ont dépouillées selon les règles du métier, mais les résultats n'ont pu être publiés (par exemple : Déva, Kolozsvár, rue Pata, plusieurs à Gyulafehérvár, Köröstarján, Sajtény, Sikló Arad-Csálya, Temesvár-forêt Csóka, Vojtek). Les quelques tombes qui ont fait l'objet d'une communication (Maroskarna, cimetière B, Hodony, Szalacs, Gálospetri) n'ont été décrites dans des publications que parce qu'elles ne comportaient pas de sépultures équestres et on concluait, de ce fait, qu'elles n'étaient pas celles des Hongrois. Le nombre très faible des fouilles par rapport à celles effectuées en Hongrie ou à celles — remarquables — menées en Slovaquie méridionale, empêche l'estimation juste des proportions, ce qui joue encore à l'encontre de l'objectivité: la dissimulation des découvertes entraîne soit leur dépréciation, soit leur surestimation. Les fouilles elles-mêmes peuvent — il est vrai — rarement être passées sous silence. C'est ainsi qu'on a fini par apprendre qu'à Gyulafehérvár, ancienne résidence des gyula, on a découvert des cimetières de la couche moyenne et du bas peuple qui ne peuvent être comparés qu'à ceux de Székesfehérvár, ville de résidence des rois árpádiens. De même, l'emplacement de Kolozsvár peut être considéré comme un des sites militaires hongrois les plus importants du bassin des Carpates à l'époque de la conquête.

Dans la région appelée plus tard Székelyföld (Terre sicule), on a découvert des sépultures équestres «isolées», postérieures au début du Xe siècle (des tombes de ce genre ne sont connues sur les territoires fouillés que pour les sépultures de chefs) et des groupes composés de quelques sépultures équestres hongroises (Csíkzsögöd, Kézdivásárhely, Eresztevény, Sepsiszentgyörgy, Köpec et peut-être Székelyderzs). Elles témoignent de la présence de guerriers hongrois établis à l'entrée des cols du Sud-Est de la Transylvanie, de toute évidence pour défendre la frontière contre les Pétchénègues et les Bulgares. Leur absence serait plus étonnante, puisqu'on a récemment découvert un important poste militaire hongrois même dans les contreforts extérieurs des Carpates du Nord-Est (Przemysl, dans le Sud-Est de la Pologne).

Il est tout aussi naturel qu'en face de cette garde du Sud-Est de la Transylvanie, les Bulgares aient reconstruit, au sud des Carpates, précisément au tournant du IXe et du Xe siècles, et cette fois-ci en pierres, les forteresses de Slon, situées sur la terrasse qui contrôlent la sortie méridionale du col Bodza et qui avaient été construites en briques quelques dizaines d'années plus tôt. Cela prouve éloquemment qu'une nouvelle puissance offensive était apparue en Transylvanie contre laquelle les Bulgares avaient à se protéger. A Slon-Prahova, on a mis au jour un château fort en pierres de forme trapézoïdale, renforcé sur le devant par deux tours rondes ainsi que d'une tour d'entrée, qui est unique en son genre au nord du Bas-Danube. Sa technique, qui mit en œuvre des moellons taillés et du mortier, le rattache directement aux grandes constructions bulgares (Pliska, Preslav, Madara, Silistra [Dristra]). Les forteresses de Slon, sur le versant sud des Carpates, ne pouvaient servir qu'à la défense. Après leurs défaites successives, les Bulgares d'abord, les Hongrois ensuite abandonnent leurs postes avancés.

Le seul cimetière «militaire» hongrois de la haute époque, en plein cœur de la Transylvanie, qu'on ait partiellement mis au jour (avec ceux fouillés en 1941 et 1942, il n'a fourni jusqu'ici que 12 tombes) et dont les descriptions ont été presque entièrement publiées est celui de Kolozsvár, rue Zápolya (aujourd'hui rue Dostoïevski, antérieurement rue Vişinski). De par sa richesse, il n'est comparable qu'aux principaux cimetières de Hongrie, tels Kenézlő, Bezdéd, Eperjeske et Karos. Seuls y manquent les sabretaches, probablement parce que les tombes furent pillées dans le courant du Moyen Age et aussi parce que le cimetière n'est pas encore entièrement mis au jour.

Le fait qu'on ait trouvé des tombes militaires hongroises dans la vallée du Kis-Szamos, ne peut aucunement prouver la crédibilité «de correspondant de guerre» d'Anonymus, l'importance stratégique du lieu en fournissant logiquement l'explication.

Ce cimetière relativement petit ne peut apporter de preuves ni de la survie jusqu'au Xe siècle de la ville romaine de Napoca, ni la continuité d'existence d'un Kolozsvár hongrois depuis le Xe siècle. En effet, il se trouve à 1275 mètres à l'est des ruines, très probablement déjà effritées à cette époque, de la ville romaine. Rien ne motive cette grande distance pour peu que les personnes enterrées dans ces tombes aient réellement vécu sur l'emplacement des murs romains, en particulier sur celui d'Óvár (Vieux Château), plus récent, où il n'existe cependant aucune trace de vie pour les IXe et Xe siècles. Là où ils ont réellement vécu, comme à Gyulafehérvár, entre les murs toujours debout d'Apulum, ils n'ont pas hésité à ensevelir leurs morts entre les murs, sur l'habitat bulgare détruit; leurs autres cimetières se trouvent également en-dehors des murs antiques, dans le prolongement du cimetière bulgare et à l'est du château.

Le cimetière récemment découvert et situé un peu plus près de l'antique Napoca ne change rien à cet état des choses. Au cours des fouilles d'un cimetière romain des IIe et IIIe siècles entre les rues Pata et Györgyfalvi on a mis au jour accessoirement 30 tombes, presque toutes pourvues d'un mobilier funéraire. Le nombre des tombes équestres n'est pas exactement connu, mais se situe autour de 5 ou 6; plusieurs d'entre elles ont livré des sabres et des ceinturons appliqués. On a trouvé, dans presque toutes les tombes masculines, des pointes de flèches; dans une douzaine, des restes de la plaque en os de l'arc. Les sépultures féminines sont caractérisées par des anneaux de cheveux, des bracelets, des bagues — parmi lesquelles certaines sont en argent ou en or —, des vases faits au tour du style «Saltovo». Il s'agit donc de découvertes semblables à celles de la rue Zápolya. Le cimetière se situe au sud-ouest, à quelque 600 mètres de celui de la rue Zápolya, il constitue donc une nécropole indépendante. A la même distance, en direction nord-ouest, il avait existé un troisième cimetière de la même époque, celui de la rue Farkas, attesté par une seule sépulture, celle d'une femme portant une robe garnie au col de boutons de métal ronds et des boucles d'oreille en argent à pendentif en forme de grappe. Les trois cimetières permettent de localiser le(s) site(s) militaire(s) de l'époque de la conquète entre le ruisseau du Moulin et la rue Budai Nagy Antal (autrefois Honvéd).

A Gyulafehérvár, on a découvert, dans le périmètre du château fort, une sépulture équestre hongroise détruite au XIe siècle à l'occasion d'une construction. En ce qui concerne les sépultures équestres de la couche moyenne à ceinturon d'apparat qu'on a retrouvées en dehors des enceintes et qui contiennent des carquois, pendentifs de tresse de forme discoïdale, boucles d'oreille à grappe (près de la route de Zalatna), nous n'avons que des informations écrites. En revanche, on connaît relativement bien les parties des cimetières militaires de la couche moyenne, parmi lesquelles on dénombre aussi des tombes équestres trouvées à l'occasion de fouilles anciennes (Marosgombás, Magyarlapád) et récentes (Maroskarna, cimetière B). Il existe, à Déva, au bord du Maros, un cimetière à moitié fouillé dont on n'a publié que des descriptions fragmentaires. Enfin nous avons connaissance de sépultures équestres non publiées, découvertes à Maroskarna et à Piski.

A l'exception de celui se trouvant près du lieu de passage sur le Szamos à Kolozsvár, tous les cimetières de l'époque de la conquête sont situés dans la vallée du Maros; les nécropoles des postes militaires se prolongent sur les deux rives de la rivière depuis la Grande Plaine jusqu'à la vallée de l'Aranka (Ópálos, Fönlak, Németszentpéter, Arad-Csálya, Nagyszentmiklós, Perjámos, Pécska, Sajtény). Dans la vallée du Sebes-Körös, on connaît, jusqu'à 138 présent, comme site militaire hongrois, seulement celui de Kranjikfalva et, dans la région de la Porte de Meszes, on n'en a trouvé aucun.

Les cimetières de la partie orientale de la Grande Plaine sont rattachés au territoire ayant eu la plus forte concentration d'établissements hongrois au Xe siècle. Tels sont le cimetière de Biharvár, d'un caractère militaire très marqué (le seul dans cette région qui ait été fouillé en partie et publié au début du XXe siècle), non loin de là, le cimetière militaire de Köröstarján, aux nombreuses sépultures équestres, ainsi que le cimetière d'Ártánd, sur le territoire de l'actuelle Hongrie. Les représentants de la couche moyenne sont allés s'établir dans la région d'Ér (Gálospetri, Szalacs) aussi bien que dans les environs de Gyula servant probablement de siège aux gyula de la première période (du côté est : Gyulavarsánd, Muszka, Sikló). Dans la région du Temes, les riches cimetières militaires de la couche moyenne, les quartiers sèpulcraux des chefs de clan (Nagyősz, Vizesd, Nagyteremia, Nagykomlós, Hodony, Temesvár-forêt Csóka, Vojtek, Detta) forment une suite ininterrompue, jusqu'au poste militaire d'Orsova près du Bas-Danube, qui a livré des trouvailles étonnamment riches datées par des monnaies occidentales et byzantines des Hongrois de la conquête. Dans le troisième tiers du Xe siècle, les agglomérations militaires de la région d'Ér—Sebes Körös avaient probablement aussi la fonction de postes de garde (cf. Sicules) face au pays transylvain des gyula, tandis que les forces armées de la région du Temes étaient, au début du XIe siècle, au service d'Ajtony.

En Transylvanie, les cimetières du bas peuple d'origine hongroise de l'Est ont été presque exclusivement découverts dans la vallée du Maros (Maroscsapó, Marosnagylak, Gyulafehérvár : au moins deux cimetières, Magyarlapád, Alvinc-Borberek, Maroskarna) et les quelques exceptions se situent également dans cette aire géographique (Torda, Zeykfalva, Kelnek). De l'Est de la Grande Plaine, de la région du Temes et de la région du Bas-Danube, on ne citera que les plus importants : Nagykároly, Hegyközkovácsi, Nagyvárad, Gyulavarsánd, Pécska, Hidasliget, Temesliget, Mehádia. Ces sites et cimetières hongrois des débuts ne survivent en Transylvanie — tout comme dans le pays tout entier — que rarement aux luttes intestines et aux bouleversements entraînés par la fondation du nouvel Etat et par les transferts de populations qui ont accompagné l'organisation intérieure. Les cimetières d'urnes slaves tardifs autour du bassin de Transylvanie (type de Medgyes) remontent à une période se situant au Xe siècle. Il en va de même pour le cimetière bulgare de Csombord utilisé aussi au Xe siècle, et on a découvert des sépultures bulgares, slaves et hongroises dans le même cimetière de Gyulafehérvár. Dans le Sud de la région du Temes on possède des matériaux archéologiques datant du Xe siècle et retirés des cimetières de quelques agglomérations bulgaro-slaves (Ómoldova, Felsőlupkó).

3. La Transylvanie dans le Royaume de Hongrie de la haute époque (1003-1172)

Le pays situé au-delà des montagnes de Bihar (Massif de Transylvanie) qu'en ancien hongrois on appelait forêt Igfon (Egyfan = Forêt sacrée) se nommait pour ceux qui vivaient dans la plaine arrosée par le Danube et la Tisza, pays «au-delà de la forêt» (dans la Geste primitive du XIe siècle, Erdeelw = erdő elü), tout comme les régions situées au-delà des Carpates (appelées Havas =

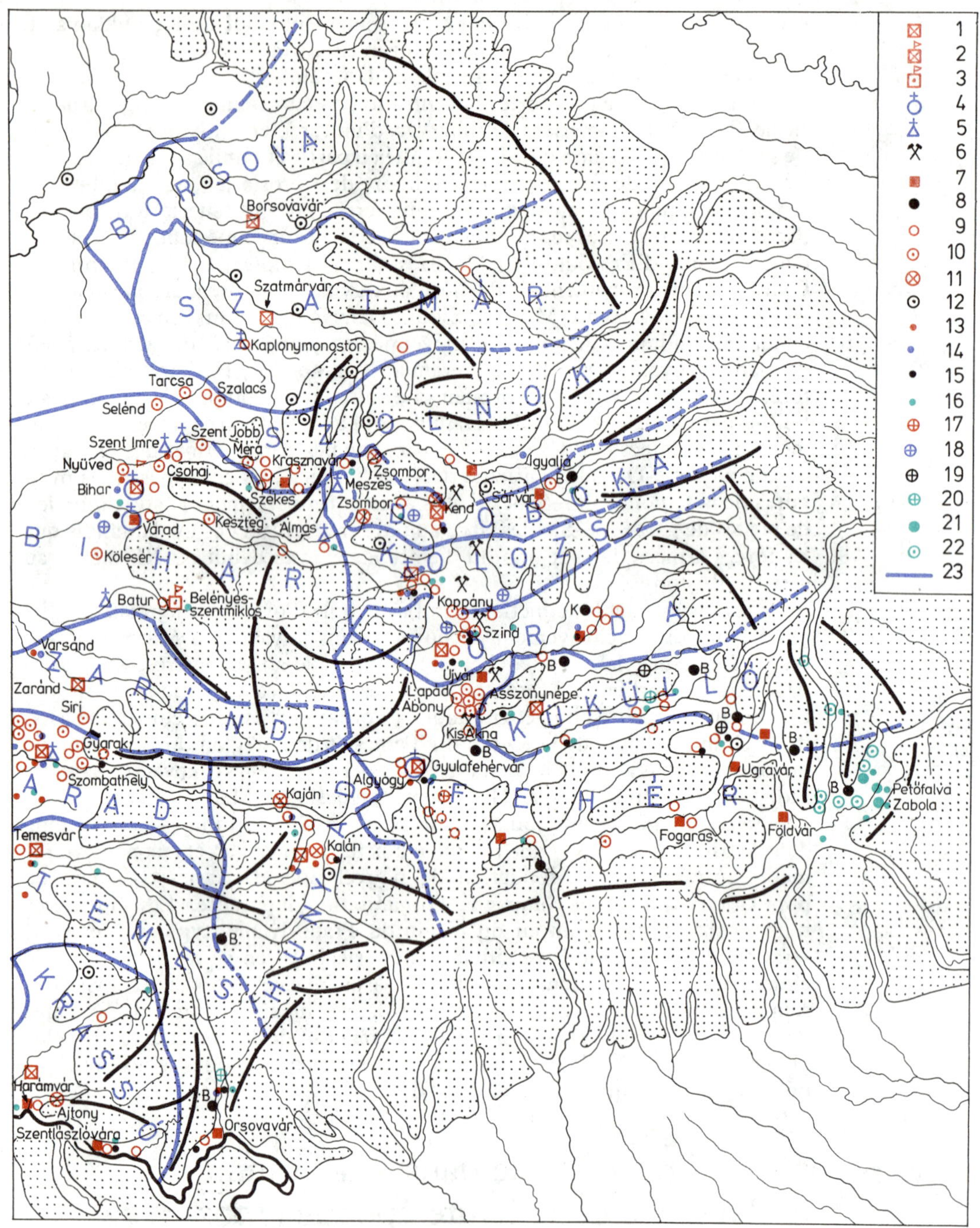

Carte 8. Les agglomérations de la Transylvanie et de l'Est de la Plaine entre 1003-1172

1 — le château du marchio/comes, 2 — siège du dux, 3 — curtis princier, 4 — évêché, 5 — abbaye, 6 — mine de sel exploitée aux XI-XIIe siècles, 7 — châteaux et forteresses frontalières du dernier tiers du XIe s. jusqu' au milieu du XIIe s., 8 — noms de villages frontaliers: Besenyő (B), Kölpény (K), Talmács (T), 9 — églises et cimetières d' église hongrois aux X-XIIe siècles, 10 — villages cités dans des chartes jusqu' aux années 1170, 11 — propriété nobiliaire aux XI-XIIe s., 12 — les noms de lieux slaves Daróc et Ardó, 13 — les monnaies d'Etienne Ier, Pierre, Aba Sámuel et André Ier, 14 — les monnaies de Béla Ier, Salomon, Géza Ier et Ladislas Ier, 15 — les monnaies de Coloman, Etienne II, Béla II, 16 — les monnaies de Géza II, Etienne III, Béla II, 17 — trésor de monnaies de l'époque du roi Pierre, 18 — trésor de monnaies de l' époque de Ladislas Ier, 19 — trésor de monnaies de l'époque de Béla II, 20 — trésor de monnaie de l'époque de Béla III, 21 — cimetières de gardes-frontières depuis Géza II, 22 — villages de gardes-frontières depuis Géza II, 23 — les comitats frontaliers aux XI-XIIe s. (Borsova y figure à titre de comparaison)

Alpes) étaient dénommées Havaselve. Dans les sources de l'époque árpádienne d'avant 1190, la province est appelée Ultrasilvana (Ultra Silvas), nom qui reflète la latinité italo-romaine. Le terme de Transilvana qui, lui, relève de la latinité d'Allemagne, apparaît parallèlement au précédent, entre 1190 et 1260. Le nom de Transilvania, formé à partir de ce dernier, n'apparaît qu'après 1461. Le terme roumain pour la Transylvanie est jusqu'à ce jour, Ardeal, tiré du terme hongrois d'Erdély, vieux de mille ans ; il fut utilisé pour la première fois en 1444, dans une charte roumaine (en langue slave).

Comparé aux autres territoires de Hongrie, on n'a trouvé en Transylvanie, qu'un petit nombre de chartes datant de l'époque árpádienne. En 1241, ce furent les Mongols, en 1277, les Saxons de Vízakna qui détruisirent le chapitre de Gyulafehérvár avec ses archives et ses registres. Le même sort fut réservé, toujours pendant l'invasion des Mongols, aux archives de l'évêché de Csanád, à celles de l'évêché de Várad (exception faite d'un registre contenant des données du début du XIIIe siècle), et aussi aux archives de l'abbaye de Kolozsmonostor. En conséquence de cette dévastation générale, les données documentaires relatives à l'histoire de la Transylvanie de la haute époque se sont conservées en général dans les seules chartes de donation royale, provenant d'ailleurs d'une époque étonnamment tardive (Gyulafehérvár 1111, Csanád 1111/1163, Belső-Szolnok 1134/1166, Arad et Aradvár 1156/1177, Dobokavár 1164, Krasznavár 1093/1164, Tordavár 1075/1177, Kolozsvár, Küküllővár, Krassóvár, Temesvár 1177, Hunyadvár 1265/1276). Seules quatre chartes renvoient au XIe siècle. On a coutume d'interpréter ces mentions tardives comme «premières» attestations, en particulier pour ce qui est de l'organisation de l'Etat hongrois en Transylvanie et ce, sans tenir compte des chroniques et légendes beaucoup plus anciennes et en réinterprétant les résultats de l'archéologie. Pourtant, c'est pour ces mêmes raisons qu'on verra, avec un retard de plusieurs décennies, apparaître dans les chartes les Sicules, les Saxons ou les premiers Roumains, avec leurs nouveaux sites d'habitation, en Transylvanie. De l'autre côté, on a coutume de tracer l'histoire politique et l'évolution économique de cette époque en les déduisant du développement général de la Hongrie et à partir des chartes transylvaines tardives, méthode qui est loin d'être concluante. En Transylvanie, l'organisation territoriale (plus tard nobiliaire) des comitats — *comitatus civitatis, mega* —, les comtés des marches — *marchiae, comitati confiniorum* — et l'organisation des châteaux forts royaux — *civitates, comitati castrorum* — se sont confondus même si, par endroit, l'organisation territoriale était nettement ultérieure aux autres. L'existence du système des châteaux forts, par exemple, est presque toujours niée sous prétexte que les conditions et les données de l'organisation territoriale des comitats restent inconnus. Or, les vestiges des châteaux forts furent découverts et datés lors des fouilles archéologiques, souvent grâce à des monnaies, de même que leurs cimetières utilisés sans interruption depuis l'époque d'Etienne Ier ou de Pierre (Vieux-Tordavár, Vieux-Kolozsvár, Vieil-Hunyadvár, Vieil-Aradvár). Ceci étant, il est évident que, dans l'étude de l'histoire médiévale, de cette partie du pays, la toponymie et l'archéologie épaulées par la linguistique, jouent un rôle plus important que dans celle de n'importe quelle région du bassin des Carpates.

En bien des domaines l'archéologie n'a pas son mot à dire. En revanche, elle est absolument compétente lorsqu'il s'agit de savoir si un territoire était oui ou non habité à une époque donnée ultérieurement au néolithique. Elle peut en effet dire avec une exactitude suffisante si les habitations y ont été durables ou non ; quelle était la composition de sa population (type de sa «culture»), à quelle entité politique il appartenait aux différentes époques historiques et à quel point sa société était différenciée. L'archéologie peut également révéler l'existence de châteaux forts, déterminer leur caractère, leur date de construction, de transformation ou de destruction. Grâce aux monnaies, servant d'oboles mortuaires, des rois de la dynastie árpádienne, rois qui se succédèrent à une cadence rapide et renouvelaient souvent leurs monnaies (chaque année ou un an sur deux), elle est à même de dater les cimetières des XIe et XIIe siècles avec une marge d'erreur de quelque dix ans. Le chercheur peut, en outre, retrouver à partir des chartes et des toponymes conservés le nom des villages détruits. En d'autres termes, elle offre des sources qu'on ne peut aujourd'hui laisser de côté. Dans le même temps, il est regrettable que les matériaux archéologiques de ce territoire aient été étudiés de façon aussi restrictive et que cela ne donne guère de repères à une histoire économique de cette époque, moins même que pour les siècles antérieurs des migrations.

L'Est de la Grande Plaine jusqu'au dernier tiers du XIIe siècle

Tout comme au Xe siècle, il faut distinguer, à cette époque également, l'histoire de l'Est de la Grande Plaine à l'époque moderne (Partium Regni Hungariae et la région du Temes) de celle de la Transylvanie proprement dite. Les centres de cette région, Biharvár et Csanádvár (château fort de Csanád) ont joué, dans la vie de la Hongrie, un rôle à peine moins grand, ou parfois même plus important que les deux capitales royales : Esztergom et Székesfehérvár.

A partir de la seconde moitié des années 1020, le roi Saint Etienne fit de la vaste région de Bihar un duché (ducatus) du prince héritier et plaça à sa tête le prince Imre (Henricus, Emericus), son fils unique resté en vie. L'importance accrue de la région se traduit en 1030 par la fondation de l'évêché de Bihar sur le territoire ayant autrefois appartenu à l'évêché plus ancien d'Eger et, en même temps, de celle de l'évêché de Maros, sur le territoire ayant autrefois relevé de l'évêché de Kalocsa. Le prince Imre fut tué, au cours d'une chasse au sanglier, le 2 septembre 1031, dans la vallée du Berettyó. Sur le lieu supposé de l'accident, on fonda, à la fin du XIe siècle, un monastère (Hegyköz Szent Imre, en roumain : Sîntimreu).

A la tête de l'évêché de Csanád, qui sera encore longtemps appelé « évêché de Maros » (Moresenae ecclesia), on nomma, en 1030 (Annales Posoniensis), Gérard (Gerhardt) de Venise, le grand saint évangélisateur de Hongrie qui, après la mort du roi Etienne, devint en quelque sorte la conscience vivante du royaume chrétien. En 1044, après le massacre que le roi Aba Sámuel organisa à Csanád, l'évêque inflexible refusa de poser la couronne sur la tête du roi, le dimanche de Pâques (22 avril) dans la cathédrale. En 1046, c'est à Csanádvár que se réunirent les adversaires de Pierre, neveu et successeur d'Etienne, une fois déjà déposé, puis reposé au trône, et c'est de là qu'ils partirent, appuyés par Gérard, pour ramener de l'étranger le prince André, héritier du trône de la dynastie árpádienne. Et enfin c'est à Csanádvár que Gérard fonda et fit construire, avec les 1000 marks d'argent qu'il avait reçus du roi Etienne, la cathédrale épiscopale Saint Georges (depuis 1290, lieu de sépulture du roi Ladislas IV), et, en utilisant 500 marks d'or et d'argent également offerts par Etienne, le monastère de la Sainte Vierge où il devait écrire le premier livre théologique rédigé en Hongrie, intitulé *Deliberatio supra hymnum trium puerorum.* Après son martyre (le 24 septembre 1046 il fut précipité du haut d'une falaise à Buda par les partisans de l'ancien paganisme), on transféra, en 1053, son corps à Csanád pour l'ensevelir dans le monastère de la Sainte Vierge où l'on posa sur son sarcophage la pierre, instrument de son martyre. Conformément aux ordres du pape, sa dépouille mortelle fut « levée », le 25 juillet 1083, en présence du roi Ladislas Ier et du prince Lampert. C'est également là que le premier évêque martyr hongrois fut canonisé.

Biharvár connut un sort plus mouvementé. Entre 1048 et 1050, le roi André Ier y rétablit la dignité de duc qu'il attribua à son frère cadet, le prince Béla, initialement destiné à lui succéder sur le trône, à qui il conféra également le droit de battre monnaie. Ce fut grâce à ses forces armées de duc que Béla renversa le règne d'André Ier et de son fils Salomon pour occuper le trône. Néanmoins, après la mort de Béla Ier, le roi Salomon se vit également contraint de céder le duché à Géza, fils de Béla (1064-1074 — sur ses monnaies ducales : Magnus dux). Au cours de ces décennies, Biharvár jouait pour ainsi dire le rôle de seconde capitale du pays. Aussi n'est-ce nullement étonnant que le siège épiscopal de Bihar fût occupé par des personnages aussi illustres que l'évêque Baduil (Budli, Buldi, Budlu) d'origine italienne à en juger par son nom et qui subit le martyre avec Gérard, et son successeur le Lorrain Leodvin de Namur (avant 1061 : Lieduinus episcopus Bichariensis), le futur évêque d'Eger. On construisit, dans les environs, plusieurs manoirs ducaux *(curtis)*. En 1073, ce fut de Bihar que partit la révolte des princes Géza et László (Ladislas) contre le roi Salomon, que László partit pour l'étranger afin de demander de l'aide, tandis que Géza, à la tête de l'« armée de Bihar », fut défait le 26 février 1074. La même armée, sous la conduite du prince László, prit d'ailleurs, quinze jours plus tard, le 14 mars, près de Mogyoród, une éclatante revanche. Le prince Géza étant devenu roi, ce fut le prince László qui reçut le titre de dux (1075-1077).

A l'automne de 1060, après l'accession au trône de Béla Ier, ou en 1061, on releva, à cause d'une révolte païenne à Székesfehérvár, la dépouille mortelle du roi Saint Etienne (le 11 oct.) et on l'ensevelit de nouveau sous une immense dalle de pierre, sa main et son bras momifiés passèrent à Bihar. Ce fut là que le voleur les tint cachés, dans un petit monastère construit en bois, jusqu'au second « transfert » des os, au moment de la canonisation du roi (20 août 1083), moment où le vol fut découvert. Le roi Ladislas Ier (Saint) et le prince Álmos firent construire à ce lieu un monastère pour la Sainte Dextre (Sanctissima Dextera, en hongrois : Szent Jobb, en roumain : Sîniob) que l'on y conserva comme relique nationale jusqu'en 1433.

Bien que le roi Coloman ait privé le monastère des privilèges et des domaines qui lui avaient été accordés par le prince Álmos — entre autres la gabelle de Szalacs —, ceux-ci lui furent ensuite restitués par Géza II, et le couvent ayant accédé au rang de *locus credibilis* bénéficia de grandes largesses. Vu que les terres de l'abbaye, plus tard appelée Berettyómonostor, se situaient, à quelques exceptions près (par exemple Siri, près de Világosvár), sur le territoire de l'actuelle Hongrie, il nous est impossible de tirer, à propos des quelque 90 familles de serviteurs dont elle disposait et qui représentaient 16 différents métiers, des conclusions d'ordre économique pour le territoire qui nous intéresse.

Après avoir fondé Várad, le roi Ladislas Ier y installa tout d'abord une prévôté et un chapitre conventuel, puis transféra l'évêché de Bihar dans son château fort qui venait d'être terminé. Le premier évêque de Várad fut (entre 1093 et 1095) Coloman, son neveu et successeur. Le dernier duc de Bihar, mais qui n'avait plus le droit de battre monnaie, fut (de la fin 1095 à la fin

1106), Álmos, frère de Coloman, antérieurement roi de Croatie, pays que Ladislas Ier avait conquis. Ce fut Álmos qui fonda, en Transylvanie, le monastère bénédictin de Meszes (vers 1106) et qui fit don à la prévôté de Dömös, fondée après son pélerinage à Jérusalem (1108), d'une centaine de domaines dans le pays (dont quelques-uns sur le territoire entre les rivières Fehér-Körös et Fekete-Körös), ainsi que de plusieurs villages situés sur le Maros. C'était sans doute Álmos qui, en tant que duc, fit transférer de Somogyvár à Várad le corps de Ladislas Ier (1098?), fait qui ne tardera pas à avoir d'importantes conséquences: quelques dizaines d'années plus tard, Várad devint, après Székesfehérvár, le plus grand centre religieux et intellectuel de la Hongrie médiévale. Après la canonisation de Ladislas Ier, à Várad (1192), plusieurs rois et reines seront enterrés dans le voisinage de sa tombe. (Le premier fut — transitoirement — André II, puis la reine Béatrice de Luxembourg, suivie par la reine Marie d'Anjou et par le roi et empereur Sigismond de Luxembourg). Sur la montagne Promontorium Waradiense, près de Várad (sur la rive nord du Sebes-Körös), Etienne II fonda, dans la décennie même de la fondation de l'ordre (1120), la première abbaye des Prémontrés, maison mère de tous les couvents de cet ordre en Hongrie, où il fut lui-même enterré en 1131. Comme les premiers miracles près de la tombe de Ladislas Ier eurent lieu pendant le règne d'Etienne II, il n'est pas exclu que sa dépouille mortelle ait été plus tard transférée dans la cathédrale de Várad. Pendant le règne d'Etienne II, la partie sud du territoire en question est engagée dans une guerre. Jean II Comnène, empereur de Byzance, franchit le Danube près de Haramvár (Új-Palánk, Banatska Palanka), à la poursuite d'une armée hongroise qu'il contraint à se retirer jusqu'à la rivière Kraszna. Dans cette curieuse guerre on se contenta de détruire réciproquement les forteresses de l'adversaire et d'en emporter les pierres. (1127/1129).

La plaine proche d'Aradvár, après l'assemblée qui s'y tint en 1031, s'acquit une triste réputation. Sur l'ordre de la reine Hélène, épouse de Béla II, les partisans d'Álmos, père de celui-ci, y massacrèrent 68 seigneurs du parti de Coloman. Avec leur fortune confisquée, on fit construire sur ces lieux — en guise d'expiation — la prévôté Saint Martin qui, à l'époque d'Etienne III (1162-72), devait déjà être achevée, puisqu'on enterrait des morts autour d'elle. Les ruines actuelles proviennent de l'église remaniée et consacrée en 1224. Parmi les biens qu'elle reçut de Béla II et qui furent inventoriés en 1177, figurent, outre des villages dans les comitats de Arad, de Zaránd, de Bihar et de Temes, des domaines de Transylvanie: un à Torda (d'où les bateaux de la prévôté transportaient du sel), ainsi que la localité d'Asszonynépe, dont il a été et sera encore question.

L'histoire de cette époque se clôt par une attaque byzantine. En automne 1150, l'empereur Manuel Ier Comnène se rend sur les rives du Bas-Danube et envoie une armée «sur la Terre de Temisès» (région de Temes). Elle est conduite par Boris, prétendant au trône hongrois. A l'approche du roi Géza II et de son armée, les assaillants, occupés à piller les riches bourgs de la région, prirent la fuite, comme nous l'apprennent à la fois Ioannes Kinnamos[20] et Abū Hamid al-Garnātī de Granada qui, juste à ce moment-là, séjournait en Hongrie.

Il faut enfin signaler encore, pour cette période, la fondation de l'abbaye cistercienne d'Egres par le roi Béla III en 1179, sur la rive gauche du Maros

[20] Ioannes Kinnamos, Epitome I. = *FBHH* 196sqq., 208qq. et Chronica Hungarorum 156. = = *SRH* I.441 sq.

9. Bouts de sangle, ornements de ceinture, boucles d'oreilles en fonte de bronze provenant de tombeaux avars tardifs: *1)* Zilah; *2-12)* Aranyosgyéres

1
2
3
4
5
6
7

11. Trésor d'argent provenant de Königsboden

10. Objets provenant de sépultures d'hommes hongrois de l'époque de la conquête du pays: *1, 4, 5)* Etrier incrusté d'argent et ornements de harnais; *2)* Anse d'un carquois; *3, 6-7)* Ornements de ceinture

12. Tympan de l'ancienne cathédrale de Gyulafehérvár avec le Christ en majesté, vers 1100

13. Le Christ en majesté entre deux apôtres dans le tympan du portail du Sud de la cathédrale de Gyulafehérvár, vers 1200

1. Fibule d'or couverte de pierres précieuses d'une femme gothe de haut rang

2. Pendentif d'or à tête de sanglier, provenant de la tombe royale nº 1 gépide d'Apahida

3. *1)* Coupe en argent doré venant de l'église réformée de Vizakna, probablement un cadeau du roi Louis Ier d'Anjou, XIVe siècle(?) *2-3)* Plaques d'émail sur le pied de la coupe avec les figures de Saint Georges et de Sainte Barbara

4. Miniature de la Chronique Enluminée représentant la bataille de Posada (9-12 novembre 1330), autour de 1358 (Grossissement 4 env.) ▷

quebatur. Rex uadit cu exercitu
contra Bazaradu.

INRI

(la deuxième en Hongrie après celle de Cikádor, fondée en 1142). Construite par des moines venus de Pontigny en style français, elle deviendra la maison mère de l'abbaye cistercienne de Kerc, en Transylvanie (1202). C'est dans le couvent d'Egres que fut enterrée, en 1233, la reine Yolande Capet-Courtenay et, en 1235, le roi André II.

La Transylvanie jusqu'au dernier tiers du XIIe siècle

Bien que les annales de Hildesheim et d'Altaich soient unanimes pour déclarer que la conversion au christianisme de la population, en majeure partie païenne, commença en Transylvanie aussitôt après 1003, moment où le gyula et sa famille furent emmenés en Pannonie, nous possédons des données plus anciennes sur l'organisation du pouvoir politique. Sur les territoires annexés au royaume, on avait immédiatement commencé à construire des fortins de terre et de bois, entre autres sous la direction du comes Doboka, qu'on affirmait appartenir à la famille royale, et qui fut le père du futur comes Csanád de Marosvár. Au moment de l'attaque des Pétchénègues en Transylvanie entre 1015 et 1030, à laquelle fut faite, dans les trois légendes de Saint Etienne, une place de choix, le roi ordonna que le peuple soit dirigé sur les châteaux forts entourés de murs où il devait rester aussi longtemps que le tribun de (Gyula)Fehérvár et son armée n'auraient pas chassé l'ennemi du pays. Le «peuple qui se réfugia derrière des murs» n'était certainement pas nombreux, mais il ne fait aucun doute que les murs étaient déjà debout et la *Légende mineure* nous apprend également que Fehérvár sut résister à l'attaque pétchénègue.

C'était dans ces années que furent construits les châteaux forts royaux avec à leur tête un *comes castri*, organisation mise en place par Saint Etienne dans le pays entier. Vers la fin de son règne, leur nombre s'élevait à 40. Le château fort de Transylvanie le plus important était Alba Civitas, entouré de murs romains en pierre; tout comme son homologue de Pannonie, le château fort dit blanc, l'était non seulement par référence à la couleur de ses murs de pierre mais aussi parce qu'il se distinguait en importance parmi les autres. La ville, qui figurait très longtemps dans les sources hongroises sous le nom d'Alba Ultrasilvana/Transilvana, garda, dans les sources de Transylvanie, le nom de civitas Alba Jule (en hongr. Gyulafehérvár) que la littérature humaniste va transformer, à la manière «classique», en Alba Julia (première mention en 1496).

Les autres châteaux forts de comes de Transylvanie recevront leur nom, selon la pratique générale observée en Hongrie, soit de leurs premiers comes (Dobuka/Doboka, Turda/Torda, Colus/Kolozs, Hunod/Hunyad, Bihor/Bihar, Urod/Arad), soit de la rivière près de laquelle ils furent bâtis (Küküllővár, Krasznavár, Marosvár = plus tard Csanádvár, Temesvár, Krassóvár). La forme patronymique devenue toponyme est en elle-même une particularité de la langue hongroise qui prouve que le nom avait été donné par les Hongrois, même si l'origine hongroise du patronyme est sujette à caution ou ne peut être démontrée (tels sont les noms probablement slaves de Bihar, Doboka, Kolozs, Szatmár). Que ce fussent là des noms de personne, cela ressort entre autres des noms des mines de sel qui se trouvaient sur le territoire des comes, et dans lesquels on retrouve régulièrement le terme slave *akna*(= puits de mine) accolé au nom de la personne (Kolozsakna, Tordaakna, Désakna, entendez: mine de...).

◁ 5. Calvaire, détail du retable de l'église luthérienne de Medgyes, 1480

Les comitats transylvains de cette première période sont sans exception destinés à la protection des frontières (marchiae, comitati confiniorum, comtés de la marche). Les châteaux forts des comes étaient construits dans la partie intérieure, occidentale de leur territoire : ainsi Dobokavár, Kolozsvár, Tordavár, Gyulafehérvár, tandis que Hunyadvár se trouvait à l'entrée du bassin de Hátszeg. Seul Küküllővár, situé plus à l'est, se trouvait dans une position un peu différente. La frontière est, sud ou sud-est des comitats resta longtemps incertaine et elle s'effaçait dans les Carpates, considérées comme frontière naturelle.

Il en était exactement de même pour les autres comitats de la marche à la haute époque árpádienne (Zala à l'ouest, Borsova, Zemplén, Újvár, Gömör au nord). Leur forme allongée (ou amorphe dans le cas de Fehér) qui va à travers des forêts inhabitées ou à peine peuplées jusqu'à l'arête des montagnes, exclut d'emblée la possibilité d'un antécédent quelconque («voïvodats, cnesats»). A l'exception de Gyulafehérvár, les châteaux forts des comes n'eurent pas non plus d'antécédents attestés. Ces comitats sont organisés, pour l'essentiel, selon le même principe que l'ensemble de Szolnok, créé pour le transport du sel de Transylvanie. Le comitat de «Külső»-Szolnok (Szolnok Extérieur), près de la Tisza, naquit entre 1018 et 1038, pendant le règne d'Etienne Ier. Le comes dont il tient son nom, à savoir Zounuk/Zounok/Zonuk/Zonok (= Szónok = orateur), fut tué pendant la révolte païenne de 1046. Le nom ancien hongrois n'a rien à voir avec le mot slave *sol* = sel (en hong. *só,* son antécédent de l'époque ougrienne étant également *sol* !), car la forme Szolnok remonte seulement au Bas Moyen Age. Le territoire de ce comitat fut agrandi à l'époque de Béla ou de Géza de la région transtibiscine et des monts Meszes («Közép»-Szolnok = Szolnok Central) ; on créa ensuite, le long de la route du sel de Szalacs qui existait déjà avant 1067 (magna via Zoloch) et se prolongea jusqu'à Désvár et Désakna, en Transylvanie du Nord, le comitat «Belső» Szolnok = = Szolnok Intérieur. Il est possible que ce dernier ait tiré son nom d'un certain Zounuk qui, en 1073, figure parmi les hommes de cour du prince Géza.

A propos des comitats de Hongrie, les historiens affirment en général qu'ils furent organisés, pour leurs deux tiers confisqués, sur des territoires appartenant à l'origine aux clans conquérants. Il est fort peu probable qu'il en ait été ainsi dans le cas des comitats des confins de la Transylvanie. Dans le comitat de Doboka, on ne peut exclure que le clan Gyula-Zsombor ait été exproprié, mais les «clans de gyula» ne pouvaient a priori être les descendants des conquérants de la Transylvanie. En effet, seul le gyula fut dépossédé de ses domaines, puisque les membres de sa famille (la reine-mère Sarolt, Boja et Bonyha) restèrent jusqu'au bout fidèles au roi Etienne Ier. D'autre part, il est attesté qu'à côté des domaines des châteaux forts royaux, expropriés parce qu'appartenant au gyula, il existait, dès l'époque d'Etienne, des domaines de la reine. (Le terme *asszony* d'origine alano-ossète, signifiait en ancien hongrois dame, princesse, reine). Le nom du village d'Asszonynépe, dans le comitat de Fehér est, tant par son type que par sa première mention, le plus ancien, dont le nom est composé avec le mot *asszony* (1177 : Ascen nepe, aujourd'hui en roumain = Asînip). Le village de Lapath (Magyar-Lapád, Lopadea Nouă), situé sur les rives du même ruisseau, avec le village Abony (Obon), disparu depuis, furent l'objet d'une donation que la reine Gisèle (Kesla) fit, vers 1030, «avec le consentement du roi Etienne», à l'abbaye de Bakonybél. C'est là la plus ancienne donnée concernant la Transylvanie («Au-delà des Alpes») dont nous disposons.

Tandis que nous connaissons le nom de la plupart des premiers comes des comitats de Transylvanie, on ne sait presque rien du peuple qui leur était soumis. Il n'existe, pour l'époque en question, aucune donnée relative à des familles transylvaines de rang élevé *(seniores)*, possédant une fortune propre *(facultas)* et rivalisant avec les comes, à l'exception peut-être des familles Kalan et Kajan, dans le comitat de Hunyad. Il est vrai qu'au témoignage des noms de lieu semblables au-delà de la Tisza, leurs ancêtres s'étaient établis seulement à l'époque des gyula dans les vallées du Sztrigy et du Maros. Le clan Zsombor, ainsi qu'en témoignent les noms de village Zsombor attestant ses domaines à l'extrémité ouest du comitat de Doboka, dans la vallée de l'Almás, ne joua qu'un rôle secondaire au XIe siècle ou fut victime d'une relégation.

Il n'y a nulle raison de supposer en Transylvanie des couches sociales autres que celles figurant dans les lois et les *Admonestations* d'Etienne Ier. Les *comes*, toujours qualifiés de principaux supports de l'Etat, et les soldats de leurs châteaux *(milites)* sont attestés par les châteaux eux-mêmes avec les épées et éperons qui y ont été découverts. Ils étaient les serfs militaires du château *(iobagiones)* habitant dans des édifices permanents *(domus, edificia)*. En ce qui concerne leur origine, ils étaient probablement en majorité des Transylvains, les descendants des guerriers d'autrefois, appelés à défendre les frontières *(speculatores)* et membres de l'escorte des gyula. Rien n'indique qu'à l'époque d'Etienne, on ait transféré de Hongrie en Transylvanie un nombre important de population armée. La majorité des habitants du château *(cives)* appartenait à la couche des hommes libres *(liberi)*. C'est également à cette couche que se rattachaient les demi-libres *(liberti)* qui obtinrent à cette époque leur pleine liberté. Ils sont enterrés dans les cimetières des châteaux forts avec des bijoux, des monnaies d'argent. Les serviles *(servi, mancipii)* recevaient dans ces mêmes cimetières des sépultures sans mobilier. Le commun peuple et les hommes libres pauvres *(vulgares aut pauperes)* vivaient, en Transylvanie aussi, dans des villages *(villae)* et habitaient dans des maisons *(mansi)* ou des cabanes *(mansiunculae)* semi-enterrées dans le sol. Le témoignage des cimetières villageois montre qu'ils étaient divisés en familles. A la différence des *serviles* qui échouèrent dans ces régions par l'intermédiaire de la traite des esclaves, il semble difficile de contester leur appartenance à l'ethnie qui était à l'origine de la conquête. En Transylvanie aussi, le village a, à sa tête, un préposé *(villicus)*. Nulle trace dans les sources d'un système de parenté consanguine ou de phratries artificielles.

Cette division sociale apparaît à peu près la même à travers les chartes du deuxième tiers du siècle, et elle ne présente que peu de changements dans ce qu'on appelle le « IIIe recueil de lois de Ladislas » élaboré vers 1077. Parmi les hommes libres et semi-libres, il y avait des pauvres (*ewnek* = ínek), encore que du point de vue matériel et juridique ceux-ci fussent de loin dans une situation plus favorable que les esclaves. En revanche, on note des changements considérables dans les lois et les chartes du tournant du XIe et du XIIe siècles, y compris dans celles relatives à la Transylvanie (nous n'avons aucune raison d'admettre ici une évolution différente de celle du reste du pays.) La nouvelle couche dirigeante de la société est constituée de nobles *(nobiles, optimates, proceres)* et des *milites* qu'on peut, dès cette époque, considérer comme chevalerie. Le peuple des châteaux forts *(cives, castrenses)* relève bien entendu de la couche des hommes libres *(liberi)*, mais il se divise sensiblement en deux catégories : les militaires de métier *(castellani, cives castrensis)* et les soldats-serfs d'autrefois *(iobagiones castri)* qui, comme le terme de l'époque l'indique (*ministeriales, ministri* — serviteurs) était en voie de déchoir pour rejoindre la grande classe neuve, le bas peuple *(plebs, plebeia)*. Cette même division se reflète également dans les désignations plus récentes des gens libres des châteaux *(civiles, castrenses castri, populi castri, curtes-udvornici)*. Ce sont là des hommes libres et demi-libres qui travaillent et servent et, au-dessous desquels il y a encore une large couche de serviles non libres *(servi, ancillae)*.

L'évêché de Transylvanie a été fondé de bonne heure, probablement dès 1009, au même moment que les évêchés de Pécs, de Győr et d'Eger et avec le concours personnel d'Azo, évêque d'Ostia, légat du pape. Son siège était à Gyulafehérvár, où le christianisme oriental avait des antécédents qu'il cherchait à éclipser. Aussi n'est-il pas exclu que l'église épiscopale dédiée à Saint-Michel ait été construite dès avant 1009. (Bientôt elle s'avéra trop petite et trop étroite pour servir de cathédrale épiscopale). La population n'opposa probablement pas de résistance sérieuse à l'évangélisation dont le succès se reflètera bientôt dans les cimetières des comitats des châteaux, en particulier là où la population était assez nombreuse. Le pouvoir effectif des évêques de Transylvanie ne s'étendit que plus tard sur le territoire des futurs comitats de Kraszna, Szatmár et Ugocsa, habités par une population slave clairsemée. Franco, le premier évêque de Transylvanie à être connu par son nom, apparaît dans une charte de 1075. Il participa activement aux affaires politiques du pays; des sources hongroises et étrangères le nomment, entre 1071 et 1081, *episcopus Bellegrad(i)ensis* (nom slave de Gyulafehérvár). Le titre d'évêque de Transylvanie *(Ultrasilvanus)* n'apparaît que plus tard, à propos de l'évêque Simon (1111), un des successeurs de Franco. Les successeurs de celui-ci sont déjà tous «ultrasilvani» (Baran 1138, Valter 1156, Vilcina/Wulcina 1166). Le changement de nom est probablement le signe du considérable accroissement du diocèse au XIIe siècle. Le territoire des premiers archipresbytères fondés au début du règne de Coloman coïncidait, à l'époque, avec celui des comitats déjà existants. Ce fut probablement Coloman qui fonda aussi le chapitre de Gyulafehérvár.

A cette époque, la Transylvanie ne devient que fort rarement le théâtre d'événements militaires ou politiques importants. Le seul témoin du mouvement contre le roi Pierre est un trésor de monnaies d'argent caché dans la terre vers 1041-1046 à Lámkerék, entre Sebes et Gyulafehérvár.

En 1068, l'armée de la tribu pétchénègue Jula de Moldavie, avec à sa tête Osul, pénétra sans difficulté à travers les «gyepű» (marches) en Transylvanie.[21] Après avoir incendié Vieux-Kolozsvár, il avança jusqu'à Biharvár, puis retournant par la région du Nyír, du Szamos et par la vallée de Lápos-Ilosva, il se prépara, chargé de butin, à quitter la Transylvanie par le col de Borgó. L'armée du roi et du duc de Bihar rassemblée dans le château fort de Doboka (dont c'est la première mention dans une chronique du XIe siècle) lui coupa le chemin au confluent des rivières Sajó et Beszterce. L'ennemi se réfugia sur un mont, mais une audacieuse attaque frontale conduite par le roi Salomon finit par l'anéantir.

[21] L'événement n'est rapporté que par la seule Chronica Hungarorum 102 (*SRH* I.367), où l'envoyeur d'Osul «Gyule dux Cunorum» est sans doute une personnification hongroise ultérieure de la tribu Gula/Iula pétchénègue (= théma, *DAI* 37. = *FBHH* 41.), établie à l'ouest du Dniestr, «près de la Turquie». A cette époque, en effet, le titre de gyula était devenu un nom de personne ; cf. la charte de Garamszentbenedek de 1075 : Iula comes palatinus. Ce fut donc une armée ennemie pétchénègue qui fit, en 1068, une incursion en Hongrie et en Transylvanie sous la direction d'Osul. Ce serait donc une pure spéculation de voir en Gyule dux de la Chronica le maître pétchénègue dont tirerait son nom Gyula-Fehérvár, «Alba Iulia».

Le mont sur lequel la bataille eut lieu reçut des Hongrois le nom du cri de guerre « Kyrieleis »(= *Kyrie eleison)*, qui donna en hongrois d'abord Kerlés puis en roumain Chiraleş, pour devenir par la suite, dans la poésie hongroise, Cserhalom, à la suite d'une erreur de l'historien Bonfini (Cherhelem). L'histoire de la bataille entre dans la légende de Saint Ladislas sous une forme bien entendu sensiblement modifiée. Salomon y est remplacé par le prince et même par le roi (!) Ladislas qui délivre « la fille de l'évêque de Várad » des mains de l'ennemi « couman ». Ce sont là de graves anachronismes, puisque l'évêché de Bihar ne sera transféré que 25 ans plus tard à Várad et que les Coumans (Turcs Kiptchak) vivaient encore, en 1068, à l'est du Dniepr. La mention de la « fille de l'évêque » n'en indique pas moins que la légende a dû naître dès après la mort de Ladislas Ier, puisque la loi II du roi Coloman interdisait définitivement le mariage des évêques. Après la canonisation de Ladislas (1192), les différents épisodes d'inspiration orientale du mythe de Saint Ladislas se développent parallèlement à sa légende ecclésiastique. On en tirera les sujets les plus populaires des fresques de cathédrales (Várad) et, à partir de l'époque des Anjou et de Sigismond, on en ornera aussi les églises villageoises. Il est caractéristique que c'est en Terre sicule que les églises rurales en conserveront le plus grand nombre.

Selon la chronique primitive du XIe siècle qui raconte cette bataille, l'armée hongroise qui attendait à Doboka fut renseignée par un éclaireur d'Újvár *(speculator de Novo castro)* sur l'itinéraire de l'armée pétchénègue. Il semble donc qu'on avait construit, non loin de « Újakna », dès avant 1068, « Újvár » (Marosújvár), destiné à protéger les mines de sel de la région ainsi qu'à assurer les transports de sel. En effet, Tordaakna qui — selon la charte de fondation de l'abbaye de Saint Benoît près du Garam avait reçu la gabelle près de la rivière Aranyos (en 1075 Aranas) — fonctionnait déjà et ne pouvait pas être protégée du côté du Maros par le *castrum quod dicitur Turda* situé à l'ouest. Tout porte néanmoins à croire que la ceinture extérieure des forteresses qui protégeaient le plateau de Transylvanie fut élevée à la suite des expériences de cette attaque de 1068, puisque le système de défense fondé sur les zones inhabitées des marches (*indagines* = gyepű) désertes s'était révélé inefficace. On ne connaît pas exactement le nombre des châteaux forts. Il est tout aussi inadmissible de conclure rétrospectivement, à partir de données plus récentes, que de prendre comme base la simple existence des fortins de terre recensés sans être fouillés. La seule chose dont nous puissions être certains est que, dans le troisième tiers du XIe siècle, le territoire habité protégé par des châteaux forts avait sensiblement augmenté.

Le nouveau système de châteaux forts fut mis à l'épreuve au printemps de l'an 1091. La première véritable attaque des Coumans, sous la conduite de Kopultch, fils de Kroul, part du col d'Ojtoz et conduit l'ennemi cette fois-ci par Vieux-Tordavár, Vieux-Kolozsvár (touchant Doboka) jusqu'à Várad et Bihar et, par delà la Tisza, même dans la Grande Plaine, puis dans la région de Temes où il se heurte finalement à l'armée de Ladislas Ier. Ladislas reconnut le manque d'efficacité des forteresses frontalières et décida de mieux répartir la défense. Derrière les forteresses, il établit des archers équestres venus de Bihar et des confins de l'ouest, sud-ouest et du sud (Loi II/17.1. de Ladislas : *custodes confiniorum qui vulgo ewrii* = őrök [gardes] *vocantur*) en un nombre moins important dans la région du Sajó et en masses importantes au sud du Maros, près du Sebes et dans la région du Nagy-Küküllő. Ces colons gardes-frontières seront les créateurs, les partisans les plus zélés du culte du roi Saint Ladislas qu'ils transmettront à leurs descendants. Leurs lieux de campement (Sebes, qui devint plus tard Szász [Saxon]-Sebes, Szász-Orbó, Szász-Kézd) se perpétueront dans le nom des futures branches et familles sicules (tout comme les noms des sites antérieurs des Sicules en Transylvanie: Telegd, Medgyes). Dans leurs villages, ils construisent des églises en bois et en pierre; à l'époque du roi Coloman, ils ensevelissent déjà leurs morts autour de celles-ci.

Les noms de leurs sites et villages se conserveront même lorsqu'ils iront s'établir plus à l'est. Leurs habitats et leurs terres seront plus tard qualifiés de «deserta» (1224), pour pouvoir être occupés par les Allemands nouvellement établis.

Hongrois et Slaves. Les leçons de la toponymie

L'établissement des gardes-frontières hongrois à la haute époque est attesté par des toponymes allemands utilisés depuis le XIIe siècle. Selon les recherches d'István Kniezsa, aujourd'hui considérées comme faisant autorité,[22] «dans la partie nord-est et sud de la Transylvanie, les noms de lieu saxons nous fournissent de très bons points de repère. En effet, dans le Nord-Est, le long de la rivière Sajó, qui se jette dans le Nagy-Szamos, et même plus à l'ouest, non loin de Bethlen, les noms des localités en majeure partie habitées par une population allemande sont, à quelques exceptions près, empruntés à la langue hongroise» (par exemple: Sárvár-Schueret-Şirioara, Kendtelek-Kindeln-Chintelecu, Vermes-Warmesch-Vermeş, Kékes-Kikesch-Chiochiş, Somkerék-Simkrugen-Şintereag — la troisième forme étant toujours roumaine). «De même, non seulement parmi les noms de lieu allemands du territoire situé entre les deux Küküllő, mais aussi parmi ceux de Königsboden (Terre saxonne) entre la ligne de Nagy-Küküllő—Maros et celle de l'Olt, on trouve en quantités surprenantes des toponymes d'origine hongroise. Or, ces noms témoignent clairement de ce que, au moment de leur établissement dans la région, les Saxons y trouvèrent une population hongroise possédant des sites permanents. Comme les Saxons arrivèrent à peu près au milieu du XIIe siècle sur leur nouveau lieu de résidence, il est évident qu'on doit dater ces sites hongrois d'avant cette époque, soit du début du XIIe, soit, éventuellement, de la seconde moitié du XIe siècle» (par exemple Örményes-Irmesch-Ormeniş, Holdvilág-Halwelagen-Hoghilag, Ludas-Lodges/Ludesch-Ludoş, Vessződ-Wassied-Vesăud, Medgyes-Mediasch-Mediaş, Baromlaka-Wurmloch-Vorumloc, Sárpatak-Scharpendorf-Şarpotok, Kézd-Keisd-Chizdu, Egerbegy-Arbegen-Agîrbiciu, Bürkös-Bürkesch-Birgiş, Kövesd-Käbisch-Coveş, Homoród-Hamruden-Homorodu, Halmágy-Halmagen-Halmeag, Árpás-Arpasch-Arpaşu, Talmács-Talmesch-Tălmaciu). «Dans la région de Burzenland... à la différence des territoires saxons dont il a été question plus haut, on ne trouve pas un seul nom de lieu allemand susceptible de remonter à un nom hongrois ... Là-bas, il n'y avait donc pas de population hongroise tant soit peu importante avant l'arrivée des Saxons». «Il s'ensuit entre autres, que les Sicules n'ont pas pu occuper le territoire des comitats de Csík et Háromszék actuels avant le milieu du XIIe siècle.»

[22] István Kniezsa, Magyarország népei a XI-ik században (Les peuples de la Hongrie au XIe siècle), in : Szent István emlékkönyv (Album commémoratif de Saint-Etienne), II. Budapest, 1938, 389, 447.

Kniezsa a déjà démontré, sur le territoire qui s'étend du Latorca à Beszterce, et par la vallée de Túr—Kraszna, la présence d'un important bloc slave aux XIe-XIIe siècles. Des recherches récentes permettent d'y ajouter que la grande majorité des noms de villages de l'époque árpádienne, comportant des termes de chasseurs d'origine slave orientale, proviennent également de cette région. C'est encore une preuve de ce que les régions de Szilágyság, Máramaros et Beszterce étaient d'immenses zones couvertes de forêts, habitées par des serviteurs royaux portant des noms slaves de ce genre jusque dans le courant du XIIIe siècle. Dans Doboka (au nord-ouest de Beszterce, à l'est de la vallée de la Sajó), soit dans l'ancienne marche, le nom du premier village hongrois: Igalja (Igyalja) apparaît dans une charte de Béla III (1173-1196); il prendra plus tard le nom de l'église de Saint André qui y existait déjà au moment de sa première mention. Toutefois, le domaine lui-même était encore essentiellement constitué, 100 ans après, de forêts, de bois et de prairies.

Les principales preuves de la survie des Slaves en Transylvanie sont fournies par les noms des rivières et des ruisseaux. Nombre d'affluents des deux Szamos portent un nom slave: Kraszna, Túr, Túróc, Piszterna, Lekence, Kapnik, Debrek, Debreke; du côté du Kis-Szamos: Lozsád, Lóna, Gorbó, du côté du Nagy-Szamos: Tiha, Ilosva, Ilva, Szalva, Rebra, Beszterce, Lekence. Les noms slaves sont plus rares pour les affluents du Maros: Kalodva, Orbó, Lekence; parmi les affluents de l'Aranyos, les noms du Túr et de Torockó sont slaves; il y en a davantage dans le comitat de Hunyad: Lesnek, Sztrigy, Dobra, Cserna, Bisztra. Du nom slave Tirnava des rivières Küküllő, il a déjà été question à l'époque avaro-bulgare. Les affluents de gauche de la Haute-Olt portent également des noms slaves: Toplica, Petit-Beszterce, Csernavoda, Kászon, Kovászna, Debren, tout comme dans la région du coude de l'Olt, les ruisseaux Doborka, Cserna et Gerebenc et, parmi ses affluents, les ruisseaux Cibin, Csernavoda et Cód. Les affluents du cours supérieur du Temes ont également des noms slaves: Gladna, Bisztra, Cserna, Lankó.

Toutefois, il y a au moins autant sinon davantage de noms de cours d'eau hongrois en Transylvanie. Ainsi, parmi les affluents du Szamos: Szilágy, Egregy, Almás, Lápos, Berekszó, Hagymás, Nádas, Ludas, Kapus, Sóspatak, Füzes, Fejérd, Gyékényes, Hodos, Mélyes, Sajó et Fenes; parmi ceux du Maros: Tekerő, Békány, Köves, Kígyós, Ezenes, Magyaros = Mogyorós, Görgény, Egregy (nom hongrois de la Černa), Nagyszád, Farkad, Fenes, Gyógy = Diód, l'autre Gyógy, Aranyos, Komlód, Ludas, Sebes, Nyárád, les deux Küküllő avec les affluents: Székes, Székás, Segesd, Csergőd, Fenes, Körtvélyes, Szilas, Egres, Hagymás; parmi les affluents de l'Olt: Feketeügy (nom hongrois de la Černavoda), Vargyas, les deux Homoród, Kormos, Sáros, Sebes, Árpás, Hortobágy, Disznajó, l'autre Sebes, Feketevíz. Dans la région de la source du Berettyó et des Körös, on recontre également une dualité slavo-hongroise. Dans le Berettyó, au nom hongrois, viennent se jeter le Bistra et le Derna aux noms slaves, puis Almás, Gyümölcsénes, Gyepes, Ér, Jószás aux noms hongrois. Aux alentours des sources du Sebes-Körös, on trouve le nom slave (?) de Kalota mais après, ce sont des dénominations hongroises qui se succèdent: Sebes, Méhséd, Hegyes, Kutas, Nyárér, Kölesér. Au Moyen Age, le Fekete-Körös n'avait que des affluents hongrois: Belényes, Fenes, Solymos, Hollód, Hodos, Gyepes. Le Temes a pour affluent important le Sebes au nom hongrois.

En dehors des noms d'origine préhistorique des cours d'eau Maros, Körös, Szamos, Olt, Ompoly, Berzava (qui sont entrés dans le roumain après avoir subi un changement phonétique slave et ancien hongrois), il nous reste encore à citer les noms de Barót, Barca et Brassó, trois noms de rivières supposés être d'origine turque, et nous avons fait le tour des noms des plus importants cours d'eau de Transylvanie.

L'examen des noms des cours d'eau — qui sont plus durables que n'importe quel autre nom géographique — ne permet qu'une seule conclusion : jusqu'à la fin du XIIe siècle, la Transylvanie avait deux sortes d'habitants : une population d'origine slave plus ancienne, qui avait survécu à plusieurs endroits, et une population hongroise qui y vécut sans interruption à partir du Xe siècle. Les Slaves étaient présents sur la presque totalité du territoire de la Transylvanie mais, du moins après la conquête hongroise, ils ne forment de plus grands îlots que dans la région de la Kraszna, entre le Szamos, le Nagy-Szamos et le cours supérieur de la Tisza, dans le bassin de Háromszék, entre le Sztrigy et le Szeben, en Krassó-Szörény, ainsi qu'un petit îlot dans la région de l'Aranyos. Ces îlots continuent à se désintégrer au XIIe siècle, époque à laquelle ils vivaient dans presque toute la Transylvanie mêlés aux Hongrois. Les toponymes de Transylvanie allemands (noms des tout petits ruisseaux exceptés) et roumains (sans exception) ont adopté 143 noms de rivière slaves et hongrois, qui peuvent être reconnus jusqu'à nos jours. Avant le XVe siècle, il n'existe même pas de ruisseau de montagne de nom roumain en Transylvanie.

Nous signalerons en passant les noms de localités d'origine slave qu'ont adoptés aussi bien les Hongrois que les Allemands (Rodna, Bistritz, etc.) et les Roumains, ces derniers généralement par l'intermédiaire de l'allemand et du hongrois. Il ne faudrait cependant pas surestimer l'importance des toponymes slaves et, par ce biais, celle de la population slave de Transylvanie « ayant déjà vécu là » car, sur les 1119 toponymes transylvains antérieurs à 1400 connus par les chartes, il n'y en a que 104 qui sont d'origine slave, soit moins de 10%. Des emprunts à coup sûr très anciens se recontrent au centre de la Transylvanie, dans la région du confluent de l'Aranyos, du Maros et du Küküllő : deux Gerend, Dombó, Dombró, et Gambuc. Dans ces noms, les Hongrois ont conservé — ils l'ont fait partout dans le bassin des Carpates — les vieilles nasales qui se sont plus tard perdues dans le slave.

En définitive, c'est la toponymie hongroise qui domine l'ensemble de la Transylvanie. Ses caractéristiques esssentielles sont : substantifs tirés de noms de tribu, de peuple, de personne ou de métier au nominatif singulier ; dès le XIIe siècle, le nom du saint patron de l'église au nominatif. Une toponymie de ce genre est inconnue aussi bien en slave qu'en allemand ou en roumain. Les noms de métiers slaves tels que Bocsár = échanson, Csatár = armurier, Hari = cuisinier, Igric = jongleur se rencontrent dans l'ensemble du bassin des Carpates, de même qu'on ne peut pas considérer comme une particularité transylvaine le nom de métier hongrois donné à un village (des villages fournissant des prestations) tels que Szántó = laboureur, Kovácsi = forgeron, Fazekas = potier, Ebes = éleveur de chiens, Solymos = éleveur de faucons, Szőlős = vigneron.

Les conditions politiques au XIIe siècle

Pour aussurer le gouvernement de la Croatie conquise, le roi Coloman crée en 1105 la dignité de *ban* auquel seront désormais subordonnés les comes. Cette même date est en général considérée comme marquant le début du gouvernement territorial de Transylvanie, à la tête de laquelle se trouvera désormais le *vajda* = *voïvode*. Cependant, pour des raisons différentes, l'historiographie hongroise, tout comme l'historiographie roumaine, croit pouvoir faire remonter le gouvernement territorial «indépendant» à une époque antérieure de plusieurs siècles. Les historiens roumains considèrent la dignité de voïvode comme une prolongation directe — éventuellement comme une renaissance — du voïvodat (voievodatul) de Gelu, dux «blacus», qu'ils situent, en s'appuyant sur Anonymus, au IXe siècle. Le nom de «Gelu» écrit par Anonymus au cours du XIIIe siècle sous la forme de Gelou—Geleou et implanté dans le roumain moderne d'après les titres des chapitres *(tituli)* provenant du copiste de manuscrit vivant au XIVe siècle, doit être lu comme Gyalu (Galou), ce qui signifie qu'il s'agit d'un nom de personne hongrois d'origine turque (cf. par exemple, le nom de village Kun-Gyalu dans la région de Tiszazug). Son château fort, mentionné par Anonymus, est de toute évidence le même édifice que la résidence d'été de Gyalu (Golou), *curtis pontificalis* des évêques de Transylvanie, mentionnée dans une charte de 1246 et qui fut construite près d'un ancien *castrum* romain. C'est de là qu'Anonymus a tiré le nom du château fort, amalgamé avec le terme de *gyula* (Geula) qu'il interprète comme un nom de personne. Le seul renseignement valable du récit est que le manoir fortifié des évêques de Transylvanie situé à Gyalu existait déjà dans le XIIIe siècle.

Les historiens hongrois ont cru trouver différents antécédents au gouvernement séparé de Transylvanie: l'un serait le pouvoir des gyula, un autre le mystérieux Zoltán Erdőelvi (qui aurait été nommé gouverneur de Transylvanie par Saint Etienne après la défaite du *gyula*), ou encore le «tribun» mentionné par la Légende mineure de Saint Etienne au XIe siècle, et enfin les «principes» qui apparaissent dans d'autres sources du XIe siècle. Or, un certain nombre d'arguments infirment chacune de ces hypothèses. Ainsi ce n'est qu'en 1526 que l'auteur d'une légende, connu sous le nom d'«Anonyme Chartreux» désigne pour la première fois «Gyula» comme voïvode; une donnée de la chronique (confuse) de la fin du XIIIe siècle, la seule qui annonce Zoltán Erdőelvi comme «ancêtre» (*proavus* = Zolta, fils d'Árpád) d'Etienne, ce qui est bien entendu absurde. Enfin le terme *princeps* est utilisé au XIe siècle dans le sens de «seigneur, grand seigneur» pour tout homme éminent, par exemple pour le comes Szónok qui a donné son nom au comitat de Szolnok. Le personnage «Mercurius princeps Ultra Silvanus» qui figure dans la charte, si souvent citée, de 1111 ne pouvait être non plus voïvode, d'autant que quelques années plus tôt (1097), on en avait parlé explicitement comme du «*comes Bellegrate*».

Les voïvodes envoyés ou nommés en Transylvanie en tant que fonctionnaires dépêchés par le roi et qui représentaient précisément le pouvoir central, et non un quelconque gouvernement séparé, apparaissent dès 1199, et désormais de façon continue. Jusqu'en 1206, on ne connaît pas moins de cinq personnes à s'être relayées dans cette fonction. La désignation *voïevoda-voyvoda* devient constante, à côté du titre de *comes Albe Transilvane*, qui disparaît d'ailleurs bientôt. *Voïevod* signifie, dans la langue des Slaves de Transylvanie et des Slaves apparentés, seigneur, chef militaire, chef de guerre, et apparaît déjà chez Constantin Porphyrogénète — sans doute par l'intermédiaire des interprètes slaves — qui s'en sert pour désigner les chefs de tribus hongrois. Pour les Slaves de Transylvanie, la dignité de gyula, puis le rang et la fonction des comes correspondaient exactement à cette notion. Il suffit de rappeler que le comes de Doboka est mentionné, en 1214, comme «Voiouoda comes de Doboka», ce qui n'est nullement l'effet du hasard. Néanmoins, en 1177, Gallus n'est que «comes Albensis Ultrasilvanus», ce qui signifie que l'apparition de la dignité de voïvode ne peut être que postérieure à cette date.

Aussi n'était-ce pas encore du ressort du voïvode de parer à la plus grande attaque étrangère qui eut lieu dans ce siècle, soit aux expéditions punitives de Manuel Ier contre Etienne III, qui reprenaient les luttes antérieures dans la région du Temes et venaient, en 1166, du côté du Bas-Danube et de la mer Noire en visant directement la Transylvanie. L'armée de Leon Vatatzès, en majorité composée de Valaques de la Montagne Haemus/Balkan, partit de la mer « Euxin » (Noire), pénétra probablement par le col d'Ojtoz « sur la terre des Huns » où « elle abattit et écrasa tout le monde et tout ce qu'elle rencontra ».[23] Elle fit de grands massacres, emmena beaucoup de prisonniers. La source insiste en particulier sur les chevaux dans le butin et c'est là la première donnée relative à l'élevage de chevaux en Transylvanie, qui allait s'acquérir une si grande renommée. L'autre expédition punitive partit de Vidine, sous la conduite d'Ioannes Doucas. « Traversant des régions difficilement accessibles et désertes » (c'est-à-dire soit la vallée des rivières Cserna et Bisztra en passant par les Portes de Fer de Hunyad, soit la vallée du Zsil), elle fit irruption dans « le pays des Huns » où elle pilla force villages bien peuplés et ramena un immense butin, du moins selon les chroniqueurs byzantins de l'époque.[24]

Economie et population

Pour l'histoire économique de la Transylvanie, des données démographiques et d'histoire locale sont fournies par les chartes à partir du troisième tiers du XIe siècle. Même si le récit de la *Legenda maior* de Gérard relatif aux bateaux de Saint Etienne transportant le sel sur le Maros (cf. plus haut, à propos de l'histoire d'Ajtony) est pour l'essentiel plausible, ce n'est qu'en 1075 qu'il est pour la première fois question, dans une charte authentique, de la gabelle *(tributum salinarum)* d'une localité du nom d'Aranas, à proximité du castrum de Torda « ultra silvam », et dont la moitié fut accordée par le roi Géza Ier à l'abbaye de Saint Benoît près du Garam. Peu après, on parle déjà de véritables donations de sel.

La charte authentique de Béla II, émise vers 1131, confirme la donation faite en 1092 par Ladislas Ier (et attaquée plus tard, sous le règne d'Etienne II) à l'abbaye de Saint Maurice, dans le Bakony. Ladislas avait fait don de 24 *mansiones* (maisonnées) au couvent en stipulant que celles-ci devaient livrer quatre fois par an six cents (« corrigé » plus tard en six mille) cubes de sel aux moines *(qui quattuor vicibus per annum sol deferrent scilicet, sexcentos lapides fratribus)*.[25] Il s'agissait bien là du sel de *Transylvanie*, comme le prouve une charte de Béla II de 1138 dont il sera encore question plus loin. Toutefois, une première lecture ne permet pas d'établir si les 24 chefs de famille nominalement énumérés étaient des mineurs de sel gemme transylvains ou seulement des hommes contraints au transport du sel. Leur domicile n'est en effet pas indiqué dans la charte. Reproduisant la charte originale de

[23] Nicétas Choniates, E. 16. = *FBHH* 238 et 295.

[24] Ioannes Kinnamos, Epitome 26. = *FBHH* 238sq. et l'épigramme d'un auteur anonyme, *FBHH* 193.

[25] Pongrác Sörös, A bakonybéli apátság története (L'histoire de l'abbaye de Bakonybél), in: A pannonhalmi Szt. Benedek-rend története (L'histoire de l'ordre bénédictin de Pannonhalma) VIII, Budapest, 1903, 271sq.

1092 de Ladislas avec d'importantes majorations des prestations, la charte de la fin du XIIe siècle, qui fut rédigée à l'intention du couvent de Bakonybél avec une fausse date (1086), n'indique pas non plus les noms des villages. Elle se montre cependant plus «révélatrice» puisqu'elle mentionne le droit d'exploitation minière du sel gemme *(salifodium)*, l'extraction du sel, et parle de trois bateaux *(navibus)* toujours à propos des mêmes 24 noms qui proviennent de la charte (perdue) de 1092 de Ladislas Ier et ont passé dans le faux tout comme dans celle — authentique — émise par Béla II vers 1131. Autrement dit, c'est le document interpolé plus récent (1186) qui révèle l'existence d'un revenu de sel en Transylvanie.

Les 24 maisonnées énumérées dans la charte de 1092 pouvaient, en principe, être situées n'importe où. Mais précisément, le fait que leur domicile ne soit pas indiqué renvoie à leur origine transylvaine, de même que les villages des transporteurs de sel sûrement transylvains ne sont pas, eux non plus, mentionnés en 1138. Cette particularité, qui demande à être étudiée davantage, révèle que les mineurs et transporteurs de sel transylvains de la haute époque étaient enregistrés par familles et non par villages.

Les 24 noms de 1092 confirment la provenance transylvaine des transporteurs de sel. Ici, on voit pour la première fois figurer dans une charte le mot «Sicule»: Scicul/Scichul, chez Anonymus: Sicul, ce qui prouve que l'étymologie autrefois proposée par les turcologues: «šikil» (recte: šilik!) ou «eškil» était absolument fausse. On relève peu de noms chrétiens (Paulus, Martinus, Michael), bien plus souvent des noms hongrois de serviteurs à un élément (San = Csány, Nesinc = Nesincs, Nanasca = Nánás(za), Sacan = Csákány, Zakan/Zachan = Zákány, Bela, Kasudi = Kásádi, Cuna = Csúnya, Keta = Kette(dik), Rescadi = Részedi); le suffixe finno-ougrien *di* est apposé à des noms slaves ou autres (Zagordi, Bedladi), mais il y a également des noms de toute évidence slaves (Boguta, Walen). Les autres, abstraction faite d'un sobriquet (Negus), sont difficiles à interpréter (Lawa, Cunei, Zaut, Desce, Gnenu).

Béla II fit consigner tous les biens dont son père, le duc Álmos, avait fait don, en 1108, à la prévôté de Dömös, et il confirma celle-ci dans ses possessions le 3 septembre 1138. Dans le «village de sel» de Sahtu/Sajti, situé près du Maros, on recensa 23 transporteurs de sel qui avaient l'obligation de livrer six fois par an deux bateaux de sel de Transylvanie, par le Maros, à la foire de Szombathely, dans le comitat d'Arad (forum Sumbuth, auj. Sîmbăteni). Les transporteurs de sel de Sajti portent des noms hongrois à un élément, tels Aianduk = Ajándék, Bise = Bicse ou Bese, Buken = Bökény, Ceuse = Kőcse ou Kese, Forcos = Farkas, Gucur = Gyükër, Haladi = Haláldi, Kewereg = Kevereg. Maradek = Maradék, Numarek = Nyomorék, Silev = Süllő, Sima-Sima, Súmpu = Csömpő, Wendeg = Vendég, Wosos = Vasas. Leurs noms chrétiens ont également une forme hongroise: Iwanus, Pedur, Michal, Niclous.

Les transporteurs de sel de Sajti transportaient annuellement les 24 000 (?) cubes de sel (la donnée constitue probablement une «correction» ultérieure, faite lors de la transcription de 1329) que les 30 maisonnées de mineurs transylvains, travaillant à un endroit non précisé par la charte de 1138, devaient livrer à la prévôté de Dömös.[26] Trois cinquièmes environ des mineurs

[26] Dénes Szabó, A dömösi prépostság adománylevele (La charte de donation de la prévôté de Dömös), *Magyar Nyelv*, 1936, 203sqq.

portent des noms hongrois à un élément : Wosas = Vasas, Besedi = Beszédi, Fuglidi = Fogolydi, Both = Bot, Vtos = Utas, Cima = Csima, Kosu = Kos, Himudi = Hímdi, Satadi = Satudi ou Csatádi, Emis = Emes, Uza = Usza, Eulegen = Őlegyen, Ellu = Élő ou Ellő, Wendi = Véndi, Orsci = Or(r)szi, Sounik = Szónok, Halisa = Halász ou Hálós. Les autres noms sont soit slaves : Kinis, Senin, Sokol, Lesin, Ginon, Viuscij — y compris le nom slave chrétien de Wasil —, soit chrétiens : Martin, Simeon, Isaac. Deux portent des noms inconnus ou incertains : Vir et Ogsan. Les chartes de 1092 et 1138 offrent une première ouverture par laquelle nous pouvons entrevoir le paysage ethnique de la Transylvanie. Il y a lieu de noter que les faux établis aux XIIe et XIVe siècles et les transcriptions des chartes reflètent un vigoureux développement de l'exploitation minière du sel.

Dans la même charte de 1138, des hommes vivant dans les « parties de Transylvanie » non précisées doivent annuellement livrer à l'abbaye de Dömös 20 peaux de fouine, une peau d'ours, une corne de buffle et cent courroies de cuir. Leurs noms ne sont malheureusement pas indiqués.

La description la plus ancienne d'un finage de Transylvanie nous est restée conservée dans le document établi en 1177 à propos du domaine d'Asszonynépe dont le roi Béla II avait, après 1131, fait don à la prévôté de Saint-Martin, à Arad.[27] Les noms de finages sont hongrois, sans exception : Feketefee = Feketefeje/fő ; Hegesholm[ir]u = Hegyeshalom ; Sossed = Sós-séd ; Husee Berke = Huseje (Husó/Husi) berke ; Ret = Rét ; Sciluas = Szilvás, Thow = Tó ; Fequet kopua = Fekete kapuja : Fequet = Fekete, plus tard Fugad/Fügöd. De même, les villages voisins portent des noms soit hongrois, soit turcs : Bodon = Bodony, Lapad = Lapád, Heren = Herény, Tordosi de Vyuuar = Tordos de Ujvár, Suqman = S/Szukmán, plus tard Szokmánd. C'est là que figure, en tant que nom d'un bois, Caxun, qui est certainement une erreur de graphie et ne peut être interprété que comme Taxun = Taksony (il y manque un seul trait = Č). Une autre graphie fautive : « Parpurcum » (recte : Harpurtum) s'écrira en 1317 déjà Haperton, aujourd'hui le village d'Háporton (Hopîrta en roumain). Son nom (háportyán) correspond à peu près, dans la langue hongroise de Transylvanie, à « jonchère ».

A la même époque, on releva aussi les limites à dénominations hongroises du domaine ecclésiastique de Torda (Thorda) : la rivière Aranyos (Oronos), Füzeskut (Fyzeskuth), les ruisseaux Monorospatak et Sóspatak. On citera, enfin, comme étant d'un grand intérêt, le relevé de limites datant de 1223, relatif au domaine de l'abbaye cistercienne de Kerc, qu'on avait attribué à celle-ci entre 1202 et 1209 en l'enlevant aux « Valaques » vivant déjà là (terra exempta de Blaccis). Dans ce document, les dénominations, à l'exception de l'Olt (Alt) et de la rivière Kerc (Kerch) d'origine toponymique inconnue, sont toutes hongroises de datation très ancienne (ou hongroises-slaves) : le ruisseau bourbeux Égerpatak (Egwerpotac), Nagybükk (nogebik) pour désigner une hêtraie (fagos) et la rivière Árpás. Tous ces noms devaient provenir d'une époque antérieure à Béla III, voire même à Géza II.

[27] Iván Borsa, III. Béla 1177. évi könyvalakú privilégiuma az aradi káptalan számára (Le privilège-livret concédé par le roi Béla III en 1177 au chapitre d'Arad), *Levéltári Közlemények*, 1962, 216.

Les monuments archéologiques de l'époque de la fondation de l'Etat

Tandis qu'au Xe siècle on ne connaît — excepté Gyulafehérvár et peut-être Biharvár — les sites ni de l'Est de la Grande Plaine ni de la Transylvanie, au XIe siècle, la population de ces régions vit dans des châteaux forts et des agglomérations dont le nom a survécu jusqu'à nos jours.

Cette époque nous a légué les vestiges spectaculaires de forts qui étaient, aux yeux d'Anonymus, vers 1200, tout naturellement la base de tout pouvoir. A l'en croire, une partie aurait déjà existé avant la conquête et a dû être assiégée par les Hongrois (Szatmárvár, Biharvár, Alpárvár, Gyaluvár), une autre fut construite par les chefs hongrois de la conquête (Szabolcsvár, Csongrádvár). On sait aujourd'hui qu'Anonymus n'a pas fait une erreur de principe (à son époque, d'ailleurs, le château fort était réellement un élément indispensable de l'Etat «moderne»), mais il a péché cependant par une affabulation gratuite. Bien des châteaux forts hongrois du XIe possédaient effectivement une préhistoire. Les uns avaient été construits sur des fortins de terre antérieurs (datant de l'âge du bronze ou de l'âge du fer), généralement sur des sites importants du point de vue géographique ou stratégique; d'autres — exceptionnellement — furent élevés sur les murs écroulés d'une ville romaine; enfin, quelquefois, les Hongrois réoccupèrent et reconstruisirent les châteaux forts des peuples qui, aux époques précédant immédiatement la conquête hongroise, habitaient sur ce territoire (ainsi Bresalauspurc = château de Pozsony, Pressburg, Mosapurc = Zalavár, ce dernier à la fin du XIe siècle seulement, Belgrad = Gyulafehérvár; fortin de terre bulgare de Černigrad = Csongrád). De ces quatre, Anonymus ne mentionne que le dernier, et encore le compte-t-il parmi les nouveaux châteaux forts construits par les Hongrois. A Alpárvár, Zemplénvár, Titelvár, les châteaux forts de l'époque árpádienne furent construits, au XIe siècle ou encore plus tard, directement sur les ruines préhistoriques. Aucun d'eux n'existait donc au IXe siècle, époque où, selon Anonymus, ils auraient été le lieu de résidence des seigneurs locaux. Dans le cas de Szabolcsvár, Abaújvár, Patavár, Vieil-Aradvár, Vieux-Kolozsvár (Kolozsmonostor), Vieux-Tordavár, (Várfalva), Dobokavár, Sajósárvár et de nombreux autres, des fouilles récentes ont prouvé que les fortins de terre et de bois constituent une construction provenant de la charnière des Xe et XIe, ou du XIe siècle.

Il y a quelques dizaines d'années, les historiens hongrois eux-mêmes ne pouvaient imaginer que les Hongrois «nomades» ou «semi-nomades» eussent construit des châteaux forts. En effet, les châteaux mentionnés par les sources comme ayant fait partie du réseau de comitats royaux des XIe, XIIe et XIIIe siècles n'étaient pas encore mis au jour pas les archéologues qui n'avaient aucune idée ni de leur étendue, ni de leur structure. Ainsi, en marchant fidèlement sur les traces d'Anonymus, ils attribuaient de bonne grâce ces châteaux forts «insignifiants» aux populations antérieures aux Hongrois.

Les sciences historiques s'accordent désormais pour affirmer que le pouvoir organisé dans le cadre de l'Etat médiéval ne pouvait se passer de châteaux forts. On lança donc des «campagnes» (coûteuses et astreignantes) pour mettre au jour les châteaux forts par la méthode moderne. En dehors des frontières actuelles de la Hongrie, on recherche les châteaux slaves-blak(valaques)-bulgares-«romains» (francs) figurant dans la Gesta d'Anonymus et on peut dire que l'épanouissement de ces recherches est, en grande partie, dû à cette archéologie des « Etats nationaux ». Tout aussi bien que sa déformation, puisque ses datations ne sont pas basées sur les couches réelles et leurs matériaux archéologiques, mais sur les écrits d'Anonymus dont les « données » constituent une référence absolue. C'est la figure de « Gelu », chef blak (valaque), tel qu'il a été inventé par Anonymus, qui a inspiré les fouilles de Dobokavár, Kolozsmonostor et Gyaluvár, celle du chef Glad, également crée par lui, qui a présidé aux travaux de Vieil-Aradvár. Malheureusement, cette conception est également responsable du fait que les résultats des fouilles ne furent pas publiés, pour la bonne raison que ces fouilles (et quelques autres du même genre) n'ont produit aucun résultat probant pour le IXe, ni même pour le Xe siècle! En effet, la construction des châteaux remonte à l'époque de la fondation de l'Etat hongrois. Quant à Gyalu, le château épiscopal, qui y existe encore de nos jours et qui fut bâti aux XVe et XVIIe siècles, s'élève directement sur la couche de ruines romaines du IIIe siècle, même pas sur le territoire du *castellum* romain.

L'origine de l'architecture des châteaux forts hongrois de la haute époque est loin d'être éclaircie. Si par quelques-unes de leurs particularités structurales, les châteaux hongrois s'apparentent aux fortins de terre et de bois d'Europe centrale et orientale de la période comprise entre le Xe et le XIIIe siècles, dans leurs dimensions et leur fonction, ils en diffèrent sensiblement. Du point de vue de leur rôle, ils remontent probablement à des modèles khazars, mais cela demande encore à être confirmé par des recherches ultérieures. Il s'agissait de grands forts à charpente en bois à construction en cassettes, incorporés à de hauts remparts de terre. Exemples en Hongrie: Hontvár, Sopronvár, Mosonvár, Abaújvár, Borsodvár, Szabolcsvár, etc. Après leur dessèchement, ils devinrent fort inflammables, un siège ou même une étincelle fortuite pouvaient facilement les réduire en cendres. En raison de la terre rougeâtre des remparts brûlés, on a souvent coutume de les appeler (à tort) « châteaux brûlés » ou « châteaux en terre cuite ». Au moment de leur réédification, on était contraint—pour des raisons tenant à leur structure — de rehausser le rempart de terre, dans certains cas jusqu'à deux fois. Cela ne changeait toutefois pas fondamentalement leur capacité de résistance: les Mongols réussirent à prendre d'assaut les forts à charpente de bois russes, polonais, hongrois. C'est alors que leur majeure partie fut abandonnée par les habitants et ce, de manière définitive. Les seuls à ne pas être combustibles étaient ceux dont les murs en bois furent remplacés par des murs en pierre (par exemple, Dobokavár, Biharvár). Néanmoins, au XIIIe siècle, ce type de château devint de toute façon dépassé.

Sur les 40 à 50 châteaux forts de comitat de la Hongrie, il n'y en a que quelques-uns qui aient été construits sur des fondations romaines, notamment Sopronvár (Scarabantia), Győrvár (Arrabona), Visegrád avec un nom slave médiéval et le Fehérvár (Apulum) des gyula. Gyulafehérvár représente un cas unique en son genre dans le bassin des Carpates: au témoignage de cartes militaires datant de 1687 et 1711, il conserva jusqu'au XVIIIe siècle son plan carré de 474 × 474 m, identique au castrum légionnaire romain, ses deux tours d'angle et l'axe de la voie principale romaine (cardo) avec, aux deux extrémités, des portes et des tours de porte construites sur des fondations romaines. Si les murs signalés dès 1574 comme romains se sont conservés (des restes en existent toujours), c'est sans doute en raison de la qualité de la construction et du fait que les mines d'or et de fer des Monts Métalliques ayant été abandonnées, la ville romaine située sur le plateau de la rive droite du Maros, au pied des montagnes, était dépourvue d'intérêt jusqu'au moment de la conquête par les Bulgares danubiens. Pour ce qui est des autres forteresses romaines de Dacie, aux dimensions et au plan similaires (Ulpia Traiana, Potaissa, Napoca, Porolissum), trois ne seront plus jamais habitées et, jusqu'à ce jour, on n'a rien construit sur leur emplacement bien que, par exemple, au-dessus de Nouveau-Torda, on ait vu se dresser, jusqu'au XVIe siècle, les murs de Potaissa avec une grande porte flanquée d'une tour et ornée de bas-reliefs. Au Moyen Age, on ignorait même qu'ils étaient d'origine romaine, et les habitants allemands de Vieux-Torda l'appelaient « château de Saxonie ». Seul l'humaniste Bonfini pensera — à tort d'ailleurs — que c'était là que se trouvait autrefois la cité romaine de « Salinum ». A Kolozsvár, on peut penser à une récupération des parties de mur de l'enceinte du Nord et de l'Est de Napoca, mais la structure de la ville médiévale n'a rien hérité de la ville romaine, à part le *decumanus,* c'est-à-dire le tracé de la voie principale parallèle au Kis-Szamos.

Les objets les plus anciens qui, dans les châteaux et les sites de Transylvanie, datent de l'époque de la conquête et de la fondation de l'Etat, et renvoient à la colonisation hongroise, sont des vases de type oriental (Saltovo) au col canulé (Doboka, Gyulafehérvár, Alvinc, Vieux-Kolozsvár, Malomfalva, Bethlenszentmiklós, ainsi que Biharvár, Csanádvár et Vártelek, à proximité de Meszes), des chaudrons en terre cuite d'ancien type et des objets en métal de la fin de l'époque de la conquête.

Dans les châteaux forts et les nouveaux cimetières ouverts à côté de ceux-ci, on voit tout d'abord dominer le rite funéraire et le costume hongrois qui se sont généralisés au Xe siècle. Le rite, au début, ne reflète guère les pratiques chrétiennes, sinon dans l'orientation ouest-est des morts. Les anneaux de tresses, les bagues, les torques, les bracelets, les pendentifs composés de deux éléments, les boutons de veste survivent inchangés, ou tout au plus avec des modifications insignifiantes. Quant aux morts, ils offrent plus d'une fois les traces d'une thérapeutique considérée comme spécifiquement hongroise à cette époque-là, la véritable ou la pseudo-trépanation du crâne, déjà pratiquée par les ancêtres conquérants.

Les cimetières villageois de la fin du Xe siècle ou du début du XIe siècle sont, selon la notion moderne, les nécropoles ancestrales d'une population à moitié païenne à moitié chrétienne, mais cela ne définit que leur caractère extérieur. En effet, la Légende majeure de Gérard témoigne de ce que le cimetière de chaque communauté qui avait participé à la construction d'une église — la loi II/1 d'Etienne prescrivait que 10 villages devaient construire ensemble une église — fut consacré par les délégués du clergé, qui donnait ainsi son accord à l'utilisation de la nécropole. C'est ce qui explique que l'on ait trouvé, un peu partout dans le pays, des cimetières païens appartenant au bas peuple et ouverts après la fondation de l'Etat (par ex. Déva et Várfalva, utilisés jusqu'au règne de Ladislas Ier). Le véritable changement surviendra après le XIe siècle : en fait, à partir de là, les cimetières et les tombes deviennent facilement datables : jusque dans les parties lointaines de la Transylvanie et de la région de Temes, on trouve, dans les sépultures, des oboles funéraires. Au grand nombre de monnaies d'Etienne s'ajoutent, sans interruption jusqu'à la fin du XIIe siècle, époque de Béla III, les monnaies des rois de Hongrie tout comme partout ailleurs dans les régions de la monarchie árpádienne. A partir du XIIe siècle, le costume devient à la fois plus pauvre et plus uniforme et, à côté des anneaux de tresses et des bagues, on voit apparaître, dans le costume féminin, des épingles en métal servant à fixer le voile (Gyulafehérvár, Csitfalva, Marosvásárhely, Kolozsvár).

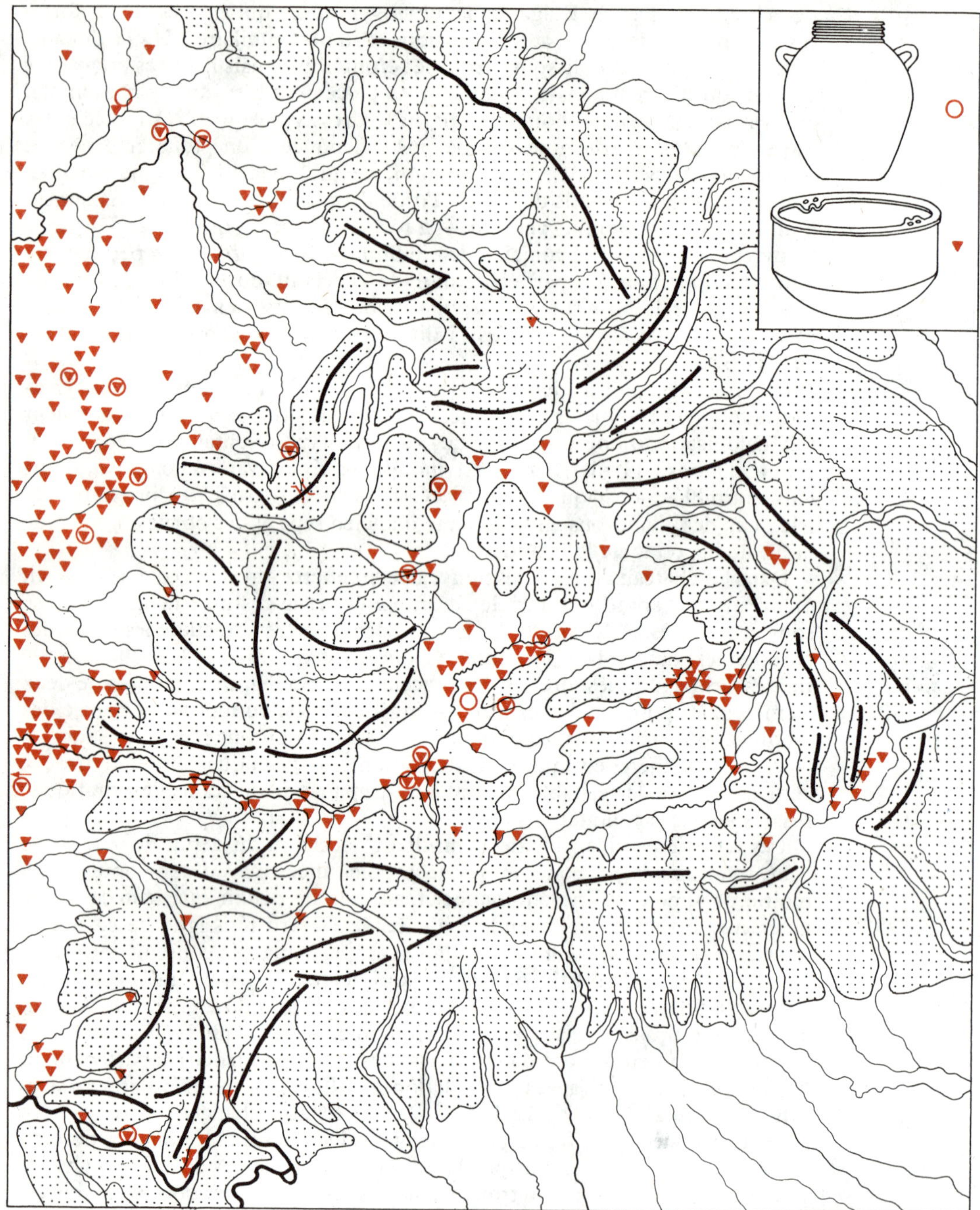

Carte 9. Des sites hongrois de l'époque de la conquête et des rois árpádiens, avec des vases de type oriental à col canulé et des chaudrons en terre cuite, découverts dans la partie orientale du Bassin carpatique

Dans la première phase de la fondation de l'Etat, pendant les soixante-six ans du règne du prince Géza et de son fils Etienne Ier, une nouvelle couche de «gens armés» *(miles)* constituée sur un modèle occidental, à partir de l'ancienne escorte militaire, apparaît en Transylvanie, dans la partie orientale de la Grande Plaine ainsi que dans la région de Temes — tout comme dans toutes les autres parties du pays. Les tombes datant de cette époque (Déva), ainsi que les châteaux forts ont livré des épées «carolingiennes» à deux tranchants (Dés, Doboka, Nagyernye, Biharvár, etc.) en une proportion qui ne diffère pas de celle trouvée ailleurs. On y a trouvé de nombreux éperons en bronze ou en fer qui témoignent de la nouvelle manière «chevaleresque» de combattre. C'est à cette époque que la poterie, un des accessoires les plus importants de la vie quotidienne, devient uniforme en ce sens que, dans le courant des XIe-XIIIe siècles, il n'y a pas de différence sensible, par exemple, entre la poterie de Fehérvár en Transylvanie et celle de Fehérvár en Transdanubie. Aux deux endroits, les productions sont des pots du type de Saltovo, bouteilles et chaudrons fabriqués au tour, ornés de traits horizontaux serrés (lignes en spirale exécutées au tour). Les traditions de poteries locales d'avant la conquête, que l'on discernait encore au Xe siècle, s'affaiblissent ou disparaissent; l'archéologie contemporaine peut tout au plus tenter de démontrer ou bien de remplacer leur «survie» en se servant de certaines dénominations (céramique Dridu et Csüged/Ciugud).

Naissance des centres et des châteaux forts des comitats royaux

Le château fort bulgare de *Belgrade-Fehérvár,* situé sur la rive droite (nord-ouest) du Maros, fut occupé, lors de la conquête, par les Hongrois, ainsi qu'en témoignent la sépulture équestre hongroise détruite lors de la construction entreprise au début du XIe siècle (elle n'était donc plus visible à cette date), ainsi que les sépultures équestres et à armes, situées autour du château fort.

L'importance de la place forte s'accroît brusquement lorsque, dans le dernier tiers du Xe siècle, le premier gyula de Transylvanie décide d'y établir sa résidence. Vu sa technique byzantine, qui utilise du mortier mélangé à de la poudre de brique, c'est à l'époque des gyula qu'a dû se construire l'église chrétienne ancienne, de forme ronde, autour de laquelle on n'enterrait pas encore de défunts. Le bas peuple ensevelissait ses morts, jusqu'à la fin du Xe siècle, dans le cimetière païen situé au nord-ouest de la forteresse. Le Fehérvár des gyula ne devait pas être une ville très populeuse.

Lorsque Saint Etienne mit fin au pouvoir de son oncle, seigneur de ce territoire, Fehérvár continua à gagner en importance. Ses murs d'enceinte blancs furent sans doute refaits au début du XIe siècle et ils n'eurent pas besoin d'être reconstruits jusqu'à l'invasion des Mongols en 1241. A l'emplacement de l'ancien cimetière «païen» du château, situé en face de la cathédrale actuelle, on éleva, sous le règne d'Etienne, la première église épiscopale à une nef qui a été récemment découverte (à son époque, elle passait, avec une longueur de 19 à 20 m, pour grande). Vers l'est, dans les environs de la Monetaria (Atelier de monnayage), on vit se construire, à partir du deuxième tiers du XIe siècle, un grand nombre de maisons qui couvraient l'ensemble de l'espace situé à l'intérieur de l'enceinte et se succédaient même le long de la route qui conduisait à l'intérieur des murs. C'est sans doute à la suite de l'accroissement du nombre des serviteurs du château fort qu'on eut

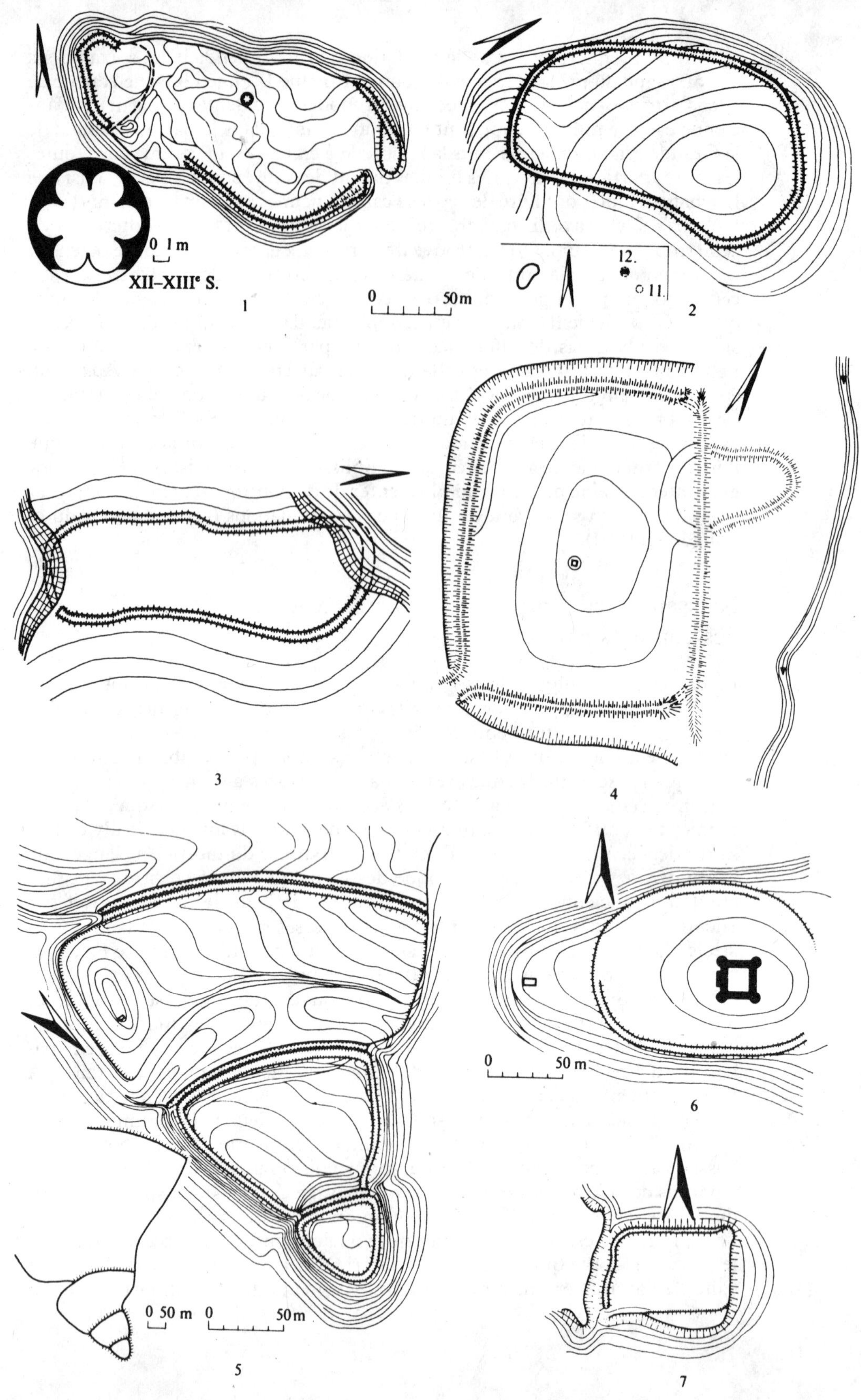
0 1 m
XII–XIIIe S.
1
0 50m
12.
11.
2
3
4
0 50 m
6
0 50 m 0 50m
5
7

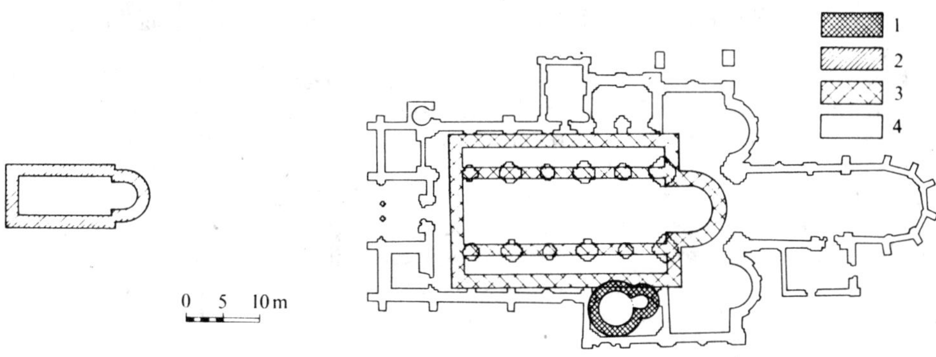

Fig. 10. Les églises de Gyulafehérvár aux Xe–XIIIe siècles

1) Eglise rotonde du dernier tiers du Xe siècle, *2)* première église épiscopale construite vers 1009, *3)* cathédrale épiscopale de Ladislas Ier et de Coloman, *4)* l'actuelle cathédrale construite sous André II

besoin, dès le milieu du XIe siècle, de trois cimetières. Le plus important, le nouveau cimetière du Nord-Ouest, à l'emplacement même de l'ancien cimetière romain, fut utilisé de l'époque d'André Ier à celle de Ladislas Ier. A la fin du siècle, Ladislas Ier et Coloman feront construire la nouvelle église épiscopale à 3 nefs, longue de 38 m (ses fondations ont été gardées dans l'actuelle cathédrale). Dans le même temps, on démolit l'église antérieure. Le monument le plus ancien de la sculpture romane de Transylvanie, le relief hémicyclique représentant un Christ en Majesté qui ornait une des portes de la cathédrale de l'époque de Ladislas et Coloman, a été conservé en tant que fronton intérieur de la porte sud de la cathédrale actuelle qui date du début du XIIIe siècle, et il en existe encore quelques beaux chapitaux. La date du bas-relief de pignon est confirmée par la figure du Christ assis, les bras levés, sur un trône orné de têtes d'animaux, car elle est calquée sur les représentations du roi telles qu'on les voit sur les sceaux royaux de l'époque de Ladislas et de Coloman. A partir du XIIe siècle, les habitants du château étaient tenus de se faire enterrer autour de la nouvelle église épiscopale, même sur l'emplacement de l'église antérieure. Aux XIIe et XIIIe siècles, on éleva d'autres églises avec cimetières autour du château fort.

Au témoignage des découvertes archéologiques, le grand ensemble fortifié connu sous le nom de *Dobokavár* fut élevé dans les premières années du XIe siècle ; au cours de ce même siècle, il fut progressivement agrandi et développé en un château de comes. Plusieurs fois saccagé et détruit (à l'époque d'Etienne Ier, avant 1030, puis en 1068 [?] et en 1091), il a vraisemblablement été plusieurs fois reconstruit et élargi ; ses remparts en terre et en bois furent remplacés, dès le XIIIe siècle, par des murs en pierres. Une de ses églises existait déjà dans la première moitié du XIe siècle et l'autre était également debout à l'époque de Ladislas Ier. On les remania plusieurs fois et aménagea

◁ *Fig. 9.* Les châteaux des comes en Transylvanie à l'époque de la fondation de l'Etat

1) Vieux-Kolozsvár et son église rotonde à la fin du XIIes. *2)* Vieux-Tordavár *3)* Vieux-Hunyadvár *4)* Biharvár *5)* Dobokavár *6)* Küküllővár *7)* Sajósárvár

des cimetières autour d'elles. Au XIIe siècle, on éleva une église dans la partie basse du château (Váralja).

L'archéologie n'a pas encore prouvé l'existence de *Désvár* dès le XIe siècle (un fragment d'épée occidentale témoigne cependant de l'occupation de Dés ou de ses environs au Xe siècle) et on ne connaît pour le moment ni la forteresse ni le cimetière de la haute époque. A la suite de remaniements ultérieurs, il ne reste de *Küküllővár,* sur la rive gauche du Kis-Küküllő, que des traces sans grand intérêt. Son rempart était constitué d'un fortin de terre et de bois construit en deux temps, avec une banquette de pierre, comme à Vieux-Tordavár et à Sajósárvár. Un vase-bouteille du XIe ou du XIIe siècle, trouvé sur son emplacement, a fait l'objet d'une publication. Il fut détruit par les Mongols le 4 avril 1241.

Plus intéressants sont trois autres représentants des « Sept châteaux forts » qui constituent chacun un exemple classique du développement est-européen du château fort en ville, développement particulier en ce sens que le château fort de l'époque de l'organisation de l'Etat ne se confond jamais avec la ville médiévale née, elle, pour des raisons économiques, à une distance plus ou moins grande du château et qui finit par hériter de son nom.

Vieux-Tordavár a été élevé sur la calotte plate d'une colline surplombant le village actuel de Várfalva. Par ses dimensions, sa forme et sa structure, il est typiquement un château de comes du début du XIe siècle. L'intérieur n'en fut pas fouillé, seuls ses remparts furent à plusieurs endroits découpés. Le cimetière de la population du château, découvert et décrit en 1912, se trouve dans la partie basse, dite Váralja et remonte au tournant des Xe et XIe siècles. Sa partie la plus ancienne présente encore les caractéristiques des cimetières du bas peuple; la partie plus récente avait servi de nécropole aux habitants du château devenus chrétiens entre le règne d'Etienne Ier et de Ladislas Ier. Du temps du roi Ladislas Ier, ce cimetière fut supprimé et, au XIIe siècle, la population du château se vit contrainte d'enterrer ses morts autour de la nouvelle église construite sous Ladislas Ier au pied du château (aujourd'hui église unitarienne). On conserva cette pratique au XIIIe siècle, lorsque le château fort fut abandonné et ses habitants devinrent des villageois. Dans la ville de Vieux-Torda, fondée au XIIe siècle, près de Tordaakna par les mineurs de sel, les cimetières les plus anciens se situaient depuis toujours autour de l'église. Le cimetière de Tündérhegy, près de Torda, qui remonte aux XIe et XIIe siècles, était rattaché au village voisin de Szentmiklós. Les voisins de Torda du côté nord-ouest, les villages Szind (Scinth) et Koppány (Coppan) furent signalés dès 1176.

On a récemment pris les mesures du château partiellement détruit de *Hunyadvár* aux dimensions de 200 × 70 mètres, qui se trouve sur le promontoire nommé Mont St. Pierre, près du confluent du Cserna et du Zalasd, à 300 mètres du château de Vajdahunyad bâti sur des rochers à la fin du Moyen Age. Hunyadvár, de forme ovale, avait à ses pieds un site habité. Le cimetière des habitants du château, situé au nord de la route conduisant à Rákosd, a été partiellement mis au jour et décrit dans les années 1910. Les sépultures datent d'une période allant du règne d'Etienne Ier jusqu'à la fin du XIe siècle. Les cimetières postérieurs à cette époque ne sont pour le moment pas connus. C'est une monnaie d'Etienne Ier qui permet de dater les débuts d'un cimetière du bas peuple non loin de là, à Zeykfalva.

Le premier *Kolozsvár*, Coluswar, castrum Clus, qui exista jusqu'en 1241, s'élevait à 2100 m à l'ouest de l'ancienne ville antique. Il semblait d'emblée destiné à être un château de comes et se situait dans un site géographiquement idéal, près du gué sur le Kis-Szamos, à un croisement de routes, sur une colline entourée des courbes du Szamos. A en croire les vestiges retirés des maisons à fondations enfouies dans le sol se trouvant à l'intérieur des murs (monnaie d'Etienne Ier, pendentifs de la fin de l'époque de la conquête, etc.) et la présence du rempart de terre du fortin de terre et de poutres primitifs, cette construction date des premières années du XIe siècle. Lors de l'attaque des Pétchénègues, en 1068, l'enceinte et les cabanes (où l'on a retrouvé des monnaies de l'époque du roi Salomon) furent consumées par le feu et le rempart fut plus tard reconstruit et rehaussé. Les dimensions et la construction du mur d'enceinte sont identiques à celles du château de comes, ce qui exclut qu'il ait d'abord été manoir ou ait servi à la protection d'un monastère légendaire de la haute époque. Le cimetière du bas peuple se situait en dehors du château (non décrit) mais, étant donnée la présence du cimetière ouvert à l'intérieur de l'enceinte, on est en droit de conclure à l'existence, après le milieu du XIe siècle, d'une petite église attenante au château. A la fin du XIe siècle, on construisit, dans le château même, le monastère bénédictin dédié à la Vierge et fondé par Ladislas Ier : il fut le premier monastère bénédictin de Transylvanie. Les habitants du château fort enterraient, jusqu'à la fin du XII siècle, leurs morts autour de ce couvent (cf. Gyulafehérvár). L'église à trois nefs du monastère fut démolie vers 1190. Pour la remplacer temporairement, on construisit, vers 1200, en partie avec des pierres du monastère une, rotonde à six lobes qui fut en partie démolie au XIIIe siècle, puis en partie intégrée en tant que chapelle au nouveau monastère. La première ville de Kolozsvár disparut avec ses habitants au moment de l'invasion des Mongols et, dès la seconde moitié du XIIIe siècle, on ne la mentionne plus que sous le nom de *Colusmonustora* (1263-1299). Dans la même période, le monastère fut entouré d'une enceinte carrée.

Aux Xe et XIe siècles, aucune trace de vie n'apparaît sur les ruines de l'antique Napoca ; de nombreuses fouilles témoignent de ce que, sur le territoire intérieur de la ville antique, une nouvelle surface s'était constituée au-dessus de la couche de décombres. Le premier signe d'une reprise de la vie au Moyen Age est le cimetière creusé dans les décombres romains, autour d'une église du XIIe siècle, mis au jour sous la place de la Liberté. Le noyau le plus ancien de la ville dans le quartier nord-ouest de l'ancien castrum est Óvár (Ancien château) qui date du début du XIIIe siècle. Le Kolozsvár du XIVe siècle s'étendait sur un territoire nettement plus important que la cité romaine, qui ne pouvait donc plus jouer de rôle dans le développement de la ville. Les découvertes archéologiques les plus anciennes concernant le territoire de Óvár et de la Cité (vases, etc.) remontent aux XIIe et XIIIe siècles.

La grande enceinte extérieure des fortins, de forme hémicyclique, existe vraisemblablement depuis le dernier tiers du XIe siècle. La Porte de Meszes était gardée par *Krasznavár* (1093 : Crasson civitas). Au nord, au confluent des deux Szamos, *Kozárvár,* avec son rempart rouge, est daté par des tombes des XIe et XIIe siècles. Ce château fort est le premier chaînon du réseau extérieur des forteresses construites après l'invasion des Pétchénèques en 1068. Il est suivi, au nord-est, sur la rive gauche du Sajó, par le fortin de terre et de bois de *Sárvár,* où l'on a trouvé de précieux mobiliers funéraires des XIe et XIIe siècles. La vallée du Maros était protégée, sur la rive droite, par le petit fortin de terre et de bois au nom inconnu, près de Malomfalva, dont les fouilles ont mis au jour une épée occidentale du XIe siècle, des pendentifs hongrois et des fragments de poterie en majeure partie tardifs (XIe et XIIIe siècles). Dans le Sud-Est, la protection du passage sur l'Olt était assurée, dès la fin du XIe, au plus tard au début du XIIe siècle, par l'important fortin de terre et de bois de [Hévíz]-*Ugra,* dont dépendait une grande agglomération villageoise. *Ugravár* — le seigneur qui le fit construire et qui lui donna son nom fut peut-être un membre de l'escorte du roi Coloman qui, en 1094, fonda le monastère de Ugra dans le comitat de Bihar — est facile à dater sur la base de riches trouvailles (chaudron en terre cuite, vases, anneaux de tresse, monnaies). A l'emplacement du fortin, on éleva vers 1200 un château fort en pierres aux dimensions modestes. *Földvár* existe depuis le XIIe siècle au plus tard, comme le point fortifié le plus à l'est sur l'Olt, dont le nom (fortin de terre) rappelait son ancienne forme. Le fortin de terre et de bois découvert sur la rive gauche de l'Olt, sous l'actuel château fort de Fogaras, n'est pas antérieur au XIIe siècle. En revanche, au passage de Cibin-Tchernavoda/Feketevíz, *Orlát,* fortin de terre et de bois, construit sur un plateau de montagne, est aisément datable grâce à des vases et des fragments de chaudron en terre cuite provenant des XIe et XIIe siècles. Son nom original était peut-être *Cibinvár,* car Orlát = Váralatt est le nom du village rattaché à un château fort voisin du XIIIe siècle et qui porte le nom de Salgóvár. Enfin, sur le Bas-Danube, non loin de Vieux-Moldova, il y avait le fortin de terre et de bois de *Szentlászlóvára* qui, au témoignage des fragments de chaudron en terre cuite qu'il a livrés, relevait des constructions de la haute époque et avait sans doute pris le nom de son fondateur (château de Saint-Ladislas). Après l'invasion des Mongols, il fut reconstruit en pierre.

Élevés pour les ducs ou les comes, les châteaux forts de l'Est de la Grande Plaine ont eu un impact sur l'histoire de la Transylvanie car ils furent construits le long des voies fluviales qui en partaient vers l'Ouest.

Le cimetière militaire du Xe siècle permet de rattacher aux constructions de la haute époque l'immense *Biharvár* (1075 : *civitas Bichor*), sur les rives du ruisseau Kösmő. Exception faite d'un petit fortin de rempart de hauteur modeste de l'âge du bronze appelé «Leányvár», le fortin de terre médiéval n'est pas construit sur des ruines. La terre de son rempart n'a livré que des fragments de vases de l'époque préhistorique. D'autre part, il semble formellement exclu qu'un des plus grands châteaux forts, d'une structure hongroise si caractéristique, fût élevé par la population slave clairsemée de l'Est de la Grande Plaine. Le fortin de terre et de bois deux fois détruit (1068, 1091) a été deux fois reconstruit, ses remparts ont été rehaussés et remplacés, dans le courant du XIIe siècle, par des murs de pierre. Malgré ses larges murailles, le château fort perdit son importance stratégique dès avant l'invasion des Mongols. Aux Xe et XIe siècles, le peuple du château habitait dans des cabanes semi-enterrées, en partie à l'intérieur des remparts et mettait sous terre ses morts depuis l'époque d'André Ier jusqu'au règne d'André II, dans le grand cimetière qui entourait l'église au sud du château. Sur l'église paroissiale, puis épiscopale, se trouvant à l'intérieur du château, on n'a d'autres informations qu'un procès-verbal de fouilles, et sa construction à la haute époque est attestée par une monnaie d'Etienne Ier ; plus tard, on enterra les morts autour d'elle. L'importance de Biharvár est actuellement illustrée davantage par les villages et cimetières très peuplés de la région, datant des Xe et XIe siècles, que par le centre même qui a été peu fouillé et n'a fait l'objet d'aucune publication.

A 12 km au sud de Bihar, sur la rive sud du Sebes-Körös, on connaît des villages et cimetières du bas peuple hongrois des Xe et XIe siècles. Ils se situent sur le territoire de la ville moderne de Nagyvárad sans être pour autant ses «ancêtres». Le château fort de (Nagy)*Várad,* une construction ronde en terre et en poutres ne fut élevé qu'en 1091/92 (1093 : *Varadynum de Byhor*) par l'ordre de Ladislas Ier, autour du monastère fondé par lui et qui se transforma peu après en une cathédrale épiscopale à trois nefs, consacrée à la Vierge. Le château fort élevé sur une île du Sebes-Körös fut construit sans antécédents, ses riches matériaux archéologiques remontent au tournant des XIe et XIIe siècles.

On ne sait pour le moment rien de précis sur le château fort de *Szatmárvár,* construit sur la rive nord du Szamos. En revanche, il est absolument certain que *Marosvár,* sur la rive sud du Maros, fut, au début du siècle, la « résidence » d'Ajtony, le chef révolté. Les riches sépultures et cimetières du Xe siècle qui se trouvent dans la région permettent de se faire une idée de son importance. La forme du plus ancien fortin de terre et de bois qui, au XIe siècle, reçut le nom de *Csanádvár,* se distingue encore plus ou moins bien sur le plan exécuté vers 1696 par Luigi Marsigli. En 1699, le château fort fut détruit par des explosifs, puis rasé. A la fin du XVIIe siècle, les ruines des tours de la cathédrale Saint-Georges, proche du bras du Maros qui, au moment de sa construction, entourait également le château vers le Sud, existaient encore. A l'extrémité nord du château, se dressait le monastère bénédictin dédié à la Vierge et fondé par l'évêque Gérard, puis remanié au XIIIe siècle qui, reconstruit en style gothique après 1361, fut également appelée abbaye Saint Gérard, étant donné qu'il renfermait la tombe du saint. A en croire les données topographiques exactes de la Légende majeure de Saint Gérard, il y avait jadis, dans son voisinage, un monastère qui disparut en 1241 sans laisser de traces et portant le nom de Saint Jean-Baptiste dont on ignore aujourd'hui jusqu'à l'emplacement. La petite église trilobée (et non « à sept absides » — le contrefort n'est pas une abside) qui, à la fin de l'époque turque, s'élevait non loin des ruines de la cathédrale et que certains archéologues hongrois et roumains identifient à l'église byzantine d'Ajtony ou même de Hiérotheos, est une petite église typiquement orthodoxe des XVIe et XVIIe siècles. L'actuelle cathédrale de Németcsanád fut construite à l'emplacement de l'église du monastère de la Vierge Bienheureuse, restaurée en 1741 et démolie en 1868. Pendant la démolition, on découvrit, dans l'axe médian du bâtiment, le sarcophage original en pierre de Gérard, qui date du XIe siècle. Des sondages mineurs plus récents ont démontré qu'au même emplacement, se trouvait un site des Xe et XIe siècles directement au-dessus d'un site gépide du VIe siècle. Des fouilles plus approfondies furent effectuées sur l'emplacement du château fort primitif *d'Aradvár* (Urod/Orod), au nord du Maros, sur une île entourée d'un bras mort de celui-ci. Les historiens sont unanimes à reconnaître qu'il était situé près de Öthalom-Glogovác, à quelque 12 km à l'est de la ville actuelle d'Arad. A en croire les découvertes archéologiques, c'était un fortin en terre et en bois caractéristique, construit au début du XIe siècle, puis remanié et rehaussé. On enterrait les morts autour de son église (non encore fouillée) depuis le roi Pierre (1038-1045) jusqu'au milieu du XIIe siècle — époque après laquelle ce sera le cimetière situé autour de la grande prévôté de Saint Martin qui les accueillera. La population qui habitait dans des maisons situées à l'intérieur du château fort est mentionnée dans une charte de 1177. Vieil-Aradvár fut entièrement détruit pendant l'invasion des Mongols.

En ce qui concerne *Temesvár,* on ne connaît que son emplacement. Toutefois, les cimetières militaires hongrois des environs et le nom même du château fort prouvent qu'il fut construit aux Xe et XIe siècles. On n'a jusqu'à présent retrouvé que les tombes des habitants du XIe siècle. C'est également au Xe siècle que remonte un fortin à peine fouillé, connu à l'époque árpádienne sous le nom de *Földvár* (Fortin de terre), dans le finage du village actuel de

Zimándújfalu. Son riche cimetière fut utilisé du Xe siècle jusqu'à l'époque de Ladislas Ier, puis il fut abandonné, probablement en même temps que le château fort, ce qui expliquerait qu'il n'ait pas reçu d'autre nom. On ne connaît que quelques restes de *Zarándvár* qui, si on se réfère à son nom, doit être considéré comme une fondation princière du Xe siècle, et qui devint plus tard un château de comes, tandis que du château fort d'*Örs(ova)vár* (Vieil-Orsova), détruit il y a peu de temps, on ignore à peu près tout.

Le rôle de l'Eglise catholique romaine à la haute époque árpádienne

Bien que les lois de Saint Etienne aient stipulé la construction d'un nombre déterminé d'églises (*Decem villę ęcclesiam edificent,* II/1), on n'a trouvé, sur le territoire étudié, de restes d'églises construites au XIe siècle que dans les centres des comitats royaux près des châteaux. Ces vestiges retrouvés ne reflètent pas la réalité, puisque la loi I/7 (1092) de Ladislas Ier prescrit aux évêques la reconstruction des églises détruites ou incendiées pendant les guerres intestines (= révoltes païennes), et sa loi I/8, celle des églises tombant en ruines en raison de leur âge. Cela signifie donc qu'il en avait existé déjà antérieurement, et en nombre assez important. Ce n'est toutefois que pendant le règne de Coloman (1095-1116) qu'un changement radical surviendra. Ce qui était jusque-là recommandé devient désormais obligatoire, en particulier l'enterrement des morts autour de l'église. Dès le tournant des XIe et XIIe siècles, on construit, autour des châteaux forts, de nouvelles églises paroissiales ou des églises de prévôté (Biharvár, Várad, Vieil-Aradvár, Dobokavár, Gyulafehérvár) et, phénomène encore bien plus important du point de vue de la religion catholique, les églises de village à abside carrée ou en hémicycle se multiplient dans le pays entier. Ces églises, et surtout les cimetières qui les entourent, sont malheureusement assez peu étudiés en Transylvanie. Les données dont nous disposons, surtout en ce qui concerne les sépultures datées par des monnaies du XIIe siècle, nous permettent néanmoins de nous en faire une image assez homogène. On trouve des églises ou restes d'église de la haute époque un peu partout en Transylvanie (à Mojgrad, dans le finage d'Almaszeg une église du XIIe siècle d'un village non nommé ; à Kide, Csitfalva, Szentábrahám, Sztrigyszentgyörgy ; à Illyéd, dans la région de Krassó, etc.). Celles qui portent le nom de leur saint patron (Szent Jakab, Szent Miklós, Szent András, Szent Ábrahám, Szent György, Szentkirály = Saint Etienne) remontent au XIIe siècle ; les fouilles effectuées dans les villages l'ont confirmé même là (par exemple à Mezőszopor-Szent Jakab) où on n'a pas encore réussi à mettre l'église elle-même au jour. Ailleurs, on ne connaît, à l'heure actuelle, que les cimetières des églises, ou des vestiges du «mobilier» des tombes (Máramarossziget, Nagybánya = Asszonypataka, Váralmás, Jakabfalva, Györgyfalva, Marosvásárhely, Marosszentkirály, Konop, Sajósárvár, Székelyudvarhely, Fogaras, Piski, Segesvár-Szőlők datés, en ce dernier lieu, par les monnaies d'Etienne II et d'Etienne III.

Villages, maisons, monuments architecturaux de la haute époque árpádienne

Les recherches sur les habitats ruraux et les maisons de l'époque árpádienne, en Transylvanie tout comme en Hongrie, n'en sont qu'à leurs débuts. On connaît, en bien des endroits du Sud-Est de la Transylvanie, les continuations de la période árpádienne des villages slaves de l'époque antérieure. A citer la couche supérieure de Kézdipolyán ; les cabanes tardives de Sepsiszentgyörgy-Kulakert, Siménfalva-Cserealja ; la couche médiane de cabanes au manoir Domonkos d'Alsó-Csernáton, Réty-Suvadástető, Segesvár-Szőlők (ce dernier est peut-être le village Sarold, disparu) et probablement l'habitat de Lemhény, près du Nagy-Szamos. Entre les cabanes semi-enterrées des derniers Slaves et des premiers Hongrois, il n'y avait, au début, guère de différences, à part le fait que les Hongrois de l'époque árpádienne — du fait de leurs traditions orientales — préféraient les fours creusés dans le sol (par exemple à Székelykeresztúr : jardin Gyárfás, Alsócsernáton : manoir Domonkos) aux fours à pierres (à Vermes, Malomfalva, Mezőerked, Bethlenszentmiklós). Au lieu d'un plat, ils utilisaient pour la cuisson des galettes, plutôt une cloche. La mise au jour d'objets hongrois en métal : pointes de flèche, mors, fragments de sabre, ornement de harnais, éperons, monnaies hongroises des XIe et XIIe siècles, ou encore chaudrons en terre cuite et en métal permet de conclure à l'établissement des Hongrois à une date reculée (par exemple à Csákó, Marosgombás, Maroslekence, Baráthely, 2e village). Les maisons elles-mêmes présentent les types courants de l'époque : ce sont des cabanes rustiques à toit en bâtière qui, sur l'ensemble du territoire du royaume, servaient d'habitat au bas peuple (Székelykeresztúr : jardin Gyárfás, Nagymedesér, Vermes, Bethlenszentmiklós, Csapószentgyörgy, Mezőerked, Malomfalva, Vieux-Kolozsvár, Biharvár, Vieil-Aradvár). A partir du XIIe siècle, les maisons semi-enterrées dans le sol ont toutefois, par endroit, des murs reposant sur des fondements de poutres (Székelykeresztúr, Malomfalva), et c'est également ce que prouve l'apparition des 4-6 pieux soutenant le toit (Csicsókeresztúr, Malomfalva, Csíkszentkirály). Les chaudrons de dimensions différentes, apportés par les Hongrois de la culture est-européenne de Saltovo, étaient des accessoires importants des ménages chez le bas peuple. Dans les villages, on les utilisait sur des âtres en plein air et, dans les campements, ils servaient de chaudière aux pâtres. Les chaudrons se sont répandus, entre le Xe et le XIIIe siècles, dans toutes les régions du bassin des Carpates habitées par des Hongrois. Et uniquement là. Ils n'existaient pas dans les régions habitées par des Slaves.

En ce qui concerne les nombreux fragments de chaudron en terre cuite découverts en Transylvanie, les récentes recherches roumaines et saxonnes les considèrent comme d'origine pétchénègue, en invoquant notamment les chaudrons des Pétchénègues retrouvés en Moldavie et ceux des Bulgares découverts en Dobroudja, et près du Bas-Danube (qui sont eux aussi considérés comme d'origine pétchénègue). En Transylvanie, ils sont censés servir de preuve à la présence massive de Pétchénègues et même, ces derniers temps, de « Romains ». Or, il n'y eut jamais d'établissement massif de Pétchénègues dans le bassin des Carpates, et plus particulièrement en Transylvanie où on ne connaît que 6 à 8 villages appelés Besenyő (Pétchénègue), relativement tardifs (XIe-XIIe siècles, dans l'Est et le Sud) sur les 103 qui se trouvent sur l'ensemble du territoire de la Hongrie árpádienne, et les *noms mêmes* de ces villages réfutent la thèse d'un environnement pétchénègue. De plus, la forme

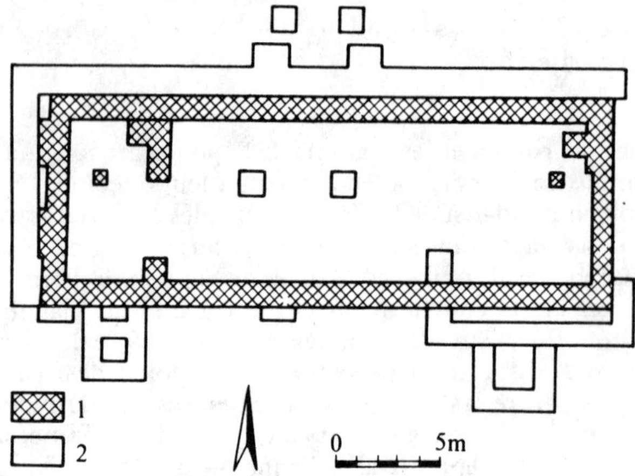

Fig. 11. Le palais princier de Belényesszentmiklós aux XIe-XIIe siècles

1) Palais princier de Béla et de Géza, *2)* palais reconstruit sous le prince Álmos et ses ailes ultérieures

et les décorations des chaudrons en terre cuite du bassin des Carpates diffèrent sensiblement de celles des chaudrons de Moldavie, considérés comme leurs modèles et, en réalité, généralement plus récents (leur origine locale et surtout l'idée de les faire remonter à des vases de bronze romains sont insoutenables). Les chaudrons ont été trouvés sur de nombreux sites de Hongrie et de Transylvanie, dans des couches de maisons datées par des objets métalliques hongrois des Xe et XIe siècles, ou ensemble avec des pots de type «Saltovo» hongrois fabriqués au tour (Biharvár, Vieux-Kolozsvár, Vieux-Tordavár, Vieil-Aradvár, Gyulafehérvár, Dobokavár, Maroslekence, Csapószentgyörgy, Malomfalva). A partir du XIe siècle, ils sont datés à l'aide de monnaies hongroises, tandis que, pour la haute époque, ce sont les cimetières qui permettent de dater leurs habitats. Nombre de chaudrons sont ornés de lignes ondulées, ce qui permet de situer leur fabrication aux Xe et XIe siècles. (Vieux-Kolozsvár, Belényesszentmiklós, Segesvár-Szőlők, Bulcs-Kápolnás, etc.) Les nombreux endroits de la Plaine et du comitat d'Arad, où l'on a découvert des chaudrons, désignent l'emplacement de villages hongrois détruits pendant l'invasion des Mongols. Les 180 sites fournissant des chaudrons en Transylvanie et dans l'Est de la Grande Plaine constituent une preuve importante de la présence des Hongrois dans cette région à l'époque árpádienne. Ces chaudrons ne diffèrent guère de ceux qui furent recensés sur le territoire habité par les Hongrois et dont le nombre monte à 500-600.

En étudiant l'histoire de l'établissement des Hongrois au XIe siècle, il faut également ménager une place aux trésors cachés qui, de surcroît, sont révélateurs du point de vue des événements politiques et des conditions économiques de l'époque. C'est au moment de l'attaque pétchénègue, survenue avant 1030 ou pendant le règne de Pierre (1038-1044), que les perles en argent d'un collier de type Darufalva—Jurkovci furent enfouies sous la terre à Dobokavár. En usage dans les années 1030, ces bijoux d'origine est-européenne se rencontrent dans des trésors datables à l'aide de monnaies. Un autre beau trésor, également constitué de bijoux d'argent est-européens, a dû être enfoui sous la terre dans la région qu'on appellera plus tard «Királyföld» (Königsboden, Terra Regia), au moment de l'attaque ouz-pétchénègue de

1068. Les bijoux permettent de tirer quelques conclusions quant aux rapports entre la Transylvanie et le monde des Slaves de l'Est. A Alsó-Csernáton, dans le comitat de Háromszék, le propriétaire slave d'une maison incendiée par l'ennemi a caché des monnaies de bronze byzantines accumulées depuis le Xe siècle. Les quatre ensembles déterrés, composés de monnaies de Ladislas Ier retracent fort bien l'itinéraire de la première attaque coumane de 1091, conduite par Kapoltch, à travers la Transylvanie, jusqu'à Biharvár (Torda, Magyarfráta, Dobokaváralja, Biharszentandrás) ; ils révèlent en même temps que des particuliers possédaient, le cas échéant, une fortune en monnaies assez considérable (120 à 170 monnaies d'argent).

Par ailleurs, « la circulation » des monnaies hongroises — pour tant qu'on puisse la reconstruire d'après les oboles sépulturales — était la même, à partir de l'époque de Saint Etienne, en Hongrie et dans l'Est de la Grande Plaine ou dans le Banat. Dans les centres, déjà fouillés, de la Transylvanie intérieure (Vieux-Hunyad, Vieux-Torda, Vieux-Kolozsvár, Doboka) et dans leurs environs, on se servait couramment des monnaies de Saint Etienne et de Pierre. Le seul endroit où on n'a pas encore signalé de monnaie antérieure à André Ier est Gyulafehérvár — mais cela n'est qu'un fait du hasard car des monnaies de Pierre ont été retrouvées non loin de là, à Lámkerék. Comme relève également du hasard le fait qu'on n'a pas encore trouvé de monnaie de Géza Ier en Transylvanie. En effet, la circulation des monnaies s'est généralisée dès l'époque de Coloman pour l'ensemble du territoire habité par les Hongrois, comme en témoigne le trésor découvert à Homoródszentpál, à l'extrémité est de ce territoire, que son propriétaire avait amassé sous Ladislas Ier, Coloman et, surtout, Béla II, et dut cacher pour une raison inconnue. La répartition des monnaies fournie par les fouilles ne permet donc pas de conclure aux « étapes de la colonisation hongroise ». Un tel phénomène peut être relevé dans le seul territoire du futur Háromszék où les monnaies hongroises apparaissent subitement et partout à la fois à partir de l'époque de Géza II.

De récentes recherches ont abouti à la découverte, non loin de Belényesszentmiklós, d'un manoir ducal (*curtis* du XIe siècle) et de sa chapelle. Le palais, d'une taille considérable, est proche parent du manoir royal-princier de Dömös, près du Danube, en amont de Budapest, une résidence probablement construite pendant le règne des ducs Béla et Géza (futurs rois Béla Ier et Géza Ier). La reconstruction du palais endommagé lors de l'attaque des Coumans, en 1091, eut lieu sous le duc Álmos, époque à laquelle on agrandit également son église. Son histoire et son agrandissement, au XIIIe siècle, se rattachent au nom de la famille Borsa.

Des fouilles, également récentes, effectuées avec compétence ont démontré que les églises centrales lobées qui, du fait de certaines particularités de leur plan, ont été datées, surtout par des historiens de l'art, de l'architecture et des archéologues hongrois, des Xe et XIe siècles (Székelyudvarhely : chapelle de Jésus, Kézdiszentlélek : Perkő) sont en réalité des bâtiments de style archaïsant élevés à un moment tardif du Moyen Age. Compte tenu des données des chartes et des résultats archéologiques, il faut ranger dans ce groupe l'église orthodoxe quadrilobée de Guraszáda, construite vers 1300 (*Zad,* après 1292), ainsi que l'église circulaire de Vieux-Kolozsvár avec ses six lobes intérieurs, construite au tournant des XIIe et XIIIe siècles (dans ses fondations, on a intégré un chapiteau ainsi que la base d'une colonne jumelée ornée d'un relief du XIIe siècle), et enfin l'église circulaire d'Illyéd, en Krassó que, du côté roumain, on tente de faire remonter au IXe ou au Xe siècles (elle est entourée de tombes du XIIe et du XIIIe siècles).

Attirées par le romanesque, les recherches ont laissé de côté certaines œuvres authentiques de la haute époque. Ses dimensions, ses particularités de construction et sa forme (elle a ses répliques à Veszprém, Sárospatak, Ducó, Gyulafehérvár!) situent, sans l'ombre d'un doute, aux XIe-XIIe siècles la petite rotonde à abside hémicyclique d'Algyógy construite en partie en briques romaines. Longtemps attribuée sans fondement à une époque beaucoup plus tardive et, de plus, injustement ignorée, cette église circulaire est probablement le plus ancien bâtiment ecclésiastique de la Transylvanie.

Les débuts de l'établissement des gardes-frontières à l'Est

Aux XIe et XIIe siècles, la zone d'extension des agglomérations de gardes-frontières équestres mobiles *(sagittarii)* est en général délimitée vers l'extérieur par une ligne de châteaux forts frontaliers. A certains endroits cependant, il faut compter avec des postes avancés de gardes pétchénègues. A l'entrée du col de Vöröstorony se trouve, du côté transylvain, le village de Talmács (Tălmaciu et Kis-Talmács = Tălmacel). Le nom renvoie à une tribu pétchénègue Talmat/Talmać qui résidait à l'est du Dniepr, et dont les membres, à partir de la seconde moitié du Xe siècle (?), s'engagèrent, entre autres, dans la garde impériale de Byzance *(Talmatzoi)*. Les débuts incertains de leur prise en solde par Byzance ne servent toutefois pas de preuves à leur apparition simultanée en Hongrie. Les toponymes Talmács en Hongrie, ainsi que les toponymes Kölpény qui sont des références à un nom de tribu pétchénègue et faciles à dater par la mention des Pétchénègues à Byzance *(Kulpingoi)*, remontent à la seconde moitié du XIe siècle. Ces noms, ainsi que les noms de villages formés avec l'élément «besenyő» (pétchénègue) sont en majorité répartis sur le territoire intérieur de la Hongrie, ce qui correspond à l'immigration en plusieurs vagues de ce peuple au XIe siècle, confirmée par l'historiographie. Le fait qu'ils étaient établis tout en étant dispersés ne les empêchait pas d'exercer leur fonction de gardes-frontières et d'avant-garde qui est largement attestée par l'histoire hongroise de la haute époque et aussi par leurs sites qui, en Transylvanie, étaient des postes avancés. Le village de Talmács en Szeben, Mező-Kölpény (Culpin) en Marosszék, et les six villages «besenyő» situés entre le Maros et l'Olt, rentrent parfaitement dans le système de défense installé au XIe siècle. Le fait que le village pétchénègue près de Beszterce avait Heidendorf pour premier nom allemand prouve que ses habitants étaient païens et cela jusque dans le courant du XIIe siècle.

Du point de vue de l'histoire du peuplement du territoire, il faut insister sur l'importance particulière des églises en pierre et en bois, construites en style roman aux XIe et XIIe siècles, qui furent récemment découvertes au-dessous et autour des églises saxonnes des XIIe et XIII siècles, ainsi que sur celle des cimetières dont elles sont entourées, des églises de style roman précoce des villages de gardes-frontières hongrois et de leur cimetières utilisés jusqu'à l'époque de Géza II et Etienne II (1162-1172) (Szász*sebes*, Szász*kézd*, Medgyes, Szászfehéregyháza, Kelnek, Nádpatak, Szász*orbó*, Horomóddaróc). Ceux-ci prouvent que l'organisation de l'Eglise catholique s'était déjà fermement implantée dans les vallées du Sebes, du Nagy-Küküllő et du Homoród et avait également atteint l'Olt vers le Sud (Fogaras). Simultanément à l'établissement des Saxons, venus d'Allemagne, qui avait débuté au milieu du XIIe siècle, on opère le transfert de la population des villages de gardes-frontières hongrois du XIe siècle, sur le territoire aujourd'hui appelé Székelyföld (Terre sicule), en premier lieu dans le bassin de Háromszék. A certains endroits, le village cesse d'exister définitivement. C'est le cas d'un village du XIIe siècle ayant été daté par des monnaies, qui utilisait beaucoup de chaudrons en terre cuite, sur la rive sud du Nagy-Küküllő, non loin de Medgyes, dans le finage de l'ancien Paratély (Baráthely, Bratei), dont les habitants ont sans doute été déplacés vers l'est.

Deux grands cimetières mis au jour dans le finage de Zabola et de Petőfalva, sur le futur territoire de Orbaiszék, apportent une preuve concrète de l'apparition des gardes-frontières sicules au XIIe siècle. Les deux furent peut-être aménagés à proximité d'une église en bois — l'existence de telles constructions est signalée en 1146 par Othon de Freising — à l'époque du règne de Géza II et, au témoignage des nombreuses oboles sépulturales, ils furent utilisés sans interruption jusqu'à l'époque d'Etienne III et de Béla III ou, à Petőfalva, jusqu'à l'invasion mongole. Le rite des sépultures et le costume des morts sont hongrois et caractéristiques de l'époque árpádienne. Leur richesse témoigne d'une situation sociale particulière des défunts. Les cheveux des femmes étaient ornés, avec une fréquence relativement grande pour l'époque, d'anneaux petits, moyens ou grands en électron ou en argent ; aux mains, elles portaient des bagues décoratives et variées en argent. Le métier des hommes est attesté par des carquois plaqués de fer et des pointes de flèches en fer et en os ; que leur foi chrétienne ne fût pas fortement implantée ressort des plats de viande de mouton, de bœuf et surtout de cheval qui font parfois partie du mobilier funéraire. Rien ne permet de les rapprocher de la population slave locale. Les habitants de Zabola et de Petőfalva appartenaient donc à la catégorie des hommes libres et aisés de Hongrie. Cela correspond bien à la situation juridique et économique des gardes-frontières nouvellement transférés. Des tombes pourvues de mobilier et orientées vers l'Est dans la région de Kézdiszék, de la fin du XIIe siècle, témoignent également de l'apparition de nouveaux colons (Alsócsernáton).

Parallèlement aux cimetières, on a découvert les habitats des nouvelles agglomérations. A Karatna, qui est aujourd'hui rattachée à Torja, dans le jardin du manoir Apor, on a découvert une cabane semi-enterrée, équipée d'un four rond en terre avec une base dans le sol, et non loin d'elle, à l'air libre, un four à cuisson creusé dans le sol. Le site peut être daté avec certitude sur la base de fragments de chaudron en terre cuite, de pointes de flèches particulières apparentées à celles de Zabola, ainsi que de fragments de poterie avec estampille du XIIe siècle. Les objets découverts sur le site de Karatna, les pointes de flèches du type de celles de Zabola et des éperons du XIIe siècle caractérisent aussi et permettent de dater la couche supérieure du site d'Alsócsernáton-manoir Domonkos, avec son four rond creusé dans la terre (chaudron en terre cuite, pointe de flèche, éperon) ; ce site se constitua au-dessus d'une couche à fours en pierre qui, comme l'indiquent les monnaies retrouvées, disparut en 1068, c'est le cas de Sepsiszentgyörgy-Bedeháza (chaudron en terre cuite, éperon) et d'Eprestető (chaudron, pointe de flèche, soc de bêche), d'Angyalos (pointe de flèche) de Réty (chaudron en terre cuite, éperon) qui se trouvent en Háromszék. Dès la fin du XIIe siècle, on voit apparaître, dans la région du futur Csíkszék, des structures d'habitation de gardes-frontières : à Gyergyószentmiklós-château des Lázár (chaudrons en terre cuite), et surtout sur le territoire de Csíkszentkirály où le fondement de la cabane semi-enterrée dans le sol, pourvue aux quatre coins de pieux soutenant le toit, est daté par des vases, des chaudrons en terre cuite et des monnaies
 d'Isaac Angelos II (1188-1195). Autrement dit, les récentes fouilles et les

objets qu'elles ont permis de mettre au jour attestent le transfert à l'Est, au XIIe siècle, des gardes-frontières hongrois ; en revanche, elles n'ont pas confirmé les hypothèses plus anciennes qui avaient attribué les sites énumérés — surtout sur la base de pointes de flèches mal datées — aux Hongrois vivant aux Xe et XIe siècles ou, surtout, à des Pétchénègues.

Les enseignements de l'histoire des agglomérations hongroises et slaves jusqu'à la grande mutation de la fin du XIIe siècle

Quelque aléatoires et irrégulières qu'aient été les fouilles archéologiques des cent dernières années, elles n'en ont pas moins permis de retenir quelques faits incontestables concernant l'histoire des agglomérations.

L'extrémité est de la Grande Plaine, allant du territoire de l'Ér au Bas-Danube, avec les vallées attenantes, se distingue de la Plaine elle-même qui la jouxte à l'ouest en ce que c'est précisément sur cette extrémité que se formèrent les centres de l'établissement hongrois et de l'organisation administrative de la haute époque, de Szatmárvár à Orsovavár, en passant par Biharvár, Várad, Zarándvár, Aradvár, Temesvár, et Krassóvár. Il faut imaginer, autour de ces sites, un réseau d'agglomérations encore plus riche et dense qu'au centre et dans le Sud de la région transtibiscine. L'examen des sites archéologiques confirme pleinement que ce ne fut nullement l'effet du hasard si les foyers politiques hongrois du haut Moyen Age, qui rivalisaient avec Esztergom et Székesfehérvár, se sont constitués, au XIe siècle, autour de Marosvár/Csanád et Biharvár.

Les conditions de la Transylvanie historique évoluèrent différemment. Les sépultures de la couche militaire moyenne de l'époque de la conquête permettent de conclure à l'occupation stratégique de la partie occidentale de la région de Mezőség, des bassins majeurs (par exemple, le bassin de Háromszék) ainsi que des deux rives du Maros. Au milieu du Xe siècle, au moment où le danger pétchénègue-bulgare disparaît, le système de défense profondément structuré est supprimé et cède la place à des marches situées tout autour, tandis que la partie occidentale du plateau transylvain est occupée et peuplée de façon définitive. Le premier réseau d'agglomérations hongroises se constitue autour des mines de sel, près des rivières Maros et Aranyos avec, selon toute vraisemblance, comme foyer politique et militaire, Gyulafehérvár. Faute de fouilles, il serait à l'heure actuelle difficile de dire où, en dehors de Gyulafehérvár et de quelques villages de moindre importance de la vallée du Maros et du Küküllő, se trouvaient encore des agglomérations tant soit peu importantes remontant au second ou au troisième tiers du Xe siècle.

La rivière Maros et sa vallée continuèrent à être, après 1003, l'itinéraire et l'artère principale de l'organisation de l'Etat : une des raisons qui suscitèrent la campagne contre Ajtony fut que le commandant de Marosvár s'avisa de percevoir un droit de douane sur les navires transportant du sel pour le compte du roi Saint Etienne ; par ailleurs, le transport du sel depuis la Transylvanie vers Arad et Szeged, plus tard seulement vers Szeged, se fera, jusqu'à la fin du XVIe siècle, avant tout par cette voie. L'étude des sites archéologiques nous autorise à penser que c'est seulement vers le milieu du XIe siècle que se constitua, entre Désakna, nouvelle fondation sur le territoire du comitat de Belső-Szolnok en Transylvanie, en passant par la porte de Meszes connue et utilisée dès l'époque de la fondation de l'Etat (Vártelek), et Szolnok, près de la Tisza, la voie continentale du sel qui s'appelait — et cela n'est sûrement pas le fait du hasard — Királyuta (Voie royale). Au témoignage négatif de l'archéologie, la vallée, d'un accès difficile, des rivières Szamos réunies de Dés à Asszonypataka/Nagybánya n'eut aucun rôle important dans l'établissement des Hongrois et des rapports entre les deux parties du pays.

De même, l'absence de vestiges et de toute trace témoignant de la vie humaine exclut que, dans le Nord-Est de la Transylvanie de l'époque árpádienne, il existât une population nombreuse, et de surcroît autre que slave ou hongroise. Les chartes du XIIe et du XIIIe siècles décrivent la partie nord-est du Szilágyság et le Máramaros comme une immense forêt royale. On n'y a trouvé aucune trace des prétendus Roumains «autochtones» surgissant dans les chroniques moldaves des XVIIe et XVIIIe siècles (Miron Costin, Dimitrie Cantemir), autochtones qui se seraient cachés là depuis l'empereur Trajan, jusqu'à Dragoş au XIVe siècle!

Le trajet Sebes-Körös—Királyhágó—Kis-Szamos, bien que connu dès la conquête, n'eut, du point de vue de l'histoire des agglomérations, qu'une importance secondaire par rapport à la voie principale de la vallée du Maros. La preuve en est fournie par la fréquence et la répartition des chaudrons de terre cuite retrouvés.

Jusqu'au dernier tiers du XIe siècle, la défense stratégique de la Transylvanie était assurée: au nord par Dobokavár, à l'est par Küküllővár, au sud par Hunyadvár. Autour de ces châteaux forts ainsi qu'autour de Vieux-Kolozsvár et Vieux-Tordavár, le réseau des agglomérations était plus dense. Gyulafehérvár a conservé son rôle central jusqu'à la fin de l'époque. Un des résultats les plus importants de l'archéologie est d'avoir pu démontrer la présence d'agglomérations slaves avant la conquête hongroise aux endroits même où la linguistique admettait déjà, sur la base de noms géographiques slaves, la survie des Slaves de Transylvanie jusqu'aux XIe et XIIe siècles.

A partir du dernier tiers du XIe siècle, la défense du territoire central fut assurée par les villages des gardes-frontières transférés de Hongrie sur les terres qui, plus tard, allaient devenir celles de Saxons. Les villages s'agglutinaient derrière et autour de fortins de terre et de bois plus ou moins grands. Sur l'ensemble du territoire ainsi occupé on assiste, à l'époque de Ladislas Ier et de Coloman, à la mise en place de l'organisation des églises de village. Dès cette époque, on trouvera des églises catholiques romaines — éventuellement avec des cimetières aménagés autour d'elles — dans des régions autrefois désertes, dans les forêts, en particulier dans la vallée des Küküllő. Les châteaux forts de comes étaient partout des foyers du christianisme. Sur le territoire de Dobokavár, par exemple, il existait, dès la haute époque, deux églises en pierre plusieurs fois remaniées. Ce fut dans le second tiers du XIIe siècle, au moment des premières implantations allemandes qu'on commença à transférer le système des gardes-frontières établi à la fin du XIe siècle, sur la future Terre sicule, où l'apparition des colonies et cimetières nouveaux de cette population a été attestée déjà par des fouilles. Les gardes-frontières étaient des Sicules hongrois (en hongrois: Székely, en allemand: Szekler) qui observaient des traditions légèrement dépassées dans le reste du pays; leur rang social est illustré par la richesse de leur costume qui s'apparente à celui des nobles de l'époque.

Le schéma établi par l'archéologie quant à l'évolution du réseau d'agglomérations s'accorde avec celui que les recherches ont tracé, sur la base des dialectes, quant à l'établissement des Hongrois en Transylvanie.

Le dialecte hongrois de Szatmár, Kraszna, Közép-Szolnok, Bihar de l'Est et Kolozs de l'Ouest (Kalotaszeg) est apparenté à celui des régions situées à l'est de la Tisza et autour de la Haute-Tisza. L'implantation hongroise dans cette région — en majeure partie située en dehors de la Transylvanie historique — s'est effectuée, au témoignage de l'archéologie, au tournant des Xe et XIe siècles, à partir de l'Ouest.

Dans la région de la Terre sicule, on distingue au moins trois dialectes importants. Ses restes sporadiques les plus anciens se rencontrent sur le territoire de Belső-Szolnok, Kolozs du Nord, Fejér de l'Est et Küküllő de l'Ouest : ils semblent être l'héritage des gardes-frontières du XIe siècle, tandis que, dans la partie ouest d'Udvarhelyszék, il s'agit d'un dialecte venant expressément de Bihar. Les trois grands dialectes de la Terre sicule accusent une parenté frappante avec celui du Nord-Ouest des régions frontalières (région de Pozsony→Marosszék), celui du Sud (Baranya du Sud, Valkó→Udvarhelyszék), et celui du Sud-Ouest (Őrség, Őrvidék→Háromszék, Csík), ce qui prouve qu'il se sont constitués à la suite du transfert à l'Est, au cours des XIe et XIIe siècles, de diférentes « communautés de gardes ». Quant à déterminer lequel était le groupe le plus volumineux, c'est-à-dire le groupe éponyme, c'est une tâche qui ne peut plus être résolue aujourd'hui. La population locale était, dans toute la région de la Terre sicule, de souche slave.

Le dialecte hongrois de la région du bassin transylvain est nettement transylvain, différent de tous les autres dialectes hongrois. Cet état de choses ne peut s'expliquer que si l'on admet une occupation primitive à la fin du IXe siècle. Le noyau original s'en situe sur le territoire qui a livré des mobiliers funéraires des conquérants ainsi que les fortins de terre les plus anciens, de Dobokavár à Hunyadvár en passant par Kolozsvár, Tordavár, Küküllővár et Déva. C'est de là que la colonisation s'étend, dès les XIe et XIIe siècles, vers l'Est du Mezőség et, à l'Ouest, vers la région des Fehér-Körös et Fekete-Körös. C'est en gros la région du dialecte musical hongrois archaïque (Mezőség, Enyed, Marosludas) qu'on a délimité récemment à l'intérieur du dialecte musical n° 4 de Transylvanie — en soi-même indépendant et archaïque — étudié par Béla Bartók. Tout cela prouve qu'un des groupes importants du peuple hongrois *est présent, de façon permanente dès 895, dans la partie occidentale du bassin transylvain.* Du fait de sa situation géographique particulière, il se distingue du grand bloc hongrois — de même que des Sicules établis plus tard sur leur territoire actuel — en ce qu'il a conservé des traits plus archaïques que n'importe quel autre unité régionale hongroise.

II — La naissance de la société d'Ordres (1172-1526)

1. Les trois ethnies de la Transylvanie (1172-1241)

L'installation progressive des Sicules et des Saxons

Une tradition des chroniqueurs qui remonte au début du XIIIe siècle, veut que les Sicules, qui vivent actuellement concentrés dans la partie sud-est de la Transylvanie, aient fait partie des Huns, et se soient retirés dans cette région après la mort d'Attila. Légende qu'il serait impossible d'étayer par les faits, tout comme la thèse qui n'est pas sans s'appuyer sur certains arguments archéologiques, mais ne se justifie pas du point de vue linguistique, et qui les identifie à un peuple turc s'étant installé, à l'en croire, dans le bassin des Carpates vers 670. Le plus probable est que les Sicules, ou du moins le groupe étant à l'origine de leur dénomination, sont les descendants de la tribu kabar, mentionnée par Constantin, empereur de Byzance, une tribu qui s'était insurgée contre les Khazar et se rallia aux Hongrois avant leur conquête du bassin carpatique. Cette tribu était, vers 950, encore bilingue : elle parlait sa langue turque tout en lui substituant peu à peu la lange finno-ougrienne des Hongrois. Selon une hypothèse, par beaucoup contestée, le nom du peuple « székely » remonterait à celui de la tribu bulgaro-turque « eskil » (voir p. 155).

En tous cas, l'origine turque semble très vraisemblable. De provenance centre-asiatique, et servant à l'origine à l'écriture de textes turcs, l'alphabet à caractères runiques que les Sicules utilisaient encore au Moyen Age, en comprenait, parmi ses 37 lettres, 21 qui remontaient à l'ancien turc, 3 empruntées au grec ancien et 3 glagolithiques. Ces dernières permettent de noter 4 phonèmes qui n'ont pas leur équivalent dans le turc, mais se retrouvent, par contre, dans le hongrois finno-ougrien. Aussi loin que remontent nos données linguistiques les plus reculées, les Sicules parlaient hongrois, et leurs toponymes aussi bien que leur dialecte ne comptent pas davantage d'emprunts turcs que le hongrois moyen. Donc, même s'ils parlaient, à l'origine, une langue turque, ils l'ont très tôt et entièrement remplacée par le hongrois. Or, il n'est guère probable que cela se soit accompli sur les territoires où ils habitent aujourd'hui, à l'extrémité sud-est de l'aire linguistique hongroise.

Jusque dans le Moyen Age tardif, les Sicules gardèrent les éléments de leur structure tribale d'origine turque : ils étaient regroupés en six clans, qui se divisaient chacun en quatre branches ; c'étaient les membres des familles les plus éminentes qui remplissaient les dignités de juge *(iudices)* et de commandant militaire *(capitanei)* des clans, à tour de rôle, pour un an. Cette organisation pouvait remonter au temps de la conquête du pays, ou bien avait été établie pour des raisons militaires, lors de la création des zones de garde-frontière ; en tout cas, elle devait exister à l'époque où les Sicules s'installèrent sur leur lieu actuel d'implantation car, dans chacun des groupes sicules qui devaient par la suite essaimer, on retrouve les six mêmes noms de clan. Où qu'ils résidassent, ils considéraient l'ensemble des terres comme la propriété de l'ensemble du peuple sicule. Les quatre branches furent également partout reconstituées, et on assurait même, le cas échéant, le remplacement de celle qui s'était éteinte par la création d'une branche dite « neuve ». Quoique la part des terres communautaires qui revenaient aux dignitaires fût plus grande et qu'ils eussent droit à d'autres bénéfices, ce qui entraîna la différenciation des fortunes, les rapports de vassalité ne purent s'instituer entre Sicules, car ils étaient tous, indistinctement, de condition libre et se voyaient attribuer une part déterminée des terres communes. Ils avaient, en contrepartie, l'obligation personnelle de porter les armes. Outre leur organisation tribale et militaire, les Sicules furent ceux qui pratiquèrent le plus longtemps l'ancienne technique d'élevage en alternance des pâturages des Hongrois nomadisants. L'impôt qu'ils devaient payer au roi fut celui du cheval puis, quand ils se furent progressivement convertis à l'agriculture, celui du bœuf. Mais ils restèrent, pour l'essentiel, des éleveurs. Dans l'armée royale, ils constituaient une cavalerie légère qu'on envoyait en reconnaissance.

L'organisation et le mode de vie des Sicules ne rentraient pas et n'avaient guère de chance de survivre dans le système d'administration royale fondé sur les châteaux et les comitats, où le bas peuple était astreint à des besognes ordinaires et où peu de ses membres pouvaient servir comme soldats. Néanmoins, on trouve des localités qui possèdent l'élément « székely » dans leur nom, sur l'ensemble du territoire de la Hongrie historique, en Transdanubie et même près des frontières nord-ouest. On en déduira que l'installation des soldats sicules — ou bien kabars ? — dans divers points du pays a pu commencer à la charnière des Xe et XIe siècles. L'archidiaconé dite « de Telegd » fondée par les Sicules, et que nos sources citent comme étant située en Transylvanie, fut baptisée d'après le village nommé Telegd, qui n'existait que dans le comitat de Bihar, et nulle part ailleurs en Hongrie. La rivière Hortobágy (all. : Harbach, roum. : Hîrtibaciu), qui se trouve en Terre saxonne en Transylvanie, n'a qu'un seul homonyme, et c'est précisément en Bihar ; tout comme pour la rivière Homoród, nom qui se rencontre même deux fois dans l'archidiaconé transylvain « de Telegd », mais possède également un homonyme en Bihar. Or, le comitat de Bihar était, dès le Xe siècle, entouré de tous côtés de populations hongroises. C'est là l'explication du fait qu'au XIe siècle, les Sicules avaient déjà subi l'assimilation et, parlant déjà hongrois et ne conservant de leur passé turcophone que l'écriture runique auraient pu se transplanter en Transylvanie.

Outre les fouilles archéologiques, les analyses toponymiques nous renseignent elles aussi sur leurs premiers sites, ainsi que sur les motifs et le moment de leur départ vers leurs implantations actuelles. Aux environs de 1190, se constitua la prévôté des premiers colons allemands (*Flandrenses* ou *Theutonici*) établis par le roi Géza II (1141-1162) dans la vallée du Hortobágy, affluent de l'Olt. Cette prévôté, soustraite à l'autorité de l'évêque de Transylvanie et placée sous celle de l'archevêque d'Esztergom, était nommée Altland et se composait des « sièges » de Szeben, de Újegyháza et de Nagysink. (Siège = hong. : szék, lat. ; *sedes* dans les diplômes médiévaux — unité administrative et juridique des territoires autonomes sicules, saxons et coumans.) Ce territoire fut désigné dans les diplômes comme « desertum », mais avec le sens de « abandonné », notamment par les Sicules « de Telegd », qui avaient été transférés sur le territoire d'un ancien domaine royal (Udvarhely = Lieu de Cour). Il est en effet incontestable que non seulement la vallée du Hortobágy, mais aussi celle du Sebes (all. : Schäwis) et du Szád (all. : Zoodt) vers l'Ouest, et celle du Sáros (all. : Scharosch) vers l'Est étaient peuplées de Sicules avant l'arrivée des Allemands auxquels ils laissèrent une partie de leurs toponymes. Après le départ de « ceux de Telegd », ce furent les Sicules de Sebes (auj. région de Szászsebes) qui s'en allèrent, dès le XIIe siècle, pour s'établir à l'est du coude de l'Olt, dans le « siège de Seps », qui doit son nom à son site antérieur ; par la suite, les Sicules de Orba (all. : Urwegen, dans la région de Szerdahely) les suivirent eux aussi aux confins sud-est de la Transylvanie.

Ces transferts ont vraisemblablement eu lieu avant 1224, étant donné qu'à cette dernière date, André II rattacha également aux trois sièges d'Altland, les sièges saxons de Szászváros, Szászsebes, Szerdahely et de Kőhalom afin que, comme il le disait, le peuple soit uni *(unus sit populus)*[1] depuis la Ville (Szászváros) jusqu'à la colonie sicule de Barót, située au-delà du coude de l'Olt, les districts séparés étant réunis sous l'autorité exclusive du « ispán » (comes) de Szeben nommé par le roi et ne dépendant pas du voïvode de Transylvanie. (Le premier « ispán » ou « comes » de Szeben cité nommément par les sources conduisit, en 1210, des Saxons, Sicules, Petchénègues et Roumains dans une campagne menée en Bulgarie.) Un comes sicule à part fut également nommé, plus tard, probablement vers 1230, date à laquelle le transfert des habitants des « sièges » de Seps et d'Orba, cédés aux Allemands, devait déjà être terminé. Une partie des Sicules restèrent sur place, soit sur la rive méridionale du Nagyküküllő, c'est-à-dire au nord des colonies allemandes, et ne partirent qu'ultérieurement. Toutefois les débuts de l'autonomie des colons allemands remontent à 1224. Les six sièges qui furent rattachés au siège de Szeben (nommé d'abord province) reçurent en même temps la liberté szebenienne, c'est-à-dire l'autonomie dans l'élection des juges et des prêtres de leurs villages et de leurs sièges, ainsi que l'indépendance, pour l'ensemble de leur population, de toute autorité seigneuriale. Leur chef administratif et militaire, le comes de Szeben, était nommé par le roi. A cette époque, cette dignité revenait obligatoirement à un aristocrate hongrois. Les Saxons devaient fournir au roi un impôt considérable en espèces et 500 soldats cuirassiers.

Ce système fondé sur la liberté paysanne, qui différait fondamentalement de celui des comitats organisés autour des châteaux de la couronne et n'imposait à la population aucune charge en dehors de l'impôt et du service militaire, pas même l'obligation de fournir des prestations à ses fonctionnaires élus, les Allemands ne l'ont pas apporté avec eux de leur pays d'origine, aux environs du Luxembourg, pays qu'ils avaient quitté, outre le surpeuplement, justement en raison des charges féodales. Ils l'ont instauré seulement en Transylvanie.

Parallèlement à ceux installés dans la région de Szeben, d'autres immigrants arrivèrent dans les districts « royaux » ainsi que dans quelques villages de la vallée du Maros ; ils obtinrent également et l'autonomie collective et la liberté personnelle. Ce fut à cause de ces droits relevant de la coutume saxonne que la Chancellerie royale et la population hongroise dénommèrent Saxons *(Saxones)* ces Allemands qui n'étaient d'ailleurs pas venus de Saxe. Mais la « liberté saxonne » n'était accordée qu'à ceux des Allemands qui furent installés sur les domaines de la couronne ; ceux qui s'établirent sur des domaines

[1] ELEK JAKAB, Oklevéltár Kolozsvár története első kötetéhez (Recueil de chartes au premier volume de l'histoire de Kolozsvár), Buda, 1870, 9.

féodaux, ecclésiastiques ou laïcs, passèrent sous l'autorité féodale. Et, même pour les « colons du roi », la liberté était menacée aussi bien de l'intérieur que de l'extérieur. Quoique le roi André II promît, en 1224, de ne point céder de fiefs à des seigneurs dans les sept sièges dotés du droit saxon, les actes de donation étaient déjà un fait, et de manière irréversible. Ainsi, le Wallon Gosselin, arrivé avec les Allemands et devenu chapelain du roi, possédait un fief à Kisdisznód (Michelsberg), sur le territoire du siège de Szeben. En 1223, un an avant l'interdiction des aliénations libres, il le céda avec son église à l'abbaye de Kerc, probablement parce qu'il voulait vivre à la Cour. Le village ne retourna sous l'autorité du siège de Szeben que cent ans plus tard et seulement après le rattachement de l'abbaye de Kerc au territoire du siège.

Les colons allemands arrivèrent conduits par des agents dits *Gräve* (hong. : geréb) qui donnaient souvent leur nom aux villages fondés par eux. C'est ainsi que le chef-lieu des Saxons, Szeben, fut appelé Villa Hermanni, et devint, après son développement en ville, Hermannstadt. Les gerébs s'attribuaient certains privilèges à titre héréditaire (un lot plus important de terre, un moulin banal, un débit de vin, etc.), ce qui leur conférait un pouvoir presque seigneurial. Pour mettre fin à cette pratique, la communauté réussit à arracher la charte de 1224, dans laquelle le roi stipulait que « le peuple élit ses magistrats parmi ceux qui lui conviennent ».[2] Les gerébs, eux, s'efforcèrent de raffermir leur position en tentant d'extorquer au roi des donations de terres exemptes de la liberté szebenienne, où ils pourraient exercer des droits féodaux réels sur une population partiellement composée de colons allemands. Parfois, laissant leurs villages à la communauté, ils quittèrent même définitivement le territoire des sièges.

S'ils réussirent à éloigner de leurs territoires les efforts de domination des gerébs qui menaçaient leur autonomie, les Saxons échouèrent dans leur tentative pour rattacher l'ensemble des sièges, à l'instar d'Altland, à la prévôté de Szeben, qui dépendait directement de l'archevêché d'Esztergom, ce qui aurait signifié pour eux d'importantes facilités et en particulier une réduction de la dîme. Les membres de la prévôté, en effet, avaient la possibilité de garder les deux tiers de la dîme, alors qu'ailleurs, c'était seulement un quart. Organisé en chapitres et en doyennés, le clergé saxon tenta, plus d'une fois, d'obtenir les allègements accordés aux prêtres de Szeben et retint à cette fin la dîme perçue, ce qui provoqua de lourds conflits avec l'évêque de Transylvanie, jaloux de ses prérogatives. Dans cette lutte, les gerébs saxons soutenaient leurs prêtres ; quand l'évêque de Transylvanie fit exécuter, en 1277, le geréb de Vizakna, Alárd, son fils Gyán se mit à la tête de Saxons armés et marcha sur Gyulafehérvár, où ils pillèrent les maisons et incendièrent l'église avec, dedans, les membres du chapitre et, dit-on, deux mille habitants hongrois de la ville, qui s'y étaient réfugiés. Finalement, au début de XIVe siècle, Vizakna passa sous l'autorité de la prévôté de Szeben, qui pouvait tirer d'importants bénéfices des mines de sel de ses environs. Mais les discussions autour de la dîme ne s'en arrêtèrent pas pour autant et l'évêque de Transylvanie excommunia à plusieurs reprises les prêtres désobéissants.

Un bref intermède, lourd de conséquences dans l'histoire des colonies allemandes de Transylvanie, fut l'établissement, dans le Barcaság, de l'ordre des Chevaliers Teutoniques chassé de la Terre Sainte. C'était en 1211, donc avant la charte de 1224. Le territoire prétendument désert à cette époque venait d'être abandonné par les Pétchénègues qui s'y étaient probablement

[2] Ibid.

installés au XIIe siècle (et y avaient laissé des noms d'eaux d'origine apparemment turque, comme : Barca, Brassó, Tömös, Zajzon, Tatrang). Evacués par ordre royal, les Pétchénègues se voient attribuer un nouveau territoire près du château de Talmács (qui portait le nom d'une de leurs tribus), où ils sont mentionnés en 1224 comme utilisant une forêt en commun avec les Saxons et les Roumains. Quant aux Chevaliers, ils furent soustraits à l'autorité du voïvode, dotés d'une autonomie administrative et autorisés à construire des châteaux en bois, à recruter des colons en leur offrant l'exemption de la dîme et le droit de tenir des marchés. Mais ils ne se contentèrent pas de si peu : ils se mirent à construire des châteaux en pierre et s'efforcèrent d'étendre leur domination au-delà des montagnes. Enfin, ils manifestèrent leur volonté de se placer sous l'autorité directe du pape, ce que le roi ne pouvait pas tolérer. André II les expulsa en 1225. Mais leurs colons allemands restèrent et s'organisèrent en un district saxon indépendant, avec Brassó (Kronstadt) pour centre, sous l'autorité de leur propre comes.

Les réseaux d'agglomérations tant sicules que saxons révêtirent leur aspect définitif dans la seconde moitié du XIIIe siècle. Les Sicules des environs de Medgyes étaient partis pour fonder le siège de Maros qui touchait à l'est le siège de Udvarhely et relevait de l'archidiaconé de Telegd. Ceux de Szászkézd constituèrent, en 1288, le siège d'Aranyos, près de Torda, puis se fixèrent au nord des sièges de Seps et d'Orba, dans le siège de Kézd, qui devait plus tard constituer, avec les deux précédents, Háromszék (Trois-sièges) dont l'archidiaconé ne réunissait que les sièges d'Orba et de Kézd, alors que Seps resta, seul, parmi les sièges sicules, sous l'autorité de l'archidiacre de Gyulafehérvár. Enfin, ce fut du siège d'Udvarhely qu'essaimèrent les habitants des sièges de Csik et de Gyergyó tout en restant rattachés à l'archidiaconé de Telegd. Les deux sièges saxons qui devaient remplacer ceux des Sicules à Medgyes et à Kézd relevaient, jusqu'en 1402, de l'autorité du comes des Sicules. Cependant, du point de vue ecclésiastique, ils appartenaient à l'archidiaconé de Gyulafehérvár, tout comme le huitième siège saxon qui se constitua au début du XIVe siècle autour de Segesvár. Au nord-est, Beszterce (avec Radna et le district « royal ») n'obtint la liberté szebenienne qu'en 1366. Un peu plus au sud, les villages saxons relevant des doyennés de Teke, Régen et Kerlés, devinrent les fiefs de seigneurs hongrois et saxons. Ainsi la population sicule et saxonne occupa-t-elle définitivement ses positions géographiques en Transylvanie.

La « patrie mobile » des Roumains

L'établissement des Saxons et le transfert vers l'Est des Sicules marquèrent une étape importante dans les efforts de protection des frontières, constamment adaptés à l'évolution des menaces extérieures. Cependant, le processus n'était pas encore achevé. Les attaques de pillage lancées par les peuples nomades de l'Est cessèrent pour longtemps après la défaite des Coumans, en 1091. Un ennemi beaucoup plus dangereux, du fait qu'il avait des visées territoriales, Byzance, s'était ressaisi sous l'Empereur Manuel Ier. A partir de 1150, la Hongrie dut mener contre elle une guerre sans cesse rebondissante pendant une vingtaine d'années. Les combats avaient lieu aux alentours de Belgrade-sur Danube mais, en 1166, Manuel lança une attaque inattendue, et la première de ce genre, contre la Transylvanie où ses soldats firent de sérieux ravages puis repartirent avec un grand nombre de prisonniers et un riche

 butin. « Son importante armée, affirme le chroniqueur byzantin de l'époque, était composée, entre autres, de grandes masses de Valaques qui, dit-on, sont les descendants des colons d'Italie d'autrefois».[3] Les Byzantins emploient ici le terme valaque — un mot slave emprunté au vieux germanique — pour désigner ceux des habitants de l'Empire romain oriental qui parlaient une langue néo-latine et se nommaient eux-mêmes «rumîn».

C'est là, en tous cas, la première source authentique qui fasse état de l'apparition des Roumains en Transylvanie. Et ce fut également à cette époque qu'ils surgirent au nord du cours inférieur du Danube. Andronicos, le rival emprisonné de Manuel, qui réussit à s'évader en 1164, fut capturé par des Valaques près de la frontière de Galicie, donc quelque part à l'est des Carpates, en Moldavie. Cela veut dire qu'il est possible que des Roumains étaient déjà installés sur les pentes sud et est des Carpates dès avant 1200. Les territoires situés entre le Danube et les Carpates du Sud étaient passés, après l'an 800, sous domination bulgare. En effet, les emprunts slaves du roumain sont d'origine bulgare, mais leur phonétique laisse supposer que des contacts bulgaro-roumains intenses ne devaient commencer qu'après 900 (l'évolution a > o, ex.: *bab* > roum. *bob* eut lieu au cours du IXe siècle; la disparition du phonème mouillé «i̯er», comme *tĭminĭtsa* > roum. *temniţa,* n'intervint qu'après 900). Des noms de lieu d'origine roumaine ne se rencontrent qu'aux environs de Sofia et au sud ou à l'ouest de cette ville; c'est dire que les interactions linguistiques doivent être situées sur les territoires byzantins occupés par le tzar des Bulgares Syméon (897-923) qui étendit son pouvoir sur Sofia et jusqu'en Thessalie, et non dans l'ancienne Bulgarie, sur la rive droite du Danube.

La langue roumaine est unie, elle ne présente que des différences dialectales entre le parler du Nord dit daco-roumain (dont s'est également détaché l'istro-roumain) et le parler du Sud, dit macédo-roumain (avec le mégléno-roumain qui en est très proche). Tous deux comprennent cependant des mots provenant de l'albanais ou d'une langue ancestrale commune des Balkans (faite éventuellement de plusieurs langues indo-européennes du type *satem* dont la fusion a été favorisée par l'unité politique romaine) et même des formes grammaticales identiques à celles de l'albanais. Or, les Albanais avaient toujours vécu dans la partie centrale de la péninsule balkanique, seul endroit où ils purent avoir des contacts avec les ancêtres des Roumains. Quant aux Macédo-roumains, il est à préciser que leur territoire (c'est-à-dire leur ancien territoire que la majorité d'entre eux a quitté dans notre siècle pour s'installer en Roumanie) ne pouvait être le lieu de genèse du peuple roumain. Au sud de Skoplje et de Sofia, la langue commune fut le grec pendant toute la durée de l'existence de l'empire romain; la population ne pouvait donc y être romanisée dans sa langue, mais dut y arriver du Nord, apparemment après 600, en fuite devant les Slaves qui envahirent les Balkans à cette époque. Nombre de sources byzantines attestent la présence des Roumains en Thessalie et en Macédoine, entre les Xe et XIIe siècles. La grande dispersion des Roumains sur une très vaste aire géographique par rapport à leur importance d'aujourd'hui, ainsi que leur apparition relativement tardive en Transylvanie peuvent essentiellement s'expliquer par leur mode de vie de bergers nomades. C'est ce qui ressort également de l'analyse des mots communs à l'albanais et aux dialectes roumains du Nord et du Sud. Un trait commun de ses mots saute aux yeux: c'est qu'ils se rapportent tous à la vie des pasteurs montagnards, ou peuvent y être ramenés. Les termes relatifs à l'agriculture, par contre, y font

[3] *FBHH* 238-239.

visiblement défaut, à l'exception du pois (mazăre), de sa gousse (păstaie) et de l'outil crochu (grapă) servant à écraser les mottes (grunz), ce qui témoigne d'une culture à la houe traditionnellement pratiquée par les femmes, tandis que les hommes font l'élevage, loin du foyer. (Les noms roumains de plantes et d'outils, ainsi que la terminologie agricole sont d'origine latine, slave ou hongroise.)

Les mots communs aux vocabulaires albanais, macédo-roumain et daco-roumain relatifs à l'environnement naturel renvoient clairement aux montagnes boisées, aux forêts de pins surtout, au-dessus d'une altitude de 1 200 mètres, où se situait la coexistence albano-roumaine avant la scission des dialectes roumains (brad = sapin, bunget = forêt dense, copac = arbre, curpen = sarment, druete = bûche, ghionoaie = pic, mal = pente, măgură = colline, năpîrca = vipère, pîrău = rivière, spînz = hellibore, viezure = blaireau.) D'après les directions que prirent, lors de leurs dispersions, les peuples cohabitants et, compte tenu des distances parcourues, on pourrait localiser leur patrie commune dans la région montagneuse, très riche en alpages, qui se trouve autour de l'actuelle Skoplje. Cette population de pâtres vivait ensemble et constituait un seul peuple avec la population urbaine ou rurale romanisée qui s'était enfuie du Nord et établie un peu plus au sud, comme en témoignent notamment les noms de villes macédoniens directement repris par les Roumains (Bitolja > Bitulea, Veria, Seres, Elasson > Lasun, Kastoria > Kostur, Saloniki > Sărun, Florina > Flărin, ce dernier étant même passé dans le slave : Hlerin). Les rapports étroits, qui unissaient autrefois tous ces Macédo-roumains (qui ont, jusqu'à nos jours, mené une existence soit pastorale, soit citadine), sont notamment attestés par une déclaration du chef de la révolte roumaine qui éclata en 1066 contre l'administration byzantine ; cet homme, qui habitait Larissa, affirme en effet qu'il ne pouvait contacter ses gens qui avaient l'habitude de se rendre avec leurs familles et leur bétail dans les montagnes de Bulgarie (l'actuelle Macédoine).

C'est là, par ailleurs, la première mention de l'élevage transhumant alternant les pâturages d'hiver et d'été. Les bergers vivaient avec leurs familles dans les montagnes en été et dans les vallées ou la zone côtière en hiver. Les sources byzantines les appellent « nomades ». Mais le vrai nomadisme est un mode de vie différent, où les éleveurs sont constamment à la recherche de nouveaux herbages. De tels déplacements, en raison de la précarité de l'existence ou de la pénurie en pâturages, se produisirent occasionnellement également chez les Roumains. (On trouve d'ailleurs, dans les Balkans, même à notre époque, des bergers roumains qui sont des nomades authentiques, sans établissement fixe.) C'est par voie de migrations que s'est répandue, du Pinde jusqu'aux Carpates, une culture pastorale de langue éminemment roumaine qui a laissé son empreinte sur la langue de bien d'autres peuples. Des 66 mots (ou un peu plus, avec des étymologies douteuses) remontant à l'ancien balkanique et communs à l'albanais, au macédo-roumain et au daco-roumain, 30 sont passés dans d'autres langues balkaniques (grec, bulgare, serbe), dont 28 se trouvent même dans le hongrois et l'ukrainien ; 13 mots sont passés dans le hongrois et l'ukrainien seulement, mais n'ont pas pris racine ou ont disparu dans les Balkans ; enfin, 13 autres subsistent jusqu'à nos jours dans la langue des pâtres polonais, slovaques et moraves. Que ses mots ambulants fussent rattachés au mode de vie nomade des bergers, cela est attesté par leur sens : sur les 40 mots hongrois-ukrainiens (baci = berger fromager, balegă = fumier, barz = couleur grise animale, bască = laine, brîu = ceinture, căciulă = bonnet de fourrure, căpută = bas de berger, cătun = buron, fluier = chalumeau, gard

= tas de fumier, gălbează = douve de mouton, mînz = poulain, murg = louvet, rînză = présure, sarbăd = lait tourné, sterp = bréhaigne, strungă = bergerie, șut = décornu, țap = bouc, țarc = parc, vatră = foyer, vătui = agnelet, zgardă = collier de chien), soit 21 mots relevant du domaine de l'élevage, et les autres non plus, ne sont pas étrangers à ce mode de vie. Après sa séparation d'avec l'albanais, le vocabulaire daco-roumain s'accrut et se spécialisa dans le domaine de la production laitière. Même dans le daco-roumain, se sont conservés : străgheață = fromage frais, urdă = fromage doux, zară = babeurre, zăr = puron et cîrlig = croche, mais tous également sont utilisés chez les Hongrois, Ukrainiens, et en partie chez les Polonais, Slovaques et Moraves. Par contre, on trouve seulement dans le daco-roumain (d'où ils sont passés dans les langues balkaniques, puis hongroise, ukrainienne, partiellement slovaque, polonaise, morave) les mots : brînză = fromage blanc salé, bordei = cabane de berger, butuc ou buturǎ = quille, căpușă = tique, cață = houlette, cîrlan = agneau.

Le peuple des bergers roumains emprunta, bien entendu, au cours de ses déplacements vers les pâturages des Balkans et des Carpates, des termes aux autres langues ; au slave, par exemple : stînă = cabane fromager, smîntînă = crème aigre, colibă = hutte, jintiță = petit lait, etc., ou au hongrois : sălaș = châlet de berger, lăcaș = abri, răvaș = compte, tărcat = couleur pie, etc. Il est cependant étonnant que, parmi les mots d'élevage roumains d'origine latine (vaca = vache, bou = boeuf, taur = taureau, cal = cheval, oaie = brebis, capră = chèvre, porc = porc, lapte = lait, unt = beurre, caș = fromage, etc.), très peu aient été repris par d'autres langues (păcurar = pâtre — hong. pásztor, staur = étable — hong. istálló, turmă = troupeau — hong. csorda, curastră = lait caillé — hong. aludttej), sans doute parce qu'ils n'étaient pas des termes spécifiques de la culture pastorale roumaine, mais des notions universelles d'élevage.

Il apparaît, du vocabulaire ci-dessus présenté, que les Roumains étaient des bergers qui pratiquaient surtout l'élevage du petit bétail, et notamment des moutons; ils ne pouvaient pas non plus, lors de leurs déplacements, se passer des chevaux. S'ajoutant à la fabrication des différentes sortes de fromages et au tissage de la laine, l'élevage des chevaux, chez les bergers roumains, était non seulement une occupation destinée à satisfaire leurs propres besoins, mais jouait également un rôle particulier dans l'ensemble de l'économie de cette région carpato-balkanique. Le fromage blanc conservé au sel constitua, sur tous ces vastes territoires, pendant tout le Moyen Age, et même au début des Temps modernes, l'un des principaux aliments. Les grosses laines roumaines étaient un article recherché même sur les marchés urbains; les chevaux roumains comptaient parmi les meilleures races et assuraient, en outre, la majeure partie des transports balkaniques. Les pâtres affectés par les rois de Serbie au service des monastères se divisaient en deux groupes: les *voïnik,* tenus de faire le service armé, et les *kïelator,* qui devaient fournir le service attelé (leur nom étant probablement un dérivé du mot roumain d'origine latine călător = voyageur, dont une traduction littérale serait l'expression « Vlachoi hoditai » qui figure dans une source byzantine de 976).

Il serait pourtant erroné de considérer les Roumains comme un peuple de bergers dont l'existence se fondait essentiellement sur la transhumance, voire sur le nomadisme (erreur qu'ont commise tout aussi bien les chroniqueurs du Haut Moyen Age que les historiens modernes hongrois, ou même roumains). Le berger des montagnes, spécialisé en exploitation laitière, devait recourir au marché urbain pour y écouler ses excédents et s'y approvisionner en céréales, soit là-bas, soit chemin faisant, auprès des paysans. Mais, en temps de bouleversements politiques, il se voyait contraint de cultiver lui-même la terre, et ce, conformément aux dispositions naturelles de sa contrée. Cette pratique a laissé des termes d'agriculture d'origine latine dans les dialectes tant du Nord que du Sud : grîu = froment, orz = orge, secară = seigle, meiu = millet, ara = labourer, semăna = semer, treera = trier, făină = farine, pîine = pain, etc. Par temps plus sûrs, une grande partie du peuple transhumant se sédentarisait de plus en plus, se convertissait à l'agriculture et fondait des villages. Ce phénomène est attesté par plusieurs centaines de toponymes d'origine roumaine qui renvoient au dialecte du Nord ou attestent la présence de Roumains (Vlasi, etc.), et ce sur un territoire très vaste, s'étendant en direction est-ouest de Sarajevo à Sofia, et en direction nord-sud de Niš à Skoplje, encore que la population roumaine, absorbée par le milieu environnant bulgare ou serbe ou ayant quitté le pays, en ait disparu vers la fin du Moyen Age. Alors qu'en Transylvanie, dans l'ancien Banat, aucun nom de ville roumain n'avait été conservé dans la langue de la population qui l'habitait, dans les régions septentrionales, romanisées de la péninsule balkanique, on trouve grand nombre de noms de villes et de fleuves roumains adoptés par les Slaves (Rataria > Arčar, Naissus > Niš, Scupi > Skoplje, Serdica > Srjedec, etc. ou Almus > Lom, Oescus > Iskar, Augusta > Ogosta, etc.), ce qui laisse supposer que, lors de l'arrivée des Slaves, une partie seulement de la population urbaine romanisée s'était enfuie vers le Sud ; une autre partie resta sur place et fut progressivement assimilée par les Slaves. Quant au peuple des villages et des alpages environnants, il garda, sur la foi des toponymes roumains médiévaux déjà cités, sa langue et son mode de vie pastoral enrichi d'un nombre grandissant d'éléments d'agriculture, et ce jusqu'à son déplacement vers le Nord ou à son assimilation sur place au cours des XIVe, XVe et XVIe siècles. Au contact des Bulgares, ce peuple de pâtres roumains emprunta à ceux-ci des termes d'agriculture slaves, à un moment — postérieur à 900 — où les dialectes du Sud et du Nord n'étaient pas encore séparés, parce qu' on retrouve dans les deux dialectes et avec les mêmes modifications vocales les mots suivants : bob = haricot, brazdă = sillon, coajă = écorce, coasă = faux, cociasă = mauvaise herbe, cucian = raffe, grădină = jardin, livadă = verger, lopată = pelle, plug = charrue, snop = gerbe, stog = meule, ainsi que d'autres mots d'origine bulgare.

En définitive, les emprunts albanais dans le dialecte du Nord et les emprunts bulgares dans le dialecte du Sud laissent supposer que le peuple et la langue valaco-roumains se sont formés au cours des migrations dans diverses directions sur une vaste aire géographique, et si l'on peut parler de continuité, il ne s'agit pas de celle d'un territoire roumain précis, mais bien plutôt d'une continuité de la population, celle-ci pouvant comprendre, entre autres, les descendants de la population romaine ou romanisée, évacuée en 271 de la Dacie et qui étaient fixés au sud du Danube, puis avaient été poussés encore plus au sud par les Slaves. La population roumaine, éclatée, après 900, dans toutes les directions par les Bulgares, se recomposa de temps en temps en divers endroits en fonction des changements politiques de la région. Dans l'empire bulgare, qui s'étendait des Carpates du Sud jusqu'à la Thessalie, elle devait apparaître, entre 900 et 1000, un peu partout, y compris sur le territoire situé entre les Carpates et le Bas-Danube où vivaient encore d'importantes populations bulgaro-slaves, comme en témoignent les noms de fleuves Jil, Jijia, Ialomița, Dîmbovița, etc. De même, le nom de « pays Vlaska », sur le cours inférieur de l'Argeș, indique la présence d'enclaves roumaines en milieu slave. C'est probablement dans un tel milieu que le dialecte roumain septentrional adopta certains termes d'agriculture bulgaro-slaves, inconnus dans le dialecte du Sud, tels: ogor = jachère, sădi = planter, ovăz = avoine, pleavă = glume, rariță = charrue à soc.

En 1014, les Byzantins poussèrent leurs conquêtes jusqu'au Danube et l'Etat bulgare indépendant cessa d'exister pour près de deux siècles. La population bulgaro-slave de la plaine du Bas-Danube se trouva isolée et, prise dans l'étau des pâtres roumains vivant au nord, sur les pentes des Carpates, et des Coumans venant du Sud, elle se roumanisa progressivement. Ce fut également le sort des Slaves établis au nord du delta du Danube, sur les territoires de la future Moldavie. Quant à la région s'étendant entre le Bas-Danube et les Carpates, elle sera désormais mentionnée sous le nom de « Cumania ».

Entre 1014 et 1185, toute la population roumaine des Balkans était sous domination byzantine ; nous en trouvons même dans l'armée, comme nous l'avons signalé plus haut. Néanmoins, elle se souleva à plusieurs reprises contre une trop lourde fiscalité et, en 1094, les Coumans firent une incursion dans l'Empire et furent guidés, dans les montagnes des Balkans, par des Roumains. A cette époque, ceux-ci avaient déjà adopté, dans leur Eglise chrétienne de liturgie originellement latine, la langue liturgique slave des Bulgares. Ils relevaient de l'archevêché d'Ohrid et, au XIe siècle, ils créèrent leur propre évêché à Vranje, dans la vallée du Morava. Ce furent deux Roumains, Pierre et Àsen, qui se mirent, en 1185, à la tête des Bulgares mécontents du régime byzantin, et qui fondèrent, avec le soutien des Coumans, le second empire bulgare — dit bulgaro-valaque — qui devait subsister jusqu'à son anéantissement par les Ottomans à la fin du XIVe siècle. L'élément roumain, cependant, cessa d'y jouer un rôle significatif dès le milieu du XIIIe siècle: vers la fin du XIIe siècle, des masses roumaines commencèrent à passer en Serbie, alors en pleine ascension politique, où certains furent bientôt assimilés et d'autres reprirent la route. A partir du XVe siècle, on ne trouve, dans les Balkans, après que les Mégléno-roumains soient partis s'installer au nord du Danube, en groupes compacts, que les Macédo-roumains.

Une histoire si mouvementée ne nous permet pas de rattacher la patrie ancestrale des Roumains à un territoire précis et circonscrit, tel que le triangle Niš—Skoplje—Sofia, comme certains s'y emploient. Le linguiste roumain Sextil Puşcariu a à juste titre affirmé : « Rien ne nous empêche de croire qu'au temps de la genèse de notre langue, une population relativement clairsemée, vivant sur une vaste étendue, pouvait transmettre les innovations linguistiques sur de très longues distances et par des voies rudimentaires. » C'est dans ce même esprit que s'est exprimé un autre linguiste roumain, Alexandru Niculescu, dont nous ne pouvons qu'approuver les propos: « . . . les Roumains se déplaçaient avec une mobilité tout à fait caractéristique, tout aussi bien au nord qu'au sud du Danube . . . la roumanité avait donc non pas un seul mais plusieurs ' berceaux ' ou ' patries d'origine ', dispersés sur un vaste territoire et fort éloignés les uns des autres . . . Dans les régions carpato-danubienne et danubio-balkanique, les Roumains réussirent, par la concentration et la dispersion périodiques de leurs communautés, à assurer une continuité mobile. »[4] L'histoire des Roumains de Transylvanie doit être replacée dans le contexte de cette « continuité mobile ».

[4] A. Niculescu, Romania antiqua, Romania nova et la continuité « mobile » du Roumain. Quaderni di Filologia Romanza . . ., Bologna, 6, 1987, 21-24. La citation de Puşcariu provient également de cet ouvrage.

Les Roumains en Transylvanie et en Coumanie jusqu'à l'invasion des Mongols

Un demi-siècle après la campagne de 1166 de l'empereur byzantin Manuel Ier qui dévasta et pilla la Transylvanie — campagne à laquelle participèrent également des Roumains *(Vlachoi)* —, une série de diplômes nous parlent de Roumains vivant paisiblement sous administration hongroise, au début du XIIIe siècle, dans les Carpates du Sud. Ils devaient jouir de certains droits particuliers car le roi André II ayant cédé, en 1202, la bande de terre située entre les rivières Olt, Kerc, Árpás et les montagnes au monastère cistercien fondé par lui, en retira le droit d'usage aux Roumains *(exemptant de Blaccis)*.[5] D'après la charte de 1223, la mise en possession fut effectuée par le voïvode de Transylvanie, Benedek, qui occupa ce poste entre 1202 et 1209. L'information suivante relative aux Roumains provient d'une charte de 1250 et se rapporte à l'année 1210, où le comes de Szeben, Joachim, à la tête de soldats saxons, roumains, sicules et pétchénègues *(associatis sibi Saxonibus, Olacis, Siculis et Bissentis)*, porta secours au tzar bulgare Boril, en lutte avec ses sujets révoltés de Vidine. Partageant leurs droits avec les Pétchénègues, les Roumains avaient la jouissance d'une forêt dans le voisinage — probablement au sud — de la terre des Saxons, ce droit d'usage ayant été, en 1224, également étendu aux Saxons *(silvam Blacorum et Bissenorum cum aquis usus communes exercendo)*. Les historiens ont longtemps considéré comme l'information la plus ancienne relative aux Roumains de Transylvanie le diplôme d'André II daté de 1222, par lequel il accorde aux Chevaliers Teutoniques, établis dans le Barcaság, le privilège, entre autres, de traverser sans droit de péage la terre des Sicules et des Roumains *(cum transierunt per terram Siculorum aut per terram Blacorum)*. Bien que le diplôme ait été identifié comme un faux fabriqué en 1231 à Rome à l'intention des Chevaliers chassés, afin de justifier leurs droits sur le Barcaság, nous n'avons aucune raison de mettre en doute l'information selon laquelle le Barcaság était à cette époque limitrophe, vers l'Est, de la terre des Sicules de Seps, groupe déjà établi ici, et, vers l'Ouest, de la terre valaque-roumaine située entre l'Olt et les Carpates du Sud.

A l'époque, en effet, le terme « terra » ne signifiait pas « pays », ni même une quelconque entité politique ou administrative, comme le supposent certains historiens roumains. Tantôt on entendait par là une superficie de terre ou un certain territoire, comme c'était le cas dans des centaines de chartes, tantôt une région renfermant plusieurs unités adminsitratives, telles la Székelyföld (Terre sicule), ou la Szászföld (Terre saxonne), noms communément mais non officiellement employés pour ces territoires qui englobaient plusieurs « sièges ». La « Terra Blacorum » ne pouvait être la soi-disant ancienne province de Gelu dux, née de l'imagination d'Anonymus, que celui-ci avait située près du Szamos, alors que la « Terra Blacorum » se trouvait près de l'Olt.

Définie, selon la donnée de 1231, comme attenante au Barcaság, la « Terra Blacorum », citée par les diplômes du début du XIIIe siècle, peut être située entre l'Olt et les prolongements des Carpates du Sud, ou bien encore plus loin vers le Sud. Si la forêt possédée en commun par les Roumains et les Pétchénègues est à situer au sud de Szeben, comme beaucoup le pensent, cela veut dire

[5] Documenta historiam Valachorum in Hungaria illustrantia. Ed. A. Fekete Nagy et L. Makkai, Budapest, 1941, 9. Les citations non notées par la suite proviennent de cet ouvrage et peuvent y être retrouvées selon l'année.

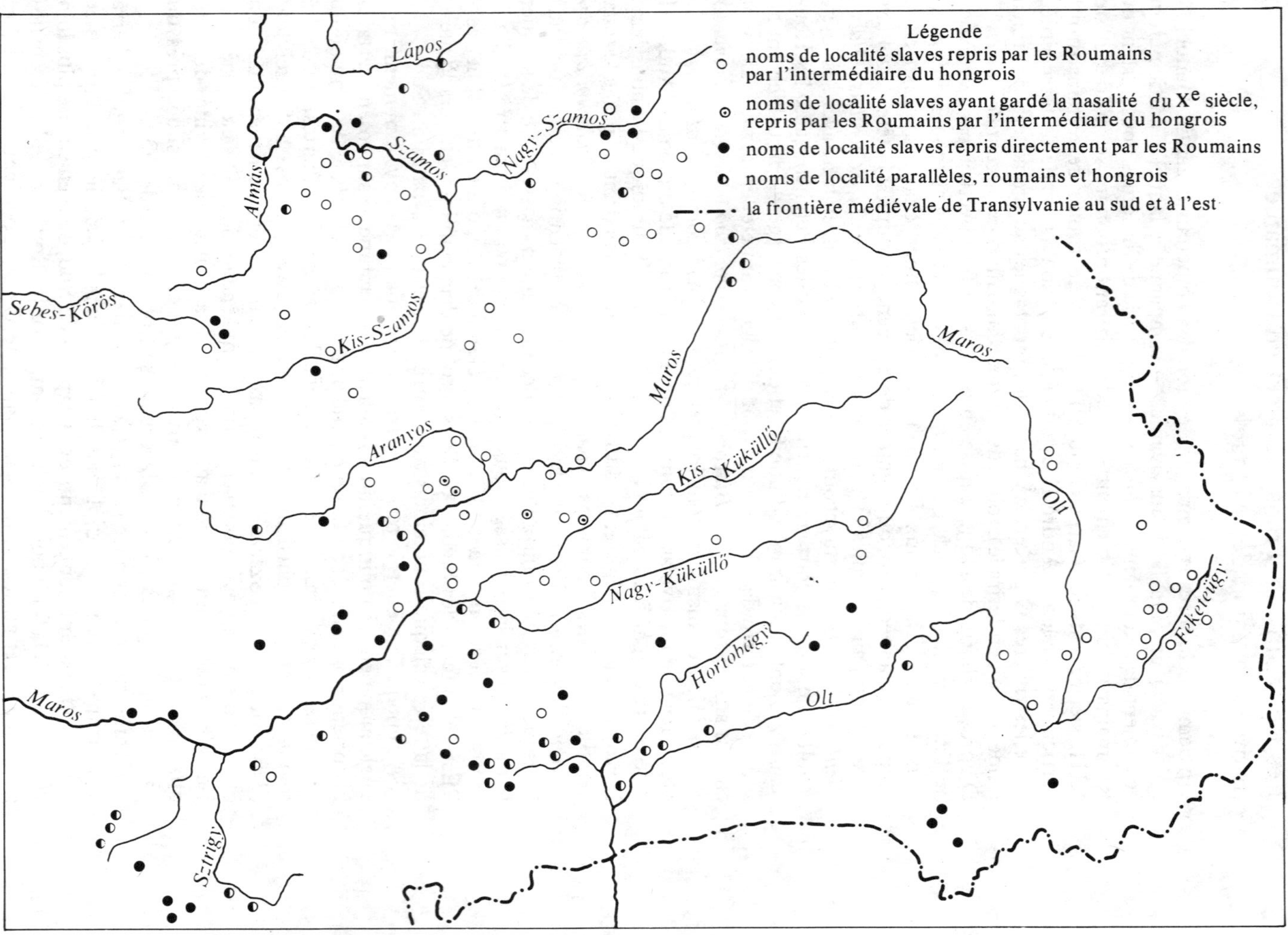

Carte 10. Les noms de lieu connus en Transylvanie dès avant 1400

que la «terre des Roumains» englobait également les environs du château de Talmács, placé en faction à l'entrée du col de Vöröstorony, sur la rive droite de l'Olt et, comme Talmács est le nom d'une tribu pétchénègue, c'est sûrement là qu'il faut chercher la forêt en question.

Tout comme les colons germano-wallons avant eux, les Roumains arrivés dans la région de l'Olt prirent possession d'un territoire déjà partiellement habité. Nous possédons les noms de 19 localités des XIIIe et XIVe siècles situées le long de l'Olt. D'ouest en est, sur la rive nord: Talmács (1265), Szakadát (1306), Földvár (1322), Fogaras (1291), Galt (à l'emplacement de l'actuel Ugra, 1211), Miklósvár (1211), Hidvég (1332); sur la rive sud: Kolun (1332), Árpás (en 1223 nom de rivière, en 1390 village), Szombathely (1291), Betlen, Sárkány, Debren (à l'emplacement de l'actuel Piran), Venice, Kormospatak (auj. Komána), Hévíz, Doboka (1235). Le nom de Talmács est, nous l'avons dit, pétchénègue; Galt est wallon (de «noiale galt» = noiseraie). Venice vient de l'italien Venezia; Kolun vient de l'allemand Köln (Cologne = Colonia). Ce sont là autant de noms donnés par les colons étrangers. Les autres localités ont toutes un nom hongrois, et, de plus, ceux qu'on connaît de 1235 proviennent des registres des dîmes papales et, par conséquent, désignent des villages catholiques. On ne trouve, parmi ces noms, aucun qui soit d'origine roumaine ou qui indique la présence d'une population orthodoxe; leurs versions roumaines actuelles remontent toutes aux formes précitées. La première charte qui fasse allusion à une population roumaine fixée date de 1332 (elle parle de *Kerch Olachorum,* soit Kerc des Valaques, auj. Kiskerc = Cîrţisoara). La première mention de ce village remonte à 1252, mais, à cette date, on ne parlait encore que de terres des Roumains vivant autour de Kerc *(terra Olacorum de Kyrch).* Des noms de village d'origine incontestablement roumaine se situent, dans cette région, sur la rive sud de l'Olt: Kucsuláta (Căciulata) et Mundra (Mîndra) mentionnés respectivement en 1372 et en 1401. Au XVe siècle, enfin, les diplômes révèlent soudainement l'existence d'une douzaine de villages aux noms roumains sur les côteaux plus lointains, au sud de l'Olt. Ces nouveaux villages furent probablement fondés par les voïvodes roumains de Valachie, auxquels le roi donna comme fief, à plusieurs reprises, à partir de 1366, cette contrée proche de l'Olt, qui avait désormais Fogaras pour centre. En 1272, le voïvode Vlaicu appelait la région de Fogaras «nova plantatio», c'est-à-dire nouvelle colonie, et il en avait cédé certaines parties à ses boyards valaques qui, à leur tour, devaient y conduire des colons paysans roumains — et même des esclaves tziganes, alors pour la première fois apparus en Transylvanie. Ce n'est donc qu'après un certain temps que les Roumains, vraisemblablement déjà présents dans cette région depuis le début de XIIIe siècle, se fixèrent dans des agglomérations permanentes. On ne saurait dire, en l'état actuel des recherches, à quelle époque et dans quelles conditions ce changement de population a eu lieu sur les bords de l'Olt.

L'appellation «*Terra Blacorum*» fait clairement allusion à l'origine des Roumains qui arrivèrent en tant que bergers dans la région de Fogaras, le nom roumain de la Valachie étant en effet «Ţara Românescă». Sur le territoire de celle-ci, l'élément roumain avait, dès le XIIe siècle, déjà assimilé l'élément slave auparavant prépondérant, si bien que l'aire linguistique roumanisée confinait désormais aux steppes de la rive nord du Danube habitées par des Coumans (et arrosés par plusieurs douzaines de rivières aux noms coumans). Les bergers roumains vivant sur les pentes méridionales des Carpates avaient, dès avant cette époque, eu des contacts avec ceux-ci lors de leurs séjours au bord du Danube, en pâturages d'hiver. Il n'est pas impossible que les Roumains, qui participèrent en 1166 à la campagne de l'empereur Manuel, aient été recrutés sur ce territoire par l'armée byzantine. C'est également à cette conclusion qu'amènent les 2 700 pièces de monnaies byzantines de bronze frappées entre 1081 et 1185 et retrouvées en 45 endroits, dans 12 trésors cachées et 33 sites isolés. Les monnaies byzantines postérieures à 1185 ont été ici découvertes en bien plus petit nombre (322 en tout), ce qui s'explique, de toute évidence, par le soulèvement bulgare contre Byzance, conduit par les deux Roumains cités plus haut.

L'Etat bulgaro-valaque des Asenides reprit la lutte des Byzantins contre les Hongrois pour la possession de Belgrade, sur le Danube, et de Barancs (Braničevo). Bien que les adversaires fissent de temps en temps la paix, voire même s'alliassent (par exemple lors de l'intervention hongroise à Vidine, en 1210), la confrontation au sujet de la Coumanie, qu'ils se disputaient âprement, était inévitable. Depuis l'attaque de Byzance, en 1166, la Transylvanie semblait particulièrement vulnérable. Ce fut probablement dans les dernières décennies du XIIe siècle, que le royaume de Hongrie s'adressa aux Roumains, qui fréquentaient, en tant que bergers, les alpages des Carpates du Sud et étaient établis sur le cours supérieur de l'Argeş, pour leur confier des tâches de garde des frontières, en contre-partie desquelles il leur accorda l'usage du territoire entre l'Olt et les montagnes. Il n'y a qu'une seule explication permettant d'éclairer le fait que les agglomérations roumaines permanentes apparurent si tard dans cette région. Comme l'historien roumain P. P. Panaitescu l'a noté avec justesse: « ... située au nord et à l'ouest des montagnes, la Transylvanie ne possède pas de bons pâturages. Aucun berger du Sud ne songerait à mener ses troupeaux dans un pays si pauvre en pâtures ».[6] Les Roumains transhumants devaient avoir leurs habitations permanentes, au XIIe siècle, près de l'Argeş et ce n'est que plus tard, en cherchant le sécurité au sein du royaume, qu'ils s'établirent sur le territoire situé autour de Fogaras.

La question de l'appartenance politique de la Coumanie fut définitivement tranchée lorsque, en 1226, après l'expulsion des Chevaliers Teutoniques, le dauphin Béla prit en main le gouvernement de la Transylvanie. Menacés par l'invasion des Mongols, qui leur avaient infligé une lourde défaite en 1223 près de la rivière Kalka, les princes des tribus coumanes occidentales en campement près du Bas-Danube ne se contentèrent pas de recevoir le baptême en 1227 de dominicains hongrois en mission auprès d'eux, mais reconnurent également la suzeraineté du roi de Hongrie sur leur pays et leur peuple. Un évêché couman fut créé et placé sous l'autorité de l'archevêque d'Esztergom avec, comme centre, Milkó (Milcov), dans le Sud de l'actuelle Moldavie. La christianisation ne concernait pas la population roumaine de Coumanie, déjà chrétienne, mais de rite oriental (sous l'autorité directe du patriarche de Constantinople) et qui avait adopté la liturgie bulgaro-slave. Les Roumains durent se pourvoir de leur propre organisation ecclésiastique qui dépendait de l'épiscopat grec de Vicina, créé au XIIIe siècle. S'étant emparés de Constantinople en 1204, les Croisés contraignirent le patriarche à reconnaître l'autorité de Rome, à la suite de quoi le pape tenta de se rattacher les Eglises chrétiennes qui dépendaient de Constantinople. C'était dans ce but qu'il envoya une couronne royale au souverain bulgare-valaque Kaloïan en lui accordant le titre de « rex Bulgarorum et Blachorum »; aussi concéda-t-il au métropolite de

[6] P. P. Panaitescu, Introducere la istoria culturii româneşti, (Introduction à l'histoire de la culture roumaine), Bucureşti, 1969, 146.

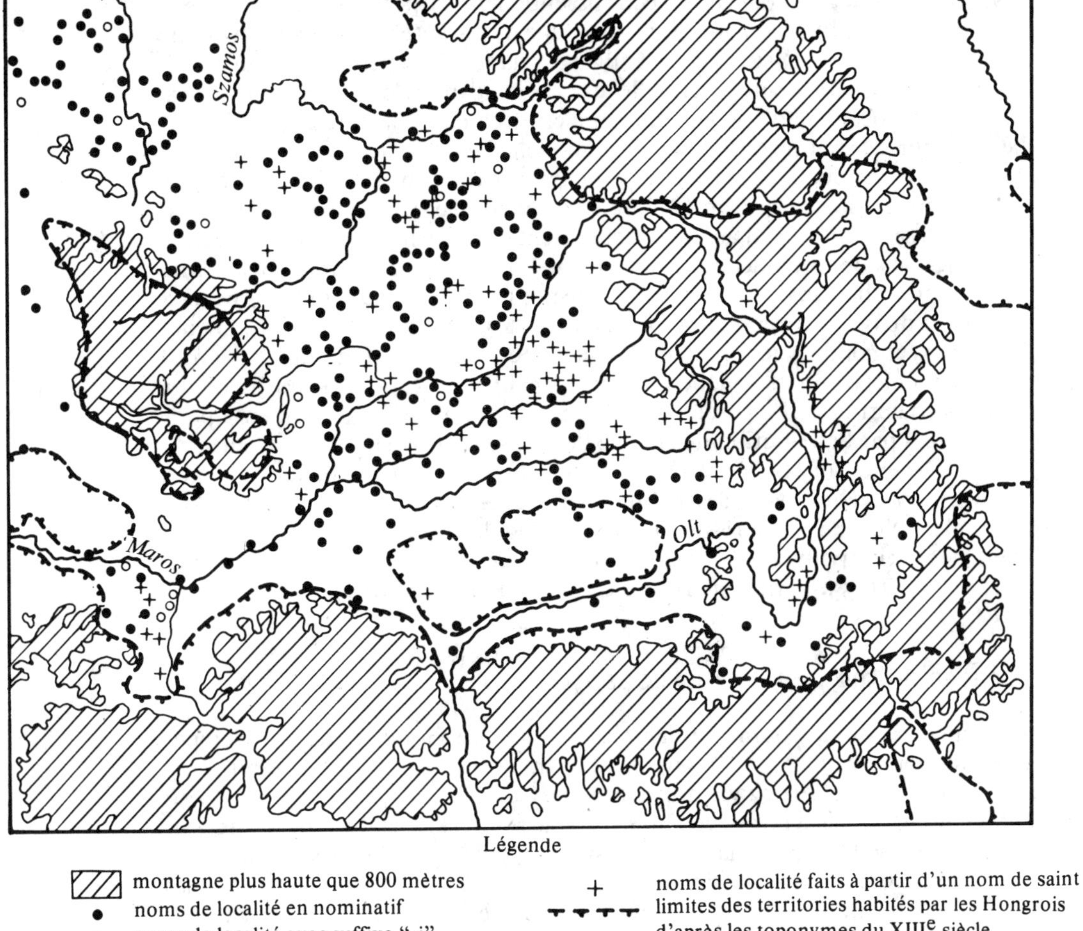

Carte 11. Agglomérations hongroises en Transylvanie au milieu du XIII[e]s. d'après les noms de lieu

Trnovo le titre d'archevêque. Mais ces liens furent, à la suite des hostilités qui opposèrent Kaloïan aux Croisés, rompus. En 1234, le prince Béla reçut l'ordonnance du pape l'invitant à imposer un évêque d'obédience romaine aux Roumains vivant en Coumanie, passée sous son sceptre *(populi sui Valaci vocantur)* car, disait-il, ceux-ci recevaient les sacrements de la main de faux évêques de rite grec *(a quibusdam pseudoepiscopis Grecorum ritum tenentibus)*, et contraignaient même les Hongrois ou Saxons qui vivaient parmi eux à faire de même. Ce fut là la première tentative pour imposer aux Roumains l'union confessionnelle, mais elle n'eut pratiquement aucune suite concrète. Néanmoins, cette information nous apprend que la population de la Coumanie était, à cette époque, en grande partie, sinon majoritairement, roumaine.

Pour le prince Béla, l'intégration du territoire nouvellement acquis dans le royaume de Hongrie était un objectif essentiellement politique, dont l'aspect religieux n'était qu'accessoire. La Coumanie ayant antérieurement fait partie de la Bulgarie, l'Etat successeur bulgaro-valaque la revendiquait lui aussi. Pour se munir contre une éventuelle attaque bulgare, le prince Béla organisa, sur la partie occidentale de la Coumanie en-deçà de l'Olt, une région frontalière nommée banat de Szörény, sur le modèle des provinces de Croatie et de Slavonie. Il nomma à sa tête un administrateur royal avec le titre de ban, en la personne de Pósa, du clan Csák, alors voïvode de Transylvanie; en 1233, Pósa céda sa dignité à Lukács, antérieurement grand échanson du roi, et reprit ses fonctions de voïvode de Transylvanie. En 1228, le prince Béla tenta d'arracher le château de Vidine, en tête de pont sur la rive sud du Danube, aux Bulgares, mais il fut repoussé. Le banat de Szörény devait survivre encore longtemps et nombre de toponymes — localités, fleuves (Amaradia = Homoród) et même comitats (Mehedinți = Miháld) — rappellent ses habitants hongrois d'autrefois. Le geréb wallon Corlard Talmácsi fut récompensé pour ses services par l'attribution de la zone de chasse de Lovista, dans la vallée du Lator. Devenu roi, Béla IV (1235-1270) demanda au pape, en 1238, de nommer un évêque pour ses habitants hongrois et saxons. Seule la partie orientale, à l'est de l'Olt, resta sous le contrôle des chefs coumans, et ceux-ci exerçaient leur pouvoir par mandat royal, car Béla, encore prince, s'était attribué, dès 1233, le titre de roi de Coumanie *(rex Cumaniae)*.

L'invasion mongole et ses conséquences

L'intégration de la Coumanie dans le royaume de Hongrie fut brutalement interrompue par l'attaque mongole qui frappa lourdement l'ensemble de l'Europe de l'Est. En 1239, des tribus de Coumans orientaux qui fuyaient devant les Mongols, vinrent en Hongrie où le roi Béla les établit sur les steppes situées entre le Danube et la Tisza. Mais ces Coumans nomadisants entrèrent en conflit avec la population hongroise sédentaire et repartirent vers les Balkans au printemps de 1241, au moment même où les Mongols arrivaient à la frontière hongroise. Les Mongols pénétrèrent en Transylvanie par trois voies: d'une part, conduite par Kadan, leur première vague passa par le col de Borgó, s'empara de la ville minière allemande de Radna, saccagea Beszterce, puis se rendit à Kolozsvár où elle massacra, d'après les informations étrangères contemporaines, «d'innombrables Hongrois».[7] Ayant exterminé, en Transylvanie du Nord, tous les habitants qui n'avaient pas réussi à s'enfuir, et incendié leurs villages, ces troupes rejoignirent, au-delà de la Porte de Meszes, l'armée principale arrivée, sous la direction de Batu khan, par le col de Verecke. Le chef mongol Bediak arriva par le col d'Ojtoz et pénétra dans le Barcaság, où il livra bataille contre le voïvode Pósa qui y périt avec la plupart de ses gens. Les Mongols avancèrent sans trouver de résistance dans la vallée de l'Olt, ravagèrent Küküllővár et Gyulafehérvár, et finirent par quitter la Transylvanie en suivant le cours du Maros. Enfin, les hordes de Burundaï, après avoir mis la Coumanie à feu et à sang, déferlèrent, par le col de Vöröstorony, sur Szeben et ses environs où ils commirent eux aussi d'horribles carnages. La force principale des Mongols infligea, près de Muhi, sur la rivière

[7] Gy. Györffy, Geographia ... III. 356.

Sajó, une terrible défaite aux armées du roi Béla, réunies à la hâte et ne connaissant pas la tactique de guerre des Mongols. Le roi se réfugia d'abord en Transdanubie puis, quand les Mongols réussirent à traverser, en hiver, le Danube gelé, sur l'île de Trau en Dalmatie. Lorsque, au printemps de 1242, les Mongols, apprenant la mort du Grand khan, retournèrent chez eux avec des milliers de prisonniers, ils laissèrent derrière eux une Hongrie en cendres et en ruines — exception faite de quelques châteaux de la Transdanubie ayant su résister — et couverte de cadavres sans sépulture. C'est justement sur la tragédie de la Transylvanie que nous disposons du plus grand nombre d'informations grâce aux descriptions de Rogerius, chanoine de Várad, qui réussit à s'évader de la captivité des Mongols et parcourut, en se cachant, toute la vallée du Maros.

L'invasion mongole eut essentiellement des conséquences démographiques : l'afflux des Hongrois et des Saxons vers le banat de Szörény et la Coumanie cessa et, au contraire, on vit se développer, depuis les territoires du Bas-Danube qui restaient exposées aux incursions mongoles, une immigration roumaine vers la Transylvanie. Le peuple couman fut dispersé par l'attaque mongole : sa plus grande partie (les Kiptchak) passa sous la domination de la Horde d'Or mongole qui s'était constituée sur les côtes nord de la mer Noire ; d'autres groupes s'établirent soit sur la Grande plaine hongroise, soit dans les Balkans. La soi-disante Coumanie, rattachée au royaume de Hongrie, avait désormais pour habitants des Roumains s'étant assimilés les Slaves et les Coumans.

Les *kenéz* et les voïvodes roumains

C'est au peuple de bergers roumains cavaliers, endurcis par des guerres, que le roi Béla IV confia la tâche de réorganiser ses provinces au-delà des Carpates de l'Est. Il fallait avant tout reconstituer le banat de Szörény. Il créa à cet effet une institution qui remontait à des antécédents dans l'organisation des villages slaves de Transylvanie, dont le chef (kniaz, en slave) prêtait son nom à une forme magyarisée : *kenéz,* qui devait passer dans les chartes latines relatives aux organisations dites *Kenesiatus,* par exemple dans celle de 1214 ; *villani kenesii et omnes alii de provincia Doboka,*[8] ce document provenant donc d'un comitat où il n'y avait pas encore de Roumains au XIIIe siècle. Le keneziat institué par Béla IV était une charge transmissible, qui assurait à son titulaire la direction d'une ou de plusieurs agglomérations, la perception des redevances royales dans celles-ci ainsi que certains privilèges tels que la juridiction locale, le prélèvement d'une partie des revenus, le moulin banal, etc.

Une institution analogue existait en Haute-Hongrie : c'était la fonction de *Schultheiss* attribuée aux chefs des colons allemands. Tout porte à croire que, dans le banat de Szörény et en Coumanie, le système de keneziat fut créé par Béla IV après l'invasion mongole, car nous n'avons nulle trace, antérieure à cet événement, de l'organisation des Roumains sur ce territoire. Certes, chez les Roumains des Balkans, et plus particulièrement dans la Serbie médiévale, on rencontre sporadiquement le titre de « cneaz », qui correspondait au kenéz mais, sur l'ensemble des territoires de la Couronne de Hongrie, les Roumains employaient uniformément la forme « chinez », empruntée au hongrois. Silviu

[8] Ibid. II. 66.

Dragomir, l'historien roumain le plus compétent en la matière est également de cet avis : « On trouve également des kenéz, à partir du XVIe siècle, chez les Roumains de Transylvanie, à la tête des villages. Mais cette institution était en fait un produit spécifique du système féodal hongrois, qui ne ressemblait en rien, ou presque, à celle que nous observons chez les Valaques de la péninsule balkanique. Si ce mot avait été adopté par les Daco-roumains lors de leurs contacts avec les Slaves, il aurait dû organiquement s'intégrer au vocabulaire roumain. Mais ce ne fut pas le cas. Il y resta étranger... »[9] Etranger, oui, mais en ce sens seulement qu'il n'était pas né d'une évolution autonome de la société roumaine, car il reprenait une forme hongroise ; il en est de même pour le voïvodat, qui englobait et contrôlait plusieurs keneziats en imitant, par ce titre bien plus modeste, les attributions du voïvode de Transylvanie. De semblables dépréciations de titres sont connues dans l'histoire du Moyen Age hongrois : le titre de « ispán » (comes), d'abord accordé aux administrateurs des comitats, était attribué, dès le XIIIe siècle, à des gerébs saxons puis, au XVIe siècle, à des patriciens citadins, pour devenir tout simplement, à la période des temps modernes, le nom des régisseurs de domaines.

Les kenéz soumis à des voïvodes font l'objet d'une première mention en 1247; à cette époque-là, en effet, Béla IV s'assura de l'assistance armée des chevaliers de Saint Jean contre les Mongols en leur cédant « le pays de Szörény » jusqu'à l'Olt avec ses montagnes et ses territoires relevant des kenéz János et Farkas, qui pouvaient bien être, à observer leurs noms, des Hongrois. Il excepta cependant de la donation la « terre kenézienne du voïvode Litvoj » qu'il maintint dans la possession des Roumains. Sur toutes ces terres, le roi céda la moitié des revenus aux chevaliers et s'en réserva l'autre moitié: les domaines de Hátszeg (Hatszoc), rattachés aux terres de Litvoj, demeurèrent aux mains du roi. Le territoire de la Coumanie, depuis les montagnes et au-delà de l'Olt, revient également aux chevaliers « à l'exception de la terre de Szeneslaus, voïvode des Roumains » qui est maintenue en la possession de ceux-ci « à des conditions identiques à celle de la terre de Litvaj ». Les voïvodes roumains ont l'obligation d'assister les chevaliers avec tous leurs équipements de guerre. Comme il ressort de données ultérieures, le service armé personnel était un devoir réservé aux kenéz et aux voïvodes; des Roumains, on n'exigeait que des impôts. Les Roumains du Banat et de la Coumanie — comme tous les Roumains de Hongrie — payaient au roi une redevance sous forme de tribut d'animal, et le roi en cédait un dixième à l'archevêque d'Esztergom, sur la foi de ses actes promulgués en 1250 et 1252. Une charte de la fin du XIIIe siècle nous apprend que ce tribut était le *quinquagesima,* c'est-à-dire le cinquantième, ce qui représentait une agnelle et une brebis stérile pour cents bêtes, prélevées et remises par les kenéz qui devaient fournir, en outre, de la bure et du fromage. Au XIVe siècle, le tribut de cinquantième était déjà payé par les kenéz en monnaie, ce qui veut dire que les produits laitiers roumains étaient déjà écoulés sur le marché. Les rois de Serbie, par ailleurs, percevaient également, au Moyen Age, une cinquantième part des brebis sur leurs sujets roumains, cette formule étant reprise par les rois hongrois. Mais, n'étant pas soumis à l'Eglise catholique romaine, ces Roumains étaient exempts de la dîme ecclésiastique.

[9] S. Dragomir, Vlahii din nordul Peninsulei Balcanice în evul mediu, (Les Valaques dans le Nord de la Péninsule balkanique au Moyen Age), Bucureşti, 1959, 117.

C'est également après l'invasion des Mongols qu'on peut situer la tentative de Béla IV d'établir une liaison vers le banat de Szörény (tout comme ses prédécesseurs l'avaient fait pour la « terre des Roumains près du cours transylvain de l'Olt »), en installant des colons roumains sur les pentes des Carpates donnant vers l'intérieur. Action d'autant plus justifiée que les environs des nouveaux châteaux bâtis dans les montagnes ne se prêtaient guère à l'agriculture mais offraient, par contre, de bonnes conditions à la vie pastorale. Ainsi se constituèrent plusieurs keneziats autour du château de Hátszeg, près du cours supérieur du Sztrigy. La première information relative à ceux-ci date de 1263, moment où un seigneur hongrois reçut en fief le village de Fenes, autrefois habité par des soldats slaves (les Darotz), avec ses parties rattachées, « sauf les terres keneziennes de Dragun et Kodoch ».[10] Ces derniers avaient dû s'y établir à la place des Darotz slaves qui s'étaient enfuis devant les Mongols et relevaient probablement de la voïvodie de Litvoj, ci-dessus citée. D'autres châteaux royaux furent également élevés, après l'invasion mongole, sur les cours supérieurs des rivières Temes et Karas, et seront plus tard rattachés au banat de Szörény. Le document le plus ancien (1247) qui les mentionne cite Krassófő, qui pouvait être contemporain des châteaux royaux, également de noms hongrois, de Zsidó, Miháld, Sebes et Illyéd, mentionnés entre 1320 et 1333, et devenus, aux XIVe-XVe siècles, des centres de districts roumains autonomes. Les documents relatifs à cette région ayant pour la plupart été détruits pendant l'occupation turque, l'unique preuve, indirecte, de la présence des Roumains au XIIIe siècle, nous est fournie par la charte de 1350 par laquelle Lupchyn, fils de Juga, également nommé voïvode Jean, fut autorisé à reprendre la jouissance des domaines que son ancêtre, dont il tait le nom, avait reçus du roi Béla IV dans la région de Sebes.[11]

Aucune information ne nous est parvenue sur l'autonomie interne des voïvodies et keneziats du XIIIe siècle; seules des données datant du XIVe siècle en laissent supposer l'existence. La condition pour obtenir le titre de kenéz était d'amener des colons sur un certain territoire — comme nous le rapporte un document de la région de Hátszeg, datant de 1360, dans lequel une famille de kenéz recouvre son droit kenezien *(ius kenesiatus)* en prouvant que ses villages ont été fondés par ses ancêtres. Il s'agit d'une sentence qui fut rendue, lors d'une assemblée *(congregatio generalis)* de la région de Hátszeg, composée de kenéz et d'autres gens de rangs et de conditions différents qui formaient une *universitas,* c'est-à-dire un tribunal collectif présidé par le capitaine de Hátszeg et composé de 12 kenéz, de 6 prêtres et de 6 Roumains communs *(Olachi populani)* élus par la population roumaine. Ce fut de manière identique que les keneziats de la région montagneuse de Máramaros et de Bereg, dans le Nord de la Transylvanie, élirent leur voïvode au milieu du XIVe siècle. La reine régente Elisabeth interdit en effet, dans sa charte de l'an 1364, au comes du comitat de Bereg, de confier la juridiction sur les Roumains, au lieu d'un voïvode, à ses propres fonctionnaires, et elle autorisa les Roumains « à élever d'un commun accord *(de communi voluntate)* à ce poste un voïvode roumain *(woywodam Wolacum)* qui leur paraisse efficace et honnête, à l'instar des autres Roumains qui vivent dans la région de Máramaros ou ailleurs dans notre pays, et qui jouissent déjà de cette liberté ... et que ce

[10] György Györffy, Adatok a románok XIII. századi történetéhez és a román állam keletkezéséhez (Données sur l'histoire des Roumains au XIIIe siècle et sur la naissance de l'Etat roumain), *Sz,* 1964, 7.

[11] Ibid. 12.

voïvode puisse trancher en chacune de leurs affaires litigeuses, et qu'il nous livre fidèlement, ainsi qu'à nos comes, toutes les redevances fournies par les Valaques ».

Tant qu'ils vivaient sur des territoires dépendant directement du roi ou de ses fonctionnaires nommés, les Roumains de Hongrie avaient le privilège de recourir, dans leurs affaires intérieures, à la juridiction du voïvode, selon le *ius valachicum*, ou d'un tribunal collectif de kenéz, élus par eux-mêmes, et de ne payer d'autre impôt que le cinquantième des brebis. Cette situation ne se modifia que lorsque les rois — pour la première fois Ladislas IV, entre 1272 et 1290 — permirent à des seigneurs ecclésiastiques et laïcs de faire venir sur leurs terres des colons roumains, en renonçant même à leur impôt de brebis. Les Roumains établis sans autorisation royale devaient cependant être reconduits, comme l'ordonna André III en 1293, sur le domaine de Székes, propriété de la Couronne. Sur le territoire situé entre les deux rivières Székes qui se jettent dans le Maros, il y avait au début du XIVe siècle 14 villages (dont 5 devaient disparaître par la suite, mais les autres existent toujours); 12 d'entre eux avaient une église catholique romaine, donc hongroise ou saxonne; des vestiges de population slave ont également pu s'y maintenir puisque les Roumains qui s'y fixèrent leur reprirent cinq noms de village. Quand, à la fin du XIIIe siècle, par suite d'une profonde transformation de la société hongroise, une grande partie des domaines de la Couronne passa aux mains de seigneurs privés, le domaine de Székes connut le même sort avec les Roumains qui y avaient été établis. Parallèlement, on vit se dégrader, en Transylvanie, le système des autonomies roumaines. André III fut le dernier à convoquer une assemblée partielle transylvaine, en 1291, à Gyulafehérvár, où les nobles, les Sicules, les Saxons et les Roumains *(universis nobilibus, Saxonibus, Syculis et Olachis)* furent représentés comme des éléments distincts de la population, pourvus d'une autonomie. Après cette date, on vit seulement se réunir isolément les cours des kenéz ou des voïvodes ; une communauté nationale unie et autonome des Roumains ne put donc, à l'instar des Sicules et des Saxons, se constituer, peut-être parce que les kenéz et les voïvodes des districts roumains n'en ressentaient pas la nécessité.

2. Nobles et serfs en Transylvanie (1241-1360)

La désintégration des comitats royaux

Le système des comitats royaux commença à se désagréger en Hongrie dès le début du XIIIe siècle. Ni la cour royale, ni les comes ne se contentèrent plus des produits élémentaires que pouvaient leur fournir les villages à titre de redevances féodales, alors qu'ils pouvaient se procurer des articles d'artisanat de bonne qualité auprès des bourgeois wallons ou allemands qui s'étaient installés dans les villes, ou tout simplement par importation. Pour trouver l'argent nécessaire, on tenta de remplacer l'ancienne économie d'esclaves, qui payaient uniquement en nature, par le système de paysans-colons libres qui vivaient sur des terres féodales laïques ou ecclésiastiques et payaient en espèces. Les familles qui revêtaient les plus grandes dignités du pays aspiraient, au lieu de vivre sur une économie d'esclaves au rendement modeste et des revenus d'une dignité de l'administration royale, à la propriété personnelle des terres, sur le modèle des grands féodaux d'Occident. D'un autre côté, le bas peuple qui travaillait en partie comme esclave sur des terres royales, ecclésiastiques ou seigneuriales et qui, théoriquement libre, était en fait astreint à service permanent, convoitait les privilèges des colons venus d'Occident. L'assimilation de techniques agricoles plus développées (charrue à versoir, assolement, rendement multiplié par quatre au lieu de deux) et la multiplication des foires leur permettaient de suivre l'exemple de ceux-ci. Au début du XIIIe siècle, il y eut des révoltes paysannes, dans la partie occidentale du pays, contre la corvée.

Depuis la fin du XIIe siècle, un quart seulement des revenus de la Couronne provenaient des redevances fournies en nature par les comitats, le reste étant assuré par l'impôt en argent des « hôtes » étrangers, par la régale sur la frappe de la monnaie et par le monopole royal sur les mines de sel et de métaux précieux. Dans ces conditions, le roi put renoncer aux terres et à la main-d'œuvre qui y travaillait, au profit des familles oligarchiques si avides de propriétés personnelles. Cependant, la donation en fief des terres domaniales à château portait préjudice aux intérêts des éléments armés qui y vivaient, à savoir aux soldats royaux petits propriétaires (dits *servientes*) et aux officiers dits « serfs de château » *(iobagiones)*, puisqu'ils devaient ainsi renoncer à leur condition plus libre de serviteurs du roi pour passer sous dépendance seigneuriale. La seule issue qu'on pouvait entrevoir dans cette situation de crise générale était le système du féodalisme censitaire à l'occidentale : des paysans vivant sur le domaine seigneurial, avec liberté de résidence et d'économie et payant leurs redevances soit en nature soit en espèces. Cette transformation ne manqua pas de s'opérer en Hongrie, dès le cours du XIIIe siècle : une loi de 1298 décréta la liberté de résidence des paysans qui vivaient sous autorité seigneuriale et étaient nommés « jobbagi » (nom désignant autrefois les gens libres qui accomplissaient un service). Dès 1267, on avait accordé la condition noble aux anciens officiers et serviteurs libres de château — condition qu'avant cette date seuls les hauts dignitaires avaient le droit de s'attribuer. Ceux-ci furent désormais appelés les « barons du pays ». Dans le même temps, on vit se constituer l'organisation nobiliaire des comitats dont le tribunal réunissait, aux côtés du comes nommé par le roi, des juges nobiliaires dits « szolgabíró » (juge des serfs).

En Transylvanie, les comitats qui jouissaient d'une autonomie nobiliaire ainsi que des droits spécifiques de la noblesse commune, apparurent plus tard et d'une manière différente. L'explication s'en trouve dans le fait que la désagrégation du réseau des châteaux de la Couronne se prolongea en Transylvanie jusqu'à la seconde moitié du XIIIe siècle, retardant ainsi le passage des serviteurs de château à la petite noblesse, et que, surtout, le pouvoir du voïvode y était beaucoup plus étendu. En effet, le comes de Gyulafehérvár, qui portait le titre de voïvode, désignait, dès le début du XIIIe siècle, les comes des cinq autres comitats transylvains (Doboka, Kolozs, Torda, Küküllő et Hunyad) en les choisissant parmi ses fidèles. De 1263 à 1441, la dignité de comes du comitat de Szolnok, qui comprenait les parties septentrionales de la Transylvanie jusqu'à la Tisza, fut liée à celle de voïvode, permettant à son titulaire de réunir en sa personne l'administration des territoires transylvains, exception faite des autonomies sicule, saxonne et roumaine. Le voïvode tirait ses revenus des domaines qui appartenaient aux châteaux dont il était bénéficiaire, mais les droits régaliens provenant de l'impôt, de la douane et des mines étaient régis non par lui mais par des fonctionnaires du roi. Les voïvodes s'efforçaient également d'acquérir des fiefs par donation royale mais, comme les rois les changeaient souvent et les choisissaient dans des familles aristocratiques non transylvaines, peu d'entre eux devinrent grands propriétaires en Transylvanie.

Le premier voïvode à posséder des fiefs en Transylvanie fut, au début du XIIIe siècle, le Transdanubien Gyula Kán, qui reçut quelques villages, mais les perdit par la suite, après son départ; ils seront récupérés par un de ses descendants, en 1267, également porteur du titre de voïvode. Avant eux, dès la fin du XIIe siècle, les ancêtres de la famille Wass avaient reçu des fiefs. Originaire de la Haute-Hongrie, Mihály Kácsik possédait, au moment où il occupait le poste de voïvode (1209-1212), avec son frère, le ban Simon, un territoire important mais inhabité près du cours supérieur du Maros. Simon ayant fomenté une révolte, ses terres furent confisquées par le roi et données, en 1228, à Dénes Losonci Tomaj, devenu plus tard voïvode, et ancêtre de la plus riche famille de grands propriétaires transylvains qui se divisa, en 1319, en trois branches: les familles Losonci, Bánffy et Dezsőfi. Titulaire pour une courte durée du poste de voïvode (1206-1207), Smaragd Zsámboki ne put obtenir que quelques villages dans le comitat de Hunyad, dont devait hériter une branche de ses descendants, la famille Barcsai, établie en Transylvanie, dont les propriétés étaient modestes. Un membre de la famille Kökényes-Radnót reçut, dès avant 1228, le vaste domaine de Teke, à proximité des domaines de Tomaj, mais sa descendance s'éteignit vers la fin du siècle. Dans le Nord, près de la rivière Nagy-Szamos, les possessions du clan Becse-Gergely, également d'origine non-transylvaine, remontaient à la première moitié du XIIIe siècle; les familles qui descendaient de cette souche, les Bethlen, les Apafi, les Somkereki Erdélyi devaient jouer un rôle important en Transylvanie jusque dans les temps modernes.

Situées à la périphérie du pays, aux pieds des montagnes, ces grandes propriétés, qui comprenaient plusieurs villages et formaient des blocs continus, se distinguaient nettement des possessions des clans répartis en plusieurs familles, possessions qui se trouvaient en Mezőség, assez éloignées les unes des autres, sur les rives droite et gauche du Kis-Szamos, et n'englobaient que 2 à 10 villages. Conformément à l'usage en cours à la fin du XIIe siècle, ces clans se nommaient d'après leur premier ancêtre connu, considéré comme fondateur *(de genere)*. On connaît, en Transylvanie, cinq clans de ce type, signalés par les sources dès le début du XIIIe siècle. Anonymus cite, parmi ceux qui avaient conquis le pays au Xe siècle, le clan Zsombor, avec son village Esküllő, dans le comitat de Doboka (qui y conservera ses terres par la suite), ainsi que le clan Agmánd, dans le comitat de Belső-Szolnok. C'est dans une liste des ordalies, qui eurent lieu dans les premières décennies du XIIIe siècle, que nous rencontrons les noms des membres du clan Kalocsa (qui se nommait également Szil, puis Tyukod), qui vivaient dans les comitats de Kolozs et de Torda, ainsi que ceux du clan appelé Mikola, d'après son premier ancêtre connu. Le clan Borsa qui exerçait, au XIIIe siècle, le droit de patronnage sur le monastère d'Almás et devait plus tard acquérir des biens dans le comitat de Bihar, se trouvait dans des conditions de propriété analogues. Ces cinq clans qui vivaient dans les quatre comitats de la Transylvanie du Nord ne sont mentionnés, outre la Transylvanie, que dans le Bihar voisin, et seulement dans la seconde moitié du XIIIe siècle. On peut donc les considérer comme occupants premiers qui vivaient là de façon permanente depuis la conquête du pays. Les cinq clans donnèrent naissance à de nombreuses familles dont la plupart ont subsisté jusqu'aux temps modernes; ils constituaient, depuis les origines, les souches centrales de la noblesse transylvaine.

Dans la seconde moitié du XIIIe siècle, on assista à une transformation sociale non seulement plus rapide, mais aussi touchant des couches de plus en plus larges. Les châteaux des anciens chefs-lieux de comitat (Dés, Doboka, Kolozsvár, Torda, Gyulafehérvár, Küküllővár et peut-être même Hunyad) avaient été détruits pendant l'invasion des Mongols. Malgré les transformations que le roi Béla IV effectua dans leur organisation en y ajoutant des éléments nouveaux de population, ces chefs-lieux perdirent leur importance stratégique. La tâche de la protection du pays revenait de plus en plus aux châteaux construits, sur initiative royale, sur des élévations, dont les commandants avaient également pour fonction l'administration de la région. C'était aux postes de commandant de ces nouveaux châteaux que remontait la fonction de chef de comitat (ispán = comes). Dans les enceintes des anciens chefs-lieux (Dés, Kolozsvár, Gyulafehérvár, Torda), le roi installa désormais des colons agriculteurs ou commerçants *(hospites)*, auxquels il assigna des tâches essentiellement économiques en leur accordant le droit d'élire leurs maires et de tenir marché, ainsi que la franchise de leur commerce et des allègements d'impôt. Ces «hôtes», d'origine soit hongroise, soit allemande, mêlés aux anciens «gens de château» ayant obtenu les mêmes droits, constituèrent la base de la population urbaine bourgeoise de la Transylvanie. Au XIIIe siècle, les châteaux de Kolozsvár et de Gyulafehérvár devinrent, par donation royale, fiefs de l'évèque de Transylvanie; le premier rejoignit, en 1316, le rang des villes royales libres, mais Gyulafehérvár resta une possession de l'évêque et fut, de ce fait, nettement désavantagé dans son développement urbain. Le château de Doboka passa par donation dans la propriété d'une branche de la famille Kökényes-Radnót qui s'était nouvellement établie en Transylvanie. Le château lui-même sombra dans l'insignifiance et son agglomération survécut comme simple village et centre administratif des domaines de la famille Dobokai. Grâce à leur position stratégique plus favorable, Küküllővár et Hunyadvár ne cessèrent de jouer un rôle militaire, mais passèrent finalement eux aussi, par donation, aux mains de particuliers. Les domaines de la Couronne se limitaient ainsi au territoire, encore immense, des nouveaux châteaux et de leurs environs montagneux. Le bassin transylvain, avec certaines parties des régions montagneuses, passèrent en la propriété soit de nobles locaux, soit de familles venues d'ailleurs. Issue du clan transdanubien Szalók, la famille Kendi acquit des propriétés près du Küküllő et jouera plus tard un rôle important en Transylvanie. D'origine également non transylvaine, les branches du clan Ákos avaient elles aussi des biens en Transylvanie, comme les Thoroczkai dans le comitat de Torda, les Illyei et les Folti dans le comitat de Hunyad, sur la rive nord du Maros. Non loin de ces derniers, sur la rive gauche du Maros, le clan transdanubien Hermány obtint des fiefs qui se divisèrent plus tard en de nombreuses petites propriétés de hobereaux. La famille Lackfi, issue du clan Hermány, passait, au XIVe siècle, pour une des familles les plus puissantes du pays. Six de ses membres, père, fils, petits-fils eurent même, entre 1328 et 1376, la haute main sur la Transylvanie en tant que voïvodes ou comes des Sicules. Parmi les autochtones, c'était la famille Losonczi Bánffy qui réussit à assembler une grande fortune en s'assurant, par donation d'André III, la propriété des domaines de Csicsó et de Lápos qui couvraient la majorité de la région montagneuse septentrionale du comitat de Belső-Szolnok. Le clan transdanubien Csák reçut le domaine de Bonchida,
 dans le comitat de Doboka, mais les Bánffy en héritèrent à la fin du XIVe au

moment où ils furent également dotés des domaines de Sebesvár en Kolozs et de Ujvár en Küküllő. Se haussant ainsi à la tête de l'aristocratie transylvaine, cette famille devait jouer, jusqu'à des époques récentes, malgré son affaiblissement au XVe siècle en biens et en prestige, un rôle de premier plan dans la vie politique transylvaine.

Anarchie et consolidation

Cette progression de la propriété féodale privée était une conséquence des événements politiques de la seconde moitié du XIIIe siècle. Voulant contenter son fils Etienne, au tempérament ambitieux, le roi Béla IV partagea avec lui son pays, comme son père l'avait fait autrefois à son profit. La partie orientale, dont la Transylvanie, fut cédée à Etienne qui, portant le titre de «roi cadet», s'attribua également celui de «prince de Transylvanie», organisa sa propre cour et mena une politique étrangère indépendante. Il contribua considérablement au rétablissement de la Transylvanie qui se trouvait dans un état fort critique après l'invasion des Mongols, organisa sa défense et gratifia de généreuses donations de fiefs les nobles qui rejoignirent son parti. Mais la rivalité qui opposa bientôt père et fils provoqua de lourds conflits intérieurs dans le pays. Les armées de Béla bloquèrent Etienne dans le château de Feketehalom, en Barcaság, mais celui-ci réussit à en sortir, en profitant du revirement de camp d'une partie des assaillants. Il dispersa les armées de son père, puis les poursuivit jusqu'à Pest où il remporta, au printemps 1265, une victoire décisive et contraignit son père à reconnaître son droit sur la partie orientale du pays. Cette réconciliation qui se prolongea jusqu'à la mort de Béla, survenue en 1270, ne pouvait être sincère puisque les deux antagonistes continuèrent à renforcer leur parti en y attirant les fidèles de l'autre, ce qui ne pouvait se faire autrement que par l'attribution de fiefs à une aristocratie déjà fort puissante.

Quand Etienne V mourut subitement, après deux ans de règne, certaines familles aristocratiques, profitant du jeune âge de son fils Ladislas IV, s'emparèrent de régions entières qu'ils gouvernèrent en véritables oligarques, en s'appuyant sur leurs gens armés recrutés parmi leurs vassaux et en traitant en simples fiefs les territoires dont il n'étaient, à titre de comes, que les administrateurs. Le premier à refuser l'obéissance fut le voïvode roumain Litvoj, placé à la tête du banat de Szörény que les chevaliers de Saint Jean avaient quitté en 1260, mais il périt lors de la campagne qu'on mena contre lui en 1272; son frère et successeur Bărbat retourna, du moins provisoirement, à la fidélité au roi et lui paya les arrérages d'impôt. Mais, dans les années qui suivirent, le banat de Szörény et, à plus forte raison, l'ancienne Coumanie échappèrent définitivement au contrôle du roi, envers qui les voïvodes roumains n'honorèrent plus leurs liens de vassalité, comme c'était le cas dans toute la Hongrie, tombée en morceaux et partagée entre les grands dignitaires du pays qui abusaient de leur pouvoir. Démuni face à cette situation, le roi Ladislas IV tomba, en 1290, victime d'un assassinat.

Son successeur, André III, trouva dans le pays une situation chaotique ainsi qu'une insécurité générale, et son bref règne, lui aussi menacé par des prétendants au trône soutenus par les puissances étrangères, ne lui permit pas de rétablir l'ordre. Peu après son avènement, il effectua un voyage en Transylvanie afin de faire cesser, par sa présence personnelle, l'anarchie qui avait gagné cette région. L'affaiblissement du pouvoir central laissa libre cours aux abus,

14. Monastère fondé vers 1200 par un clan à Harina. Actuellement l'église luthérienne Saint-Pierre

15. Eglise orthodoxe à Guraszáda, construite vers 1300 pour les colons roumains

16. Vestiges de l'église et du couvent cisterciens de Kerc, première moitié du XIIIe s.

17. L'abside de l'église luthérienne Saint-Barthélémy de Brassó, œuvre de l'atelier de Kerc, milieu du XIIIe s.

18. Nef latérale du Sud de la cathédrale de Gyulafehérvár, premier tiers du XIIIe s.

19. Eglise orthodoxe roumaine à Demsus, faite avec des pierres romaines, milieu du XIVe s.

20. Eglise orthodoxe roumaine de Zeykfalva, seconde moitié du XIIIe s.

21. Abside surélevée de l'église luthérienne de Szászsebes, seconde moitié du XIVe s.

22. Saint Georges par les frères Martin et Georges Kolozsvári à Prague. L'un des chefs-d'œuvre de l'art médiéval européen, 1373

23. Latorvár, un des châteaux frontaliers de la Transylvanie médiévale dans la gorge de Vöröstorony, avec une tour à canons du XVIIe s. et le château de Talmács à l'arrière-plan. Lavis fait vers 1735

ce à quoi ne put remédier même la venue du roi en personne ; après son départ, en effet, le voïvode Lóránd, membre du clan Borsa, qui exerçait, avec ses frères, un pouvoir illimité sur une partie considérable de l'Est de la Hongrie, lança, en 1294, une attaque armée contre l'évêque de Várad, et résista même aux troupes royales envoyées pour le soumettre. Celles-ci réussirent, après des combats acharnés, à le vaincre, mais son successeur, László Kán, nommé à sa place en 1297, ne se montra pas meilleur que lui. Il fit main basse sur les revenus du roi alors occupé à calmer les révoltes qui éclataient de tous côtés ; il rattacha à son voïvodat et à son titre de comes de Szolnok, celui de comes des Sicules et des Saxons, transformant ainsi la Transylvanie en un fief personnel. Entre 1307 et 1309, il ne laissa pas occuper le siège épiscopal devenu vacant avant que le chapitre n'ait élu son propre candidat. Il plaça ses fidèles aux postes de commandants des châteaux et, si quelqu'un refusait d'entrer à son service, il lui confisquait ses terres.

On assista, dans les autres régions du pays, à une évolution analogue, si bien qu'en 1301, à l'époque de la mort d'André III, la Hongrie était entre les mains d'une douzaine de grands féodaux qui avaient installé, sur leurs territoires respectifs, leur pouvoir indépendant. Le pays risquait de devenir un Etat mosaïque féodal. Les luttes pour la succession au trône, qui se prolongèrent pendant des années, favorisèrent également le pouvoir oligarchique. Avec la mort d'André III, s'éteignit la dynastie des Árpád, et une lutte archarnée opposa les prétendants, tous consanguins en ligne féminine. Le pape soutenait Charles-Robert, un descendant des Anjou français de Sicile, mais celui-ci ne réussit pas, dans un premier temps, à gagner la sympathie de l'ensemble des membres de la classe au pouvoir. La majorité de celle-ci opta d'abord pour le prince tchèque Wenceslas puis, après l'abdication de ce dernier, pour le duc de Bavière, Othon. Le voïvode László Kán invita celui-ci à se rendre en Transylvanie en lui promettant, paraît-il, la main de sa fille, mais il l'y fit prisonnier et le renvoya en Bavière. Après cela, en 1308, il reconnut la dignité royale à Charles-Robert mais continua à garder chez lui la couronne royale.

Le pays refusa de considérer Charles comme roi légitime tant qu'il fut pas sacré avec la couronne de Saint Etienne. Or, la couronne était entre les mains de László Kán qui se garda même de paraître à l'assemblée d'élection du roi, et préféra se retirer dans les montagnes et attendre. L'envoyé du pape, le cardinal Gentile, tenta de négocier avec lui mais sans succès. Il l'excommunia alors sous prétexte qu'il avait marié sa fille au roi orthodoxe de Serbie, Uroš II. La lourde sanction ne manqua pas de faire son effet: l'année suivante, le voïvode rendit les insignes de royauté et promit de restituer au roi ses biens et droits usurpés. Charles-Robert fit, dès 1310, sa première visite en Transylvanie, mais allait poursuivre, pendant une dizaine d'années encore, de sanglantes guerres contre l'oligarchie qui refusait d'accepter tout amoindrissement de son pouvoir. Durant ces années, le voïvode László continua à régner sur la Transylvanie et empêcha les troupes du roi d'occuper leurs postes dans les châteaux; il réussit même à empêcher son successeur, Miklós Pok, nommé en 1315, d'exercer effectivement ses fonctions. Ce ne fut qu'après la mort de László Kán que l'armée du roi put, après la bataille de Déva, en 1316, arracher la Transylvanie à ses fils. Le nouveau voïvode, Dózsa Debreceni, lutta, en 1318, contre Mojs, fils de Mojs, qui avait fait alliance avec les Borsa rebelles. Et même Tamás Szécsényi, du clan Kácsik, qui lui succéda en 1320, eut fort à faire pour briser définitivement la résistance des fils de László Kán en les chassant de leur dernier refuge, le château de Csicsó.

D'une main sûre, le voïvode Tamás rétablit l'ordre dans une Transylvanie toujours en agitation. Il rappela à la discipline les fidèles du voïvode László, ainsi qu'un certain nombre de petits féodaux qui opéraient pour leur propre compte. Il se retourna ensuite contre les Saxons. Ceux-ci, en effet, avaient à nouveau saccagé, en 1308, Gyulafehérvár pour prendre vengeance sur son évêque avec qui ils s'étaient engagés dans d'interminables querelles puis, comme après la mort du voïvode László le titre de comes des Saxons resta rattaché au titre de voïvode, ils se soulevèrent, sous la conduite de Henning, geréb de Péterfalva, contre le nouveau voïvode. Ce ne fut qu'en faisant venir des troupes coumanes de la Plaine hongroise qu'on réussit à les soumettre, en 1324. Tout docile qu'il se montrât envers le roi, Tamás Szécsényi était cependant non moins jaloux de son pouvoir en Transylvanie que ne l'avait autrefois été le voïvode László. L'évêque de Transylvanie, par exemple, à en croire ses récriminations, fit bien souvent l'expérience de la violence et de l'avarice avec lesquelles Szécsényi tentait de s'accaparer des fiefs, au dépens des biens ecclésiastiques, pour lui-même et pour ses fidèles.

En Transylvanie, la victoire de Charles-Robert constitua un coup grave pour les aristocrates qui avaient opté pour la résistance. Nombre de grandes familles qui vivaient là depuis la conquête du pays ou étaient venues s'établir plus tard, y perdirent leurs fiefs pour cause d'infidélité et, même si le souverain pardonna par la suite à la plupart d'entre elles (tels les clans Zsombor et Borsa, ou la famille Wass), les dignités revenaient désormais aux fidèles éprouvés. Tamás Szécsényi occupa le poste de voïvode jusqu'à la mort de Charles-Robert (1342) et retint pour lui-même, en récompense de ses services, une partie considérable des biens confisquées aux rebelles. En 1319, il fut ainsi gratifié de l'immense domaine de Sáromberek, situé entre Beszterce et le Maros, puis en 1324, des domaines relevant du château de Siklós, dans le comitat de Szeben. Tout comme le voïvode László, il épousa une princesse Piast (Anne d'Auschwitz). Ayant toujours en vue les intérêts de sa famille, il fit également venir ses neveux en Transylvanie ; l'un d'eux, Simon, ancêtre de la famille Kentelki Radó, obtint, grâce à son intervention, le domaine de Nagysajó et porta le titre, fort avantageux, de comes des Sicules. Un autre, Péter Cseh, fort du prestige de son oncle, put épouser l'héritière de la richissime famille de gerébs saxons Talmácsi pourvue de domaines étendus, et fonda ainsi la famille Vingárti Geréb, dont deux membres seront, au XVe siècle, élevés aux deux plus hautes dignités de la Transylvanie, celle de voïvode et celle d'évêque. En fait, les membres du clan Kácsik qui s'étaient transplantés en Transylvanie se marièrent, en d'autres cas également, avec les filles de familles saxonnes. Ce fut par l'intermédiaire de la famille de gerébs Radnai qu'un descendant du comes sicule Simon devint propriétaire du domaine de Kentelke dont sa famille devait tirer son nom. Quant à János, fils de Péter Cseh, il prit pour femme, à l'instar de son père, une Saxonne, à savoir la fille du très fortuné geréb Mihály Kelneki, qui maria six de ses sept filles à de grands seigneurs hongrois. N'ayant qu'un modeste fief dans le comitat de Hunyad, la famille noble Barcsay put elle aussi jeter les bases de sa fortune grâce à l'héritage d'une partie des biens de la famille de gerébs Alvinci, éteinte en ligne masculine. Certes, d'importants fiefs familiaux purent également se constituer en sens inverse, tel pour la famille de gerébs saxons Brassói qui entra, par voie de mariage, en possession des biens d'une branche éteinte du clan Zsombor.

Le comitat nobiliaire et la noblesse

En Transylvanie, le comitat nobiliaire, en tant qu'organisation autonome de la noblesse, apparut selon le modèle de l'évolution hongroise, mais avec davantage de lenteur. Alors que, en Hongrie proprement dite, les comitats nobiliaires s'étaient substitués, dès avant l'invasion mongole, à l'organisation royale des châteaux, le système des gens armés rattachés aux châteaux était, en Transylvanie, encore intact dans la seconde moitié du XIIIe siècle, si l'on en croit les diplômes qui citent fréquemment les serviteurs armés de Belső-Szolnok, Doboka, Kolozs, Torda, Gyulafehérvár. Si leur intégration à la noblesse s'opéra avec moins de régularité que dans les régions situées plus à l'ouest, c'est probablement parce que la grande transformation sociale coïncida, en Transylvanie, avec une période de profonde crise politique. Cette couche, qui mit un temps assez long à rompre ses liens de dépendance, fut pratiquement emportée par la tourmente des événements. Ses membres sont presque toujours cités, dans les documents, à propos de la vente de leurs biens, les acheteurs étant souvent les descendants des grands clans conquérants du pays (par exemple, des familles Gerendi, Kecseti, Szentmártoni) ou d'autres nobles d'origine plus incertaine, parfois des ecclésiastiques. Nous ignorons le sort de ces gens de château dépossédés. Une partie d'entre eux réussit peut-être à conserver quelques biens qui lui permettaient de mener une vie de hobereau. Mais la plupart se vit probablement contrainte à se mettre au service de familles nobles fortunées ou de tenter leur chance, une fois encore, dans les nouveaux châteaux forts. Toujours est-il qu'aucune des familles nobles transylvaines du Moyen-Age ne saurait être ramenée avec certitude, à notre connaissance, à un ancêtre serviteur de château.

On peut donc affirmer que, dans les régions plates des comitats de Belső-Szolnok, Doboka, Kolozs et Torda, se constitua, au Moyen-Age, une société nobiliaire assez homogène remontant dans sa grande majorité aux clans de la conquête. S'il y eut une différence entre eux, ce fut du point de vue de leur fortune : certaines familles plus prolifiques virent leurs fiefs se morceler, si bien qu'il existait parfois des villages abritant plusieurs familles nobles qui vivaient dans leurs manoirs et cultivaient leurs terres de leurs propres mains. Même les familles plus opulentes n'avaient, en général, pas plus de dix villages en leur possession, et seulement un petit nombre de gens vraiment fortunés pouvaient faire valoir leurs droits seigneuriaux sur 20 à 30 villages ; ceux-ci ne formaient d'ailleurs pas un bloc continu, mais étaient entrecoupés par les biens d'autres familles. Quant aux grands latifundia d'un bloc comprenant 20 à 50 villages, ils se constituèrent sur les limites de cette région peuplée de petite et moyenne noblesse.

Quoiqu'une loi de 1290 décrétât l'organisation nobiliaire des comitats et la justice seigneuriale en affaires serviles, ainsi que l'obligation personnelle de porter les armes aussi bien chez les nobles transylvains que chez les « Saxons qui possédaient, à l'instar des nobles, leurs fiefs personnels »,[12] l'émancipation de la noblesse progressa en Transylvanie moins vite que dans les autres régions de Hongrie. Au début du XIVe siècle, les nobles transylvains payaient encore un tribut au voïvode de Transylvanie, obligation dont ils furent exemptés en 1320 par le roi Charles-Robert qui voulait ainsi les récompenser pour l'avoir aidé à écraser la révolte saxonne. Quant à leur juridiction sur les

[12] Urkundenbuch zur Geschichte der Deutschen in Siebenbürgen I, Hermannstadt, 1892, 175.

habitants de leurs fiefs, c'est-à-dire leur plein pouvoir seigneurial, il ne fut admis par le voïvode qu'en 1342, et confirmé par le roi en 1365. Le décret par lequel le roi renonça, à leur profit, à l'impôt dit *lucrum camerae,* instauré par Charles-Robert, revêt une importance particulière. Le roi leur reconnut, en effet, le droit de percevoir, en contrepartie de leur service armé, cet impôt de 18 deniers par manse servile. Si bien que les serfs transylvains n'eurent désormais de redevance qu'envers leurs seigneurs, à l'exception des Roumains qui continuaient à payer au roi le cinquantième des brebis.

Les tentatives des nobles visant à organiser leur autonomie au niveau du comitat furent moins fructeuses. Même si, au début du XIVe siècle, on vit surgir, en Transylvanie également, des tribunaux de comitat composés de délégués de l'assemblée nobiliaire et de juges des serfs de district (szolgabíró), et si certains comitats prirent, vers le milieu du siècle, l'habitude de convoquer leurs assemblées nobiliaires, les efforts centralisateurs du voïvode l'emportèrent une nouvelle fois. Car, par la suite, ces assemblées de comitat ne furent pas tenues chacune à part, sous la présidence de leurs comes respectifs, mais le voïvode invita les sept comitats transylvains à se réunir (en général à Torda) en une seule assemblée. C'était là qu'on élisait les juges de district, deux pour chaque comitat (et non quatre, comme dans les autres régions du pays). Le voïvode administrait ces comitats de façon globale, comme une seule unité organisationnelle, et il mit ainsi un sérieux obstacle au développement de l'autonomie nobiliaire à l'échelon des unités territoriales. Les nobles de Transylvanie réussirent donc à obtenir les droits et privilèges qui distinguaient, à l'échelle nationale, le noble du non noble, mais ils n'avaient guère la possibilité de faire valoir, face au voïvode, leurs droits collectifs et, par voie de conséquence, leur poids politique. Un facteur négatif, qui agit également dans ce sens, fut le système dit de «familiaritas», qui était une variante hongroise de la clientèle féodale et se propageait en même temps que se constituaient les grands latifundia.

Les gens de condition libre mais peu fortunés choisirent le plus souvent de se mettre au service des magnats, notamment pour faire partie de leurs suites armées, ou pour se charger de la gestion économique de leurs biens. Le magnat les admettait dans sa famille (d'où le nom de «familiaris») et s'engageait à les nourrir et à leur assurer subsistance et protection juridique, tandis que les «clients» leur prêtaient en retour un serment de fidélité. (Mais le seigneur n'avait aucun droit sur le fief de son client, la loi hongroise plaçant sous la compétence exclusive du roi l'attribution ou la confiscation des domaines nobiliaires.) En Transylvanie, le voïvode choisissait en général son vice-voïvode (qui occupait en même temps le poste de comes du comitat de Fehér et était chef du tribunal du voïvodat) parmi ses clients non-transylvains, tout comme les comes des autres comitats, à leur tour, prenaient pour vice-comes un de leurs fidèles personnels. Dans les autres parties du pays, les comes de comitats étaient directement nommés par le roi et choisis parmi les membres des familles de haut lignage. Le poste de comes était lucratif et prestigieux et les membres des grandes familles transylvaines l'acceptaient volontiers, si bien que de larges couches de la petite et de la moyenne noblesses transylvaines se trouvèrent en rapport de «familiaritas» avec le voïvode, ce qui augmenta considérablement le pouvoir de celui-ci. C'est là l'explication du fait qu'en Transylvanie, même les familles aristocratiques les plus fortunées ne pouvaient se mesurer avec le prestige social du voïvode, alors que celui-ci descendait en général d'une famille non-transylvaine et n'avait donc pas de domaines importants en Transylvanie.

A l'origine de la grande transformation sociale qui permit à la noblesse de s'organiser en tant que force politique autonome, il y avait des efforts conscients des rois en vue de défendre le territoire national. Leurs démarches visaient non seulement la couche des Hongrois libres et des serviteurs de château affranchis ayant l'obligation du service armé individuel et formant, eux aussi, un ordre nobiliaire, mais aussi les communautés sicule, saxonne et roumaine : les souverains accordaient toujours leur appui aux éléments qui semblaient les plus aptes à assurer la protection des frontières. Traditionellement dotée de l'auréole du combattant croisé, la figure du soldat hongrois, confondue avec celle du gentilhomme qui bénéficiait d'énormes avantages politiques et économiques (pleine jouissance de son fief avec travail servile gratuit, exemption fiscale, juridiction directement royale) exerça également sa fascination sur les sociétés sicule, saxonne et roumaine. Les mutations qui s'opérèrent au sein de celles-ci, furent grandement conditionnées par l'impact de ce modèle.

Les Sicules et les Saxons au sein de la noblesse

L'organisation sociale des Sicules avait toujours été celle qui se rapprochait le plus de la forme de vie nobiliaire, puisque les deux principaux critères de la condition sicule, à savoir la liberté personnelle et l'obligation individuelle du service armé, étaient également ceux qui définissaient la condition noble. Il en résulta que les Sicules furent, dès le XIVe siècle, pratiquement considérés comme des nobles, y compris hors de leur territoire propre. En 1346, il suffit à un certain Pál Sényői de justifier sa condition sicule pour avoir le droit de vivre en homme libre n'importe où dans le pays. Cependant, en Terre sicule elle-même, le régime ancestral de communauté des biens et d'égalité des droits freinait la promotion individuelle. Il ne permettait pas, en particulier, une pratique qui constituait l'avantage essentiel de la noblesse des comitats, à savoir d'acquérir sans restrictions des domaines à jouissance individuelle où était installée une population réduite à l'état servile. Les plus ambitieux des Sicules tentèrent donc bientôt leur chance en se mettant directement au service du roi et se virent récompensés pour leurs mérites par des fiefs pris sur les domaines de la Couronne déjà en voie de désintégration. Comme ils tenaient également à leur part des biens collectifs sicules, ils s'efforçaient, en général, d'obtenir un fief dans les comitats situés à proximité du territoire sicule. Ce furent les domaines autour d'un château royal et enclavés dans les terres sicules qui passèrent les premiers dans la propriété de cette nouvelle noblesse d'origine sicule. Le roi céda, en 1252, le fief de Szék, situé sur la frontière du Barcaság et du Háromszék, aux ancêtres sicules des familles nobles Nemes, Mikó et Kálnoky qui devaient acquérir plus tard une certaine notoriété. Ces familles, voulant également exercer des droits nobiliaires sur des villages à juridiction sicule, menèrent, entre 1342 et 1366, une lutte acharnée contre les Sicules de Seps, lutte qui se solda par le maintien des terres controversées au sein du territoire sicule. Le château de Bálványos, avec ses villages hongrois et slaves en voie de magyarisation, fut attribué comme fief par le roi, également au XIIIe siècle, à l'ancêtre des familles sicules Apor et Kézdi. Les nouveaux propriétaires firent venir sur ce territoire des serfs hongrois et russes et le placèrent sous l'autorité du comitat. Mais en 1324, les Sicules repoussèrent vigoureusement leurs exigences sur la région de Kászon.

A proximité de Székelyföld, dans des comitats de Fehér, Küküllő, Torda, Kolozs et Doboka, un certain nombre de familles nommées Székely firent, au cour du Moyen-Age, l'acquisition de biens nobiliaires, soit par attribution royale, soit à la suite de mariages contractés avec la noblesse des comitats. Comme ils avaient toujours leur part légitime des biens sicules, ils possédaient des terres tant en territoire sicule qu'en dehors de celui-ci, ce qui leur permettaient donc d'assumer un rôle public et dans la vie des comitats, et dans celle de la communauté sicule. On rencontre les membres de la même famille tantôt en tant que juges de district d'un comitat, tantôt en tant qu'officiers des Sicules.

Cependant, pour la majorité des Sicules, il n'y avait aucune possibilité de servir comme soldat à cheval et en armure — l'unique forme d'équipement considérée, à l'époque, comme moderne — car ils n'avaient pas les moyens de se les acheter. Leur corps d'arme spécifique demeurait la cavalerie légère. Dans les parties occidentales de la Hongrie, cette technique militaire ancestrale était en voie de disparition, car la technique de combat européenne nécessitait des cuirassiers ; aussi, après l'invasion mongole, les rois exigèrent-ils des communautés qui avaient à l'origine l'obligation du service individuel, de fournir désormais un nombre plus restreint de soldats, mais très bien équipés. Il s'en suivit inévitablement que les catégories exclues du service armé effectif virent leur condition se transformer en servitude et n'eurent désormais d'autre rôle que de fournir les bases matérielles permettant de pourvoir certains d'entre eux en équipement de soldat. C'était en effet le sort réservé aux peuples couman et iazyge *(jász)*, qui s'étaient établis, au cours du XIIIe siècle, dans la plaine située entre le Danube et la Tisza. Si, à l'origine, ils avaient l'obligation individuelle de prendre les armes, ils ne durent plus bientôt fournir au roi que 600 soldats, ce qui perturba l'homogénéité de leur société : la couche des combattants en exercice parvint à réduire le petit peuple à la servitude. Cependant, du fait que les frontières du côté de la Transylvanie furent, pendant tout le Moyen-Age, menacées par des ennemis qui fondaient essentiellement leur tactique sur la cavalerie légère (Mongols, Lituaniens, Roumains, puis Turcs), la technique militaire et l'équipement des Sicules restaient utilisables contre eux. Comme cet équipement plus rudimentaire était également accessible à ceux qui vivaient dans des conditions modestes, chaque Sicule put sauvegarder son droit et obligation de service armé et, partant, sa liberté individuelle.

La société saxonne traversa une crise non moins aiguë, mais son évolution ultérieure prit une direction toute différente. A la différence des Sicules, les Saxons ne partaient pas en guerre individuellement, mais étaient tenus d'envoyer un contingent déterminé de soldats. Les avantages sociaux qui allaient de pair avec le service armé furent donc, chez eux, dès le départ réservés à un certain groupe de la communauté, et plus particulièrement aux gerébs. A la fois juge, autorité administrative et chef militaire, le geréb détenait son poste à titre héréditaire. Ainsi, tout comme chez les Sicules, cette dignité, de plus en plus souvent confondue avec les biens qui lui étaient rattachés, put bientôt être vendue ou hypothéquée. Par ailleurs, le geréb ressentait, lui aussi, les contraintes de la communauté : il devait se soumettre au droit saxon et assumer sa part aux charges fiscales. Il chercha donc, de même que les dirigeants sicules, une promotion sociale plus libre en dehors de sa communauté, dans le monde des comitats. Les gerébs acquérirent des domaines en bordure de la Terre saxonne et les peuplèrent essentiellement de colons allemands qu'ils ne traitaient cependant pas comme leurs égaux dans la communauté, mais comme des serfs. C'est de cette manière qu'apparut, en dehors de la Terre saxonne, dans la seconde moitié du XIIIe siècle, une couche de «serfs saxons».

Sur leurs villages situés dans les comitats, les geréb exerçaient un droit de possession à la manière des nobles; en fait, beaucoup d'entre eux furent eux aussi anoblis en bonne et due forme par le roi (le premier fut, à notre connaissance, le comes János Latin de Voldorf, d'origine wallone). Mais l'opinion courante les considérait, même sans cela, comme des nobles, tout en les distinguant des nobles de plein droit (1365: *nobiles et alii comites*). A l'origine de cette distinction, il y avait le fait que les gerébs (et sous ce rapport également, ils ressemblaient aux dirigeants sicules) ne renonçaient pas à leurs biens sur la Terre saxonne ou, plutôt, ils se servaient du prestige et du pouvoir dus à leurs fiefs dans les comitats, pour raffermir leur position dirigeante au sein de la communauté saxonne. Aux XIIIe et XIVe siècles, l'histoire saxonne fut décisivement marquée par le poids accru et la domination quasi illimitée des familles de gerébs. C'étaient eux qui se réservaient toutes les dignités de la municipalité communautaire, s'assuraient le pouvoir militaire et la prépondérance économique; leur mode de vie de soldats et de grands propriétaires, calqué sur le modèle des nobles hongrois, marqua de son empreinte toute la vie saxonne. Les mariages entre les familles de nobles hongrois et de gerébs saxons devinrent de plus en plus fréquents, et ces derniers empruntèrent eux aussi leurs noms de famille à leurs propriétés et, de préférence, à leur fiefs nobiliaires et non à leurs possessions saxonnes, en ne gardant de leur origine saxonne d'autres traces que des prénoms allemands ou l'épithète «geréb». Bien des membres de ces familles saxonnes avaient des charges dans les comitats: vice-comes, juges de district, et un geréb de Vízakna occupa même, au XVe siècle, le poste de vice-voïvode de Transylvanie, puis celui de comes des Sicules. En résultat de tout cela, la société nobiliaire de Transylvanie put absorber ces éléments nouveaux, aux excellentes aptitudes à diriger, sans cependant changer de caractère, étant donné que cette noblesse d'origine étrangère était numériquement beaucoup moins importante et très vite disposée à progressivement se magyariser.

Dans la communauté ethnique des Saxons, on voyait, à la fin du XVe siècle encore, quelques gerébs jouer un rôle dirigeant, mais leur nombre allait diminuant. En fait, l'évolution de la société saxonne avait, entre-temps, pris une direction tout autre et les gerébs ne pouvaient et ne voulaient plus suivre. Sous la pression de la couche moyenne saxonne, qui s'inquiétait pour son égalité des droits, pour l'unité ethnique de la communauté, mais aussi à leur propre initiative, ils abandonnèrent leurs biens à la communauté et partirent s'installer dans les comitats où ils menèrent une vie de noble. Quant à la direction administrative et juridique des sièges saxons, elle passa progressivement aux mains des administrateurs délégués, dits «juges du roi».

L'organisation et la culture de l'Eglise

Au Moyen-Age, la noblesse des comitats, tout comme les Sicules et les Saxons, appartenaient à l'Eglise catholique romaine et relevaient, dans leur majorité, de l'évêché transylvain, à l'exception du plus ancien territoire des Saxons, dit Altland, qui constitua, dès 1192, la prévôté de Szeben placée sous la dépendance directe de l'archevêque d'Esztergom. Le reste des terres saxonnes, la partie habitée par des Saxons libres, de même que celles soumises

Carte 12. Division administrative ecclésiastique au début du XIVe siècle

à l'autorité seigneuriale, constituaient des doyennés séparés et jouissaient d'une certaine autonomie. Les archidiaconés de l'évêché de Transylvanie correspondaient en gros aux comitats royaux. Sur ce territoire organisé en comitats, seul l'archidiaconé d'Ózd, situé près du cours supérieur du Maros, n'avait pas son équivalent en comitat. Il est cependant possible qu'à l'origine, il ait réellement existé un comitat d'Ózd qui aurait disparu à la suite de l'expansion des colonies sicules, et se serait en partie fondu dans les comitats de Kolozs et de Torda. La partie des terres saxonnes qui ne relevait pas de la prévôté de Szeben, de même que le siège sicule de Seps (Sebes) restèrent sous l'autorité de l'archidiaconé de Gyulafehérvár ; seuls les sièges sicules de Kézd et d'Orba possédaient un archidiaconé particulier à Kézd, tandis que le siège d'Udvarhely en avait un à Telegd.

Les évêques de Transylvanie furent d'abord d'origine étrangère (française, allemande, italienne) puis, de plus en plus, on confia cette dignité à des aristocrates originaires du pays (non-transylvains, à un seul cas près), et plus rarement à des fils de familles bourgeoises citadines, tous ayant une formation universitaire acquise à l'étranger. Plus d'un parmi eux avaient antérieurement été clerc du roi, tels le dénommé Adorján, à la fin du XIIe siècle, qui avait conçu le système d'émission de chartes et de diplômes, ainsi que son successeur Pál, qui rédigea, en 1181, l'acte qui prescrivit le caractère obligatoire de la forme écrite à la chancellerie. A cette époque, les 2 000 marcs d'argent qu'ils percevaient au titre de la dîme plaçaient les évêques de Transylvanie, parmi les 14 évêques de Hongrie, en quatrième position. Leur culture ecclésiastique ne les empêchait pas d'adopter une attitude combative dans la défense de leurs droits seigneuriaux et de leurs prérogatives de perception de la dîme, ce qui provoqua, aux XIIIe et XIVe siècles, des affrontements armés avec le voïvode, les Saxons et l'abbé de Kolozsmonostor.

A propos de la vie monastique, il faut en premier lieu citer l'abbaye bénédictine de Kolozsmonostor, fondée dans les dernières décennies du XIe siècle. Celle-ci devint, après la réglementation légale, en 1231, des actes officiels écrits, un des lieux d'authentification *(loca credibilia)*. En Transylvanie, le chapitre de Gyulafehérvár avait encore ce statut particulier. Lors de l'invasion mongole, leurs archives furent incendiées, si bien que le diplôme le plus ancien qui nous soit parvenu de Kolozsmonostor date de 1288, tandis que les registres du second, conservés avec d'importantes lacunes, débutent en 1278. Un monastère bénédictin fut également fondé par le prince Álmos en 1120, près de l'entrée transylvaine du col de Meszes, mais il ne figure plus dans les sources après 1288. D'autres monastères, qui servaient de cadres à des sépultures familiales, furent construits : à Almás, au XIIIe siècle (sur les domaines du clan Borsa), à Harina, probablement à l'intention du clan Kácsik, à Gyerőmonostor pour le clan Mikola. Toutes ces constructions avaient un caractère de basilique à trois nefs, aux fenêtres cintrées ; celle de Harina est aujourd'hui la seule qui ait gardé son aspect originel. C'est pour les Cisterciens qu'on construisit en 1202 le cloître de Kerc, cité plus haut dans un autre contexte, dont le style roman tardif-haut gothique devait, par la suite, fortement marquer la construction des églises saxonnes et hongroises en Transylvanie. Mais le monastère proprement dit fut abandonné au XIIIe siècle et on ne trouve aujourd'hui à son emplacement que des ruines. Plus important que le rôle des ordres monastiques fut celui des ordres mendiants, moins dans le développement de l'architecture — du moins au début — que dans la formation de la mentalité générale. Ce fut de Transylvanie que les Dominicains envoyèrent, dès le XIIIe siècle, leurs missionnaires pour évangéliser les Coumans, qui eurent pour premier évêque un dominicain hongrois. Ils fondèrent, au XIIIe siècle, cinq monastères à Gyulafehérvár et dans les villes saxonnes, où on ouvrit également des couvents pour religieuses. En Transylvanie, la popularité des Franciscains commença au XIVe siècle, grâce notamment à leurs prêches en langues maternelles, tant auprès des Hongrois que parmi les Saxons. Dans un recueil de sermons latins, composé vers 1310 par des Franciscains, on trouve de brèves récapitulations hongroises, dites «les gloses de Gyulafehérvár». Ce fut au XVe siècle que les Franciscains connurent leur période la plus prospère en Transylvanie.

Le clergé urbain et de province était formé dans les écoles paroissiales ou capitulaires; mais les écoles de village surgirent elles aussi assez tôt; une première mention, datant de 1332, cite le bâtiment de l'école *(domus scolaris)* de Zsuk, village situé dans le comitat de Kolozs. Au XVe siècle, on trouve, à en croire les documents, des maîtres d'école dans plusieurs villages. Faire des études universitaires demandait des efforts que ne pouvaient se permettre qu'un nombre restreint de Transylvains; leur chiffre était pourtant considérable: jusqu'en 1520, 1 060 personnes se déclarant d'origine transylvaine, surtout des nobles, des bourgeois des villes et des bourgades et parfois même des villages, s'inscrivirent à des universités : au XIIe siècle à Paris, dès le XIIIe à Bologne ou Padoue et, à partir du milieu de XIVe, à Prague, à Cracovie et à Vienne.

Les églises épiscopales et monastiques des villes se distinguaient nettement, tant par leur structure que par leur aspect extérieur, des églises hongroises situées dans les comitats et dans les sièges sicules. Avant le milieu du XIIIe siècle, elles étaient des constructions à une seule nef et à l'abside en hémicycle, séparée par un arc semi-circulaire. Les vestiges les plus anciens de ce genre de construction mis au jour par l'archéologie (à Malomfalva) datent du début du XIe siècle; mais cette architecture devait persister pendant trois siècles et l'abside angulaire ne remplaça la forme cintrée qu'à partir du milieu du XIVe siècle. Les églises du pays sicule relèvent toutes, à une seule exception près, de ce type ancien. La population saxonne se construisit, sur le territoire de ses sièges comme dans ses villages sous dépendance seigneuriale, des basiliques à trois nefs, habituelles chez tous les colons allemands s'étant établis à l'Est. Une chose caractéristique qui témoigne de la position de la couche dirigeante dans ces communautés rurales est qu'on trouve, dans la plupart de ces églises, hongroises et saxonnes, un chœur dit «seigneurial».

Maîtres et serfs roumains en deçà et au-delà des Carpates

Abandonnée par les Coumans, la Coumanie, qui s'étendait au sud et à l'est des Carpates, fut confiée par le roi — nous l'avons vu — aux voïvodes des Roumains, qui assumaient des fonctions analogues à celles du voïvode de Transylvanie. Mais, en permanence attaquée par des Mongols, cette administration ne put se stabiliser, excepté sur une bande de territoire de la Valachie, au pied des montagnes frontalières de la Transylvanie, où quelques voïvodes réussirent à affermir leur pouvoir, alors que la Moldavie était, au début du XIVe siècle, un espace peu habité et dépourvu d'autorité politique. Profitant, au début du XIVe siècle, de la situation chaotique en Hongrie, les voïvodes de Valachie s'efforcèrent, à l'instar des oligarques hongrois, d'établir un pouvoir indépendant. En 1330, Charles-Robert ne parvint pas à mettre Basaraba, voïvode de la Valachie (*Terra Transalpina* — désormais ainsi nommée en remplacement de «Coumanie», terme tombé dans l'oubli) au pas, et faillit même laisser sa vie dans cette campagne qui tourna court. Désormais les rois de Hongrie devaient se contenter d'un serment de fidélité des voïvodes, eux-mêmes devenus souverains indépendants et, à ce titre, pourvus d'une marge d'action élargie. De même, le voïvode de Moldavie, Bogdan, dont le pays fut, en 1352, «nettoyé» par le comes des Sicules Endre Lackfi, des troupes mongoles, se souleva contre le roi dès 1359 et réussit à substituer à la dépendance réelle un statut de vassalité formelle.

L'insécurité qui régnait au-delà des Carpates en raison du danger mongol provoqua de véritables flots d'immigration vers la Transylvanie.

Si l'on en croit les témoignages des diplômes du XIVe siècle, le réseau d'agglomérations évoluait d'une manière fort mouvementée dans la Hongrie orientale. Dans les régions où les sources n'avaient auparavant rien signalé ou avaient même souligné leur caractère désert, surgirent, à cette époque, nombre de villages, qui disparurent d'ailleurs bientôt et furent remplacés par d'autres, situés à leur proximité. Ce phénomène était sans doute dû aux déplacements de populations consécutifs à l'arrivée massive des Roumains. En 1292 — on l'a vu — le seigneur de Illye, dans le comitat de Hunyad, obtint l'autorisation royale d'établir des Roumains; en 1350, ses descendants partagent ses biens peuplés de Roumains *(possessiones olachales)* mais ne portant pas encore de nom; en 1468, ces domaines comprennent déjà 50 villages roumains nommément cités. Venue en 1359 de Valachie, la famille Rékási reçut en fief, en 1365, le district Ikus, dans le comitat de Hunyad, territoire sur lequel se trouvaient alors cinq villages; en 1401, on y signale 13 communes dont une seule correspond à l'un des cinq villages initiaux; en 1510, le district comprend 36 villages, mais deux seulement d'entre eux figuraient parmi les 13 précédents, dont 11 ont donc disparu pour céder la place à 34 nouveaux. Les Roumains avaient généralement besoin de davantage de temps pour se fixer définitivement; ce processus se prolongea jusqu'à la fin du Moyen-Age, comme en témoignent de nombreux cas, analogues à celui-ci, de changements de nom ou de site des villages.

Jusqu'au milieu du XIVe siècle, les Roumains immigrants peuplèrent les montagnes encore inhabitées ou leurs environs immédiats. Ce ne fut qu'après cette date que les blocs unis de populations hongroises et allemandes vivant au centre du bassin transylvain furent peu à peu parsemés d'enclaves roumaines. Une partie des Roumains, qui transhumaient vers le Mezőség, y demeura et s'établit aux abords des villages hongrois ou saxons. Ce fut ainsi qu'apparut un grand nombre de villages redoublés, portant des noms composés de deux parties, l'une nommée «Magyar-» ou «Szász-», l'autre «Oláh-». La direction de ces dernières était confiée à des kenéz qui y avaient en général guidé leurs compatriotes et jouissaient d'un statut de maire de village tout en restant serfs du seigneur hongrois, saxon ou roumain.

La différenciation sociale, qui amena la naissance d'une classe servile et d'une noblesse, s'accomplit également au sein de la population roumaine de Hongrie, et notamment en Transylvanie, mais d'une façon différente, à bien des égards, de celle des Hongrois, Sicules ou Saxons.

Les voïvodes et les kenéz roumains, qui jouissaient d'un statut social et juridique analogue à celui des gerébs saxons, parvenaient à la condition noble par les mêmes étapes que ceux-ci, mais les conséquences de cette différenciation étaient tout autres pour l'ensemble des Roumains.

Aux voïvodes et kenéz, les rois donnèrent comme fief, en récompense de leurs exploits militaires, les villages roumains fondés par eux et confiés à leur administration, tout en maintenant leur obligation de fournir le service armé ainsi que des prestations matérielles. Le statut des kenéz possesseurs de fiefs fut réglementé en 1366 par le roi Louis Ier (1342-1382). Il en résulta, lors de leurs témoignages devant le tribunal, que les kenéz confirmés en leur fief par une charte royale avaient le même statut que les nobles. Cela ne signifiait pas, pour les kenéz, une «noblesse véritable», c'est-à-dire leur exemption de l'impôt royal, à l'instar de ceux qui vivaient sur leurs domaines, mais marquait toutefois un premier pas de leur promotion par rapport aux masses des «Roumains communs» *(communis olachus)* dont ils avaient jusqu'alors partagé le statut légal et qui étaient seulement confiés à leur administration sans être soumis à leur suzeraineté. Ils se distinguaient, en même temps, des autres kenéz dont le roi n'avait pas confirmé les droits sur un fief *(communis kenezus)*. Ces derniers furent rangés dans la même catégorie légale que les maires *(villicus)* des villages hongrois et saxons de condition servile, mais bénéficiant toutefois de certains allègements fiscaux. De telles distinctions furent observées lors des assemblées kenéziennes des sièges roumains, par exemple celle, déjà citée, de Hátszeg, en 1360, où sur les 6 Roumains communs *(Olachi populani)* élus juges avec 12 kenéz et 6 prêtres, trois étaient désignés comme serfs *(iobagiones)* et où, de plus, le kenéz Basarab Longus et son serf Mihul (désigné, comme tout homme commun à l'époque, par son seul prénom) siégeaient ensemble dans le tribunal.

Les voïvodes et kenéz qui jouissaient de cette condition semi-nobiliaire étaient appelés, dans les diplômes contemporains, «voïvode ou kenéz noble» *(nobilis voivoda, nobilis kenezius)*, et leur statut social correspondait exactement à celui des nobles conditionnels hongrois *(conditionarius)*, dont la noblesse était fonction d'un service précis. Ce fut de la même manière que l'évêque de Nagyvárad et celui de Transylvanie récompensèrent leurs voïvodes roumains, qui servaient dans leurs armées privées, en leur accordant une «noblesse d'Eglise» comparable à la noblesse conditionnelle, par suite de quoi ceux-ci purent s'assurer la jouissance nobiliaire, féodale des domaines dont ils n'étaient chargés, à l'origine, que de l'administration et dont les habitants roumains libres devinrent peu à peu des serfs. Mais le droit de propriété proprement dit ne cessa pas d'appartenir au roi ou à l'évêque et, dans les affaires juridiques, les nobles roumains relevaient non pas du tribunal nobiliaire du comitat, mais respectivement de la juridiction royale ou de celle du sénéchal de l'évêque. Si, pour les voïvodes semi-nobles de l'évêque, cette dépendance se maintint jusqu'au début des temps modernes, c'est-à-dire jusqu'à la dissolution des grands latifundia ecclésiastiques de l'époque de la Réforme, les voïvodes et kenéz du roi, eux, rejoignirent progressivement les nobles «vrais» ou nationaux inconditionnels, et ne différèrent plus en rien des nobles hongrois sur le plan de leurs droits et obligations.

Ce qui distinguait la noblesse roumaine par rapport aux nobles hongrois et saxons, c'était que ces derniers obtinrent leurs fiefs et les titres de noblesse qui en découlaient, en premier lieu dans les comitats, hors des territoires sicules et saxons, alors que les voïvodes et kenéz roumains se virent dotés de droits féodaux pour les domaines qu'ils avaient jusqu'alors gérés en tant que fonctionnaires. Il s'en suivit une autre conséquence non moins importante : les «Roumains communs» perdirent leur liberté personnelle et se retrouvèrent serfs des voïvodes et des kenéz anoblis. Quelques vaines tentatives pour s'y opposer mises à part, le peuple commun roumain se résigna à ce sort. Il n'était pas dans l'intérêt du roi de protéger la liberté des «Roumains communs» qui ne fournissaient pas de service militaire, contre leurs voïvodes et kenéz qui, eux, portaient les armes; si bien que, vers la fin du Moyen-Age, les masses roumaines étaient déjà pratiquement devenues les serfs soit des seigneurs hongrois ou saxons, soit des kenéz annoblis issus de leurs rangs. C'est là que réside l'explication du fait qu'une «nation roumaine» distincte et socialement structurée ne put se former; en effet, quelle que fût son ethnie, le serf n'avait pas de droits politiques, alors que la noblesse constituait, également sans distinction ethnique, une seule «nation».

L'ascension sociale de la couche dirigeante roumaine fut plus rapide hors de la Transylvanie, dans la région de Máramaros, car, au XIVe siècle, c'étaient justement les régions du Nord-Est de la Hongrie qui se sentaient le plus lourdement menacées par la puissance mongole encore susceptible de passer à l'attaque.

Les voïvodes et les kenéz de Máramaros et de Bereg participèrent régulièrement aux campagnes de Charles-Robert et de Louis Ier menées contre les Mongols, puis les Lithuaniens et, enfin, le voïvode roumain de Moldavie, Bogdan, ce qui, dès le début du siècle, valut le statut noble à un nombre croissant d'entre eux. Les Barcánfalvi en 1326, les Bedőházi en 1336, les Bilkei en 1339, les Ilosvai en 1341 obtinrent la noblesse «vraie» qui les exemptait de tout impôt et de toute prestation fixe, le service armé personnel mis à part.

Chassés de Moldavie par Bogdan, les voïvodes Balk et Drag s'établirent avec leurs frères, en 1365, dans la région de Máramaros. Leur enterprise déclencha un véritable flot de migration: dans les années qui suivirent, les montagnes du Nord transylvain, jusqu'alors inhabitées, se peuplèrent rapidement de Roumains qu'ils y firent venir; un des frères conduisit même des colons en Pologne. Devenus seigneurs de domaines comprenant plus de cent villages dans les comitats de Máramaros, Ugocsa, Szatmár, Belső-Szolnok et Közép-Szolnok, les Drágfi, descendants de Drag, furent les premiers aristocrates hongrois d'origine roumaine qui jouèrent, dès le XIVe siècle, un rôle politique à l'échelle du pays. De voïvodes ils furent promus comes du roi dans le comitat de Máramaros, et ce fut sous leur direction que les nobles roumains de Máramaros créèrent, autour de 1380, leur organisation autonome, à l'instar des comitats nobiliaires hongrois, en élisant, parmi leurs membres, des juges de district ainsi que des jurés pour assister le comes dans sa juridiction.

Une évolution analogue mais plus lente s'amorça dans une région de la Hongrie, non moins importante du point de vue militaire: la partie ciscarpatique du banat de Szörény, c'est-à-dire dans les comitats de Temes et de Krassó, où la population roumaine s'accrut subitement au XIVe siècle. Nous avons des données qui attestent l'arrivée massive d'immigrants; en 1334, un certain voïvode, Bogdan, vint s'y installer et amena avec lui, sur ses domaines obtenus dans le comitat de Temes, une population si nombreuse que l'un des plus grands dignitaires du pays, l'archevêque de Kalocsa, y fut envoyé par le roi pour mener l'affaire à bien. En 1359, six membres d'une autre famille notable de Valachie immigrèrent en Transylvanie «abandonnant tous les biens qu'ils possédaient en Valachie»; ils reçurent comme fief treize villages puis, six ans plus tard, encore cinq communes, qui constituèrent le district de Ikus, déjà cité. Ils devinrent les ancêtres des familles Rékási et Dobozi Bánfi, plus tard anoblies. Ce territoire servit à Louis Ier de tête de pont pour ses campagnes lancées, entre 1365 et 1369, contre la Valachie et la Bulgarie mais, n'ayant pu obtenir qu'un serment de vassalité formel de leurs souverains, il avait besoin, pour satisfaire à ses visées, du soutien des kenéz des comitats de Temes et de Krassó, dont il tenta de s'assurer la fidélité en les convertissant au catholicisme. Une charte royale de 1428, seulement connue par une copie du XIXe siècle, cite un ordre attribué à Louis Ier et stipule que, dans la région de Sebes du comitat de Temes, les fiefs ne peuvent être accordés qu'à des nobles ou kenéz de confession catholique romaine. Cette information, qui peut être vraie ou fausse, mise à part, nous n'avons connaissance que d'un seul cas authentique de conversion: en 1366, dans le comitat d'Arad, un kenéz nommé Sorban, du fort de Világos, adopta la foi catholique et reçut, par le baptême, le nom de István; il ne réussit pourtant pas à accéder à la noblesse « vraie ». Les Mutnoki, d'origine kenézienne locale prouvée, furent pour la première fois cités comme nobles en 1376, la raison probable en était justement le fait qu'ils comptaient parmi les convertis si peu nombreux : en effet, un membre de la famille était, en 1394, chanoine du chapitre de Gyulafehérvár. Ce fut vers cette époque-là que les ancêtres kenez de la famille Temeseli Dési, du comitat de Temes, obtinrent leur noblesse. Néanmoins, autour de 1370, la majorité des kenez des régions roumaines de Temes et de Krassó n'avaient pas encore la confirmation royale de leur noblesse.

La campagne de catholicisation obtint, même dans cette région, des résultats si minces au XIVe siècle que le vicaire franciscain de Bosnie, Alverna, qui la forçait énergiquement, se plaignait, en 1379, en ces termes : « Il est des sots et des insouciants qui dénigrent et réprimandent la sainte œuvre que sa Majesté le roi de Hongrie vient de lancer... à savoir de convertir et de baptiser les Slaves et les Roumains qui vivent dans son pays. » Il faisait en cela allusion, sans aucun doute, non seulement à la résistance confessionnelle que les Roumains manifestèrent tout naturellement, mais aussi à celle des seigneurs hongrois catholiques qui avaient tout intérêt à fixer leurs serfs roumains en les dotant d'un prêtre orthodoxe. Fait caractéristique : ce fut bien un seigneur non séculier mais ecclésiastique, l'évêque catholique de Várad, qui accorda, en 1349, pour la première fois à notre connaissance, l'autorisation à son voïvode roumain nommé Péter de maintenir, dans son village, à Felventer, un prêtre roumain *(presbyterium Olachalem)* exempt de toute charge. Dès la fin du XIVe siècle, les seigneurs hongrois du Mezőség firent eux-mêmes construire des églises en bois et y firent venir des prêtres pour leurs serfs roumains.

Il n'est donc nullement surprenant, dans ces conditions, que les voïvodes Balk et Drag qui occupaient le poste de comes royal dans les comitats de Máramaros et de Szatmár, se soient adressés au patriarche de Constantinople afin qu'il consente à ce que l'higoumène du monastère de Körtvélyes (Peri), fondé par eux, puisse ordonner des prêtres roumains vivant sur leurs domaines dans les comitats de Máramaros, Szatmár, Ugocsa, Belső-Szolnok et Közép-Szolnok, et consacrer des églises grecques orientales ainsi que les administrer. Leurs descendants, les Drágfi, ne se convertirent au catholicisme qu'au XVe siècle (l'un d'eux devint même voïvode de Transylvanie), mais ils maintinrent leur droit de patronage sur le monastère de Körtvélyes, de rite grec. Fondé à la fin du XIVe siècle, le monastère de Priszlop jouissait des mêmes droits en matière d'ordination des prêtres grecs orientaux que celui de Körtvélyes, dans le Nord, à cette exception près qu'il ne relevait pas directement de l'autorité du patriarche de Constantinople, mais de l'évêque de Valachie.

Les adeptes les plus fervents et les plus dévoués de leur religion furent les kenez royaux des districts roumains de Hátszeg, Vajdahunyad et Déva, qui, au

[13] *RHH* 1978, 403-406.

XIVe siècle, n'avaient pas encore été admis dans les rangs de la noblesse, mais qui construisirent des églises en pierre et se firent représenter sur des peintures murales comme fondateurs, avec leurs familles et entourés d'inscriptions en slavon. Nous connaissons ainsi, par la fresque datée de 1313 de l'église de Sztrigyszentgyörgy (élevée dès le XIIIe siècle, à en juger par ses fenêtres cintrées), outre les noms du kenéz fondateur et du prêtre, celui du peintre, Téophile. Comme partout dans cette région, les prêtres y étaient issus de familles de kenéz. Les églises de Zeykfalva et de Malomvíz furent, elles aussi, construites au XIIIe siècle par des orthodoxes ; celle de Demsus, qui date de la même époque, est d'une structure concentrique de style byzantin, mais sa tour, qui s'élève au milieu, fut calquée sur les clochers des églises catholiques transylvaines construites dans la première moitié du XIIIe siècle. Des sources provenant de 1366 nous parlent, en dehors de celle de Demsus, de quatre autres églises roumaines, desquelles il ne subsiste plus, de nos jours, que celle d'Osztró, dont le style l'apparente plutôt au gothique de Transylvanie, comme c'est le cas de l'église de Lesnyek, également due à des efforts keneziens. On peut encore citer, parmi les monuments gothiques, les églises orthodoxes de Kristyor, de Ribice et de Lupsa, élevées au XIVe siècle sur les domaines montagneux des évêques catholiques de Nagyvárad et de Transylvanie. On trouve, à Guraszáda, l'unique église de pierre qui fût construite en un style haut-byzantin, non par un kenéz, mais par un seigneur hongrois, pour ses serfs roumains établis après 1293. Il est toutefois étonnant que, dans Máramaros et Bereg, tous deux étant très tôt peuplés par des Roumains, de même que dans la région de Fogaras et les régions roumaines des comitats de Temes et de Krassó, aucune église grecque orientale en pierre ne nous soit parvenue; et on n'en fait mention nulle part, si ce n'est des églises en bois, dont l'état actuel ne permet pas d'émettre des hypothèses sur leur forme originelle.

3. Les trois « nations » de Transylvanie (1360-1526)

L'idée de « nation » en Transylvanie

Dans l'histoire de la féodalité européenne, il a existé une étape plus évoluée où, au règne exclusif du monarque et de son proche entourage, se substituait une forme de participation collective de certains groupes privilégiés à la législation et au gouvernement. Ces groupes particuliers s'appelaient Etats ou Ordres. Leur représentation à la diète suivait, en règle générale, la division : haute noblesse, noblesse commune et bourgeois des villes. Le haut clergé pouvait former un Ordre à part, ou bien faire partie (comme en Hongrie) de la haute noblesse. Le processus par lequel les Ordres devaient naître en Hongrie s'est amorcé dès la fin du XIIIe siècle, époque à laquelle les aristocrates (dits « les barons ») et les nobles possesseurs d'un fief petit ou moyen tenaient séparément leurs assemblées, il fut cependant bientôt ralenti par l'anarchie des oligarques d'abord, puis, jusqu'au début du XVe siècle, par l'attitude autoritaire des rois de la maison d'Anjou qui s'appuyaient exclusivement sur les barons. La première diète qui s'attribuât le droit légiférer se réunit en 1439, avec la participation des représentants des barons, de la noblesse et des villes

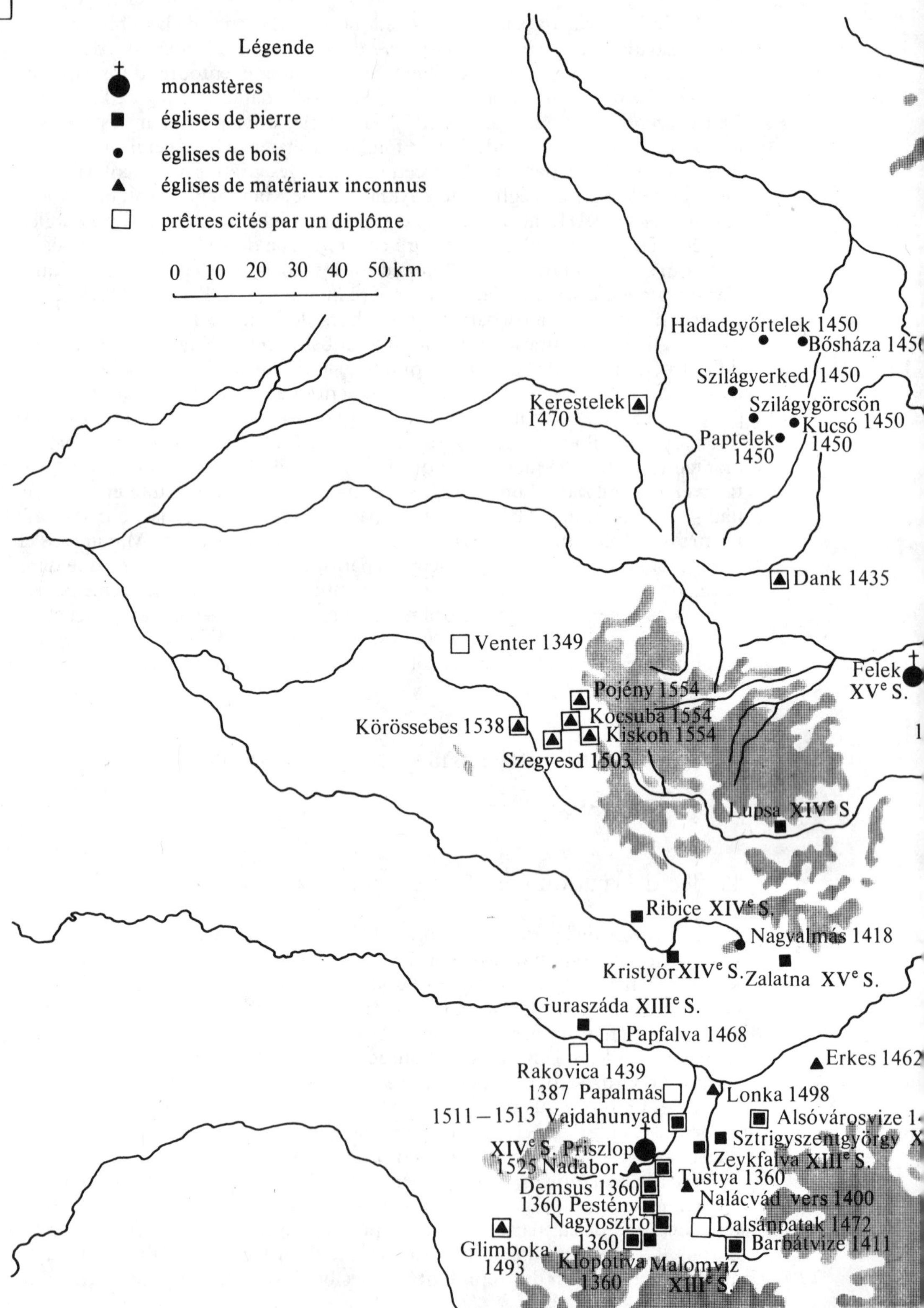

Carte 13. Eglises orthodoxes roumaines jusqu' au milieu du XVIe siècle

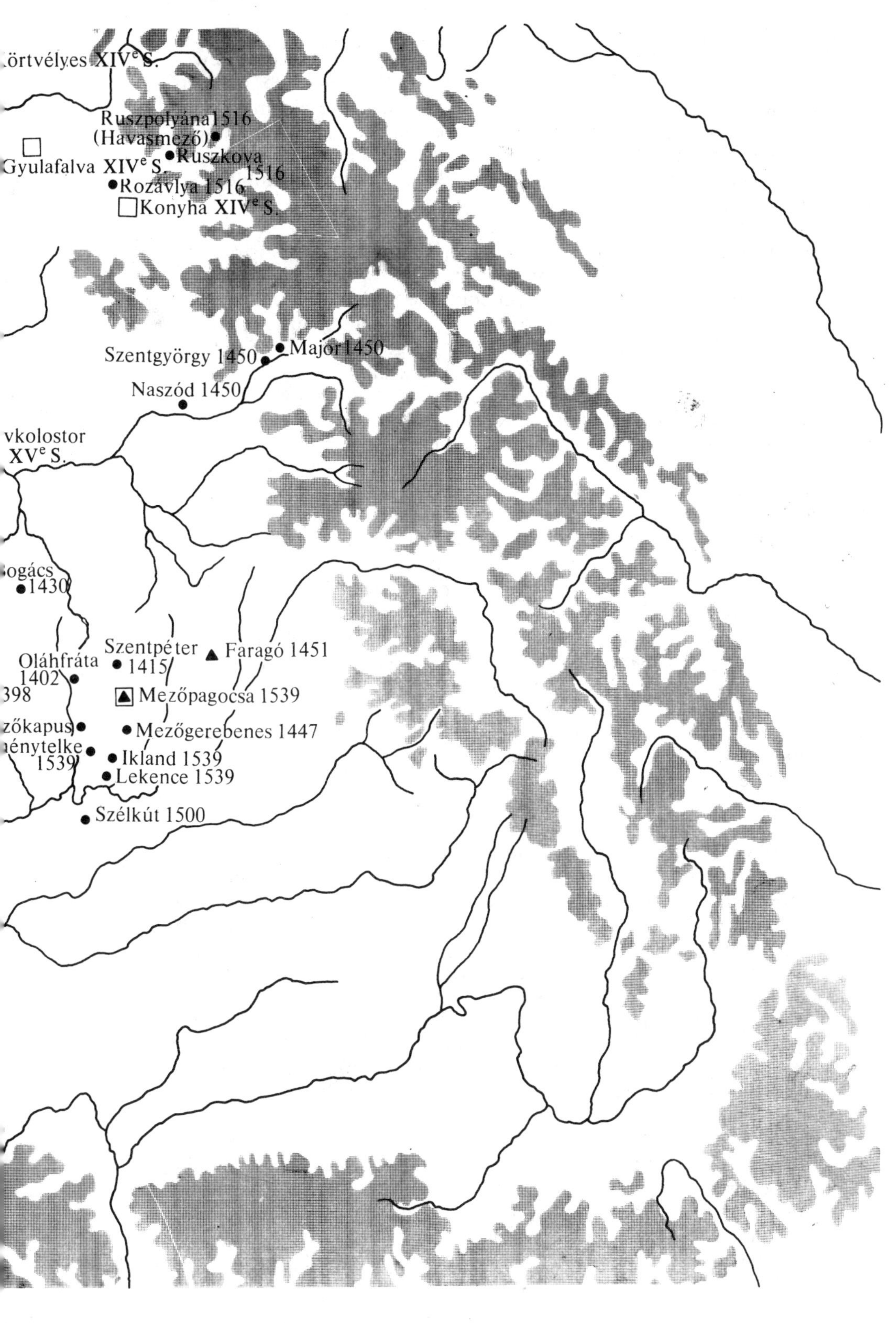
örtvélyes XIVe S.
Ruszpolyána 1516
(Havasmező)
Gyulafalva XIVe S.
Ruszkova 1516
Rozávlya 1516
Konyha XIVe S.
Szentgyörgy 1450
Major 1450
Naszód 1450
vkolostor XVe S.
ogács 1430
Szentpéter 1415
Faragó 1451
Oláhfráta 1402
398
Mezőpagocsa 1539
zőkapus
Mezőgerebenes 1447
énytelke 1539
Ikland 1539
Lekence 1539
Szélkút 1500

royales. En Transylvanie, ce fut presque au même moment, en 1437, que les dirigeants des trois «nations»: nobles hongrois, Sicules et Saxons convoquèrent de leur propre initiative la première assemblée régionale. Les décisions de celle-ci n'avaient pas force de loi, car seule la Diète hongroise dans son intégralité, y compris les députés transylvains, était habilitée à en promulguer; elles n'étaient que des dispositions censées réglementer certaines questions proprement transylvaines. Toutefois, c'était là une assemblée des Ordres, même si ceux-ci étaient foncièrement différents de ceux de la Diète hongroise. Aussi ceux de Transylvanie étaient-ils appelés «nations».

Par nation, on entendait généralement, dans la Hongrie de ce début du XVe siècle, la noblesse elle-même. Le terme avait peu à peu perdu sa connotation ethnique et revêtu un sens essentiellement politique et social, évolution particulièrement sensible en Transylvanie où le terme de «nation» désignait sans équivoque un groupe social, ou ordre, doté de privilèges spécifiques. Seules les personnes propriétaires d'un bien foncier à titre soit individuel, soit collectif pouvaient faire partie d'une «nation», dans cette acception du mot; les serfs, dépourvus de toute propriété, qu'ils fussent hongrois, saxons ou roumains, en étaient exclus et privés de toutes les libertés rattachées et dépendaient uniquement de leur seigneur.

La nation dite «nobiliaire» de Transylvanie englobait — conformément aux us et coutumes hongroises — l'ensemble des propriétaires terriens libres qui exerçaient leur droit de propriété à titre individuel et non en tant que membres d'une communauté, c'est-à-dire en tant que Sicules ou Saxons. Tout comme en Hongrie, dans cette catégorie on ne tenait pas compte de l'appartenance ethnique. Cependant les Sicules et les Saxons pouvaient également être annoblis et bon nombre de Roumains rejoignirent aussi les rangs de la noblesse. L'assimilation des nobles saxons ou roumains à la noblesse hongroise s'accomplit non selon un programme quelconque, puisqu'on trouve en Hongrie, à toutes les époques, des nobles de langue maternelle non hongroise; il s'agissait tout simplement d'une adaptation à la situation majoritaire, sans que l'usage et l'adoption de la langue hongroise eussent jamais fait l'objet d'une contrainte. Le style de vie nobiliaire revêtait un caractère spécifiquement hongrois dont le prestige exerçait à lui seul un attrait assimilateur. La «nation» sicule, c'est-à-dire l'ensemble de la population dotée du droit sicule, ne se distinguait plus, depuis longtemps, en tant qu'entité ethnique: dans l'opinion, ils apparaissaient même comme les plus magyars des Magyars. Seule la «nation» saxonne présentait incontestablement un caractère ethnique, mais elle n'englobait cependant pas l'ensemble des Allemands de Transylvanie, car les bourgeois allemands des villes situées dans les comitats, ainsi que les serfs saxons, ne faisaient pas partie de la «*natio Saxonica*». Quant aux Roumains, ils ne pouvaient, selon la logique du système des Ordres, former une «nation», puisque l'ascension des voïvodes et des kenéz et leur suprématie sur les masses roumaines mirent un terme à la «liberté roumaine». Les nobles d'origine roumaine s'intégrèrent à la «nation» nobiliaire ou hongroise, alors que les Roumains réduits à la condition servile perdirent leurs droits, à l'origine attachés au statut de roumanité.

Les efforts collectifs des trois «nations» — hongroise, sicule, saxonne — ne visaient d'abord qu'à sauvegarder leur privilèges ou, si possible, à les élargir, ainsi qu'à s'assurer quelques fonctions d'auto-administration locale. Il n'était pas question d'entreprendre des actions politiques concertées. Au XIVe siècle, il n'y a encore aucune trace d'une conscience transylvaine de communauté d'intérêts des nobles, Sicules et Saxons. La Transylvanie n'était alors qu'une simple notion géographique et, si on la considérait comme une entité un peu à part à l'intérieur du royaume de Hongrie, cela ne s'expliquait pas par une quelconque conscience d'identité des peuples transylvains, mais par le rôle particulier du voïvode. A la fois juge suprême, gouverneur et commandant militaire de tous les comitats transylvains, celui-ci était investi d'un pouvoir qui déteignit immanquablement sur les territoires sicules et saxons. Pour la forme, leur administration était confiée à des comes qui ne dépendaient du voïvode, situation à laquelle les Sicules et les Saxons étaient fermement attachés, de peur que, passés sous la même autorité juridique et administrative que les nobles, ils ne voient leur statut particulier disparaître sous le poids écrasant du droit nobiliaire. Cependant, les rois qui voulaient surtout voir, dans cette province lointaine, une administration aussi unifiée que possible, croyaient assurer l'harmonie entre les dignitaires suprêmes de la Transylvanie en choisissant un comes sicule, qui était en même temps comes des trois sièges saxons : Beszterce, Brassó, Medgyes-Selyk, parmi les membres de l'entourage ou dans la parenté du voïvode.

Les premiers liens institutionnels entre nobles, Sicules et Saxons s'établirent également à travers la personne du voïvode. Il fallait souvent trancher dans des affaires de droit patrimonial, d'administration ou de guerre, qui pouvaient concerner l'ensemble des trois groupes. Pour les traiter, à la fin du XIIIe siècle, le roi convoquait encore une assemblée de province *(generalis congregatio)* où pouvaient également prendre place — on l'a vu — les Roumains. Dans la première décennie du XIVe siècle, le voïvode László Kán convoqua, de son propre chef, des assemblées de ce genre ; puis, à partir de 1322 et jusqu'en 1414, le voïvode en place en convoqua une chaque année par mandat royal, près de Torda, sur le champ de Keresztes qui appartenait aux domaines des Chevaliers de St. Jean. On n'y vit souvent que les nobles, auxquels se joignirent, au besoin, des Sicules et des Saxons. Pour les kenéz roumains des districts royaux, les vice-voïvodes tenaient régulièrement des réunions séparées. Ces rencontres, près de Torda, eurent pour effet que les chefs des nobles, des Sicules et des Saxons se rendirent finalement compte de l'identité de leurs intérêts.

Après 1414, la continuité des assemblées du voïvode fut, à la suite de certains événements politiques, interrompue. En effet, en 1382, la ligne mâle de la maison d'Anjou s'était éteinte avec la mort de Louis Ier et la succession au trône entraîna de profonds conflits internes. Contenue par les rois Charles-Robert et Louis, l'oligarchie féodale leva de nouveau la tête et ses luttes de faction troublèrent profondément la vie du pays. Le nouveau roi, Sigismond de Luxembourg (1387-1437), dut se résigner à partager son pouvoir avec une aristocratie qui avait pu renforcer ses positions. Titulaires de grandes dignités, ces magnats concentrèrent leur attention sur la possibilité de s'arroger la plus grande part du pouvoir central. Pour remédier à cette situation, le roi nomma simultanément deux personnes aux postes les plus importants, mais le problème n'en fut pas pour autant résolu. Si Stibor z Stiborze, qui avait été un excellent capitaine sous le règne de Louis, devenu confident intime de Sigismond, apparut, entre 1395 et 1404, puis entre 1409 et 1414, de temps en temps en Transylvanie pour répondre à ses obligations de voïvode, ses successeurs Miklós et László Csáky, père et fils (respectivement : 1415-1426 et 1427-1437) ne se rendirent pratiquement pas, en vingt ans, dans leur province. C'était leur vice-voïvode, Lóránd Váraskeszi Lépes, qui gouvernait à leur place et, assisté de son frère György, évêque de Transylvanie, il s'avéra un promoteur efficace des intérêts de sa famille ; il ne pouvait cependant tenir fermement en main la direction politique de la province, car sa dignité de vice-voïvode ne lui assurait pas l'autorité d'un véritable voïvode. En fait, la Transylvanie connut, dans ces années-là, l'une des périodes les plus critiques de son histoire, et elle aurait eu grand besoin d'un pouvoir capable de rendre justice et d'assurer sa protection.

Danger turc et jacquerie

Du côté sud, se dessinait à l'horizon un danger qui n'avait pas d'équivalent depuis la grande invasion mongole. Après avoir soumis, en moins d'un demi-siècle, les peuples des Balkans, les Osmanlis, en pleine expansion, atteignirent, à la fin du XIVe siècle, les frontières de la Hongrie. Louis Ier avait déjà eu à repousser une attaque en 1375. Puis, le voïvode de Valachie, Mircea, vassal de la Hongrie, tenta vainement, dans une lutte héroïque, de résister : il finit par se réfugier en Transylvanie et solliciter l'aide de Sigismond. Renforcé d'une armée hongroise, il retourna, en 1395, dans son pays mais fut de nouveau battu, opération au cours de laquelle l'un des généraux de l'armée hongroise, István Losonczi, tomba. La croisade que le roi Sigismond lança l'année suivante, avec la participation de chevaliers occidentaux et des héros de la lutte d'indépendance balkanique, se solda par une lourde défaite près de Nicopolis (1396). Il en résulta inévitablement la perte de la zone de protection stratégique que constituait jusque-là, pour la Transylvanie, la Valachie ; Mircea lui-même devint vassal tributaire des Turcs. Le roi Sigismond, qui avait le sort de ses vassaux de Valachie à cœur, envoya, maintes fois encore, ses armées hongroises pour restituer sur leur trône les voïvodes chassés par les Turcs. Cette tâche s'avéra de plus en plus ardue, car les prétendants roumains au trône, toujours en nombre surabondant, s'adressèrent aux Turcs et, une fois les armées hongroises reparties, ils s'attaquèrent, à la tête d'armées turques, aux protégés des Hongrois et les chassèrent en Transylvanie. La Valachie devint ainsi un terrain permanent d'opérations militaires d'où les Turcs, en général assistés par le voïvode qui leur était assermenté, faisaient des incursions de plus en plus fréquentes en Transylvanie.

Dans cette situation, le roi Sigismond s'adressa, pour la première fois en 1419, aux « nations » de Transylvanie en tant qu'aux éléments constitutifs d'une assemblée des Ordres susceptible de prendre des décisions ayant force de loi. Répondant à sa proposition, celles-ci déclarèrent qu'en cas d'attaque turque, elles allaient prêter assistance aux Sicules et Saxons directement menacés, en envoyant aux combats un noble sur trois et un serf sur dix. Ce fut là une aide fort utile car, en 1420, près de Hátszeg, le voïvode Miklós Csáky tenta, exceptionnellement, de faire personnellement face à une armée turque, mais il essuya un échec cuisant et les agresseurs ravagèrent cette fois le comitat de Hunyad et la ville de Szászváros et emmenèrent en captivité un grand nombre d'habitants ; en 1421, les Turcs surgirent devant les murs de Brassó et défirent les troupes saxonnes et sicules ; en 1432, des armées turques et roumaines firent irruption et causèrent de lourds dégâts en terre saxonne, et même en pays sicule et ne trouvèrent de résistance efficace qu'à Szeben et à Brassó qui venaient de terminer leurs nouvelles fortifications.

Les charges matérielles de plus en plus lourdes de la protection du territoire national pesaient essentiellement sur les serfs. A l'origine, les serfs roumains ne payaient qu'un impôt de brebis et, en tant qu'orthodoxes, étaient exempts de la dîme. Mais quand, attirés par le progrès de l'urbanisation, les serfs hongrois et saxons abandonnèrent en grand nombre leurs tenures et allèrent chercher fortune dans les villes, les seigneurs terriens installèrent des serfs roumains à leur place. Sollicité par l'évêque de Transylvanie, le roi accepta de décréter que les Roumains ayant occupé des terres dites «chrétiennes» abandonnées par des serfs catholiques étaient soumis à la dîme due par cette tenure. Habitués à l'ancien «cinquantième» qui constituait une charge bien moindre, les serfs roumains, à l'annonce de cette mesure, marquèrent un fort mécontentement.

Mais les conditions serviles ne s'étaient pas moins aggravées pour les paysans hongrois et saxons. Ayant accru ses exigences matérielles par suite du développement d'une économie fondée sur l'argent, et également poussée par les nouvelles obligations d'un service armé motivé par le danger turc, la noblesse s'efforça d'augmenter les charges serviles. Elle commença à exiger le «neuvième» (un second dixième, après la dîme), ce tribut seigneurial introduit en 1351 mais pratiquement tombé en désuétude, sans par ailleurs renoncer aux redevances perçues jusqu'alors. Elle augmenta les tarifs du bail; elle imposa des tributs extraordinaires et, surtout, elle empêcha par tous les moyens le déplacement libre des serfs. Ayant perdu, depuis des siècles, l'habitude du service armé, les paysans considéraient comme un nouveau fardeau, et des plus lourds, cette obligation de plus en plus concrète et régulière de partir à la guerre. Une agitation paysanne souleva l'ensemble de la Transylvanie accompagnée, en maints endroits, d'un refus de payer la dîme. L'évêque György Lépes eut alors recours à une arme à double tranchant: il frappa d'excommunication les communes qui refusaient de payer, sanction qu'il n'accepta de lever qu'après le versement des arrérages en monnaies nouvellement frappées et valant dix fois la monnaie ancienne. Dans le même temps, les paysans découvrirent, par la bouche de leurs prêtres qui avaient fait des études en Bohême, les idées radicales des Taborites, ces révoltés hussites, qui les retournèrent encore danvantage contre l'Eglise officielle. Au printemps de 1437, les serfs transylvains, conduits par un hobereau hongrois, Antal Budai Nagy, prirent les armes contre leurs seigneurs ecclésiastiques et laïcs.

Les insurgés transylvains se définissaient avec fierté comme «l'université des habitants hongrois et roumains des parties de Transylvanie et gens de condition libre»[14], qualificatifs traditionnellement appliqués aux nobles, dont l'emploi évoquait ainsi directement le programme hussite de l'égalité sociale. Une autre méthode empruntée au modèle hussite fut de construire, sur le vaste plateau de Bábolna, près d'Alparét, dans le comitat de Doboka, un camp retranché analogue à celui de Tabor. Ce fut de là que leurs capitaines envoyèrent quatre délégués au voïvode László Csáky, qui était en grande hâte arrivé en Transylvanie. Ceux-ci demandèrent qu'il fût remédié à deux griefs: faire cesser le prélèvement abusif de la dîme et l'excommunication, et garantir aux serfs la liberté de mouvement.

Le voïvode fit mutiler puis abattre les émissaires. Il attaqua ensuite les paysans, mais essuya une défaite au cours de laquelle il trouva lui-même la mort. La noblesse se vit contrainte de négocier et dut, aux termes de la convention de Kolozsmonostor, conclue le 6 juillet, s'engager à redresser les torts causés aux serfs. L'évêque diminua de moitié le montant de la dîme et accorda des facilités pour le versement des arrérages. Les seigneurs se contentaient de recevoir dix deniers au titre du montant du bail au lieu du florin d'or

[14] Lajos Demény, Az 1437-38-as bábolnai népi felkelés (Le soulèvement populaire de 1437-38 à Bábolna), Bukarest, 1954.

et demi auparavant perçu et ils fixèrent à une journée la corvée annuelle due par manse servile. Ils n'exigeaient plus ni le neuvième ni la redevance en nature jusqu'alors fournie et nommée *akó* renonçant en cela à la presque totalité des prestations féodales en nature et en travail. Cette réduction des prestations au niveau d'une simple redevance en espèces à taux modéré constituait un objectif important de la lutte de classe paysanne et préfigurait l'avenir.

En outre, on garantissait aux serfs le droit de se déplacer librement. Une stipulation, particulièrement menaçante pour les seigneurs, autorisait les serfs à convoquer, une fois par an, sur la montagne de Bábolna, une assemblée armée qui avait pour fonction de dénoncer les éventuels abus des seigneurs et de les punir.

La noblesse ne pouvait accepter cet affront qui portait atteinte à ses intérêts et à sa fierté : aussi la lutte reprit-elle bientôt. Mais les paysans continuèrent à résister avec succès et les manoirs s'embrasèrent les uns après les autres : les membres des deux camps s'entretuèrent sauvagement. A la mi-septembre, le vice-voïvode convoqua à Kápolna, au nom de la noblesse en détresse, les dirigeants des deux autres « nations ». Ce fut la première fois que les Ordres de Transylvanie se réunirent, sans attendre la nomination d'un nouveau voïvode ou une autorisation royale particulière, mais sur la simple initiative du vice-voïvode. Ils proclamèrent leur « union fraternelle » pour affronter ensemble les dangers intérieurs et extérieurs et s'engagèrent à s'entraider mutuellement et à rassembler leurs forces contre tout agresseur, le roi excepté. Mais leur volonté de concentration des forces resta dans un premier temps lettre morte. Quelques jours après le rassemblement de Kápolna, un nouvel affrontement sanglant les opposa aux paysans, à l'issue duquel les nobles se virent de nouveau contraints de chercher le compromis. Le 6 octobre, les deux parties se mirent d'accord, à Dellőapáti, dans le comitat de Doboka, pour envoyer une députation au roi afin de lui demander son arbitrage. Mais Sigismond était déjà très malade et il mourut le 9 décembre ; son successeur, le prince d'Autriche Albert de Habsbourg, n'étant pas arrivé dans le pays, le verdict royal se faisait attendre.

Entre-temps, les paysans avaient réussi à gagner à leur cause les habitants de Kolozsvár et ils purent ainsi se ménager un point stratégique bien fortifié et entouré d'une enceinte redoutable. Ce fut de cette forteresse qu'ils lancèrent leurs attaques contre les villages des nobles. Ceux-ci, conduits par Dezső Bánffy de Losonc, le voïvode nouvellement nommé, qui possédait des domaines non loin de Bábolna et était donc de près concerné, remportèrent enfin, grâce au renfort envoyé de Hongrie, une victoire décisive près de Kolozsmonostor. Antal Budai Nagy périt sur le champ de bataille. Début 1438, le dernier refuge, Kolozsvár, tomba également. Le 2 février, les représentants des trois « nations » se réunirent à Torda et, après avoir solennellement renouvelé l'union, on procéda aux représailles contre les serfs : certains de leurs chefs furent torturés et exécutés, les autres faits prisonniers, mutilés ou eurent les yeux crevés. Kolozsvár paya pour sa participation de la perte de ses privilèges de ville et dut attendre des années pour recouvrer ses anciens droits. Et, bien évidemment, il n'était plus question d'accorder les facilités que les paysans avaient arrachées et consignées dans la convention.

Les Hunyadi

Si les «nations» transylvaines parvinrent, encore que fort difficilement, à mettre au pas les paysans insuffisamment armés et faciles à duper par de fausses promesses, elles se montrèrent incapables d'enrayer la progression des Turcs. En effet, une armée turco-roumano-serbe réussit à pénétrer, dès 1438, dans le pays en passant par le défilé de la Porte de Fer. Les agresseurs turcs étaient assistés par le voïvode de Valachie, Vlad Dracul, ancien vassal de Sigismond et chevalier de l'ordre du Dragon (qui comptait dans ses rangs la fleur de l'aristocratie hongroise), d'où son nom roumain (dracu = dragon). Obéissant à sa sommation, la ville de Szászsebes se soumit aux Turcs qui emmenèrent alors en captivité la majorité des habitants. Puis ce fut le tour de Szeben qui put résister au siège pendant huit jours. Les envahisseurs se ruèrent alors sur Gyulafehérvár et Küküllővár qui furent sauvagement saccagés. Après deux mois de ravages, les agresseurs quittèrent le pays par le Barcaság avec un butin énorme et plusieurs milliers de prisonniers.

Le roi Albert mourut subitement et son successeur, le Polonais Vladislav Ier, adopta pour objectif primordial la lutte contre les Turcs. Dès 1440, la première année de son règne, il organisa la défense du pays selon des principes entièrement nouveaux, en concentrant notamment en une seule personne l'administration des zones frontalières du Sud, jusqu' alors confiée à plusieurs fonctionnaires. A cette tâche importante, il désigna le ban de Macsó, Miklós Újlaki, et son vieux compagnon d'armes, le ban de Szörény, János Hunyadi. Tout en les maintenant dans leurs titres antérieurs, il les nomma respectivement comes de Temes et voïvode de Transylvanie. La partie ouest de la longue frontière fut placée sous la surveillance de Újlaki, tandis que la partie est devait être protégée par Hunyadi.

Après tant de péripéties, le sort de la Transylvanie se trouva enfin en bonnes mains, d'autant que Hunyadi lui-même était issu de cette région, à laquelle il tenait bien plus que ses prédécesseurs qui étaient presque toujours originaires d'autres régions de la Hongrie. Ce personnage extraordinaire de l'histoire européenne du XVe siècle était né de condition plutôt modeste pour faire ensuite une carrière vertigineuse. D'origine probablement boyarde de Valachie, son père avait servi comme homme d'armes à la cour de Sigismond qui lui octroya comme fief, en 1409, le château et le domaine de Hunyad. János Hunyadi lui-même, que les contemporains tenaient pour le fils naturel de Sigismond, fit son apprentissage militaire au service de magnats hongrois, puis auprès du despote de Serbie et du duc de Milan, avant de devenir lui-même homme d'armes de la Cour. Le roi Albert le nomma à la tête du banat de Szörény, particulièrement exposé aux attaques turques. Vladislav Ier lui confia, en tant que son conseiller le plus intime et son soldat le plus vaillant, la direction de la campagne contre l'Empire ottoman. Ses mérites furent généreusement récompensés par l'attribution de fiefs ; puis, à l'issue des négociations de paix avec les Turcs, il reprit, en 1444, au despote de Serbie, Georges Brankovič, ses immenses domaines de Hongrie, ce qui fit de lui le propriétaire d'un ensemble de domaines privés d'une étendue jamais vue jusqu'ici, et qu'on ne verrait plus en Hongrie. Au moment de sa mort, la superficie de ses fiefs représentait 4 millions d'acres (1 acre = 0,52 ha), dont un million en Transylvanie. Mais il n'utilisa, contrairement à bon nombre de ses contemporains, ni les revenus de cette immense fortune, ni le poids militaire et politique des milliers de ses sujets aux seules fins de sa réussite personnelle sur la scène publique. Au contraire, il endossa seul, pendant des années, la plus grande partie des coûts de la guerre turque.

Dès 1442, il dut réorganiser la défense de la Transylvanie face à une armée turque qui, commandée par le bey Mezid, réussit à y pénétrer. Bien qu'il perdît d'abord une bataille près de Szentimre, où périt même l'évêque György Lépes, les renforts apportés par Miklós Újlaki lui permirent de provoquer la bataille avec l'ennemi, qui préparait le siège de Szeben, et de complètement l'anéantir. La même année, il dispersa, près de la rivière Ialomiţa, en Valachie, les forces du beglerbey de Rumélie, Sehabeddin. En 1443, ce fut lui qui lança une attaque et pénétra, après plusieurs batailles victorieuses, jusqu'au Mont Balkan, qu'il fut contraint d'abandonner en raison de conditions climatiques particulièrement rigoureuses. Bien que sa nouvelle campagne, lançée en 1444, après la violation d'un traité de paix, se soldât par un échec à Varna, où tomba le roi Vladislav lui-même, le danger direct d'une agression turque fut pour longtemps éloigné des frontières hongroises. Héros célébré par toute la chrétienté et idole incontestée des hobereaux hongrois, Hunyadi fut élu gouverneur de Hongrie pour le temps de la minorité du nouveau roi, Ladislas V. Investi d'un pouvoir si étendu, il se fixa comme but de régler définitivement la question turque. Mais, étant donné ses différends avec Brankovič et le comportement ambigu des princes roumains, sa troisième campagne balkanique ne fut guère fructueuse et se solda, en 1448, par une défaite en Serbie, sur le Champ des Merles (Kosovo polje).

Quoique Hunyadi ne pût réaliser ses objectifs plus lointains, les actions qu'il entreprit pour la défense de la Hongrie constituèrent des succès incontestables. En 1456, il dispersa les armées du sultan Mehmet II, le conquérant de Constantinople qui avait mis le siège devant Belgrade. Il recourut à cette fin à la participation massive des paysans croisés, mobilisés par les prêches du franciscain italien Giovanni da Capestrano (plus tard canonisé). C'est en souvenir de cette victoire que, de nos jours encore, les cloches sonnent à midi : ce geste symbolique fut, à l'origine, ordonné pour implorer son succès, puis pour sa commémoration. Après cette défaite, les Turcs renoncèrent, pendant plusieurs dizaines d'années, à pénétrer sur le territoire hongrois. Mais Hunyadi, au sommet de sa gloire, fut emporté, cette même année, par la peste qui sévissait dans son camp. Sa dépouille fut ensevelie à Gyulafehérvár. Une rivalité opposa alors ses fils et ses adversaires, jaloux de son prestige et de son pouvoir, qui réussirent finalement à faire périr l'aîné, László Hunyadi, sur l'échafaud ; mais le cadet, Mathias, fut élu roi en 1458, essentiellement grâce à l'action armée de la noblesse commune et de la multitude de clients rattachés à sa famille.

En Transylvanie, on acueillit avec prudence l'accession au trône du jeune Hunyadi : en effet, lors des consultations des trois « nations », en 1459, l'union fut renouvelée avec une pointe d'hostilité manifestement dirigée contre le roi. En réalité, elle ne visait pas directement Mathias, presque un enfant encore, mais son oncle maternel, Mihály Szilágyi, réputé pour son tempérament violent et son agressivité, qui assumait alors le gouvernement au nom de son neveu. Passant outre l'autonomie saxonne, Szilágyi extorqua au roi une donation relative à la région de Beszterce (nom auquel se rattachait le titre héréditaire de comte, autrefois accordé par Ladislas V à Hunyadi en récompense de son renoncement au poste de gouverneur). Il refusait d'observer les libertés que son prédécesseur avait reconnues aux habitants de Beszterce et les traitait de plus en plus comme ses serfs, ce qui provoqua, en 1458, une révolte. Craignant le déséquilibre politique en Transylvanie, Mathias enleva le pouvoir à son oncle et prit personnellement en main le gouvernement de la région ; en 1465, il restitua les libertés de Beszterce. Cependant les sentiments d'hostilité ne cessèrent pas pour autant. Les dépenses occasionnées par ses coûteuses campagnes militaires, la rigueur avec laquelle il traitait les aristocrates peu habitués à un pouvoir central fort, créèrent, dans l'ensemble de la province, une atmosphère de contestation.

Une mesure qui heurtait particulièrement les intérêts de la noblesse transylvaine fut celle par laquelle Mathias lui imposa un nouvel impôt qu'il créa pour remplacer le « lucrum camerae », impôt dont elle avait été autrefois exemptée par le roi Louis Ier. En 1467, les mécontents, avec à leur tête Benedek Farnasi Veres, descendant d'un clan ancestral, s'armèrent contre le roi et réussirent à gagner à leur cause le voïvode János Szentgyörgyi avec deux autres co-voïvodes. Des Sicules et des Saxons de rang élevé furent également de la sédition. Intervenant avec rapidité, Mathias réussit à surprendre les insurgés, si bien que le voïvode Szentgyörgyi se hâta de se jeter le premier aux pieds du souverain pour implorer son pardon, tandis qu'une partie des instigateurs de la sédition s'enfuirent à l'étranger. Le châtiment que Mathias infligea alors à la noblesse transylvaine n'était comparable qu'avec les confiscations que Charles-Robert avait jadis effectuées, après la chute du voïvode László Kán. Les insurgés, souvent membres de familles prestigieuses qui avaient depuis des siècles pris racine en Transylvanie, tels les Farnasi Veres, les Suki, les Iklódi, les Kecseti, les Drági, les Bogáti, les Losonczi Bánffy, les Somkeréki Erdélyi, les Dobokai, les Illyei, les Folti, se trouvèrent, d'un jour à l'autre, complètement démunis. Le roi donna leurs terres à ses parents et fidèles éprouvés et plus particulièrement aux nouveaux voïvodes János Dengelegi Pongrác et Miklós Csupor, ainsi qu'à János Nádasdi Ungor. Si les familles de ceux-ci ne s'étaient pas éteintes par un concours singulier de hasards, la Transylvanie aurait assisté à l'ascension d'une aristocratie toute nouvelle. En fait, les vastes latifundia nouvellement acquis se morcelèrent entre les mains des descendants en ligne féminine, quand ils ne furent pas partiellement rendus, par Mathias, à ceux auxquels il les avait, dans sa première colère, confisqués. Ce fut de cette manière qu'en Transylvanie, les grands latifundia disparurent définitivement. Mais le châtiment atteignit, outre les nobles, les Sicules et les Saxons qui avaient participé à la fronde : il en coûra même la vie au bourgmestre de Szeben. Les Ordres transylvains virent nettement baisser leur influence politique, alors même que le pouvoir du voïvode fut progressivement élargi par le roi. Celui-ci assura également, de façon régulière, à partir du début des années 1460, le poste de comes des Sicules. Il n'y avait que l'autonomie saxonne, justement raffermie à cette époque-là, qui pût modestement contrebalancer ses prérogatives fort élargies. En cette même année de 1467, Mathias lança une expédition armée contre le voïvode de Moldavie, Ştefan, un des instigateurs de la révolte. Malgré le fait que le roi lui-même fût blessé lors d'un affrontement malencontreux et qu'il dût faire reculer ses troupes, le voïvode jugea plus opportun de ne pas le provoquer plus longtemps et de lui prêter serment de vassalité.

Mathias organisa d'une manière efficace la protection de la Transylvanie contre les Turcs. Il y fut dès lors grandement assisté par le même Ştefan, le plus éminent des voïvodes de Moldavie (1457-1504) à qui la postérité devait accorder l'épithète de « Grand » et qui remporta, avec l'assistance militaire des Hongrois, plusieurs victoires sur les Turcs qui s'attaquèrent à son pays. Mathias prêta secours, en outre, au voïvode de Valachie, Vlad, le vaillant mais cruel fils de Vlad Dracul (dont il hérita également du nom de Drăculea), que ses adversaires appelaient l'Empaleur (Ţepeş, 1456-1462, 1476) car il faisait exécuter par ce supplice les Turcs ou les boyards pro-turcs tombés entre ses mains. Ayant eu plusieurs différends de nature politique ou commerciale avec les Saxons, il en fit exécuter plusieurs, à la suite de quoi les compatriotes de ceux-ci lui firent une réputation de grande cruauté en faisant circuler des tracts imprimés à travers toute l'Europe et en jetant ainsi les bases des histoires de vampires plus tard rattachées au nom de Dracula.

Pendant tout le règne de Mathias, les Turcs ne lancèrent qu'une seule attaque sérieuse contre la Transylvanie, en 1479. Mais le voïvode István Báthori barra le chemin à l'armée turque principale, à Kenyérmező, dans le comitat de Hunyad, où fut livrée le 13 octobre, la bataille la plus sanglante de l'histoire de la Transylvanie. Grâce à l'intervention de Pál Kinizsi, célèbre «batteur des Turcs» survenu au meilleur moment, une lourde défaite fut infligée aux agresseurs qui s'abstinrent alors d'attaquer la Transylvanie pendant quelque dix ans. Des progrès furent également faits dans la technique de la défense anti-turque. Les villes saxonnes renforcèrent, entre 1387 et 1438, leurs enceintes en les dotant de tours extérieures ; quant aux villages du Sud de la Transylvanie, ils transformèrent leurs églises en refuges fortifiés, procédé qui donna naissance à un style architectural spécifiquement transylvain : l'église-forteresse gothique.

Suite au danger turc, les kenéz, qui vivaient sur les domaines royaux situés près de la frontière méridionale, devaient assumer leur service armé avec une intensité accrue, ce qui n'était pas sans entraîner certaines conséquences. Dans les comitats de Temes, Krassó et Hunyad, une multitude de kenéz accédèrent à la condition noble et se trouvèrent, vers la fin du XVe siècle, définitivement intégrés dans les rangs de la noblesse hongroise. Ce n'est pas sans raison que l'anoblissement massif des kenéz roumains se rattachait au nom de János Hunyadi, puisque le grand général, ayant été élevé dans leur milieu, savait comprendre les ambitions de cette couche avide d'ascension sociale. Outre ses clients hongrois et sicules (il fut le premier voïvode de Transylvanie à occuper simultanément le poste de comes des Sicules), il admit dans sa suite bon nombre de kenéz roumains, et ce furent précisément ces fidèles intimes qui bénéficièrent plus particulièrement des faveurs de leur puissant protecteur. La brillante carrière que connurent par la suite les familles de kenéz roumains Nádasdi Ungor, Malomvizi Kenderesi, Kendeffy et Csulyi dans le comitat de Hunyad, les Csornai, Bizerei, Mutnoki, Temeseli Dési et Macskási dans le comitat de Szörény, débuta aux côtés de Hunyadi. Sur le seul territoire du comitat de Hunyad, on trouvait, dans la seconde moitié du XVe siècle, des familles roumaines récemment anoblies en nombre égal à celui des petits nobles de n'importe quel comitat hongrois. Tels étaient, par exemple, les descendants des kenéz de la région du château de Hátszeg : les Bajesdi, Barbátvizi, Bári, Brettyei, Csolnokosi, Farkadini, Fejérvizi, Galaci, Karulyosdi, Kernyesti, Klopotivai, Lindzsinai, Livádi, Macesdi, Oncsokfalvi, Osztrói, Pestényi, Ponori, Puji, Riusori, Szacsali, Szentpéterfalvi, Szilvási, Totesdi, Vádi, Várhelyi, Zejkányi avec, parmi eux, des seigneurs terriens qui possédaient plusieurs villages : tels, outre les précités, les clans des Szállásptaki et des Demsusi Muzsina. Tout porte à croire que la mère de Hunyadi était issue de cette dernière famille. On accorda la liberté et des fiefs nobiliaires aux voïvodes de Sebesvár, dans le comitat de Kolozs, ainsi qu'aux ancêtres des familles Meregjói Botos, Kalotai Vajda, Csicsei Vajda et Danki Vajda et, dans le comitat de Fehér, aux Lupsai Kende. Dans la région de Fogaras, le statut juridique de la couche dirigeante avait été établi par les voïvodes de Valachie à une époque (dans la seconde moitié du XIVe et au début du XVe siècle) où ce territoire faisait partie de leurs propriétés féodales qu'ils tenaient du roi de Hongrie. En conséquence de quoi, la catégorie sociale, dont la condition correspondait à celle des kenéz, portait ici le nom, d'origine bulgare, de « boyard ». Par ailleurs, les boyards de Fogaras atteignirent le même degré de noblesse de service que les kenéz sur les autres domaines de la Couronne, si ce n'est qu'ils devaient davantage servir que ceux-ci ; néanmoins, plus d'une de ces familles s'élevèrent au rang de la noblesse nationale, tels les Majláth, qui devaient jouer un rôle si éminent au début des temps modernes.

Bien entendu, ces Roumains anoblis empruntaient aux nobles hongrois non seulement leur statut et leur régime juridique, mais aussi leur système et leurs institutions administratifs, ainsi que leur style de vie. Dans la région de Máramaros, nous l'avons vu, une structure de comitat, réplique exacte du système hongrois, se constitua rapidement, tandis que la juridiction kenézienne des régions de Temesköz se transforma, dans la seconde moitié du XVe siècle, en un tribunal de comitat proprement dit, et que le « krajnik », c'est-à-dire le clerc chargé de préparer et d'exécuter les sentences, devenait progressivement un juge de district. Un processus analogue s'amorça dans la région de Hátszeg. Au XIVe siècle, ce fut encore le gouverneur du château qui convoqua l'assemblée des kenéz et trancha en dernière instance dans les affaires ; dans la première moitié du XVe siècle, les kenéz pouvaient déjà se réunir sans lui, rendre des jugements, publier des diplômes, en un mot : bénéficier d'une autonomie comparable à celle des nobles. Comme le comitat de Hunyad possédait lui aussi sa noblesse hongroise ancienne et, de ce fait, une cour de justice nobiliaire déjà établie, les Roumains anoblis y rejoignirent celle-ci, tandis que la cour kenézienne cessa progressivement de fonctionner.

Tous les kenéz nobles roumains n'adoptèrent pas la religion catholique : bon nombre des familles de Máramaros restèrent fidèles à la foi orthodoxe. Dans la région de Hátszeg, on construisit, même au XVe siècle, des églises orthodoxes dans le style gothique transylvain, mais décorées de peintures de goût byzantin et d'inscriptions en slavon ecclésiastique ; elles avaient généralement pour prêtres les membres des familles kenéziennes.

Dans la seconde moitié du XVe siècle, les rois élevèrent bien des Roumains à des postes confidentiels ou à des dignités nationales sans rencontrer aucune réprobation de la part de la noblesse hongroise, qui avait pourtant marqué, dès cette époque, une forte conscience nationale. Mihály Csornai, entre 1447 et 1454, István et Mihály Mutnoki, entre 1467 et 1469, et Péter Macskási, à la fin du siècle, occupèrent le poste de grande responsabilité de ban de Szörény ; János Malomvizi Kenderes et Mihály Pesténγi, puis Péter Temeslei Dési furent nommés aux fonctions de comes des comitats de Máramaros et de Bereg. János Nádasdi Ungor, dont le père avait jadis appris à János Hunyadi le maniement des armes, comptait parmi les fidèles les plus intimes du roi Mathias ; par sa femme, née Lendvai Bánffy, il était lié aux familles aristocrates les plus prestigieuses du pays. Homme de guerre victorieux, il fut également récompensé par l'attribution d'immenses fiefs. On peut citer, à titre de carrière très caractéristique, celle des Csulai, de la région de Hátszeg : cinq des sept fils du kenéz noble Vlad Csulai, dont les biens étaient modestes, furent nommés à des postes très élevés : László Ficsor remplit ceux de ban de Jajca, puis de Szörény ; Miklós Kende celui de ban de Sabác ; György Móré ceux de ban de Szörény, puis de Belgrade ; János Báncsa fut gouverneur du château de Bálványos et Fülöp Móré évêque de Pécs. Ils choisirent leurs épouses dans des familles hongroises de haut rang : les Bethlen, les Haranglábi, les Dóczi.

Les villes et l'autonomie saxonne

Dans cette étape particulière de la féodalité européenne fortement marquée par la présence des Ordres, le développement des villes constituait un facteur de première importance, puisqu'il permettait aux monarques de contrebalancer l'influence politique des magnats. La spécificité de l'évolution transylvaine consiste dans le fait que l'épanouissement des villes s'y accomplit dans les cadres organisationnels de la « nation » saxonne et eut pour objectif de renforcer ceux-ci. Les mesures économiques des Anjou, qui entraînèrent l'essor dynamique de l'extraction minière et du commerce des bestiaux, la frappe d'une monnaie d'or stable et des accords commerciaux avec les pays voisins, exercèrent, toutes, un effet stimulant sur l'évolution des villes transylvaines. Les bénéfices en allèrent surtout aux communautés saxonnes, qui se transformèrent peu à peu de villages en villes fondées sur l'artisanat et le commerce. Si les trois grandes villes saxonnes : Nagyszeben, Brassó et Beszterce écrasaient de leur poids non seulement les villes hongroises (Dés, Torda, Gyulafehérvár) et les bourgades des régions sicules (Marosvásárhely, Udvarhely, Sepsiszentgyörgy, etc.), et si elles éclipsèrent également les autres villes saxonnes (Szászsebes, Medgyes, Segesvár, Szászváros), ce fut parce qu'elles étaient situées dans les vallées qui menaient vers les voïvodies roumaines. Il est vrai qu'un certain nombre de bourgs sicules se trouvaient également près de la frontière, mais les obligations de guerre de leurs habitants les empêchaient de se consacrer au commerce, et lorsqu'ils commencèrent enfin à en faire, l'avance des Saxons était déjà trop grande pour être rattrapée. Seul Kolozsvár, de population mixte allemande et hongroise, put soutenir la concurrence avec les trois grandes villes. Située à la croisée des routes commerciales qui reliaient la Transylvanie aux parties centrales et occidentales du Royaume, la ville de Kolozsvár pouvait contrôler le trafic qui les empruntait, si bien que ses habitants allemands, qui menaient d'abord une existence de petits nobles campagnards mais s'urbanisaient par la suite, jouèrent un rôle décisif dans l'évolution bourgeoise de la Transylvanie. Les industries prirent, dès la seconde moitié du XIVe siècle, un tel essor derrière ses murs que les serfs hongrois des environs, attirés par cette prospérité, et aussi par la liberté citadine, y affluèrent en masse. Dans le même temps, on vit également arriver des artisans allemands, bien qu'en nombre plus modeste, de la Terre saxonne et d'Allemagne et former, à côté des anciens patriciens à la fois propriétaires et commerçants, une nouvelle élite de marchands enrichis par le commerce extérieur, qui se mit à la tête des corporations nouvellement constituées et réclama sa part dans la direction de la ville. Cette catégorie pleine d'ambitions renonça définitivement à la possession des terres, mais développa fortement sa conscience allemande qui avait fait défaut à l'ancienne aristocratie citadine aux visées nobiliaires et militaires. La nouvelle bourgeoisie réussit, grâce à une attitude favorable du roi, à prendre le dessus, en écartant du pouvoir les quelques familles de l'ancienne direction patricienne (1405), mais son particularisme allemand provoqua de nouveaux conflits, et la lutte pour la domination de la ville opposa désormais Saxons et Hongrois. Après une victoire provisoire des Saxons, les Hongrois, devenus entre-temps majoritaires, obtinrent, en 1458, grâce à l'intervention du pouvoir central, que les postes de maire et de conseillers municipaux fussent distribués de manière paritaire. Dès lors, bien que l'accord initial fût rigoureusement respecté par les deux parties pendant des siècles, la composition démographique évolua à l'avantage des Hongrois, si bien que Kolozsvár passait, pratiquement, au début des temps modernes, pour une ville hongroise.

Dés, Torda, Gyulafehérvár étaient, dès le XVe siècle, elles aussi devenues des villes hongroises : leur population allemande, probablement très faible dès l'origine, fut facilement absorbée par les masses hongroises qui affluèrent dans ces centres régionaux à la fin du XIVe siècle. Les villes minières (Szék, Kolozs, Abrudbánya, Zalatna, Offenbánya, Torockó), avec leur population d'origine plus ou moins allemande, connurent un sort analogue, alors que des villes saxonnes purent absorber leurs Hongrois (à Szászsebes, par exemple, une vieille rue nommée « Székely » conserve le souvenir des habitants hongrois). La progression de l'élément hongrois dans les villes était favorisée par le développement des industries domestiques dans les villages. Dans les registres du XVe siècle, on trouve bon nombre de serfs aux patronymes empruntés à des métiers artisanaux très divers. Des paysans qui s'installaient dans les villes possédaient donc déjà les éléments d'une culture industrielle. Ainsi, à la fin du Moyen Age, dans les rangs de la bourgeoisie citadine apparurent également, à côté des Allemands, des Hongrois en nombre considérable. Les Roumains, eux, ne jouèrent à cette époque aucun rôle dans l'épanouissement des villes transylvaines.

Pourtant, la grande activité commerciale avec les deux pays roumains constitua un stimulant décisif dans le développement des villes. Quoique l'influence hongroise allât diminuant sur les territoires transcarpatiques, le roi avait toujours la possibilité d'y faire valoir ses conceptions économiques. Bénéficiant de sa protection, les commerçants transylvains maintenaient des contacts permanents avec les deux voïvodies riches en matières premières. Les habitants de ces territoires, qui avaient à peine commencé à s'organiser (la première église roumaine de Valachie, par exemple, fut construite au début du XIVe siècle) ne pouvaient se passer d'intermédiaires susceptibles d'assurer l'échange de leurs produits contre ceux de l'industrie occidentale. Cherchant à rétablir dans son pays les voies du commerce avec l'est, qui ne passaient plus par la Hongrie depuis des siècles, le roi Louis Ier poursuivit avec persévérance ses desseins économiques et notamment le développement du commerce des Saxons. En 1369, il accorda à Brassó le droit d'étape, c'est-à-dire qu'il contraignit les commerçants polonais et allemands qui se rendaient en Valachie à vendre leur principale production, le drap, aux commerçants de Brassó qui pouvaient les revendre ; dans le même temps, il ordonna que les produits agricoles et les bestiaux provenant de Valachie fussent vendus sur le marché de Brassó. Szeben obtint, en 1378, le même privilège pour la route qui la traversait, et Beszterce possédait déjà, depuis 1368, le droit de contrôler la voie polonaise qui traversait la Moldavie.

Mais les articles qui, grâce à cette intense activité commerciale, parvenaient à l'est, étaient avant tout les produits des manufactures occidentales et non ceux de l'industrie saxonne qui, au XIVe siècle, était encore pratiquement inexistante sur le marché. Les marchands saxons ne se souciaient guère de production : ils bénéficiaient seulement de leur droit d'étape pour revendre, sur leurs marchés, des articles de provenances diverses. Rien de particulier dans tout cela — en effet, les commerçants de Vienne, dotés eux aussi du même privilège d'étape, agirent de même pendant presque tout le Moyen Age. Si les commerçants saxons entreprenaient des voyages vers l'est, c'était essentiellement pour se rendre dans les voïvodies roumaines, afin de traiter des négoces plus importants ou particulièrement difficiles, et ils ne s'aventuraient plus à l'est qu'exceptionnellement. Ils fréquentaient plutôt les grandes cités occidentales, surtout allemandes, et ce notamment à partir du moment où Louis Ier suspendit à leur égard le droit d'étape dans la ville de Buda. Ils transportaient des produits bruts de Moldavie et de Valachie qu'ils échangeaient contre des tissus et des épices. Leurs deux itinéraires habituels menaient l'un par Kassa, la Bohême et la Pologne jusqu' à Dantzig ; l'autre, via Buda, soit vers Vienne et Ratisbonne, soit vers Zara et Venise.

L'industrie saxonne rejoignit assez tard ce grand essor commercial. Les premières corporations apparurent, à travers toute la Transylvanie, vers le milieu du XIVe siècle. Le roi Louis les dissolut pour un temps puis, sollicité par les Saxons, il les rétablit en 1376, tout en refondant leurs statuts. Le grand nombre de corporations mentionnées à cette occasion (19 corporations représentant 25 branches d'industrie) ne doit pas nous tromper, puisque les dispositions du document gardent le silence sur la limitation quantitative, alors que celle-ci était rigoureusement fixée dans les chartes dès que les corporations commençent à produire pour le marché. Ce changement se produisit en effet au XVe siècle, époque à partir de laquelle les produits de l'industrie manufacturière transylvaine purent être écoulés à l'est. L'artisanat se propageait avec une si grande rapidité qu'on pouvait trouver, même dans les villages, des corporations comprenant parfois une centaine de membres. L'exportation vers les voïvodies roumaines englobait une gamme d'articles de plus en plus variés : dans les réglementations douanières du XVe siècle, on voit figurer des vêtements finis, de la vaisselle, des couteaux, toutes sortes d'armes, des semi-produits métalliques, des épices, de l'orfèvrerie, du parchemin, du papier, des charrettes, voire même des fruits secs et des pains d'épices. Les articles courants importés des voïvodies restaient invariablement des produits bruts provenant moins de l'agriculture que de l'élevage (bestiaux, peaux non traitées, cire, miel et, plus rarement, des céréales).

La nouvelle couche dirigeante des Saxons, qui devait sa promotion sociale au commerce, c'est-à-dire l'ordre des patriciens urbains, ne comprenait plus que quelques familles, tout comme autrefois les gerébs, et n'en tenait pas moins jalousement à ses privilèges. Sa position financière s'étant renforcée, la moyenne bourgeoisie citadine essaya, vers la fin du XVe siècle, d'ébranler leur régime, mais sans grand succès. L'unique résultat du mouvement fut l'introduction, en 1495, d'une institution dite « de cent hommes » (Hundertmannschaft) qui existait depuis longtemps dans les villes de Hongrie et à Kolozsvár. Bien que représentants des corporations, les membres de celle-ci étaient nommés par le conseil municipal, exclusivement composé de patriciens ; ils en restaient donc toujours fortement dépendants. Se sentant opprimées, les couches populaires saxonnes se soulevèrent contre leurs dirigeants, en 1511 à Segesvár, en 1520 à Szeben, puis, en 1513, les paysans saxons, mécontents, assassinèrent le bourgmestre de Segesvár. Cependant, ni la petite bourgeoisie urbaine, ni les paysans de villages ne purent mettre fin au règne de cette nouvelle aristocratie, d'autant que les couches supérieures surent, après un essor passager de la petite noblesse, prendre le dessus partout dans le pays, et réussirent même à s'assurer le soutien du roi. De même que la situation des serfs hongrois et des Sicules inférieurs se dégradait progressivement, la dépendance politique et économique des couches inférieures saxonnes par rapport à leur grande bourgeoisie devint définitive.

Chez les Saxons, le nouvel ordre social était fondé sur la prédominance des villes. La paysannerie saxonne devait supporter non seulement la domination des patriciens, mais aussi l'oppression économique que la ville exerçait sur les villages et, dans cette évolution, même la petite bourgeoisie prit une nette avance sur elle. Les chefs-lieux des «sièges» contrecarraient constamment le développement des autres localités qui relevaient de leur autorité, en veillant surtout jalousement à leur droit exclusif de tenir marché. C'est ainsi que furent mis en échec par Brassó (en 1378), Nagysink (en 1379) et Segesvár (en 1428) les tentatives respectives de Földvár, Szentágota et Henndorf de tenir leurs propres marchés hebdomadaires. Un peu plus tard, du fait même que les chefs des corporations urbaines furent eux aussi investis du droit de contrôler celles des villages, les corporations des villes réussirent à étendre leur influence sur l'ensemble de l'industrie rurale.

L'égalité de droits des Saxons ne fut donc pas mise en pratique. Il n'en reste pas moins vrai que les paysans saxons bénéficiaient d'une situation nettement supérieure par rapport à celle des serfs des comitats ou des Sicules pauvres d'état inférieur, et ce notamment parce que la société saxonne s'était, après le départ des gerébs, profondément démilitarisée et écartait ainsi définitivement le danger d'une dichotomie sociale seigneur / serf.

La substitution du mode de vie des paysans embourgeoisés à celui des nobles ruraux s'accompagna du développement d'une conscience nationale saxonne. L'ensemble de la bourgeoisie saxonne manifesta en effet bientôt un parti pris ethnique exclusif et passionné qui ne peut être comparé qu'à celui de la moyenne noblesse hongroise à la fin du Moyen Age; cette nouvelle attitude se traduisit dans les faits par l'effort pour éliminer de la société citadine aussi bien que des corporations, les éléments ethniques non allemands. La première disposition de ce genre qui nous soit connue, fut prise par le conseil municipal de Szeben, en 1474, et stipulait que le monastère dominicain construit hors des enceintes de la ville ne pouvait s'installer à l'intérieur que si les moines étaient en majorité allemands. Cette conscience accrue de la bourgeoisie, et de l'ethnie saxonne dans son ensemble, se trouva confirmée et quasiment légitimée par le fait que les sièges saxons obtinrent progressivement, à partir du début du XVe siècle, le droit d'élire librement leurs fonctionnaires suprêmes dits «juges du roi». Parachevant ce processus, le roi Mathias reconnut uniformément, en 1469, ce droit à tous les sièges puis, en 1486, il les réunit tous, ainsi que les régions de Beszterce et de Brassó, dans l'«université saxonne» *(Universitas Saxonum)* dont il confia la direction au bourgmestre de Szeben, qui porta désormais le titre de «comes des Saxons».

La révolte des Sicules et la guerre paysanne de György Székely

Sous le roi Mathias, la Transylvanie aurait pu enfin entrevoir un retour à la prospérité de l'époque des Anjou. Après la fronde de 1467, le roi fut plus circonspect dans le choix de ses voïvodes; à partir de 1470, les sources témoignent d'une augmentation sensible des actes officiels émanant des voïvodes et portant sur des affaires transylvaines, ce qui prouve que ceux-ci ne considéraient plus leur poste comme un titre honorifique bien rémunérateur, mais prirent l'habitude de s'occuper personnellement des affaires courantes. Cependant, sous le règne des rois Jagellon, Vladislav II et Louis II (1490-1526), les luttes de partis, consécutives à la naissance d'un Etat des Ordres, donnèrent lieu à de graves désordres sur l'ensemble du territoire du pays. L'intensification des attaques turques, les heurts entre les factions d'aristocrates rivaux, dans lesquels la noblesse commune servait tantôt de simple instrument, tantôt pouvait intervenir en tant que force autonome, puis la guerre paysanne de György Székely (Dózsa) — tout cela constituait autant de signes d'une réelle désorganisation. La Transylvanie eut à subir, en 1493, deux attaques turques, au cours desquelles ce furent surtout les régions saxonnes qui connurent de sérieux ravages ; dans le même temps, elle se trouva déséquilibrée de l'intérieur par l'agitation des Sicules et des Saxons.

L'échec de la jacquerie de 1437 avait donné, pour bien longtemps, un coup de frein aux mouvements de la paysannerie de condition servile. En fait, les mécontentements se localisaient depuis quelque temps non pas dans les comitats, mais en Terre sicule. A cette époque, en effet, où était déjà apparue une économie fondée sur l'argent ainsi que, non sans rapport avec elle, une technique de guerre employant des mercenaires rémunérés, l'organisation traditionnelle des paysans sicules libres traversa une crise. Etant donné la faiblesse de l'urbanisation, les Sicules ne pouvaient, à l'instar des Saxons devenus paysans libres et produisant pour le marché, collectivement échapper à la dépendance féodale. Par ailleurs, la nécessité d'une armée moderne et permanente fit qu'on n'eut plus besoin du service armé de tous les Sicules. L'inégalité des moyens allait croissant, des masses de plus en plus importantes durent renoncer à leur obligation sicule, garant de leur liberté. Les terres possédées en commun se morcelèrent progressivement en petits lopins, si bien que la plupart des Sicules, peuple déjà fort prolifique à l'époque, devenaient propriétaires de terres minuscules, et pour assurer leur subsistance sur ce sol si peu fécond, ils s'engagèrent en très grand nombre au service de leurs congénères de haut rang.

L'élite sicule, qui possédait généralement deux sortes de biens fonciers, entendait également soumettre les paysans sicules à un régime féodal inconditionnel, tout comme elle le faisait sur ses terres des comitats. A cette fin, elle tenta de transformer en contrainte économique et juridique l'engagement volontaire des Sicules libres venus travailler sur ses terres. Des privations de droits de plus en plus fréquentes provoquèrent, vers le milieu du XVe siècle, des émeutes où le bas peuple s'attaqua à ses seigneurs et tenta de reconquérir sa liberté par la force des armes. Comme les Sicules réduits à l'état de servage cessaient d'être des soldats, le pouvoir central se vit contraint, dans l'intérêt de la défense nationale, d'intervenir : János Hunyadi dénonça à deux reprises, en 1446 et en 1453, d'abord en tant que voïvode de Transylvanie, puis comme gouverneur, l'oppression des gens de condition libre par les grands. Son fils, Mathias, poursuivit la même politique. En 1466 à Zabola, le voïvode de Transylvanie qui était donc en même temps comes des Sicules, convoqua, par mandat royal, les nobles transylvains et les seniores des sièges sicules afin de fixer par écrit, d'après leurs témoignages, les droits et libertés des Sicules. Aux termes de ces statuts, les grands n'étaient pas autorisés à réduire à l'état de servage les Sicules communs et, si ceux-ci travaillaient pour eux, c'était de leur propre gré en tant qu'hommes libres. Dans le même temps, les Sicules communs s'efforcèrent de s'imposer également sur le plan de l'administration et de la juridiction, en déclarant qu'il était équitable d'élire les deux tiers des assesseurs des tribunaux de siège parmi les gens communs. Néanmoins, l'élection du capitaine — désormais plutôt appelé « lieutenant » — et du juge du siège continuait à se faire selon la méthode ancestrale favorisant, bien sûr, les membres des familles fortunées. Pour représenter le pouvoir central, on institua une nouvelle dignité pourvue, pour le moment, du seul droit de contrôle: le juge du roi, nommé par le comes sicule.

Mais, en 1466, le problème sicule n'était que partiellement résolu car la liberté théoriquement accordée ne signifait pas pour les Sicules communs

24. Détail de la Piétà de l'église luthérienne de Nagyszeben, vers 1400

25. Intérieur des nefs de l'église Saint-Michel de Kolozsvár, vers 1430

26. Peinture murale par Johannes von Rosenau dans l'abside de l'église luthérienne de Nagyszeben, 1445 ▷

I.N.R.I.
GLORIA

27. Le château de Vajdahunyad vu de Sud-Ouest, XIIe—XVe s.

28. Le château de Vajdahunyad vu de Sud-Est. Lavis, 1735

29. La dalle supérieure de la tombe de János Hunyadi à Gyulafehérvár, dernier tiers du XIVe s.

30. Dalle latérale du sarcophage de János Hunyadi, fin du XVe s.

31. Fonts baptismaux en bronze à Segesvár, 1440

32. L'église luthérienne (XIVe-XVIe s.) et l'Hôtel de ville (début du XVIe s.) à Nagyszeben (Photos: Emil Fischer, autour de 1900)

33. Fresques dans des églises roumaines du XVe s.: *1)* Saint Etienne, Saint Ladislas et Saint Éméric, Kristyor; *2)* Les fondateurs de l'église orthodoxe de Ribice: Vladislav et Anca; *3)* Les fondateurs de l'église de Kristyor : Bălea, sa femme Vişe et son fils Ştefan

pauvres que leur service armé fût également assuré matériellement. Pour la plupart d'entre eux, il était impossible d'accomplir même un service de cavalerie légère ; ainsi, le roi ordonna en 1473 une nouvelle réglementation qui paracheva l'établissement de la stratification sociale: ceux des Sicules qui pouvaient équiper au moins trois soldats à cheval — mercenaires ou clients — formaient la catégorie des principaux *(primores)* ; ceux qui accomplissaient le service à cheval se rangeaient dans la classe des « lófő » (*primipili*, montés) et enfin, ceux, majoritaires, qui partaient à la guerre à pied, tout en conservant leur liberté individuelle, étaient appelés « communs » *(pixidarii)*. L'énonciation de ce dernier critère signifiait que ceux qui n'avaient même pas les moyens nécessaires pour le service à pied se trouvaient définitivement relégués dans l'état de servitude. Quant à la distinction des « lófő » des gens communs, il en résulta que les dignitaires et les assesseurs se recrutaient désormais exclusivement dans les deux premières classes, la couche inférieure étant entièrement exclue des affaires publiques.

La crise de la société sicule entra dans une nouvelle phase lorsque commencèrent les confrontations opposant les *primores* et les *lófő* aux communs portant les armes, phénomène qui trouve son origine dans l'évolution de la Hongrie. Au début du XVIe siècle, on vit se succéder une longue suite de diètes de Hongrie où la masse des nobles communs, venus participer en armes, intervenait, ou se donnait l'illusion d'intervenir, dans les affaires du pays. Les résonances de ce mouvement parvinrent jusqu'en Transylvanie et eurent pour effet de faire prendre aux Sicules communs en service armé une position plus résolue face à leurs principaux. Ils tinrent, en 1503 à Udvarhely, puis en 1506 à Agyagfalva, des assemblées de la « nation », sans que le roi l'eût décrété ou y eût envoyé son représentant, assemblées qui se déroulaient dans le même cliquetis d'armes et avec les mêmes scènes bruyantes que les diètes qui se réunissaient simultanément à Rákos. Des mesures draconiennes furent envisagées contre les « primores » qui avaient porté atteinte à la liberté sicule qu'on proclama de nouveau sur la base de l'égalité totale des droits — exclusivement pour ceux, bien évidemment, qui étaient en mesure de porter les armes.

La conscience « nationale » des Sicules se renforça d'une manière jamais vue auparavant. La tradition généralement répandue — dont les racines remontaient apparamment au XIIIe siècle —, disant que les Sicules étaient les descendants d'un peuple hunnique qui se serait retiré en Transylvanie après la chute de l'empire des Huns, revêtit alors une dimension politique. Pour les Sicules communs, cette conviction d'être issus du peuple hunnique signifiait non seulement une source de fierté — ils se considéraient comme ceux qui gardaient le plus purement les vertus guerrières « szittya » (c'est-à-dire scythiques) du peuple jumelé hungaro-hunnique —, mais servait également d'argument pour fonder leurs privilèges. En effet, l'opinion de la noblesse commune hongroise était, à cette époque, éprise d'un passé « scythique »; l'idée d'une origine hunnique des Hongrois fut alors propagée par les chroniques, qui avaient déjà connu plusieurs remaniements, et une version en circulait déjà, depuis 1476, sous forme de livre imprimé, le premier, en Hongrie. L'exaltation romantique des Huns, en tant qu'une des manifestations les plus caractéristiques de la conscience nobiliaire hongroise à la fin du Moyen Age, plaçait les Sicules au centre de l'intérêt public, et leur reconnaissait même la primauté du point de vue de l'ascendance « scythique ».

Les griefs, ainsi que les assemblées dont ils avaient suscité la convocation, avaient déjà porté la susceptibilité sicule à son paroxysme lorsque, en 1506, à l'occasion de la naissance de son fils, le roi ordonna de lever l'impôt dit du

« bœuf marqué », traditionnellement payé par les Sicules. Se considérant comme des nobles, car astreints au service militaire, les Sicules trouvèrent cette exigence injuste, puisqu'en Hongrie, les gens de condition noble ne payaient plus d'impôt depuis bien longtemps. Pour les Sicules communs en voie d'appauvrissement, payer cet impôt de bœuf constituait une charge démesurée ; si bien que, finalement, la motivation matérielle allant de pair avec l'amour propre blessé, ils se révoltèrent. Le roi envoya, pour rétablir l'ordre, le capitaine de Fogaras, Pál Tomori, qui devait vingt ans plus tard conduire les armées hongroises à la fatidique bataille de Mohács. Ayant essuyé un échec, il dut se réfugier, blessé, dans son château : il fallut, pour écraser la révolte, faire venir des renforts royaux. L'année suivante, à la tête de l'attaque lancée par les Sicules contre les Saxons de Szeben (qui avaient pris part à l'écrasement de leur soulèvement), on trouve un certain György Dózsa, de Makkfalva, que d'aucuns croient pouvoir identifier avec ce György Székely qui devait perpétuer son nom comme le chef de la guerre paysanne de 1514.

Ces combats d'arrière-garde de la liberté sicule ne devaient pas durer longtemps. Sous la pression de l'opinion nobiliaire, le roi, en 1511, nomma voïvode de Transylvanie le candidat au trône et l'idole de la noblesse commune János Szapolyai, alors âgé de 24 ans. Ce magnat, protecteur déclaré des intérêts politiques des petits nobles (qui cherchait en réalité à les tourner à son profit) s'avéra, dans sa nouvelle dignité, tout aussi despotique que ses prédécesseurs. Les Sicules devaient bientôt se rendre compte de la distance qui séparait les discours politiques de la réalité. Szapolyai alla lui-même disperser les Sicules qui avaient pris les armes contre une mesure abusive de leur vice-comes et, pour les châtier, il confisqua leurs biens au profit du Trésor, alors que, selon la loi ancestrale, « la succession des Sicules » ne devait pas passer au roi, même en cas d'infidélité, mais aux consanguins. Ce procédé de Szapolyai marqua une nouvelle étape dans l'histoire des Sicules. En effet, à partir de ce moment-là, on assista aux efforts conscients du pouvoir central pour réduire les libertés sicules, ce qui provoqua, pendant des siècles, la révolte des Sicules communs qui assumaient le service militaire.

C'était pour leurs droits nobiliaires que les Sicules communs menaient leurs luttes et non contre leurs oppresseurs de seigneurs, comme les paysans. En effet, György Székely (Dózsa), venu de la région danubienne des places fortes frontalières pour prendre la tête, en 1514, de la croisade qui se transforma en soulèvement antiféodal, constituait une exception : son jeune frère excepté, on ne connaît aucun soldat sicule qui ait rallié les paysans. La jacquerie, qui avait pour base opérationnelle la Plaine hongroise, eut des prolongements jusqu'en Transylvanie, sur le territoire des comitats habités par des serfs, mais non en Terre sicule. Un des lieux les plus marqués par la lutte, était le foyer de résistance d'il y a quatre-vingts ans : la région de Beszterce, où des manoirs nobiliaires furent à nouveau incendiés. Deux bourgades de la région des mines de sel : Dés et Torda, rejoignirent les insurgés. Des troupes paysannes arrivées de la Plaine réussirent, elles aussi, à soulever une région minière : celle d'Abrudbánya, Zalatna, Torockó. Mais le voïvode Szapolyai veillait bien aux intérêts féodaux. Ses hommes réussirent partout à étouffer le mouvement ; lui-même, apprenant que Dózsa voulait se rendre, avec le gros de ses troupes, en Transylvanie, se tourna avec son armée vers le Sud. Chemin faisant, il convoqua l'assemblée des trois « nations » pour le 18 juin à Déva où il apprit que Dózsa se dirigeait vers Temesvár ; il se retourna alors lui aussi dans cette direction.

Entre-temps, le prêtre Lőrinc, lieutenant de Dózsa, qui avait occupé Várad, 234 fit une diversion en direction de Kolozsvár pour y attirer les forces nobiliaires transylvaines. Les notables de la ville ne désiraient pas s'engager dans une entreprise aussi périlleuse, comme ils l'avaient fait à l'époque d'Antal Budai Nagy, mais n'osaient pas non plus résister ouvertement. Le bourgmestre János Kalmár trouva comme solution intermédiaire de ne laisser entrer dans la ville que les officiers de l'armée paysanne, alors que celle-ci devait mettre son camp en plein champ découvert. Ce fut là qu'ils subirent l'attaque du vice-voïvode Lénárt Barlabássy qui essuya cependant une défaite. Dans le même temps, le bourgmestre fit massacrer par ses hallebardiers les capitaines des paysans. Ayant perdu son arrière-garde, le prêtre Lőrinc qui était resté hors des murs, se vit contraint de quitter la Transylvanie. Dans les régions centrales du pays, la jacquerie touchait déjà à sa fin tragique, mais cela n'eut plus qu'une influence indirecte sur le sort de la Transylvanie, tout comme la défaite de Mohács en 1526.

Gothique et Renaissance en Transylvanie

Les premiers élements de l'architecture gothique furent introduits en Transylvanie par les maîtres qui, fortement marqués par l'influence française, travaillèrent, dans la première moitié du XIIIe siècle, à la cathédrale de Gyulafehérvár et à l'église du monastère de Kerc. Ce fut sans doute à l'image de ces deux centres qu'apparurent sur les églises hongroises et saxonnes construites ou transformées dans la seconde moitié du siècle, le croisillon, l'abside angulaire ainsi que le portail à archivolte profonde et aux voussures en ogive. Si le gothique mûr put triompher, l'emportant sur les traditions romanes et le gothique primitif, ce fut grâce aux ordres mendiants, fort populaires en Transylvanie, qui voulaient avoir dans leurs églises un espace uni servant de cadre au prêche. Ils construisirent donc des églises-salles à une nef ou, à partir de la seconde moitié du XVe siècle, des églises basiliques à trois nefs, où les nefs latérales avaient la même hauteur que la nef centrale. Il s'en suit qu'on substitua à la voûte d'arête la voûte croisée, propre à embrasser tout l'espace intérieur de l'église sans opprimer cependant l'élancement gothique vers le haut : loin d'étouffer, ces voûtes suggèrent un frémissement atmosphérique et offrent une ouverture vers l'infini. Les ordres mendiants s'étant établis dans des villes, leur influence fut décisive aussi sur le style des églises paroissiales urbaines — celles-ci constituèrent même les œuvres les plus représentatives du gothique rayonnant. Au milieu du XIVe siècle — nous l'avons vu — l'urbanisation prit un premier élan spectaculaire en Transylvanie et put, en conséquence, fournir les moyens et développer les besoins culturels, sur lesquels pouvait se former cet épanouissement du gothique mûr.

Un exemple en est fourni par la nef principale de l'église de Nagyszeben, encore que ses nefs latérales suivent la tradition des basiliques. Ailleurs, cependant, elles furent haussées jusqu'au niveau de la nef principale, comme c'est le cas de l'église de la Montagne à Segesvár ou de l'église de Szászsebes qui se fait retenir par son ornementation en sculptures gothiques particulièrement riches. Le blason des Anjou, les statues des rois et, en général, la haute qualité de la taille des pierres témoignent tous, sinon de la participation directe de la Cour, du moins de son influence marquée.

Chef-d'œuvre du gothique rayonnant de Transylvanie, l'église paroissiale Saint-Michel à Kolozsvár fut à l'origine conçue comme une basilique à trois nefs, mais fut poursuivie, dès le second tiers du XIVe siècle, comme un trilobé, sans doute fortement influencé par la cathédrale de Kassa qui était inspirée de l'art sud-allemand, alors au sommet de sa floraison. Son espace intérieur monumental, ses magnifiques voûtes, ses riches ornements de pierre sculptée, tout comme l'unité harmonieuse de son volume et son ancien clocher de Nord-Ouest s'élançant vers le ciel reflètent dignement la position de ce centre économique et culturel de Transylvanie que fut Kolozsvár et qui offrait également un terrain particulièrement propice à la coexistence et à la coopération entre Hongrois et Saxons.

Si l'école architecturale ecclésiastique de Kolozsvár suivait des modèles allemands, la peinture et la sculpture, elles aussi d'orientation essentiellement religieuse, cherchaient plutôt leur inspiration en Italie. L'explication s'en trouve non seulement dans les relations étroites des rois angevins avec l'Italie, mais aussi, en relation avec celles-ci, dans l'attirance que le gothique tardif et la première Renaissance qui s'épanouissaient à Florence et à Sienne comme styles plus vivants, plus réalistes et, surtout, plus émotionnels que la raideur antérieure, — exerçaient sur les artistes hongrois de Kolozsvár — mais dont les effets ne pouvaient cependant agir en Terre saxonne. Les historiens de l'art supposent l'existence d'une école picturale, apparemment hongroise, qui regroupait, autour de Miklós Kolozsvári, le seul dont on connaisse le nom, au moins quatre artistes d'une valeur individuelle incontestable, dont les œuvres ont été conservées à Magyarfenes, Almakerék, Marosszentanna et Barcaszentpéter. On attribue en général à Miklós Kolozsvári l'une ou les deux peintures des deux premières localités ; tandis que la Madone aux traits mongoloïdes avec, dans son giron, un enfant Jésus habillé à l'orientale, serait de la main d'un autre maître de grand talent. Les fils doués de Miklós Kolozsvári, Márton et György, furent les créateurs de toute une série de statues, soutenant parfaitement toute comparaison européenne à l'aube de la Renaissance : le Saint Georges de Prague, les figures de rois de Várad, qui ont été détruites au XVIIe siècle et, enfin, le modèle, également disparu, du buste de Saint Ladislas actuellement conservé à Győr. Dans ces œuvres, on a d'abord cru découvrir une inspiration italienne directe ; actuellement, on les rattache plutôt à l'éclosion de l'art centre-est-européen, au développement de ses valeurs autonomes non exemptes, certes, d'un certain ascendant italien.

En effet, cette époque — à en juger notamment par l'apparition presque simultanée des universités dans les villes centre-est-européennes — fut celle d'un essor culturel fondé sur la consolidation politique et économique où la position européenne de la Hongrie n'était nullement périphérique : elle bénéficiait directement des effets du précapitalisme italien et allemand du Sud. Ce fut à la fin du XIVe et au début du XVe siècles que cette prospérité générale atteignit son sommet et apporta un développement particulier à Kolozsvár, haut lieu incontesté de l'art transylvain. C'est en 1427 que Tamás Kolozsvári exécuta le plus beau tryptique hongrois du siècle, à Garamszentbenedek. Représentant le calvaire et les miracles de Saint Nicolas, ce retable, qui évoque la culture matérielle de l'époque dans toute sa richesse, transmet et reformule les meilleurs enseignements du Trecento italien et du gothique de Bourgogne et de Flandre. Une preuve du caractère composite de la culture transylvaine : à proximité immédiate des œuvres d'inspiration occidentale de niveau européen, on vit apparaître, dans un certain nombre d'églises de la Terre sicule, des peintures murales de style archaïque et aux traits byzantins orientaux qui évoquent, dans une approche naïve, locale, la légende de Saint Ladislas combattant les païens, œuvres qui reflètent un esprit de garde-frontière, mais incorporent également, selon certains spécialistes, les motifs d'épopées orientales nomades dans la représentation des actes du saint preux. Les fresques de Bögöz et de Gelence, qui datent du XIVe siècle, font apparaître, en face de la légende de Saint Ladislas, les épisodes de la vie de Sainte Marguerite d'Antioche, ainsi que le Jugement dernier. Un peu plus tard, dans d'autres églises sicules (à Maksa, Csikszentmihály, Erdőfüle, Bibarcfalva, Homoródszentmárton, Sepsibesenyő puis, en 1419, à Székelyderzs, et, à la fin du XVe siècle, à Sepsikilyén), un enchaînement identique des motifs de la légende et leur exécution dans le même style quasi-byzantin ont fait tout d'abord penser à un modèle commun supposé à Várad. Actuellement les historiens de l'art penchent plutôt pour attribuer la répétition des motifs à la diffusion de la légende par voie orale.

L'œuvre majeure de l'art saxon fut l'église dite « Noire » de Brassó, commencée à la fin du XIVe siècle, mais seulement achevée au XVe. Le modèle de Kassa, arrivé par le biais de Kolozsvár, fut ici développé, conformément au goût local, en un édifice monumental inspirant le respect tant par son volume que par sa facture. En effet, non seulement en Transylvanie, mais sur l'ensemble du territoire centre-est-européen, c'est là l'une des plus grandes églises gothiques : sa longueur est de 89 mètres. Ses ornements en style gothique tardif sont contemporains des retables si largement répandus en Transylvanie et dont la mode venait également de la Terre saxonne pour gagner progressivement les territoires sicules. Parmi les 1 981 tryptiques de Hongrie, qui nous sont parvenus des XIVe-XVe-XVIe siècles, 324 proviennent de Transylvanie (le plus récent, celui de Csikménaság, date de 1543). Les plus beaux d'entre eux se trouvaient à Segesvár, Medgyes, Szászsebes, et firent un si grand effet que la peinture murale gothique s'en inspira également et produisit des œuvres magistrales, telles que le Calvaire du maître Johannes de Rozsnyó, peint à Szeben en 1445, ou un autre calvaire conçu pour la chapelle sud-est de l'église de Kolozsvár.

Jusqu'au XVe siècle, l'architecture et la peinture à caractère profane ne produisirent aucune œuvre majeure en Transylvanie. Les châteaux des grands seigneurs terriens, dont cinq furent construits ou acquis par donation royale par les Losonci Bánffy, étaient des bâtiments sombres et fort simples. Mais le château de Vajdahunyad, aux ornements gothiques, était déjà achevé au milieu du XVe siècle et vit ses murs décorés de fresques, commandées par le roi Mathias et représentant des jeux de cour galants dans un goût Renaissance (ou bien, de l'avis de certains, la légende du corbeau totémique de la famille Hunyadi). C'est de cette même époque que datent les premières maisons bourgeoises gothiques, dont la maison natale de Mathias, à Kolozsvár.

Pour parer aux éventuelles attaques turques, on fortifia, au cours du XVe siècle, d'abord les églises saxonnes, puis celles de Csík, prêtant ainsi à l'architecture transylvaine un caractère très particulier, unique en Hongrie. D'un aspect fort pittoresque sont en effet les églises dont on éleva l'abside d'un ou de deux étages en les dotant de crénaux et de meurtrières. Face au clocher, transformé de façon indentique, l'abside constitue ainsi presque une seconde tour qui s'élève au-dessus du volume central. Sur les 230 églises saxonnes, nous en trouvons 30 de ce genre, situées entre le Maros, le Kisküküllő, l'Olt et le Homoród. C'est celle de Szászbogács qui se trouve le plus au nord puis, disposées sur un large arc s'inclinant vers le sud, puis vers l'est et de nouveau vers le nord, ces édifices singuliers émaillent toute une région. Presque tous ont, en plus, une espèce de muraille agrémentée de tourelles. La plupart des églises fortifiées furent, par ailleurs, entourées, sans autres transformations, d'un mur dont l'intérieur était flanqué de magasins avec, au-dessus, un couloir percé de créneaux. Un peu plus tard, lorsque le danger turc se fit plus imminent du côté de la Moldavie, on se mit à renforcer les églises sicules de Csík également selon des méthodes spécifiques locales, comme à Csíkkarcfalva, Csíkrákos, etc.

La fin du XVe siècle fut marquée par la construction d'églises destinées aux ordres mendiants ou pour les villes moins importantes. Les églises à plafond de Torda, Dés, Kolozsvár (rue Farkas) ont le même caractère que les églises de Debrecen, Nyírbátor, Szeged, et représentent une variante du gothique tardif, caractéristique de la Hongrie orientale. Sur les plus anciens plafonds peints, on voit s'associer les motifs gothiques tardifs avec ceux de la Renaissance toscane : ainsi à Gogánváralja, ou à Székelydálya. Même le grand art de la Renaissance italienne et allemande du Sud apparaît, dans toute sa splendeur, sur la chapelle Lázói de Gyulafehérvár ainsi que sur la porte de la sacristie de Kolozsvár, commandée par le curé Johannes Klein. Ces œuvres annonçaient l'époque de la Renaissance transylvaine, qui ne s'épanouira vraiment qu'après la défaite de Mohács.

L'acquis le plus important du XVe siècle fut cependant le développement de l'expression en langue maternelle. A la pointe de cette évolution, on trouve les Saxons, qui conservaient des rapports permanents avec leur pays d'origine d'où ils recevaient également l'apport intellectuel des lettrés allemands. Néanmoins, leurs patriciens et leur magistrats urbains apprenaient en général, outre le latin, le hongrois, comme en témoigne un glossaire latin-hongrois provenant de Beszterce et datant du XVe siècle. Le premier monument linguistique hongrois complet qui nous soit parvenu de Transylvanie est le testament autographe, datant de 1507, d'un noble du comitat de Kolozs, János Rődi Cseh. Ce fut encore lui qui rédigea, en 1508, la première publication en hongrois émanant d'un comitat. A cette époque, les textes religieux étaient déjà fréquemment traduits du latin en hongrois à l'intention des religieuses et des béguines des ordres mendiants. La littérature religieuse de langue hongroise était née sous l'influence des hussites enfuis de Hongrie en Moldavie, qui, dans les années 1430, traduisirent la Bible en hongrois. Les légendes et écrits bibliques traduits en hongrois par les membres lettrés des ordres mendiants sont conservés dans les codex dits « Teleki », « Székelyudvarhelyi » et « Lázár », datant du début du XVIe siècle.

Prenant une avance sur les principautés transcarpatiques, les Roumains de Transylvanie commencèrent eux aussi, au début du XVIe siècle, à écrire dans leur langue maternelle. Les premiers manuscrits roumains traduits du slavon ecclésiastique furent exécutés au monastère de Körtvélyes, dans la région de Máramaros. A la fin du XVe siècle, l'évêque ruthène de Munkács tenta de faire passer le monastère sous son autorité, action contre laquelle des nobles roumains de Máramaros élevèrent leur voix et s'adressèrent au voïvode de Transylvanie en place, Bertalan Drágffy, pour demander sa protection. Bien que sa famille se fût déjà convertie au catholicisme, Drágffy, en tant que suzerain du monastère, trancha l'affaire en mettant Körtvélyes sous le patronage de l'évêque catholique de Transylvanie. L'union des Eglises ne fut pas proclamée, mais les moines de Körtvélyes se virent contraints de céder le pas sur la principale question controversée en dogmatique. Dans le livre des Psaumes qui y fut traduit en roumain (Psaltirea Şcheiană), on retrouve en effet la formule catholique du *filioque* ramenant le Saint Esprit non seulement au Père mais aussi au Fils. C'est ainsi que les efforts de L'Eglise catholique hongroise en faveur de la langue maternelle de Transylvanie déteignirent sur les Roumains, et que put également prendre son envol la littérature ecclésiastique de langue roumaine.

La Principauté de Transylvanie

I — La première période de la Principauté de Transylvanie (1526-1606)

1. Du Royaume de Hongrie jusqu'à la Principauté de Transylvanie

La Transylvanie et la désintégration de l'Etat hongrois médiéval

Le 29 août 1526, la Hongrie subit, à la bataille de Mohács, une défaite totale face à l'Empire turc. Le roi Louis II (1516-1526) mourut au cours des combats. Après cette victoire, Soliman Ier prit Buda, la capitale, et fit, peu après, évacuer la ville. Cela créa en Hongrie une vacance du pouvoir. Deux personnages se montraient fort actifs pour remplir ce vide. L'un était Ferdinand de Habsbourg, archiduc d'Autriche, beau-frère de Louis II et frère cadet de l'empereur Charles Quint, qui exigeait le trône pour lui-même en se réclamant d'un accord dynastique passé en 1515. Sa personne symbolisait l'aide espérée, dans la lutte contre les Turcs, de l'Empire germanique.

L'autre postulant était Jean Szapolyai, voïvode de Transylvanie depuis 1511. Il n'était pas d'origine princière, son père qui, par la grâce du roi Mathias, était devenu l'un des plus grands propriétaires fonciers du pays, l'élevait, pendant la longue période où Vladislas II (1490–1516) était sans enfant, comme l'héritier présumé du trône. En 1526, la majorité des grands du pays et l'ensemble de la petite noblesse lui étaient déjà favorables. Les Ordres toujours déçus par l'aide étrangère, voyaient en lui un sauveur du pays.

Le 10 novembre 1526, Szapolyai se fit élire roi de Hongrie par la Diète réunie à Székesfehérvár et, le lendemain, il se fit couronner sous le nom de Jean Ier. Il se fixa comme but de remettre l'Etat hongrois sur pied. Il régnait avec fermeté mais les succès incontestables de sa politique intérieure furent rapidement anéantis par l'échec de sa politique extérieure. Il essaya de s'entendre avec les Habsbourg pour lutter ensemble contre les Turcs, mais Ferdinand qui, depuis octobre 1526, était devenu roi de Bohême et qui fut également élu roi de Hongrie, à Pozsony en décembre 1526, par une poignée de fidèles, ne voulait pas négocier, bien que son frère, Charles Quint, dût engager, justement à partir de l'été 1526, une nouvelle guerre contre une coalition des pays européens dirigée par la France. Cette alliance aurait accepté Szapolyai en son sein mais lui, talonné par les Turcs, voulait justement éviter une situation de guerre.

Ce furent les succès inattendus remportés en Italie par l'armée mercenaire de l'Empereur qui amenèrent un tournant décisif : celle-ci, au cours de l'été, prit Rome et contraint le pape Clément VII, le principal allié du roi François Ier, à signer la paix. Ainsi Ferdinand avait-il maintenant les mains libres et, craignant que la Hongrie, affaiblie, ne conclût un arrangement avec le Sultan mettant ainsi en danger imminent l'Autriche et la Bohême, il décida de partir lui-même à sa conquête.

En juillet 1527, une armée mercenaire allemande passa la frontière hongroise. Les attaquants, auxquels se joignit peu à peu une noblesse hongroise hésitante (la peur d'une guerre sur deux fronts rendait tout le monde indécis) prirent Buda sans résistance puis, le 27 septembre, près de Tokaj, ils vainquirent, dans une bataille sanglante, l'armée de Szapolyai. Le roi Jean se réfugia dans son ancienne province de Transylvanie mais, au cours de l'hiver, cette base, qui semblait être sûre, se retourna elle aussi contre lui : Georg Reicherstorfer, un homme de confiance de Ferdinand, habile et sans scrupules, souleva contre le roi Jean d'abord Brassó puis les autres villes saxonnes. Entre-temps, Péter Perényi, qui avait été nommé voïvode de Transylvanie par Szapolyai, passa également dans l'autre camp et il livra même la Sainte Couronne aux Habsbourg. Ferdinand Ier fut couronné avec elle le 3 novembre 1527.

Ce qui restait des partisans de Jean continuait, en Transylvanie, à résister avec résolution mais leur maître subit, en mars 1528, une nouvelle défaite près de Kassa, d'où il s'enfuit sous faible escorte en Pologne.

Au cours de ces campagnes militaires, les Turcs avaient plusieurs fois proposé leur aide à Szapolyai ; d'autre part, une fois Ferdinand installé au pouvoir, les beys de la région frontalière multiplièrent leurs incursions dans le Sud du pays. Le roi Jean se rendit alors compte que Soliman Ier n'allait pas permettre que la plus puissante dynastie d'Europe s'installe en Hongrie, pays voisin. Or, les expériences des dernières années laissaient prévoir que des deux ennemis, les Turcs seraient les plus forts.

La conscience chrétienne et la haine portée contre les Turcs, à la suite des hostilités séculaires, rendait toute décision fort délicate. Ce fut probablement le soulèvement de la Transylvanie, à la fin de l'année 1527, qui fut la goutte qui fit déborder le vase. Cette partie du pays, même indirectement, joua donc un rôle important à ce tournant fondamental de la politique hongroise : vers la fin de l'année 1527, Jean Ier envoya le Polonais Hieronyme Łaski à Constantinople afin qu'il y demande l'aide du Sultan. La mission aboutit avec une rapidité étonnante. Après des tractations de quelques semaines, le Sultan fit la promesse écrite de ne « jamais abandonner Szapolyai dans quelque détresse qu'il se trouve ».[1]

Entre-temps, les Habsbourg avaient causé une amère déception aux Hongrois. Le nouveau gouvernement manquait d'argent et se trouvait dans un état d'inactivité. Charles Quint, en conflit armé avec la France pour la possession de Naples, ne pouvait l'aider non plus. Si bien que Szapolyai, dès qu'il fut informé des préparatifs de guerre des Turcs, retourna en Hongrie afin que les Turcs ne soient pas seuls à la reconquérir.

Au printemps de 1529, toute la Plaine hongroise est de nouveau passée aux mains du roi Jean. La campagne turque, lancée au cours de cette même année, est arrivée devant les murs de Vienne et, bien que l'armée turque ait dû, après des combats prolongés jusqu'à la fin de l'automne, faire demi-tour, la moitié de la partie est de la Transdanubie — y compris Buda — ainsi que la Grande Plaine hongroise ont dû être cédées au roi Jean. Une époque de guerres désordonnées s'en est suivie avec des attaques répétées des Turcs (dont une

[1] LÁSZLÓ SZALAY, Adalékok a magyar nemzet történetéhez a XVI. században (Données sur l'histoire du peuple hongrois au XVIe siècle), Pest, 1857, 124.

nouvelle campagne contre Vienne, fut arrêtée à Kőszeg en 1532). Mais les forces engagées sont finalement presque égales et la ligne de front établie en 1529 est peu modifiée : la partie est de la Hongrie septentrionale passe elle aussi sous l'autorité du roi Jean. La Hongrie — trois ans après la bataille de Mohács — est pratiquement coupée en deux.

La Transylvanie se trouvait dans la partie est du pays démembré, mais cela ne voulait pas dire son ralliement automatique aux côtés de Szapolyai.

Pourtant le gouvernement de Ferdinand Ier ne s'était montré ici ni meilleur, ni plus efficace que dans les autres parties du pays. Dans les villes saxonnes, les hommes de Reicherstorffer faisaient régner la terreur : même Markus Pemflinger, le juge royal de Szeben, connu pour son inébranlable loyauté envers les Habsbourg, se fit malmener par eux. Péter Perényi n'arrivait à s'entendre ni avec les Saxons ni avec la noblesse hongroise. Ferdinand voulait bien y envoyer des troupes, mais seulement à condition que leur entretien soit financé par les Transylvains qui ne voulaient pas de ce genre d'aide.

Entre-temps, Szapolyai avait réussi à couper la Transylvanie du reste du pays. Le prince de Moldavie, Petru Rareș, sur l'ordre des Turcs, fit irruption en Terre sicule puis, le 22 juin 1529, à Földvár (près de Brassó), il battit l'armée de Bálint Török, fidèle à Ferdinand. Le reste de la résistance fut mis au pas, au cours de plusieurs campagnes militaires de moindre importance, par le gouverneur de Jean Ier, István Báthori de Somlyó (1530-1534) qui, plus tard, fut nommé voïvode. Ce furent les Saxons qui restèrent le plus longtemps fidèles aux Habsbourg mais Brassó, dès l'été 1530, rouvrit ses portes à l'armée hongroise-moldave-turque. Segesvár se rendit en janvier 1531 et, au début de 1532, le dernier grand magnat transylvain fidèle aux Habsbourg, István Maylád, passa dans le camp de Jean. La résistance se limitait désormais à la seule ville de Szeben, mais le processus de soumission fut retardé par une série d'événements singuliers : à la fin de 1530, au cours d'une assemblée de la Diète réunie à la hâte à Buda, Jean Ier nomma gouverneur du pays Alvise (Lodovico) Gritti, banquier et homme de confiance du Grand Vizir Ibrahim, et fils naturel d'Andrea Gritti, le doge de Venise. Il attendait de lui d'intensifier l'aide turque, d'équilibrer les finances et de porter une solution à la crise politique.

Mais Gritti était bien plus ambitieux que quiconque eût pu l'imaginer. Il voulait devenir le maître absolu de toute la Hongrie, d'abord avec l'aide du Sultan puis, plus tard, en jouant simultanément la carte de Vienne et celle de Constantinople. Après avoir, pendant plusieurs années, tâté le terrain politique, il se décida, au printemps de 1534, à franchir le pas décisif ; il se mit à la tête d'une armée turque et partit à la conquête du pouvoir. Il arrivait du côté de la Transylvanie et il passa la frontière près de Brassó. Peu après, il fit traitreusement assassiner un des partisans les plus populaires et plus puissants de Jean Ier, Imre Czibak, l'évêque de Várad.

La noblesse de Transylvanie et du Bihar prit immédiatement les armes, et Ferenc Patócsy, le neveu de Czibak, ainsi que Gotthárd Kun, le commandant de l'armée transylvaine du roi Jean, se mirent à la tête du soulèvement. S'étant retiré dans la ville de Medgyes, Gritti fut bientôt cerné par une armée importante. Le voïvode de Moldavie, Petru Rareș, appelé à l'aide, changea soudain de camp et se mit du côté des révoltés : le 28 septembre, les habitants de Medgyes ouvrirent les portes aux révoltés qui massacrèrent le gouverneur ainsi que sa suite turque.

Le roi Jean se trouvait devant une décision difficile au moment où les combats commencèrent : s'il abandonnait Gritti, il s'attirait la colère du Sultan, s'il l'aidait, ses propres sujets se retourneraient contre lui. Après un temps d'hésitation, il se décida pour la première solution et, une fois le drame de Medgyes consommé, il se prépara à subir la tempête. Il alla jusqu'à la dernière limite: par l'intermédiaire des ses ambassadeurs, il proposa à l'Empereur Charles Quint, au cours de l'été 1535, son renoncement à la couronne. Puis ses craintes s'avérèrent sans fondements: le Sultan fit enquêter sur les circonstances de la mort de son sujet mais le zèle de tirer l'affaire au clair diminuait au fur et à mesure que pâlissait la bonne étoile du Grand Vizir, et enfin l'exécution d'Ibrahim, en mars 1536, mit un terme à l'affaire.

Ainsi, le roi Jean put retirer sans remords sa proposition d'abdication, d'autant que l'Empereur ne pouvait accomplir la condition principale, à savoir de pourvoir les châteaux forts de Hongrie de l'effectif nécessaire à leur défense.

L'épisode Gritti se termina sans conséquences politiques majeures. Pendant ce temps, toutefois, la lutte reprit en Transylvanie entre les deux partis. A la fin de l'année 1535, les partisans de Ferdinand tentèrent d'acheminer de l'aide, via Szatmár, à la ville de Szeben, qui résistait toujours, mais leur tentative échoua. Le Ier mars 1536, Szeben fit acte de soumission à Jean Ier. La guerre civile, pour le moment, prit fin en Transylvanie.

Les événements de 1534 ont une conséquence qui ne sera pas sans retombées ultérieures. Le siège épiscopal de Várad, devenu vacant après la mort de Czibak, ainsi que l'une des dignités, celle de trésorier, furent attribués à un homme de confiance de Szapolyai, resté jusqu'ici dans l'ombre, un religieux de l'ordre de Saint Paul, appelé Utiešenović ou «le moine György» (il est connu aussi sous le nom de Martinuzzi, mais ce nom est dû à l'erreur d'un historien). Avec son aide, Jean Ier pourra, au début de 1538, mettre fin aux guerres intestines qui, depuis 11 ans, sévissent en Hongrie.

En 1528, Szapolyai avait perdu la plus grande partie de ses immenses domaines familiaux. En tant que biens de la Couronne, il ne lui restait pratiquement que Buda, Solymos et Lippa. Pendant les guerres, la perception des impôts était devenue difficile (sans parler du fait que chacun des deux souverains ne disposait que de la moitié du territoire imposable) et les plus riches mines et péages de douane restaient aux mains de Ferdinand. Dans le royaume de Jean Ier, la situation d'avant Mohács fut rétablie avec une domination des grands propriétaires fonciers qui était déjà à l'origine de tant de malheurs: un Péter Perényi, un Bálint Török étaient, sur leurs propres terres, de bien plus grands seigneurs que le roi. C'est de l'autre camp, de la bouche des conseillers hongrois de Ferdinand Ier que provient la description amère de la situation: «Les criminels, qui sont innombrables, échappent à leur châtiment en fuyant chez l'ennemi, ceux de l'ennemi viennent chez nous..., ce qui peut être la cause de nouvelles guerres et de troubles dans le pays...».[2]

En fait, c'était là l'époque des retournements sans vergogne où seul l'intérêt personnel comptait. Il faut cependant préciser qu'aucun des deux partis n'était capable de résoudre les graves problèmes du pays, ni même de donner le moindre espoir d'un jour meilleur. Duplicité et inconstance ne sont donc nullement surprenants dans ces conditions.

Dans l'Etat aux frontières incertaines et qui souffrait de difficultés intérieures et extérieures chroniques, la Transylvanie ne put ni augmenter son influence, ni jouer un rôle plus important, même après être véritablement

[2] LÁSZLÓ BÁRDOSSY, Magyar politika a mohácsi vész után (La politique hongroise après la bataille de Mohács), Budapest, 1944, 120.

passée sous le sceptre du roi Jean. Les trois « nations » n'étaient pas unies : les Sicules avaient tendance à contester toute autorité, les Saxons, après leur défaite, continuèrent néanmoins à être favorables aux Habsbourg, tandis que la noblesse hongroise des comitats de Transylvanie, encore qu'elle eût le mérite d'avoir vaincu les Saxons, ne put pas faire valoir son poids à l'échelle du pays. István Maylád, maître de Fogaras, mis à part, il n'y avait parmi eux aucun grand propriétaire foncier de poids.

Les antécédents de l'Etat transylvain : le roi Jean et le moine György

L'année 1536 fut marquée par de petits succès obtenus par le roi Jean : outre la soumission de Szeben, il réussit à récupérer l'importante ville de Kassa. L'année suivante, Ferdinand Ier envoya ses troupes en contre-attaque. Il put enregistrer, en Haute-Hongrie, quelques petites victoires mais, plus au sud, au bord de la Drave, l'armée de 40 000 hommes de Hans Katzianer perdit la plus importante bataille qui fût livrée en Hongrie depuis Mohács, même pas contre le gros des forces turques, mais face aux armées des beys de la région frontalière.

Le roi Jean était depuis longtemps disposé à négocier et Ferdinand se rendit maintenant compte qu'il ne parviendrait pas à résoudre la « question hongroise » par les armes. Les négociations furent entamées à la fin de 1537, avec l'envoyé de l'Empereur, l'archevêque de Lund Johann Wese ; Szapolyai, lui, fut représenté par le moine György : jusque-là il s'était distingué dans les finances, cette fois-ci, il se montra habile diplomate.

La paix fut signée à Várad, le 24 février 1538. Aux termes de celle-ci, les deux souverains pouvaient conserver leur titre de roi de Hongrie et gardaient du pays ce qu'ils en possédaient à cette date. De plus, Szapolyai s'engageait à ce que la partie du pays qu'il possédait passerait, après sa mort, à Ferdinand et que, s'il lui naissait entre-temps un héritier, on le dédommagerait par une « principauté » à créer dans le Szepesség (pays de Zips).

Les deux parties savaient pertinemment que le Sultan n'accepterait pas la situation ainsi créée. Elles tinrent le traité de paix secret et s'en remirent à Charles Quint afin de s'assurer, le cas échéant, son aide si la Hongrie était en danger.

Néanmoins, lorsque, en automne 1538, le Sultan commença une nouvelle campagne en Europe, ce fut en vain que Jean Ier demanda de l'aide. L'Empereur ne voulait faire face aux Turcs qu'en Méditerranée, tandis que Ferdinand Ier envoya seulement quelques milliers de mercenaires qui arrivèrent trop tard. Par chance, Soliman marchait, cette fois-là, contre la Moldavie, mais Szapolyai devait en tirer les conséquences : il dénia le traité de Várad.

Le roi et le moine György entreprirent conjointement la réalisation de cette manœuvre politique compliquée. Ce dernier faisait en sorte d'empêcher par tous les moyens les seigneurs hongrois de prêter le serment secret, comme cela était stipulé dans le traité. Il s'attira ainsi l'attention et aussi la haine générales. Entre-temps, le roi Jean cherchait une épouse et il la trouva en la personne d'Isabelle, une des filles de Sigismond Ier, roi de Pologne. Le mariage, célébré le 2 mars 1539 à Székesfehérvár, constitue un événement d'un contenu politique évident : c'est au nom de l'héritier attendu que le traité de Várad sera rompu, la politique pro-turque suivie, ce dont la nécessité incontournable a été maintes fois prouvée au cours des dernières années.

C'est alors qu'intervient à nouveau la Transylvanie dans le déroulement des événements. Après la grande peur de 1538, les seigneurs de cette région se réunissent en secret sous la houlette des voïvodes István Maylád (1534-1540) et Imre Balassa (1536-1540). Nous avons peu d'informations sur les objectifs du «complot»: il semblerait qu'ils aient voulu, afin de se libérer ainsi du danger toujours imminent de la guerre avec les Turcs, séparer la Transylvanie du royaume de Hongrie. Les grands seigneurs étaient généralement partie prenante. Il leur était néanmoins difficile d'oublier cette tradition vieille de plusieurs siècles que fut leur appartenance à la «nation» hongroise. Par ailleurs, les interlocuteurs étrangers avec lesquels des contacts avaient été pris (du Sultan jusqu'aux Ordres de la Bohême) ne prenaient pas leur proposition trop au sérieux. L'entreprise, dont le dessein était pour le moins vague, s'effondra au moment même où le roi Jean apparut dans la province à la tête de son armée. La presque totalité des participants demandèrent grâce et l'obtinrent. Seul Maylád s'enferma dans son château fort de Fogaras.

Jean Ier arriva malade en Transylvanie et à peine eut-il reçu la nouvelle tant attendue de la naissance, le 7 juillet, de son fils, qu'il dut s'aliter et, le 22 juillet, il mourut dans la ville de Szeben.

Ainsi, la tâche difficile de maintenir unie la fraction du pays placée sous le sceptre de Szapolyai au nom d'un enfant de quelques semaines échut au moine György. La vague de défection — invoquant le prétexte du traité de Várad — déferla immédiatement. Les plus puissants partisans de Szapolyai firent l'un après l'autre acte de soumission à Ferdinand : Péter Perényi, Ferenc Frangepán, brillant diplomate et archevêque de Kalocsa, le voïvode István Maylád étaient à leur tête.

L'évêque de Várad, malgré tout, s'empressa de se rendre à Buda pour faire proclamer roi le bébé par une Diète réunie en toute hâte. Jusqu'à sa mort, il portera le titre de «Jean II, roi élu de Hongrie». Avec ce qui restait de fidèles, Bálint Török et Péter Petrovics, les tuteurs de l'enfant-roi, défendirent Buda avec succès contre les assauts des troupes de Ferdinand, à l'automne de 1540. Ils envoyèrent en même temps, pour y demander de l'aide, le chancelier Werbőczy en ambassade à Constantinople.

Soliman Ier promit gracieusement son aide. Mais, à peine Werbőczy était-il parti avec la bonne nouvelle que survint l'ambassadeur de Ferdinand Ier (c'était encore Hiéronyme Łaski) pour rendre les honneurs à la Sublime Porte. Il était venu pour livrer au Sultan le secret du traité de Várad. Vienne pensait, sans aucun doute, que s'il réussissait à brouiller le Sultan avec ses protégés, le parti de Szapolyai se verrait contraint de se soumettre à Ferdinand, ce qui aurait pour conséquence que la Hongrie pro-turque, source de tant de problèmes, cesserait d'exister.

Pour parer à toute éventualité, les armées allemandes et hongroises de Wilhelm Roggendorff et de Péter Perényi mirent de nouveau, à partir de mai 1541, le siège devant Buda. A la fin de juillet, des troupes turques apparurent dans le dos des assiégeants. Après quelques jours de combats sanglants, les chrétiens furent pratiquement anéantis. Et, peu de temps après, arriva sur les lieux Soliman en personne avec toute son armée. Sa présence n'était pas due au hasard : le Sultan voulait régler ses comptes avec les Hongrois infidèles. Les maîtres de Buda avaient toutes les raisons d'être inquiets : la ville affamée n'aurait pu résister aux Turcs.

Le 29 août, le Grand Seigneur invita les dignitaires hongrois à lui rendre les honneurs à l'occasion du 15e anniversaire de la bataille de Mohács. Au moment de la réception, les janissaires «en visite de la ville» occupèrent le siège royal de la Hongrie. On fit savoir au moine György et à Péter Petrovics que les régions situées au-delà de la Tisza et la Transylvanie pourraient rester aux mains du fils du roi Jean moyennant 10 000 florins d'or de tribut annuel.

Ce fut un douloureux tournant de l'histoire de la Hongrie : le pays fut divisé en trois parties, celle du milieu étant devenue une province de l'Empire Ottoman. Pourtant, ce n'était qu'un jalon sur le chemin qui menait à la formation du futur Etat transylvain.

En 1541, une triste réalité se fait jour : les Turcs s'établissent en conquérants et les Habsbourg restent incapables de défendre la Hongrie. La situation reflète la position initiale qui, depuis 1529, détermine la marge de manœuvre de la politique hongroise : la partie est du pays reste dans le secteur d'intérêt des Turcs, et les habitants de cette région doivent, dans leurs choix politiques, compter avec cette réalité.

Accablé par les accusations de la reine Isabelle désespérée, et entouré de la haine des seigneurs hongrois qui pleuraient la perte de Buda, le moine György entreprit la réorganisation du pouvoir. Au-delà de la Tisza, grâce aux domaines de l'évêché de Várad et à la seigneurie de Solymos-Lippa, le moine était le maître absolu, tandis qu'en Transylvanie, ce furent les Turcs qui nettoyèrent le terrain pour lui : ils firent prisonnier István Maylád, leur ennemi le plus dangereux en l'accusant de trahison et l'enfermèrent à Constantinople pour le restant de ses jours. Le 20 janvier 1542, l'assemblée des trois « nations », réunie à Marosvásárhely reconnaît le moine comme gouverneur de Transylvanie et, à la fin de mars de la même année, une autre Diète (celle de Torda) invite la reine Isabelle à s'installer avec son fils-roi dans la province.

Après la perte de Buda, la partie du pays placée sous la coupe des Szapolyai n'avait plus de capitale réelle. La dernière seigneurie de quelque importance de Szapolyai, Lippa, était trop proche de la zone turque ; aussi la cour, qui s'y était réfugiée en automne 1541, ne pouvait-elle y séjourner longtemps. La Transylvanie est devenue tout naturellement le noyau du pays tronqué, et comme l'évêché de Transylvanie se trouvait justement vacant, Isabelle put s'installer dans le palais épiscopal de Gyulafehérvár, tandis que le gouverneur rattacha au Trésor les immenses domaines de l'évêché. Il ne fut pas nommé de nouvel évêque de Transylvanie.

En raison du mécontentement général, l'installation ne se déroula pas en toute quiétude. Bien qu'en octobre 1541, les provinces de la région de la Tisza et la Transylvanie eussent juré, à la Diète de Debrecen, fidélité à la dynastie des Szapolyai, le roi Ferdinand se préparait de nouveau à la reconquête de Buda, et dans son action, il bénéficiait pour la première fois de l'appui de l'Empire. Le 29 décembre 1541, au château de Gyalu, le moine signe un accord avec les ambassadeurs de Ferdinand afin de fonder le nouveau royaume uni de Hongrie sous le blason des Habsbourg : les conditions sont les mêmes, stipulées par le traité de Várad qu'on venait de bafouer.

La campagne de Hongrie que mène l'Empire (été 1542) se solde par un échec cuisant. Charles Quint est occupé par une nouvelle guerre contre la France, tandis que les Turcs, entre 1543 et 1544, occupent, à titre de représailles, un certain nombre de châteaux forts de Hongrie. Ferdinand Ier se décide enfin à renoncer à cette guerre sans espoir. Le 10 novembre 1545, à Andrinople, ses ambassadeurs signent un armistice. La Hongrie est de nouveau abandonnée à son sort.

Le moine György, immédiatement après la déception de 1542, à l'occasion d'une nouvelle assemblée réunie à Torda (le 20 décembre), extorque aux Ordres de Transylvanie un nouveau serment de fidélité. « L'union des trois nations » est renouvelée, tandis que le traité de Gyalu, malgré les protestations des Saxons, est déclaré nul. Au début de 1543, est arrivé à Constantinople le premier tribut envoyé aux Turcs dans l'histoire de la Transylvanie : 10 000 florins. A l'assemblée de Transylvanie, en août 1544, participent, comme représentants à part entière, les délégués des comitats situés dans la région de la Tisza.

Le moine György est arrivé au faîte de son pouvoir. En tant que gouverneur de Transylvanie, il s'approprie une bonne partie des châteaux et domaines autrefois propriétés du voïvodat (Déva, Görgény) et il fait main basse sur la totalité des domaines de l'évêché de Csanád, ainsi que sur la fortune de quelques grandes familles éteintes.

Mais ce pouvoir n'était tout de même pas sans limites. D'abord, il y avait, dans le pays du roi Jean II, deux provinces où ce n'était pas le moine qui exerçait le pouvoir. Dans la région au nord-est de la Tisza, Lénárt Czeczey, capitaine de Kassa, est maître incontesté, tandis que dans les territoires situés entre le Maros et la Tisza, le comes de Temes, Péter Petrovics faisait la loi. En outre, sur les territoires non-transylvains des Szapolyai, il y avait également un grand nombre de vastes domaines privés : les Patócsy à Békés, János Török à Debrecen, Drágffy et Perényi de Máramaros à Kraszna, plus loin, dans les comitats de Zemplén, de Borsod et d'Abaúj, les Balassa, les Losonci, les Bebek et les Homonnai Drugeth exerçaient leur droit féodal.

Enfin — et c'est là l'essentiel — la tradition eût voulu que la reine mère prenne en main les affaires d'Etat. Mais le moine György conservait son poste de trésorier, il gouvernait la Transylvanie en tant que « gouverneur » du roi et enfin, il se créa un titre : il devint le « juge principal » du pays. Les finances, l'administration et le droit se trouvaient concentrés entre ses mains. Les postes des plus importantes dignités de la cour royale hongroise (palatin, juge, chancelier, argentier du roi) n'étaient pas pourvus ; il n'a pas été nommé de nouveau voïvode non plus. En Transylvanie, les affaires courantes étaient à la charge d'un vice-voïvode issu de la petite noblesse (János Kemény).

Dès le premier instant, la reine Isabelle supporta difficilement le moine-évêque au caractère difficile et trop économe. La veuve parfois capricieuse, à qui manquait l'expérience de son rival, était inévitablement perdante à chaque confrontation avec le moine inébranlable et résolu, et elle songea même à plusieurs reprises à renoncer au trône et à partir avec son fils.

Les anciens fidèles de la maison Szapolyai, et tout particulièrement Péter Petrovics, un lointain parent, par fidélité dynastique et par crainte pour leur pouvoir (et aussi par orgueil aristocratique face à un homme de basse extraction) penchaient plutôt du côté d'Isabelle. Cependant, la politique menée par le moine György leur convenait, même si ce dernier prenait souvent les décisions contre l'avis de la reine, raison pour laquelle ils étaient contraints d'accepter son pouvoir.

Cette guerre des nerfs entre la reine et le moine-évêque nourrie par une antipathie réciproque était lourde de dangers. La société hongroise, depuis les grands féodaux jusqu'aux bourgeois, des petits nobles jusqu'aux paysans quelque peu lucides, considérait la réunification du pays comme l'objectif premier. Elle acceptait les raisons qui poussaient à l'amitié avec les Turcs, mais elle avait tendance à considérer la domination des Szapolyai comme une affaire de famille. Ainsi, le maître de la partie orientale du pays — qui fut manifestement le moine György — devait subir leur pression en vue de réaliser un but, dont lui-même ne niait pas la primauté, mais qui lui paraissait impossible à atteindre. Il se cramponnait au pouvoir tout en étant incapable de faire accepter tant sa personne que sa politique.

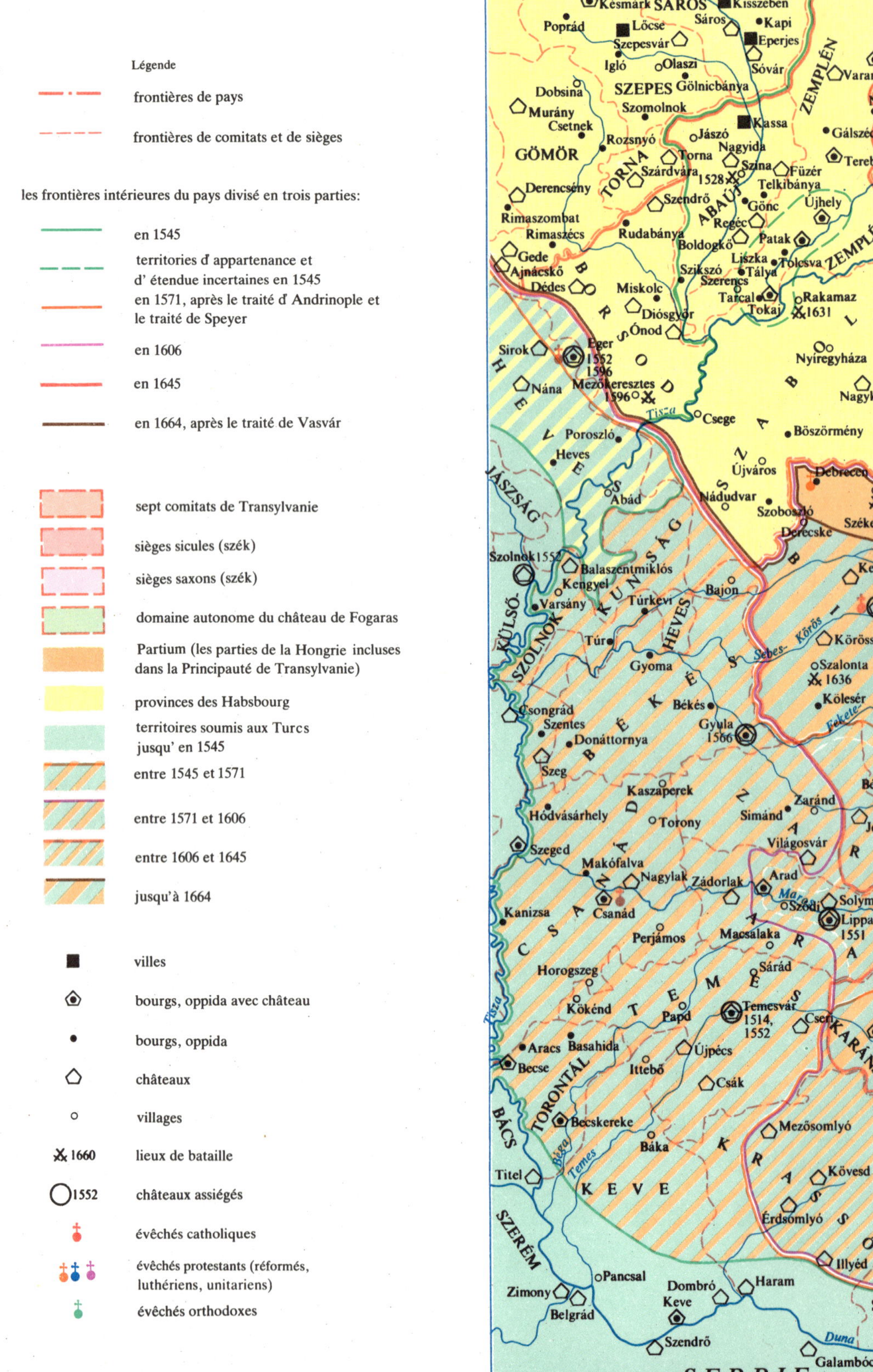
Légende
frontières de pays
frontières de comitats et de sièges
les frontières intérieures du pays divisé en trois parties:
en 1545
territories d' appartenance et d' étendue incertaines en 1545
en 1571, après le traité d' Andrinople et le traité de Speyer
en 1606
en 1645
en 1664, après le traité de Vasvár
sept comitats de Transylvanie
sièges sicules (szék)
sièges saxons (szék)
domaine autonome du château de Fogaras
Partium (les parties de la Hongrie incluses dans la Principauté de Transylvanie)
provinces des Habsbourg
territoires soumis aux Turcs jusqu' en 1545
entre 1545 et 1571
entre 1571 et 1606
entre 1606 et 1645
jusqu'à 1664
villes
bourgs, oppida avec château
bourgs, oppida
châteaux
villages
1660 lieux de bataille
1552 châteaux assiégés
évêchés catholiques
évêchés protestants (réformés, luthériens, unitariens)
évêchés orthodoxes
Késmárk
SÁROS
Kisszeben
Poprád
Lőcse
Sáros
Kapi
Szepesvár
Eperjes
Igló
Olaszi
Sóvár
ZEMPLÉN
SZEPES
Gölnicbánya
Dobsina
Szomolnok
Murány
Csetnek
Kassa
Gálszécs
Rozsnyó
Jászó
GÖMÖR
Nagyida
TORNA
Torna
Szina
Terebes
Szárdvára
1528
Füzér
Telkibánya
Derencsény
Szendrő
ABAÚJ
Gönc
Újhely
Rimaszombat
Regéc
Rimaszécs
Rudabánya
Patak
Boldogkő
Gede
Liszka
Tolcsva
ZEMPLÉN
Ajnácskő
Szikszó
Tálya
Dédes
Szerencs
Miskolc
Tarcal
Rakamaz
Diósgyőr
Tokaj
1631
BORSOD
Ónod
Eger 1552 1596
Sirok
Nyíregyháza
HEVES
Nána
Mezőkeresztes 1596
Nagykálló
Tisza
Csege
SZABOLCS
Poroszló
Böszörmény
Heves
Újváros
Debrecen
JÁSZSÁG
Abád
Nádudvar
Szoboszló
Derecske
Székely
Szolnok 1552
Balaszentmiklós
KUNSÁG
Kengyel
Bajon
Varsány
Túrkevi
KÜLSŐ-SZOLNOK
Túr
HEVES
Sebes-Körös
Köröszszeg
Gyoma
BIHAR
Szalonta
1636
Kölesér
BÉKÉS
Békés
Fekete-Körös
Csongrád
Szentes
Gyula 1566
Donáttornya
Szeg
Kaszaperek
Bél
Zaránd
ZARÁND
Hódvásárhely
Simánd
Torony
Jenő
Világosvár
Szeged
Makófalva
CSANÁD
Nagylak
Zádorlak
Arad
ARAD
Solymos
Maros
Szódi
Kanizsa
Csanád
Lippa 1551
Perjámos
Macsalaka
Horogszeg
Sárád
TEMES
Kökénd
Papd
Temesvár 1514, 1552
Cseri
KARÁNSEBES
Aracs
Basahida
Becse
Újpécs
Ittebő
Csák
TORONTÁL
BÁCS
Becskereke
Mezősomlyó
Báka
KRASSÓ
Bega
Temes
Kövesd
Titel
KEVE
Érdsomlyó
SZERÉM
Illyéd
Pancsal
Haram
Zimony
Dombró
Keve
Belgrád
Szendrő
Duna
Galambóc
SERBIE

CARTE 14. LA TRANSYLVANIE ET L'EST DE LA HONGRIE AUX XVe—XVIIe SIÈCLES

Chute et recommencement

L'équilibre délicat du pouvoir tel qu'il était exercé dans la Hongrie des Szapolyai fut peu à peu rompu par les événements de la fin des années 1540. Le processus s'était entamé au début de l'année 1546 quand les Turcs commencèrent à exiger la remise d'un château du Sud, Becskerek, pour s'assurer ainsi le maintien d'une bonne liaison entre Belgrade et la ville de Szeged, prise en 1543. L'année suivante fut de mauvais augure. Le 31 mars 1547, mourut François Ier, roi de France et grand ennemi de la maison des Habsbourg. Le 24 avril, les armées de Charles Quint remportèrent, à Mühlberg, une victoire contre les princes protestants révoltés, victoire qui parut décisive. Enfin, à Constantinople, l'armistice observé entre les Habsbourg et le Sultan fut remplacé, le 18 juin, par une paix véritable.

La politique pro-turque inaugurée par Jean Ier avait atteint son objectif principal: préserver de l'invasion turque la Hongrie orientale abandonnée à elle-même tout en maintenant son indépendance. Par contre, l'affaire du château du Sud constituait un avertissement qu'à la longue, les Turcs ne manqueraient pas d'avancer, alors que la paix de Constantinople avait neutralisé les forces capables de limiter le libre mouvement de la Porte dans le bassin des Carpates: l'armée des Habsbourg. Cela paraissait d'autant plus évident que Soliman Ier refusait d'inclure des garanties pour Isabelle et son pays dans le traité de paix.

La cour de Gyulafehérvár envoya un message désespéré à Charles Quint «. . . nulle paix n'est possible avec un ennemi qui non seulement veut . . . notre soumission mais porte atteinte à notre vie . . . Jusqu'à présent, il se contentait d'un impôt, mais maintenant il exige toujours plus de places fortes et cherche notre perte».[3] Les conseillers hongrois de Ferdinand Ier demandaient eux aussi à l'Empereur de ne pas signer la paix en invoquant qu'ils étaient au service de la maison des Habsbourg justement dans l'espoir de la voir chasser les Turcs.

Charles Quint ne pouvait cependant croire que la mort de François Ier et la victoire de Mühlberg fussent à même de résoudre les difficultés de l'Empire. La paix de Constantinople ne fut donc pas dénoncée.

La peur générale aidant, tant Isabelle que le moine György entreprirent de nouvelles manœuvres: la reine se remit à marchander avec Ferdinand sa possible abdication. Le moine, lui, finit par se décider à briser le cercle magique qui, depuis un quart de siècle, déterminait la politique hongroise: il défia l'immobilisme des Habsbourg, tout en pressant Isabelle à se déterminer quant à l'avenir de la dynastie des Szapolyai. Il offrit lui aussi à Ferdinand Ier le trône de Transylvanie.

Le roi, après un an de réflexion, se décide enfin à envoyer des troupes pour défendre sa nouvelle province. Obtenant ainsi un résultat sur le point le plus important, le moine György signe, en septembre 1549, à Nyírbátor, la troisième convention sur l'union des deux Hongries. Isabelle et son jeune fils reçoivent en compensation un domaine en Silésie (ils obtiennent les principautés d'Oppeln et de Ratibor), tandis que le moine György est nommé voïvode de Transylvanie, conservant ainsi son pouvoir effectif dans cette province.

A la nouvelle de l'accord conclu à son insu, Isabelle laisse apparaître ses vrais sentiments. Il n'est plus question de partir, de renoncer: la reine s'ac-

[3] *EOE* I.307.

croche de toutes ses forces au pouvoir de sa dynastie, dénonçant directement au Sultan son «infidèle» gouverneur. Dans le courant de l'été 1550, elle ne le laisse pas entrer à Gyulafehérvár, tandis que Péter Petrovics avance, venant de la région de Temes par la vallée du Maros, vers la Transylvanie. Le gouverneur-évêque réunit néanmoins rapidement une armée et, après six semaines de siège, force la reddition de Gyulafehérvár, puis fait face aux troupes turques et valaques qui, entre-temps, ont attaqué la Transylvanie. A l'occasion de l'assemblée en armes de Torda du 29 octobre, la peur générale fait retourner les gens à son parti. Au cours des semaines qui suivent, le pacha de Buda, Kassem, est contraint par János Török de faire demi-tour et ceux de la Valachie sont battus par János Kendi. Enfin, Ilie, le voïvode de Moldavie, est chassé hors des Carpates par le moine lui-même. Au début de l'hiver, la paix règne à nouveau dans le pays.

Le 30 novembre, après avoir abondamment pleuré, Isabelle se réconcilie avec son gouverneur mais, peu après, en mai 1551, ce sont de nouveau les armes qui parlent en Transylvanie : Isabelle craint pour son pouvoir et pour celui de son fils, Petrovics et ses alliés (comme le grand seigneur de Békés, Ferenc Patócsy) craignent pour leurs domaines qui, depuis 1541-43, se trouvent exposés aux Turcs. La majorité reste malgré tout fidèle au moine qui continue d'œuvrer pour l'union du pays et qui se rend maintenant bien compte, après toutes ces révoltes qui se répètent, qu'il est nécessaire d'éloigner la reine de la Hongrie.

Seulement, entre-temps, la roue de la politique européenne a encore tourné. En 1550, lors de la Diète d'Empire, à Augsbourg, Ferdinand Ier a, pour la première fois de sa vie, une sérieuse altercation avec son frère aîné : l'espoir de recevoir de l'aide de l'Empire s'évanouit définitivement. Le roi, d'ailleurs, en tire les conséquences : au dernier moment, il tente de proroger l'exécution de la convention de Nyírbátor. Mais ses vassaux hongrois, qui vivent dans l'attente de la réunification du pays, le pressent et le contraignent littéralement à l'intervention.

Au cours de l'été de 1551, sous le commandement de Giovanni Battista Castaldo, le «gouverneur militaire» du roi, et de Tamás Nádasdy, grand sénéchal de Hongrie, arrive en Transylvanie une armée de 6 à 7000 hommes. «Pour une armée, c'est peu, pour une ambassade c'est trop», note un observateur acrimonieux.[4] Dès avant leur arrivée à Gyulafehérvár, les armes du moine ont déjà obligé une fois de plus Isabelle à se rendre : le 19 juin, désespérée, elle signe son abdication du trône de Hongrie ainsi que celle de son fils. Le 26 juillet, la Diète de Kolozsvár reconnaît Ferdinand Ier comme seul maître du pays. La Sainte Couronne qui, depuis 1529, était aux mains de Szapolyai est triomphalement transportée à Pozsony.

Pendant ce temps, le Sultan, informé des manœuvres militaires en cours en Transylvanie, donne l'ordre à Sokollu Mehmet, beglerbey de Roumélie, de passer à l'attaque. Au début du mois d'août, le pacha est déjà dans le Temesköz et ce, malgré le message transmis par le moine : le tribut annuel habituel a été payé au Sultan. Cela ne l'empêche pas d'occuper Becskerek, Csanád et Lippa. Les succès ont rendu Sokollu plus indulgent : même s'il doit renoncer à Temesvár, il accepte maintenant de «croire» les explications du moine György, à savoir que le traître était le seul Petrovics et que c'est seulement dans les châteaux de ce dernier que l'armée royale est entrée.

[4] Ascanio Centorio degli Hortensi, Commentarii della guerra di Transilvania., Vinegia, 1564-Budapest, 1940, 68.

Le grand mouvement politique commencé en 1549 aboutit finalement à un résultat globalement négatif. Il est vrai qu'Isabelle a pu être chassée, que le pays a été réunifié, que les Turcs ont pu être provoqués, il n'en reste pas moins que le plus important, la mise en branle de l'Empire, n'a pas été réalisé. Le moine voudrait bien faire machine arrière, mais cela s'avère de plus en plus difficile. Sous la pression du roi Ferdinand et de l'opinion publique, il se met à la tête d'une armée pour reconquérir Lippa (outre Castaldo et Nádasdy, Sforza Pallavicini, chef mercenaire, est là, lui aussi) mais il prend bien garde à ce que le détachement turc qui rend le château puisse se retirer indemne.

Ferdinand Ier, dès le début, se méfie du moine-évêque devenu entre-temps cardinal, et finit par se rendre aux fausses affirmations de Castaldo qui l'accuse de préparer une trahison. A l'aube du 17 décembre 1551, Sforza Pallavicini, sur l'ordre du roi, fait assassiner le moine dans son palais d'Alvinc. La Transylvanie est en quelques semaines prise en main par Castaldo et András Báthory qui en est nommé voïvode.

Les Habsbourg étaient, dans le même temps, occupés à mater la nouvelle révolte des princes protestants allemands et à parer à l'attaque française qui venait au secours de ceux-ci.

Quant au Sultan, on dut se rendre à l'évidence que, même s'il ne parvenait pas à remporter une victoire définitive, c'était encore lui le plus fort. Au cours de la campagne militaire turque de 1552, bon nombre de châteaux forts frontaliers hongrois sont tombés, entre autres Veszprém, Szolnok, Lippa, Temesvár, Karánsebes, Lugos. A l'issue de leur attaque, les Turcs avaient arraché les plus gros morceaux de l'ancien pays des Szapolyai. Soliman somma alors les Transylvains de rappeler Isabelle et son fils, sinon il irait raser leur pays. Castaldo et Báthori ne purent pas empêcher les Ordres d'entamer des négociations directes avec les Turcs : c'est Peter Haller, partisan inconditionnel des Habsbourg et « juge du roi » à Szeben, qui se chargea de l'ambassade. Le moine György avait certes commis une erreur en laissant entrer les Habsbourg en Transylvanie, mais en le faisant assassiner, Ferdinand Ier n'avait rien résolu...

Tout cela se passe en automne 1552 où, simultanément, l'armée mercenaire mal payée, au lieu de combattre les Turcs, pille les villes et les villages. Se rendant compte de son impuissance, Castaldo se fait rappeler, tandis que Báthori renonce à son titre de voïvode. La noblesse des comitats de la Tisza se soulève pour faire revenir Isabelle et Péter Petrovics qui, en échange de Temesvár, avait reçu le château de Munkács, accourt aussitôt à leur aide.

Ce sont les nouveaux voïvodes de Transylvanie, István Dobó (qui s'était distingué dans la défense d'Eger en 1552), et Ferenc Kendi, grand propriétaire foncier transylvain, qui ont pour tâche d'étouffer le soulèvement. Ils ont de la chance : le Sultan est occupé par la guerre de Perse, raison pour laquelle il interdit au pacha de Buda d'aider le soulèvement. La révolte échoua mais Soliman Ier céda, en 1554, Lugos et Karánsebes à Petrovics qui, entre-temps, s'était enfui en Pologne. En Transylvanie, le rappel des Szapolyai est à nouveau exigé par les chaouchs du Sultan ; Ferdinand Ier, au début de l'année 1555, doit payer au trésor de Constantinople le tribut de la province. Tous ses ambassadeurs reviennent avec le message du Sultan : il ne fera pas la paix tant qu'Isabelle ne récupérera pas son pays.

Les principautés roumaines (sur l'ordre des Turcs) se préparent à attaquer ; les territoires à l'est de la Tisza se sont à nouveau soulevés sous la conduite de Petrovics. Le 23 décembre 1555, la Diète transylvaine de Marosvásárhely envoie le message à Ferdinand Ier.

« Nous attachions beaucoup de prix à être les vassaux d'un prince chrétien, à être en rapport avec un empereur romain, mais Dieu n'a pas voulu que cela dure... Ce que nous sollicitons auprès de Votre Majesté, c'est ou bien de nous aider avec des forces susceptibles de résister à Soliman ou bien de nous libérer de notre serment. »[5]

En fait, ils n'attendirent même pas la réponse. Menyhárt Balassa, le commandant en chef des armées transylvaines, fit envoyer, par la Diète de Torda, à la fin de janvier 1556, à la reine Isabelle, qui s'était entre-temps enfuie en Pologne, le message de revenir. Petrovics, venant de Karánsebes, entra à la tête de troupes armées dans le pays. Le 12 mars, une nouvelle Diète, réunie à Szászsebes, prête le serment de fidélité au « fils du roi Jean ».

Ferdinand Ier, dans une lettre écrite le 14 juin au Sultan, annonce qu'il rend la Transylvanie aux Szapolyai. Trop tard : Khadim Ali, pacha de Buda, attaque Szigetvár et attire ainsi les armées royales vers la Transdanubie. Les châteaux forts royaux de Transylvanie ouvrent l'un après l'autre leurs portes aux armées de Petrovics et de Balassa ; Isabelle et son fils, le 22 octobre, entrent en grande pompe à Kolozsvár. István Dobó défend Szamosújvár jusqu'en novembre 1556, mais il est finalement contraint de se rendre.

Várad ouvre ses portes en avril 1557 ; les comitats de Gömör, d'Abaúj et de Zemplén passent eux aussi du côté des Szapolyai. Dans la partie est du pays, seuls les châteaux de Gyula, Világos et Jenő restent fidèles aux Habsbourg et ils ne seront pris par les Turcs qu'en 1566.

Ainsi l'été de 1557 voit de nouveau le royaume d'Isabelle s'étendre jusqu'à Kassa et le Pays de Zips. Les hésitants reçoivent un avertissement sanglant : la reine fait assassiner, à Gyulafehérvár, le 31 août 1558, Ferenc Bebek, Ferenc Kendi et Sándor Kendi accusés de trahison. A peine un an plus tard, le 15 novembre 1559, elle meurt elle aussi et le pouvoir retombe sur les épaules de Jean II, âgé de 19 ans, « le roi de Hongrie élu ». Mais Ferdinand a de nouveau conclu l'armistice avec les Turcs et, en ce qui concerne les Szapolyai, la seule plate-forme qu'il accepte de négocier est leur renoncement au trône. La situation commence à évoluer en 1561 lorsque Menyhárt Balassa passe aux côtés des Habsbourg et que sa volte-face entraîne avec lui toute la noblesse des territoires riverains de la Tisza. L'armée, qui a reçu l'ordre de les mettre à la raison, subit une grave défaite à Hadad, le 4 mars 1562. Pendant ce temps, les Sicules se sont eux aussi révoltés et, quoique l'armée du souverain les ait battus, de toutes ces guerres, la Hongrie des Szapolyai est sortie amoindrie : des territoires d'au-delà de la Tisza, il ne reste que Bihar et Máramaros.

Les contre-attaques répétées des années suivantes n'apportèrent que peu de résultats en 1564-1565 (prise de Szatmár et de Nagybánya) mais Lazarus Schwendi reprit les deux villes au cours du printemps de 1565. Jean II, sous l'effet des échecs, se montre prêt à signer un traité avec le fils de Ferdinand, Maximilien Ier (paix de Szatmár), selon lequel, en échange de son abdication, son pouvoir sur la Transylvanie lui serait reconnu, mais cette fois, les Turcs viennent à son aide. Le 29 juin 1566, à Zimony, le jeune Szapolyai accompagné des représentants des trois « nations », rend les honneurs à Soliman qui arrive à la tête de son armée. Soliman l'assure de sa haute bienveillance, puis prend Szigetvár, la clef de la Transdanubie, où il meurt pendant le siège. Pendant ce temps, Pertev pacha, second vizir, prend Gyula, Jenő et Világos : l'enclave Habsbourg au sud de la Haute-Tisza cesse d'exister. Peu après, Maximilien

[5] *EOE* I.475.

Ier (1564-1576) signe hâtivement la paix avec les Turcs à Andrinople, le 17 février 1568.

Cette fois-ci, l'empereur-roi a intégré «l'autre» Hongrie dans le nouveau traité de paix avec les Turcs. On peut donc arrêter «la guerre des châteaux» qui agite la région entre Kassa et Szatmár. Ce qu' István Báthori de Somlyó, l'ambassadeur de Jean II, avait vainement tenté d'obtenir au prix d'efforts de plusieurs années, de voyages et de séjours en prison à Prague, Gáspár Bekes, le nouveau favori du jeune Szapolyai, en est gratifié au bout de quelques mois : c'est le 16 août 1570, à Spire, que voit le jour l'accord stipulant le renoncement de Jean II au titre de roi de Hongrie et l'acceptation du simple titre de «Jean, prince de Transylvanie et des parties de la Hongrie» *(Fürst/princeps)* sans oublier la clause qui prescrit, dans l'hypothèse où sa famille n'aurait pas de descendance, que son pays, en tant que partie de la Couronne de Hongrie, reviendrait au roi de Hongrie de toujours. Maximilien fait aussitôt ratifier ces points, mais non Jean II qui meurt quelques jours plus tard (le 14 mars 1571) sans laisser d'héritier au pays, et léguant seulement une situation juridique incertaine aux Ordres de sa Principauté.

Encore sous l'effet des succès turcs, la Diète de Gyulafehérvár du 8 septembre 1567 jura solennellement «sur Dieu le Père, que ... du moment que, par la volonté de Dieu Tout Puissant, notre Bienveillant Seigneur est parti sans laisser d'héritier, de notre volonté unie et non par esprit de parti, nous élirons un prince».[6] C'est donc finalement cette deuxième solution qui sera choisie : le 25 mai 1571, «coupant court à toute autre discussion et paroles», ils choisissent pour leur seigneur István (Etienne) Báthori de Somlyó, heureux général des «guerres des châteaux».

Báthori est né en 1533 comme fils du voïvode de Transylvanie. Il a beaucoup voyagé : dans son enfance, il a été page à la cour de Vienne et, en 1549, il a passé un temps à la célèbre université de Padoue. C'est au milieu des années 1550 qu'il est revenu en Transylvanie. En 1556, c'est lui qui a salué au nom des Ordres la reine Isabelle revenue au pays. En 1559, il a reçu sa première mission importante : la reine le nomme commandant de Várad et il devient ainsi, en même temps, maître du comitat de Bihar, de première importance stratégique. En outre, à cette époque, il est déjà le plus grand propriétaire terrien du pays des Szapolyai.

Son élection en 1571 comportait bien des risques, dont il était parfaitement conscient. C'est la raison pour laquelle il renonce aux titres bien sonnants de ses prédécesseurs : il se contente du simple titre de «voïvode» des anciens gouverneurs royaux de Transylvanie et, qui plus est, il prête en secret serment de fidélité à Maximilien Ier, reconnaissant ainsi l'appartenance de son voïvodat à la Hongrie. Dans le même temps, la Porte considère comme un droit la nomination du successeur des Szapolyai, et il est vrai que l'athnamé amené par le chaouch Amhat à l'élection de Gyulafehérvár portait lui aussi sur le nom de Báthori : «Voïvode de Transylvanie Etienne Báthori... Depuis longtemps le pays transylvain est sous ma protection, ... c'est un de mes pays parmi les autres... Ainsi, pour ta fidélité envers ma personne et de par mon autorité, je te donne le pays transylvain.»[7]

Il fallait donc continuer à jouer de l'équilibre entre les deux grandes puissances. Au début, la menace venait du côté de la cour royale : quoique Maxi-

[6] *EOE* II.335.
[7] *EOE* II.459.

milien, tirant les leçons des malheurs de son père, se refusât à intervenir directement dans les affaires de la Transylvanie, il laissa cependant ses officiers de la Haute-Hongrie soutenir Gáspár Bekes, aspirant au trône, dans l'organisation d'une révolte contre le voïvode.

La première tentative de Bekes se solda par un échec et il dut lui-même s'enfuir de Transylvanie en 1573. Puis, au cours de l'été de 1575, il prit la tête d'une armée mise sur pied en Haute-Hongrie, et partit pour la conquête du pays. Dans le dos de Báthori, les Sicules s'étaient également révoltés. Il sortit cependant victorieux de la bataille décisive (le 10 juillet 1575, à Kerelőszentpál). Le prétendant au trône s'enfuit et, parmi ses partisans qui sont faits prisonniers, quatre aristocrates furent pendus sur le champs de bataille, sept autres (ainsi que trois douzaines de Sicules) sont plus tard exécutés sur jugement du voïvode.

La nouvelle de la victoire est tellement retentissante que, dès le moment où Henri de Valois, devenu roi de Pologne, s'est enfui pour retourner en France où le trône l'attend (Henri III, 1574-1589), la noblesse polonaise, le 15 décembre 1575, élit Báthori roi de Pologne. Son rival était l'empereur Maximilien lui-même, mais le conflit, qui menaçait d'être grave, s'est résolu avec sa mort subite (le 12 octobre 1576). Comme Maximilien avait déjà été prudent face à Báthori, son successeur, Rodolphe Ier (1576-1608), ne voulait pas non plus entrer en conflit avec le souverain de la grande et puissante Pologne pour la question de la possession de la Transylvanie et de quelques comitats hongrois.

Pendant que la menace venant de l'Ouest s'apaisait, la pression turque, elle, ne cessait d'augmenter. Bien que Selim II (1566-1575) ait reconnu, dès 1572, le droit de succession des Báthori, cela ne l'empêchait guère de faire pression sur la Transylvanie en menaçant de reconnaître Gáspár Bekes. Mourad III (1575-1595) augmenta, aussitôt après son avènement, le tribut de la Transylvanie (de 10 000 à 15 000 florins d'or annuels). Les «cadeaux» donnés aux vizirs et aux pachas ont également augmenté et un candidat au trône, soutenu par les Turcs, était tenu prêt à Constantinople. (Il s'agissait de Pál Márkházi, un noble de Transylvanie; le système de chantage étant le même qu'on employait envers les princes roumains.)

Néanmoins, Báthori, dont les domaines familiaux se trouvaient dans la région à l'est de la Tisza, rattachée à la Transylvanie, connaissait bien les obligations humiliantes et à double tranchant du monde turc: «les Turcs n'admettront pas n'importe qui comme maître de la Transylvanie. Votre Majesté aurait intérêt à soutenir dans cette province un homme médiateur qui pourrait rendre service de manière ... qu'avec le temps, la Transylvanie soit rattachée à la Hongrie», avait-il conseillé en 1567, à un des hommes de confiance de Ferdinand. Il n'a plus d'illusions. La phrase suivante est également de lui: «L'armée de l'Empereur turc ne cueillera pas des fraises pour les mettre dans le panier d'autrui». Il versait donc le tribut augmenté, payait des pots de vin aux notables turcs et interdisait à ses gardes-frontières d'attaquer les provinces soumises aux Turcs; il poursuivit le voïvode Bogdan qui fuyait les Turcs, etc.[8]

Le fait d'avoir occupé le trône de Cracovie a-t-il changé son attitude? Il faut noter que la deuxième moitié du XVIe siècle est une époque de grande

[8] Endre Veress, Báthori István erdélyi fejedelem és lengyel király levelezése (La correspondance d'Etienne Báthori, Prince de Transylvanie et Roi de Pologne) I, Kolozsvár, 1944, n° 69.

prospérité pour la Pologne que l'exportation du blé vers l'ouest a enrichie et rendue forte. Toutefois, la faiblesse du système politique hérité du passé a empêché ce pays de devenir une grande puissance d'Europe orientale. Mais Báthori, lui, venait d'un pays où le pouvoir central avait réussi à passer outre les intérêts des Ordres.

Le roi Etienne continuait à se considérer comme hongrois et ses sujets s'étaient même fâchés contre lui lorsqu' il lui avait une fois échappé, en 1577, que Dieu ne l'avait pas créé pour les Polonais, mais pour les Hongrois. Aussi la question turque né cessait-elle de le préoccuper. Cependant, la situation européenne dans son ensemble n'était pas favorable à ses projets. Après la glorieuse victoire des chrétiens à Lépante (le 7 octobre 1571), les Turcs recouvrèrent leurs forces, et Venise, abandonnée par ses alliés, dut, dès 1573, signer la paix avec le Sultan. En France, le massacre de la Sainte-Barthélémy (le 24 août 1572) fit élargir la guerre civile, mais l'Empire germanique ne parvint cependant pas à exploiter la situation, car les Habsbourg, contestés par les protestants ainsi que par les forces antiimpériales de l'Empire, n'étaient réellement maîtres que dans les provinces héréditaires et dans les pays de la couronne de Bohême.

Il n'y avait guère que la Cour papale où survécut l'idée de combattre les Turcs. Cependant le Pape Grégoire XIII, dans la dispute pour le trône de Cracovie, soutenait Maximilien et c'était seulement en 1577 que les relations avaient été renouées avec la Pologne. Laureo, le nonce du Pape, arrive alors à la cour de Báthori avec le plan d'une coalition contre les Turcs puis, en 1574, c'est le tour du nonce Caligari avec une proposition identique, mais le projet d'une ligue anti-turque ne prendra jamais corps.

En 1581 et 1582, c'est le roi Etienne lui-même qui formule l'idée d'une alliance des chrétiens d'Europe de l'Est contre les Turcs. Cependant les alliés potentiels — l'Espagne de Philippe II et même Venise — sont incapables de la moindre coopération. Báthori change donc soudain de visées et, au printemps 1584, il fait une toute autre demande au Saint-Siège : il sollicite de l'aide pour partir à la conquête de la Russie. S'il y réussissait, il tournerait les forces des Russes et même celles des peuples du Caucase contre les Turcs. La proposition, transmise à Rome par l'intermédiaire du Jésuite Antonio Possevino, est repoussée par la Curie Romaine. C'est à ce moment que meurt l'héritier du trône français et que désormais le titre du «roi très chrétien» revient au roi de Navarre, le protestant Henri de Bourbon, situation qui inquiète le Pape et l'empêche de s'occuper de l'Europe orientale. Báthori, cette fois-ci, insiste : il envoie à Rome son cousin, le cardinal András Báthori, mais n'obtient pas gain de cause : Sixte V promet seulement une aide insignifiante de 25 000 ducats par an et les négociations s'arrêtent d'elles-mêmes. Nous sommes déjà en été 1586 et, le 12 décembre de cette année, le roi Etienne meurt à Grodno, sans qu'il ait pu réaliser quoi que ce soit de ses plans grandioses.

Pratiquement chaque grand souverain d'Europe, au cours des 150 années écoulées, avait rêvé, négocié des ligues contre les Turcs, des croisades. Quant à Etienne Báthori, il est resté, face aux Turcs, aussi prudent qu'à l'époque où il n'était que voïvode de Transylvanie. Pour sauvegarder la paix, il a même fait exécuter des Cosaques maraudeurs et fait décapiter deux voïvodes de Moldavie chassés par le Sultan, mais qui se préparaient à y retourner : Ioan Potcoavă et Iancu Sasul. Il avait pour cela de bonnes raisons : les Ordres polonais exigeaient la sauvegarde de la paix avec les Turcs dont il s'était même porté garant lors de son serment d'avènement, les «pacta conventa». Les Polonais craignaient la puissance du Sultan et l'animosité des pays avec lesquels ils avaient des frontières communes : la Prusse, la Russie et les Habsbourg.

Ceci étant, le roi, pas plus que quiconque, ne pouvait s'opposer à la volonté des Ordres. Son souci de renforcer le pouvoir royal eut d'ailleurs pour résultat d'anéantir sa popularité du début. Jan Zamoyski, son secrétaire personnel, issu de la petite noblesse qu'il finit par élever au poste de chancelier, était haï de la presque totalité du peuple ; ses anciens fidèles partisans, les frères Zborowski, se révoltèrent contre lui et, lorsqu'il punit l'infidélité à la manière des Transylvains, en faisant brandir la hache du bourreau, tout le pays le réprouva. Des entraves à mettre à ses projets, les voisins de la Pologne s'en chargèrent. La ville de Danzig lui refusa le rituel hommage vassalique et la guerre entreprise pour la dompter (1576-1577) se termina par un succès éphémère. Il est vrai qu'il vainquit par trois fois le tsar russe Ivan IV (le Terrible), entre 1579 et 1581, mais sans jamais réussir à vraiment l'affaiblir. C'est peut-être cet intermède qui poussa Báthori à faire des plans liant les questions turque et russe, plans qui connurent, dans les milieux de la noblesse lituanienne, une certaine popularité — venue, hélas, trop tard.

L'idée de chasser les Turcs était sans aucun doute présente dans l'esprit du roi Etienne, mais son expérience d'homme politique prudent l'empêchait de dilapider ses forces dans la réalisation d'une entreprise qui s'avérait, tant du point de vue de la politique intérieure qu'extérieure ou militaire, des plus périlleuses. Il essaya tout d'abord d'en créer les conditions, mais tout fut interrompu par sa mort prématurée. Si les Polonais le pleurèrent par la suite, comme un de leurs plus grands rois, il ne sut, en réalité, aider en rien la cause hongroise.

La question turque, il l'avait sans aucun doute amenée avec lui de Transylvanie et elle le préoccupa tout au long des dix années de son règne en Pologne. Il est vrai qu' «à la maison», il confia la direction des affaires courantes, d'abord à son frère aîné Christophe puis, après sa mort (1581), à Sigismond, le fils de ce dernier, leur laissant le titre de voïvode, tandis que lui se faisait appeler prince. La décision dans des questions plus importantes lui était naturellement réservée : à Cracovie, il mit sur pied une chancellerie de Transylvanie, qui lui permettait de contrôler et de diriger les activités de ses voïvodes. Il gardait la haute main dans toute affaire extérieure de la Transylvanie.

L'Empereur Maximilien, puis Rodolphe, tentèrent d'appliquer le traité de Spire, tandis que lui exigeait du roi de Hongrie le retour de ses domaines perdus entre 1564 et 1567. Aucune des deux parties ne voulait la guerre mais il fallut cependant attendre jusqu'en 1585 pour qu'un accord soit signé (c'est à cette occasion que le prince récupera la mine d'or de Nagybánya). Entre-temps, Báthori (qui, par le trône de Pologne, était devenu un souverain indépendant) reprend l'idée, exprimée dès le temps des Szapolyai, de la réunification de la Hongrie à partir de l'Est. A un moment où Rodolphe était déjà atteint par une maladie grave, Báthori ne cessa de répéter, au cours de ses pourparlers avec Caligari, le nonce du Pape, que si les Turcs le permettaient, les Hongrois feraient de lui leur roi sans coup férir. Il est vrai qu'il avait des partisans en Hongrie, et leur correspondance n'est pas exempte d'allusions à cette idée. Par contre, rien n'est fait pour mener ce projet à bien. L'idée de l'union du pays à partir de la Transylvanie avec le consentement des Turcs devait se maintenir comme un héritage à l'intention des princes qui lui succèderont sur le trône de Transylvanie : Gabriel Bethlen, Georges Ier Rákóczi et Eméric Thököly, dont la politique ne peut être comprise qu'à la lumière de cette tradition.

2. L'économie, la société et la culture dans le nouvel Etat

Le nouvel Etat

Depuis la bataille de Mohács jusqu'à la mort d'Etienne Báthori, 60 années exactement se sont écoulées. L'ancienne Hongrie s'est entre-temps divisée en trois parties : la partie médiane a été rattachée à l'Empire ottoman et, à l'ouest et au nord, c'est-à-dire dans la Hongrie « royale », règnent des rois issus de la famille Habsbourg. La définition des territoires de l'Est n'est plus aussi aisée. Jean Ier était « roi de Hongrie », Isabelle « reine de Hongrie », leur fils Jean II « roi élu de Hongrie » *(electus rex Hungariae)*. Le titre de prince n'existait pas jusqu'à 1570, le nom de « Transylvanie » n'était utilisé qu'officieusement, seulement pour pouvoir faire la différence entre les deux « Hongries ». Il est vrai que les Habsbourg, se fondant sur leur propre couronnement puis, en se référant aux traités de Várad, de Gyalu et de Nyírbátor ne reconnaissaient pas la royauté des Szapolyai ; les Polonais, les Français et les Turcs, eux, la reconnaissaient. (Les autres puissances européennes oscillaient en fonction de leurs rapports avec l'Empire). L'opinion hongroise comblait cette lacune — en donnant au pays par avance le nom de Transylvanie — et laissait habilement dans le vague le titre d'Isabelle (le latin « regina » pouvant être aussi bien reine souveraine, qu'épouse du roi), tandis que Jean II était appelé, selon le terme courant à Prague et à Pozsony, comme « fils du roi Jean ».

Cette situation juridique confuse est résolue par le traité de Spire qui crée le titre de prince de Transylvanie. Avec la mort prématurée de Jean II (qui n'a été appelé Jean-Sigismond qu'ultérieurement, par les historiens pro-Habsbourgeois), disparaît de la scène politique cette dynastie qui portait d'abord le titre royal, puis un titre princier. Quand Etienne Báthori est élu, il s'en remet à la pratique traditionnelle de l'ancienne Hongrie : il choisit le titre de « voïvode » que portaient les anciens gouverneurs de province, à cette différence près qu'auparavant, les voïvodes étaient des administrateurs nommés, tandis que lui a été élu par la Diète. Báthori, soucieux de conserver l'indépendance relative de son Etat, ne pouvait certes indéfiniment maintenir ce titre ambigu. Ce qu'il ne pouvait faire en tant qu'un des aristocrates de son pays devenu souverain avec un titre incertain, il put le faire en tant que roi souverain de Pologne : non seulement il reprit le titre de « prince de Transylvanie » du dernier Szapolyai, mais il réussit à le rendre héréditaire et à le faire reconnaître internationalement.

De même que le pays et le souverain eurent des difficultés à se trouver un titre et un blason, l'organisation du pouvoir dans le nouveau pays en rencontra également. A la Diète du Royaume de Hongrie, la noblesse hongroise était, jusqu'en 1526, représentée soit individuellement, soit par des délégués des comitats. Les comitats de Transylvanie, par contre, choisissaient ensemble une délégation de quelques membres et les Saxons envoyaient eux aussi leurs délégués. (Nous n'avons pas de données concernant la présence des Sicules). Les affaires intérieures de la province étaient réglées dans le cadre des assemblées (nommées également « diètes ») des trois « nations ».

Logiquement, à l'époque de Jean Ier, ce système fonctionnait de façon identique. La première Diète hongroise où les Transylvains (y compris les Sicules) étaient admis comme égaux fut celle convoquée à Debrecen par le moine György, le 18 octobre 1541. Pratique qui, pour le moment, ne se poursuivait pas, les comitats de Hongrie et les Transylvains devant se réunir séparément jusqu'en 1544. A cette date, en effet, les délégués des comitats de la région de la Tisza participaient à l'assemblée des trois «nations» réunie à Torda au mois d'août, en tant que quatrième membre de plein droit. Désormais, dans le Royaume de l'Est, puis dans la Principauté, le rôle de la Diète hongroise sera tenu par l'ancienne assemblée provinciale agrandie. Les anciens comitats de la mère patrie reçoivent une dénomination d'ensemble: les «Partium regni Hungariae» deviennent tout simplement «Partium» (Parties).

L'ancienne Diète hongroise (dont un autre successeur légitime continua à fonctionner dans la partie du pays administrée par les Habsbourg) était devenue, au début du XVIe siècle, une institution représentant avec efficacité les intérêts des Ordres. Il était impossible, sans son consentement, de créer de nouveaux impôts ou de promulguer de nouvelles lois, et elle réussit même à exercer un certain contrôle sur le gouvernement royal. Les diètes de Transylvanie purent en principe conserver toutes ces prérogatives mais, en réalité, leur importance pratique ne cessa de diminuer. Pourtant, en comparaison des années précédentes, elles étaient assez fréquemment convoquées jusqu'à quatre ou cinq fois par an. Leur composition, par contre, fut modifiée: après 1545, les Hongrois des Parties et de Transylvanie, les Sicules, les Saxons et, enfin, certaines villes étaient représentés par un nombre de délégués variable. Le petit groupe de dignitaires du gouvernement princier (conseillers, officiers) et le groupe plus important des seigneurs de haute naissance, dits «régalistes», nominalement invités par le prince-roi, jouissaient de davantage d'autorité que les délégués. Le groupe des «régalistes» devait, théoriquement, comprendre les plus grands propriétaires terriens, mais, dans la pratique, le souverain n'y invitait que ses intimes.

A partir de 1556, on ne suivit plus la tradition de convoquer la Diète sur l'initiative des Ordres. Seul le souverain avait pouvoir de la réunir et c'était lui qui fixait l'ordre du jour; ses propositions étaient en général acceptées sans réserves, tandis que celles des Ordres, qui portaient généralement sur des questions locales, pouvaient être observées ou non.

Les affaires étrangères et de guerre, les finances (exception faite du droit de proposer des impôts) étaient et restaient du ressort exclusif du souverain. Les «libertés» des Ordres se confinaient dans la seule administration locale (des comitats et des «sièges» sicules ou saxons), mais même là, leur influence réelle ne cessait de diminuer.

C'était seulement dans des cas exceptionnels que la Diète poussait l'audace jusqu'à contrarier la volonté du souverain, par exemple lorsque, le désaccord s'étant accru entre Isabelle et le moine György, on ne savait plus qui tenait les rênes du pouvoir, ou encore pendant la sédition Bekes, lorsque Báthori se trouvait en difficulté et que la Diète voulut — en vain d'ailleurs — obtenir du «voïvode» ce qu'il avait promis lors de son élection.

Le renforcement du pouvoir central n'allait pas de pair avec l'amélioration de l'administration d'Etat. L'appareil d'Etat que Jean Ier avait mis en place à Buda sur le modèle d'avant 1526 s'effondra dans le désordre de 1540-1541. Même les instances comprenant un personnel restreint et fonctionnant auprès des voïvodes de Transylvanie périclitèrent et ce, malgré l'activité déployée, dès avant 1526, par Jean Szapolyai afin de les rendre plus efficaces.

Pour parer à cette situation désastreuse, le moine György, qui «cumulait les fonctions», inventa une chancellerie toute particulière. C'était cet office qui était compétent dans toutes les affaires gouvernementales, depuis les questions financières, diplomatiques et militaires, ou l'attribution des domaines, jusqu'à l'application du droit. Ce système plutôt lourd était inapte aux tâches multiples et, dans les dernières années du pouvoir du moine György, il fallut réorganiser la petite chancellerie (Cancellaria minor) qui était chargée des affaires de droit. Son chef, le *prothonotarius* qui, au temps du moine György, n'était que le second de ce dernier, en tant que «juge principal» devint, après 1556, le premier magistrat du pays. Plus tard, cette fonction sera simultanément remplie par deux personnes.

Après les changements de 1556, Mihály Csáky fut le premier chancelier de la chancellerie «majeure» (il le resta jusqu'en 1571). On désigna également un trésorier mais, pour le contrôle des finances, il devait collaborer avec le percepteur-général ainsi qu'avec le fermier-général de la dîme, qui faisait déjà partie des recettes d'Etat. Les chefs de l'armée (les commandants de Nagyvárad, Déva, Kővár et Huszt comptaient parmi les plus importants) étaient eux aussi nommés par le souverain qui distribuait également selon son bon vouloir les charges de comes des comitats, ainsi que celles de chefs sicules. Seuls les Saxons avaient, bien ou mal, réussi à préserver leur ancienne autonomie ...

L'administration d'Etat, malgré une centralisation poussée, était restée plutôt archaïque (la Hongrie médiévale avait déjà connu des institutions bien mieux structurées et beaucoup plus efficaces) et ses dirigeants détenteurs du pouvoir — à l'exception du chancelier — étaient en réalité des administrateurs de rang subalterne qui ne pouvaient intervenir dans des affaires de l'Etat. Même le chancelier et ses collaborateurs étaient dépourvus des attributions nécessaires à l'exercice d'un gouvernement efficace : les décisions des souverains étaient davantage exécutées que préparées. Le meilleur exemple en la matière est la pratique suivie par Báthori. A la direction de la chancellerie de Gyulafehérvár, se trouvaient des personnalités fort capables (Ferenc Forgách, Imre Sulyok, puis Farkas Kovacsóczy), mais le roi Etienne les tenait à l'écart des affaires importantes du pays, qu'il préférait gérer par l'intermédiaire de sa «chancellerie de Cracovie», dirigée par Márton Berzeviczy.

Au reste, les dignitaires importants étaient automatiquement membres du Conseil royal/princier. Cette ancienne institution avait été, avant 1526, en pleine mutation. Les membres en étaient pour une part élus par la Diète, mais il y avait également les bureaucrates professionnels de la cour royale (secrétaires) qui exerçaient un contrôle comme fonctionnaires responsables à la fois envers les Ordres et envers l'administration. Cependant, Jean Ier revint au Conseil ancien, composé de hauts dignitaires et d'aristocrates. Il est vrai qu'en 1542 les trois «nations» tentèrent d'instituer un conseil élu de 22 personnes près d'Isabelle (et surtout près du moine György), mais elles n'y parvinrent pas. Isabelle, puis Jean II, choisirent leurs conseillers selon leur bon plaisir, supprimant ainsi tout contrôle des Ordres.

A observer les personnalités considérées comme dirigeants du pays, on notera une évolution fort intéressante. Au temps du vieux roi Jean, c'étaient les aristocrates, maîtres de régions entières qui tenaient le haut du pavé. Au temps du moine György, le nombre d'aristocrates locaux diminua puis, à partir des années 1560, ils disparurent de la scène. Il y en eut plusieurs (par exemple : Menyhért Balassa et la famille Perényi) qui firent défection et, fait d'un étrange hasard, les plus grandes familles s'éteignirent les unes après les autres (les Drágffy, les Patócsy). Les grands seigneurs de la Transylvanie proprement dite (les Kendi, les Maylád) n'avaient que des domaines plus modestes. Ces notables « traditionnels » devaient partager le pouvoir avec des « étrangers », des non-Transylvains (parfois même des non-Hongrois) liés à la Cour. Tout d'abord avec les gens de confiance de Jean Ier, puis avec leurs descendants, tel le Dalmate Antal Verancsics, ou Orbán Batthyány, noble venu de Transdanubie. Quand, avec le temps, leur nombre diminue, tout comme celui des grands seigneurs, ils sont remplacés par les « hommes nouveaux », clients des souverains : Mihály Csáky, petit noble devenu chancelier; le commandant de Várad, Tamás Varkocs, de Silésie; Kristóf Hagymásy, lui aussi petit noble, capitaine de Huszt; Gáspár Bekes, d'origine prétendument roumaine mais venant de la région de Temes; ou bien les Polonais venus avec la suite d'Isabelle : Stanisław Niezowski et Stanisław Ligęza, ou encore le médecin personnel de la reine, l'Italien Giorgio Biandrata, et ainsi de suite. A l'époque de Báthori, la seule différence est que, parmi les gens les plus influents de la Cour, on compte, surtout à la chancellerie, plusieurs anciens étudiants de Padoue : le chef de la chancellerie de Cracovie aux affaires transylvaines, Márton Berzeviczy, né en Haute-Hongrie, ses deux adjoints, Farkas Kovacsóczy de Slavonie et Pál Gyulay, paysan anobli, puis l'aristocrate réfugié de Hongrie, Ferenc Forgách, ancien évêque de Várad, devenu chancelier de Gyulafehérvár (poste dans lequel il sera remplacé par Kovacsóczy).

Le développement de la société hongroise d'avant Mohács était sans aucun doute caractérisé par l'épanouissement des Ordres. Dans les régions orientales, ce processus s'interrompt après 1526 et on assiste, dans la future principauté de Transylvanie, au rétablissement de l'autorité du pouvoir royal. Cette évolution n'est pas seulement perceptible à la réduction du cercle de gens qui prennent part aux décisions et à la simplification de la structure du pouvoir mais elle se traduit aussi dans les manifestations de plus en plus évidentes du despotisme royal/princier. Au temps de Mathias Hunyadi ou des Jagellon, il était rare en Hongrie de faire exécuter des membres de l'élite politique et cette tradition était observée de « l'autre côté » également, sous le gouvernement des Habsbourg. Par contre, la reine Isabelle — nous l'avons vu — faisait tout simplement assassiner les aristocrates qu'elle considérait comme les plus dangereux, tandis que la Diète prononçait à leur encontre une condamnation à mort posthume. Il en va de même des exécutions ordonnées par István Báthori après la bataille de Kerelőszentpál : les Ordres, à cette occasion, n'avaient même pas eu à se déclarer, l'apparence de la légalité ayant été donnée par la participation du *prothonotarius* à la sentence.

Le renforcement du pouvoir du souverain est également dû au fait que la Cour dispose désormais de davantage de moyens. Les bases en furent jetées par le moine György, essentiellement grâce à l'augmentation des domaines fiscaux. Dans la deuxième moitié du XVIe siècle, les domaines du Trésor couvraient 700 villages, soit 15 à 20% du territoire du pays. Les principaux centres des domaines étaient : Gyulafehérvár, Déva, Várad, Fogaras, Kővár, Görgény, Kolozsmonostor, Szamosújvár, Gyula, Jenő, Lugos, Karánsebes, Székelybánja, Huszt, Törcsvár. S'y ajoutèrent par la suite les immenses domaines des Báthori. Même si nous ne pouvons évaluer leur revenu en argent, il est certain que le gouvernement de la principauté pouvait, grâce à ces biens, exercer un contrôle direct sur la majeure partie du pays.

En s'appuyant sur cette énorme masse de domaines, il était aisé de renflouer le Trésor. Dans le dernier tiers du XVIe siècle, l'Etat transylvain s'assurait les entrées suivantes :

Impôt de 24 000 *portae*★ transylvaines	60 000 florins
17 000 *portae*★ du Partium	40 000 florins
Cens de la fête de St-Martin des Saxons	8 500 florins
Impôt extraordinaire des Saxons	25 000 florins
Impôt des Sicules	25 000 florins
Impôt des villes	15 000 florins
Revenus des mines de sel	30 000 florins
Douanes	15 000 florins
Change de l'or	5 000 florins
Affermage des dîmes	15 000 florins

★ Unité d'imposition correspondant environ à deux ou trois familles.

La somme totale, en comptant les revenus des domaines royaux et des domaines privés du Prince, atteignait vraisemblablement une somme de l'ordre de 300 000 florins or annuels. Même en tenant compte de la forte dévaluation de la monnaie au XVIe siècle, c'est là — si on se souvient qu'avant 1526 le revenu royal, pour l'ensemble de la Hongrie, était de 200 000 florins or annuels — une somme importante. De toutes façons, il y avait de quoi financer les dépenses militaires qui allaient augmentant d'année en année. Il est vrai que nous ne pouvons considérer comme corps mercenaire bien armé que la garde princière qui ne comptait que peu d'hommes — 1 à 2 000 — mais déjà l'entretien ou le renforcement des châteaux frontaliers nécessitaient des impôts supplémentaires. Il fallait également payer le tribut aux Turcs (10 000, puis 15 000 florins), le traitement des fonctionnaires (chancelier, juges *(prothonotorii)*, commandant-général, conseillers) ainsi que les dépenses, plutôt modestes jusqu'à la mort de Báthori, de la Cour.

Pourquoi, dans le nouvel État, les Ordres se montraient-ils d'emblée affaiblis par rapport à ceux de l'ancienne Hongrie?

La *première* raison en est d'ordre politique. La principauté transylvaine, qui se forma petit à petit, ne se constituait pas par sa propre force mais sur la poussée du pouvoir turc. Sans l'intervention, en 1529, des Turcs, la partie du pays dominée par les Szapolyai n'aurait jamais vu le jour ; sans leur intervention (très brutale) en 1541, ce fragment du pays n'aurait pu se maintenir et, sans les campagnes militaires de 1552-1556, il ne se serait pas réorganisé. Le roi Jean, le moine György, puis leurs successeurs, acceptèrent cette alliance car, selon leur propre expérience, il était impossible de protéger la partie orientale du pays face aux Turcs. Cependant, leur décision, née dans la contrainte, cachait peur et contrariété. Chaque fois que les Ordres estimaient la réunification possible ou que l'amélioration momentanée de la situation européenne changeait quelque peu ce délicat équilibre, ils tentaient immédiatement de faire la paix avec « l'autre Hongrie », celle des Habsbourg et ils se montraient aussitôt prêts à trahir leur tout puissant « patron » de Constantinople.

Au reste, la sincérité n'était pas non plus la principale vertu des Turcs. L'essentiel de leur politique transylvaine consistait à empêcher la réunification des deux Hongries. Tant que les chefs du nouveau pays se gardaient de s'engager dans cette voie, les Turcs leur laissaient une grande liberté : dès qu'il en allait autrement, ils punissaient immédiatement et cruellement la « trahison », c'est-à-dire qu'ils étendaient les territoires conquis : telles étaient, par exemple, la conquête de Buda en 1541 et la prise de Temesköz en 1552. Quand les rapports de force leur étaient plus favorables, ils passaient alors de la tutelle de « bonne foi » aux exigences : la seule différence entre la fin des années 1540 et le début des années 1570 était qu'à cette dernière époque, ils ne revendiquèrent pas seulement les plus importants châteaux forts des confins, mais augmentèrent aussi le tribut ainsi que le montant des « cadeaux » et même — nous l'avons vu —, ce fut à cette dernière occasion qu'apparurent, pour la première fois à Constantinople, les « prétendants au trône ». La servitude de la Valachie et de la Moldavie était le sort promis à la Transylvanie qui devrait, tout comme les deux autres, se voir tôt ou tard intégrée à l'Empire.

Il est donc naturel que cette alliance, qui manquait de sincérité des deux côtés et qui avait créé l'Etat indépendant de Transylvanie, ne put que difficilement se constituer une base sociale dans ce nouveau pays. C'était la résistance entêtée des Ordres qui avait provoqué, en 1540-41 puis en 1551-1556, les tentatives de réunification. Dans les deux cas, elles avaient avorté et la situation, au-delà de son aspect tragique, s'était pourtant montrée, de deux points de vue, plutôt profitable. D'abord ces tentatives pouvaient être considérées comme des avertissements aux Turcs : la Hongrie des Habsbourg signifiait, pour la Hongrie orientale, un arrière-pays qui, si elle était trop brutalement oppressée, pouvait l'aider contre la Porte et ainsi remettre en question son état de soumission. C'est la raison pour laquelle, même les exigences turques des années 1570 font preuve de mesure et d'autocontrôle, surtout si on les compare au traitement brutal infligé aux principautés roumaines. D'autre part, ces échecs laissent entrevoir aux Ordres du futur Etat transylvain ce qui suit : que cela plaise ou non, il faut accepter l'alliance avec les Turcs. Cette grave constatation faite par feu Jean Ier est d'abord reconnue par la noblesse du Partium directement menacée dans son existence et seulement plus tard par les seigneurs des comitats de Transylvanie.

C'est parmi les Saxons, qui étaient économiquement et sentimentalement fort attachés à l'Occident et aux provinces allemandes d'Autriche, que la tension a le plus longtemps persisté, bien que leurs intellectuels (du réformateur Johannes Honterus jusqu'au poète Christian Schaeseus) aient tenté d'harmoniser leur ancienne conscience de « Hungarus » avec le nouveau sentiment d'identité allemande. Quand les deux autres « nations » (et les Parties) ont rappelé la reine Isabelle, le peuple, à Szeben, s'est littéralement révolté et a même tué le juge du roi, Johannes Roth, traité de « lâche ». L'ordre n'a pu être rétabli qu'à grand peine par le réaliste Peter Haller qui n'a pu que difficilement faire accepter Isabelle.

La voie à suivre était claire, mais le résultat ne pouvait être valable car il y avait trop de peur, de contrainte et d'arrière-pensée à sa naissance. Les souverains de Transylvanie et les Ordres au nom desquels le pouvoir était exercé se cramponnaient au principe de leur appartenance à la Hongrie. Leur politique, y compris celle d'Etienne Báthori, était essentiellement hongroise, c'est-à-dire intéressant toute la Hongrie, et ne se conformait pas spécifiquement aux intérêts de la Transylvanie. L'histoire du pays sous domination turque est une répétition perpétuelle (jusqu'en 1690 !) du même scénario : des tentatives de réunification du pays, leurs inévitables échecs, les représailles turques puis, finalement, le rétablissement de la situation initiale.

La *deuxième* raison de la diminution de l'importance des Ordres relève plutôt du domaine social. Il est vrai que les trois « nations », depuis plus d'un siècle (depuis 1437), avaient pris l'habitude de coopérer dans la province, mais les différences, voire les contradictions qui existaient entre elles n'avaient pas perdu de leur actualité. Pendant longtemps, elles se montrèrent incapables de penser à l'échelle « transylvaine ». La première tentative de portée provinciale fut celui d'István Maylád entre 1539-1541. Il est plus caractéristique de cette partie du pays qu'une fois l'unification déclarée en 1551, les Sicules, les Saxons et les Hongrois se mettent tout de même chacun de leur côté en contact avec la cour de Ferdinand Ier, et payent séparément leurs impôts et contributions de guerre. L'antagonisme Saxon-Hongrois éclate fréquemment, que ce soit l'Empereur, le roi ou le prince qui règne en Transylvanie. Les Sicules s'attirent l'animosité du pouvoir et des deux autres «nations» par leurs trop fréquentes révoltes, tandis que la noblesse des Parties se trouve longtemps en dehors de la fiction légale des trois «nations». Non seulement la pratique et le cadre institutionnel étaient trop rudimentaires pour faire une politique concertée, mais les intérêts n'étaient pas non plus identiques : le Hongrois noble plein de fierté, le Saxon à la mentalité bourgeoise et le Sicule vivant en paysan libre avaient chacun une conception différente de la liberté.

Le *troisième* facteur explique encore mieux la situation : les Ordres, qui rivalisaient entre eux, étaient faibles en eux-mêmes.

L'Etat transylvain et le monde extérieur dans la deuxième moitié du XVIe siècle

Les frontières du nouveau pays transylvain formé entre 1529 et 1571 étaient aussi difficiles à discerner que la naissance même du nouvel Etat. Le contrôle de Jean Ier et du moine György s'étendait sur les territoires dont les seigneurs voulaient bien reconnaître leur autorité. Les territoires des deux Hongries se sont longtemps intercalés comme des mosaïques. Il a fallu attendre jusqu'au traité de Spire, en 1571, pour établir le tracé exact de la frontière : à ce moment-là, Jean II (Jean Sigismond) a renoncé à la souveraineté sur l'ensemble des domaines de ses sujets qui se trouvaient dans les comitats contrôlés par les Habsbourg, en échange de quoi, les comitats de Máramaros, de Kraszna, de Közép-Szolnok et de Bihar ont été rattachés, dans leur intégralité, à son pays («Partium»).

Bien que ce traité ne le spécifiât pas, une partie du Temesköz appartenait également à la Transylvanie (le banat de Lugos-Karánsebes), ainsi qu'une partie des comitats d'Arad et de Zaránd, sur la limite ouest des monts du Bihar (c'était déjà la zone frontière avec l'Empire ottoman).

Le territoire de la principauté comptait au total 100 000 km² (la Transylvanie elle-même en faisait 59 000).

Le chiffre de la population, en raison du peu de données dont nous disposons, ne peut être déterminé qu'approximativement, et il en va de même pour les proportions ethniques.

La superficie du Royaume de Hongrie d'avant 1526 était de 350 000 km² et la population évaluée à 4 millions d'habitants.

Tableau I – La population de la Principauté de Transylvanie à la fin du XVIe siècle

Région	Hongrois	Saxons	Roumains	Autres	Total
Terre sicule	150 000	?	?	–	160 000
Terre saxonne	?	65 000	15 000	–	85 000
Comitats transylvains	210 000	20 000	170 000	?	400 000
Partium	140 000	–	90 000	80 000	300 000
Total, env.	500 000	90 000	280 000	85 000	955 000

Le pays, qui s'était constitué dans le cours du XVIe siècle, avait donc des dimensions nettement moindres par rapport à la Hongrie antérieure, et subissait diverses influences qu'il n'avait pas les moyens d'éviter.

Il y avait tout d'abord la lente emprise des Turcs et tout ce qui allait de pair avec l'état permanent de guerre déclarée ou larvée : les maraudeurs turcs poursuivaient leurs pillages même en temps de paix et les Hongrois ripostaient par une attitude similaire. Cette guerre avait inévitablement créé une zone où la population payait l'impôt des deux côtés. Les Turcs, même au faîte de leur pouvoir, ne pouvaient empêcher les actions des hussards, tandis que les seigneurs hongrois s'appuyaient dès le début sur l'armée des confins afin de faire valoir non seulement en théorie mais aussi en pratique leurs droits féodaux dans les régions conquises par les Turcs (cela aura une réelle importance au moment de la guerre de libération, après 1683). Quant aux Turcs pratiquant leur tactique traditionnelle, consistant à effriter l'ennemi par tous les moyens, ils faisaient tout pour rançonner tous les territoires accessibles.

Bien que la Transylvanie fût l'allié et vassal de la Porte, cette zone payant l'impôt aux deux pouvoirs se forma également entre leurs territoires et ce, naturellement, au détriment de la Transylvanie, étant donné les rapports de force. L'imposition turque touchait jusqu'aux villages de l'Ouest du comitat de Hunyad et 53% des manses serviles du comitat de Bihar payaient aussi l'impôt au Sultan et à ses spahis.

Des guerres ininterrompues portaient bien entendu préjudice au commerce du nouveau pays. La route principale qui rattachait la Transylvanie au centre de la Hongrie et menait jusqu'à Vienne (Vienne—Pozsony—Vác—Szolnok—Debrecen ou Várad—Kolozsvár) continuait à jouir d'un trafic important, malgré l'installation des Turcs dans la Plaine hongroise, mais les marchands commençaient à utiliser de plus en plus fréquemment la route qui menait de Kolozsvár à Kassa et, de là, par la vallée du Vág, jusqu'à Pozsony. Cette situation contribua également à ce que Cracovie devînt, après Vienne, le lieu de transit le plus important pour le commerce de Transylvanie.

Parmi les autres routes marchandes de quelque importance, on relèvera la route qui partait de la partie inférieure du fleuve Maros, traversait la vallée de la Save jusqu'en Dalmatie pour arriver en Italie. L'affermage du poste de douane de Karánsebes, à la fin du siècle, valait un prix fort élevé (6 000 florins en 1583), mais cela indique plutôt une relance des relations avec la péninsule balkanique.

Les routes qui mènent de Beszterce, de Brassó, de Szeben vers les principautés roumaines souffrent, vers le milieu du siècle, d'une crise. La douane du « trentième » de Beszterce pouvait être prise en ferme pour des sommes dérisoires (200 florins en 1552, 70 florins en 1659, 100 à 120 florins autour de 1574). A la douane de Brassó où, en 1503, passaient encore l'équivalent de 167 000 florins de marchandises, il ne passe plus, en 1530, que l'équivalent de 33 000 florins (il est vrai qu'à cette époque, la guerre sévit en Transylvanie) et, dans la deuxième moitié du XVIe siècle, ce chiffre ne dépassera pas l'équivalent de 80 000 florins. La même chose se produit à Szeben, avec environ une moitié du trafic réalisé par Brassó. La raison directe de cette décadence est l'interdiction de la Porte d'exporter de la Valachie et de la Moldavie, ces deux provinces devant pourvoir en produits alimentaires l'immense ville de Constantinople. La reprise des affaires, vers la fin du siècle, trouve son origine dans la réutilisation de la route des épices qui passait par le Sud de l'Ukraine. Le moine György avait déjà commencé à installer, sur la frontière ouest du pays des Szapolyai, des bureaux de trentième et, après le tournant politique de

34. Façade du Nord de la chapelle du chanoine János Lázói à Gyulafehérvár, 1512

35. Détail du sarcophage de Jean Sigismond dans la cathédrale de Gyulafehérvár, vers 1571

36. Clocher en bois à Mezőcsávás, seconde moitié du XVIe s.

37. Carte de la Transylvanie par J. Honterus, 1532

TRANSYLVANIAE
ürgen
MOLDAVIÆ TERMINVS
SCHVK
V
LI
KYSDI
ORBAI
SCHEPSI
SCHISPVRG
ALTHLAND
BVRZELAND
CORONA
ORIEN
Alt fluss
Alpes
Alpes
ENATVI
ICATVM
D XXXII
Illa ego Germanae non incultissima terrę
Portio, dum quondam fata deusq; tulit.
At postquam summum uitę potioris amore
Pertimui, flamma non leuiore premor.
Atq; ita, nescio cui nimium confisa, relinquor,
Innumeris longo tempore uicta malis.
Nunc igitur, quũm uenti tibi carpta secundos
Promittant, finem semper amare time.
VALACHIÆ PARS
HAZEK

1

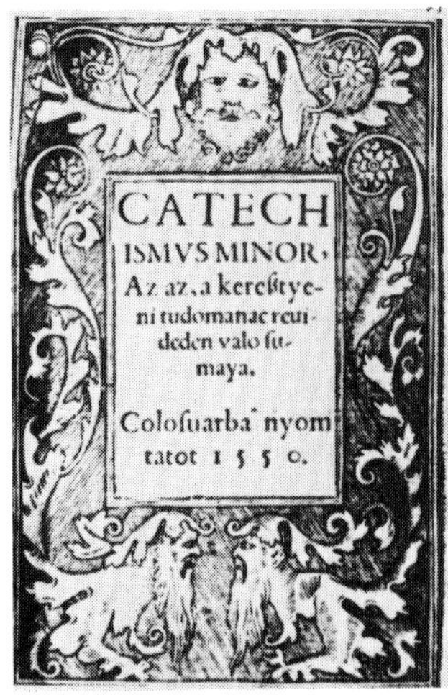

2

38. Frontispices de livres imprimés en Transylvanie *1)* Augustinus, Aurelius: *Sententiae ex omnibus operibus divi Augustini decerptae.* (Corona) MDXXXIX (Honter) (RMNy 30.); *2)* (Heltai Gáspár transl.): *Catechismus minor, az az a keresztyeni tudomanac reudideden valo sumaya.* Colusuarba 1550 (Heltai et Hofgreff) (RMNy 86); *3)* Tinódi Sebestyén: *Cronica, Tinodi Sebestien szörzese.* Colosvarba, 1554 (Hofgreff) (RMNy 109); *4)* Werbőczy István: *(Magyar) Decretum, az az, Magyar és Erdély országnac Töruény könyue.* Heltai Gaspartol wyonnan meg nyomtattot. Colosvarot, 1571 (RMNy 307)

3

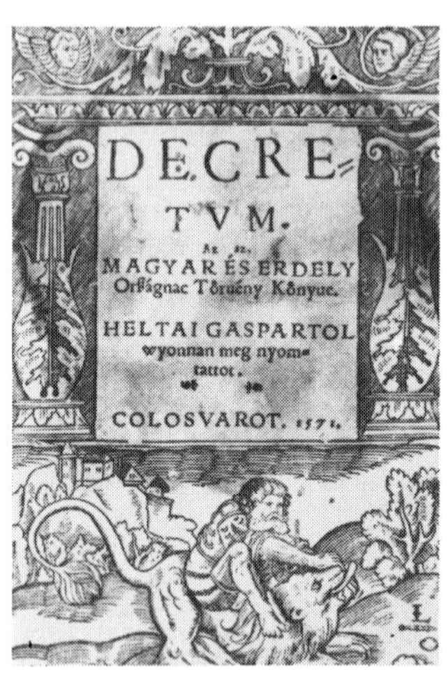

4

39. Reliure d'un livre de Pál Bánffy, avec les portraits de Luther et de Melanchthon, 1569

1

2

3

40. Les premiers textes imprimés en roumain: traduction roumaine partielle de la Bible commandée par le bourgmestre de Brassó Johann Benkner à des fins liturgiques. *1)* *[Tetroeuangel]* 1561. Coresi si Tudor). Frontispice (RMNy 168 OSzK); *2)* (Palia] 1582 [Orăştie], Şerban şi Marien). Traduit par Mihály Tordasi, évêque des Roumains calvinistes de Transylvanie. Frontispice (RMNy 519 OSzK); *3)* Monogramme du premier imprimeur roumain, maître Filip dans l'évangéliaire de Szeben, 1546 (Gutenberg Jahrbuch, 1966)

41. Etienne Bocskai. Taille-douce, 1605-06

1566, il y a été créé une frontière commerciale et douanière efficace. Nous avons peu de données sur le volume du trafic, mais son importance semble être prouvée par les recettes du trentième de Zilah, d'ailleurs de second rang, qui étaient de 929 florins en 1588. Naturellement, aussi bien les Turcs que le Royaume de Hongrie surveillaient leurs nouvelles frontières : pour les marchands qui partaient de Transylvanie en direction de l'Ouest en traversant la Plaine hongroise, il y avait deux nouvelles frontières sur le territoire qui constituait auparavant la Hongrie et ils devaient payer des droits à quatre nouveaux postes de douane.

Avec la détérioration des relations commerciales, l'importation du capital étranger diminua elle aussi. Parmi les mines qui se trouvaient sur le territoire de la Transylvanie, les plus rentables étaient les mines de sel qui se trouvaient, outre Vízakna, Dés et Torda, aussi dans le Máramaros où elles étaient également très riches. Au début du XVIe siècle, c'est la banque Fugger, mondialement connue, qui tente de prendre à ferme la gabelle transylvaine mais, pendant les guerres de 1528-29, Gritti accapare ce riche commerce puis, après sa mort, Jean Ier réussit à faire appel à des hommes d'affaires bavarois. Après 1541, et pour une longue période, seuls des entrepreneurs locaux aux modestes capitaux exploitent les mines de sel.

Le même sort attendait les mines d'or des Monts Métalliques réouvertes par Gritti : après des débuts prometteurs, l'intérêt alla diminuant. A l'époque d'Etienne Báthori, d'obscurs entrepreneurs italiens se trouvent à leur direction (les hommes de Biandrata ?). Nous avons peu de données sur l'exploitation, au XVIe siècle, des autres matières premières (fer, mercure) qui prendront plus tard de l'importance.

La prudence n'est pas la seule raison pour laquelle le capital occidental boude le bassin des Carpates devenu champ de bataille. Les Fugger, autour de 1546, ont renoncé à l'affermage des mines de cuivre de la Haute-Hongrie, pourtant relativement bien protégées. Le commerce sur l'Atlantique, les épices des Indes de l'Est, les métaux précieux venant d'Amérique du Sud promettent un profit plus grand et plus rapide. Témoin, l'entreprise américaine des Fugger. Ce qui touchait le plus douloureusement la Hongrie, c'était que la richesse des trésors aztèques et incas faisait considérablement diminuer le poids des mines d'or européennes : la Transylvanie en fit l'expérience directe.

Entre-temps, la « révolution des prix » qui s'était parallèlement développée à la suite de l'afflux de l'or hispano-américain, du développement de l'industrie européenne et de l'augmentation soudaine de la population urbaine, atteignit également le bassin des Carpates. Cette région, dans la division internationale du travail, était placée parmi les grands exportateurs de produits alimentaires et de matières premières. L'article d'exportation le plus important était le bétail. Son prix tripla entre 1520 et 1580 ; celui du vin quadrupla ; le prix des céréales qui, en fait, étaient réservées à la consommation intérieure, quintupla dans le seul but de permettre l'équilibre de l'économie !

La lointaine et petite Transylvanie ne connaît que le revers de ce progrès. Seuls les Saxons avaient appris les méthodes agricoles plus modernes. Par contre, les Sicules venaient seulement de commencer à appliquer la méthode d'assolement triennal. Dans l'ensemble de la Transylvanie, l'intérêt pour la production des légumes et des fruits ne s'éveilla qu'à la fin du siècle, et les Transylvains ne faisaient que les premières expériences d'utilisation des étables et de la production fourragère.

Les céréales ne pouvaient être exportées en raison des grandes distances et de la direction d'aval des fleuves navigables. Le bétail de la Plaine était meilleur que celui de la Transylvanie, et aussi plus près du marché, le vin avait pour concurrent celui des monts de Tokaj qui commençait justement à devenir célèbre, tandis que les mines de sel de Cracovie avaient l'avantage d'être mieux placées.

Ainsi la balance du commerce extérieur de la Transylvanie restait négative et ne pouvait compenser le prix des produits manufacturés (tissus, outils, armes, articles de luxe) même en diminuant le volume de l'importation. L'exploitation de l'or aidait, il est vrai, quelque peu mais, justement en raison de la concurrence des métaux venant d'Amérique du Sud, elle ne subsistait qu'avec peine puisqu'une inflation continue faisait baisser la valeur de la monnaie d'or. Dans le pays, au cours de la deuxième moitié du siècle, on promulgua l'une après l'autre des lois — inapplicables — de réglementation des prix.

Les habitants de la Transylvanie du XVIe siècle, s'ils ne voulaient pas rester à contempler passivement leur propre déchéance, devaient lutter durement pour l'amélioration des conditions.

Les villes saxonnes et hongroises

Le réseau urbain de l'ancienne Hongrie était pauvre et les villes petites. Cependant, dans la Transylvanie proprement dite, il y avait un nombre de villes relativement élevé : en dehors des principales villes saxonnes (Brassó, Szeben, Medgyes, Segesvár, Szászváros, Beszterce), Kolozsvár, Dés, Torda, Marosvásárhely et Gyulafehérvár avaient été gratifiées, pour une période plus ou moins longue, de privilèges. Le Partium se trouvait déjà plus proche de la moyenne hongroise : ses deux agglomérations principales, Várad et Debrecen, n'avaient pas le statut de ville à part entière, tandis que Nagybánya profitait des privilèges des villes minières.

Avec les difficultés survenues dans le commerce avec l'Occident et avec l'élimination de la concurrence des autres villes de Hongrie (Kassa, Buda et Pest), le poids économique de la bourgeoisie saxonne augmenta automatiquement : de plus, après l'union des trois « nations », leur autonomie, auparavant à caractère local, devint l'un des principaux pilliers de l'ordre politique du nouvel Etat.

Il est vrai qu'à ce moment-là, la majorité du peuple saxon était encore rurale, mais la direction se trouvait entre les mains d'une minorité habitant dans les villes. Les chefs de l'*Universitas Saxonum* étaient toujours le « juge du roi » de Szeben et le maire de Szeben (en même temps comes des Saxons) et, tout comme eux, les dirigeants des autres chefs-lieux et villes étaient tous des patriciens, tous des officiers élus. Les corporations des villes contrôlaient les artisans des villages, le commerce était le monopole des villes qui avaient le droit de tenir le marché. L'élite de la société provenait des grandes familles de marchands (Haller, Rapolt, Armbruster, Offner, Lulay) et rares étaient les manifestations du mécontentement social (par exemple, la révolte contre les Hongrois, en 1556).

Dans le monde des métiers, le rôle de la Hongrie fut repris, au moins en partie, par les artisans saxons. Au milieu du XVIe siècle, à Brassó, on comptait déjà 19 corporations inscrites, tandis qu'à Szeben, il y en avait 28 avec 30 métiers différents. Ce fut à Brassó qu'à partir des années 1570, commença à fonctionner la première manufacture de tisserands de l'Europe du Sud-Est.

Les villes saxonnes se développaient, même dans ces temps difficiles : les maisons devenaient plus belles, les constructions en bois étaient remplacées par des bâtisses en pierre ; les orfèvres et joailliers saxons réalisaient de merveilleuses œuvres d'art pour les clients riches. Il est vrai que la guerre incitait les gens à acheter ces trésors susceptibles d'être cachés et emportés sans difficulté.

Par contre, la population de ces villes augmentait à peine. Vers la fin du XVIe siècle, la population de Brassó passa de 7 000 à environ 9 000 habitants, Szeben n'atteignait même pas les 6 000, les autres villes se cantonnaient entre 2 et 3 000 habitants. Une des raisons de cette faible augmentation était la tradition saxonne de vivre en communautés fermées. Les artisans et commerçants hongrois n'avaient pas le droit de s'y installer et les relations familiales extérieures les rattachaient plutôt aux Allemands de Hongrie et même de l'Empire. Cette manière de penser qui était, à l'origine, celle d'un Ordre au statut spécial, prit un nouveau contenu politique au cours des années qui avaient suivi Mohács : parti pris pour la cause des Habsbourg et limitation volontaire du nombre des citoyens. Et il y avait une circonstance autrement plus grave : le réseau de villes relativement important de la Transylvanie n'avait derrière lui qu'un pays fort peu peuplé et économiquement faible. Le vide causé par la séparation fut rapidement comblé par les artisans locaux, mais aussitôt après se manifestèrent toutes les conséquences de l'isolement économique par rapport à l'Occident : les prix élevés et le manque d'argent, l'affaiblissement des relations avec les partenaires traditionnels, la Moldavie et la Valachie. Ainsi, l'essor des débuts prit rapidement fin.

Entre-temps, de nouveaux concurrents avaient fait leur apparition : il s'agissait des marchands grecs, turcs, arméniens, roumains et rasciens venant de l'Empire ottoman. Les droits d'étape ne constituaient plus aucune protection à l'égard de leurs marchandises bon marché et d'utilisation courante, surtout parce que ces « marchands » évitaient souvent les routes obligatoires. Les données citées de la douane de Karánsebes s'expliquent par leur passage.

Les autres concurrents étaient les citoyens non-saxons. Il est vrai que les villes hongroises (Dés, Torda, Marosvásárhely, Gyulafehérvár) ne disposaient pas du droit d'étape, et elles se trouvaient souvent éloignées des principales voies marchandes. Néanmoins, Kolozsvár, cette agglomération saxonne qui devint peu à peu hongroise, se retrouva, au moment de la création du nouvel Etat dans une position clef en ce qui concerne le commerce : les deux routes qui menaient de la Transylvanie vers l'Ouest (vers Kassa et Várad) y avaient leur point de départ. Les commerçants de la ville profitaient de cette situation et en retour de leurs bénéfices accrus — mais aussi par animosité envers les Saxons —, ils se montrèrent fervents partisans des Szapolyai. En récompense, la reine Isabelle leur rendit le droit d'étape en 1558, droit qui leur avait été enlevé en 1437 à cause de leur ralliement à la jacquerie. Les concurrents venus des Balkans, qui étaient si désagréables aux Saxons, faisaient le bonheur à Kolozsvár : les marchandises amenées par eux en Transylvanie, en contournant Szeben et Brassó, étaient vendues sur le marché animé de Kolozsvár. Les décisions que les Saxons réussirent à extorquer à plusieurs reprises à la Diète (1556, 1560, 1571, 1591) pour contrôler le mouvement des commerçants arméniens, grecs, restèrent sans résultat car les autres villes intéressées résistaient à leur exécution.

La population de Kolozsvár (9 à 10 000 habitants), à la fin du XVIe siècle, dépasse celle de Brassó, la plus grande ville saxonne. Vers la fin du siècle, elle était remplie de beaux petits palais (le plus bel exemple resté intact est aujourd'hui appelé maison Wolphard-Kakas). C'étaient les constructions princières de Kolozsmonostor et de Gyalu, villages des environs, qui leur servaient de modèle, et Etienne Báthori a même commandé à des architectes italiens les plans d'une Université. Tout comme les bourgeois saxons, les citadins de Kolozsvár achetaient des meubles, des objets de style Renaissance et adoptaient également les éléments du confort bourgeois. Faute de moyens, peu de villes étaient capables de suivre le développement de Kolozsvár. Deux agglomérations étaient du nombre : Várad qui, d'évêché à l'origine, devint, après 1556, *civitas* princière et Debrecen qui, propriété d'un riche seigneur, gardait son statut de bourgade *(oppidum)* avec à sa tête une administration à autonomie limitée.

Várad était un des centres traditionnels de la région à l'est de la Tisza, une des étapes importantes de la route Vienne—Kolozsvár où, en plus, de grands travaux de fortification commencèrent en 1540 pour durer jusqu' à la guerre de 15 ans. Nous n'avons pas de données exactes, mais nous savons que la ville passait pour riche et que de nombreux habitants de Pest, après son occupation par les Turcs, s'y étaient installés.

Il n'y a pas d'explication plausible permettant de comprendre le rapide développement de Debrecen. Sur un lieu géographiquement sans importance, cette agglomération d'une région peu fertile de la Grande Plaine payait, au XVIe siècle, l'impôt pour 1 300 *portae,* ce qui nous permet d'évaluer sa population à 20 000 habitants. Non seulement en Transylvanie, mais dans le Royaume de Hongrie lui-même, il était impossible de trouver une ville qui approchât ce chiffre !

Dans la Grande Plaine, où il n'y avait pas une seule ville royale sur une distance couvrant plusieurs comitats, les villages de seigneurs qui avaient reçu le droit de tenir marché étaient devenus les points de rassemblement des serfs qui voulaient s'essayer au commerce ou à l'artisanat. Ce furent les citoyens paysans astucieux de ces bourgades *(oppida)* qui prirent conscience des grandes possibilités de commercialisation du bétail, puis du vin. Etant donné que la noblesse considérait encore comme dégradantes les occupations relatives au commerce et à l'argent et que les citadins des « vraies » villes (royales) s'intéressaient peu à ces activités bonnes pour les « vilains », l'élevage du bétail, la production viticole et le commerce des denrées alimentaires restèrent entre les mains des « paysans-bourgeois ». Debrecen acquit d'énormes surfaces et, grâce aux cheptels élevés dans la plaine de Hortobágy, proche de la ville, elle devint une grande puissance économique. Ses relations commerciales s'étendaient jusqu'á Cracovie, Vienne, Brünn, Breslau.

La participation des serfs dans le commerce agricole au niveau européen est un phénomène unique en son genre. Le blé polonais, autre article important des contrées de l'Est provenait des fermes des nobles où le manque de main-d'œuvre était compensé par une augmentation exagérée de la corvée. Le résultat en fut que la noblesse assurait ainsi sa suprématie pour plusieurs siècles et elle consacrait, du même coup, l'immobilisme de la société. En Hongrie, par contre, le renforcement économique des « bourgades » laissait entrevoir une production mercantile paysanne qui se serait substituée à celle des nobles. Le système de propriété foncière féodale était déjà entamé par le fait même que les terres abandonnées par les serfs appauvris (il arriva parfois que des villages entiers se dépeuplèrent totalement) étaient affermées aux habitants des bourgades qui, outre le fermage, ne payaient aucune redevance féodale aux seigneurs.

Après la division du pays à la fin des années 1520, le territoire de la Grande

Plaine, où s'étaient formées ces riches bourgades, devint un terrain d'opérations des Turcs. Buda une fois tombée, cette région fut découpée en plusieurs morceaux et passa sous différentes autorités. D'incessantes guerres frontalières, la maraude, même en temps de paix, constituaient autant d'entraves à la bonne marche de l'économie. La double imposition de la zone frontalière était plus que lourde, et à certains endroits il fallait y ajouter, de surcroît, la rivalité entre la Transylvanie et les Habsbourg. Debrecen, le centre économique de l'Est de la Plaine, en dehors des services dus aux seigneurs, versait simultanément des impôts, à partir de 1567 à Gyulafehérvár (3 200 florins par an), à Constantinople (2 000 florins) et à Pozsony (1 000 florins).

Néanmoins, cela ne menaçait pas, pour le moment, la vie des bourgades. Les trois *oppida* les plus importants (Gyula, Simánd, Békés) de la région de Békés, se trouvant dans l'enclave entre la Transylvanie et les territoires occupés par les Turcs, étaient, jusqu'au milieu du XVIe siècle, véritablement florissants. Les paysans-bourgeois payaient le neuvième en argent comptant, leur corvée était de loin plus légère (un jour par semaine) que celle définie par la loi de 1514; les revenus en argent des domaines seigneuriaux, provenant en premier lieu des haras de chevaux et des cheptels de bétail des paysans-bourgeois, montaient à plusieurs milliers de florins.

Quoique nous ne disposions pas de données précises concernant les *oppida* transylvains, nous avons toutes des raisons de croire que leur sort était analogue. Néanmoins, il ne faut pas considérer cette effervescence de la vie des bourgades, qui a probablement duré presque jusqu'à la fin des dernières décennies du XVIe siècle, comme un phénomène uniquement économique. Le continuel état de guerre, les multiples impôts, l'arbitraire des seigneurs soucieux seulement de leurs droits féodaux sont à l'origine de la migration des serfs des villages : la principale direction de leur fuite était les agglomérations plus importantes, les bourgades, qui leur semblaient plus sûres. Les plus riches, en revanche, venaient justement de les quitter : par exemple, les citoyens de Szeged, après 1552, déménagèrent à Nagyszombat, Kassa et Debrecen.

Ce processus, qui passait par plusieurs étapes, eut des conséquences néfastes pour la Transylvanie. Une plus grande distance des marchés occidentaux, des pâturages plus réduits que ceux de la Grande Plaine, des vins de qualité inférieure à ceux de Tokaj, une économie relativement arriérée et, surtout l'emprise pesante des villes saxonnes mettaient d'inévitables entraves au développement de la production paysanne. Les Saxons étaient les tout premiers, en profitant de leurs privilèges acquis dans le système des trois « nations », à empêcher les rares tentatives effectuées pour faire évoluer cette situation. Par exemple, Brassó, au début des années 1520, avait réussi, après des démarches juridiques qui durèrent des années, à ce que le droit de tenir un marché soit retiré à Sepsiszentgyörgy. C'était uniquement dans des circonstances particulières qu'un redressement pouvait réussir : Torda et Dés, situées non loin des riches mines de sel, réussirent à obtenir le titre de bourgade et, à l'époque de la Principauté, elles étaient même considérées comme villes. Cependant, si elles avaient cette possibilité, c'était parce qu'elles étaient, durant toute cette période, propriétés royales-princières. Une autre fausse bourgade était le lieu de marché le plus important de la Transylvanie non saxonne : Marosvásárhely, le centre économique de la « nation » sicule.

La diminution des bourgades de la Grande Plaine et la fuite des paysans

embourgeoisés signifiaient donc qu'au moment même de sa naissance le nouvel Etat perdit la couche de population qui, sur le plan socio-économique, était probablement la plus dynamique. Les possibilités de développement des villes spécifiquement hongroises vivant de la production agricole disparurent. Le roi Jean Ier pouvait encore compter avec les paysans-bourgeois en tant que force économique non négligeable : il décréta Lippa ville royale libre (1529) et, à la place des citadins allemands qui avaient fui Buda et Kassa, il fit venir des paysans-bourgeois hongrois (1529, 1538). Il rétablit le droit de libre déménagement enlevé aux serfs en 1514 (1530, 1536). Il semble qu'il reçut en échange une aide financière et morale. Par contre, ses successeurs ne se préoccupaient plus des affaires des paysans-bourgeois. Le libre déménagement cessa, petit à petit, d'être un droit. Debrecen fut la seule ville qui connut un essor spectaculaire; les bourgades, démographiquement et économiquement plus faibles, restèrent des agglomérations petites: en 1569, Tasnád comptait 319 unités d'imposition *(portae)* Kraszna 281, ce qui signifie que leur population atteignait au maximum 4 000 habitants.

Les serfs

En Transylvanie plus tard que dans les autres régions hongroises, la couche des serfs, au sens classique du terme, apparut dans les dernières années du XIVe siècle. Cependant, dans le nouvel Etat en gestation, la paysannerie se divisait en plusieurs couches ou groupes fort différents les uns des autres. Il a déjà été question des paysans-bourgeois de l'Est de la Plaine devenu partie intégrante de l'Etat de Transylvanie ; mais les droits des paysans saxons libres et des Sicules, soumis à l'obligation du service militaire, étaient également différents de ceux des serfs qui étaient traditionnellement divisés en trois catégories : serfs tenanciers *(iobagiones)*, affranchis *(libertini)* et sans tenures (*inquilini* = «zsellér», approx. : brassiers). Chez les serfs tenanciers, les fluctuations démographiques, la qualité de la terre, les aptitudes et, de temps en temps, la chance ont toujours constitué des facteurs propres à créer des différences. On assiste dès le XVe siècle, dans les comitats plus développés, à un morcellement caractéristique des tenures serviles. Par contre, dans les villages de Transylvanie, la proportion des manses entiers, même au milieu du XVIe siècle reste importante: 35% dans le domaine de Szamosújvár, 65% dans la région de Kővár, 60-90% dans le domaine d'Erdőd du Partium. La raison essentielle en fut en premier lieu la densité relativement faible de la population. Il n'est guère possible d'évaluer les exploitations en fonction de la superficie des terres, étant donné l'importance de l'élevage (ovins et bovins) nécessitant plus d'espace que l'agriculture, mais dont la proportion dans les activités rurales nous reste inconnue.

Affranchi veut dire: paysan exempté d'une partie ou de la totalité des services dus aux seigneurs, ou serf affecté au service personnel des seigneurs ou exerçant quelque métier important (pêcheur, boucher) puis, finalement, les «dirigeants» des villages et des communautés rurales (maire, voïvode, krainik).

Le troisième groupe, celui des *zsellér* (sans tenure), est lui aussi assez varié. Dans la plupart des domaines, relevaient de ce groupe les pauvres paysans sans terre, les derniers arrivés. Mais on considérait également comme *zsellér* les habitants des bourgades qui, travaillant dans le commerce des bœufs ou comme vignerons, avaient pour cette raison renoncé à leur terre : ceux-ci, par contre, comptaient sans aucun doute parmi les plus riches. Les lettrés d'origine paysanne *(litterati)* qui travaillaient dans les domaines ou dans les bourgades étaient eux aussi classés dans ce même groupe.

La différence entre le serf tenancier et l'affranchi n'avait pas de critères de fortune, tout comme avec le *zsellér* : mais les prestations dues au seigneur par ce dernier étaient plus faibles. Les services à fournir étaient réglementés par un contrat, leur dîme et leurs cadeaux pouvaient être rachetés selon un accord préalable. L'abondance relative en terres a retardé non seulement le morcellement des tenures, mais aussi le processus de formation du groupe social des *zsellér* : alors que, dans la Hongrie des Habsbourg, 25% des serfs étaient déjà considérés comme *zsellér,* en Transylvanie, y compris le Partium plus développé, cette proportion variait entre 5 et 20%.

Les charges d'Etat et seigneuriales qui incombaient aux serfs étaient aussi fort variées. La taille était fixée pour l'ensemble du village et le maire avait la charge de la répartir entre les familles. La base de l'imposition était soit le nombre des tenures, soit le nombre des bœufs de labour. Il arrivait que la taille fût dépassée par d'autres impôts directs dus au seigneur, ce qui faisait que les sommes à payer variaient selon les régions. Le point commun était que les charges restaient en général inférieures à 1 florin par *porta,* stipulé par la loi de 1514. Il semble que même la dévalorisation de l'argent soit restée sans effet : la taille levée sur la bourgade de Tasnád, de 1000 florins en 1569, demeurait inchangée en 1589 et les recettes des tailles du domaine de Kolozsmonostor étaient de 180 florins en 1599, chiffre identique à celui de 1580.

Le système des redevances en nature *(munera)* était lui aussi variable : l'avoine était partout exigée, le blé la plupart du temps, mais les redevances en volaille, porcs, moutons, œufs, miel, légumes, fruits, bois étaient des plus variables. De plus, ces charges accusent, jusqu'à la fin du siècle, une lente tendance à l'augmentation.

Le neuvième *(nona)* était un impôt moins influencé par les habitudes locales. La Diète transylvaine de 1549 s'était déclarée favorable à la loi sur le neuvième de 1514 qui, à l'époque, comptait pour une nouveauté. Malgré cela, nous le retrouvons, jusqu'à la fin du siècle, dans les seuls comitats du Partium, et il n'y atteint pas la proportion de 1/10 pourtant prescrite par la loi. Plus tard, la perception du neuvième se fait plus stricte : dans le domaine de Gyalu, son prix d'affermage passe de 4-500 florins en 1526-27 à près de 2000 florins en 1562.

Jusqu'au début des années 1540, la dîme garde sa fonction primitive : elle reste perçue par le clergé. Elle était appliquée à presque tous les produits, qu'il s'agisse des céréales, des fruits, du vin ou des porcs. Les changements survenus ultérieurement furent dictés par les nécessités de la politique : il y eut tout d'abord les revenus de l'évêché de Gyulafehérvár, resté vacant en 1542 puis, à partir de 1556, les dimes de l'évêché de Várad, qui devinrent impôt d'Etat. (La Réforme n'en fut que la cause secondaire.) La dime était toujours affermée, en général directement aux seigneurs concernés.

La pratique de la corvée n'était et ne pouvait être unifiée. Les Ordres de Transylvanie représentaient le vieux point de vue selon lequel les rapports entre le seigneur et ses serfs ne concernaient qu'eux. Ils y tenaient d'ailleurs à tel point qu'ils ne promulguèrent aucune loi réglementant la corvée et ne se référaient même pas à la loi de 1514 stipulant la corvée d'un jour par semaine due au seigneur. Dans une partie des domaines, la corvée était comptée par chef de famille, dans d'autres, elle était fonction du nombre de charrues ou des bœufs de labour. Dans la deuxième moitié du siècle, les exigences se font plus lourdes. En 1508, dans le domaine de Fogaras, la corvée consistait encore dans le seul fauchage pendant deux jours, et dans le transport de deux charrettes de bois. En 1570, il fallait ajouter à cela trois journées de corvée à la moisson et, en 1596, les paysans manifestent leur mécontentement en raison des travaux à effectuer sur la réserve seigneuriale.

Dans les « bourgades » du Szilágyság, sous la domination des Drágffy, ainsi à Csehi, en 1556, on n'entend parler que de corvées attelées pour les chantiers des châteaux forts d'Erdőd et de Kővár, mais le nouveau seigneur György Báthori exige déjà d'importantes corvées à charrues pour la moisson et, pour tirer les choses bien au clair, il supprime les charrues propres de la réserve. Dans une autre propriété de Báthori, à Béltek, également héritée des Drágffy, de nouveaux ordres stipulent que tous les travaux sur la réserve soient faits par corvée ; ainsi, dans les vignes, qui étaient auparavant cultivées par des salariés agricoles, c'est désormais des paysans en corvée qui travaillent et, qui plus est, le travail obligatoire n'est plus limité : « selon la possibilité » *(pro facultate)*, chacun doit venir travailler.

Vers la fin du siècle, ce « pro facultate » est devenu un travail obligatoire sans limitation et généralisé dans toute la Principauté. Ce n'est plus la durée du travail qui est fixée, mais le travail à exécuter. Dans certains domaines, on va jusqu'à exiger un service obligatoire tous les trois jours, triplant ainsi les prescriptions de Werbőczy (1514) qui, à l'époque, semblaient être une exagération fantastique. Entre-temps, un autre travail obligatoire incomba aux serfs. Les frontières du nouvel Etat, en raison des guerres continuelles, devaient être renforcées. Pour construire des forteresses (et des palais), il fallait une main-d'œuvre nombreuse : le « service au château » fait son apparition et il deviendra bientôt une obligation sans limite, toute pareille à la corvée traditionnelle.

La disparition des garanties juridiques (droit de migration, obligations fixées) et l'augmentation des charges n'entraînèrent cependant pas l'appauvrissement général car, dans la Transylvanie entourée de hautes montagnes difficiles à contrôler et où il y avait encore des réserves en terres, même la force brutale ne put venir à bout de certaines méthodes d'autodéfense, comme la fuite des serfs, vente et achat des terres paysannes avec l'autorisation du seigneur, qui amena finalement la vente libre des terres achetées et des terres en friches. C'est par ce biais que les serfs parvenaient à supporter, parallèlement aux charges seigneuriales, les impôts d'Etat qui allaient également en augmentant.

Le système unifié de la « dica », qui était l'impôt direct à l'Etat, ne changea que petit à petit. En 1543, les serfs qui avaient une fortune équivalant à trois florins puis, à partir de 1552, à 6 florins, le payèrent jusqu'à la fin du siècle par *porta*, ce qui, à l'époque, ne signifiait plus un manse de serf ; ce n'était rien d'autre qu'une unité de calcul théorique. Selon toute probabilité, ce chiffre était calculé sur la force de labour : 6 florins étaient le prix d'une paire de bœufs. L'impôt lui-même était, en général, jusqu'aux années 1540, de 1 florin par *porta*, en 1545, de 60 deniers seulement, en 1555, de 1 florin de nouveau puis, finalement, après 1556, il devait se fixer autour de 2 florins annuels. Mais, indépendamment de cela, à partir des années 1540, il fallait lever un impôt séparé pour la construction et l'entretien des forteresses, pour couvrir l'impôt d'Etat à payer aux Turcs et, d'une manière générale, pour « l'aide militaire » ; la somme totale dépassa bientôt les 3 florins par *porta*.

L'obligation partielle, pour les serfs, de faire le service militaire (un sur 8-16 chefs de famille était concerné) est elle aussi restée en vigueur. István Báthori, en 1575, donna même un cadre nouveau à « l'armée de la glèbe » en introduisant deux revues militaires annuelles. L'institution ancestrale de *l'insurrectio* fut maintenue mais, dans les années soixante du siècle, elle disparut petit à petit, les diètes « l'oublièrent » et, même à l'époque de la guerre de Quinze ans, qui commença en 1593, elle ne fut pas rétablie.

L'art militaire moderne exigeait surtout une armée bien formée, toujours prête à intervenir. C'est la raison pour laquelle, à partir du corps d'armée des serfs, sera bientôt formée une nouvelle couche d'affranchis (« trabans ») qui seront, au fur et à mesure, libérés des services dus au seigneur. C'était une armée peu coûteuse qui pouvait être mobilisée à chaque instant et à laquelle, du moment qu'elle ne restait attachée ni aux serfs ni aux seigneurs, les princes avaient volontiers recours.

Ainsi, la vie des serfs devint plus difficile à partir des années 1550. Le paysan moyen de Transylvanie qui, jusqu'à présent, n'avait pas à s'intégrer dans la production et l'économie marchandes, s'éloignait désormais de plus en plus de cette possibilité. Il vivait en tant que témoin passif sinon victime de la grande catastrophe hongroise du XVIe siècle et de la naissance du nouvel Etat. Le serf ne devint pas un facteur susceptible d'influencer la politique, même les paysans-bourgeois de la région de la Tisza ne parvinrent pas à s'imposer comme tels.

Les Roumains

La guerre contre les Habsbourg et la conquête turque tracèrent la frontière ouest de l'Etat transylvain de telle façon que les régions habitées par les Roumains, qui, auparavant, étaient situées dans l'ancien Royaume de Hongrie, se retrouvaient désormais dans le nouveau pays. L'évolution du mode de vie des Roumains, qui abandonnèrent l'élevage transhumant pour le travail de la terre, se poursuivit au XVIe siècle et cela entraîna parfois un changement de religion et de langue. On observe une assimilation lente, sans violence, qui rend difficile de suivre les traces des Roumains devenus des serfs de type classique.

L'immigration en provenance des Principautés roumaines, devenue importante dans le dernier tiers du XVIe siècle, eut un effet opposé à l'intégration. Avec la désagrégation de la Hongrie médiévale, les Principautés perdirent un voisin qui, il est vrai, exigeait une obédience de vassal mais était en même temps capable de servir souvent de contrepoids à la Porte. De viles luttes intestines commencèrent dès lors pour les trônes des pays roumains abandonnés à leur sort. La Porte, profitant de la situation, ne cessait de serrer la vis : en Moldavie ainsi qu'en Valachie, il y avait en permanence des troupes turques en garnison, le titre de voïvode était octroyé à celui qui promettait le plus haut tribut. (En Valachie, sur une période de 64 ans, il y eut 19 voïvodes dont seulement 2 devaient mourir de mort naturelle.) La fuite des bergers et des paysans devant l'impôt qui devenait de plus en plus lourd, devint une pratique courante.

Les nouveaux venus suivaient les routes ancestrales, sur les flancs des montagnes de la Transylvanie. Mais la population de ces régions, au cours des derniers siècles, avait augmenté. Ainsi, la nouvelle vague de migrants s'arrêtait sur les prés de moindre qualité jusque-là utilisés à titre provisoire, et se mettait à défricher de nouveaux territoires. Une bande continue de régions habitées par des Roumains se forma depuis le Máramaros, à travers le bassin de Belényes et les cimes enneigées de Gyalu, vers le comitat de Hunyad, jusqu'au

Szörénység et Fogaras. « Auparavant, il y avait peu de villages roumains, mais leur nombre, dans les montagnes, a maintenant considérablement augmenté, du fait que, face à la ruine des contrées plates, les régions montagneuses se sont beaucoup développées », écrit, en 1602, Zacharias Geizkofler, un commissaire de l'Empereur.[9]

La recherche de nouveaux lieux et l'installation se faisaient généralement de façon organisée : les migrants étaient conduits par des kenéz ou voïvodes qui négociaient avec le nouveau seigneur les places et les redevances. Au moment de la fondation des nouveaux villages, le roi aussi bien que les seigneurs donnaient des facilités provisoires : l'augmentation de la main-d'œuvre était de l'intérêt de chacun.

Mais le mode le vie des Roumains était encore essentiellement pastoral et assurait, par conséquent, un pain plus maigre ; d'autre part, aux fins du labour qu'ils devaient faire pour les seigneurs, les nouveaux venus ne disposaient que du restant des terres d'une qualité inférieure. De plus, les paysans de Moldavie et de Valachie étaient plus arriérés du point de vue technique : face à l'économie d'assolement triennal qui se généralisait peu à peu dans toute la Transylvanie, chez eux c'était toujours l'alternance simple (labour-pâture) qui dominait. Le paysan roumain se retrouvait donc d'emblée, en Transylvanie, parmi les plus pauvres.

Au Moyen Age, on ne se préoccupait guère de la langue que parlaient les serfs. Il y avait des villages saxons, hongrois et roumains *(possessio hungaricalis, saxonicalis et valachicalis)*, mais ceci était une différenciation valable uniquement sur le seul plan de leur statut et de leurs charges. L'origine n'était, certes, pas sans influencer le « statut » des serfs, mais on ne saurait pas pour autant dire que la population rurale était ethniquement articulée.

Les villages roumains jouissaient d'un seul avantage par rapport aux villages hongrois ou saxons : comme ils n'étaient pas de religion catholique, il était impossible d'exiger d'eux la dîme. Tout au plus, cette redevance était-elle exigée des Roumains catholiques assimilés ou — en vertu des lois de 1559 — des Roumains installés sur des terres dont les habitants avaient auparavant coutume de payer la dîme. Leurs désavantages étaient, par contre, aggravés par certaines redevances particulières qu'ils étaient les seuls à verser. C'est en fournissant du travail qu'ils payaient généralement leurs kenez et voïvodes et, en souvenir des temps où ils étaient encore bergers, ils fournissaient au seigneur du fromage blanc (brînză) et payaient l'impôt en animaux vivants : le quinquagesima (cinquantième), sur les moutons, ou bien le « strunga », impôt sur la bergerie, ou encore le « tretina » (impôt sur les bœufs de deux ans). Cependant, vers la fin du XVIe siècle, le traditionnel cinquantième disparut.

Les paysans roumains du domaine de Fogaras se trouvaient dans une situation particulière : ils ne payaient pas l'habituel cinquantième, peut-être en raison de la longue suzeraineté dont avaient joui ici les voïvodes de Valachie. Par contre, ils payaient aux « boyars » et ces derniers au seigneur une « taxe en poisson », ainsi qu' une « monnaie en argent ». La dénomination du serf n'y était pas non plus l'habituel « colonus », « iobagio » mais, sur le modèle de la Valachie, « vecin ».

Il n'y eut aucun changement dans la situation sociale des dirigeants des communautés roumaines. Les voïvodes, « kraïnik » et « kenéz », qui étaient issus de leurs propres rangs, correspondaient aux maires (« juges ») des villages

[9] *MR* I.513.

hongrois et saxons. Plusieurs villages formaient des espèces de rayons dont les chefs étaient également appelés voïvodes ou «kraïnik». Ils avaient le statut d'affranchi : d'une part, ils étaient assujettis à des redevances symboliques au seigneur (taxe du chevreuil et de l'épervier), d'autre part, ils recevaient de la part des populations de leurs villages des denrées alimentaires ainsi qu'une redevance en travail. C'était seulement dans les plus anciennes agglomérations qu'ils parvinrent à une réelle ascension sociale en s'intégrant à la noblesse : c'était le cas dans la région de Hátszeg, dans le Máramaros, et dans certains secteurs de Bihar, encore qu'au XVIe siècle, cela se fît de plus en plus rare et difficile. Les Roumains devenus nobles s'intégraient rapidement dans la classe dirigeante hongroise, raison pour laquelle aucune structure féodale roumaine propre ne put se développer. La situation des «boyars» de Fogaras était elle aussi caractéristique. Ceux-ci jouissaient de la presque totalité des libertés nobiliaires et entretenaient d'étroits liens de parenté avec les familles nobles de Valachie. Mais la classe dirigeante hongroise, en raison de leur attachement à la religion orthodoxe et à la langue roumaine, les considérait comme des demi-nobles, à l'instar des Sicules.

La vie de Miklós Oláh, Roumain de Transylvanie, qui a parcouru la plus brillante carrière au XVIe siècle, illustre bien le fait que, pour s'élever, le prix à payer était de s'éloigner de la communauté roumaine. Oláh, de parents originaires de Valachie, est né à Szeben où il devint prêtre catholique et, à la fin de sa carrière, il mourut comme primat de Hongrie (archevêque d'Esztergom). En tant qu'humaniste réputé de son temps, il se considérait comme «hungarus» conscient, et ses œuvres les plus importantes traitaient de la situation de la Hongrie, d'Attila, le roi des Huns, et de Mathias Corvin. Il se faisait par là le chantre des idéaux de la noblesse hongroise.

La conscience d'identité des Roumains ne pouvait, dans ces circonstances, être que religieuse et ils considéraient l'orthodoxie grecque orientale comme le facteur déterminant de leur spécificité. Seulement, les popes roumains partageaient le sort des serfs et ils payaient un impôt symbolique au seigneur («lazsnak» ou «taxe de bure»). Leurs activités étaient contrôlées par les archidiacres ou les principaux des monastères *(igumens)* et ce fut seulement au XVe siècle qu'ils atteignirent un stade de développement qui permît une organisation plus vaste, comprenant des districts plus larges conduits par des évêques *(vlădică)* : néanmoins, leur autorité n'était déterminée avec exactitude, ni territorialement ni juridiquement. Une instance suprême de l'Eglise orthodoxe de Transylvanie ne put, jusqu'au milieu de XVIe siècle, être créée. L'Eglise des Roumains, tronquée du point de vue social et sans influence politique, resta l'Eglise des serfs.

La désagrégation de la communauté sicule

La société sicule — malgré le processus de décomposition du régime égalitaire primitif — conserva, au début du XVIe siècle, son ancien système juridique. Etaient encore en vigueur le système de communauté des terres du village, la participation commune aux guerres, l'«héritage sicule» qui revenait à la communauté en cas d'extinction, sans oublier le principal : l'autonomie. La perception extrêmement rare de l'impôt du «bœuf marqué» ne modifiait en rien le principe de l'immunité fiscale, car on le considérait comme un cadeau. La division de la société en primores, «lófő» *(primipili)* et communs, avec prédominance des premiers, était largement équilibrée par les corps de jurés et par l'institution de l'assemblée des Sicules. Mais la poussée démographique et le manque de terres faisait grossir les rangs des Sicules pauvres qui entraient au service des familles plus aisées. Cette soumission, volontaire au début du XVIe siècle, se mua en une sorte de servitude: les riches «soutiraient de l'argent», c'est-à-dire qu'ils exigeaient des redevances semblables à celles dues aux seigneurs. Plusieurs chefs sicules obtinrent des titres de noblesse ainsi que des domaines dans les comitats royaux : la génération suivante tenta de transformer en domaines féodaux l'héritage sicule et même la terre des Sicules qui avaient accepté de servir.

Les années qui suivirent Mohács virent la consolidation de cette pratique qui n'avait pas de base juridique. La Terre sicule constituait désormais une partie importante du Royaume de Hongrie orientale et les guerres incessantes exigeaient l'utilisation croissante des forces sicules. Sous le roi Jean, son administration, qui manquait d'argent, leva des impôts exceptionnels auprès des communautés sicules; par la suite, le moine György justifia cette levée par l'impôt turc.

Ce fut l'évidence du danger qui poussa les Sicules, en général vindicatifs, à accepter sans résistance que leurs droits ancestraux fussent lésés. En vertu des lois de 1554, les primores et les «lófő» furent exemptés d'impôts à la manière des nobles — il est vrai que l'exemption fut étendue à leurs serviteurs qui constituaient la couche de Sicules la plus pauvre. Par contre, tout Sicule commun resté libre était soumis à l'impôt: cela signifiait pour eux, dans la pratique, une double charge à assumer (service militaire et impôt). La reine Isabelle, après son retour de 1556, pouvait s'attendre à de longues guerres: aussi les diètes réunies dans les années suivantes votèrent-elles, l'une après l'autre, charges fiscales et service militaire obligatoire pour les Sicules. On fit, pendant un certain temps, alterner l'imposition globale de la «nation sicule» avec l'imposition fixée par *porta*.

Entre-temps — en 1557 —, la Diète vota une loi selon laquelle si deux des trois «nations» donnaient leur accord pour une nouvelle réglementation, celle-ci devenait obligatoire pour la troisième.

La liberté des Sicules communs se limitait en fin de compte à leur participation aux «assises» et à la possibilité pour ceux qui ne s'étaient pas encore engagés au service d'autrui, d'échapper à l'asujettissement féodal avec ses charges. Cependant, à partir de 1559, les officiels élus (capitaine et juge de siège) furent placés sous les ordres des «juges du roi» nommés par le souverain.

Ces lois ne faisaient en définitive que consacrer des modifications progressivement entrées dans la société des Sicules au cours des cinquante dernières années. Ainsi, les «innovations» nécessaires (en réalité : féodales) furent dotées d'une couverture juridique (féodalisation) et l'Etat reçut ce dont il avait besoin, en échange de quoi les Sicules purent conserver leur liberté personnelle.

Il est néanmoins naturel que les communs soumis à une double obligation aient protesté; leur colère se dirigea partiellement contre la couche dirigeante privilégiée. Cependant, la lenteur des modifications avait retardé l'explosion du mécontentement jusqu'à ce que des facteurs extérieurs ne fussent intervenus.

En décembre 1561, Menyhért Balassa passa du côté des Habsbourg. On avait soigneusement préparé la spectaculaire trahison, notamment en prenant des contacts avec les Sicules. Ayant reçu la promesse que les «anciennes libertés» leur seraient rendues, les Sicules, échauffés, prirent les armes au printemps de 1562. Trop tard: Jean II, à la suite de sa défaite à Hadad, avait entre-temps signé la paix avec les partisans de Ferdinand Ier. Les Sicules furent oubliés du traité et les troupes du souverain décimèrent une partie de l'armée des insurgés près de Görgény et de Nyárád, ce qui eut pour conséquence que le reste de l'armée qui stationnait près du village de Holdvilág, se dispersa d'elle-même. Plusieurs chefs insurgés furent empalés, d'autres eurent les mains, le nez ou les oreilles coupés.

A l'occasion de la Diète de Segesvár du 20 juin 1562, le roi Jean II tenta de proposer une solution au problème sicule qui s'était visiblement aggravé. Il prit tout d'abord des sanctions: en faisant supprimer la cour d'appel élue d'Udvarhely et excluant des tribunaux sicules les jurés élus parmi les communs. Il fit abolir les titres de capitaine et de juge sicules et leur charge fut remise au juge du roi. L'extraction et la vente du sel devinrent monopole d'Etat et il décréta que les Sicules traîtres au royaume perdraient leurs biens qui deviendraient propriété du roi et seraient donc retirés de la propriété commune des Sicules. Enfin, le droit d'élever quelqu'un au rang de primor ou de «lófő» revint au souverain.

Cependant, la mesure qui eut les conséquences les plus graves — non encore entérinée par la loi mais déjà mise en pratique — fut celle qui supprima l'obligation du service armé des Sicules communs, ce qui anéantissait la base juridique du principe de la liberté sicule.

Il y eut aussi des mesures favorables: en 1562, les Sicules libres devinrent un peuple serviteur du souverain, sans obligation de service militaire, exempts des charges féodales dues aux seigneurs. A l'origine, Jean II avait peut-être pris cette décision afin d'empêcher leur dégradation en serfs. Mais, quatre ans plus tard, en 1566, il abandonna ces précautions et céda par centaines les Sicules communs aux seigneurs, aux primores et «lófő» qui les traitèrent en tant que serfs et exigèrent d'eux la corvée.

Le déséquilibre que provoqua, dans l'organisation militaire transylvaine, l'éviction des Sicules communs fut rapidement compensé par leur enrôlement dans «l'armée de la glèbe» qui fonctionnait selon le principe des obligations proportionnelles par manse. Les mousquetaires ou trabants sicules y étaient appelés, en référence de la couleur de leur uniforme, «trabants rouges». Dans cette armée, le seul avantage des Sicules était que, sur la foi de leur expérience et de leurs traditions, ils étaient considérés comme meilleurs soldats que la majorité des serfs.

Sans ces dispositions, le processus de féodalisation en cours se serait sans aucun doute prolongé plus longtemps et aurait été la source de nouvelles perturbations. En effet, la liberté traditionnelle des Sicules non seulement n'était pas adaptée au système féodal, mais — comme instrument de manœuvres politiques — constituait une force centrifuge qui menaçait sérieusement l'intégrité du nouvel Etat.

Il était naturellement clair, aux yeux de tous, que les lois séculaires ne pouvaient pas être abrogées d'un seul trait de plume. Jean II avait fait construire deux châteaux forts destinés à surveiller les Sicules, toujours prêts à la révolte: Székelytámad («Le Sicule attaque») en Udvarhely et Székelybánja («Le Sicule regrette») en Háromszék. Au moment où István Báthori monta sur le trône, l'espoir de récupérer les libertés connut un regain de vitalité, d'autant plus que les notables sicules étaient eux aussi mécontents de la perte de leurs offices et du fait que plusieurs nobles hongrois s'étaient vu attribuer des terres sur leur territoire. Certains Sicules communs prirent les armes, en septembre 1571, mais furent bientôt réprimés par une force supérieure. Les

Sicules, mécontents, se rallièrent ensuite à Gáspár Bekes : en 1575, au moment où celui-ci commença sa campagne militaire, la Terre sicule se souleva de nouveau. La bataille de Kerelőszentpál et les représailles qui la suivirent eurent finalement raison du feu de la rébellion pour plus d'un quart de siècle.

La transformation, sous la pression du pouvoir d'Etat, de la société sicule touchait à sa fin. Mais le souvenir des libertés sicules ne s'éteignit pas, ce qui laissait prévoir, pour l'avenir, de nouvelles difficultés.

Le pouvoir et ses détenteurs

La Transylvanie nouvellement née souffrait de l'isolement géographique, de la dévalorisation de l'argent, de la pauvreté due aux dépenses militaires qui s'étaient entre-temps multipliées ; autant de difficultés auxquelles l'Etat devait faire face.

De « l'autre côté », c'est-à-dire dans le royaume occidental, la noblesse renflouait ses finances en s'engageant dans la production agricole et en découvrant l'exploitation allodiale. Les grandes propriétés qui, à la fin du XVe siècle, étaient pratiquement déficitaires, devaient produire, à la fin du XVIe siècle, des gains considérables.

La Transylvanie n'était pas en état de suivre cette voie. Elle ne pouvait, en raison des distances et des difficultés de transport, vendre les céréales à l'étranger (elle en avait d'ailleurs assez peu), et ne parvenait pas non plus à écouler son vin et ses bœufs ; pour cela, il aurait fallu surmonter les obstacles économiques et géographiques.

L'unique solution consistait à augmenter les bénéfices du domaine au détriment des serfs. Le recueil de lois intitulé « Tripartitum » et rédigé par István Werbőczy (1514) avait fixé le droit de propriété seigneurial sans restriction sur les terres serviles comme un objectif lointain ; vers la fin du siècle, son application était devenue une réalité en Transylvanie. On y avait créé les bases juridiques de la constitution des terres allodiales dont l'exploitation entraîna l'augmentation de la corvée. Une structure de domaine seigneurial se suffisant pratiquement à ses propres besoins fut mise en place. Ce qui était nécessaire au travail et aux ménages des serfs était déjà produit par le paysan lui-même. Maintenant, c'étaient le serf-charron, le serf-tanneur, le serf-tailleur qui pourvoyaient aussi à tout le nécessaire de la maison seigneuriale. Le manque d'argent fit en quelque sorte des céréales la mesure des valeurs. Les seigneurs faisaient tout pour en amasser le maximum (toute l'activité des exploitations était orientée vers ce but), ils n'en vendaient que rarement sur le marché. Par contre, c'était le fruit des récoltes qui leur permettait de payer leurs serviteurs, soldats et employés de toutes sortes. Le seigneur achetait du vin pour sa taverne moyennant le blé et payait avec du blé les maîtres artisans et serfs non tenanciers qui travaillaient pour lui.

Nous avons vu que, parallèlement à l'institutionalisation de l'exploitation allodiale, les services en nature avaient également augmenté. Une grande concurrence se mit en place pour l'affermage de la dîme et le nombre des moulins seigneuriaux se multipliait tout comme les débits de vins, qui constituaient un privilège ancestral des nobles hongrois. Ces deux dernières « industries » rapportaient avant tout de l'argent que le seigneur aurait eu bien du mal à se procurer autrement.

Ces possibilités n'existaient cependant qu'au-dessus d'une certaine dimension des domaines car il était extrêmement difficile de séparer une partie d'un domaine moyen ou petit pour créer une exploitation efficace. Or, la Transylvanie ne comptait pratiquement que quelques grands domaines (Fogaras, Gyulafehérvár, Hunyad, Kolozsmonostor), et même la majorité de ceux-ci étaient passés aux mains du fisc. Par contre, dans le Partium, cette région qui avait connu un développement typiquement hongrois, il y avait d'immenses latifundia. Le domaine de Szatmár, qui était l'un des enjeux de la guerre des châteaux, assurait, en 1569-1570, 18 000 forints de revenu à son seigneur, tandis que celui de Kolozsmonostor, mentionné plus haut (ancien domaine du clergé) rapportait seulement 1 800 forints. Les quelques familles d'aristocrates qui possédaient des châteaux et domaines dans le Partium (Báthori, Balassa, Drágffy, Perényi) jouissaient, face aux Transylvains, d'un avantage financier absolu, avantage qui, dans le nouvel Etat, allait peser son poids.

Les difficultés de leur vie économique et leurs sympathies pour les Habsbourg avaient rendu les Saxons passifs en politique. La communauté sicule, dans son processus de désagrégation, avait perdu, en raison de ses luttes internes et de ses continuelles révoltes contre le gouvernement, tout pouvoir politique. Et la place de ceux qui s'écartaient ainsi de la scène publique ne fut pas occupée par de nouvelles forces : en effet, les *oppida* de la région de la Tisza avaient rapidement cessé de développer sans s'être assuré de droits politiques. Les bourgeois hongrois de Kolozsvár ne pouvaient remplacer à eux seuls les Ordres des villes de l'ensemble du pays.

La noblesse, qui avait stabilisé sa situation économique, restait pratiquement sans «concurrents». La Transylvanie indépendante naquit comme un pays féodal archaïque et le restera par la suite. La direction était aux mains de la noblesse et, naturellement, de ses éléments les plus riches: c'étaient les familles des grands propriétaires du Partium qui s'approchaient le plus près du pouvoir, et la plus assidue d'entre elles, la famille Báthori, finit par accaparer le trône princier. Voilà l'explication du fait que le pouvoir princier y était étonnamment puissant.

L'augmentation des revenus des grandes propriétés était devenu une nécessité en partie à cause des dépenses accrues affectées à leur propre défense mais aussi parce que cela correspondait à l'évolution du mode de vie, du goût et de la mentalité de l'époque. Si les villes saxonnes se construisaient et que Kolozsvár s'embellissait, on assistait aussi à la transformation des châteaux et des manoirs de Transylvanie. Le fort de Szamosújvár et le château d'Alvinc avaient été les premiers à être reconstruits et embellis dès l'époque du moine György. En 1543, on commence à construire le château de Farkas Bethlen à Bonyha; à partir de 1555, c'est la rénovation du beau château fortifié des Kendi à Marosvécs ainsi que celle du château d'Ebesfalva, appartenant aux Apafi. Aux environs de 1577, le capitaine Gábor Kornis effectue des travaux à Huszt, et, vers la fin des années 1570, c'est le château fort de Déva qui, grâce au capitaine Ferenc Geszty, est rénové. Le château de Keresd, propriété des Bethlen ou le manoir de Szentbenedek, propriété de Benedek Kereszturi, construits à cette époque (1593), comptent parmi les plus beaux bâtiments: tous deux sont les lointains et agréables reflets du Cinquecento.

A Gyulafehérvár, c'est l'ancienne demeure épiscopale devenue palais princier qui est continuellement agrandie. A Kolozsvár, un architecte italien fait du bâtiment du collège un véritable palais Renaissance avec une cour à arcades. A Várad, à partir de la fin des années 1540, à Fogaras, à partir de 1580, débute la construction de châteaux pourvus de tours dans le goût italien de l'époque.

Une société, pratiquement coupée de l'Europe, tente de suivre, certes tardivement et modestement, l'exemple de l'Europe occidentale. La population chrétienne de l'Etat transylvain refuse en effet et le modèle institutionnel, et la culture orientale des Ottomans.

La culture et la Réforme. La tolérance religieuse

Les vagues de la Réforme de l'Eglise déferlèrent rapidement sur l'ensemble de l'Europe et elles atteignirent, au cours des années 1520, le territoire de la Hongrie et, en premier lieu, les habitants de langue allemande des villes royales. A la cour de Marie de Habsbourg, épouse du roi Louis II, il y avait un cercle d'humanistes ouverts aux idées de Luther et, dans ce cercle, évoluaient deux personnalités clefs des luttes politiques de Transylvanie, Georg Reicherstoffer et Markus Pemfflinger.

Les thèses de Luther furent diffusées en Transylvanie par un prêtre de Brassó, Johannes Honterus, qui avait fait ses études à Vienne, Cracovie et Bâle. Cet homme d'une grande culture et à l'esprit méthodique avait ouvert, en 1538-39, à Brassó, une imprimerie (c'était la deuxième imprimerie de la province après celle de Szeben, qui fonctionnait depuis 1529) et fit paraître l'une après l'autre ses œuvres scientifiques, théologiques et géographiques. En 1542-1543, il élabore les statuts de l'Eglise luthérienne, dite «évangélique» saxonne alors en gestation. C'est en octobre 1542 que, pour la dernière fois, la messe est célébrée à Brassó selon les rites catholiques et, en 1543, la Diète de Gyulafehérvár acquitte et met en liberté les prédicateurs de Brassó comparus devant elle sous accusation d'hérésie. En avril 1544, Honterus devient le pasteur de la paroisse principale de la ville et ses premières mesures sont la réorganisation de l'école de la ville ainsi que la fondation d'une bibliothèque.

L'exemple de la plus grande ville saxonne entraîne toute l'*Universitas*. L'assemblée de la nation saxonne, tenue à Szeben en novembre 1545, proclame l'acceptation des enseignements luthériens tels que Honterus les a formulés. Au début de 1553, le synode des pasteurs saxons choisit son propre superintendant en la personne de Paul Wiener. Les fondements de l'Eglise luthérienne saxonne sont, dans ces années 1550, jetés pour plusieurs siècles. Cependant, cette victoire est en quelque sorte suivie d'une baisse de la production culturelle: à l'époque même où l'imprimerie de Brassó connaît une grande prospérité, celle de Szeben n'édite aucun livre en allemand ou en latin et la production saxonne la plus importante de la deuxième moitié du siècle est le livre juridique traitant des privilèges de la «nation». La sélection et la rédaction du volume sont dus à Thomas Bomer et à Mathias Fronius et le privilège princier a été obtenu par Albert Huet, juge royal de Szeben. Pour éditer cette œuvre, les imprimeries de Brassó et de Szeben firent fusion (1583), ce qui les mit toutes les deux dans une situation critique.

Le renouveau de l'Eglise saxonne fut suivi, avec quelques années de retard, par l'adaptation hongroise des enseignements de Luther. Dès 1544, à Kolozsvár, le Saxon Kaspar Helth, fervent partisan de Luther, devient pasteur de la ville: il écrit et prononce ses sermons en hongrois et prend le nom hongrois de Gáspár Heltai. A partir de 1550, une imprimerie est ouverte pour l'assister dans ses activités. Outre ses propres travaux écrits en hongrois, c'est par cette imprimerie que Heltai fait éditer les extraits d'une traduction collective de la Bible dirigée par lui. En 1554, se constitue l'Eglise séparée des luthériens hongrois de Transylvanie: le premier superintendant en est un ancien moine appelé Tamás. Cela n'était pas dû au hasard. Les premiers à proclamer la foi

6. Fondateurs de l'église orthodoxe roumaine de Sztrigyszentgyörgy. D'après une inscription de 1743 (date où la fresque fut entièrement repeinte), l'église avait été fondée en 1409

7. Une page du bréviaire de Domokos Kálmáncsehi, entre 1481-1495

8. Jean Sigismond reçu par Soliman se préparant au siège de Szigetvár, dans son camp de Zimony, 1566

9. Le virginal de Catherine de Brandebourg, 1617

10. Cruche habane, 1615 ▷

11. Parchemin aux armoiries d'István Nagybányai Csengeri Képíró, 1632, détail

12. Parchemin aux armoiries d'Adam Erazmus, secrétaire princier, 1607

13. Monnaie de dix ducats, frappée par Gabriel Báthori comme objet de cadeau. Frappe de Nagyszeben, 1611. Face et revers

14. Milieu de la nappe de Susanne Lorántffy avec les armoiries de la Transylvanie et de la famille Lorántffy, second quart du XVIIe siècle

protestante en Hongrie furent, dans leur majorité, des frères franciscains, des rangs desquels étaient sortis plusieurs instigateurs de la révolte paysanne de 1514. De même qu'en son temps cette révolte avait été en grande partie un mouvement des bourgades, la Réforme recruta ses premiers adeptes hongrois parmi les citoyens des *oppida*.

Les premiers prédicateurs de grande influence, bien qu'ils ne fussent connus que dans un cercle restreint (Mátyás Dévai Biró, András Szkhárosi Horváth, István Benczédi Székely, János Gálszécsi, András Batizi, tous franciscains à l'exception des deux derniers) vivaient sur la frange de territoire qui marquait la limite entre les terres des Szapolyai et celles des Habsbourg et que les deux parties se disputaient en permanence. Ce qu'ils ne purent réaliser par leurs propres moyens fut mené à bien par le pouvoir laïque. Péter Petrovics, le puissant maître du Temesköz, établit en 1549 la seconde organisation provinciale de l'Eglise luthérienne de toute la Hongrie après celle des Saxons : au synode de Torony, en 1549 puis en 1550, les prêtres « réformés » de Temesvár, Arad, Makó et Szeged — devançant en cela les Saxons — élirent un superintendant qui, comme l'indique son nom (Máté Gönci), devait être lui aussi originaire d'une bourgade (Gönc). Dans la zone septentrionale du Partium, de Ugocsa jusqu'au Szilágyság, le cousinage Perényi-Drágffy soutenait la Réforme et ce fut sous la protection de la veuve de Gáspár Drágffy, Anna Báthori, que se déroula le synode d'Erdőd du 20 septembre 1555. Les prêtres de Szabolcs, Szatmár, Szilágy et de Ugocsa y convinrent d'accepter une foi s'inspirant de Luther et élirent en cette même occasion Demeter Tordai aux fonctions de superintendant.

Au moment même où les enseignements de Luther connaissaient leurs premiers grands succès, pointait déjà la seconde vague — helvétique — de la Réforme. Les régions sous la domination des Szapolyai furent parmi les premières à réagir. Mátyás Dévai Biró, le pasteur de Debrecen, commença, à la fin de sa vie, à discuter certaines thèses théologiques originaires de Wittenberg, tandis que son successeur, Márton Kálmáncsehi Sánta, fut démis de ses fonctions pour hérésie par le conseil de la bourgade. En 1551, Kálmáncsehi alla demander la protection de Péter Petrovics qui, à cette époque, vivait déjà à Munkács, et ce fut avec son soutien que put être tenu, en décembre 1552, le synode de Beregszász, où les pasteurs de la région adoptèrent, pour la première fois en Hongrie, la foi d'inspiration helvétique.

Le soulèvement manqué de Petrovics, déclenché en 1553 à l'est de la Tisza, ralentit pour un temps la propagation de la foi calviniste, mais celle-ci, après le tournant de 1556, fut rapidement revigorée. Kálmáncsehi fut le premier évêque de la nouvelle foi et installa son diocèse à Debrecen. Après la mort prématurée de Kálmáncsehi, ce fut un homme énergique, d'esprit organisateur, qui exerça à Debrecen avant de devenir l'évêque de toute la région à l'est de la Tisza : Péter Melius Juhász. Il fit rapidement de sa ville le centre de la Réforme : il y fit venir de Transdanubie Gál Huszár (1560), afin qu'il inaugurât la première imprimerie calviniste du pays (après celle de Várad, c'était la deuxième imprimerie de la région de la Tisza), rédigea un livre de botanique, tenta une traduction de la Bible et écrivit des disputes théologiques, des poésies et des sermons.

En 1561, Melius élabora, dès son épiscopat, sa propre version des dogmes calvinistes qui deviendra plus tard connue sous le nom de « Catéchisme de Debrecen et d'Egervölgy ». En 1567, ses préceptes sont officiellement adoptés par le synode de Debrecen des pasteurs des régions de la Tisza. Ceux-ci visent à réglementer la vie dans son ensemble, depuis les dogmes jusqu'au culte de

Dieu, sans parler de la morale individuelle et publique, allant même jusqu'à la sphère la plus intime de la vie de famille.

Le grand pasteur appelé par ses ennemis le « Pape Pierre » ne cessa de lutter sa vie durant. Dans ses harangues il invectiva contre les seigneurs égoïstes abusant de leur pouvoir et qualifia de « décret faux et impie » le Tripartitum de Werbőczy déjà consacré par l'us des tribunaux nobiliaires. Il lutta contre les catholiques encore fidèles au Pape, contre les adeptes hongrois et saxons de Luther et même contre la toute dernière vague de la Réforme, l'antitrinitarisme de Michel Servet. Il parvint finalement à arrêter les développements de la Réforme qui n'avait cessé, depuis déjà 30 ans, de faire des ramifications dans ces régions de la Tisza. Son esprit sévère demeurera présent parmi les paysans-bourgeois, les « cives » de Debrecen. Après sa mort (1572), des organisateurs, théologiens et écrivains épigones sans envergure, lui succéderont et la vie spirituelle de la région s'en trouvera altérée.

Melius sut défendre Debrecen de la horde de paysans exaltés de l'illuminé György Karácsony et réussit également à en expulser Tamás Arany et ses partisans antitrinitaires. Mais les discussions théologiques conservèrent leur vitalité dans les cercles où son pouvoir n'avait pas de prise.

A Kolozsvár, ce fut Ferenc Dávid, Saxon de naissance, comme Heltai (Franz Davidis, Franz Hertel), qui devint évêque des luthériens hongrois. La vie de Dávid, comme celle de Melius, se passa en discussions : mais son esprit, empreint de doute, le conduisait dans des crises de conscience perpétuelles. A l'issue d'une longue dispute violente face aux « sacramentaires » (calvinistes), il renonça à son titre de superintendant et se rallia lui aussi à la foi helvétique (1559). Les citoyens hongrois de Kolozsvár suivent bientôt l'exemple de leur pasteur et, en 1564, le synode de Nagyenyed des prédicateurs hongrois de Transylvanie réélit Dávid comme évêque, ce qui eut pour conséquence le passage de tout le diocèse au calvinisme.

Jean II fit de l'évêque de Kolozsvár son prédicateur officiel, et Dávid, dans l'entourage du souverain, fut confronté à un nouveau défi : la présence à la cour, en tant que médecin, de l'italien Giorgio Biandrata, grand propagateur des thèses antitrinitaires. Dávid recommence à disputer pendant des années puis, en 1568, renie lui-même la consubstantialité du Christ avec Dieu le Père. Sa ville et son souverain le suivront dans cette voie et la foi qui « renie la Sainte Trinité » sera désormais une confession reconnue en Transylvanie, ce qui attirera dans le pays les meilleurs théologiens d'avant-garde d'Europe, comme Johannes Sommer, Christian Francken, Jacobus Paleologus et Mathias Vehe-Glirius.

Kolozsvár devint un important centre spirituel où Heltai put déployer une exceptionnelle activité d'édition. L'un après l'autre furent édités des extraits de la Bible, les écrits de Dávid et, naturellement, les œuvres de Heltai lui-même parmi lesquelles les *Cent fables* (1564), le premier grand recueil de contes moraux, et la *Chronica* (1577), un des premiers ouvrages historiques de langue hongroise. Sortiront également des presses de cette imprimerie les éditions des vers du premier grand poète hongrois, Sebestyén Tinódi Lantos, ainsi que la traduction hongroise du Tripartitum. Une des premières pièces de théâtre écrite en hongrois, *Válaszúti komédia* (La comédie du choix), d'esprit antitrinitaire, se rattache également à l'activité de cette imprimerie.

Ainsi, à la fin des années 1560, les conditions confessionnelles de la Transylvanie offrent une image tout à fait particulière : on y dénombre jusqu'à trois cultes protestants, mais le catholicisme ne disparaît pas entièrement : les Sicules de Csík et de Háromszék ainsi qu'une partie de la noblesse du Partium restent fidèles à la religion de leurs ancêtres, tandis que la majorité des Roumains s'attache à la religion orthodoxe.

On notera comme une particularité transylvaine que cette région de l'Europe n'a pratiquement jamais connu de persécution religieuse. Le vieux roi Jean, resté catholique, contemplait avec une sage patience ses prêtres disputer leurs thèses religieuses. La nature plus rude du moine György le poussa — rarement — à recourir à la force, et ce fut également lui qui promulgua, en 1545, la dernière loi contre les réformes religieuses. Mais la Diète de Torda, en 1548, reconnut l'existence des luthériens et n'interdit que la poursuite des réformes. A côté des deux cultes déjà «reçus», vint se placer celui des calvinistes, puis celui des antitrinitaires. A la Diète de 1568, la liberté religieuse générale fut proclamée car «la foi est le cadeau de Dieu».[10] Même si, en 1570, on devra freiner légalement la trop libérale pensée théologique, cette curiosité européenne devient un fait: il existe un pays où cohabitent plus ou moins pacifiquement quatre cultes reconnus, et où un cinquième est toléré.

L'explication est tout d'abord à chercher dans la division en Ordres très marquée de la société. La religion luthérienne avait trouvé chez les Saxons une base disposant de droits autonomes; la noblesse hongroise qui, du fait de la désintégration du pays, était en crise d'idéaux, devint d'abord elle aussi luthérienne, puis calviniste; quant à l'antitrinitarisme, il sera la confession des Hongrois citadins de Transylvanie (Kolozsvár).

Le choix du culte fut finalement déterminé par des facteurs à la fois spirituels et politiques. Les Saxons de Transylvanie avaient réagi à la nouvelle situation en acceptant un culte venu d'Allemagne. Péter Petrovics, farouche adversaire des Habsbourg, avait par deux fois porté un secours décisif à la Réforme hongroise avec des motivations éminemment politiques. Les antitrinitaires devaient leur survie à l'âme tourmentée de Jean II qui était simultanément en quête de sa propre identité et de celle de son pays et devait ainsi trouver le moyen d'exprimer son appartenance au monde chrétien en même temps que ses distances par rapport à lui. L'exemple des Sicules en lutte contre la crise pourrait éclaircir le phénomène: certains d'entre eux s'accrochaient au catholicisme, de toute évidence en y cherchant la légitimation de leurs privilèges en train de s'amenuiser, d'autres se hâtaient d'essayer les différentes formes de la Réforme jusqu'à l'antitrinitarisme et même jusqu'à ses extrémités sabatariennes. Il semble que la détérioration de l'économie de certaines régions aurait influencé le développement de la Réforme: Kolozsvár et sa vie spirituelle pétillante se trouvaient en contradiction flagrante avec la Réforme des Saxons, qui se figeait dans un luthéranisme canonique.

Mais comment était-il possible qu'avec le pouvoir presque illimité du souverain de Transylvanie, les Ordres et même les autres groupes sociaux disposassent d'une aussi grande liberté en matière de religion? L'explication réside vraisemblablement dans la situation exceptionnelle qui était celle du pays: dans un Etat qui s'était constitué malgré lui et à l'avenir incertain, la religion de ses vassaux était, pour le souverain au pouvoir, une question secondaire.

Les rapports entre pouvoir et religion se manifestaient avec une assez grande clarté dans la politique religieuse d'Etienne Báthori. Ferenc Dávid, qui avait toujours l'esprit agité, franchit, dans les années 1570, un nouveau pas dans sa critique de la Bible: il niait la nécessité d'adorer le Christ. Le voïvode Kristóf Báthori voulait éviter toute intervention par la force, raison pour

[10] *EOE* II.343.

laquelle il invita en Transylvanie le célèbre philosophe antitrinitaire Fausto Sozzini, afin qu'il convainquît l'évêque du caractère erroné de ses affirmations. Constatant l'échec de Sozzini, le voïvode fit finalement emprisonner Dávid (en utilisant de fausses accusations) et celui-ci mourut au château de Déva en novembre 1579. Le camp antitrinitaire se divisa bientôt en plusieurs branches : l'aile modérée, dirigée par Biandrata, devint l'Eglise unitarienne, tandis que les radicaux qui, sous l'influence d'un disciple de Dávid, Mathias Vehe-Glirius, reniaient le Nouveau Testament, constituèrent la secte des sabatariens.

Entre-temps, Etienne Báthori entreprit de sérieux efforts visant à sauver le catholicisme moribond. En 1579, il obligea la Diète transylvaine à donner aux Jésuites l'autorisation de venir s'installer dans le pays. Ceux-ci réussirent à ouvrir une école de niveau universitaire à Kolozsvár et des écoles primaires dans plusieurs communes. Les Ordres majoritairement protestants considéraient avec une haine non dissimulée les pères d'abord polonais et italiens, puis hongrois de la Compagnie de Jésus, notamment parce que leurs propres fils les fréquentaient volontiers. Báthori ne fit qu'une seule concession : il n'autorisa pas l'Eglise catholique, dont la situation était, en 1556, gravement préoccupante, à se réorganiser : Gyulafehérvár n'aura son évêque de nouveau que sous le prince Sigismond Báthori. Le prince-roi Etienne Báthori intervint également dans la campagne, menée par les Hongrois et les Saxons en vue de convertir les Roumains orthodoxes, et son intervention s'avéra d'une très grande importance. En 1544, Filip Moldoveanul édita, en roumain, à l'imprimerie de Szeben, des catéchismes et d'autres livres religieux marqués par l'esprit de la Réforme. Vers la fin des années 1550, un diacre du nom de Coresi reprit ce travail à Brassó. A la fin des années 1560, se crée, dans la région de Hátszeg, l'Eglise réformée roumaine de Transylvanie. Báthori, sans recourir à la force mais en soutenant l'Eglise orthodoxe roumaine, met un terme à ses progrès. En la personne d'un prêtre nommé Ghenadie, il lui donne en 1574 un évêque. Grâce à la continuelle immigration des Roumains, l'Eglise orthodoxe augmente le nombre de ses fidèles et réussit à isoler la Réforme roumaine, mais supprime du même coup la chance pour les Roumains d'obtenir, par l'intermédiaire de leur Eglise réformée, des droits dans le système des Ordres. Cependant, les orthodoxes, malgré leurs évêques, ne parviennent pas à se hisser au rang d'une religion « reçue ».

L'effervescence spirituelle de la Réforme et de la Contre-Réforme naissante n'est pas seulement un reflet de l'ouverture des esprits, mais exerce aussi sur ceux-ci un effet stimulant. Plusieurs dizaines de milliers de livres imprimés dans le pays et à l'étranger passent jusqu'à la fin du XVIe siècle entre les mains des lecteurs. En tout premier lieu des travaux théologiques (Melanchthon est l'auteur le plus lu), suivis des auteurs de l'Antiquité et des humanistes contemporains : avant tout Aristote, Erasme, Boccace, Ramus (Pierre La Ramée) et Juste Lipse.

Les belles-lettres font elles aussi leur apparition. Cette période est marquée également par la diffusion en Transylvanie, de la mode des « belles histoires ». Le domaine le plus caractéristique de la vie intellectuelle transylvaine reste cependant l'historiographie. Le Transylvain Miklós Oláh, ainsi que György Szerémi et Antal Verancsics qui avaient vécu un moment à la cour de Szapolyai, devinrent d'éminents mémorialistes de la Hongrie des Habsbourg. L'évêque Ferenc Forgách qui, lui, avait fui la cour de Ferdinand pour s'installer à celle de Transylvanie, y fit la chronique des années 1540-1570. C'est à l'autre chancelier, Farkas Kovacsóczy, que l'on doit la première œuvre hongroise traitant de la théorie de l'Etat. Pál Gyulai, le précepteur du jeune Sigismond Báthori, fut le chroniqueur de la campagne de Russie de 1579-1581 menée par le roi Etienne. Le plus grand de tous était István Szamosközi, cet historiographe qui excellait par sa méthode scientifique et son objectivité. Il y avait également l'historien «officiel» Gian Michele Bruto invité ici d'Italie, puis son successeur en titre, János Baranyai Decsi Czimor.

La langue officielle des chroniqueurs de la cour était le latin avec l'espoir d'intéresser ainsi les lecteurs étrangers, alors que la littérature, qui s'épanouit justement à cette époque, s'écrivait en hongrois tout comme les lois à partir de 1565, ce qui fit du hongrois la langue officielle de l'administration.

La vie culturelle de la Transylvanie n'a pas coupé ses liens européens. La Réforme elle-même fut introduite par de jeunes Hongrois qui avaient fréquenté des universités occidentales : ce n'était pas le seul Honterus qui avait fait des études dans les écoles allemandes et suisses, mais il en fut de même pour toute une génération de prédicateurs saxons et hongrois. Abandonnant Vienne et Cracovie, qui continuaient à rester catholiques, on partait désormais pour Wittenberg ou Bâle. Pour pouvoir y accéder, il était nécessaire de s'être procuré une solide formation de base. C'est dans ce but qu'Honterus, en 1543, fonda le «Studium Coronense» et que furent ouvertes, les unes après les autres, avec l'aide des souverains, les écoles protestantes de degré moyen de Kolozsvár, Marosvásárhely, Gyulafehérvár, Nagyenyed et Székelyudvarhely.

Si, en acceptant la Réforme et en favorisant le développement de la littérature hongroise, la Principauté a donné des signes indubitables de sa maturité spirituelle, on y découvre aussi les séquelles du retard : par exemple, dans l'adoption tardive du mode de vie Renaissance. En vain les grands (le moine György, entre autres) tentèrent-ils de faire construire ou de transformer leurs châteaux selon la nouvelle mode italienne, l'esprit médiéval continuait à habiter ces nouveaux murs. Il est vrai que l'atmosphère puritaine de la Réforme ne favorisait pas le style de vie qui exaltait les joies de vie et dont les propagateurs étaient surtout des Italiens catholiques parmi les courtisans d'abord de la reine Isabelle puis de Jean II. Le grand changement fut opéré par Sigismond Báthori qui clamait haut et fort son catholicisme : sa cour était remplie de musiciens, artistes, serviteurs italiens. Grâce au musicien Gianbattista Mosto et au capitaine des gardes Gianandrea Gromo, ses relations s'étendirent jusqu'à Girolamo Diruta et même Palestrina. Cependant, la société transylvaine portait un regard réprobateur sur le faste Renaissance de la cour princière. Le noble moyen ou le simple citadin éprouvaient une nette aversion à son égard. En ce qui concerne la culture des couches plus simples de la population, le Moyen Age y dure jusqu'au début du XVIIe siècle car, même là où la vie spirituelle put s'épanouir, par exemple dans les «bourgades», la lutte entre la Renaissance et la Réforme se termine par la victoire de l'esprit puritain de cette dernière.

3. La Transylvanie pendant la guerre de Quinze ans

Sigismond Báthori, Mihai Viteazul et Giorgio Basta

Le système fortement centralisé de l'Etat transylvain avait pour point faible le caractère trop personnel du pouvoir. La personnalité de son détenteur constituait donc toujours un facteur déterminant de la politique.

Après la mort d'Etienne Báthori (1586) commença, autour de son successeur, Sigismond Báthori, encore enfant, une de ces luttes caractéristiques pour le pouvoir. János Ghiczy, nommé gouverneur en 1585, se trouvait en rivalité avec le clan des Báthori : István Báthori le jeune, commandant de Fogaras, Boldizsár Báthori, commandant de Várad et István Bocskai (l'oncle de Sigismond). La chancellerie de Kovacsóczy constituait, elle, un troisième pôle.

Les Ordres, ayant été d'une soumission totale pendant trente ans, profitèrent de l'ocassion : la Diète, réunie en octobre 1588, exigea l'expulsion des Jésuites comme condition de la reconnaissance de la maturité du jeune souverain de 16 ans. Sigismond Báthori, fervent catholique, commença par résister et cela d'autant plus que son propre confesseur, Alfonso Carillo, était un père jésuite.

La Diète se sépara puis, en décembre 1588, elle fut de nouveau réunie. Les cousins Báthori s'étaient rangés aux côtés des Ordres, et la Diète réussit à chasser la Compagnie de Jésus (cela signifia d'ailleurs la fin du rêve de fonder une université à Kolozsvár). Le vieux Ghiczy, déçu, démissionna et mourut bientôt, tandis que la famille Báthori renforça son alliance avec l'opposition des Ordres dirigée par la famille Kendi. On commence alors à mettre des barrières au pouvoir princier : en novembre 1591, la Diète interdit au souverain de prendre des décisions de portée nationale sans le consentement du Conseil, puis elle l'oblige de mettre sur pied une armée et une trésorerie des Ordres. Entre-temps, la lutte intérieure devient de plus en plus embrouillée. Le prince confie à Boldizsár Báthori que les membres de son parti montent un complot pour le tuer. Pour le prévenir, celui-ci fait assassiner les principaux collaborateurs de la chancellerie, le savant secrétaire Pál Gyulai, ainsi que János Gálfi, l'ancien précepteur de Sigismond.

Le souverain ne réagit pas à la sanglante vengeance et le chancelier Kovacsóczy, apeuré, commence à se rapprocher de l'opposition puis, par l'intermédiaire des Kendi, il établit même des liens familiaux avec Boldizsár Báthori.

Il ne reste plus à Sigismond Báthori qu'un seul appui : l'armée. Les soldats du feu roi Etienne avaient appris à combattre sur les champs de bataille polonais et, depuis des années, ils stationnent dans les châteaux forts des confins. Cette armée se voit soudain offerte, en 1593, la possibilité d'intervenir dans la politique.

Cette année marque le début d'une nouvelle guerre contre les Turcs, dans laquelle, à la surprise générale, les chrétiens sont d'abord victorieux. Sigismond Báthori, élevé par les Jésuites et héritier des rêves du roi Etienne, envoie le père Carillo en ambassade auprès de l'empereur Rodolphe afin de lui proposer une alliance. En février 1594, le prince annonce à Gyulafehérvár le ralliement de son pays à la Sainte Ligue. Quelques semaines plus tard, des troupes transylvaines marchent contre les garnisons turques du Temesköz.

Mais les Ordres transylvains n'avaient pas oublié les expériences des années

1550 et ils constataient également qu'outre l'Empereur, seules Venise et la papauté s'étaient ralliées à la coalition. La Pologne, un de leurs proches voisins, menait une politique nettement pro-turque. Ainsi, la Diète de Torda du 12 mai 1594 refusait de consentir à la déclaration de guerre. Au début de juillet, Sigismond réunit à nouveau la Diète, mais les Ordres y vinrent armés et décidèrent de maintenir la paix. Les partisans de la guerre ayant dû partir aux forts des confins menacés par les Turcs, le prince, abandonné et déçu, renonça à son trône.

Cette nouvelle situation surprit l'opposition: Boldizsár Báthori, Sándor Kendi et Farkas Kovacsóczy entreprirent des pourparlers, qui traînèrent des semaines, sur le nouveau gouvernement. Entre-temps, Kristóf Kereszturi, commandant de Kővár, et ses amis: István Bocskai, le nouveau commandant de Várad, Ferenc Geszti, celui de Déva, Gáspár Kornis et László Gyulaffy, décidèrent le Prince à revenir. Les Ordres ne résistèrent pas au Prince qui arrivait à la tête de son armée. A la Diète du 20 août, le souverain fit arrêter les chefs de l'opposition; Sándor Kendi, son frère cadet Gábor ainsi que trois de leurs compagnons furent décapités, Boldizsár Báthori, Kovacsóczy et un troisième Kendi assassinés dans leur prison.

Le 28 janvier 1595, István Bocskai signa, à Prague, l'adhésion de la Transylvanie à la Ligue: désormais, Rodolphe reconnaîtrait officiellement le titre princier de Báthori et il lui trouva même, en la personne de la princesse Marie-Christine de Habsbourg, une fiancée.

Au cours de l'attaque lancée au printemps par les troupes transylvaines, le ban de Karánsebes, György Borbély, reprit pratiquement toutes les places fortifiées de la région du Maros, de Világos à Arad, de Facset à Borosjenő, tandis que Sigismond Báthori, vers la fin de l'été, marchait à la tête de son armée principale vers la Valachie: il voulait aider Mihai Viteazul (du mot hongrois «vitéz» = preux ou brave, Michel le Brave), le voïvode en place depuis 1593, qui était, depuis l'année précédente, son allié secret. En effet, le voïvode encourait la menace du Grand vizir pacha Sinan qui venaient, à la tête d'une armée de 40 000 hommes, punir le «vassal révolté». Michel réussit, le 23 août, à arrêter les Turcs à Călugăreni, mais il dut finalement se retirer devant leur supériorité numérique. Báthori fit appel aux Sicules pour les faire venir dans les armées du Prince et des Ordres, en échange de quoi ceux-ci lui demandèrent de restituer leurs anciennes libertés. Avec cette grande armée (les seuls Sicules étaient 23 000) Bocskai passa à l'attaque en octobre à Tîrgoviște, puis, le 25, il anéantit, près de Giurgiu, la majeure partie de l'armée en retraite de pacha Sinan.

Mais le prix de ces éclatantes victoires s'avéra fort lourd pour le pays. La noblesse de Transylvanie commença à protester contre les libertés garanties de nouveau aux Sicules, car cela signifiait pour eux la perte de plusieurs milliers de familles de serfs. Le Prince, après quelques simulacres de négociations, revint, au début de 1596, sur sa décision. Les Sicules, abjectement trompés après des luttes héroïques, se révoltèrent, mais les troupes de Bocskai les réprimèrent avec une rare cruauté.

La chance militaire n'était plus, elle non plus, du côté des Transylvains. Au cours de l'été 1596, il fallut suspendre le siège de Temesvár et, entre les 23 et 26 octobre, les armées chrétiennes unies (celle de Báthori entre autres) perdirent la bataille de Mezőkeresztes face au Sultan Mehmet (1593-1603). Le Prince se rendit, en janvier 1597, à Prague afin d'offrir à l'Empereur son abdication. On lui demanda alors de conserver encore sa dignité mais, à la suite de nouvelles défaites militaires, le père Carillo se rendit à la cour de l'Empereur pour annoncer que Sigismond était maintenant bien décidé à quitter la scène. Rodolphe donna son accord : en avril 1598, des commissaires de l'Empereur arrivèrent en Transylvanie afin de prendre la direction des affaires. Bocskai fit prêter serment par ses troupes au nom de l'Empereur ; Báthori reçut en compensation le « trône » d'Oppeln et de Ratibor, en Silésie.

Les pertes causées par la guerre et l'intervention de l'Empereur firent retourner les Ordres de Transylvanie à la politique pro-turque. Mais Bocskai, qu'on avait démis de ses fonctions, s'adressa à Sigismond Báthori qui se hâta de revenir, par des chemins secrets, en Transylvanie. L'armée passa de son côté et Bocskai récupéra son titre de commandant-général. Le chancelier István Jósika, connu pour ses sympathies turques, fut exécuté et les commissaires de l'Empereur renvoyés.

Prague ne reconnut naturellement pas ce changement, tandis que les Turcs, conscients des possibilités qu'offraient ces événements, commencèrent le siège de Várad à l'entrée de la Transylvanie. (L'ironie du sort voulut que le château fût défendu par des troupes impériales.) Le Sultan ayant refusé la proposition de paix de Báthori, le père Carillo alla trouver Jan Zamoyski, le très puissant chancelier de Pologne. En mars 1599, le prince Sigismond renonça de nouveau au trône en faveur de son cousin, le cardinal András Báthori, qui rentra de Pologne. Grâce à l'intervention de Cracovie, Istanbul approuva le changement. La volte-face de la Transylvanie coupa par contre la Valachie des liens qui la reliaient à ses alliés chrétiens. Ainsi donc, le voïvode Michel — avec l'accord et l'appui financier de l'empereur Rodolphe — se porta contre le prince André. Le 28 octobre 1599, le commandant-général de Transylvanie Gáspár Kornis subit une défaite, à Sellenberk, près de Szeben, face aux Valaques aidés des Sicules. Le 3 novembre, les Sicules, qui haïssaient les Báthori, assassinèrent le prince-cardinal en fuite. Le 1^{er}er novembre, Michel le Brave entra dans Gyulafehérvár où, dès la fin du mois, la Diète déclara sa fidélité à sa personne comme gouverneur de l'Empereur.

Le voïvode Michel plaça à certains postes importants quelques-uns de ses boyards de Valachie ; toutefois, il ne toucha pas au système des Ordres transylvains et tenta même d'obtenir l'appui de la noblesse hongroise. Il n'accorda pas de droits politiques aux Roumains de Transylvanie ; il éleva néanmoins l'orthodoxie au rang des confessions reçues. Son gouvernement ne put cependant conserver sa stabilité. Tout d'abord, il y eut les cruautés commises par les Sicules qui prirent une terrible vengeance sur les seigneurs pour le « Carnaval sanglant de 1596 ». Ce fut ensuite le tour de ses propres mercenaires roumains et rasciens de commencer à piller car, faute de solde, ils devaient subvenir eux-mêmes à leurs besoins. L'Empereur, voyant que le voïvode voulait se réserver la province, retira son appui. Michel tenta de résoudre cette difficulté en improvisant une campagne militaire contre la Moldavie (mai 1600) mais ce fut en vain qu'il conquit ce pays du voïvode Ieremia Movilă, ami des Polonais, car le faible butin qu'il se procura dans ce pays pauvre ne suffit pas pour subvenir à plus long terme aux besoins de l'armée. En Transylvanie, les révoltes se multiplièrent, le sang se mit à couler. Au nom des Ordres, István Csáky demanda l'aide de Giorgio Basta, général de l'Empereur, qui, en septembre 1600, à la tête d'une puissante armée mercenaire, entra dans le pays et, après sa victoire du 18 septembre à Miriszló, près de Nagyenyed, contre l'armée de Michel, il rattacha de nouveau la Transylvanie à l'empire de Rodolphe. A la fin d'octobre, les Ordres de Transylvanie prêtèrent serment de fidélité à Rodolphe, les libertés sicules (que Michel avait rétablies) furent à nouveau supprimées et István Bocskai exilé.

Les soldats de Basta — étant donné que leur solde leur parvenait toujours avec retard — se jetèrent littéralement sur la Transylvanie, bien plus riche que la Hongrie ravagée par les guerres. Les témoignages des contemporains évoquent les cruautés inouies des mercenaires hongrois, wallons, italiens, tchèques, allemands, tandis que des maraudeurs turcs et tartares passaient également la frontière, qui n'était plus protégée, pour piller le pays. Les seigneurs de Transylvanie, au comble du désespoir, firent à nouveau appel à Sigismond Báthori qui, cette fois, arriva soutenu par la Pologne, et occupa de nouveau, en 1601, son trône princier. Basta quitta les lieux sans combats, mais ce n'était que pour mieux rassembler ses forces. L'été 1601 le vit passer à l'attaque avec, à ses côtés, le voïvode Michel qui, entre-temps, fut chassé aussi de la Valachie et qui espérait qu'avec l'aide de Rodolphe, il pourrait récupérer son trône. Le 3 août, Basta vainquit Báthori à Goroszló puis, après la bataille, il fit assassiner le voïvode Michel qui se trouvait dans son camp et dont la mémoire sera — plusieurs siècles plus tard — utilisée par l'idéologie de l'unité roumaine.

Les atrocités des mercenaires redoublèrent d'intensité et, pour combler la mesure, Sigismond Báthori revint pour une quatrième fois dans le pays dévasté : lui qui, au nom de la lutte contre les Turcs, avait entraîné la Transylvanie dans la guerre, soumit maintenant ses sujets avec l'aide de troupes turques et tartares. Au début de 1602, il était de nouveau le maître de la Transylvanie mais, voyant le résultat de sa «conquête», il s'effondra, puis, après avoir exercé le pouvoir quelques mois, quitta définitivement le pays : il devait mourir en exil, à Prague, en 1613.

A la nouvelle de son départ, Basta et son armée firent de nouveau leur apparition et, après une victoire remportée à Tövis contre les forces des Ordres transylvains, ils s'emparèrent, en juillet 1602, de l'ensemble de la Principauté. Les destructions causées par les mercenaires ajoutées aux charges d'une guerre inutilement longue contre les Turcs entraînèrent les Transylvains dans une ultime tentative désespérée : Mózes Székely souleva, en avril 1603, les troupes transylvaines et, avec l'aide de soldats turcs et tartares, il dispersa les mercenaires de Basta. Le 8 mai, il s'octroya même le titre de prince. Cependant, les cruautés des Tartares dépassaient celles des mercenaires, tandis que le nouveau voïvode de Valachie, Radu Şerban, en tant qu'allié de l'Empereur, attaquait la Transylvanie. Les Sicules furent de la partie, Mózes Székely perdit la bataille et la vie à Brassó, le 17 juillet. Basta revint avec une nouvelle armée et, après avoir mis toute la province à feu et à sang, au début de 1604, il retira ses troupes, son œuvre étant achevée. Le pays exsangue, humilié n'avait plus la force de faire quoique ce soit pour se relever.

Le soulèvement d'István Bocskai et la renaissance de l'Etat transylvain

Tandis que la Transylvanie endurait son propre calvaire, sur le champ de bataille hongrois la guerre entre les Turcs et l'Empire, qui durait depuis 1593, n'avançait pas et paraissait ne pouvoir aboutir. Les armées chrétiennes avaient plusieurs fois tenté en vain de prendre Buda ; les Turcs, par contre, avaient pris Kanizsa en 1600, parvenant ainsi aux abords de la frontière autrichienne. Il est vrai que l'armée impériale avait réussi à conserver les territoires occupés au début de la guerre, en Nógrád mais, des deux côtés, dans les campagnes militaires qui se répétaient d'année en année, il devenait nécessaire, faute de soldats et d'argent, d'employer de plus en plus de forces irrégulières.

Dans cette situation tragique, le gouvernement impérial avait opté pour une étrange solution : sur la base de fausses accusations, il intenta des procès aux plus grands seigneurs hongrois, auxquels il entendait confisquer les domaines. Parmi ces derniers, se trouvait également István Bocskai qui vivait retiré sur ses terres à l'est de la Tisza : on l'accusait d'avoir pris des contacts avec les « exilés » de Transylvanie qui avaient demandé la protection des Turcs. Cependant, les troupes hongroises envoyées contre lui — les « haïdouks » —, réputées pour leur cruauté, et mécontentées par la politique anti-calviniste de l'Empire, se révoltèrent en cours de route et, le 15 octobre 1604, près d'Álmosd, avec l'aide de Bocskai, ils mirent en fuite l'armée de Belgioioso, commandant de Kassa. Le 11 novembre, l'armée de Bocskai grossie des haïdouks entra dans Kassa sans y rencontrer aucune résistance. Ce fut le chef des « exilés », Gábor Bethlen, qui lui remit l'athnamé du Sultan, le reconnaissant Prince de Transylvanie. Bientôt arrivèrent, pour l'assister, des troupes turques et tartares. Bocskai, après quelques défaites, parvint à arrêter la contre-attaque lancée par Giorgio Basta — qui était entre-temps devenu commandant-général de toute la Hongrie —, sur quoi l'ensemble des régions à l'est de la Tisza, à l'exception de Várad, fit acte de soumission au Prince soutenu par les Turcs. Les troupes légères des haïdouks et des Tartares envahirent, à partir d'avril 1605, la presque totalité du royaume de Hongrie et une partie des seigneurs hongrois — sous la direction d'István Illésházy, principale victime des jugements de confiscation de biens — passa aux côtés de Bocskai. En septembre, l'avant-garde de l'armée dévastait les régions frontalières autrichiennes, entre Sopron et Vienne. Les forces de l'armée impériale, réunies à grands efforts (sous le commandement du comte Tilly), n'arrivèrent finalement, au cours de la contre-offensive de fin octobre, qu'à reconquérir la Transdanubie.

Entre-temps, la Diète de Szerencs avait élu, le 20 avril 1605, Bocskai prince souverain de la Hongrie, et celui-ci songeait déjà à demander au Sultan pour lui-même le titre de roi de Hongrie. Cependant, au moment où Lalla Mohamed, le Grand vizir, lui apporta une somptueuse couronne royale, les défaites subies en Transdanubie avaient refroidi l'enthousiasme et Bocskai, qui continuait cependant à rester méfiant vis-à-vis des Turcs, abandonna le projet de couronnement. Par contre, il commença sérieusement à prendre des dispositions pour s'assurer définitivement la Transylvanie qu'il ne possédait pour le moment que théoriquement. Le Prince avait perdu tout contact avec la Transylvanie et son entourage se composait de capitaines de haïdouks, de grands seigneurs de Hongrie, ainsi que de quelques nobles alliés. Les Transylvains, qui lui devaient la guerre, le massacre des Sicules et la misère générale, n'avaient guère confiance en lui. Mais les Ordres se sentaient faibles : ils laissèrent donc Bocskai soumettre d'abord le Partium, puis Lugos et Karánsebes. Ensuite, quand il envoya, sous le commandement de László Gyulaffy, une armée en Transylvanie (au début de 1605), les Sicules tournèrent le dos aux Habsbourg : ils firent confiance à la parole de Bocskai qui leur avait promis de rétablir leurs libertés perdues. La résistance se limitait aux villes saxonnes et au restant de l' armée impériale. Le vieil Albert Huet avait beau déployer une grande activité d'organisation, quand Bocskai se décida à entrer personnellement en Transylvanie — l'été 1605 —, les villes saxonnes et les garnisons impériales se rendirent les unes après les autres. La guerre de 15 ans prenait donc fin en Transylvanie. Le 15 septembre, la Diète de Medgyes installait le nouveau prince.

Néanmoins, dans les autres régions de Hongrie, le sang continuait à couler. Bocskai abandonna la direction du gouvernement à un vieux noble du Partium du nom de Zsigmond (Sigismond) Rákóczi, tandis que lui-même s'appliquait à conclure la paix malgré l'opposition de certains de ses partisans, et malgré une tentative d'assassinat organisée par la Cour de Vienne. Mais il ne fit pas machine arrière pour si peu. Il donna l'ordre d'exécuter les capitaines de haïdouks fanatiques de la guerre, fit installer une grande partie de ces derniers sur les terres abandonnées à l'est de la Tisza et, comme aux Sicules, il leur octroya des libertés collectives. Les tractations avec la cour impériale trouvèrent finalement un aboutissement avec la paix de Vienne, signée le 23 juin 1606. La Principauté de Transylvanie fut à nouveau restaurée et ses frontières furent même poussées plus à l'ouest (Bocskai reçut les comitats de Szatmár, de Szabolcs, d'Ugocsa et de Bereg ainsi que le château de Tokaj, certes à titre personnel). On rétablit la liberté des cultes dans le Royaume de Hongrie et on adopta le principe selon lequel seuls des Hongrois pourraient désormais accéder aux dignités de portée nationale.

Six mois ne s'étaient même pas écoulés depuis la paix de Vienne que fut signé — fait non moins important — le traité de Zsitvatorok, entre l'Empereur et les Turcs (15 novembre 1606). Les frontières furent maintenues telles quelles et ni l'Empereur ni le Sultan — qui était absorbé dans la guerre contre la Perse — ne purent rien changer à la situation.

Ainsi donc, la tuerie qui avait duré quinze ans était achevée. Le bilan militaire montrait un équilibre presque parfait : dans les régions de Kanizsa et d'Eger, c'étaient les Turcs qui avaient avancé tandis qu'en Nógrád et le long du Maros (en Transylvanie), c'étaient les chrétiens. Les contemporains étaient d'ailleurs conscients de ce phénomène étrange : depuis 1521, c'était la première guerre dans laquelle les Turcs ne réussirent pas à remporter une victoire en Hongrie. La formidable machine de guerre turque commençait à se rouiller et comme il n'y avait plus de nouvelles conquêtes, s'amorça la lente décadence de l'Empire ottoman.

La réalité, vue de la Transylvanie, révélait à nouveau que les Habsbourg n'étaient pas à même de protéger cette lointaine province contre les Turcs, et que la Principauté avait cependant besoin d'eux pour contrebalancer l'influence des Turcs. Tout comme dans la première moitié du siècle, quand c'était l'instinct de survie de la classe dirigeante hongroise qui avait créé le nouvel Etat, ce furent maintenant les grands seigneurs des régions à l'est de la Tisza qui ressuscitèrent le pays considéré déjà comme inexistant ; les Transylvains n'acceptèrent de faire acte de soumission que bien plus tard, et en partie parce qu'on les y avait contraints. Quoi qu'il en soit, les relations confuses entre la Transylvanie et le Royaume de Hongrie se sont enrichies d'un nouvel aspect : l'évidence, à l'époque de Bocskai, reconnue par les Ordres hongrois qu'ils pouvaient eux aussi avoir besoin de la Transylvanie : « tant que la couronne de Hongrie sera aux mains d'une nation plus forte que la nôtre, l'allemande..., il sera toujours nécessaire et utile de maintenir un prince hongrois en Transylvanie, car celui-ci leur sera utile et les protégera », écrivit Bocskai dans son testament.[11]

Pourtant la leçon faite aux Hongrois et aux Transylvains fut terrible. Certes, la dévastation n'était ici pas aussi grande que dans la Grande Plaine ou dans

[11] Magyar történelmi szöveggyűjtemény (Recueil de textes historiques hongrois). Publ. par Gy. Ember–L. Makkai–T. Wittman, Budapest, 1968, I.372.

les environs de Buda où, après les sanglantes années de guerre, des régions entières avaient été vidées de leur population, mais là aussi, les interventions militaires, les excès de la soldatesque, les épidémies qui accompagnaient régulièrement toute campagne militaire avaient pratiquement décimé la population.

Ce que la guerre n'avait pas détruit, le pillage systématique des différentes armées s'en était chargé. Les soldats soutirèrent des dizaines de milliers de florins, même dans les villes de moindre importance. Pour la seule région de Brassó, la présence de Basta avait coûté 350 000 florins or. Le général emporta de Transylvanie, à lui seul, deux tonnes d'or et d'argent. L'économie du pays déjà en proie à des difficultés financières, essuya un coup quasiment mortel quand ses métaux précieux furent volés. La plaie de la question sicule fut rouverte, les immenses domaines princiers tombèrent en morceaux.

Bocskai réussit à relever la Transylvanie, mais désormais elle avait une autre condition. Elle était devenue plus pauvre et plus vulnérable que jamais, et elle devait sa résurrection davantage à la fatigue réciproque des deux antagonistes qu'à sa propre force. Si l'un des deux voisins reprenait ses forces, le sort de la Principauté serait vite remis en question.

Le nouveau souverain était un excellent général et, comme les dernières années de sa vie le prouvèrent, il était aussi un bon diplomate, un homme d'Etat capable de prendre de graves décisions. S'il avait vécu plus longtemps, il aurait peut-être réussi à accelérer le processus de relèvement qui avançait fort lentement. Mais le sort ne lui en laissa pas le temps : à peine quelques semaines après que le double traité de paix couronnant l'œuvre de sa vie fût signé, il mourut dans sa capitale provisoire, à Kassa, le 29 décembre 1606. Les haïdouks, désespérés par le deuil, massacrèrent le chancelier Mihály Káthay, soupçonné de l'avoir empoisonné, mais la perte était irrémédiable et la Transylvanie dut se trouver un nouveau souverain.

II — L'âge d'or de la Principauté de Transylvanie (1606-1660)

1. Les antécédents

La population

Les débuts de l'âge d'or de la Principauté de Transylvanie se situent autour de 1620. Mais pour en comprendre le fond social, il faut remonter à la dernière grande période de destruction, la guerre de Quinze ans.

Au tournant des XVIe et XVIIe siècles, toute l'Europe était sous le coup de la famine. Des phénomènes météorologiques insolites se produisaient partout, auxquels s'ajoutaient, en certains endroits, comme en Transylvanie, les misères des guerres. Selon le témoignage des contemporains stupéfaits, on aurait connu des cas de cannibalisme. Faute de documentation suffisante, il est assez difficile de faire le bilan du désastre qui, d'ailleurs, n'était certainement pas de la même gravité partout. Témoin : les données des comitats Belső-Szolnok et Doboka aux paysages variés. Les moins frappés y étaient les Roumains dont seulement une moitié avait péri, alors que la population hongroise et saxonne vivant sur les plaines avait perdu quatre cinquième de ses effectifs. Même les villes ne pouvaient offrir un abri sûr: la paix ne retrouvait sur place qu'un quart des bourgeois de Szeben et de Brassó.

Aucune de ces données ne permet de généraliser : dans les relevés faisant état des destructions, on mit sous la rubrique des disparus non seulement les morts, mais aussi ceux qui se réfugiaient dans des contrées à l'écart de la civilisation. En tout cas, sur la foi des documents fiscaux ainsi que d'autres données éparses, il est possible de conclure qu'en Transylvanie, les catastrophes naturelles et les guerres ont fait périr à peu près la moitié de la population à la fin du siècle. Seulement un dixième des biens et de l'équipement des exploitations s'est conservé.

L'évolution qui permettait de sortir de cette terrible désolation peut être examinée de plusieurs points de vue; toutefois, privé de toute donnée statistique directe, on ne saurait avancer des chiffres absolus sur la population. On peut seulement supposer que, dans les années 1650, ce chiffre atteignit à nouveau celui de la fin du XVIe siècle.

Il est possible de conclure au rétablissement ou tout au moins à l'équilibre des rapports démographiques en premier lieu sur la base de certains changements dans les mentalités. C'est à partir des années 1620 que peut être observé un changement du comportement des Ordres vis-à-vis de la fuite des serfs. Auparavant, leur principale exigence à l'égard de la Diète était la reconduction des serfs enfuis. Après 1628, ils en parlent fort rarement. De même, le fait que dans les deux premières décennies du XVIIe siècle, la Diète dispensait souvent les nouveaux colons du paiement des impôts pendant six ans et que, plus tard, l'application de ces dispositions connut une régression, laisse penser que le besoin en main-d'œuvre n'était plus aussi pressant. Il semblerait que, vers les années 1620, les domaines seigneuriaux fonctionnaient convenablement, même si la population n'avait pas encore retrouvé son chiffre d'avant la guerre. La même constatation est valable pour les villes, encore que nous sachions pertinemment que, chez les Saxons, même dans les années 1650, il y avait encore de nombreuses maisons inhabitées. Ils surent cependant redresser leur économie. Ce fut eux qui réussirent, à la fin des années 1620, au moment de la plus grande dévaluation de la monnaie transylvaine, à convertir en or l'impôt perçu en une monnaie caduque.

Dans le même temps, la catastrophe fit surgir une réaction qui n'a rien de particulier en pareille situation : le nombre des naissances a soudain augmenté. C'est là une conséquence que mentionnent de nombreux témoignages, même si le phénomène n'apparaît clairement que dans les familles nobles — à en croire les descriptions généalogiques. A l'intérieur de la génération née à la fin du XVIe ou au début du XVIIe siècle, on comptait un grand nombre de descendants. Lázár Apor, qui vécut dans la première moitié du XVIIe siècle, avait 10 enfants, mais seulement 2 petits-enfants et 5 arrière-petits-enfants ; les Apor du XVIe siècle, eux, avaient seulement 2 à 3 enfants. Sur le tableau généalogique de la famille Haller, on ne trouve généralement pas plus de 3 enfants, mais Pál Haller, né au début du XVIIe siècle, eut 3 épouses et 9 descendants. Chez les Mikó, après plusieurs générations à un ou deux enfants, apparaissent, au XVIIe siècle, des générations à 4 ou 5 descendants. C'est probablement l'exemple des Lázár qui constitue l'unique exception: l'arbre généalogique fait apparaître deux fois 7 enfants au XVIe siècle tandis que, dans les siècles suivants, il n'y en a jamais plus de 5.

Ces données généalogiques n'aident naturellement pas à établir exactement le nombre des naissances d'une famille car il est à supposer que seuls les membres ayant atteint l'âge adulte y figuraient. Nous ne savons par contre pas avec quelle fréquence on y signalait les membres de la famille morts en bas âge. A supposer que ces anomalies étaient rares, cela permet néanmoins d'établir par déduction la taille approximative d'une famille. On peut en conclure, faute de sources meilleures, que la catastrophe fut suivie d'une explosion démographique. Nous ne savons cependant rien des circonstances du phénomène. On ne sait pas, au vu des données de la Transylvanie, si l'âge des mariés avait baissé ou si l'on a affaire à un contrôle des naissances en vue de les augmenter. Il est également possible qu'effrayé par le terrible dépeuplement, on se soit mis à prendre davantage soin des enfants, dès le moment que le prix de la vie avait augmenté.

L'autre facteur qui influença avantageusement la régénération réside dans le fait que l'explosion démographique ne fut pas suivie d'une baisse caractéristique dans le reste de l'Europe de la seconde moitié du XVIIe siècle.

Ce phénomène a pu être examiné à deux endroits : dans le domaine de Gyalu et dans la région de Fogaras.

Dans le domaine de Gyalu, entre 1640 et 1660, le rapport entre le nombre des chefs de famille et des garçons était supérieur à 1. Cela signifie que les familles comptaient vraisemblablement plus de 4 membres. Le nombre des filles ne nous est connu que pour la seule année 1638 et pour quatre communes, dans lesquelles on peut calculer la moyenne de membres des familles, qui est de 3,8 ; 4,4 ; 3,7 ; 4,3.

Les données de la région de Fogaras montrent une image encore plus favorable avec, entre 1632 et 1640, une augmentation du nombre des membres de famille. A Fogaras — si on considère uniquement les hommes — la proportion passe de 0,9 à 1,4, à Porumbák de 1,4 à 1,6. Par contre, à Kománа, elle baisse de 1,6 à 1,3, ce qui n'empêche pas la moyenne de toute la région de Fogaras d'accuser une augmentation. La moyenne des fils par rapport aux chefs de famille était, en 1632, 1,07 en 1637, 1,3 tandis qu'en 1640, elle s'élevait à 1,4. La dynamique de croissance des familles, tout comme dans le domaine de Gyalu, est impossible à percevoir même s'il apparaît clairement que la situation démographique de la région de Fogaras est encore plus favorable que celle de la région de Gyalu.

L'explosion démographique du début du siècle avec le phénomène de croissance continue, c'est-à-dire l'augmentation démographique progressive ne serait certes pas possible à démontrer dans toutes les régions et pour toutes les classes sociales de Transylvanie. Cependant, parmi les facteurs qui contribuèrent à sortir le pays du désastre, celui-ci s'avérait assurément le plus important.

Une des conséquences de cette explosion démographique fut notamment que, après 1600, le nombre des Roumains s'accrut considérablement — fait remarqué aussi par les contemporains. Cette croissance était due, il est vrai, surtout aux migrations de diverses sortes, mais les habitudes démographiques des Roumains y contribuèrent également. Leurs migrations consistaient essentiellement en deux procédés: d'une part, des groupes vivant antérieurement comme pâtres dans les montagnes vinrent s'installer dans les villages dévastés par la guerre; d'autre part, des paysans déjà sédentarisés des voïvodats roumains arrivèrent de leur propre initiative. Nous n'avons pas de données sur leur établissement. Quant aux habitudes démographiques, elles avaient une incidence sur l'évolution des proportions ethniques dans la mesure où la croissance était, au début du XVIIe siècle — contrairement à la situation des époques ultérieures —, plus importante chez les Roumains que chez les Hongrois. Témoins en sont les données de Gyalu et de Fogaras citées plus haut, le premier territoire étant hongrois, le second roumain. Il s'en suivit incontestablement un changement de proportions ethniques au profit des Roumains dans la Principauté de Transylvanie.

Les élections libres du Prince et le coup d'Etat de Gábor Báthori

La leçon la plus claire de la longue guerre qui dura quinze ans fut que les deux grandes puissances intéressées dans les affaires de Hongrie ne parvinrent ni l'une ni l'autre à prendre le dessus. Evidence qui, pendant des dizaines d'années, servit de prémisse à toute décision politique en Hongrie. Par contre, une des conséquences directes de cette situation fut que les affaires intérieures étaient désormais gérées pratiquement sans intervention extérieure. Ainsi donc, à part ses énormes pertes tant démographiques qu'économiques, la liberté politique de la Transylvanie n'avait jamais été aussi large.

Après la mort d'Etienne Bocskai commença une lutte acharnée pour le trône de la Principauté. Beaucoup convoitaient le trône, mais deux candidats seulement avaient de réelles chances aux élections. L'un d'eux, Bálint Homonnai Drugeth, avait été désigné par Bocskai lui-même comme son successeur et l'autre était Gábor Báthori, qui appartenait à la famille des princes du même nom. Au départ, ils avaient les mêmes chances, tous deux avaient d'atouts et de points faibles. Tous deux étaient jeunes, nobles, bons soldats, jouissant d'une certaine célébrité parmi leurs contemporains.

Aux yeux des Ordres de Transylvanie, c'était justement ce à quoi ils se référaient qui leur portait préjudice, car ils mettaient ainsi en danger le principe de la libre élection du Prince. Le choix de Bálint Homonnai aurait signifié l'acceptation de la volonté de Bocskai. Tandis qu'avec un nouveau Báthori, c'était le pouvoir dynastique d'une famille qui constituait une menace. De plus, Homonnai recevait l'aide de l'extérieur puisque Constantinople l'avait officiellement accepté en tant qu'héritier de Bocskai. Ce fut justement pour cette dernière raison que la majorité des hommes politiques de Transylvanie s'opposèrent à lui. Après la guerre de Quinze ans, pendant laquelle ils s'étaient, non sans raison, sentis comme les jouets des forces extérieures, ils aspiraient à décider souverainement du sort de la Principauté.

C'est ainsi que Sigismond Rákóczi devint le candidat de la Transylvanie, lui qui, depuis 1605, était gouverneur par la volonté de Bocskai. Les contemporains ne le considéraient pas comme un grand homme d'Etat mais, malgré les apparences, il était doté d'un réel talent. Il faisait partie des rares personnes qui, au tournant des XVIe et XVIIe siècles, profitant au maximum des possibilités qui se présentaient, se hissèrent de la classe des petits nobles jusqu'à l'aristocratie. A l'époque où il était devenu gouverneur de Transylvanie, il vivait à Felsővadász, dans le Royaume de Hongrie, qu'il quitta avec sa riche épouse et ses deux jeunes fils pour occuper son poste. Tout de suite après son arrivée en Transylvanie, il avait concentré son attention sur les deux voïvodats roumains et sur les domaines du Trésor. Il s'employait à relever le commerce extérieur et à dresser un budget d'Etat quand il apprit la nouvelle de la mort de Bocskai. Automatiquement, il devint un postulant au trône.

Tout compte fait, Rákóczi était désavantagé par rapport à Homonnai et à Báthori, en ce qu'il ne pouvait espérer aucune aide de l'extérieur. Mais, pour les Ordres de la Transylvanie, c'était pour cette raison même qu'il semblait le candidat idéal. Aussi put-il se présenter en tant que candidat des Ordres. Il avait un seul atout réel : il était sur place alors que les autres résidaient hors de la Transylvanie.

Cependant, personne n'avait hâte d'organiser les élections, la Diète avait prévu de le faire après les obsèques de Bocskai. On attendait tranquillement le déroulement normal des événements. Aussi la surprise fut-elle grande quand il arriva une lettre de l'archiduc Mathias. Dans cette lettre, il intima aux Ordres de la Principauté de différer les élections jusqu'à ce que Rodolphe — aux termes de la paix de Vienne — n'ait pris une décision à ce sujet. Cependant, la paix conclue en 1606 ne stipulait aucun droit pour le roi d'intervenir dans l'élection du Prince. Ainsi donc, la lettre de l'archiduc Mathias apportait l'évidence que, avec les accords de 1606, le gouvernement de Rodolphe ne considérait pas l'affaire de l'indépendance de la Transylvanie comme close.

Cette tentative d'intervention provoqua une réaction : le 12 février 1607, la Diète élit comme Prince Sigismond Rákóczi. Cette élection constituait un fait accompli. Il semblait que les accords de 1606 prirent réalité ; la Transylvanie, de nouveau indépendante, avait réussi sa première action d'autonomie. Il est vrai que l'accession au trône de Rákóczi devait provoquer, à l'extérieur de la Principauté, une vague de protestations, mais il ne rencontra cependant aucune difficulté sérieuse.

Même Constantinople, qui avait essuyé le plus grand affront, n'avait pas tenté de représailles. En effet, au moment même où Rákóczi était élu Prince de Transylvanie, l'aga Mustapha se trouvait déjà à la frontière pour remettre à Homonnai, de la part du Sultan, l'athnamé et les insignes de Prince. D'après les contemporains, Rákóczi le suborna ; de toute façon, craignant les représailles, il proposa au Grand vizir, Mourad pacha, contre la reconnaissance de son titre de prince, les deux châteaux forts de Lippa et de Jenő qui, au cours de la guerre de Quinze ans, étaient retombés aux mains des Transylvains. Mais la Porte répondit d'une façon étonnante. Mourad refusa d'accepter les châteaux, et la lettre qu'il écrivait à Rákóczi lui laissait, pour l'essentiel, les mains libres à condition de préserver la paix.

Eviter la guerre, c'était en effet l'objectif majeur de la politique du Royaume. Il est vrai que ses hommes politiques ainsi que les conseillers de la Cour avaient, avant l'élection de Rákóczi, d'abord soutenu Homonnai, puis Báthori. Néanmoins, ils ne décidèrent aucune action militaire exprimant leur désapprobation de l'élection de Rákóczi. Ils tentèrent de changer à la situation transylvaine en entamant des négociations en vue d'amener le Prince à renoncer au trône.

Sigismond Rákóczi et les politiciens de Transylvanie refusèrent d'abord toute négociation ; puis la volonté de conserver la paix les y contraignit finalement. La raison principale en était l'attitude des haïdouks qui, après la guerre de Quinze ans et la mort de Bocskai, se virent écartés de la scène politique. Leur mécontentement, depuis 1606, accompagnait toujours les événements politiques. Pourtant le pays, qui tremblait à la seule idée d'une guerre, ne prit aucune mesure efficace pour les tranquilliser. Il ne s'agissait pourtant pas de grand-chose : leur exigence essentielle était une solde équivalente à 45 000 florins. Mais, en 1607, il n'y avait pratiquement pas d'argent liquide en Hongrie.

A l'automne de 1607, l'impatience des soldats aboutit à la constitution d'un mouvement sous la conduite d'András Nagy, général des haïdouks. Ses hommes allèrent même trouver Ali, le pacha de Buda. Ils déclarèrent que tant que les clauses de la paix de Vienne ne seraient pas respectées, ils ne déposeraient pas les armes.

En décembre 1607, les haïdouks soulevèrent l'idée de choisir, en la personne de Bálint Homonnai, un roi national. Mais le jeune seigneur était déjà fatigué de tous ses vains efforts pour devenir prince, et il se cachait littéralement afin de ne pas rencontrer les délégués des haïdouks. Cependant, les haïdouks ne s'apaisaient pas. Sans but précis, ils étaient comme un explosif traînant par terre : ils étaient prêts à se mettre au service de quiconque.

Ce fut finalement Gábor Báthori qui prit conscience de cette arme potentielle. De manière machiavélique, il négocia, pendant toute l'année 1607, des mesures à prendre contre les haïdouks puis, en février 1608, il signa un pacte d'alliance avec eux, à la suite de laquelle le général András Nagy et le capitaine János Elek déclarèrent qu'ils attachaient leur sort à celui de Gábor Báthori, qu'ils s'associaient à lui pour le mener jusqu'au trône de Transylvanie. Ils lui demandaient, en contrepartie, de soutenir la religion calviniste et de faire d'András Nagy le second personnage de Transylvanie après lui, tandis que Máté Foktüi, le prédicateur des haïdouks, recevrait des terres et serait nommé parmi les seigneurs du Conseil et enfin que Gábor Báthori établisse les haïdouks sur le territoire entre Várad, Ecsed et Kálló.

Le chemin qui menait de l'accord signé avec les haïdouks jusqu'à l'élection n'était pas long. Ce fut le 5 février 1608 que le traité d'alliance fut signé et, dès le 7 mars, Gabriel (Gábor) Báthori fut le nouveau Prince de Transylvanie.

Tout cela sans un seul combat. Báthori s'imposa avec, derrière lui, l'unique force militaire du pays, et les Transylvains, qui redoutaient celle-ci, se rendirent. Sigismond Rákóczi abdiqua.

La Transylvanie maintient la paix

Le renoncement de Sigismond Rákóczi prouva sa grande clairvoyance politique car, face à Báthori, il aurait subi une défaite et la Transylvanie aurait de nouveau souffert, la guerre comme moyen d'accéder au pouvoir étant clairement stipulée dans le contrat signé entre Gabriel Báthori et les haïdouks.

Après le renoncement de Rákóczi, ce furent les politiciens de Transylvanie qui firent le second geste afin de calmer la fougue de Báthori.

Il les avait, en effet, stupéfiés car, à peine mit-il le pied sur le sol de la Transylvanie qu'il commençait des préparatifs de guerre pour aller contre les deux voïvodats roumains. Et ce malgré ses engagements envers les Ordres lors de son élection et la ligne politique héritée de ses prédécesseurs qui avaient suggéré de maintenir de bons rapports avec les voisins. Qui aurait voulu une nouvelle confrontation avec ses voisins après une guerre épuisante ? Or, Báthori était Prince depuis à peine un mois lorsqu'il dépêcha un de ses hommes de confiance auprès de Michael Weiss, juge de Brassó, fin connaisseur des affaires des voïvodats, dans le but d'obtenir des informations sur les possibilités qu'il y avait de chasser Radu Şerban, le voïvode de Valachie. Le savant juge l'en dissuada catégoriquement. Il était en quelque sorte le porte-parole des Saxons avertis qui s'enrichissaient grâce aux relations économiques entretenues avec les voïvodats. Il ne réussit cependant pas à convaincre le Prince, qui envoya en secret des ambassadeurs en Moldavie, auprès de la veuve de Ieremia Movilă, mère du voïvode enfant, qui était considérée comme une politicienne avertie, avec le dessein d'obtenir son alliance contre le voïvode de Valachie.

Mais le Conseil princier de Transylvanie se prononça contre ces plans insensés. Au cours d'une réunion, en mai 1608, ils votèrent ouvertement contre le Prince. Ils étaient d'accord sur la seule signature d'une nouvelle alliance avec les voïvodats. C'est ainsi que le voïvode Constantin de Moldavie, âgé de 13 ans, devint vassal et versa, sur la base du contrat signé le 18 juillet 1608, un tribut annuel de 8 000 florins tandis que le voïvode de Valachie, Radu Şerban, avait prêté serment de fidélité encore avant lui, le 31 mai, devant les ambassadeurs de Transylvanie lui envoyés par Báthori.

Les accords de 1608 avec les Roumains avaient préservé la paix sur les frontières, mais la question des haïdouks restait non réglée. Il aurait été bien plus simple de les occuper dans une guerre contre les voïvodats que de leur assurer, au prix de grands efforts, un établissement définitif. Ainsi donc, Báthori n'avait pas respecté les termes du contrat qu'il avait conclu avec eux, raison pour laquelle c'était lui, maintenant, qui pouvait se sentir menacé par les haïdouks. Ce fut à ce moment précis qu'il reçut une aide inattendue de l'archiduc Mathias qui entendait utiliser les haïdouks contre son frère, l'Empereur Rodolphe. Il changea donc sa ligne politique envers les Hongrois : il s'érigea en défenseur de la paix de Vienne. Tout d'abord, il confirma, le 27 mars 1608, les haïdouks dans leurs privilèges accordés par Etienne Bocskai puis, trois semaines plus tard, il prit à sa solde 6 000 haïdouks. Il ne restait plus que 3 000 haïdouks auprès de Báthori.

Le règlement de la situation des haïdouks devint l'affaire commune de Mathias et de Gabriel Báthori. Puis, quand l'archiduc, avec l'aide des haï- 298 douks, fit renoncer Rodolphe à la couronne de Hongrie et à la souveraineté des pays héréditaires d'Autriche, il se mit effectivement à régler la question des haïdouks. Les délégués des deux parties entamèrent alors leurs négociations à la fois sur les haïdouks et sur la question du rapport entre la Transylvanie et la Couronne hongroise. Car, avec le renoncement de Rodolphe, l'accès au trône de Hongrie devint libre à Mathias mais, avant de l'occuper, il devait donner une solution à ces deux questions.

Le 20 août 1608, deux accords furent signés. Selon le premier, les haïdouks allaient servir la Hongrie et la Transylvanie en tant qu'hommes libres, tout comme les Sicules. Le second stipulait que Gabriel Báthori ne séparerait pas la Transylvanie de la Couronne. Le contrat lui reconnaissait la dignité de Prince.

Ainsi donc, au début de l'automne 1608, quelques mois après l'élection de Gabriel Báthori, la paix régnait en Transylvanie. Peu de temps après, parvint de la Porte la reconnaissance de la qualité de prince de Báthori. C'était un des chefs du parti turc, Gabriel Bethlen, qui était allé le chercher, à Constantinople. Dès la mi-août, on apprit la nouvelle de son ambassade réussie. Mais il n'arriva que vers la fin de novembre, accompagné d'une délégation de la Porte. Ils amenèrent les attributs traditionnels de l'investiture: le drapeau, l'épée et le diplôme richement décoré, selon lequel le Sultan exemptait pour trois ans la Transylvanie du paiement de son tribut et confirmait le titre de prince de Gabriel Báthori.

Les Ordres de Transylvanie avaient tout lieu d'être satisfaits. Il est vrai que le jeune Báthori s'était imposé en faisant pression par la menace des haïdouks, mais comme il avait commencé son règne en obéissant à la volonté des Ordres, on pouvait espérer lui faire respecter les intérêts traditionnels de la Transylvanie.

Prince non appuyé par ses sujets

Gabriel Báthori ne supporta pas longtemps cet immobilisme imposé. Il n'était pas monté sur le trône pour obéir mais, au contraire, poussé par le désir ardent de régner. Il y parvint en fait d'une manière si fougueuse que cela ne pouvait que déstabiliser son pouvoir.

Il s'entoura de conseillers de toutes sortes. Certains étaient les membres de familles anciennes sur l'avant-scène de la Transylvanie dès le temps des Szapolyai, un autre groupe provenait des familles devenues importantes grâce à l'accès au pouvoir des Báthori. Il y en avait encore d'autres qui s'étaient seulement établis en Transylvanie à l'époque de la guerre d'indépendance de Bocskai. Entre les nouveaux et les anciens, il existait une tension sociale renforcée par les événements d'un passé tout récent. Nombreux étaient les descendants ou proches de l'opposition pro-turque exterminée en 1594. D'autres avaient pris les armes, au cours de la guerre de Quinze ans, pour soutenir les Habsbourg. Certains étaient considérés comme partisans du voïvode Michel. Les quelques années écoulées depuis le début du siècle ne pouvaient faire oublier leur situation d'opposants politiques. En outre, l'entourage de Báthori était aussi divisé par les différences confessionnelles. Il est vrai qu'autour du Prince de religion réformée, gravitaient essentiellement des réformés, mais il y avait également quelques grands seigneurs catholiques. Pendant les périodes calmes, ces différences n'étaient d'aucune gêne, mais dans une situation tendue, c'était la méfiance qui s'installait.

Le Prince, au lieu de calmer les sentiments, les excitait plutôt par ses actes de donation capricieux, où il n'y avait aucun rapport entre mérite et récompense. Ainsi, au lieu de gagner de nouveaux fidèles avec ses largesses, il augmentait l'animosité à son égard, sans parler de la jalousie provoquée par ses liaisons amoureuses avec les dames de sa cour.

Il n'était pas plus réfléchi avec les bourgeois ; pendant qu'il tint sa cour dans tous les palais des seigneurs, il s'amusa aussi dans les villes. Le jeune Prince, qui n'avait aucune expérience politique, au lieu de taxer les riches de la bourgeoisie des villes, les utilisa pour financer ses fêtes. En fait, au lieu d'appuyer les activités industrielles et commerciales de la bourgeoisie citadine et d'en tirer un bénéfice légal, Báthori se contentait de dépouiller les villes avec la simplicité d'un potentat du Moyen Age.

En raison de son incompétence dans la conduite des affaires, un an après son élection, il était déjà entouré d'une ambiance hostile, quand, éludant les protestations de la Diète, il commença les préparatifs de la campagne militaire contre la Valachie.

Il n'y eut cependant pas encore de guerre puisque Gabriel Báthori en fut empêché par le complot de son entourage politique le plus influent. On ne sait pas depuis combien de temps ils préparaient leur coup contre le Prince. Au printemps de 1610, ils décidèrent de le faire assassiner. Un voyage prévu pour mars semblait être le moment propice. Cependant le meurtrier prit peur à la dernière minute et, quoiqu'il fût entré dans la chambre du Prince, il ne poignarda pas Báthori. Il lui avoua tout. L'hôte de la maison, le chancelier István Kendi, s'enfuit immédiatement, tandis que Boldizsár Korniss, le capitaine suprême des Sicules, qui avait dirigé toute l'action, fut arrêté. On apprit rapidement que les comploteurs n'étaient qu'en fort petit nombre : seuls quelques seigneurs et la maisonnée de Kendi avaient connaissance du complot.

Les contemporains adoptèrent rapidement la version qui donnait, comme justification au complot, la jalousie de mari de Boldizsár Korniss. En réalité, il s'agissait d'une crise interne du pouvoir, mais Báthori ne s'en préoccupa pas. Il se contenta d'organiser une grande mise en scène destinée à faire peur aux mécontents : il fit exécuter publiquement Boldizsár Korniss. Les fidèles, eux, montèrent en grade : le préféré de Báthori, János Imrefi, devint, en remplacement de Kendi, chancelier et Gábor Bethlen fut nommé capitaine suprême des Sicules.

La stupeur causée par le complot manqué ne fut pas de longue durée. Báthori continua, dès décembre, ses préparatifs de guerre. Il occupa Szeben par la ruse, alors qu'il n'avait pas le droit, conformément au privilège des Saxons, d'y rester contre leur volonté. Cette action révolta non seulement les Saxons, mais l'ensemble de l'opinion publique. Même si Báthori avait raison en affirmant que la ville en ruines de Gyulafehérvár n'était pas propre à être le centre de la Principauté, en occupant la plus riche ville saxonne, il lui a fait un tort impardonnable. Puis — malgré l'opposition d'une partie de son entourage —, il entreprit quand même la campagne contre la Valachie. Il partit le lendemain de Noël 1610 et il comptait remporter une victoire éclatante. Mais le voïvode Radu Şerban avait eu vent de son approche et il eut le temps de prendre la fuite. Les troupes transylvaines arrivèrent sans combattre, jusqu'à Tîrgovişte où Gabriel Báthori se fit proclamer prince de Valachie. Ce fut seulement à ce moment-là qu'il commença à négocier l'accord de la Porte.

Il envoya à Constantinople une pompeuse délégation qui devait présenter de grandioses projets. En chassant Radu, Báthori prétendait préserver la Valachie pour la Porte. Le stade suivant serait la prise du pouvoir en Pologne. Si la Porte donnait son accord, elle ferait monter sur le trône de Pologne un roi fidèle à l'Empire ottoman. Il est à supposer que Báthori rêvait véritablement de la couronne de Pologne, étant donné que, depuis le règne du roi Etienne, dont il était un parent, tous les princes de Transylvanie étaient attirés par son exemple. Il avait également tenu compte des rapports de force, car Constantinople était justement revenue sur sa politique consistant à maintenir la paix à tout prix.

Ses appréciations comportaient cependant une erreur : certes, la Porte avait repris ses forces, mais elle n'opta pas pour Báthori. Elle lui envoya l'ordre de retourner chez lui et nomma Radu Mihnea nouveau voïvode de Valachie. Il ne resta au Prince qu'à rentrer, après deux mois d'absence, en Transylvanie. Il maintint cependant les apparences en laissant à Tîrgovişte Gábor Bethlen avec une petite troupe. C'était à lui de recevoir le nouveau voïvode et de signer un traité avec lui. Après l'investiture de celui-ci, au mois d'avril, Bethlen lui-même retourna au pays.

2. La principauté de Gabriel Bethlen

La tutelle de la Porte se rétablit

Gábor Bethlen, qui accueillit le voïvode de Valachie et devint plus tard le plus grand souverain de Transylvanie, passait déjà, au printemps de 1611, pour une des figures clés de la politique transylvaine, mais était encore fort loin du trône princier. Ce furent les circonstances qui le poussèrent sur la scène de l'histoire.

Le retour forcé de Gabriel Báthori signifiait que bien des choses allaient changer pour les deux voïvodats. Ce fut en vain que Radu Şerban demanda de l'aide à Vienne ainsi qu'à la Pologne. Il ne put chasser Mihnea que pour une courte période. La famille Movilă, soutenue par la Pologne, dut s'enfuir de Moldavie, pour être elle aussi remplacée par un voïvode soutenu par les Turcs. Le pouvoir de la Porte s'était renforcé d'une manière spectaculaire.

Pour le moment, la Transylvanie restait à l'abri de pareilles interventions, quoique les démonstrations de force des grandes puissances s'y fissent aussi sentir. Après le retour de Gabriel Báthori, la guerre atteignit de nouveau la Transylvanie. D'abord deux pachas de Hongrie firent une incursion dans le pays pour attaquer dans le dos le Prince en campagne en Valachie ; ensuite, ce fut la confrontation entre Báthori et son opposition qui donna au gouvernement royal l'occasion d'intervenir.

Les deux pachas y restèrent peu de temps ; la Porte les rappela. Mais, comme ils avaient, dès leur arrivée, détruit les villages des haïdouks, ceux-ci quittèrent la Valachie et rentrèrent chez eux ventre à terre, non sans avoir auparavant saccagé le pays. Ils envahirent la Principauté ainsi que les territoires voisins du Royaume de Hongrie. Leur sédentarisation pouvait recommencer à son début. De mauvaise humeur après son retour, le Prince, qui ne pouvait payer leur solde, les envoya dans la riche région de Barcaság : il voulait lancer une nouvelle attaque contre les Saxons en faisant occuper Brassó par les haïdouks.

Ce fut d'abord leur capitaine András Nagy qui tenta de s'en emparer puis, en juin 1611, le Prince vint en personne dans le Barcaság et demanda à la ville de lui ouvrir ses portes, ce que la ville refusa et menaça même le Prince de tirer sur lui. On en vint donc à la rupture ouverte.

Báthori se retira à Szeben et Brassó commença à organiser sa défense. Le juge-maire Michael Weiss la prit en main en s'adressant à une vieille relation, le voïvode Radu Şerban, avec qui les bons contacts étaient maintenus même après son refoulement par Báthori. Partenaire commercial de longue date et bien solvable des bourgeois de Brassó, il ne leur refusa pas non plus son assistance militaire. Bien qu'à peine rentré en Valachie, il se mit aussitôt en route avec ses troupes. La confrontation eut lieu à la mi-juin, près de Brassó, et Báthori essuya une lourde défaite. Ses pertes furent considérables, mais lui-même put s'enfuir.

Après l'intervention de Radu, on ne pouvait plus considérer l'action de Brassó comme l'affaire d'une seule ville. Bien des membres de l'opposition nobiliaire s'y rendirent et les événements firent sensation aussi en Hongrie royale. C'était pour tirer profit des difficultés de Báthori qu'arriva de là-bas Zsigmond Forgách, capitaine de Kassa qui, il est vrai, n'avait pu obtenir, pour cette action, l'autorisation du palatin, mais qui reçut le soutien d'une grande partie des seigneurs de la Haute-Hongrie. Secondés de troupes valaques, il lança une attaque contre le Prince qui s'était retranché dans la riche ville de Szeben. Début septembre, les Turcs — les commandants des places fortes limitrophes — répondant à l'appel de Gábor Bethlen, arrivèrent eux aussi en Transylvanie.

L'automne de 1611 trouva une confusion totale où tout le monde luttait contre tout le monde. La désastreuse situation du début du siècle semblait déjà de retour quand les positions commencèrent soudain à s'éclaircir.

La présence des Turcs apaisa les turbulents. En effet, ils se comportaient en maîtres revenus sur leurs domaines délaissés. Aussi les belligérants s'enfuirent-ils tous devant les soldats du pacha Omer de Bosnie. Forgách, de même que Radu Şerban partirent au milieu de septembre sans livrer bataille et le voïvode ne put même plus rentrer chez lui. Mihnea revint à Tîrgovişte avec les armées turques en route pour la Transylvanie.

Avec l'apparition des troupes turques et la fuite de Forgách, il devint clair que la Transylvanie devait faire face à de nouveaux changements, tout comme la Moldavie et la Valachie quelques mois auparavant. La présence de la Porte redevint prépondérante dans cette région. Il n'y avait plus aucun doute qu'elle considérait la Transylvanie et les voïvodats comme siens, qui pourraient lui servir de tête de pont vers l'Ouest et qu'elle serait de nouveau capable de chasser les intrus de ces terres.

Sous la pression des événements, la ville de Brassó qui craignait fort de connaître le sort de Szeben, ainsi que l'opposition noble qui s'y était réfugiée se tournèrent vers la Porte. L'opposition alla trouver András Ghiczy, un ancien capitaine des haïdouks, qui devait maintenant aller à Constantinople en tant qu'envoyé spécial de Báthori. Le Prince voulait qu'il remercie la Porte de l'aide qu'elle lui avait apportée pour chasser Forgách. Mais Ghiczy, s'étant arrêté à Brassó, rallia l'opposition qui s'y trouvait. Il repartit en novembre, cette fois-ci chargé d'une mission par l'opposition : les trois « nations » du pays demandaient à la Porte de les délivrer du prince tyran.

Les chefs du mouvement de Brassó étaient maintenant tranquilles. Autour d'eux, le Barcaság était devenu littéralement un Etat dans l'Etat. On y frappait de la monnaie, et les préparatifs étaient en cours pour faire, avec l'aide de la

Porte, la guerre contre Báthori. Cependant, l'aide tardait car, en automne 1611, les décisions naissaient difficilement à Constantinople. Le terrible vieillard Mourad, le Grand vizir, était mort en août, tandis que son successeur, Nassou n'était pas encore revenu des champs de bataille de Perse.

Mais, même ainsi, András Ghiczy avait réussi à obtenir le consentement du divan — probablement le nouveau Grand vizir n'était pas au courant — à ce qu'il devienne Prince de Transylvanie à la place de Báthori. Il reçut même la promesse d'une aide militaire. Ghiczy, en contrepartie, promit de remettre Lippa et Jenő aux Turcs et de payer l'ancien tribut de 15 000 florins. Il laissa chez le caïmacan Gurdji Mehmet, son frère, en tant que garant.

Ghiczy fut de retour au pays en juin 1612, mais les nouvelles du succès de sa mission étaient déjà parvenues en Transylvanie bien avant lui. Ceci affermit l'opposition, tandis que Báthori eut la réaction traditionnelle des Princes de Transylvanie. A la Diète du 26 juin 1612, il proposa de refuser la tutelle turque et de se tourner vers le Royaume. En d'autres termes, en brandissant la menace turque, il voulait retourner à la tactique politique transylvaine de si mauvais souvenir.

La Diète n'accepta pas les plans de Báthori. Outre les expériences d'autrefois, les circonstances présentes étaient fort défavorables, notamment à cause du nouveau Grand vizir Nassou. En Hongrie, on le connaissait bien, car il y avait déjà servi; c'était en effet à lui que l'on avait repris le château de Fülek au début de la guerre de Quinze ans. Tout le monde savait qu'il en portait encore l'humiliation. A l'époque, seul l'ordre formel du Sultan avait réussi à le détourner de sa décision de se venger d'Ali pacha, le commandant turc de Buda, qui avait signé, pour la partie turque, la paix de Zsitvatorok. Ainsi, avec l'accès au pouvoir de Nassou, c'était un des plus fervents ennemis de la paix de Hongrie qui devenait Grand vizir. On ne pouvait s'attendre à rien de bon de sa part.

Gábor Bethlen empêche la guerre d'éclater

Ce fut à ce moment-là que Bethlen se décida à une entreprise désespérée: le 12 septembre 1612, avec 50 de ses hommes, il partit pour la Turquie. Son départ pouvait en quelque sorte être considéré comme une fuite, étant donné que ses relations avec le Prince s'étaient depuis quelque temps fortement détériorées. Auparavant — probablement parce qu'il avait de bonnes relations à Constantinople —, ses services étaient indispensables à Báthori, tels l'obtention de l'accord de la Porte pour son accès à la dignité de Prince. Alors que, maintenant, comme l'intention de Báthori était de se séparer des Turcs, il était devenu plutôt gênant. Sa personne gênait le Prince qui le soupçonnait — sans fondements — de collaboration avec les Saxons et aurait préparé son assassinat.

Ce fut une raison fort complexe qui décida Bethlen à fuir et non la crainte pour sa personne: il ne pouvait laisser l'obscur personnage que fut Ghiczy devenir Prince. Lui-même avait servi trois souverains et grimpé tous les échelons qui menaient au pouvoir. Il semblait logique qu'il se considérât comme le plus apte des candidats et commençât ses préparatifs pour prendre le pouvoir.

Pendant ce temps, les événements dans le pays évoluèrent dans le sens de l'alliance avec Vienne. En effet, Báthori, dans une bataille livrée le 15 octobre 1612, avait brisé le mouvement organisé à Brassó. Le juge-maire Weiss lui-même tomba et ses hommes, après avoir subi de terribles pertes, s'étaient retirés avec András Ghiczy derrière les murs de la ville. L'autorité du Prince fut renforcée par cette victoire : à la Diète du mois de novembre, il fit proscrire les chefs de l'opposition demeurant dans le pays ou en fuite, Bethlen compris. Puis il fit élire les envoyés devant aller aux négociations de Vienne, mais il céda à la volonté des Ordres en désignant également des ambassadeurs pour la Porte.

Ce furent les envoyés qui commencèrent les premiers leur mission : ils négocièrent dans un premier temps à Vienne puis, à l'occasion de la réunion de la Diète de la Hongrie royale, en avril 1613, l'accord fut ratifié à Pozsony. L'essentiel de cette convention était qu'elle ne reconnaissait pas l'autorité des Turcs sur la Transylvanie. Néanmoins, le Prince n'envisageait pas une rupture définitive car, au moment où il envoyait ses ambassadeurs à Constantinople, il devait déjà être au courant du résultat des pourparlers de Pozsony. Les ambassadeurs arrivèrent à la Porte le 22 mai, mais ils ne purent rien obtenir pour Báthori. Le Grand vizir Nassou ne permit même pas qu'ils remettent leurs présents. En fait, quelques semaines auparavant, le divan avait décidé qu'à la place de Báthori, Bethlen deviendrait Prince de Transylvanie.

Quelque temps après sa fuite, Bethlen avait été mis en rapport avec le redoutable Nassou, par Skander, le pacha de Kanizsa, un des commandants du territoire soumis. C'est que, une fois parti de Transylvanie, Gábor Bethlen avait eu la prévoyance de rendre visite à tous les principaux officiers du territoire turc de la Hongrie. Il était allé à Temesvár, à Buda, puis il avait passé l'hiver à Belgrade, car il savait que les commandants des régions voisines de la Transylvanie y rencontraient les hauts fonctionnaires venus de Constantinople pour discuter de toutes sortes d'affaires. Il put y rencontrer plusieurs personnalités turques importantes. C'était encore de la cour du pacha de Buda qu'il avait écrit une lettre en Hongrie royale, au palatin György Thurzó.

Ce fut donc après ces préliminaires que Bethlen se rendit lui-même à Andrinople, au début du printemps 1613. Le Sultan et le Grand vizir s'y trouvaient aussi. Là, Skander pacha l'introduisit auprès de Nassou qui sera pour longtemps son protecteur très actif.

En mars 1613, la question de son accession à la dignité de Prince fut tranchée par le divan. A la fin d'avril, il reçut les insignes princiers. Plusieurs officiers turcs de haut rang, ainsi que les deux voïvodes roumains, reçurent l'ordre d'aider Gábor Bethlen à occuper le trône.

Le futur Prince quitta Constantinople en août, escorté de l'armée turque sous le commandement de Skander pacha et il arriva en Transylvanie au début d'octobre. Entre-temps, le 1er septembre, était également arrivé Magyar Oglu Ali pacha accompagné du voïvode Mihnea de Valachie et des troupes de l'avant-garde tartare. Trois semaines plus tard, arriva le khan Guirei escorté du gros de l'armée tartare, et le 3 octobre, ce fut Ali, le pacha de Buda, qui arriva à Gyulafehérvár. Ils étaient environ 80 000 en tout pour remettre la Translyvanie à Gábor Bethlen. Peut-être jamais encore auparavant il n'y avait eu autant de Turcs et de Tartares réunis dans le pays. Le sort de la Principauté était décidé.

Néanmoins, Bethlen et ses compagnons ne voulaient pas renoncer à une élection de Prince en bonne et due forme. Mais la dépendance de la Transylvanie n'en devenait que plus évidente. Skander pacha réunit la Diète. Il n'était encore jamais arrivé qu'un officier turc donnât cet ordre à l'assemblée de la Transylvanie. Pour éviter la guerre dont Skander la menaçait, la Diète obéit. Il lui avait donné un délai de cinq jours pour les élections, ce qui s'avéra suffisant: le 23 octobre 1613, Gabriel (Gábor) Bethlen fut élu Prince de Transylvanie.

Le lendemain de l'ultimatum de Skander, la Diète fit ses adieux à Gabriel Báthori, l'ancien Prince, dans une lettre au style solennel, dans laquelle on reprochait au Prince d'avoir lâchement fui l'armée turque et d'avoir voulu rompre avec la Porte, pour évoquer finalement les dangers qui s'accumulaient. On ne pourrait faire face aux armes turques, écrit la lettre. Nous ne savons cependant pas si Báthori, qui se trouvait déjà à Várad, reçut ou non la lettre de renvoi. Quatre jours après les élections, il fut assassiné — les contemporains disaient que c'était une action des haïdouks, payés par Ghiczy.

A la nouvelle de la mort de Báthori, les troupes turques quittèrent le pays. Volant, saccageant, emmenant la population en esclavage, ils partirent et laissèrent derrière eux une terrible désolation prouvant que la Transylvanie était de nouveau assujettie aux Turcs.

Le Prince compétent

Ayant à sa tête Gabriel Bethlen, la Transylvanie vit remplacer le désordre, la légèreté irresponsable par l'ordre et la clairvoyance. Il n'y a guère de contraste plus criant qu'entre ces deux personnalités: Báthori était comme une lame d'acier luisant, un bel homme galant qui séduisait tout le monde, même ses ennemis tant qu'ils restaient près de lui mais, une fois éloigné, on se hâtait de réviser sa sympathie subite. Bethlen, plutôt trapu, ankylosé par ses blessures reçues dans les batailles, n'était physiquement guère attrayant, bien qu'ayant à peine 33 ans; mais il inspirait des sentiments plus durables. Le comportement de ses proches témoignait plutôt le respect que l'amitié à son égard. Ses ennemis, qui étaient nombreux, le haïssaient férocement. Lui-même attachait peu de prix à l'opinion des gens et ses rapports personnels n'étaient pas fondés sur les sentiments éphémères. C'était justement pour cette raison qu'il était capable de coopérer avec tout le monde. Il ne se laissait pas guider par la subjectivité dans le choix de ses collaborateurs.

La famille de Gabriel Bethlen avait fait son apparition sur la scène politique de Transylvanie comme partisan de la reine Isabelle. Son père était déjà conseiller du Prince Sigismond Báthori. A treize ans, Gábor Bethlen, orphelin, se retrouva à la cour de Sigismond Báthori à Gyulafehérvár. Nous ne savons rien de ses études, ni des influences qui ont pu former son talent. Toutefois, ses activités antérieures à son règne avaient déjà révélé deux aspects caractéristiques de son attitude. L'un s'était manifesté au cours de la guerre de Quinze ans aux côtés de Mózes Székely: il excellait sans fléchir dans l'exécution de toutes les tâches du moment. Si cela était nécessaire, il devenait diplomate ou commandant d'armée. Il savait parler aux gens soit individuellement, soit devant une foule, s'il fallait les haranguer. Il avait une certaine facilité à saisir les événements, les relations humaines ou la situation sur un champ de bataille. Cette polyvalence restait le côté essentiel de son talent.

D'autre part, il faisait, dans ses actes, toujours preuve d'une grande impassibilité. Non pas que, selon les critères actuels, il eût été réaliste dans ses objectifs. Tout comme la plupart de ses contemporains, il avait plutôt tendance à s'éloigner de la réalité. Quand il s'agissait de diplomatie, il ne tenait pas toujours compte des faits. Son objectivité se manifestait au moment d'exécuter un plan et il ne laissait alors en rien dévier son attention vers un autre point de vue secondaire. En fonction de ses convictions, il déterminait les moyens permettant de réaliser son idée et il les utilisait sans le moindre scrupule.

Pendant toute sa vie, il garda cette impassibilité, mais cela apparut de façon particulièrement manifeste dans ses efforts pour accéder au trône. Bethlen n'organisa pas son parti en Transylvanie, il n'avait guère cure du roi, ni du Royaume de Hongrie, ni même de l'opinion publique du pays. Il se tourna vers la Porte car il savait que c'était là que le sort de la Transylvanie se décidait. Même plus tard, il n'eut pas de regrets. Il n'y a aucune donnée prouvant qu'il ait eu le moindre remord pour la destruction causée par les troupes étrangères qui lui permirent de monter sur le trône, qu'il ait tenté de se justifier pour son élection imposée. Il considérait le pouvoir de l'Empire ottoman en Transylvanie comme une réalité objective indiscutable.

Cependant, malgré sa politique pro-turque réaliste et conséquente, ses rapports avec Constantinople lui causèrent des moments fort pénibles. Pour la confirmation de sa qualité de Prince, la Porte exigeait la remise de Lippa et de Jenő : en fait, elle attendait de lui la réalisation de promesses faites par d'autres. Offerts aux Turcs par Sigismond Rákóczi, les deux châteaux forts avaient été à l'époque refusés, Báthori non plus n'avait pas dû les rendre. Mais, en septembre 1613, on annonçait que Skander pacha avait amené ses troupes à la frontière. Après avoir intronisé Bethlen, il allait récupérer les deux forteresses en question.

Cette exigence plaçait Bethlen dans une situation fort délicate. Avec Jenő et Lippa, des territoires fort étendus avaient été libérés de la domination turque, avec une importante population hongroise. Maintenant, il fallait décider de leur sort. Mais, de toute manière, il fallait éviter l'attaque de Skander.

Dans cette situation critique, le Prince entreprit une manœuvre compliquée, il négocia, joua de toutes ses relations avec la Porte. Il ne dut finalement céder qu'à moitié. Il put conserver Jenő, mais dut remettre Lippa. Gabriel Bethlen se décida pour ce dernier car c'était ce château qui se trouvait le plus proche du territoire occupé et avait une population imposable moins importante. Même ainsi, il dut le reprendre à ses propres soldats, en 1616, avant même que les Turcs fussent arrivés. Il tenta de réparer cette injustice en faisant installer les soldats à Vaja et en leur octroyant les libertés accordées aux haïdouks.

En cédant Lippa aux Turcs, la Transylvanie est arrivée à l'étape la plus humiliante de son histoire : elle allait continuer à vivre livrée au bon plaisir de la Porte. Si Gabriel Bethlen était mort à ce moment-là, il aurait pu être considéré comme l'un des plus sinistres personnages de l'histoire de la Transylvanie. Mais, comme cela ne fut pas le cas et que son règne dura encore seize ans, il put s'ériger parmi les grandes figures de l'histoire de la Transylvanie et de la Hongrie.

Le Prince et son pays

Dans sa politique intérieure, Bethlen devait faire preuve d'une habileté extraordinaire car les forces qui s'appliquaient à réduire le pouvoir princier n'avaient jamais été aussi actives qu'au moment de son élection. L'explication s'en trouve dans les événements antérieurs. Les Ordres, de même que l'*Universitas* des Saxons s'étaient tournés contre le nouveau Prince, mais leur mécontentement visait ce qu'avait représenté Báthori : un simple tyran, et non pas un souverain efficace. Ses abus à l'égard de la population avaient rendu suspecte toute activité princière en Transylvanie. Ainsi Gabriel Bethlen se retrouva dans une situation fort ambiguë. Il avait chassé Báthori mais, au lieu d'être acclamé comme libérateur, il dut subir les conséquences des actes irresponsables de son prédécesseur incompétent.

Il aurait été logique que tout continuât comme avant, que Gabriel Bethlen réduisît par la force l'opposition contestataire provoquée par la tyrannie du Prince. Mais, en la personne de Bethlen, on vit se substituer au dilettantisme princier en Transylvanie une véritable aptitude à gouverner.

Pour reconstruire son pouvoir, Bethlen avait fait le premier pas dès la Diète réunie pour son élection. Il y demanda aux seigneurs convoqués par Skander de lever la proscription prononcée contre lui lors de sa fuite en novembre 1612. Puis il quitta les lieux, en exprimant ainsi symboliquement que son acquittement devait se faire sans lui. Certes, avec les quelques milliers de soldats qu'il avait derrière lui, cette sortie de l'assemblée ne signifiait rien de plus qu'un geste de politesse. Mais ce geste fut bien caractéristique de Bethlen. Il faisait entendre aux Transylvains qui, à ce moment, se trouvaient dans une situation plus qu'humiliante, qu'il n'allait pas abuser de sa victoire. Et il en fut bien ainsi. Une fois les armées turco-tartares retirées selon la convention passée avec la Porte, Bethlen mit en place une politique modérée dans le but de se gagner la sympathie du pays.

Le plus urgent était de mettre de l'ordre dans les relations avec les Saxons. Ceux-ci allaient jusqu'à refuser le serment de fidélité. Ils refusèrent même toute obéissance tant qu'ils ne récupéraient pas Szeben dont Báthori avait fait la capitale de la Principauté. Bethlen tenta tout ce qu'il put par la négociation et n'employa pas la force. Quand il se rendit compte que les Saxons ne voulaient pas de lui, même pas pour un seul hiver, il rendit Szeben, le 17 février 1614. Lui-même quitta la ville dès le lendemain. Par la suite, il évita toute confrontation non seulement avec les Saxons, mais aussi avec les Ordres : Bethlen élabora un système particulier pour règner : il n'organisa pas son pouvoir à l'encontre de ses vassaux, mais parallèlement au leur. Il ne toucha pas aux privilèges des Ordres qu'il n'avait nul intérêt à réduire à néant, mais se contenta de modifier la proportion entre son propre pouvoir et celui des seigneurs. Il lui suffisait donc, sans toucher aux Ordres, de renforcer le plus possible le pouvoir de prince. Il sut mettre à profit les particularités de la société transylvaine.

Une de ces particularités était qu'aucune loi ne déterminait la composition ou le fonctionnement de la Diète. Il n'y avait même pas de coutumes en la matière. Ainsi, Bethlen put désigner en toute souveraineté les personnes qui devaient y siéger. Même si quelques-uns y étaient délégués automatiquement, comme fonctionnaires élus, en 1615 le Prince avait déjà obtenu que ceux-ci ne puissent représenter qu'un tiers des membres. Comme la majorité se composait de notables et de dignitaires de cour qui devaient leur siège à Bethlen, le souverain n'avait pas à faire face à une assemblée d'opposition. Néanmoins, il réduisit le nombre des questions à débattre. Seul le rapport seigneur-serf continua à relever de la compétence exclusive des Ordres qui pouvaient en discuter ou décider librement. Toutes les autres questions — affaires étrangères, guerre, finances — furent petit à petit retirées de la sphère de décision de la Diète.

L'autre particularité venait du fait que les finances de l'Etat n'étaient plus entre les mains des fonctionnaires des Ordres, mais furent confiées à des fonctionnaires princiers. La Diète pouvait seulement se prononcer dans les questions d'impôts et de leur utilisation. Ce droit ne fut pas remis en cause par Bethlen, mais il augmenta considérablement les revenus d'Etat indépendants des Ordres. Si bien que dans les années 1620, les 60 à 80 000 florins d'impôts constituent seulement 10% de l'ensemble des revenus. Leur perception n'avait donc aux yeux de Bethlen qu'une importance secondaire.

Gabriel Bethlen devait sa réussite en premier lieu à une politique économique moderne pour son époque : celle du mercantilisme. L'Etat contrôlait en effet strictement les proportions relatives des exportations et des importations et, en appuyant ces premières, il pouvait assurer d'importantes rentrées d'argent, grâce à la priorité donnée au commerce d'Etat. Il s'agissait donc d'un mercantilisme basé sur le monopole d'Etat.

Gabriel Bethlen, grâce à des mesures concernant les travaux de la Diète et l'économie, réussit à supprimer pratiquement tout contrôle des Ordres sur le pouvoir princier. Il devint ainsi un souverain indépendant des Ordres sans avoir dû toucher aux droits des seigneurs, comme il ne toucha pas aux droits des autres couches sociales non plus.

Une politique économique moderne avec des impôts inadaptés

L'intention du Prince de laisser intacts les rapports sociaux se traduisait notamment dans les particularités du système fiscal de Transylvanie. Dans les autres pays, l'impôt était établi selon la fortune et, au début du XVIIe siècle, les taxes montèrent en flèche. La Transylvanie resta en dehors de ce phénomène. Le montant de l'impôt y resta pratiquement inchangé, car l'impôt d'Etat sur la fortune se pratiquait seulement dans quelques villes, à Kolozsvár par exemple. Les Sicules — indépendamment de leur situation économique —, ne payaient que des impôts exceptionnels, et les serfs payaient par groupes de dix — également sans égard à leur situation économique —, tandis que les Saxons payaient autant que les serfs des domaines seigneuriaux : la somme n'avait rien à voir ni avec le nombre des Saxons ni avec l'importance de leurs biens.

Tout compte fait, Bethlen faisait un sacrifice économique dans l'intérêt de la paix sociale car, avec l'impôt sur la fortune, il aurait pu bien davantage augmenter ses entrées, surtout celles venant des villes saxonnes. Il semble cependant que cela convenait au Prince car ses vassaux ne se plaignaient pas.

Son régime était sans aucun doute plus qu'une monarchie centralisée, car les affaires se traitaient indépendamment des Ordres. Mais cela ne ressemblait pourtant pas à un absolutisme à l'occidentale, car il ne s'était pas créé — le système d'imposition le prouvait bien — une interdépendance entre le pouvoir d'Etat et la bourgeoisie. Il y avait, par contre, à l'Est de l'Elbe, d'autres Etats qui pouvaient être qualifiés d'absolus. Dans ces Etats, les souverains établirent leur pouvoir indépendant des Ordres, non sous une pression sociale, mais pour contrecarrer la menace extérieure.

Bethlen avait donc mis sur pied, en Transylvanie, un absolutisme d'Europe de l'Est. Et il était même le premier dans cette région à avoir dû créer un pouvoir dynamique, propice aux décisions rapides, car il devait sauvegarder une Transylvanie perpétuellement menacée par deux grandes puissances.

Mais il ne resta pas simplement sur la défensive, d'autant moins qu'il n'ignorait pas qu'une alliance internationale se préparait contre l'Empereur, un de ses ennemis. Les antagonismes autour de l'Empire laissaient depuis longtemps prévoir l'éventualité d'une guerre. Le roi de France, Henri IV, avait déjà commencé en 1610 une campagne contre Rodolphe II. Mais son assassinat la fit tourner court. Puis, en 1611, il avait fallu renoncer à l'élection du roi de Rome, en raison du différend qui opposait l'Empereur et les princes de l'Empire germanique. En 1613, l'Angleterre se joignit aux ennemis de l'Empereur par suite du mariage d'Elisabeth Stuart avec le prince palatin. Ce fut donc dans ces circonstances que Gabriel Bethlen débuta dans la politique internationale. En 1618, quand les événements de Bohême offraient la possibilité d'intervenir contre l'Empereur, il pouvait déjà prendre sa décision sans avoir à se préoccuper de la situation intérieure.

3. La Transylvanie dans la ligue anti-Habsbourg

La Hongrie et la guerre de Trente ans

En optant pour la guerre contre les Habsbourg, le Prince dut faire un choix car, alors même que toute l'Europe occidentale s'y préparait, l'ennemi oriental commençait, lui aussi, à se faire menaçant. Osman II, le jeune et ambitieux Sultan, commença en 1619 une campagne contre la Pologne qui se termina pratiquement par la défaite des deux parties. Il apparut que les rapports de forces entre la Pologne et la Porte étaient les mêmes que ceux qui caractérisaient, depuis le début du siècle, la Porte et les Habsbourg : aucune des deux parties ne parvenait à prendre un avantage sur l'autre.

De nombreux facteurs poussaient Bethlen à entrer dans ce conflit de l'Est. L'intervention aux côtés des Turcs aurait paru tout à fait logique, même pour des raisons personnelles, car l'ancienne bonne relation de Bethlen, Skander, jouait un rôle de premier plan dans l'affaire de la Pologne. Celui-ci ne cessa de lui ordonner de se rallier. Puis ce fut le tour de ses diplomates de le conjurer d'entreprendre quelque chose. Entre-temps, et suite au désordre, une crise intérieure éclata à la Porte, et on laissa apparaître beaucoup de ressentiment contenu à l'égard de Bethlen. Des idées les plus diverses naissaient alors sur le sort de la Transylvanie, mais aucune n'était avantageuse pour elle. Logiquement, il semblait donc nécessaire aux ambassadeurs de Transylvanie que Bethlen rétablisse sa position à Constantinople.

Le Prince se tenait cependant sciemment éloigné du conflit oriental. Au terme de nombreuses tractations diplomatiques, il manqua — à dessein — la guerre de Pologne. En fait, la crise de la Porte ne le laissait pas seulement de marbre, mais il en conclut à la faiblesse du gouvernement turc. Il ne céda pas aux pressions ; il ne tenta pas de concilier ses ennemis à la Porte. Voire même, profitant de la bonne volonté de certains, il soumit à Constantinople l'idée d'une attaque à lancer contre Ferdinand II, le nouveau roi de Hongrie, monté sur le trône le 20 mars 1619.

Bethlen se décida donc pour l'intervention à l'ouest. En fait, une entreprise à l'est aurait peut-être été spectaculaire mais inutile. Le désordre causé par la guerre laissait transparaître l'affaiblissement du pouvoir turc mais même le plus téméraire des rêveurs n'osait pas encore songer à la liquidation du pouvoir ottoman. Par contre, la plupart des contemporains de Bethlen considéraient que le conflit occidental mènerait à la perte des Habsbourg d'Autriche.

De ce côté-ci, les événements débutèrent le 23 mai 1618, à Prague, par l'insurrection contre les Habsbourg dont Gabriel Bethlen reconnut immédiatement l'importance. Il réalisa vite que les Tchèques ne se seraient jamais décidés à franchir ce pas sans l'espoir d'une aide extérieure. Toute la question était bien là. En effet, les insurgés cherchèrent tout d'abord de l'aide auprès de l'Angleterre, mais ne parvinrent pas à l'obtenir. Ils s'assurèrent, par contre, l'aide des Pays-Bas car ceux-ci étaient intéressés à tenir loin d'eux les forces des Habsbourg qui représentaient un danger permanent aussi pour eux. Aux Pays-Bas, s'organisa l'aide financière à Frédéric, prince palatin, élu roi au cours du soulèvement de Bohême. Il s'y réfugia d'ailleurs lorsque, après la victorie des forces impériales, le 8 novembre 1620, il dut prendre la fuite.

L'armée de Ferdinand II ne le poursuivit pas jusque-là, mais les mercenaires envahirent sa belle principauté au bord du Neckar. La guerre gagna ainsi l'Empire germanique. Petit à petit, toute l'Europe y prit part et elle devait durer jusqu'en 1648, année où fut signée la paix de Westphalie, entre l'Empereur Habsbourg, Ferdinand III d'une part, et Louis XIV, roi de France et la reine Christine de Suède de l'autre. Cette longue guerre était déjà appelée par les contemporains la « guerre de Trente ans ». Contre toute attente, l'Empire ne fut pas supprimé, il devint seulement une puissance nominale. La complexité de cette guerre peut être jugée par le fait que malgré son début modeste dans le soulèvement de Bohême, ce furent finalement les grandes puissances lointaines qui contraignirent l'Empereur à signer la paix.

Gabriel Bethlen, Prince de Hongrie

Gabriel Bethlen, après avoir négocié avec les insurgés, entra en guerre, en août 1619, en tant que membre d'un système d'alliances autour de la Bohême.

Le lieu de son intervention était naturellement donné : l'ennemi commun de la moitié de l'Europe se trouvait à portée de sa main : la Maison des Habsbourg s'étant installée en Hongrie. Son intervention y était donc attendue indépendamment des développements de la politique internationale.

György (Georges) Rákóczi, le chef de l'opposition protestante en Hongrie royale, fils du Prince Sigismond, lui fit personnellement appel, et la grande majorité des seigneurs du pays étaient également favorables à l'idée de lutter aux côtés de Bethlen ; les plus grands aristocrates le soutenaient car ils espéraient de lui le renforcement de leur propre pouvoir. Ils avaient, jusque-là, déjà bénéficié d'une situation favorable : ils avaient réussi à obtenir de Mathias II élu roi après la guerre de Quinze ans, la complète reconnaissance de leurs droits. Ils avaient également réussi à se réserver la direction des affaires intérieures et à exclure l'intervention du souverain dans toutes les questions concernant les rapports seigneur-serf. La seule chose qu'ils pouvaient encore souhaiter était d'avoir un roi national qui les protégerait de toute intervention étrangère. Les événements des dernières années les faisaient pencher vers cette solution. L'archiduc Ferdinand, qui remplaçait Mathias II tombé malade, gouvernait la Hongrie sans palatin depuis la fin de 1616, l'année de la mort de György Thurzó. Deux ans plus tard (Mathias vivait encore), il fut élu roi, mais trouva en face de lui une forte opposition car tous savaient que, dans les pays héréditaires où il régnait en tant qu'archiduc, il avait créé l'Etat modèle de la monarchie absolue en s'appuyant sur l'Eglise catholique. A l'horizon se dessinait donc, pour la noblesse de Hongrie, la sombre menace d'un pouvoir central renforcé.

Pour toutes ces raisons, Gabriel Bethlen devint pour eux un candidat à la royauté tout indiqué. Ils pouvaient espérer faire de lui le roi de la nation sans pour autant lui assurer une domination complète sur le pays.

Avec l'appui des aristocrates qui s'étaient mis de son côté, Gabriel Bethlen avançait très vite. Il était parti le 27 août 1619 de Gyulafehérvár et, le 21 septembre, il a déjà convoqué la première assemblée de ses fidèles sur le territoire du Royaume de Hongrie. Ils se réunirent à Kassa pour discuter des rapports futurs. Gabriel Bethlen arriva à la tête de son armée et des fidèles qui venaient de se ranger à ses côtés. L'assemblée définit ainsi son action : il n'était pas venu en ennemi mais pour porter secours, comme Jephté, dans la Bible, alla aider les fils d'Israel. Bref, il fut proclamé, face au roi, le représentant officiel de leur volonté.

Le mouvement de Bethlen continua à progresser. Lui-même participa, le 14 octobre, à la prise de Pozsony. Pendant ce temps-là, un de ses jeunes partisans, György Széchy, soumit les villes minières du Nord. Ainsi, une grande partie du Royaume de Hongrie se trouvait sous le contrôle de Bethlen quand, le 11 novembre, le palatin Zsigmond Forgách, sur sa demande, réunit la Diète. Au moment même où les débats commencèrent, les troupes de Bethlen s'unirent aux troupes de l'alliance tchèque-morave et arrivèrent sous les murs de Vienne.

Le siège de la capitale de l'Empire n'eut cependant pas lieu : le 29 novembre 1619, Bethlen se retira. L'action spectaculaire du Prince suscita des orages dans l'opinion publique aussi bien en Hongrie qu'à l'étranger. Non seulement il coupait court à une entreprise qui commençait bien, mais il abandonnait également ses alliés de Bohême. Lui-même en fournit une explication en invoquant le cours pris par les événements de son pays. En vérité, il s'était probablement rendu compte de l'impossibilité de prendre Vienne et il préférait subir une défaite morale que militaire. Il donna l'apparence d'avoir agi par décision souveraine et sa retraite ne provoqua finalement aucune altération de sa popularité dans le pays.

A la fin de 1619 ou au début de 1620, Bethlen arrivait au sommet de ses succès politiques au moment où les Ordres réunis en Diète lui proposèrent de devenir roi. Il ne l'accepta cependant pas. L'explication en était simple : les seigneurs avaient rédigé une charte précisant leurs conditions. Ils avaient donc élaboré le Code d'une République Nobiliaire idéale. Ils ne voulaient assurer aucun droit au roi en dehors de celui de convoquer la Diète et de ratifier les lois. En refusant la royauté, Bethlen refusa aussi ces conditions. Il fut cependant inclu dans les lois de la Diète un texte qui précisa que, conformément à la volonté unanime des Ordres du Royaume, le gouvernement et la direction du pays étaient remis sans conditions entre les mains de Gabriel Bethlen.

Election royale sans couronnement

La destitution de la maison des Habsbourg et l'élection libre du roi eurent lieu plus tard, le 25 août 1620, à la Diète de Besztercebánya. Bethlen signa alors le « Diplôme royal » *(Diploma regis)*. De longues négociations avaient précédé l'avènement. Ce fut au cours de celles-ci que les délégués de la Diète apprirent, du moins officiellement, que le règne de Bethlen signifierait aussi le protectorat turc. Un envoyé de la Porte lut la lettre d'Osman II dans laquelle il promettait de défendre la Hongrie, tandis que le chancelier de Transylvanie, Simon Péchi, tint un grand discours sur les avantages de cette nouvelle situation. Il demanda à la Diète, puisque le Royaume de Hongrie et la Transylvanie ne faisaient qu'un, de régler le sort du Royaume selon l'exemple transylvain. Il n'y eut cependant pas de véritables alternatives et les nobles de Hongrie devaient simplement accepter le fait qu'en se détournant du roi Habsbourg, ils perdaient tout espoir de chasser les Turcs.

En signant le Diplôme et en acceptant de devenir roi par élection, Bethlen voulut faire un geste compensatoire. Par la restriction de son pouvoir, il paya en quelque sorte pour l'instauration du protectorat turc.

Néanmoins, il refusa de se faire couronner. Par cette attitude, il stupéfia nombre de ses contemporains et donna du fil à retordre à beaucoup d'historiens. Il semble cependant que le geste de refuser la couronne se ramène à une explication toute simple: en 1620, à Besztercebánya, il aurait été possible d'organiser seulement une cérémonie hâtive. Or, Bethlen projetait vraisemblablement de ceindre la Sainte Couronne — après le triomphe de sa campagne — dans des formes traditionnelles. Au moment de son élection comme roi, il devait être tout à fait sûr de la victoire finale.

Cependant, à partir de novembre 1620, les événements se retournèrent peu à peu contre lui. Le 4 novembre, le pacha de Buda Mehmet Karakach occupa Vác. Puis, peu après, la nouvelle parvint que l'armée de Ferdinand II avait anéanti l'armée tchèque à la Montagne Blanche, près de Prague, et qu'une terrible répression avait suivi. Ces événements soulevèrent des doutes sur le caractère définitif de la victoire de Bethlen et laissèrent en même temps prévoir les éventuelles conséquences d'une défaite.

Gabriel Bethlen poursuivit son activité comme si de rien n'était. Il commença à s'organiser sans tenir compte du Diplôme et des lois. En effet, les barrières élevées par les Ordres non seulement limitaient son pouvoir personnel mais, de surcroît, mettaient en cause l'efficacité de son gouvernement. Ainsi, les hommes politiques de Hongrie s'étaient bien trompés lorsqu'ils avaient cru trouver, en la personne de Bethlen, un souverain docile, prêt à les écouter. Pour les Ordres, l'Etat du nouveau roi aurait convenu seulement comme un cadre permettant la jouissance illimitée de leurs droits mais, en fait, tout dépendait de la réussite d'une campagne militaire. Et cette victoire ne pouvait être obtenue si les Ordres jouissaient d'une liberté entière.

Bethlen perd le Royaume de Hongrie

La Hongrie se trouva dans une situation ambiguë, et insoluble: la victoire finale de Gabriel Bethlen semblait de moins en moins souhaitable, tandis que la défaite — comme l'exemple des Tchèques venait de le montrer — pouvait entraîner de terribles représailles. Les hommes politiques hongrois trouvèrent tout de même une solution. Ils prirent l'initiative et, pour éviter aussi bien la victoire que la défaite, commencèrent à négocier avec les hommes de Ferdinand II les conditions d'une reddition volontaire.

Si, en automne 1619, ils avaient encore refusé la proposition de Vienne en vue d'un arrangement pacifique, en décembre 1620, ils contraignirent Bethlen à engager des pourparlers. Les négociations de paix commencèrent donc le 25 janvier 1621 à Hainbourg, et se poursuivirent avec plusieurs interruptions. Ce furent toujours les partisans de Bethlen qui les remirent en route, et le nombre des partisans de la paix ne cessait d'augmenter. Même le jeune Imre Thurzó les rallia, un des hommes politiques les plus brillants du pays, particulièrement apprécié de Bethlen; il succomba de la petite vérole, au cours des négociations, elles n'en furent pas pour autant suspendues.

Les pourparlers reprirent à Nikolsbourg et aboutirent le dernier jour de 1621. Selon l'accord signé, Gabriel Bethlen renonçait au titre de roi et dorénavant ne devait plus s'ingérer dans les affaires du Royaume. En contrepartie, il pouvait garder, avec certaines restrictions, la haute main sur sept comitats de la Haute-Hongrie, durant sa vie, et obtint plusieurs grands domaines. Les seigneurs, à leur tour, s'assurèrent, de la part de Ferdinand II, une amnistie totale.

Ce furent les fondateurs même de l'Etat de Bethlen qui finirent par l'abolir. Ils avaient fait une tentative en vue de créer un royaume national mais, du moment que ces desseins ne pouvaient pas se réaliser sous la forme d'une république des Ordres, le projet fut abandonné par eux.

Du moins évitèrent-ils ainsi le sort de la Bohême. Et alors même que l'Europe était envahie de réfugiés protestants fuyant ce pays, on élut, en Hongrie, un palatin luthérien en la personne de Szaniszló Thurzó, un des premiers fidèles de Bethlen. Quand l'impôt fut voté à la Diète de 1622, il apparut que, du point de vue économique également, la noblesse avait tiré la meilleure partie. L'unité fiscale établie à 28 florins par Bethlen fut réduite à 3 florins. De plus, les seigneurs, auparavant, en payaient la plus grande partie de leur propre poche, tandis que ces 3 florins étaient payés par les serfs. Pour la première fois depuis l'avènement des Habsbourg, la Diète de 1622 incorpora même dans le code des lois le «Diplôme royal». Il n'y eut donc pas de conséquences négatives pour la noblesse du fait d'être passée, pour une courte période, aux côtés de Gabriel Bethlen. Aussi, les puissants seigneurs qui dirigeaient la politique du pays ne voulurent plus prendre aucun risque supplémentaire. Gabriel Bethlen eut beau tenter, par deux fois encore, de récupérer le Royaume, les seigneurs hongrois ne se rangèrent pas de son côté.

Luttes pour la Hongrie et les derniers projets

Le Prince de Transylvanie revint en Hongrie une nouvelle fois en août 1623: pourtant, aussi bien les seigneurs de la Haute-Hongrie que ses autres fidèles lui avaient déconseillé de se lancer dans cette entreprise. Même György Rákóczi n'apparut dans son camp qu'une fois terminées les vendanges. Bethlen réunit la Diète le 19 novembre, les délégués votèrent pour le rétablissement de la paix. Le Prince signa le traité de paix le 2 avril 1624. Le contenu en était plus ou moins identique à celui du traité de Nikolsbourg. Depuis celui-ci, en effet, la situation intérieure n'avait pas changé en Hongrie et Gabriel Bethlen avait tort de recommencer sa campagne en un si bref délai.

En août 1626, par contre, plusieurs facteurs étaient réunis pour réussir une campagne, dans le Royaume. Entre-temps, Bethlen était devenu membre d'une importante alliance internationale. Il avait entamé des négociations à cette fin en 1625. Les ambassadeurs à Constantinople d'Angleterre, de France, de Hollande et de Venise prirent contact avec lui par l'intermédiaire de son chargé d'affaires. Puis les mêmes puissances vinrent s'informer directement chez lui sur la possibilité d'une alliance anti-Habsbourg. Quant à Bethlen, il chercha des contacts dans l'Empire germanique; au printemps 1625, peu de temps après la mort de son épouse, il demanda en mariage la fille de l'Electeur de Brandebourg. Le mariage, par lequel il devint beau-frère de Gustave

Adolphe, roi de Suède, eut lieu un an plus tard. Le Prince entra dans l'alliance qui s'était formée autour du souverain suédois.

Ainsi, Bethlen entreprit sa campagne en été 1626 avec l'espoir d'obtenir l'aide occidentale. Mais la situation tourna de telle façon que c'était lui qui devait à plusieurs reprises aider ses partenaires occidentaux. Pendant quelques mois, son territoire devint même théâtre d'opérations : Mansfeld, le chef de l'armée protestante, se réfugia en Hongrie, poursuivi par Wallenstein, le plus talentueux chef militaire de l'Empire. Mais les affaires hongroises ne purent nullement influencer ces événements militaires. La paix conclue en décembre 1626 n'apporta pas de changements par rapport à celle de Nikolsbourg. Néanmoins, elle permit à la Hongrie de sortir, pour une courte période, de la meurtrière guerre de Trente ans.

Ce fut entre les deux dernières campagnes militaires et avant son mariage avec Catherine de Brandebourg que Bethlen tenta encore de réaliser une idée saugrenue. Il demanda la main d'une des filles de Ferdinand II. A la demande en mariage il ajouta une proposition politique. Une fois le mariage conclu, il deviendrait gouverneur de la Hongrie, puis avec l'aide de l'Empereur et de ses alliés il irait contre les Turcs. Si l'on suivait ses conseils — fit-il savoir à Vienne — il serait possible de chasser en quatre ou cinq ans les Turcs de la Hongrie.

La proposition inattendue de Bethlen avait tout d'abord causé une grande confusion diplomatique, puis à plusieurs reprises elle fut refusée poliment. Seuls quelques magnats hongrois sympathisaient avec l'idée d'une guerre contre les Turcs à partir de la Transylvanie : l'archevêque Pázmány et le nouveau palatin Miklós Esterházy entamèrent des négociations indirectes en 1627, puis en 1628, sur ce projet. Naturellement, il n'était plus question de mariage avec la princesse Habsbourg, seulement d'une guerre contre la Porte à partir de la Transylvanie. Mais finalement rien ne put se réaliser. Les conceptions anti-turques des Hongrois supposaient que la grande guerre dans l'Empire prendrait bientôt fin et que l'Empereur pourrait se tourner contre l'ennemi de l'Est. Mais le moment de signer la paix n'était pas encore venu. Après sa troisième campagne, Bethlen renonça définitivement à ses visées relatives à la Hongrie.

A partir de 1627, le Prince commença à se concentrer sur son nouveau projet, celui d'accaparer la couronne de Pologne. Il essaya de resserrer à cette fin ses relations avec Gustave Adolphe, son beau-frère. Le roi de Suède, homme énergique et de grand talent, jouait à cette époque un rôle décisif dans la guerre. Cependant Bethlen, à part quelques négociations, ne pouvait plus s'engager véritablement dans ces lointains projets. C'est que la maladie l'obligea à y renoncer, quoiqu'il fît de gros efforts pour lutter contre elle. En octobre 1629, il ne pouvait plus guère manger, mais il fit tout de même le voyage de Várad pour s'entretenir avec György Rákóczi des tâches à réaliser après sa mort. Le voyage de retour le mina profondément. Le lendemain de son arrivée à Gyulafehérvár, le jeudi 25 novembre 1629, il mourut à 11 heures du matin.

Bien qu'en rehaussant la Transylvanie au niveau d'un facteur politique européen, comme elle l'avait été du temps d'Etienne Báthori, Bethlen eut réalisé un exploit qui forçait l'admiration de ses ennemis, ses sujets transylvains n'étaient guère concernés ni par ses entreprises diplomatiques ni par ses campagnes pour conquérir le Royaume de Hongrie.

Sa lutte pour la couronne de Hongrie ne suscita guère l'approbation des Transylvains. Les Ordres, n'y voyant qu'une ambition personnelle, ne reconnurent probablement pas les véritables perspectives des entreprises de Gabriel Bethlen. Le but premier de la guerre de Trente ans, qui consistait, par le biais d'une alliance internationale, à anéantir la maison des Habsbourg, ne les intéressait pas.

Bethlen, qui avait une claire appréciation de la situation, n'avait d'ailleurs jamais tenté de mobiliser les Transylvains pour ce but. Dans le déroulement des guerres, il n'y eut en réalité aucun événement qui touchât directement la Principauté. Les deux Diètes qu'il convoqua dans le Royaume de Hongrie ne traitèrent pas des affaires de Transylvanie. Et quand la paix de Nikolsbourg fit passer aux mains du Prince sept comitats de Haute-Hongrie, ni les Ordres qui s'y trouvaient, ni Bethlen n'envisageaient l'union administrative de ces comitats avec la Transylvanie. Il est vrai que la Diète de Transylvanie fit une timide tentative pour placer les impôts collectés dans les sept comitats sous son autorité, mais le Prince s'y opposa catégoriquement.

Ses sujets pouvaient apprécier de manière directe le relèvement de la Principauté à travers le faste de la cour du Prince. Gabriel Bethlen s'entourait d'une pompe qui exprimait en quelque sorte son pouvoir absolu de souverain. Selon les normes de l'époque, il était de ses devoirs d'en faire ainsi. Néanmoins, il n'eut apparamment aucune peine à s'y conformer. Rares furent ceux qui accomplirent leur tâche d'aussi bon cœur que Bethlen. Il aimait recevoir des diplomates; il entretenait une riche correspondance; il aimait aussi faire la guerre. Mais ce fut peut-être la mise sur pied d'une cour princière fastueuse qui lui donna le plus de plaisir, car il affectionnait le luxe. Il aimait s'habiller de vêtements aux couleurs vives; même son linge de nuit était de couleur, il s'acheta des joyaux valant une fortune. Il faisait venir des poissons de mer, des huîtres, des fruits exotiques, des confiseries. Nous ne savons pas s'il aimait danser mais, au cours de ses achats à l'étranger, on incluait toujours des masques sur la liste. Il faisait venir des musiciens: des Allemands et des Italiens; des chanteurs et des acteurs se chargeaient de le distraire.

Bethlen dépensait de plus en plus d'argent aux fins de ces fastes. Avant sa première campagne militaire, ses dépenses étaient celles d'un grand seigneur du Royaume; après 1624, le niveau de ses dépenses fut celui d'un souverain. Cependant, ses rentrées d'argent augmentaient elles aussi et, en proportion de l'ensemble de son revenu, il consommait en produits de luxe autant que les princes occidentaux contemporains. Il voulait étonner ses ennemis par son faste et manifester par là le rang international de la Transylvanie.

4. Sous la contrainte des circonstances

La crise du pouvoir et la victoire de Georges Ier Rákóczi

Bethlen décédait sans descendant direct, mais non sans avoir désigné son successeur. Il avait fait élire Catherine de Brandebourg, sa seconde épouse, dès juin 1626. Ainsi, en Europe, Catherine était l'unique souveraine à avoir été élue. Nous ne savons pas si c'était elle qui aspirait à ce rang ou non. Ce qui est certain, par contre, c'est qu'elle n'aimait pas gouverner. D'ailleurs, elle le faisait si mal qu'on est en droit de penser que c'était là une manière de narguer ses vassaux. Elle ne tint aucun compte de la volonté de feu son mari. Elle pria tout bonnement Ferdinand II, le jour même de la mort de Bethlen, de reprendre les sept comitats que le Prince, lui, souhaitait conserver.

La restitution des comitats fut l'unique affaire dans laquelle Catherine et la majorité des Ordres agirent de concert. Ni les Transylvains ni la Haute-Hongrie ne souhaitaient prolonger cette situation instable des comitats, qui relevaient à moitié de la Principauté, à moitié du Royaume. La rupture ne survint qu'au moment où il devint notoire que Catherine, par l'intermédiaire d'István Csáky, son amant, voulait faire passer la Transylvanie sous le sceptre de Ferdinand II.

Les nouvelles sur György Rákóczi approfondirent encore davantage la crise. Celui-ci avait été alerté par les chefs du mouvement d'opposition créé à propos de l'affaire des sept comitats. Ce furent István Bethlen jeune et le jeune Dávid Zólyomi, tous deux élevés par Bethlen, qui proposèrent à Rákóczi d'occuper le trône de Transylvanie. Ils lui offraient l'aide des haïdouks car, après la mort de Bethlen, ceux-ci étaient la seule force sociale importante à avoir opté pour la conservation des comitats. Rákóczi, dans un premier temps, n'accepta pas puis, en septembre 1630, il se rallia au camp des haïdouks. Il s'y décida seulement après avoir reçu du frère du feu Prince, István Bethlen, un message l'exhortant au ralliement.

Au moment d'envoyer son message, István Bethlen était encore le gouverneur de Catherine de Brandebourg : mais, au moment où Rákóczi arriva avec les haïdouks, il était déjà Prince. Entre-temps, le 28 septembre, on avait fait abdiquer Catherine, fatiguée de régner, et Etienne Bethlen fut élu. La situation était plus qu'embrouillée, d'autant plus que Rákóczi ne fit pas demi-tour. Le palatin Esterházy eut beau envoyer des ordres de rappel, de même que le nouveau Prince des menaces. Au lieu de rentrer, Rákóczi envoya István Bethlen jeune demander l'aide de Mouharren pacha, commandant de Szolnok. Pourtant, Rákóczi ne pénétra qu'une seule fois au-delà de Várad, et ce fut pour contraindre le nouveau Prince Etienne Bethlen à négocier.

Finalement, ils se mirent d'accord à la fin d'octobre. Etant donné que leur situation à tous deux était instable et que la Porte ne donnait visiblement sa préférence à aucun d'eux, ils décidèrent de laisser le choix à la Diète de Transylvanie.

Que dans un délai de six semaines l'on choisisse entre eux deux, telle fut la position commune d'Etienne Bethlen et de György Rákóczi. Ils voyaient la situation avec justesse : deux firmans du Sultan furent envoyés en Transylvanie. L'un ordonnait l'élection d'Etienne Bethlen, l'autre celle de György Rákóczi. C'était Catherine de Brandebourg qui devait décider lequel serait élu à la Diète. Elle avait toujours méprisé son beau-frère et son choix se porta donc sur Rákóczi.

L'élection du nouveau Prince, György Ier Rákóczi, eut lieu le Ier décembre 1630. Rákóczi reçut la bonne nouvelle à Várad et il partit, avant Noël, pour la Transylvanie afin d'y occuper son trône. Le lendemain de son arrivée, Mouharren, le pacha de Szolnok, ainsi que l'envoyé du caïmacan étaient là. Il prêta son serment de Prince, le 24 décembre, en leur présence.

Quelques mois plus tard, il mit un terme au mouvement des haïdouks qui, sous la conduite d'István Bethlen jeune et de Dávid Zólyomi, avaient attaqué le Royaume. Ils auraient souhaité que le nouveau Prince prît leur parti sur la question des comitats de la Haute-Hongrie. Mais celui-ci, au lieu de continuer la lutte commencée avec succès par les haïdouks, signa la paix avec Ferdinand II. Le 3 avril 1631, il s'engagea même à ne plus jamais utiliser la force des haïdouks.

Situation avantageuse à l'extérieur, confrontations à l'intérieur. Politique économique

Les Ordres de Transylvanie, après l'élection de György (Georges) Rákóczi, saluèrent le nouveau Prince en se souvenant de son père. Pourtant, la ressemblance entre Sigismond Rákóczi et son fils était fort lointaine. Le père était d'un caractère plutôt souple et avait le contact facile. En effet, c'était par sa facilité à s'adapter aux situations nouvelles qu'il avait réussi à s'élever au rang de Prince. Puis, quand il apparut qu'il était de son devoir de se retirer — dans l'intérêt du pays —, il n'hésita pas. Georges Rákóczi, au contraire, avait, dès le début de sa course au pouvoir, fait savoir au palatin que, même s'il devait lui en coûter la vie, il n'abandonnerait pas la partie.

Georges Ier Rákóczi avait un caractère entêté et se raccrochait avec tenacité à ce à quoi, selon lui, il avait droit. Il était également dur et exigeant à l'égard de ses sujets. Pendant son règne, il leur arracha par la voie juridique plus de domaines que n'importe quel autre souverain de Hongrie avant lui. Il réussit cependant à devenir un grand personnage de l'histoire transylvaine parce qu'il eut la chance de prendre les rênes du pouvoir dans des circonstances très favorables. Son règne correspondit, dans cette région de l'Europe, à des années de paix relative, après de longues décennies de guerre.

La guerre de Trente ans, qui épuisait toutes les forces des Habsbourg, les entraîna, en 1630, au plus bas de leur pouvoir. Pendant longtemps, ils furent incapables d'entreprendre quoi que ce soit en Hongrie. Quant à la Porte, elle avait dû subir, depuis 1622, des révoltes de janissaires qui se succédaient à un rythme soutenu. Après 1630, pendant plus de vingt ans, la présence de la Porte devint à peine perceptible en Europe.

Le fait que trois Princes se soient succédés en Transylvanie en 1629-1630 sans aucune intervention des grandes puissances témoigne de l'accalmie qui régnait dans la politique européenne. Un acte de Rákóczi provoqua cependant un orage à l'intérieur du pays car, selon les termes de la paix signée en 1631 à propos des haïdouks, il s'engagea à laisser entrer une garde impériale à Ónod, un des châteaux de sa famille. Le château resterait entre leurs mains jusqu'à ce qu'un de ses fils s'installât définitivement en Hongrie en tant que vassal du roi. Du moment que les fils en question n'avaient, à l'époque, qu'à peu près dix ans, il était clair que cette mesure s'appliquait à long terme. Elle touchait, en dehors des Rákóczi, les habitants d'importants territoires, car Ónod se trouvait à l'embouchure du Sajó, face à Eger, ce qui lui conférait une grande importance stratégique. A la limite des territoires occupés par les Turcs, cette place forte défendait non seulement les domaines mais aussi le peuple de la région. Sa garnison, composée de soldats recrutés sur les domaines seigneuriaux environnants, défendait les biens de ceux-ci, de leurs frères et de toute leur famille contre les Turcs maraudeurs. Les habitants de cette contrée prirent peur. Quel serait le comportement des soldats impériaux venus de si lointaines régions ?

Dans les environs d'Ónod, les gens simples avaient le sentiment d'avoir été abandonnés par les puissants. Ils commencèrent donc à organiser leur propre défense. A l'exemple des haïdouks, ils se mirent tout d'abord en quête d'un chef noble puis, ne le trouvant pas, ce furent les capitaines paysans qui, sous la direction de Péter Császár, prirent les choses en main. Ils commencèrent par envoyer, dans les villages des environs d'Ónod, des lettres invitant la population à se rallier à eux. Pour la fin de juillet 1631, ils projetèrent une réunion commune avec la noblesse, mais les seigneurs s'y opposèrent. Ainsi, à la mi-août, à Gönc, un état-major de chefs paysans fut élu, qui représentait les différents comitats. Dès lors apparut clairement le caractère ambigu du mouvement, à savoir, face à l'aile radicale qui avait des exigences essentiellement sociales, Császár cherchait un chef noble. Ils envoyèrent un émissaire auprès de Dávid Zólyomi, mais ce dernier leur dit de s'adresser au Prince. Péter Császár se rendit à Gyulafehérvár en janvier 1632. Son sort fut scellé.

Le mouvement des paysans, en effet, laissa longtemps indifférents les seigneurs de Hongrie. Comme cela se déroulait sur le domaine des Rákóczi et touchait en premier lieu le Prince, bon nombre d'entre eux considéraient les événements avec une joie à peine dissimulée. Cependant, dès qu'il apparut que Rákóczi n'irait peut-être pas contre les paysans mais qu'il deviendrait leur allié, les dirigeants politiques du Royaume se retournèrent contre les insurgés. Ils arrêtèrent Péter Császár puis, le 2 mars 1632, ils le jugèrent en cour martiale, à Kassa. Sur la base d'accusations politiques, il fut d'abord atrocement torturé puis exécuté.

Jusque-là, il n'y avait pas eu d'action importante à l'encontre des seigneurs, mais la mort de Péter Császár fit naître une rage populaire. La noblesse de la Haute-Hongrie tenta de négocier mais il était déjà trop tard. Une partie de la paysannerie déposa tout de même les armes, mais la majorité partit vers la Transylvanie. Ils n'arrivèrent pas à destination. István Bethlen jeune, aidé de Dávid Zólyomi, les vainquit dans une cruelle bataille.

Depuis la mort de Gabriel Bethlen, les deux jeunes politiciens s'employaient à organiser l'attaque du Royaume. En fait, dans les années 1630, cela n'aurait été probablement d'aucune utilité. Il est à noter cependant que, indépendamment des chances d'une guerre pareille, ils prirent peur devant la possibilité que leur offrait le mouvement des paysans. Ils ne voulaient pas obtenir le succès convoité à la tête d'une armée de paysans.

Ce n'est certainement pas l'échec éventuel de l'entreprise qui les en retenait car, si István Bethlen jeune mourait à la fin de 1632, Zólyomi, lui, déploya, dans le but d'organiser une attaque contre les Habsbourg, une intense activité diplomatique. Il se vantait de recevoir parfois les ambassadeurs de trois souverains étrangers à la fois. Ce fut là la raison qui détermina Georges Ier Rákóczi, qui lui devait pourtant beaucoup, à le faire arrêter, au printemps de 1633, et à faire juger le jeune homme pour haute trahison.

Au même moment, le jeune Mózes Székely fut également jugé. Il avait tenté d'obtenir le trône princier en tâchant de mettre de son côté les anciens fidèles de son père, ce à quoi il obtint l'aide de la Porte. Rákóczi n'essaya pas de dissuader la Porte mais fit tout simplement jeter Székely en prison et le fit condamner avec ses compagnons. Le Prince se servit de l'affaire de Mózes Székely et de Zólyomi pour faire peur à l'opposition. Et il ne s'en tint pas là. Le règne de Georges Ier Rákóczi ne vit s'écouler pratiquement aucune année où on ne prononçât la peine capitale et la confiscation des biens.

Le coup le plus dur fut subi par les sabbatariens, cette confession antitrinitaire s'inspirant pourtant de la Réforme, et qui vivait tranquillement depuis des dizaines d'années en Transylvanie. S'il arrivait auparavant qu'ils dépassaient les questions de la théologie, ils se limitaient en général à des revendications sociales assez vagues. Mais, à partir des années 1620, quelques-uns des chefs de l'opposition étaient issus de leurs rangs. Mózes Székely avait aussi une formation sabbatarienne. A l'époque, Gabriel Bethlen ne se préoccupait guère d'eux. Il les utilisait plutôt dans ses affaires avec la Porte.

Rákóczi, au contraire, éprouvait une antipathie marquée à l'égard de leur théologie et ne tolérait pas leur activité politique. Un autre point de vue non négligeable : il lui semblait possible d'accaparer les domaines des sabbatariens. Destinée à souligner le caractère idéologique, fictif, de la persécution, une controverse avait été organisée à Dés ; puis, tout de suite après, en juillet 1638, tombèrent les jugements : une partie des accusés retourna dans les Eglises officiellement reconnues, mais ceux qui restèrent fidèles à leur foi furent condamnès à mort et à la confiscation de leurs biens. Le Prince épargna finalement leur vie et se contenta de confisquer leurs biens à tous, sans faire aucune distinction. Cette affaire ne compta qu'un seul mort : János Torockai, orfèvre de Kolozsvár, qui fut condamné à être lapidé.

En employant la force contre les sabbatariens, Rákóczi ne parvint pas à se débarrasser complètement de l'opposition. Plus tard, il recourut également aux jugements pour trahison. Cette méthode lui permit, outre le chantage politique, d'agrandir les domaines princiers.

Rákoczi avait besoin de grands domaines car, par rapport à l'époque de Gabriel Bethlen, il refonda économiquement le pouvoir princier. Au lieu de favoriser le commerce d'Etat et de pratiquer une politique mercantiliste, il s'efforçait d'augmenter sa fortune personnelle. Il substitua aux démarches complexes de la politique économique une « faim » de terres d'une intensité presque maladive.

Il était très habile dans ses démarches pour accaparer de nouveaux domaines. Pendant son règne de vingt ans, il multiplia le domaine familial des Rákóczi : au moment de son élection, il avait dix grands domaines sous sa coupe ; son testament en compte 32.

Vers 1648, en Hongrie et en Transylvanie, 27 000 familles de serfs travaillaient sur les domaines des Rákóczi : ses innombrables villages et ses 56 bourgades comptaient plus de 100 000 habitants. 54 fermes et caves servaient exclusivement à produire pour les besoins de la famille ou pour la vente. Les proportions se dégagent nettement lorsqu'on considère le fait que le Prince avait, à lui seul, davantage de serfs que tous les seigneurs de Transylvanie réunis.

Rákóczi instaura ainsi un pouvoir personnel à caractère plutôt médiéval. Il était probablement unique en son genre parmi les souverains du XVIIe siècle qui, en général, étaient plutôt portés à profiter des finances de l'Etat. Néanmoins, son pouvoir ne restait en rien derrière celui des autres. Basé sur sa fortune personnelle, il est vrai, le pouvoir princier était sous son règne tout aussi indépendant des Ordres que sous Gabriel Bethlen.

Ses sujets avaient même la vie plus facile que sous celui-ci. Les privilèges de l'Etat en matière de commerce furent supprimés et Rákóczi diminuait l'impôt d'un quart.

Victoire sur les Turcs

Le pouvoir du Prince ne s'est manifesté vers l'extérieur que bien plus tard. Et quand il participa, par deux fois, à des entreprises internationales, il y fut vigoureusement poussé par les circonstances.

Il dut tout d'abord se porter contre les Turcs car le beylerbey de Buda, fils du Grand vizir Nassou, avait perturbé les rapports de la Transylvanie avec la Porte. Il y avait derrière cet acte de mauvaise foi un motif personnel : l'aversion mutuelle qui opposait Nassou Hussein et Rákóczi. Mais le fait que plusieurs notables turcs de l'entourage du commandant turc de Buda eussent fomenté une révolte contre Constantinople y contribuait encore davantage. Ils auraient voulu gouverner toute la région qui se trouvait autour de la Hongrie et ce, sans l'intervention des instances du plus haut niveau.

L'homme que les frondeurs turcs opposés à la Porte choisirent comme instrument fut le vieux Etienne Bethlen qui s'était rendu à Buda en 1635, en fuyant les procès de lèse-majesté dont étaient inculpés son gendre Zólyomi et son fils Péter Bethlen, l'un et l'autre en prison. Il avait de bonnes raisons de soupçonner que Rákóczi n'allait pas épargner les membres de la famille du Prince précédent tandis que, pour Nassou Hussein, le prétexte de protéger Etienne Bethlen venait à point nommé pour intervenir contre Rákóczi.

Le Prince tentait de stopper cette action par l'intermédiaire des grands dignitaires de Constantinople. Mais ces derniers remirent au divan du gouverneur de Buda le soin de trancher entre Rákóczi et Bethlen. Le Prince se trouva donc dans une situation plutôt désespérée car il était notoire que Buda favoriserait Etienne Bethlen. Les seigneurs du Royaume lui déconseillaient de faire la guerre. Péter Pázmány et Miklós Esterházy lui suggérèrent d'éviter à tout prix la confrontation armée. Rákóczi n'en fit pas moins ses préparatifs ; il n'avait d'ailleurs guère le choix. Finalement, la chance se mit de son côté. Pendant une nuit d'octobre 1636, ses soldats mirent en fuite les Turcs qui campaient à Szalonta à l'aide d'une ruse qui rappelle celle des contes populaires. Plusieurs mois après cette action, on trouvait encore des cadavres de Turcs richement parés dans les marais des environs et le commerce de captifs fleurit pendant des années.

Rákóczi sortit donc vainqueur de cette guerre qu'il n'avait pas provoquée. Depuis des dizaines d'années, aucun Prince de Transylvanie n'avait réussi à battre les Turcs. La gloire de cet exploit lui revenait en personne, bien qu'il ne se fût pas confronté avec Constantinople, mais seulement avec son opposition. Sa renommée s'en accrut considérablement tant dans le pays qu'à l'étranger.

La guerre avec les Habsbourg et la paix séparée

Il entreprit une autre grande opération pour répondre aux attentes de l'opinion internationale. Tout le monde trouvait naturel qu'il continuât la politique anti-Habsbourg de son grand prédécessur, Gabriel Bethlen ; on ne cessait de tâter ses intentions, aussi bien du côté de Vienne que dans le Royaume de Hongrie et parmi les anciens alliés de Bethlen. Bien qu'après sa victoire sur les Turcs, il pût négocier dans une meilleure position avec les représentants du parti des Habsbourg, il ne laissa, pendant longtemps, rien transparaître de ses projets.

La méfiance des Habsbourg, l'impatience de l'autre camp finirent par avoir raison du calme de Rákóczi, au terme de treize années de passivité. Au printemps de 1643, il signa un traité avec la reine Christine de Suède puis, en février de l'année suivante, il partit en guerre contre Ferdinand II. Il finit ainsi par s'engager lui aussi dans la guerre de Trente ans. Quant aux motifs du choix de cette date, nous sommes réduits aux conjectures. En fait, la situation politique du Royaume avait offert à Rákóczi des moments bien plus propices. Il est vrai qu'il ne pouvait trouver dans le Royaume un partisan et allié aussi efficace que Gabriel Bethlen avait pu s'assurer, à l'époque, en sa propre personne. Il ne pouvait pas non plus prétendre que les habitants du Royaume faisaient appel à son aide. Aussi, quand il lança l'idée de restaurer la royauté nationale, les magnats les plus influents ne se rangèrent-ils pas de son côté, 320 puisqu'il exhortait en même temps les Hongrois à défendre la liberté du culte protestant alors que, vers la fin de l'année 1644, la majeure partie des grands propriétaires fonciers s'étaient déjà convertis au catholicisme. En simplifiant un peu ce processus complexe, on peut dire qu'après avoir fait une expérience aux côtés de Bethlen, c'est en retournant à la religion de la dynastie que les seigneurs voulaient manifester la sincérité de leur volonté de reconciliation. Ainsi, au moment de la campagne de Rákóczi, la question de la liberté du culte les laissa indifférents. Cependant, sans eux, il ne pouvait être question de détrôner les Habsbourg.

La campagne débuta avec des succès spectaculaires et ce, malgré le fait que les alliés occidentaux eussent manqué à leurs promesses — tout comme ils l'avaient fait à l'époque de Bethlen — de l'aider militairement. Il ne reçut finalement, vers la fin de l'entreprise, qu'une aide de 200 000 Reichsthalers, venue de France. Même dans ces conditions, Rákóczi ne subit sa première défaite que le 9 avril à Galgóc. A partir de cette date, la chance lui tourna le dos et l'armée impériale remporta plusieurs victoires. Bien qu'il réussît à conserver Kassa, grâce à l'assistance des paysans de la région, les derniers événements convainquirent le Prince qu'au lieu de chercher fortune sur le champ de bataille, il fallait opter pour la négociation.

Une appréciation qui s'avéra juste. En début de 1645, Rákóczi se trouvait sans aucun doute dans une mauvaise position militaire, quand ses brillants diplomates conclurent avec succès la première étape des négociations. On avait tranché les questions d'intérêt général et il restait encore à satisfaire aux exigences personnelles du Prince. Parmi les dispositions générales du traité de Linz, signé en 1645, la plus importante était celle qui assurait la liberté du culte en l'étendant même aux paysans. Une autre octroyait au Prince en compensation les sept comitats de la Haute-Hongrie ainsi que plusieurs grands domaines.

Si Ferdinand III fit, en fin de compte, de grandes concessions, il avait toutes les raisons d'agir ainsi. Car, malgré tout, Rákóczi bénéficiait indirectement de l'aide de ses alliés : la nouvelle de l'approche des troupes suédoises contraignit l'Empereur à accepter toutes les conditions. Au mois de juin, Rákóczi avait envoyé son fils préféré, Zsigmond, et le général en chef de ses armées, János Kemény, auprès des alliés, en Moravie. Mais, après avoir pris connaissance du texte définitif du traité de paix, il n'hésita plus. Il rappela tout de suite les hommes se trouvant dans le camp suédois.

L'indifférence des alliés. Les derniers projets de Rákóczi

Pour justifier le départ de son fils et de ses gens, le Prince affirma à Torstensson, le général commandant de l'armée suédoise (qui dut abandonner, en raison de ce départ, le siège de Brünn) qu'il les avait rappelés sous la pression de la Porte. Prétexte crédible, mais impossible à contrôler. Personne ne songeait probablement d'ailleurs à le vérifier car, à partir de l'été de 1645, les ennemis de l'Empereur remportèrent victoire sur victoire : ils n'avaient donc plus besoin de Rákóczi. Entre-temps, les envoyés négociaient la paix en Westphalie. Avant même que les ennemis de Ferdinand III n'arrivassent sous les murs de Prague pour y mettre le siège, la guerre était terminée.

Renoncer au siège de Prague était une décision bien symptomatique : elle exprimait l'indifférence totale des alliés occidentaux à l'égard du royaume de

Bohême. La Bohême avait été vaincue par l'Empereur dès le début de la guerre, et désormais personne ne s'intéressait plus à son sort. Lorsque, Ferdinand III signa le traité de Westphalie, il n'y fut fait aucune mention du royaume de Bohême, pas plus que de la situation en Hongrie. Les diplomates de Rákóczi réussirent tout au plus à ce que la Transylvanie figure, comme alliée de la Suède et de l'Angleterre, dans le registre de la Nouvelle Europe, parmi les pays énumérés à côté des signataires de la paix de Westphalie.

L'indifférence des Occidentaux quant au sort des régions entourant la Hongrie était évidente et d'ailleurs compréhensible. En politique internationale, on ne fait pas d'actes d'humanité. Les Princes de Transylvanie se comportaient de même dans la guerre de Trente ans. Ils soutenaient leurs alliés dans la seule mesure où ils y trouvaient leur intérêt. Bethlen les abandonna sous Vienne, Rákóczi rappela ses troupes de sous les murs de Brünn.

Peut-être était-ce l'insuccès de la coopération avec les Occidentaux qui tourna l'intérêt de Rákóczi vers la Pologne, attitude qui ne semblait en aucune manière chimérique puisqu'un Prince de Transylvanie était déjà monté avant lui sur le trône de Pologne. Les Polonais eux-mêmes l'y encourageaient : il était en relation avec Janusz Radziwiłł, le duc d'Ostorog, qui préparait avec les gens de son parti le grand projet selon lequel, après la mort du maladif Vladislas IV, Zsigmond Rákóczi, le fils cadet du Prince, deviendrait roi. La diplomatie transylvaine avait déjà entamé les premières démarches dans ce sens, lorsque le projet revêtit soudain une importance particulière.

Rákóczi avait eu connaissance, au cours de l'été de 1648, du soulèvement des cosaques de Pologne. Il perçut immédiatement en eux un allié potentiel et, peut-être pour la première fois de sa vie, il prit lui-même l'initiative de contacter le chef des cosaques. Le hetman Bogdan Khmelnitski — invoquant la mémoire d'Etienne Báthori qu'il adulait — lui promit son aide. Mais Georges Ier Rákóczi ne put lire sa belle lettre car il mourut le 11 octobre 1648. Il laissa à ses fils György et Zsigmond la tâche de réaliser ses projets. L'héritier du trône de Transylvanie fut l'aîné de ses fils, Georges II Rákóczi.

5. La société sous le règne absolu du Prince

Les seigneurs et les serfs

Vivant sous des Princes qui exerçaient un pouvoir non contrôlé par les sujets, la société transylvaine du milieu du XVIIe siècle n'était pas fortement articulée.

Quant à la répartition des propriétés nobiliaires, nous n'avons de données que pour le début du siècle et exclusivement concernant le territoire de la Transylvanie proprement dite. D'après celles-ci, cette partie du pays comptait environ 3-400 familles nobles dont la très grande majorité, environ 80%, possédaient des domaines répartis sur un ou plusieurs villages. 15% des propriétaires nobles avaient des fiefs englobant 1 à 3 villages entiers ; 6 familles disposaient de propriétés comprenant quelques villages entiers et les fragments de plusieurs autres, mais qui restaient largement en dessous des véritables grandes propriétés ; enfin deux grandes familles, les Bánffy de Losonc et les Csáky formaient une élite bien restreinte : chacune d'elles possédait un grand domaine, celui de Bánffyhunyad et celui d'Almás. Au cours des dernières décennies, en effet, la plupart des propriétés féodales du Moyen Age étaient retournées en la possession du Trésor. Aussi les plus grands domaines nobiliaires transylvains restaient-ils de loin derrière les grands latifundia qui s'accumulaient entre les mains de quelques familles en Hongrie royale.

Les domaines du Partium ne modifiaient ce tableau que dans la mesure où ils augmentaient encore la prépondérance des Bánffy et des Csáky qui y avaient également des possessions. Les Báthori de Somlyó y avaient aussi des propriétés, mais leurs domaines les plus importants se trouvaient dans le Royaume. Quelques-unes des nouvelles familles dirigeantes, comme les Bethlen d'Iktár, les Zólyomi et les Wesselényi possédaient elles aussi des propriétés dans le Partium.

Quant aux Sicules, aucun d'eux ne put rejoindre le groupe des nobles vraiment fortunés de la Principauté, quoique, selon l'appréciation des Sicules, les Lázár, les Mikes ou les Apor eussent passé pour des riches.

La structure de la classe dominante ne changea en rien au cours du XVIIe siècle. Sous le règne des Princes qui amassèrent toute une fortune, surtout les Rákóczi, grands accapareurs, elle devint plus pauvre, mais les proportions ne se modifièrent guère. Ses représentants ne réussirent, notamment du fait de la grande dispersion de leurs propriétés, qu'à maintenir un niveau relatif, cependant, pour émerger d'une société qui se faisait de plus en plus pauvre, il suffisait de peu. Ainsi, le groupe des familles considérées comme étant de haute naissance conserva son prestige. Cependant, les Csáky s'installèrent sur le territoire du Royaume, laissant seule sur la scène les Bánffy de Losonc, famille aristocratique remontant au Moyen Age.

Une aristocratie moderne, c'est-à-dire une haute noblesse portant des titres héréditaires, faisait défaut en Transylvanie. Le rang et le prestige des familles dirigeantes se fondaient pratiquement sur un consensus social, car ni les Szapolyai, ni les autres Princes qui les suivaient n'avaient accordé des titres aristocratiques. L'unité indivisée de la noblesse — *una eademque nobilitas* — qui était devenue dans le Royaume du XVIIe siècle une pure fiction, s'était ici maintenue.

Basés sur ces prémisses, les rapports fondamentaux étaient clairs et sans équivoque : au sommet de la hiérarchie sociale se trouvait le Prince. Dès la fin du XVIe siècle, il n'y avait plus en Transylvanie quiconque susceptible de comparer sa fortune à celle d'un Báthori. Et au XVIIe siècle, quand le monopole princier des terres s'était institué, la totalité des possessions de la classe dominante de Transylvanie n'atteignait pas celles des souverains.

Cette situation particulière impliquait que, pour la plupart des serfs transylvains, le Prince était à la fois leur souverain et leur seigneur. Cependant, cette double dépendance avait des conséquences plutôt néfastes pour les serfs car elle maintenait le Prince dans sa position seigneuriale : ses intérêts ne différaient pratiquement pas de ceux des autres seigneurs terriens. Aussi la paysannerie, fuyant les charges féodales excessives, ne trouvait-elle pas son défenseur dans le pouvoir d'Etat. Les Princes s'opposaient à toute forme de migration servile et n'encourageaient pas les serfs à s'engager dans l'armée ou à aller travailler dans les mines ; il ne leur était même pas permis de venir s'installer sur les domaines du Trésor.

Mais même les mesures les plus sévères ne suffisaient pas pour rétablir les attachements serviles qui s'étaient tellement relâchés pendant la guerre de
 Quinze ans. A ce moment, en effet, une partie considérable des paysans fut

physiquement anéantie au cours des destructions de guerre permanentes, et les survivants pouvaient s'établir librement, les domiciles fixes étant devenus pratiquement inexistants. Cette espèce de fuite permanente inévitable était perçue par les serfs comme une liberté acquise et ils faisaient tout pour s'esquiver quand on voulait les réduire à leur état antérieur. Ce dont témoigne le fait que, malgré les promesses d'allègement des charges pour ceux qui voulaient revenir et les menaces de rétorsion pour ceux qui s'en iraient, les migrations massives des paysans ne purent être arrêtés jusqu'au milieu du XVIIe siècle.

Les Sicules

Les Sicules passèrent le cap du XVIIe siècle en possession de leurs privilèges, ce qui signifiait qu'ils ne payaient pas d'impôt d'Etat régulier. Cela est un fait notable puisque, depuis le milieu du XVIe siècle, les souverains avaient tantôt supprimé, tantôt rétabli cette liberté essentielle des Sicules. L'autre élément de ce privilège fondamental, à savoir le service armé, ne resta que partiellement en vigueur. Cela signifiait qu'au XVIIe siècle, tous les Sicules ne devaient pas obligatoirement fournir un service militaire régulier. Il s'était constitué, parmi eux, une couche pareille à celle des serfs : elle pouvait être dispensée du service militaire en fournissant différents services. Etant donné que les serfs sicules ne payaient pas d'impôt d'Etat régulier, ils n'étaient pas non plus sous le coup de l'administration de l'Etat. L'élite sicule, elle, considérait comme offensant le seul fait de vouloir recenser les serfs en Terre sicule.

Cette situation était sans aucun doute avantageuse pour les serfs sicules, même si, au XVIIe siècle, contrairement à l'époque précédente où tous les membres de la « nation » sicule n'avaient pas à payer l'impôt, ils étaient seuls à payer le cas échéant l'impôt dit « exceptionnel ». Cela les désavantageait seulement face aux Sicules libres, tandis que, par rapport à l'ensemble des serfs, ils avaient des charges bien moins considérables. En 1616, par exemple, quand ils durent exceptionnellement payer aux fins du tribut turc, 10 serfs sicules versèrent 11 florins, tandis que les autres serfs 19 florins. Par ailleurs, même jusqu'en 1622, cet impôt n'avait pu être perçu chez les Sicules, car leurs fonctionnaires les défendirent autant qu'ils le pouvaient face au pouvoir d'Etat.

Dans ces conditions, il devint intéressant pour les Sicules d'avoir le statut de serf. Selon un recensement effectué en 1614, 60% des serfs de Marosszék affirmaient avoir accepté ce statut de leur plein gré. Leur choix était motivé, d'après eux, par la peur de la pauvreté, de la famine, de la maladie, du service armé. Il en résulta une situation tout à fait spéciale : tandis que, dans d'autres régions de la Transylvanie, les paysans ne devenaient serfs que sous la contrainte ou attirés par des promesses, le statut de liberté n'était, chez les Sicules guère recherché. En 1622, il y avait déjà environ 20 000 chefs de famille considérés comme serfs. Cela représentait quelque 20% de la paysannerie vivant dans les autres parties de la Principauté.

Le pouvoir princier s'attaqua aux privilèges des Sicules non seulement parce qu'ils permettaient visiblement à un nombre de plus en plus grand d'échapper à l'imposition d'Etat, mais aussi, et surtout, parce que le nombre des Sicules assumant le service militaire ne cessait de diminuer. Outre une armée permanente de 4 à 5 000 hommes, les Sicules représentaient un contingent d'environ 10 000 soldats toujours disponibles et coûtant fort peu.

La première mesure décidée par Bethlen avait été d'interdire aux Sicules libres, en 1619, de devenir serfs et d'obliger même ceux qui n'avaient endossé la condition servile qu'après 1614 à retourner à l'état de mobilisable. Puis lorsque, malgré tout, on ne parvenait pas à empêcher la désertion des soldats, Bethlen choisit une méthode qui fit ses preuves : à partir de 1623, les serfs sicules étaient astreints à l'impôt régulier.

Après quoi, non seulement le problème resta sans solution, mais les conséquences en devinrent encore plus graves. Les Sicules se mirent à fuir massivement la Terre sicule. En 1638, même la Diète commença à s'inquiéter de l'affaire. Mais on n'avait pas les moyens de retenir les Sicules fugitifs. Jusque-là c'étaient leurs privilèges qui les retenaient ; les privilèges une fois perdus, l'unité sicule se disloqua rapidement.

En 1636, Georges Ier Rákóczi renonça à la confiscation des biens des Sicules infidèles au profit de l'Etat. Cela ne rendit cependant le service militaire ni plus facile ni plus attirant. En 1648, il fallut menacer les Sicules de la peine capitale pour qu'ils fassent honneur à leur ancien privilège, le service armé. Mais la cruelle loi ne fut pas appliquée car Georges II Rákóczi l'abrogea. De toute façon, il devint clair que le service militaire qui, à l'origine, comptait pour un privilège, constituait désormais un lourd fardeau.

Plutôt que d'user de la force, Georges II Rákóczi tenta d'accorder de nouvelles facilités. L'effet de ses démarches fut détruit par la guerre de 1658 qui entraîna de nouveau la Transylvanie dans le désastre.

Les Saxons

Königsboden (Fundus Regius) ou Terre saxonne conserva, au XVIIe siècle, son statut privilégié, et le pouvoir absolu du Prince, du moins jusqu'au milieu du siècle, ne toucha pas aux affaires intérieures de la « nation » saxonne.

A la fin du XVIe siècle, étaient déjà apparues à l'est de l'Elbe des conditions caractéristiques tant dans la structure intérieure des villes que dans les rapports avec leur environnement : hégémonie sociale des patriciens composés de riches commerçants et artisans. A l'autre pôle : le groupe des artisans protégés par les corporations mais, malgré tout, vulnérable. Si l'égalité des citadins devant la loi n'était jamais remise en cause, une distance insurmontable séparait tout de même les familles dirigeantes et les artisans pauvres. Dans le même temps, les rapports de subordination s'étaient renforcés entre les villes et les villages environnants. Ces derniers avaient des maires venant des villes et leurs corporations étaient placées sous le contrôle direct des corporations citadines.

Le poids du sénat de ville se trouvait accru du fait que les Saxons, depuis le Moyen Age, payaient un impôt global. Le montant de l'impôt avait été fixé par décret royal et, à l'époque de la Principauté, correspondait à la somme perçue sur 2 000 unités imposables dans d'autres régions de la Transylvanie. La répartition des charges se faisait dans l'assemblée générale de la « nation » saxonne siégeant sous la présidence du « juge du roi » de Szeben. C'est ainsi que le Sénat de Szeben était progressivement devenu l'instance suprême de toute la « nation » saxonne.

Dans le courant du XVIIe siècle, si elle avait suivi l'évolution des régions à l'est de l'Elbe, la vie des Saxons aurait dû se modifier. Dans d'autres régions, le Royaume de Hongrie par exemple, la bourgeoisie menait une existence double. Comme le marché des produits manufacturaux connaissait une récession, elle commença à s'orienter vers la production agricole. Ce phénomène s'accompagna de la migration des nobles vers les villes, alors que les villes, c'est-à-dire leurs sénats, commencèrent à imiter les nobles en faisant l'acquisition de domaines.

Chez les Saxons de Transylvanie, il n'en fut rien de tout cela. Grâce à leurs privilèges qui les assimilaient aux Ordres, ils pouvaient maintenir leur statut bourgeois. La Terre saxonne traitait ses habitants comme les citoyens d'une seule grande cité. La terre, ici, ne pouvait être possédée de droit seigneurial et la Terre saxonne demeurait inaccessible aux étrangers.

Le féodalisme ne parvenait pas à pénétrer parmi les Saxons, ni comme idéologie ni par ses représentants en chair et en os. Les citadins, pour leur part, n'ambitionnaient de posséder des terres ni individuellement ni collectivement. L'égalité de principe entre les villes et les villages continuait à être observée.

Si les Saxons réussirent à maintenir leur existence de bourgeois, ils le devaient, outre leurs anciens privilèges communs, aux deux voïvodats roumains. Ceux-ci, en effet, n'étaient toujours par parvenus, au milieu du XVIIe siècle, à se suffire en produits industriels. Ainsi, au cours de cette période relativement longue où elles se remettaient des guerres de la fin du siècle, puis poursuivaient leur consolidation politique amorcée en 1630, leurs marchés restaient ouverts à tous les produits manufacturés saxons. Naturellement, il y eut, dans cette période également, des conflits entre la Transylvanie et les voïvodats, pendant lesquels les routes qui les reliaient furent barrées de troncs d'arbres, mais aussitôt que le calme fut de retour, les lettres partaient à Brassó ou à Szeben demandant la réouverture des routes et l'envoi de clous à bardeaux. Ces derniers étaient la marchandise la plus demandée, tout comme les autres articles nécessaires à la construction de châteaux et d'églises. En dehors de ces matériaux de construction, il y avait aussi toute une gamme de marchandises depuis des instruments médicaux jusqu'aux bottes livrés par des Saxons.

Ainsi, les Saxons, outre leurs privilèges, s'appuyaient, dans le maintien de l'ordre intérieur, sur la demande des voïvodats. Aussi la cessation pratiquement simultanée de ces deux facteurs les affecta-t-elle lourdement au milieu du XVIIe siècle. Dans cette période de paix, l'industrie manufacturière des voïvodats commença à prospérer et ceux-ci fermèrent leurs marchés aux produits venant de Transylvanie. C'est vers cette date que Georges II Rákóczi s'attaqua aux privilèges des Saxons.

Ses prédécesseurs avaient plutôt tenté de faire main basse sur les richesses des Saxons. Georges Ier Rákóczi leur avait soutiré d'énormes sommes en leur faisant payer des amendes. Il n'avait cependant jamais mis leurs privilèges en question : voire même il les confirma par trois fois. Georges II Rákóczi, lui, opta pour la voie opposée : il ne s'intéressait pas à la richesse des Saxons, mais s'appliqua à supprimer méthodiquement leurs privilèges.

La Diète de 1651 abolit le privilège qui empêchait le Prince de faire comparaître un Saxon directement devant son tribunal. Deux ans plus tard, il fut décrété que les étrangers pouvaient également s'acheter des maisons dans les villes saxonnes. Ces deux décrets signifiaient conjointement la disparition de l'autonomie saxonne. Mais cette nouvelle situation ne dura pas assez longtemps pour faire sentir toutes ses conséquences, car Rákóczi dut faire des concessions et le désastre de l'année 1658 emporta avec lui les projets du Prince.

Les Roumains

Les Roumains, qui continuaient à être exclus de la vie politique réservée aux trois « nations » de Transylvanie, n'en faisaient pas moins partie intégrante de la société. Considérée comme naturelle, leur présence n'avait, jusqu'au milieu du XVIIe siècle, aucun caractère conflictuel ni pour eux, ni pour ceux qui vivaient autour d'eux.

Ceux qui étaient devenus nobles se fondirent dans la noblesse hongroise à la manière des Croates ou des Slovaques dans le Royaume de Hongrie ou des Saxons en Transylvanie. Les serfs, bien que la plupart d'entre eux eussent conservé la religion orthodoxe et leur mode de vie traditionnel qui les différenciaient des autres Transylvains, s'intégrèrent imperceptiblement à la société transylvaine.

Au XVIIe siècle, les nobles issus de leurs rangs, tels les Kendeffy ou les Macskási, étaient respectés comme tout autre seigneur hongrois jouissant d'une fortune comparable — c'est dire que leur situation n'avait pas changé pendant cette période. Le voïvode Markó était un diplomate de Bethlen connu de toute l'Europe. Le voïvode Ionaş ou le boyard István Lászai étaient des fonctionnaires respectivement tout aussi violents, ou tout aussi sages que n'importe lequel des intendants hongrois. Il serait exagéré de dire que leur origine roumaine n'était jamais remarquée, mais ils n'en étaient pas désavantagés non plus. Quand, en automne 1657, la Diète délibéra sur la candidature au trône princier d'Ákos Barcsay, son origine soi-disant roumaine ne fut pas l'objet d'un examen plus particulier que le fait qu'il était sans fortune ou qu'il n'avait pas d'enfants.

Pour les serfs, la situation était tout à fait différente. Ils formaient depuis longtemps deux couches bien distinctes et les rapports de l'une d'elles à la société se modifièrent considérablement au cours du XVIIe siècle. Il en résulta un début de changement dans les relations des Roumains avec les autres ethnies. Quant aux serfs roumains tenanciers, leurs rapports demeuraient inchangés avec le milieu environnant. Rien ne les différenciait de la majorité des paysans cultivateurs transylvains ; en tout cas, la différence n'était pas plus grande que celle entre les nobles roumains et les nobles hongrois. Le mode de vie des serfs roumains ne différait de celui des autres serfs que dans la mesure où il était influencé — indépendamment de leur appartenance à un groupe linguistique — par les facteurs géographiques et l'organisation du domaine où ils vivaient.

En revanche, quant à l'autre couche, à savoir les Roumains à moitié nomades, bergers vivant de l'élevage, leurs rapports avec leur entourage s'étaient bien modifiés. A l'origine, ils avaient vécu séparément — même géographiquement — des serfs tenanciers, dans les zones montagneuses. Cette situation changea à la suite de la guerre et de ses dévastations, car les seigneurs, voulant remplacer la main-d'œuvre sur leurs terres abandonnées, attirèrent les bergers roumains et les contraignirent à s'installer parmi les paysans sédentarisés. Le mode de vie différent des nouveaux arrivés et leur univers de croyance suscitaient souvent des ressentiments à leur égard. Et puisqu'ils étaient les plus voyants, on les considérait, au XVIIe siècle, comme les Roumains par excellence.

La position face aux bergers roumains était très caractéristique : bien que la vie de berger s'accompagnât de peu de contraintes, elle n'avait jamais vraiment attiré les autres catégories de serfs. Cela ne veut pas dire qu'il n'y eût pas de

Hongrois, Sicules ou même Saxons qui aient adopté le mode de vie des bergers roumains, mais ils vivaient en marge de la société et constituaient l'exception face aux grandes masses des serfs sédentaires. Cependant, la «fuite» des serfs de village dans les montagnes «à la neige» devenait chose banale : ils quittaient leurs terres pour y chercher refuge en emmenant avec eux leurs animaux domestiques. Les écrits relatant le retour de la paysannerie enfuie dans les hautes montagnes parlent aussi du retour des ruches, de la petite volaille, des porcs, des vaches. Il est clair que la vie de berger dans les hautes montagnes n'était qu'une solution provisoire, jamais considérée comme définitive.

Cependant, bien que ces Roumains n'eussent entamé ni par leurs actions ni par leur mentalité le système du servage, les seigneurs cherchaient régulièrement à les assimiler. Ils voulaient, pour ainsi dire, s'assurer la possibilité d'exploiter ces gens qui, dans le système féodal, parvinrent à maintenir leur liberté. Le pouvoir d'Etat fournissait une aide importante à la réalisation de cet objectif. Certains résultats purent être obtenus, mais seules quelques rares franges furent détachées des masses qui résistaient avec ténacité.

La reconstruction

En Transylvanie, la reconstruction durait toute la première moitié du XVIIe siècle. Les dirigeants du pays s'efforçaient de rétablir la situation d'avant la guerre de Quinze ans. Ils se préoccupaient surtout de la reconstruction de Gyulafehérvár, mais des fonds furent également consacrés à Kolozsvár, ou à la rénovation de Várad, forteresse particulièrement importante. C'était Gabriel Bethlen qui avait lancé les travaux de reconstruction, mais il ne put pas la mener à son terme. A Kolozsvár, la rénovation de la célèbre église de la rue Farkas fut confiée par Georges Ier Rákóczi à des maçons étrangers. Rákóczi fit également reconstruire, à Torda, l'église en ruine depuis des dizaines d'années. Il devait en outre faire construire, sur les domaines de la gabelle de Dés, des bâtiments et des ponts. A Várad, il fit reconstruire tout un quartier de la ville, qui avait été la proie d'un incendie. Par contre, pendant le règne de son fils, les chroniques ne parlent plus de reconstructions, seulement de constructions nouvelles.

C'est ainsi que les quarante années de reconstruction, qui coïncidèrent avec le règne de Gabriel Bethlen et de Georges Ier Rákóczi, devinrent une période importante dans l'histoire de l'architecture transylvaine. Les Princes eux-mêmes y apportèrent leur contribution personnelle. En adoptant des principes de construction plus ou moins conséquents, ils contribuèrent à ce que le style Renaissance se répandît largement dans toute la Transylvanie. Grâce à leur intervention, de merveilleuses suites d'arcades, des toits à angle italien, de vastes bâtiments s'élevèrent. Néanmoins, l'élément le plus important introduit par cet effort de reconstruction se situait en dehors de leurs activités.

Car, si la reconstruction s'exprima en tout premier lieu dans l'architecture elle eut aussi un effet bénéfique sur l'ensemble de la culture. C'est que le goût de la Renaissance parvint jusqu'aux maîtres bâtisseurs des villages et la paysannerie découvrit aussi, par ce biais, un mode de vie nouveau. Certes, on ne prétend pas que des maisons villageoises du XVIIe siècle étaient pourvues d'escaliers à loges ou décorées de fresques mythologiques, mais bien des éléments de la culture matérielle témoignent que l'esprit de la Renaissance, qui est une conception nouvelle des rapports de l'homme avec son environnement, pénétra jusque dans les villages de Transylvanie. Cela n'était pas un hasard si la Renaissance apporta un changement surtout dans la structure de l'espace habité et dans l'environnement du domicile. Les petits réduits et angles devaient disparaître en même temps que la différence de niveau entre les pièces, les escaliers et les sorties placées un peu partout, qui permettaient la fuite en cas d'attaque. Les fenêtres devenaient plus larges et étaient pourvues de vitres. On prit également l'habitude de soigner son environnement en installant notamment des jardins.

Les agglomérations urbaines se modifiaient elles aussi, surtout dans leur structure. Dans les villes, on ne construisait plus d'étroits passages. Aux croisements de rues, on aménagea des espaces libres où l'on érigeait des statues et fontaines, parfois même avec un jardin public. On commençait à se préoccuper de l'évacuation des eaux usées. Tout était devenu plus aéré, plus espacé.

En Transylvanie, aucune ville de style entièrement Renaissance ne fut construite, mais l'aspect médiéval des villes se modifia. Gabriel Bethlen fit construire par exemple deux fontaines à Gyulafehérvár, sur la place du marché et derrière la Grande Eglise. Georges Ier Rákóczi fit agrandir à Gyalu le marché pour élargir le panorama vu des maisons. Sur un bastion de Gyulafehérvár, il fit aménager un jardin maraîcher et un jardin botanique. En Terre saxonne, à Szeben et à Beszterce, on peut voir dans plusieurs rues, de nos jours encore, des maisons du même style, ce qui prouve bien l'existence d'une conception d'ensemble dans l'aménagement urbain. Dès le milieu du XVIIe siècle, on signalait près des agglomérations plus importantes des Saxons des lieux de promenade.

Quant aux villages, une fois finie la grande dévastation, on vit s'accélérer le changement qui s'opéra dans l'arrangement essentiellement médiéval des habitations rurales. Les paysans qui s'étaient enfuis reconstruisirent, après leur retour, leurs demeures selon un système différent. Les familles apparentées ne s'installaient plus obligatoirement l'une à côté de l'autre. Dans les recensements du XVIIe siècle, on ne trouve plus de villages « cumulés », mais des villages aménagés selon un ordre déterminé où l'emplacement des maisons, ordonnées par rues, reflétait la fortune des habitants. Autour d'un centre créé spontanément ou artificiellement, se groupaient les plus riches, puis venaient successivement les demeures des plus pauvres. Tous les villages n'étaient pas aménagés de la même manière, mais cette structure était assez répandue. Il semble que ce système fut efficace, puisqu'il a résisté aux temps et aux désastres, et a survécu jusqu'à nos jours, malgré les changements sociaux.

Mais ce n'était là que leur ossature, car les villages concrets différaient l'un de l'autre comme un homme d'un autre. Par exemple, dans les villages du domaine de Fogaras, le nombre des tenures variait, en 1637, entre 5 et 67. Il y avait aussi des villages où les fractions de tenure allaient d'un entier à un huitième. Dans les villages d'un autre domaine, les tenures étaient généralement de taille identique, soit des entiers, soit des moitiés.

Ce fut pendant cette même période et surtout dans la première moité du XVIIe siècle que se forma l'aspect nouveau de l'habitation paysanne. La nouveauté la plus importante était que le domicile avait perdu son caractère provisoire : la grande majorité des habitations paysannes du XVIIe siècle étaient construites pour durer et comportaient désormais plusieurs pièces ; le grenier et la cave s'y ajoutaient pour l'emmagasinage des vivres.

Dès le milieu du XVIIe siècle, les maisons paysannes à plusieurs pièces, avec une cave et un grenier étaient probablement assez répandues chez les serfs. Autour de ces maisons on peut supposer, par déduction, l'existence de jardins d'agrément, dont témoigne notamment une gravure montrant une jeune fille roumaine et figurant à titre d'illustration dans le livre paru à Nuremberg de l'étudiant de Szeben, Johann Troester. Sur la tête de la jeune fille est posée une couronne de fleurs. Troester écrit qu'elle était faite de roses et d'autres fleurs et que les jeunes filles roumaines parées de la sorte ressemblaient aux anciennes Romaines se préparant à la fête florale. Les roses, considérées comme des fleurs appartenant éminemment à la noblesse, se rencontraient donc probablement aussi dans des jardins paysans. On sait aussi qu'un jardinier d'un domaine avait dans sa chambre des violettes et des oeillets.

La valeur du travail

Le jardinage paysan le prouve bien : les gens simples travaillaient aussi pour leur propre plaisir, du moins sans but lucratif. Il en va d'ailleurs de même pour les vêtements qu'ils portaient. Au XVIIe siècle en effet, les paysans de Transylvanie commencèrent à porter, pour les fêtes, des vêtements de couleur brodés ou tissés avec des motifs ou agrémentés de riches décorations.

Un riche habillement et des jardins d'agrément étaient d'ailleurs tout ce que les paysans de Transylvanie pouvaient s'offrir comme luxe. Les divertissements villageois, même au XVIIe siècle, ont conservé leur caractère médiéval. Les danses se pratiquaient en couple et par groupes. Chez les Roumains, les hommes dansaient des rondes à trois mesures et sur la musique d'une flûte de pan. On remarque que les bergers des montagnes étaient bons musiciens.

Les habits riches en couleurs, les vêtements somptueusement brodés et les jardins de fleurs paysans sont révélateurs d'un fait important de l'époque, notamment que le travail, même pour les plus pauvres, pouvait être le moyen d'un divertissement noble.

Ce n'était cependant qu'une petite parcelle de bonheur à côté du dur labeur quotidien qui, lui, servait à assurer un luxe presque illimité à un groupe bien plus restreint.

En Transylvanie, János Szalárdi, gardien des archives princières de Gyulafehérvár en fit la remarque. Observant la construction d'un parc de Moravie du prince de Liechtenstein, doté de tous les agréments d'un jardin de style Renaissance, il s'indignait du gaspillage. Outre les dépenses superflues, il était encore plus choqué par tout le travail colossal qu'exigeait la réalisation de ce merveilleux parc. Avec la perspicacité d'un observateur, il remarque ce dont on n'avait pas l'habitude de parler, à savoir que toute cette splendeur de la Renaissance demandait un énorme travail à un grand nombre de personnes.

Notons cependant que cette façon de voir était assez répandue dans la Transylvanie du XVIIe siècle, comme en témoignent les riches matériaux écrits qui nous sont parvenus de cette époque. Des poètes de province, des pasteurs de village parlent, dans leurs poèmes, avec un grand respect des métiers et du travail.

Le respect du travail augmentait, parce que la demande en main-d'œuvre s'était énormément accrue : le grand changement d'attitude envers ceux qui produisaient les biens de consommation correspondant à l'époque se traduisait dans de nouveaux besoins.

C'était la paysannerie qui fut le plus directement touchée par ces changements car, à mesure que le XVIIe siècle avançait, les seigneurs avaient de plus en plus tendance à rechercher l'autarcie, c'est-à-dire à satisfaire leurs besoins par le travail des serfs. Une preuve bien concrète en est fournie par le fait que les artisans des villages étaient exemptés des redevances générales imposées aux autres, mais devaient les fournir dans le cadre de leurs métiers. Fourreurs, charpentiers, forgerons travaillaient selon les besoins de leur seigneur. Dans les villages, la plupart des métiers étaient en rapport avec la construction. Moins nombreux étaient les gens affectés au traitement des aliments. On trouvait parfois même des métiers typiquement urbains à la campagne, tels celui de tailleur ou de menuisier. Certains travaux servant le luxe des seigneurs: ceux d'oiseleurs, de jardiniers, de gardiens de parc étaient parfois assurés sous forme de corvée.

Les produits du travail servile parvenaient jusque dans les milieux les plus élevés. Puis, en descendant l'échelle de la hiérarchie sociale, du palais princier jusqu'à la modeste gentilhommière rurale, le travail du serf était de plus en plus généralisé. L'histoire de l'architecture transylvaine atteste un peu partout le travail des charpentiers de village et d'autres artisans serfs. Les meubles aussi étaient exécutés par des serfs. Même les grands seigneurs possédaient chez eux, parmi les riches tissus qui décoraient leur domicile, des tapis ou tapisseries d'origine populaire. Parmi les meubles, d'une grande qualité artistique, on retrouve toujours des lits, des tables, des bancs dits "paysans".

D'autre part, les patriciens de ville utilisaient sensiblement le même ameublement que les nobles, ce qui laisse croire qu'il y avait une interaction certaine entre les ateliers ruraux des seigneuries et ceux des corporations en ville.

Car il ne fait pas de doute que les artisans des villes ressentaient, de la même manière que les serfs, la nouvelle demande. Ils devaient produire plus et surtout autre chose que par le passé. Néanmoins, ce changement, quoique l'augmentation des besoins leur demandât des efforts supplémentaires, déteignit avantageusement sur la situation des artisans. Aussi, au moment de la plus grande crise économique, en 1625, quand les prix connurent une flambée, leur salaire ne manqua pas d'augmenter en proportion.

6. Education et culture

Les écoles

En ce qui concerne l'éducation, le début du XVIIe siècle vit augmenter considérablement la proportion d'élèves d'origine serve. Cette nouvelle situation fut relevée déjà par les contemporains. Selon János Apáczai Csere, excellent professeur et grand spécialiste de l'enseignement qui vécut au milieu du siècle, les enfants d'origine serve risquaient de dépasser en nombre les enfants nobles. Il en donna même l'explication: ces enfants fuyaient la condition servile et la pauvreté. S'il en était ainsi, c'est qu'en Transylvanie, selon un vieux droit coutumier, confirmé par une loi de Bethlen, les serfs pouvaient faire des études et les seigneurs ne devaient pas les en empêcher. Si bien que les études y offraient un chemin, difficile mais accessible à tous, vers l'ascension sociale.

Les débuts étaient facilités par un réseau d'écoles relativement important qui, bien qu'inégalement réparti, couvrait pratiquement toutes les régions de Transylvanie. Leur nombre était le plus élevé chez les Saxons: en 1660, il y avait en Terre saxonne, pour 238 pasteurs, 224 maîtres d'école, ce qui veut dire que la presque totalité des communautés avait leur maître d'école. Dans les régions de langue hongroise, seuls les territoires sicules jouissaient d'un réseau d'écoles comparable. Les régions roumaines, par contre, accusaient un état arriéré : à part quelques monastères où un enseignement était probablement assuré, l'Eglise orthodoxe n'avait pas d'écoles. Voire même, certains de ses représentants s'opposaient carrément à l'organisation des écoles de langue maternelle. L'évêque Ilie, par exemple, en poste à partir de 1640, qui s'était engagé, pour obtenir son intronisation, à fonder une école de langue roumaine à Gyulafehérvár, n'honora finalement pas sa promesse. Si bien que seules les deux communautés roumaines réformées, à Lugos et à Karánsebes, avaient chacune leur école roumaine dans la première moitié du XVIIe siècle. Ce ne fut qu'en 1657 que Zsuzsanna Lórántffy en fonda une dans le domaine de Fogaras.

L'école en tant qu'institution connut, au cours du XVIIe siècle, deux modifications essentielles. Premièrement, on ouvrit des écoles pour jeunes filles, ce qui était un énorme progrès pour l'époque, car un groupe de la population tout à fait délaissé du point de vue culturel trouva ainsi la possibilité de s'instruire. Autre changement important : le système scolaire qui, jusqu'alors, prenait fin avec le lycée, fut coiffé d'une école supérieure. C'était en 1622, c'est-à-dire fort tard en comparaison des autres pays d'Europe, mais du moins cette Académie de Gyulafehérvár fut-elle ouverte et réussit à survivre, contrairement aux tentatives antérieures qui avaient avorté, telle l'Université jésuite de Kolozsvár, fondée par Etienne Báthori qui ne fonctionna que quelques années. L'Académie de Gyulafehérvár qui, au départ, avait une chaire de théologie, de philosophie et de droit, aurait dû se transformer, par la volonté de Bethlen, en une Université. Mais Georges Ier Rákóczi manqua d'achever l'œuvre. Néanmoins, un grand nombre d'étudiants y trouvèrent la possibilité de s'élever à la fois intellectuellement et socialement.

L'idée de la fondation d'une école supérieure surgit également parmi les Saxons et fut débattue en 1647 par leur congrégation de l'Eglise luthérienne puis, en 1653, par l'assemblée de la « nation ». Peut-être, si la direction culturelle de la Principauté s'y était prêtée, il eût probablement été possible de fonder une école supérieure luthérienne saxonne dès le XVIIe siècle. Faute de quoi, les meilleurs élèves continuaient à achever leur formation à l'étranger. Parmi ceux-ci, les Saxons étaient majoritaires. Sur quelques 4 500 étudiants transylvains ayant poursuivi leurs études à l'étranger aux XVIe et XVIIe siècles et dont les noms nous sont connus, 55,5% étaient originaires des cinq plus grandes villes saxonnes. Les autres venaient de 56 localités différentes.

La fréquentation des universités étrangères était devenue chose habituelle dans toute la Hongrie. Cela était sans doute dû à l'absence d'une université locale. Mais il y avait aussi le désir d'accéder à une plus vaste culture et même les guerres ne pouvaient empêcher les esprits avides de connaissances d'aller dans les universités étrangères. Ceci à un moment où le pays, divisé en trois parties et privé d'universités, risquait de voir cesser tous ses liens culturels avec le reste de l'Europe. Et pourtant, en 1670, on comptait 340 étudiants transylvains dans les universités lointaines.

En ce qui concerne le choix des universités, on peut observer un changement depuis le début du XVIIe siècle. Sous les Princes réformés, donc depuis le règne d'Etienne Bocskai, les universités catholiques étaient délaissées par les Transylvains. Ce fut seulement à partir du milieu du siècle qu l'on reprit le chemin de Padoue où l'on excellait dans l'enseignement des sciences médicales. Les dévastations de la guerre de Trente ans en Allemagne orientèrent les Transylvains vers les universités d'Angleterre et des Pays-Bas. La Transylvanie tira, en quelque sorte, un certain profit du grand désastre de l'Europe, car ses étudiants arrivaient aux Pays-Bas et en Angleterre à une époque où ces pays étaient en pleine effervescence intellectuelle. En exagérant un peu les choses, on dirait même que la révolution scientifique d'Angleterre avait, au Gresham College de Londres, un combattant transylvain en la personne de János Bánffyhunyadi, chimiste reconnu qui enseigna jusqu'en 1646 dans ce qui était un des foyers de la science dans l'Angleterre de l'époque.

Un fait encore plus singulier : le système d'idées fort complexes, qu'on a l'habitude de désigner par le terme simplificateur de «puritanisme», fut importé dans son intégralité, ou presque, par quelques personnalités éminentes, qui professaient un rapport nouveau entre l'individu et l'Eglise, mais embrassaient aussi la cause de l'instruction publique ou enseignaient les nouvelles thèses de métaphysique formulées par Descartes. Les plus connus d'entre eux furent Pál Medgyesi, János Tolnai Dali et János Apáczai Csere, soit les premiers à s'appuyer, dans leur activité, essentiellement sur le puritanisme dans la Transylvanie du XVIIe siècle. Avec une extrême simplification, on peut dire que Medgyesi se consacrait aux problèmes de l'Eglise, Tolnai Dali principalement aux écoles, tandis que Apáczai Csere s'employait au renouveau de la vie scientifique. Dans leur sillage ou associés à eux, d'autres personnalités moins importantes déployaient une activité similaire aussi en dehors de la Transylvanie, surtout dans l'Est du Royaume de Hongrie. Les idées puritaines furent reprises et développées plus tard par bon nombre de disciples qui devaient eux aussi subir de nouvelles influences venues de l'étranger.

Ce qui est étonnant, c'est que le puritanisme qui était né comme une réponse aux problèmes des sociétés les plus modernes et les plus organisées de l'Europe contemporaine, pût s'attacher un certain nombre de Transylvains. Il ne s'agit pas là d'un cas isolé ; tant avant qu'après, les courants d'idées les plus avancés de l'Europe ont toujours atteint la Hongrie, donc aussi la Transylvanie. Certes, les modalités de leur réception ou leur refus variaient d'un cas à l'autre. Quant au puritanisme, il suscita des réactions extrêmes et sut même diviser la famille princière : la princesse Zsuzsanna Lórántffy et son fils cadet, Zsigmond, prenaient son parti, tandis que les deux Georges, père et fils, le persécutaient. Des milieux plus vastes de la société en furent aussi perturbés, car tant dans les écoles que dans les communautés des fidèles, deux positions également intolérantes se confrontèrent sans cesse.

Les tenants du puritanisme, qui semblaient ignorer qu'ils ne vivaient plus en Angleterre ou en Hollande, désiraient mettre aussitôt leurs idées en pratique ; leurs adversaires et rivaux spirituels opposaient un refus net à toute initiative puritaine. Pourtant, une position plus souple, plus modérée, de part et d'autre, aurait pu faire l'économie de bien des conflits.

Les intellectuels

En ce milieu du XVIIe siècle, les puritains constituaient l'élite des intellectuels sans en constituer cependant la majorité. Néanmoins, leur attitude était significative : ils retournaient au pays et y déployaient leur activité. On peut dire en général que seul un tout petit fragment des universitaires n'était pas revenu : environ 2,4% des personnes connues, dans un intervalle de deux cents ans.

Bien qu'ils eussent la possibilité de rester, la majorité d'entre eux préféraient rentrer dans leur pays en refusant éventuellement des postes importants. Ils savaient pourtant pertinemment ce qui les attendait : des plus grands centres de la science, ils se reléguaient soudain dans de petits villages aux
 conditions précaires. Ils jouèrent un rôle prépondérant dans le renouvelle-

ment de l'enseignement; leur destin personnel témoignait du grand tournant que les études pouvaient signifier dans la vie d'un homme.

De tous ceux qui étaient revenus, ce fut probablement le groupe intellectuel de Kolozsvár qui se montra le plus original, car l'enseignement y était souvent dispensé par des médecins. Comme les unitariens n'avaient d'université de théologie qu'en Pologne, ils s'inscrivaient surtout à des facultés de médecine en Occident. Cependant, à leur retour ils devenaient souvent enseignants tout en exerçant la médecine. Ils enseignaient fréquemment dans les écoles unitariennes de Kolozsvár où on invitait également des professeurs polonais.

Parmi les professeurs étrangers appelés en Transylvanie au cours du XVIIe siècle, les plus renommés se trouvaient à Gyulafehérvár. Il faut citer en premier lieu Martin Opitz, un des meilleurs poètes allemands de son époque, qui s'y installa puis, déçu, retourna dans sa patrie d'origine. En 1629, dans la dernière année du règne de Bethlen, trois professeurs de l'Université d'Herborn, qui avait été dissoute, s'installèrent dans cette ville. Parmi eux, citons Johannes Alsted, encyclopédiste de grand renom, ainsi que Johannes Bisterfeld, qui était plutôt diplomate; les deux restèrent dans cette ville jusqu'à la fin de leurs jours.

A côté de ces étrangers, il faut citer le nom de Pál Kereszturi, professeur dont la personnalité fit grande impression à Gyulafehérvár. Plusieurs générations se rappelèrent ses enseignements. Il fut l'un des premiers à supprimer les distances qui séparaient le professeur de ses étudiants. Il ne se contentait pas d'interroger ses élèves sur la matière, mais il s'intéressait aussi au processus de cognition.

Pendant les années 1640, ce fut le collège de Várad qui devint le foyer scientifique le plus considérable de toute la Principauté. Dans son activité, il faut relever surtout les réformes de Mihály Kecskeméti. A Várad, les enseignants utilisaient les manuels de Comenius, de Ramus et d'Amesius, c'est là qu'on organisa, pour la première fois dans une école protestante, des représentations théâtrales; une série d'excellents professeurs y furent attirés. Le plus important d'entre eux était probablement György Martonfalvi, qui avait fait ses études aux universités des Pays-Bas. Il envisageait d'organiser l'enseignement des sciences naturelles mais, peu de temps après son arrivée en 1660, en raison du siège de Várad par les Turcs, le collège dut se réfugier à Debrecen.

Ces excellents professeurs qui, dans leur majorité, faisaient partie de l'intelligentsia ecclésiastique, contribuèrent considérablement à ce que cette couche sociale gagnât en importance au cours du XVIIe siècle. Ils étaient, certes, soutenus dans leur tâche par Gabriel Bethlen.

Pourtant, Bethlen contribua, de l'extérieur aussi, à ce processus en établissant un rapport privilégié avec l'un des éléments de l'intelligentsia ecclésiastique : les prédicateurs réformés. On ne saurait supposer, derrière ce geste, une quelconque prédisposition confessionnelle car Bethlen, d'une remarquable objectivité en tous domaines, l'était aussi en matière de religion. Sous son règne nul ne souffrit de discrimination à cause de sa foi; toutes les Eglises bénéficiaient de la tolérance égale du Prince.

C'était donc sans faire entorse à l'égalité des confessions qu'il se tourna vers les prédicateurs calvinistes. Tout simplement, Bethlen, comme d'autres monarques absolutistes de son époque, opta pour une religion régnante. Mais là aussi, il procéda de la même manière que pour son pouvoir : il n'opprima pas les autres, seulement entoura d'une estime particulière ses coreligionnaires. Bien qu'il n'admît pas d'ecclésiastiques au conseil princier, les dignitaires de l'Eglise réformée devinrent avec lui partie de l'élite dirigeante.

Le poids social de la couche de l'intelligentsia ecclésiastique s'accrut ainsi à tel point que même ses éléments les plus éloignés de l'Eglise dominante, les prêtres roumains, en étaient affectés. En son temps, Gabriel Báthori avait supprimé leur statut de serf. Sous le règne de Bethlen et de ses successeurs, leur prestige s'accrut considérablement par rapport aux autres couches de la société roumaine. Leur nombre augmenta également pendant la première moitié du XVIIe siècle. Par exemple, dans le domaine de Fogaras, en 1632, 29 prêtres roumains vivaient dans 33 villages; en 1640, toujours sur ce même domaine, leur nombre avait doublé.

Seuls les Saxons semblent avoir esquissé une évolution contraire. Chez eux, l'assemblée de la «nation» imposait son contrôle aux gens de l'Eglise. Au milieu du siècle, les autorités civiles décidaient déjà pratiquement de tout, depuis les prêches à prononcer à l'église jusqu'à l'habillement de la famille des pasteurs. Cela était probablement en partie dû au fait que les Saxons restaient en dehors des visées de la politique religieuse des Princes, ce qui eut pour conséquence que leurs notables civils assuraient tout naturellement le patronat de l'Eglise. La haute culture de l'intelligentsia laïque saxonne y était également pour beaucoup. Ainsi, le juge-maître de Brassó, Michael Weiss, avait fait ses études dans des universités d'une plus grande réputation que tous ses pairs dans l'Eglise. Il ne leur devait donc pas de considérations particulières.

Le cas de Michael Weiss peut montrer en outre combien il est difficile de définir la catégorie d'intellectuel au XVIIe siècle. Car le diplôme et la fréquentation des universités ne sont pas, à eux seuls, des critères suffisants. Et la fonction ne détermine pas non plus la place d'une personne dans la société. Un autre bourgmestre, Tamás Borsos, de Marosvásárhely, en est un bon exemple. Pendant de longues années, il exerça des activités de diplomate mais, dans le même temps, il était toujours préoccupé par la gestion de ses domaines. En fin de compte, la majorité des détenteurs des plus hauts postes intellectuels siculiers, si on se fonde sur leur situation sociale, n'étaient finalement pas des intellectuels.

Ainsi, ce n'est qu'à partir de ses activités qu'il est possible de déterminer le cercle de l'intelligentsia laïque. Au cours du XVIIe siècle, son nombre connut une forte augmentation. Avec l'établissement des relations étrangères de la Principauté, de plus en plus d'intellectuels entrèrent dans la diplomatie. Il est vrai que Constantinople était la seule ville à recevoir une ambassade permanente de Transylvanie mais les représentants de la Principauté se retrouvaient aussi dans les autres cours importantes avec, parmi eux, des grands seigneurs ou des commis du courrier. La majorité provenaient pourtant de la petite noblesse et de l'intelligentsia citadine. Le cercle des fonctionnaires de l'administration d'Etat dut également s'élargir quelque peu, même si la structure de l'organisme d'Etat ne se modifia pas au XVIIe siècle. Par contre, la demande en intellectuels augmenta fortement dans les administrations locales, les comitats, les sièges sicules et les villes.

La couche inférieure des intellectuels laïcs travaillait dans les villages, bourgades ou sur les domaines et tirait profit de son savoir-faire acquis généralement en peu d'années scolaires. Parmi eux, les clercs qui servaient comme intendants dans les riches familles. Les régisseurs de domaine appartenant généralement à la petite noblesse ne peuvent être rangés qu'avec prudence dans cette catégorie car, même s'ils n'avaient que peu d'études derrière eux, ils possédaient une vaste expérience pratique et, dans leur majorité, ils avaient également leur propre exploitation, ce qui équilibrait leurs connaissances théoriques et pratiques.

Culture spirituelle

Après la situation catastrophique des premières années du XVIIe siècle, la vie spirituelle fut, en Transylvanie, la première à renaître de ses cendres. Le premier livre paru après la guerre fut édité à Kolozsvár en 1610. C'était un poème d'éducation morale en hongrois, puis une poétique en latin sortit de l'imprimerie de Szeben en 1611. La rapide régénération ne put cependant pas assurer la continuité, car l'esprit de discussion humaniste et réformateur de la fin du siècle précédent avait disparu pour céder la place au néo-stoïcisme qui se désintéressait des tempêtes de l'existence et cherchait le bonheur dans la réflexion.

La situation générale de la Transylvanie peut bien expliquer ce changement de mentalité. Les événements du début du siècle avaient prouvé que le pays continuait à être pris dans l'étau de deux grandes puissances et qu'il était impossible de modifier sa destinée. Quant aux Eglises, après de nombreuses et vaines discussions, elles avaient renoncé aux attaques mutuelles ; désormais, elles se repliaient sur elles-mêmes.

Sur le sol de cette spiritualité régénérée, on vit se développer une culture laïque particulière. Ceci se reflète dans les chiffres des publications parues avant 1630. Sur les 18 publications parues en langue hongroise entre 1611 et 1630, dix n'étaient pas théologiques. Par contre, 62,5% des écrits parus entre 1631 et 1650 traitent de théologie ou sont des textes religieux. Ces données, cependant, n'offrent qu'un aspect statistique de la réalité. Car même les travaux religieux pouvaient avoir un contenu profane, et notamment scientifique. En effet, dans les prédications, on parlait souvent de maladies et, dans les préfaces aux travaux théologiques, des secrets de la nature. Dans les écrits religieux, on retrouve aussi bien des textes concernant les sciences occultes que les sciences naturelles nouvelles. De fait, bien que l'intelligentsia la plus qualifiée ne s'activât pas dans le domaine de la science, elle transmettait souvent sa culture profane à ses fidèles du haut de la chaire de l'église.

La culture transylvaine qui se développa au cours du XVIIe siècle se caractérisait, outre une laïcité incorporée à la vie religieuse, par un nombre accru de publications. Et ces publications laïques étaient elles-mêmes porteuses d'un contenu nouveau.

Les livres dont le nombre allait sans cesse augmentant furent pour la plupart édités par l'imprimerie princière de Gyulafehérvár. Cet atelier avait été fondé par Gabriel Bethlen, puis agrandi au cours des années 1630. Georges Ier Rákóczi fit venir pour l'imprimerie des caractères cyrilliques de Valachie, ce qui permit à celle-ci d'exécuter de nombreuses publications de langue roumaine à partir de 1639. La maison d'édition fondée à Várad, en 1640, par Ábrahám Szenci Kertész joua un rôle prépondérant dans la diffusion de la culture de langue hongroise. Ses activités n'étant pas influencées par des considérations idéologiques, elle édita l'unique livre jésuite transylvain de cette époque. Ce fut également elle qui publia les travaux de Comenius, ainsi que les canons de l'Eglise réformée. De 1640 jusqu'à la chute de Várad, survenue en 1660, 113 ouvrages furent publiés dont 70 en langue hongroise.

Le nombre de livres augmentait et leur contenu changeait : les événements du passé historique en étaient disparus et furent remplacés par les faits et gestes des princes contemporains, en premier lieu par les succès militaires de Georges Ier Rákóczi. On peut considérer comme nouveautés les travaux directement scientifiques, surtout linguistiques, comme les dictionnaires ; on édita aussi un traité sur la traduction : la *Petite grammaire* d'István Geleji.

42. Kolozsvár vu de Nord. Taille-douce, 1617

43. Appui de la chaire de l'église de la rue Farkas à Kolozsvár. Les tables d'albâtre sont dus à Elias Nicolai, 1646

44. Portrait de Gabriel Bethlen. Taille-douce d'Egidius Sadaler le jeune, 1620

45. Pierres tombales de «juges du roi» saxons dans l'église luthérienne de Nagyszeben. A gauche: Valentin Seraphin (†1639), à droite: Valentin Frank (†1648)

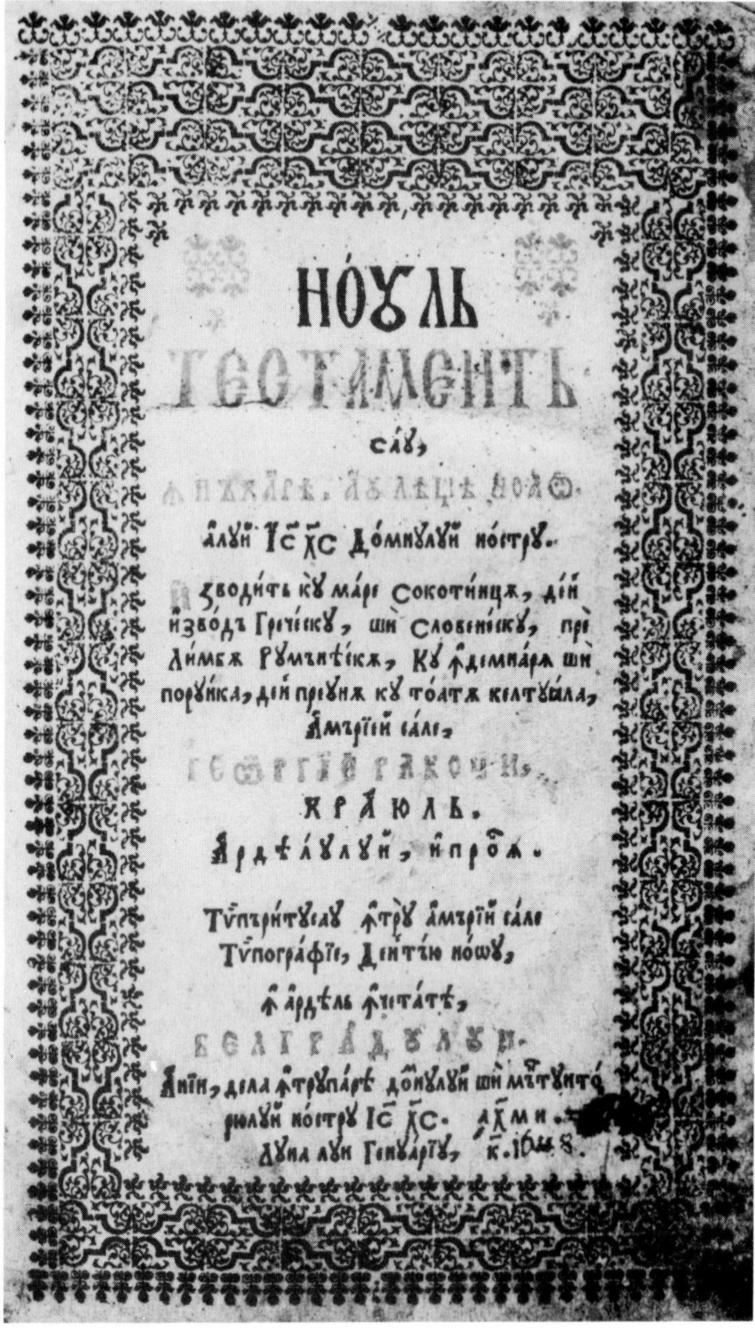

НОУЛЬ

ТЕСТАМЕНТЬ

сау,

Краюль.

46. Le Nouveau Testament en roumain publié sur commande de Georges Ier Rákóczi â Gyulafehérvár, 1648

47. L'église orthodoxe roumaine Saint-Nicolas à Fogaras, fondée par le prince de Valachie Constantin Brîncoveanu, 1697-98 ▷

48. Monnaies princières

1) Pièce d'or de dix florins de Georges Ier Rákóczi, 1631

2) Thaler de Georges II Rákóczi, frappe de Kolozsvár, 1652

3) Thaler d'Ákos Barcsay, frappe de Kolozsvár, 1659

4) Thaler de Jean Kemény, frappe de Kolozsvár, 1661

49. Michel Apafi et Charles de Lorraine, vers 1688 ▷

A
TRANSILVANIA
BETLEM
NEIMARCK
UTVARHEL
REPS
CLAVENBURG
ALBA IULIA
B
C
D
E
F
O
P
H
K
I
N
ARTE ET MARTE
M
G
L

50. Intérieur de l'église catholique de Csíkdelne, seconde moitié du XVe s.: plafond à caissons de 1613 et autel de 1675

Le grand intérêt pour la linguistique s'empara même de la famille princière. Georges II Rákóczi, alors qu'il n'était encore qu'héritier du trône, participa avec son frère Zsigmond, aux côtés de János Erdőbényei, à l'élaboration d'un dictionnaire. Le nombre des travaux linguistiques ne reflète que partiellement le grand intérêt porté, dans les années 1640, aux questions linguistiques. C'est à cette époque que fut lancée la première vague de modernisation de la langue hongroise et, bien que les discussions se fussent déroulées sur l'ensemble du territoire de la Hongrie, le centre en était incontestablement la Transylvanie. Deux partis luttaient l'un contre l'autre : les étymologistes et les partisans de la grammaire phonétique. Le premier groupe avait pour chef de file l'évêque István Geleji Katona, l'autre, Pál Medgyesi, prédicateur de la cour de Georges Ier Rákóczi. Plus tard, vers la fin du siècle, un imprimeur, qui avait fait ses études aux Pays-Bas, Miklós Misztótfalusi Kis, fit fusionner les deux courants.

A la même époque, le problème de la langue maternelle commença à préoccuper aussi les Roumains de Transylvanie. Mais, pour eux, la situation était autrement plus grave, comme le formulait l'évêque roumain de Gyulafehérvár, Ştefan Simion : il a été impossible de faire une traduction de la Bible intelligible pour tous les Roumains, puisqu'ils parlaient différemment. Sans doute, ne pensait-il pas aux seuls Roumains de Transylvanie, mais faisait allusion aux parlers différents des Roumains vivant dans divers pays. Ces différences auraient pu être surmontées par l'Eglise orthodoxe en place à la fois dans les voïvodats et dans la Principauté de Transylvanie si elle n'avait pas opté pour l'usage du slavon, afin de maintenir l'unité de l'orthodoxie orientale. A cette époque, en effet, elle ne jugeait pas encore nécessaire d'entrer en lice en faveur de la langue maternelle.

La Transylvanie vit donc, au début des années 1580, un arrêt brusque de l'usage du roumain à l'église, usage qui avait pris un élan si prometteur au XVIe siècle. Après quoi, cette langue demeurait confinée dans le milieu des Roumains de confession réformée. De fait, le premier Nouveau Testament intégral en roumain fut édité par l'imprimerie princière de Gyulafehérvár en 1648 pour les calvinistes roumains. Cette traduction, d'une importance inappréciable pour la langue littéraire roumaine, était due à l'effort de Ştefan Simion et d'un prêtre nommé Silvestru.

Cette corrélation entre l'expression roumaine et le calvinisme transylvain eut des conséquences toutes particulières. D'une part, il s'en suivit un rapport conflictuel entre le clergé roumain et la culture de langue maternelle, certains intellectuels tenant fermement à l'orthodoxie ; d'autre part, le même clivage s'établit entre les civilisations en langue maternelle des voïvodats et de la Transylvanie. En effet, dans les voïvodats, la diffusion imprimée en langue roumaine prit son essor justement au milieu du XVIIe siècle et, comme cette culture restait fort attachée à l'orthodoxie, elle devait son épanouissement en grande partie à la polémique avec la culture ecclésiastique transylvaine.

Les Saxons, eux, ne rencontraient aucune difficulté quant à l'usage de leur langue nationale. Notamment parce qu'ils n'avaient jamais cessé de recevoir les produits de la culture allemande, devenue de plus en plus unie depuis la Réforme. Néanmoins, ils gardèrent un certain particularisme voulu : les textes allemands littéraires considérés comme classiques étaient lus dans les écoles selon les dialectes saxons. Les préoccupations linguistiques se traduisaient chez eux par un effort pour découvrir les origines locales de leur langue. Ils se livraient à des spéculations étymologiques fondées sur les légendes de continuité Gètes-Goths-Saxons datant du XVIe siècle.

Cette période d'histoire de la culture débutant dans les années 1630-1640 se caractérisait aussi, outre le grand intérêt porté à la linguistique, par l'attention particulière consacrée à l'histoire et aux sciences médicales. Un livre de mathématiques fut édité en hongrois, mais ce n'était qu'un simple feuillet aidant seulement à faire des calculs élementaires. Cependant, cette historiographie et cette science médicale se contentaient de satisfaire des besoins quotidiens. L'historiographie se distinguait dans la recherche des causes de la catastrophe de l'expédition polonaise de 1657, tandis que la science médicale cherchait les causes des grandes épidémies qui déferlaient de par le pays.

Ouverture spirituelle

Pour l'intelligentsia, le fait de vivre dans le quotidien était tout naturel dans la Transylvanie du XVIIe siècle. Personne n'avait plus la possibilité et ni même l'envie de se livrer à la réflexion ou aux expériences scientifiques, à partir d'une position de tour d'ivoire. Le contact direct entre les intellectuels ecclésiastiques hautement qualifiés et les fidèles s'avéra très fructueux. Mais comme, dans les conditions qui étaient celles de la Transylvanie, il n'y avait pas de possibilités réelles de mener une activité scientifique créatrice, la religion demeurait au centre de l'intérêt intellectuel. Les discussions qui pouvaient être considérées comme scientifiques avaient trait, avant tout, aux problèmes de la religion. Les nouvelles idées scientifiques du XVIIe siècle, notamment les pensées de Descartes, furent, par exemple, traduites et interprétées en Hongrie par le docteur en théologie János Apáczai Csere. Cependant, son œuvre, *Encyclopédie hongroise,* d'une importance décisive pour le développement de la science et de la langue scientifique hongroises, parut à Utrecht, en 1655.

On peut donc déceler, dans les activités de l'intelligentsia, une ouverture d'esprit qui se dissimulait derrière l'intérêt porté à la religion. Il est plus difficile de déterminer le cercle des adeptes. Nous savons cependant pertinemment que les idées qui, à un moment donné, avaient préoccupé les plus grands esprits de l'époque, dépassaient largement les milieux intellectuels. Fait singulier: cette préoccupation se retrouvait aussi dans une communauté religieuse qui, au XVIIe siècle, ne comptait guère d'intellectuels de formation. Il s'agit des sabbatariens. Une version particulière du stoïcisme, le sabbatarisme, était apparu au XVIe siècle sous forme de religion et, au XVIIe siècle, il dépassa le milieu restreint des personnes de rang élevé de l'Eglise ou de l'Etat. A partir de cette époque, il se répandit aussi parmi les gens non cultivés et de rang social inférieur. Il est difficile de déterminer son expansion, étant donné que les persécutions de 1638 firent disparaître une grande partie des documents. Mais c'est justement le renouvellement permanent et la rigueur des lois dirigées contre les sabbatariens qui prouve la solidité avec laquelle cette religion était enracinée dans l'univers spirituel des paysans transylvains et surtout sicules.

Dans la résistance de cette secte face à toute répression, il y avait sans doute un élément de fierté humaine éveillée par la violence et la répression exercées contre eux par la société officielle. D'autre part, sa portée était accrue du fait que le sabbatarisme comblait un important vide culturel dû au délaissement de l'enseignement par les Eglises officielles qui avaient peu à peu abandonné leur fonction éducative. En effet, quand leur structure et leur situation s'étaient stabilisées, elles s'étaient détournées des plus démunis. Une fois que l'appartenance des villages à telle ou telle religion fut fixée et que toute nouvelle conversion eut exigé le bouleversement des conditions en place, les Eglises cessèrent leur activité éducative parmi le peuple. Ce ne fut pas un hasard si le calvinisme, qui était devenu la religion dominante, n'exerçait plus son activité éducative qu'auprès des Roumains. Et si elle put en tirer un succès incontestable, il n'en reste pas moins qu'elle laissa insatisfaits les besoins spirituels de ses anciennes ouailles.

Le sabbatarisme, par contre, en tant que religion nouvelle désireuse de convertir, fit sa place à l'éducation du peuple ainsi qu' à l'information sur les affaires de tous les jours dans les églises. Il prit position sur toutes les questions qui préoccupaient les fidèles. Dans les assemblées sabbatariennes, les cantiques apportaient en toute simplicité aux auditeurs et chanteurs les messages de la religion.

Ces cantiques sont exempts de l'aspect sombre qui caractérise la littérature des autres religions toujours imprégnée du sentiment de culpabilité et de châtiment. L'homme ne parvient pas à observer les lois, ni la volonté de Dieu — enseignent-ils — mais, par la grâce divine, il peut obtenir son salut. On pouvait même en avoir la certitude car, selon la pensée des chants sabbatariens, le salut des croyants était un fait indéniable. C'était donc en connaissance de cause qu'ils proclamaient la quiétude de «l'âme sereine» et qu'ils parlaient des plaisirs du corps rattachés au sabbat. Un de leurs chants va jusqu'à affirmer que les fêtes doivent être observées pour fournir aux hommes l'occasion de se reposer.

Cette philosophie humaniste n'ignorait pas la hiérarchie civile et s'y retrouvait fort bien. Mais elle livrait également au peuple la grande découverte des stoïciens, à savoir la vanité de la carrière civile. On retrouve, dans de nombreux manuscrits de livres de chants, une strophe qui a, par ailleurs, une origine anabaptiste, et selon laquelle il faut accepter le monde tel que Dieu l'a créé, car l'aspiration à la noblesse n'apporte que tristesse et souffrance.

Les sabbatariens n'étaient cependant pas des excentriques se désintéressant des affaires du monde, mais se penchaient sur les secrets de la nature et professaient avec le tranquille panthéisme des poètes, la sécurité d'existence dans ce monde. Ils enseignaient les lois concrètes de la nature que même les brusques colères imprévisibles de Dieu ne pouvait perturber. Le pouvoir de la loi cachée dans les phénomènes de la nature était propagé par les sabbatariens qui adoptaient dans le même temps la vision ptoléméienne du monde. Dieu «a pendu la Terre au milieu» — trouvons-nous dans l'un de leurs cantiques. Mieux encore : on y affirme sur un ton polémique que c'est en raison de son imperfection que l'homme ne voit pas les «cieux» tourner autour de la Terre. Tout cela en contradiction avec la vision héliocentrique de Copernic, mais qui demeurait, il est vrai, contestée par plus d'un génie du XVIIe siècle.

Pour ceux qui avaient des difficultés à se cultiver, les questions étaient en elles-mêmes plus importantes que les réponses, car elles pouvaient éveiller leur intérêt pour les connaissances. Il en allait sûrement ainsi chez les sabbatariens : on retrouve dans les livres de chants toute une série de strophes écrites à la main qui traitent des lois de la nature et qui argumentent sur les questions relatives à la nouvelle vision du monde. On en déduira que l'effort des intellectuels pour divulguer les sciences modernes fut suivi de l'attention intense d'une partie de la société.

7. L'évanouissement des espoirs grandioses

Relations avec les voïvodats roumains

Georges II Rákóczi, monté sur le trône en 1648, fut le premier souverain de Transylvanie à succéder, sans problèmes et sans crise, à la dignité de Prince. Il avait été élu successeur alors que Georges Ier Rákóczi régnait encore. Si, dans la politique intérieure, il ne rencontra aucune difficulté, les relations internationales se compliquèrent singulièrement au moment même où il prit les affaires du pays en main.

Suite au soulèvement de 1648 des cosaques de Pologne, toute la partie Est de l'Europe connut une agitation intense. En un sens, le mouvement des cosaques eut un effet comparable, du point de vue historique, à celui du soulèvement de la Bohême : en fait, une seconde guerre de Trente ans commença en 1648 dans l'Europe de l'Est et, tout comme en Europe de l'Ouest avant 1648, les rapports entre les Etats s'y modifièrent significativement.

L'espoir de Zsigmond Rákóczi de devenir roi de Pologne fut rapidement déçu. La mort de Georges Ier Rákóczi fit un effet de choc sur les partisans polonais des Rákóczi. Finalement, Jean Casimir, le frère de Vladislas IV, fut élu pour souverain. Il est vrai que les disputes pour le trône polonais n'en finirent pas pour autant, mais les Rákóczi, pour le moment, se tenaient à l'écart.

Une éventualité plus réaliste et plus importante qu'en Pologne se présenta pour la Transylvanie : refonder ses relations avec les voïvodats roumains. Les dirigeants de ceux-ci ne se rendaient pas compte de l'importance du soulèvement des cosaques et menaient une politique anti-cosaque. Profitant de cette situation, Georges II Rákóczi fit placer dans les deux pays, des voïvodes fidèles à lui. En Moldavie c'était Gheorghe Ştefan, en Valachie Constantin Şerban. Dans les deux cas, un soulèvement populaire aida les candidats de Rákóczi à prendre le pouvoir.

Les événements — en Moldavie en 1650 et en Valachie cinq ans plus tard — se déroulèrent d'une façon presque identique. Les cosaques firent une incursion sous quelque prétexte ; un soulèvement populaire éclata. Tirant profit des troubles, les hommes politiques aspirant au pouvoir chassèrent les voïvodes et étouffèrent les soulèvements. Etant donné que le soulèvement populaire de Valachie mit en danger la Transylvanie aussi, le Prince y conduisit personnellement ses troupes, tandis qu'en Moldavie il se contenta d'envoyer ses soldats. L'aide que Georges II Rákóczi accorda aux voïvodes était motivée par l'importance des relations politiques avec les voïvodats et par la reconnaissance du fait que la paix sociale dans les voïvodats était dans l'intérêt de la Principauté, car les fauteurs de troubles avaient tendance à se réfugier en Transylvanie. Déjà en 1619, des Moldaves avaient failli y déclencher une révolte paysanne. Apparurent aussi sans cesse de faux voïvodes ou des chefs paysans révoltés. Il semblait donc plus simple d'aider à maintenir l'ordre dans les pays roumains que d'écarter les séditieux de la Transylvanie.

Les espérances des hommes politiques du Royaume

Ses actions dans les voïvodats valurent un grand respect à Georges II Rákóczi. Sa cour de Gyulafehérvár devint en quelque sorte une plaque tournante pour la diplomatie de l'Europe de l'Est : jour après jour, les envoyés polonais, turcs, tartares, cosaques attendaient à sa porte. Tout le monde scrutait, avec inquiétude, sa réaction au soulèvement des Cosaques en Pologne.

C'étaient les hommes politiques du Royaume qui manifestaient le plus grand intérêt : ils attendaient de Rákóczi qu'il apportât un changement dans le sort du pays. Les mêmes personnes qui avaient autrefois observé avec indifférence, voire avec hostilité, la campagne menée par son père contre le Royaume, mettaient maintenant leur espérance dans le fils. Avec à leur tête, Miklós Esterházy, ils avaient à l'époque refusé la solution transylvaine, car leurs conceptions politique remontant à la guerre de Trente ans, leur faisaient espérer que la maison des Habsbourg, disposant de grandes forces à l'Ouest, délivrerait la Hongrie de la domination turque. Il suffisait d'attendre que la paix revînt dans l'Empire, affirmaient-ils, pour que le souverain pût à nouveau s'occuper des affaires de la Hongrie.

La situation après la paix de Westphalie causa une grande déception. La grande offensive contre les Turcs ne fut pas mise à l'ordre du jour. Mais avant que les espoirs se focalisassent sur Georges II Rákóczi, il se produisit, dans la politique hongroise, un court intermède.

Ce fut Zsigmond, l'autre fils de Georges Ier Rákóczi qui, après 1649, en joua le rôle principal. Zsigmond Rákóczi avait une personnalité attachante et se montrait très réaliste. Lors de la campagne militaire de son père, il s'était déjà rendu compte de ce que Georges Ier Rákóczi n'avait pas compris : avec la revendication de la liberté du culte pour les protestants, on ne pouvait plus rallier les Hongrois à l'idée d'une royauté nationale. Il passa donc outre la question de la religion et commença à établir des relations avec l'aristocratie catholique. Il réussit à gagner à ses idées le parti de Miklós Esterházy lequel, après la mort du palatin, continua à fonctionner sous la direction de Pál Pálffy, lui aussi catholique. Puis, lorsque s'évanouirent les espoirs d'une déclaration de guerre aux Turcs et que la déception fut générale, il se mit à dresser des plans avec ce parti contre la domination des Habsbourg en Hongrie. C'est ainsi que se constitua, autour de Zsigmond Rákóczi, en automne 1651, une union politique qui réussit à surmonter tout conflit religieux. Cette grande entreprise de la politique hongroise du XVIIe siècle avorta en plein milieu des préparatifs, et cela bien que Zsigmond eût même réussi à trouver des alliés occidentaux, car le jeune et talentueux politicien mourut le 4 février 1652.

Ce fut après ce triste événement que Miklós Zrínyi dirigea l'attention de l'opinion politique hongroise vers Georges II Rákóczi. Il remplaça Pálffy, au printemps 1652, à la direction du parti d'opposition et en sa personne, le seigneur le plus prestigieux du Royaume se rangeait désormais aux côtés du Prince de Transylvanie. Tous les ouvrages historiques de l'époque parlaient de son héroïque arrière-grand-père, Miklós Zrínyi qui, en 1566 , avait sacrifié la vie, dans Szigetvár assiégé par le Sultan Soliman. Personnage dont des chansons de geste louaient l'héroïsme, symbole de la lutte contre les Turcs, devenu, au XVIIe siècle, l'ancêtre glorieux par excellence pour les patriotes hongrois. Ainsi, par son nom même, Zrínyi, qui se joignit à Georges II Rákóczi, évoquait un passé glorieux. D'autre part, par ses activités, il se rangeait parmi les personnalités les plus respectées de son époque : depuis son adolescence, il menait des combats incessants contre les Turcs, écrivit une épopée sur son arrière-grand-père, et commença une activité politique déjà aux côtés d'Esterházy.

Zrínyi semblait être fait pour devenir un chef politique idéal. Il y était pour beaucoup si tout le monde, depuis les grands du Royaume et les nobles de leur entourage jusqu'aux paysans des bourgades et même peut-être à ceux des villages, mettait son espoir dans la personne de Rákóczi, surtout quand, après sa victoire dans les voïvodats roumains, il méditait une éventuelle intervention en Pologne. Au temps de l'expédition militaire en Pologne, Miklós Zrínyi menait une correspondance régulière avec Georges II Rákóczi sur les questions pratiques du Royaume de Hongrie. Tout aurait dû se faire comme au temps de Gabriel Bethlen : le Royaume de Hongrie aurait accepté la même situation de dépendance par rapport à l'Empire ottoman que la Transylvanie.

La campagne de Pologne et le début du déclin de la Transylvanie

Après de longs pourparlers diplomatiques entre ses envoyés et ceux du roi de Suède Charles X, dont il était devenu l'allié, le Prince partit en guerre en janvier 1657. Ils convinrent auparavant qu'il deviendrait roi de Pologne et qu'il recevrait le territoire s'étendant jusqu'aux abords de Varsovie.

En Transylvanie, ce projet rencontra une sérieuse opposition, entre autres de la part de la mère, Zsuzsanna Lorántffy et de l'épouse, Zsófia Báthori. Les conseillers âgés y étaient défavorables aussi. En revanche, les jeunes, nommés par Georges II Rákóczi lui-même, et les hommes de lettres de son entourage étaient tous d'enthousiastes défenseurs du projet. Ils répétaient l'avis de Comenius, grand exilé de Bohême qui, dès 1655, avait écrit à un des hommes de confiance de Rákóczi qu'à son avis, rien n'était plus sûr que l'échec de la Pologne et par là même de la Papauté.

Il pouvait effectivement sembler que les troupes de Georges II Rákóczi auraient le succès assuré : dans les deux tiers de la Pologne, le soulèvement des Cosaques et les mouvements des paysans battaient leur plein ; le roi de Suède et les troupes du Tsar dévastaient le pays ; en juillet 1656, Varsovie succomba, sans que le seul allié du roi de Pologne, l'Empereur Ferdinand III de Habsbourg se mît en guerre pour autant. Rákóczi comptait avec la défaite des Polonais et ses calculs, à l'époque, pouvaient passer pour tout à fait naturels. Il partit sur les routes commerciales de Transylvanie, qui étaient bien entretenues, étant donné que, depuis la division du pays, la Pologne était devenue pour la Transylvanie une voie d'accès vers l'Occident.

Le Prince et ceux qui soutenaient son projet pensaient que l'attaque du roi de Suède contre la Pologne n'était qu'un premier pas, qui serait suivi d'une guerre anti-Habsbourg lancée par une alliance internationale. C'était donc dans l'espoir de préparer son avenir qu'il s'allia à la Suède, la grande puissance qui semblait la plus active et la plus efficace dans une future entreprise.

La campagne polonaise fut exactement le contraire d'une réussite. Son élan se refréna dès l'été 1657 car les Suédois se retirèrent en détresse, le Danemark leur ayant déclaré la guerre. Un mois plus tard, les Cosaques décidèrent d'arrêter eux aussi les combats. Par contre, les troupes de Léopold Ier étaient arrivées sur les lieux. Néanmoins, ce furent finalement les Polonais qui défirent Georges II Rákóczi.

Une résistance nationale efficace se développa contre lui, et l'auto-défense du peuple polonais face aux intrus prit l'aspect d'une guerilla dans les marais et dans les montagnes. Face aux harcèlements populaires, les troupes régulières étaient réduites à l'impuissance.

Rákóczi fut ainsi obligé — sans avoir perdu de bataille — d'accepter toutes les conditions de l'état-major polonais et de signer une paix humiliante. Il dut retourner chez lui. Il apparut alors que Georges II Rákóczi, le premier à être élevé pour devenir souverain de Transylvanie depuis Jean Sigismond, n'avait ni la clairvoyance politique ni les capacités militaires nécessaires à son poste. Il fit des détours inutiles alors même qu'il avait appris que des troupes tartares se trouvaient dans les environs. Puis il s'enfuit en abandonnant son armée qui, avec le commandant en chef János Kemény, tomba aux mains des Tartares. Alors même que ses soldats étaient emmenés en Crimée, le Prince arriva, au début du mois d'août, à Ecsed, auprès de sa famille.

Une fois chez lui, il promit de sacrifier, si cela s'avérait nécessaire, toute sa fortune personnelle pour racheter les prisonniers. Mais il n'en fit rien, et se montra immensément égoïste. Les chemins de la Transylvanie étaient remplis de femmes et d'enfants qui mendiaient pour réunir la rançon. C'est alors que prévalurent les effets négatifs de la tradition transylvaine qui voulait que toute décision émanât du Prince, car tout le monde ayant perdu l'esprit d'initiative, il n'y eut personne qui fût à même de prendre une décision dans cette situation désastreuse.

Guerre turque en Transylvanie : luttes pour un pouvoir inexistant

Un fait accidentel finit par achever la tragédie : dans l'Empire ottoman, une personnalité de grande envergure reçut les pleins pouvoirs, au moment même où le gouvernement de Transylvanie s'effondra. Il s'agissait d'un vieillard nommé Mehmet Köprülü, un ancien soldat illettré d'origine albanaise qui, depuis les bas fonds de la société, avait accédé aux plus hautes dignités. Il reçut, le 15 septembre 1656, des mains de la mère du Sultan enfant, le sceau de l'Empire le nommant Grand vizir. Comme condition pour accepter la nomination, il demanda les pleins pouvoirs, et les reçut. Il reprit les affaires en main au moment où tout était dans un état chaotique, et où les défaites se succédaient.

Quelques mois lui suffirent pour tout remettre en ordre : étouffer les révoltes des janissaires et redresser les finances de l'Empire. L'histoire turque appelle les vingt années de son gouvernement et de celui de son fils, devenu également Grand vizir, la « Renaissance Köprülü ».

Cette « Renaissance » turque eut des conséquences néfastes pour la Transylvanie qui lui arrivèrent d'une manière inattendue. Dès la fin de janvier 1657, Köprülü envoya à Georges II Rákóczi l'ordre de revenir ; mais personne n'y prêta attention. Depuis longtemps, on n'entendait plus venir de Constantinople que des nouvelles décrivant les difficultés du régime et le Prince s'était habitué à ne pas tenir compte de la volonté de la Porte. En l'année 1656, Köprülü était déjà le cinquième Grand vizir nommé. Mais lui, il arriva à s'accrocher et il exigea que l'ordre donné à Rákóczi fût respecté.

Malgré ses ordres réitérés, le Prince ne prit le chemin du retour qu'après un traité de paix misérable, à la fin d'octobre 1657. Köprülü envoya donc l'ordre de le destituer. Il aurait, dès ce moment, été possible de mesurer le pouvoir du nouveau Grand vizir, mais les Transylvains, qui redoutaient encore davantage Rákóczi que Köprülü, n'osaient pas contraindre le Prince à abdiquer. Ils lui remirent d'abord la lettre du Grand vizir puis ils commencèrent à le supplier. Rákóczi posait des conditions, discutait sur le sort de ses domaines et la Diète l'écoutait.

Cette situation absurde se prolongeait tant que Rákóczi était en vie. Il se raccrochait au pouvoir contre le bon sens, de façon tout à fait irresponsable, et les hommes politiques de Transylvanie ne se décidèrent pas à le chasser. Ce fut finalement leur impuissance déraisonnable qui attira les actions punitives de la Porte.

Mehmet Köprülü vint alors en personne à la tête de l'armée turque. Il arriva à la frontière à la fin du mois d'août 1658 après avoir chassé des deux voïvodats les alliés de Rákóczi. Il ordonna au Prince de se présenter devant lui, mais Rákóczi refusa. On ne sait quelle aide il espérait. Ses soldats étaient encore prisonniers des Tartares; il reçut de Léopold Ier une réponse évasive à sa demande de soutien. L'entremise des grands seigneurs du Royaume auprès du roi en faveur du Prince n'apporta non plus aucun résultat. Aurait-il compté sur l'assistance des haïdouks du Royaume qui l'avaient aidé, avant l'arrivée de Köprülü, à battre Seidi Ahmet, le pacha de Buda?

Rákóczi ayant tout essayé sauf de rendre le trône de Transylvanie, les troupes du Grand vizir envahirent le pays. Elles prirent d'abord le château de Jenő, puis dévastèrent systématiquement la Principauté. Début septembre, elles arrivèrent à Gyulafehérvár pour saccager et incendier, maison après maison, toute la ville princière. Le Prince apprit, loin de la ville, la nouvelle de la destruction: il s'était enfui dans la direction de Debrecen, en attirant l'ennemi derrière lui, jusqu'au Berettyó.

Ce n'est qu'alors que le président du Conseil princier, Ákos Barcsai, fit la seule démarche possible: il se rendit dans le camp du Grand vizir et accepta toutes les conditions de Köprülü, y compris de faire Georges II Rákóczi prisonnier. Le 7 octobre 1657, la Diète donna son accord à ce que Barcsai fût proclamé Prince, ce qui eut pour résultat que Köprülü repartit avec toute son armée.

La paix aurait pu enfin revenir en Transylvanie. Mais, au lieu de prendre des mesures pour satisfaire les conditions du Grand vizir, on commença à s'entretuer. Une guerre civile éclata entre les partisans de Rákóczi et ceux de Barcsai auxquels s'associa János Kemény qui fut de retour, en automne 1659, de sa captivité en Crimée.

En avril 1660, la grande armée quitta de nouveau Constantinople, en direction de la Transylvanie. Elle n'était pas encore arrivée quand, le 7 juin 1660, Georges II Rákóczi fut blessé au cours de la bataille livrée, à Szászfenes, contre le pacha de Buda et mourut des suites de ses blessures. Cependant, les Turcs ne firent pas demi-tour; Ali pacha, commandant de l'armée, exigea le tribut promis à Köprülü et fit Ákos Barcsai prisonnier. Ce dernier transmit la volonté des Turcs et on commença à collecter le tribut. Toutefois, les Turcs avaient déjà mis le siège devant Várad.

Les camps turcs furent installés, le 14 juillet 1660, au bord du Körös et dans les vignes des alentours de Várad. Avant de commencer le siège, Ali pacha somma les défenseurs du château de se rendre. Le commandement militaire, en accord avec le conseil de ville, opta pour la résistance. Ils abandonnèrent la ville et les quelques centaines de défenseurs: soldats, citadins, étudiants s'installèrent dans le château.

Ils se défendirent bravement pendant 44 jours mais, une fois leur eau coupée par l'ennemi et leur réserve en munitions épuisée, ils se rendirent le 17 août. Même dans cette position, ils posèrent des conditions et le commandement turc les accepta par estime pour leur courage. Les défenseurs pouvaient se retirer avec leurs armes, les citadins, s'ils le souhaitaient, pouvaient rester dans la ville ou partir et on pouvait même emmener l'équipement de l'école et l'imprimerie. Le commandant en chef des Turcs fit la promesse qu'il ne soumettrait pas d'autres territoires que ceux du domaine de Várad et qu'il obtiendrait de Constantinople que le tribut de Transylvanie fût abaissé.

Devant l'énorme armée turque stupéfaite, les trois cents défenseurs qui restaient quittèrent le château assiégé durant six semaines.

III — Les dernières décennies de la Principauté autonome (1660-1711)

1. La Principauté de Transylvanie à l'époque du refoulement des Turcs et de la réunification de la Hongrie

Le Prince Apafi et la guerre turque de 1660-1664

A l'automne de 1660, des rapports d'ambassadeurs et des libelles annoncèrent au monde chrétien une triste nouvelle: le prince Georges II Rákóczi venait de subir une lourde défaite contre les Turcs et de mourir des suites des blessures reçues sur le champ de bataille. Várad, la forteresse-clé de la Principauté, fut occupée par l'armée ottomane. Selon l'ambassadeur de Parme, Chiaromanni, la perte de Várad, porte du monde chrétien, signifiait que « les Barbares avaient le chemin ouvert devant eux pour envahir rapidement la Hongrie, la Moravie, la Silésie et la Pologne. »[1] Les principaux dignitiaires du royaume de Hongrie, le palatin Ferenc Wesselényi, le ban de Croatie Miklós Zrínyi ainsi que d'autres espéraient que les événements survenus en Transylvanie tireraient enfin l'Europe de sa torpeur et que celle-ci répondrait favorablement à leurs sollicitations jusque-là en vain réitérées depuis la paix de Westphalie, enfin que l'ensemble de la chrétienté s'unirait dans une guerre offensive ayant pour but de libérer les peuples opprimés par l'Empire ottoman.

A la demande de l'Empereur et roi hongrois Léopold Ier, le pape, Venise, les princes allemands et Jean Philippe, archevêque de Mayence et chef de la ligue du Rhin, promirent, dans l'hypothèse d'une guerre menée par l'Empereur pour sauver la Transylvanie, d'apporter leur concours.

Après la mort de Georges II Rákóczi, la Transylvanie eut un nouveau Prince en la personne de Ákos Barcsai, qui tenta à nouveau de coopérer avec les Turcs. Mais, après la prise de Várad, le pays lui retira sa confiance, et les Ordres élirent à sa place le quinquagénaire János (Jean) Kemény. Ancien diplomate de Gabriel Bethlen, puis chef de guerre de Georges II Rákóczi, devenu Prince unique de Transylvanie après la capture de Barcsai, Jean Kemény appela, en 1661, les habitants de la Transylvanie à se porter contre l'Infidèle, avec la ferme conviction que la chrétienté lui fournirait une aide efficace. De fait, des armées tartares venaient de déferler sur la Terre sicule et le pacha de Temesvár, Ali, avait reçu l'ordre du Grand vizir de soumettre les Saxons. Dans cette situation alarmante, on élabora à Vienne, sur la proposition des dignitaires hongrois, et surtout de Zrínyi, qui représentaient les forces

[1] Farkas Deák, Nagyvárad elvesztése 1660-ban (La chute de Nagyvárad en 1660), Budapest, 1878, 32.

armées du Royaume, le plan d'une campagne de grande envergure : le général Montecuccoli, qui commandait le gros de l'armée, devait d'abord prendre le château d'Esztergom, qui protégeait le fort turc de Buda pour mettre ensuite le siège devant Buda même, tandis que Zrinyi devait, afin d'attirer les Turcs partis à l'attaque de la Transylvanie, lancer des opérations militaires dans la région de Kanizsa, principale forteresse de la Transdanubie.

Le Grand vizir Mehmed Köprülü, engagé depuis 1645 dans une guerre contre Venise pour la possession de Candie, sur l'île de Crète, voulut éviter d'avoir à lutter sur deux fronts et proposa à Vienne la voie diplomatique. Ainsi, aux termes de l'accord secret conclu entre les Turcs et les Habsbourg (1661), la Porte s'engageait à renoncer à la campagne punitive contre la Transylvanie et à faire élire un nouveau Prince, à condition que Vienne reconnût ses droits sur Várad et refusât toute aide à Jean Kemény. Aussi l'Empereur fit-il modifier le plan de la campagne : le général Montecuccoli devait diriger ses troupes sur la frontière transylvaine dans le seul but d'effectuer, en attendant l'élection du nouveau Prince, une démonstration de force. A peine Montecuccoli fut-il arrivé près de la ville de Kolozsvár qu'il apprit que le pacha Ali avait fait élire, le 14 septembre 1661, Michel Apafi Prince de Transylvanie par une Diète convoquée par la force. Il donna l'ordre de lever le camp et se replia sur le territoire du Royaume de Hongrie. Entre-temps, la région de la Terre sicule fut envahie par des troupes tartares et lorsque Jean Kemény, abandonné par ses alliés, voulut leur porter secours, il trouva la mort dans la bataille de Nagyszőllős, le 23 janvier 1662.

Elevé par ses précepteurs dans un esprit cartésien, Apafi avait fait, dans sa jeunesse, de solides études de philosophie et de théologie. Il était également amateur d'horloges et de lunettes. Lors de la campagne de Pologne de 1657, il avait lui aussi été fait prisonnier par le khan tartare et avait dû attendre trois ans pour être libéré. Il ne fit que céder à la contrainte lorsqu'il accepta d'être investi des fonctions princières. Pourtant, grâce à sa circonspection politique, le calme régna à nouveau en Transylvanie. Offrant de généreux cadeaux et promettant des tributs très élevés aux envahisseurs, il obtint que les Turcs et les Tartares quittassent la Principauté. Il devint très populaire auprès des Saxons et rétablit l'ordre sur la Terre sicule. S'attachant les plus grands seigneurs, il réussit, avec l'aide du chancelier János Bethlen, de Dénes Bánffy, Gábor Haller et Mihály Teleki, ainsi qu'avec l'armée à mettre en place un pouvoir très centralisé. Il ne cessa d'assurer le Sultan de sa fidélité, tout en se faisant reconnaître par les Habsbourg. Il était convaincu que le destin du Royaume ainsi que celui de la Principauté — les « deux Patries hongroises », comme il disait — étaient indissociablement liés l'un à l'autre. De plus, Apafi parvint à établir des rapports de confiance et de coopération avec les principaux dignitaires de Hongrie. Lorsqu'au début de 1663, le jeune Grand vizir Ahmed Köprülü lui ordonna de préparer son armée — car les Turcs voulaient envahir la Hongrie pour asservir le Royaume de la même manière que la Transylvanie —, Apafi ne tarda pas à informer le palatin de ce projet. Bien que, par crainte d'une nouvelle invasion punitive tartare contre la Transylvanie, il ne pût braver ouvertement l'armée d'Ahmed Köprülü forte de cent mille hommes, arrivée à Buda en été 1663 et qui mit peu après le siège devant Érsekújvár, principale place forte de la Hongrie de l'Ouest et bien qu'il dût participer à la campagne, Apafi collabora néanmoins en secret avec les dignitaires du Royaume. Ayant pour chef spirituel le ban de Croatie, Miklós Zrínyi, ceux-ci — à savoir le palatin Wesselényi, le grand sénéchal Nádasdy et l'archevêque d'Esztergom György Lippay — s'adressèrent dans le courant de l'été de

1663 à la Ligue du Rhin, la pressant d'organiser l'envoi de troupes chrétiennes en Hongrie. Entre-temps, Érsekújvár avait dû capituler; ainsi, le parti de la guerre put finalement l'emporter à la cour de Vienne qui avait jusque-là bombardé le Grand vizir de propositions de paix successives. A l'automne de 1663, les Hongrois proposèrent à la Diète d'Empire qui siégeait à Ratisbonne, la mise sur pied d'une coalition réunissant le pape, l'Empereur, Venise, la Pologne et la Russie dans une guerre offensive commune contre les Turcs. Les auteurs du projet comptaient également sur la participation de la Transylvanie ainsi que des deux voïvodats roumains.

Dans le même temps, les villes et les comitats du Royaume étaient envahis des «lettres patentes de sujétion» de Köprülü, dans lesquelles le Grand vizir promettait aux Hongrois l'autonomie, la liberté du culte et la protection militaire du pays contre la reconnaissance de la suprématie de la Porte et un tribut annuel assez raisonnable en un seul paiement. On savait cependant que, à la fois lassés par plusieurs dizaines d'années de luttes contre les Habsbourg pour leurs droits et pour le libre exercice de leur religion et exaspérés par les incessantes incursions turques et les harcèlements des troupes impériales, les habitants des comitats et des villes des provinces limitrophes envisageaient sérieusement l'éventualité d'une orientation turque. En effet, parvenus à l'extrême limite de leur endurance, ils ne pouvaient plus tenir compte des intérêts nationaux. Mais l'entreprise de Köprülü n'aboutit pas. La tentative ottomane de soumettre le Royaume fut enrayée par une singulière coopération entre Apafi et les dignitaires hongrois.

Le Prince Apafi, obéissant aux menaces réitérées du Grand vizir, finit par arriver, à la tête de son armée, au camp turc d'Érsekújvár pour sauver la Transylvanie d'une représaille tartare envisagée. Köprülü fit d'Apafi un personnage clé, car destiné à occuper le trône du Royaume soumis. Cependant, jouant de tous les registres de l'action politique propre à son époque, allant de la feinte soumission, par la diplomatie secrète, aux coups téméraires à grand risque, il put éviter d'être un simple jouet de la politique turque. Köprülü envoya au nom d'Apafi des lettres d'obédience, mais le palatin en tira profit pour émettre des réponses publiques. A l'automne de 1663, en effet, il lança un manifeste dramatique où il décrivit la situation soumise de la Transylvanie et affirma qu'avec la soumission du Royaume, on abandonnerait l'idée même d'un Etat hongrois, et la Transylvanie serait déf́énitivement condamnée à mort. Dans le même temps, Apafi faisait envoyer dans les comitats voisins de la Principauté des ordres secrets mettant en garde contre les leurres trompeurs des Turcs et promettant leur refoulement. Il alla même jusqu'à prendre le risque de participer à l'organisation d'une alliance internationale contre l'Empire ottoman.

Se réclamant de l'héritage politique du Prince Gabriel Bethlen, qui avait contracté des liens d'alliance avec les pays protestants à Westminster, Apafi fit appel à l'Angleterre d'abord par l'intermédiaire de l'ambassadeur auprès de la Porte, Winchelsea, puis, en 1664, en sollicitant directement le roi d'Angleterre d'intervenir en faveur de la Transylvanie. Il est fort probable que la diplomatie transylvaine joua un rôle non négligeable dans la propagation en Europe de la nouvelle de la campagne d'hiver victorieuse de 1663-1664, dirigée par Zrínyi dans la région de la Drave, où les Hongrois étaient soutenus par des unités de la Ligue du Rhin, commandées par le comte Wolfgang J. Hohenlohe, et réussirent à incendier le fameux pont d'Eszék sur la Drave (2 février 1664), servant de principale voie d'approvisionnement des armées turques.

La France, qui n'était pas en mesure de se tourner ouvertement contre les

Turcs, put néanmoins secourir les Hongrois en tant que membre de la ligue du Rhin. Miklós Bethlen, fils du chancelier de Transylvanie János Bethlen, se rendit à Paris et rapporta, au printemps de 1664, une lettre cosignée par le ministre Hugues de Lionne et le vicomte de Turenne. Entre-temps, Apafi avait réussi à conclure un traité d'alliance avec le voïvode de Valachie, Grigore Ghica, tandis que l'Empereur Léopold, enfin décidé à faire la guerre contre les Turcs, l'avait officiellement informé de la mise sur pied d'une coalition internationale, ajoutant que Vienne comptait sur le concours de la Transylvanie. Cela revenait à dire que la Principauté devait se joindre aux coalisés en qualité d'alliée à part entière, c'est-à-dire en tant qu'Etat indépendant.

Le plan de la campagne du printemps 1664 — à laquelle devaient participer des troupes hongroises, impériales, allemandes et françaises — prévoyait des offensives simultanées vers trois directions. Zrínyi, qui commandait les unités hongroises renforcées par les troupes de la Ligue du Rhin, mettrait le siège devant Kanizsa, tandis que le gros de l'armée des coalisés, conduit par Montecuccoli, lancerait une attaque sur la ligne du Danube. Par ailleurs, on effectuerait également des opérations militaires dans la région de Várad dans le but de reprendre le château fort. En dépit des conditions difficiles, la guerre débuta par des succès rapides. Cependant, malgré la victoire retentissante des coalisés à Szentgotthárd (1er août 1664), les membres du gouvernement de Vienne, hostiles à la guerre turque, avec le prince Johann Ferdinand Porcia, président du Conseil Secret à leur tête, conclurent la paix le 10 août 1664, à Vasvár. La paix fut tenue en secret si bien que ni les alliés, ni même les officiers impériaux n'en avaient connaissance jusqu'à la fin de septembre, moment où une déclaration impériale la rendit publique.

Cette paix de Vasvár lésait profondément les intérêts de la Transylvanie. Le gouvernement Habsbourg s'entendit avec la Porte sur le sort de la Principauté dans le dos des intéressés. Várad, ainsi que toute sa région et tous les territoires occupés par les Turcs, y compris Lugos et Karánsebes, devaient rester en possession de l'Empire ottoman. Le château fort de Székelyhíd qui défendait la frontière ouest du pays face à Várad occupée par les Turcs, devait être rasé. Chacune des deux puissances s'engageait à ne pas soutenir les ennemis de l'autre — fût-ce la Transylvanie luttant pour son indépendance.

Après la paix de Vasvár, Apafi se rapprocha encore davantage des hommes politiques du Royaume qui élaboraient leur stratégie pour la survie de l'Etat hongrois en soulevant l'idée d'une formation politique réunissant en confédération le Royaume de Hongrie, la Principauté de Transylvanie et la Pologne. Cependant, la mort inopinée de Zrínyi, survenue le 18 novembre 1664, fit évanouir tous les projets. Et Apafi, qui fut le premier à reconnaître — et à écrire — que la nation avait perdu en la personne du ban son plus grand homme politique en temps de crise, dut réaliser que les chances et les perspectives de la Transylvanie étaient devenues tout autres.

La politique d'équilibre et l'alliance franco-transylvaine

Malgré l'échec de la guerre internationale contre les Turcs de 1664, Apafi et son entourage ne se trompaient pas en constatant l'affaiblissement de la puissance ottomane. Ils étaient convaincus que la Hongrie serait tôt ou tard libérée, mais au prix d'efforts beaucoup plus lourds qu'on ne l'avait jusque-là pensé. Adoptant une vue très large de la situation européenne, Apafi était décidé à préserver les forces de la Principauté et à mettre en jeu des instruments modernes permettant de renforcer sa souveraineté. Il réussit à conduire une politique d'équilibre entre l'Empire ottoman et celui des Habsbourg, si bien que, tout en se consacrant à la cause de la survie du Royaume de Hongrie, il parvint à établir la stabilité intérieure et à développer, en profitant de la nouvelle donne politique internationale, les relations extérieures de la Principauté. Il s'entourait d'hommes politiques érudits de marque : le vieux chancelier János Bethlen, Mihály Teleki, conseiller depuis 1670, le commandant de Kolozsvár Dénes Bánffy, chargé aussi de missions diplomatiques, puis le jeune Miklós Bethlen ainsi que d'autres, plus particulièrement de jeunes intellectuels nobles et bourgeois, souvent nourris des idées de Descartes, et imprégnés des traditions diplomatiques du petit pays envoyant ses agents depuis la Porte jusqu'aux principautés allemandes en passant par la Pologne.

Il jeta les bases d'un énergique pouvoir centralisé en adoptant toute une série de réformes économiques fondées sur des prêts à l'intérieur, sur une politique commerciale ouverte et sur des entreprises du Trésor, aussi bien que des réformes militaires servant la modernisation de l'armée, la mise en pratique de toutes ces dispositions devant être contrôlée par une Diète fréquemment convoquée. En dehors des délégués des trois « nations », Apafi fit également siéger à la Diète l'évêque de l'Eglise orthodoxe, représentant de la seule institution roumaine de Transylvanie. Même si aucun document ne mentionne que l'évêque ait pris la parole dans l'assemblée, cette innovation d'Apafi reste néanmoins capitale dans la mesure où le Prince, pour la première fois dans l'histoire, offrit un forum politique aux Roumains de Transylvanie.

Les nouvelles conditions politiques auxquelles le Royaume de Hongrie devait faire face après la paix de Vasvár nécessitaient la réorientation de la politique transylvaine. Les principaux dignitaires de la Hongrie — le grand sénéchal Ferenc Nádasdy, le ban de Croatie Péter Zrínyi, l'archevêque György Lippay et, à leur tête, le palatin Ferenc Wesselényi — étudiaient en commun les moyens de préserver le pays. L'accord turco-habsbourgeois interdisait aux Hongrois jusqu'aux luttes défensives, alors que les troupes des garnisons turques ravageaient régulièrement le Royaume, imposant de lourds tributs et rattachant parfois à leur Empire des territoires aussi étendus que la moitié d'un comitat. Wesselényi et ses amis firent entrer dans leur conspiration le fils de Georges II Rákóczi, François Ier, élu prince héritier dès 1652, à l'âge de vingt ans, qui s'était converti à la religion catholique après la mort de son père et qui vivait avec sa mère, la Princesse Zsófia Báthori, dans leurs domaines familiaux de la Haute-Hongrie, la plupart du temps dans ses châteaux de Sárospatak et de Munkács, ce dernier constituant un poste de liaison entre la Transylvanie et la Pologne. Après de vaines tentatives auprès des Français et des Polonais, Wesselényi chercha à resserrer les liens avec le Prince Apafi. A la réunion de Murány (été 1666), où la Transylvanie était représentée par Mihály Teleki et Miklós Bethlen, on négocia également le tracé des frontières, après le refoulement des Turcs, entre le Royaume et la Principauté. En attendant, la palatin et ses amis ne voyaient pourtant pas d'autre moyen de prévenir la destruction complète de la Hongrie que la conclusion d'un accord avec la Porte qui, contre un tribut annuel assez élevé, garantirait la sécurité du reste du pays. Après 1666, Apafi mit à la disposition des dignitaires de Hongrie son excellent appareil diplomatique pour chercher les contacts avec les Turcs. La Porte fit la sourde oreille : retenu par le siège de Candie, désireux d'éviter tout conflit avec l'Empire des Habsbourg et observant scrupuleusement les dispositions des clauses secrètes du traité de Vasvár aux termes desquelles il devait s'abstenir de soutenir les ennemis de l'autre partie, le Grand vizir Ahmed Köprülü refusa de recevoir le délégué des conspirateurs hongrois. Après la prise de Candie, en 1669, qui lui permit de consolider sa domination sur la Méditerranée orientale, Köprülü se prépara à l'attaque de la Pologne et conclut un nouvel accord avec la cour de Vienne afin de s'assurer la paix en Hongrie et, par là, la sécurité du commerce entre l'Empire ottoman et celui des Habsbourg. Après la mort du palatin Wesselényi, homme de pondération, la cour de Vienne eut tôt fait d'en finir avec la souveraineté hongroise déjà réduite. Les tentatives de résistance locales et le soulèvement dirigé en Haute-Hongrie par François Ier Rákóczi furent réprimés par les armées impériales. Arrêtés et accusés de conspiration et de tractations secrètes avec les Turcs, le grand sénéchal Nádasdy, le ban de Croatie Péter Zrínyi et son beau-frère Ferenc Frangepán, le grand seigneur styrien Erasmus Tattenbach et Ferenc Bónis, un des chefs de file de la petite noblesse hongroise, furent traduits en justice et exécutés (1671). La constitution du Royaume fut suspendue, et on congédia les garnisons hongroises (environ 10 000 soldats) des places fortes qui protégeaient les frontières pour les remplacer par des troupes impériales. L'autonomie intérieure des villes fut supprimée; les pasteurs protestants durent comparaître devant un tribunal d'exception institué à Pozsony. Soupçonnées de trahison, maintes familles de la petite noblesse de Haute-Hongrie furent, entre 1670 et 1674, réduites à la mendicité. La Transylvanie d'Apafi réussit cependant à conserver sa souveraineté: malgré tous les avatars, la Principauté sut éviter de devenir un instrument entre les mains de la Porte ou de la cour de Vienne. Incarnant, à elle seule, la souveraineté hongroise, la Transylvanie offrait un asile sûr aux persécutés et informait l'Europe de l'évolution de la situation en Hongrie tout en permettant aux soldats, serfs, petits nobles fugitifs s'étant cachés dans le Partium de s'armer et de faire des incursions contre les garnisons impériales.

Le secret de la fructueuse politique d'équilibre d'Apafi résidait dans son habileté à nouer des relations de type nouveau avec l'étranger. Il s'entendit avec les Polonais et se concilia les voïvodes de Moldavie et de Valachie qui lui écrivaient d'ailleurs la plupart du temps en hongrois. Avec les Provinces Unies, l'Angleterre, les princes allemands et la Suède, il parvint progressivement à développer ses relations culturelles et politiques greffées sur de solides contacts ecclésiastiques. Par un contrat conclu avec Léopold Ier, il régla les rapports entre la Transylvanie et l'Empire. Apafi avait prévu le déclenchement du conflit franco-impérial et, reprenant l'arsenal politique hongrois traditionnel qui exploitait cet antagonisme depuis Péter Pázmány et Miklós Zrínyi, et en particulier dans la pratique des Princes de Transylvanie, il tira profit avec une rapidité extraordinaire de la nouvelle conjoncture européenne. Il se hâta, par le biais de l'ambassadeur de France à Vienne et des diplomates français délégués auprès du Sultan, ainsi que des Polonais francophiles, de resserrer les liens de sa Principauté avec la France. En novembre 1673, après la victoire retentissante du hetman Jean Sobieski, il donna une suite favorable à la demande du général polonais qui le sollicitait d'accepter, conjointement avec le roi de France, un rôle de médiateur dans la guerre entre la Pologne et la Porte qui avait éclaté l'année précédente. Mais les relations françaises étaient fortement contestées par un groupe de Transylvains, qui exigeait le rapprochement avec les Habsbourg. Un an plus tard, il brisa brutalement leur opposition en faisant décapiter leur chef, Dénes Bánffy.

En mars 1675, l'ambassadeur du roi de Pologne arriva en Transylvanie en compagnie d'un envoyé de Louis XIV, Roger du Fresne Akakia, et l'accord préalable entre la Transylvanie et la France fut aussitôt signé à Fogaras. Deux ans plus tard, en mai 1677, le marquis de Béthune, nouvel ambassadeur fraîchement arrivé de France en Pologne, et Dániel Absolon, délégué de la Principauté, signèrent à Varsovie le traité d'alliance franco-transylvaine. La France, en guerre avec l'Empire, s'engageait à verser un subside de 100 000 livres à une armée formée de fugitifs et de soldats congédiés des places fortes frontalières, rassemblés près de la frontière transylvaine, et à soutenir, avec un corps expéditionnaire franco-polonais, une campagne de grande envergure contre les Habsbourg. La Transylvanie devait, pour sa part, fournir un général — Mihály Teleki — qui organisa avec son état-major les opérations de cette armée spontanément surgie et lui assura un territoire de repli. Mais elle refusait d'entrer en guerre ouverte avec le roi Habsbourg de Hongrie. Louis XIV promit cependant de donner satisfaction aux intérêts de la Transylvanie dans les clauses du futur traité de paix avec Vienne, voire de se porter garant, dans l'hypothèse d'une expédition punitive turque, de la sécurité de la Principauté.

Comme l'Empire ottoman, qui venait de faire la paix avec la Pologne, n'était pas en mesure de contrecarrer ouvertement l'action diplomatique transylvaine dirigée vers l'Occident sans risquer de compromettre ses propres relations avec la France, il s'efforça, en appuyant les menées de Pál Béldi, chef du parti turcophile de Transylvanie, de provoquer la chute d'Apafi. Or, le Prince eut tôt fait d'étouffer le complot de Béldi (commandant principal du pays entre 1663 et 1676) et de son groupe.

C'est à partir de cette époque que les fugitifs furent appelés les « kouroutz ». D'origine incertaine, ce terme était appliqué, dans la seconde moitié des années 1670, à ceux qui luttaient contre les Habsbourg, pour la liberté des cultes protestants et pour l'indépendance du pays. Les premières entreprises armées n'apportèrent tout au plus que des réussites éphémères, le bon organisateur et diplomate que fut Teleki n'étant pas doublé d'un général de talent. Ceci étant, les fugitifs proclamèrent Teleki, au printemps de 1678, leur « dirigeant suprême », tandis que l'armée eut pour général le comte Imre Thököly, un aristocrate de la Haute-Hongrie âgé de vingt ans qui s'était réfugié, encore tout enfant, en Transylvanie, après l'échec de la conspiration de Wesselényi. Lors de la campagne de l'automne 1678, Thököly fit bientôt preuve de talents militaires tout à fait exceptionnels. Renforcée de troupes auxiliaires françaises et polonaises, sa cavalerie occupa les villes minières de la Hongrie du Nord. Cette brillante opération militaire contribua pour beaucoup au succès de la diplomatie transylvaine, qui obtint que la France fît reconnaître, aux traités de Nimègue, les droits de la Transylvanie. Le poids véritable de l'article 31, qui traitait, sur un ton général, des intérêts de la Principauté, apparaît dans la lettre de Louis XIV à Apafi datée du 8 juin 1679, dans laquelle le Roi-Soleil confirme que conformément aux traités, il a compté la Transylvanie parmi ses alliés. Apafi reçut bientôt l'ambassadeur envoyé par Jean Sobieski, élu roi de Pologne en 1674, mais couronné seulement en 1676 et dépêcha Dániel Absolon, en qualité de chargé d'affaires, à Paris. Voyant la portée internationale des efforts de la diplomatie transylvaine et l'importance des forces armées de Thököly, l'Empereur fit convoquer, après un intervalle de près de vingt ans, la Diète hongroise à Sopron pour y rétablir la constitution hongroise, pourvoir les principales dignités du Royaume et autoriser l'exercice limité du culte protestant. Imre Thököly qui, grâce à ses 20 000 soldats, était en possession d'un territoire étendu, envisageait de créer une principauté indépendante en Haute-Hongrie. Soutenu par les riches bourgeoisies des villes de Eperjes,

Bártfa, Lőcse, Thököly, qui avait épousé Ilona Zrínyi, veuve du Prince élu de Transylvanie, François Ier Rákóczi, et s'appuyait ainsi sur les immenses domaines des Rákóczi, de même que sur l'autorité traditionnelle des familles Zrínyi et Rákóczi, put singulièrement accroître son pouvoir. Dans ces conditions, la Porte avait projeté d'utiliser Thököly afin de diviser les Hongrois, d'isoler la Transylvanie et de se débarrasser d'Apafi. Après la prise ingénieuse de Kassa, en 1682, elle ordonna à Thököly de rejoindre l'armée d'Ibrahim, pacha de Buda, qui assiégeait le château de Fülek, où le Prince Apafi dut aussi se rendre en toute hâte, à la tête de ses troupes et sous peine d'une expédition punitive turque dont le Grand vizir agitait la menace en cas de désobéissance.

Le château royal de Fülek, qui assurait la communication entre les deux parties septentrionales (la « Basse-Hongrie » de l'Ouest et la « Haute-Hongrie » de l'Est) du Royaume fut finalement occupé, aux prix d'énormes pertes, par le pacha Ali, qui couronna la cérémonie de la victoire en faisant proclamer Thököly Prince de Haute-Hongrie. Il semble qu'Apafi avait prévu les dangereuses conséquences de la politique de division turque et de l'accession de Thököly à l'autonomie, cependant le Prince, d'un âge déjà très avancé, et ses conseillers vieillissants furent débordés par des événements inattendus et ne surent parer à leurs conséquences néfastes.

Membre secret de la Sainte Ligue

La guerre turque de 1683-1699 allait radicalement modifier la situation de la Principauté autonome de Transylvanie. Or, ce changement se produisit par étapes et dans des conditions très complexes. A peine la France eût-elle créé ses bases politiques dans le dos des Habsbourg qu'elle s'employa également à resserrer ses liens avec la Porte. Mais après la mort, en 1676, du Grand vizir Ahmed Köprülü, la dislocation de l'Empire ottoman s'avéra inéluctable. Aux prises avec des soulèvements de janissaires, des difficultés financières et des provinces entrées en rébellion, le Grand vizir Kara Mustafa estimait que seule une nouvelle guerre de conquête pourrait ranimer son Empire. Encouragé par la France, il décida de partir à l'assaut de Vienne. Pendant l'été 1683, son armée de 100 000 soldats traversa la Hongrie et mit le siège devant la capitale impériale.

Apafi et ses collaborateurs, qui avaient déjà essuyé bien des tempêtes, ne furent pas abasourdis par cette entreprise gigantesque qui faisait trembler toute l'Europe. Les livraisons d'or de Transylvanie eurent probablement leur part dans le fait qu'Apafi ne dut pas se rendre à l'appel du Sultan avant la fin de l'été, période à laquelle il rejoignit enfin l'armée turque, à la tête de quelques milliers de Sicules. Là, on leur confia la garde des ponts du Rába et de la Rábca, près de la ville de Győr. Pendant tout ce temps, le Prince ne cessait de maintenir le contact avec le palatin Pál Esterházy, partisan assidu des Habsbourg. Il lui résuma ainsi ses objectifs politiques : il faut conduire les choses de manière à ce que « la Nation hongroise ne soit pas précipitée dans un péril dernier ».[2]

Quand Apafi rentra dans sa Principauté avec sa minuscule armée décimée par la peste et traversa une Hongrie envahie par des troupes turques débandées à la suite de la grande victoire de Charles de Lorraine et de Jean Sobieski,

[2] Lettre du Prince Michel Apafi au palatin Pál Esterházy, juin 1683. *EOE* XVII. 127-128.

le 12 septembre 1683, la situation de la Transylvanie s'était complètement modifiée. Sous le choc de la défaite de Párkány (9 octobre 1683), la Porte priva le bouc émissaire Thököly de son soutien et voulut s'appuyer sur la Transylvanie en confirmant dans sa dignité Michel II, fils mineur d'Apafi, déjà élu Prince par la Diète. A ce moment déjà, le vieil Apafi cherchait les gages de l'avenir transylvain du côté du monde chrétien.

Au printemps 1684, sous le patronage du pape Innocent XI, la Pologne, la République de Venise et l'Empire des Habsbourg constituèrent une Sainte Ligue destinée à anéantir la puissance turque en Europe. Les coalisés durent se rendre à l'évidence: dans une guerre s'étendant sur de vastes régions, depuis l'Ukraine jusqu'à la Méditerranée et aux Balkans, ils ne pouvaient se passer de la participation de la Transylvanie. En effet, non seulement celle-ci constituait un point d'appui stratégique et une base de ravitaillement en vivres et en matières premières, mais elle était également un pays protestant, et les princes allemands, tout comme l'Angeleterre et les Provinces Unies qui contribuaient toutes deux aux frais de cette entreprise gigantesque, insistaient pour qu'elle prît part, du côté des puissances chrétiennes, à cette lutte d'importance historique, comme d'ailleurs cela avait déjà été prévu par les plans antérieurs de campagne internationale de refoulement des Turcs. Ce fut donc sous le signe d'une tradition politique et d'impératifs d'ordre international que l'Empereur Léopold Ier proposa, en avril 1684, au Prince Apafi d'adhérer à la Sainte Ligue.

Son réalisme politique interdisait à Apafi de s'allier ouvertement à la Sainte Ligue. Les redoutables garnisons turques de Várad, de Temesvár ainsi que toute une série de petits forts de la frontière occidentale de la Transylvanie épiaient d'un œil vigilant tout mouvement à l'intérieur de la Principauté. La Porte donnant le signal, des troupes tartares pénétrant par les cols est des Carpates pouvaient ravager villes et villages. De plus, comme les rapports entre l'Empereur et le francophile Jean Sobieski venaient de se détériorer, ce dernier s'employait maintenant à faire entrer la Transylvanie dans la Sainte Ligue en la ralliant spécialement aux intérêts polonais. Dans le même temps, il fallait également tenir compte de la force encore redoutable des Turcs qui, en 1684, résistèrent victorieusement à Buda. Malgré toutes ces difficultés, Apafi fit, avec beaucoup de prudence, des démarches préliminaires afin d'obtenir, avant de rejoindre le champ des coalisés, des gages et des garanties pour la sécurité de son pays. Un traité secret fut ainsi conclu, à Kercsesora, entre Apafi et l'Empereur avec l'entremise de Teleki, au printemps de 1685, aux termes duquel la Transylvanie, reconnaissant la suzeraineté du roi de Hongrie mais conservant en même temps son autonomie territoriale et politique, ne devait adhérer que secrètement à la Sainte Ligue, en se chargeant en particulier d'héberger l'hiver certaines unités de l'armée impériale. Pour pouvoir passer avec davantage de sécurité dans le camp adverse, Apafi conclut également, contre les ambitions d'hégémonie des Habsbourg et des Turcs, un traité d'assistance mutuelle avec le voïvode de Valachie et s'efforça de gagner comme garant la Pologne. Il ne parvint cependant pas à s'entendre avec Thököly.

Le Prince de Haute-Hongrie s'était également abstenu de participer au siège de Vienne et tenta, immédiatement après la défaite turque, de se ranger, avec ses 20 000 soldats, du côté des puissances chrétiennes. Or, le parti dynastique de la cour des Habsbourg s'opposa fermement à ces ouvertures, encore que l'excellent stratège Charles de Lorraine fût d'avis que l'aide des troupes aguerries de Thököly sur les champs de bataille de Hongrie était indispensable. La Porte lança un mandat d'arrêt contre Thököly, mais Apafi omit d'obtempérer et, peut-être, mit même Thököly au courant; il ne put cependant pas empêcher, à la Diète, le parti turcophile de confisquer, au printemps de 1685, les domaines de Transylvanie de ce dernier et d'emprisonner ses partisans. A l'automne de 1685, le pacha de Várad fit capturer par ruse le Prince de Haute-Hongrie. L'arrestation de Thököly mit en déroute son armée qui était indispensable à la défense militaire et du Royaume et de la Transylvanie; plusieurs de ces unités rallièrent les capitaines hongrois de la Sainte Ligue et furent incorporées aux régiments impériaux pour combattre les Turcs. Quelque 4000 soldats, ainsi que les diplomates de Thököly, s'enfermèrent dans le château de Munkács où se réfugièrent aussi les propriétaires: Ilona Zrínyi et ses enfants. Fin 1685, les troupes impériales mirent le siège devant la place forte d'une grande importance stratégique.

Sur l'intervention de la diplomatie pontificale, la guerre russo-polonaise prit fin au printemps de 1686. Allié à la Sainte Ligue, le Tsar put ainsi tenir les Tartares de Crimée en échec tandis que le Conseil de Guerre de Vienne abandonnait le siège de Munkács, ayant suscité une indignation internationale et s'avérant un échec moral, pour y substituer un blocus. Puis, sous l'œil attentif de toute l'Europe, les armées coalisées investirent Buda. Même Thököly, libéré entre-temps sur l'ordre du Sultan, se refusa à prendre les armes. Les diplomates transylvains et les hommes d'Etat de Vienne furent enfin à même d'étudier les conditions dans lesquelles la Principauté devait adhérer à la coalition.

Aux termes du traité contresigné par l'ambassadeur de Transylvanie János Haller, le chancelier Strattmann et le président du Conseil de guerre Hermann de Bade, la Principauté s'allia à la Sainte Ligue. Le traité devait demeurer secret jusqu'à la reprise de Várad. Tant que Temesvár et Belgrade resteraient entre les mains des Turcs, la Transylvanie n'entrerait pas dans la guerre, mais elle soutiendrait les coalisés par des charrois, par des approvisionnements, et par un subside annuel de 50 000 Reichsthalers. Afin qu'elle pût s'acquitter en toute sécurité de ses obligations, les garnisons des villes de Kolozsvár et de Déva seraient composées pour deux tiers de troupes impériales et pour un tiers de troupes princières. La Transylvanie, en tant qu'Etat de la Sainte Couronne de Hongrie, reconnaissait la suzeraineté du roi de Hongrie, tandis que l'Empereur Léopold garantissait la libre élection du Prince, la non-ingérence dans les affaires ecclésiastiques et temporelles soumises aux anciennes lois du pays ainsi que son autonomie politique et économique. Les traités à conclure entre la Ligue et la puissance ottomane après la guerre devaient donner satisfaction aux intérêts de la Transylvanie. (Une copie de ce traité a été retrouvé parmi les documents gardés au Public Record Office de Londres!)

C'était pour honorer ce traité que la Transylvanie sauva, en encourant un énorme risque politique, l'armée impériale de la destruction complète. En effet, après la prise de Buda par les coalisés, le 2 septembre 1686, le Grand vizir réorganisa son armée et vint, en été 1687, reprendre le centre de la puissance ottomane en Hongrie. Les coalisés, conduits par Charles de Lorraine, lui avaient infligé une lourde défaite à Nagyharsány, le 12 août 1687. Or, ce fut une victoire à la Pyrrhus : dissimulés pendant très longtemps, les conflits entre les différents chefs d'armée finirent par éclater, divisant l'état-major et provoquant le départ de plusieurs corps. Charles de Lorraine et son armée impériale se virent abandonnés de leurs alliés. Les soldats étaient coupés de vivres, les chevaux mouraient faute de fourrage; décimée par l'épidémie, l'armée était exténuée par la longue marche sur des routes impraticables et sous une pluie de plusieurs semaines. Au mépris des réticences de sa Diète, le

Prince Apafi accepta d'accueillir, pour l'hiver 1687-1688, l'armée impériale à bout de forces.

Après de courtes négociations préalables, les parties intéressées réglementèrent, en tenant compte de la sécurité et des intérêts de la population transylvaine, par le traité de Balázsfalva (27 octobre 1687), les conditions de l'hivernage des Impériaux. L'accord, ratifié par Charles de Lorraine et Mihály Teleki, confirma les dispositions du traité de 1686 sur l'autonomie politique de la Principauté.

Retour à la Couronne de Hongrie. La Principauté dans l'Empire des Habsbourg

Comme la Diète de Pozsony de 1687 avait modifié la constitution en faisant de la Hongrie un royaume héréditaire, la cour de Vienne confia, au début de 1688, au général Caraffa, nommé gouverneur militaire de la Transylvanie, la tâche de régler, dans les conditions nouvelles, les rapports entre la Principauté et le Royaume.

En vertu du compromis conclu entre les Ordres de Hongrie et les Habsbourg, les premiers renonçaient à leur droit traditionnel d'élire librement leur roi, moyennant quoi l'Empereur leur reconnaissait le droit de créer leurs propres institutions dans le pays repris sur les Turcs. Or, Caraffa recourut à la terreur militaire pour forcer les hommes politiques transylvains à signer un document renonçant à toute autonomie du pays. Aux termes de la Déclaration de Fogaras, les Ordres de Transylvanie plaçaient leur principauté sous l'autorité conjointe de l'Empereur Léopold et du petit roi héritier de 9 ans, Joseph Ier, accueillaient des garnisons impériales dans leurs places fortes et versaient à Vienne un impôt annuel de 700 000 écus. Le rescrit impérial répondant aux plaintes faisait référence au traité de 1686 et à l'accord de Balázsfalva et se contentait de promettre — sans garantie aucune — la liberté du culte religieux ainsi que la suspension de l'arbitraire militaire. Plusieurs villes (dont Nagybánya, Beszterce et Brassó), afin de protester contre la Déclaration de Fogaras, entrèrent en rébellion armée, mais elles finirent soit par se soumettre soit par se faire massacrer par les Impériaux, numériquement très supérieurs, tels les habitants de Brassó qui installèrent des canons sur les murs de la ville, sous la conduite de l'orfèvre Gaspard Kreutz. Le gouvernement et les Ordres de Transylvanie n'avaient plus que l'ombre du pouvoir dans la Principauté, où régnait, en maître absolu, un gouverneur militaire qui, pour percevoir les impôts, faisait appel à la force armée.

Terrassé par une grave maladie pendant la dernière année de son long règne, le Prince Apafi, amateur passionné des montres, rendit l'âme au « Grand Horloger » le 15 avril 1690. La Porte ne tarda pas à délivrer l'athnamé du nouveau Prince, au nom d'Imre Thököly.

Thököly avait eu beau se libérer de la captivité des Turcs, il s'était vu définitivement coupé de la Sainte Ligue : aussi avait-il dû rejoindre le camp ottoman. D'abord, il conclut une alliance avec le voïvode de Valachie, Constantin Brîncoveanu (1689), puis la modification des rapports de force en Europe lui fit miroiter la possibilité d'accéder au trône de Transylvanie.

La prise de Belgrade (1688) et l'occupation consécutive d'une partie de la Valachie avaient accru la puissance des Habsbourg au point que la France et la Pologne craignaient une rupture de l'équilibre européen. Aussi tentèrent-elles d'arrêter les progrès des Impériaux. Louis XIV, qui fit envahir par ses troupes les principautés allemandes, et Jean Sobieski, qui venait de reprendre sur les Turcs le château de Kameniec au prix d'un siège long et sanglant, voyaient en Transylvanie une alliée susceptible de mettre en échec les ambitions démesurées des Habsbourg. Or, tandis que le roi de France se déclarait prêt à aider matériellement Thököly à occuper le trône de Transylvanie, Jean Sobieski se montrait encore méfiant à l'égard de celui-ci, et cela malgré le fait que la Porte s'apprêtait à lui demander la paix.

La contre-offensive turque modifia provisoirement la situation de la Principauté. Traversant les hautes montagnes par des chemins pour ainsi dire impraticables, Thököly surgit en Transylvanie, avec son armée de 6000 hommes, le 21 août 1690, et anéantit par surprise les troupes impériales. Mihály Teleki, le très influent conseiller d'autrefois d'Apafi, trouva la mort sur le champ de bataille de Zernyest. Thököly fut élu Prince par la Diète réunie à Keresztényszigeț. En cette qualité, il confirma la constitution, en particulier la liberté des quatre religions reçues, puis la *libera vox* (la libre élection du prince) et les privilèges des trois «nations». Dans le même temps, il fit savoir à l'Empereur Léopold qu'il était prêt à adhérer à la Sainte Ligue, pour lutter contre l'Infidèle, à condition que l'Empereur le reconnût officiellement souverain légitime de Transylvanie, qu'il lui accordât le titre de prince de l'Empire et que cet accord fût garanti par la République de Venise et la Pologne.

Entre-temps, l'armée du Grand vizir Mustapha Köprülü, forte de 60000 hommes, reprit la ville de Belgrade le 8 octobre 1690. Le siège ne dura qu'une semaine. Le général Louis de Bade, commandant en chef des troupes impériales, considérant que l'importance stratégique de la Transylvanie était supérieure à celle de Belgrade, abandonna la défense de la porte des Balkans pour livrer bataille à Thököly. Après la défaite de ses lieutenants, le Prince de Transylvanie quitta, le 25 octobre, avec le reste de ses troupes, le pays par le défilé de Bodza, pour n'y jamais revenir.

Le conseiller Miklós Bethlen sut tirer parti du trouble que la contre-offensive turque, l'avènement de Thököly en Transylvanie et la chute de Belgrade suscitaient à Vienne. Il présenta à l'Empereur un projet de diplôme susceptible d'assurer l'autonomie intérieure de la Transylvanie dans les conditions politiques données. Après plusieurs années d'administration militaire, le *Diploma Leopoldinum*, promulgué en 1690, garantissait, en dehors de la souveraineté de l'administration civile, la liberté du culte aussi bien que l'autonomie économique et culturelle. A la Diète de Fogaras de 1691, les Ordres de Transylvanie élirent un gouverneur pour la minorité de Michel II Apafi, en la personne de György Bánffy, dont le père, Dénes Bánffy, avait été exécuté pour trahison. Malgré les dissensions qui surgissaient périodiquement en son sein, l'équipe gouvernementale constituée par le chancelier Miklós Bethlen, le général suprême Gergely Bethlen et le grand trésorier János Haller orienta avec une grande prudence la politique transylvaine vers l'alliance anglaise et hollandaise. Poussé par Miklós Bethlen, le jeune Michel II Apafi signa, en 1690, une déclaration aux termes de laquelle il se mettait sous la tutelle de l'électeur de Brandebourg et du roi d'Angleterre Guillaume d'Orange. Dans la situation donnée, cette démarche semblait la marque du réalisme politique, d'autant que même la victoire de Szalánkemén, arrachée au prix d'énormes pertes, ne put enrayer l'avance turque. Les Impériaux venaient de subir de lourdes défaites en Europe, tandis que les puissances maritimes — l'Angleterre et les Provinces Unies liées par alliance à l'Empereur dans la guerre pour le Palatinat — souhaitaient mettre, aussi vite que possible, un terme à la guerre turque qui leur paraissait maintenant un pur gaspillage de forces. Conformément aux vœux des marchands protestants anglais et hollandais, les libertés transylvaines occupaient une place très importante dans les projets de traité de paix. Offrant leur médiation aux Turcs et aux Habsbourg, les Anglais et les Hollandais proposèrent, en 1691, le maintien de l'autonomie transylvaine. L'Empereur Léopold approuva lui aussi la proposition de paix envoyée à la Porte par l'entremise du diplomate anglais Sir William Hussey, en vertu de laquelle la Transylvanie resterait un Etat autonome et Michel II Apafi gouvernerait la Principauté sous la double tutelle du Sultan et de l'Empereur, mais sous le contrôle et la garantie d'autres puissances étrangères. Lord William Paget invoqua par la suite le rôle politique que la Principauté avait joué par le passé et insista pour que le traité de paix garantît également la sécurité de la Principauté autonome. Le Grand vizir finit par accepter la proposition anglo-hollandaise et on alla plus tard jusqu'à stipuler que la Transylvanie devait être remise «dans son état antérieur».

A la cour de Vienne, les avis étaient d'abord partagés, puis l'emportèrent, face aux modérés, ceux qui voyaient dans l'autonomie transylvaine assise sur des garanties anglaises et hollandaises, un immense danger pour l'avenir de la dynastie : aussi s'employa-t-on, dès 1692, à prendre de vitesse les diplomates qui préparaient l'ouverture des négociations de paix, en consolidant l'autorité du gouvernement des Habsbourg en Transylvanie. Celui-ci fit reprendre Várad (1692) après un blocus coûteux, emprisonner Michel II Apafi à Vienne sous un prétexte fallacieux, réoccuper la Transylvanie avec 8 000 soldats (1695) et la placer sous le gouvernement du général Bussy de Rabutin (1696).

Au cours des décennies précédentes, la proportion relative des confessions s'était visiblement modifiée dans la Principauté. L'Eglise catholique avait repris de force, et les riches aristocrates catholiques qui jouaient un rôle toujours plus grand dans la politique du pays, assistaient de dons généreux les paroisses et les écoles, de même que les jésuites ayant déjà surgi dans le pays. Au début de 1690, le Status Catholicus présidé par István Apor parvint à un compromis avec l'Eglise réformée sur le problème litigeux des domaines ecclésiastiques. L'évêque András Illyés, chef de l'Eglise catholique transylvaine, déclara dans un mémoire envoyé à Rome qu'il entendait réorganiser l'épiscopat transylvain conformément à l'universalité catholique, en toute fidélité aux traditions de l'histoire nationale et aux formes ancestrales du Royaume de Hongrie, mais tenant compte aussi des intérêts de la Principauté. Quant à l'évêque de l'Eglise orthodoxe de Transylvanie, il fut nommé invariablement par le métropolite de Valachie, mais confirmé par le Prince de Transylvanie. Son chef étant invité à siéger à la Diète, ses prêtres exempts des charges et protégés par le Prince contre les seigneurs propriétaires et ses fidèles aisés ou influents reçus et entendus dans les milieux dirigeants, l'Eglise orthodoxe ne prit pas seulement une forme particulière, propre à la Principauté, avec sa culture de langue nationale librement épanouie, mais s'intégra même dans le système politique du pays. Dans le même temps, elle put résister davantage aux efforts de l'Eglise réformée visant l'union ainsi qu'à ceux de Rome, déployés dans de nombreux pays. Au moment du changement de régime, les traditions transylvaines d'une politique religieuse tolérante étaient pleinement en vigueur. Par décision du gouvernement des Habsbourg, ce développement organique fut brutalement interrompu. Présidé par le chancelier Kinsky, le Conseil de Transylvanie à Vienne prit des mesures centrales pour refonder la structure confessionnelle de la Principauté. Il entendait faire valoir les intérêts de l'Empereur en soutenant les jésuites envoyés et surveillés par la Province d'Autriche d'une part, et de l'autre, en amenant à l'union la population roumaine pour la rattacher ainsi davantage au gouvernement de Vienne.

Après quelques pourparlers préliminaires, Léopold promit en 1692 dans une lettre patente qu'au cas où l'Eglise orthodoxe s'unirait à l'Eglise catholique romaine, il accorderait à son clergé les privilèges propres aux Ordres et les exempterait de l'impôt d'Etat. Les fondements dogmatiques de l'union une fois établis — qui signifiaient essentiellement la reconnaissance du pape comme pontife suprême —, l'évêque Théophile convoqua, en 1697, un synode pour déclarer sa volonté d'unir l'Eglise grecque confiée à son autorité avec l'Eglise catholique, à condition que ses ministres soient dotés de certains privilèges sociaux et économiques. En 1699, Léopold énonça par un décret impérial l'égalité de droits des grecs unis avec les catholiques romains (Ier Diplôme Léopoldien); en 1700, le nouvel évêque orthodoxe, Athanasie Anghel fit, devant le synode, une déclaration solennelle acceptant l'union ainsi que la protection de la maison de Habsbourg. Puis, après en avoir fait une profession de foi à Vienne, il fut investi, lors d'une grande cérémonie à Gyulafehérvár, comme évêque de l'Eglise catholique grecque. Ayant ainsi reçu sa consécration formelle, l'union fut confirmée par le décret publié par l'Empereur Lépold en 1701 (2e Diplôme Léopoldien) aux termes duquel les prêtres roumains étaient désormais affranchis de toute obligation servile et pourvus de privilèges nobiliaires; ils avaient accès aux écoles et aux bourses catholiques; l'archevêque d'Esztergom nommait auprès de l'évêque catholique grec un «auditor generalis». A long terme, l'union ouvrit de nouvelles perspectives au développement des Roumains de Transylvanie. Mais le changement brusque qu'impliquait cette «œuvre partiellement politique» n'était guère compris par les serfs roumains, et les commerçants et petits hobereaux protestaient en créant un Statut Grec Oriental. Alors, leur chef, Gábor Nagyszegi fut emprisonné par le général impérial.

Le gouvernement de Vienne prépara l'union, pour ainsi dire, au pas de course, parallèlement aux négociations de paix avec les Turcs. Lors des pourparlers, qui prirent une forme concrète en 1698, le médiateur anglais demanda d'inclure, dans le traité de paix, notamment l'indépendance de la Principauté et la liberté de culte des protestants. Or, la mention des droits des protestants transylvains, ayant perdu leur position majoritaire à la suite de l'union, ne fut pas admise dans le document de paix. Au début de 1699, la paix de Karlowitz mit un terme à la guerre turque de quinze ans en adjugeant la Transylvanie à l'Empire des Habsbourg et même en la rattachant directement à son gouvernement central.

La principauté de François II Rákóczi

«Sine nobis, de nobis»: dans son *Manifeste aux peuples du monde entier* (publié au début de 1704, mais antidaté du 7 juin 1703, du jour du commencement de la guerre d'indépendance), François II Rákóczi rappelait par ces termes le fait que c'était en l'absence des diplomates hongrois que l'Empire des Habsbourg et la Porte avaient décidé du sort de la Hongrie.

Or, à côté du Royaume, la Principauté de Transylvanie avait, elle aussi, pris part à la reconquête du pays en tant qu'allié politique et militaire à part entière, qui plus d'une fois avait risqué de compromettre son avenir et consentit d'énormes sacrifices matériels et humains. En fait, les conséquences de la position impériale, lors de la conclusion de la paix de Karlowitz, étaient ressenties dans toutes les couches de la société, des deux côtés du mont Bihar. Au lieu d'être unis, le Royaume et la Principauté, privés de leurs institutions politiques, furent soumis directement au gouvernement de Vienne et séparément intégrés à l'Empire des Habsbourg. Au mépris des compromis de 1686 et 1687, on les avait privés des attributions étatiques fondamentales, comme l'armée nationale, l'autonomie intérieure, la liberté religieuse, l'usage officiel et la culture de la langue nationale, le maintien des relations traditionnelles avec l'étranger, on avait donc entravé la poursuite des efforts pour rattraper les pays occidentaux alors en plein essor. Vers la fin du XVIIe siècle, tous ceux qui se préoccupaient de l'avenir de la Hongrie, qu'ils vécussent dans le Royaume ou dans la Principauté et quelle que fût leur condition sociale — grands dignitaires, nobles, bourgeois ou d'autres — étaient unanimes à penser que cet état de choses risquait de conduire à l'assimilation complète de la Hongrie. La nation (au sens que les contemporains attribuaient à ce terme) et l'avenir étaient en danger. C'était là une opinion partagée par la plupart des Transylvains, y compris les grands seigneurs, les gentilshommes, les bourgeois, les dirigeants sicules jaloux d'appartenir à la nation hongroise, et même les chefs saxons. Il apparaît de toute une série de documents que les habitants de la Transylvanie, qu'ils fussent Hongrois, Saxons ou Roumains, voyaient les gages de leur avenir dans l'existence d'une principauté autonome.

Vu sa situation géographique, mais aussi en raison de sa diplomatie dynamique en Occident pendant tout le XVIIe siècle, la Transylvanie tendait à devenir un point névralgique sur l'échiquier politique européen et pouvait espérer profiter, au seuil du XVIIIe siècle, d'une modification favorable de la conjoncture.

Le refoulement des Turcs avait profondément bouleversé les rapports de forces sur le continent. Or, le souci de l'équilibre européen n'avait plus été, déjà depuis un moment, l'affaire des seules dynasties des Bourbon et des Habsbourg : tous les Etats veillaient scrupuleusement à son maintien. Quand, à la fin de 1700, s'éteignit enfin le roi d'Espagne, au terme d'une longue maladie, la question de savoir si c'était le Roi-Soleil ou l'Empereur Léopold qui devait obtenir le riche héritage espagnol apparaissait d'une importance vitale pour l'Angleterre et les Provinces Unies. Dans le même temps, la Suède, ambitionnant depuis très longtemps le contrôle du commerce de la mer du Nord, venait de trouver en la Russie une redoutable concurrente. Depuis la visite à Vienne du tsar Pierre Ier, il était évident que la Russie allait jouer un rôle non négligeable dans la politique européenne. Quant à la Transylvanie, des liens traditionnels l'unissaient aux pays belligérants de la guerre de Succession d'Espagne : tant à la France qu'à ses adversaires, l'Angleterre et les Provinces Unies, alliées des Habsbourg ; des traités de longue date la rattachaient également à la Suède confrontée à la Russie dans la guerre du Nord. La Principauté faisait aussi partie de la communauté des pays protestants. Ainsi, elle était liée, par un réseau très complexe de solidarités religieuses, de fondations d'écoles, d'attributions de bourses et de liens personnels aux milieux protestants des pays des deux camps antagonistes, en premier lieu aux principautés allemandes.

La guerre d'indépendance conduite par François II Rákóczi offrit à la Transylvanie la possibilité de modifier son statu quo. Quand éclatèrent la guerre de Succession d'Espagne et la guerre du Nord, on savait dans les pays de l'Europe orientale que les rapports de force ne s'étaient pas encore définitivement modifiés au profit de la monarchie danubienne que les Habsbourg s'efforçaient d'organiser en un Empire uni. En Haute-Hongrie, un groupe d'aristocrates, de capitaines de places fortes et de serfs mi-bourgeois, mi-commerçants reconnurent, dès la première année du nouveau siècle, que dans les luttes pour la restructuration de l'équilibre européen, la Hongrie avait une chance de prendre position. Les chefs du soulèvement qui éclata au printemps de 1703 dans la Haute-Hongrie avec des objectifs patriotiques et sociaux, se proposèrent de rétablir l'indépendance du pays et de moderniser ses conditions sociales et ses institutions politiques.

François II Rákóczi, descendant des familles princières des Rákóczi et des Báthori, était, en 1703, à peine âgé de 27 ans. Sa vie avait été marquée par tous les avatars historiques qu'avaient subis le Royaume et la Principauté au cours du quart de siècle précédent. Son père, François Ier Rákóczi, Prince élu de Transylvanie avait, à l'époque de la conspiration de Wesselényi, épousé, avec des motivations politiques, Ilona Zrínyi, la fille de Péter Zrínyi, ban de Croatie. Après l'arrestation des conjurés, François Ier Rákóczi dut payer un tribut énorme pour sauver sa tête. Il mourait en 1676, quelques mois après la naissance de son fils. Dès sa plus tendre jeunesse, François II fut élevé pour régner. Conformément aux traditions de sa famille et d'Etienne Báthori en particulier, sa grand-mère, Zsófia Báthori, visait pour lui la couronne de Pologne, tandis qu'Ilona Zrínyi voyait en son fils l'héritier de la Principauté de Transylvanie. Sur ses immenses domaines s'étendant sur des régions entières et dans toute la Haute-Hongrie, nobles et paysans l'honoraient du titre de «Prince» ou de «jeune Prince»: sa personne entrait très tôt dans les comptes de Vienne. A neuf ans, il prit part, aux côtés de son père adoptif Imre Thököly, à la campagne de Haute-Hongrie. Pendant les opérations, il vivait dans le château de Munkács assiégé par les Impériaux, et son nom fut connu pour cela dans toute l'Europe. Durant les trois années de siège, Ilona Zrínyi fit des démarches diplomatiques pour permettre à son fils d'être élevé à la cour de Pologne ou en France sous des garanties internationales. Après la reddition du château, il fut séparé de sa famille : pupille de l'Empereur Léopold, il fut élevé parmi les fils des aristocrates autrichiens, au collège des Jésuites de Neuhaus, en Bohême, puis fit des études à l'Université de Prague, où il s'intéressait surtout à l'architecture et aux sciences. Ensuite, dans le palais viennois de son beau-frère, le comte d'Aspremont, représentant du groupe francophile de l'aristocratie militaire autrichienne, il fit la connaissance des rapports internationaux d'Europe. Descendant des Princes de Transylvanie, destiné à un rôle éminent en Hongrie, il obtint la main de la princesse Charlotte Amélie de Hessen-Rheinfels, puis, grâce à ce mariage et à l'appui des parents européens des Hessen-Rheinfels, le titre du prince du Saint Empire romain. Lecteur assidu des écrivains politiques contemporains, il étudiait plus particulièrement les méthodes de gouvernement modernes.

L'année 1694 vit son retour en Hongrie où il participa à la vie politique en tant que comes perpétuel du comitat de Sáros. En 1697, un soulèvement éclata en Hegyalja, fameuse région viticole et centre du commerce du vin. Organisés et armés par des anciens lieutenants de Thököly, les viniculteurs, serfs et habitants de bourgades insurgés demandèrent à Rákóczi de se mettre à leur tête dans la lutte qu'ils lançaient pour l'indépendance du pays et contre le régime Habsbourg s'octroyant le monopole du commerce et recourant à la coercition militaire. Mais cette fois-ci, Rákóczi déclina leur offre. Il estimait que cette entreprise, isolée tant géographiquement que socialement et basée essentiellement sur l'aide espérée des Turcs, n'avait guère de chance de

 réussir. Toutefois, il deviendra, dès 1698, chef d'un mouvement qui, organisé par le comes du comitat d'Ung, Miklós Bercsényi, ainsi que par d'autres magnats et la petite noblesse de la Haute-Hongrie, couvrait l'ensemble du pays, y compris la Transylvanie. Les conjurés entrèrent également en contact avec Louis XIV. Cependant, la conspiration fut découverte par Vienne au printemps 1701. Arrêté et emprisonné, Rákóczi sauva sa vie, grâce à un complot international, en s'évadant de la cellule où son grand-père, Péter Zrínyi avait été incarcéré avant son exécution. Réfugié en Pologne, Rákóczi prépara, avec Bercsényi, les conditions diplomatiques, matérielles et militaires d'une guerre d'indépendance.

En 1700 et 1701, quand Rákóczi était déjà, avec Bercsényi et un groupe de nobles de la Haute-Hongrie, en train d'organiser son mouvement dans le pays, il envoyait ses agents aussi en Transylvanie pour traiter avec le gouverneur et Miklós Bethlen. Les premiers projets des conspirateurs relatifs à la Transylvanie ne nous sont connus que par leurs lettres envoyées aux souverains de France et de Pologne. D'après celles-ci, après avoir réuni ses troupes dispersées sur le territoire turc, Thököly devait rentrer en Transylvanie pour occuper le trône princier. Il fallut cependant, au printemps 1703, se rendre à l'évidence : pour ne pas violer le traité conclu avec les Habsbourg, la Porte refusait de libérer Thököly. Dans le même temps, ses anciens lieutenants s'avéraient incapables d'organiser les insurgés en unités de combat.

Dès 1701-1702, la pression fiscale de Vienne fit naître dans les villes et les régions minières transylvaines des mouvements de protestation ; les habitants de la Terre sicule, des villages contrôlés par les châteaux ainsi que les mineurs inquiétaient, par leur révoltes sporadiques, la cour de Vienne. En dehors des 8 000 soldats impériaux stationnés dans la Principauté, les garnisons allemandes de la Transylvanie de l'Ouest et les troupes auxiliaires serbes installées autour de Várad pour surveiller le Partium étaient prêtes à intervenir à tout moment. Bussy de Rabutin fit décapiter le principal « juge du roi » Johann Harteneck qui réclamait des droits pour les Saxons, puis fit emprisonner Gábor Nagyszegi, chef du mouvement anti-uniate roumain (1702). Il fit mettre aux fers bourgeois, artisans et Sicules ; il convoqua, à Szeben, des aristocrates, gentilshommes et officiers et les fit garder derrière les murailles de la ville. Seul le capitaine de Kővár, le jeune Mihály Teleki, échappa à Bussy de Rabutin en s'enfermant dans son château.

Dès l'automne 1703, après avoir occupé la Haute-Hongrie, Rákóczi s'adressa aux Ordres de Transylvanie par des manifestes séparés destinés aux comitats, aux Sicules et aux Saxons. De plus, il fut le premier homme politique hongrois à lancer un manifeste à la « nation roumaine ». Mais il dut attendre le printemps de 1704 pour disposer d'une force armée capable d'occuper la Transylvanie. Cependant, le rêve de Louis XIV d'encercler Vienne par des troupes françaises et hongroises venait de s'évanouir et la victoire remportée par les alliés sous la conduite du duc de Marlborough (par l'armée anglaise et l'armée impériale commandée par le prince Eugène) à Höchstädt-Blenheim (le 13 août 1704) donnait l'avantage décisif aux Impériaux. La guerre s'annonçant longue, la diplomatie était devenue un élément central de la politique : Rákóczi ne put pas se passer des relations avec les pays de l'Europe. En fait, l'importance de la Principauté de Transylvanie avait été attestée à maintes reprises au cours du siècle précédent par des traités internationaux qui incluaient dans leurs stipulations les intérêts spéciaux de la Transylvanie, et de ce fait, reconnaissaient sa souveraineté. En tant que Prince de Transylvanie, Rákóczi incarnait donc cette souveraineté et son pouvoir légitime, ce qui permettait à ses ambassadeurs d'apparaître dans les cours des pays protestants : la Suède, l'Angleterre, la Hollande, les principautés allemandes.

D'autre part, Rákóczi fut sollicité d'entrer en Transylvanie tant par les magnats s'étant échappés de Szeben sous prétexte d'une opération militaire impériale à accomplir ou simplement en s'enfuyant, que par les délégués que lui avaient envoyés les sièges sicules, les insurgés rassemblés près de Brassó, sur le champ du Barcaság, et les bourgeois des villes. Sur le plan de son organisation militaire et économique, le mouvement d'indépendance transylvain prit un certain retard par rapport à celui du Royaume, et ce retard lui coûta cher. Le Roumain Pintea Grigore, chef des insurgés de Máramaros et de la région de Kővár tomba ; les troupes du capitaine des Sicules, Mihály Henter et celles de István Guthi et de Pál Kaszás, anciens capitaines de Thököly, subirent de lourdes défaites. L'armée impériale se livra à des représailles : le 13 mars 1704, elle incendia la ville de Nagyenyed et son fameux collège calviniste, et passa au fil de l'épée ceux qui s'y étaient réfugiés. Femmes et enfants, professeurs et élèves trouvèrent la mort ou furent blessés sous les ruines noircis de ses murs.

Dans un libelle intitulé *Columba Noe* imprimé sous le pseudonyme de Fridericus Gotefridus Veronensis à Amsterdam, le chancelier Miklós Bethlen qui restait à Szeben, s'adressa à l'Europe afin de faire revenir la paix dans son pays. Il proposa que l'indépendance de la Transylvanie fût rétablie avec des garanties internationales, sous l'autorité d'un prince protestant, car selon lui — Rákóczi et son entourage partageaient cet avis — la Principauté était un facteur non négligeable du point de vue de l'équilibre européen. Entre-temps, en fin de printemps 1704, Rákóczi envoya des renforts en Transylvanie, ce qui permit aux insurgés de s'emparer de la majeure partie du pays. Le nouveau commandant suprême, le comte Simon Forgách refoulait les troupes de Bussy de Rabutin dans les villes de Szeben et de Brassó. János Radvánszky, conseiller de l'organe gouvernemental du nouvel Etat dans le Royaume, dit Consilium Aulicum, se mit à réorganiser l'administration et l'économie dans la Transylvanie passée sous l'autorité de Rákóczi.

Le 8 juillet 1704, les Ordres de Transylvanie, réunis en diète à Gyulafehérvár, élirent Rákóczi Prince.

Ce fut à la Diète hongroise de Szécsény (1705) que Rákóczi et ses collaborateurs définirent les rapports du Royaume et de la Principauté — acte impossible à différer car l'on apprit pendant cette Diète que le Prince Eméric Thököly était décédé en Asie Mineure. L'assemblée décida alors que les « deux patries », le Royaume et la Principauté de Transylvanie, seraient désormais liées dans les cadres d'une confédération. Dès l'automne, Rákóczi voulut se rendre en Transylvanie, mais son armée subit une défaite le 11 novembre 1705 dans le défilé de Zsibó. Ainsi ce ne fut qu'au printemps de 1706, à la Diète de Huszt que les Ordres de Transylvanie purent confirmer la confédération des deux pays. Les Sicules y furent représentés par Benedek Henter, les comitats par Zsigmond Balogh, les villes par Péter Gálffi, le Partium par György Dolhay, les Saxons par Andreas Soppel, les Roumains par Gábor Nagyszegi. Au nom du parti aristocratique, Simon Kemény, Mihály Teleki, Mihály Mikes, Ábrahám Barcsai, János Sándor et d'autres votèrent la confédération.

A la mort de l'Empereur Léopold Ier, au printemps 1705, le trône fut occupé par son fils Joseph Ier, en vertu du droit de succession. La Principauté transylvaine de François II Rákóczi lésait les intérêts tant politiques que dynastiques des Habsbourg. Aussi le gouvernement de Vienne ne cessait-il d'engager des effectifs importants pour la défense de la Transylvanie et de mettre en jeu tout son poids diplomatique pour se défaire de Rákóczi en tant que Prince. Mais la population protestante de l'Angleterre et de la Hollande exprima de plus en plus sa sympathie pour ses coreligionnaires de Transylvanie; dans le royaume insulaire on fit des collectes afin de faire reconstruire le collège de Nagyenyed incendié. Quant à leurs gouvernements qui, voulant accéder aux produits des mines de cuivre et de mercure de la Haute-Hongrie et de la Transylvanie, comme garantie des prêts consentis, ils proposèrent d'agir en médiateurs entre Rákóczi et le roi Joseph. L'ambassadeur d'Angleterre, George Stepney et son homologue hollandais, Jacob-Jan Hamel-Bruynincx reconnurent à la Principauté de Transylvanie le droit d'avoir sa souveraineté, son économie indépendante et sa liberté de confession. Mais la Cour impériale repoussa obstinément le projet de conclure une paix dans ce sens avec des garanties internationales.

La situation militaire était telle que Rákóczi ne put entrer en Translyvanie qu'au printemps 1707. «Rien ne manque à la Transylvanie qu'un bon prince, père de son peuple», dit François II Rákóczi lorsqu'il fut investi de la dignité princière, à la Diète de Marosvásárhely, après avoir fait le tour du pays de ses ancêtres. Cette Diète vota toute une série de réformes visant la création d'une armée permanente, l'immunité des soldats serfs par rapport au régime seigneurial, le renforcement de l'économie d'Etat, le développement de la production minière, la confirmation des libertés religieuses et la réglementation des charges relatives à l'entretien de l'armée. Tous les efforts du commissariat chargé du ravitaillement de l'armée, du Consilium (organe central du gouvernement) et de Jakab Grabarics, excellent spécialiste, trésorier des mines des Monts métalliques, s'avérèrent néanmoins peu efficaces en raison du peu de temps dont ils disposaient. Les chefs militaires — le comte Lőrinc Pekry, puis le baron Sándor Károlyi — durent s'incliner devant la supériorité numérique des Impériaux qui finirent par occuper la Principauté. Conduite par Mihály Mikes, l'armée transylvaine se replia sur la Moldavie et bon nombre de soldats et de familles de Transylvanie se réfugièrent dans les comitats voisins de la Haute-Hongrie.

A la charnière de 1708 et 1709 il était devenu clair que les pays européens belligérants s'épuisaient et se préparaient à la paix. Considérant que seule une paix qui fût basée sur une conciliation des intérêts pourrait garantir le calme et l'équilibre des forces dans une Europe future, l'on poursuivait des négociations pendant des années. Rákóczi et ses diplomates, qui étaient parfaitement conscients de l'importance de ces négociations pour l'avenir, firent tout leur possible pour obtenir la réalisation des promesses que la France avait faites afin d'encourager et de déclencher la guerre d'indépendance. Quant aux délégués de l'Angleterre et des Provinces Unies, ils reconnurent en 1706 comme une revendication légitime que le rapport entre la Maison de Habsbourg et le Royaume de Hongrie soit réglé avec une médiation internationale et que la Principauté de Transylvanie soit inclue dans le traité de «paix universelle» mettant un terme aux guerres d'Europe. Rákóczi envoya ses ambassadeurs aux conférences préliminaires de La Haye (1709) et de Geertruidenberg (1710), mais ils ne pouvaient mener que des pourparlers semi-officiels avec les représentants des deux puissances maritimes, l'Angleterre et les Provinces Unies; ils réussirent cependant à faire parvenir leurs revendications devant le parlement britannique; leur mission ne fut donc pas sans porter des fruits. Rákóczi se déclara prêt à renoncer à son titre de Prince de Transylvanie, mais tenait fermement à l'indépendance du pays et à la garantie de sa souveraineté. Le duc de Marlborough et Anton Heinsius, chef du gouvernement hollandais, jugèrent l'attitude de Rákóczi fort honorable. En Angleterre, un album vit le jour à cette époque, dans lequel les nations de la Transylvanie étaient présentées à travers cent-cinquante peintures sur fin papier de Norfolk et avec des légendes en anglais. L'attention du peintre — son nom est encore inconnu — de ces aquarelles d'un haut niveau artistique fut retenue non seulement par la Transylvanie protestante : il offrait un tableau détaillé aussi de la composition ethnique et confessionnelle de toute la population. L'intérêt sans précédent porté à la Transylvanie par l'opinion anglaise s'explique sans doute par la conception politique fondamentale que l'Angleterre avait adoptée à cette époque. Formulée notamment par Defoe, la devise politique disant que « le bon équilibre des puissances fait vivre la paix » (A just Balance of Power is the Life of Peace) s'accordait parfaitement avec la conviction constamment proclamée de l'Etat de Rákóczi : une Transylvanie indépendante pourrait contribuer à l'équilibre des forces et servir de bastion de la paix en Europe. La même idée fut exprimée dans la brochure que l'abbé Dominique Brenner, diplomate de Rákóczi, publia en latin et en français pour informer l'Europe, et qui se réclamait des idées de Grotius et du droit naturel. Cet écrit, qui rendit aussi compte des accords conclus antérieurement entre le gouvernement des Habsbourg et la principauté de Translyvanie et énuméra les documents de l'indépendance de cette dernière, parut en août 1710, au moment même où Rákóczi annonça dans un manifeste qu'avec la médiation de plusieurs pays, on entamait les négociations de paix. Dans une lettre séparée, Rákóczi sollicita l'aide de la reine Anne afin qu'un accord éventuel entre la Maison de Habsbourg et la Hongrie soit entouré de garanties internationales. Aussi la reine délégua-t-elle, auprès de son ambassadeur à Vienne, un envoyé spécial, Charles Mordaunt, Earl of Peterborough, qui avait pour tâche principale de servir d'intermédiaire entre Rákóczi et l'Empereur Joseph Ier dans les négociations en vue de terminer la guerre de Succession d'Espagne par un traité de paix. Cependant, le prince Eugène de Savoie, soucieux des intérêts de l'Empire et de la dynastie, se servit de tous les moyens pour terminer la guerre en Hongrie non pas par un traité entre Etats, mais par un accord entre le souverain et ses sujets. Il tenait en particulier à la Transylvanie et s'efforça de détacher la Principauté du camp de Rákóczi grâce à la double arme de la violence et des actes de clémence fort étendus. A ceux qui avaient pris la fuite on confisqua leurs propriétés, biens et maisons, on détruisit leur foyer, on tracassa et rançonna durement leurs familles qui restaient sur place, et même leurs parents lointains. D'autre part, l'Empereur Joseph promit à tous ceux qui retourneraient en Transylvanie un pardon total et la restitution sans faille de leurs biens à condition de jurer fidélité à la Maison de Habsbourg.

Parallèlement aux négociations qui furent entamées entre les deux généraux chargés de préparer le cessez-le-feu, puis le traité de paix, le comte János Pálffy, commandant en chef de l'Empereur en Hongrie, et le baron Sándor Károlyi, commandant en chef de Rákóczi, les membres hongrois et saxons du Conseil de Transylvanie prêtèrent de nouveau serment de fidélité à Rákóczi et affirmèrent qu'ils ne considéraient que les intérêts du peuple de la « douce Patrie » (décembre 1710). Voulant se ménager une liberté de mouvement dans ses relations internationales, Rákóczi se retira en Pologne avec ses principaux dirigeants, d'où il réussit à trouver le contact indirect avec Peterborough menant des pourparlers avec Eugène de Savoie à Vienne. Mais il ne parvint cependant pas à empêcher l'accord vivement sollicité par la Cour impériale. Au début de printemps 1711, Károlyi conclut un accord séparé avec Pálffy, céda la place forte d'Ecsed aux Impériaux et fit parvenir à Mihály Mikes, en

Moldavie, le message du commandant en chef impérial. Tout cela provoqua la panique parmi les Transylvains. Vienne ayant renouvelé la paix avec les Ottomans alors même que la Porte déclarait la guerre à la Russie, les hommes politiques transylvains effrayés par l'idée d'une intervention turque envoyèrent quelques membres du Conseil princier à la réunion de Szatmár où on négociait déjà la paix à l'insu et sans l'autorisation de Rákóczi.

Afin de se concilier la bienveillance des médiateurs anglais et hollandais et pour pouvoir terminer la guerre de Hongrie avant l'annonce de la mort de l'Empereur Joseph Ier, survenue subitement le 17 avril 1711, Eugène de Savoie reprit plusieurs stipulations de Rákóczi avancées en faveur des Transylvains ; il promit non seulement la restitution des biens de la noblesse transylvaine, mais fit aussi entrevoir une solution du problème confessionnel dans un esprit de tolérance.

Parmi les signataires du document de traité de paix conclu le 29 avril 1711, Mihály Barcsai et Mihály Teleki fils représentaient le Conseil princier de Transylvanie, István Hunyady et János Szász, bourgmestres respectivement de Nagybánya et de Felsőbánya, le signèrent au nom des villes. Leurs noms, tout comme ceux des colonels des armées transylvaines et de l'armée de Hongrie figuraient à titre privé sous le texte scellant le compromis, sans garantie aucune, entre la dynastie et les Ordres. Presque tous les Transylvains qui étaient partis pour la Moldavie, la Pologne ou dans le Royaume, retournèrent dans leur pays ; en été 1711, Mihály Mikes aussi fit acte de fidélité devant le commandant impérial de Brassó. Peu de Transylvains rejoignirent dans son émigration le Prince ayant perdu son pays.

Une fois parvenu en France, Rákóczi fit encore des démarches pour obtenir que la Transylvanie soit inclue dans la paix européenne. Au moment des négociations de paix d'Utrecht, Rákóczi, attachant quelques espoirs aux promesses françaises, adressa un manifeste aux peuples d'Europe, dans lequel il affirma que « selon le droit humain les peuples opprimés doivent, en cas ultime, être secourus » par les puissances d'Europe, et il cita quantité d'exemples pour prouver que nombreux furent les petits pays qui avaient recouvré par des traités de paix leur indépendance « que certaines grandes puissances avaient arrachée sous différents prétextes — parfois par la simple conquête. Le cas de la Transylvanie, grosso modo, en relève, car elle doit posséder ces mêmes droits ».[3]

2. La société et l'économie transylvaines entre 1660 et 1711

Démographie et régimes économiques

Au cours du demi-siècle qui suivit 1660, les conditions démographiques de la Transylvanie, souvent appelés « l'Ecosse de la Hongrie », furent déterminées par trois facteurs d'ailleurs antagonistes.

Amputé de grands territoires après la perte de Várad, le pays est épargné par les armées étrangères pendant les vingt années qui suivent 1662

[3] Déduction des droits de la Principauté de Transylvanie (1713, Utrecht), in : A Rákóczi szabadságharc és Európa (La guerre d'indépendance de Rákóczi et l'Europe). Publ. par Béla Köpeczi, Budapest, 1970, 385.

pour servir, après 1683, de territoire de passage ou de cantonnement, voire de théâtre des opérations, à des troupes turques, tartares, impériales et hongroises. Après 1687, 8 à 10 000 soldats impériaux viennent d'abord hiverner, puis, à partir de 1696, stationnent en permanence sur le territoire de la Principauté. A la fin du siècle, la population se soulève contre les Impériaux aux prises avec des difficultés de ravitaillement, tandis que les années 1703-1709 sont celles de la lutte entre l'Empereur et le Prince François II Rákóczi. Outre les combats, la population est décimée par des famines et des épidémies, en particulier par la peste, qui surviennent à la suite des guerres.

Ces cinq décennies voient se succéder trois régimes politiques et trois régimes économiques. Sous le règne de Michel Ier Apafi (1661-1690), la population s'accroît non seulement en raison de la consolidation consécutive à une politique économique très réussie, mais aussi parce que la sécurité qui règne dans la Principauté y attire les habitants des pays limitrophes. Conséquence de l'essor économique, le besoin accru en main-d'œuvre suscite lui aussi l'immigration. En outre, la politique de tolérance religieuse pratiquée par le Prince éclairé permet l'établissement massif en Transylvanie des adeptes des religions persécutées. Cependant, lorsque la Principauté tombe sous la coupe de l'Empereur Léopold Ier, roi de Hongrie, beaucoup de Transylvains quittent leur pays, entre 1690 et 1703, en raison du poids des impôts levés par le gouvernement qui ne tient aucun compte des réalités. Imposée par la force des armes, la Contre-Réforme pousse de nombreuses familles protestantes hongroises et saxonnes à l'exode. D'après un relevé datant de 1689-1690, 33 pour 100 des tenures serviles sont inhabitées. Ce chiffre est fort élevé, même si l'on tient compte des méthodes d'autoprotection dont se sert la population lors des établissements d'impôt. La création de l'Eglise uniate (1692-1700), qui modifie radicalement le statut social du clergé roumain, provoque l'inquiétude des serfs et des marchands roumains fermement attachés à la religion orthodoxe. La politique du gouvernement visant l'expropriation contraint à l'émigration des masses de négociants et d'artisans. Et même entre 1703 et 1709, sous le règne de François II Rákóczi, la tolérance religieuse et les efforts conscients pour développer l'industrie et le commerce, ne peuvent guère faire sentir leurs effets dans des conditions de combats permanents.

Le troisième facteur déterminant les conditions démographiques en Transylvanie tient aux lois intrinsèques de l'évolution propre à cette région. Grâce aux connaissances et expériences acquises par les intellectuels qui ont fait des études à l'étranger, par les négociants qui se rendent régulièrement sur les marchés de l'Occident et par l'aristocratie qui fréquente la cour de Vienne, l'alimentation et l'hygiène connaissent un certain progrès. Les conditions sanitaires s'améliorent considérablement sur l'ensemble du territoire de la Principauté, en particulier dans les villes et chez les Saxons de Königsboden, surpassant parfois largement celles du Royaume de Hongrie. Les techniques ancestrales populaires, comme la salaison des viandes, le séchage des fruits et des légumes permettent aux Transylvains d'emmagasiner des vivres et de survivre les mauvaises récoltes et les dévastations des guerres. Tout cela entraîne, à la longue, une lente augmentation de la population la baisse de la mortalité et l'équilibre biologique. Dans le même temps, le renversement des conditions politiques de la région, à savoir la libération de l'occupation ottomane des deux tiers du territoire de la Hongrie par les armées de la Sainte Ligue, provoque des migrations aussi en Transylvanie. Après le départ de la garnison turque de Várad, en 1692, d'énormes masses humaines quittent la

Principauté : ces Transylvains à l'esprit d'entrepreneur s'établissent en premier lieu sur le territoire du comitat limitrophe de Bihar, mais aussi dans des régions plus éloignées à faible densité de population.

Ne disposant pas de documents relatifs à la population de l'ensemble du pays, on est réduit, dans l'étude des conditions démographiques, à des estimations fondées sur des feuilles d'impôt, des terriers ainsi que sur diverses sources relatives au nombre des habitants et des maisons des villes, aussi bien que sur des rapports rédigés par la *Cameratica Commissio* des Habsbourg et par les commissaires de guerre de Rákóczi. L'examen de ces données nous amène à la conclusion plus ou moins exacte qu'entre 1660 et 1711, le nombre de la population transylvaine oscillait entre 700 et 900 000 personnes.

La répartition de la population était déterminée par les conditions géographiques et par le système d'habitat de Transylvanie. On est dans l'impossibilité de déterminer la proportion relative des habitants vivant en grande densité près des cours d'eau et sur les plaines, et celle des habitants des villages isolés des montagnes et des hameaux de pâtres. Nous savons par contre que les villes du réseau urbain relativement dense de la Principauté abritaient en général de 1000 à 5000 âmes. Les bourgades transylvaines étaient également assez nombreuses. Dans le cours du demi-siècle en question, les villes les plus peuplées étaient Brassó et Szeben, avec une population variant entre 3 000 et 5 000 habitants. Les villes étaient entourées de faubourgs, puis d'une ceinture de villages de serfs commerçants. Dans le Barcaság, dont la population était assez dense, le peuple des villages vivait de transports. En regard des territoires limitrophes — la Moldavie, la Valachie, ou la Haute-Hongrie à population dense par rapport à la zone turque —, la Transylvanie était un pays relativement peu peuplé.

Quant à la composition ethnique de la population transylvaine, nous sommes là encore réduits à des estimations. Réformés pour la plupart, avec une minorité de catholiques et d'unitariens, les Hongrois constituaient 45 à 50% de la population totale. De plus, une dizaine de milliers de Hongrois catholiques (dits « csángó ») vivaient dans plusieurs douzaines de villages hongrois en Moldavie.

Les Saxons, qui représentaient 10 à 15% des habitants de la Principauté, pouvaient s'appuyer, pour compenser leur faiblesse numérique, sur les structures solidement implantées de leurs villes et de leur Eglise luthérienne.

Les Roumains comptaient à cette époque 30 à 40% de la population. Ceux qui avaient immigré aux siècles précédents vivaient dans des villages et des faubourgs, mêlés aux Hongrois et aux Saxons. On trouvait des populations roumaines homogènes dans les Monts métalliques et surtout dans les comitats méridionaux de Hunyad et de Fogaras, encore que les Hongrois fussent assez nombreux parmi les ouvriers des fonderies. De grandes masses de Roumains, des pâtres des montagnes, ne cessaient de se déplacer sur les pâturages des versants des Carpates.

Le reste — un pourcentage extrêmement faible — se composait d'autres ethnies et confessions (Grecs, Macédo-roumains, Arméniens, Juifs, Habans de Moravie, Polonais, Rasciens, Tziganes et même Turcs) ; le poids économique de certaines d'entre elles, et notamment des Juifs et des Arméniens, s'accrut singulièrement au cours des dernières décennies du XVIIe siècle. Ces divisions ethniques ne recoupaient pas entièrement les clivages sociaux définis par le statut juridique, les privilèges et la situation matérielle des habitants. La société transylvaine se caractérisait par une grande mobilité et la souplesse de la hiérarchie sociale. Les descriptions contemporaines et les recherches modernes s'accordent pour dire que la population se structurait selon une division entre trois couches fondamentales : supérieure, moyenne et inférieure. Majoritairement calviniste, la couche supérieure renfermait cependant aussi des catholiques et des luthériens. Ces deux groupes majeurs, l'aristocratie et la noblesse commune étaient essentiellement composés de Hongrois. A l'époque d'Apafi les postes dirigeants d'Etat sont occupés pour la plupart par des notables de première génération, hongrois et calvinistes. Par contre, le comte Harteneck, un des dirigeants de l'« universitas » saxonne, est le fils d'un pasteur luthérien immigré, tandis que les nobles du comitat de Máramaros comptent parmi eux un grand nombre de Roumains. Eléments caractéristiques de la société transylvaine, les couches moyennes, particulièrement nombreuses, comprenaient des Hongrois, des Saxons et des Roumains mêlés les uns aux autres. Les hommes libres entrés en service militaire étaient pour la plupart des Hongrois, mais il y avait également, dans les environs de Fogaras, des troupes importantes de soldats roumains.

La bourgeoisie transylvaine comprenait essentiellement des Saxons et des Hongrois. Devenue ville de garnison après 1660, la cité de Kolozsvár était habitée de Hongrois, tandis que Saxons, Roumains et Hongrois vivaient en paix dans ses faubourgs. Quant aux commerçants, on trouve parmi eux toutes les ethnies et toutes les confessions. Immigrés en masses après 1672 et bénéficiant d'importants privilèges et monopoles commerciaux, les Arméniens donnaient le ton dans le monde du négoce.

Les mineurs se recrutaient parmi les Hongrois et les Roumains. Un groupe relativement important, celui des marchands de sel, comprenait, d'après le témoignage des documents de transport, aussi des Turcs musulmans. L'essentiel de l'intelligentsia — prêtres, professeurs, maîtres d'école, clercs, régisseurs de domaines — formaient un groupe bien distinct à l'intérieur de la couche moyenne et étaient d'origine hongroise ou saxonne. Un peu à part, l'intelligentsia roumaine se composait d'ecclésiastiques et d'instituteurs. Dans cette couche moyenne, plusieurs entendaient — et ce, sans distinction ethnique — accéder à la couche supérieure en s'achetant des lettres de noblesse.

A côté des colonies compactes des Saxons, toute la région allant de la Terre sicule au Partium était habitée de paysans hongrois, avec, ici et là, quelques villages mixtes hongrois-roumains. Les habitants du Sud de la Principauté étaient roumains, de même que les pâtres des montagnes, encore que, parmi ces derniers, on trouve parfois également des Hongrois. Certains membres de la couche inférieure qui ont l'esprit entreprenant, s'achètent des lettres de noblesse, et dans l'acquisition de celles-ci ils ne sont, sous le règne d'Apafi, aucunement désavantagés par leur appartenance ethnique ou professionnelle. Dès les années 1690, l'union confessionnelle des Roumains permit au clergé catholique grec d'accéder aux rangs des privilégiés.

La production et les politiques économiques de l'Etat

Comme nous l'avons déjà vu plus haut, la Transylvanie était, en raison de sa situation géographique et de ses richesses naturelles, liée aux grands courants du commerce européen. Par suite de l'expansion, et surtout de la mutation de l'économie mondiale, le prix international des matières premières industrielles fournies par le sous-sol s'était considérablement accru. Le gouvernement d'Apafi réussit à préserver contre les attaques ottomanes les mines de sel, d'une richesse extraordinaire (qui avaient également éveillé, en 1528, l'attention des Fugger) et la régie du sel lui permit de payer sans problème le tribut annuel exigé par la Porte. La qualité exceptionnelle des mines de cuivre transylvaines avait déjà été appréciée par des experts suédois qui les avaient visitées quelques dizaines d'années plus tôt. A la fin du siècle, le gouvernement des Habsbourg se voyait contraint de solliciter des emprunts anglais et hollandais, et les mines de cuivre et de mercure de la Principauté furent, contre les crédits accordés, grevées d'hypothèques. Les mines de métaux précieux, qui étaient sur le point de s'épuiser, fournissaient encore assez d'or et d'argent pour les ateliers monétaires. Les mines d'Abrudbánya et de Zalatna, exploitées avec beaucoup de circonspection, assuraient ainsi des revenus non négligeables à l'Etat de François II Rákóczi.

Une des richesses particulières de la Principauté, l'énergie hydraulique produite par les nombreuses chutes d'eau sur les cours des rivières de Transylvanie, était déjà exploitée de diverses manières et avec beaucoup d'ingéniosité. Durant tout le demi-siècle qui nous intéresse, l'investissement le plus rentable fut la construction de moulins à eau. A côté des simples moulins broyant le grain, un grand nombre d'installations complexes voyaient également le jour. La découverte que c'étaient les roues à augets qui donnaient les meilleurs rendements, avait été mise à contribution depuis plusieurs générations en Transylvanie. Le voyageur turc Evlia Tchelebi parlait avec admiration des scieries transylvaines dont il avait vu plusieurs centaines à l'ouest du château d'Udvarhely. Des grands seigneurs d'esprit entreprenant et des bourgeois ambitieux se livrèrent pendant des dizaines d'années à une lutte acharnée pour la possession du grand moulin de Torda. Il ressort des descriptions techniques de l'époque que les technologies utilisées aux scieries de Görgényszentimre et de Huszt étaient déjà les mêmes qu'aux siècles suivants. On installa les machineries les plus diverses ; les inventaires et recensements font état d'un grand nombre de moulins à huile, à mil, à grain, à poudre, à minerai et à foulon. Dans le domaine de l'extraction du fer, de la sidérurgie et de la forge, une meilleure mise à profit de l'énergie hydraulique, ailleurs largement utilisée, était entravée par des conditions climatiques peu favorables, et notamment par les hivers transylvains longs et durs.

Toutefois, comme en témoigne la loi communale de certains villages sicules, on était conscient de la valeur écologique des ruisseaux et rivières dont on prescrivait la protection contre la pollution par les industries artisanales, notamment par les tanneurs et les chanvriers.

Les trente années de guerre avaient causé des dégâts extrêment lourds pour les manufactures transylvaines. (Notons cependant que les besoins des armées avaient considérablement stimulé le développement de la métallurgie.) Les années de paix du règne d'Apafi favorisèrent le progrès dans tous les domaines. Par contre, la politique économique du gouvernement des Habsbourg, avec ses règlements douaniers, ses monopoles et sa centralisation rigide, et aussi par sa volonté de lier le droit d'exercer des activités industrielles au statut ethnique et religieux des individus, provoqua l'arrêt de l'évolution organique, arrêt qui fut suivi de régressions nettes dans de nombreux domaines. Plus tard, les projets de François II Rákóczi — qui reprit à son compte les conceptions d'Apafi en les ajustant aux réalités de son époque — ne purent apporter, faute de temps, d'autres fruits que quelques succès éphémères et locaux.

Les conditions du marché étaient sujettes à des variations extrêmes. Après 1660, la Principauté perdit plusieurs débouchés de son industrie jusque-là florissante. Bien que le refoulement des Turcs fût accompagné de l'ouverture de nouveaux marchés sur les territoires reconquis, les produits de l'industrie beaucoup plus développée de l'Occident parvenaient plus facilement en Transylvanie. Vendue à bas prix, la bure des Balkans envahissait, à cette époque, les marchés transylvains. En même temps la demande en outils de fer, en bois de sciage, en vaisselle d'étain et de cuivre et en poteries, en objets de verre et de bois n'avait pas cessé de croître jusqu'à la fin de la période que nous considérons.

Les grands négociants transylvains de l'époque (dont les noms nous restent malheureusement inconnus), aussi bien qu'un certain nombre d'hommes politiques (János Páter, András Horváth, László Székely, István Apor, János Bethlen, puis Mihály Teleki et Miklós Bethlen) jouaient plus ou moins un rôle d'intermédiaire dans le commerce du Levant, accumulant ainsi des richesses parfois considérables. Suivant l'exemple de ses illustres prédécesseurs, le Prince Apafi appuyait le commerce et l'industrie ; dans les années 1660-1670, toute entreprise bénéficiait de son soutien, si bien que les entrepreneurs devaient parfois même entrer dans l'administration. Attiré par des exemples étrangers et prenant en compte les besoins et les intérêts de la Transylvanie, Apafi se réclamait de la raison d'Etat pour encourager l'industrie et le commerce. Il ressort des ouvrages des historiens étrangers relatifs à cette période que l'Etat se réservait le droit d'intervenir de manière décisive dans les affaires industrielles et commerciales des pays européens. Bien que le caractère d'une politique mercantiliste sous le gouvernement princier et sous celui des Habsbourg reste encore à élucider, il est certain que l'évolution fut la même en Transylvanie que dans le Royaume de Hongrie : les industries les plus importantes, dues à l'initiative de quelques aristocrates et d'autres personnalités d'esprit entreprenant qui étaient sortis de l'obscurité grâce à leur sens économique, se concentraient plutôt à la campagne que dans les villes. Sous le règne d'Apafi, le Trésor de la Principauté fit de nombreux efforts pour promouvoir et organiser l'activité économique.

La production des mines de sel tripla entre 1660 et 1680. Cet essor stimula dans une large mesure le progrès des industries liées à l'extraction et au transport du sel, comme par exemple la métallurgie, la corderie, la fabrication de luminaires, l'industrie du cuir et du bois.

Les usines de l'extraction et de la métallurgie du fer avaient déjà été réunies. L'équipement hydrotechnique de la fonderie de Csíkmadaras n'avait rien à envier aux installations les plus modernes de l'Occident européen.

C'était la fonderie du comitat de Hunyad, munie d'une « forge allemande » et d'une « forge roumaine », qui donnait les meilleurs rendements de l'ensemble de la Principauté. Les mines de fer et les forges appartenaient au Trésor ou à des propriétaires terriens et étaient parfois données en bail. La main-d'œuvre se faisait partout extrêmement rare. Les piqueurs travaillaient au rendement ; les ouvriers aux connaissances professionnelles recevaient un salaire aussi dans les fonderies et les forges. Les transports, le chauffage ainsi que d'autres besognes auxiliaires étaient effectués par des serfs astreints à la corvée. Outre les plaques, barres et tiges de fer ou boulets de canons, ces fonderies fabriquaient également d'énormes quantités de fers à cheval, de clous et instruments.

L'extraction de fer et la fonderie de Torockó, le plus ancien site de l'industrie métallurgique transylvaine, jouissaient d'une structure d'organisation différente. Situé au nord-ouest du village de Torockó, ce territoire extrêmement riche en minerais de fer appartenait, à l'origine, à la communauté villageoise. Tout en étant des serfs, les habitants de Torockó bénéficiaient de grandes libertés par rapport aux serfs soumis au cens. Leurs libertés étaient assises sur les propriétés communales. Les «bourgeois» de Torockó étaient libres d'ouvrir des mines sur le territoire commun et d'en extraire des minerais, d'exploiter les forêts et l'énergie hydraulique des cours d'eau. La sidérurgie et la métallurgie y étaient pratiquées conformément à certaines règles et formules de la division du travail, mais en pratique, selon le système de l'enterprise privée. Dans les nombreuses fonderies de Torockó, les soufflets et les marteaux étaient actionnés par l'énergie hydraulique. Cependant, les seigneurs locaux finirent par prendre possession des terres et des forêts ; privées des fourragères et du charbon de bois, la communauté villageoise se trouvait ainsi confrontée à d'insurmontables difficultés.

Il y avait, en Transylvanie, trois moulins à papier urbains, qui avaient tous été fondés avant 1660. Détruit par la guerre, le moulin à papier de Görgényszentimre fut, à l'initiative du Prince Apafi lui-même, reconstruit et agrandi. En dehors de la Cour princière, il approvisionnait en papier les imprimeries et les écoles transylvaines, cependant que le papier fin devait être importé de l'étranger.

Pour ce qui est des traditions de l'industrie du verre transylvaine, les verriers travaillaient, au début du XVIe siècle, surtout dans les corporations des villes saxonnes, comme Szeben et Brassó. Nous avons connaissance d'une corporation de verriers à Marosvásárhely depuis 1615. L'apparition d'une nouveauté de l'époque : l'atelier de verrerie est attesté pour la première fois par l'inventaire de 1632 du domaine de Fogaras. A l'époque examinée, c'est la verrerie de Porumbák qui fait un progrès remarquable. Les transports, la coupe du bois et le chauffage y étaient également assurés par des corvées, tandis que le travail «qualifié» était exécuté par des salariés. Cette *officina vitraria* fabriquait des bouteilles, des récipients en verre et des vitres. Les noms des outils et des procédés techniques étaient hongrois.

L'arrivée massive des Habans (anabaptistes «néo-chrétiens» réfugiés de Moravie) donna, dans les années 1660-1680, une nouvelle impulsion à l'artisanat transylvain. Protégés par le Prince Apafi, ils se distinguaient en premier lieu dans la céramique et la draperie, avant de se voir contraints, à la suite de l'avènement du gouvernement des Habsbourg, de quitter la Principauté.

La draperie transylvaine témoigne de la diffusion de la méthode Verlag. Le drapier d'Alvinc bénéficiait de l'appui de la Cour princière qui le soutenait dans le transport de ses marchandises ainsi que dans l'acquisition des matières premières. Le célèbre drap de Brassó fut le plus recherché pendant toute la seconde moitié de XVIIe siècle. L'artisanat rural de la bure et des couvertures grossières était lui aussi florissant. La poterie et la lingerie se caractérisaient par l'étroite osmose de l'artisanat paysan et de l'artisanat urbain, tandis que, sur certaines propriétés terriennes nobiliaires, on observait la même tendance à lier l'industrie à l'agriculture, ce qui constituera plus tard une base de progrès.

Quant aux corporations traditionnelles, la célèbre orfèvrerie transylvaine continuait, malgré les fortes variations de la commande, à fabriquer des objets d'une grande qualité. Ses liens commerciaux avec l'Occident se relâchèrent vers la fin du siècle, alors que l'industrie de l'étain et du cuivre connaissaient un spectaculaire essor. Bien que confrontées aux besoins de la construction — et en particulier des nombreuses reconstructions —, l'industrie du bois et la maçonnerie ne dépassaient guère les cadres traditionnels.

L'agriculture de la Transylvanie — dont le territoire est au trois quarts couvert de hautes montagnes et de collines — se caractérisait alors par la primauté de l'élevage, malgré un intérêt croissant pour la culture des céréales. La culture maraîchère tendait à s'imposer sur les terres fertiles des bassins et des vallées des cours d'eau. Au pied et sur les versants ensoleillés des montagnes, on trouvait partout des pâturages, des vignobles et des vergers. Les forêts faisaient vivre des milliers de Transylvains.

Les lois communales des villages sicules témoignent que les forêts étaient l'objet d'une protection consciente et que, même au moment du grand essor de l'industrie du bois, leur équilibre était préservé au prix de lourdes sanctions — autant d'exemples d'une attitude écologique collective manifestée avant l'heure.

La plupart des terres appartenait à la couronne, à l'aristocratie, aux nobles, aux Eglises et aux villes. Après une croissance relative survenue au début de notre période, la superficie des propriétés foncières possédées par des roturiers tendait à se rétrécir.

Les seigneurs terriens, comme auparavant, exploitaient essentiellement des domaines petits et moyens. Les grandes propriétés indivisées de plusieurs milliers d'acres qui venaient de se former dans le Royaume ne virent pas le jour en Transylvanie, bien que les principaux dignitaires de l'Etat se soient efforcés d'avoir leurs propriétés autour des domaines princiers. Les domaines privés du Prince et les domaines du Trésor étaient administrés séparément. Ces derniers constituaient des propriétés importantes et homogènes dont la gestion fut assurée par un groupe de régisseurs compétents et entreprenants surveillés par l'épouse du Prince, Anna Bornemissza.

Les manoirs à terrasse en bois et les châteaux des seigneurs se trouvaient au milieu de propriétés de petites ou moyennes dimensions, avec, éventuellement, quelques fermes. Souvent, les domaines seigneuriaux et les lopins paysans faisaient partie d'un même système d'assolement. Le type d'exploitation rurale caractéristique de la noblesse moyenne hongroise du Royaume était complètement absent en Transylvanie, où abondaient, par contre, les seigneuries minuscules qui avaient seulement un petit nombre de familles de serfs.

Les réserves seigneuriales étaient mises en valeur essentiellement par des serfs astreints à la corvée, dont beaucoup possédaient des chevaux ou des bœufs et vivaient ainsi dans une aisance relative.

En Transylvanie, l'exploitation allodiale ne se développait pas au même degré que dans le Royaume. Les cultures introduites sur les réserves étaient déterminées par la qualité du sol, les condition climatiques et la demande. La pénurie de main-d'œuvre fut constante pendant toute la période étudiée. Les seigneurs s'employaient à maintenir les serfs dans leur dépendance personnelle (et non dans un attachement à leurs terres), et accueillaient volontiers tous ceux qui voulaient s'établir sur leurs terres. La culture des céréales occupait la plus grande partie des terres de la réserve, alors que le mil cédait la place au maïs, nouvellement « implanté ». Le lin et le chanvre étaient l'objet de grands soins, de même que le tabac, lui aussi cultivé depuis peu. Les châteaux et manoirs seigneuriaux, aussi bien que les manses serviles, étaient souvent entourés de vergers et de cultures maraîchères, tandis que les ruchers et les étangs situés à proximité d'un grand nombre de villes contribuaient à la variété du repas transylvain. Les régions viticoles traditionnelles — la vallée du Küküllő et les environs des villes de Beszterce et Nagyenyed — conservaient encore solidement leurs positions, malgré l'extension rapide et générale de la culture de la vigne. Quant aux vins de Transylvanie, ils étaient de qualité fort diverse.

L'élevage constituait un élément important de l'exploitation allodiale. Les célèbres haras princiers consacraient la réputation des éleveurs de chevaux transylvains. Quant à l'élevage des bovins et des moutons, remarquons que, malgré les lourdes épreuves de ces cinq décennies, on parvenait à produire assez de lait, de beurre, de laine ainsi qu'une grande quantité de fromage (y compris des fromages blancs aigres) non seulement pour l'approvisionnement de la population, mais aussi pour les marchés extérieurs.

Or, la plus grande partie des produits agricoles venait des tenures serviles et des exploitations de diverses communautés privilégiées, qui s'adonnaient en premier lieu à la culture du froment et de l'avoine. La Transylvanie, qui avait perdu, en 1660, ses riches plaines céréalières, réussissait néanmoins à produire une quantité suffisante de pain pour ses habitants aussi bien que pour les soldats des armées étrangères venues libérer le pays.

L'échange avec l'étranger était fonction de la modification des routes commerciales et de la menace de l'isolement économique de la Transylvanie. Des rivalités parfois très âpres opposaient les uns aux autres : aristocrates, serfs, soldats et marchands professionnels qui, en outre, se sentaient souvent lésés dans leurs intérêts par la politique économique des différents régimes qui se succédaient.

Tous les grands seigneurs transylvains ou presque font alors du commerce. Le chancelier János Bethlen fait acheter des bovins pour les vendre au marché de Vienne ; le premier conseiller Mihály Teleki s'enrichit considérablement du commerce du sel, du vin et des chevaux ; les vins de Transylvanie sont exportés en Valachie par István Apor, en Moldavie par Pál Béldi. Tout en gardant ses positions jusqu'aux dernières années du XVIIe siècle, ce commerce d'aristocrates devait faire face à de nouvelles forces très puissantes. Les compagnies de commerce dites « grecques », qui comptaient également dans leurs rangs des bourgeois hongrois et saxons — notamment la *Compania Graeca* de Szeben et celle, à participation anglaise, de Brassó —, les marchands autrichiens et les commis de la *Compania Orientalis* (où les Habsbourg eux-mêmes avaient des intérêts) s'employaient obstinément à les évincer. Les aristocrates hongrois tentèrent de protéger leurs intérêts en créant eux aussi, avec le concours d'un certain nombre de bourgeois, des compagnies de commerce.

La politique commerciale d'Apafi se caractérisait par deux orientations, à première vue contradictoires. En accordant des privilèges et des monopoles partiels, le Prince tentait à avoir la haute main sur le trafic des articles les plus importants. Dans le même temps, il cherchait également à assouplir la rigidité de ce système monopolisateur en consentant des affermages, des exemptions, des concessions, des prêts ainsi que d'autres mesures susceptibles de stimuler le commerce intérieur. Les registres douaniers de ces trois décennies témoignent du progrès continu des échanges : on ressuscite les célèbres foires anciennes, les droits de douane perçus ne cessent d'augmenter, les taxes sur la vente du sel font chaque année affluer davantage d'argent au trésor princier. Servant d'intermédiaire à la compagnie anglaise du Levant, la *Compania Graeca* se lie à plusieurs maisons commerciales des Balkans et devient l'entreprise la plus riche en capitaux de toute la Transylvanie. Elle soutient le pouvoir princier par des prêts et des transactions diverses et une politique commerciale plus souple, la protégeant également contre la redoutable concurrence des négociants viennois. L'un des hommes d'affaires les plus entreprenants de son époque, János Pater, président de la *Compania Graeca* de Brassó, obtient, en 1671, le droit exclusif sur une partie du commerce du sel. 374

L'installation du régime habsbourgeois bouleverse profondément l'ensemble du commerce de la Principauté. La cour de Vienne ferme les mines de mercure de Zalatna qui jusque-là concurrençaient celle du Tyrol. Une compagnie de commerce formée d'aristocrates de Vienne reçoit le privilège exclusif du commerce des bovins. (En 1695, une compagnie semblable locale fondée par des grands seigneurs transylvains n'est pas autorisée par le gouvernement.) Le monopole du commerce du sel est adjugé à la *Palatino-Transylvanica Societas,* fondée avec les capitaux du Viennois Samuel Oppenheimer sous les auspices du palatin Pál Esterházy. En 1701, les Habsbourg s'approprient également les mines de sel du jeune Michel II Apafi emprisonné à Vienne. Le prix du sel quintuple, ce qui paralyse immédiatement le commerce local. Le règlement douanier de 1702, qui coupe la Principauté de ses débouchés traditionnels, sème le marasme sur de nombreux marchés urbains et industriels. Ne tenant aucun compte des conditions locales, cette politique économique élaborée par des doctrinaires caméralistes de la cour de Vienne perturbe également la circulation des monnaies.

Dans les dernières années du XVIIe siècle, les Transylvains finissent par protester unanimement contre les mesures du gouvernement qui signifient leur éviction de tout commerce, arguant qu'ainsi ils n'ont pas les moyens de gagner l'argent indispensable aux affaires et au paiement de l'impôt. Les sources de l'époque s'accordent pour affirmer que si la Transylvanie est devenue un pays pauvre, c'est parce qu'on a privé ses habitants du droit de commercer. Et en parlant des causes de la guerre d'indépendance conduite par François II Rákóczi, les contemporains ne cessent d'affirmer qu'on avait pris les armes aussi parce que le profit du commerce servait des intérêts étrangers.

L'étude de la politique financière du Prince Michel Ier Apafi révèle que, dans ce domaine, l'Etat n'avait pas été inactif, même durant les années de guerre. Quoique le stock d'or et d'argent eût été presque entièrement absorbé par la guerre turco-transylvaine de 1657-1662, le gouvernement d'Apafi réussit néanmoins à recréer la stabilité monétaire, voire à redresser peu ou prou l'équilibre financier, grâce à l'interdiction de l'exportation des métaux précieux, à la frappe régulière des monnaies, au contrôle du change par des commissaires princiers et aux peines draconiennes infligées aux faux-monnayeurs. L'arrivée, probablement par le biais des compagnies de commerce, d'une importante quantité de monnaies hollandaises (dites «écus à lion») contribua pour beaucoup, dans les années 1660-1680, à la revitalisation du commerce. Après 1687, les frais des guerres turques et de l'hivernage des armées étrangères firent cependant considérablement diminuer le stock monétaire de la Principauté, alors qu'une politique économique viennoise consistant à limiter le commerce, empêchait le Trésor de se renflouer. Les monnaies de substitution (pièces de cuivre et de cuir, acquits, etc.) introduites par Léopold Ier, au lieu de remédier à la pénurie monétaire, ne firent qu'aggraver la crise qui aboutit, entre 1690 et 1703, à la paralysie générale du système fiscal.

Les charges fiscales de la population transylvaine comprenaient divers impôts. Le montant du tribut annuel que le pays devait verser à la Porte s'élevait déjà, à cette époque, à 40 000 florins par an, auquel s'ajoutaient encore des impôts extraordinaires ainsi que des livraisons de vivres en temps de guerre. Compte tenu également des redevances de tributs «héritées», la Transylvanie versa au Sultan, entre 1664 et 1686, un total d'environ 190 à 200 000 florins. Après 1687, les impôts turcs furent relayés par les frais de l'entretien de l'armée impériale, dont le montant fut l'objet de longues controverses; le

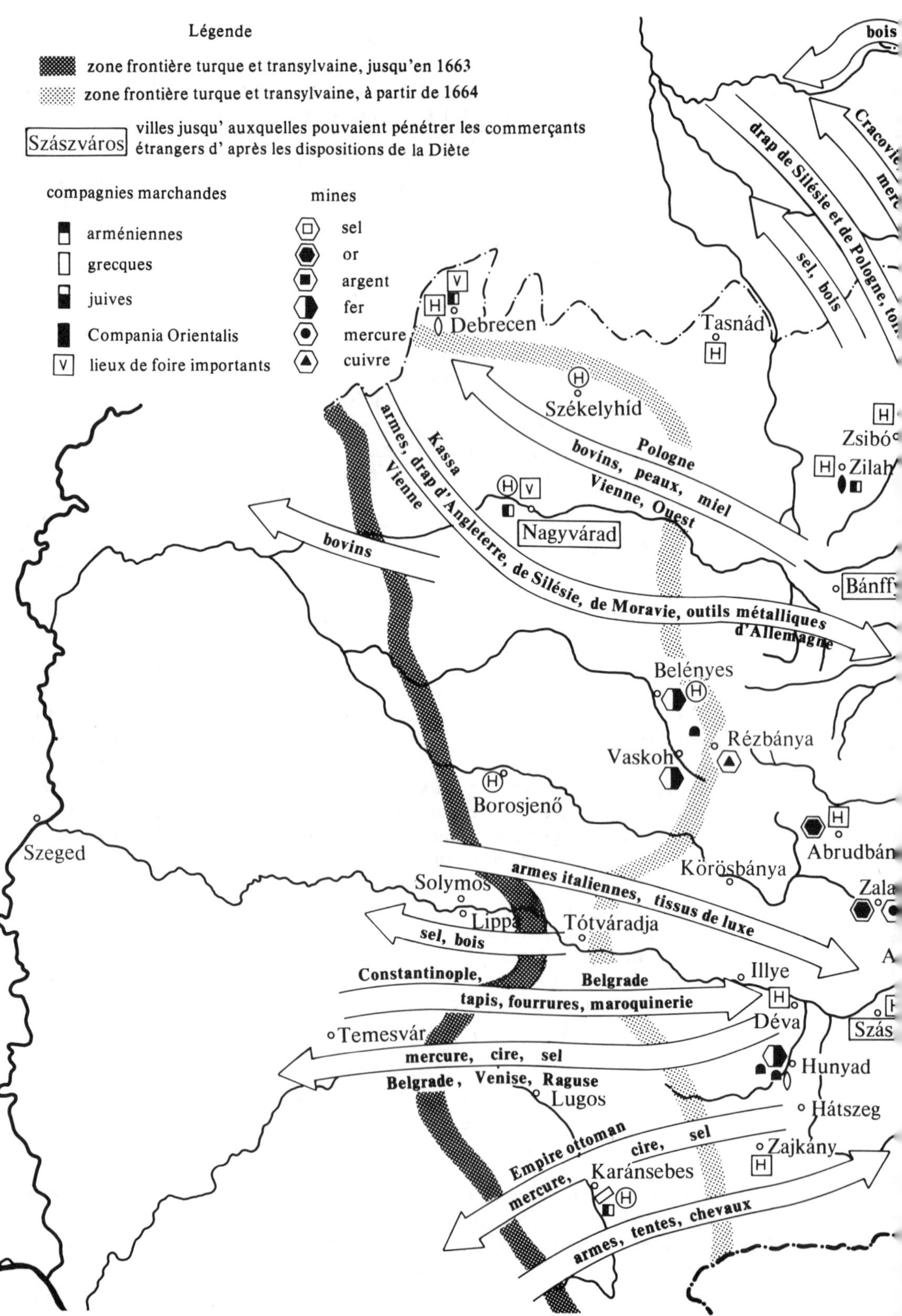

Carte 15. L'économie de la Transylvanie dans la seconde moitié du XVIIe s.

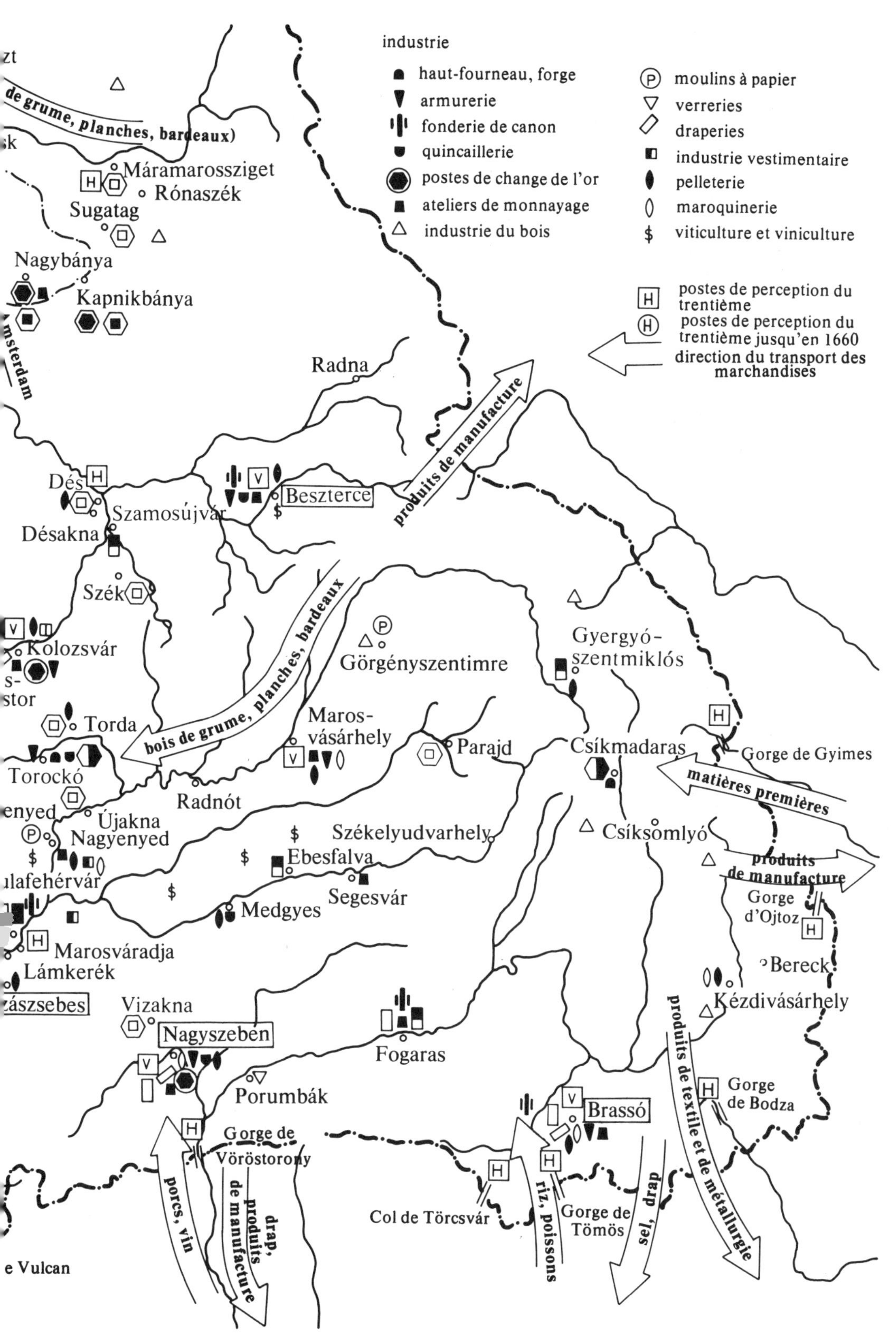

industrie
haut-fourneau, forge
armurerie
fonderie de canon
quincaillerie
postes de change de l'or
ateliers de monnayage
industrie du bois
moulins à papier
verreries
draperies
industrie vestimentaire
pelleterie
maroquinerie
viticulture et viniculture
postes de perception du trentième
postes de perception du trentième jusqu'en 1660
direction du transport des marchandises
de grume, planches, bardeaux)
Máramarossziget
Rónaszék
Sugatag
Nagybánya
Kapnikbánya
msterdam
Radna
produits de manufacture
Dés
Szamosújvár
Beszterce
Désakna
Szék
Kolozsvár
Torda
bois de grume, planches, bardeaux
Görgényszentimre
Gyergyó-szentmiklós
Maros-vásárhely
Parajd
Csíkmadaras
Gorge de Gyimes
Torockó
Radnót
matières premières
Újakna
Nagyenyed
Székelyudvarhely
Csíksomlyó
Ebesfalva
produits de manufacture
Segesvár
Medgyes
Gorge d'Ojtoz
Marosváradja
Lámkerék
Bereck
Vizakna
Kézdivásárhely
Nagyszeben
Fogaras
Porumbák
Gorge de Bodza
Brassó
Gorge de Vöröstorony
porcs, vin
drap, produits de manufacture
Col de Törcsvár
riz, poissons
Gorge de Tömös
sel, drap
produits de textile et de métallurgie
e Vulcan

traité de Balázsfalva prévoyait la perception de près de 2 millions de florins, dans lesquels on comptait aussi les ravages causés par le passage des gens de guerre, comme les pertes dues au gaspillage. (Certes, il était difficile de déterminer la valeur réelle des semailles piétinées, des champs de blé incendiés, des gerbes de blé non battues données aux animaux comme fourrage, des moulins détruits et des arbres fruitiers abattus pour servir de bois de chauffage.) Aux impôts impériaux s'ajoutait encore la *discretio,* c'est-à-dire les cadeaux «offerts» au gouverneur militaire, à ses officiers et aux collecteurs d'impôts, qui pouvaient être, outre l'argent, de beaux chevaux, une carosse ou d'autres choses de valeur en fonction des désirs de l'officier. Cela servait moins à le gratifier pour son travail qu'à obtenir certains avantages ou un meilleur traitement pour la communauté: comitat, ville ou village. Il s'agissait en réalité de «pourboires», de pots-de-vin qui, sous leur forme régulière, devinrent une tradition.

L'effondrement complet, à la suite de l'occupation de la Principauté par 8 à 10 000 soldats impériaux, des structures politiques de la Transylvanie avait pour corollaire l'arbitraire fiscal. Les exigences de la soldatesque échappant à tout contrôle, ignorant l'endurance de la population et recourant volontiers aux armes pour percevoir les impôts, exaspérèrent les Transylvains qui se réfugièrent en masse sur les territoires repris sur les Turcs du Royaume de Hongrie, ou prirent les armes et réclamèrent un changement de régime, préparant ainsi la guerre d'indépendance que déclenchera François II Rákóczi.

Voyons maintenant dans quelle mesure la population était capable d'entretenir son Etat. Les habitants de ce petit pays — nous l'avons vu — pouvaient supporter les frais du relèvement politique intérieur, de l'effort diplomatique ainsi que des guerres sous Etienne Báthori et Gabriel Bethlen. Or, à l'époque d'Apafi, le budget d'Etat s'était accru dans tous les pays européens.

Dans la Transylvanie des années 1660, les dépenses des organes centraux de l'Etat et celles de la famille princière étaient comptées séparément. Les premières comprenaient les frais d'entretien de la Cour, de l'armée princière, de la représentation, et étaient de l'ordre de 7 à 8 000 florins par an. Les secondes se chiffraient à environ 4 à 5 000 florins par an; ainsi le siège princier absorbait chaque année 12 à 14 000 forints en moyenne. De plus, les dépenses de l'administration, les traitements et gratifications accordés aux fonctionnaires constituaient également des sommes importantes dont le montant serait difficile à calculer, d'autant que ceux-là recevaient une partie non négligeable de leurs rétributions sous forme d'allocations en nature. Dans les années 1670, la petite Principauté était même en mesure de fournir régulièrement des subsides et des vivres à l'armée de 8 à 10 000 «fugitifs», réfugiés du Royaume derrière la frontière transylvaine.

Après l'occupation de la Transylvanie, l'impôt fixé par le gouvernement des Habsbourg comprenait le versement annuel de 800 000 à 1 million de florins rhénans et le ravitaillement des 8 à 10 000 soldats de l'armée impériale. Répartie entre les villes et les campagnes, cette charge, d'une lourdeur sans précédent dans toute l'histoire de la Transylvanie, s'avéra partout au-dessus de toute possibilité de paiement. Si Apafi avait réussi, dans les années les plus critiques de son règne, à amener la noblesse à payer une partie des charges publiques et à consentir des prêts à la Cour, allégeant ainsi le fardeau des contribuables roturiers, les tentatives dans le même sens des Habsbourg avortèrent toutes, surtout parce que la création des monopoles entraîna une pénurie monétaire générale dans le pays.

Dans la première année de la guerre d'indépendance, François II Rákóczi fit introduire, dans le Royaume et en Transylvanie, une monnaie de substitution, appelée *libertas*, en cuivre, voulant ainsi parer à la disette monétaire et aux séquelles du marasme économique. Cependant ses projets destinés à stimuler le commerce ne purent, faute de temps, porter leurs fruits. Les profits qui provenaient des monopoles partiels ne pouvaient refluer dans les circuits de l'économie transylvaine. Pendant de longues années, les Transylvains durent entretenir deux armées et deux administrations. Le gouvernement impérial se replia sur la ville de Szeben et l'armée des Habsbourg ne cessa, pendant toute la guerre, d'occuper le Sud de la Principauté, tandis que la plus grande partie du pays resta, avec quelques interruptions, sous la domination de l'armée et de l'Etat de François II Rákóczi. Soumise à cette double imposition, la population était à bout de forces. Pour réanimer l'économie transylvaine, Rákóczi projetait des réformes visant à lier la Principauté au Royaume. La loi fiscale, adoptée à la Diète d'Ónod, en 1707, institua un impôt régulier sur le revenu, payé par tous, y compris les nobles, et seules les familles des hommes enrôlés dans l'armée étaient exemptées de toute charge publique. La liberté du commerce, de l'industrie et de l'exploitation des mines développée sous la protection des pouvoirs publics auraient dû constituer les bases de la fiscalité. Mais Rákóczi fut défait avant l'amorce même de ces réformes.

Société d'Ordres et mobilité sociale

Les avatars économiques et politiques que connut à cette époque la Principauté et les mutations de la société transylvanie étaient dans un rapport d'étroite interdépendance. Amorcée dès l'époque précédente, la désintégration des communautés autonomes isolées fut accélérée par divers facteurs souvent antagonistes. Les décennies de consolidation du règne d'Apafi connurent une restructuration organique de la société. Les groupes sociaux qui se distinguaient les uns des autres essentiellement en fonction de leurs statuts féodaux — l'aristocratie, la noblesse des comitats, les bourgeoisies des villes, la *communitas* saxonne, les «sièges» sicules et les masses serviles qui constituaient la majorité de la population — se classaient progressivement dans les trois grandes catégories des Ordres inférieur, moyen et supérieur. Les quinze ans de domination des Habsbourg mirent un terme à cette évolution organique, si bien que la stratification sociale se brouilla. Après une série de rébellions, de soulèvements, en 1702-1703, toutes les couches de la société plaçaient leur espoir dans la personne de Rákóczi et attendaient de lui le rétablissement de la paix sociale dans le pays. Les dispositions prises par le Prince favorisèrent la conciliation des intérêts des groupes sociaux les plus divers et stimulèrent fructueusement le processus de restructuration sociale à long terme, qui avait été interrompu sous le gouvernement des Habsbourg.

Les serfs constituaient la couche la plus nombreuse de l'ordre inférieur. Par suite de la dégradation en condition servile des membres des diverses anciennes communautés closes et grâce à l'arrivée massive de Roumains fuyant la misère de la Moldavie et de la Valachie, leurs rangs ne cessaient de s'élargir. Cette couche était loin d'être homogène: des différences parfois énormes séparaient les paysans saxons et les habitants des villages hongrois, les serfs sicules et les pâtres roumains des montagnes, les Roumains anciennement et nouvellement arrivés. La pénurie constante de main-d'œuvre et, parallèlement, le nouvel essor économique leur ouvraient, non sans susciter des tensions sociales dans leurs rangs, une double perspective. Les seigneurs fonciers, eux, s'efforçaient de maintenir sur leurs terres le plus grand nombre de serfs attachés à la glèbe. A partir de 1660, les serfs redevinrent corvéables à merci. Soumis à une dépendance non seulement à l'égard de la terre, mais aussi envers la personne de son seigneur, le serf devait se déplacer avec sa famille au gré de celui-ci pour aller s'établir dans une autre contrée de la seigneurie. Les progrès du commerce seigneurial faisaient croître le nombre des transports gratuits et obligatoires effectués par les serfs, tandis que l'installation de manufactures dans les campagnes les astreignait à de multiples besognes. Mais le travail dans les moulins à papier, par exemple, n'était pas sans élargir leurs horizons. En revanche, au témoignage des registres tenus aux fonderies du comitat de Hunyad, les serfs envoyés des seigneuries de la région devaient travailler sans repos ni cesse pendant toute l'année. Pourtant, les conditions de vie étaient relativement meilleures sur les domaines appartenant à la Couronne. Le gouvernement d'Apafi protégeait les serfs contre les abus des prévôts, seigneurs et soldats, encore qu'il fallût attendre l'avènement de Rákóczi pour voir la création, au niveau gouvernemental, des cadres institutionnels du droit de plainte pour les serfs. Ceux-ci, pour défendre leurs intérêts, pouvaient également s'appuyer sur leurs organisations communautaires, sur leurs droits coutumiers, et surtout sur les Eglises. Certains seigneurs fondèrent même des hôpitaux et des asiles pour leurs serfs rompus par l'âge et réduits à la misère.

La paysannerie aisée, les brassiers d'esprit entrepreneur pratiquant le commerce ou l'artisanat, charretiers, journaliers — constituait la seconde couche, encore plus hétérogène que la première, de l'Ordre inférieur. C'était surtout de cette catégorie qu'on pouvait accéder à l'Ordre moyen et obtenir une lettre d'anoblissement en général par le service armé, par l'offre de capital, de prêts ou pour le mérite. Sortis des écoles, beaucoup de fils doués de serfs parvenaient dans les rangs des régisseurs ou, après avoir enseigné pendant quelques années, poursuivaient leurs études à l'étranger avant d'occuper, à leur retour, des postes de professeurs ou de pasteurs.

L'Ordre moyen était en réalité un ensemble peu cohérent de divers groupes sociaux, essentiellement composé de militaires de carrière, d'entrepreneurs bourgeois et de petits nobles.

La Principauté renouvelait les rangs de son armée en faisant appel à des guerriers rétribués, mais aussi par l'octroi, aux soldats et à leurs familles de terres libres de toute charge ou d'autres privilèges. La Cour s'était déjà depuis longtemps employée à subordonner au commandement du Prince la communauté militaire autonome et fermée des Sicules. Nous avons à notre disposition les documents de deux recensements (datant de 1614 et de 1720) de la société sicule. La comparaison de ces données révèle que les Sicules, qui avaient auparavant fondé leur existence sur un ensemble de droits et d'obligations homogènes, constituaient désormais, au sein de la population translyvaine, plusieurs groupes distincts du point de vue de leur statut et de leurs occupations. Apafi fit accélérer ce processus en incorporant un grand nombre de Sicules dans l'armée de la Cour ainsi que dans les garnisons des châteaux. Nombreux furent cependant ceux qui, restés dans leurs villages, continuaient à jouir de privilèges contre l'obligation de porter les armes. Ces hommes à pied — hallebardiers — constituaient, avec les cavaliers, une force militaire importante relevant des « sièges » sicules, à la tête desquels Apafi nomma des hommes dévoués. Ces capitaines commandaient les troupes de trabans et de cavaliers. Beaucoup de Sicules exclus de l'armée se mirent à travailler dans les mines de sel ou à en transporter le produit, à mettre en valeur des réserves ou à charrier des marchandises. Si les terres de nombre de «primores» sicules passèrent entre les mains de propriétaires venus d'ailleurs, les villages sicules, eux, gardaient jalousement et leurs coutumes et leur autonomie.

Le groupe le plus particulier de l'Ordre moyen était celui des nouveaux nobles. Apafi distribuait avec libéralité, en récompense de services militaires, administratifs ou économiques, des lettres d'anoblissement. Leur nombre s'était tellement accru en vingt-cinq ans qu'au dire d'un contemporain, un homme sur deux était noble. En l'absence d'une moyenne noblesse aisée, les nouveaux et les plus petits nobles avaient de larges possibilités de promotion sociale. En 1703, un fonctionnaire autrichien chargé de l'établissement du rôle d'impôt compare ces gentilshommes exploitant leurs terres aux paysans libres d'Allemagne et de Silésie.

Sous le gouvernement des Habsbourg, l'ensemble de l'Ordre moyen est menacé de retomber dans la condition servile. Mais, de toutes les catégories sociales, c'est la bourgeoisie qui subit les épreuves les plus lourdes. Les années 1660-1680 sont celles de l'enrichissement tranquille de la bourgeoisie et de la dislocation des économies urbaines closes sous l'effet conjugué de diverses forces irrésistibles. Ce fut dans les villes saxonnes que l'évolution se montra la plus spectaculaire. Par une contribution personnelle, en fournissant des prestations financières et des prêts, les ambitieux négociants et manufacturiers de Szeben et de Brassó prirent part aux entreprises de grande envergure de l'Etat et contribuèrent au lent processus, caractéristique de toute l'Europe, dans lequel l'économie close des villes s'ouvrit et s'organisa en un système économique national. Pour ce qui est des groupes traditionnels de la bourgeoisie, la primauté de fortune des orfèvres reste apparemment intacte, alors que dans les autres branches, parallèlement à la montée du paupérisme, la richesse et l'autorité tendent à se concentrer entre les mains d'une couche étroite. La ville de Gyulafehérvár est lentement reconstruite par ses habitants, parmi lesquels se multiplient les routiers et les orpailleurs, alors qu'ailleurs le nombre des charpentiers, des maçons, des cordiers, des étameurs, des horlogers, des meuniers ou des barbiers ne cesse de croître. Torda, Nagyenyed et Dés deviennent des villes anoblies, tandis que les bourgeois de Kolozsvár, devenue ville de garnison, voient bien des gentilshommes s'établir parmi eux. Au même moment, les villes sicules prennent elles aussi leur essor; c'est le cas de Csíkszereda et surtout de Marosvásárhely, où siégera la Diète qui investira Rákóczi comme Prince. Parmi les bourgeois de l'Ordre moyen, la possession d'une maison confortable déjà munie d'une salle d'eau, de fenêtres vitrées et même d'une petite bibliothèque se généralise. Descendu chez un charpentier de Kolozsvár nommé Ferenc Szakál, l'ambassadeur du Danemark, voyageant de Vienne à Saint-Pétersbourg, parle avec beaucoup de satisfaction des conditions dans lesquelles il fut logé.

L'élite bourgeoise tend à nouer des liens avec l'Ordre supérieur. La vie de Mathias Miles, conseiller de Szeben, ou de János Páter illustrent parfaitement cette ambition. Cependant, beaucoup d'entre eux deviennent victimes d'une concurrence acharnée, tandis que d'autres se ruinent dans les luttes politiques.

Le pouvoir politique réel appartenait à l'Ordre supérieur, également de composition hétérogène. Les familles aristocratiques de vieille souche avaient été disloquées et décimées par les combats de 1657-1662. Durant les années suivantes, ces pertes furent réparées par la première génération de familles en pleine ascension. Le chancelier Mihály Teleki était le fils d'un porte-clefs de garnison; le conseiller princier et directeur des postes (1663–1677) László Székely, comes du comitat de Kolozs à partir de 1680, celui d'un régisseur. Le grand juge Márton Sárpataki avait des serfs pour ancêtres. L'étendue de la propriété foncière d'une famille de l'Ordre supérieur correspondait en moyenne à celle d'un noble moyen du Royaume (10 à 30 villages). A côté d'un certain nombre de catholiques, la plupart étaient des réformés. En effet, la carrière administrative n'était pas encore fonction de l'appartenance religieuse. Catholiques, les Haller (János, Gábor et Pál) sont conseillers et diplomates. Orphelin dès sa plus tendre enfance, catholique et pauvre, le fils d'István Apor, bailli de Kézdivásárhely, embrasse la carrière politique et accède au rang des plus grands dignitaires de la Principauté. Les rangs de l'Ordre supérieur n'avaient jamais été aussi ouverts. La culture, le talent, la fortune ou le sens économique y donnaient accès, au risque, il est vrai, d'en déchoir facilement. Les avatars du règne d'Apafi ne les épargnèrent pas: Dénes Bánffy, qui demeura sourd à l'impératif de la centralisation, périt sous la hache du bourreau, tandis que les conjurés regroupés autour de Pál Béldi durent purger de lourdes peines dans les prisons d'Apafi. Pourtant, les progrès transylvains de cette période sont dans une large mesure dus à la capacité politique de cette aristocratie à visage de Janus.

Ces familles aristocratiques se caractérisent par des rapports d'intimité et de cohésion. Elles envoient volontiers leurs enfants dans les universités étrangères. Leur volonté de rattraper, dans tous les domaines, les élites occidentales se manifeste par l'obstination avec laquelle elles ont les yeux fixés d'abord sur les principautés allemandes puis sur les Provinces Unies, enfin, après une forte orientation française, sur l'Angleterre. Le fils du chancelier János Bethlen n'effectue qu'un court séjour outre-Manche, alors que son petit-fils s'y rend pour un long voyage d'études. Les cadres de leur vie ne cessent de s'embellir et leur mode de vie s'enrichit de nouvelles dimensions. Le luxe se répand partout: les fenêtres des châteaux sont garnies de cristal, les grandes salles sont équipées de cheminées chauffées de l'extérieur. La rencontre de deux cultures est attestée par les murs couverts de tapis turcs et de tapisseries de Hollande, de Venise ou de France, par les étoffes et armes de chasse orientales, les horloges et les virginaux, ou par les récipients en verre et en porcelaine relayant les vases d'or et d'argent. Leurs comptes font preuve d'une économie sourcilleuse: qu'il s'agisse d'une demi-sachée de noix ou d'un harnois garni d'argent, la précision du comptable est inébranlable. En l'absence de banques, ils convertissent volontiers leur numéraire en bijoux précieux. Les généreuses donations pieuses tiennent non seulement à leur préoccupation de gagner le salut, mais aussi, assez fréquemment, à leur volonté de préserver le plus clair de leur fortune en s'assurant les prêts consentis par les Eglises, ainsi qu'à leur foi dans le bien fondé de la culture et de l'éducation, qui préparent les lendemains.

Séduite par l'éclat de la capitale impériale, la majorité est jalouse d'obtenir des titres de noblesse sur lesquels, dès le début de la période d'occupation, l'Empereur Léopold Ier s'appuie afin de les domestiquer dans sa cour. En 1703, sur l'ordre du général Bussy de Rabutin, toute l'aristocratie transylvaine ou presque se rend docilement à Szeben. Ce n'est qu'après la confiscation de tous leurs biens personnels (argent, bijoux, vivres, c'est-à-dire de tout ce qu'il ont apporté) et après avoir compris qu'ils sont tombés dans un piège que plusieurs d'entre eux prennent le risque de s'évader et passent dans le camp de Rákóczi; cependant, après la paix de Szatmár, le jeune Kelemen Mikes fut pratiquement le seul à affronter les vicissitudes de l'émigration.

3. Les voies de la culture

Les politiques culturelles, l'intelligentsia et les langues nationales

L'âge d'or de l'histoire culturelle de la Transylvanie recouvre justement — et paradoxalement — ce demi-siècle où le sol de la Principauté est ravagé de guerres étrangères et civiles et où les habitants assistent plus d'une fois à la destruction de leur pays et de leurs foyers. Car la Transylvanie s'ouvre désormais aux grands courants spirituels et artistiques de l'Occident et ses intellectuels et artistes créent des chefs-d'oeuvre qui détermineront pour des siècles le caractère spécifique de la civilisation transylvaine.

Tradition et esprit novateur, besoin social et défi historique sont autant de composantes essentielles de ce vaste mouvement culturel dont les cadres ont été définis par les mesures stimulatrices des Princes de Transylvanie.

Comme les plus grands hommes politiques et penseurs de son temps, le Prince Michel Ier Apafi était lui aussi conscient du rôle que la culture jouait dans la cohésion et le développement de la nation. Les intellectuels transylvains contemporains, notamment le théologien István Tolnai F. qui avait fait ses études dans des universités anglaises et hollandaises, ou le plus grand médecin et physicien hongrois de son temps, Ferenc Pápai Páriz, ancien étudiant de Bâle, voyaient dans ce Prince l'incarnation même des principes cartésiens. Lecteur assidu des ouvrages de Bacon, de Machiavel, de Grotius, de Juste Lipse et de Cocceius, Apafi considérait le développement des écoles et la création des cadres institutionnels modernes de la vie scientifique comme une des tâches primordiales des princes. A son avènement, la prestigieuse Cour princière de Gyulafehérvár était en ruines et, comme la lenteur des travaux de reconstruction l'empêchait de restaurer rapidement ce foyer culturel, il installa sa cour à Fogaras. Il tenait beaucoup aux signes extérieurs du pouvoir. Une étiquette minutieuse réglait la vie de la Cour, dont le faste était rehaussé par l'étalage des cadeaux envoyés par des monarques étrangers, porteurs de gestes diplomatiques et qui exprimait l'estime pour la Transylvanie en Europe. Un immense jardin entretenu avec une véritable dévotion reflétait le goût de la Renaissance, de la paix selon la symbolique de l'époque. Apafi et sa femme, Anna Bornemissza, qu'il appela parfois son co-régent, s'employèrent à faire de leur cour un foyer culturel hongrois à la fois perméable aux influences occidentales et gardien des meilleures traditions nationales. Il s'entoura d'un petit nombre d'intellectuels qui avaient fait des études dans des unversités étrangères et qui étaient pour la plupart marqués par les idées de Descartes. Il fit rédiger des «bulletins» destinés à informer ses proches des événements de l'étranger.

Fervent de la tolérance religieuse, Apafi garantit pendant tout son règne la liberté d'esprit de l'enseignement. Son ambition principale, à savoir la fondation d'une université moderne en Transylvanie, ne put cependant être menée à bien. Continuateur de l'œuvre culturelle des plus grands princes de Transylvanie, il réussit néanmoins à asseoir la vie intellectuelle et culturelle sur des bases solides et capables de résister aux épreuves des décennies qui allaient venir.

La politique culturelle menée par les Habsbourg dans les années 1690 allait nettement à l'encontre des traditions transylvaines. Propagée par des jésuites d'ailleurs très exigeants et d'une excellente formation, leur politique scolaire entièrement dévouée au service des ambitions politiques de la cour de Vienne et profondément marquée par un esprit d'intolérance religieuse radicale destiné à forger l'unité de la foi dans l'Empire, se heurtait inmanquablement à la résistance tenace de la société transylvaine. Vienne étant loin, le rayonnement de la Cour n'était guère sensible dans la Principauté, et les quartiers du général Rabutin, le *Gubernium* de Szeben, se contentait de diffuser ordres et ordonnances.

Quand la situation militaire le permettait, François II Rákóczi et ses collaborateurs s'efforcèrent de ressusciter, à Gyulafehérvár, à Marosvásárhely et à Kolozsvár, des traditions exprimant la continuité historique des anciennes cours princières transylvaines. Rákóczi reprit à son compte la politique scolaire très libérale et la tolérance religieuse d'Apafi, mais il n'eut ni le temps ni la force d'opérer des changements en profondeur.

Quoique proportionnellement importante en regard des sociétés des pays limitrophes, l'intelligentsia transylvaine était pourtant insuffisante en nombre et, de plus, très différenciée : l'écart était très grand entre son élite et la masse des maîtres d'école, scribes, peintres villageois, clercs de l'administration, musiciens de la Cour et de l'armée. Les intellectuels laïcs tendaient à prendre le pas sur les ecclésiastiques. Les grandes œuvres littéraires de l'époque sont nées déjà sans exception de la plume de laïcs. Le médecin, c'est-à-dire le « physicien », le savant internationalement connu pour son traité sur l'histoire des mines transylvaines ou bien l'imprimeur avaient un poids intellectuel bien supérieur à celui de l'aumônier de la Cour par exemple, pourtant au sommet de la hiérarchie sociale, ou en général, de tout ecclésiastique hongrois, saxon et — après la création de l'Eglise uniate — roumain. Le nombre des « diplômés » était assez élevé en regard de la population du pays. Du point de vue ethnique, Hongrois et Saxons étaient largement majoritaires parmi eux. Sous les règnes d'Apafi et de Rákóczi, la langue officielle du pays était le hongrois, cependant, les ordonnances adressées aux Saxons et aux Roumains étaient également rédigées dans leurs langues. Apafi encourageait par tous les moyens la propagation des langues nationales, au point qu'il donna suite à la demande du bas-clergé roumain et destitua l'évêque orthodoxe d'origine serbe Sava Brancovič qui, malgré l'ordre formel du Prince, refusait de prêcher en roumain. Le gouvernement des Habsbourg s'adressait en allemand — mais parfois aussi en latin — à la population. (Bussy de Rabutin qui dirigeait pratiquement la Principauté ne parlait que le français.) Les officiers de l'armée et de l'administration impériales ne parvenaient pas à se faire comprendre, même par les Saxons, qui parlaient pourtant un dialecte allemand.

Sous ces Princes, la Transylvanie est un pays très ouvert du point de vue linguistique. Le dynamisme de la politique extérieure transylvaine ainsi que les liens d'amitié noués par ses intellectuels dans les universités occidentales attirent, pendant les années de paix, dans la Principauté, bien des étrangers qui affluent, pour d'autres raisons, même en temps de guerre. A cette époque, le latin reste encore essentiellement la langue des sciences, tandis que la connaissance de l'allemand, du néerlandais, du français et, dès les dernières années du XVIIe siècle, de l'anglais est indispensable pour ceux qui veulent faire des études en Occident. Sámuel Köleséri, par exemple, avait probablement suivi en Angleterre les cours de Newton, car il tenta, par la suite, de propager en Transylvanie une conception newtonienne plus moderne par rapport à la physique cartésienne. Dans le même temps, le besoin d'une vie scientifique de langue hongroise est formulé avec une force qui sera à même

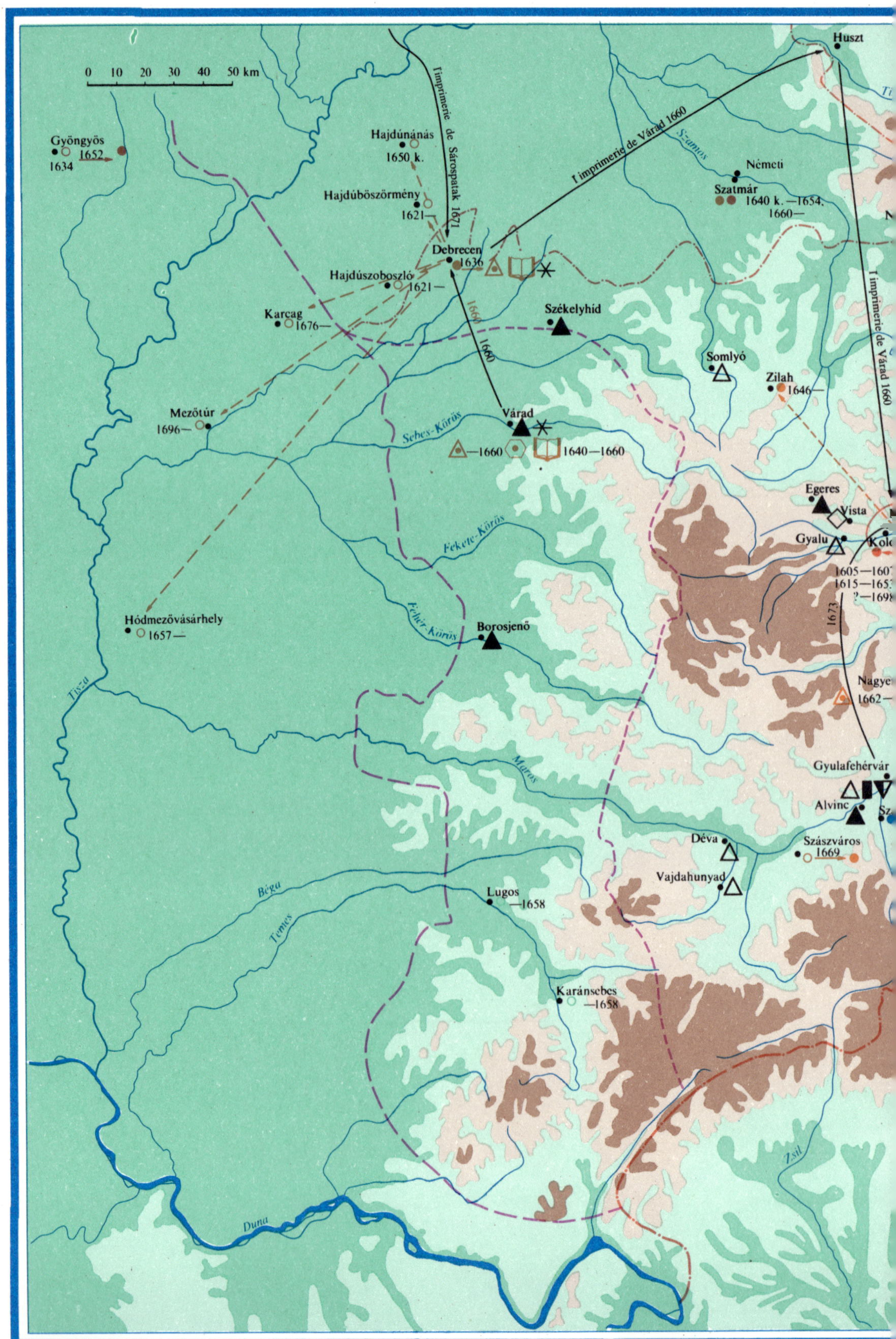
0 10 20 30 40 50 km
Gyöngyös
1652
1634
Hajdúnánás
1650 k.
Hajdúböszörmény
1621—
l'imprimerie de Sárospatak 1671
Debrecen
1636
Hajdúszoboszló
1621—
Karcag
1676—
l'imprimerie de Várad 1660
Szamos
Németi
Szatmár
1640 k. —1654,
1660—
Huszt
Székelyhíd
1660
Somlyó
Zilah
1646—
l'imprimerie de Várad 1660
Mezőtúr
1696—
Várad
Sebes-Körös
—1660
1640—1660
Egeres
Vista
Gyalu
Fekete-Körös
Fehér-Körös
Hódmezővásárhely
1657—
Borosjenő
1673
Nagyen
1662—
Tisza
Maros
Gyulafehérvár
Alvinc
Déva
Vajdahunyad
Szászváros
1669
Béga
Temes
Lugos
—1658
Karánsebes
—1658
Zsil
Duna

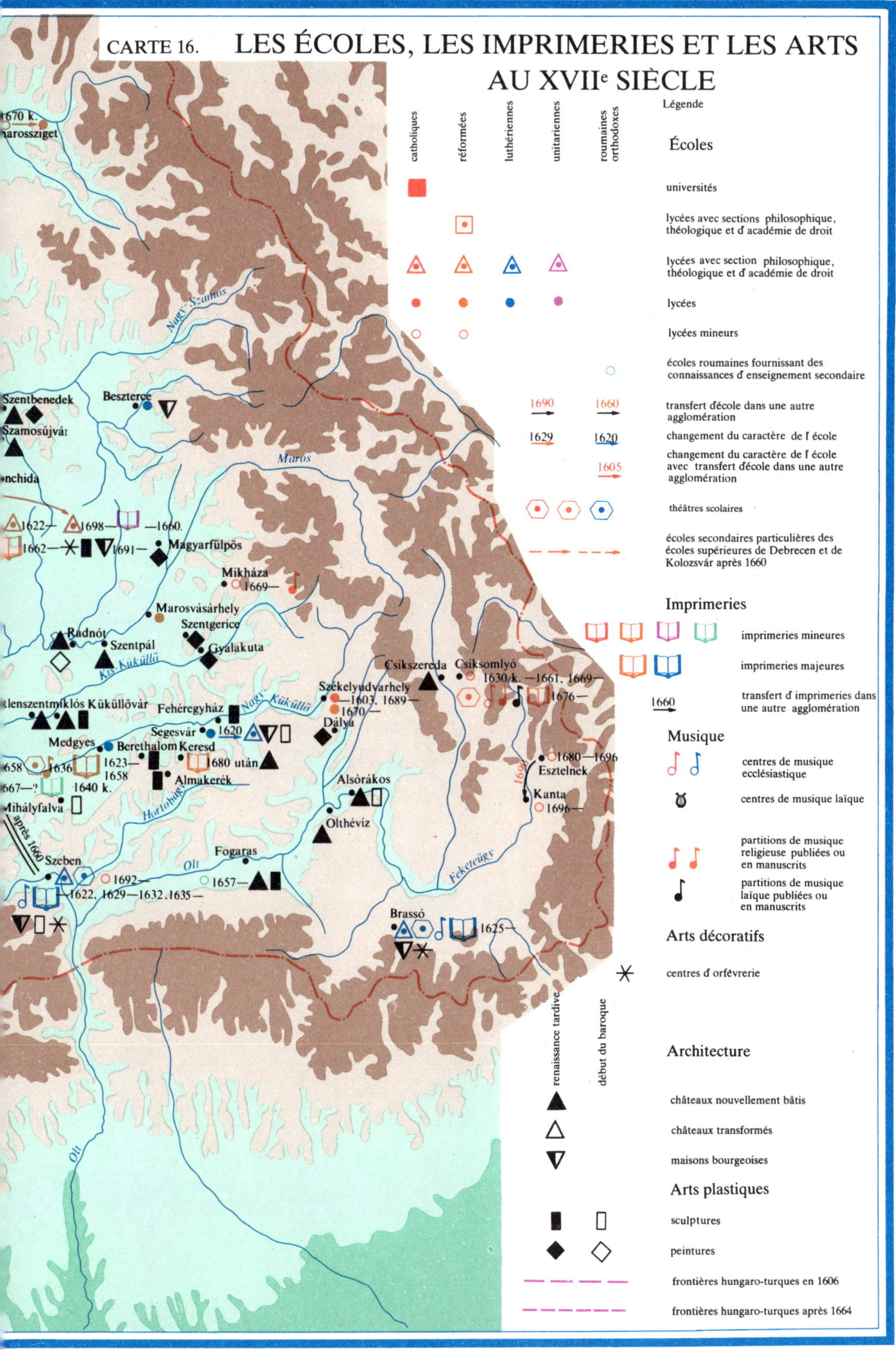

CARTE 16. LES ÉCOLES, LES IMPRIMERIES ET LES ARTS AU XVIIe SIÈCLE
Légende
catholiques
réformées
luthériennes
unitariennes
roumaines orthodoxes
Écoles
universités
lycées avec sections philosophique, théologique et d'académie de droit
lycées avec section philosophique, théologique et d'académie de droit
lycées
lycées mineurs
écoles roumaines fournissant des connaissances d'enseignement secondaire
transfert d'école dans une autre agglomération
changement du caractère de l'école
changement du caractère de l'école avec transfert d'école dans une autre agglomération
théâtres scolaires
écoles secondaires particulières des écoles supérieures de Debrecen et de Kolozsvár après 1660
Imprimeries
imprimeries mineures
imprimeries majeures
transfert d'imprimeries dans une autre agglomération
Musique
centres de musique ecclésiastique
centres de musique laïque
partitions de musique religieuse publiées ou en manuscrits
partitions de musique laïque publiées ou en manuscrits
Arts décoratifs
centres d'orfèvrerie
Architecture
renaissance tardive
début du baroque
châteaux nouvellement bâtis
châteaux transformés
maisons bourgeoises
Arts plastiques
sculptures
peintures
frontières hungaro-turques en 1606
frontières hungaro-turques après 1664
Szentbenedek
Szamosújvár
Beszterce
Nagy-Szamos
Maros
Magyarfülpös
Mikháza
Marosvásárhely
Szentgerice
Radnót
Szentpál
Gyalakuta
Kis-Küküllő
Küküllővár
Fehéregyház
Nagy-Küküllő
Segesvár
Medgyes
Berethalom
Keresd
Almakerék
Mihályfalva
Hortobágy
Szeben
Olt
Fogaras
Székelyudvarhely
Dálya
Csíkszereda
Csíksomlyó
Esztelnek
Kanta
Alsórákos
Olthéviz
Feketeügy
Brassó

d'inspirer aussi les écrivains du siècle des Lumières. Dans les contacts diplomatiques, le français tend à se substituer au latin. Souvent, les voïvodes roumains écrivent à Apafi en hongrois. La plupart des ordres de la Porte arrivent en Transylvanie dans des traductions dues, nous semble-t-il, aux scribes turcs de Buda, de Temesvár et surtout de Constantinople, tandis que les Princes ont toujours des scribes turcs à leur Cour. Cette période multilingue est singulièrement favorable à l'essor des langues nationales. Objet de préoccupations constantes dans les décennies ultérieures, la langue hongroise revigorée s'enrichit alors conformément aux besoins d'une vie devenue plus complexe qui apporte des termes désignant les notions nouvelles de la vie publique, de la pensée sociale et politique, de l'historiographie et des sciences ainsi qu'un grand nombre de termes techniques de l'industrie et du commerce. Les Transylvains se constituent un langage souple de la conversation, avec nombre de formules subtiles, propres à traduire les sentiments et les idées complexes de l'homme moderne. Le programme de la réforme du hongrois sera élaboré, mais sa mise en application ne sera jamais réalisée, faute de temps. L'imprimeur Miklós Misztótfalusi Kis, personnalité éminente de l'art typographique universel, unifie l'orthographe de la langue nationale et publie une nouvelle version hongroise corrigée de la Bible, qui devient ainsi une véritable lecture de masse.

Le même souci de promotion de la langue se retrouve chez les Saxons, en particulier au niveau des églises, des écoles, de la vie urbaine et surtout chez les hommes de science, grâce également aux progrès du piétisme qui trouve, parmi eux, ses premiers adeptes dans la région.

L'évolution de la langue roumaine doit beaucoup à la politique scolaire éclairée d'Apafi, tandis que l'union religieuse encourage singulièrement le clergé roumain à cultiver sa langue. C'est en Transylvanie que le premier dictionnaire roumain-latin voit le jour.

Ecoles, imprimeries, sciences

La politique scolaire éclairée de Michel Ier Apafi et les fondations créées par divers groupes sociaux donnèrent, à partir du milieu des années 1660, une nouvelle impulsion aux écoles villageoises. C'est dans le domaine de l'enseignement des langues nationales et de la scolarisation des filles que le progrès fut le plus spectaculaire. Les quatre confessions reçues et l'Eglise orthodoxe non seulement pouvaient, mais aussi, sous la pression de leurs fidèles, devaient user du droit de fonder des écoles. Ces années virent la création du collège luthérien de Szászváros, du collège réformé de Székelyudvarhely, l'essor des écoles unitariennes ainsi que l'amorce du réseau scolaire rattaché à l'Eglise orthodoxe. Apafi, après avoir amplifié les bases matérielles de l'école roumaine de Fogaras prit celle-ci sous sa protection personnelle afin qu'elle devînt le plus prestigieux établissement scolaire roumain de l'époque. Il est impossible d'établir le nombre exact des écoles roumaines de Brassó, de Hátszeg, de Lugos ou des villages de la région de Fogaras, mais il est hors de doute que la Transylvanie possédait, à la fin du XVIIe siècle, proportionnellement davantage d'écoles roumaines que d'écoles hongroises. Ce fut en Transylvanie qu'on imprima le premier manuel scolaire de langue roumaine, un abécédaire en caractères cyrilliques appelé *Bucoavna* (1699).

Aux nombreuses bourses d'études étrangères dont bénéficiaient les élèves des collèges protestants de Transylvanie s'ajoutent maintenant celles offertes par les universités de Francfort sur l'Oder, de Leyde, de Franeker et de Zurich. Entre 1700 et 1703, 53 étudiants transylvains s'inscrivirent à l'université de Wittenberg, encore que l'attrait des universités hollandaises, suisses et anglaises ne cessât de croître. Revenant de Constantinople, l'ambassadeur d'Angleterre, Lord William Paget traversa la Transylvanie et emmena avec lui trois étudiants hongrois ainsi qu'un étudiant saxon pour parfaire leur formation à Londres.

L'implantation massive des jésuites en Transylvanie favorisait, bien entendu, l'essor des écoles catholiques. Le projet d'Apafi de fonder une université en Transylvanie fut abandonné par les Habsbourg, qui estimaient que la création d'un établissement d'enseignement supérieur dans la Principauté n'était pas nécessaire.

Rákóczi fonda à Kolozsvár une Société de Jeunes Nobles, institution princière destinée à former des cadres pour l'armée et l'administration, qui admit également parmi ses membres un certain nombre de jeunes Transylvains, dont des Hongrois, des Saxons et même un Roumain.

Dans les écoles élémentaires, on apportait beaucoup plus de soins qu'auparavant à l'enseignement de la lecture et de l'écriture. Les professeurs des collèges et des écoles supérieures s'employaient consciemment à développer, parallèlement à la promotion des sciences naturelles, en premier lieu la réflexion de leurs élèves.

Le stock de livres de la Transylvanie subit, pendant ce demi-siècle, des pertes fâcheuses. La librairie princière de Gyulafehérvár fut réduite en cendres, en 1660, par les Tartares; la bibliothèque de Brassó fut ravagée par un incendie en 1689; celle du collège de Nagyenyed fut détruite par les soldats de l'armée impériale. Le livre perdait peut-être de son prix, mais sa valeur augmentait. Les intellectuels de la Cour d'Apafi s'efforcèrent de reconstituer la «bibliothèque nationale» princière. Les bibliothèques domestiques ne cessaient de s'enrichir, de même que celles des collèges, auxquelles s'ajoutaient encore les petites bibliothèques spéciales des professeurs. Les inventaires témoignent du progrès de la lecture parmi les femmes et les enfants ainsi que de la proportion croissante des livres imprimés en hongrois. Le médecin de Szeben Sámuel Köleséri possédait une bibliothèque de 4000 volumes.

Les imprimeries transylvaines ne pouvaient guère satisfaire la grosse demande en livres. De 1650 à 1680, près de 400 ouvrages sortirent des presses de Brassó, Szeben, Kolozsvár, Gyulafehérvár et Várad. (L'atelier de Várad avait été, entre-temps, transféré à Debrecen, puis à Szeben.) L'essor de l'imprimerie transylvaine fut l'œuvre d'Ábrahám Szenci Kertész et de Mihály Veresegyházi Szentyel, qui avaient fait leurs études dans les Provinces-Unies, et surtout de Miklós Misztótfalusi Kis, également formé par des maîtres hollandais, qui éleva son art à un niveau exceptionnel, même à l'échelle européenne. Le célèbre historien d'Oxford de la typographie, Harry Carter considère que les caractères gravés par Misztótfalusi ne sont égalés que par ceux de Garamond et de Grandjean; il a prouvé, en conformité avec l'opinion de l'Américain Jack Werner Stanffacher que les fameux caractères Janson étaient dus au grand typographe transylvain. Outre les Hollandais, Misztótfalusi a gravé des caractères pour des clients polonais, suédois, allemands, arméniens, anglais, italiens et géorgiens, chaque fois selon le système propre de leur alphabet. Installée dans une maison à étage de Kolozsvár, sa *Tipographica Officina* subventionnée par le Prince imprimait des livres bon marché à gros tirages, mais d'une typographie artistique. Cependant, la mise en place du gouvernement des Habsbourg, en 1690, fut fatale à Misztótfalusi Kis, qui végéta encore, entouré de mesquines attaques, pendant quelques années; sa mort précoce mit fin aussi à son atelier.

Dès les années 1660, la vie scientifique de la Transylvanie se déroule sous le signe du cartésianisme. Sámuel Enyedi, personnalité de marque de la première génération, embrasse la tendance proche de la doctrine de Regius de la philosophie rationnelle et met l'accent sur le dualisme de Descartes. Après la chute de Várad, la deuxième génération cartésienne (János Nadányi, Márton Dézsi et d'autres) crée, avec Enyedi, au collège de Nagyenyed, le foyer du cartésianisme transylvain. Médecin formé à Bâle, penseur le plus éminent de la troisième génération des cartésiens transylvains, Ferenc Pápai Páriz propose, dans les années 1690, une synthèse remarquable des idées de Descartes. Miklós Apáti qui, étudiant, avait fréquenté le cercle de Poiret, affirme, dans son ouvrage capital publié à Amsterdam, que le libre arbitre est le pilier le plus solide de la conscience de soi et insiste, suivant la méthodologie cartésienne, sur le rôle primordial des mathématiques dans la connaissance de la nature. Mihály Pál Régeni, professeur au collège unitarien de Kolozsvár, intervint dans le débat européen suscité par la philosophie cartésienne et s'attira même l'attention internationale en soutenant la position de Ehrenfried Walter Tschirnhaus qui, par son esprit indépendant, annonçait déjà Newton. Dans le domaine de l'astronomie, la doctrine de Copernic sur l'univers héliocentrique était déjà connue et enseignée en Transylvanie. Les recherches mathématiques du professeur de Marosvásárhely Sándor Kaposi, ancien étudiant des universités anglaises et hollandaises, ou bien, l'ouvrage intitulé *De Cometis* de János Köpeczi, le traité sur la lumière de Sámuel Köleséri, ainsi que les écrits d'autres savants témoignent de l'adoption des méthodes les plus modernes dans l'exploration de la nature. La pensée scientifique transylvaine de cette époque doit beaucoup au Saxon Andreas Teutsch, médecin diplômé à l'université d'Utrecht, qui avait assimilé, à Leipzig, la doctrine de Spener sur la nécessité de séparer la foi et la science, et à Halle, les principes piétistes de Francke en matière de politique culturelle et qui devait propager ces connaissances dans son pays où il devint médecin et «juge du roi». Bien avant la célèbre ordonnance de Marie-Thérèse, Teutsch interdit, en Terre saxonne (Königsboden), les procès de sorcellerie. Né à Kőhalom, Bartolomeus Bausner fit des études à Amsterdam et publia un traité sur la circulation du sang et l'harmonie des parties du corps humain. Dans un ouvrage de médecine qui connut plusieurs éditions, Regius se référait lui-même aux travaux de trois jeunes médecins transylvains, János Sikó, Sámuel Enyedi et János Gunesch. Les ordonnances de János Bánffyhunyadi, qui étudiait et fabriquait des substances médicamenteuses, figurent dans le traité de pharmacologie publié, en 1681, par le chimiste anglais Goddard, membre de la Royal Society. Köleséri fit œuvre de pionnier en décrivant les maladies professionnelles des mineurs, en réclamant des soins médicaux gratuits assurés par l'Etat pour les indigents ainsi que des mesures administratives afin d'arrêter les épidémies de peste. Le fameux *Regimen Sanitatio Salernitanum,* recueil de règles sur le train de vie raisonnable et le maintien de la santé, établi par la Schola Salernitana, fut traduit tant en allemand, par le médecin saxon Lucas Seuler (Brassó, 1634) qu'en hongrois par György Felvinczi, avocat, juge de paix et directeur du théâtre de Kolozsvár (1693).

Le sommet de la science médicale transylvaine fut la *Pax Corporis ou traité sur les maladies du corps, de leurs causes, foyers et médications* (1690) de Ferenc Pápai Páriz. La plupart des malades étaient encore soignés par des guérisseurs de village, tandis que le traitement des fractures et des blessures ou l'extraction des dents étaient pratiqués, malgré la présence de médecins diplomés dans toutes les grandes villes de Transylvanie, par les barbiers regroupés en corporations. Ecrite dans un hongrois accessible à tous, l'œuvre de Pápai livrait aux guérisseurs locaux un résumé systématique des derniers résultats de la science médicale. L'importance historique de ce premier livre de médecine imprimé en hongrois, et dû à un auteur hongrois, réside dans le fait que Pápai, tout en insistant sur la primauté de la science médicale dans le traitement des maladies, abordait également les questions de prévention et d'hygiène et mettait l'accent sur la responsabilité humaine au lieu de la fatalité. L'ouvrage fut diffusé à gros tirages pendant des siècles : 11 éditions datant du XVIIIe siècle nous sont connues et les *csángó* de Moldavie le consultaient encore au XXe siècle.

Civilisation matérielle et mentalités

Les cadres de la vie matérielle constituaient, dans leur ensemble, un mélange singulier de tradition et de modernité.

Le goût pour la construction reste vigoureux pendant tout notre demi-siècle : les habitants de Kolozsvár rebâtissent rapidement les 1 800 maisons ravagées par le feu en 1655 ; ceux de Brassó se voient obligés, après les incendies des années 1680, de reconstruire pratiquement toute leur ville. Le Collège réformé de Kolozsvár — le plus grand établissement scolaire où l'on nourrit et loge les élèves — est conçu d'après les plans de l'architecte italien Agostino Serra. L'aristocratie fait elle aussi preuve d'ambitions dans ce domaine : on voit s'élever, entre 1666 et 1679, le château des Teleki à Sorostély, le château des Bethlen à Bethlenszentmiklós, et l'on assiste à la réfection de bien d'autres demeures aristocratiques (dont celle de Keresd) et de manoirs (Bethlen, Uzdiszentpéter, Bonyha). L'architecture ecclésiastique recourt comme matière surtout au bois, la cage de clocher monumentale de Magyarsáros date de 1699. La région de Fogarasföld est parsemée de nouvelles églises orthodoxes.

La haute et la moyenne noblesses habitent des châteaux et manoirs situés au milieu de bâtiments divers entourés de clôtures. Ces demeures comprennent au moins quatre, mais le plus souvent huit à dix pièces, voire davantage, et à l'étage elles sont pourvues de balcons en bois. L'étage qui sert de logis est divisé en appartements des hommes et des femmes. Les salles communes — la salle à manger et la « salle d'audience » — ont le plus souvent des fenêtres garnies de cristal, alors que les autres pièces et les dépendances ont des fenêtres à simples plaques de verre rondes ou carrées, ou ne sont même pas vitrées, avec des battants de bois. Les vitrages en chassis de plomb, les toits de tuiles, les cheminées et poêles chauffés de l'extérieur se généralisent également dans les palais urbains et les maisons bourgeoises. Le goût du confort se répand dans les demeures familiales de toutes les couches de la société. Le mobilier est peint ou verni, parfois orné d'incrustations. Originaires des Pays-Bas, les meubles à coquilles parviennent, à travers la Pologne, dans les maisons aristocratiques. Pour les maisons paysannes que nous avons déjà décrites plus haut, signalons encore l'apparition des bancs à dossier articulé. Les murs des châteaux de grands seigneurs sont couverts de tapisseries vénitiennes, hollandaises, françaises et espagnoles qui représentent des scènes bibliques et mythologiques. Même les demeures moins fastueuses sont souvent décorées de tentures en couleur. Les tapis turcs abondent partout, en particulier les tapis dits « transylvains ».

Pour ce qui est de l'éclairage, les chandeliers de fer et de cuivre réunissent des vertus esthétiques et fonctionnelles. Les lampes en verres commencent à être à la mode. Les coupes, gobelets et couverts d'or et d'argent des aristocrates cèdent peu à peu la place à la vaisselle de porcelaine ou en bois et aux verres ; en outre, la poterie et la céramique transylvaines ne s'adressent plus à la seule clientèle paysanne. Les récipients d'étain vernissés figurent eux aussi parmi les accessoires de la vie quotidienne. Les bocaux et les briques de faïence se retrouvent surtout chez les gens de condition. Les inventaires de décès — qui nous sont parvenus en grand nombre de cette période — témoignent des progrès remarquables de l'hygiène : les baignoires d'adultes et d'enfants en cuivre et en bois, les cuvettes d'argent, de cuivre et de faïence ou les serviettes de toilettes tendent à se généraliser dans les milieux aisés. Les artisans de Brassó qui construisent des conduites d'eau jouissent d'une grande réputation, de même que les vendeurs d'eau acidulée de la Terre sicule. En effet, la Transylvanie est riche en sources thermales : ses bains sulfureux, carbogazeux, saumâtres et thermaux qui remontent à de longues traditions sont fréquentés non seulement par ceux qui veulent y faire des cures, mais aussi par la bonne société désireuse de se distraire, voire par les personnalités de la scène politique. La culture balnéaire en ville a de longues traditions.

Quant à l'habillement, remarquons tout d'abord que, pour couper des dolmans et des manteaux hongrois, les tailleurs utilisent à la fois des draps anglais et des velours turcs extrêmement chers, et des draps bon marché de Brassó ou — plus tard — des Balkans. Les vêtements transylvains de la seconde moitié du XVIIe siècle témoignent de l'influence des coutumes vestimentaires turques, polonaises et autrichiennes. Les modes italienne, française et allemande trouvent elles aussi de nombreux adeptes. L'habillement continue à exprimer la condition, le rang social, la fonction et, surtout, l'appartenance ethnique. Aristocrates et roturiers font volontiers étalage de parures. Les bijoux en pierres précieuses des riches Saxonnes sont très enviés, non moins que les parures d'étain, de fer blanc ou de verre des paysannes saxonnes. Même les fermières roumaines pauvres possèdent au moins quelques parures de verre et chaînes d'argent. Aristocrates ou petits nobles, les hommes se parent obligatoirement de sabretaches cousues d'or et brodées de perles, d'armes ornées de pierres précieuses et de toques munies de cimiers en or, en argent ou en cuivre où l'on attache les plumets indiquant les grades militaires.

Une piété profonde et une vie familiale très intime sont le propre des Transylvains de tout rang social. Ils gèrent avec une économie sévère leurs biens terrestres. Les testaments révèlent qu'ils s'efforcent de garder même pour l'avenir lointain leurs relations sociales et leur bonne réputation. Leur hospitalité est, pour ainsi dire, artistiquement cérémonieuse. Les droits de l'hôte reçu sont inviolables. Selon les recherches les plus récentes, la conscience collective de la société transylvaine et ses sentiments nationaux avaient les mêmes caractéristiques que ceux des autres pays de l'Est de l'Europe Centrale d'une part, mais d'autre part, ils étaient marqués par les conditions spécifiques : la coexistence de trois ethnies et de cinq religions. Sous le régime féodal des trois «nations» remontant à plus de deux siècles et demi, les aristocrates, les nobles, les comitats et les «sièges» sicules témoignaient d'un fort sentiment national hongrois et les Saxons d'une non moins forte conscience saxonne. Mais ces cadres profondément féodaux étaient déjà entamés — et de deux directions même —, par des idées qui annonçaient l'avenir : d'une part, le cartésianisme, le puritanisme et le piétisme qui placèrent au premier rang des valeurs collectives la culture, la science, l'assistance des démunis, le soin de la langue maternelle et contribuèrent de ce fait à la naissance d'une conscience nationale au sens bourgeois — ces idées exerçant leur effet surtout parmi les couches moyennes, les marchands, les hommes d'armes. D'autre part, la présence d'univers de mythologies populaires et de cultures traditionnelles différents, ainsi que les particularités ethniques, exprimées aussi par l'habillement, soulignaient la réalité d'une coexistence qu'on acceptait avec tolérance et compréhension. Dans le même temps, les expériences historiques faites en commun ont révélé la nécessité de la coopération. Tout en se réclamant de leurs traditions, les Saxons s'identifièrent pleinement à l'Etat d'Apafi; Rákóczi s'adresse aussi à la nation saxonne et à la nation valaque, et les Roumains ne manquaient pas de se reconnaître dans les buts du Prince. La politique religieuse tolérante ouvrit la voie à la culture en langue maternelle et favorisait ainsi le développement des futures nations modernes. La Transylvanie avait encore, à cette époque, d'assez bonnes chances de devenir une deuxième Suisse de cette région orientale de l'Europe centrale.

L'époque commençait à avoir une conscience très aiguë du prix du temps, en particulier parmi la population urbaine. Indispensables dans les demeures d'aristocrates et d'intellectuels, les premières horloges apparaissent également au-dessus des porches des maisons de notables ainsi que sur les places de marché. L'oisiveté est un crime: le temps gaspillé est une perte irrémédiable. L'idée du «temps des marchands» et du temps historique se propage également en Transylvanie où les esprits les plus cultivés saisissent déjà la notion de relativité du temps. Les mentalités sont dans une large mesure façonnées par les almanachs qui reflètent d'ailleurs les divisions confessionnelles de la société transylvaine et indiquent également la computation d'avant la réforme du calendrier.

Déterminé par les conditions naturelles, climatiques et historiques, le legs d'expérience commune des populations hongroise, saxonne, roumaine est transmis de génération en génération par les traditions et les contes populaires. Le rythme de vie propre aux sociétés agricoles européennes est ponctué de fêtes religieuses et, conformément aux habitudes des communautés de mineurs, des montagnards ou des habitants des vallées, varie légèrement d'un endroit à l'autre. Une horticulture fort développée fournit, en dehors des substances médicamenteuses, des décors symboliques pour les fêtes publiques et familiales, tandis que pour les notables, elle offre des cadres de délassement près des ruisseaux, ponts et étangs de leurs jardins.

Les carrosses (en particulier les carrosses à vitres), les destriers, les armes de qualité et surtout les horloges sont par excellence les signes extérieurs de l'aisance. Les inventaires de décès font déjà état d'un nombre croissant d'«horloges anglaises» indiquant l'heure par des constellations d'étoiles, des scènes de combat ou des figurines dansantes, que leurs propriétaires montrent avec fierté à leurs visiteurs.

Les arts et la littérature

Le château de Bethlenszentmiklós, monument le plus remarquable de l'architecture transylvaine de la seconde moitié du XVIIe siècle, a été conçu dans un style de Renaissance italienne greffé sur des traditions locales. Ses arcades du Sud témoignent notamment d'apports vénitiens. Plusieurs écoles architecturales transylvaines sont nées sous l'influence de la Renaissance italienne. Les chambranles et les encadrements de fenêtres ornés de fleurons et de rinceaux se retrouvent sur la plupart des constructions saxonnes de Kolozsvár, de

Szeben et de Brassó de cette époque. Les colonnes ornementales à fleurons et à chapeaux du château de Zsigmond Kornis à Szentbenedek témoignent de la rencontre de la Renaissance et du premier baroque. Les églises orthodoxes en bois attestent la diffusion, en Transylvanie, des éléments ressuscités de l'art byzantin.

Les arts plastiques se développent, la plupart du temps, sous l'égide des Eglises protestantes. Les artistes locaux emploient volontiers les ornements floraux de la Renaissance et s'inspirent souvent de la symbolique de l'Antiquité et du christianisme. La chaire Renaissance du temple unitarien de Kolozsvár est d'une rare beauté : sur son abat-voix, le pélican nourissant son petit de son propre sang a la même signification que celui que l'on peut voir au-dessus du cadran solaire de la cour du Corpus Christi College d'Oxford. Pour ce qui est des arts mineurs, les noms de la plupart des sculpteurs sur bois, peintres sur bois, potiers, ferronniers et maroquiniers nous restent malheureusement inconnus. L'orfèvrerie transylvaine est illustrée par le Saxon Sebastian Hann. Parmi les nombreux plafonds à caissons des temples réformés, l'un des plus beaux est celui de Csíkszentmárton, qui est l'œuvre d'ébénistes sicules. La chapelle de Csíksomlyó a un plafond à caissons de style baroque, que l'on doit à un peintre franciscain d'origine italienne. L'un des premiers autels baroques de Transylvanie a été exécuté par l'imagier Péter Lengyel au couvent des Franciscains de Szárhegy. L'autel peint par Jeremias Stranoves de Szeben de l'église de Segesvár porte également l'empreinte du premier baroque. Les motifs du riche art folklorique transylvain témoignent de la persistance de la symbolique ancestrale : les oiseaux représentés face à face symbolisent l'amour, ceux qui se tournent le dos, la fidélité au-delà du tombeau. L'arbre de vie reste le symbole de la survie dans l'autre monde.

La production littéraire est dominée par les genres propres à l'époque. Les collèges unitariens et réformés, de même que plus tard les collèges des jésuites, donnent un nouvel essor au théâtre. Bénéficiant d'une patente impériale, György Felvinczi, qui est le premier directeur de théâtre transylvain, fait jouer des pièces sur des places de marché, travaillant ainsi à « l'élévation des âmes ». Il écrit lui-même des poèmes et des drames éducatifs. Fondée sur des thèmes mythologiques, sa *Comico-tragoedia* s'apparente sous bien des rapports à l'opéra le plus apprécié de l'époque : *Il pomo d'Oro* de Marc Antonio Cesti. Les journaux et les mémoires abondent. Ils ont tous été écrits sans exception dans la langue maternelle des auteurs, c'est-à-dire en hongrois ou — chez les Saxons — en allemand. Parmi les œuvres les plus remarquables, signalons l'*Autobiographie* de János Kemény, écrite en captivité tartare, ou le *Journal* qu'István Wesselényi a rédigé pendant son emprisonnement à Szeben, à la suite du stratagème de Bussy de Rabutin. Miklós Bethlen commença son *Autobiographie* alors qu'il était transféré de sa captivité de Szeben à Vienne, pour la finir dans la capitale impériale, dernière escale de sa vie. Ecrite sur un ton réaliste, elle est la première œuvre en prose vraiment remarquable de la littérature hongroise.

Les auteurs de journaux et de mémoires ont introduit le texte de nombreux documents contemporains dans la relation des événements de leur vie. L'*Historia* du petit noble Mihály Cserei est un véritable inventaire des diverses opinions formulées au sujet des avatars politiques de la Principauté.

Les pamphlets et manifestes servent aux fins des luttes politiques intérieures, mais certains d'entre eux, les plus ambitieux, sont destinés à l'opinion européenne. On notera en particulier ceux qui ont été écrits pendant la guerre
 de Rákóczi, essentiellement en français ; ils se fondent sur Grotius et se

réclament du droit naturel pour souligner que l'indépendance et la pacification de la Transylvanie sont indispensables pour l'équilibre européen.

L'historiographie transylvaine recourt à plusieurs genres et s'exprime en plusieurs langues. C'est alors que prennent leur premier essor l'histoire des écoles et celle des Eglises en hongrois et en allemand, et commence l'étude de l'histoire des villes. L'œuvre de János Bethlen est le produit majeur de l'historiographie hongroise de langue latine, *Rerum Transylvanicarum, libri quatuor* (Szeben, 1663, Amsterdam, 1664). Le *Florus Hungaricus* de János Nadányi qui parut même en anglais (1664), a son intérêt particulier du fait qu'il abandonne la théorie de l'origine hunnique des Hongrois et tente de retracer l'histoire de la Hongrie en se basant non pas sur les chroniques, mais sur des documents authentiques. Reprenant le fil abandonné par le manuscrit de Szamosközy, Farkas Bethlen poursuit l'histoire de la Transylvanie indépendante. Premier ouvrage historiographique écrit en hongrois, la «Chronique lamentable des Hongrois» (*Siralmas magyar krónika*, 1662) de János Szalárdi se penche sur les vicissitudes de la «Terre transylvaine» pour comprendre comment avait pu se produire le plus grand péril de l'histoire de la Principauté, l'invasion turque de 1657-1660; elle donne aussi un récit détaillé de la lutte héroïque des défenseurs de Várad.

S'inspirant des recherches des origines lancées par les humanistes, l'historiographie saxonne produit, sous la plume de Johann Troester (1666), Laurentius Toppeltinus (1667) et Mathias Miles (1670), des ouvrages qui désignent comme ancêtres des Saxons de Transylvanie les Daces, les Huns, les Gots ou d'autres peuples vivant dans cette région avant la conquête hongroise. Ces travaux, qui fournissaient néanmoins des informations intéressantes sur la vie des habitants de la Transylvanie de l'époque, furent qualifiés, notamment en raison de leurs fausses hypothèses généalogiques, d'erronés du point de vue scientifique par l'éminent historien, le comte Valentin Franck von Franckenstein, se distinguant aussi comme poète, qui montra dans son ouvrage historique paru en 1696 que les Saxons de Transylvanie étaient les descendants des colons établis là-bas au XIIe siècle par les rois hongrois.

L'histoire ancienne de la Transylvanie, Dacie, soit celle de province romaine avait intéressé, depuis les humanistes du XVe siècle, le monde scientifique, y compris les savants hongrois. L'idée d'y situer la genèse du peuple roumain surgit d'abord chez les chroniqueurs de Moldavie du XVIIe siècle; alors qu'en Transylvanie même le poète roumain Mihai Halici, pourtant imprégné de culture humaniste, ne s'y rallia pas. La chronique de Gheorghe Brancovici, écrite en roumain (1687) s'étend à l'histoire de la Transylvanie et à ses relations avec la Valachie.

En belles-lettres on vit naître deux œuvres importantes: une transposition hongroise de la version turque du *Pankatantra* due à Dávid Rozsnyai (1641-1718); dans *Hármas História* (Histoire en trois chapitres, Kolozsvár, 1695), János Haller récapitulait les thèmes de la *Gesta Romanorum*, des biographies d'Alexandre le Grand et du cycle mythologique de Troie.

Mais le genre le plus riche et le plus varié est la poésie. C'est la grande époque de la poésie collective: éloge de métiers, chansons militaires, chants d'étudiants et de «fugitifs» connaissent une grande vogue. Nourrie de piétisme, Kata Szidónia Petrőczy devient la première poétesse hongroise. Les Saxons ont également leur poète de grand talent: en la personne de Valentin Franck. Traducteur de psaumes, qui a pu faire la connaissance, à Enyed, aussi des idées de Descartes, Mihai Halici est le premier poète à écrire des vers métriques en roumain.

Assise sur un patrimoine extrêmement riche, la poésie transylvaine est maintenant marquée par les idées et les symboles de la Renaissance et du baroque à la fois. Elle sauvegarde les représentations collectives ancestrales hongroises, traduit la nouvelle vision du monde du XVIIe siècle et perpétue la symbolique léguée par l'Antiquité. Elle exprime la nouvelle piété, la prise de conscience de l'homme sur ses valeurs propres, les réactions aux bouleversements politiques ainsi que les angoisses collectives pour le sort du pays. Les chansons historiques sont axées sur des idéaux nationaux, imprégnées du respect des valeurs antiques, du culte Renaissance de l'héroïsme et du souci du progrès économique. Dus pour la plupart à des auteurs anonymes, ces poèmes ont été, à l'image des chansons et ballades populaires, ciselés par des collectivités. Les ballades — comme par exemple celle qui chante la bravoure de László Rákóczi, tué à Várad en 1664, ou la ballade d'Izsák Kerekes — portent l'empreinte des vicissitudes du temps. Les différentes variantes de ballade célébrant le Roumain Pintea Grigore évoquent le souvenir de la guerre d'indépendance de Rákóczi contre les Habsbourg. Certains vers, strophes et motifs des poèmes politiques qui datent de cette époque resurgiront dans les chansons et ballades populaires des siècles suivants. La production poétique de la seconde moitié du XVIIe siècle a été léguée à la postérité à la fois par des chansonniers manuscrits et par la tradition orale.

Quoique sujette à une réglementation traditionnelle, la vie musicale des villes saxonnes et hongroises est extrêmement mouvementée. Les principaux foyers de la musique vocale sont les églises et les collèges. Les aristocrates soucieux de suivre la mode organisent des concerts dans leurs châteaux et font donner à leurs enfants des cours de musique. Bien que le puritanisme et le piétisme aient condamné la musique instrumentale et que l'Eglise calviniste ait renoncé à l'art vocal symphonique, le collège de Nagyenyed introduit l'enseignement de l'orgue dans les études musicales ecclésiastiques.

Le goût du chant est très vif dans les villages hongrois, saxons et roumains. La Transylvanie se trouve depuis des siècles au carrefour des voies de propagation des airs européens. Les musicologues ont découvert qu'il existe des chansons populaires transylvaines qui perpétuent des mélodies religieuses du XVIIe siècle ou des chansons françaises du XVIe. L'une des variantes du chant de Rákóczi — qui a inspiré, entre autres, Berlioz — a été notée comme air de danse dans le codex *Kájoni* de Csík (1634-1670), tandis que l'autre se trouve dans le codex *Vietorisz,* sous le titre de «danse valaque». L'air est encore chanté de nos jours et avec des vers de caractère religieux. Le legs de chansons folkloriques transylvaines est, dans son ensemble, de type traditionnel : les premières mélodies annonçant les airs de danse de recrutement *(verbunkos)* qui deviendront si populaire par la suite, apparaissent au tournant du XVIIe et du XVIIIe siècles.

L'essort culturel du dernier demi-siècle de l'histoire de la Principauté de Transylvanie a trouvé sa brillante synthèse dans les *Lettres de Turquie* écrites, entre 1717 et 1758, par le noble sicule Kelemen Mikes, garde de corps de François II Rákóczi, qui a accompagné son Prince dans toutes les étapes de son émigration depuis la Pologne jusqu'à la ville turque de Rodosto (Tekirdağ) en passant par la France. Certes, le séjour à Paris et les longues années de l'exil n'ont pas été sans marquer les goûts et la vision de l'auteur, mais il n'en demeure pas moins que cet ouvrage capital dans l'histoire de la prose hongroise porte éminemment l'empreinte de la mentalité transylvaine ainsi que d'un idéal culturel formulé en ce pays dès le milieu du XVIIe siècle.

La Transylvanie dans l'Empire des Habsbourg

I — Le long XVIIIe siècle (1711-1830)

1. Le nouveau système de domination

La paix de Szatmár, signée aussi par la noblesse transylvaine du camp de Rákóczi, donna un nouvel élan au processus, entamé depuis 1690, d'intégration de la Transylvanie dans l'Empire des Habsbourg. En effet, la politique habsbourgeoise entendait, dans cette province comme en Hongrie, réduire l'autonomie nobiliaire des comitats, et dans la première moitié du XVIIIe siècle, elle tenta même à plusieurs reprises d'y installer un régime entièrement militaire.

Au début de la période examinée, la Cour de Vienne considérait la Transylvanie comme un territoire d'intérêt essentiellement militaire, un rempart à l'est, du côté des Turcs. Et elle se servit effectivement, dans les années 1710, de cette région pour mener une nouvelle guerre victorieuse contre l'Empire ottoman affaibli auquel — et ce fut un fait particulièrement important pour la Transylvanie — elle réussit à arracher l'Olténie, partie occidentale de la Valachie, conquête qu'elle devait perdre à nouveau dans la seconde moitié des années 1730.

Il fallait créer en Transylvanie des conditions qui pussent y garantir la stabilité définitive du règne des Habsbourg. En 1723, Charles III fit voter, par un coup de force, la *Pragmatica Sanctio* (qui assurait aux Habsbourg, à défaut de descendants mâles, la succession du trône également en ligne féminine), loi qui soulevait des problèmes tant constitutionnels que de politique extérieure. En effet, la moitié des grands officiers de la Diète n'étaient même pas présents au vote, ce dont voici la justification officielle : « . . . quelles gloire et sécurité, quels immenses avantages en découleront pour les citoyens de cette principauté héréditaire et des parties qui lui sont rattachées, et qui constituent un bastion exposé plus que tout autre à la fureur de l'ennemi juré de toute la chrétienté et qui sont incapables de se défendre par leurs propres moyens, mais qui furent à plusieurs reprises délivrées du lourd joug des Turcs au prix d'énormes efforts et sacrifices et de multiples effusions de sang ; quels immenses avantages donc, si elles s'unissent durablement aux pays et provinces héréditaires de sa Majesté Sacrée et si la succession selon le droit d'aînesse y est autorisée pour les deux sexes ».[1]

[1] Ferenc Toldy, A magyar birodalom alaptörvényei (Les lois fondamentales du Royaume de Hongrie), Buda, 1861, 192-195.

Carte 17. La Transylvanie dans l'Empire des Habsbourg, 1815-1847

Conformément à ces principes et à cette pratique, la Transylvanie fut dotée, à l'intérieur de l'Empire, d'un gouvernement séparé. En 1712-13, le Gubernium fut restitué; de toutes les «dignités capitales» citées dans le Diplôme Léopoldien, seule la charge de gouverneur fut remplie, les affaires militaires et la fiscalité continuaient à échapper au contrôle des Ordres de Transylvanie; la charge de commandant général du pays restait vacante; l'administration était confiée à des spécialistes venus des pays héréditaires, qui assumaient des fonctions aux dénominations diverses relevant toutes de l'autorité de la Chambre Aulique. Le Gubernium, de compétence nationale en matière d'administration et de juridiction, se vit subordonné à la Chancellerie Aulique de Transylvanie qui siégeait à Vienne. Ce n'était pourtant pas dans cette dernière que s'élaboraient les décisions du souverain, mais au Ministerialkonferenz de l'Empire, sur lequel le prince Eugène de Savoie eut, pendant le quart de siècle qui suivit 1711, la haute main. Cet organe préparait pour le souverain des recommandations sur le lieu et la date de la Diète, le choix des participants, le soutien ou le rejet des projets de loi, l'attitude à adopter vis à vis des programmes de réformes et autres affaires politiques du même genre. Tout compte fait, la Chancellerie Aulique de Transylvanie n'était guère plus qu'un organe exécutif.

De la dépendance turque — ayant souvent été toute théorique — qu'elle avait connue aux XVIe et XVIIe siècles, la Transylvanie passa donc sous celle d'un empire relativement bien organisé, d'une soumission plutôt vague à une intégration rigoureuse.

L'autre solution aurait pu être une action réussie des émigrés rassemblés autour de Rákóczi soutenu par les Turcs, mais qui avait pour évidente contrepartie le retour du pays sous la tutelle ottomane. Des tentatives eurent lieu dans ce sens également. Dans l'été de 1717, les armées turque, tartare et moldave firent pour la première fois irruption en Transylvanie, assistées d'une partie des émigrés qui entouraient Rákóczi, mais cette action n'eut aucune suite politique puisque les troupes turques et moldaves, à l'annonce de la défaite turque de Belgrade, se replièrent à la hâte. La seconde tentative prit place en 1737, lorsque le commandant général des armées impériales lança une déclaration de guerre inattendue et obtint des succès rapides face à un ennemi pris au dépourvu. C'est alors que fut évoqué le projet d'une principauté hongroise-transylvaine placée entre les mains du prince Joseph, fils de François II Rákóczi. L'athnamé que celui-ci reçut des Turcs était pour l'essentiel identique à ceux accordés aux princes de Transylvanie aux XVIe-XVIIe siècles. Mais il s'avéra illusoire d'attacher de trop grands espoirs au nom des Rákóczi : en fait, son appel n'entraîna pas la désertion massive des soldats hongrois servant dans l'armée impériale, comme on l'avait espéré en Transylvanie, car le programme d'un changement politique, visant l'indépendance relative, s'appuyant sur les Turcs, ne parvint pas à se rallier la majorité de la société.

Population et société

Son incorporation dans l'Empire des Habsbourg apporta à la Transylvanie la paix pour un siècle et demi, tandis que les principautés voisines restèrent pendant toute cette période encore exposées aux guerres, aux campagnes et occupations militaires russes, turques et quelquefois autrichiennes. La « pax habsburgica » eut pour conséquence d'importants changements dans la composition ethnique non seulement du territoire de la Transylvanie, mais aussi des régions environnantes : des mouvements migratoires, déjà entamés auparavant, purent alors prendre de l'ampleur, à en croire les reconstitutions effectuées par les historiens qui, cependant, nous sont encore redevables de l'analyse approfondie et objective de ces phénomènes, aussi difficile que puisse être cette tâche, en raison notamment de l'impossibilité d'accéder aux documents locaux.

Vers 1710, la population de la Transylvanie peut être évaluée à 800-860 000 âmes, chiffre qui devait monter — selon le témoignage des recensements — à 1,5 millions dans les années 1780 et à 2 millions au milieu du XIXe siècle. Le rythme de la croissance démographique se situait, tout au long du XVIIIe siècle, autour de 0,5-0,7%, pour retomber, entre 1786 et 1850, à 0,45%, tout en atteignant 1% après la grande famine de 1817, c'est-à-dire dans les années 1820-40. Des bonds et des rechutes de la croissance démographique ont peut-être également eu lieu au XVIIIe siècle, par suite notamment des grandes épidémies et famines, et, surtout au début de cette période, d'une migration de plus en plus nombreuse. La peste de 1717-20 emporta près de 10% de la population. Bon nombre de tenures serviles s'étant, à l'occasion d'une telle épidémie, dépeuplées, il s'en suivit immédiatement une intense migration intérieure. S'il y eut, dans la première moitié du XVIIIe siècle, des mouvements migratoires jamais vus auparavant, la raison en était que les territoires de Hongrie, libérés de la domination turque mais fort dépeuplés, aspiraient littéralement la population.

En effet, les propriétaires de la Grande plaine hongroise tentèrent, moyennant d'importants allègements (exemption pour plusieurs années de la corvée et des redevances), d'attirer sur leurs terres, parfois entièrement désertées, les serfs hongrois ou transylvains, si bien que, fuyant la Transylvanie où le sol était moins fertile et plus difficile à défricher, et plus lourdes la corvée et l'imposition, d'énormes masses paysannes, de l'ordre de cent mille, tenanciers ou non, se mirent en route vers la terre des promesses. Ce furent parfois les seigneurs de Transylvanie eux-mêmes qui transportèrent leurs serfs sur leurs domaines de Hongrie. «De nombreux villages sont restés déserts, ou presque», se plaignaient sans cesse les autorités de Transylvanie. Et le souverain ordonna en vain de ramener en Transylvanie les fugitifs passés en Hongrie, «ces grands espaces déserts absorbent les gens au point qu'il nous est impossible même de les retrouver»,[2] écrit l'administration transylvaine à la Chancellerie. Ces plaintes seront régulièrement réitérées jusqu'au milieu du XVIIIe siècle.

Les mouvements ne suivaient pas cette seule direction: la migration se dirigeait également vers la Valachie et la Moldavie, mais dans des proportions nettement inférieures. Pourtant, les territoires transcarpatiques pouvaient eux aussi constituer une source considérable d'attraction. (En Valachie, la densité de la population, dans les années 1810, est encore plus basse que le chiffre transylvain, antérieur de cent ans, qui était de 13-14/km^2.) Il y avait également l'attrait des prix des céréales, beaucoup plus bas, et les seigneurs terriens y promettaient eux aussi l'exemption. De plus, les instigateurs à la migration touchaient de bons subsides. Quoi qu'il en soit, si dans la première moitié du siècle les immigrants originaires de l'autre côté des Carpates et s'installant en Transylvanie étaient encore plus nombreux,[3] dans sa seconde moitié, l'émigration massive au-delà des Carpates fut déjà dénoncée comme un «morbus transylvanicus». Il est vrai que les temps calamiteux une fois passés, bon nombre des émigrés retournèrent en Transylvanie, fuyant à la fois les vicissitudes consécutives aux guerres permanentes en Valachie et Moldavie, et le poids des impôts d'Etat qui n'étaient pas toujours compensés par une corvée moins grande (les seigneurs terriens avaient beau essayer d'augmenter celle-ci selon le modèle transylvain, leurs efforts se brisaient contre la résistance des paysans, qui avaient, justement, pour arme principale la migration).

Aussi la Chambre Aulique de Vienne commenta-t-elle avec désapprobation, dans son rapport au souverain, le fait que les autorités transylvaines avaient accueilli trop de fugitifs venus de Valachie, «étant donné que ces gens sont apparentés ou liés par le sang aux ressortissants valaques de Transylvanie et qu'ils peuvent nouer des liens plus étroits avec ces ressortissants valaques de Transylvanie, ce qui entraîne ainsi des complicités en vue de l'émigration des sujets d'ici, voire même, les réciprocités plus étroites étant fort avantageuses, il n'y a guère de Valaque d'ici qui n'ait été, une fois au moins dans sa vie, en Moldavie ou en Valachie».[4] A l'origine de cette osmose transcarpatique — une

[2] *OL* Erdélyi Udvari Kancellária Levéltára (Archives de la Chancellerie Aulique de Transylvanie), Acta generalia 1712:80,137.

[3] Anton-Maria del Chiaro, Revoluţiile Valahiei (Les révolutions de Valachie), Iaşi, 1929, 6.

[4] Hofkammerarchiv, Vienne, Siebenbürgen, r. n° 256. 5 juin 1776.

forme paysanne de la lutte de classes à laquelle prenaient également part les Hongrois, surtout ceux de la Terre sicule — il y avait l'instinct de survie et l'ambition de recouvrer sa liberté de mouvement. Les historiens roumains s'étant penchés sur cette question soulignent eux aussi que la population roumaine était plus mobile, parce que plus pauvre, et choisissait la migration par «adaptation» à son sort inclément, tandis que les Hongrois optant pour l'errance y étaient poussés par la colère et la révolte.

Dans les années 1780, époque à laquelle beaucoup de Transylvains passèrent dans les Principautés à cause de la disette — pour revenir ensuite, à en croire les rapports des comitats —, un document autrichien qui rend compte de la situation affirme que la cause du «dépeuplement» de la Transylvanie est, outre le traitement brutal que la noblesse impose à la paysannerie, «l'hostilité de la noblesse à l'égard des sujets hongrois-transylvains, hostilité qui vient de leur mécontentement parce que ceux-ci sont moins prêts que les Valaques à se plier, le dos recourbé aux dures contraintes des servitudes». Et les serfs hongrois de Transylvanie de prendre la route soit de la Hongrie soit de la Moldavie. «On peut constater que bien des localités, qui étaient exclusivement habitées, il y a 40 ou 50 ans, par des Hongrois, sont déjà à moitié habitées par des Valaques». Par conséquent, «il ne fait pas de doute que si les conditions présentes sont maintenues, on verra dans un demi-siècle disparaître entièrement les basses couches de cette nation, à moins que les domaines ne soient obligés d'établir dans les villages où on avait déjà établi des Hongrois il y a 50 ans ou plus, à nouveau des Hongrois tout aussi progressivement que les Valaques y étaient amenés...».[5]

Suite à ces multiformes échanges de population, la composition ethnique des différentes régions se modifie progressivement. Au XVIIe siècle, on l'a vu, le Prince Vasile Lupu, désireux de souligner le grand nombre de Roumains vivant en Transylvanie, écrivit que ceux-ci constituaient plus d'un tiers de la population. Dans une estimation gouvernementale datant de 1712-13, on avance les proportions suivantes: 34% de Roumains, 47% de Hongrois et 19% de Saxons — il est vrai que le nombre de familles comptées est invraisemblablement bas: 90 000 seulement. On se demande à quel point la migration intérieure et extérieure a joué un rôle déterminant dans l'expansion saxonne, pour laquelle nous possédons les données les plus sûres. D'après les recensements de l'Eglise, le rythme de croissance démographique des Roumains dépasse en effet de loin celui de l'ensemble du pays: entre 1750 et 1761, il est de 2,7 % en moyenne. A cette date, les Roumains sont déjà devenus majoritaires en Transylvanie; leur pourcentage est évalué entre 50 % et 60 %. A partir des années 1820, le taux de croissance annuelle des Roumains, dans les régions pour lesquelles nous avons des données, n'est pas supérieur au chiffre moyen national. Si bien que, en Transylvanie proprement dite, où l'on ne devait pas, pendant longtemps, procéder à des transferts de population susceptibles de perturber la coexistance normale, les proportions ethniques restèrent plus ou moins constantes: la part des Roumains y était de 57,2 % en 1850 et elle n'avait pas changé en 1930, celle des Hongrois passa de 26,8 % à 29,1 %, tandis que celle des Saxons, c'est-à-dire des Allemands, baissa de 10,5 à 8,3 %.

Parallèlement à la croissance démographique, on augmenta également la surface arable; dans les années 1820, la plus grande partie des terres labourables étaient déjà défrichées. Il s'agit d'un développement extensif caracté-

[5] *HHStA* Ungarn specialia. Transylvanica separata fasc. 362.

Tableau II. La répartition ethnique de la population de la Transylvanie historique (recensements de 1850/51 et 1930 selon la structure territoriale d'avant 1848)

Ethnies	Les comitats et Fogaras		Terre sicule		Terre saxonne		Transylvanie sans le Partium	
	1850/51	1930	1850/51	1930	1850/51	1930	1850/51	1930
Roumains	781 791	1 203 046	54 246	102 167	207 810	320 650	1 043 650	1 625 863
Hongrois	159 396	319 613	303 975	440 243	25 063	68 288	488 434	828 144
Allemands	49 166	56 887	1 163	2 399	141 425	177 738	191 754	237 024
Juifs	10 644	45 229	1 042	10 370	165	9 725	11 851	65 324
Tziganes	41 117	41 750	10 022	11 657	25 244	16 025	76 383	69 432
Autres	6 935	9 638	2 464	1 724	1 544	4 492	10 953	15 854
Total	1 049 049	1 676 163	372 912	568 560	401 251	596 918	1 823 222	2 841 641

risé, où l'agriculture gagne de plus en plus d'importance au détriment de l'élevage, mais où la basse productivité due aux conditions conduit cependant à une crise de surpeuplement relatif qu'on ne peut surmonter qu'en modifiant le mode de production.

Au début du XVIIIe siècle, la société transylvaine donne l'impression d'un ensemble composite, dont presque tous les éléments sont en mutation. Son intégration dans l'Empire a entraîné des changements considérables, sinon dans la structure fondamentale de la société, du moins dans sa composition. Les Habsbourg, voulant récompenser les services de ceux qui leur étaient dévoués, leur attribuèrent surtout des titres de haute noblesse, mais l'apparition de cette nouvelle aristocratie ne changea pas fondamentalement les rapports de pouvoir. Dans la vie politique de la Transylvanie du XVIIIe siècle, le haut du pavé était tenu non par les hauts dignitaires fraîchement annoblis, ni par l'aristocratie militaire, mais bien par les 6-7 familles qui détenaient des titres de noblesse depuis la fin de l'époque princière. Les charges de portée nationale — gouverneur, chancellier et autres — furent presque exclusivement occupées par les membres de celle-ci. Il n'y eut, outre celles-ci, que les familles saxonnes Seeberg et Bruckenthal qui purent fournir chacune un « homo novus », puisque Samuel Bruckenthal parviendra même, dans la seconde moitié du siècle, à la dignité de gouverneur. On peut faire état, aux XVIIIe et XIXe siècles, de quelque 50 à 60 clans aristocratiques en Transylvanie. Le nombre des familles non imposables — nobles, aristocrates et petits et moyens propriétaires terriens — doit être évalué à 4 000 environ.

La moyenne noblesse put garder sa position en s'assurant un rôle dans la direction des affaires locales, notamment dans l'administration et la juridiction qui se confondaient au niveau des comitats et des sièges sicules. Le pouvoir central fit surtout peser son poids sur les éléments de la petite noblesse menant une vie de paysans libres, quand il soumit à l'impôt tous les nobles ayant moins de trois serfs avec ou sans tenure. Dans les comitats, cela touchait 5 à 6% de la population, en Terre sicule plus de la moitié. On ne pouvait cependant pas priver ceux-ci de leurs droits politiques, ce qui faisait d'eux des supports sûrs du régime nobiliaire, puisque celui-ci leur assurait une condition libre qui les favorisait nettement par rapport aux serfs qui, eux, étaient livrés à la fois à la merci de leur seigneur et de l'Etat.

Fait paradoxal : ce fut dans la vie des communautés, où le féodalisme n'avait pas véritablement pénétré, en Königsboden, que le pouvoir central put s'ingérer avec le plus d'efficacité. Dans cette région de paysans libres, la lutte prit parfois des formes aiguës entre Saxons se déclarant autochtones et détenteurs de la direction communale et Roumains qualifiés d'« intrus ». L'usage des terres par ces derniers, fut limité à la suite d'un relatif surpeuplement. Les différends s'aiguisèrent parfois jusqu'à chasser les Roumains de plus d'un village, ce à quoi le pouvoir central s'opposa avec énergie. Il n'était en même temps pas fortuit que les villages roumains les plus civilisés se trouvassent dans cette région de Königsboden. Cela était essentiellement dû aux conditions de vie plus libres, mais aussi aux meilleures possibilités de produire pour le marché. Aux environs de Brassó et de Nagyszeben, les villages qui pratiquaient la transhumance connurent un développement dynamique, et la transhumance elle-même, tout comme le petit commerce qui en dépendait, se développèrent au fur et à mesure qu'augmentèrent les besoins manufacturiers en laine, alors même que les pâturages, en raison de l'extension des cultures, étaient en régression. Autour des années 1750, 25 % du cheptel ovin taxable, soit un million de bêtes, étaient menés en herbage d'hiver dans les plaines du Bas-Danube ; cent ans plus tard, on y conduira encore parfois plus de la moitié du cheptel, qui comprend déjà deux millions de têtes. De telles possibilités de commerce se présentaient, outre celle-ci, seulement dans certaines régions limitrophes de la Hongrie ; c'était par exemple le cas dans le comitat de Zaránd, d'où on envoyait des articles de bois vers la Plaine hongroise et le Banat, et où, pour citer les propos du commandant général András Hadik brossant un vaste tableau de la vie transylvaine au XVIIIe siècle : on avait réussi, en défrichant la moindre parcelle de terre, à surmonter l'indigence devenue générale partout ailleurs. Quant à la Terre sicule, « on y était plus motivé au travail parce que la condition de paysan libre y permettait d'en conserver le fruit ».

Acculées à ces cadres féodaux, les petites et grandes exploitations ne pouvaient se stimuler les unes les autres et ce, malgré leurs liens de dépendance mutuelle. Le rapport entre les tenures paysannes et les terres allodiales était de 2 à l. Le seigneur taxait toutes les formes d'activité paysanne : il entendait tourner le plus possible à son profit le pouvoir d'achat des paysans par l'usage de ses monopoles de débit de boissons et de moulin banal. Il s'attribuait soit le droit de vendre au détail les boissons pendant la plus grande partie de l'année, soit celui d'obliger l'aubergiste à vendre du vin seigneurial. Un fait révélateur des conditions arriérées de la Transylvanie : dans les domaines de la famille Bánffy, à Bonchida, près de Kolozsvár, les recettes annuelles de la vente des boissons égalaient les recettes totales provenant de la vente des blés, des foins et des bestiaux, et ce, pendant les guerres napoléoniennes, en pleine explosion du prix du blé. On n'y trouvait guère de véritable production pour le marché : dans les domaines seigneuriaux, on continue, selon la méthode traditionnelle, à stocker des réserves et à ne les vendre ou prêter aux serfs qu'en cas de disette. Quant à ces derniers, leur production marchande ne suffisait pratiquement qu'à payer les impôts.

En Transylvanie, le réseau de villes n'était pas assez important pour favoriser la production pour le marché. La population urbaine augmentait plus lentement que celle des villages. Si, au début du XVIIIe siècle, Brassó, avec ses 16 000 habitants, était la plus grande ville de la Hongrie historique, elle n'est plus, dans les années 1780, avec 18 000 habitants, que la neuvième, bien que toujours la première en Transylvanie, avant Nagyszeben et Kolozsvár qui n'en comptent que 13 à 14 000. L'urbanisation ne pouvait avancer qu'à mesure que la Transylvanie s'intégrait dans l'Empire et prenait sa part dans la division du travail entre l'Est et l'Ouest. La révolution des prix agricoles, dans la seconde moitié du XVIIIe siècle, fut surtout favorable à la Hongrie en raison de sa production fondamentalement agricole. C'était en effet la Hongrie qui «coupait» la Transylvanie des provinces héréditaires et de leurs marchés. En revanche, elle lui transmettait les techniques agricoles plus développées, dont l'accumulation, pendant plus d'un siècle, devait y permettre, vers la fin du XIXe, d'améliorer la productivité agricole et, en conséquence, de lancer l'urbanisation moderne. En attendant, les villes des comitats transylvains connurent, dans la seconde moitié du XVIIIe siècle, un début d'essor, dû au fait qu'une partie de la noblesse terrienne commença à s'y installer et que ses besoins «faisaient marcher» l'industrie urbaine et plus encore le commerce, car tout noble ou patricien quelque peu fortuné achetait avant tout des produits autrichiens.

Le commerce, qui devait favoriser le processus d'unification des parties orientales et occidentales, était exercé par des éléments venus de l'Empire ottoman pour s'établir dans cette région et qui avaient reçu leurs premiers privilèges des Princes de Transylvanie. Arrivés dans les années 1670, les Arméniens eurent la possibilité de fonder deux villes, Erzsébetváros et Szamosújvár, dès le début du XVIIIe siècle. Il s'y constitua toute une hiérarchie de commerçants, allant des petits détaillants, qui formaient la base, aux grands marchands de bestiaux qui faisaient amener les bœufs de Moldavie et, dans une moindre mesure, de Transylvanie, dans la Grande plaine hongroise, pour les y engraisser, puis les acheminer en direction de Vienne. Les tanneurs arméniens jouissaient d'une position privilégiée grâce à leur fabrication de bottes rouges et à leur industrie des cuirs. C'était aux Grecs (sous cette dénomination, on englobait à l'époque les Macédo-roumains, les Bulgares, les Albanais et même les Roumains de Transylvanie exerçant le commerce) qu'il revenait d'établir la liaison entre l'économie de l'Empire ottoman et celle de l'Empire des Habsbourg et, d'une manière générale, de l'Europe centrale. Ils contrôlaient entièrement l'importation des matières premières de Turquie, notamment du coton macédonien, et s'occupaient dans le même temps d'écouler au-delà des Carpates les articles produits par l'industrie artisanale et familiale des Saxons, Hongrois et Roumains. Dans les années 1770, 60 % de l'exportation transylvaine étaient dirigés vers la Hongrie, un tiers vers l'Empire ottoman et le reste vers les pays héréditaires. On dirigeait vers la Turquie les articles les plus divers : des articles de consommation qui pouvaient intéresser les couches moyennes des villes et les paysans aisés ; vers la Hongrie, essentiellement du drap, destiné également aux paysans riches.

Son intégration dans l'Empire des Habsbourg signifiait pour la Transylvanie surtout la sécurité. Dans la seconde moitié du XVIIIe siècle, à mesure que s'accrut le poids de l'Empire sur le plan international, les marchands venus d'Orient cherchèrent de plus en plus à obtenir la citoyenneté autrichienne. Certes, les provinces plus évoluées, occidentales, de la Monarchie se développèrent elles aussi plus rapidement. Cette inégalité due à la division du travail interne de l'Empire était un héritage du passé que les milieux dirigeants autrichiens maintenaient consciemment en arguant de l'exemption fiscale de la noblesse hongroise. On ne saurait dire qu'ils voulaient directement entraver le développement de l'industrie transylvaine : ils favorisèrent expressément, par exemple la production de fonte dès qu'ils eurent réalisé qu'elle ne pouvait pas porter préjudice à la sidérurgie styrienne. On lui assurait également des avantages en frappant de lourdes taxes, et en écartant ainsi des marchés de la Monarchie, les produits industriels étrangers. Si le développement semblait plus lent en Transylvanie, cela était davantage dû à sa situation périphérique. Il n'est cependant que trop naturel que les contemporains eussent réclamé l'application d'une politique économique qui avait déjà fait ses preuves dans les provinces plus évoluées — et cela au nom de l'équité et de l'égalité des droits. Reconnaissant que leurs intérêts étaient sur ce plan identiques, des forces de Transylvanie souvent antagonistes se mirent à collaborer dans le combat contre les contraintes économiques extérieures. Leur désir de rattraper le retard se traduisit immanquablement dans leurs activités politiques.

La Contre-Réforme et ses conséquences

La direction politique de l'Empire tenta d'imposer, en Transylvanie comme ailleurs, la Contre-Réforme qui se fixait comme but le raffermissement de la loyauté civique envers l'Etat. A cette fin, elle se proposa d'abolir, au prix de drastiques mesures, l'égalité religieuse qui avait été établie sous l'hégémonie des calvinistes, à savoir le régime des quatre confessions «reçues». L'autorité de l'évêque catholique romain fut tout d'abord accrue au détriment des autres. Charles III fit de l'évêque le premier conseiller du Gubernium, qu'il pouvait, à ce titre, présider en cas d'absence du gouverneur. Les ordres monastiques virent également leur position se renforcer, en particulier les jésuites et les piaristes, et nombre d'églises furent confisquées aux protestants.

Adaptant une méthode qui avait servi ailleurs, la Contre-Réforme s'efforça de se rallier en premier lieu les couches influentes de la classe nobiliaire. Outre le zèle convertisseur, elle recourait également à un moyen plus efficace : le choix préférentiel des catholiques aux postes des organes tant gouvernementaux que judiciaires, y compris dans les villes saxonnes.

Les unitariens furent le plus lourdement frappées par l'offensive de la Contre-Réforme : ils durent subir des injustices particulièrement graves lors de la reprise des églises par les catholiques, et furent systématiquement évincés des fonctions publiques.

Les assauts du catholicisme constituaient un grave danger pour l'ensemble de l'édifice constitutionnel transylvain. La noblesse catholique exigea en effet, dès 1712, la modification des articles du Diplôme Léopoldien qui lui portait préjudice, puis, en 1724, la suppression des dispositions anti-catholiques de l'*Approbata* et *Compilata,* la répression contre l'apostasie, l'interdiction, pour les non-catholiques, des contacts avec l'étranger, et même avec la Hongrie, l'arrêt presque total de l'activité de l'Eglise unitarienne, l'exclusion de ses membres de toutes les dignités publiques, la liquidation des sabbatariens. Mais, quelques procès contre les sabbatariens mis à part (1724—29), ces revendications ne furent pas satisfaites. En 1731, un Gubernium arbitrairement installé suggéra l'abolition du système des quatre confessions reçues, la reprise des églises et autres établissements de fondation catholique, l'interdiction des rapports avec les protestants étrangers, la censure des livres, le renvoi des mariages mixtes devant le Saint Siège. Mais ce programme ne put être réalisé, car, en ce milieu des années 1730, la résistance se renforçait en Transylvanie. L'administration répondit par une tentative d'intimidation : au printemps de 1738, on accusa de conspiration en faveur des Rákóczi l'évêque calviniste István Szigethi-Gyula, qui fut arrêté ainsi que plusieurs autres ecclésiastiques et un assez grand nombre de magnats calvinistes. Mais on se vit contraint, dès le début de 1739, de leur rendre la liberté. En 1741-43, un programme global comprend déjà le projet d'abolition de toutes les lois défavorables aux intérêts catholiques et habsbourgeois ainsi que la codification de la *Pragmatica Sanctio*. Ainsi, en 1744, les Ordres approuvent les dispositions sur les rapports de la Transylvanie avec la Porte Sublime ainsi que l'abolition du droit de libre élection du Prince; ils insèrent dans la loi la *Pragmatica Sanctio* et abrogent les lois anti-catholiques.

Ces efforts de recatholicisation n'eurent pas que des effets négatifs: ils produisirent aussi des résultats positifs dans le domaine de la culture. C'est la progression de la Contre-Réforme qui permit la pénétration et l'enracinement du style baroque en Transylvanie, en premier lieu dans l'architecture ecclésiastique catholique. Construite entre 1718 et 1724, l'église des jésuites de Kolozsvár servit probablement de modèle à toute une série d'édifices. La sculpture baroque transylvaine fut d'abord liée aux constructions ecclésiastiques, puis de plus en plus à l'architecture laïque, l'édification des châteaux prenant, vers le milieu du siècle, un essor considérable.

Voulant se prémunir contre les attaques de la Contre-Réforme, les protestants intensifièrent non seulement leurs activités politiques, mais aussi leurs contacts avec le protestantisme européen et, d'une manière générale, avec la vie intellectuelle des pays de l'Europe. Ils tentèrent, sous l'influence de ceux-ci, de jeter les bases d'un enseignement moderne dans le pays même. Malgré les nombreuses restrictions imposées par l'Etat, le protestantisme transylvain réussit, au prix de grands efforts, à maintenir ses contacts avec l'Europe occidentale et surtout avec les universités allemandes d'où il reçut (et notamment de Halle) l'influence du piétisme et celle de la Frühaufklärung allemande. On vit, dès la guerre d'indépendance de Rákóczi, s'approfondir la rupture, au sein de l'Eglise luthérienne des Saxons, entre piétistes et conservateurs; quand le piétisme réussit à l'emporter en Prusse en 1719, le conservatisme y perdit tout son crédit spirituel. Peu après, surgit, d'abord parmi les Saxons, le wolffianisme (l'influence de la philosophie de Christian Wolff), qui devait exercer un ascendant déterminant sur l'ensemble des Lumières transylvaines du XVIIIe siècle.

L'impact du piétisme fut moins important sur l'Eglise réformée. On trouve cependant un fervent piétiste en la personne du professeur András Huszty, qui introduisit au collège de Kolozsvár l'enseignement des sciences juridiques et politiques, en même temps qu'il contribua substantiellement à la naissance de la linguistique finno-ougrienne: il sut établir presque parfaitement l'ordre des parentés des langues finno-ougriennes. István Vásárhelyi Tőke, un pionnier de l'éducation scientifique, lance, au collège de Nagyenyed, un enseignement de physique expérimentale. Sámuel Nádudvari, professeur au collège réformé de Marosvásárhely dans les années 1730-1740, traduisit en hongrois plusieurs œuvres de Christian Wolff. Le collège unitarien de Kolozsvár fit des progrès particulièrement impressionnants en matière de modernisation de l'enseignement: Mihály Szent-Ábrahámi, la figure la plus éminente de l'antitrinitarisme transylvain du XVIIIe siècle, y lança, juste avant la confiscation du collège, l'enseignement du droit et de la géographie, ce qui marque la naissance d'un enseignement juridique régulier en Transylvanie. Après la reconstruction du collège unitarien, en 1718, Szent-Ábrahámi y enseigne la physique expérimentale (1726) et, dans son traité de géographie de 1727, il présente même la théorie copernicienne.

Le personnage le plus remarquable des Lumières transylvaines précoces fut un fonctionnaire de l'administration: Sámuel Köleséri (Szendrő, 1663-Szeben, 1732), qui travailla d'abord comme médecin, ensuite comme spécialiste des mines, pour devenir enfin secrétaire et conseiller du gouverneur. Il entretint des contacts scientifiques un peu partout dans le monde, de Constantinople à Venise, Paris, Londres et Saint-Petersbourg ; ses articles furent publiés dans des revues allemandes. Il enrichit de ses apports fondamentaux plusieurs branches de la science. La plus célèbre de ses œuvres, *Auraria Romano-Dacica* fait l'énumération des minerais de Transylvanie et des méthodes de leur extraction. Mais, en médecine aussi, il publia des ouvrages importants : celui, par exemple, qui traite du scorbut, fréquent dans les Monts métalliques, et met en rapport ses symptômes avec la sous-nutrition des mineurs (7 ans après l'œuvre de Ramazzini, qui fondait la pathologie industrielle).

Vers le milieu du siècle, la culture devient moins dépendante de la politique que dans les précédentes décennies. Certes, l'affermissement de la politique absolutiste entraîne l'introduction de la censure : en 1753, Marie-Thérèse ordonne au Gubernium d'interdire aux imprimeurs de publier des œuvres qui manquent de respect à Dieu, à la personne et aux droits du souverain, à l'ordre légal du pays et des confessions reconnues, ou bien propagent de nouvelles hérésies. Tout ouvrage destiné aux presses doit d'abord passer devant le Gubernium et ne peut être imprimé sans l'autorisation de celui-ci. Le décret n'aura cependant que peu d'effets et la censure fonctionnera à peine.Dans le même temps, en conséquence des relations suivies avec l'Europe occidentale, on voit se développer toute une culture de bibliothèques et de collections scientifiques.

Ce n'est qu'avec un certain retard par rapport aux écoles protestantes qu'apparaissent, à l'Académie des jésuites de Kolozsvár, les premiers grands promoteurs des sciences nouvelles, et d'emblée avec des noms comme Miksa Hell, astronome de renommée mondiale, qui vient, en 1752, de Nagyszombat à Kolozsvár pour y occuper la chaire de mathématiques. Il montera, chez lui, un observatoire et, à l'école, un laboratoire d'expérimentations. Sa contribution à l'étude des corrélations entre magnétisme et électricité est, elle aussi, significative. En 1755, il est nommé à la tête de l'observatoire de Vienne et professeur à l'université.

Le représentant le plus remarquable des sciences humaines transylvaines fut un pasteur calviniste rural, Péter Bod, théologien pur et dur, spécialiste de droit et d'histoire ecclésiastiques, qui rédigea une vaste histoire de l'Eglise calviniste en Hongrie. Mais, si l'histoire de la civilisation hongroise revendique son nom, c'est surtout en raison de ses recherches sur la littérature et la culture. On lui doit la première encyclopédie littéraire hongroise, intitulée *Magyar Athenas*, parue en 1767, qui est une première synthèse systématique de l'histoire de la littérature hongroise. Il fut le premier — après János Apáczai Csere — à lancer l'idée d'une académie hongroise. En 1756, il avance en effet le projet d'une « société littéraire » réunissant Hongrois et Transylvains et suggère simultanément le perfectionnement de la langue ainsi que l'établissement d'une grammaire hongroise moderne. En 1760, il exhorte déjà directement à la création d'une « société savante hongroise ... afin de rehausser le prestige de la langue hongroise comme cela se fait dans les autres nations ». En fait, dans ses projets les plus élaborés, se formulent déjà, sans nul doute les idées des Lumières.

Les mouvements politiques et religieux roumains

L'expansion du catholicisme s'exprima en Transylvanie d'une manière toute particulière en imposant l'union pour ramener les orthodoxes au sein de l'Eglise catholique. Les antécédents de cette opération remontent à la fin du XVIIe siècle. Les débuts ayant été marqués par un succès spectaculaire, l'on vit par la suite ses effets considérablement diminuer en conséquence de la guerre de Rákóczi. Si bien que, pendant le demi-siècle qui suivit 1711, il était presque impossible, en Transylvanie, de faire la distinction entre Roumains orthodoxes et uniates, les uns et les autres pratiquant uniformément le rite grec. Bien qu'il n'y eût que la seule Eglise grecque unie qui fût légale, le gouvernement n'en était pas moins contraint de tolérer un noyau orthodoxe à Brassó. De plus, l'Eglise orthodoxe de Transylvanie, privée de son organisation épiscopale autonome, trouvait protection au-delà des frontières, auprès de l'archevêque orthodoxe de Karlowitz, puis de l'Empire russe ainsi que des Eglises des deux Principautés roumaines. Les uniates, eux, bénéficiaient des avantages substantiels accordés par l'Etat: la possibilité d'assurer à leurs prêtres une formation nettement supérieure à celle des orthodoxes et de développer une intelligentsia plus instruite grâce, notamment, à la possibilité de s'inscrire au collège transylvain des jésuites ou à l'université de Nagyszombat, ou encore de faire des études à Vienne ou dans le Collegium de Propaganda Fide à Rome.

En outre, l'Eglise uniate se vit dotée par le gouvernement impérial de rangs qui avaient un certain poids politique: ses évêques Ioan Pataki et Inochentie Micu-Klein obtinrent le titre de baron, le second put même, par faveur royale, assister, à partir de 1732, à la Diète. Ce personnage d'envergure, qui fut le plus grand Roumain de la Transylvanie du XVIIIe siècle, prit ses fonctions en 1729 et commença immédiatement à déployer une activité multiple, essentiellement dans l'intérêt de son clergé et de son Eglise, c'est-à-dire théoriquement au profit de tous les Roumains de Transylvanie, puisqu'il entendait étendre son autorité même à ceux qui étaient restés fidèles à la religion orthodoxe. Ses arguments avaient pour base juridique le second Diplôme Léopoldien du 19 mars 1701, qui exemptait les prêtres uniates de tous les services féodaux et déclarait que leurs fidèles laïcs, y compris ceux de basse condition *(plebeae conditionis homines)* : appartenaient aux Ordres catholiques et étaient fils de la «nation», à condition d'accepter l'union. Sa persévérance finit par porter ses fruits: en décembre 1732, le souverain chargea une commission d'examiner ses doléances. En 1733, on fit même la lecture des requêtes de Micu-Klein devant la Diète. Mais les Ordres exprimèrent leurs doutes (d'ailleurs justifiés) à l'égard de la stabilité de l'union, et demandèrent à l'évêque de présenter le cathéchisme et le crédo de son Eglise. On les trouva conformes aux dogmes, mais on jugea cependant nécessaire de recenser le clergé roumain et ses fidèles.

Ainsi, en 1735, à travers les actions de Micu-Klein, les Roumains de Transylvanie entrèrent pour la première fois sur la scène politique. Se référant aux résultats du recensement de 1733, l'évêque avança que les Roumains, qui étaient en Transylvanie plus nombreux que toute autre «nation» et auxquels le second Diplôme Léopoldien garantissait le droit d'accéder à n'importe quelle charge publique, se trouvaient cependant fort désavantagés par rapport aux calvinistes et aux luthériens. (Suivant une tactique bien claire, l'évêque se tut sur le fait que les catholiques, eux, étaient nettement majoritaires dans ces fonctions.) On ne saurait affirmer, dit-il très justement, qu'il n'y ait point, parmi les Roumains, d'hommes instruits, de condition noble et aptes aux fonctions. Il exprima donc son désir que le roi le nommât au poste vacant d'un des conseillers du Gubernium. Mais le Ministerialkonferenz n'y étant pas favorable, il ne fut pas donné suite à sa demande. Quoi qu'il en soit, son action n'est sûrement pas étrangère au fait que Petru Dobra, le premier Roumain à faire une importante carrière politique dans la période postérieure à 1711, devint, en 1736, *fiscalis director* de Transylvanie.

C'était également en 1735, et toujours grâce à l'activité de Micu-Klein que l'on formula pour la première fois la théorie de la continuité daco-roumaine, ou plus exactement romaine. «Nous sommes les plus anciens habitants de la Transylvanie, qui vivons ici depuis l'Empereur Trajan», écrit-il dans son mémoire à la Cour. En fait, le moment est décisif. Trois facteurs nécessaires à la naissance de la nation roumaine en tant qu'entité politique sont réunis en Transylvanie : l'Eglise uniate en tant que cadre institutionnel s'étendant à tous les Roumains (au besoin en usant de la contrainte); une théorie historique permettant de se créer une identité nationale, et enfin, l'ambition d'accéder à des charges publiques, cette dernière servant de motivation personnelle.

Micu-Klein ne cesse de revendiquer, devant les Diètes consécutives, du printemps de 1736 à 1738, le droit à la dîme pour son clergé. En vain. Et quand, à l'automne de 1737, il en vint à faire une déclaration en son nom et en celui de toute la nation valaque de Transylvanie, les Ordres protestent contre la formulation. Mais ce combattant solitaire, à l'avant-poste du mouvement d'émancipation nationale, ne dépose pas les armes. En août 1742, il présente sa nouvelle requête à Vienne : il y réclame déjà avec insistance et de manière tout à fait explicite l'admission des Roumains comme quatrième partenaire du système des trois «nations». Et comme il eût été pratiquement impossible de définir une séparation territoriale au profit de cette quatrième «nation», la population roumaine vivant dans les comitats hongrois ou sur les territoires sicules ou saxons rejoindrait, dans sa conception, les organisations respectives de ces territoires. Un élément nouveau dans les revendications de Micu-Klein, et qui témoigne lui aussi de son génie politique : il insiste sur la nécessité de tempérer les obligations frappant les paysans et de réduire leur corvée à deux journées hebdomadaires. Cela va plus loin que les paroles du «pâtre» défendant ses ouailles. C'est en effet pour la première fois qu'apparaît ici une position d'amalgame, fondée à la fois sur des revendications nationales et paysannes, et qui sera un élément caractéristique constant de l'ensemble du mouvement national roumain de Transylvanie. Cette même idée donnera plus tard naissance à la formule antithétique «seigneur terrien hongrois — serf roumain». Or, si la proportion des Roumains parmi les serfs est effectivement plus élevée que leur proportion dans l'ensemble de la population transylvaine, le rapport entre serfs et non-serfs compté pour toute la population roumaine dans le pays entier (y compris les paysans libres de Königsboden) correspond à peu près au pourcentage national.

Mais, peu après, le mouvement national roumain disparaîtra pour longtemps de la scène politique. A l'issue d'âpres luttes, en 1744, on procède enfin à la codification de l'existence et des biens de l'évêché catholique grec de Transylvanie. Ainsi, le problème roumain, en tant que question politique, semblait classé avec celui des uniates.

Au printemps de 1744, cependant, un moine orthodoxe serbe nommé Visarion Sarai, qui ne savait même pas le roumain, arriva en Transylvanie du Banat. Là où passe le moine pieux, prêchant avec une grande force suggestive, bien que nécessitant la traduction, l'union se dissout immédiatement, à travers toute la Transylvanie du Sud. Le long de son chemin vers Szeben, les Roumains uniates chassent leurs prêtres, qui seront immédiatement remplacés par des popes orthodoxes. Arrêté, Visarion est conduit à Vienne où il disparaît définitivement, mais son action fournit un excellent atout à ceux qui arguent du caractère éphémère de l'union. Par ailleurs, la noblesse calviniste était, à plus d'un endroit, nettement favorable à la religion orthodoxe. D'une part pour vivre en paix avec ses serfs, d'autre part guidée par l'idée de la tolérance qui, face à l'oppression catholique, se renforçait. Micu-Klein affirma se charger de neutraliser le mouvement par la méthode douce à condition qu'on donne satisfaction à ses exigences de longue date. Mais il n'en devient que plus suspect tant aux yeux des Ordres, que pour le commandement général et le gouvernement central, qui n'avait plus besoin de lui. En juin 1744, il est convoqué à Vienne. L'évêque répond par une dernière manœuvre politique pleine d'audace : il réunit un synode à Balázsfalva, auquel prennent part, outre le clergé, des laïcs roumains (nobles et serfs), et même des orthodoxes. C'est déjà un vrai rassemblement national, l'unique à avoir existé avant 1848.

Sa composition elle-même est bien en avance sur son époque, et plus encore la question posée par l'évêque : étant donné que les Diplômes Léopoldiens, dont on demande la confirmation et qui servent de fondement juridique à un programme, évoquent eux aussi le peuple, ne doit-on pas demander à ce même peuple s'il est prêt à soutenir leur lutte et si oui, sous quelle forme ? C'est là une allusion directe à un plébiscite, une « assemblée populaire », à la fois évoquant le passé et annonçant l'avenir. Mais personne n'ose suivre aussi loin le plus grand Roumain de son siècle. Bien que le synode approuve théoriquement la participation du peuple, il s'oppose, dans la situation donnée, à l'impliquer directement dans les pourparlers. Cet homme qui était à la pointe de ses troupes, est allé trop de l'avant, sur un terrain où mêmes les plus braves refusaient de se risquer.

Micu-Klein aurait dû affronter, à Vienne, à l'automne de 1744, une enquête qui ne pouvait avoir d'autre résultat que sa mort politique. Il préféra s'enfuir à Rome, où il mourut en exil, en vieillard solitaire. Ses successeurs, sans toutefois renoncer aux revendications nationales, furent plus prudents dans leur formulation. Prenant pour modèle, l'exemple de l'Eglise catholique, ils firent progressivement de Balázsfalva un important centre spirituel. Pour raffermir leur position, ils s'efforcèrent, parallèlement à des efforts de relèvement culturel, de refouler autant que possible la religion orthodoxe.

A cette époque, les orthodoxes cherchent déjà appui surtout auprès de la Russie, d'autant que l'alliance austro-russe de 1744 est devenue un des principaux piliers de la politique extérieure de l'Empire. La première personnalité roumaine à se rendre en Russie, en 1740, pour y accomplir une mission politique est Nicolae Pop, ancien archidiacre uniate. Il obtient que la Tzarine Elisabeth donne l'instruction à son ambassadeur de Vienne de se renseigner sur les griefs du clergé et des paysans roumains, et d'intervenir au besoin, dans leur intérêt, à la cour des Habsbourg. La religion orthodoxe bénéficie également du soutien de la Valachie ainsi que de l'Eglise orthodoxe serbe de Hongrie. Et quand l'Empire des Habsbourg, engagé dans la guerre de Sept ans, a particulièrement besoin de son allié russe, mais aussi d'avoir une Transylvanie calme et pacifiée, il se résigne à abandonner, du moins en partie, le projet d'union confessionnelle.

En été 1758, Vienne prend la décision de nommer en Transylvanie un évêque orthodoxe qui ne dépendra pas de l'archevêque de Karlowitz et, un an plus tard, on publie l'édit de tolérance dit « orthodoxe » dans lequel, cependant, la nomination de l'évêque reste à l'état de promesse. Là-dessus, des masses populaires quittent en vagues successives la religion uniate ; à la tête de leur mouvement, on trouve un moine nommé Sofronie (Stan Popovici) que les autorités ne parviennent pas à mettre au pas. Le gouvernement dépêche immédiatement en Transylvanie le nouvel évêque (Dionisie Novacovici), ancien évêque de Buda, et il donne parallèlement consigne au commandant-général Buccow de séparer les communautés et les biens ecclésiastiques uniates et orthodoxes. Le résultat en est qu'on recense 25 144 chefs de famille uniates et 126 652 orthodoxes.

Tout en sauvant l'organisation et les bases matérielles de l'Eglise uniate, le gouvernement reconnaît la légalité de l'Eglise orthodoxe de Transylvanie sans pour autant lui accorder davantage que le statut de religion tolérée.

Le constitutionnalisme des Ordres et le gouvernement central de Vienne

Dans la première moitié du XVIIIe siècle, les desseins politiques du gouvernement Habsbourg s'épuisaient à faire voter les impôts et à ouvrir la voie à la Contre-Réforme.

Quant à la Diète, organe principal de la représentation nobiliaire, elle n'avait pas de traditions valables remontant à l'époque de la Principauté indépendante où, en effet, les mouvements des Ordres ne pouvaient prendre de l'ampleur que momentanément, lors des changements de dynastie ou de Prince, et les privilèges qu'ils réussissaient à arracher, étaient régulièrement annulés avec le renforcement du pouvoir dynastique. Et, même aux Diètes, les initiatives vraiment importantes échouaient devant les Princes qui ne manquaient pas de faire accepter leur volonté à l'assemblée.

Or, à l'époque qui nous occupe, le fonctionnement de la Diète reste inchangé : le conseil princier y est remplacé par le Gubernium qui délègue le gouverneur, les conseillers et même des secrétaires ; on y trouve toujours la Cour suprême de justice, les officiers de haut rang des comitats, les prélats catholiques, un certain nombre (55-110) de régalistes désignés par le souverain ; enfin, les représentants élus des comitats et des villes des « nations » hongroise, sicule et saxonne. Le gouvernement pourrait simplement, si le principe de majorité était admis, faire valoir sa volonté par les voix majoritaires mais, tout comme avant 1690, celui-ci n'est toujours pas de règle. Par référence à la formule « Vota ponderantur sed non numerantur », on se conforme généralement à la position des personnes détentrices, selon le jugement du président de la Diète, d'une autorité. Le gouvernement a la possibilité de faire abstraction des décisions des Ordres qui ne lui conviennent pas, en faisant passer par des décrets les mesures rejetées par les Ordres. En fait, il ne prend en considération les revendications nobiliaires que lorsque cela lui semble politiquement inévitable.

Dans cette situation, on ne pouvait pas attendre grand-chose des Ordres. Jusqu'en 1750, la Diète est convoquée presque tous les ans (parfois même deux fois par an), mais l'on n'y aborde que les questions de routine : les impôts, l'entretien de l'armée, la désignation aux fonctions attenantes à la Diète, l'examen des procès. Il est très rare qu'une initiative plus intéressante puisse rompre la monotonie de ce programme habituel.

Une seule fois, en 1725, les Ordres proposent un programme de politique économique et, ce faisant, ils prennent une avance sur le gouvernement qui, lui, ne fait pas de projets à caractère aussi global. Il est vrai que le système protectionniste qu'ils proposent comme remède à la pénurie d'argent est inacceptable du point de vue de l'Empire.

Ce peu de chose qu'on entreprend avant 1750 pour régler la situation des serfs est dû également à des initiatives des Ordres. La première loi fixant la corvée servile en Transylvanie votée par la Diète remonte au début de 1714 et précise que le serf perpétuel doit fournir quatre journées de travail par semaine, tandis que le *zsellér* (serf sans tenure) en doit seulement trois. Un chiffre qui semble énorme mais qui a cependant diminué par rapport à la situation antérieure. Cette loi, toutefois, ne peut pas exercer ses effets car elle ne sera confirmée par Vienne qu'en 1742, époque où celle-ci optera pour une politique de protection des serfs vis-à-vis des Ordres.

D'une manière générale, le mouvement des Ordres se contente de mener une politique de redressement des torts : faire respecter la constitution des Ordres, se réserver le droit de remplir des charges.

Cependant, vers 1750, un changement significatif s'opère. Le gouvernement central se tourne avec une attention accrue vers les affaires de Transylvanie. Ayant perdu la Silésie, l'Empire, dont les dettes budgétaires ont beaucoup grossi durant la guerre de Succession d'Autriche, a grand besoin d'augmenter et de régler ses ressources. Sans adopter une politique économique conséquente pour la Transylvanie, le gouvernement Habsbourg y surveille cependant de plus près les impôts et les revenus du Trésor. Alors qu'auparavant le montant de l'impôt national était réparti entre les « nations » qui devaient se charger de sa perception selon leurs méthodes propres, le nouveau système d'imposition est déjà *per capita*. Chacun paye, suivant son état, une capitation, il est ensuite imposé selon ses biens et, dans certaines catégories de profession, selon ses revenus. Si l'on définit le régime absolutiste par la possibilité du souverain d'imposer ses sujets sans l'intermédiaire de sa noblesse, l'année 1754 marque une étape importante dans l'histoire de l'absolutisme des Habsbourg en Transylvanie. Le nouveau système d'imposition, également en vigueur pour les terres des contribuables, transgresse le principe nobiliare de « onus non inhaeret fundo ».

C'est finalement le mouvement constitutionnel des Ordres qui prépare le terrain à une conception globale de la politique économique. Au printemps de 1751, une commission de la Diète, présidée par László Teleki et comprenant, entre autres, le riche marchand de Szeben Samuel Dobosi, met au point un projet qui, à l'origine, devrait assurer l'augmentation des recettes, mais envisage finalement tout un programme de réformes économiques : établir des colons pour accroître la population ; fabriquer du fromage ; développer l'agriculture et la sériciculture : contrôler les prix des céréales ; construire des silos ; favoriser la culture des plantes industrielles ; perfectionner les méthodes viticoles, le tout accompagné de certaines limitations apportées à l'importation des produits. Le projet Teleki-Dobosi veut en même temps faciliter l'accès à des corporations et faire venir des artisans de l'étranger. Les auteurs suggèrent la création de manufactures, notamment dans l'industrie textile, en premier lieu pour pouvoir s'imposer sur le marché des Principautés roumaines, mais aussi pour subvenir aux besoins des sept régiments cantonnés en Transylvanie. Ils voudraient supprimer la séparation douanière entre la Hongrie et la Transylvanie. Pour y parvenir, ils proposent la création d'une commission des fonds et du commerce (Commissio Commercialis) ainsi que la réparation des routes, la régularisation du crédit. Bref, ils veulent favoriser les méthodes d'innovation sans lesquelles les réformes structurelles venues d'en haut ne sont d'aucune utilité.

Ce projet était d'avance condamné à l'échec. Ce qui en fut réalisé devait l'être quelques dizaines d'années plus tard par les initiatives de la politique économique des Habsbourg. A l'automne de 1751, la Diète transylvaine, à majorité conservatrice, rejeta elle-même le projet au nom du «réalisme» et en ironisant même sur les propositions justement les plus ambitieuses de la Commission. Après quoi, le Ministerialkonferenz se contenta de mettre en place une commission économique destinée à développer et à surveiller l'activité des manufactures en Transylvanie. La commission eut László Teleki pour président une nouvelle fois mais, faute de conditions favorables, elle ne put obtenir de résultat.

Dès les années 1760, la politique habsbourgeoise expérimenta en Transylvanie de nouvelles méthodes de gouvernement. Une dernière Diète est convoquée en automne 1761 ; au cours de celle-ci, le commandant-général Buccow se surpasse dans ses méthodes de chantage et de pression exercées sur les Ordres — dont l'activité lui semble, en effet, d'une inutilité totale. Son mémoire au souverain, daté des premiers jours de la Diète, soumet un projet détaillé de transformation du gouvernement du pays : faire démissionner le gouverneur ; confier à lui-même (Buccow) le gouvernement civil ; nommer au Gubernium des conseillers venant des provinces héréditaires ; réviser les donations de propriétés et limiter à des titulaires concrets l'attribution des privilèges nobiliaires ; enfin, mettre sur pied une garde des frontières transylvaines de 7000 hommes. Le Staatsrat accepte poliment le projet, mais ne réagit pas. Pourtant, ce mémoire exercera une influence décisive sur la transformation qui se fait jour, au cours des années 1760, dans la structure du pouvoir. Au milieu de 1762, le commandant-général prend la direction du Gubernium. Après cette date et pendant près de dix ans, les commandants-généraux (après la mort de Buccow, András Hadik, puis O'Donel) restent à la tête du Gubernium, en tant que commissaires royaux. On intègre ainsi les directions civile et militaire, ressuscitant par là une pratique disparue depuis 1711.

Organiser la garde-frontières s'avéra une tâche à nombreux écueils. Les effectifs devaient être levés parmi les Sicules et dans la région de Fogaras, de Königsboden et du comitat de Hunyad. L'appel sous les drapeaux des Sicules était justifié par un argument constitutionnel fourni par le Diplôme Léopoldien stipulant le service armé de cette «nation». On n'avait par contre nul besoin de justifier par une disposition constitutionnelle la création des régiments de gardes-frontières roumains. Le service de garde de la frontière n'était plus du tout cette obligation d'ancien type qu'avaient autrefois assumée les Sicules en échange de certains privilèges, plus ou moins consentis. Il s'agissait plutôt d'une version tardive (quoiqu'introduite déjà à une époque antérieure, en Hongrie méridionale) des troupes en cantonnement permanent, qui devait son existence, tout comme dans d'autres pays, aux conditions arriérées caractéristiques du Centre-Est européen. Son organisation s'amorça en 1762 dans la région roumaine de Naszód et en Terre sicule. Une vieille controverse opposait les habitants de la région de Naszód à ceux de Beszterce, les seconds tenant les premiers pour serfs, alors que ceux-ci exigeaient pour eux-mêmes des droits identiques à ceux consentis aux Saxons. Buccow promit alors des libertés aux habitants de Naszód qui s'engageraient dans la garde. Dans un premier temps, des foules affluèrent pour se faire conscrire, et aussi se convertir à l'uniatisme, car celui-ci était indispensable pour être admis dans la garde-frontières. Les Sicules, bien que bon nombre d'entre eux aient accepté les armes transmises, signalant ainsi qu'ils étaient prêts à rejoindre la garde, posent cependant des conditions : ils veulent recouvrir leurs anciennes libertés, obtenir des garanties de ne pas être affectés hors de la Transylvanie et se voir restituer leurs anciennes lois. Le recrutement des Sicules est en partie fondé sur le volontariat, en partie sur la contrainte, si bien qu'au début de septembre 1762 une révolte éclate dans la région d'Udvarhelyszék : nombre de communes se refusent ou se dérobent à la conscription. Buccow se rend sur les lieux où on évite de justesse la confrontation sanglante. Dans les régions de Csík et de Gyergyószék, les résultats de l'enrôlement sont meilleurs, mais inférieurs à ce qu'on espérait. A Gyergyószék, le peuple appelé à s'engager dans la garde-frontières reprend ses anciennes revendications en les précisant et en les complétant : il veut être conduit par ses propres officiers et exige la présentation du décret impérial ordonnant la constitution de la garde-frontières. Puis, se lassant des tergiversations, il attaque le quartier de Buccow. Ce n'est que grâce à la présence d'un haut officier de l'administration sicule que le commandant-général est sauvé de la fureur des foules et on ne trouve finalement qu'une poignée d'hommes désireux de s'engager.

Cela n'est cependant qu'un des fronts sur lesquels se poursuit le « bellum omnium contra omnes », déclenché par l'organisation de la garde-frontières. D'autres fronts s'ouvrent également : la noblesse des « sièges » sicules ne cesse de se plaindre des abus des officiers recrutants ; les Sicules enrôlés s'attaquent, à plusieurs endroits, à la noblesse, agressent ses demeures, s'en prennent aux personnes et même à des villages entiers qui se sont soustraits à la prise d'armes. Et, phénomène particulièrement désastreux, une partie des futurs gardes-frontières refusent de labourer leurs terres et vendent leurs bêtes pour acheter un cheval. De plus, les officiers chargés du recrutement enrôlent parfois également des serfs en les affranchissant par décision arbitraire. Un conflit aigu oppose le seigneur terrien et son serf déjà engagé ou désireux de le faire. Ceux parmi les hommes de condition libre qui ne se sont pas engagés, se voyant affligés de tâches pénibles par les officiers et exposés aux tracasseries des enrôlés, commencent, dès le début de 1763, à s'enfuir vers la Moldavie.

Dans la région de Naszód, les problèmes sont d'une autre nature, mais non moins graves : l'imposition de l'union avec le catholicisme par la force provoque une crise.

Dans cette situation, le gouvernement tente de revenir sur la voie du réalisme en ce qui concerne l'organisation de la garde-frontières. Par son ordonnance du 6 janvier 1763, l'impératrice décrète que seuls les volontaires doivent être enrôlés. A la fin de janvier, Buccow envoie dans les régions de Csík et Háromszék, afin d'y apaiser les esprits, une commission composée de civils et de militaires et dirigée par un aristocrate sicule, le général Antal Kálnoki. Le gouvernement central relève bientôt Buccow de son poste pour confier l'organisation de la garde-frontières à un nouvel homme, le lieutenant général József Siskovics.

En décembre 1763, la population masculine qui refuse de s'engager dans la garde-frontières se retire dans les bois. Redoutant de voir la résistance prendre de l'ampleur, Siskovics, fort d'une troupe de 1 300 hommes et de deux mortiers, lance, le 7 janvier 1764 à l'aube, un assaut contre Madéfalva, le lieu de rassemblement des résistants, et fait un carnage parmi le peuple, qui s'abstient de toute résistance, en faisant plusieurs centaines de victimes. La résistance des Sicules sera désormais brisée. Aussi le régiment de garde-frontières sicules sera-t-il mis en place en deux mois et demi. C'est avec un peu moins de violence, mais non sans effusion de sang, du moins dans la région de Naszód, que s'accomplit l'organisation de la garde-frontières des Roumains.

La grande différence entre les attitudes des gardes-frontières sicules et roumains manifestées vis-à-vis de cette institution s'explique par la différence des conséquences sociales et culturelles qui en découlaient pour chacun des deux peuples. Les villages sicules qui avaient auparavant joui d'une autonomie et d'un certain nombre de libertés se virent imposer de graves restrictions par le commandement de la garde-frontières qui s'ingérait désormais dans le choix de leurs maires et dont l'accord était nécessaire pour l'achat et la vente de leurs biens ainsi que pour leurs mariages, ou qui pouvait leur interdire l'usage de la pipe, la danse ou la veillée funèbre. On intervint brutalement dans leur système agraire de la région frontalière; on mit des obstacles à leur scolarisation. L'unique moyen de se protéger fut pour eux de renforcer la cohésion des communautés rurales, les maires omettant tout simplement d'exécuter une grande partie des ordres.

La mise en place des régiments de garde-frontières roumains avait été marquée de moins d'abus, bien qu'il arrivât là aussi que des hobereaux roumains ou hongrois fussent contraints de rejoindre les gardes-frontières (comitat de Hunyad) ou que les boyards de Fogaras, refusant de s'engager, se vissent chassés de leurs maisons et de leurs biens. Mais c'est surtout la suite qui en fut fondamentalement différente. La création de cette organisation militaire entraîna des mesures très importantes en matière de scolarisation des Roumains de Transylvanie. Dans les «sièges de régiments» (Naszód, Orlát), on ouvre des écoles latines-allemandes, et mêmes des écoles élémentaires — du moins dans les villes de stationnement des escadrons du IIe régiment roumain. La garde-frontières aura même contribué, en tant qu'institution, à la propagation de la conscience nationale roumaine fondée sur l'idée de la continuité: le IIe régiment de gardes-frontières choisit pour inscription sur sa bannière: «Virtus romana rediviva».

La question cruciale, qui était la réglementation des redevances serviles, ne fut, en Transylvanie, abordée par le gouvernement central qu'à un moment où la mise en place d'une réglementation analogue nommée «urbarium» était déjà bien avancée en Hongrie. Après de longs préparatifs, et sur la base des propositions du Gubernium, le document de base de la première tentative de réglementation servile en Transylvanie, appelé *Bizonyos Punctumok* (Certains Points) vit le jour en automne 1769.

Certains Points ne constituent en fait qu'un recueil des anciennes lois, avec quelques additifs. On n'y trouve pas de disposition concrète concernant l'étendue des tenures, seulement des directives générales énonçant que le seigneur doit laisser à ses serfs, avec ou sans tenure, «des habitations appropriées et conformes à leur condition» et y ajouter également des champs et des prés «selon la nature de sa campagne». Il n'était donc point question de détermier sur la base d'études préalables et compte tenu des caractéristiques régionales et locales, des dimensions de la tenure servile, de la fixer en unités de superficie, comme cela avait été fait en Hongrie. Le document, énumérant les jouissances de droits du serf, établit que les forêts communales utilisées par les villages doivent rester en la possession de ceux-ci (le droit de propriété étant maintenu pour le seigneur). Quant à la prestation des corvées, on revient aux dispositions antérieures: le travail «à main» des serfs ne doit pas dépasser quatre journées par semaine, ou bien trois journées de «sommage», mais quatre en «copinage». On maintient l'obligation du serf de payer la dîme et la neuvième (là où celle-ci était pratiquée), et il est tenu de fournir des cadeaux pour la cuisine.

 Certains Points n'apportèrent donc de réglementation valable ni pour la détermination de la taille des terres serviles, ni pour les prestations à fournir. Aussi, dans les décennies à venir, nous trouverons, dans les prestations serviles, la même diversité de formes, la même dépendance à l'égard de facteurs locaux, qui caractérisaient la société transylvaine depuis des siècles.

2. Des Lumières au libéralisme

Lumières et cultures nationales

Au début des années 1770, on assiste à une véritable éclosion de la nouvelle pensée qui va servir de base à toute une nouvelle culture en Transylvanie. En effet, l'effervescence intellectuelle y est beaucoup plus marquée — et ceci, ni la première, ni la dernière fois dans l'histoire du pays — que ne le laisserait supposer son triste état socio-économique. Contradiction singulière certes, mais parfaitement compréhensible : on voit simultanément se développer un ensemble d'idées éclairées, supranationales, en même temps qu'un brusque épanouissement des cultures nationales qui vont préparer le terrain à l'avènement de la culture bourgeoise. Peut-on ranger d'un côté, ensemble, l'adepte de Christian Wolff, le traducteur de Montesquieu, le membre de la franc-maçonnerie internationale, le haut fonctionnaire cultivé, partisan dévoué de l'absolutisme éclairé soi-disant supranational des Habsbourg et le savant chercheur, propagateur des sciences de la nature a priori internationales, pour mettre sur l'autre pôle tous les promoteurs des cultures nationales ? Non, il n'y a pas de séparation de cette espèce : les représentants de la vie spirituelle transylvaine sont à la fois des deux bords, auxquels ils appartiennent chacun à sa manière et dans différentes mesures. Et rien n'est plus naturel que cela, si on observe les données ethniques de la Transylvanie et les caractéristiques de sa vie spirituelle « d'ancien régime ».

Pour les Lumières, la principale force de cohésion fut la franc-maçonnerie. C'était vers 1742 que deux aristocrates hongrois et Samuel Bruckenthal, le futur grand homme d'Etat conservateur, eurent les premiers contacts avec ce mouvement intellectuel d'une grande efficacité organisationnelle. Mais leur zèle fut vite refroidi : Marie-Thérèse les plaça pour un moment sous surveillance domiciliaire à Vienne, en 1742. Néanmoins, la franc-maçonnerie ne tarda pas à prendre racine en Transylvanie, se limitant, il est vrai, pendant plusieurs dizaines d'années, aux Saxons. Fondée au milieu du siècle à Brassó, leur première loge nommée « Zu den 3 Säulen » connut une existence très brève. Plus persistante fut la loge St-André de Szeben (« Heiliger Andreas zu den drei Seeblättern ») fondée après 1764. Là aussi, le fondateur était un jeune patricien saxon, Simon Friedrich Baussnern, et ses membres des Saxons ayant fréquenté des milieux maçonniques pendant leurs études en Allemagne. Jusqu'en 1778, elle se compose presque uniquement de Saxons et de personnes originaires des pays héréditaires. A cette époque, un personnage singulier fait également partie de l'organisation : Alexandru Moruzi Mavrocordat, frère d'un prince de Moldavie. Le premier Hongrois à y entrer fut György Bánffy, le futur gouverneur. Dans les années 1780-1790, on y trouve déjà l'ensemble de l'élite intellectuelle et politique de la Transylvanie, qui comprend aussi bon nombre de Roumains. De nouvelles loges se créent et restent sous l'autorité de la loge provinciale ayant à sa tête György Bánffy comme Grand maître.

51. Pierre tombale de Miklós Misztótfalusi Kis dans le cimetière Házsongárd à Kolozsvár, 1702. Inscription par Ferenc Pápai Páriz

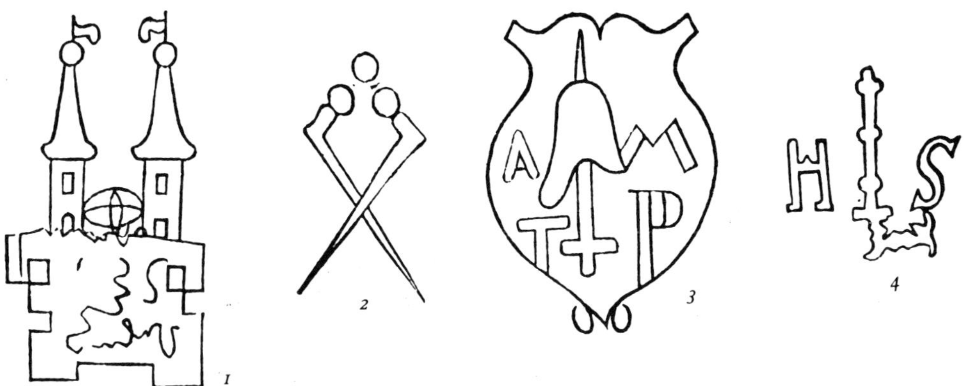

52. Filigranes de moulins à papier du XVIIe s.: *1)* Kolozsmonostor, 1635; *2)* Nagyszeben, 1664; *3)* Gyulafehérvár, 1665; *4)* Nagyszeben, 1662

53. Vue de Sud de Kolozsvár. Lavis de Conrad von Weiss, 1735

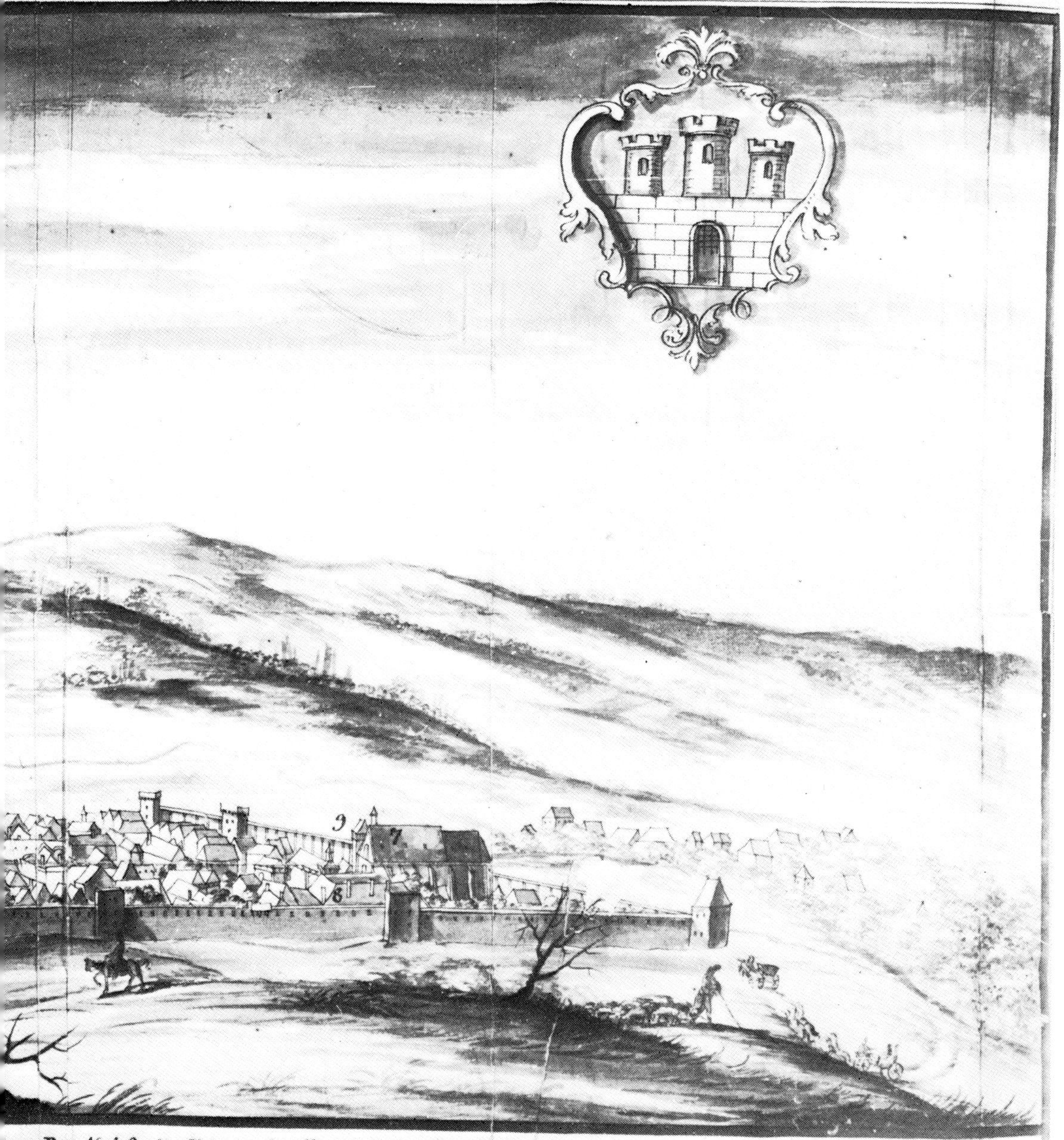
9
7
8
nes Bet-Hauß, 7. Calvinische Kirch, 8. Calvi: Collegium, 9. Das Mittelthor.

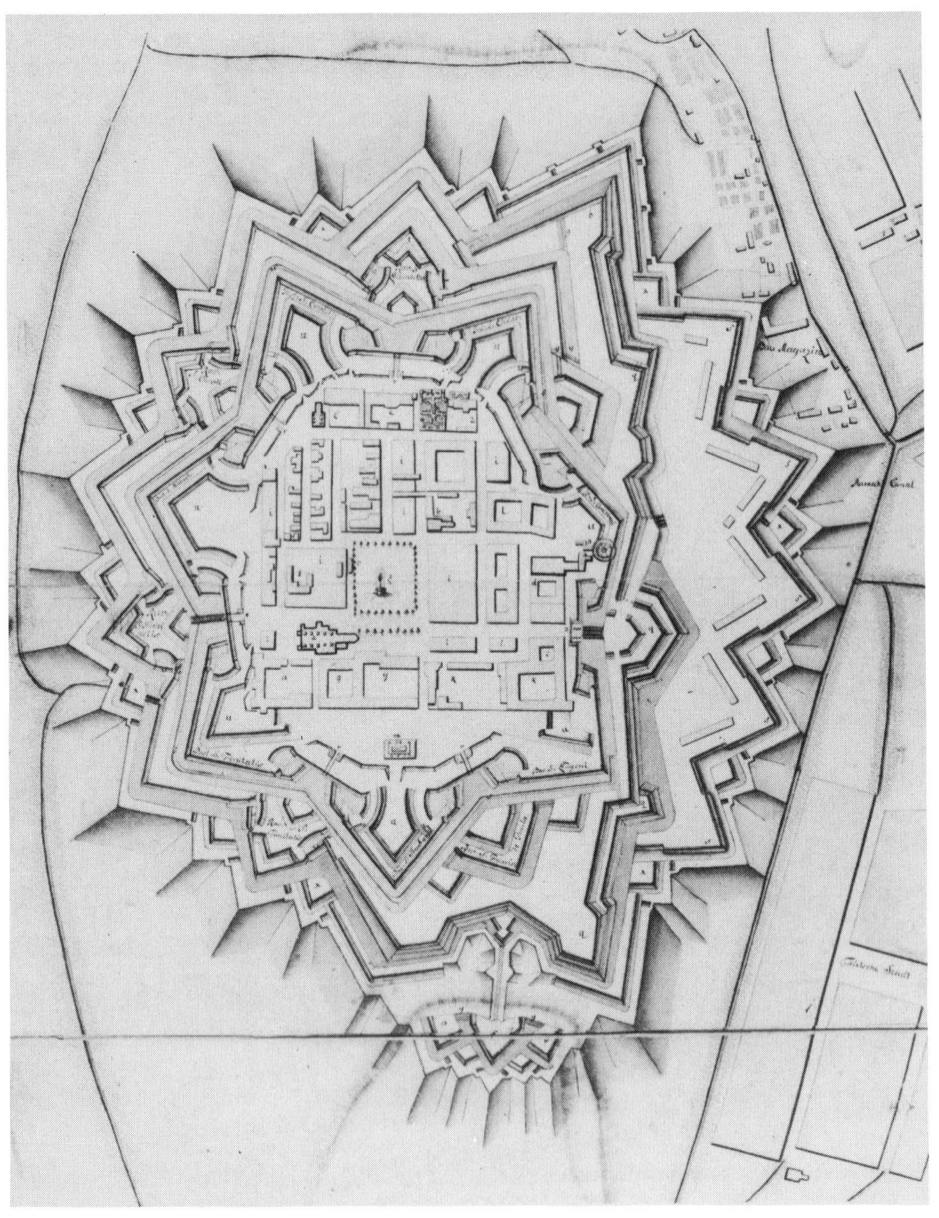

54. Plan de la forteresse de Gyulafehérvár, construite par Charles III à partir de 1715. Lavis du milieu du XVIIIe s.

55. L'église des jésuites, puis des piaristes à Kolozsvár, avec le collège, 1718-1724. La colonne de Marie figurant sur la photo fut élevée sur la commande de la famille Kornis en 1744. Photo de Ferenc Veress vers 1860

56. Beszterce vu de Sud. Lavis de Conrad von Weiss, 1735

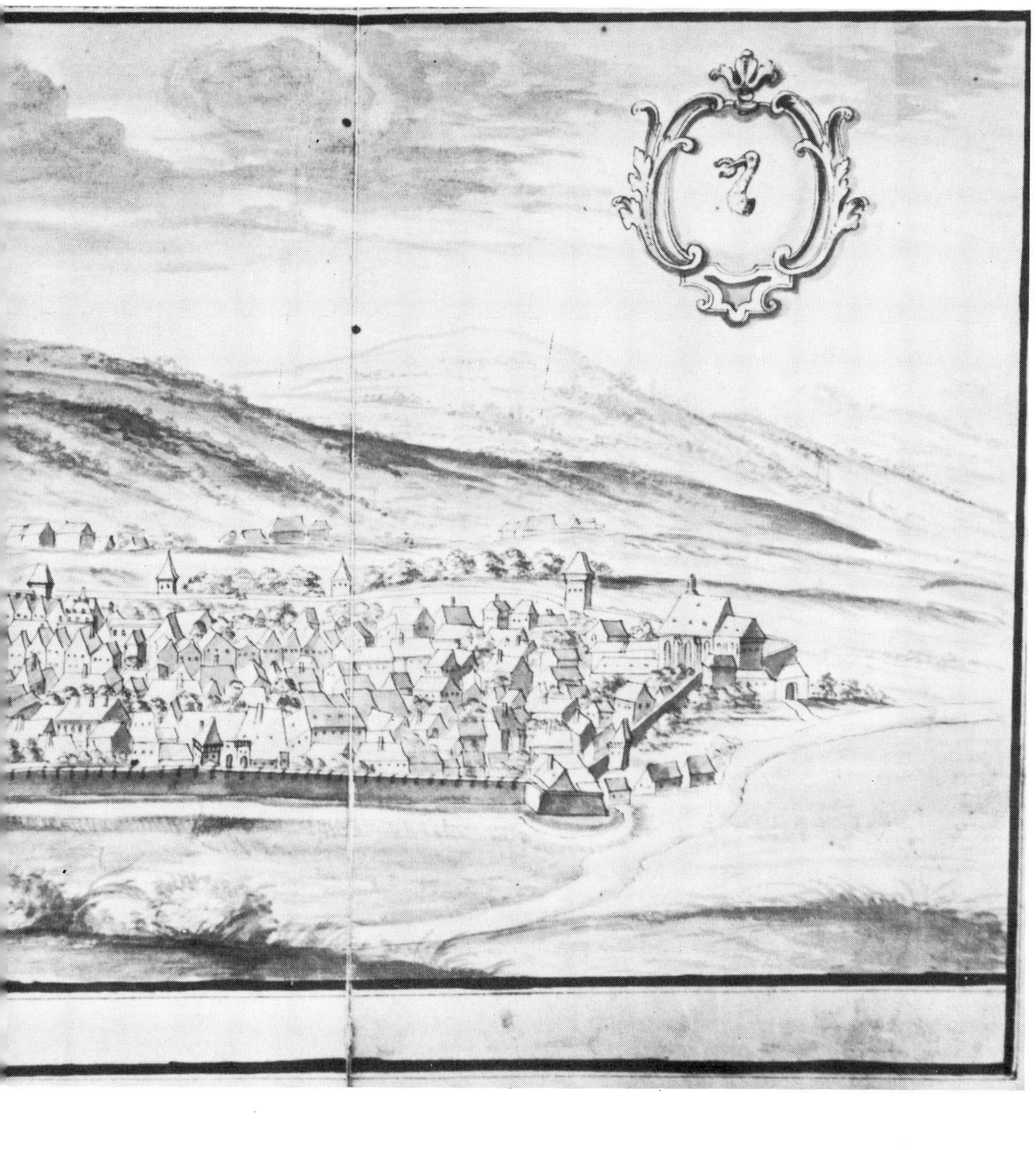

Les cadres de l'organisation maçonnique se modifient quand Joseph II, en 1785, fait fusionner les loges. Sa lettre patente n'autorise l'existence que d'une seule loge, à Szeben. En janvier 1796, même celle-ci est dissoute par François Ier : la franc-maçonnerie, qu'avaient ralliée, dans une période de stabilité, même les meilleurs esprits du gouvernement transylvain, devient suspecte aux yeux du pouvoir central raidi sous le choc de la Révolution française. On peut dire que, dans la Transylvanie des années 1770-1790, la franc-maçonnerie représentait une certaine force de cohésion et signifiait un engagement moral se fixant de travailler pour le bien public. Mais elle n'était pas une force politique, et encore moins un parti à caractère défini. Ni la nature du mouvement maçonnique, ni la situation politique ne le permettaient.

Bien qu'il ne soit pas directement lié aux Lumières, le progrès des sciences naturelles a tout de même nettement contribué à leur avancement. A partir des années 1750, ce progrès fait un bond spectaculaire en avant et met en relief des personnalités exceptionnelles. József Benkő reprend en quelque sorte la succession de Péter Bod; mais il s'inspire déjà essentiellement des idées des Lumières. Son activité le place à cheval sur deux époques, ce qui se traduit dans les faits par l'acquisition d'une considérable renommée tant en sciences humaines qu'en sciences naturelles. Son œuvre principale, *Transylvania,* est un travail historiographique qui frappe par la nouveauté de sa méthode: elle adopte celle de l'école des institutionnalistes en étendant ses investigations à la fois aux phénomènes matériels et spirituels de la vie sociale. Il met au point, suivant le système linnéen, un dictionnaire botanique en trois langues (latin-hongrois-roumain) de la végétation de Transylvanie *(Flora Transylvanica).* On lui doit le premier traité de spéléologie, mais il écrit également à propos d'une plante utilisée dans l'industrie des cuirs *(Le scumpia de Középajta),* ainsi que du tabac. Il découvre les nouvelles possibilités de la vulgarisation scientifique. Une fraction de son œuvre suffirait à lui assurer un professorat — la Société Savante de Haarlem, elle, l'élit parmi ses membres — mais la Transylvanie ne lui offre qu'un poste de pasteur de campagne, puis quelques années d'enseignement de la théologie à Udvarhely, d'où il est chassé par des intrigues misérables. Ce sont alors à nouveau les paroisses rurales, les humiliations, et tout au long de cette période de difficultés, l'alcool comme seul compagnon dans la solitude. Un sort que d'autres ont connu et connaîtront avant et après lui.

L'autre figure éminente de cette période, János Fridvalszky, eut une carrière aux traits moins dramatiques, mais le succès n'était pas, dans son cas non plus, proportionnel à la production. Diplômé de l'université de Vienne, il est nommé professeur de latin et de sciences naturelles à l'Ecole jésuite de Kolozsvár. A la différence de Benkő, il est déjà entièrement tourné vers les sciences naturelles, et même vers sa branche expérimentale, qu'il met à profit dans ses inventions. La création d'une *Societas Agriculturae,* fondée pour promouvoir l'agriculture, eut un effet particulièrement fécond sur son esprit inventif. Il met au point des techniques pour la fabrication du pain ou de la bière avec de la pomme de terre, pour la distillation de l'eau de vie à partir du maïs et la production du papier avec du roseau, du jonc, du lin et du chanvre. Il extrait de la tourbe et fait la démonstration de sa combustibilité devant la Société. On lui doit même un vaste projet de réforme économique. Mais ses innombrables propositions et inventions utiles n'auront connu pratiquement aucune application concrète. Ni la demande ni les conditions sociales ne s'y prêtaient.

La troisième grande personnalité de la science transylvaine, József Fogarasi Pap, connaît un début de carrière brillant. Son travail, qui donne l'interpréta-

◁ 57. Eglise catholique arménienne à Szamosújvár, seconde moitié du XVIIIe s.

tion de la notion de « force » dans son acception la plus large, remporte en 1778 le concours de l'Académie des Sciences de Berlin. L'œuvre témoigne de l'influence de Leibniz et de l'idéalisme (la cause première de la force est en dehors de l'homme : c'est Dieu ; la force de l'imagination fait partie des forces réelles). Dans le même temps, il ne reste pas en arrière, sur bien des points, par rapport aux derniers résultats des sciences naturelles de son époque. La mort le ravit au moment même où il allait occuper son poste à la tête d'une chaire universitaire à Pest.

Les collèges réformés et les lycées saxons bien équipés assument également une fonction de propagateurs des nouvelles sciences de la nature. A Nagyenyed, la physique est enseignée, après 1767, par József Kovács qui traduit la physique newtonienne de Krueger, et la publie en 1774. A la même époque, on trouve ici comme professeur le géologue-botaniste-minéralogiste Ferenc Benkő, qui est élu membre de la Société Scientifique d'Iéna.

A l'Académie de Kolozsvár, qui est passée, après la dissolution de l'ordre des jésuites, aux mains des piaristes, deux éminents savants, dans les années 1780, mènent une importante activité ; l'un, André Etienne, est professeur de chimie et de métallurgie et propagateur du système de Lavoisier ; l'autre est l'ophtalmologiste Ion Piuariu-Molnár, dont on parlera plus tard. Des médecins praticiens exécutent des ouvrages spécialisés de thérapeutique qui dressent un tableau des conditions hygiéniques de l'époque.

Franc-maçonnerie, sciences naturelles, voilà les pôles d'attraction intellectuels, internationaux, qui étaient censés orienter les différentes collectivités dans la même direction. Lumières et éveil national vont de concert en Transylvanie. Et, au début, cet éveil ne revêt pas encore un caractère véritablement politique. Au moment où la pénétration des Lumières en Transylvanie se fait plus intensive, les chances d'une activité politique y sont justement plus restreintes : à partir de 1761, pendant 29 ans, la Diète ne siège plus et on n'y trouve pas non plus d'autres foyers d'activités politiques de portée nationale. Durant des décennies, l'éveil national se cantonne dans des efforts visant le développement de la culture nationale.

Ce sont les Saxons qui se trouvent momentanément dans la situation la plus favorable. Leur jeunesse continue de fréquenter les universités allemandes. Ainsi, en 1774, on trouve à Goettingen, entre autres, Michael Hiszmann, Martin Lang, Karl Bruckenthal, Johann Filtsch. La Königliche Deutsche Gesellschaft de Goettingen maintient des contacts avec l'élite intellectuelle des Saxons de Transylvanie. En 1799, Filtsch, Eder et A. Wolff sont élus membres correspondants de la Société. Hiszmann, après ses études, s'installe à Goettingen et devient le traducteur de bon nombre d'œuvres philosophiques anglaises et françaises. Il est lui-même un écrivain éclairé qui, dans ses ouvrages, propose une critique acerbe de la métaphysique et étudie les problèmes de la psychologie humaine. Il manifeste à plusieurs reprises ses réserves à l'égard de Leibniz et se permet des remarques un peu trop acides contre Wolff. Dans la dispute qui oppose Lessing à Gœthe, il prend position en faveur du premier. Son activité philosophique lui barre le chemin du retour en Transylvanie : l'évêque luthérien Andreas Funk interdit la propagation des « lettres philosophiques » de Hiszmann et quand il s'avise de rentrer, ses amis l'en dissuadent.

Un moyen encore plus efficace pour maintenir le contact avec la vie spirituelle allemande est constitué par le théâtre. Et, conjointement avec celui-ci, apparaissent, chez les Saxons, les premiers éléments d'une vie littéraire moderne : en 1775, paraît à Szeben le *Theatralisches Wochenblatt*, revue de théâtre qui, au-delà des nouvelles de la vie théâtrale, rend également compte des événements littéraires de l'époque, surtout de ceux des territoires germanophones.

Dans la culture propre des Saxons, une place de choix revient à l'historiographie qui favorise l'épanouissement de personnalités comme Johann Seivert, auteur d'une série d'articles parus dans *Ungarisches Magazin* de Pozsony sur les carrières des dignitaires laïcs et ecclésiastiques saxons, et aussi d'une œuvre majeure d'histoire culturelle : *Nachrichten von siebenbürgischen Gelehrten und ihren Schriften.* Ou bien, on peut citer le nom de J. C. Eder qui, dans les années 1790, rassemble autour de lui tout un groupement d'amateurs d'histoire.

Un fait qui témoigne du renforcement de la culture saxonne est l'organisation de l'accès aux livres. La collection Bruckenthal est en même temps une bibliothèque publique ; en 1782, on ouvre à Szeben la première bibliothèque de prêt ; deux ans plus tard s'y constitue une société des lecteurs qui servira de modèle à d'autres tentatives analogues. Parallèlement aux Lumières, pénètre auprès des Saxons la presse régulière. Et c'est précisément là que se trouve le point faible de la vie intellectuelle, qui s'appuie pourtant sur une couche relativement large d'esprits cultivés ou voulant se cultiver : grâce à la presse et à une communication facilitée par la langue, elle accède rapidement aux meilleurs produits de la culture allemande, qui prend à cette époque un essor fascinant. Pourtant, cela ne stimule point cette culture dans la création, du moins en art, mais exerce sur elle un effet plutôt décourageant ; aussi, cette époque ne verra-t-elle pas l'envol des belles-lettres saxonnes.

Tout autres étaient les motivations et les difficultés des Hongrois transylvains cultivés voulant s'adonner à la création littéraire. Le demi-siècle précédent a vu surgir un seul grand talent littéraire : Kelemen Mikes, dont les lettres fictives, rédigées durant son exil en Turquie (à Rodosto—Tekirdağ), devaient rester inconnues jusqu'en 1794, pour devenir ensuite la lecture de beaucoup et inspiratrices du patriotisme hongrois pour bien longtemps. Les auteurs qui le suivent sont presque sans exception eux aussi des mémorialistes ou tiennent des journaux intimes. La littérature de mémoires, qui avait autrefois donné naissance, en Transylvanie, à des œuvres d'une grande qualité, n'est plus capable, à cette époque, que d'un « chant du cygne ». C'est l'écrit autobiographique de Kata Bethlen, une veuve issue de la haute noblesse qui réagit à l'attaque de la Contre-Réforme par un calvinisme outré et fait construire un moulin à papier destiné à des publications religieuses patronnées par elle. Elle prend Péter Bod sous sa protection ; son œuvre ne sera vraiment découverte que deux cents ans plus tard, par la critique littéraire recherchant ses racines.

Un paradoxe de l'histoire mais qui n'est pourtant pas fortuit : au XVIIIe siècle, la littérature hongroise de Transylvanie s'affirme d'abord à Rodosto, ensuite à Vienne. C'est en effet dans la capitale impériale que les officiers cultivés de la garde royale frayent la voie à la littérature des Lumières. Marie-Thérèse y a créé une garde des nobles hongrois censée servir d'ornement baroque à son règne absolutiste. Cette garde comprenait également de jeunes Transylvains. Il en est né un groupe qui sera, pour un certain temps, le principal centre de rayonnement de la culture hongroise. A côté de son chef de file, le noble calviniste du Partium György Bessenyei, le second rôle revient à un Transylvain, le colonel Ábrahám Barcsay. Personne, dans la poésie hongroise, ne chantera avec autant d'enthousiasme que lui les bienfaits de la paix qu'il juge indispensable à la liberté de l'homme.

419 Cette effervescence de la littérature hongroise ne suffit pas encore à faire

naître en Transylvanie une presse de langue hongroise. La contribution transylvaine est cependant considérable aux gazettes paraissant en Hongrie ou à Vienne. Ainsi, les efforts littéraires progressivement déployés par les Hongrois de Transylvanie, s'intègrent organiquement à la vie spirituelle hongroise, grâce notamment à des attaches personnelles, et malgré l'éloignement géographique de leurs promoteurs.

Des trois ethnies transylvaines, c'étaient sans doute les Roumains qui se trouvaient dans la situation la moins favorable au moment de la pénétration des idées éclairées. D'autant plus respectable fut leur apport dans le domaine culturel. Les ambitions intellectuelles roumaines ne pouvaient pas encore éclore dans les belles-lettres, car la tâche essentielle du moment était de former la conscience nationale en ressuscitant le mouvement enlisé depuis l'évincement de Inochentie Micu-Klein. La célèbre triade : Samuil Micu-Klein, Gheorghe Şincai et Petru Maior, figures les plus importantes de la culture roumaine de Transylvanie au XVIIIe siècle, firent un immense travail précisément dans ce sens. Tous furent des polygraphes formés en Transylvanie, à Rome ou à Vienne, qui obtenaient des résultats sérieux dans des domaines allant, conformément aux idéaux encyclopédiques du XVIIIe siècle, de la recherche approfondie à la vulgarisation scientifique. Au cœur de leur idéologie nationale, se trouvait l'origine romaine, une conception fondamentale enrichie de l'idée que les Roumains vivant au-delà et en-deçà des Carpates ne formaient qu'un seul peuple. Restant fidèles à l'Eglise uniate, ces hommes de lettres ne partageaient cependant pas l'hostilité de la génération précédente à l'égard de l'Eglise orthodoxe ; au contraire, ils étaient fort érudits en matière de droit canon orthodoxe. Leurs écrits alliaient avec bonheur l'esprit gallican, la politique religieuse joséphiste et le traditionalisme orthodoxe.

L'absolutisme éclairé leur ouvrait des horizons qui, par exemple, firent naître en Samuil Micu-Klein l'espoir de réunir éventuellement les territoires habités par les Roumains, en les dotant d'un uniatisme respectueux des traditions orthodoxes, ceci sous le règne des Habsbourg et en vertu de leur titre de roi de Hongrie. Il publia, en 1780, à Vienne, son *Elementa linguae Daco-Romanae sive Valachicae,* principalement destiné à convaincre l'opinion non roumaine du caractère latin de la langue roumaine. Même s'il écrivait généralement ses ouvrages en alphabet cyrillique, ce fut pourtant lui qui publia, en 1779, le premier livre en caractères latins (et avec une orthographe non hongroise), un livre de prières. Il traduisit aussi la Bible qui parut en 1779. Ses synthèses historiques sont restées à l'état de manuscrit, quelques-unes jusqu'à nos jours.

Le second membre de la triade, Gheorghe Şincai fut l'organisateur, en tant qu'inspecteur de l'instruction populaire, d'un bon nombre d'écoles rurales dans le cadre du programme d'éducation de l'absolutisme éclairé. Il rédigea un abécédaire, à l'intention de l'école de Balázsfalva, en langues latine, hongroise, allemande et roumaine, puis, en roumain seulement, des manuels d'alphabétisation, d'initiation à l'arithmétique, de latin et de catéchisme. Il écrivit, presque toute sa vie durant, une grande synthèse historique : *Hronica Românilor*. Parmi ses sources, on relève l'ensemble des littératures est-européennes, mais en premier lieu des ouvrages hongrois. Il puise en effet largement dans les archives transylvaines, dans les matériaux des Diètes, dans les documents déjà rassemblés par les savants hongrois. Il est également rattaché à la culture hongroise de l'époque par des liens personnels : à Vienne il fait la connaissance de József Benkő et de Dániel Cornides et il compte l'historien et archiviste Márton György Kovachich parmi ses amis. A plusieurs reprises au cours de sa vie mouvementée, il profite de l'appui de la famille aristocratique Wass : c'est dans leur propriété même qu'il sera enseveli. Quant au troisième membre de la triade, Petru Maior, il réalisera l'essentiel de son activité dans la période suivante.

Figure éminente de l'intelligentsia roumaine orthodoxe de Transylvanie, l'instituteur de Brassó Dimitrie Eustatievici écrit en 1757, après ses études à Kiev, une grammaire roumaine. Mais son parti pris pour le roumain ne signifie pas pour autant un refus du slavon comme langue liturgique de la religion orthodoxe. Par ses vues politiques, il se range aux côtés de ceux qui veulent obtenir, pour les Roumains, des droits nationaux « illyriens ». D'abord secrétaire épiscopal, il devient, sous Joseph II, inspecteur des écoles orthodoxes de Transylvanie et c'est en cette qualité qu'il organise des cours accélérés de six semaines permettant de former 10-12 instituteurs et ce, afin de remédier au manque cuisant d'enseignants.

Le sort des écoles roumaines orthodoxes préoccupe également Ioan Piuariu-Molnár, l'un des personnages roumains les plus marquants de l'époque, qui travaillait aussi comme professeur d'ophtalmologie à Kolozsvár. En tant qu'auteur de livres de vulgarisation — consacrés aux accouchements et à l'apiculture —, il s'assura une plus grande audience que tous les autres, pour la simple raison que la langue de ses écrits était plus intelligible à ses lecteurs. C'est par ailleurs à lui qu'on devait à l'époque la meilleure grammaire du roumain.

L'expansion de la culture roumaine allait de pair avec l'apparition des intellectuels roumains sur la scène politique. Il faut dire en effet que, sous Joseph II, tant le Gubernium que la Chancellerie Aulique de Transylvanie comptaient des Roumains parmi leurs fonctionnaires. Vers la fin du règne de Joseph II, István Koszta est déjà conseiller du Gubernium et il est ensuite promu au poste de « cancellarius provincialis », c'est-à-dire d'officier suprême surveillant l'activité administrative du Gubernium. C'est un haut fonctionnaire extrêmement laborieux et précis qui a laissé derrière lui, dans ses dossiers officiels, des milliers de pages couvertes d'une fine écriture. Pendant le lent recul du joséphisme, c'est à lui qu'on confie les tâches les plus épineuses, sinon dangereuses. Dans l'administration des comitats, par contre, on ne trouvait qu'exceptionnellement des fonctionnaires roumains, étant donné la proportion modeste de la noblesse foncière roumaine.

Les premières décennies de l'absolutisme éclairé

Dans les années 1770-71, l'absolutisme éclairé commença également à se manifester dans l'administration de la Transylvanie.

Ce fut dans le domaine de l'économie que l'intervention du gouvernement Habsbourg fut la moins heureuse. En effet, les conceptions économiques de ses différentes commissions étaient bonnes à tout sauf à réduire la différence de niveau entre la Transylvanie et les provinces occidentales, beaucoup plus industrialisées, de l'Empire Habsbourg ; elles tendaient même à l'accroître, en déconseillant l'établissement de nouvelles manufactures et en limitant l'industrie à la fabrication des articles d'usage les plus courants. S'il surgit pourtant quelques manufactures en Transylvanie, ce fut en dépit de cette politique, bien que parfois sur l'initiative même des organes d'administration (moulin à papier à Orlát ; fonderie de l'acier et des métaux précieux).

Les dix premières années d'abolutisme éclairé ne virent pas non plus de progrès en matière de réglementation des redevances féodales. Le gouvernement ne pouvait — et en partie ne voulait — obtenir autre chose que le maintien du statu quo. Craignant de voir s'intensifier la fuite des Transylvains vers la Moldavie où les serfs auraient été, selon la rumeur, exemptés des charges serviles à la veille de la guerre turco-russe, Marie-Thérèse ordonna, en juin 1770, d'établir un plan destiné à réglementer les redevances en Transylvanie à la lumière des expériences de la réglementation en vigueur en Hongrie. Mais le projet s'enlisa dans l'inertie de la bureaucratie.

Un progrès plus notable put être enregistré en matière de politique religieuse et d'enseignement. L'absolutisme éclairé entend renforcer son contrôle sur l'Eglise catholique et supprimer, ou du moins diminuer, le rôle de ses dignitaires dans la hiérarchie séculière. Ainsi, l'évêque catholique ne préside plus aux conseils du Gubernium. Le pouvoir d'Etat intervient énergiquement dans la vie de l'Eglise : il se prononce dans des questions organisationnelles et économiques internes à l'Eglise et contrôle l'ensemble de l'enseignement. En 1781 fut publié la *Norma Regia* qui stipulait que le Gubernium (c'est-à-dire sa Commissio Litteraria, récemment créée) devait assurer la direction nationale de l'instruction publique. Le système éducatif uni fut appliqué aux écoles de toutes confessions et on déclara la scolarité obligatoire à partir de six ans. Les études secondaires, par contre, ne s'ouvraient qu'à ceux qui en avaient non seulement l'aptitude, mais aussi les moyens financiers.

La seconde décennie de l'absolutisme éclairé est en général rattachée à la personne de Joseph II qui monta sur le trône en 1780. C'était un personnage dont l'activité fut analysée, d'abord par ses contemporains, puis par l'historiographie, sous des éclairages diamétralement opposés. La conception indépendantiste hongroise regarde la politique de l'Empereur et de son gouvernement dans son ensemble comme une atteinte à l'autonomie et aux intérêts de la nation hongroise. A l'autre extrémité, on voit le portrait d'un souverain réformateur aux traits presque révolutionnaires, qui entend introduire dans son empire un système nouveau, perfectionné sous tous ses aspects, mais dont les efforts sont constamment mis en échec par les forces rétrogrades. A partir de ces deux « versions », il s'est créé, en fonction des différentes motivations nationales, une grande variété d'interprétations et non seulement du point de vue hongrois. Aux représentants des ambitions nationales roumaines, par exemple, l'absolutisme éclairé a ouvert des perspectives jusqu'alors insoupçonnées, tandis que le statut juridique de la « nation » saxonne n'avait jamais été aussi gravement menacé que par ce régime d'une implacable rationalité. Il est incontestable que tous les efforts du joséphisme visaient la plus grande stabilité de l'Empire ; d'autre part, on ne doit pas oublier non plus que Joseph II publia, dès la première année de son règne, un édit de tolérance religieuse également valable pour la Transylvanie, qui constituait un pas important vers la conception moderne de la liberté confessionnelle.

La politique économique joséphiste se définit par deux visées : faire régner le principe de la concurrence en supprimant le système des privilèges artisanaux à l'intérieur du pays et maintenir un système douanier protectionniste vers l'extérieur. L'objectif de Joseph II était d'assurer l'unité économique de l'Empire et de la fonder sur l'autarcie. Il supprime les barrières douanières entre la Hongrie et la Transylvanie, ce qui signifie l'union économique des deux moitiés du pays, leur unification administrative étant déjà réalisée. On maintient toutefois une politique douanière qui donnait l'avantage aux pays héréditaires d'Autriche et de Bohême et dont les efforts visant l'autarcie n'étaient pas non plus favorables à la disparition des différences de degré de développement.

Bien que le joséphisme n'adoptât pas de politique d'industrialisation générale pour la Transylvanie, il ne laissa pas non plus libre cours à une pratique discriminatoire. Il suffit de citer l'établissement de l'usine de soierie de Gallarati, encouragé par le gouvernement, ou l'essor de la métallurgie du fer dans la région de Vajdahunyad. Les produits industriels de Transylvanie jouissaient parfois d'un traitement douanier préférentiel, même face à ceux des pays héréditaires, en vertu du fait que, comme le soulignait Joseph II, la Transylvanie était plus fortement imposée que la Hongrie.

Les démarches en matière de politique servile étaient nettement positives. Rien ne peut mieux refléter la nature du joséphisme sous sa variante transylvaine que le résultat de ces démarches, c'est-à-dire les mesures qui s'en suivirent, leur degré de réalisation, leurs conséquences. Lors d'une de ses visites en Transylvanie, en 1783, Joseph II ordonne au vice-chancelier de Hongrie-Transylvanie, Károly József Pálffy, de rédiger incessamment une proclamation sur la suppression du servage perpétuel. La résistance de la Chancellerie fit échouer le plan, mais le décret du souverain, daté du 16 juillet 1783, assurait aux serfs le droit de se marier sans la permission de leur seigneur, ainsi que d'apprendre et d'exercer des métiers industriels ou intellectuels, de disposer librement de leur propriété légale, de ne pas être chassés de leur tenure sans arrêt juridique, ni transférés d'un comitat à l'autre, enfin de ne pas être contraints à des corvées autres que celles précisées dans la réglementation provisoire. Mais, avant que puissent se réaliser la réglementation des redevances et la suppression du servage perpétuel, éclata, en 1784, l'une des plus grandes révoltes paysannes transylvaines de l'époque féodale.

La révolte de Horea et de Cloșca

Les causes des événements de l'automne 1784 furent multiples. Tout d'abord, cette période connut une recrudescence de la tension entre seigneurs et serfs dans l'ensemble de la Transylvanie, mais dans les Monts métalliques, pour des raisons locales, la situation se dégrada avec une rapidité toute particulière. Vu le caractère montagneux et fort boisé des domaines du Trésor à Zalatna, les villages qui s'y trouvaient éparpillés dans les immenses forêts purent longtemps dissimuler une grande partie de leur population aux percepteurs de l'impôt. Mais après un examen minutieux en 1772, on redouble les charges fiscales de ces communes domaniales et, qui plus est, leur corvée aussi s'alourdit considérablement : on introduit le service de deux journées hebdomadaires, en même temps que l'obligation de travailler pour un salaire infime, mesures auxquelles s'ajoutent la suppression de certains avantages. Si bien que la recette que le Trésor réalise sur les 7 000-7 500 censiers du domaine de Zalatna est désormais triplée par rapport à l'époque antérieure. Les serfs adressent leurs griefs directement au souverain. Dans la députation, envoyée en 1779, nous voyons déjà les futurs chefs de la révolte : Horea et Cloșca.

Né en 1730, Horea (de son vrai nom : Vasile Nicula) fut un serf fugitif qui s'était racheté, puis en tant que charpentier avait parcouru la majeure partie de la Transylvanie, en faisant une fortune considérable pour un paysan. Homme expérimenté, il est désigné pour le voyage à Vienne, où il retournera plusieurs fois par la suite.

En mai 1782, une émeute éclate à la foire de Topánfalva, à l'issue d'une dispute au sujet de la licence de débit des domaines de Zalatna. Agacé par le fait d'être exclu de cette licence, le peuple enfonce les tonneaux des deux

Arméniens qui jouissent du monopole. Le tribunal seigneurial de Zalatna opte pour la répression et prononce contre les coupables de lourds verdicts, jusqu'à la peine capitale, tandis que les deux preneurs à bail exigent des dommages et intérêts. Ayant participé à l'émeute, Horea doit reprendre le chemin de Vienne pour exposer les plaintes des habitants du domaine. Il parvient devant l'Empereur en personne, chose non exceptionnelle, car Joseph II avait l'habitude de recevoir personnellement les requêtes serviles en émettant quelques mots d'encouragement. Et, en avril 1784, Horea entend confirmer par la Chancellerie elle-même que le Gubernium a reçu la consigne de protéger les communes du domaine de Zalatna contre les officiers du comitat et du domaine jusqu'à ce que l'Empereur statue sur l'affaire. Horea et ses compagnons, après avoir vainement sollicité la protection du Gubernium et du comitat, s'adressent au commandement militaire de Gyulafehérvár.

A cette époque-là justement, Joseph II ordonne, afin d'augmenter les effectifs de la garde-frontières, de recruter des volontaires dans les villages de la zone frontalière. En 1784, les paysans, qui se sont rassemblés à la foire de Gyulafehérvár, se font engager, à la suite d'une interprétation erronée de la volonté impériale, en très grand nombre : à la mi-août, les habitants de 80 villages sont déjà prêts à prendre les armes. Une partie des conscrits refuse la corvée, d'autres exercent des violences contre ceux qui ne veulent pas s'enrôler. C'est là une situation analogue à celle qui s'était produite en 1762-63, lors du recrutement des Sicules pour la garde-frontières. Mais le Gubernium ordonne de mettre fin aux conscriptions entreprises à son insu et invalide des enrôlements.

C'est à ce moment-là que Horea et ses compagnons cherchent à entrer en contact avec le commandement de Gyulafehérvár et, suite à une seconde interprétation erronée, la rumeur commence à se répandre que Horea aurait reçu l'ordre de l'Empereur de prendre les armes. Les voilà aussitôt au seuil de la révolte armée. Un serf qui s'est enfui du domaine de Zalatna, Gheorghe Crişan, convoque, pour le 31 octobre 1784, les paysans de la vallée du Fehér-Körös à se réunir à Mesztákon, d'où ils se rendent à Gyulafehérvár pour demander leur admission dans la garde-frontières. Sur leur chemin, ils rencontrent des officiers et des haïdouks du comitat qui tentent de les disperser, et des affrontements violents s'ensuivent. Le soulèvement est commencé et sera rejoint en quelques jours par la population paysanne de la région du Sud-Ouest de la Transylvanie. Dans le comitat de Zaránd, les émeutiers pillent plusieurs dizaines de domaines nobiliaires et le feu de la révolte embrase également les territoires attenants de Hongrie. Le soulèvement se généralise dans le comitat de Hunyad. La population paysanne, avec Horea, Cloşca et Crişan à sa tête, assaille Abrudbánya et Verespatak ; ils mettent à mort, à plus d'un endroits, les officiers du comitat ou du Trésor, les prêtres non roumains, parfois même des maires de village.

Du côté du gouvernement, les mesures se font attendre. Le gouverneur Samuel Bruckenthal demande l'intervention des forces militaires contre la sédition, mais le haut commandement, n'ayant pas reçu d'instruction de Vienne, hésite. Le soulèvement ne cesse de prendre de l'ampleur. Le Gubernium et le commandement militaire entament séparément des négociations avec les insurgés. Entre-temps, la noblesse s'organise, en plusieurs endroits de la région, pour se protéger ; près de Déva, elle défait les paysans révoltés grâce à l'aide des hussards de la garnison locale et, après des jugements sommaires, fait exécuter 56 personnes. D'autres confrontations ont également lieu entre nobles et paysans soulevés et parfois c'est l'armée — le plus souvent des

58. Eglise orthodoxe roumaine à Brassó-Bolgárszeg, XVIe-XVIII[e]s. Tour construite en 1752 ▷
avec l'aide de la Tsarine Elisabeth

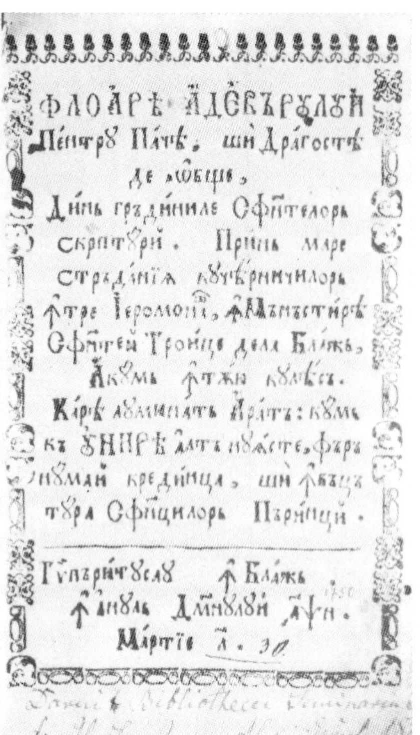

59. *Floare adevărului*. Balázsfalva 1750. Frontispice. Ouvrage de dogmatique uniate

60. *Aron, Petrus Paulus, Sancti patris nostri Joannis Damasceni*... Balázsfalva 1763. Frontispice. Imprimé avec les caractères de Miklós Misztótfalusi Kis

61. *Acatistiiariu*. Balázsfalva 1763. Missel catholique grec. Imprimé avec les caractères cyrilliques d'István Páldi Székely

SANCTI PATRIS NOSTRI
JOANNIS DAMA
SCENI
MONACHI ET PRESBYTERI
HIEROSOLYMITANI
OPERA PHILOSOPHICA ET THEOLOGICA
QUÆ EIUS NOMINE CIRCUMFERUNTUR
Ex editione Veneta & Parisiensi.
Pars Prima complectens
Dialecticam Physicam & Hereses.

cum
Illustrissimi, ac Reverendissimi
Domini
PETRI PAULI AARON
de Bisztra
EPISCOPI FOGARASIENSIS Benedictione,
nunc primum hoc ordine typis edita.

Balasfalvæ Anno Domini MDCCLXIII.

62. La place centrale de Balázsfalva avec l'ancienne cathédrale et l'institut théologique uniates. Photo du début du siècle

63. Fresques dans l'église orthodoxe roumaine Saint-Nicolas, XVIIIe s.

64. Horea et Cloşca à la tête de leurs troupes. Taille-douce, milieu des années 1780

65. La grande place de Nagyszeben avec le palais Bruckenthal, 1778-79. Photo de Josef Fischer, vers 1930

66. La grande salle de la bibliothèque épiscopale « Batthyaneum » de Gyulafehérvár, 1781; mobilier des années 1820

67. Portrait de Samuel Teleki, par Johann Tusch, huile, 1798

68. Portrait de Samuel Bruckenthal, par Martin van Meytens, peu avant 1770

69. La façade du château des Bánffy à Bonchida, vue de la cour. Architecture de Johann Eberhard Blaumann, milieu du XVIIIe s.

70. L'ancien salon «Marie-Thérèse» du château de Bonchida

hussards hongrois ou sicules — qui entreprend de son propre chef des opérations contre les paysans.

Pour Joseph II et son gouvernement, il est difficile d'adopter une position cohérente face à la révolte, d'autant que les nouvelles n'en parviennent à Vienne qu'avec un grand retard et qu'elles sont, qui plus est, fort contradictoires. Au sein du gouvernement central, on discute des principes ; d'abord c'est la sécurité d'Etat qui prévaut : informé de la révolte le 12 novembre 1784, Joseph II envoie aussitôt au commandement militaire l'ordre de la briser par la force. Mais on est bientôt gagné par les considérations d'une politique favorable aux serfs. Vers le 17 novembre, un circulaire du Gubernium éveille le soupçon de l'Empereur : les abus des fonctionnaires de comitat ont dû contribuer à la révolte. Le 19 novembre, il est déjà d'avis que la responsabilité est du côté des seigneurs qui exercent sur leurs serfs les oppressions les plus diverses. Il envoie sur les lieux un commissaire enquêteur, Antal Jankovics, un adepte dévoué de la politique joséphiste.

L'Empereur traverse une lourde crise de conscience. Quand il apprend la nouvelle des exécutions sommaires de Déva, il trouve naturelle une pareille réaction de la part des nobles. Joseph II considère la révolte comme un signe de l'échec de sa politique. Il recule cependant devant l'idée d'une répression sanglante qu'il tient aussi pour déraisonnable, le feu pouvant s'attiser de nouveau, à la première occasion venue. Des mesures sont alors prises pour arrêter les tribunaux d'exception et la mobilisation générale des nobles qu'on suppose être déclenchée. Pour apporter une solution politique, il faudrait, dans sa conception, commencer par abolir le servage perpétuel.

Mais le point de vue de la sécurité d'Etat, les arguments des militaires reprendront bientôt le dessus. Le 13 décembre 1784, l'Empereur se met à envoyer des instructions : la révolte ne saurait être écrasée sans l'usage de la violence sanglante ; il était erroné de ne pas la prendre dès le début au sérieux : l'armée doit en venir à bout avec fermeté. Mais le soulèvement est déjà essoufflé. Le commandement envoie dans les Monts métalliques deux colonnes de 750 à 800 soldats qui dispersent les révoltés. Horea et Cloşca sont capturés, à la fin de décembre, avec l'aide des paysans.

Les représailles devaient se dérouler selon les instructions directes de Joseph II. Il fallait faire un exemple par le châtiment des chefs de file. On les promena aux endroits où ils avaient « perpétré leurs plus odieux forfaits », pour les exécuter ensuite publiquement pour l'édification des paysans rassemblés.

En fait plus de 660 personnes furent traduites devant la commission, 300 d'entre elles, qui avaient rallié les révoltés sous la contrainte et n'avaient rien commis de grave, furent libérées. Les serfs qui s'y étaient ralliés volontairement et avaient participé aux pillages (environ 180 personnes) furent également libérés après une bastonnade. Parmi les 120 condamnés pour un crime capital, on prononça la peine de mort contre 37 ; le reste fut envoyé en prison. Les condamnés à mort furent grâciés par Joseph II, à l'exception des trois chefs, parmi lesquels Crişan se suicida dans sa prison, tandis que Horea et Cloşca furent rompus vifs à la route le 18 février 1785, à Gyulafehérvár, en présence des foules de paysans convoquées pour l'occasion.

Peut-on dire que cette révolte avait le caractère d'un massacre dirigé contre les membres d'un groupe ethnique précis, comme le supposait Joseph II ? En fait, les territoires où éclata le mouvement étaient habités par des serfs presque exclusivement roumains, tandis que la noblesse terrienne et les fonctionnaires du comitat étaient tous des Hongrois, indépendamment des origines ethniques de leur famille. Le caractère « national » est apparamment attesté également par le fait que les soulevés firent adopter la religion orthodoxe à des nobles capturés et contraignirent des demoiselles nobles hongroises au mariage avec de jeunes Roumains. Mais les motifs étaient moins nationaux ou ethniques que religieux; c'était également l'expression d'un égalitarisme paysan. Les dernières recherches ont prouvé que des Hongrois et aussi des Saxons prirent part aux événements: ils s'enrôlèrent dans la garde-frontières et soutinrent la révolte des Hongrois de Abrudbánya (par exemple des mineurs, parfois même des dirigeants), et des villages saxons de la région de Kisenyed ainsi que la localité majoritairement hongroise de Torockószentgyörgy rallièrent également le mouvement. Dans les comitats de Torda et de Kolozs, on condamna plusieurs serfs hongrois pour participation à la révolte. D'un autre côté, les intellectuels roumains, promoteurs de la conscience nationale, ne s'y rallièrent pas. Samuil Micu-Klein qualifia Horea et ses compagnons de «gens maudits qui veulent perdre la noblesse».

Les réformes joséphistes

Le soulèvement, aussi bien que la logique de ses propres réformes, affermissent Joseph II dans sa conviction que le problème des serfs demande une solution politique urgente. Dans son décret du 2 août 1785 (reprenant le contenu de celui du 16 juillet 1783), il abolit l'attachement des serfs à la glèbe. Cependant, le but primordial, réglementer les redevances et services censiers, devait une fois de plus échouer. En 1785, pourtant, on entame les travaux préparatoires: adoptant la méthode utilisée en Hongrie, on tente de dresser un relevé des tenures serviles, des droits y afférents et des prestations dues. Mais, même pour établir la taille d'une unité censière, on ne parvient pas à se mettre d'accord. Joseph II suspend l'affaire pour ne plus jamais y revenir. Afin d'alléger un tant soit peu la situation des paysans, il tente de réglementer certains détails des obligations serviles sans grand succès, d'une part parce que les seigneurs terriens protestèrent contre l'intervention de l'Etat dans les formes de travail qu'ils exigeaient de leurs serfs, d'autre part parce que les règles de gestion prescrites par le souverain étaient fort éloignées de la réalité transylvaine (d'après les dispositions de 1787, non seulement le seigneur terrien ou ses employés devaient tenir des registres sur la corvée fournie par le serf, mais ce dernier aussi devait conserver un livre où son maître justifiait ses journées accomplies).

Le joséphisme tenta de rationaliser les principes de gouvernement ainsi que ceux de l'administration à des échelles inférieures. Joseph II réunifia, en plusieurs étapes, les Chancelleries Auliques de Hongrie et de Transylvanie et alla même jusqu'à proposer, en alléguant l'appartenance de la Transylvanie à la Couronne de Hongrie, le rétablissement de la dignité de voïvode, telle qu'elle avait été en vigueur avant la première amputation («vor der ersten Trennung») de la province.

Plus difficile était la réforme, pourtant d'une ultime urgence, de l'administration fondée sur la représentation nobiliaire, surtout dans sa division territoriale. Les comitats, qui traversaient le pays de l'est à l'ouest en bandes, larges parfois de 2 à 3 villages seulement, ou bien le comitat de Felső-Fehér, découpé, par suite de la création des sièges saxons, en une multitude de petites unités, ou encore les sièges sicules et saxons plus petits qu'un district d'une autre région, tout cela demandait à être transformé. Mais mille obstacles s'y opposaient : d'une part les intérêts de la noblesse locale (ou, chez les Saxons, ceux des patriciens notables) ; ensuite le fait que l'autorité représentative était détenue par les trois « nations » ayant des droits « nationaux » et municipaux différents, alors qu'une réforme territoriale un peu plus sérieuse aurait dû passer outre leurs découpages actuels.

Quoi qu'il en soit, le gouvernement central relève le défi et entame la réforme. Le premier coup est porté, en 1781, contre les privilèges des Saxons : on reconnaît l'égalité des droits, c'est-à-dire la « concivilitas » des Roumains de Königsboden. Deuxième étape : en 1782, Joseph II fait réquisitionner les biens de la « nation » saxonne au profit du Trésor, en alléguant que celui-ci est propriétaire de l'ensemble de Königsboden.

En 1784, le territoire transylvain est redivisé en 11 comitats, système qui fait abstraction de l'organisation des « nations » reconnues et de leur autonomie municipale. En janvier 1786, on organise trois commissions de circonscription qui répartissent entre elles les comitats et siègent à Szeben, Fogaras et Kolozsvár avec, à leur tête, des commissaires. Ainsi se crée finalement l'organe exécutif direct du pouvoir absolutiste. Mais cette décision reste lettre morte, puisque l'appareil devient, précisément à ce moment, inopérant.

On ne parvient pas non plus à séparer la juridiction et l'administration. Une conception éclairée et une sévérité draconienne, voilà les deux composantes qui déterminent le caractère du code pénal de l'Empire de 1787, dont l'application avait pour but, une fois de plus, d'intégrer la Transylvanie.

Une des mesures les plus discutées (dès l'époque qui nous occupe, et de nos jours encore) de celles que prit Joseph II fut l'introduction de l'allemand comme langue officielle unique, mesure motivée par sa volonté d'unifier l'administration de l'Empire mais aussi par sa conviction, justifiée, que le latin n'était plus apte à faire fonction de langue officielle commune. Dans l'administration centrale, l'allemand gagne du terrain et s'impose de plus en plus. Il est donc logique de le substituer, dans la pratique administrative de Hongrie et de Transylvanie également, au latin officiel. Mais 12 % seulement de la population transylvaine est germanophone, tandis qu'un pourcentage beaucoup plus important parle le hongrois et une majorité absolue le roumain. Substituer à une langue ancienne périmée, qui avait l'avantage de n'être la langue d'aucune des ethnies, l'idiome de l'ethnie la moins nombreuse constitua une solution qui ne réussit même pas à rallier les Saxons modérés. Aux termes du décret de 1784, les affaires devaient être traitées en allemand non seulement dans les organes administratifs, mais aussi au niveau des instances municipales et dans les villes ; l'Empereur allait même décréter l'allemand langue officielle de la Diète qu'il se refusa par ailleurs à convoquer pendant tout son règne. A partir de l'automne 1784, aucun élève ne pouvait être admis dans une école secondaire sans avoir prouvé sa capacité à lire et à écrire l'allemand. L'application du décret fut cependant peu conséquente : le Gubernium émettait ses circulaires-instructions rédigées en deux colonnes, l'une en allemand, l'autre en hongrois (ou quelquefois en latin) ; dans les instances inférieures, l'utilisation de l'allemand posait de sérieux problèmes. En fin de compte, le décret n'eut d'autre conséquence durable, en Transylvanie, que le renforcement considérable du nationalisme hongrois.

Une sorte de résistance au joséphisme se produisit même en Transylvanie, résistance qui amalgamait le conservatisme et les exigences nouvelles. Elle apparaît avec une certaine force dans les mémorandums des Ordres de 1787, à la préparation desquels la quasi totalité des couches dirigeantes des trois « nations » apporta sa participation. Mais leurs consultations s'étendant sur plusieurs mois, celles-ci ne purent aboutir à un texte commun : Hongrois et Sicules firent conjointement écho de leurs griefs, tandis que les Saxons les formulèrent séparément et avec davantage de modération.

Le document hongrois-sicule part du postulat que les Ordres sont membres de la communauté de la Sainte Couronne et, en tant que tels, ils jouissent du même droit de légiférer que le roi. Or, sous Joseph II, les lois fondamentales et tout le système d'Etat ont été bafoués : la Diète n'est pas convoquée ; on a supprimé le système des trois « nations » ; l'institution de « concivilitas » donne aux nouveaux venus les mêmes droits qu'aux Ordres qui perdent leur autorité jusque dans les comitats. Chacun se sent particulièrement lésé par l'introduction de l'allemand en tant que langue officielle : les Hongrois sont devenus des étrangers dans leur propre patrie, écrit-on, et le changement de langue n'est qu'un prélude à la perte de toutes les libertés.

C'est grâce aux fréquentes modifications dans le régime d'administration, dit le mémorandum, que put éclater la révolte de Horea et Cloşca. Puis celui-ci déplore que la masse des serfs, voyant que les auteurs de ces crimes odieux n'étaient pas poursuivis avec toute la rigueur de la loi et que la peine capitale était abolie, n'en prît que davantage d'audace. La sécurité de la vie et des biens ne pouvait être assurée sans le rétablissement de l'autorité des seigneurs et des officiers de la noblesse. Touchant à un point sensible, il conteste l'utilité de la liberté de mouvement des serfs en avançant l'argument que leur attachement à la glèbe les stimulait davantage à la construction, aux techniques d'amélioration et au fumage. Dans un raisonnement arbitraire mais non sans poids, il est jugé inopportun que les serfs puissent croire que l'abolition de l'attachement à la glèbe est le résultat de leur soulèvement, alors même que les services n'ont pas été réglementés. La tentative centrale qui vise à le faire est particulièrement critiquée pour ses faiblesses réelles et imaginaires. La noblesse terrienne se considère comme atteinte par le décret royal du 14 juin 1786 qui supprime l'affermage aux seigneurs de la dîme due au Trésor et la remplace par la perception directe en nature.

Un des griefs habituels de la noblesse est que l'établissement des impôts échappe à l'autorité de la Diète et que le principe « onus non inhaeret fundo » se trouve violé. En matière de guerre, une mesure qui date d'avant Joseph II est jugée préjudiciable : c'est la mise sur pied de la garde-frontières. L'enrôlement des Sicules est rejeté sur la base d'un argument de droit constitutionnel : les Sicules ne peuvent être à la fois imposés et astreints au service armé ; d'autre part, la création de la garde-frontières a renversé le statut juridique de la Terre sicule et y a mis en place d'absurdes conditions de propriété. L'existence d'une garde-frontières roumaine semble par contre dangereuse car, comme l'expose le mémorandum, il y a tout à craindre qu'elle ne se serve de ses armes dans des émeutes, ou ne les retourne, en s'unissant aux Roumains de Valachie ou du Banat, contre le pays. (Notons que des gardes-frontières du Banat ont participé à l'écrasement du soulèvement de Horea-Cloşca et que nul projet d'action concertée entre Roumains de Transylvanie, du Banat et de Valachie ne fut tramé au cours de cette période.)

On pourrait croire que ce mémorandum aurait pu servir de programme à la noblesse. Mais, après 1790, quand les personnalités dirigeantes de la vie politique transylvaine auront la possibilité de se manifester, ou du moins de s'exprimer publiquement, elles feront preuve de modération en appréciant les innovations du joséphisme avec beaucoup plus de réalisme que ne le faisait le mémorandum.

La lettre de doléances des Saxons est terminée à la fin de 1787. Bien que d'un ton plus modéré que celle des deux autres nations, elle est en même temps plus conservatrice par son contenu.

L'Empereur rappelle les auteurs des mémorandums à la modération, par l'intermédiaire du chancelier de Hongrie-Transylvanie. Mais le mécontentement ne cesse de croître, surtout lorsque, en 1788, Joseph II entre, aux côtés des Russes, en guerre contre l'Empire ottoman et que les conséquences négatives des opérations (approvisionnement militaire, incursions des Turcs) commencent à se faire sentir. Mais si le système joséphiste s'écroule, ce n'est ni à cause de la Transylvanie, ni en Transylvanie. C'est en fait le résultat d'une série de facteurs : l'insurrection aux Pays-Bas, l'échec de la guerre turque, les rapports conflictuels avec la Prusse et un mécontentement intérieur croissant, surtout en Hongrie. Et ce n'est qu'au cours des décennies suivantes qu'on saura la part du joséphisme qui s'est perdue et la part qui s'en est maintenue, tant dans l'Empire qu'en Transylvanie.

Signant, sur son lit de mort, un *Restitutionsedikt* qui révoquait la plupart de ses décrets innovateurs, Joseph II condamna lui-même son système à l'échec.

Réaction des Ordres et mouvement réformiste

Les événements consécutifs au *Restitutionsedikt* reflètent à la fois la réaction des Ordres, c'est-à-dire des efforts pour restaurer l'état antérieur, et les luttes du joséphisme pour sauvegarder les acquis d'une politique éclairée. On observe même parfois des tentatives réformistes qui se veulent plus radicales que le joséphisme. De plus, en 1790, les mouvements nationaux connaissent une recrudescence et exercent un effet tantôt stimulant, tantôt inhibitif sur les tendances que nous venons de décrire. Enfin, le tout reste toujours dépendant des évolutions d'une politique centrale, qui régresse de l'absolutisme éclairé, réaliste de Léopold II vers le conservatisme réactionnaire de François Ier.

La restauration des droits semble la plus simple à réaliser au niveau du système municipal et pour la « nation » saxonne : le réseau des comitats et des districts des commissaires créés par Joseph II se dissout, et l'Universitas saxonne revoit le jour. La plate-forme des Saxons repose sur une triple base : loyauté aux Habsbourg, bons rapports avec la noblesse, maintien de l'union des trois « nations ».

Les deux autres « nations » — hongroise et sicule — tentent de voir plus loin et cherchent à se protéger institutionnellement. Pour répondre à leur objectif primordial, elles demandent l'union avec la Hongrie, qui leur semble la meilleure garantie de la protection des droits des Ordres en même temps que des aspirations nationales déjà conçues dans un sens quasi bourgeois. Mais la première bataille, menée à la Diète de Hongrie en vue de l'union, se solde par un échec. En effet, les milieux gouvernementaux ont déjà adopté le principe « divide et impera » ; ainsi Léopold II remet la question devant les Ordres transylvains et se fait couronner roi de Hongrie sans déclarer l'union. Entre-temps, la population paysanne de Transylvanie commence à s'inquiéter : elle craint que les Ordres n'aillent anéantir les allègements des services féodaux obtenus à l'époque joséphiste. D'autre part, les Ordres hongrois et sicules commencent à s'armer avec, parfois, une tendance nettement anti-Habsbourg et ce n'est que la sage tempérence du Gubernium présidé par György Bánffy qui peut empêcher les confrontations qui risquent de se déclencher par peur réciproque.

Quand, en décembre 1790, se réunit enfin la Diète de Transylvanie aussi, les Ordres se consacrent tout d'abord aux questions de la restauration des «formes constitutionnelles». Néanmoins, ils ont la sagesse de réélir György Bánffy, le plus éminent homme d'Etat joséphiste de Transylvanie, au poste de gouverneur qu'il occupe depuis des années. Mais un groupe oppositionnel exige, immédiatement après, l'établissement de la responsabilité des hauts officiers de l'administration ayant causé des torts aux Ordres, et la Diète demande au Gubernium des éclaircissements sur les projets de loi pouvant porter préjudice au pays. Mélange curieux où la protection des droits des Ordres se double de l'insistance sur la responsabilité gouvernementale.

Plus positive est la législation des Ordres faisant du hongrois la langue officielle et touchant au développement de la culture hongroise. Les procès-verbaux de la Diète sont désormais rédigés en hongrois; on discute le projet de György Aranka sur une Société Transylvaine pour le Soin de la Langue Hongroise, la première association ayant les traits d'une académie qui ait pu être mise sur pied en Transylvanie.

Le troisième thème majeur traité dans cette première phase de l'assemblée fut le problème de l'union avec la Hongrie. L'obstacle à surmonter était non seulement l'hostilité des Saxons, mais aussi l'aversion d'une partie des Sicules qui craignaient de vivre dans un pays réunifié, où ils pourraient perdre leurs privilèges particuliers, et redoutaient aussi, en tant que protestants, la dégradation de leur situation. Mais quand la Diète commence son débat sur l'union, Léopold II a déjà pris sa décision (25 février 1791) de séparer à nouveau les Chancelleries Auliques de Hongrie et de Transylvanie, ce qui ne signifiait rien d'autre que l'abandon de l'union. Ignorant tout cela, la Diète formule des propositions sur les modalités de l'union, propositions qui ne vont pas très loin: inclure nommément la Transylvanie dans le serment royal de Hongrie, assurer au gouverneur le droit de siéger dans les Diètes hongroises, confirmer les mesures unificatrices de Joseph II (union des deux chancelleries, suppression des barrières douanières). Mais Léopold II les rejette toutes.

Enfin, au début d'avril 1791, on ouvre la discussion sur les initiatives royales visant à réglementer l'administration et les conditions serviles. Un travail de législation s'amorce alors, comme on n'en a jamais vu, ni ne verra plus dans l'histoire des Diètes transylvaines. Le résultat: 162 projets de loi, tout un code logique et cohérent, la dernière constitution de la Transylvanie féodale.

Parmi les articles définissant le statut juridique de la Transylvanie, le n° II déclare que, si la Transylvanie est une possession des Habsbourg, c'est en tant que partie de la Couronne de Hongrie et en vertu de leur royauté hongroise et qu'elle ne peut être administrativement rattachée à aucun autre territoire de l'Empire.

Trente-sept propositions virent le jour sur les questions suivantes: le serment royal sur l'union, le partage du pouvoir législatif entre le souverain et les Ordres, le régime des diètes, l'immuabilité des droits des Ordres, l'éligibilité aux charges et fonctions (avec des restrictions pour les hobereaux sans terre et les bourgeois non saxons, et à l'exclusion totale de ceux qui n'appartiennent ni aux Ordres nobiliaires, ni aux bourgeois), leur droit d'élire les grands du pays (le roi devant se contenter de les confirmer), le maintien de la Chancellerie unifiée de Hongrie et de Transylvanie.

Des lois sur les serfs sont également insérées parmi les réglementations des droits des Ordres. L'assemblée fait preuve de modération en ce qui concerne la liberté de mouvement des serfs par l'abolition du servage perpétuel; mais elle impose des conditions sévères aux déménagements. Elle établit également le droit de propriété exclusif des seigneurs sur les forêts.

Sur le plan de la législation culturelle, un article privilégie le hongrois au dépens des autres langues et le déclare langue officielle de la Transylvanie ; un autre décide le soutien du projet d'une Société Transylvaine pour le Soin de la Langue Hongroise.

La question des impôts fut amplement débattue par les Ordres qui exigeaient le retour au principe de « onus non inhaeret fundo » et le rétablissement de l'immunité de la nobless d'Eglise, des armalistes, des « primipili » et des Sicules communs ainsi que de certains lieux privilégiés ; ils s'attribuèrent le droit de déterminer chaque année le montant de l'impôt et d'assurer sa perception.

Plusieurs lois de première importance furent votées par la Diète en matière de religion. On codifia à nouveau le système des quatre confessions reçues et, en même temps, on assura le libre exercice de la religion orthodoxe « rangée parmi les religions tolérées ». On dépassa même en libéralisme l'édit de tolérance joséphiste en reconnaissant aux enfants nés de mariages mixtes la confession de leur parent du même sexe.

Dans le même temps, la Diète devait faire face au mouvement national des Roumains : elle reçut de Vienne un document qui récapitulait les revendications roumaines : le *Supplex Libellus Valachorum.*

Depuis 1748, le mouvement des Roumains de Transylvanie n'avait entrepris, pendant des dizaines d'années, aucune action politique directe. Mais il s'y était préparé : l'apparition d'une couche plus large d'intellectuels roumains, le raffermissement de la conscience nationale grâce aux ouvrages qui propageaient la théorie de la continuité, l'effort des Roumains d'accéder à des postes élevés en étaient les signes. Il en résulta, dès 1789, une agitation croissante parmi les intellectuels uniates ecclésiastiques et laïcs, agitation qui déboucha sur la rédaction du *Supplex.*

Cette requête constitue l'écrit politique le plus important des Roumains de Transylvanie au XVIIIe siècle. Fruit d'un effort collectif, sa conception se rattache à deux centres spirituels : l'un se trouve à Nagyvárad, autour de l'évêque uniate Ignatie Darabont, l'autre se constitue à Vienne ; son animateur principal est Josif Méhesi, ses arguments historiques remontent indirectement aux idées de Samuil Micu-Klein. Sa rédaction est terminée en mars 1791. L'argumentation historique avancée par le document s'appuie sur la théorie de l'origine romaine et de la continuité et en reproduit également les faiblesses. A l'époque de la naissance des nationalismes à caractère bourgeois, on se servait de l'histoire comme d'un recueil d'exemples et on s'efforçait de créer des mythes au détriment ou contre la réalité historique. Le *Supplex Libellus Valachorum* a cependant un argument de poids, qui est d'une validité incontestable, à savoir que les Roumains sont l'ethnie la plus nombreuse de Transylvanie. Il exige donc que les Roumains soient reconnus comme une quatrième « nation », que leur clergé, leur noblesse et leur peuple jouissent des mêmes droits que les groupes identiques des trois autres « nations », que la langue roumaine soit employée parallèlement, ou même exclusivement, dans les municipalités et localités majoritairement ou entièrement roumaines. En 1791, les revendications du nationalisme roumain n'ont pas encore un caractère bourgeois et le *Supplex Libellus Valachorum* se contente de demander, pour les Roumains, une place au sein du système des Ordres. Les évêques uniates et orthodoxes, par exemple, s'adressent au souverain en avançant que « le droit fondamental de tout citoyen de Transylvanie, c'est de se faire représenter proportionnellement sur le plan législatif et d'élire à cette fin des députés à l'assemblée ainsi que des fonctionnaires d'Etat, ou d'être élus comme tels».[6] Mais les Hongrois, c'est-à-dire les seigneurs terriens, ne permettent qu'à très peu de Roumains d'accéder à des fontcions, et c'est là que réside la source de l'oppression si lourde et prolongée de la «nation» transylvaine numériquement la plus importante. En effet, selon la conception féodale de la légalité, la noblesse hongroise pouvait déclarer l'égalité des droits pour tous les nobles, membres de la «nation», et nier l'existence d'une noblesse roumaine distincte. Ainsi, les auteurs du *Supplex* ne pouvaient guère espérer l'admission de leur «nation» en tant que quatrième membre du «système trinational».

Parallèlement au *Supplex Libellus Valachorum,* le clergé orthodoxe envoie lui aussi sa requête au souverain avec les mêmes revendications fondamentales mais sans les étayer de la thèse de la continuité.

Léopold fait transmettre les deux requêtes à la Diète dans le seul dessein de lui faire endosser la responsabilité du rejet. La lecture du *Supplex* est suivie d'un lourd silence : les Ordres se rendent à l'évidence du problème national roumain. Après délibération, la Diète se prononce : sur les territoires des «nations» hongroise et sicule les Roumains ne pourront obtenir davantage de droits civiques, puisque les personnes nobles ou affranchies jouissent partout des mêmes libertés, indépendamment de leur appartenance ethnique, tout comme les serfs ont les mêmes charges. Les Saxons, eux, remettent à plus tard leur prise de position. Sur le plan religieux les uniates peuvent déjà exercer librement leur foi et un projet de loi est présenté en vue d'assurer également ce droit aux orthodoxes. L'inculture du peuple roumain, à leur avis, est due à l'ignorance de ses prêtres, ce à quoi le remède devra être trouvé par la commission régulière des affaires religieuses.

La tentative d'enfoncer les murs a donc échoué. On pouvait s'y attendre en ce qui concerne la revendication de l'égalité des droits féodaux. La liberté d'exercice des deux Eglises roumaines était un fait dont on pouvait se réclamer face aux requérants. Bref, il s'avéra impossible, pour les Roumains, de se faire une place parmi les autres «nations».

Les propositions de loi de la Diète de 1790-91 furent passées au crible par le gouvernement central. La proposition de l'union avec la Hongrie est remplacée par une autre, qui déclare pratiquement la séparation de la Transylvanie. Il n'est pas question de codifier le caractère immuable des droits et privilèges fondamentaux des Ordres. Le gouvernement ne fait pas de concession en matière de droits souverains, exercés d'une manière absolutiste, ni n'allège les contrôles interminables des voyages d'études à l'étranger, objet de tant de récriminations. Le texte dans lequel il déclare le hongrois langue officielle, prête tellement à équivoque qu'on pourra l'utiliser par la suite en faveur du latin. Il n'écarte cependant pas l'idée de rétablir certains droits. L'organisation juridique, par exemple, est reconstituée dans son état antérieur, conformément au *Restitutionsedikt.* En matière de religion, la plupart des propositions des Ordres sont approuvées par le gouvernement, y compris le libre exercice de la religion orthodoxe. Les commissions régulières déléguées pour étudier les propositions seront placées sous la direction de György Bánffy qui choisira partout huit personnes parmi les élus pour les travaux concrets, ce qui lui permet d'écarter les oppositionnels.

[6] *HHStA* Ungarn specialia. Transylvanica separata fasc. 362.

71. Le château des Wesselényi à Zsibó, 1778-1785

72. Pont en bois à Torda. Construit par le maître-constructeur János Kövesi, 1797-1804. Chaussée à toit, suspendue, sur arcs

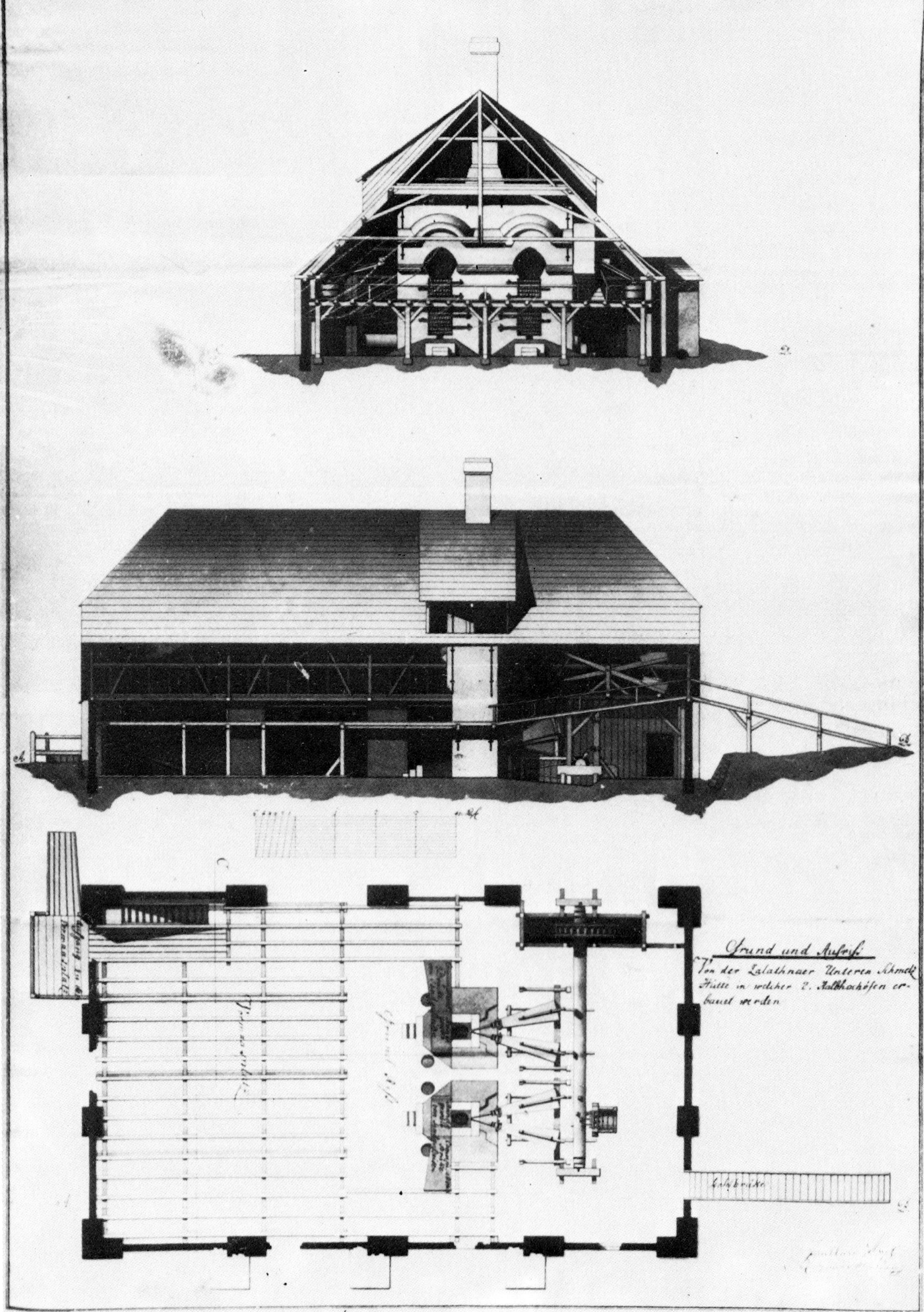
Grund und Aufriß
Von der Zalathnaer Unteren Schmelz
bauet werden

74. La sucrerie de Nagyszeben dans la première moitié du XIXe s.

◁ 73. Le four des fontes inférieur à Zalatna, 1799

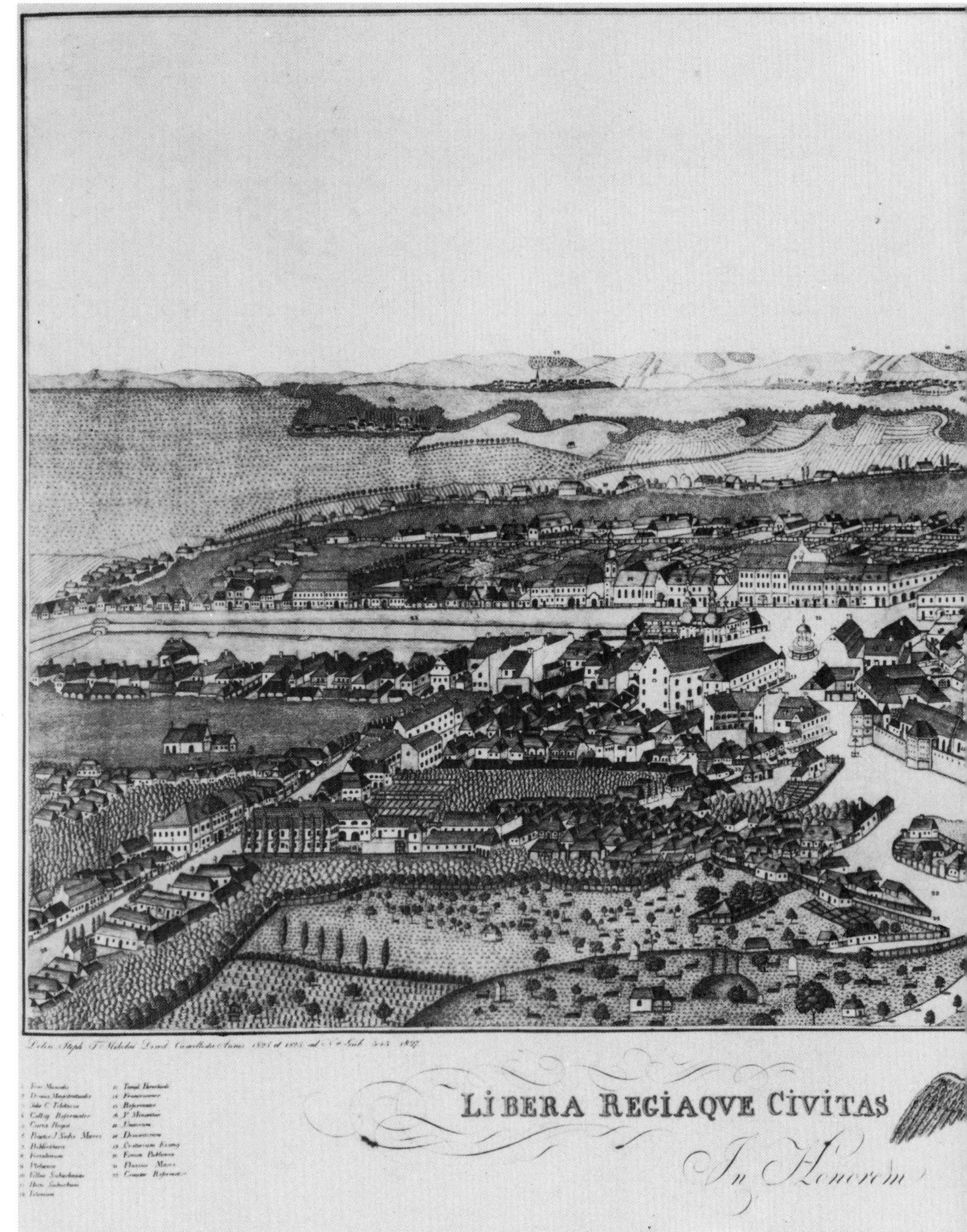

75. Marosvásárhely vu de Sud-Est. Gravure sur acier de Sámuel Nagy en 1827

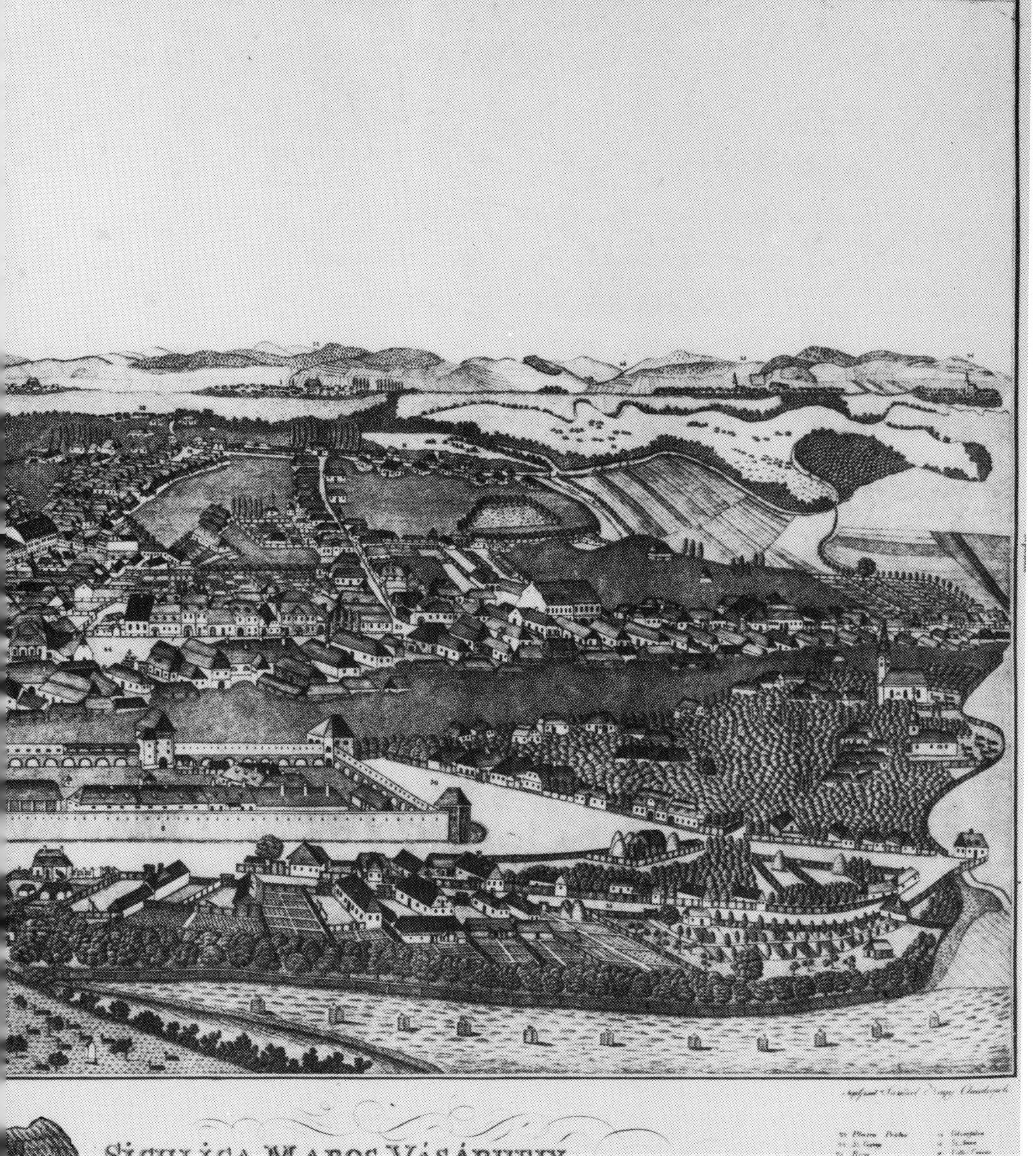

SICULICA MAROS VÁSÁRHELY.

Almae Patriae

APPENDIX.

SCIENTIAM SPATII *absolute verum* exhibens:
a veritate aut falsitate Axiomatis XI *Euclidei*
(a priori haud unquam decidenda) independentem; adjecta ad casum falsitatis, quadratura circuli geometrica.

Auctore JOHANNE BOLYAI de eadem, Geometrarum in Exercitu Caesareo Regio Austriaco Castrensium Capitaneo

76. *Appendix* de János Bolyai — les fondements de la géométrie non euclidienne, 1833

ІСТОРІА

ПЕНТРꙊ

ꙞЧЕПꙊТꙊЛ РОМЪНИЛОР Ꙟ ДАКІА.

ꙞТОКМИТЪ

ДЕ

ПЕТРꙊ МАІОР де Дичо-Сѫнмъртин,

Протопоп, ши ла ꙟнълцат Кръескꙋл Консіліꙋм Локꙋмтененціале ал Ꙋнгаріеі:
Кръеск ал Кърцилор Ревісор.

Ла Бꙋда ꙟ Кръіаска Тіпографіе ла анꙋл 1812. типърит.

Іар акꙋм претипърит

при

ІОРДАКІ де МЪЛИНЕСКꙊ,

Секретарюл Архівеі Статꙋлꙋі а Прінціпатꙋлꙋі Молдавіеі;
кꙋ адаꙋџере Діалогꙋлꙋі, ши а Діспꙋтаціїлор урмате ꙟ лимба латінѣскъ асꙋпра ачестеі Історіе, ши тълмъчите ромънеще

при

Д. ДАМАСКИН БОЖИНКА,

Іꙋрісконсꙋлтꙋл Прінціпатꙋлꙋі Молдавіеі.

Historia de origine Valachorum.

Ꙟ БꙊДА

Кꙋ Тіпаріюл Кръещеі Тіпографіе а Ꙋніверсітатеі Ꙋнгꙋрещі.

1834.

77. PETRU MAIOR, *Istoria pentru începutul romănilor în Dakia*. Nouvelle édition. Buda 1834

78. Bem devant les murs de Nagyszeben le 11 mars 1849. Lithographie

Les luttes autour des propositions de 1790-91 se poursuivront encore au cours des deux Diètes suivantes sans aboutir cependant à des résultats concrets. En 1794-95, l'atmosphère est encore plus tendue. Au début de 1794, on met sur pied, avec la participation d'aristocrates et de nobles «moyens», la société de chasse «Diana» avec un programme qui annonce déjà en quelque sorte l'ère des Réformes (traduction de livres d'agronomie, développement de l'élevage des chevaux, éducation de la jeunesse aux bonnes mœurs, rapprochement social entre haute et moyenne noblesses, etc.). Mais le Gubernium devient attentif à ce programme où prévaut l'élément politique et Bánffy donne aux «chasseurs» le bon conseil de prononcer leur dissolution avant qu'ils n'encourent des ennuis, et ils le suivent.

En été 1794, le mouvement des Jacobins de Hongrie fait également son apparition en Transylvanie. La noblesse terrienne d'opposition entreprend, dans quelques comitats, des actions : elle s'oppose au recrutement de soldats, fait rentrer chez eux les nouveaux conscrits et refuse de fournir les subsides de guerre. Le *iudex curiae* László Türi, le plus intègre des dirigeants de l'opposition, élabore, assisté par d'autres, un projet global pour la réforme de l'armée en Transylvanie (mise sur pied d'une armée de 4 000 mercenaires recrutés parmi les paysans, et d'une armée nobiliaire de 4 000 hommes relayés tous les mois et placés sous la direction des généraux des «nations» et du commandant du pays). Le projet fut présenté à la Diète, mais le gouvernement intervint promptement car même Bánffy croyait savoir qu'une société qui avait adopté les principes de la Révolution française préparait «l'explosion générale», et le commandant affirmait que les dirigeants du mouvement et les Ordres étaient à même d'armer 48 000 hommes (alors même qu'en Hongrie, les Jacobins étaient déjà arrêtés). Quand Bánffy se rendit compte qu'il n'y avait pas de danger d'«explosion» en Transylvanie, il se contenta de relever Türi de son poste et de classer l'affaire. C'est donc grâce à la tactique habile du gouverneur qu'aucun procès jacobin n'eut lieu en Transylvanie à cette époque.

Les travaux des commissions régulières déléguées en 1791 par la Diète reflètent fidèlement l'évolution de la pensée politique transylvaine, tant au sein des Ordres qu'au niveau du gouvernement, toutes ces actions étant orchestrées par György Bánffy, qui était doté d'un sens politique exceptionnel.

Le problème paysan n'a toujours pas trouvé de solution adéquate. A trois reprises déjà, le gouvernement central, de concert avec l'administration locale, a tenté de réglementer les charges serviles, pratiquement sans résultat. Après 1791, on bute toujours sur des mêmes écueils : la Transylvanie souffre d'un surpeuplement de type féodal. La commission fixe l'étendue d'un cens entier à 3,5-6 acres de champ et à 1,5-3,5 acres de prés, en contrepartie desquels on exige une corvée hebdomadaire de 2 journées à bête ou 3 journées à la main (pour les serfs sans tenure, la corvée annuelle était de 25-35 journées à la main). Ayant à nouveau examiné la question, le Gubernium veut élever la surface retenue pour les champs à 5-7,5 (dans certains cas à 10) acres, et à 2,5-6,5 acres pour les prés. La Chancellerie adopte, pour l'essentiel, le point de vue du Gubernium. A la Diète de 1810-11, les propositions ne furent discutées que par une commission préparatoire. Finalement, ni la commission de travail, ni les organes administratifs et la commission diétale chargés de contrôler celle-ci ne réussirent à quitter la fausse route des années 1770.

Le travail des commissions diétales fournissait par ailleurs des matériaux propre à remplir toute une bibliothèque, documents desquels se dégageait un vaste tableau des conditions de vie de l'époque. En effet, ces commissions proposèrent des solutions tout à fait conformes à leur temps, bien que restant dans le cadre du féodalisme, pour la presque totalité des problèmes aigus, de la pollution de l'environnement jusqu'à l'atténuation des mesures discriminatoires à l'égard de certains groupes ethnico-professionnels, tels les Juifs ou les Tziganes.

Le vaste programme économique, dont la partie centrale comprenait les idées de Joachim Bedeus, fils de patriciens éclairés de Beszterce, fut la meilleure récapitulation des données économiques de la Transylvanie depuis 1751. Il cherchait surtout à apporter une solution en augmentant la production. Cependant, ses propositions concentrées sur la Transylvanie et suggérant des rapports douaniers symétriques avec les pays héréditaires, parurent d'emblée inacceptables au gouvernement central.

Le chef de file de l'opposition, László Türi, mit au point un projet de code pénal qui, de par son caractère éclairé, peut à juste titre être comparé au code joséphien et, s'il y eut recul par rapport à celui-ci, Türi n'en était pas responsable. De plus, son projet eût pu être appliqué en Transylvanie beaucoup plus aisément que le code en question.

Fort typique était le procédé «aufkläriste» par lequel une commission de politique religieuse dut résoudre les problèmes soulevés en rapport avec le *Supplex Libellus Valachorum,* en ce qui concerne notamment le relèvement du niveau culturel des Roumains. La «nation» saxonne, soit le conseiller Michael Soterius en personne, se prononça pour leur acculturation par la contrainte: stricte réglementation de leurs constructions et de leur habillement, introduction chez eux de certaines institutions saxonnes, assimilation forcée, «réforme» de leurs divertissements (interdiction par exemple, de chanter les ballades sur les bandits célèbres). Le savant juriste Mózes Bartha, conseiller municipal unitarien de Kolozsvár, avança un projet où prédominaient l'enseignement (avec des éléments de hongrois), la réforme intérieure de l'Eglise roumaine et l'éducation artisanale. Le président joséphiste de la commission, János Eszterházy, de même que Bánffy lui-même, mit l'accent sur l'éducation dans l'optique de former moins des individus cultivés que des citoyens loyaux; aussi la formation des prêtres y occupait une place importante. Leur conception finit par l'emporter. On ne tenta même pas de conférer une dimension politique à la question nationale roumaine, et encore moins de consulter directement les habitants, d'en faire les interlocuteurs directs. En fait, la commission ne comprenait aucun membre roumain.

Ayant passé par les diverses instances gouvernementales, le projet se réduisit finalement à une seule proposition visant la création d'un séminaire pour la formation des prêtres et instituteurs orthodoxes.

Ce n'est qu'en 1810 que les commissions purent soumettre leurs propositions à la Diète, à une date où les grandes personnalités politiques des années 1790 étaient déjà mortes ou fort âgées. Aussi la législation de 1810-11, en comparaison du projet original, s'avéra-t-elle conservatrice et loyale envers Vienne. En définitive, le bilan de ces vingt années sera globalement négatif.

Ainsi, en Transylvanie, jusqu'aux années 1830, pour pouvoir s'activer sur la scène publique, il fallait convertir en effort culturel ce qui avait tout juste été amorcé en politique.

Tentatives culturelles et absolutisme bureaucratique

La pénétration en Transylvanie des acquis intellectuels européens exerça son effet sur l'ensemble de la vie culturelle. En philosophie, la pensée nouvelle s'appelle kantisme. C'est à partir des idées du philosophe de Königsberg et en s'inspirant également de Fichte et Schleiermacher, que Pál Sipos, qui jouissait d'une renommée internationale en tant que mathématicien, élabore sa propre philosophie, un idéalisme moral qui concilie christianisme et Lumières. Professeur au collège réformé de Marosvásárhely, puis à celui de Nagyenyed, Sámuel Köteles se familiarisa lui aussi avec les idées de Kant et s'en fit le propagateur en Hongrie et en Transylvanie.

Vers 1790, s'amorce un processus de remplacement du baroque par le classicisme; celui-ci transforme progressivement, et sans rupture aiguë, notamment la construction des hôtels particuliers aristocratiques dans les villes.

En sciences naturelles également, la Transylvanie rejoint le niveau européen. Après vingt ans d'investigations en botanique, Johann Christian Baumgartner publie la première partie de sa grande œuvre de synthèse *Enumeratio Stirpium in Magno Transylvaniae Principatu praeprimis indigenarum.* A partir de 1804, le collège réformé de Marosvásárhely compte parmi ses professeurs Farkas Bólyai, ancien condisciple de Gauss, personnalité aux talents multiples, qui y dispense un enseignement de niveau européen. La médecine transylvaine adopte avec une rapidité exceptionnelle les résultats les plus modernes. C'est, par exemple, avec un an de décalage seulement qu'on introduit la vaccination contre la variole. Plusieurs savants ont étudié les eaux minérales de Transylvanie, tout d'abord, en 1800, Ferenc Nyulas (qui était également le promoteur du vaccin antivariolique), puis, en 1821, Vasile Popp, médecin des mines à Zalatna, auteur du premier ouvrage de médecine en roumain. Popp avait précédemment consacré sa thèse de doctorat aux rites funéraires populaires roumains, frayant ainsi une voie à l'ethnologie, et on lui doit également la première bibliographie des ouvrages roumains.

C'est à cette époque qu'on entreprend de jeter les bases institutionnelles des cultures nationales. La Diète de 1790-91 s'était déjà penchée sur l'initiative de György Aranka visant la création d'une Société transylvaine destinée à «cultiver» le hongrois. Cette organisation, la première à avoir un caractère académique, reçoit le soutien de la Diète, mais se voit refuser, pour des raisons formelles, l'autorisation du gouvernement central. Cependant, grâce à György Bánffy, elle existe, de 1793 à 1806, en tant que société «à l'essai». Elle regroupe surtout des Hongrois, mais maintient des rapports, entre autres, avec le Saxon Martin Hochmeister, qui publie les écrits des membres de la Société dans *Siebenbürgische Quartalschrift,* à Nagyszeben. Elle compte également, parmi ses adhérents, le Roumain Ioan Piuariu-Molnár. La Société appuie avec ardeur l'activité théâtrale de Kolozsvár, pour laquelle plusieurs de ses membres, dont Aranka lui-même, traduisent des pièces. Bon nombre de leurs idées restent à l'état de projets, tels la description systématique de la flore et des minerais de Transylvanie, l'enseignement plus généralisé des sciences naturelles, l'exhortation à l'utilisation des richesses naturelles. Figurait aussi, parmi les projets de la Société, la fondation d'une bibliothèque et d'un musée national (chez les Saxons, la collection Bruckenthal remplissait déjà cette fonction). Ayant connu, après 1800, une nette baisse de son activité, la Société cesse d'exister en 1806 faute de contributions spirituelles et matérielles, mais aussi en raison de la dégradation générale de l'athmosphère politique. Elle a également engendré une Société d'Edition des Manuscrits qui n'a cependant pu publier qu'à peine quelques volumes.

La culture hongroise de Transylvanie fut grandement stimulée par ses contacts avec la Hongrie. Gábor Döbrentei, fils de pasteur luthérien né en Hongrie, mais qui s'installa comme précepteur en Transylvanie, lance, en 1814, sous les exhortations de Ferenc Kazinczy, organisateur de toute la vie spirituelle hongroise, une revue intitulée *Musée Transylvain,* qui deviendra le périodique hongrois le plus important de l'époque. Sa réussite peut être attribuée tant à la persistance en Transylvanie des traditions franc-maçonniques, favorables à la culture, qu'au fait que l'aristocratie, réduite à une position périphérique, y était davantage attachée à sa langue que ses homologues de Hongrie, et pouvait donc fournir un appui aux gens de lettres de l'époque. La concurrence de la presse de Hongrie, allant de pair avec la famine de 1817, finit par asphyxier la revue.

Mais la meilleure des énergies est investie dans le théâtre, qui s'ancre fortement dans la vie sociale. Le théâtre hongrois de Transylvanie a pour antécédent la vigoureuse tradition théâtrale des collèges protestants. Les premiers grands noms de l'art dramatique hongrois : János Kótsi Patkó, Pál Jantsó, József Benke sont des Transylvains protestants. C'est à Kolozsvár que le théâtre de langue hongroise, en ascension fulgurante, trouvera son premier foyer permanent dans le bâtiment de la Scène Nationale Hongroise, achevé en 1821. S'il a pu se maintenir en vie jusqu'à cette date, le mérite en revient essentiellement à Miklós Wesselényi père, figure éminente de la résistance nobiliaire. Mais la troupe bénéficie également du soutien du gouverneur Bánffy et de son épouse Jozefa Palm, issue de l'aristocratie austro-bohémienne.

Bien que la langue reste, en Transylvanie aussi, un des objets principaux des préoccupations culturelles, les plus prestigieux exploits sont nés, en matière linguistique, en dehors des frontières du pays, en raison notamment du fait que le régime ne parvient pas à couper les contacts avec l'étranger. C'est en 1799 que paraît le chef-d'œuvre du Transylvain Sámuel Gyarmathi *Affinitas Linguae Hungaricae,* qui établit la parenté morphologique et lexicale du hongrois avec l'ensemble des langues finno-ougriennes et fait de son auteur l'un des grands précurseurs de la linguistique comparée.

L'autre figure éminente de cette discipline, Sándor Körösi Csoma quitte, également pendant cette période, la Transylvanie pour aller retrouver, en Asie Orientale, la patrie ancestrale supposée des Hongrois et réalise, au lieu de son dessein initial, le premier dictionnaire anglais-tibétain.

Moins notable est l'activité culturelle des Saxons. Szeben, d'où le Gubernium était parti pour Kolozsvár, se trouve, en conséquence, privée de ses stimulations culturelles. On a beau y projeter une Académie des sciences, elle ne verra jamais le jour. Comme pour la remplacer, se constitue la *Societas Philohistorum* qui commence son activité en éditant des chroniques transylvaines. Parmi les revues saxonnes, la *Siebenbürgische Quartalschrift* survit jusqu'en 1801, sa succession étant assurée par les *Provinzialblätter* (1805-1824).

Née dans des conditions fondamentalement défavorables, la culture roumaine de Transylvanie put cependant enregistrer des résultats remarquables. Ceci, il est vrai, moins en Transylvanie qu'à Buda et Lemberg. Micu, Şincai et Maior, la fameuse triade, eurent des différends avec la direction de plus en plus conservatrice de l'Eglise uniate et en particulier avec l'évêque Ioan Bob, qui gérait d'une main heureuse les biens de l'Eglise, mais se voulait maître incontestable en culture et était jaloux du talent des autres. Ils s'engagèrent alors à l'Imprimerie universitaire de Buda qui jouait également, notamment par sa production de livres roumains, le rôle de centre culturel pour les Principautés danubiennes. (Les riches boyards de Moldavie et de Valachie y publiaient volontiers des œuvres littéraires et, plus tard, des écrits politiques dans lesquels ils justifiaient les droits nationaux de leur peuple.) Fait caractéristique: Ioan Piuariu-Molnár, qui a vainement tenté, en Transylvanie, de publier un journal-almanach populaire et de fonder une société savante philosophique, trouve, après l'échec de sa manufacture de drap, une excellente affaire dans la publication, à l'imprimerie de Buda, d'ouvrages théologiques orthodoxes destinés à l'ensemble des territoires d'idiome roumain. Alors que l'homme de compromis que fut Samuil Micu-Klein, et le non-conformiste et prémoderne Gheorghe Şincai ne réussirent à publier qu'une partie de leurs travaux, le tacticien Petru Maior devint l'auteur roumain le plus fécond et le plus lu de l'époque. C'est lui qui a su transmettre avec le plus de bonheur à la postérité l'enseignement de l'époque sur l'histoire en publiant, en 1812, son œuvre majeure sur les origines des Roumains de Transylvanie *(Istoria pentru începutul Românilor în Dacia)*. L'histoire de la Transylvanie y est traitée jusqu'à sa conquête par les Hongrois, conformément à l'historisme pragmatique de l'époque qui savait polémiquer avec civilité et évitait d'accuser autrui des avatars de l'histoire roumaine. Cet ouvrage sera, pour la future génération en-deçà et au-delà des Carpates, une véritable Bible.

Parmi les premiers produits importants des lettres roumaines de Transylvanie, le plus remarquable est de loin la *Ţiganiada* de Ioan Budai Deleanu. Figure éminente des Lumières roumaines, celui-ci participa également aux affrontements qui se déroulaient autour du *Supplex* en publiant son *Widerlegung*, réponse aux polémiqueurs adversaires de la continuité. Il fut également l'auteur d'une nouvelle *Requête roumaine à sa Majesté*, en 1804. Mais c'est surtout sa *Ţiganiada* qui lui valut sa renommée. Il s'agit là d'une «anti-épopée» d'un ton âpre sur les Tziganes auxquels le prince valaque Vlad Ţepes, cruel et énergique adversaire des Turcs, offre la possibilité de fonder un Etat indépendant et demande en échange leur aide contre les Ottomans. Mais les Tziganes, peu portés aux sacrifices héroïques, sont d'autant plus prompts à se lancer, dès la diminution du danger turc, dans d'interminables discussions sur la Constitution de leur futur pays : sera-t-elle démocratique ou monarchique ? Les partisans des deux solutions refusent, les uns comme les autres, de partager le pouvoir et finissent par retomber dans l'anarchie traditionnelle, laissant échapper l'unique occasion de s'offrir un Etat. Tels sont les enseignements amers que le «joséphiste» vieillissant, s'étant même entiché de jacobinisme, adressa, depuis sa solitude de Lemberg, à sa propre nation ainsi qu'aux autres.

Dans la vie culturelle roumaine, la satisfaction des besoins en lecture «du peuple» fut la tâche des auteurs orthodoxes. Alors que l'Imprimerie universitaire de Buda dispense une culture savante ou de vulgarisation et d'application concrète en matière d'économie agricole, les imprimeries de Nagyszeben et de Brassó publient des «livres populaires» destinés à des couches intermédiaires et sortis de la plume de Vasile Aron et Ioan Barac, ce dernier étant empreint d'une culture nettement hongroise. Directeur des écoles populaires orthodoxes roumaines, Radu Tempea adopta, dans sa grammaire, la tendance latinisante, tout en renonçant, en considération de la modestie des besoins du peuple, à ses ambitions puristes.

 L'étroitesse des conditions se fait aussi sentir au sein de l'Eglise orthodoxe.

La pression exercée par les uniates ne cesse de s'accroître. Afin de surmonter la division confessionnelle et de faire valoir l'intérêt national, le frère de Ioan Budai-Deleanu, Aron, secrétaire de consistoire et conseiller au Trésor, secondé par Tempea ainsi que par un prélat, suggère au gouvernement de Vienne, en 1789, de procéder à une union, catholique dans sa dénomination, mais conservant le rite et le droit canon orthodoxes et assurant à l'Eglise une plus grande autonomie. Considérant la situation internationale comme difficile, et redoutant les agitations populaires, le Gubernium rejette la proposition. Ainsi, l'Eglise orthodoxe doit continuer à endurer les assauts des uniates. Cependant, ou peut-être justement pour cette raison-même, les orthodoxes jouent un rôle de stimulant dans l'épanouissement culturel roumain au-delà des Carpates. De la génération de la fameuse triade, seul Piuariu-Molnár se rend dans ces régions ; il soulignera par la suite avec amertume, dans son avertissement visiblement adressé à Vienne, qu'étant donné l'émigration massive des hommes cultivés, ce sont les Principautés qui tirent les bénéfices de la scolarisation en Transylvanie. Gheorghe Lazăr, lui, s'étant brouillé avec son évêque, partit dans les années 1810 pour Bucarest et y organisa, en substitution au grec, l'enseignement supérieur en roumain, activité à laquelle devaient se dévouer par la suite tant d'intellectuels transylvains émigrés.

Si l'on se rend compte du rôle que la Transylvanie a joué dans le développement des cultures hongroise et roumaine, on comprend pourquoi l'opinion, dans les deux pays, considérait cette Principauté comme incarnant à la fois les traditions ancestrales et les nouvelles valeurs nationales. Mais, avant que ces prises de position fussent clairement exprimées, la Transylvanie dut connaître une vingtaine d'années de dépolitisation presque totale. Un seul événement à caractère politique est à noter dans les années 1810 : une nouvelle tentative — déjà la cinquième — de réglementer les services féodaux. La diète de 1810-11 ne discute par sur le fond du rapport de la commission régulière de réglementation créée en 1791. Mais, en 1813, commence une période de disette qui fait fuir les serfs vers les Principautés roumaines, la Hongrie ou les régions moins frappées de la Transylvanie. Le 31 décembre 1813, François Ier effectue un voyage à travers toute la Transylvanie pendant lequel il prend conscience des sévices de la plus lourde année de disette. L'Empereur s'adresse, pour hâter la réglementation, au vieux gouverneur Bánffy. Celui-ci met sur pied une commission composée de fonctionnaires du Gubernium ainsi que des officiers des comitats ; la commission qui s'inspire des travaux de celle de 1790-91, entend faire adopter la réglementation par la Diète. Mais c'est en fin de compte le conseil d'Etat qui tranche l'affaire, le 17 mai 1819, en refusant dans un premier temps de fixer l'étendue de la tenure servile car il juge nécessaire de procéder d'abord à un recensement. Ce projet se distingue par le fait — remarquable — qu'il définit enfin, au terme d'un demi-siècle, la corvée selon les normes de Hongrie : une journée hebdomadaire avec bête, ou deux à la main. Cela aurait été un grand allègement, bien que la situation du serf transylvain restât nettement pire que celle du hongrois, sa tenure étant bien plus petite que celles de Hongrie.

Mais, dans la Transylvanie elle-même, personne n'était favorable au projet. Pour la mise en exécution, le gouvernement central jugea plus opportun de dépêcher des personnes extérieures, c'est-à-dire des fonctionnaires de Hongrie, en tant que commissaires royaux avec, à leur tête, le vice-président de la Chambre hongroise, Antal Cziráky.

En outre, le projet provoqua le mécontentement de la noblesse terrienne. Dans les résolutions de protestation des assemblées de comitat, on retrouve les arguments, si détachés qu'ils soient de la réalité, du constitutionnalisme hongrois, et il y est même fait réference au Contrat social de Rousseau. Au combat participèrent entre autres quelques futures grandes figures du libéralisme transylvain, tels Miklós Wesselényi fils, qui débutait alors dans la carrière politique, ou Ádám Kendeffy et d'autres. Dans les affrontements autour de la réglementation servile, se confondent le conservatisme de la noblesse terrienne refusant toute concession aux serfs ainsi qu'une espèce de constitutionnalisme des Ordres qui exige que la question soit débattue à la Diète. Mais, après les actions communes de 1819-20, on suit deux chemins différents : celui des nobles conservateurs et celui des futurs libéraux qui iront jusqu'à proposer la solution définitive du problème des serfs : leur affranchissement.

Les serfs eux-mêmes manifestent un mécontentement tout autre. Des révoltes paysannes embrasent plusieurs régions, et notamment le comitat de Doboka, puis la partie orientale du comitat de Kolozs ainsi que les comitats de Küküllő et de Fehér. A leur origine : des controverses autour de l'étendue de la tenure servile. En effet, les paysans exigent l'établissement de la taille de leurs terres et reprennent les anciennes doléances. Certains d'entre eux veulent rejoindre les gardes-frontières et, d'une manière générale, on formule la revendication de diminuer la corvée au niveau établi par la nouvelle réglementation.

Dans ces conditions, la tentative centrale de réglementer les services féodaux connut le même sort que les efforts antérieurs et s'essoufla avant même sa mise en application. Mais c'est justement dans ces années 1820 que l'élite de la noblesse terrienne, qui s'était quelque peu entichée, par l'intermédiaire de ses pères, des idées oppositionnelles de 1790-91, connut ses premières expériences politiques et parvint, en fréquentant les milieux marqués par Kazinczy et Gábor Döbrentei, à se mettre au pas des tendances libérales.

II — L'Ere des réformes nationales (1830-1848)

Les années 1830 inaugurent une ère nouvelle dans la vie des peuples de Transylvanie. Une effervescence de la vie politique et sociale succède au silence suffocant des années 1820 marquées par l'absence de toute vie publique. Dans la terminologie hongroise, cette époque est appelée Ere des réformes, ce terme faisant référence à la politique hongroise de réformes libérales qui, désireuse d'étayer le passage graduel du féodalisme au capitalisme, cherche à créer les conditions d'une modernisation tant économique que sociale et politique. Autre terme qui apparaît plus fréquemment à l'époque, surtout du côté roumain et saxon, celui de réveil national qui dénote combien l'échelle de valeurs et la vision du monde, dans cette période, se sont modifiées. Hongrois, Roumains et Saxons sont toujours plus nombreux à dire — dans le souci de mobiliser la société — qu'une dernière chance s'offre d'éveiller la nation endormie, pour la créer réellement en tant que communauté libre d'individus libres. Conformément à la tendance générale du développement en Europe Centre-orientale, la langue s'érige en clef de voûte des efforts de construction de la nation alors même qu'un culte entoure la notion de nationalité qui signifie à la fois la réalité physique de ceux qui parlent la même langue et la totalité des composantes conscientes ou inconscientes de leur cohésion.

Se plaçant sur une plate-forme nationale, les gens de l'époque ont cette révélation que, dans la mouvance de la transformation bourgeoise, les antagonismes corollaires de la division sociale du travail peuvent être surmontés et que la progression du nationalisme (linguistique), en Europe Centre-orientale et du Sud-Est, ouvre des perspectives toutes nouvelles quant à la restructuration politique et territoriale. Les «enfants du siècle» se caractérisent par un nationalisme intransigeant et un idéalisme élevé ou, plus précisément, par une sorte de mélange des deux, en différents dosages. L'idée moderne de liberté liée à la notion de droits de l'homme s'installe, irrépressible, et avec elle les schémas idéologiques propres à l'entraver.

Le libéralisme hongrois et la Constitution féodale

Le mouvement hongrois de Transylvanie est organiquement lié à celui de Hongrie dont il est un prolongement particulier, encore qu'autonome. En Hongrie, la politique de réformes libérales repose sur une base plus solide. La noblesse moyenne y est plus musclée. De par sa condition sociale, elle peut s'imposer en tant que force principale d'une réforme politique et sociale globale, fière de jouer le même rôle que la bourgeoisie d'Europe de l'Ouest, celui de Tiers Etat. Cette couche constitue une particularité hongroise à nulle autre pareille ni par l'ampleur de l'autonomie intérieure dont elle jouit, ni par le pouvoir administratif qu'elle détient dans les comitats. Le découpage en comitats, essentiellement décentralisateur, permet de concerter et de rendre efficace les pas d'un mouvement dirigé contre le pouvoir central.

En Transylvanie, si la noblesse moyenne passe pour faible, l'aristocratie locale est bien plus qu'en Hongrie profondément impliquée dans le mouvement de réformes. D'où la tentative de certains dénonciateurs d'esprit conservateur de discréditer le mouvement de réformes transylvain en le qualifiant de machination d'aristocrates. Or, en réalité, la poignée d'aristocrates qui possèdent les plus grands latifundia sont conservateurs et, pour la plupart, fort endettés. La majorité des aristocrates locaux, par contre, ne peut généralement accéder qu'à des revenus comparables à ceux que touche en Hongrie la noblesse moyenne. En revanche, ils jouissent d'une influence sociale autrement considérable. Des liens de parenté les rattachent à la petite et moyenne noblesse, force vive de la politique au niveau du comitat. Dans les collèges, les jeunes aristocrates sont entrés en rapports étroits avec le corps des professeurs et avec l'ensemble de l'intelligentsia. Or, la culture apparaît désormais comme une force capable de structurer des groupes sociaux et de redéfinir la stratification traditionnelle de la société féodale.

Il n'est nullement un hasard si le terme d'intelligentsia, voué à une grande carrière dans le vocabulaire de l'époque, émerge vers cette époque-là. Notons cependant qu'en Transylvanie on ne voit pas apparaître le groupe comparable à l'intelligentsia classique mais réduite à une position marginale, qui marquera si fort le développement polonais et russe. Tout au plus en voit-on se dessiner les contours. Le Polonais trouve sa vocation à tenir en éveil l'idée de liberté nationale, alors que le Russe se caractérise par une attitude critique n'allant souvent de pair qu'avec une contemplation impuissante de l'ordre établi. Or, en Transylvanie, tous ceux qui assument un rôle d'intellectuel auront la possibilité, lors des grandes luttes pour la transformation bourgeoise, d'occuper le devant de la scène.

Il n'en reste pas moins que les institutions féodales assurent seulement la possibilité d'initiatives et non les cadres d'une politique cohérente de réformes. Le pouvoir central parvient mieux en Transylvanie qu'en Hongrie à subordonner les comitats à ses ordres. Le comitat transylvain n'a pas le droit de lever des taxes aux fins de son propre financement ; une certaine somme lui est allouée par le Gubernium. Lors des renouvellements des fonctionnaires, l'assemblée nobiliaire élit trois candidats représentant les trois religions reçues, quitte à s'en remettre au choix définitif du pouvoir central qui en nommera un seul. Et pourtant, l'autonomie des comitats que nous venons d'évoquer permet une résistance soutenue face à l'administration. Les assemblées réunissent parfois des masses de 3 à 4 mille électeurs. Le droit de pouvoir élire des fonctionnaires à la tête de l'administration et de la justice locales, ainsi que des députés à la Diète, alimente, même chez les petits hobereaux illettrés et privés de toute expérience politique, le besoin de participation à la vie publique.

La Diète transylvaine, plus encore que son homologue de Hongrie, favorise, par sa structure, la politique de réformes libérales. Face au bicaméralisme hongrois, l'assemblée transylvaine est monocamérale. Les «régalistes» nommés par le souverain — choisis pour la plupart parmi les aristocrates et (dans un souci d'équilibre) les nobles moyens — sont, avec les magistrats disposant du droit de vote et les membres du gubernium, majoritaires à la Diète (200 à 230 voix). En revanche, l'initiative appartient, essentiellement grâce à leur supériorité intellectuelle et morale, aux élus des comitats et des districts (36 personnes). Ne sont-ils pas les représentants du «peuple»? Il leur est facile de gagner les élus des «sièges» sicules, ainsi que ceux des villes (de 36 à 38 personnes) qui ont le droit de vote à titre personnel, alors qu'en Hongrie, leurs confrères ne disposent que d'une seule voix, collective. Le cas échéant, ils peuvent également compter sur les élus des «sièges» saxons (22 personnes) sans parler du fait que tous les «régalistes» ne sont pas conservateurs.

Depuis 1811, le pouvoir central n'avait pas convoqué la Diète, alors que les lois fondamentales lui faisaient obligation de la convoquer chaque année. Par cette violation de la Constitution, l'absolutisme bureaucratique se dénude lui-même: aussi devient-il la cible de l'ensemble de la société nobiliaire mobilisée contre lui.

La noblesse libérale soutient les éléments bourgeois et intellectuels soucieux de démocratiser la vie publique municipale et la participation aux organismes représentatifs, face à l'oligarchie des bureaucrates, qui, jalouse de son pouvoir, se livre à des intrigues politiques. A cette époque, une partie considérable de la noblesse foncière est déjà urbanisée. Ce sont justement leurs hôtels privés qui donnent à Kolozsvár un caractère de «capitale». Comme le noble non assujetti à l'impôt à la campagne est contraint à en payer en ville, la noblesse citadine s'intègre dans la vie municipale en acquérant droit de cité en maints endroits. Des casinos à vocation politique se créent afin de réduire, à force de propager le mode de vie bourgeois, les différences traditionnelles entre nobles et roturiers. Grâce au rôle et à l'autorité, dans les villes, de l'aile libérale de la noblesse, on voit s'accroître, face à l'ensemble de la noblesse, le prestige des villes hongroises.

Le mouvement de réformes transylvain dénote une singulière dualité: les libéraux ne revendiquent, comme programme politique, que la restitution et la corroboration de la Constitution féodale, en y ajoutant de plus en plus fréquemment l'exigence de voir s'affermir les libertés démocratiques bourgeoises. Ils réclament une démocratie nobiliaire dans le seul but de la transformer en démocratie bourgeoise libérale. Ce double caractère du libéralisme hongrois de Transylvanie est incarné par la personne du baron Miklós Wesselényi. Dans les années 1820, ce dernier organise encore la résistance de la noblesse contre l'établissement du «terrier», registre dénombrant les biens qui relèvent d'une seigneurie. Dix ans plus tard, il entre en scène comme un des chefs de file et maîtres à penser de l'opposition réformiste en Hongrie. Il est de ceux qui rattachent la réforme globale de la société aux revendications d'autonomie constitutionnelle de la Hongrie. On le trouve parmi les promoteurs de ce qu'on appelle communauté d'intérêts, et qui se propose d'intéresser au même titre seigneur terrien et serf à la transformation nationale bourgeoise. Dans son livre *Des préjugés* (qui, en raison de la censure, ne verra le jour que deux ans après son achèvement, en 1833, à l'étranger: à Leipzig), il propose, avec un radicalisme dépassant de loin celui de ses contemporains, que soit promulguée une réglementation valable pour l'ensemble du pays qui régisse les conditions et le montant du rachat que le serf devra, pour accéder au statut de propriétaire libre, à son seigneur à la place de la corvée et du champart. Et, tandis qu'à la Diète de Pozsony, réunie en 1832, il déploie une intense activité en faveur de la réforme sociale, il représente, en Transylvanie, la politique dite des récriminations qui cherche réparation aux violations de la Constitution féodale. En luttant pour les libertés nobiliaires, il acquiert une cote de popularité très marquée, en particulier dans le pays des Sicules, alors en effervescence.

Les libéraux hongrois de Transylvanie se rendent bien compte de la nécessité de faire appel au soutien des masses tout en s'accomodant des possibilités du jour. Professeur à Nagyenyed, Károly Szász qui s'ingénie à formuler tous les arguments historiques et juridiques d'une opposition protestataire, dit bien : « nous ne saurions qu'avancer pas à pas. Celui qui, sortant des rangs, se lance trop loin, n'entraînera pas les masses et payera cher son audace irréfléchie. En revanche, celui qui garde le rang, peut, en encourageant ses pairs, accélérer leur marche ».[1]

Dans la vie intellectuelle, il est aisé de détecter la filiation allant des idées des Lumières au libéralisme, mais aussi les innovations. Traducteur de Goethe et de Schiller, l'unitarien Sándor Bölöni Farkas qui, vers la fin de la décennie 1820, pense encore « faire davantage »[2] en rédigeant pour la première fois en hongrois le menu d'un repas, c'est-à-dire par la magyarisation du mode de vie, qu'en publiant un ouvrage théorique, accédera, quelques années plus tard, à la popularité par un *Voyage en Amérique du Nord*. Jusque-là, l'Amérique était synonyme, dans la mentalité transylvaine, de pays de la liberté de religion, et voici qu'elle apparaît comme « pays de la raison ».[3] Les comptes rendus objectifs font l'effet d'une profession de foi politique qui tend à prouver que « seule la liberté mûrit l'homme pour être libre et cultivé ».[4]

Sándor Bölöni Farkas incarne la tendance radicale et démocratique du libéralisme. Ce n'est pas un hasard si, dans le développement de ce mouvement les unitariens jouent un si grand rôle. Ceux-ci ne représentent qu'à peu près 10 pour cent des Hongrois de Transylvanie, mais leur réseau scolaire bien organisé leur assure une sérieuse mobilité sociale. Et, comme la religion unitarienne se trouve en dernière place parmi les religions légalement reconnues, lors de la nomination des fonctionnaires, ses adeptes sont régulièrement évincés. La conscience de cette condition minoritaire et la théologie qui apparente cette religion au déisme rendent les unitariens plus réceptifs au rationalisme et au libéralisme.

Les calvinistes constituent le plus grand et le plus fort tronc de la population hongroise de Transylvanie. Il s'ensuit que la réorganisation de l'Eglise réformée aura, dans l'esprit de l'époque, valeur d'expérience pour la mise en place d'une communauté plus démocratique. Lors des élections au Consistoire, chaque chef de famille réformé est doté du droit de vote et la chance est même accordée aux roturiers de se faire élire comme « patrons » au scrutin à deux tours. Comme cette réorganisation s'inspire délibérément de l'exemple de la Constitution nord-américaine, le gouvernement est profondément angoissé de

[1] KÁROLY SZÁSZ, Oskolákról (Des écoles), *Nemzeti Társalkodó*, 1841, semestre II, n° 2.

[2] Lettre de Sándor Bölöni Farkas à József Gedő, 11 mars 1829. Citée par ELEK JAKAB, Bölöni Farkas Sándor és kora (S. B. F. et son époque), *Keresztény Magvető*, 1870, 277.

[3] SÁNDOR BÖLÖNI FARKAS, Utazás Észak-Amerikában (Voyage en Amérique du Nord). Edité et préf. par SAMU BENKŐ, Bucarest, 1966, 274.

[4] Du journal de Bölöni Farkas : ibid. 51.

voir, en cas de victoire de l'opposition, transformer dans ce même esprit le droit public transylvain.

Sous la pression de l'agitation politique et sociale hongroises, et pour la contrebalancer, l'administration de Vienne se résigne finalement, en été 1834, à convoquer la Diète. Envoyé sur place comme commissaire royal représentant la volonté et la personne du souverain, l'archiduc Ferdinand d'Este avertit aussitôt la Cour que, dans l'hypothèse où la noblesse s'aviserait de se soulever, on pourrait compter sur une terrible révolte de la paysannerie roumaine. Il adresse le même avertissement à l'opposition. Or, dès le début, les dissensions au sujet de la procédure s'affirment avec une telle force que la dissolution de la Diète est inévitable. Le gouvernement voit davantage de péril du côté du «parti libéral doctrinaire» que de la part des radicaux dont le chef de file est Miklós Wesselényi. Etant donné qu'il a installé une imprimerie lithographique et entrepris la publication des discours, l'opinion croit que la dissolution a été provoquée par ce dernier. En réalité, le souverain l'avait précédemment ordonnée et le chancelier Metternich, prompt à voir dans toute prétention constitutionnelle d'esprit libéral l'élément d'un complot pan-européen, entendait maintenant donner un exemple spectaculaire de répression. Un grand nombre de gens sont cités devant le tribunal. Quant à Wesselényi, il est inculpé et condamné à la prison simultanément «dans les deux patries sœurs». Une partie notable de la société nobiliaire transylvaine répond aux représailles par la résistance passive, jusqu'à ce que le gouvernement ne soit amené à prendre lui-même l'intiative de concessions apparentes.

En 1837, une nouvelle Diète nationale est convoquée. Cette fois, plusieurs élément essentiels de la constitutionnalité féodale sont observés, avant tout l'élection des dignitaires. Dans un premier temps, les deux parties évitent tout conflit majeur, mais l'opposition remporte cependant une victoire morale: l'archiduc Ferdinand, proposé à la dignité de gouverneur, obtient peu de suffrages et, humilié, doit quitter la Transylvanie.

La politique libérale hongroise des minorités

Les années 1830 s'achèvent ici, comme à la Diète de Hongrie, sur un compromis de la Cour et de l'opposition, qui peut momentanément escamoter les antagonismes insurmontables. La direction de l'Etat autrichien n'abandonne pas ses méthodes d'absolutisme bureaucratique, pas plus que la centralisation de l'Empire. Tout au plus fait-elle des concessions en tolérant momentanément certains éléments de l'ordre constitutionnel féodal. Le mouvement national hongrois, dans son ambition de mettre en place les cadres d'un Etat bourgeois national, commence à réclamer la libéralisation de l'Empire et sa transformation en Etat confédéral, à l'intérieur duquel il entend consolider sa propre position par l'union de la Transylvanie et de la Hongrie. La conscience de l'isolement de l'ethnie hongroise hante les esprits. Herder avait prédit, à la fin du XVIIIe siècle, le dépérissement des Hongrois et les libéraux hongrois ne font que renchérir en parlant de 4 millions de Hongrois au lieu du chiffre réel de 5 millions, et de 10 millions d'allogènes alors qu'en réalité la population totale des pays de la Couronne hongroise s'élève, à cette époque-là à quelque 11 à 12 millions. (L'ethnie hongroise vivait essentiellement dans les régions centrales au développement dynamique du bassin des Carpates, quelque 10 à 12 pour cent vivant en Transylvanie où elle représentait 27 à 30 pour cent de la population totale.)

L'union de la Transylvanie et de la Hongrie est étroitement liée au problème de refonte de la structure de l'Empire et elle détermine dans une large mesure la nature de la transformation bourgeoise en Transylvanie. La Hongrie a une avance certaine sur elle en ce qui concerne le démantèlement des institutions féodales et la mise en place d'un ordre juridique bourgeois, car ses lois assurent de meilleures conditions d'existence à la paysannerie. De plus, grâce à de meilleures conditions de marché, la production marchande y a pris un meilleur départ.

L'union présupposait la libéralisation de la Transylvanie, l'alignement juridique de la condition paysanne sur le modèle hongrois, mais aussi l'intégration du caractère multiethnique dans la structure de l'Etat national bourgeois. Conformément à la conception d'Etat national, les libéraux hongrois entendent lier la réforme sociale à la magyarisation, considérant que le caractère plurinational du pays bloque le développement, car il véhicule le particularisme féodal et l'esprit de clan. Ils échafaudent une logique toute particulière : en échange des réformes sociales et des droits constitutionnels arrachés par la noblesse, les peuples allogènes s'intégreront à la nation, se montreront loyaux envers l'Etat national bourgeois et en apprendront même la langue. L'unité et la suprématie de la langue d'Etat ne sont-elles pas, en effet, selon la conception de l'époque, gage de développement ? C'était surestimer la possibilité de faire adopter la langue hongroise et mésestimer la résistance viscérale suscitée par toute prétention d'assimiler par la contrainte. C'était aussi entamer une expérience sans antécédent, puisque les antagonismes ethniques des époques précédentes avaient un caractère foncièrement féodal. N'y avait-il pas d'exemples qui justifiaient ces efforts d'assimilation aux yeux des tenants de cette théorie ? L'homogénéité de la société française leur fournissait un argument, de même que l'exemple des Etats-Unis qui avaient réussi l'intégration par la force de la liberté, et, en Hongrie même, la magyarisation spontanée de la noblesse d'ethnie non hongroise ou la loyauté politique des masses de la petite noblesse non hongroise semblaient prouver le bien-fondé de leur thèse.

Dans les années 1830, nécessité de réformes et exigence de magyarisation forment une unité indissociable. « J'ai propagé les principes de la démocratie... J'ai servi à la vie à la mort la langue de ma patrie que j'entendais rendre exclusive à force d'opprimer la langue des autres... afin d'élever chaque citoyen au statut de Hongrois libre », lit-on dans le journal intime de Sándor Bölöni Farkas[5] qui condamne plus tard en termes incisifs la magyarisation linguistique. Wesselényi avait pensé un moment que l'émancipation des serfs devrait être liée à l'assimilation de la langue hongroise. Mais, dès les années 1840, il se rend compte de l'agitation politique des populations non hongroises, et met à plusieurs reprises en garde contre toute magyarisation forcée. Fondé sur les réalités du pays plurinational et sur le besoin croissant de s'y conformer, ce changement s'explique par le rationalisme politique et par l'adoption d'une équité morale de valeur universelle. Dès lors, toute ingérence dans l'usage *privé* de la langue est considérée, par la mentalité politique hongroise, comme iniquité et injustice. On continue cependant à ne reconnaître que le hongrois comme langue de la vie publique. « Se contenter de moins serait de la lâcheté et imposer davantage serait de la tyrannie : les deux

[5] Bölöni Farkas Sándor naplója (Le journal de S. B. F.). Préf. par ELEMÉR JANCSÓ, Bucarest, 1971, 49.

seraient synonyme de notre suicide» — écrit Kossuth dans le journal *Pesti Hírlap*.[6]

Pour ce qui est de l'exigence de la liberté religieuse — thème majeur des libéraux hongrois — elle était de nature à favoriser le développement national roumain. Dès le tout début de la décennie 1830, plusieurs comitats regimbaient devant la politique du gouvernement qui entendait favoriser la religion uniate au détriment de la religion orthodoxe. Plus d'un donnent comme consigne à leurs députés à la Diète de plaider pour la reconnaissance légale de la religion orthodoxe. La Diète de 1841-1843 fait obligation à la commission de l'assemblée de préparer sur ce problème (ainsi que sur l'émancipation des Juifs) un projet de loi.

Vie publique et vie privée s'interpénètrent à tel point qu'il devient de plus en plus difficile de tracer une ligne de démarcation entre elles. Cela a permis à ceux qui travaillaient déjà sur le programme d'un Etat national hongrois de garantir des droits linguistiques qui pouvaient par la suite servir de base à la coopération au moment de la fatidique confrontation nationale. En 1841, les libéraux hongrois de Transylvanie insèrent parmi les consignes données aux députés à la Diète, l'objectif «d'apaiser les jalousies nationales, religieuses et confessionnelles», dans le même temps qu'on élabore, dès le début de la Diète, un projet de loi sur l'élargissement de l'usage de la langue hongroise qui suscite une réaction toute contraire chez les Roumains et les Saxons. La lutte pour les droits de la langue hongroise vise à la fois le pouvoir central et la féodalité rétrograde : on veut remplacer le latin par le hongrois comme langue de l'administration, des lois et de la gestion des affaires dans les offices du gouvernement. On entend élargir la hungarophonie de la vie publique des municipalités sicules et hongroises — de longue date de langue magyare — en rendant partout obligatoire, tant dans les comitats, que dans les sièges sicules, de tenir en hongrois les registres d'état civil et en prescrivant, à Balázsfalva, que dans dix ans la langue de l'enseignement, même pour les séminaristes orthodoxes, serait le hongrois. Or les chefs de file des libéraux hongrois écartent tout recours à l'assimilation forcée, et voyant les protestations de l'opinion roumaine et le refus de la Cour, ils décident, de par leur propre conviction, d'omettre, dans la seconde version de projet de loi, les passages concernant les Roumains.

Les libéraux hongrois reconnaissent les institutions qui sont le prolongement organique d'antécédents historiques et maintiennent l'autonomie nationale. Le statut particulier des Saxons a toujours été respecté. Si on leur prescrivait de correspondre en hongrois avec les municipalités et le gubernium, c'était dans le seul souci de manifester l'unité du pays. Dans son ouvrage de 1843 *(Exhortation dans l'intérêt des minorités hongroise et slave)*, qui prône la transformation de l'Empire en confédération, Wesselényi propose, pour normaliser le statut des Slaves vivant en Autriche, l'octroi d'une autonomie apparentée à celle dont jouissent les Saxons en Transylvanie. Cependant, ces derniers revendiquent une autonomie plus large, légitimée par le principe national.

Sur cette toile de fond s'engage la lutte linguistique : débat passionné entre publicistes hongrois, roumains et saxons. Si elle abonde en accusations réciproques sans fondement, il n'en reste pas moins que, vingt ans plus tard, le Roumain George Bariţ écrira à juste titre : «Reconnaissons, sans distinction de

[6] Lajos Kossuth, Bánat és gondoskodás (Chagrin et protection), *Pesti Hírlap*, 2 octobre 1842, n° 183.

nationalité, que cette lutte — celle de nos plumes — était légitime, magnanime... et naturelle: elle mobilisait la nature humaine pour assurer la survie».[7] Ceci dit, on comprend que dans cette situation compliquée où chacun s'efforce de dominer autrui, surgit le désir de voir naître une société universelle, homogène, ignorant les différences nationales, et c'est là, l'origine de la précieuse philosophie utopiste transylvaine. Fidèle à l'idéal du citoyen du monde, hérité du XVIIIe siècle, un professeur de mathématiques de Marosvásárhely, Farkas Bolyai se contente, dans son *Arithmétique* (1843), de faire quelques allusions à la propriété collective. Son fils János Bolyai qui, en 1832, dans l'*Appendix* du livre de son père intitulé *Tentamen,* avait posé, le premier au monde, les principes d'une géométrie non euclidienne, s'applique à cette époque, retiré du monde, à élaborer une grandiose utopie intitulée *Üdvtan* (Théorie du salut), où il tente de brosser, avec un ardent enthousiasme romantique, le modèle d'une société fondée sur la communauté des biens et capable d'éliminer les conflits de sentiments. Sámuel Brassai, professeur polyglotte du collège unitarien, qui connaît une douzaine de langues, fait tenir dans une gazette populaire soutenue par le casino de Kolozsvár, à un maître d'école les propos suivants: «La différence de langues personnalise, suscite, envenime et transmet de père en fils les dissensions nationales. Si toute l'humanité n'avait qu'une seule langue, elle ne constituerait bientôt qu'une nation et les gens s'aimeraient tous comme des parents.»[8]

C'est ainsi qu'apparaît la possibilité de surmonter la confrontation nationale — du moins pour un temps — par des réformes sociales.

Les efforts en vue des réformes sociales et leurs fondements

Parmi les problèmes que posaient les réformes sociales et politiques, celui des redevances seigneuriales était de première importance. Dans les années 1780 et 1810, l'administration avait tenté, sans succès, d'y mettre de l'ordre. Il fallait envisager la liquidation des dépendances féodales, l'émancipation des serfs et la mise en place de rapports de propriété bourgeois. Mais tout d'abord mettre au clair les rapports juridiques, c'est-à-dire décider lesquelles des terres devaient être qualifiées de biens allodiaux et de propriété purement seigneuriale et lesquelles de terres censières, puisque, selon la conception qui prévalait en matière d'abolition du servage, ces dernières étaient appelées à être rachetées par les paysans promus citoyens libres.

Or, en abordant les problèmes afférents au cens, on risquait une grave crise politique et économique, car cela entamait les stratégies établies d'expropriation du surplus paysan, soit le système d'interdépendance entre paysans, seigneurs et Etat. La majeure partie de la noblesse transylvaine tremblait de voir régler le problème du cens. En effet, les paysans cachaient au fisc près de la moitié des terres qu'ils cultivaient. Une éventuelle révision du terrier menaçait donc de mettre fin à cet état de choses, et on devait préciser à qui appartiendrait la terre soustraite au fisc. Si c'était au paysan qui l'avait jusque-là cultivée, ce dernier se verrait frappé d'impôts à tel point que, pour sa simple subsistance, force lui serait d'alléger ses redevances seigneuriales. Si, en

[7] George Bariţ, Limbile oficiale (Les langues officielles), *Gazeta Transilvaniei,* 1860, n° 32.

[8] Sámuel Brassai, Az iskolamester (Le maître d'école), *Vasárnapi Újság,* 1er janvier 1843, n° 452.

revanche, la loi l'octroyait en partie au seigneur, les antagonismes entre seigneur et serf s'en trouveraient envenimés. Pourtant, comment attendre que le seigneur renonçât de bon gré à la terre que le droit féodal lui assurait? On comprend le «chaos des sentiments». Précisons qu'en Transylvanie, contrairement à ce qui se passait en Hongrie, l'étalon de richesse n'était pas l'étendue des terres seigneuriales, mais bien le nombre de serfs. On n'ignorait pas, certes, que le travail salarié et même partiaire était plus rentable que la corvée. Mais le manque de liquidité était pesant. Il n'y avait, tout au plus, que la vigne qu'on faisait cultiver par des salariés. Pour contraindre les paysans au travail partiaire ou à la prise en bail des terres, les seigneurs se voyaient obligés, afin d'assurer leur hégémonie sur le monde rural, de mettre la main sur la plus grande superficie possible de terres, en particulier sur les forêts et les pâturages. Mais il fallait alors modifier l'ensemble de leur système de gestion. Comptant plusieurs centaines d'arpents, les champs seigneuriaux étaient, dans le système d'assolement bi- ou triennal, souvent morcelés en plusieurs dizaines de parcelles dans la périphérie des villages. Obligation était faite à tous de céder leur parcelle en jachère comme pâturage à la commune et au seigneur, ce qui assurait la subsistance des troupeaux, tandis que le découpage des terres en mini-parcelles rassurait la majorité des agriculteurs, car il leur permettait d'accéder à égalité aux terres de différentes qualités ou, en cas de grêle, de se dédommager quelque peu de la perte de la récolte dans une partie du village par ce qui restait dans l'autre. Le système de rotation des cultures était encore si général que 40% environ des champs restaient toujours en jachère. C'était un système qui entravait certes toute initiative individuelle, mais garantissait la sécurité d'existence. Cependant, comme il s'accompagnait d'un rythme relativement élevé de croissance démographique (dont le taux atteignait 0,45% par an entre 1786 et 1850 et 1% dans les années 1820 à 1840), le système d'assolement, en fait, condamnait la société transylvaine à la stagnation. Seule la mise en culture des jachères offrait une possibilité de sortir de cet état de choses, à condition toutefois de réussir le passage à la stabulation qui, de son côté, exigeait d'intenses cultures fourragères.

L'initiative de modernisation de l'agriculture revenait aux petits propriétaires saxons et aux gros et moyens propriétaires hongrois. En fait, chez les Saxons de Transylvanie, le féodalisme n'avait pas pu prévaloir dans les communautés rurales. Ainsi, la transition n'y menaçait pas de conflits aussi graves que dans les régions où les propriétés seigneuriales étaient bien enracinées.

Un premier pas vers la modernisation aurait dû consister en le remembrement des parcelles, qui se heurtait à la résistance du village. Celui-ci avait le sentiment que le seigneur terrien allait mettre la main sur les terres de meilleure qualité et que les pâturages communaux en seraient eux aussi réduits. Cependant, les formes de gestion traditionnelles s'étaient avérées intenables. La noblesse avait le sentiment tantôt de «ne pouvoir toucher même pas le quart du profit que fournissait son exploitation,» tantôt que, malgré les rapports patriarcaux qui aplanissaient les conflits, «elle n'était plus protectrice, mais plutôt spoliatrice de ses sujets».[9]

Le seigneur frappait de taxe toute forme d'activité paysanne : non seulement la production de blé, mais aussi le filage-tissage, l'élevage d'animaux de basse-cour et même le ramassage des produits de la forêt, autant de redevances

[9] Contrat de Julianna Sombory et de Mihály Ketzeli pour empêcher la distillation. Kackó, le 6 février 1841. *OL* Archives de la famille Hatfaludy, paquet 37.

à caractère archaïque, qui découlaient de l'exploitation paysanne autarcique tout en la perpétuant.

Une grande partie des exploitations seigneuriales percevaient des impôts ou plus précisément des redevances. On cherchait à concilier l'autarcie avec la nécessité de la production marchande, tout en dénonçant sans cesse l'impossibilité de celle-ci, vu les rapides fluctuations de prix et la faible capacité d'absorption du marché. En revanche, les champs et prés à caractère allodial constituaient, en Transylvanie, une part notable : le cinquième de la surface agricole utile et la moitié des terres exploitées par les paysans (et qualifiées de censières après 1848). Selon une estimation de l'époque, plus d'un tiers de la récolte de maïs assurant la nourriture du peuple provenait des terres nobiliaires exemptes d'impôt. Les fermiers censiers étaient, tout d'abord, astreints à la corvée, soit à quelque 18 millions de journées par an dont 59% consistaient en travaux à la main et le reste devait être fourni avec des bêtes de somme. Une famille avait à assurer ce service 2 à 4 jours par semaine, en fonction de l'étendue et du cheptel de la censive ou conformément à l'usage établi. Par rapport à la Hongrie, les terres allodiales étaient, en Transylvanie, moins étendues et une famille exploitait en moyenne une censive plus petite, tout en devant au seigneur près de deux fois plus de corvée. A l'époque, on expliquait ce phénomène par les conditions naturelles et économiques plus rudes. Certes, la source (le recensement de 1819-1820) à laquelle nous pouvons nous référer pour évaluer la quantité des journées de corvée, grossit les données. Les paysans déclaraient moins de terre, de peur de voir brusquement majorer leur impôt, tout en grossissant leurs redevances. Le projet de recensement promettait aux serfs l'allègement de la corvée. De leur côté, les seigneurs cherchaient à maintenir le niveau de corvée déjà déclaré. Pour eux, les redevances élevées étaient source de pouvoir : ils entendaient disposer à leur gré de la force de travail de leurs serfs et, quand ils n'avaient pas besoin de tant de corvée, ils exprimaient leur pouvoir par la remise de celle-ci.

Comme toute société féodale, celle de Transylvanie était marquée par la violence, mais le sous-développement assignait des limites à la spoliation. Bien entendu, le paysan pouvait user de sa liberté de migration, et les jours de fête lui assuraient une certaine protection. La religion orthodoxe ordonnait à ses fidèles cent jours fériés. Ces jours-là, le serf ne travaillait pas pour lui-même, tout au plus acceptait-il un travail salarié car, selon les croyances paysannes, le saint qu'on offense en travaillant ainsi, se vengera du seigneur. Des hostilités se prolongeaient entre seigneur et serf là où le premier mettait la main sur une forêt, un pâturage ou plus rarement un champ également revendiqués par le village. Dans son ensemble, le système s'avérait fonctionnel, n'eussent été la crise de surpeuplement relatif et l'exemple de l'évolution européenne qui appelaient le changement.

La modernisation n'avait que des perspectives limitées. Elle se bornait à des innovations techniques mineures, à l'introduction de cultures nouvelles et à l'acclimatation de nouvelles races d'animaux et progressait essentiellement dans les domaines seigneuriaux. Le petit hobereau hongrois ou roumain, tout comme le paysan bourgeois en Terre saxonne, n'avaient, pour moyen de développement, que l'application et la routine. Le serf se débrouillait, le cas échéant, par de petits vols de blé sur la riche moisson de son seigneur.

La conception du monde et les formes de gestion ne sont pas directement liées. Libéraux et conservateurs adhéraient également à la Société Economique Transylvaine créée dans le souci de modernisation. A cette différence près, pourtant, que les libéraux étaient tous acquis à l'idée de production marchande moderne, ce qu'on ne pouvait pas dire de tous les conservateurs. L'idéologie, l'attitude par rapport à la transformation bourgeoise nationale prédominaient quand il s'agissait de s'organiser en groupes politiques. L'exigence d'une nation bourgeoise était liée à celle de l'équité sociale. Les libéraux prônaient la nécessité de petites exploitations viables, capables de garantir en même temps la survie de la grosse propriété en voie de se moderniser; l'émancipation des serfs était censée gagner la sympathie de la paysannerie, tandis qu'une constitutionnalité bourgeoise offrait la perspective de rejoindre l'évolution européenne.

L'aile radicale des libéraux était rattachée par mille liens à la vie politique et intellectuelle de Hongrie. De plus, certains de ces radicaux (tout en possédant des terres en Transylvanie) étaient venus de Hongrie en tant qu' «émissaires», plus d'un étant député à la Diète. Ils commencèrent par ressusciter la presse hongroise de Transylvanie et, tout comme Kossuth faisait du *Pesti Hírlap* une arme de la résistance nationale, cette seconde génération de l'opposition créait le journalisme transylvain moderne. A chaque instant, ils se référaient au progrès européen, et lançaient comme mot d'ordre: «rachat des redevances seigneuriales dans l'immédiat, et union [avec la Hongrie] le plus tôt possible». Mais ils avaient beau créditer, en bons tacticiens, le gouvernement de «volonté de progrès» (certes, ils l'espéraient vraiment en partie, mais ils entendaient également désarmer par là les conservateurs ayant partie liée avec l'administration), la direction viennoise de l'Empire refusait de s'allier aux libéraux et de faire des concessions à cet effet, de peur de perdre ainsi la possibilité de manipuler la majorité de la noblesse ainsi que toute la paysannerie.

La révision du terrier commandait de longs préparatifs. La majeure partie des libéraux auraient souhaité voir une réglementation légale à la fois globale et détaillée; ils entendaient procéder à la régulation des redevances parallèlement au remembrement parcellaire des terres et à l'introduction de la réforme fiscale. Or, une telle réglementation risquait de se prolonger pendant une vingtaine d'années, de l'avis même de ses initiateurs. La tactique de tergiversations était une conséquence des rapports économiques et politiques brouillés, sans parler de l'énorme risque que comportait, pour les contribuables, une telle révision dont le principal bénéficiaire eût été le pouvoir, grâce à la rentrée d'impôts plus élevés.

Pour maintenir la possibilité de contrôler les revenus du fisc, on cherchait à conserver intact le droit de la Diète à consentir l'impôt tout en s'efforçant d'obliger l'ensemble de la noblesse à payer l'impôt destiné à couvrir les dépenses de l'administration des comitats. Mais, pour le moment, cette tentative dépassait les moyens dont disposaient les libéraux. Aussi devaient-ils opter pour la tactique d'une législation fragmentaire, dont les lois ne régissaient que les détails. On se bornait, comme on le disait à cette époque, à «énoncer le principe» pour exprimer l'exigence de transformation bourgeoise et définir le sens de la législation ultérieure. Même dans ces conditions, les conservateurs, en maints endroits, soulevèrent la petite noblesse contre les libéraux. Mais ces derniers jouissaient d'assez d'autorité et déployaient suffisamment d'astuces pour éviter la révocation de leurs mandats. Malgré les graves dissensions d'ordre linquistique qui divisaient les libéraux hongrois et saxons, leur coopération, en matière de réforme sociale, fut un succès.

La Diète saisit Vienne de plusieurs projets de loi qui, dans l'esprit de l'égalité en droit, tentaient de s'attaquer au système juridique féodal. Ainsi fut 450 confirmée la liberté de migration des serfs, fixé le plafond des redevances, garanti le droit des serfs à l'acquisition des terres. La participation de la noblesse terrienne aux travaux publics fut énoncée, ce qui préludait à la réalisation de l'égalité devant l'impôt. Les libéraux transylvains s'efforçaient de marquer des points sur certaines questions — par exemple celle des postes à pourvoir par les roturiers auprès du Gubernium — sur lesquelles la Diète de Hongrie n'avait pas encore légiféré. C'était à la fois pour créer des précédents et pour préparer le rattachement de la Transylvanie à la Hongrie par la mise en place de conditions juridiques identiques. Or, les conditions de l'union devaient être fixées dans des négociations entre les Diètes « des deux patries sœurs », où on allait définir les éléments d'autonomie provinciale de la Transylvanie qui seraient durablement conservés.

Moderniser la Transylvanie était vital pour la Hongrie, engagée elle-même dans le processus de modernisation. L'opposition réformiste de Hongrie — tel Kossuth dans le *Pesti Hírlap* — a donc souvent cité l'exemple de la noblesse transylvaine que beaucoup considéraient, paraît-il, comme une force rétrograde et qui pourtant devançait celle de la patrie-mère. Ils exagéraient, certes, et de façon délibérée, mais leur analyse était réaliste dans la mesure où ils affirmaient que « dans le cadre du statut actuel de la Transylvanie, tout progrès sur le sentier de la réforme se heurte à bien plus d'obstacles naturels que chez nous, d'où il s'ensuit que chaque pas y a davantage de mérite ».[10]

Le renouveau du mouvement national roumain

La tempête des années 1830 prend la société roumaine de Transylvanie au dépourvu. C'est que, pendant longtemps, les Lumières y étaient restées sans suite : la vie culturelle roumaine de Transylvanie s'est une fois de plus trouvée confinée dans des cadres ecclésiastiques. Le mouvement national roumain n'avait et ne pouvait avoir de base sociale et institutionnelle aussi forte que son homologue hongrois. En revanche, sa force ethnique était plus importante et encore accentuée par le fait que la transformation bourgeoise permettait une profonde politisation du phénomène ethnique. Dans la première moitié du XVIIIe siècle, on l'a vu plus haut, Inochentie Micu-Klein avait le premier utilisé en tant qu'argument politique la prépondérance numérique de l'ethnie roumaine, majorité qui endossait le gros des charges de l'Etat. Il en découle que la nation roumaine ou ses représentants revendiquaient à juste titre pour eux les mêmes droits que les autres « nations ». Or, l'ethnie roumaine n'avait pas de place dans la structure féodale des « nations » : réduite dans son énorme majorité au servage, elle était écartée de l'arène politique. Et voici que, tout à coup, la transformation bourgeoise impliquant l'affranchissement des serfs met à l'ordre du jour — pour employer l'expression de l'époque — l'émancipation sociale des Roumains et que l'intelligentsia roumaine établit un lien entre le besoin de promotion sociale et celui d'affirmation nationale. Le mouvement national se met à échafauder une idéologie politique moderne lui permettant de revendiquer sa participation au pouvoir. Mais, pour le moment, le clivage reste profond entre objectifs et possibilités, revendications et conditions réelles.

[10] Lajos Kossuth, Szózat a Részek és az Unió iránt Magyarhonból (Appel de la Hongrie visant le Partium et l'Union), *Erdélyi Híradó*, 22 mars 1842, n° 23.

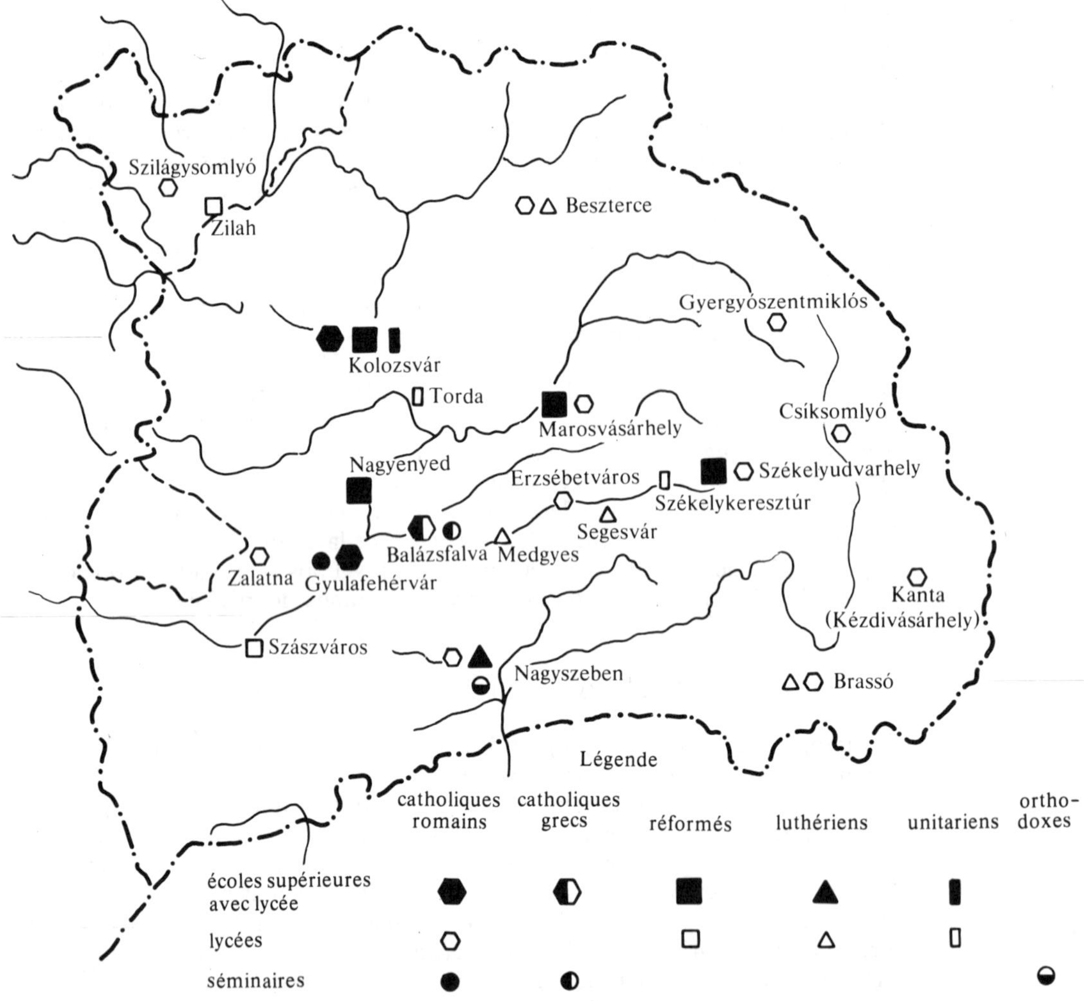

Carte 18. Etablissements d'enseignement secondaire et supérieur en 1846

La couche la plus dynamique de la société roumaine de Transylvanie est celle des intellectuels qui s'accommodent mal des cadres d'action étroits que leur offrent les Eglises. Certes, vu l'interdépendance profonde entre scolarité et Eglise, ils ont du mal à s'en libérer. Dans les années 1830, on parvient à agrandir l'école uniate de Balázsfalva et à lui assurer le statut de lycée. Cet établissement accueille désormais quelque 250 élèves par an et sa vie intellectuelle en plein essor le rapproche des villes-à-école hongroises (Nagyenyed, Kolozsvár, Székelyudvarhely, Marosvásárhely) où les élèves se comptent par milliers, avec une certaine proportion de Roumains. En 1847, la population étudiante des 13 lycées catholiques romains se monte à quelque 1 200 à 1 300 jeunes, l'élément roumain y entrant pour un tiers et, à Kolozsvár, sur 250 lycéens, pour un quart. En 1848, sur 200 avocats stagiaires de la Table royale de Marosvásárhely, les Roumains sont une trentaine.

Bien que l'intelligentsia roumaine soit relativement peu nombreuse, les problèmes de surproduction d'intellectuels apparaissent ici plus pesants encore que chez les Hongrois et les Saxons, car la fonction publique ne s'ouvre aux Roumains et aux personnes d'extraction roumaine qu'à raison de 30 à 40 fonctionnaires par an, pour la plupart au bas de l'échelle. Certes, le clergé roumain est nombreux (1 400 prêtres uniates et 1 100 orthodoxes), mais ceux émoulus des écoles supérieures se trouvent régulièrement évincés, dans les paroisses, par les fils de pope moins érudits, mais qui se contentent d'une rétribution plus modeste. Il est caractéristique qu'au moment où, en 1849, les Roumains dressent eux-mêmes la liste des ex-fonctionnaires et des sans-emploi qui pourraient être pris en compte pour la fonction publique, ils ne recensent que 300 bacheliers dont la moitié n'ont pas encore 31 ans. Selon une estimation digne de foi de cette époque, à peine le cinquième de « l'intelligentsia roumaine, somme toute nombreuse » a pu trouver un poste d'intellectuel, un autre cinquième, « après avoir terminé des études de droit », a, faute de mieux, pris la succession de ses pères pour vivre de ses terres, deux cinquièmes ont choisi d'émigrer dans les Principautés danubiennes et le dernier cinquième a fini par se magyariser.[11]

Cependant, la prise de conscience nationale agit de plus en plus fortement contre l'assimilation. Tel Transylvain parlant mieux hongrois que roumain se rend compte de son appartenance ethnique et embrasse avec enthousiasme la cause nationale roumaine. Les jeunes intellectuels roumains subissent une pression encore plus forte que leurs consorts hongrois : les *Approbata* leur font porter, surtout s'ils sont d'origine serve, les stigmates de gens juste tolérés. La consience de leur dignité personnelle — comme celle de leurs ancêtres — s'alimente de l'idée soigneusement entretenu d'une filiation romaine. Elle leur donne confiance et elles les aide également à s'orienter afin de comprendre plus profondément et de vivre, en tant que Roumains, le culte que les libéraux hongrois vouent à la langue et à la nation. Le livre de Sándor Bölöni Farkas sur le Nouveau Monde est, pour eux aussi, lourd de messages sur un monde nouveau. Ils sont de plus en plus nombreux à se laisser pénétrer par la foi romantique en les masses du peuple.

L'essor des Principautés danubiennes et le besoin d'intégrer les tendances culturelles et politiques roumaines des différents Etats suscitent une orientation toute nouvelle et inspirent une analyse de la situation des Roumains de Transylvanie. Parmi les adeptes de l'Ecole transylvaine, seul Ioan Piuariu-Molnár avait voyagé au-delà des Carpates. Mais, à partir des années 1820, l'émigration des intellectuels roumains de Transylvanie et de Hongrie prend des proportions notables, phénomène qui participe autant du développement accéléré de la culture roumaine au-delà des Carpates que de la croissance numérique de l'intelligentsia des « deux patries hongroises ».

Sous l'effet de la guerre d'indépendance grecque débutant en 1821 et du soulèvement armé conduit en Valachie par Tudor Vladimirescu et lié à celle-ci, la Porte n'envoie plus de Phanariotes sur le trône des Principautés danubiennes. Et sous l'occupation militaire russe d'une demi-décennie, consécutive à la guerre russo-turque de 1828, le général Kissélev ordonne, à l'usage des Principautés, dont les boyards embrassent de plus en plus fréquemment la cause de la culture nationale en voie d'épanouissement, l'élaboration d'une

[11] George Bariţ à Samu Wass, Brassó, 10 décembre 1841. Biblioteca Academiei BSR (Bucureşti), Ms. rom. 973, 263-264.

constitution féodale représentative, plus moderne que celles qui ont précédé. Acquis au mode de vie puritain, les Roumains de Transylvanie qui s'y établissent se sentent souvent étrangers dans le monde des Principautés où la misère côtoie le luxe et où les éléments de la culture occidentale font amalgame avec ceux de la civilisation orientale, tout en se rendant compte que c'est là qu'ils peuvent suivre leur vocation sans entraves. Ils y propagent la théorie dacoroumaine de l'histoire que le réveil national roumain est prompt à faire sienne, la combinant avec les idéaux du libéralisme français et allemand. Éditée en 1812 à Buda, l'histoire des Roumains de Petru Maior s'érige en bible de la génération montante. Dans la conscience nationale la Transylvanie fait figure « d'éternel asile de la nation roumaine »[12] et on commence à vénérer en Mihai Viteazul l'artisan de l'unité nationale roumaine.

Le développement national et la vie culturelle roumains gravitent vers les Principautés, mais c'est en Transylvanie, à Brassó, que pourra prendre naissance l'organe de presse *Gazeta de Transilvania* ainsi que son supplément *Foaie pentru minte* (1838), qui sauront entretenir avec le plus d'efficacité la conscience de solidarité roumaine.

La presse roumaine moderne de Transylvanie naît de l'initiative des commerçants roumains de Brassó et du besoin d'information tous azimuts de la jeunesse de Balázsfalva. La bourgeoisie roumaine de Brassó est à son zénith. Les plus opulents quittent Bolgárszeg, ce quartier périphérique au grand passé, pour s'établir dans la cité saxonne avec l'ambition d'être, sur une base nationale, partie prenante à la gestion des affaires de la ville. Ils entendent, parallèlement, mettre toute la société de commerçants orientaux au service des buts nationaux roumains et, à cet effet, ils se hasardent même dans l'édition de livres.

Il est caractéristique de l'orientation du public roumain que l'hebdomadaire « littéraire » roumain fondé en 1837 est encore un véritable échec. Ses histoires humoristiques pour la plupart empruntées à des gazettes allemandes ne suscitent aucun intérêt. Mais, à Brassó, le typographe Johann Gött obtient l'autorisation d'éditer un journal roumain et invite le jeune George Bariţ à le rédiger. Ce dernier vient de rentrer de Bucarest et entre en fonction en tant que professeur à l'école fondée par les commerçants.

Les journaux roumains de Brassó accèdent bientôt à une forte popularité, jusque dans les Principautés. Ils comptent de 500 à 800 abonnés par an. (Dans les années 1840, les deux quotidiens de Bucarest doivent se contenter, pour un temps assez long, de quelque 300 abonnés chacun.) Le secret de ce succès est que cette presse présente les problèmes des divers groupes roumains sous une optique nationale unique. Même ses informations sur les tendances réformistes hongroises ne font qu'accréditer cette vision des choses. Elle s'efforce de relativiser la sympathie pour le Tsar, souverain orthodoxe, en faisant sciemment la distinction entre religion et nationalité. (Le terme de *naţionalitate* — 'nationalité' — est introduit dans le vocabulaire roumain par la *Gazeta.*) Aussi le consul de Russie à Bucarest interdit-il son importation dans les Principautés.

[12] Nicolae Bălcescu, Mersul revoluţiei în istoria Românilor (La marche de la révolution dans l'histoire de la Roumanie), Paris, 1850. Publ. par Nicolae Bălcescu, Opere I, Bucureşti, 1953, 309.

Les ambitions politiques roumaines

La publication, en 1841, du projet de loi de la Diète sur l'usage de la langue hongroise, exaspérait les intellectuels roumains qui y voyaient une menace mortelle à l'égard de l'existence nationale de leur peuple. Pourtant l'extension de l'usage du hongrois dans certains domaines de la vie publique qui avaient jusque-là utilisé le latin, ne préjudiciait guère à l'intelligentsia roumaine, puisque la langue de la Diète et des comitats était déjà le hongrois. Le roumain était, même auparavant, utilisé, en fonction des nécessités quotidiennes, au bas de l'échelle de l'administration de la justice et de l'administration tout court: les fonctionnaires communiquaient en roumain avec le peuple. Les aspirations linguistiques hongroises heurtaient essentiellement les espoirs roumains sur le futur développement national. Les chefs de file et les maîtres à penser des libéraux hongrois se démarquent en vain de toute magyarisation forcée, les Roumains réagissent avec une sensibilité exacerbée au projet de loi : n'entend-il pas magyariser même la matricule ecclésiastique et introduire le hongrois jusque dans les écoles de Balázsfalva ? Certes, la langue de l'enseignement primaire n'est pas encore décidée, mais n'y a-t-il pas lieu de craindre qu'elle ne devienne tôt ou tard hongroise?

A Balázsfalva, c'est le tollé général. Le philosophe Simion Bărnuţiu prend la tête de la résistance. S'appuyant sur des thèses du philosophe kantien Krug concernant le droit naturel et le libéralisme, ainsi que sur l'idéologie de Herder, il érige en axiome que l'individu a son droit légitime de se réaliser. Il transpose cette thèse à la communauté nationale en l'amalgamant au nationalisme linguistique de l'époque, qui dit que la langue est étalon et instrument de la culture, « en elle sont ancrés le caractère et la nationalité d'un peuple », de sorte qu'elle est « indissociable de notre âme, de la religion et de tout ce qu'il y a pour nous de plus sacré et de plus précieux sur terre ».[13] A la conception d'Etat national hongrois uni, il oppose le modèle d'un Etat multinational et confère aux aspirations nationales une couleur culturelle propre : « culture et bonheur sont les principaux enjeux de chaque peuple transylvain ; les Hongrois entendent y parvenir par la voie hongroise, les Saxons par la voie saxonne et les Roumains par la voie roumaine, chacun par sa voie naturelle. Ces chemins sont tous légitimes, depuis des siècles nous les pratiquons dans la paix, tous rejoignent l'artère principale du bonheur humain et de la culture dans son universalité ».[14] Bărnuţiu condamne les prétentions hongroises à partir de considérations morales tout en appréciant la philosophie hongroise et les tentatives de réformes sociales de la Diète. Ainsi son argumentation n'est pas encore pénétrée de l'idéologie majeure de l'époque à venir. Il est vrai qu'en donnant aux Roumains la qualité de colons de Trajan qui ne dorment point mais se préparent à de grands exploits, il anticipe déjà le rêve d'hégémonie basée sur le droit historique, qui prendra le dessus sur l'objectif humaniste d'Etat plurinational.

La société roumaine de Transylvanie est presque unanime à protester contre le projet de loi sur la langue. Mais, dès que la partie hongroise en écarte les passages directement préjudiciables aux Roumains, les prétentions poli-

[13] Simion Bărnuţiu, O tocmeală de ruşine şi o lege nedreaptă (Un arrangement honteux et une loi injuste). Publ. par Gheorghe Bogdan-Duică, Viaţa şi ideile lui Simion Bărnuţiu (Vie et idées de S. B.), Bucureşti, 1924, 201, 204.

[14] Ibid. 211.

tiques roumaines se scindent en plusieurs tendances. Les possibilités d'action politique ne sont assurées qu'aux évêques, en premier lieu à celui de l'Eglise uniate qui, en qualité de «régaliste», a le droit de participer à la Diète. Or, l'évêque de Balázsfalva Ioan Leményi opte pour la collaboration avec les milieux gouvernants hongrois. En 1835 il avait encore, de concert avec Ioan Moga, saisi Vienne d'une requête demandant la garantie des droits nationaux roumains conformément à la ligne du *Supplex Libellus Valachorum*. Prenant conscience de l'insuccès de sa démarche, ils donnent désormais, lui et l'évêque orthodoxe, la priorité à la réparation des doléances roumaines dans le Königsboden saxon. Dans une nouvelle requête, ils récriminent contre le fait que les Roumains de Königsboden paient la dîme au pasteur luthérien tout en faisant l'objet de discriminations tant dans la fonction publique qu'en matière de droit de pacage. (La partie saxonne se réfère aux privilèges en vertu desquels tout habitant du village qui laboure une terre saxonne doit la dîme au pasteur luthérien. Elle allègue de même, à juste titre, que les agriculteurs saxons payent un impôt bien supérieur à celui des Roumains qui vivent de l'élevage des moutons. Il est, d'autre part, indubitable que les Roumains de Königsboden jouissent à cette époque d'un bien-être et d'une liberté plus grands que les serfs des comitats.)

Si ces revendications roumaines sont soutenues par la noblesse hongroise, c'est à la fois par tactique destinée à ligoter la politique saxonne et par conviction puisque ces idées correspondent à la philosophie juridique de la noblesse hongroise ainsi qu'à son idéologie libérale. Aussi la position roumaine lui en sait-elle gré lorsque l'évêque Leményi déclare, à la Diète, au nom de toute la nation roumaine que, du côté hongrois, «depuis 1791, nulle classe ni nulle personne valaques n'ont été opprimées ni évincées de la fonction publique en raison de leur appartenance ethnique».[15]

La politique des évêques roumains est cautionnée, outre les Roumains de Terre saxonne, par les nobles roumains qui espèrent que le système libéral de représentation constitutionnelle permettra graduellement de faire aboutir leurs revendications nationales. Alexandru Bohăţel fait observer, dans la presse hongroise de Kolozsvár, «au nom de plusieurs de ses compatriotes», que la loi sur la langue hongroise ne porte pas préjudice à l'usage de la langue roumaine dans les communes et que, «comme la Transylvanie est une patrie hongroise», il convient que «les fils de ma nation cultivent leur langue en tant que Valaques et apprennent le hongrois en tant que citoyens».[16]

Or, la grande question est de savoir qui est en droit de parler au nom de la nation. La majeure partie des professeurs de Balázsfalva désapprouvent la politique des évêques. Ils réclament, surtout Bărnuţiu, qui entend faire de l'Eglise une organisation représentative politico-culturelle, la convocation du synode. Professeurs et élèves s'opposent à la discipline de l'Eglise. Avant Pâques 1843, l'étincelle qui met le feu aux poudres est l'exclusion d'un étudiant, par l'évêque, de la cérémonie traditionnelle du lavage des pieds le soir du jeudi saint. La réponse est que les autres sont eux aussi absents, ce qui déclenche une guerre intestine dans le lycée. Le gouvernement finit par rétablir l'ordre en expulsant *manu militari* plusieurs professeurs insoumis, dont le meneur de la révolte, Bărnuţiu, ainsi qu'une dizaine d'étudiants,

[15] Protocole de la diète du 15 novembre 1841, Kolozsvár, 1841, 715.

[16] (Sándor Boheczel), Komoly szó a Gazeta de Transilvániához (Appel sérieux à la G. de T.), *Erdélyi Híradó*, 3 mars 1843, n° 18.

martyrs de la cause nationale que promèneront leurs griefs à travers la Transylvanie.

Devant les développements de la vie politique, le presse roumaine de Brassó opte pour la neutralité. Bariţ réprouve la campagne menée contre Leményi et entend surtout éviter que les Roumains ne se laissent prendre, vu leur manque d'expérience, dans les pièges de la vie politique. Sans proposer de programme précis, il cherche à explorer les rapports de force et à inciter au dialogue entre les nations. Ainsi, il invite les libéraux hongrois à faire preuve de modération et à satisfaire les revendications roumaines en Transylvanie. Il prône la reconnaissance de la «quarte nation» roumaine, cet objectif étant, comme il dit, nullement féodal, mais juste et équitable. Il y voit une revendication nationale qui reconnaît la légitimité des aspirations des autres mouvements nationaux et fait barrage aux velléités d'hégémonie de n'importe lequel d'entre eux. De même, il refuse toute tactique roumaine antisaxonne qui se réclame de l'égalité des libertés nobiliaires. Il s'adresse ainsi aux parties qui sont en conflit dans plusieurs domaines : «à qui la faute si Hongrois, Sicules, Saxons, Roumains, Arméniens, etc. voient le jour sous le même climat, dans la même vallée, sur la même montagne, près de la même rivière ?... Pourquoi invoquer les esprits de nos aïeux de leur tombe en voulant se faire peur les uns aux autres ?»[17]

Le réveil national allemand des Saxons

Jusqu'aux années 1840, les Saxons n'avaient été que des participants silencieux des Diètes transylvaines. En 1834, ils sympathisent encore avec l'opposition hongroise et vont jusqu'à coopérer avec elle pour défendre la constitutionnalité féodale. A partir de 1837, ils s'alignent directement sur la politique du gouvernement, sans toutefois s'opposer à ce que les projets de loi soient rédigés en hongrois. Ils trouvent juste que les lois soient libellées en hongrois et latin. Mais les calculs politiques et le dynamisme du réveil national auront tôt fait d'opposer la politique saxonne à la politique hongroise.

Attentifs aux activités de l'opposition réformiste hongroise, les dirigeants officiels des Saxons définissent, dès avant la Diète de 1841, à la séance du Consistoire luthérien, une position unie à propos de la question la plus brûlante, celle de l'usage légal de la langue. Joseph Bedeus von Scharberg, que la Diète a élu, en 1837, au poste de commissaire général de la province, suprême charge nationale saxonne à cette époque, propose que, comme la Transylvanie appartient de toute façon à la Couronne hongroise, le hongrois soit accepté comme langue officielle dans les affaires d'envergure nationale, «ce qui n'a rien de nouveau pour nous, puisque sous les princes nationaux, les affaires étaient gérées en hongrois et les lois rédigées en cette même langue».[18] Face à ce discours favorable au compromis, les ténors saxons prennent position pour l'égalité de toutes les nations : ils veulent faire accepter l'allemand comme langue égale en rang au hongrois.

Quand les défenseurs du droit féodal saxon s'associent à l'agitation visant l'établissement des liens nationaux modernes, on voit apparaître un véritable mouvement national uni. Les tentatives se multiplient en vue de transformer le statut saxon de nation reconnue en autonomie territoriale sanctionnée du

[17] *Gazeta de Transilvania,* 15/27 décembre 1847, n° 100.

[18] JOSEPH BEDEUS, Erinnerungen. Arhivele Statului, Sibiu, Fond Bedeus, Nr 112.I. 301-302.

droit public et ayant l'allemand pour langue officielle, c'est-à-dire de faire de Königsboden une Terre saxonne au sens propre du terme. Le culte de la race allemande propre à l'époque, rencontre un accueil enthousiaste dans la société saxonne dont l'attachement à l'ethnie allait de paire avec une meilleure position sur les plans économique, social et politique. Or, la menace qui commence à peser sur son statut, ainsi que son isolement en Transylvanie, incitent l'ethnie saxonne à rechercher, conformément aux traditions, l'alliance avec le pouvoir des Habsbourg qui, lui, était prêt à s'appuyer sur elle. C'est dire qu'une partie notable de la « nation » saxonne, puissant moteur du développement au plan économique, devient l'alliée de l'absolutisme bureaucratique ou se trouve impliquée dans cette alliance. D'autres puisent dans le même nationalisme pangermanique pour dépasser l'attitude qui se confine dans les perspectives de l'Empire des Habsbourg, et se laisseront inspirer, dans leur recherche des conditions d'une existence nationale saxonne, par les tendances politiques allemandes d'esprit progressiste.

Une catégorie de fonctionnaires de haute formation juridique constitue le ciment de la couche supérieure, aristocratique et patricienne, tandis que la nation saxonne dans son ensemble est structurée par l'Eglise et le réseau scolaire qui lui est subordonné. Professeurs et pasteurs voient subitement s'accroître leur prestige de la même manière qu'à l'époque de la Réforme. Mais, d'un autre côté, ceux-ci sont exclus de la vie publique en vertu de la « Régulation » de 1805, texte imposé à la « nation » saxonne par le gouvernement de Vienne et régissant jusque dans les moindres détails l'administration et l'autonomie municipales et rurales. Il s'ensuit un excédent d'intellectuels, ce qui provoque là aussi des tensions. Cinq lycées y accueillent de 50 à 60 professeurs et de 1 000 à 1 500 élèves. Outre les élèves fréquentant l'école élémentaire, les lycéens qui sont au nombre de 350 à 400 par an, se destinent, pour la moitié, à des carrières ecclésiastiques, mais les 250 paroisses ne donnent du pain qu'à un demi-millier d'entre eux. Des professeurs et pasteurs de grande culture ayant fait leurs études dans des universités allemandes deviennent les maîtres à penser du mouvement national, propagateurs des idéaux du réveil de la nation.

La plupart des intellectuels saxons voient l'essence de la réforme nationale dans la démocratisation de la vie publique et la modernisation de l'économie. Ils propagent les idées libérales de l'époque en les appliquant aux conditions particulières de développement de la société. Ils découvrent avec enthousiasme les formes de représentation démocratique dans la vieille Constitution saxonne et font avec ardeur leur mot d'ordre de la thèse « unus sit populus » libellée dans le *Diploma Andreanum*. Certains vont jusqu'à proposer que les liens nationaux soient élargis aux serfs germanophones des comitats qui constituent le cinquième de l'ethnie saxonne. Ils affichent avec fierté que le peuple saxon est une communauté de diligents artisans et laboureurs, que la Terre saxonne ne connaît pas le servage, les villages de serfs roumains et hongrois qui entourent les villes saxonnes étant extérieurs à la « nation » et astreints à des prestations moindres que les serfs des comitats. Quant aux redevances féodales qui grevaient même les paysans affranchis, notamment la dîme, l'idée de leur abolition moyennant rachat revient, dès les années 1840, dans les discours.

Une critique incisive de la société apparaît dans la presse de Brassó fondée à la fin des années 1830 (*Siebenbürger Wochenblatt* et ses suppléments littéraires : *Blätter für Geist* et *Der Satellit*), tirée parfois à un millier d'exemplaires. Son éditeur, le francofortais Johann Gött, tout comme ses collaborateurs, Anton Kurz, originaire de Moravie, et le Prussien Leopold Max Moltke ont été poussés vers l'Est par la misère de l'intelligentsia allemande de l'époque et la politique réactionnaire de leur pays. Ils ont fini par trouver une patrie dans la Transylvanie plurinationale. Quant aux collaborateurs de Segesvár aux journaux de Brassó, ils ont fait des études à Berlin et ils y ont découvert l'idéologie libérale sous le signe de laquelle ils prendront à partie la lourde bureaucratie des «perruques à queue». Comme condition préalable à toute réforme, ils prônent la transparence de la vie publique et l'élection, par les bourgeois, des membres des collectivités et des conseils à la tête des communes rurales et des villes. Les élus de certains sièges saxons exigeront à plusieurs reprises qu'un procès soit intenté contre les journaux de Brassó et resteront le plus longtemps possible réfractaires au principe qui veut que la presse saxonne jouisse de la même liberté que la presse hongroise à traiter des affaires nationales.

Si, dans un premier temps, la presse de Brassó s'en prend au projet de loi sur la langue et aux journaux hongrois, elle polémiquera bientôt essentiellement contre *Der Siebenbürger Bote* de Nagyszeben, qui se pose en défenseur de l'absolutisme bureaucratique. La guerre des journaux n'est que le reflet de la discorde entre les bourgeoisies des deux villes. Ceux de Brassó entendent se soustraire à l'hégémonie de Nagyszeben. A côté du programme d'autonomie territoriale-nationale centralisée de la «provincia cibiniensis», ou plutôt en opposition avec celui-ci, le mot d'ordre «Kronstadt voran», expression de l'autonomie de Brassó (Kronstadt est le nom allemand de la ville), deviendra la devise du renouveau économique et politique.

La mobilisation de la société revient essentiellement au mouvement des associations qui embrasse tous les secteurs de la vie: en effet, on voit se constituer des associations industrielles et agricoles aussi bien que des caisses d'épargne. Les sessions itinérantes du *Verein für Siebenbürgische Landeskunde*, fondé en principe à des fins culturelles et promis à un grand avenir, mobilisent les habitants des bourgades en leur apportant les rites et l'atmosphère des fêtes nationales.

L'activité de Stephan Ludwig Roth focalise toutes les aspirations de l'époque. Jeune, il a travaillé en Suisse aux côtés de Pestalozzi; néanmoins, dans les années 1820, son tract sur la scolarisation est accueilli avec indifférence. Nommé professeur de lycée à Medgyes, il entend, à l'exemple du mouvement de jeunesse allemand, surgi en force à la suite des guerres napoléoniennes, introduire la culture physique et le chant dans l'éducation scolaire, mais ses initiatives réformistes se heurtent au conservatisme et à l'esprit de clocher. Son heure viendra dans les années 1840 où, en tant que pasteur de village, il prendra, avec d'autres, la tête de l'agitation nationale. Homme politique peu pragmatique il prend, dans plusieurs de ses travaux, la défense du régime des corporations, et de la riche paysannerie saxonne, et ce dans un esprit romantique et anticapitaliste, tout en plaidant, dans le même temps, pour la modernisation de l'industrie et de l'agriculture. Son pamphlet sur la question de la langue ne fait qu'envenimer le débat, car il attribue à l'opposition des prétentions de magyarisation qu'il grossit à l'excès. D'autre part, il présente le hongrois comme impropre à devenir langue d'Etat. Il prétend qu'il n'est nul besoin de langue du pays (Landessprache), puisqu'il y en a une: le roumain, langue le plus généralement parlée qui — même au dire de nombreux Hongrois — est un important instrument de communication quotidienne entre les différentes nationalités. Quant à la reconnaissance des Roumains en tant que quatrième «nation», Roth préfère, pour le moment, n'en soulever l'idée que dans la presse allemande de Pest et, là encore, avec la restriction que cela n'implique point l'autonomie territoriale mais seulement une voix à la Diète, à la manière des autres «nations» féodales. En effet, les Saxons préconisent, à la Diète, le vote par «nation». Au plan des principes, Roth insiste de façon exemplaire sur l'égalité des nations, mais la manière dont il propose de délimiter les sphères d'emploi des langues allemande, latine et hongroise ne reflète pas seulement une approche féodale, mais prend en compte les intérêts de l'administration centrale absolutiste, faisant ainsi peu de cas du principe de constitutionnalité.

Roth souligne avant tout l'importance de l'engagement moral envers la nationalité (Volkstum). Il aura joué un grand rôle dans l'évolution de la conscience ethnique et sociale de la communauté saxonne. Alors que la presse politique hongroise présente les différends entre Saxons et Hongrois d'une manière plutôt simpliste, comme le conflit du libéralisme et du conservatisme bureaucratique (soutenu par la cour de Vienne), lui tente de présenter le tableau transylvain comme un tissu de contradictions et d'interdépendances entre bourgeois saxons, nobles hongrois et serfs roumains et propose aux bourgeois saxons le rôle de conciliateur. Ce schéma, quoique également simpliste, puisque la bourgeoisie saxonne se cramponne, dans sa majorité, à ses privilèges autant que la noblesse hongroise conservatrice, sert de fondement à des objectifs politiques pratiques. Il vise à rendre l'isolement politique de la nation saxonne plus perméable, car l'accent mis sur le rôle des bourgeois est de nature à susciter, dans l'opinion isolationniste, une certaine sympathie à l'égard de la collaboration avec les libéraux hongrois. Cette optique est par ailleurs l'expression d'une attente particulière : celle de voir confier l'arbitrage aux libéraux hongrois dans le contentieux saxo-roumain et aux milieux dirigeants saxons dans les litiges hungaro-roumains.

Le libéralisme fait peser la menace d'isolement sur le mouvement national saxon. Le problème majeur vient de ce que l'élément roumain est devenu majoritaire en Terre saxonne. Face aux aspirations roumaines, les Saxons affichent l'unité de la nation saxonne et l'égalité des membres de celle-ci, en proposant aux Roumains — selon une brochure de 1844 — de «s'assimiler en culture et en langue aux Saxons».[19]

Le sentiment d'être menacé et le danger d'isolement sont contrebalancés aussi bien par la conscience de la mission sociale de la bourgeoisie que par le renforcement du sentiment national allemand. Peu à peu le terme de nation saxonne commence à désigner non pas la communauté des privilégiés, mais tous ceux qui parlent la même langue. L'intelligentsia voit, dans le développement pan-allemand, une garantie de ses propres aspirations nationales, la mission nationale de la communauté saxonne consistant à transmettre vers l'Est les acquis du progrès allemand. Cette conception influence à plusieurs égards l'orientation politique. Comme le libéralisme allemand considère son homologue hongrois comme allié, nombreux sont ceux qui s'attendent à ce que la possibilité d'une alliance fondée sur l'identité idéologique et la communauté d'intérêts soit à même de modérer les prétentions linguistiques hongroises et de déblayer le chemin devant la coopération. Comme, du point de vue numérique, les prétentions nationales saxonnes sont les moins justifiées, on comprend que les Saxons aient toute raison de craindre les visées d'hégé-

[19] JOSEPH TRAUSCH, Bemerkungen über die von siebenbürgischen Bischof Basiliu Moga im Jahre 1837 den zu Hermannstadt versammelten Landesständen unterlegte Bittschrift, Kronstadt, 1844, 24.

monie nationale qui les menacent de deux côtés. Ils sont également les premiers à prôner la nécessité de créer un Etat plurinational moderne dans le respect du libéralisme et des prétentions linguistiques ainsi que des intérêts spécifiquement transylvains.

La presse de Brassó évoque parfois le modèle des Etats-Unis et de la Suisse, préconisant en cela un cadre étatique nationalement neutre et qui laisse le champ libre aux aspirations nationales des organes locaux autonomes et autogouvernés. Cette conception recouvre, au moins partiellement, celles des libéraux hongrois. Originaire de Szászsebes, Joseph Marlin, le premier intellectuel saxon à vivre uniquement de sa plume, certes à Pest, exhorte tous ceux qui veulent bien l'écouter dans les colonnes de la *Pesther Zeitung*, à « apprendre à aimer non seulement la Terre saxonne, mais aussi la Transylvanie, à œuvrer pour la patrie et pas seulement pour sa nation : ainsi cesseront les animosités entre les nationalités de Transylvanie et personne ne cherchera plus à magyariser, germaniser voire roumaniser ».[20]

Une collaboration plus substantielle s'ébauche sur le plan culturel. Anton Kurz ouvre les pages de sa revue *Magazin für Geschichte* à des auteurs hongrois. Comme il l'écrit au secrétaire de l'Académie des sciences de Hongrie, « il est compatible d'être bon Allemand et de sympathiser avec les aspirations libérales des Hongrois, surtout dans le domaine de la science, où langue et patrie ne font aucune distinction ».[21] Conscience allemande et patriotisme transylvain vont donc bien ensemble. Natif de Prusse, le poète Leopold Max Moltke écrit, en 1846, à la demande de ses compatriotes, l'hymne national des Saxons de Transylvanie qui est encore chanté de nos jours :

Transylvanie, pays de tolérance,
camp de toutes les fois,
défends, au fil des siècles,
les libertés de tes fils
et sois la patrie de la parole claire!

Transylvanie, douce terre,
chère et bonne patrie natale,
Sois bénie pour ton éternelle beauté
et que tous les enfants de tes paysages
soient unis dans l'entente.

La contre-attaque des conservateurs

Vers la fin de la Diète de 1841-43, il apparaît que tout espoir placé dans la politique gouvernementale favorable aux réformes n'a été qu'illusion.

L'administration de Vienne voyait l'unité de la monarchie menacée tant par les aspirations nationales et linguistiques, s'inspirant du libéralisme, que par la revendication de l'union de la Hongrie et de la Transylvanie. Le ministre de la police redoutait même qu'en conséquence de cette union, le centre de gravité de la monarchie « ne se déplace immanquablement vers la Hongrie ».[22] Vienne se montre incapable de proposer un programme constructif. On ne s'y sent même pas la force de renouer ouvertement avec les visées centralisatrices qui misaient sur la germanisation et sur «l'élément allemand» considéré comme plus sûr. En fait, on craint aussi le nationalisme allemand. Si l'admi-

[20] Joseph Marlin, Politische Aphorismen aus dem Sachsenland, *Der Satellit*, 6 mai 1847, n° 36.

[21] Lettre d'Anton Kurz à Ferenc Toldy, Brassó, 27 octobre 1843, Bibliothèque de l'Académie des Sciences de Hongrie, Section des Manuscrits, Correspondances Littéraires Hongroises 4-r 79.

[22] *HHStA*, Kabinettsarchiv, Staatsconferenz-Akten, 1846 : 1055.

nistration tente de protéger les nationalités autres que hongroise, ce n'est que parce qu'elle y voit un moindre mal et qu'un vieux réflexe lui suggère le principe de «*divide et impera*».

Un groupe de jeunes conservateurs hongrois pleins d'initiatives et de détermination se charge du «règlement de la question hongroise» et, par là, de la consolidation interne de l'Empire. Ils fondent, en 1846, le Parti conservateur. Conscients de l'inéluctabilité de la transformation bourgeoise, ils n'en prétendent pas moins faire valoir unilatéralement, face à la politique de conciliation des intérêts, celui des seigneurs terriens. Au progrès libéral qui signifie: révolution, ils opposent «le progrès pondéré», c'est-à-dire la réforme lente et progressive que plusieurs d'entre eux prennent au sérieux, jusqu'à se montrer parfois prêts à collaborer même avec les libéraux. Les conservateurs tentent eux aussi de remporter une victoire sur les forums de la constitutionnalité féodale et d'y tirer le plus grand profit possible des avantages de l'absolutisme impérial, tout en s'assurant de bonnes positions face aux milieux gouvernants qui prônent une centralisation accrue. Les ficelles de cette contre-attaque conservatrice sont tirées par le vice-chancelier de Transylvanie, le baron Samu Jósika, un politicien des coulisses. Il exploite à la fois l'anxiété de la noblesse transylvaine, ses appréhensions devant l'éventualité des transformations et l'hésitation des dirigeants de l'Empire en proie à la peur de l'anarchie. En Transylvanie, il se pose en favori de Vienne et, à Vienne, en consolidateur de la situation en Transylvanie. A force d'en défendre les mesquins intérêts de classe, il se fait rallier par la majorité de la noblesse et cela de manière à tenir en échec ou à faire chanter ses adversaires en brandissant les conséquences prévisibles de l'union de la Transylvanie avec la Hongrie.

L'épreuve de force survient à la Diète de 1846, à propos d'une question cruciale de l'époque, celle du rachat des redevances seigneuriales. Jósika avait placé à la tête des comitats de riches congénères ainsi que des personnes dans la mouvance de l'administration en cooptant, parmi les «régalistes», des personnes en mal de subsides. Les milieux de Vienne craignaient à juste titre qu'il ne fît jouer unilatéralement les intérêts des nobles, ce qui risquait de réduire encore la capacité des contribuables à payer leur impôt et cela à un moment où les arriérés fiscaux dus à Vienne avaient quadruplé depuis 1830 en Transylvanie. Les jeunes conservateurs exploitent la peur du gouvernement de Vienne devant l'union de la Transylvanie avec la Hongrie. Lorsqu'un membre de la Statskonferenz érige en exemple le règlement hongrois relatif aux censives (puisque, en Hongrie, les cens sont deux fois plus élevés qu'en Transylvanie et les redevances seigneuriales bien moindres), un politicien du même bord que Jósika, György Apponyi, qui préside la chancellerie hongroise, répond que «cela est à déconseiller pour des considérations plus élevées», car «tout ce qui estomperait ou annulerait les disparités légales ou factuelles entre les deux provinces... réduirait dans le même temps la réticence de la noblesse transylvaine devant l'union dont elle n'aurait plus de raison d'attendre, comme maintenant, de préjudices matériels mais devrait plutôt espérer des avantages politiques».[23]

Début 1846, peu avant la réunion de la Diète de Transylvanie, la noblesse polonaise se soulève, mais la paysannerie se retourne contre elle. C'est une vraie tuerie dont les nobles, ennemis de l'Empereur, font les frais. Cet écrasement brutal de la lutte d'indépendance nationale polonaise produit un effet stimulateur: il donne de l'assurance à la Cour. Quant à l'opposition réformiste

[23] Ibid. 1846:970.

hongroise, elle se rend compte de ce qui l'attend si elle n'entreprend pas de son propre gré l'affranchissement des serfs. Le soulèvement polonais évoque, même à Kolozsvár, le spectre de la révolte paysanne, et la noblesse transylvaine ne se calme pas tant que des rapports rassurants ne parviennent pas de toutes les parties du pays au Gubernium. Nombreux sont encore ceux qui partagent l'opinion de János Bethlen père, grand tacticien de l'opposition libérale transylvaine: « à très peu d'exceptions près, les paysans transylvains d'aujourd'hui ne diffèrent guère de ceux de 1817... les mains jointes, ils mouraient de faim plutôt que de toucher d'un doigt à ce qui appartient à autrui ».[24] Mais on n'ignorait plus que la paysannerie, la foule, peut devenir une arme redoutable dans les mains du gouvernement.

Les libéraux conçoivent le règlement des rapports entre nobles et serfs dans un esprit d'équité et de justice sociales. Ils récusent le registre Cziráky, datant de 1818-1820 car, à leur avis du moins, le tiers des cens n'y figurent pas, et il ne correspond donc pas à la réalité. Ils se réfèrent aux « revendications qui ont leur racine dans l'histoire », préconisant que toute terre exploitée de fait par des serfs soit classée censière.

Or, les libéraux sont contraints à faire marche arrière. La majorité de la Diète accepte le registre mentionné comme référence dans la délimitation des tenures serviles de la terre seigneuriale.

Les libéraux protestent en vain « au nom sacré du peuple » contre la victoire des conservateurs. Même le gouverneur s'adresse en vain au souverain pour lui demander de renvoyer ce projet de loi dont les conséquences seraient catastrophiques pour la paysannerie. A Vienne, l'euphorie de la victoire sur les libéraux met les éventuelles objections en sourdine. De surcroît, la Diète vote la conscription de recrues en plus grand nombre qu'il n'en faut pour compléter les effectifs de l'armée. Et Jósika de mettre un point final à la lutte linguistique par la ratification de la loi assurant la suprématie de la langue hongroise. Pour des considérations politiques pragmatiques, cette loi s'adapte au caractère multinational de la région: elle introduit, certes, l'immatriculation en langue hongroise, mais — à la différence de la pratique en vigueur en Hongrie — cela uniquement là où le hongrois est la langue du culte. Elu chancelier entre-temps par la Diète, Jósika fait figure de bon politicien pragmatique: considérant les Saxons comme « nation » féodale à part entière, il ordonne que le texte des lois soit également publié en traduction allemande et que l'allemand soit la langue officielle en Terre saxonne.

Les forces libérales, à la recherche d'un dénouement, se rendent désormais compte que la Transylvanie, réduite à l'immobilisme, n'est pas assez forte à elle seule pour imposer des réformes substantielles. L'hétérogénéité des évolutions historiques et sociales se complique de la diversité des institutions à tel point qu'on ne parvient guère à rassembler, pour des buts communs et durables, les différentes forces de la transformation bourgeoise, divisées par les dissensions nationales. Si quelque chose pouvait inciter à aller de l'avant, à rechercher les voies possibles du progrès, c'est qu'on voyait de plus en plus nettement le caractère insoutenable des conditions féodales archaïques. Il apparaît enfin que l'ensemble de la région a besoin d'une intégration nouvelle, apte à remodeler les cadres rigides de l'Empire et qui ouvre la voie à la promotion nationale des peuples qui y vivent.

[24] Lettre de János Bethlen à Miklós Wesselényi, Kolozsvár, 31 juillet 1846. *OL* Départ. des Microfilms, 8367.

[25] *OL* Chancellerie Aulique de Transylvanie, Actes Présidentiels, 1847:421.

III — La Transylvanie sous la Révolution et la Guerre d'indépendance de 1848-49

Au printemps de 1848, la Transylvanie renoue avec l'histoire européenne. Ce « printemps des peuples » commence, en Transylvanie comme ailleurs, par une fête de solidarité des jeunes mouvements nationaux et va bientôt déboucher, comme dans toute l'Europe Centre-orientale, sur une acerbe confrontation sociale et nationale.

Comment ces événements tragiques ont-ils pu se produire ? Comment les gens de l'époque les ont-ils vécus — ces gens qui, serrés dans l'étau de la révolution et de la contre-révolution, devaient prendre position à leur sujet. Et tout d'abord : quels ont été les changements apportés par la révolution bourgeoise ? Telles sont les questions auxquelles nous chercherons ici à répondre par l'analyse des mécanismes de la société transylvaine et du dynamisme des mouvements populaires et nationaux, ainsi que par l'examen de la manière dont la Transylvanie s'est intégrée dans les structures des puissances qui déterminaient son sort.

La société transylvaine se préparant à la révolution bourgeoise

La vague des révolutions européennes atteint la Transylvanie pour ainsi dire dès l'arrivée du courrier de Vienne et de Pest.

La première manifestation majeure de cette effervescence est, le 3 mars, l'intervention de Lajos Kossuth à la Diète de Pozsony, pour revendiquer, pour toutes les provinces de la Monarchie, l'introduction de la constitutionnalité bourgeoise. Dix jours plus tard, le peuple de Vienne se soulève. Le souverain se sent contraint de promettre une Constitution et de laisser la constitutionnalité se manifester. Le 15 mars, la révolution triomphe à Pest-Buda : des dizaines de milliers de personnes y défilent sans que l'armée ose intervenir. Les chefs de file de la jeunesse radicale résument en 12 points le programme de la révolution, somme des efforts réformistes des vingt années qui viennent de s'écouler ; le programme est formulé sur un ton incisif, afin que le monde entier sache ce que la nation hongroise demande. Entre-temps, la Diète transformée en une véritable Assemblée constituante, proclame la Hongrie royaume constitutionnel souverain. Le roi trouve, en la personne de Lajos Batthyány, un premier ministre énergique qui, dès le 23 mars, promulgue la loi sur l'affranchissement des serfs votée par la Diète, ce qui permet de prévenir toute velléité de retourner la paysannerie contre la transformation nationale bourgeoise. Le 11 avril, le souverain sanctionne les lois de Pozsony dont celle qui stipule « l'union totale de la Transylvanie, partie de la Couronne hongroise, et de la Hongrie, sous un même gouvernement ». La réalisation de l'union dépendra, selon les termes de la loi, de la position que prendra la Diète transylvaine à convoquer.

Les libéraux hongrois de Transylvanie demandent, dès le 19 mars, le soutien et l'aide de la Diète. Le 20 mars, ils publient, avec les conservateurs, une Déclaration commune. Le lendemain, c'est la révolution à Kolozsvár, après celles de Vienne et de Pest. Le peuple de la ville, avec des étudiants à sa tête, manifeste dans l'enthousiasme et le conseil municipal adresse une requête au Gubernium. Les revendications ne portent pas seulement sur la convocation de la Diète et la réalisation de l'union, mais aussi sur des réformes visant la transformation radicale de la société : égalité devant la loi, émancipation des serfs, égalité des charges. Le peuple des villes descend manifester dans la rue. Les assemblées des comitats se réunissent et plus d'une d'entre elles deviennent de véritables assemblées du peuple. Elles adoptent les directives de Kolozsvár, et vont même plus loin en menaces, dans l'hypothèse que si la Diète n'était pas réunie, elles enverraient leurs députés à la Diète hongroise. Les instructions données aux députés sont de véritables programmes révolutionnaires. Telle municipalité, usant de son droit d'autonomie, décide la participation égale aux charges publiques. Entretemps, le gouverneur, József Teleki, convoque la Diète, sans l'aval du roi, pour le 31 mai.

La révolution européenne gagne l'opinion transylvaine et désarme les adversaires du progrès. Les conservateurs qui, naguère, tenaient encore le haut du pavé, disparaissent de la scène politique, certains d'entre eux, afin de sauver ce qui peut l'être, rejoignent les libéraux. Le chancelier Samu Jósika espère avec un optimisme contre-révolutionnaire qu'en déployant une propagande en faveur de l'autorité du souverain et de l'armée et en entretenant le mythe du « bon empereur » largement répandu en milieu rural, il sera capable d'éviter que ne se généralise le mécontentement paysan et d'obtenir que la noblesse, mue par ses intérêts de classe, soit solidaire de la politique conservatrice : il s'emploie donc à remettre à mars 1849 l'affranchissement des serfs. Il suggère au roi de nommer ban de Croatie ce Jellačić dont il connaissait la loyauté absolue à la Cour et qui, plus tard, prendra les armes contre le gouvernement hongrois. Cependant, après l'adoption de la loi sur l'union par la Diète de Pozsony, se rendant compte que l'évolution des rapports de force lui est défavorable, Jósika donne sa démission. La Transylvanie devient une province ingouvernable que ce soit avec les méthodes du conservatisme impérial ou du provincialisme régional, tant les mouvements nationaux et populaires s'y manifestent avec vigueur.

Des aspirations nationales roumaines font surface et prennent une ampleur inattendue. Elles se fixent comme but de s'assurer une base populaire et de définir une position visant l'unité nationale de tous les Romains. De jeunes intellectuels radicaux, juristes, avocats et clercs d'avoué entreprennent d'organiser le mouvement. Dans un premier temps, ils ne refusent pas le rattachement de la Transylvanie à la Hongrie, mais ils y posent des conditions. Ils revendiquent l'usage de la langue roumaine ainsi qu'une émancipation des serfs avantageuse pour la paysannerie roumaine. C'est à cette condition que les jeunes intellectuels roumains, Alexandru Papiu-Ilarian et Avram Iancu, signent le mémorandum des clercs d'avoué hongrois de Marosvásárhely, et Ioan Buteanu rédige une pétition dans cet esprit. En mars, Simion Bărnuţiu est le seul parmi les chefs de file du mouvement roumains à s'opposer formellement aux prétentions hongroises d'union de la Transylvanie à la Hongrie. Cet ex-professeur de philosophie qui — comme nous l'avons vu — fut chassé *manu militari* du lycée de Balázsfalva et qui commença, à l'âge de quarante ans, des études de droit à Nagyszeben, s'exprime en ces termes dans un manifeste resté manuscrit: «maudit soit à jamais le Roumain qui ose conclure n'importe quelle union tant que la nation roumaine ne sera pas reconnue au plan politique», car «sans nation, même la république n'est qu'une exécrable tyrannie».[1] Face à l'exclusivisme et au messianisme nationaux, George Bariţ tente d'esquisser un programme qui réponde aux besoins nationaux et sociaux: il entrevoit une possibilité de dénouement par la mise en place d'un système d'administration fondé sur l'autonomie des comitats, avec usage de la langue maternelle. Cependant, la bonne volonté de rechercher un compromis doit reculer devant la réalité de l'affrontement.

La paysannerie, telle une puissante personnalité collective consciente de ses forces et de ses faiblesses, entre en scène. Les manifestations de la noblesse des comitats et de la bourgeoisie des villes ne manquent pas de lui ouvrir les yeux sur les grandes mutations du monde. L'émancipation des serfs en Hongrie produit un énorme effet. Dans les comitats occidentaux, on commence à refuser, en s'y référant, la corvée, ce en quoi les communes hongroises vont souvent en tête. En Transylvanie intérieure, des manifestes colportés de presbytère en presbytère par de jeunes Roumains ont un profond retentissement. Lorsque le pope refuse d'en faire la lecture publique, les villageois vont jusqu'à l'y contraindre, comme à Drág, où l'on est forcé de rendre publique une proclamation émanant de Buda. Et les gens n'en retiennent pas l'idée originale, à savoir que l'union de la Transylvanie à la Hongrie impliquera l'émancipation immédiate des serfs, mais y voient bien plutôt une «lettre d'affranchissement» qui, selon l'interprétation d'une des personnes présentes, signifie que «le joug des Roumains est brisé, leur jour se lève, leur Paradis s'ouvre car nous ne servirons dorénavant nul maître».[2] Des croyances et des rêves bien ancrés dans le monde des serfs reprennent soudain vie. Les déclarations des assemblées de comitat qui laissent entrevoir l'émancipation des serfs sans la concrétiser n'a d'autre effet que de renforcer la méfiance à l'égard de la noblesse et la conviction que le «bon empereur» a, depuis longtemps, dépêché le décret ordonnant l'abolition du servage, mais que les nobles l'ont escamoté. On chuchote même que l'Empereur aurait alloué aux paysans la propriété allodiale. Le monde rural fait donc la grève et se prépare à des changements et à une sorte de «rédemption» collective. Messianisme et discipline politique se complètent fort bien. Et on oppose une résistance passive aux actions policières du Gubernium et des autorités des comitats: à la proclamation de la loi martiale, à l'érection de potences à l'entrée des villages, sans oublier les opérations de ratissage à l'encontre des jeunes meneurs et diffuseurs de proclamations.

On croirait voir apparaître comme justiciers les héros des contes populaires, quand les paysans nomment Bărnuţiu «roi de Balázsfalva» et Iancu, le Prince.

[1] Victor Cheresteşiu, A balázsfalvi nemzeti gyűlés (Le rassemblement national à Balázsfalva), 15-17 mai 1848, Bukarest, 1967, 221-222.

[2] *OL EOKL* Gubernium Transylvanicum in Politicis, 1848:9012.

La même vénération quasi royale est accordée aussi à László Nopcsa, le comes conservateur démissionnaire qui, en affichant ses origines roumaines, avait tenté de noyauter le mouvement national roumain avant de le dénoncer à Vienne. Ceux qui inspirent de la peur aux nobles sont automatiquement auréolés par le peuple comme libérateurs.

C'est auprès des couches laissées pour compte par le pouvoir central, que la politique de solidarité prônée par la noblesse libérale trouve le plus d'audience. Cela avant tout en Terre sicule, en particulier dans Háromszék où la société est relativement bien structurée, la production marchande plus développée et la division interne du travail mieux différenciée. Le besoin de faire valoir des intérêts opposés y incite curieusement à la solidarité. Le serf veut être l'égal du garde-frontières, et ce dernier du noble, propriétaire de terre. Ainsi le serf y prétend posséder, en tant qu'homme armé, la terre qu'il a cultivée jusqu'à ce jour, terre que le garde-frontières et le noble considèrent comme leur bien. Chacun tente de protéger son organisme féodal représentatif, à qui mieux mieux ou l'un contre l'autre ou encore en recherchant l'alliance de l'autre, tout cela dans l'espoir d'y trouver une tribune propre à défendre ses intérêts. Voilà comment la constitutionnalité féodale peut servir de cadre à des aspirations libérales et démocratiques. Un exemple : à la fin d'avril, quelques garde-frontières, guidés par deux jeunes avoués, refusent d'obéir à l'ordre du haut commandement de l'armée de se rendre à Brassó. Au lieu de suivre la consigne, ils prêtent serment au Gubernium, et envoient à la Diète les deux avoués comme députés d'une bourgade. Puis, fin mai, une assemblée populaire décrète, sur l'initiative des garde-frontières, l'abolition de la corvée.

De manière paradoxale, c'est le roi Ferdinand V qui est devenu le personnage-clé des situations conflictuelles qui se succèdent. De caractère incertain, ce souverain est proprement déchiré entre les suggestions du parti aulique cherchant à sauver l'absolutisme et celles du premier ministre hongrois qui tente de réconcilier les intérêts de toute la Monarchie avec ceux de la Hongrie.

Fin avril, le nouveau gouvernement autrichien mis en place par la révolution — gouvernement dont la compétence, selon les lois de Pozsony, ne s'étend pas à la Hongrie —, se prenant pour l'héritier des administrations viennoises de naguère, s'avise de prendre des mesures au détriment de l'indépendance de la Hongrie, et cela afin d'assurer le statut de grande puissance de l'Empire. Dans un premier temps, Vienne n'a pas d'idées précises, une partie des hommes d'Etat autrichiens sont favourables au compromis, tandis que les partisans d'une centralisation absolue ne reculent pas devant l'idée d'une « solution » armée. D'origine transylvaine, un général commandant de corps d'armée ne cache pas, dans une lettre envoyée en Transylvanie, que « le rétablissement de l'ordre commencera par la reprise de la Transylvanie afin de mettre entre deux feux la Hongrie insurgée », éventuellement avec « l'aide » des Roumains.[3] Quant aux ministres autrichiens qui envisagent une expansion dans les Balkans, ils tiennent au statut séparé de la Transylvanie car ainsi, « la nation roumaine de Transylvanie pourrait, le cas échéant, constituer le noyau que rejoindraient, sous la suprématie autrichienne, les principautés danubiennes ».[4]

[3] Lettre d'Ádám Récsey à János Bethlen, Bus, mai 1848, in : A szabadságharc története levelekben, ahogyan a kortársak látták (L'histoire de la guerre d'indépendance vue par les contemporains, dans leurs lettres). Publ. par Imre Deák, Budapest, s.d., 77.

[4] Árpád Károlyi, Az 1848-diki pozsonyi törvénycikkek az udvar előtt (Les articles de lois de 1848 devant la Cour), Budapest, 1936, 344.

Les milieux dirigeants saxons sont d'abord véritablement paralysés par la révolution sans qu'ils aient à craindre des conflits majeurs à l'intérieur de leur société, les réformes plus ou moins importantes les ayant aplanis.

La question qui s'y pose avec acuité est celle de savoir s'il est possible de sauvegarder l'autonomie territoriale saxonne qui assurait une hégémonie territoriale régionale aux couches dirigeantes et une supériorité à la société saxonne par rapport à son environnement. D'où son élan libéral et démocratique contre la bureaucratie et son attachement aux institutions ancestrales et au passé national mythifié.

La question du rattachement de la Transylvanie à la Hongrie divise les forces politiques et l'opinion saxonnes. Alors que, fin mars, Nagyszeben adresse à Vienne une déclaration de fidélité et que, fin avril le comes Franz von Salmen attaque de plus en plus l'union, à Brassó et à Segesvár on rédige des pétitions réclamant la libéralisation de la vie publique et l'hôtel de ville de Brassó pavoise avec le drapeau hongrois rouge-blanc-vert. La lutte âpre est comme transférée dans les journaux. La presse de Brassó qualifie d'« idée utopique » l'autonomie territoriale dont Nagyszeben serait le centre et cherche la solution dans un municipalisme (au sein d'une forme de gouvernement constitutionnel fondé sur les « institutions libres » qui incarnent le principe de la représentation populaire). Face à l'Empire autrichien, elle considère l'Allemagne libérale comme gage de l'avenir, espérant qu'une Hongrie libérale, alliée de celle-ci, favorisera, justement dans cette optique d'« alliance naturelle », le progrès national — allemand — des Saxons.

Également fiers de leur anti-unionisme, les jeunes radicaux et les conservateurs plus âgés entrent en scène début mai, lors de la visite à Nagyszeben du gouverneur József Teleki. Les journaux avaient gavé le public saxon de contre-vérités. Ainsi, quand le gouverneur affirmait que l'usage de la langue allemande dans l'administration était garanti, l'opinion en était informée autrement, : on attribuait à Teleki la volonté d'ériger le hongrois en langue officielle générale et obligatoire. En guise de réponse, la ville jusque-là pacifique se met à manifester en noir et jaune, avec à sa tête des militaires. Les anti-unionistes opposent à la constitutionnalité hongroise la Constitution autrichienne (entre-temps publiée à l'usage des pays héréditaires). Ils s'en inspirent même dans la rédaction du projet de Constitution de l'Universitas saxonne afin d'en faciliter l'intégration dans l'Empire « universel ». Pour parer au mécontentement des Roumains de la Terre saxonne, l'Universitas fait à ceux-ci quelques concessions, et certains vont jusqu'à promettre la reconnaissance de la communauté roumaine en tant que quatrième « nation », cela afin de s'assurer l'alliance du mouvement national roumain.

Dans les comitats de Transylvanie, le mouvement paysan, qui intègre les agitations locales, rejoint le mouvement national roumain en voie d'épanouissement. Encouragé par l'effervescence générale, Aron Pumnul, professeur de philosophie à Balázsfalva, invite, dans un manifeste, les archiprêtres à venir le 30 avril à Balázsfalva, accompagnés d'une ou deux personnes par village. L'évêque a demandé l'autorisation Gubernium de tenir une assemblée de la nation. Le Gubernium a donné son aval pour le 15 mai. L'espoir de l'émancipation des serfs, d'un tournant salutaire de leur sort réunira à Balázsfalva quelque 30 à 40 milliers de paysans.

Les différentes tendances du mouvement national roumain et leurs maîtres à penser sentent le poids de leur responsabilité historique et pèsent et soupèsent possibilités et rapports de force : le comportement de chacun en dépend. Ceux qui se prononcent pour le rattachement de la Transylvanie à la Hongrie se trouvent isolés. Timotei Cipariu, l'érudit rédacteur de journal à Balázsfalva qui avait commencé sa série d'articles par l'exposé des avantages de l'union, la termine par l'analyse des désavantages de celle-ci, et quand il approuve un article de la *Wiener Zeitung* qui plaide pour l'adhésion des Principautés roumaines à la grande famille des peuples d'Autriche, il ne fait autre chose que s'adapter aux rapports de force. De son côté l'historien Nicolae Bălcescu, qui prépare la révolution en Valachie, dépêche le linguiste August Treboniu Laurian en Transylvanie avec la consigne de « ne pas rompre avec les Hongrois, de prendre fait et cause pour les droits des Roumains et de s'efforcer de faire comprendre aux Hongrois que c'est dans l'union avec les Roumains que réside le salut des deux nationalités ».[5] Laurian, après avoir écrit un article favorable à l'union, glorifie, dans ses vers, les avantages de la quatrième « nation ». Bariț se soumet à la position commune. Quant au désir des jeunes radicaux de passer à l'action, il n'est que renforcé par la persécution dont ils sont l'objet de la part des autorités dans les comitats.

Bărnuțiu s'impose avant tout comme l'idéologue des aspirations roumaines les plus radicales : il a, dès avril, prévu l'affrontement entre les milieux dirigeants autrichiens de l'Empire et le gouvernement hongrois. Le 14 mai, à l'église de Balázsfalva, il tient un discours sur l'autodétermination des peuples, l'égalité des nations et les rapports harmonieux qui doivent s'établir entre elles. Cependant, cette sublime profession de foi destinée à éveiller les consciences trahit aussi la volonté de susciter l'extrême méfiance, ce dont témoigne, entre autres, la petite phrase qui dit que « chaque bouchée prise sur la table de la liberté hongroise est empoisonnée ». Son évocation de l'exemple de la Suisse contrebalance mal son argumentation qu'il oppose aux prétendues visées dominatrices hongroises sur les Principautés danubiennes. Il dit, en effet, que la Transylvanie, « notre patrie, est une forteresse que la nature a cernée de hauts murs sans lesquels les Hongrois des champs de Pannonie sont, tels des lièvres, exposés aux attaques de l'ennemi » et, « si l'union ne se réalise pas, les liens entre Hongrois de Transylvanie et de Pannonie se rompront et les Hongrois transylvains, par la nature des choses, finiront par disparaître ».[6]

Si donc le mouvement hongrois entend assurer son hégémonie en tablant sur sa supériorité sociale, le roumain y prétend en arguant de la supériorité numérique de son peuple. Les deux parties tentent de compenser leurs propres faiblesses internes — de nature différente — en s'assurant à la hâte des positions politiques, au risque de menacer cette harmonie des nations que chacune affichait comme objectif lointain.

Dans cette atmosphère surchauffée, les rapports individuels se définissaient selon la position de chacun envers sa nation. C'était Bărnuțiu qui, à propos de l'avenir de la nation, promettait le plus, tout en affirmant que le plus grand mal consistait à ne pas se subordonner à la nation, à la volonté nationale. Or, une partie non négligeable de l'intelligentsia roumaine, qui craignait que l'émancipation des serfs et le système libéral à la hongroise n'assurent pas suffisamment de marge d'action au mouvement national roumain, reconnaissait de plus en plus en tant que chef de file Bărnuțiu dont la logique, dans la situation donnée, lui semblait péremptoire. Mais le choix personnel y jouait également et on pouvait donner diverses interprétations aux idées. Ainsi, face à ceux qui, sous

[5] 1852. Notes écrites sous la dictée de N. Balcesco sur les événements qui ont précédé la révolution de 1848. Biblioteca Academiei RSR, București, Arhiva Ghica VI. 562-563.

[6] 1848 la Români. O istorie în date și mărturii 1848 et la Roumanie. (Une histoire en données et témoignages), Publ. par CORNELIA BODEA, București, 1982, 463.

prétexte « d'avoir assez souffert », prétendent à l'hégémonie, Avram Iancu, dans son idéalisme du « printemps des nations », aimerait voir la Transylvanie se transformer en un « foederatus status » respectant l'égalité des langues nationales. Les dirigeants se sentent obligés de prendre en considération les normes de la coexistence des nations : le 15 mai, premier jour du rassemblement national, quand on fait prêter aux foules le serment d'être fidèles à l'Empereur et à la nation roumaine, on leur fait également promettre de respecter « toutes les nations de Transylvanie ».

Conformément aux propos de Bărnuţiu, on proclame la revendication d'autodétermination nationale et la nation roumaine est déclarée partie intégrante de la Transylvanie. C'est au prorata de l'ethnie que devra être décidé le nombre des Roumains envoyés à l'Assemblée nationale et dans les fonctions électives. On revendique l'émancipation des serfs, l'égalité devant l'impôt et — pour la première fois dans l'histoire des aspirations nationales roumaines — l'abolition du régime douanier entre la Transylvanie et les Principautés roumaines. Enfin, le dernier point invite les « nations cohabitantes » à ne pas aborder la question de l'union, « avant que la nation roumaine ne devienne une nation constitutionnelle et organisée, jouissant du droit consultatif et délibératif à l'assemblée législative ».[7]

On attend du souverain qu'il entérine l'indépendance roumaine. Certes, une délégation est également envoyée à Kolozsvár, mais avec la seule mission d'informer la Diète de la pétition de Balázsfalva. Comme si toute négociation mettait la liberté d'action et la légitimité de l'autodétermination roumaines en danger.

Les intellectuels ont fini par convaincre le peuple des villages des avantages de l'administration roumaine, sans doute avec des arguments du genre de ceux qu'on peut lire dans la proclamation libellée à l'issue de leur assemblée : « que des élus roumains assument des fonctions dans toutes les branches de l'administration, à qui les Roumains puissent présenter leurs doléances, au lieu d'être réduits à les adresser à des étrangers qui les haïssent et refusent de leur rendre justice ».[8] Les objectifs fixés dans les revendications nationales sont souvent repris dans des prises de position de groupements paysans plus ou moins importants : « nous voulons une nation, c'est-à-dire des seigneurs roumains et la langue roumaine ».[9] Et cela s'accompagne parfois d'intolérance religieuse et nationale, puisque même le poète Andrei Mureşanu parle dans son poème d'« oppresseurs païens » qui « n'ont ni Dieu ni loi ».[10]

Après l'assemblée de Balázsfalva, les Roumains répondant à l'appel des leaders intellectuels (et à l'instigation des Saxons), tentent, en plusieurs endroits, de s'armer. Certes tous n'ont pas en vue la révolte armée qu'a préconisée, à la mi-avril, Ioan Axente, compagnon de la première heure de Bărnuţiu à Balázsfalva. L'atmosphère de « printemps des nations » survit chez les Roumains qui s'arment dans le dessein de montrer à l'Europe qu'ils sont « mûrs » pour l'existence nationale. C'est que, comme l'écrit, depuis Nagyszeben, Buteanu, co-auteur de la pétition de Kolozsvár (fin mars), « l'empire d'Autriche s'est considérablement affaibli et est, semble-t-il, en voie de démantèle-

[7] Cheresteşiu, op. cit., 491.

[8] Ibid. 510.

[9] Al. Papiu-Ilarian, Istoria Românilor din Dacia Superioră (L'histoire des Roumains en Dacie Supérieure), Sibiu, 1942, 36.

[10] Nicolea Popea, Memorialul Archiepiscopului şi Metropolitului Andrei baron de Şaguna (Le mémorandum de l'archevêque et métropolite baron A. de S.), I, Sibiu, 1889, 80.

ment total. Les Français à Paris, les Allemands à Francfort tiennent leur congrès national : c'est là qu'il sera statué sur l'avenir des empires européens » de même que sur celui des Roumains et, si les congressistes prennent connaissance de notre mouvement, ils ne manqueront pas de « nous faire bénéficier de la douce liberté ». Et, comme les prétentions panslaves misant sur le pouvoir du Tsar menacent aussi bien les Roumains que les Hongrois, si les Magyars étaient des « gens braves, ils nous serreraient la main en frères et ils nous reconnaîtraient en tant que nation politique ».[11] Cela au même moment que Bărnuțiu, dans son projet de manifeste, accuse « les trois nations légales » de susciter une guerre civile en refusant de reconnaître les revendications de Balázsfalva.

Que devant cette situation les conflits entre seigneurs terriens hongrois et serfs roumains aient revêtu un caractère national ne fait que multiplier les éventuelles frictions. Les chefs de la communauté roumaine voient, dans les événements de Mihálcfalva de début juin, une menace pour l'existence de l'ensemble de leur nation : des garde-frontières sicules (dépêchés par le Haut Commandement militaire de Nagyszeben pour y maintenir l'ordre), s'y sont servis de leurs armes contre les paysans roumains qui, après avoir occupé le pâturage seigneurial, les empêchaient de pénétrer dans le village, et l'accrochage a fait une dizaine de morts. En guise de réponse, Iancu entend armer la population des Monts métalliques : « Si la Diète de Kolozsvár n'accorde pas le rachat gratuit des redevances seigneuriales, à l'égal de la Diète hongroise qui l'a voté pour les paysans de Hongrie, nous l'obtiendrons par la force ».[12] Sous l'effet de la révolte armée serbe et croate, Papiu se met à organiser les habitants du plateau de Transylvanie. Il en résulte l'interdiction, par le Gubernium, du Comité national roumain élu à l'assemblée de Balázsfalva. Le Gubernium se propose d'écrouer plusieurs meneurs, mais n'y parvient pas. On l'a vu : dans un premier temps, tout le monde se dotait d'armes uniquement pour se défendre (des gardes nationales communes, plurinationales se sont créées, dont les Roumains se détacheront bientôt), mais les armes et les passions ont, tragiquement, fini par se lever entre frères ennemis.

La révolution bourgeoise en Transylvanie

La situation conflictuelle et la menace d'une guerre civile étaient étroitement liées à la crise structurale de l'Empire et au retard que subissait la révolution bourgeoise. Certes, des symptômes de crise se faisaient également jour en Hongrie. A Buda, le commandant général de l'armée avait fait tirer sur les manifestants ; une partie non négligeable des officiers était hostile au gouvernement hongrois. Le ban de Croatie opposait une résistance ouverte, tandis que les Serbes déclenchaient une guerre civile dans le Sud, afin de devenir une province autonome de la Couronne. Mais, le 15 mai, une nouvelle révolution éclata à Vienne et cet événement vint conforter la position du gouvernement hongrois aux prises avec la résistance des partisans de la centralisation de l'Empire. Le premier ministre Batthyány réussit à désarmer ses adversaires et gagner le souverain à sa cause en s'attribuant la tâche de défendre « toute la

[11] Lettre d'Ioan Buteanu à Simion Balint, Nagyszeben, 27 mai 1848. *OL* Gub. Trans. in Pol. 1848 : 7327.

[12] Témoignage dans le protocole de la commission d'enquête du Gubernium présidée par Kozma. Ibid. 1848 : 9012.

Monarchie». Dans ce but, il appelle, dès le 19 mai, les Sicules sous les drapeaux afin de les engager sur le théâtre des opérations de la guerre civile qui sévit dans le Sud. Le 29 mai, le roi Ferdinand va jusqu'à promettre qu'il sera présent, début juin, à l'ouverture de l'Assemblée nationale représentative hongroise. Quant au commandant général de l'armée de Transylvanie, le roi le place, malgré l'avis contraire du gouvernement autrichien, sous l'autorité du palatin Etienne d'Autriche qui, en tant que gouverneur royal, coopérera avec le gouvernement hongrois jusqu'en septembre. Et comme le commandant général Puchner remplit lui-même le poste de commissaire royal à la Diète transylvaine, cet ordre tient lieu de consigne, à l'adresse de ce dernier, de ne point s'ingérer dans le travail législatif.

La persévérance des libéraux hongrois, le climat révolutionnaire qui règne à Kolozsvár, les conclusions tirées de la révolution viennoise et des développements de la situation de la politique extérieure tranchent vite la question de l'union des «deux patries hongroises». «Ou l'union ou la mort», telle est la devise de l'opinion hongroise sûre de la légitimité de son auto-défense. Sa détermination s'alimente de la conscience de procéder, par l'union, à une révolution pacifique. Mais les Hongrois sont tentés de voir dans les prétentions autres que hongroises l'œuvre d'«une main secrète» — en effet, ils sont trop enclins à entrevoir des rapports directs entre la radicalisation nationale des Roumains ou des Saxons et le retour en force des rêves de centralisation de l'Empire. Des rumeurs circulent et répandent la panique sur la prétendue volonté des conservateurs de faire de la Transylvanie leur Vendée.

A la Diète, la majorité des députés de la nation saxonne finit, au terme d'un débat passionné qui se prolonge tard dans la nuit, par accepter l'union. Les députés se montrent surtout attentifs aux arguments de Carl Gooss, député de Segesvár, qui croit découvrir dans les aspirations pangermaniques et dans l'évolution constitutionnelle bourgeoise les chances d'un développement positif. Enfin, le 30 mai, la Diète de Kolozsvár, qui compte également trois Roumains, vote dans l'enthousiasme et à l'*unanimité* la réunification des «deux patries sœurs».

L'article premier de la loi sur «l'unification de la Hongrie et de la Transylvanie» consacre l'égalité bourgeoise : «suite à la réunification, et de même que dans la Hongrie sœur, l'égalité en droit de tous les citoyens est proclamée, appliquée et reconnue en tant que principe éternel et immuable, pour tous les habitants de la patrie, sans distinction de nationalité, de langue et de religion — et les lois antérieures qui lui sont opposées sont déclarées nulles et non avenues.»[13] L'union garantissait les institutions constitutionnelles libérales mais, comme la loi électorale hongroise était inapplicable en Transylvanie, force était de voter à Kolozsvár une loi électorale distincte. En ce qui concerne la réglementation des conditions propres à la Transylvanie, elle relèvera de la compétence de la nouvelle Assemblée nationale unifiée. Aussi s'empresse-t-on de nommer une commission dite d'union afin qu'elle participe à l'élaboration des projets de loi ministériels.

Le 6 juin, la dernière Diète féodale de Transylvanie vote la loi sur l'émancipation des serfs mise au point par les libéraux et fixe au 18 juin la date de la cessation des redevances seigneuriales. Le gouverneur József Teleki fait publier, sans sanction royale, la loi à travers le pays, tout comme l'a fait le

[13] Recueil des lois hongroises. Les lois de Transylvanie : 1540-1848. Publ. par Sándor Kolozsvári–Dezső Márkus–Kelemen Óvári, Budapest, 1900, 667-668.

premier ministre hongrois en mars. Plus de 160 000 familles (la moitié de la population) sont ainsi dégrevées des prestations de travail. Or, comme les rapports féodaux devaient céder la place aux formes de propriété bourgeoises, il était indispensable de savoir qui recevrait des terres en propriété libre et en quelle quantité.

Il appartenait à l'Assemblée nationale de définir les proportions de la répartition des propriétés foncières, mais cette loi, soucieuse surtout de trouver un compromis, n'a pas précisé la démarcation entre terre allodiale et censière laissant ainsi planer l'incertitude sur ce qui resterait propriété des nobles et ce qui passerait en la possession des anciens censiers. Cependant, la loi stipulait que nul censier ne devrait, sans arrêt du tribunal, être limité dans la jouissance de la terre qu'il cultive. Et si la nature d'une terre exploitée par le fermier censier faisait l'objet de discussion, cette terre serait exempte de prestations jusqu'à ce que le tribunal ne se prononce à son sujet. Sur ce point, les intérêts paysans étaient davantage protégés que dans la loi de Pozsony, servant de modèle. C'est que, outre l'impératif d'équité sociale l'éventualité d'un lourd contentieux recommandait la modération. Dans le projet des libéraux, la paysannerie émancipée accéderait ainsi à une quantité de champs, prés et pâturages supérieure d'un tiers au registre terrier de Cziráky. On comprend combien, à la vue de ce rapide changement, la noblesse se complut dans le mythe de sa propre générosité.

La loi prescrivait l'indemnisation par l'Etat des seigneurs terriens c'est-à-dire qu'elle épargnait aux paysans tant le rachat direct, en espèces, de leurs redevances, comme c'était le cas dans les provinces héréditaires autrichiennes, que l'abandon d'une partie de leur terre, comme cela se pratiquait en Prusse. La paysannerie transylvaine jouissait, en principe, de relatifs avantages en vue de l'engagement dans la voie du progrès bourgeois, sauf que les conditions et les possibilités de production marchande y étaient bien plus précaires qu'en Hongrie. D'autre part, la pression des grands propriétaires fonciers ne pouvait s'y exercer avec la brutalité coutumière de maintes régions de l'Est européen, pression qui aurait pu fortement aggraver en Transylvanie la condition paysanne (dans l'hypothèse où les dispositions de 1847 relatives au cens prendraient effet).

L'absence de normalisation des rapports de propriété restera, pendant de longues décennies encore, source de luttes et de conflits. Ceux qui n'avaient pas reçu de terre en propre demeuraient soumis à la prestation de travail. Et pourtant l'émancipation des serfs de Transylvanie marque une première étape importante dans l'abolition de la féodalité en Europe de l'Est. Dans l'Empire russe et dans les Principautés roumaines, il faudra attendre encore une quinzaine d'années pour rompre avec l'institution féodale du servage et encore sans y voir apparaître de fortes couches de petits et moyens paysans, comme ce fut le cas en Transylvanie justement grâce à la modération de la pression de la grande propriété. La couche des petits propriétaires paysans que l'on cite si souvent comme un phénomène positif du développement de la société roumaine de Transylvanie, devait son existence, pour une large part, à certaines mesures progressistes qui s'inscrivaient dans l'abolition du servage.

Imbue de libéralisme, la politique hongroise des nationalités suit, dans un premier temps, en Transylvanie comme ailleurs, la trajectoire définie dès l'époque des réformes. Certes, une poignée de Roumains auraient souhaité en vain que la Diète fît un geste — qui tiendrait lieu de réparation historique — en reconnaissant la «quatrième nation roumaine» avant l'abolition même du système des «nations». Certains libéraux hongrois voulaient aller plus loin et le professeur du collège calviniste de Nagyenyed, Károly Szász a même esquissé un projet de loi qui stipulait : « La nation valaque, soumise par les vieilles lois de la Patrie à différentes restrictions et subordinations, est accueillie de plein gré, par les autres nations établies de Transylvanie, dans leur communauté fraternelle égale en droits et en obligations. Que le vieux nom de valaque de cette nation, lié à des souvenirs d'oppression et d'iniquités de toutes sortes, cède la place à l'appellation de Roumain ».[14] Cependant, la majorité des Hongrois étaient à la fois trop précautionneux, et trop doctrinaires pour s'y rallier. Comme la question aurait concerné également les Roumains de Hongrie, ils ne voulaient pas prendre l'Assemblée nationale de Pest de vitesse. Ils se contentèrent d'une décision de la Diète selon laquelle étaient « annulées toutes les restrictions et sujétions ayant marqué, en vertu de lois votées jadis, la discrimination entre les différents peuples, notamment chez les Valaques, ainsi que pour les différentes religions de Transylvanie ».[15] Un projet de loi fut préparé qui visait à déclarer la religion orthodoxe religion reçue. Mais tout cela ne produisit plus l'effet de détente qu'aurait produit le projet de loi original tel qu'il avait été conçu par Károly Szász. De surcroît, le souverain, qui avait fait entrevoir à la délégation roumaine de Balázsfalva la satisfaction légale des revendications roumaines comme une tâche incombant au gouvernement hongrois, pouvait une fois de plus se poser en défenseur des Roumains.

La plupart des libéraux hongrois, hommes d'Etat et politiques, tenaient à la primauté de la langue d'Etat dans la vie publique, persuadés que toute concession sur ce point aurait pour conséquence une rupture des digues et déboucherait sur une oppression nationale qui menacerait l'existence même de l'ethnie hongroise. Ils se fixaient comme idéal un Etat national homogène dans sa structure, au point que Wesselényi, angoissé par l'exacerbation des conflits intestins tant nationaux que sociaux, mais avant tout par la possibilité d'une tentative de contre-révolution autrichienne et par le comportement menaçant du Tsar, évoque, dans une lettre adressée le 18 juin à un ministre hongrois, l'éventualité de fonder un Etat national hongrois nouveau, d'une étendue plus modeste, mais homogène du point de vue ethnique ou plutôt de celui de sa conscience étatique. Présupposant des aspirations roumaines à l'union et à la sécession, il tient souhaitable un échange de populations au cours duquel les Hongrois habitant en milieu roumain « se substitueraient aux Roumains habitant plus près de la frontière du pays peuplé de Hongrois véritables et vice versa ». Dans son optimisme libéral, il suppose que les Saxons verraient eux aussi leur nouvelle patrie dans la Hongrie ainsi créée. « Cette migration des peuples sans précédent certes, mais nullement impossible... serait à réaliser par des traités pacifiques dignes de l'esprit et de la culture de l'époque. »[16] Cette idée rationnelle, quoique irréalisable, prit naissance dans un climat de guerre civile mais qui allait se dénouer grâce à la consolidation des positions du gouvernement hongrois. Le 10 juin, le souverain donne son aval à la loi sur l'union votée par la Diète de Transylvanie. Il semble un moment que la Hongrie est sortie de la contrainte impériale et que les Hongrois de Transyl-

[14] Publ. dans Ambrus Miskolczy, Társadalmi és nemzeti kérdés az utolsó erdélyi rendi országgyűlésen (Les questions sociale et nationale à la dernière assemblée des Ordres de Transylvanie), *Sz*, 1979, n° 5,875.

[15] Cité par Miskolczy, op. cit., 881.

[16] Lettre de Miklós Wesselényi à Gábor Klauzál, Kolozsvár, 18 juin 1848. Miskolczy, op. cit., 877-878.

vanie se sont défaits de cette situation d'otages dans laquelle ils étaient confinés par la menace de guerre civile.

L'administration transylvaine, y compris la justice, reste placée entre les mains du Gubernium. La chancellerie transylvaine de Vienne cesse d'exister, ses fonctions sont reprises par le gouvernement hongrois. En la personne de Miklós Vay, un commissaire royal est dépêché en Transylvanie. Avec modération et circonspection, il aplanit un nombre assez important de conflits locaux. Bien entendu, la normalisation globale des conditions de la Transylvanie incomberait en tout premier lieu à l'Assemblée nationale de Pest. Cependant, le gouvernement hongrois se fondait, en ce qui concerne les prétentions nationales roumaines, sur les conditions de la Hongrie qui, dans ce domaine, évoluait bien plus favorablement. En effet, les Roumains de Hongrie se refusaient à exiger le statut d'une nation politique à part et se contentaient de revendiquer l'usage de leur langue dans l'administration, à l'école et dans l'exercice du culte. Ce n'est que plus tard que le petit groupe de militants nationaux roumains, essentiellement composé de propriétaires terriens et de popes du Banat, s'imposera en tant que tendance pro-Habsbourg revendicatrice de l'autonomie territoriale. A l'autre pôle, il y a les nobles roumains de Máramaros qui, se déclarant «citoyens hongrois de langue roumaine», se montrent attachés à la constitutionnalité hongroise.

Les Roumains de Hongrie formulent avant tout l'exigence d'autonomie pour l'Eglise orthodoxe roumaine. Désireux de s'affranchir du carcan de la hiérarchie ecclésiastique à direction serbe, et se sentant menacés par les prétentions de cette nation (le programme national serbe de mai a jeté son dévolu sur d'importants territoires à population roumaine), ils recherchent le soutien du gouvernement hongrois, d'autant que la constitutionnalité bourgeoise fondée sur les lois de Pozsony semble, à maints égards, garantir le relèvement de leur peuple, y compris l'intelligentsia. En Hongrie, le mécontentement parmi les paysans roumains n'est pas aussi explosif qu'en Transylvanie. Le représentant des revendications roumaines, Eftimie Murgu qui avait été arrêté en 1845, sous accusation de «daco-roumanisme» et de subversion, et relâché de prison en mars 1848 à l'instigation des radicaux hongrois de Pest, convoque, pour la fin juin, avec l'assentiment du gouvernement hongrois, un rassemblement populaire à Lugos. Arguant des prétentions serbes, cette réunion demande la création d'une garde nationale roumaine, ainsi qu'une autonomie ecclésiastique, sans oublier l'usage de la langue roumaine dans l'administration. Ceux de Bihar, de la région de Kővár et du Banat, en revanche, donnent la priorité, au lieu d'objectifs lointains, à la recherche de moyens permettant de faire aboutir des exigences nationales directes et quotidiennes, et ils se conforment davantage à la politique du gouvernement hongrois. Ils se montrent partisans zélés de l'union de la Hongrie et de la Transylvanie, notamment pour favoriser le rapprochement des Roumains des divers territoires. C'est dans cet esprit que Bariț se félicite à Brassó que «les nouvelles lois de Hongrie et de Transylvanie aient annulé toutes les lois d'oppression des ethnies roumaine et autres» et «permis l'accomplissement de tous les points de l'assemblée de Balázsfalva, à l'exception de la nationalité prise au sens strict du terme».[17]

Cependant la constitutionnalité libérale se réalise d'une manière ambiguë. Lors de la promulgation de la loi électorale de Transylvanie, les législateurs

[17] *Gazeta de Transilvania,* 14/26 juin 1848, n° 48.

de Kolozsvár, craignant la prépondérance roumaine, surélevèrent le cens : dans les comitats, c'est un impôt annuel de 8 florins argent qui donnait droit à élir ou être élu, tandis que les anciens électeurs conservaient tous leur droit de vote. Même dans ces conditions, sur 73 élus transylvains, 14 auraient bien pu être Roumains, mais 6 seulement furent élus députés, essentiellement en raison de la survivance de coutumes et de loyautés électorales fortement enracinées. (Du territoire de la Hongrie proprement dite, 15 à 16 Roumains entrèrent à l'Assemblée nationale.) Aussi les intellectuels de l'ethnie roumaine, majoritaire en Transylvanie, se sentaient-ils à juste titre frustrés. Il est vrai que si le cens eût été fixé bas, les seigneurs terriens pourtant riches d'une longue pratique politique, auraient pu être évincés et ce, à une époque où le capital matériel et intellectuel était la base de toute participation au pouvoir politique. A court terme, le libéralisme ne put pas fournir les éléments d'un compromis acceptable pour tous, mais à long terme, il garantit le développement bourgeois de l'ethnie roumaine et lui permit ainsi de s'imposer, à terme, en interlocuteur égal.

Pour le moment, les chefs de file du mouvement national roumain espéraient que, la révolution ayant enfin éclaté en Valachie au mois de juin, le gouvernement provisoire de Bucarest obtiendrait du gouvernement hongrois la satisfaction plus conséquente des aspirations roumaines en Transylvanie. Le gouvernement hongrois n'avait-il pas intérêt, lui aussi, à rechercher l'alliance avec la Valachie, alliance dont un préalable serait la garantie des droits nationaux aux Roumains de Transylvanie ? Voilà pourquoi Bariţ, déçu par la vie politique hongroise, avertit les lecteurs de son journal que « le sort de la nation roumaine se décide à Bucarest et à Jassy et non à Kolozsvár, ni à Balázsfalva, ni à Buda ».[18] C'est dans cet esprit qu'il avait pris part (notamment en publiant divers discours exhortant à la lutte) à la préparation de la révolution en Valachie. Il avait même fait entrevoir une aide armée des Roumains de Transylvanie tout en examinant les conditions d'une « alliance naturelle » roumano-hongroise.

Les aspirations à une alliance roumano-hongroise puis à une confédération danubienne, qui avaient fait leur apparition dans les milieux de l'émigration polonaise de Paris, se développèrent parallèlement aux prétentions visant l'unité nationale et l'indépendance roumaines, et tantôt les renforcèrent, tantôt les contrecarrèrent. La vision d'un Etat roumain s'étendant « du Dniestr à la Tisza » s'était, en tant que désir, déjà implantée dans l'imagination de bien des Roumains, surtout en Valachie. Mais ce rêve n'a pu dépasser le stade des déclarations lyriques et des projets conspirateurs, car le fait d'en parler pouvait entraîner des complications internationales. Nesselrode, ministre russe des Affaires étrangères, se référait justement aux prétentions daco-roumaines pour justifier son dessein de faire occuper les Principautés danubiennes par l'armée. Le commandement militaire impérial de Transylvanie ne voyait pas non plus d'un œil favorable les illusions daco-roumaines. Tout cela explique qu'à la réunion de Balázsfalva, Bărnuţiu se contenta d'exiger publiquement la seule unité nationale culturelle tout en précisant qu'une même nation peut fort bien vivre sous plusieurs gouvernements.

Hostiles à l'orientation pro-autrichienne, les artisans de la révolution de

[18] George Bariţ, Terorismul străin in Moldavo-România (Le terrorisme étranger en Moldo-Roumanie), *Gazeta de Transilvania*, 27 mai /8 juin 1848, n° 43.

Valachie cherchèrent à harmoniser les aspirations de liberté nationale roumaines et hongroises, et se rallièrent à l'idée de confédération danubienne préconisée par l'émigration polonaise de Paris. Ils entendaient faire de ce nouvel Etat fédéral, dont personne ne savait encore quelle serait sa composition, un chaînon de la politique européenne de refoulement de l'absolutisme tsariste.

Or, ce noble dessein échoua, non pas par l'attitude de telle ou telle personne, mais par l'absence de conditions objectives favorables. Le gouvernement hongrois n'a pu se permettre de s'associer à de telles entreprises, privées de tout soutien européen. En revanche, bien que les cadres formels de l'Empire lui aient laissé peu de marges d'action, il s'est montré disposé à conclure une alliance avec les Principautés danubiennes. Quant aux émissaires du gouvernement de Valachie, malgré la consigne de chercher la collaboration avec les Hongrois, ils n'ont guère fait d'efforts dans ce sens. Pour le moment, ceux qui donnent le ton dans la politique extérieure de la révolution de Valachie préfèrent lier les aspirations d'unité nationale roumaine à la future Allemagne. Ainsi, ce même A. S. Golescu qui propose l'émancipation des serfs de Hongrie comme modèle à suivre, recommande, dès le milieu de l'été, aux Transylvains de s'allier avec les Croates et les Saxons, instruments de la contre-révolution. Plusieurs de ses lettres interceptées en informent le gouvernement hongrois, ce qui, bien entendu, ne sera pas sans détériorer les rapports hungaro-roumains. Cela dit, l'orientation allemande implique également la recherche d'un compromis. Ne verra-t-on pas bientôt l'intellectuel de Valachie, Ioan Maiorescu qui bombarde l'Assemblée nationale de Francfort de requêtes, réprouver l'alliance des Roumains de Transylvanie avec les forces contre-révolutionnaires ?

Les faiblesses et les tergiversations de la politique hongroise envers les nationalités, ainsi que certains propos expansionnistes attirent l'antipathie des Roumains. Du côté hongrois, on cherche, avec la préoccupation primordiale d'assurer l'existence nationale moderne, une place pour le pays sur la carte des puissances européennes. On croit avoir trouvé cette place en prenant la succession de la monarchie des Habsbourg. Quand on entrevoit l'éventualité, pour les provinces héréditaires autrichiennes, de devenir parties intégrante d'une Allemagne unifiée, éventualité qui consoliderait l'indépendance de la Hongrie, les hommes d'Etat hongrois, comme nombre d'observateurs étrangers, ont la naïveté de croire que les Principautés danubiennes roumaines se rallieront, de bon gré, à la Couronne hongroise.

La naïveté et l'incohérence des prétentions en matière de politique extérieure tant roumaine que hongroise reflètent l'instabilité des rapports politiques internationaux en Europe. Du point de vue de l'alliance roumano-hongroise, les faiblesses internes des deux révolutions ainsi que les menaces extérieures qui les guettaient, ont exercé un effet défavorable. Bien qu'elle n'ait pas à faire face à la question des nationalités, la révolution de Valachie ne parvient pas à réaliser l'émancipation des serfs. Fin septembre, les troupes turques puis russes investissent Bucarest et mettent fin à l'expérience révolutionnaire.

L'opinion progressiste hongroise, tout comme celle de Transylvanie, fut à juste titre, endeuillée par l'échec de la révolution de Valachie, car elle y perçut la fin d'une alliance potentielle, l'échec d'un compagnon de lutte révolutionnaire. D'autant que, entre-temps, la Hongrie elle-même vit surgir la menace de la contre-révolution et la Transylvanie celle de la guerre civile.

Contre-révolution et guerre civile

Les explications qui essayent de définir les causes de la guerre civile en Transylvanie se répartissent en trois groupes. Ceux qui penchent vers les modèles volcanologiques et téléologiques, estiment que les armes furent prises en conséquence logique de la misère, souffrance et humiliation séculaires, puis de l'insupportable intensification de celles-ci, et parce que l'émancipation des serfs n'avait pas répondu aux attentes et que les revendications nationales roumaines furent repoussées. A l'autre extrême on trouve des vues qui se conforment au modèle «à agitateurs» : d'après celles-ci les passions se sont déchaînées par suite des manigances d'officiers et d'éléments incertains en voie de déclassement. Face à ces modèles, imprégnés soit d'une forte charge émotive, soit d'un dogmatisme rigide qui reprend, pour l'essentiel, des opinions de l'époque, on trouve le modèle dit politique. Les tenants de celui-ci tentent d'expliquer la genèse des révolutions ou des contre-révolutions et l'apparition de la violence collective par le conflit des intérêts, par la rivalisation des groupes aspirant au pouvoir, et ils admettent que la guerre n'est qu'une extension de la politique qui recourt à des moyens différents. La trame de l'évolution transylvaine est plus compliquée car la Transylvanie appartient à la fois à plusieurs entités : d'une part à la Hongrie, d'autre part, à l'Empire des Habsbourg ; cela à un moment où tout le monde, des chaumières aux châteaux, se préoccupe de politique à sa manière et que les masses font des efforts avec une discipline politiquement extraordinaire pour réaliser leurs désirs — parfois messianiques.

La principale force de la contre-révolution est l'armée qui reste fidèle à l'Empereur. Elle remporte d'écrasants succès dans les provinces d'Italie et provoque, à Prague, un soulèvement populaire suivi d'une répression d'autant plus forte. En août, il apparaît déjà que Vienne, pour reconstruire l'Empire, abandonnera la recherche d'une solution politique et optera pour la solution militaire. Les milieux dirigeants, militaires et aristocrates, profitent des contradictions entre révolution et libéralisme et s'apprêtent à rétablir l'ordre en Hongrie. La Cour se voit cependant obligée, de peur que son intention d'attaque armée n'éclate trop tôt au grand jour, de jouer pour l'instant un double jeu. Le souverain attendra le début d'octobre pour se retourner ouvertement contre la constitutionnalité à laquelle il avait jusque-là donné son accord.

Ban de Croatie et commandant des confins militaires croates, Jellačić voit que le gouvernement hongrois est encerclé. Jouissant de la complicité de groupes influents à la Cour, il se charge de mater la révolution hongroise par les armes. (Fait tragiquement typique de l'histoire des peuples danubiens : il lançait son offensive au moment même où le gouvernement hongrois inclinait déjà à assurer à la Croatie une autonomie complète.)

Dans un premier temps, la solidarité révolutionnaire des Autrichiens est encore à même de venir à la rescousse de la révolution hongroise. Apprenant que des unités militaires ont été dépêchées pour soutenir Jellačić, le peuple de Vienne se soulève une nouvelle fois, le 6 octobre. L'armée hongroise saura parer à l'offensive croate, sans parvenir pour autant à libérer la capitale autrichienne révolutionnaire de la pression de forces nettement supérieures en nombre.

Parallèlement à la détérioration du conflit entre le gouvernement hongrois et la Cour, on voit s'accentuer, en Transylvanie, les tensions sociales et nationales.

Avant de devenir forteresses de la résistance puis bases de l'offensive, les deux régiments roumains affectés à la garde des frontières sont le foyer de l'émeute. Leur poids ne résidait pas seulement dans la force de leurs armes. Le mode de vie de franc paysan affecté comme militaire à la garde des frontières constituait un modèle attrayant pour les serfs, alors que les hobereaux roumains de naguère cherchaient à y échapper. Tout comme le soulèvement de Horea, qui avait débuté en 1784 par l'inscription massive dans les troupes de garde-frontières, la lutte des classes prit cette forme. Fait qui apparaît assez paradoxal puisque la révolution avait déjà aboli l'institution féodale du servage. Cependant, l'émancipation des serfs n'avait pu en elle-même répondre aux chimères messianiques suscitées par les grandes mutations, d'autant que les motifs de conflits étaient multiples entre paysannerie et noblesse terrienne. L'absence ou le retard de révision du terrier perpétuait dans les deux camps la méfiance et l'angoisse.

En vain Imre Mikó, chargé de la direction du Gubernium transylvain, presse-t-il Ferenc Deák, le ministre de la Justice, de répondre aux prescriptions de la loi de Kolozsvár et de nommer sans tarder les commissions qui devront décider pour chaque village «conformément aux lois et au droit privé transylvains» lesquelles des terres reviendront au seigneur et lesquelles aux paysans affranchis. Faute de projet de loi détaillé de la part du Comité pour l'union, le ministre ne peut pas faire les démarches nécessaires.

Dans quelque 10 à 15% des communes relevant de la juridiction des comitats des doléances passionnées opposaient l'ensemble du village au seigneur. Les conflits rebondissaient surtout autour des pâturages et des forêts. Le cas des *curialistes,* qui ne recevaient que la liberté personnelle, puisque la terre qu'ils exploitaient avait un caractère allodial, était à l'origine de lourdes tensions. Ils représentaient quelque 15% seulement des censiers, mais nombreux étaient ceux qui craignaient de se voir réduits à leur sort. En de nombreux endroits, les serfs d'hier refusaient de rentrer la récolte des terres seigneuriales, fût-ce à moitié, de peur que leur travail partiaire ne soit interprété comme une reconnaissance des vieilles sujétions et leur terre classée de franc-alleu. A la suite de ces appréhensions paysannes, on voit apparaître, au moment de la moisson, une pénurie de main-d'œuvre que les autorités des comitats tentent de surmonter en exigeant les arriérés de corvée et en astreignant les curialistes au travail.

Au début de septembre, la majeure partie de la paysannerie se met en branle d'un jour à l'autre, et face au gouvernement hongrois qui s'apprête à mettre sur pied une armée d'autodéfense, le Honvédség (défense armée de la patrie) et décrète la conscription. Des rumeurs circulent dans les campagnes selon lesquelles les «seigneurs» entendraient mener les recrues contre l'Empereur. La résistance, dans bien des communes, s'exprime de diverses manières : les gens prennent la fuite, amputent les matricules et chassent les fonctionnaires chargés de la conscription. Le 12 septembre, à Aranyoslóna, l'affrontement entre quelque 200 militaires hongrois et les habitants de plusieurs villages roumains fait une douzaine de morts. Cet incident deviendra le symbole de la résistance «populaire», à quoi s'ajoutent l'image d'un Empereur débonnaire et des mécontentements de toutes natures, propres à déclencher un mouvement généralisé.

C'est en vain que les autorités gouvernementales hongroises arrêtent la conscription. Le tollé est désormais manipulé par la contre-révolution. Le déroulement des événements laisse penser à un scénario habilement monté. Dès le 15 septembre, Puchner, le commandant général des armées impériales informe le ministre de la Guerre, à Vienne, que « ... la nécessité peut s'imposer d'exercer sur le peuple roumain — tout à fait semblable aux Ruthènes de Galicie par sa situation géographique favorable et sa loyauté dévouée à Sa Majesté — une influence de nature à endiguer les efforts démocratiques hongrois ».[19]

Entre-temps, du 11 au 14 septembre, alors que Jellačić franchit la Drave pour marcher sur la capitale hongroise, les délégués des villages de gardes-frontières roumains sont convoqués à Orlát et à Naszód, cantonnements des régiments roumains, afin d'y affirmer leur engagement pour l'intégrité de la monarchie et l'unité de l'armée. Ces assemblées donnent le signal et mobilisent les paysans pour se faire enrôler dans les troupes affectées à la garde-frontières. Alors que le haut commandement militaire de Nagyszeben s'était gardé de « provoquer » avant terme l'opinion hongroise, le lieutenant-colonel de Naszód Karl Urban, de retour de Vienne, s'empresse dès le 18 septembre de promettre, sur ordre supérieur, assistance aux communes réfractaires à la conscription dans l'armée hongroise. Popes, clercs et étudiants en droit encouragent, à l'envie, les villages à envoyer des délégués auprès de Urban, chercher la « pajură » (nom de l'aigle en roumain) : certificat revêtu du sceau à l'aigle bicéphale qui atteste en bon allemand que la commune en question, fidèle à l'empereur Ferdinand, mettra si besoin est ses jeunes à la disposition de celui-ci. La solidarité — ou la contrainte — collective du monde rural se met en œuvre avec une force extrême. Ceux qui affluent à Naszód en grand nombre, dont aussi des Hongrois, emmènent de force avec eux souvent des nobles terriens locaux, des pasteurs réformés et des fonctionnaires des comitats. A la fin du mois de septembre, 527 communes rurales ont déjà prêté serment de sorte que, selon l'estimation d'Urban, les habitants munis d'armes à feu se chiffrent eux-mêmes à plus de dix mille.

Refoulé jusqu'ici, le mouvement national roumain vient, certes, collaborer avec le commandement militaire, mais tente également d'influer sur les événements en tant que force autonome. Dans le Nord de la Transylvanie, à Naszód, en raison de l'ascendant des officiers autrichiens et allemands, elle n'obtient guère de résultats. Mais dans le Sud, les officiers, popes et instituteurs roumains ont pour eux la supériorité numérique : ils fondent leurs revendications sur l'exigence d'autodétermination nationale. L'effervescence sociale n'est pas, dans cette région, directement manipulée par le commandement militaire. Le foyer du mécontentement national et social roumain s'est déplacé à Balázsfalva. Ioan Axente qui a, dès le printemps, envisagé l'éventualité d'un soulèvement armé, réunit quelques centaines d'hommes à Orlát. Ils prennent la direction de Balázsfalva et ils sont plusieurs milliers à y arriver. Les paysans, hongrois entre autres, y affluent désormais de tous côtés. A partir de la mi-septembre, Balázsfalva abrite un grand campement paysan de quinze jours et une nouvelle grande assemblée nationale. Cette dernière ne réclame pas seulement l'annulation de la « corvée » (en réalité celle des travaux exigés au titre d'arriérés de la corvée ou comme compensation à l'usage de la terre), mais va jusqu'à déclarer l'union nulle et à voter l'extension de la Constitution autrichienne à la Transylvanie. Elle exige la création d'un gouvernement provisoire composé de Roumains, de Saxons et de Hongrois ainsi que la convocation d'une Diète appelée à statuer sur l'avenir de la Transylvanie. Les « élus du peuple roumain de Transylvanie », avec Laurian à leur tête, adressent

[19] Kriegsarchiv, Vienne, Hofkriegsrat, Präs. MK 1848 : 5462.

au Parlement de Vienne une requête demandant que l'Autriche intervienne à l'Est tout en garantissant le droit d'auto-détermination aux deux Principautés roumaines afin qu'elles adhèrent par la suite « à la puissance qui jouira de leur confiance ». L'Autriche, elle, devrait devenir « une confédération libre de peuples libres ».[20]

Manifestement, le commandement militaire autrichien s'inquiète du zèle national de l'intelligentsia mais, à Balázsfalva, les généraux « ont tout promis ». Comme l'écrit Laurian, il s'agit de transmettre les revendications au souverain et d'armer le peuple.[21]

Les organisateurs de l'assemblée de Balázsfalva de septembre 1848 appellent, au nom de la nation, le peuple aux armes. Au plan de l'organisation, ils renouent avec les traditions romaines dont ils se sont toujours réclamés. Ils découpent la Transylvanie en préfectures et s'emploient, dans chacune d'elles, à mettre sur pied une légion ayant un préfet à sa tête. La hiérarchie se complète, vers le bas, de tribuns, de centurions et de décurions. Les chefs prennent des noms tels que Sever, Probu, Marţian. Partout où c'est possible, ils invitent le peuple des villages à s'exercer dans le maniement des faux et des lances jusqu'à ce que le haut commandant Puchner, fidèle à sa promesse, ne mette à leur disposition des armes et des officiers. On commence à planter des perches-alarme et à préparer les feux qui donneront le signal de l'attaque.

En Transylvanie le gouvernement hongrois doit faire face à des tâches insurmontables. Du moment que les villages refusent de lui obéir, l'administration se trouve bloquée. Elle ne peut plus se manifester sinon en transmettant des informations sur la situation. La menace d'une « explosion sanglante » est dans l'air. Comme on peut le lire dans le rapport d'un « főispán » (comes supremus) daté de la fin de septembre et rendant compte des relations entre l'administration du comitat et le peuple des villages, « même là où il n'y a pas de résistance, on se sent inquiet devant l'humilité démesurée, en écoutant la petite phrase répétée à satiété : « nous obéirons en attendant que les choses soient tranchées ».[22]

Le caractère menaçant de la situation incite les Hongrois à régler la question nationale roumaine. Wesselényi conçoit, dès la fin du mois d'août, un projet de loi garantissant aux Roumains le droit d'utiliser leur langue. C'est que les députés roumains de Hongrie, se référant à une nécessaire alliance entre les deux nations, revendiquent, eux aussi, des droits linguistiques. L'époque eût-elle été moins trouble que l'avertissement réitéré de Kossuth aurait probablement suffi pour trouver un dénouement en Transylvanie : « l'union fraternelle entre Hongrois et Valaques, Valaques et Hongrois est, pour les uns et les autres, le gage d'un avenir de bonheur ; qu'ils se gardent donc de se laisser entraîner à opprimer l'autre car ce serait prendre une arme qui se retourne contre soi ».[23] Fin septembre, le Comité d'union — ayant pour collaborateurs quelques suppléants roumains, dont Cipariu — élabore un projet de loi qui aurait pu ouvrir une ère nouvelle non seulement dans les rapports hungaro-

[20] Publié par Cornelia Bodea, Lupta românilor pentru unitatea natională 1834-1849 (La lutte des Roumains pour l'unité nationale), Bucureşti, 1967, 337-340.

[21] Lettre de A. T. Laurian à G. Bariţ, Nagyszeben, 22 sept./2 oct. 1848, in : Bodea, op. cit., 340.

[22] Rapport du baron István Kemény, comes du comitat de Alsó-Fehér au Gubernium, Nagyenyed, 30 septembre 1848. *OL* Gub. Trans. in Pol. 1848 : 11 302.

[23] Intervention de Kossuth à la séance du 26 août de la Chambre. Publ. par *KLÖM* XII. par István Sinkovics, Budapest, 1957, 804.

roumains, mais probablement aussi dans le statut juridique de l'ensemble des peuples allogènes de Hongrie. Ce document définit la personnalité juridique collective des Roumains. Il part du principe que «la nationalité et la langue roumaines sont reconnues». A l'école comme à l'église, il garantit l'usage du roumain, autorisant également son usage dans les instances de la vie publique du comitat et des villes «où les Roumains sont numériquement forts»; il met en perspective l'usage de la langue maternelle dans la garde nationale, précise que, dans l'administration, il convient d'engager des Roumains «en proportion équitable», et, enfin, déclare que «les Roumains devront bénéficier de tous les droits et privilèges, acquis ou à acquérir par d'autres nations de la patrie».[24]

Ce projet de loi ne parvient que jusqu'au président de l'Assemblée nationale, tellement les esprits sont préoccupés par l'organisation de la guerre d'autodéfense. Cependant, ces événements de Pest qui concernent les Roumains rencontrent un écho favorable auprès de plusieurs leaders roumains de Transylvanie. Le climat s'en trouve quelque peu rasséréné sans que faiblisse la volonté de collaboration avec la direction militaire impériale. «De l'Empereur, nous obtiendrons tout ce qui nous revient de droit. Mais tu dois savoir que les Hongrois nous ont eux aussi tout accordé à l'Assemblée nationale de Pest: la nationalité sous toutes ses formes», écrit, début octobre, Nicolae Bălășescu à Bariţ, quand il a pu s'entretenir avec Cipariu, frais arrivé de Pest.[25] Ce dernier regagne Balázsfalva et, embrassant la cause de la partie qui semble la plus forte, il arbore le drapeau noir-et-jaune.

Les dirigeants roumains avaient apparemment espéré que l'autonomie hongroise serait limitée par la terreur et le déploiement des forces militaires croates, si bien que les forces nationales hongroises accepteraient une constitutionnalité valable pour l'ensemble de la Monarchie. Dans une phase suivante, comme la presse de Brassó en dissertait déjà, les Roumains accéderaient, dans ce cadre si souvent évoqué mais jamais précisé dans son détail, à un rôle important, selon le principe d'équilibre entre les différentes aspirations nationales. Dans cet espoir, ils acceptaient le risque d'une alliance avec la direction militaire impériale, tout en sachant que les militaires n'étaient guère partisans de la constitutionnalité.

Les décisions des milieux dirigeants saxons furent essentiellement prises en fonction des rapports de forces de l'Empire qu'ils suivaient attentivement. Dans la première quinzaine de septembre, lorsqu'ils se rendirent compte que le gouvernement hongrois s'apprêtait à la résistance armée, les députés saxons, à l'exception d'Elias Roth de Brassó, renoncèrent, les uns après les autres, à leur mandat et rentrèrent chez eux. Ils se sentaient profondément blessés par un projet de loi du Comité pour l'union, qui conférait au ministère le droit de nommer — à l'image des «főispán» des comitats — les «comes» placés à la tête des administrations saxonnes (et sicules). Après quoi, ils ne se contentaient plus des concessions qui leur permettaient d'élire leurs comes, de conserver leur administration et leur Universitas, pas plus que de la promesse de se voir garanti l'usage de la langue allemande dans l'administration saxonne, à l'exception de Szászváros. Il était pourtant devenu clair, précisément à l'occasion des élections parlementaires, que la libéralisation de la vie municipale ne

[24] Az 1848/49. évi népképviseleti országgyűlés (La Diète représentative de 1848/49). Publ. et préf. par János Beér–Andor Csizmadia, Budapest, 1954, 583-585.

[25] Lettre de Nicolae Bălășescu à G. Bariţ, Nagyszeben, 24 sept./6 oct. 1848, București, Biblioteca Academiei, Ms 993,60.

menaçait pas l'existence des forces vives des Saxons et leur développement en tant qu'ethnie allemande.

Début octobre Stephan Ludwig Roth ne voit plus de vrai choix: « 1. nous ranger du côté des Hongrois, ce qui sous-entend d'être contre les Roumains et l'ensemble de la Monarchie; 2. nous ranger du côté des Roumains et être pour l'ensemble de la Monarchie, mais contre les Hongrois. Hongrois ou Roumains, c'est accidentel. Ce qui importe, c'est le principe de la monarchie unique, cette idée qui se montre garante de la Constitution proclamée en Autriche. » Constitutionnalité, sentiment national allemand, fidélité à l'Empereur, telles seraient les considérations majeures même si les milieux gouvernementaux hongrois eussent été prêts à « accepter toutes nos conditions », or « comme ce n'est pas le cas, il ne nous est que plus facile de décider ».[26]

Du moment que Saxons et Roumains s'allient à la contre-révolution, leurs dissensions sont comme éclipsées. Deux tendances se profilent dans la politique saxonne. La première se propose de transformer la Transylvanie en une confédération de quatre nations, de quatre territoires autonomes, chacun des quatre étant représenté à égalité au sein du gouvernement provincial. Ce programme est lancé début octobre par l'assemblée municipale de Nagyszeben. D'autre part, tournant le dos aux traditions historiques transylvaines, les Saxons sont toujours plus nombreux à vouloir rejoindre la tendance contre-révolutionnaire qui implique la germanisation et une forte centralisation. Ceux-ci revendiquent une autonomie territoriale saxonne, membre à part entière de la monarchie, qui serait subordonnée au seul ministère impérial de Vienne.

La Terre saxonne se transforme bientôt en base d'actions militaires de la contre-révolution. Début octobre, Puchner concentre ses soldats autour des villes saxonnes. A l'en croire, ce serait pour une démonstration de forces de nature à soutenir la population roumaine face au gouvernement hongrois. Mais il entend, en réalité, repartir de là, au nom de la paix et de l'ordre, pour « sauver » (c'est-à-dire conquérir) la Transylvanie précipitée dans le gouffre de la guerre civile.

Le retrait des soldats du contingent des comitats ne fait qu'échauffer les esprits. Ayant échoué, comme on l'a vu, dans sa politique de compromis et de concessions, la direction hongroise de la Transylvanie entend briser la résistance des communautés paysannes en envoyant sur elles des volontaires et des gardes nationaux hongrois, et en faisant juger en cour martiale et exécuter plusieurs émeutiers roumains tombés entre ses mains. Elle cherche à affaiblir ainsi les forces du commandement militaire impérial tout en se refusant à combattre directement l'ennemi principal (qui s'abrite derrière le bouclier vivant de la paysannerie insurgée), tant que celui-ci n'attaquera pas ouvertement. Les prétentions nationales roumaines et saxonnes, qui s'appuient sur une collaboration avec l'armée impériale, sont considérées par l'opinion progressiste hongroise comme les instruments des forces réactionnaires qui visent à anéantir et la constitutionnalité et le développement national hongrois. En les combattant, on est conforté par la foi que la lutte pour la constitutionnalité hongroise s'inscrit dans le courant des mouvements de libération nationale européens. « Que nos discours secouent l'âme du monde, et si notre nation est vouée à mourir — ce que nous n'avons nulle raison de croire —, mourons

[26] Lettre de Roth à Johann Gött, Muzsna, 14 oct. 1848, in : STEPHAN LUDWIG ROTH, Gesammelte Schriften und Briefe. 7. Bd. Hersg. Otto Folberth, Berlin, 1964, 115-116.

glorieusement en héros de la liberté européenne », écrivait, à la mi-septembre, le journal radical hongrois de Kolozsvár.[27]

Prête à engager la lutte défensive, l'opinion hongroise attend de la mobilisation en Terre sicule le tournant favorable. L'Assemblée nationale, dès la mi-septembre, soustrait les Sicules à l'autorité du haut commandement militaire et dissout l'organisation des gardes-frontières. Neuf commissaires du gouvernement sont dépêchés sur les lieux pour appliquer la loi et recruter des volontaires. L'un d'eux, László Berzenczey, député de Marosszék, convoque, en dépit de la réprobation des milieux dirigeants hongrois locaux, les Hongrois de la Terre sicule, pour le 16 octobre à Agyagfalva, lieu de rassemblement ancestral des Sicules. Tous les hommes capables de porter les armes sont tenus de s'y rendre selon la vieille coutume, « sous peine de décapitation et de confiscation de leurs terres », afin de « reconquérir l'ancestrale liberté de la nation sicule ». Ils sont quelque 60 000 à s'y rassembler. Après Balázsfalva, voici donc Agyagfalva qui s'érige en théâtre d'une autre manifestation populaire nationale de nature à donner de l'aplomb aux dirigeants des mouvements nationaux antagonistes. Les participants se sentent, à juste titre, acteurs de la révolution européenne. La tribune de l'assemblée est pavoisée de drapeaux hongrois et, en guise de symbole de l'engagement pour l'égalité sociale et la lutte d'autodéfense hongroise, un « chapeau Kossuth » est planté sur le mât, d'autant que Kossuth vient d'appeler les Sicules, dans un manifeste du 10 octobre, à l'insurrection massive contre les « traîtres à la patrie ». L'assemblée prête serment à la royauté constitutionnelle et la nation sicule remercie « Lajos Kossuth, premier grand héros de la liberté constitutionnelle hongroise », ainsi que les étudiants et les intellectuels révolutionnaires de Vienne qui ont défendu, face aux intrigues de la camarilla de Vienne, « non seulement la liberté conquise par le peuple autrichien, mais aussi la Constitution de la Hongrie... ».[28]

Les commissaires du gouvernement recommandent que la plupart des Sicules rentrent chez eux afin de s'y préparer à la lutte. Seul Berzenczey, malgré l'avis contraire de la majorité, prône l'action armée immédiate. Mais, quand il y est donné lecture de l'ordre secret que Latour, le ministre autrichien de la Guerre a adressé le 3 octobre à Puchner pour l'inviter à l'attaque, ainsi que des différents rapports sur les mauvais traitements infligés aux Hongrois dans les comitats et quand monte la rumeur selon laquelle Urban aurait investi Marosvásárhely, la foule prend la décision de passer immédiatement, ensemble à l'attaque. Les Sicules ne sont pas encore partis que Puchner déclare, le 18 octobre, qu'il prend, provisoirement, le pouvoir suprême au nom de l'Empereur.

La direction hongroise de Transylvanie ne voulait pas endosser la responsabilité d'avoir déclenché la guerre civile. Elle décline désormais cette responsabilité à juste titre. « Nous respectons votre nationalité, votre langue et votre religion », dit un manifeste que l'assemblée a adressé « aux frères saxons et roumains ».[29]

Les dirigeants roumains répondent à la bonne parole par la bonne parole et à la menace par la menace. « Exterminer l'ennemi susceptible de nous nuire »,

[27] DÁNIEL DÓZSA, Hazafiak! (Patriotes !), *Ellenőr*, 14 sept. 1848, n° 74.

[28] Protocole de l'assemblée sicule d'Agyagfalva. L. KÖVÁRI, Okmánytár ... 98.

[29] Publié dans: Erdély szabadságharca. 1848-49 a hivatalos iratok, levelek és hírlapok tükrében (La guerre d'indépendance de la Transylvanie. 1848-49 à la lumière des documents officiels, des lettres privées et des journaux). Réunis par GYÖRGY BÖZÖDI, Kolozsvár, 1945, 52.

tel est leur mot d'ordre, et les passions ne sont pas près de s'apaiser malgré leur vœu pieux disant que: «faute de défendre les mêmes idéaux en matière de droits politiques et de liberté, reconnaissons du moins mutuellement le principe d'humanité».[30]

Puchner avait fort surestimé les forces du gouvernement hongrois stationnées en Transylvanie. Afin d'assurer sa supériorité, il entend faire appel à l'insurrection générale du peuple. Il attend de l'intelligentsia roumaine de Transylvanie la mobilisation de 195 000 Roumains dans l'armée territoriale. Pour organiser la collaboration entre l'insurrection populaire et le commandement militaire, il met sur pied un Comité de pacification — dont le nom masque des desseins tout à fait contraires — composé de Roumains et de Saxons et ayant à sa tête, pour éviter tout malentendu, un de ses propres généraux.

Dans un premier temps, les deux Eglises roumaines, malgré la participation d'un assez grand nombre d'ecclésiastiques, restèrent en dehors de l'action. Mais les deux évêques roumains durent eux aussi prendre position. Le catholique uniate Leményi continue à soutenir le gouvernement hongrois. Aussi se voit-il destitué (tout à fait illégalement) par le haut commandant qui fait aussi écrouer plusieurs chanoines de Balázsfalva qui s'étaient solidarisés avec Leményi. En revanche, l'évêque orthodoxe Şaguna, qui vient de rentrer de Pest (et que les hommes d'Etat hongrois avaient en vain sollicité d'éditer une pastorale destinée à apaiser le peuple), invite, sous la pression de Puchner, ses ouailles à obéir à l'ordre impérial.

L'armée impériale se propose tout d'abord de désarmer les gardes nationales hongroises. Alors que dans le Sud, Puchner engage surtout les troupes du contingent, ne serait-ce que pour des considérations stratégiques, au nord de la ligne Nagyszeben—Arad et jusqu'à Kolozsvár, il confie cette tâche de désarmement aux troupes territoriales roumaines. Cette répartition des rôles dissimule des considérations politiques: si l'on réussit à rendre, par des incidents plus ou moins importants, insurmontables les antagonismes entre les peuples et les nationalités de Transylvanie, l'armée pourra, en alléguant la nécessité de mettre fin à la guerre civile, jouer le rôle, incontestablement moins ingrat, de pacificateur. Un exemple en est la mobilisation, contre les quelque cent-cinquante gardes nationaux hongrois de Gyulafehérvár, de la paysannerie roumaine des environs, alors que cette ville était située au pied du seul château-fort puissant et bien armé de canons de la Transylvanie. Après le premier accrochage, l'armée dut s'entremettre entre les Roumains et les Hongrois devant être ramenés à l'obéissance de l'Empereur. Le 20 octobre, à Kisenyed, les paysans roumains assiègent et prennent d'assaut, au bout de deux jours, une grande gentilhommière où une centaine de nobles s'étaient réfugiés avec leurs familles. L'armée ne tente même pas de s'interposer et elle n'empêche pas le massacre de plus de cent personnes. La direction militaire a aussi confié à l'insurrection populaire roumaine le soin de désarmer les gardes nationales hongroises de la ville de Zalatna ainsi que des villages des vallées du comitat de Alsó-Fehér, alors qu'il était notoire que les dissensions s'y étaient depuis bien longtemps envenimées. Plusieurs centaines de Hongrois — notamment des mineurs — tombent victimes de la tuerie.

Tous les motifs des mouvements paysans sont présents dans l'insurrection populaire pro-Habsbourg. Les foules agissent avec passion, comme si elles

[30] Publ. par L. KÖVÁRI, Okmánytár... 102.

voulaient faire table rase de tout ce qui peut rompre l'équilibre idéal du mode de vie paysan et empêcher le retour d'un paradis perdu évoqué dans les sermons et les prières. Parfois, elles entendent seulement détruire tout ce qui constitue une entrave à l'existence décente. Et quand l'appel de l'Empereur s'avère insuffisant pour mobiliser le peuple de tel ou tel village, comme c'est le cas dans la région de Kolozsvár où les autorités du comitat demandent aux paysans de prêter serment au roi et au gouvernement hongrois, on recourt aux menaces et à la propagation de fausses nouvelles. Des tracts sont distribués qui menacent de servage à perpétuité ceux qui n'entreraient pas en campagne, et de la vengeance des Russes ceux qui ne se lèvent pas contre les Hongrois. Colère et détermination se doublent de peur et de terreur. Ainsi, lors du désarmement des gardes nationaux hongrois, quand on est sur le point de s'entendre, c'est probablement la peur qui fait appuyer quelqu'un sur la détente (les deux parties s'en rejetteront naturellement la responsabilité l'une sur l'autre), déclenchant ainsi une tuerie. Les foules sont souvent mues par la peur, notamment lorsqu'elles cherchent à exterminer leurs ennemis jusqu'au dernier homme, afin de ne pas avoir à craindre la vengeance et de ne laisser à personne la possibilité d'une revanche sicule.

Il est vrai que la vengeance des Sicules est trop souvent brandie. Et le mouvement des Sicules a beaucoup perdu de ses intentions et objectifs dignes d'une autodéfense révolutionnaire. Le campement d'Agyagfalva est divisé en quatre parties et mis en route dans quatre directions. Un assez grand nombre d'officiers — fût-ce sans but précis, ou pour discréditer la cause de la résistance révolutionnaire, ou encore pour défendre les intérêts des seigneurs terriens et donner un exemple — lâchent leurs troupes qui se démoralisent en raison d'une direction militaire délibérément mauvaise et à la suite des déprédations, et qui prendront la fuite au premier contact avec l'armée impériale régulière.

Les troupes parties en campagne contre Urban remportent d'abord plusieurs victoires, mais finissent bientôt par rendre leur succès fort douteux. Les unités sicules du «siège» de Csík traversent Marosvásárhely, des cierges allumés à la main et chantant des psaumes avec une piété de croisés. Ils balayent tout simplement les insurgés d'Urban mais, à partir de là, ils mettent à feu et à sac la bourgade saxonne de Szászrégen et, dans la bagarre suscitée par le pillage, ils sont plus nombreux à tomber que sur le champ de bataille.

Au cours de 1848, les Sicules surprennent à deux reprises : la première fois par leur lâche fuite après la mise à sac de Szászrégen devant quelques coups de canon de l'armée régulière impériale, aux abords de Marosvásárhely, la deuxième fois par leur héroïsme marqué d'abnégation : le peuple de Háromszék défend avec succès la cause nationale hongroise jusqu'à la fin de l'année.

Puchner avait commis une faute grave en exigeant de Háromszék une reddition inconditionnelle, car la précarité de la situation n'a eu d'autre effet que de cimenter l'unité de la société. La direction militaire locale, qui s'était montrée impuissante au début de l'automne, se ressaisit et s'avéra opérationnelle sous le contrôle des assemblées populaires et rurales influencées par les radicaux. Puchner déplorera à juste titre que «le Háromszék a immobilisé, au moment le plus décisif, la moitié de mes troupes».[31] Ainsi la résistance de ceux de Háromszék marque un temps fort des succès de la guerre d'indépen-

[31] Rapport de Puchner au ministre de la Guerre Cordon, Nagyszeben, 27 février 1849. Feldakten ACS 145. Fasc. 2/33.

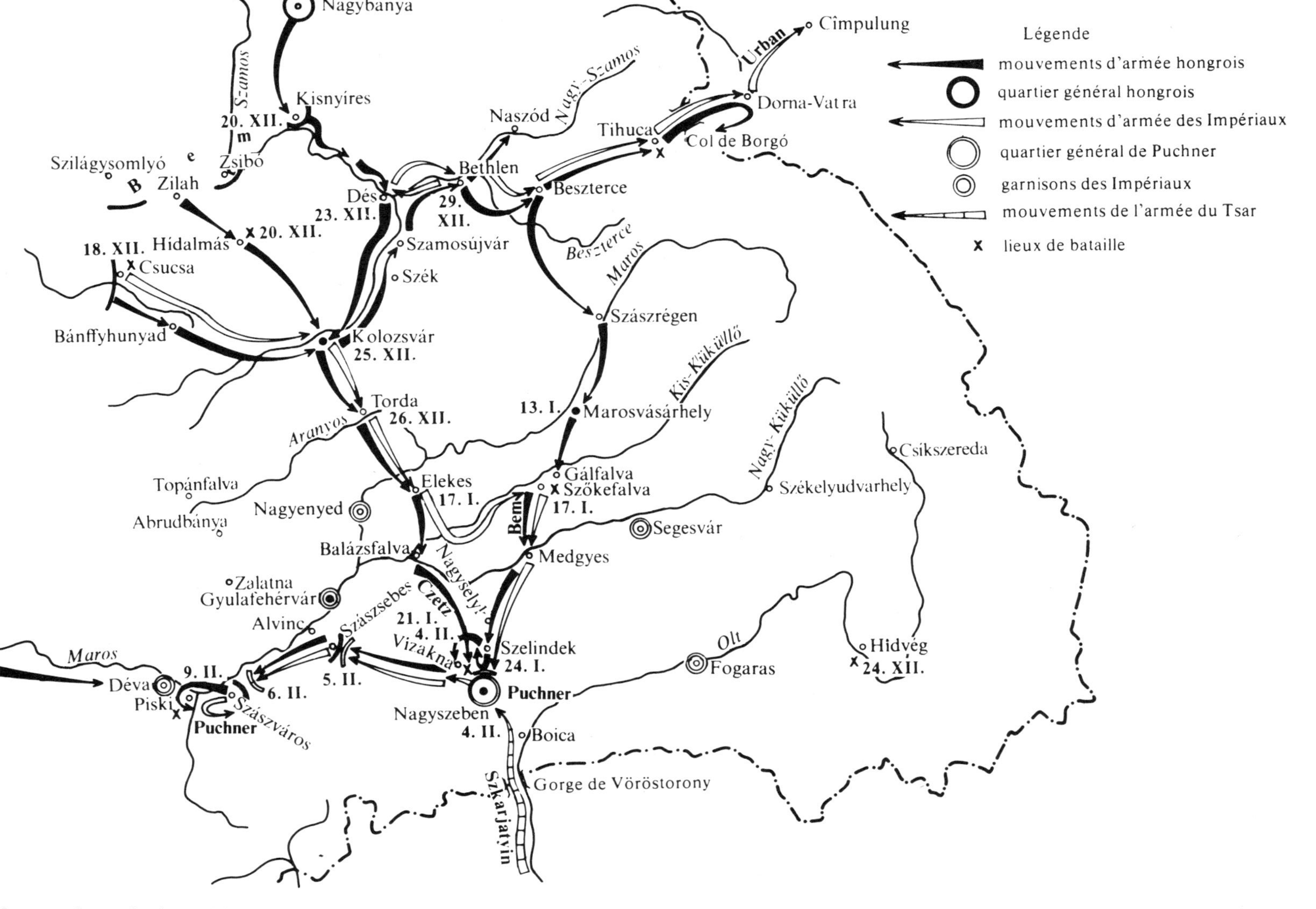

Carte 19. Les opérations militaires de Transylvanie entre le 18 décembre 1848 et le 9 février 1849

dance hongroise : elle a empêché les forces autrichiennes de Transylvanie de mettre le cap sur l'Ouest et d'attaquer au moment opportun les territoires centraux de la Hongrie. Ce fait d'armes n'est nullement terni par l'incapacité des autres troupes hongroises de Transylvanie à opposer une résistance sérieuse avant de se replier en Hongrie sans livrer aucun important combat.

Dès la seconde quinzaine de novembre 1848, la Transylvanie, à l'exception de Háromszék, tombe sous la férule de la dictature militaire autrichienne, les fonctions du pouvoir civil étant dans une certaine mesure remplies par le mouvement national roumain. Les paysans roumains sont prompts à coller l'étiquette de « gubernium roumain » au Comité national roumain reconstitué à Nagyszeben, quand ils saisissent de leurs affaires les « seigneurs roumains » qui y siègent. Entre-temps, l'intelligentsia roumaine se voit subordonner immanquablement au commandement militaire autrichien. Les chefs des troupes d'insurgés ont à obéir, dans l'accomplissement des tâches militaires planifiées, aux officiers de carrière placés à leur tête. Tout en étant contraint de transmettre sans broncher les ordres de Puchner, le Comité se met à réaliser son programme formulé déjà dans les revendications de Balázsfalva. Mais il n'ose pas se prononcer catégoriquement sur les principes à suivre dans la démarcation des terres censières et des francs-alleux, et dans le contentieux qui oppose les seigneurs terriens et les paysans, il remet à plus tard la décision définitive. Il considère comme sa tâche première de remettre sur pied l'administration. Le vieux découpage en comitats reste pour l'essentiel inchangé. Puchner se réserve le droit de placer à la tête des comitats et des régions des administrateurs investis de pouvoirs encore plus étendus que n'en possédaient les anciens comes. Ce sont, pour la plupart, des officiers à la retraite, d'origine roumaine. Puchner place sous leurs ordres un ou deux intellectuels : avocats ou prêtres. Les autres responsabilités reviennent à des dignitaires élus, compte tenu, en général, de la proportion numérique des nationalités. Sur ce point, les Roumains se montrent tout aussi mesquins que l'ont été les Hongrois, quoique certains d'entre eux se conduisent avec une plus grande équité.

La consolidation révolutionnaire et ses contradictions

A la mi-décembre, l'armée impériale de Transylvanie se dirige vers Nagyvárad, mais son offensive se heurte à la ligne de défense hongroise réorganisée. Entre-temps, Kossuth, président du Comité national de la défense, organisateur de la lutte hongroise, a placé un nouveau chef à la tête des armées de Transylvanie, le Polonais Józef Bem qui s'était auparavant fait un nom dans les combats de l'insurrection nationale polonaise de 1831 et qui comptait parmi les « combattants professionnels de la liberté ». En octobre 1848, il dirige encore, avant de venir en Hongrie, la défense de la Vienne révolutionnaire. Bem engage, le 20 décembre, sa contre-offensive dans la région de Nagybánya à la tête d'une armée de 10 000 hommes et de 16 canons. On avait cru que la reconquête de la Transylvanie requerrait une armée d'au moins 50 000 hommes : Bem fête Noël à Kolozsvár. Depuis la fin du mois de septembre, date de la victoire sur Jellačić en Transdanubie, c'est la première victoire militaire hongroise.

Par la prise de Kolozsvár, Bem a coupé les forces autrichiennes en deux de sorte que ces dernières n'ont pu faire plein usage de leur supériorité en nombre. Bem commence par libérer le Nord de la Transylvanie et chasse l'armée d'Urban en Bukovine avant de se retourner contre le gros des troupes placées sous le commandement de Puchner. De Kolozsvár, dans l'intention de mobiliser, à partir de Marosvásárhely, tout le pays des Sicules, il dirige ses forces vers l'Est. Pour prévenir ce coup, Puchner passe à l'attaque mais, le 17 janvier, au cours de la première bataille importante, à Szőkefalva, il est défait par l'armée hongroise qui pousse son avancée jusqu'à Nagyszeben. Cette marche triomphale s'arrête là. Bem subit de lourdes pertes et se voit contraint de se replier. Sur son armée de quelque 6 à 7 000 hommes, il renvoie les Sicules chez eux pour qu'ils lui rapportent du renfort et, dans l'espoir de s'y réunir aux troupes qu'il attendait de Hongrie, il lance des forces considérables sur Déva. Ainsi le gros des forces hongroises se trouve réduit à 2 500 hommes.

Puchner sollicite l'aide des troupes d'occupation russes de Valachie, avec l'aval de la Cour de Vienne. Mais, pour éviter la honte évidente à l'administration impériale, il pousse devant lui le Comité roumain, d'ailleurs réticent. Finalement quelques membres de celui-ci se décident, dans les derniers jours de décembre, à charger l'évêque Şaguna et le professeur Gottfried Müller de demander, au nom des deux nations, la protection de l'armée du Tsar. Dès l'arrivée, dans les premiers jours de février, de l'aide russe qui comprend quelque sept mille hommes, Puchner, profitant de sa supériorité numérique, porte un grave coup à Bem, à Vizakna. Ce dernier se dirige alors vers la Hongrie, se frayant un chemin au prix de batailles réitérées avec ses persécuteurs. Or, à Déva, un renfort de 3 000 hommes l'attend, portant ses effectifs à 8 000 hommes. Le 9 février, près de Piski, il livre la plus sanglante bataille de la campagne de Transylvanie. Les impériaux, à court de munitions, se voient contraints de battre en retraite. Bem ne les poursuit pas vers Nagyszeben, mais glisse avec bravoure entre le fort de Gyulafehérvár et le gros de l'armée autrichienne. Une fois de plus, il a pour objectif d'assurer la liaison avec le pays des Sicules, et il y parvient.

Certes, la résistance de Háromszék s'était effondrée dès la fin de décembre 1848. La nouvelle de la libération de Kolozsvár était arrivée trop tard dans le pays de Sicules et les rapports de force défavorables avaient contraint les dirigeants de la résistance de Háromszék à signer le cessez-le-feu avec le commandement militaire impérial. Mais c'est en vain que les dignitaires du siège et les colonels prêtent serment de fidélité à l'Empereur : sous l'effet des victoires de Bem, le peuple s'est rangé du côté des radicaux. Les colonels sicules se retirent de l'affaire, tandis que les caporaux et les lieutenants qui avaient, dès le début, constitué l'âme de la résistance, prennent la direction des luttes recommencées. Début février, le lieutenant Sándor Gál tient tête à une armée russe de 2 500 hommes et, s'il s'était lancé plus audacieusement à la contre-attaque, il aurait pu gagner la bataille. Les troupes sicules que Bem avait retirées du siège de Nagyszeben se sont suffisamment renforcées pour investir Medgyes et y attendre Bem qui doit d'abord expulser Urban, rentré de Bukovine, pour soutenir ensuite le combat contre Puchner. Le général autrichien réussit à vaincre Bem, près de Medgyes, mais il ne sait pas profiter de ce succès. Il tente d'encercler Bem en train de se replier sur Segesvár, mais ce dernier s'aperçoit à temps du stratagème et réussit un des plus grands actes de bravoure de la guerre d'indépendance : il contourne et prend de vitesse les troupes à sa poursuite et, le 11 mars, il occupe Nagyszeben avec la rapidité de l'éclair. En quelques jours, il repousse les Russes de Transylvanie et chasse Puchner. Le Tsar Nicolas, pris de fureur, entend dépêcher 50 000 hommes en Transylvanie, mais il finit par se laisser apaiser par les « pacifistes » de la Cour.
 A la mi-mars, aucune troupe impériale régulière capable de passer à l'attaque

ne reste en Transylvanie. Seuls les forts de Gyulafehérvár et de Déva demeurent aux mains des Autrichiens. Bem descend dans le Banat d'où, un mois plus tard, il expulsera les forces autrichiennes qui, reconstituées, avaient tenté une incursion du côté de la Valachie.

Entre-temps, en moins de six semaines, on a décidé par deux fois même du sort de la Transylvanie, d'abord à Olmütz, puis à Debrecen.

Début mars, le gouvernement impérial, persuadé d'avoir porté un coup décisif aux Hongrois, dissout le parlement de l'Empire, passe outre son projet de constitution basé sur le principe de la souveraineté du peuple et envisage, à sa place, d'introduire une constitution octroyée au nom du souverain à l'ensemble de l'Empire. Inspiré par l'idée d'unité de l'Empire, ce texte ravale la Transylvanie au rang de province autonome de la Couronne. La nouvelle constitution a pour leitmotiv «l'égalité en droit des nationalités» mais ne fait en réalité référence qu'aux seuls droits à garantir à la nation saxonne.

La Constitution d'Olmütz prouve à l'évidence que le souverain n'est pas disposé à composer avec le mouvement national hongrois sur la base constitutionnelle de 1848. Les aspirations hongroises à l'indépendance n'en sont qu'amplifiées davantage, d'autant que la contre-offensive hongroise, marquée par une série de batailles victorieuses, commence à repousser l'armée autrichienne du pays. Le 14 avril, à Debrecen, l'Assemblée nationale hongroise vote la Déclaration d'indépendance qui détrône la maison de Habsbourg, déclare la Hongrie (Transylvanie comprise) Etat constitutionnel indépendant et élit Kossuth président gouverneur. Certes, la majorité des députés libéraux de Transylvanie (ceux du parti de la Paix) eussent préféré au détrônement de la maison royale un compromis avec la Cour, mais la majeure partie de l'opinion hongroise — et transylvaine — approuve la politique plus incisive de Kossuth qui signifie l'ouverture vers un développement autonome.

La Transylvanie, en train de se libérer, est gouvernée dans l'esprit des lois d'avril-juin 1848. L'administration est à nouveau assurée par des commissaires nationaux plénipotentiaires. A la vue des premières difficultés, Kossuth a envoyé en Transylvanie un de ses fidèles collaborateurs, László Csányi qui, par la réorganisation de l'administration, la mobilisation des Sicules et la garantie du déroulement normal de la levée des recrues, contribue aux victoires de Bem.

On a coutume d'opposer Bem aux commissaires du gouvernement hongrois en affirmant que le premier représentait la lutte des peuples pour la liberté tandis que les derniers incarnaient un provincialisme attaché à des intérêts de classe. Or, le général polonais a affirmé, dans l'esprit des milieux dirigeants hongrois, que «l'armée hongroise lutte pour la liberté commune de tous les peuples. Aussi, les fils de toutes les ethnies combattent-ils dans ses rangs, ce qui lui confère le caractère sacré de pionnier de la liberté des peuples européens».[32] Dans la pratique, il a, d'une manière générale, fait ce qu'il considérait comme opportun pour augmenter l'efficacité de son armée et sensibiliser les masses. Il s'est avant tout distingué par sa politique d'amnistie : en décrétant l'amnistie sans l'aval et même à l'insu du gouvernement. Il n'a pas voulu de représailles contre les insurgés roumains en fuite qui avaient — aux dires de George Bariţ, par pure vengeance — mis à feu et à sang Nagyenyed,[33]

[32] Appel de Bem aux habitants de Nagyszeben, Nagyszeben, 12 mars 1849. Publ. par L. Kővári, Okmánytár... 158.

[33] George Bariţ, Părţi alese din istoria Transilvaniei pe doue sute de ani din urmă (Chapitres choisis de l'histoire de la Transylvanie des derniers 200 ans), II, Sibiu, 1890, 416.

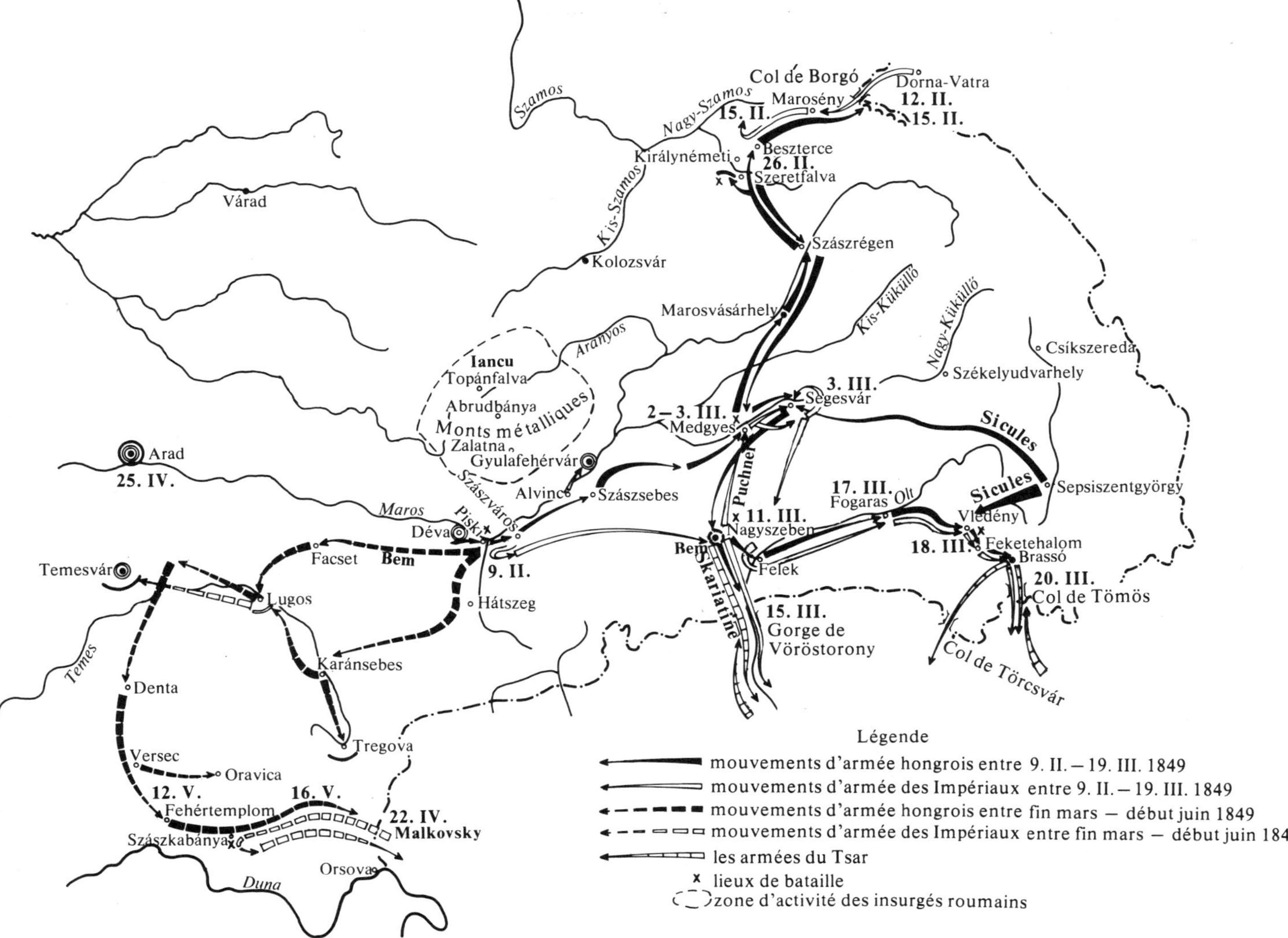

Carte 20. Les opérations militaires de Transylvanie au printemps de 1849

son célèbre collège et sa bibliothèque, et fait un carnage dans cette ville hongroise. Il croyait en l'effet moral de l'amnistie, mais quand il eut l'impression que sa générosité était payée d'ingratitude, il se décida à sévir plus fort encore que ne le permettait le droit. Par exemple, lorsque les Roumains de Naszód rejoignirent les troupes d'Urban qui attaquaient depuis la Bukovine, il conçut l'idée d'évacuer les régions insurgées et d'y établir des colons sicules. Csányi, fort de l'approbation de Kossuth, réussit à grand peine à empêcher cette opération catastrophique.

Ce même Csányi, en tant qu'exécutant de la volonté et de la politique du gouvernement (du Comité de la défense nationale), décrète, malgré l'amnistie, l'état de siège en Terre saxonne. C'est que les milieux dirigeants hongrois imputaient aux Saxons une large part de responsabilité dans le soulèvement roumain et l'appel à l'aide militaire russe. Aussi renoncèrent-ils à leurs intentions pro-saxonnes du printemps de 1848. « Précoce, l'amnistie est un poignard que nous donnons dans la main de l'ennemi pour qu'il l'enfonce dans nos cœurs », écrivait Kossuth à Bem[34], enjoignant ce dernier de mettre sur pied des tribunaux d'exception. L'une de ces cours martiales fit exécuter, pour donner l'exemple, Stephan Ludwig Roth, alors que ce pasteur saxon n'avait pas pris la fuite, car il avait confiance en le décret sur l'amnistie. Ce quasi-meurtre légalisé fut un des éléments tragiques de la guerre civile : la répression frappait un adversaire qui n'avait pas tué.

Limiter la politique d'amnistie de Bem s'est avéré une faute. Ce qui, en revanche, favorisait la consolidation, c'était la relance, sur l'initiative du gouvernement hongrois, de la vie administrative et municipale saxonne allant de paire avec la démocratisation des élections municipales et parlementaires.

Un événement propre à calmer les esprits fut l'élection, au poste de bourgmestre de Nagyszeben, de ce Simeon Schreiber qui, aux Diètes de l'ère des réformes, avait été le principal orateur des Saxons. C'était également pour dissiper la méfiance que le gouvernement entérina l'usage de la langue allemande en Terre saxonne et qu'il était permis de s'adresser, dans des requêtes rédigées en allemand, à l'adjoint de Csányi, Mózes Berde. Les commissaires du gouvernement envoyés dans les villes de Nagyszeben et de Brassó faisaient tout leur possible pour éviter la répression et de contrebalancer les exactions des militaires. Dans les deux villes, la presse saxonne refait surface, sans censure aucune. Les intellectuels de Brassó fêtent, avec le messianisme révolutionnaire si caractéristique de l'époque, la victoire de leurs idées. Anton Kurz devient même l'aide de camp de Bem. La direction du journal allemand passe à Leopold Max Moltke qui vénère en Kossuth « le président de la première république d'Europe de l'Est » et annonce, dans ses articles, une Hongrie assurant de larges droits linguistiques aux nations cohabitantes.

Les rapports hungaro-roumains au printemps-été 1849

L'évolution des rapports hungaro-roumains était fonction de la consolidation révolutionnaire et de ses contradictions. Alors qu'en Terre saxonne, l'administration hongroise s'en tenait au principe de responsabilité collective, dans les comitats, elle opta pour la répression face aux résistants armés, et pour

[34] Kossuth à Bem, Debrecen, 23 avril 1849. *KLÖM* XV. Dir. par István Barta, Budapest, 1953.

l'amnistie à l'égard de ceux qui se montraient prêts à se soumettre. Tant que les conditions troubles le permettaient, elle appliquait la loi avec la même rigueur à l'encontre des nobles et des paysans.

Dans la consolidation révolutionnaire apparaissent, comme des éléments essentiellement négatifs, la mise sur pied de nombreux tribunaux martiaux et surtout l'autorisation, en raison du petit nombre des troupes régulières, de former des corps francs qui devaient, en plus de maintenir l'ordre, capturer les insurgés et de récupérer les biens pillés. Certaines de ces unités allant de village en village ne cherchaient que la vengeance. Or, la peur de la vengeance ne fit que cimenter la résistance de la population roumaine des Monts métalliques.

Dans l'enceinte de cette forteresse naturelle, des foules de paysans se retranchaient en campement militaire et se soutenaient mutuellement avec la garnison du puissant château fort de Gyulafehérvár, assiégé par les troupes hongroises. Dans ces régions, la résistance avait, depuis le soulèvement de Horea, de fortes traditions. De plus, l'esprit de révolte y était maintenu en éveil par le fait que, dans cette région d'Europe la plus riche en or, le Trésor limitait, dans l'intérêt de la métallurgie de l'or, le forestage et le pacage pour les paysans et les ouvriers-paysans des mines. Dans les années 1840, une Hongroise noble, Katalin Varga, prenant la tête d'un mouvement de désobéissance à la corvée, défendit les intérêts de plusieurs villages, jusqu'à ce que l'évêque Şaguna fît prisonnière «notre châtelaine», comme l'appelait le peuple. Cette fois la résistance roumaine fut menée et animée par des intellectuels enthousiasmés par l'idéal de liberté avec, à leur tête, Avram Iancu. Le peuple colla à son ancien avocat l'épithète de «roi des hautes montagnes». Vêtu en costume populaire, ce dernier s'imposait en héros légendaire d'un combat où, malgré l'intrépidité générale, il y eut des moments où certains craignaient que le peuple qui aspiraient à la paix ne livrât ses chefs.

Devant les succès militaires hongrois, les députés roumains se trouvant à Debrecen cherchèrent, afin d'épargner à leur peuple les graves conséquences d'une défaite militaire escomptable et de pouvoir défendre avec davantage de poids les revendications nationales roumaines, à reconcilier la résistance roumaine des Monts métalliques au gouvernement hongrois. Le rôle de conciliateur échut à Ioan Dragoş, député de Bihar. Le premier voyage qu'il fit dans les Monts métalliques lui parut tellement fructueux que Kossuth annonça au Parlement l'ébauche d'une reconciliation. Dans une lettre adressée à Dragoş le 26 avril, Kossuth en esquisse les conditions: tout en assurant la primauté de la langue hongroise dans «l'administration du pays», «nous entendons non seulement permettre le libre usage de chaque langue et le libre développement de chaque nationalité, mais aussi, dans l'intérêt de la civilisation, promouvoir ce développement».[35] Il garantit l'usage du roumain au niveau de la commune, de l'école et de l'Eglise et formula le projet d'une amnistie générale, seul l'évêque Şaguna devant être exclu du pardon pour avoir fait appel aux Russes en janvier. Les conditions de Kossuth ne satisfaisaient pas les revendications roumaines mais pouvaient cependant servir de base à la négociation. (Certes, il attendait les émissaires des Monts métalliques moins pour négocier que pour qu'ils déclarent la loyauté de leur peuple et que les Roumains en armes se fassent ensuite enrôler comme volontaires dans l'armée hongroise.) Les cadres, rassurant pour les deux parties, d'une prise de contact et de négociations

[35] *KLÖM* XV, 137.

directes n'étaient pas encore fixés que Dragoş, idéalisant la position et la disposition au compromis de chacune des parties devant l'autre, entra en action.

Cette tentative de conciliation échoua moins par méfiance réciproque des deux parties qu'en raison du désaccord entre la direction militaire et le pouvoir politique et civil. En mars, le plan d'offensive contre les Monts métalliques était fin prêt mais, estimant que la « pacification » des Roumains était du ressort des administrations transylvaines, le ministère de la Guerre le suspendit.

Or, après que Kossuth eût envoyé sa lettre citée plus haut, le commandement de l'armée hongroise des Monts métalliques passa — à la suite d'événements auxquels le hasard ne fut pas étranger — aux mains d'Imre Hatvani, un jeune révolutionnaire assoiffé de gloire mais ignorant le métier de guerre. Ainsi, alors même qu'à Abrudbánya les négociateurs étaient près de s'entendre sur les conditions de paix, Hatvani, prêtant foi aux fausses nouvelles sur le mauvais traitement infligé aux Hongrois d'Abrudbánya, partit, le 5 mai, à la tête d'une armée assez hétéroclite d'à peine un millier d'hommes mal équipés, pour occuper cette bourgade, malgré l'avertissement désespéré de Dragoş. La guerre civile en redémarra de plus belle.

Iancu prit la fuite à temps puis, ayant rassemblé ses troupes, cerna l'unité hongroise mal commandée. Voici Verespatak et Abrudbánya la proie des flammes et Dragoş tué par les Roumains. Entre-temps, Kossuth a ordonné, sous l'effet de différentes fausses nouvelles, la reprise des opérations militaires qui avaient été suspendues sans son consentement. Il s'ensuit une nouvelle attaque contre Abrudbánya qui se solde par un échec cuisant, et le message de Kossuth est intercepté par les Roumains. Pour se venger, Hatvani fait exécuter Ioan Buteanu, Petru Dobra ayant été tué « en fuite », alors que les deux avaient espéré se rendre à Debrecen pour négocier. Les combats firent de nombreuses victimes dans la population hongroise d'Abrudbánya qui avait jusque-là vécu en paix avec les Roumains. Les développements tragiques renforcèrent, auprès des deux parties, la conviction que l'autre voulait lui tendre un piège.

Ces événements — qui mettaient également en relief le sens des responsabilités des deux parties — attisaient la détermination de la résistance roumaine. Iancu répond ainsi fin juin aux appels de paix que les Hongrois lui adressent : « Dans ces deux patries sœurs, le Hongrois ne saurait parler d'existence et d'avenir sans le Roumain, pas plus que le Roumain sans le Hongrois », puisque « jamais les armes ne pourront trancher entre nous et vous ».[36] Entre-temps, voyant les succès militaires hongrois, la cour des Habsbourg s'était trouvée astreinte à solliciter ouvertement l'aide militaire du Tsar ; l'offensive est déclenchée à la mi-juin et, en juillet, le gouvernement hongrois se voit contraint de céder le Nord de la Hongrie ainsi que la Transdanubie. A ce moment-là, prenant appui notamment sur la résistance roumaine dans les Monts métalliques, deux tendances politiques roumaines se profilent, l'une diamétralement opposée à l'autre.

Après que la révolte eût pris de l'extension, le poids politique de l'intelligentsia roumaine commençait à faiblir et les dirigeants ecclésiastiques reprenaient le dessus. A la fin de 1848, l'évêque Şaguna fut réintégré dans l'état-major du mouvement national roumain. Il reçut pour tâche de présenter au souverain les revendications nationales. Il fit le voyage de Vienne et d'Olmütz

[36] Lettre d'Avram Iancu au lieutenant-colonel József Simonffy, Topánfalva, 15/27 juin 1849. Publ. par ALEXANDRU ROMAN, Documente la istoria revoluţiunei ungur. din an. 1848/49 (Documents sur l'histoire de la révolution hongroise de 1848/49), Transilvanie, 1877, 54-56.

où il prit contact avec plusieurs intellectuels dont Laurian, Maiorescu et Bărnuțiu. Ils adressèrent requêtes sur requêtes au souverain et au gouvernement et exposaient les aspirations nationales sous une formule nouvelle où il n'était plus question de statut autonome pour la Transylvanie. En février 1849, ils réclamaient l'union des Roumains des différentes «provinces autrichiennes» en une «nation autonome» avec une administration nationale roumaine. C'était focaliser plusieurs revendications et prétentions. L'évêque Șaguna, s'inspirant de la théorie des orthodoxes sur la société et l'Etat, suggère que les différentes nationalités structurent leur vie sur le modèle des Eglises. Maiorescu se réclamait plutôt du principe d'autonomie territoriale, fixant pour objectif à la pétition de février l'institution d'une «Autriche roumaine». En juillet 1849, les intellectuels revendiquent déjà une province roumaine de la Couronne à part. Leur argumentation reflète le tragique antagonisme des prétentions nationales est-européennes : soulignant leur propre condition défavorisée, ils affirment avoir peur de l'hégémonie des autres nations: dans le même temps, ils proposent à la Cour de réprimer les ambitions nationales hongroises en créant une autonomie nationale roumaine au sein de l'Autriche.

Paradoxe de l'histoire : justement à ce moment-là, l'émigration de Valachie et la direction de la révolution hongroise proposent de nouvelles perspectives aux peuples transylvains. Plusieurs chefs de file de la révolution de Valachie désapprouvent ou observent avec angoisse la politique roumaine de Transylvanie. Bien que le commandement militaire autrichien cherche à tenir ceux-ci à l'écart, certains d'entre eux réussissent à faire le voyage dans les Monts métalliques et à jouer, dans les tentatives de paix de mai, un rôle actif de conciliateur. Constatant l'écho favorable que la guerre d'indépendance hongroise soulevait en Europe, l'émigration de Valachie, de son côté, révise sa politique. Dans la fièvre du messianisme révolutionnaire, l'autocritique frise le masochisme: pleurant leurs propres perspectives ratées, les émigrés exaltent le combat que mène la nation hongroise abandonnée à elle-même: «Ah, eussions-nous été un vrai gouvernement roumain que la gloire de libérer le monde de l'esclavage appartiendrait non pas aux Hongrois mais à nous; ou encore, unis aux Hongrois, nous eussions assurément pris Vienne et proclamé la liberté publique. Mais voici que nous tremblons et que nous nous efforçons de recueillir les miettes du festin hongrois», écrivait, à Paris, C. A. Rosetti.[37]

Le premier ballon d'essai de l'émigration roumaine est la fondation, à Brassó, par le poète profondément révolutionnaire Cezar Boliac, d'un journal intitulé *Espatriatul*. Dans cette feuille, le rédacteur dénonce la politique roumaine de Transylvanie avec une ardeur qui étonne ses compagnons de route. Il affirme que «de nos jours, il n'y a qu'une seule lutte en Europe : entre liberté et tyrannie, entre les peuples et les trônes.»[38]

Devant les prétentions roumaines et hongroises à la liberté nationale, Nicolae Bălcescu s'avère un artisan infatigable de l'harmonisation des tendances opposées. Il part de l'idée que la lutte de libération doit se faire par plusieurs étapes successives. Avec l'aide hongroise, il faut tout d'abord faire accéder les Principautés roumaines danubiennes à l'indépendance, pour pouvoir régler ensuite la question de l'unité nationale roumaine dont la réalisation est, à son avis, proche de l'intérêt national hongrois, car la création de cette unité

[37] Lettre de Constantin A. Rosetti à Ion Ghica, Iași, 20 avril 1849, in : Ion Ghica, Amintiri din pribegia după 1848 (Souvenirs d'émigration d'aprés 1848), I. Publ. par Olimpiu Boitoș, Craiova, s.a. 70-71.

[38] *Espatriatul*, 25 mars 1849, n° 1.

assurerait aux Hongrois l'alliance des Roumains. En attendant, les Roumains de Transylvanie devraient rester dans une situation « légèrement subordonnée ». Bălcescu ne trouve guère à redire aux préparatifs de Bem pour attaquer dans les Monts métalliques : « Je considère que tous ceux qui chérissent la liberté ont à soutenir les Hongrois, ce seul peuple qui soit en armes et qui combatte les alliés de la Russie, les tyrans. »[39]

Dans le même temps, László Teleki, représentant de l'ancienne opposition hongroise de Transylvanie et, à ce moment précis, émissaire du gouvernement hongrois, écrit de Paris où il entretient d'étroites relations avec l'émigration polonaise : « Nous avons à remplir le rôle qui, en 1789, échut à la France : émanciper l'Europe. Et nous n'avons pas le choix : ou nous remplirons ce rôle, ou nous échouerons. »

Se référant à ses expériences, il propose d'« instaurer un système qui permette de suppléer au manque d'homogénéité nationale par la concertation et le respect des droits individuels et nationaux ». Il espère que les peuples voisins et cohabitants « accepteront avec joie la Hongrie en tant que centre et reine d'une future confédération danubienne ».[40] Cet optimisme était bien nécessaire à ce que, le 14 juillet, à Szeged, Kossuth se décide enfin à franchir le pas décisif et à lancer, à l'instigation de Bălcescu, le « projet de pacification ».

Ce projet ne promettait pas l'autonomie territoriale mais garantissait, dans les comitats à majorité roumaine et dans la garde nationale, l'usage de la langue roumaine. La garantie de droits linguistiques fort élargis dans la vie publique et l'autonomie réelle des comitats étaient à même de satisfaire partiellement les revendications nationales. A la thèse de la Constitution autrichienne sur « l'égalité des nationalités », le gouvernement hongrois opposait l'idée de promouvoir « le développement libre des nationalités ». Le *Projet de pacification* limitait la toute-puissance de la raison d'Etat en affirmant que « l'usage diplomatique de la langue hongroise » ne serait étendu qu'aux affaires parlementaires, administratives et gouvernementales « dans la mesure du strict nécessaire du point de vue du maintien de l'Etat hongrois ». Le projet marquait un tournant dans l'harmonisation des aspirations des deux peuples à la liberté. Dans une convention séparée, le gouvernement se chargeait de financer la création d'une légion roumaine. « La légion prêtera serment à la Roumanie et à la Hongrie. Elle combattra pour la liberté et l'indépendance, mais jamais contre la nationalité de l'un des deux peuples. »[41]

L'aboutissement des négociations hungaro-roumaines incitait le gouvernement à aller plus loin dans sa politique des nationalités, devenue vraiment irréprochable. Sur proposition du premier ministre Bertalan Szemere, le 28 juillet, l'Assemblée nationale régla la situation des peuples allogènes de Hongrie par un décret-loi conçu dans l'esprit du *Projet de pacification.* Szemere affirmait à juste titre qu'on avait par là réussi à s'engager sur un chemin « que nul gouvernement n'a tenté encore jusqu'à ce jour ».[42]

[39] Lettre de Bălcescu à Ghica, Pest, 6 juin 1849. BĂLCESCU, Opere IV. Corespondenţă. Publ. par GHEORGHE ZANE, Bucureşti, 1964, 185-187.

[40] Lettre de László Teleki à Lajos Kossuth, Paris, 14 mai 1849. Publ. par GYÖRGY SPIRA, A nemzetiségi kérdés a negyvennyolcas forradalom Magyarországán (La question des minorités nationales dans la Hongrie de la révolution de 1848), Budapest, 1980, 216-217.

[41] *KLÖM* XV, 723-727.

[42] Circulaire du 29 juillet de Szemere aux commissaires gouvernementaux. Cité par ZOLTÁN I. TÓTH, A Szemere-kormány nemzetiségi politikája (La politique de nationalités du gouvernement Szemere), in : Magyarok és románok (Hongrois et Roumains), Budapest, 1966, 367.

15. Noble hongrois

16. Demoiselle noble hongroise

17. Bourgeois, membre du Conseil des Cents, se rendant à l'hôtel de ville

18. Bourgeois saxon de Nagyszeben

19. Juif de Transylvanie

20. Pope roumain de la campagne

21. Roumain de la région de Hátszeg

22. Roumaine avec fuseau de fileuse

23. Roumaine de la région de Fogaras

24. Famille roumaine se rendant à la foire. Peinture de Miklós Barabás, 1843-44

25. Miklós Wesselényi, peinture de Miklós Barabás, 1836 ▷

27. Usine de gaz de Marosvásárhely. Les bâtiments conçus par Ede Thoroczkai Wigand et Károly Kós sur une carte postale. Autour de 1911

28. L' usine de celluloze à Torda. Carte postale du début du siècle

◁ 26. Imre Mikó, peinture de Miklós Barabás, 1884

29. Vitraux de Sándor Nagy dans la salle de glaces du Palais de la Culture à Marosvásárhely, 1913

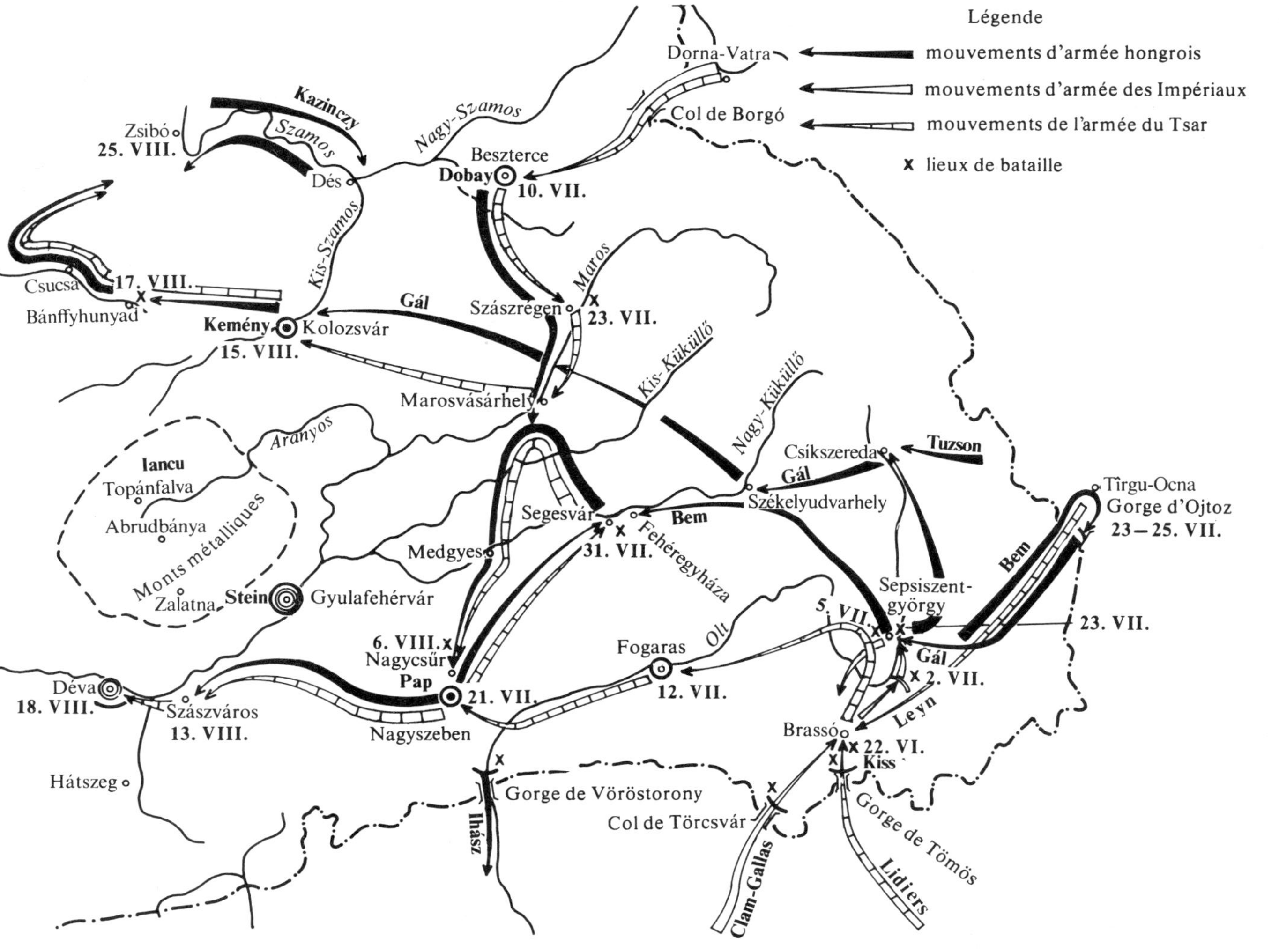

Carte 21. Les opérations militaires de Transylvanie en juin-août 1849

Fin de la guerre d'indépendance en Transylvanie

Le sort de la Transylvanie fut décidé dès juillet 1849, lorsque les armées du Tsar et de l'Empereur franchirent les frontières. Bem eut à faire face à une force ennemie deux fois supérieure en nombre. Tout au plus put-il tenter d'empêcher le plus longtemps possible que l'ennemi n'envahisse la Grande Plaine hongroise, afin que le gouvernement hongrois puisse, en attendant, concentrer le gros de ses forces dans le Sud, au confluent de la Tisza et du Maros. Il décentralisa des troupes pour prendre le commandement tantôt de l'une, tantôt de l'autre, toujours de celle qui fléchissait. Puis, aussitôt que les négociations hungaro-roumaines portèrent leur fruit, le général polonais, fort de l'entente de Kossuth, fit une incursion en Moldavie, sans toutefois parvenir à y déclencher l'insurrection. Quant aux troupes russes, elles n'avaient avancé en un mois que de Brassó à Nagyszeben et, au nord, n'osaient attaquer ni Kolozsvár, ni Marosvásárhely. Fin juillet et début août, Bem essuya quand même deux graves défaites. Ce fut sur un champ de bataille transylvain que périt Sándor Petőfi, le plus grand poète romantique hongrois, ainsi qu'Anton Kurz, l'aide de camp de Bem. Bem monta encore plus d'un tour à ses agresseurs pour échapper de justesse à ses ennemis vers la Turquie. Ses troupes se dispersèrent et, après la capitulation de l'armée principale de Hongrie, à Világos le 13 août, l'état-major de Transylvanie se rendit à son tour, le 25 août à Zsibó.

Sa position une fois changée envers la lutte des Hongrois, Iancu tenta, en pleine avancée russe, de rester neutre afin d'empêcher un ultime rebondissement de la guerre civile. Informées de la neutralité des Roumains des Monts métalliques, certaines unités hongroises — peu nombreuses — se rendirent aux Roumains et Iancu eut le geste de libérer des prisonniers hongrois, au plus grand dépit du conseiller militaire autrichien qui lui était délégué.

Il aura fallu les grands déboires des jours suivants pour que l'on entende, dans les Monts métalliques, des chansons sur Iancu et Bem combattant côte à côte. Des déceptions, des réflexions sur les leçons de l'histoire, des possibilités nouvelles à l'horizon finiront par pousser les promoteurs des luttes pour l'indépendance nationale à chercher en commun, malgré les pertes et les victimes de la guerre civile propres à opposer les ethnies, des solutions à la « question transylvaine », acceptables pour tous les peuples et nations cohabitants.

L'époque des sociétés nationales bourgeoises

I — Le néo-absolutisme (1849-1867)

1. L'instauration du despotisme

A la fin de l'été 1849, la secousse la plus grave de l'histoire de l'Empire fut suivie d'un instant particulièrement favorable pour la Cour impériale. Les révolutions réprimées avaient mis en route, irrévocablement, la transformation bourgeoise de la société et de l'économie et créé ainsi les conditions d'une modernisation de l'Empire. Après la victoire sur les mouvements révolutionnaires et d'indépendance des Hongrois, dans le silence européen garanti par les baïonnettes du Tsar et par la politique étrangère britannique, Vienne pouvait entamer, sans risques majeurs, la réorganisation de l'Empire, le renforcement de son unité.

Répression et consolidation

Le 11 août 1849, on proclama la constitution de cours martiales en Transylvanie afin que « toutes les fautes, toutes les félonies et tous les méfaits » commis sous la révolution hongroise fussent sanctionnés.

Haynau assura, tout fier, Vienne : « Il n'y aura plus de révolution en Hongrie pour un siècle, car j'ai extirpé la mauvaise herbe jusqu'à la racine. »[1] Il donna des instructions détaillées pour que « tous les chefs des insurgés fussent pendus. Ceux qui ont servi comme simples soldats ou comme sous-officiers dans l'armée rebelle ou ailleurs : Roumains, Croates, Saxons doivent être sur-le-champ renvoyés chez eux. Hongrois, Sicules, Polonais et ceux qui appartenaient à la légion allemande doivent être incorporés. »[2]

Les cours martiales rendaient des jugements à longueur de journée. A Arad, des 475 officiers inculpés, 231 furent condamnés à mort, il est vrai que beaucoup moins furent exécutés. Après l'exécution des 13 généraux de l'armée révolutionnaire, on fusilla, le 25 octobre, à Arad, le général Lajos Kazinczy, le dernier commandant de l'armée de Transylvanie. Pour la seule Transylvanie, 72 officiers et 25 civils furent condamnés à mort, 64 personnes à de lourdes peines de captivité. Ce fut avec une singulière obstination que l'on

[1] Lettre de Haynau du 24 août 1849 au général de division Karl v. Schönhals, in : Az aradi vértanúk (Les martyrs d'Arad). Réuni et préf. par TAMÁS KATONA, Budapest, 1979, II, 70.

[2] Instruction de Haynau du 21 août 1849 à Ludwig v. Wohlgemuth. Ibid. 58.

persécuta les dirigeants de l'insurrection sicule, ceux-ci étant coupables de ce que les forces impériales n'avaient pas réussi, en 1848, en venant de Transylvanie, à prendre à revers la révolution hongroise et à l'étouffer en temps voulu.

Cependant, la répression en Transylvanie fut globalement moins forte qu'en Hongrie proprement dite. Le camp révolutionnaire y était plus restreint, les combats s'y prolongeaient, ce qui permettait aux personnes les plus engagées de quitter le pays à temps.

La répression s'accompagnait également de gratifications. Le comes saxon Franz Salmen et l'évêque orthodoxe roumain Andrei Şaguna reçurent les plus hautes distinctions. Outre un ou deux officiers hongrois et plusieurs officiers saxons, la croix du mérite, en or, fut également attribuée à quelques « tribuns » roumains, sans oublier, pour l'exemple, quelques paysans qui avaient fait montre de leur fidélité ou qui avaient beaucoup souffert.

Face aux militaires, le gouvernement, qui comprenait des ministres libéraux, incarnait l'autre visage de la contre-révolution : les efforts de modernisation, l'application inévitable des mesures entamées par la révolution. Le gouvernement tenta de substituer au principe de liberté nationale garantie à tous les peuples celui de la monarchie centralisée et, au lieu de réintroduire la constitutionnalité, pourtant promise au départ, il élargit les libertés individuelles. Le gouvernement ne devint pas, bien entendu, un cabinet de réformes. D'ailleurs, dès 1851, sous la direction du ministre de l'Intérieur, Alexander Bach, éponyme de la période, il se sclérosa très fortement.

Le premier gouverneur militaire et civil de Transylvanie, le baron Ludwig Wohlgemuth, arriva dans cette province frontalière du Sud avec l'instruction secrète d'en éliminer tous les traits particuliers et de la rattacher à la Monarchie. Le siège du gouvernement local fut de nouveau transféré de Kolozsvár à Nagyszeben, les militaires devinrent maîtres tout-puissants de la province.

Dans la Transylvanie aux villages incendiés, aux villes fortement éprouvées, les nouvelles charges, le nouveau système d'imposition, désormais fondé sur l'égalité fiscale, ajoutés aux anciennes prestations dues à une armée plus importante signifièrent, pour la population, autant d'épreuves que la répression et les persécutions. Faute d'un système logistique fonctionnant convenablement, quantité de transports militaires affectaient les habitants du Sud de la Transylvanie. Ce fut un véritable fléau que le cantonnement des soldats et des officiers, fléau qui n'épargna ni la noblesse, ni les villes saxonnes, ni les fidèles serviteurs du régime. Le tout fut couronné par le retrait des banknotes « Kossuth », mesure qui provoqua une grave pénurie d'argent et par une épidémie de peste bovine orientale. Un soutien de l'Etat était nécessaire pour remettre la Transylvanie sur pied mais il restait peu d'argent à consacrer à cette fin et ce qui fut distribué le fut selon des critères politiques. En 1850, l'Universitas saxonne reçut, à des conditions avantageuses de remboursement, un prêt du Trésor de 1,5 million de florins. Par contre, la Terre sicule à population hongroise, fut imposée d'une taxe collective au titre de « l'infidélité » en 1848-49.

Au printemps de 1851, après la mort subite de Wohlgemuth, le prince Carl zu Schwarzenberg fut nommé gouverneur de la Transylvanie. Le général Schwarzenberg, qui appartenait à la plus grande famille aristocratique de Bohême faisait montre d'une largeur d'esprit propre à son milieu d'origine et reçut des attributions plus larges que son prédécesseur. Il tint demeure à Kolozsvár, apprit le hongrois, fit souvent des parties de chasse avec les magnats et en fréquenta certains. Mais tout ceci ne changea pas le fond de son comportement politique.

Le gouvernement voulait faire de la Transylvanie une province bien tenue en main, calme, mettant tous ses efforts et productions au service de l'Empereur et lui vouant une obéissance inconditionnelle.

Aucun programme particulier propre aux conditions spécifiques de la Transylvanie ne fut lancé. Cette politique, allant de pair avec la faiblesse des forces intérieures, fit que le développement de la Transylvanie resta, par la suite, tributaire de ses relations avec l'Empire et la Hongrie proprement dite.

La structure de l'absolutisme

Avec l'écrasement de la guerre d'indépendance, l'union devint, bien entendu, caduque, et la Transylvanie, avec le Partium, était à nouveau gouvernée séparément. Les conditions ethniques ayant été plus ou moins prises en considération, six districts furent fondés, trois roumains, deux hongrois et un saxon. A leur tête, on plaça un commandant militaire qui exerçait le pouvoir exécutif et émettait les arrêtés les plus importants. Un minimum d'influence civile était assuré par la présence de commissaires civils locaux subordonnés au commissaire impérial Eduard Bach, qui ne pouvaient d'ailleurs transmettre leurs rapports à Nagyszeben qu'une fois visés par les commandants militaires. Faisait exception le district saxon de Szeben, constitué à partir du territoire de Königsboden, qui avait en partie conservé son autonomie et dont le commissaire civil fut le comes saxon Franz Salmen. Le commandant de district ou le gouverneur militaire en personne nommaient les maires qui exécutaient les tâches officielles selon les directives du commissaire civil du district.

L'administration nécessitait un nombre important de fonctionnaires sûrs : la plupart étaient sortis des rangs des Saxons, mais beaucoup venaient également de la partie occidentale de l'Empire.

L'élargissement de l'organisation policière commença par la création, en 1851, d'un réseau de gendarmeries de caractère militaire qui couvrait tout l'Empire autrichien, et se prolongeait aussi en Transylvanie.

Dans le cadre de ces transformations on créa en 1852, une police politique autonome dont la tâche fut de surveiller tous les domaines de la vie, du tourisme au théâtre. Dans le réseau de police et de gendarmerie, l'armée des mouchards, présents dans toutes les couches de la société, jouissait d'une place importante.

Surveiller la vie culturelle devint une attribution policière de premier rang. L'ouverture de salles de danse, de théâtres était soumise à l'agrément du gouverneur, quelle que fût la pièce représentée. Aucun livre ne pouvait être importé de l'étranger sans l'autorisation du gouverneur. Pour l'édition d'un journal un peu plus sérieux, l'aval même du chef de la Sûreté de l'Empire était nécessaire. En conséquence de la centralisation, le fonctionnement de toute société artistique ou scientifique, ou celui d'associations économiques, de caisses d'épargne dépendait directement de l'approbation de l'Empereur ou du ministre de l'Intérieur.

La nouvelle fiscalité reposait sur l'égalité des charges et un barême uniforme pour toute la Transylvanie. Elle assurait de deux manières à l'Etat sa part financière des biens produits. Outre les impôts directs (impôts fonciers, impôts sur les surfaces bâties, impôt cédulaire, impôt sur le revenu), les impôts indirects qui taxaient la consommation jouaient également un grand rôle.

Les premiers organismes juridiques furent les cours martiales. Au cours de l'été 1850, dans le cadre de la séparation de l'administration et de la justice, les bases du système judiciaire moderne transylvain furent posées. Puis, en 1852 et en 1853, on introduisit une nouvelle procédure ainsi que le code pénal et le code civil autrichiens.

Les décrets sur la justice, les finances, les affaires intérieures publiés en janvier 1853 précisaient les mesures administratives peut-être les plus importantes de l'absolutisme. Le gouvernement qui dirigeait cette province de la Couronne jouait, pour l'essentiel, le rôle de trait-d'union entre les organismes locaux et les organismes du gouvernement central viennois. Le gouverneur civil et militaire, pourvu des pleins pouvoirs, prenait désormais en tant que procureur, des dispositions dans les affaires politiques, mais était subordonné au ministre de l'Intérieur. Pendant l'été de 1854, on modifia les divisions administratives, substituant dix districts aux six qui constituaient jusque-là le pays, les divisions judiciaires et fiscales ayant été prises en considération. La région frontalière commença à revêtir un caractère civil dès 1851, lorsque, après les régiments sicules, deux régiments d'infanterie roumains furent dissous. L'autonomie saxonne prit également fin : la dissolution de l'Assemblée d'Universitas fut prononcée, de même que la cessation de ses fonctions judiciaires.

Le nouveau régime absolutiste constituait un grand progrès par rapport aux institutions séculaires du féodalisme et par rapport à l'appareil éphémère du pouvoir militaire. Mais, il comportait des traits négatifs qui mettaient en question la valeur de ses innovations.

Durant une dizaine d'années, la Transylvanie était en réalité directement gouvernée depuis Vienne, par l'intermédiaire de gouverneurs étrangers munis d'instructions secrètes. Le souverain pouvait non seulement promulguer mais également modifier ou abroger, à n'importe quel moment, les lois et les décrets. Aussi fut-ce de vains efforts de la part de l'absolutisme que de prendre des mesures administratives professionnellement valables, puisque toute activités étatique avait un caractére temporaire, et que le contrôle public, d'importance capitale pour la société civile, car permettant la participation à l'exercice du pouvoir, faisaient on ne peut plus défaut.

2. La vie politique au temps du néo-absolutisme

La liquidation de l'autonomie saxonne

L'aménagement de l'absolutisme apporte toute une série de désenchantements à la bourgeoisie saxonne, alors que le manifeste impérial du 21 décembre 1848, intitulé « à notre fidèle peuple saxon de Transylvanie », ainsi que le message adressé à l'Universitas saxonne promettaient le renforcement de l'élément germanique. Mais Vienne n'ignorait pas qu'un pays saxon autonome, avec une minorité nationale privilégiée pouvait difficilement s'insérer dans un système moderne d'égalité des droits. L'amputation systématique de l'autonomie des Saxons commença dès 1849, mais Königsboden resta encore longtemps une île civile dans une province administrée par les militaires. Les Saxons furent peu touchés par la sévérité politique de l'état de siège et la nouvelle division administrative les favorisait de façon expresse, car le district de Szeben fut constitué de parties géographiquement disparates.

En décembre 1849, l'Universitas se réunit pour élaborer les principes d'un aménagement moderne fondé sur l'autonomie, et la dépendance directe de la Couronne. Elle se heurta à un problème fort épineux : les Roumains étaient majoritaires dans le Königsboden et avec la constitution du district de Szeben, on y annexait de nouveaux territoires purement roumains auxquels les Saxons auraient renoncé de bon gré.

Au début de 1850, ils firent connaître, dans cinq grands mémorandums, leurs conceptions concernant la nouvelle administration et la nouvelle autonomie de la Terre saxonne, mais les chances d'une « Markgrafschaft Sachsen » diminuait de jour en jour. Le projet d'une province saxonne de la Couronne était considéré par le gouverneur de Transylvanie comme une tentative de dislocation de l'Etat unitaire et il le rejeta en accord avec le gouvernement central.

Après la proclamation de l'absolutisme, en décembre 1851, le comes Franz Salmen, grand avocat des privilèges saxons, fut congédié, puis le droit de juridiction de l'Universitas fut supprimé et, à l'automne de 1852, l'Empereur promulgua le décret sur le remplacement des organismes saxons par des offices publics. Les anciens sièges furent réorganisés en circonscriptions et sous-circonscriptions ; les villes de Beszterce et de Szászváros furent rattachées à des districts étrangers, tandis que la ville roumaine de Fogaras le fut au district de Szeben. « Sans jugement, on nous a abattu, sans croix et sans cierges on nous a ensevelis. C'est là la récompense de tout ce que nous avons fait et de tout ce que nous avons souffert durant les années de péril », écrivait Josef Bedeus, au début de 1853, dans son agenda, exprimant par là ses sentiments de citoyen et fonctionnaire saxon.[3]

« Même si les Saxons sont mécontents de l'invasion de fonctionnaires étrangers, de la suspension de leur système corporatif et de leur régime communal républicain, sans oublier le Concordat », peut-on lire dans un rapport confidentiel de 1856, « c'est à leurs yeux un moindre mal comparé à la destruction de leur nationalité qui ne manquerait pas de se produire si le pays cessait d'être province autrichienne ».[4] L'absolutisme avait donc atteint son but : malgré la liquidation de l'autonomie, il conservait la fidélité des Saxons soucieux de l'avenir de leur nation.

Le refoulement des aspirations nationales roumaines

Les dirigeants de la vie politique roumaine de Transylvanie pouvaient, à la fin de l'été 1849, avoir le sentiment que l'avenir de leur nation était garanti. S'ils se mettaient dans le camp des sauveurs de l'Empire, c'était qu'ils espéraient la mise en place d'une unité administrative particulière de tous les Roumains de l'Empire autrichien et cela à titre de récompense ou encore comme conséquence de la nécessité historique qui découlait de la formation des nations bourgeoises. Une personnalité dirigeante de l'Eglise roumaine (orthodoxe), un « chef de la nation », une représentation directe à Vienne, une assemblée

[3] Cité par Eugen Friedenfels, Joseph Bedeus von Scharberg. Beiträge zur Zeitgeschichte Siebenbürgens im 19. Jahrhundert II, Wien, 1877, 251.

[4] Irmgard Martius, Grossösterreich und die Siebenbürger Sachsen 1848-1859, München, 1957, 71.

nationale roumaine annuelle, telles auraient été les garanties du développement national.

Mais l'introduction du gouvernement militaire compliqua, d'emblée, la situation des dirigeants roumains. La presse saxonne les accusait, les suspectait d'avoir des intentions révolutionnaires. Au moment de la liquidation de leurs formations insurrectionnelles, le préfet Axente fut appréhendé, à la fin de 1849 et, plus tard, on tenta même d'emprisonner Avram Iancu, le «roi des montagnes». Même dans le comportement de l'évêque Şaguna, d'une inflexible fidélité, le gouverneur trouva des éléments suspects. La conception pratique et conservatrice du gouvernement considérait qu'en raison du «faible niveau de développement intellectuel et politique des Roumains, ainsi qu'à cause du petit nombre de forces dirigeantes qualifiées, les conditions d'un gouvernement ou d'une administration propre n'étaient pas réunies».[5] Bien que le nouveau système fût disposé à employer la quasi totalité de l'intelligentsia roumaine, le nombre de fonctionnaires roumains, selon les données de Bariţ, n'atteignait pas, en 1860, les deux cents.

Dans un premier temps, les politiciens roumains dirigés par l'évêque Şaguna submergèrent littéralement Vienne de requêtes, et firent même entendre, lors de petites réunions publiques, leur mécontentement, avant de lancer des mouvements de protestations avec pétitions. La grogne modérée des Roumains n'était pas suffisante pour que la Cour prêtât sérieusement attention à leurs sollicitations. Quand, en hiver 1850-51, Iancu menait des pourparlers à la Cour de Vienne sur les affaires roumaines, au lieu de promesses valables, on l'humilia en lui proposant une décoration outrageusement insignifiante. Convoqué même à la police, l'homme politique offensé fit mettre dans le procès-verbal de façon ostensible que «les souhaits légitimes de la nation roumaine doivent être avant tout satisfaits». En guise de réponse, les autorités l'expulsèrent avec Bărnuţiu de la capitale impériale. Pendant un certain temps, l'unique journal roumain, la *Gazeta de Transilvania* de Bariţ fut interdit.

La raideur de Vienne amena les dirigeants roumains à progressivement modérer leurs exigences. Les revendications politiques et nationales furent reléguées à l'arrière-plan et les objectifs religieux et culturels prirent leur place. En 1853, le pape Pie IX fit de l'évêché uniate de Balázsfalva un archevêché, le rendant ainsi indépendant d'Esztergom, et lui subordonna les évêchés uniates de Nagyvárad ainsi que ceux, fondés antérieurement, de Lugos et de Szamosújvár, créant ainsi une Eglise nationale autonome des Roumains uniates de Hongrie et de Transylvanie. Parallèlement à cela, l'Eglise roumaine orthodoxe, qui comptait un nombre pareil de fidèles, restait subordonnée à l'archevêque serbe de Karlowitz. Et Bach a voulu même éloigner de Transylvanie leur évêque Andrei Şaguna, le fidèle serviteur de la dynastie, nommé baron.

La visite du souverain en Transylvanie, en 1852, amena elle aussi des désillusions. Les paysans roumains des Monts métalliques, après leurs luttes de 1848/1849, étaient convaincus que leur litige avec le Trésor, qui durait depuis un siècle, serait résolu à leur avantage, que les forêts domaniales, d'importance vitale, seraient leurs de la même manière que le souverain avait laissé, en récompense, la possession de ses forêts aux soldats des deux régiments frontaliers roumains dissous (ce qui n'avait pas été le cas pour les

[5] Les paroles d'Alexander Bach sont citées in : KEITH HITCHINS, Studien zur modernen Geschichte Transsilvaniens, Klausenburg, 1971, 18.

Sicules). François-Joseph qui parcourut le pittoresque paysage des montagnes ne se prononça pas sur la satisfaction des exigences des paysans.

Le nouveau système fut marqué par la déception des dirigeants roumains. Même les fonctionnaires étaient abattus, «ils supportaient avec une sorte d'indifférence stoïque le poids de l'absolutisme dans lequel ils avaient trouvé une certaine égalité de droits, tout au moins sous une forme négative».[6]

La résistance hongroise

L'instauration de l'absolutisme portait le plus grand coup à la communauté hongroise de Transylvanie. Beaucoup émigrèrent ou furent réduits au silence. La mort contribua à éclaircir les rangs des réformateurs libéraux qui n'avaient jamais été bien organisés. En 1849 disparut Dénes Kemény, au printemps de 1850 mourut Wesselényi, l'un des piliers de l'opposition réformiste «des deux patries sœurs», en 1851 János Bethlen, le libéral tacticien, en 1853 Károly Szász, le politicien savant. Le camp libéral transylvain perdit beaucoup de sa physionomie autonome et, par manque de personnalité de premier plan, il se modela, par la suite, sur le comportement politique des libéraux de Hongrie.

Ce fut l'aile droite de l'aristocratie qui, seule, disposa d'une légère marge de manœuvre politique. Parmi ces aristocrates transylvains, l'influence du baron Sámuel Jósika fut au début la plus importante. Puis le refus officiel opposé à ses tentatives, que la presse viennoise, non sans raison, qualifia de réactionnaires, poussa lentement l'aristocratie conservatrice vers la passivité.

A cette époque, et déjà de façon générale, la résistance passive de Ferenc Deák servait d'exemple pour toute la Hongrie et guidait le comportement de la noblesse libérale possédant des propriétés foncières moyennes. Une partie importante de celle-ci ne fut pas seulement exclue du pouvoir, mais elle s'y déroba d'elle-même, voire, dans la mesure du possible, boycotta les mesures des autorités, excluant, la plupart du temps, les fonctionnaires de son milieu. Cette position de la noblesse et de l'intelligentsia influençait la conduite des paysans et des bourgeois. Le témoignage des nombreux procès de lèse-majesté de l'époque apporte la preuve que ces catégories soulignaient leurs traditions «quarante-huitardes» sous une forme plus simple et souvent plus radicale.

Les Hongrois espérèrent longtemps un nouveau rebondissement de la lutte pour la liberté, et dans l'attente, ils rêvaient à l'apparition de Kossuth à la tête d'armées de libération, tandis que même une partie des Roumains mettait sa foi dans le retour de Bem.

Les émigrés hongrois, roumains et polonais étaient, dès 1850, convaincus qu'une insurrection armée éclaterait rapidement en Transylvanie.

Dans le courant de l'été 1851, l'ex-colonel József Makk lança un mouvement. Les comploteurs pensaient qu'au moment de la révolution paneuropéenne, attendue pour 1852 («l'explosion européenne»), les Sicules, munis d'armes envoyées via la Moldavie, se soulèveraient, puis ce serait le tour des Roumains qui, avec la prise de Nagyszeben et de Gyulafehérvár, deviendraient les maîtres de la Transylvanie et, de là, l'offensive s'étendrait vers les parties centrales de la Hongrie. Bien entendu, les autorités eurent vent des

[6] Ioan Puşcariu, Notiţe despre întîmplările contemporane (Notes sur les événements contemporains), Sibiu, 1913, 45-46.

préparatifs. A la fin de 1851, elles perquisitionnèrent les quartiers secrets de Makk, à Bucarest, et des documents tombèrent aux mains des Autrichiens. En janvier 1852, les incarcérations commencèrent en Transylvanie. Le détachement de guerilla constituée pour libérer les prisonniers fut liquidée. Après une longue enquête, sept personnes furent exécutées et des douzaines de personnes, dont des femmes, furent frappées de lourdes peines de prison.

Avec la liquidation de la conjuration des Sicules, le plus grand mouvement clandestin de résistance contre l'Empire habsbourgeois essuya une défaite. Le combat contre l'absolutisme ne fut désormais possible qu'au niveau de la politique. La direction de la résistance glissa des mains des éléments démocrates-plébéiens, qui avaient joué un rôle central dans l'organisation secrète, aux mains des propriétaires fonciers libéraux. Ce camp, faisant appel aux traditions anciennes, utilisa les associations économiques et culturelles et, indirectement, toute la vie de société comme cadre d'organisation politique.

Au-delà du Mont Bihar, ce fut le comte Imre Mikó, considéré comme le «Széchenyi de la Transylvanie», qui prit la tête de ces efforts. Aristocrate modérément libéral, il était, après la mort des grands libéraux, quasiment le seul, parmi les personnes en vue, à pouvoir assumer cette tâche. Les largesses des aristocrates gagnés par Mikó et, à leur suite, celles des bourgeois sauvèrent le Théâtre National de Kolozsvár, qui luttait contre la faillite. Ils fondèrent, en 1855, la Société du Musée Transylvain qui devint plus tard un véritable centre culturel. La Société Economique Transylvaine fit le point sur l'état de l'industrie et de l'agriculture en recourant à des voyages d'études, à des expositions ; par la diffusion des nouvelles connaissances professionnelles, elle tenta de susciter un essor de l'économie. Tout ceci suppléa à une vie politique réelle.

Tirant l'enseignement de 1848, les émigrés reconnurent qu'ils ne pouvaient conquérir l'indépendance de la Hongrie sans le soutien des Roumains et des Serbes. A cela, les libéraux roumains de Valachie, qui avaient émigré devant l'échec de la révolution valaque et l'occupation turco-russe, se proposèrent comme les meilleurs partenaires. Les antagonismes nationaux étaient, bien entendu, difficiles à reléguer à l'arrière-plan mais, afin d'obtenir le soutien des puissances occidentales, les deux parties mirent l'accent sur le compromis.

En 1850, des pourparlers débutèrent à Paris, à l'initiative des Polonais, sur la constitution d'une fédération hungaro-roumano-serbe. Nicolae Bălcescu esquissa un projet de Fédération des Etats Danubiens avec un gouvernement tripartite et alternance de siège, sans compétence dans les affaires intérieures des trois pays fédérés. L'opinion des Hongrois était divisée ; Bertalan Szemere et László Teleki, qui étaient les promoteurs de l'idée, furent finalement mis en minorité. En effet, les Roumains exigeaient pour eux une autonomie territoriale, tandis que les Hongrois se réclamaient du droit historique et se refusèrent à aller au-delà de la loi sur les nationalités établie à Szeged en 1849. Seul le comte Teleki alla jusqu'à reconnaître que la transformation des nationalités en nations demandait des concessions territoriales de la part des Hongrois. Mais il quitta rapidement Paris, tandis que Bălcescu, atteint d'une maladie mortelle, reprit ses recherches en histoire. L'activité des autres émigrés se réduisit aux querelles journalistiques ressassant les anciens points de vues.

Kossuth, qui vivait en Turquie, s'opposa au projet de Bălcescu car il y voyait plutôt le moyen de détacher la Transylvanie. A l'instigation de la Comission Centrale Démocratique d'Europe, fondée à Londres par Mazzini, il élabora, en 1851, un projet de constitution qui proposait une double structure, étant donné la variété ethnique du pays. Il tenta de concilier la prépondérance politique des Hongrois, apportée par le développement historique, avec les efforts d'autonomie des minorités et ce dans le cadre d'un pays démocratique fondé sur le suffrage universel à tous les niveaux. Outre des comitats démocratisés, autonomes, les différentes organisations des nationalités respectives auraient constitué les garanties de l'égalité des droits ainsi que les fondements d'une vie culturelle, religieuse et nationale. Peut-être l'opinion hongroise aurait-elle accepté le projet mais l'émigration roumaine ne le considérait pas comme satisfaisant car il n'y était fait mention d'aucune forme de séparation de la Transylvanie de la Hongrie.

En dépit des différends, les deux parties se montraient disposées à poursuivre la collaboration : la politique mondiale leur donna l'occasion de l'expérimenter à nouveau.

Nouvelle réglementation de l'émancipation des serfs et indemnisation des seigneurs

Au point de vue du maintien de l'ordre intérieur, une tâche politique capitale s'imposait : achever l'émancipation des serfs. En abolissant, en 1848, l'unité organique des propriétés nobles et des propriétés paysannes et l'interdépendance des serfs et des seigneurs, le rachat des biens féodaux apporta un tournant historique dans le système de production, tout comme dans les rapports de propriété. Une grande majorité de la paysannerie, 70 à 80 %, commença une vie de propriétaire indépendant, comme paysan aisé ou petit paysan. Après la révolution, serfs et seigneurs se retrouvèrent désormais face à face tous «citoyens libres», cherchant à régler le problème du partage des propriétés féodales.

L'article IV de la loi de 1848 (de Transylvanie) laissait aux mains des paysans la terre qu'ils travaillaient effectivement, qu'ils cultivaient à quelque titre que ce fût, et renvoyait à une procédure ultérieure d'établir ce qui, en tant qu'ancienne tenure serait propriété individuelle du paysan et ce que l'ex-seigneur pourrait réclamer en vertu d'un droit quelconque. Il revint comme héritage au nouvel Etat des Habsbourg de mettre au point les détails de l'émancipation des serfs.

Jusqu'en 1848, la forêt qui couvrait la moitié de la Transylvanie était exploitée en commun par les seigneurs et les serfs quoique, depuis 1791, les seigneurs en fussent, pour la forme, les propriétaires exclusifs. Maintenant, les ex-seigneurs tentaient d'évincer les paysans de l'utilisation de la forêt en mettant l'accent sur leur droit, mais c'était en réalité essentiellement pour permettre à nouveau l'affouage aux paysans, «interdits de forêt», contre une somme d'argent ou en échange de travaux. Il leur était un peu plus facile de s'entendre sur l'utilisation des pâturages, puisque le maintien du cheptel paysan qui assurait le trait pour les labours de ses terres était d'un intérêt vital pour le seigneur.

On tenta de contraindre les paysans, plus d'une fois en recourant aux forces armées, à diverses redevances pour l'utilisation des terres contestées. Dans cette situation embrouillée où l'on essaya de nouveau d'exiger le paiement de différentes dîmes, la paysannerie craignait que les «maîtres» ne veuillent rétablir le servage. L'inquiétude des paysans se manifesta à travers toute la Transylvanie. Dans cette période de mi-servage, mi-liberté, les relations entre paysans et seigneurs étaient particulièrement tendues. Selon l'écrivain Pál Gyulai, en 1851 «le peuple passait son temps à occuper les terres et les seigneurs étaient contraints d'intenter des procès aux paysans. Le peuple ruminait sa vengeance pour l'avenir, les seigneurs vivaient dans la crainte. »[7]

Dans le cours de l'été 1854, une patente impériale réglementa l'exécution juridique de l'émancipation des serfs. Se référant au principe fondamental des lois de 1848, elle assurait, pour les censiers, le rachat par l'Etat, tandis que pour les serfs non censiers, terres allodiales ou du fonds sicule, elle permettait le rachat par leurs propres moyens. Ainsi, la patente persistait dans la différenciation entre les serfs censiers et non censiers, ce qui, en dernier ressort, n'était pas logique, et cela avec l'intention manifeste de lier, pour les temps à venir, une partie de la paysannerie affranchie (soit un tiers des inféodés), par des moyens juridiques aux terres seigneuriales.

Le gouvernement mit le vaste et complexe travail de la nouvelle réglementation des relations foncières entre les mains d'employés administratifs : il fut confié aux tribunaux dits « censiers » qui, en 1858, commencèrent à fonctionner en Transylvanie. Ceux-ci se prononçaient dans toute affaire sur laquelle les deux parties n'avaient pu se mettre d'accord. En Terre sicule, un cinquième des contentieux, et beaucoup plus sur le territoire des anciens comitats, se réglaient à l'amiable. Les cas les plus litigieux traînaient des dizaines d'années : ils étaient bien nombreux.

Les relations foncières complexes de Transylvanie et le manque de réglementations avant 48 ne permettent pas de donner une image exacte des conséquences numériques de l'émancipation des serfs en 1848-54. Il semble qu'en Transylvanie et dans le Partium, 78 % des paysans assujettis furent affranchis (175 543 fermes, soit environ 974 846 personnes) avec indemnisation de l'Etat et que la propriété civile de ceux-ci fut de 1 616 547 arpents cadastraux de terres labourables et de prairies, qui constituaient la partie prépondérante des terres de la province. 80 % allèrent aux mains de paysans roumains, et ce fut ainsi que naquit la propriété nationale roumaine qui ouvrit de nouvelles perspectives au développement de cette nation. Par contre, en Terre sicule, la situation des anciens paysans censiers devint particulièrement défavorable : ici bien plus qu'ailleurs, les agriculteurs furent contraints d'accepter le rachat par eux-mêmes, ou bien le sort d'ouvriers agricoles. Par contre, dans les anciens comitats, les trois quarts de la paysannerie furent affranchis avec le soutien de l'Etat.

Dans leur promesse solennelle, en 1848, les lois sur l'émancipation des serfs garantissaient pour les redevances, et non pas pour la terre, le dédommagement des ex-seigneurs. Ces derniers perdirent, entre autres, aux termes de la loi, 8,7 millions de journées de corvées effectuées à la main, 5 millions effectuées avec deux animaux de trait et 2,5 millions effectuées avec quatre animaux de trait. Ce point de vue exprimé à l'époque semble donc vrai : « En Transylvanie, le patrimoine du seigneur repose sur la multitude des corvées. »[8]

La somme globale qui pouvait indemniser une fois pour toute la classe des propriétaires terriens, est évaluée à environ 70 millions de florins. Cependant, les propriétés seigneuriales qui perdirent les anciennes corvées, se mirent à végéter et les propriétaires à lutter contre la pénurie de capitaux et de main-d'œuvre. Une situation singulière se constitua : les seigneurs, un peu partout, attendaient de la guerre de libération nationale une indemnisation plus équita-

[7] PÁL GYULAI, Erdélyi útibenyomások (Impressions de voyage en Transylvanie), Budapest, 1921, 42.

[8] *Kolozsvári Magyar Futár*, 17 juillet 1856.

ble, de même que les paysans hongrois attendaient, également de Kossuth, des conditions de libération plus favorables...

La discrimination qui visait l'affaiblissement des propriétaires moyens hongrois, considérés comme une classe rebelle, disparut après 1856. Les avances sur indemnités, allouées par petites fractions depuis 1851, étaient pratiquement émises en obligations dont les cours en bourse restaient bien en-dessous de leurs valeurs nominales d'émission. Une partie importante des indemnisations permit de rembourser les dettes contractées après 1848. Selon le meilleur spécialiste autrichien de l'époque, près de la moitié des sommes allouées par voie judiciaire ont dû être payées, jusqu'au printemps 1851, non pas aux propriétaires mais à leurs créanciers.

Les ex-seigneurs n'étaient pas dédommagés de toutes leurs pertes, puisqu'en réalité, il n'était pas possible d'évaluer ce dont ils avaient jusqu'alors bénéficié à titre de corvée. En raison des conditions peu développées et des changements soudains, les moyennes et grandes propriétés seigneuriales tombèrent, pour un temps, en décadence, et atteignirent parfois un niveau plus rudimentaire que celui du paysan.

Les incidences de la guerre de Crimée

En 1853, dans le voisinage immédiat de l'Empire, une situation de guerre se produisit lorsque le Tsar Nicolas Ier décida de briser le pouvoir européen de la Turquie et envahit les Principautés roumaines placées sous la suzeraineté du Sultan. La Monarchie choisit d'abord la neutralité mais s'allia finalement avec la Prusse, la France et l'Angleterre, puis avec la Turquie, contraignant ainsi la Russie à retirer ses troupes des Moldavie et de Valachie.

Dans les Principautés roumaines, la proximité de l'Empire turc, la sympathie de leur société pour les Hongrois, l'attitude indécise de leur gouvernement offraient la possibilité, pour l'émigration hongroise, de se pourvoir en bases de transports et de ravitaillement.

Avec cet amoncellement de tempêtes qu'apporta la guerre de Crimée, le grand conflit européen tant attendu était à portée de la main, ce conflit à l'issue duquel les peuples opprimés de la Monarchie, aux côtés des puissances occidentales, arracheraient leur liberté par les armes. Dès 1853, des travaux secrets d'organisation commencèrent en Transylvanie : en automne, Kossuth et Dumitru Brătianu se mirent d'accord pour appeler les peuples hongrois et roumain de la Monarchie à une action commune. Après la victoire, les habitants de la Transylvanie décideraient de vivre soit dans une Principauté séparée soit réunis à la Hongrie. De ces projets, aucun ne se réalisa parce que les puissances occidentales, entrées en guerre aux côtés des Turcs et s'étant concentrées sur la Crimée, renoncèrent à attaquer la Russie le long du Danube ; en août 1854, les troupes autrichiennes envahirent les Principautés, coupant ainsi la voie aux préparatifs ultérieurs.

L'occupation des Principautés roumaines s'accompagna d'importantes dépenses. Le gouvernement sollicita (et en partie força) la population à souscrire à un « emprunt national » de 500 millions dont 13,6 millions furent prélevés en Transylvanie et plus particulièrement payés par les seigneurs, qui avaient obtenu des obligations d'indemnité, et par les riches villes et bourgeois saxons.

La perdante de la guerre de Crimée ne fut pas seulement la Russie, ce fut aussi l'Autriche. L'amitié séculaire entre la Russie et l'Autriche était anéantie. Le traité de paix de Paris, signé en 1856, retirait à l'Autriche le maintien du contrôle armé sur les Principautés roumaines et, à l'Ouest, se dessinèrent les contours d'une alliance franco-piémontaise contre l'Autriche.

Le processus de déclin de l'absolutisme était en marche. Le souverain accorda, en 1857, l'amnistie à un grand nombre de prisonniers politiques et, en 1858, de nombreux émigrés rentrèrent au pays.

L'atmosphère d'une politique d'apaisement favorisa la vie culturelle, l'organisation de l'économie. A partir de l'automne de 1857, les relations avec la Hongrie purent se manifester plus librement, les libéraux de Pest et de Kolozsvár affichaient pratiquement ouvertement leur plate-forme commune de solidarité.

3. L'ébranlement de l'absolutisme

La guerre italienne et les actions de l'émigration hongroise

Durant la guerre de Crimée, le Piémont, promu puissance européenne et soutenu par Napoléon III dans ses efforts d'unification de l'Italie, s'apprêtait à la guerre d'expulsion des Habsbourg d'Italie. Pour l'histoire de l'émigration hongroise, une nouvelle période commençait. Cavour devint le principal appui des partisans de Kossuth et l'émigration tenta de devenir un allié à part entière des puissances contre l'Autriche. Au début de 1859, Alexandru Ion Cuza fut élu souverain commun des deux Principautés roumaines et, dans un premier temps, il pratiquait une politique anti-autrichienne tout en montrant de la bienveillance à l'égard des émigrés hongrois.

Lorsqu'en 1859, se profila la coalition contre l'Autriche, on procéda aux préparatifs destinés à mettre sur pied une légion hongroise en terre italienne et à constituer un deuxième front en Hongrie. Sur l'exhortation de Napoléon III, l'ex-général hongrois György Klapka, afin de gagner l'alliance du nouveau prince, rendit visite à Cuza. L'émigration hongroise et le prince roumain conclurent un accord militaire qu'ils complétèrent d'une convention politique. Cuza donna son accord à la constitution d'arsenaux hongrois en Moldavie. En échange, Klapka promettait, au nom de la Hongrie, d'aider Cuza à obtenir la Bukovine, d'organiser les soldats roumains transylvains en unités particulières, de respecter les droits individuels et, dans le domaine de la religion et de l'éducation, les droits collectifs des nationalités, enfin d'assurer l'autonomie municipale des communes et des comitats. En tant qu'objectif plus lointain, on envisageait une confédération de la Hongrie, de la Serbie, de la Moldavie et de la Valachie, mais le point supplémentaire le plus important concernait la future appartenance de la Transylvanie : elle recevrait l'autonomie si une future assemblée nationale s'élevait contre l'union proclamée en 1848. C'était là le maximum que l'émigration hongroise pouvait concéder en la matière.

Mais l'accord ne put se réaliser que partiellement. Cependant, en juin 1859, pendant la campagne d'Italie, l'Autriche essuya une défaite si rapide que nul n'eut le temps de mettre en branle un soulèvement en Hongrie. Il ne restait au gouvernement des émigrés qu'à mettre un terme aux livraisons d'armes. Les forces de l'opposition de l'Empire considéraient cette défaite militaire comme la fin de l'absolutisme, comme l'aube de changements politiques. (Le « refus de l'impôt », passant pour une forme de résistance politique, prit une ampleur telle qu'on dut sanctionner la moitié des foyers de Transylvanie.) Le souverain songea à des concessions et congédia les ministres de l'Intérieur et de la Police Bach et Kempen qui incarnaient trop obtensiblement l'absolutisme.

Les vagues du mouvement de résistance de Pest atteignirent la Transylvanie. Après l'hommage rendu par l'Académie à l'homme de lettres et rénovateur de la langue hongroise, Ferenc Kazinczy, des soirées commémoratives analogues furent organisées dans les villes de Transylvanie où les allocutions solennelles soulignèrent l'étroite connexion entre politique et littérature. Il est devenu une mode à contenu politique de faire des souscriptions à des fins culturelles, et d'étudier la littérature ou le droit public hongrois. Fin novembre, une délégation de l'Académie conduite par József Eötvös se rendit à Kolozsvár, à la session solennelle constitutive de la Société du Musée Transylvain. Elle fut accueillie par une ville tout en lumières d'apparat, par une retraite aux flambeaux, par des inscriptions dans le genre « que Dieu bénisse les deux patries sœurs ». Au banquet donné à l'issue de la session, des discours aux accents oppositionnels furent tenus tandis qu'un pasteur luthérien saxon, exprimant le point de vue des Saxons de Brassó, dit sa joie devant la bonne entente qui s'établissait entre « les peuples de la Patrie ».

Les habitants roumains du Sud de la Transylvanie avaient été enthousiasmés, dès le début de l'année, par l'union de la Moldavie et de la Valachie et considéraient avec sympathie les Italiens et Garibaldi. A la fin de l'année, les services de sécurité évoquèrent le spectre d'une coopération armée roumano-hongroise. Le commandant de gendarmerie rapporta que Avram Iancu, maintenu sous une surveillance constante, malade depuis des années, avait déclaré, à Topánfalva, qu'il ne tarderait pas à redevenir le commandant militaire : « la Terre des Sicules vit encore et l'on pourra reconquérir toute l'Europe avec les Sicules ».[9] Pendant ce temps, l'émigration hongroise, et plus particulièrement les émissaires de László Teleki, parcouraient la Transylvanie pour s'informer sur l'attitude à attendre de la population roumaine.

Certaines manifestations du mouvement national hongrois étaient suivies avec sympathie par les Roumains et les Saxons. Beaucoup d'entre eux participaient aux célébrations de la mémoire de Kazinczy ainsi qu'aux requiems pour le comte István Széchenyi, décédé en 1860, événements qui faisaient se déplacer toute la province. Les propriétaires libéraux hongrois apparaissaient ostensiblement aux manifestations saxonnes et roumaines, et cela afin de favoriser expressément l'entente. Une vague de fraternisation déferla sur le pays. Mais la majeure partie de l'accord, en raison des grandes divergences de vues sur l'avenir, se limitait à la condamnation commune de l'absolutisme. La lourde tâche de préparer le terrain à un ralliement véritable incombait de nouveau à l'émigration.

En 1860, alors que le Piémont, afin de réaliser l'unité italienne, se préparait à une nouvelle guerre contre l'Empire des Habsbourg, les émigrés hongrois nouèrent un accord avec Cuza. En échange de leur promesse de soutenir l'indépendance de la Roumaine et d'appliquer les droits des nationalités, ils demandèrent à Cuza d'aider le mouvement de libération hongrois et d'essayer, par son influence, d'empêcher que les Roumains de Transylvanie puissent être retournés contre les efforts nationaux hongrois. Mais les nouveaux envois hongrois d'armes en Roumanie furent ébruités et, sous la pression des grandes

[9] M. Popescu, Documente inedite privitoare la istoria Transilvaniei intre 1848-1859 (Documents inédits concernant l'histoire de la Transylvanie entre 1848-1859), Bucureşti, 1929, 306.

puissances, ils furent réexpédiés en Italie. En décembre, Klapka, lors de sa visite à Cuza, voyait l'affaire comme perdue, et Kossuth partageait ce sentiment. Cependant, le 8 janvier 1861, un nouvel accord vit le jour : l'essentiel de l'accord de 1859 était reconduit à cette différence près qu'on soulignait davantage le caractère secret des préparatifs et l'idée d'une aide militaire hongroise à fournir ultérieurement au prince roumain.

Cette fois-ci, l'accord demeura lettre morte. La position de Cuza se consolida progressivement, il devint plus circonspect, voulant éviter d'avoir maille à partir avec l'Autriche. En Moldavie, le gouvernement de Mihai Kogălniceanu, favorable aux Hongrois, fut renvoyé, en partie à cause de sa sympathie pour l'émigration Kossuth. Mais la raison déterminante fut que, sans le soutien de Napoléon III, le Piémont se sentait trop faible et Cuza totalement impuissant. Or, l'aide de la France n'étant pas assurée, la guerre n'eut pas lieu.

Les tentatives de coopération se poursuivirent encore pendant quelques années dans la mesure où les hommes politiques hongrois de Hongrie et de l'émigration continuaient à envisager, parmi les possibilités, la désagrégation de l'Empire des Habsbourg. Cependant, du côté roumain, l'exigence d'une Transylvanie séparée de la Hongrie se faisait de plus en plus forte.

Une tentative fédéraliste conservatrice : le Diplôme d'Octobre

Sur l'initiative de l'aristocratie conservatrice, François-Joseph promulgua, le 20 octobre 1860, comme « loi fondamentale de l'Etat irrévocable et permanente », le « Diplôme d'Octobre » qui, par une faveur du souverain, « restaurait » les gouvernements intérieurs autonomes des divers pays historiques. Les chancelleries auliques hongroise et transylvaine furent rétablies. Le chef de la première devint officiellement membre du gouvernement central réorganisé (« le ministère d'Etat »). Un autre décret confia à la délibération « d'hommes brillants appartenant à diverses confessions, nationalités et ordres, les préparatifs d'une diète provinciale à convoquer pour renouveler la constitution transylvaine ».[10]

Le Diplôme d'Octobre ne fut pas accueillie avec l'enthousiasme qu'espéraient ses inspirateurs. La bourgeoisie autrichienne y vit un coup porté par les grands propriétaires fédéralistes à la centralisation. Les libéraux hongrois refusèrent au souverain le droit de prendre seul des décisions à caractère national et ne reconnurent en aucune manière ni l'autorité d'un organe gouvernemental central (c'est-à-dire extérieur) ni l'autorité formelle d'un quelconque parlement impérial de Vienne. Ils tenaient au rétablissement en Hongrie du système hongrois adéquat, instauré en 1848, ministériel et parlementaire. En Transylvanie, les libéraux hongrois tenaient pour particulièrement révoltant que le Diplôme déclarait nulle l'union de 1848. « Sans l'union, il faut considérer les Hongrois de Transylvanie comme perdus à jamais, ce dont était, chez nous, convaincu le dernier paysan hongrois » fit-on savoir à Pest.[11]

Les intellectuels saxons et roumains accueillirent le Diplôme d'une autre manière. L'optimiste Bariţ commente avec enthousiasme, dans son journal :

[10] Okmánytár Erdély legújabb jogtörténetéhez (Recueil de documents pour l'histoire juridique récente de la Transylvanie) 1848-1856. Réunis par József Sándor, Kolozsvár 1865, 116.

[11] Cité par György Szabad, Forradalom és kiegyezés válaszútján (A la croisée de la révolution et du Compromis) 1860-1861. Budapest, 1967, 389.

« Aujourd'hui, le souverain a enregistré la nation roumaine de Transylvanie en tant qu'adulte parmi les autres peuples », l'autonomie de la Transylvanie est à jamais assurée, « on a mis notre sort entre nos mains ».[12] Dans le courant de novembre, les intellectuels roumains tinrent des conférences au cours desquelles ils affirmèrent, avec une détermination plus ou moins grande, leur objectif de réaliser le programme national de 1848. Le synode orthodoxe de Szeben formula le souhait d'un parlement transylvain ayant un nombre égal de députés des nations respectives ainsi qu'une égalité de droit des trois langues. Mais, à certaines réunions, on exprimait déjà la volonté de créer une province roumaine, à l'intérieur de l'Empire.

Les Saxons exigeaient le rétablissement des anciennes institutions et des anciens droits saxons et que la future assemblée nationale transylvaine fonctionnât sur les bases d'avant 1848. Ils remettaient à plus tard les décisions concernant l'union, qui n'était pas particulièrement désirée par la plupart d'entre eux, ainsi que la modernisation de la loi électorale.

Le 9 décembre, le souverain chargea le baron Ferenc Kemény, président conservateur modéré de la dernière assemblée transylvaine (1848), de prendre provisoirement la direction de la chancellerie. On fit du comte Imre Mikó le président du Gubernium, organe gouvernemental local, réinstallé à Kolozsvár.

Kemény et Mikó, tant à la chancellerie aulique qu'au gubernium, établirent des « référatures » roumaines à la tête desquelles ils placèrent (essentiellement d'après des critères nationaux) des conseillers roumains d'esprit indépendant.

Pour le 11 février 1861, on convoqua, à Gyulafehérvár, la première conférence des nationalités dont la tâche consistait en la préparation de la future diète transylvaine et l'élaboration d'un projet électoral. Dans le choix des personnes à inviter, prévalait un esprit traditionnaliste : 8 Hongrois, 8 « Sicules », 8 citadins (hongrois), 8 Saxons et 8 Roumains, tous des notables. La prépondérance hongroise exaspérait d'avance l'aile opposée à l'union que formait la majorité des hommes politiques des nationalités. Deux prélats roumains obtinrent de Schmerling, le nouveau ministre d'Etat, l'autorisation de convoquer une conférence nationale plus réduite où, dans une résolution, on prit position en faveur du Diplôme d'Octobre et de la reconnaissance de la nation roumaine en tant qu'entité politique autonome et on exigea, pour les Roumains, l'abrogation de certains articles de la loi transylvaine, préjudiciables aux Roumains mais devenus déjà caducs en 1848. On exigea également un élargissement des bénéficiaires du droit de vote. On mit sur pied une commission de coordination, le comité national roumain, qui prendrait plus tard une grande importance et dont les présidents furent l'évêque orthodoxe Şaguna et l'archevêque uniate Şuluţiu.

A la conférence de Gyulafehérvár, chacun prêcha pour sa paroisse. L'évêque catholique hongrois Lajos Haynald entra en lice pour la remise en vigueur de l'union ainsi que des lois de 1848 (dont la loi électorale d'alors) ; par contre, l'archevêque Şuluţiu s'attacha à l'autonomie de la Transylvanie et faisait dépendre la possibilité de siéger ensemble, fraternellement, d'une diète transylvaine séparée qui octroierait l'égalité des droits à la nation roumaine et assurerait sa participation proportionnelle dans le gouvernement. Le Saxon Konrad Schmidt se montra fort compréhensif à l'égard de l'union et des lois

[12] Vasile Netea, Lupta românilor din Transilvania pentru libertatea naţională (1848-1881) (La lutte des Roumains de Transylvanie pour la liberté nationale), Bucureşti, 1974, 158-159.

de 1848, mais il demandait, afin d'asseoir sur une base solide les droits des minorités nationales, en particulier l'autonomie saxonne, que la diète transylvaine soit convoquée. La rencontre prit fin sans que les parties se fussent rapprochées d'un pouce. Mais, à partir de ce moment-là, l'affaire de l'union passa au centre de l'intérêt politique, et les journaux hongrois, roumains et allemands lui consacrèrent de nombreuses pages.

La tentative de centralisation libérale de l'Empire

Entre-temps, la grande bourgeoisie austro-allemande et la bureaucratie centrale s'élevèrent catégoriquement contre le Diplôme d'Octobre, notamment à cause de ses concessions faites aux provinces. Les fêtes nationales hongroises et roumaines, ostentatoires, les refus de payer l'impôt, les tensions sociales qui se manifestaient, surtout dans le milieu paysan, par des occupations de pâturages et de forêts, portèrent atteinte à l'autorité du nouvel ordre avant même son fonctionnement effectif.

Au milieu de décembre 1860, la position-clé du gouvernement fut occupée par Anton von Schmerling, de tendance libérale, qui voulait créer, par les moyens de l'absolutisme, un parlementarisme bourgeois modéré.

La Patente dite de Février, émise le 26 février 1861, donna à tout l'Empire une « constitution » qui réinterpréta, dans un esprit centralisateur, le Diplôme d'Octobre. Le programme officiel du gouvernement proposait une centralisation d'une nouvelle espèce pour l'ensemble de l'Empire. A la Chambre des Députés de Vienne, qui comprenait les 343 membres du Reichsrat, la Hongrie put en envoyer 85, la Transylvanie 26, et la Croatie 9. Dans la Patente, on n'abordait pas le problème de la responsabilité du gouvernement envers le parlement, ni celui d'un contreseing ministériel des mesures du souverain. Le souverain, en contournant les diètes locales, pouvait, à n'importe quel moment, désigner directement des députés au parlement de l'Empire. Ainsi, au besoin, il pouvait gouverner selon des principes apparamment libéraux, sans convoquer la diète hongroise.

Il est compréhensible que tout cela, considéré pourtant par François-Joseph et ses ministres comme une dernière concession, ne fût pas accueilli avec un trop grand enthousiasme par les libéraux hongrois. La Diète hongroise, réunie en avril 1861 et revendiquant la mise en vigueur de la loi de 1848, prit position pour la création d'un Etat hongrois, à caractère bourgeois, entièrement autonome dans ses affaires intérieures. Elle tenait par conséquent à ce que les représentants élus de Transylvanie, de même que ceux de Croatie, participent à ses travaux, mais il n'en fut rien. Des provinces ethniquement variées du Banat, d'Arad, de Bihar, de Szatmár, de Máramaros, 19 députés roumains furent envoyés à la diète de Pest ; ceux-ci se fixèrent comme but de fonder l'avenir des minorités nationales, à l'opposé de leurs collègues transylvains, par la voie d'un accord avec les forces hongroises.

Ferenc Deák, dans l'intérêt d'une action commune, inséra dans son adresse à l'Assemblée résumant les principes fondamentaux des libéraux hongrois, la tâche de résoudre, de façon urgente, la question des nationalités, tandis qu'Eötvös créa une commission pour élaborer une loi séparée sur les nationalités ; 12 députés non hongrois y prirent place et, en août 1861, ils déposaient déjà une proposition. « Les citoyens de chaque groupe linguistique de la Hongrie constituent une seule nation, la nation hongroise indivisible et unie, conformément au concept historique de l'Etat hongrois» stipulait la proposition, mais elle constatait également que «les Hongrois, les Slovaques, les Roumains, les Serbes, les Allemands, les Ruthènes devaient être considérés comme des nationalités aux droits égaux» et pouvaient faire valoir sans entrave, en vertu de la liberté individuelle et de la liberté d'association, leurs exigences nationales particulières.[13] Dans les communes et les comitats, elle assurait la libre utilisation de la langue en permettant aux comitats, aux communes pluriethniques de correspondre entre eux et de publier dans leur propre langue les documents officiels. Dans la proposition particulière de la commission sur les nationalités, Vlad et Popovici, députés roumains, acceptèrent le concept de «nation politique» à cette modification près que l'individualité de chaque nation serait mise en évidence («reconnues en tant que nations à droits égaux avec les Hongrois, celles-ci constituant ensemble la nation politique de Hongrie»[14]). Les détails de leur projet témoignaient d'une tendance à la fédération des territoires plurinationaux.

Finalement, la Diète tronquée de 1861 ne put promulguer de lois. François-Joseph et Schmerling la firent dissoudre car elle n'était pas disposée à un compromis avec le souverain et elle tenait au maintien de l'intégralité des lois de 1848.

Face à la résistance hongroise, Schmerling tenta de créer, au moins en Transylvanie, une diète qui acceptât le nouvel ordre et diminuât par là le poids du refus des «libéraux de Pest», ce qui aurait permis de briser plus rapidement leur opposition. Dans le courant de l'été de 1861, Schmerling promit aux Roumains un sérieux abaissement du cens électoral, ce qui équivalait à garantir une majorité parlementaire roumaine en Transylvanie. Quant à François-Joseph, il adressa, par deux fois même, à la délégation roumaine qui se présenta devant lui, les propos suivants: «Je peux vous assurer, Messieurs, que je ne permettrai jamais l'union de la Hongrie et de la Transylvanie».[15]

Ce fut donc dans une situation conflictuelle entre le gouvernement centralisateur de Schmerling et les instances dirigées par les unionistes modérés Kemény et Mikó que se construisit la machine administrative locale en Transylvanie. Au printemps de 1861, le souverain décréta l'abandon de l'administration interne absolutiste, en Transylvanie comme ailleurs, ainsi que le rétablissement et la réorganisation de l'autonomie des villes libres royales, des sièges sicules et des comitats.

La tactique libérale hongroise visait, en accord avec l'opposition de Pest et en partie sur les conseils de Kossuth émigré, à revigorer, dans les villes et les comitats, le combat contre les efforts centralisateurs de Vienne. Le pouvoir local avait, jusqu'en 1848, été subordonné à l'assemblée de type parlementaire des municipalités: il choisissait et contrôlait les fonctionnaires et les juges, décidait du montant des impôts et, d'une manière générale, donnait le ton de la vie politique dans le territoire donné. La pléiade d'intellectuels et de propriétaires organisée autour des comtes János Bethlen fils et Domokos Teleki, par le biais des élections de fonctionnaires et de la formation des commissions des comitats conformément aux lois de 1848, accéda, au printemps de 1861, à des postes importants dans la vie administrative et politique

[13] Cité par Gy. Szabad, op. cit., 553.

[14] Imre Mikó, Nemzetiségi jog és nemzetiségi politika (Droit des nationalités et politique de nationalités), Kolozsvár, 1944, 179.

[15] Corespondenţa lui Ioan Raţiu cu George Bariţiu (1861-1892). (Correspondance de I. R. et G. B.), Publ. par Keith Hitchins–Liviu Maior, Cluj, 1970, 51.

de Transylvanie. Usant de cette possibilité, ils exigèrent le rétablissement des lois de 1848 et, considérant l'union comme un fait légalement acquis, demandèrent que les députés de Transylvanie fussent eux aussi convoqués à la Diète de Pest, en voie de se rassembler.

La grande question était de savoir comment parvenir à un accord pratique avec les intellectuels roumains qui acceptaient l'essentiel des lois de 1848, à savoir l'affranchissement des serfs et les mesures favorisant la constitution d'une bourgeoisie, mais, sachant que les milieux gouvernementaux de Vienne étaient derrière eux, ils tenaient à l'indépendance de la Transylvanie et exigeaient pour eux des droits nationaux particuliers en refusant, outre l'union, la conception hongroise qui voulait résoudre la question des nationalités en accordant des droits culturels et individuels. Pour leur part, les Hongrois acceptaient que les comitats de Fogaras et de Naszód, à majorité roumaine, mettent sur pied leur administration roumaine (à la tête de Felső-Fehér et de Hunyad, il y avait également un comes roumain); ils considéraient comme souhaitable une certaine pénétration roumaine dans le Königsboden, mais dans les comitats, ces vieux bastions de la politique hongroise, ils n'acceptaient de les laisser entrer dans l'appareil que tout au plus sur une base paritaire. Les commissions départementales se composaient, en général, des membres de 1848 encore en vie, et une partie des fonctionnaires, soit un quart, étaient des Roumains nommés par les comes. «On recherche les Roumains pour les postes comme les soldats, avec une corde» écrivait le correspondant de la *Gazeta Transilvaniei* de Doboka.[16] La langue roumaine ne fit pas seulement son apparition dans la vie publique mais, dans certaines régions, elle acquit une position dominante. Le comte Gábor Bethlen, commissaire du gouvernement qui présidait la session constitutive du conseil, à Naszód, tint son discours d'inauguration en roumain...

La direction bureaucratique-patricienne saxonne et les représentants des Roumains, déjà importants en nombre et en biens dans le Königsboden, s'affrontèrent gravement sur la question de la part à s'assurer dans l'administration. Par rapport aux comitats, les Roumains y étaient dans une situation moins favorable. Le comes saxon Salmen tenta, en concédant quelques postes aux Roumains, de moderniser la restauration des droits saxons (remontant à 1805), difficile à accorder avec les principes d'égalité des droits civils. Après plusieurs siècles d'histoire, en 1861, quatre Roumains entrèrent pour la première fois dans l'Universitas. Une nombreuse délégation demanda à Salmen de constituer les corps dirigeants du Königsboden sur une base paritaire de Saxons et de Roumains. Alors que, dans les comitats, les intellectuels roumains avaient besoin du soutien de Vienne contre la classe des propriétaires hongrois, les plaintes des Roumains du Königsboden, de manière traditionnelle, étaient traitées avec compréhension par le Gubernium dirigé par des Hongrois, tout comme par le chancelier transylvain de la Cour, Ferenc Kemény. La presse hongroise s'efforçait elle aussi d'apporter son soutien au combat des Roumains du Königsboden.

La réorganisation des municipalités de Transylvanie se termina en automne de 1861, et un équilibre politique relatif s'établit entre les diverses nationalités sans cependant apporter le calme. Dans les comitats à direction hongroise, les ténors politiques des Roumains et, dans les conseils à direction roumaine, ceux

[16] Foaie pentru minte, inimă şi literatură. 26 avril 1861. Cité par SIMION RETEGAN, Dieta românescă a Transilvaniei (1863-1864), (La diète roumaine de Transylvanie), Cluj-Napoca, 1979, 48.

des Hongrois, protestaient contre l'hégémonie de l'autre partie, en exprimant, par leur retrait solennel des assemblées départementales, par leur abstention et par leurs mémorandums qu'ils n'étaient pas disposés à accepter comme définitifs les rapports de forces qui s'étaient établis.

Ce fut l'émigration qui élabora de nouveau une conception globale pour apaiser les conflits nationaux.

Le projet d'une confédération danubienne

Etant donné que, du côté hongrois, les dispositions à un compromis avec l'Autriche se renforçaient et que, de surcroît, l'émigration devait se rendre compte que les grandes puissances tenaient au maintien de l'équilibre européen, Klapka et Kossuth, voulant désamorcer les oppositions nationales et relancer les mouvements de libération, élaborèrent un nouveau projet d'union d'Europe du Sud-Est. Le projet de confédération danubienne, conçu en mai 1862, esquissait, pour le temps suivant une guerre de libération victorieuse, une fédération « des vieux Etats historiques » entre les Carpates, le Danube, la mer Noire et la mer Adriatique. Une autorité confédérale mènerait les affaires communes des Etats membres : affaires étrangères, militaires, commerciales et douanières qu'un parlement confédéral contrôlerait. Son siège se trouverait en alternance à Pest, à Bucarest, à Zagreb et à Belgrade, et le chef du pays concerné remplirait les fonctions présidentielles. Mais, outre cela, le parlement, la juridiction et l'administration de chaque Etat resteraient totalement indépendants. Le statut particulier de la Transylvanie serait lui aussi pris en compte.

Le projet de Kossuth promettait un libre développement national, un statut collectif de grande puissance (« ce serait un pays de premier ordre, riche et puissant, avec 30 millions d'habitants qui pèserait lourd dans la balance européenne »[17]) dans cette région historique privée d'indépendance nationale et ethniquement fort embrouillée. Mais la proposition fut divulguée sans préparation adéquate, et n'eut pas d'écho très favorable auprès des peuples voisins, la majorité des hommes politiques hongrois, tel Ferenc Deák, la repoussèrent ou firent silence sur elle.

La classe des propriétaires hongrois ayant la conscience d'une grande nation aspirait à la création d'un Etat constitutionnel et autonome, qui remplirait un rôle dirigeant dans la région, dans lequel la suprématie reviendrait aux Hongrois, en vertu de leur droit historique de fondateurs de l'Etat et pour des considérations pratiques. Mais elle n'en voyait la possibilité de réalisation que si le pays se rattachait à une plus grande puissance protectrice, qui serait l'Empire des Habsbourg. C'est pourquoi l'étude de la place de la Hongrie et de la Transylvanie dans l'Empire devint la question centrale de la vie politique des années qui suivirent.

La majorité des libéraux hongrois tenait fermement à l'union de la Transylvanie, et en contrepartie ils étaient même disposés à des consessions. Deák pensait qu'il fallait traiter la Transylvanie de façon identique à la Croatie, qu'elle devait avoir une diète provinciale séparée, qu'elle enverrait des députés à la Diète nationale de Pest et que, pour apaiser les Roumains, ceux-ci seraient

[17] LAJOS KOSSUTH, Irataim az emigráczióból (Mes papiers de l'émigration). Réunis par IGNÁC HELFY. III. 1859-1860. Budapest, 1882, 734. Pour le projet, voir LAJOS LUKÁCS, Magyar politikai emigráció (Emigration politique hongroise) 1849-1867. Budapest, 1984, 202-223.

reconnus en tant que « quatrième nation ». Par contre, les libéraux hongrois de Transylvanie craignaient de fournir ainsi une meilleure position tactique à Vienne qui pourrait faire de l'union un objet d'éternelles discussions, et profiter constamment des dissensions nationales.

La Diète provinciale de Nagyszeben

En septembre 1861, le souverain décréta la convocation de la Diète transylvaine, et de plus, sur la base d'un cens incluant tous les impôts directs, fixé à 8 florins, c'est-à-dire diminué de façon significative par rapport à 1848. Le chancelier Kemény, jugeant incompatibles le principe monarchique et le droit de vote étendu, démissionna. Le Gubernium, dirigé par Mikó, protesta dans un volumineux mémorandum contre la convocation d'une diète séparée, ne se faisant pas faute de reprocher au gouvernement de Vienne de pratiquer une extension du droit précisément en Transylvanie par pure tactique « lorsque, dans les autres provinces de Votre Majesté, les intérêts du peuple et particulièrement des masses ne bénéficient justement pas d'une telle faveur ».[18] Les partisans de Mikó, appuyés par la majorité des fonctionnaires des comitats, s'opposèrent aux préparatifs, s'attirant en cela non seulement la colère de Vienne mais aussi celle du comité national roumain. L'archevêque roumain Şuluţiu, dans son mémorandum transmis au souverain, qualifiait le Gubernium de récalcitrant à l'esprit du temps, ainsi que de rebelle car « il taxe le règne et toutes les initiatives de Votre Majesté d'illégaux ».[19] Finalement, le 21 novembre 1861, Imre Mikó démissionna.

Les départs de Kemény et de Mikó furent suivis de ceux des hauts fonctionnaires hongrois. Les nouveaux administrateurs nommés à la tête des comitats étaient entièrement dévoués au gouvernement. Avec les comes de Naszód, Fogaras, Hunyad et Felső-Fehér, restés en place, le nombre des conseils à direction roumaine s'élevait à six, puisqu'à la tête des comitats de Doboka et de Küküllő, on plaça des administrateurs roumains.

Le nouveau chancelier transylvain, le comte Ferenc Nádasdy (même selon François-Joseph, le Hongrois le plus haï), se proposa comme but, parce qu'il avait besoin de l'aide des comitats pour les élections, de briser les comitats régis par les assemblées hongroises. Si dans les nouvelles commissions des comitats créées par lui et dans le corps des fonctionnaires, la majorité fut encore donnée par les propriétaires ou les petits fonctionnaires hongrois, le poids des Roumains augmenta. Dans les villes hongroises et en Terre sicule le camp des libéraux se maintint dans son ensemble. Au printemps de 1863, les administrateurs avaient si bien réussi à étouffer la résistance qu'ils purent enfin organiser des élections parlementaires.

Lors de ces élections l'innovation la plus importante fut non pas l'augmentation du nombre des électeurs mais la transformation du camp des votants lui-même. Dans la mesure où, en 1848, tout noble restait automatiquement électeur, l'était maintenant celui qui répondait au nouveau cens de 8 florins : dans les comitats il s'agissait seulement d'un noble sur cinq. Cette couche était traditionnellement, sans considération de l'appartenance ethnique roumaine ou hongroise, le facteur principal de la politique hongroise. Le fait d'augmen-

[18] Okmánytár Erdély legújabb jogtörténetéhez (Recueil de documents pour l'histoire juridique récente de la Transylvanie) 1848-1865, Kolozsvár, 1865, 178.

[19] L. Ürmössy, Tizenhét év... 339.

ter le nombre de députés des comitats — bien que la représentation proportionelle ne fût pas introduite — avait pour but d'apaiser les Roumains. Un député représentait 18 000 âmes dans Fogaras et dans Naszód, 14 500 en Terre sicule, 8 700 sur les territoires saxons. Plus de la moitié des électeurs des comitats étaient roumains et cela était considéré comme encourageant pour le comité national roumain qui lança une puissante propagande électorale. La Diète était attendue avec l'espoir d'un tournant historique qui hisserait au pouvoir politique et émanciperait la nation roumaine.

Aux élections de l'été 1863, durant lesquelles le gouvernement avait soi-disant consacré 800 000 florins à «influencer», par des moyens matériels, le vote des 75 à 80 000 électeurs effectifs, 49 Roumains, 44 Hongrois et 33 Saxons obtinrent un mandat. Le camp des libéraux hongrois, tant dans les sièges sicules que dans les villes hongroises, obtint la majorité des mandats, mais ce fut justement dans les comitats considérés comme étant d'anciennes unités d'organisation de la vie politique qu'il subit des pertes cuisantes: des 38 députés départementaux seuls deux étaient hongrois.

Le souverain nomma, aux côtés des députés élus, onze «régaliens» de chaque nationalité, «des hommes très honorables» ou bien des dignitaires qui devaient faire fonction de contrepoids aux députés, rôle habituellement rempli par la Chambre Haute. 60 (puis 59) Roumains, 56 Hongrois et 44 Saxons eurent finalement la possibilité de prendre part à la Diète.

Les forces politiques des trois nations se préparaient fébrilement à l'ouverture de la session. Les Hongrois délibérèrent deux jours durant sur la possibilité de prendre part à la tâche la plus importante, à savoir celle d'assurer des droits nationaux particuliers aux Roumains, sans que cela portât atteinte à la loi de 1848 sur l'union et à leur protestation de principe contre une diète séparée. Ils déclaraient que «l'esprit d'une diète transylvaine contrevenait d'ores et déjà à la loi».[20]

Les prises de contacts entre députés hongrois, roumains et saxons qui furent engagées afin de gagner le camp puissant des Roumains favorables à la constitutionnalité, n'aboutirent pas. Les libéraux roumains, ainsi que certains Saxons espéraient de l'arrivée des Hongrois le renforcement du camp constitutionnel à la diète. Ceux-ci, par contre, tentèrent d'amener ceux-là à s'absenter. Ils promirent derechef qu'à la Diète de Pest, «nous garantirons par des lois tous les désirs qui sont les vôtres».[21] Mais on ne réussit pas à concilier les points de vue; aussi les députés et les «régaliens» hongrois, à l'exception de trois, ne se rendirent-ils pas à la Diète.

L'abstention hongroise déchira les espoirs de centralisation liés à la Diète transylvaine. Sans eux, elle ne représentait plus les trois nations de Transylvanie. De surcroît, des 59 députés roumains, 36 étaient des fonctionnaires et 15 des hommes d'Eglise, des 33 Saxons élus 22 étaient des fonctionnaires et la moitié des «régaliens». Le nombre de députés réellement indépendants se situait autour de 10, tel le Saxon Maager, tel le Roumain Bariț. Ainsi la composition de la Diète fut conforme aux vœux de Schmerling: un organisme soumis, tenu en main, une assemblée de fonctionnaires assujettis. Ce fut la première, et en même temps la dernière Diète transylvaine où les Roumains étaient présents, voire atteignaient, en tant que nation, la majorité.

La session de la Diète fut ouverte le 15 juillet 1863. Le commissaire du Roi, le gouverneur Crenneville, en uniforme d'apparat hongrois, lut de discours du

[20] Pour le protocole abrégé voir *OSzK* Kézirattára Fol. Hung. 1430, f 1-3.

[21] Ioan Pușcariu, op. cit. 75.

trône à l'assemblée dans l'absence des Hongrois, discours qui promettait le rétablissement des anciens droits constitutionnels, la formation d'un système représentatif respectant l'égalité des droits; le souverain conviait les députés à insérer dans les lois le Diplôme d'Octobre ainsi que la Patente de Février, à faire entrer la Transylvanie dans le Reichsrat. Il les assurait de l'invalidité de l'union. Le gouvernement annula les mandats des députés hongrois et ordonna de nouvelles élections dans leurs circonscriptions. A la place des «régaliens» absents, il en nomma de nouveaux.

Aux élections d'août, les députés hongrois l'emportèrent de nouveau dans leurs fiefs et, une fois la démonstration de force terminée, ils renoncèrent solennellement à leur mandat. Pour la troisième fois en octobre, pour la quatrième en mai 1864 et la cinquième en août, Nádasdy tenta de briser, par les élections, la résistance dans les circonscriptions hongroises, mais toujours en vain. Parmi les nouveaux «régaliens», on réussit à gagner au total 11 Hongrois, mais le gouvernement ne tenta même pas de présenter ceux-ci devant l'opinion comme la représentation des Hongrois de Transylvanie.

Entre-temps la Diète repoussa la proposition du groupe majeur des Saxons optant pour une centralisation de l'Empire et pour la création de quatre provinces nationales séparées en Transylvanie (mais cependant pas uniformes ethniquement). On trouvait cette proposition tout, sauf libérale. De plus, elle aurait totalement exclu, dans plusieurs comitats, la mise en valeur de la majorité numérique des Roumains. Les unionistes libéraux représentaient la minorité du groupe saxon: Franz Brennberg se prononça pour l'union et rendit son mandat. Par contre, Franz Trauschenfels, tout en gardant son point de vue unioniste, prit part aux travaux, voire présenta en tant que rapporteur la proposition de la commission sur l'octroi de l'égalité en droit des Roumains. (Les libéraux hongrois voulaient confier aux comitats et aux communes le choix de leur langue officielle, mais ils souhaitaient que la langue du gouvernement et du parlement fût exclusivement le hongrois, bien qu'un homme politique respectable comme le comte Domokos Teleki, tînt pour possible que le roumain, avec le temps, devînt langue officielle.)

La proposition du gouvernement rendit le hongrois, le roumain et l'allemand langues officielles, mais entendait réglementer par voie de décret, l'usage de la langue de correspondance officielle entre les organismes centraux. Ainsi la détermination de la langue d'Etat n'était plus du ressort des députés. Aux cours des débats, une vive polémique s'instaura entre Roumains et Saxons, ces derniers voulant introduire par degrés l'égalité linguistique. Ce ne fut qu'au début de 1865 que le souverain ratifia la loi, mais le gouvernement l'avait déjà envoyée pour exécution, fin 1863, au Gubernium de Kolozsvár.

Avec l'accord sur l'égalité des droits des confessions roumaines, avec les dispositions linguistiques, s'accomplissait formellement l'émancipation politique de la nation roumaine, émancipation dont les chances de réalisation effectives étaient encore bien minces. Il n'était pas possible de prendre des dispositions allant à l'encontre de la plus ancienne force du pays, les Hongrois, qui disposaient du plus grand potentiel politique ainsi que d'une alliance puissante de l'autre côté du Mont Bihar. La société roumaine, de par sa structure, ne pouvait, pour l'heure, que produire une petite élite d'hommes d'Eglise ou d'intellectuels-fonctionnaires, qui ne signifiait pas en elle-même une force politique combative. En cela, elle était nécessairement réduite au rôle de réserve de la bureaucratie d'Etat. Pour contrebalancer cet état de fait, Bariț et beaucoup d'autres se prononcèrent, à la Diète, en faveur d'une constitutionnalité moderne et, pour ainsi dire, firent leur une partie des options politiques des libéraux hongrois. Ioan Raţiu avait œuvré, dès 1861, contre une inféodation excessive au gouvernement de Schmerling et proposé de rechercher des contacts avec les hommes politiques hongrois.

Après l'acceptation de la première loi, l'atmosphère politique, déjà mauvaise, empira encore. On commença à se douter que toute cette expérience ne servait qu'à faire entrer la Hongrie par la force au Reichsrat. Le gouvernement jouait avec l'assemblée de Nagyszeben. Reichenstein, le vice-chancelier, portait toujours sur lui le rescrit de dissolution, prêt à le sortir à n'importe quel moment où cela s'imposerait. Le président de la Diète était le conservateur hongrois Gusztáv Groisz qui, parmi les six candidats, était celui qui avait obtenu le plus petit nombre de voix. S'il le fallait, on faisait désavouer la décision de la majorité par un nouveau vote. Sur sollicitation royale, on fit choisir sans délai 26 délégués (dont 13 Roumains et 11 Saxons) pour les envoyer au Reichsrat et, en octobre, ils arrivèrent à Vienne mais ne purent rien obtenir et votèrent même sans amendement le budget de la Transylvanie. Par ailleurs, les députés autrichiens les traitèrent comme les marionnettes du gouvernement.

En mai 1864, la Diète se réunit à nouveau à Szeben. De la réglementation provisoire appliquée en 1863, on fit un projet de loi électorale. La réorganisation de la juridiction, les propositions de Raţiu, qualifié de « communistiques » par les libéraux en matière d'exploitation forestière, celles sur l'affranchissement en Terre sicule, sur la répartition des pâturages, tout cela resta en suspens. Fin octobre, les sessions furent ajournées et ne reprirent jamais car, dans le cours de 1865, la situation politique changea radicalement. Les six lois sanctionnées perdirent toute importance car non seulement les dirigeants politiques hongrois s'y opposaient mais elles n'engageaient pas, en réalité, le souverain, faute de serment lors du sacre. Le seul mérite qui restât à cette Diète fut de découvrir l'accélération du processus de développement de l'expérience politique et des consciences nationales saxonne et surtout roumaine.

La liquidation du « Provisorium » et la Diète « unioniste » de Kolozsvár

Si la politique de Schmerling n'était pas parvenue à briser la résistance des libéraux hongrois, elle avait obtenu des résultats dans son assouplissement. Les années d'absolutisme n'apportèrent pas un redressement économique à la classe des propriétaires. Il fallait de l'argent pour la vie publique, et ils devaient pratiquement financer l'administration pendant toute la période Mikó. Leurs propriétés mal délimitées et encore non régularisées n'obtenaient pas de crédit et s'en trouvèrent dépréciées. Selon le comes roumain de Fogaras, bien informé, on aurait pu acheter toutes les terres de Transylvanie pour quelques millions. La nécessité de trouver une issue renforça le camp de ceux qui désiraient une compromission avec la Cour.

Au printemps de 1865, l'« article de Pâques » de Deák donne le coup d'envoi aux préparatifs du compromis. Deák affirmait qu'il était possible d'accorder les intérêts hongrois, les lois de 1848 avec « la stabilité de l'Empire » et soulignait que l'une des exigences suprêmes des libéraux hongrois était que, dans la partie autrichienne de l'Empire également, il fallait assurer un gouvernement constitutionnel. Dans le cours des préparatifs au compromis, on congédia, le 26 juin 1865, les chanceliers hongrois Zichy et transylvain Nádasdy et ce dernier fut remplacé par un général de cavalerie, le comte Ferenc

Haller. L'âme du système, Schmerling, tomba à son tour et son successeur fut le comte Belcredi. Vienne se résigna à restaurer l'union. François-Joseph manda auprès de lui Şaguna (nommé, en 1864, archevêque indépendant des Roumains orthodoxes de Hongrie et de Transylvanie) et le comes saxon Konrad Schmidt, auxquels il communiqua son intention d'aboutir à un compromis et fit la promesse de garantir, dans la mesure où Saxons et Roumains pourraient s'adapter à la nouvelle situation, les droits nationaux aux non-Hongrois.

Le souverain convoqua, pour le 19 novembre 1865, une nouvelle Diète à Kolozsvár dont « l'unique et exclusif objet serait la renégociation de l'article de la loi I de 1848 portant sur l'union de la Hongrie et de la Transylvanie ». L'administration fut à nouveau restaurée et les organismes formés en 1861 commencèrent immédiatement à fonctionner dans leur ancienne composition.

Pour les nouvelles élections, on fixa le cens en prenant en considération les lois électorales de 1791 et de 1848, ce qui le fit remonter par rapport à celui de 1863. Malgré le relèvement du cens, on peut supposer (faute de données sûres, nous sommes réduits à des évaluations) qu'il y eût plusieurs milliers d'électeurs supplémentaires par rapport à 1863. Les membres de la petite noblesse rurale, qui représentaient la réserve des forces politiques hongroises, purent à nouveau voter selon « l'ancien droit ».

Ce nouveau virage et cette nouvelle loi électorale assenèrent un coup à l'intelligentsia roumaine. Le vice-président roumain du Gubernium jugea que ces expériences ne tiendraient pas l'épreuve du temps et qu'il fallait s'attendre à leur échec. Il incita à la résistance l'archevêque uniate Şuluţiu et ses partisans qui, suivant l'exemple des Hongrois, tentèrent le boycottage, mais échouèrent faute de pouvoir accorder leurs actions. Au dernier moment, Bariţiu et ses partisans se décidèrent à participer aux élections. L'Universitas saxonne s'opposait à ces nouvelles mesures mais elle se montra cependant disposée à participer à la Diète et elle accepta finalement l'union en échange de l'assurance préalable de la constitution en municipalités de la minorité saxonne.

Aux élections de novembre, le soutien apporté par le souverain à l'union eut un effet psychologique de même que le rehaussement du cens électoral amenant la réduction du cercle des électeurs roumains. Le camp de ceux qui s'opposaient à l'union ou qui y posaient des conditions se constituait des 14 députés roumains élus (et des 34 « régaliens »). Face aux 59 députés hongrois élus (et aux 137 « régaliens »), le camp des députés roumains et saxons (30 élus et 20 « régaliens ») ne faisait pas le poids. Même sans les « régaliens », les partisans de l'union étaient majoritaires.

Le 19 novembre 1865, le baron Ferenc Kemény, qui avait présidé celle de 1848, ouvrit la session qui, curieusement, ne fut considérée comme tout à fait valable par aucune force politique importante. Les Roumains qualifièrent sa convocation d'illégale et exprimèrent le souhait de poursuivre la Diète de Szeben. La majorité des députés hongrois la tinrent simplement pour une conférence d'importance régionale ayant pour tâche de mettre à nouveau sur pied l'union de 1848. Les pourparlers de conciliation préliminaires entre nationalités n'aboutirent pas et les débats commencèrent avec une participation de 32 députés roumains seulement sur les 46. Les autres s'absentèrent ostensiblement. Aux séances les délégués prirent position sur la question de l'union par de belles harangues, réitérant les arguments accumulés entre 1848 et 1865. Malgré la protestation de Şaguna et de Maager, malgré les voix des 29 Roumains et 26 Saxons, la proposition hongroise fut adoptée par 166 voix (dont 4 roumaines et 8 saxonnes). Celle-ci qualifiait l'union de nécessaire en partie d'après le droit historique, en partie eu égard à la situation de grande puissance de l'Empire qui exigeait le rétablissement de l'intégrité territoriale de l'Etat hongrois. Elle affirmait également que l'union était vitale pour la Transylvanie, vu le retard économique, l'appauvrissement de la population et son incapacité de payer l'impôt. L'essor matériel ne pouvait être attendu que « d'un rassemblement des forces et des intérêts naturels et légitimes ». Enfin, elle constatait, à propos de l'égalité des droits des peuples non-hongrois : « le cœur paternel du souverain et le libéralisme reconnu du législateur hongrois »,[22] offrent assez de garanties pour le respect, sur la base de l'égalité des droits des citoyens, des intérêts des confessions et des nationalités.

A la résolution fut annexée la prise de position de la minorité roumaine présentée par Şaguna, qui exigeait une diète à convoquer selon les prescriptions de 1863 afin que les Roumains puissent débattre de l'union sur les bases d'une loi électorale plus favorable. Parmi les avis particuliers saxons, également en annexe, l'un faisait dépendre l'union de la garantie des droits séparés pour les nationalités. Les séances furent ajournées jusqu'à l'arbitrage royal qui arriva par courrier, encore qu'après le discours unioniste de François-Joseph prononcé à l'ouverture de la Diète de Pest, cela ne fut plus qu'une formalité.

Le 10 janvier 1866, on donna lecture du message royal qui « permettait » à la Transylvanie d'envoyer des délégués à la Diète de Pest, mais il tenta de faire dépendre l'entrée en vigueur de l'union de la clôture des pourparlers de compromis austro-hongrois et précisa en particulier qu'il souhaitait satisfaire au préalable les exigences juridiques justifiées des confessions et des nationalités. Pour les Saxons et les Roumains, cela était déjà bien peu, tandis que les libéraux hongrois voyaient dans l'effort de souligner les préalables, une stratégie visant à obtenir des voix pour la Diète de Pest. Cependant, ils turent leur ressentiment et la Diète « unioniste » de Kolozsvár prit fin avec la déclaration : « Nous nous sommes beaucoup rapprochés de la réalisation de notre objectif. »

Par cet acte prit fin la séparation de la Transylvanie. Ce ne fut pas la pression des forces politiques hongroises transylvaines qui conduisit au rétablissement de l'union, car celui-ci fut aussi un préalable au succès des pourparlers de compromis, qui devaient apporter la stabilité à la Monarchie. Une grande part revenait, certes, à la force politique la plus puissante de Transylvanie, le camp des libéraux hongrois, qui pouvait empêcher la « stabilisation » de la Transylvanie détachée, conformément au projet centralisateur de l'Empire, en premier lieu contre la Hongrie.

Le rétablissement de l'union apportait à la Transylvanie la possibilité de s'intégrer non plus comme province limitrophe pauvre, mais comme partie d'un ensemble plus développé aussi bien économiquement et socialement que politiquement, dans une Monarchie des Habsbourg qui avait pris la voie de l'essor capitaliste — bref, c'était là un moyen de rallier les processus de croissance économique européens.

La grande question de l'avenir était de savoir quelle marge l'union pouvait offrir au développement politico-culturel des nations et quelles chances les conditions désormais plus favorables pouvaient fournir pour surmonter le retard socio-économique historiquement accumulé, et devenu depuis longtemps source de tensions.

[22] *Erdélyi Hírlap*, 28 décembre 1865 ; L. Ürmössy, Tizenhét év... 25.

II — Population et économie à l'époque capitaliste

1. La population

La poussée démographique et la mobilité de la population

Entre le premier recensement de la population après la révolution bourgeoise et celui effectué à la veille de la Première Guerre mondiale, soit en l'espace d'une soixantaine d'années, la population de la Transylvanie augmenta de près de 40%, c'est-à-dire de quelque 750 000 personnes pour une surface de 58 000 km² (chiffre dû à la légère modification des frontières de l'ensemble historique régional au cours de la réorganisation administrative de 1876). Les deux-tiers de l'augmentation se situèrent dans le cours des 30 années qui précédèrent la guerre mondiale, époque où le rythme de croissance s'accéléra de façon sensible. L'augmentation fut d'environ 8 ‰ par an entre 1839 et 1845 et de 6,2 ‰ entre 1851 et 1857, tendance qui se prolongea dans les années 1860 pour connaître par la suite une sérieuse rechute. En 1873, la Transylvanie fut atteinte — il est vrai, pour la dernière fois — par une catastrophe démographique de type médiéval, le choléra. Tandis que la mère patrie réussit à récupérer cette perte en trois ans, en Transylvanie, ce fut seulement à partir des années quatre-vingts qu'une augmentation plus importante de la population se fit sentir.

La période de transition — qui se situe aux débuts de la société industrielle et a généralement pour conséquence une explosion démographique —, fut en Transylvanie retardée, même par rapport à la Hongrie. Il y avait des comitats où, dans les années de la grande épidémie, les décès dépassaient les naissances. En Csík et en Nagy-Küküllő, à partir de 1869, pendant une longue période, le chiffre de la population ne cessa de diminuer en raison de la faible proportion des naissances et de l'émigration vers l'Amérique. Il y eut, de même, une perte de 6 à 7% de la reproduction naturelle dans les comitats de Brassó, Háromszék, Udvarhely et Fogaras. D'une manière générale, la croissance de la population transylvaine, pendant toute cette période, était plus faible que la moyenne nationale.

Du point de vue du comportement démographique, la Transylvanie suivait le modèle des grandes zones environnantes. Ainsi, dans toute la partie est du pays, on avait tendance au mariage précoce, mais l'âge moyen des mariés s'élevait sans cesse. Face au bloc composé de Szatmár, Bihar, Máramaros, Szolnok-Doboka, avec un taux de natalité plus élevé, au Sud, c'est-à-dire le long de la ligne allant de Beszterce vers Hunyad et se prolongeant jusqu'à Baranya, une zone moins peuplée subsistait, phémonène dont les historiens n'ont pas encore fourni l'explication. Les régions ayant la plus forte natalité 526

Tableau III – L'évolution démographique de la Transylvanie, 1850–1910

Année	La Transylvanie et le Partium (1102 □ lieues, 60 700 km²)		La Transylvanie territoire d'avant 1876 (998 □ lieues 54 948 km²)		La Transylvanie territoire d'après 1876 (57 804 km²)	
	la population civile en nombre absolu	croissance annuelle moyenne ‰	la population civile en nombre absolu	croissance annuelle moyenne ‰	la population civile en nombre absolu	croissance annuelle moyenne ‰
1850	2 073 737		1 856 000		1 900 000	
1857	2 172 748	6,7	1 926 797			
1869	2 393 206	8,1	2 101 727	7,3	2 152 805	
1850–1869	+319 469 (15,4%)	7,6	+245 727 (13,2%)	6,6	+252 805 (13,3%)	6,6
1880					2 084 048	−2,7
1890					2 251 216	7,0
1900					2 456 838	8,8
1910					2 658 159	7,9
1850–1910					+758 159 (39,9%)	5,6
1869–1910					+505 354 (23,5%)	5,2
1880–1910					+574 111 (27,5%)	8,1

se trouvaient dans la partie centrale de la Transylvanie — aussi la densité de la population était-elle la plus forte dans le centre de la province (en gros dans le carré formé par Kolozsvár, Marosvásárhely, Segesvár et Szeben), où, dès 1890, elle atteignait 50 à 80 habitants au km² tandis que les régions se trouvant au-delà du Mont Bihar connaissaient une moyenne de 39,32 en 1890 et, en 1910, elles atteignirent le chiffre de 46,3. Le taux de reproduction était très faible chez les Roumains du Sud de la Transylvanie. Chez les Saxons, de même qu'en Transdanubie, un comportement visant la limitation des naissances s'était développé qui avait pour but de faire cesser la division des parcelles paysannes : ainsi les familles dépassaient rarement un ou deux enfants.

Si la structure démographique de la Hongrie du tournant du siècle (taux élevé de mortalité en bas-âge, mariage précoce et reproduction rapide) la rapprochait du modèle d'Europe de l'Est, l'expansion rapide de la limitation des naissances l'apparentait au modèle démographique de l'Europe de l'Ouest ; quant à la Transylvanie, la natalité plus faible, une moyenne d'âge plus élevée, un taux de mortalité plus faible lui assuraient une place privilégiée dans le développement démographique du pays.

La mise en place d'une infrastructure visant l'hygiène était devenue un facteur important du point de vue démographique. De fait, les soins médicaux, à partir de 1850, s'améliorèrent regulièrement, mais ce ne fut qu'à la fin du siècle qu'il y eut un changement plus important. Pendant la période de l'absolutisme, il y avait, à Kolozsvár et à Marosvásárhely, un hôpital dit « National » et on en comptait 16 autres pour soigner les malades. En 1887, avec le système de vaccination régulière, le danger de la petite vérole fut écarté. En 1876, une loi sur la santé publique fixa les tâches de l'Etat dans le domaine de la protection de la santé dans les comitats et dans les villages, ainsi que le contrôle hygiénique des maisons, des écoles et des établissements publics. Les villes et les villages plus importants devaient être dotés d'un médecin, la population des petits villages était soignée par le médecin de district, les malades les plus démunis gratuitement. Les soins médicaux en général et dans les hôpitaux commencèrent à s'améliorer notablement. En 1893, il n'y avait encore que 29 hôpitaux avec 1 900 lits, en 1913 le nombre de lits de 56 hôpitaux s'élevait à 5 645. Avant la Première Guerre mondiale, on comptait en Transylvanie, dans le domaine de la santé publique, 3 001 salariés, dont 545 médecins et 523 pharmaciens. (22% des travailleurs de la santé était des Roumains, leur proportion étant chez les médecins de 13%). Pour 100 000 habitants, on comptait 29 médecins spécialisés, 69 sages-femmes et 191 lits d'hôpital. Il y avait bien entendu une immense différence entre les conditions de santé des villes et des villages et aussi d'une région à l'autre. A cette époque, il y eut chaque année près de 500 morts par accident et 300 suicidés, ce dernier chiffre ayant triplé par rapport au demi-siècle précédent et était surtout élevé dans la région de Háromszék. On enregistrait annuellement environ cent meurtres — et les comitats de Hunyad et de Háromszék marchaient en tête —, mais, grâce au développement du mode de vie bourgeois, ce chiffre a baissé de plus de la moitié en cinquante ans.

La dernière grande « occasion » de morts non naturelles de notre période fut la Première Guerre mondiale. Selon les chiffres officiels, pour la seule période allant jusqu'à la fin de 1917, 2,4‰ de la totalité de la population de la Transylvanie étaient tombés sur les fronts (chez les Sicules, plus de 3,7‰). C'était surtout dans le groupe d'âge né en 1895 et 1896 que le nombre des décès était particulièrement élevé (20%). S'y ajoutait encore une plus grande mortalité générale dans le pays, ainsi qu'une diminution des naissances (une baisse de 55-58%).

Une famine causée par un fléau ou par une mauvaise récolte ne signifiait pas seulement une vie plus difficile pour le peuple, mais ralentissait également la reproduction. Tout cela malgré le fait que les organismes responsables de l'Etat et de l'administration considéraient de plus en plus de leur devoir d'aider la population vivant dans les régions sinistrées. La compassion de la société atténua l'effet de la famine de 1864-65, par exemple, et à la fin du siècle, il était devenu naturel d'accorder une aide officielle en pourvoyant les villages démunis, après les mauvaises récoltes, de blé bon marché voire gratuit. Les famines catastrophiques cessèrent, mais la mauvaise nutrition, la consommation exclusive du maïs qui remplaçait le pain faisait que la pellagre était répandue. Dans les années 1880, une personne dépensait, pour subvenir à ses besoins alimentaires, la somme de 65 florins, qui correspondait à la moyenne nationale ; mais la nourriture était plus pauvre en Transylvanie, car la forte consommation de fruits ne pouvait pas remplacer les calories manquantes. La consommation de l'eau de vie était très élevée en Kisküküllő; avec ses 41 litres par personne, elle était, selon les statistiques nationales, en tête.

A la fin du siècle, on constante une mobilité accrue de la population. Dès avant le Compromis, des Roumains et des Sicules, femmes et hommes, partaient travailler en Roumanie. Vers la fin des années 70, les autorités avançaient le chiffre de 40 000 « sujets hongrois » en Roumanie. Entre 1880 et 1900, près de 70 000 s'y installèrent, aux trois quarts des Sicules. Du début du siècle jusqu'à la Première Guerre mondiale, un nouveau contingent de 80 000 personnes les suivit. Ces chiffres ne comprenaient naturellement pas tous ceux qui traversaient la frontière clandestinement — la longue frontière des Carpates n'étant pratiquement pas surveillée — et il faut noter également que la grande majorité des itinérants faisaient le voyage plutôt en vue de travailler pour une période plus ou moins longue et non pour s'installer définitivement. C'est ainsi que s'explique le nombre très limité d'enfants et le nombre plutôt élevé de personnes ayant passé la cinquantaine. Dans la dernière année de paix, il y avait plus de 200 000 personnes nées en Hongrie — et pas seulement des Transylvains — qui vivaient en Roumanie.

Après 1900, avec la progression de la zone d'émigration d'Ouest en Est, la vague d'émigration vers l'Amérique toucha également la Transylvanie. En une quinzaine d'années seulement, selon les statistiques officielles, plus de 95 000 personnes ont émigré en Amérique et 10 000 en Allemagne. Sur le territoire situé entre les rivières Maros, les deux Küküllő et l'Olt, un véritable foyer d'émigration s'était constitué. Le nombre des Transylvains augmenta dans les usines et mines de Pennsylvanie, ainsi que dans les entreprises de l'Ohio, de la région de New York et du New Jersey. Un grand nombre de Roumains s'installèrent en Indiana, et on retrouvait les émigrés des différentes nationalités dans les grandes villes comme New York, Cleveland ou Chicago.

En Transylvanie, la mobilité à l'intérieur du pays était plus faible qu'en Hongrie : en 1890, 18% de la population seulement vivaient éloigné de son lieu de naissance, tandis qu'en Transdanubie, ce chiffre était deux fois plus élevé, la mobilité devant également s'y accroître au tournant du siècle. A l'époque qui nous occupe, le nombre des villages n'a pas augmenté et leur population était en légère croissance. Il y avait à peine un peu plus de cent villages où la population dépassait les deux mille personnes. Par contre, il y avait plus de 1 800 villages dont la population comptait moins de mille habitants. Le type de village le plus répandu était celui de 500 à 1 000 habitants. Tout en conservant les caractéristiques de la région, on trouvait encore, dans les Monts métalliques, des villages dont les maisons étaient éparpillées sur une longueur interminable, d'autres, comme par exemple le village de Hosszúfalu (Village Long) près de Brassó (qui comprenait aussi trois villages réputés pour leur artisanat), avaient déjà un aspect de grande ville. Les villages devenus énormes, comme Resinar ou Szelistye, habités par les Roumains, se développaient grâce aux bergers transhumants ainsi qu'aux activités auxiliaires. Mais c'était justement en raison des particularités de cette profession traditionnelle et de l'attirance de la ville de Szeben qu'ils s'étaient arrêtés dans leur développement. Avec la décadence des petites forges artisanales, la porte vers le développement se referma aussi pour la bourgade hongroise de Torockó.

La force motrice de la migration intérieure était l'urbanisation. Les 27 agglomérations qui, même au sens juridique, étaient considérées, à la fin de l'époque que nous étudions, comme villes, s'étaient rapidement agrandies de 1850 à 1910, et le nombre de leurs habitants passa rapidement d'un chiffre total de 149 471 à 324 955. Certes, l'augmentation de la population urbanisée était encore plus importante, car 50 000 habitants vivaient encore dans des agglomérations industrielles ou minières, tels Petrozsény ou Lupény qui, par leur niveau d'urbanisation, ne se différenciaient guère des autres villes moyennes. Vers la fin du siècle — tout comme dans la Haute-Hongrie et en Transdanubie — la moitié des habitants des plus grandes villes vivaient de l'industrie, du commerce et du transport et la moitié s'y étaient nouvellement installés. Ainsi donc, les villes de Transylvanie, non seulement par l'aspect extérieur mais aussi du point de vue de l'organisation du travail, étaient restées sur le chemin du développement urbain du type Europe centrale.

L'urbanisation ne montrait ni dans le temps, ni dans l'espace, un développement linéaire. Un premier élan avait été pris aux cours des vingt années qui précédaient la révolution bourgeoise. Entre 1870 et 1880, la population des villes augmente à peine mais, sous l'effet du dynamique développement capitaliste des années 1890, elle s'accroît, en une vingtaine d'années, de près de 100 000 personnes. Situés à proximité de la Transylvanie historique, Máramarossziget, Szatmárnémeti, Nagyvárad, Arad, Temesvár se développaient à un rythme égal, et même avec une grande rapidité, et exerçaient ainsi dans toutes les directions leur effet « aspiratoire ». Brassó et Szeben, qui avaient atteint un haut degré d'urbanisation, s'enrichissaient considérablement. D'autres villes, comme Vízakna ou Abrudbánya, en raison du recul de leur industrie minière, stagnaient et la population d'Abrudbánya allait même en diminuant. Les petites villes de Transylvanie, dans leur ensemble, étaient caractérisées par un développement structurel plus lent et par un certain conservatisme. Les différences régionales prolongées dans l'urbanisation ne parvenaient pas à s'équilibrer. En 1910, 12,7% de la population vivaient déjà dans les villes mais, en Terre sicule, on en comptait seulement 7,3%, et 22,1% dans l'ancien Königsboden.

Dix ans après le Compromis, conformément aux impératifs de l'urbanisation, les 30 villes royales libres ou dotées de privilèges avaient vu, elles, leur situation juridique changer. 25 d'entre elles avaient reçu le statut de villes à municipalité réglementée et seules Marosvásárhely et Kolozsvár avaient gardé leurs anciens droits d'autonomie. Le plus spectaculaire fut sans aucun doute le progrès de Kolozsvár car la « capitale de la Transylvanie » avait rejoint, dès 1867, Brassó, la plus grande ville de jadis. Puis, avec une nouvelle augmentation de 122%, au bout des quatre décennies à venir, elle passa de loin en tête et, même si, vue de l'extérieur, elle conserva son aspect de ville rurale, son infrastructure prit de nouvelles dimensions, de même que ses services publics, et elle s'engagea dans la voie de l'urbanisation qui en fit une ville moderne.

La composition religieuse et ethnique

A l'époque qui nous occupe, la Transylvanie continue à être, du point de vue religieux, une région extrêmement variée. La transformation capitaliste ne modifia pas les rapports religieux, l'appartenance à une religion restait un facteur déteminant tant dans le comportement moral et politique que culturel et démographique des grandes masses.

La religion qui avait le plus grand nombre de fidèles était l'orthodoxie. L'Eglise uniate comptait presque autant de fidèles, qui étaient en premier lieu des Roumains de la région du Nord de la Transylvanie. Les quatre anciennes « confessions reconnues » : catholique romaine, calviniste (« réformée »), luthérienne (« évangélique ») et unitarienne organisaient la vie religieuse de la population hongroise et saxonne. La majorité des Saxons étaient luthériens, les Sicules en partie catholiques, en partie calvinistes, tandis que plus de la moitié des autres Hongrois de Transylvanie étaient toujours restés calvinistes. Le petit groupe unitarien faisait lui aussi partie de l'ethnie hongroise. Quant aux israélites, en 1850, il n'y en avait encore, selon les statistiques, que quelques milliers ; ils gagnèrent plus tard du poids dans les villes proches de la Transylvanie : à Arad, à Temesvár et à Nagyvárad ; dans la première, en 1869, ils atteignirent 11,34% de la population et 22,43% dans la dernière. En 1910, leur nombre avoisinait celui des unitariens.

Les villes, du point de vue confessionnel, constituaient quelquefois des enclaves se détachant sur leur environnement. Si les catholiques représentaient,

Tableau IV – La répartition par confessions de la population de la Transylvanie, 1850–1910

Confession	1850*		1880	1900	1910	1850*		1880	1900	1910
	nombre de personnes					%				
Catholique romaine	219 536	211 622	263 816	331 199	375 325	10,6	11,37	12,7	13,3	14,0
Catholique grecque	664 154	543 530	575 866	691 896	749 404	32,2	29,20	27,5	28,0	28,0
Orthodoxe	621 852	600 474	662 936	748 928	792 864	30,2	32,26	31,8	30,3	29,6
Luthérienne	196 956	195 956	199 551	222 346	229 028	9,5	10,53	9,6	9,0	8,6
Calviniste	298 136	252 342	296 395	364 704	399 312	14,5	13,56	14,2	14,7	14,9
Unitarienne	45 112	45 098	55 068	64 494	67 749	2,2	2,42	2,6	2,6	2,5
Israélite	15 606	11 692	29 993	53 065	64 074	0,8	0,63	1,4	2,1	2,4
Autre	893	893	423	366	611	0,04	0,05	0,2	0,0	0,0

* Première colonne: la Transylvanie avec le Partium, deuxième colonne: le territoire d'après 1876

Sources: Magyar Statisztikai Évkönyv (Annuaire de Statistiques Hongrois), Új folyam (Nouvelle série), vol. 9 (1902); vol. 19 (1911); Magyar Statisztikai Közlemények (Bulletin Hongrois de Statistiques), Új sorozat (Nouvelle série), vol. 5 (1907); *OL* F 551.

à la fin du siècle, 13,3% de la population totale, on en comptait 25,9% dans les villes. Chez les calvinistes, cette proportion était de 14,7% : 23,4%, chez les luthériens de 9,0 : 16,1 chez les unitariens de 2,6% : 2,4% chez les israélites de 2,1% : 6,3% ; par contre, chez les orthodoxes grecs, elle était de 30,3% : 15,0% et chez les uniates de 28,0% : 15,0%.

Le développement démographique témoignait également d'une certaine variété selon les confessions. La croissance chez les luthériens, avait baissé à 1,2 ‰ entre 1851 et 1857, le taux en était, chez les unitariens de 6,6‰, chez les calvinistes de 7,1‰, chez les catholiques romains de 9,1‰, chez les uniates de 5,7‰ et chez les orthodoxes de 6,8 ‰. Ces tendances ne se modifièrent guère par la suite. C'était toujours les catholiques et les calvinistes qui avaient la plus forte natalité (seul le petit groupe des israélites les dépassait), et les orthodoxes en avaient la plus basse. C'est seulement chez les paysans souabes catholiques du Banat que nous avons pu trouver un taux de natalité encore plus faible.

Les cloisons qui séparaient les différentes religions restaient solides, mais non insurmontables. A la fin du siècle, on enregistra, en Transylvanie, 2 000 à 3 000 mariages mixtes par an, soit plus de 10% de la totalité des mariages contractés. Bien entendu, les mariages mixtes se pratiquaient surtout au sein de la même ethnie : ainsi les unions entre catholiques et calvinistes étaient assez répandues. L'assimilation des israélites, dont le nombre allait en augmentant, s'accomplissait en général sans changement de confession. En 1880, 44,73% d'entre eux se disaient Hongrois, en 1900 déjà 64%, ce qui prouve que dans leur majorité, ils avaient opté pour devenir Hongrois.

Des changements économiques et sociaux de plus d'un demi-siècle n'apportèrent pas de modification notable dans la proportion des ethnies. Le recensement de 1850 avait fixé la proportion des Hongrois de Transylvanie de cette époque à 26%, chiffre par la suite corrigé à 28,2%. Même si elle est très proche de la vérité, cette donnée signifie de toute façon la limite la plus basse. Le recensement de 1869, qui suivit le Compromis, ne tint pas compte, par prudence politique, des appartenances ethniques, raison pour laquelle il n'est possible que de se référer aux calculs du statisticien Károly Keleti : 31% de Hongrois, 58% de Roumains et 11% d'Allemands. Néanmoins, à partir de 1880, des recensements — qui n'examinaient pas l'appartenance ethnique — établirent régulièrement, tous les dix ans, les chiffres concernant les langues maternelles. Ces statistiques étaient, certes, quelque peu unidirectionnelles, l'Office des Statistiques faisait cependant un effort pour être exact, et, surtout lors des recensements des années 1900 et 1910, il tenta de corriger les excès visant à gonfler la proportion des Hongrois.

Pendant l'époque qui nous occupe, le volume des trois ethnies avait constamment augmenté, quoique la reproduction chez les Saxons fût devenue, dès bien avant la guerre de 1914, stagnante. En Transylvanie — tout comme dans l'ensemble de l'Empire des Habsbourg —, c'étaient les Hongrois qui augmentaient le plus rapidement en comparaison avec les autres. Au cours des trente dernières années, l'augmentation du nombre des Hongrois avait été de 287 740 personnes, soit un taux de 45,63%, et dans la Transylvanie historique, leur proportion dépassa en 1910 les 34%. Une des raisons de cette augmentation rapide était une reproduction naturelle plus élevée dans l'ethnie hongroise. Nous avons vu que les régions où la natalité se montrait la plus faible étaient celles habitées par les Roumains ou les Saxons. Les proportions de natalité, moins favorables chez les orthodoxes indiquent également la situation démographique particulière des Roumains. Ce n'est que dans les années ayant

Tableau V – La répartition par langue maternelle de la population de la Transylvanie, 1850–1910

Ethnies	1850*		1880	1900	1910	1850*		1880	1900	1910
	nombre de personnes					%				
Hongrois	585 342	488 927	630 477	806 406	909 003	28,23	26,11	30,25	32,82	34,20
Allemands	219 374	192 204	211 748	229 889	231 403	10,58	10,27	10,16	9,36	8,71
Roumains	1 202 050	1 091 208	1 184 883	1 389 303	1 464 211	57,97	58,28	56,85	56,55	55,08
Slovaques			1 092	2 209	2 341			0,05	0,09	0,09
Arméniens	7 879	7 372	3 450			0,38	0,39	0,17		
Juifs/Yiddish	6 220	11 760				0,30	0,63			
Tsiganes	52 665	77 201	48 064			2,54	4,12	2,31		
Autres	207	3 765	4 334	29 031	51 201	0,01	0,20	0,21	1,18	1,93
Total	2 073 737	1 872 437	2 084 048	2 456 838	2 658 159	100,0	100,0	100,0	100,0	100,0

* Première colonne: la Transylvanie avec le Partium (chiffres corrigés par Czoernig); deuxième colonne: le territoire d'après 1876, les données non corrigées du recensement

Source: Magyar Statisztikai Közlemények (Bulletin Hongrois de Statistiques), Új sorozat (Nouvelle série), vol. 64 (Budapest, 1920); *OL* F 551.

précédé la Première Guerre mondiale qu'on a pu observer une tendance contraire. (La reproduction naturelle de l'ensemble des Roumains vivant en Hongrie était, entre 1896 et 1900, de 5,8% et de 10% entre 1909 et 1912.) Il y avait également des différences considérables dans l'émigration des ethnies : ainsi, bien plus de Roumains partaient que de Hongrois. Selon les statistiques officielles, entre 1899 et 1913, 130 000 Roumains quittèrent le pays. Juste avant la Guerre mondiale, les Roumains étaient près de dépasser, dans les statistiques de l'émigration, les Slovaques et les Allemands qui avaient été jusque-là en tête.

Au-delà du Mont Bihar, le nombre des Hongrois avait également augmenté quelque peu par l'assimilation. Les Arméniens s'assimilèrent définitivement aux Hongrois, de même que la plupart des Juifs et des Tchèques, Polonais, Italiens, dont le nombre n'était que de quelques milliers et qui étaient venus s'installer dans l'Est de la Monarchie à l'époque de l'industrialisation.

L'assimilation linguistique et ethnique, à l'époque du développement national, était devenue, de phénomène démographique et social, une question de portée essentiellement politique. La variété ethnique de la Transylvanie était une raison de plus, pour chacune des nationalités, de craindre pour leur effectif et donc de tenter de l'augmenter. On constate, plus d'un siècle après, que, chez les Saxons ou chez les Roumains, il n'y a pas eu d'assimilation importante. Même en Terre sicule, les Roumains ont augmenté en nombre absolu, bien qu'une partie de leur croissance fût probablement absorbée par l'assimilation aux Hongrois. On remarque même un certain avantage roumain en Küküllő où, au tournant du siècle, les Roumains avaient atteint une majorité absolue, leur poids devenant prépondérant dans plusieurs comitats. Dans son ensemble, l'ethnie roumaine vivait dans de grands groupes fermés, elle pratiquait une autre religion et, dans sa structure sociale également, elle était différente des Saxons et des Hongrois, ce qui limitait bien entendu les possibilités d'assimilation.

La concentration dans les villes du développement capitaliste, le caractère hongrois des villes ou la forte proportion des Hongrois en milieu urbain, faisait que les contemporains considéraient celles-ci comme les « fourneaux de l'assimilation hongroise ». 90% de la population de l'importante Kolozsvár ou de la petite Felvinc parlait hongrois, chiffre qui était de 80% à Dés, Torda ou Szászrégen. A Déva, vers 1890, la proportion des Hongrois était passé de 37,5% à 46,9%, à Gyulafehérvár de 35,3% à 42,6%. L'effet assimilateur des villes n'était cependant pas universel. Pendant la période examinée, la population hongroise de Nagyenyed diminua de 77,5% à 71%. L'assimilation ne touchait pratiquement pas les larges masses paysannes. Le caractère limité de l'autorité de l'Etat garantissait en quelque sorte que l'identité des différents groupes ne fût pas menacée. Les historiens évaluent entre 1850 et 1910, à un maximum possible de 100 000 personnes, le chiffre des « pertes » roumaines dues à l'assimilation dans toute la Hongrie.

Le caractère plurinational de la Transylvanie historique en tant que réalité se maintenait dans tous les domaines de la vie et se traduisait clairement dans le fait que tout au long de la période du dualisme, qui dura un demi-siècle, la connaissance de la langue hongroise demeura toujours faible. Parmi les non-Hongrois, en 1880, seuls 109 190 personnes (7,57%) et en 1910 266 863 personnes (15,2%) disaient savoir parler le hongrois. Ces chiffres montrent bien la réalité d'une époque disparue : des millions de personnes pouvaient vivre leur vie de tous les jours sans avoir à apprendre la langue officielle de l'Etat.

2. L'économie

Les préalables d'une transformation capitaliste

Les grands changements du siècle passé furent : la désintégration de la structure économique héritée du féodalisme au cours des décennies qui suivirent la révolution de 1848 ; la formation des classes caractéristiques de la nouvelle société et la mise en place des fondements d'une économie capitaliste. La « nouvelle société » devait longtemps fonctionner comme une structure composite où coexistaient différents modes de production, mais où le mode capitaliste devenait peu à peu dominant. En cinquante ans, toute la Hongrie put s'intégrer au système international de l'économie capitaliste.

La Transylvanie était une des régions les plus arriérées de la Monarchie ; avant 1848, la production agricole pour le marché n'était que sporadique ; l'agriculture, l'industrie et l'urbanisation se trouvaient à un niveau nettement plus bas que dans les territoires de l'Ouest du pays. Jusqu'en 1868, les voies ferroviaires venant de là ne dépassaient pas les villes les plus rapprochées, telles Nagyvárad, Temesvár, Arad.

Les premiers pas vers les nouvelles formes modernes de crédit avaient été franchis dans les banques saxonnes de Brassó et de Nagyszeben. C'était seulement en 1845 que la Banque Nationale de Vienne introduisit à Brassó le système d'escompte. En 1857, une succursale de la Creditanstalt de Vienne fut ouverte dans cette ville puis, en 1865, ce fut le tour de Kolozsvár où une modeste Banque de Crédit ouvrit ses portes. Ce n'est qu' après 1867 et surtout à partir de la fin du siècle que la vie financière commença à se développer. En 1873 20, en 1894 85, en 1909 223 banques et caisses d'épargnes fonctionnaient en Transylvanie, le nombre des coopératives de crédit atteignant à cette dernière date le chiffre de 497 avec quelque 110 000 membres. Le volume d'emprunts fonciers hypothécaires dépassait, en 1910, les cent millions de couronnes et les crédits accordés pour la réalisation d'œuvres d'utilité publique ou du ressort de l'administration augmentaient plus vite que la moyenne nationale.

Dans l'agriculture, c'était le système de l'assolement qui restait prépondérant, et la proportion des branches de cultures intensives (céréales, horticulture, vigne, prairies) n'atteignait, en 1869, que 43,7%, à peine plus qu'en Croatie. Le nombre des ouvriers était bien plus bas que celui des paysans individuels. En 1872, il n'y avait que 38 machines à vapeur utilisées dans cette province, juste la moitié du nombre de machines utilisées dans un seul comitat de Transdanubie.

Entre 1857 et 1869, le retard de l'industrie transylvaine par rapport à celle de l'ensemble du pays diminua sensiblement. La proportion des artisans individuels et surtout des ouvriers industriels et des employés par rapport à la population augmentait à un rythme plus grand (21,2%) que la moyenne nationale. Au moment du Compromis, cette catégorie représentait 3,9% de la population transylvaine. Avant 1867, l'énergie mécanique était seulement utilisée dans l'industrie du fer et des métaux, dans l'industrie meunière et les distilleries, le parc de machines étant toutefois de dix fois inférieur à celui de la Transdanubie.

L'offre en main-d'œuvre n'était jamais en harmonie avec la demande de l'industrie. Tant en ouvriers spécialisés qu'en manœuvres, la demande était plus forte que l'offre. Par contre, le journalier avait souvent des difficultés à trouver du travail.

L'enseignement qui, du point vue de la formation d'une main-d'œuvre spécialisée, est d'une importance primordiale, ne se développa que bien plus tard. En 1869, seuls 21,7% des hommes savaient lire et écrire, 56,7% des enfants âgés de plus de six ans étaient totalement illettrés, 59% des enfants scolarisables ne fréquentaient pas l'école. Ce ne fut qu'à la fin du siècle que cette proportion passa à 30%.

L'émancipation des serfs ne fut suivie qu'avec un grand retard par la modernisation de l'économie rurale. Les grands domaines, tout en étant marqués par la modernisation, poursuivaient leur activité peu axée sur le profit, et l'économie paysanne, en raison de ses traditions, de son état arriéré, allant de pair avec un analphabétisme rural, et aussi à cause de ses dimensions modestes, ne parvenait pas à se moderniser. L'agriculture, qui arriva à amasser de l'argent, le dépensait moins pour des machines que pour acheter des terres. La majorité des petits artisans continuaient, même dans les conditions nouvelles, à travailler pour satisfaire des besoins traditionnels.

L'Etat, qui avait joué un rôle si important dans le progrès de l'industrialisation, abandonna, après 1849, progressivement ses tentatives d'introduction des nouvelles techniques, et vendit même quelques-unes des industries qu'il détenait. Ce ne sera qu'au cours de la période dualiste que l'Etat prendra de nouveau des initiatives plus importantes (en plus du développement de l'industrie) en matière de modernisation de la technologie. A partir des années 80, le capital étranger tentait lui aussi d'instaurer de nouveaux procédés de production. Cependant, l'industrie et les mines restèrent, jusqu'à la fin du siècle, des îlots de modernité contrastant avec le milieu environnant qui continuait à être régi selon des rapports humains traditionnels et l'ancien ordre des valeurs. L'industrie manufacturière saxonne, fortement développée dans les villes, avait déjà créé, à partir des années 50, plusieurs petits ateliers qui travaillaient avec des machines modernes; mais il fallait toujours faire venir de loin les techniciens et les ouvriers capables de remettre en marche ou de moderniser un vieux haut-fourneau ou une mine fondés sur des technologies séculaires.

Après le Compromis, l'économie de la Transylvanie profita également des avantages qui découlaient du rythme de développement plus élevé de la Hongrie par rapport au restant du Centre-Est européen. Le pays augmentait le volume du capital importé et put ainsi construire son réseau bancaire et ferroviaire et développer certaines branches industrielles ou en fonder de nouvelles. Bien entendu, nous y trouvons, dès le début, le capital national (et même le modeste capital transylvain). Après 1900, et surtout au début des années 1910, les réserves intérieures de la Transylvanie jouèrent un rôle croissant dans le progrès de l'économie, et de l'industrie en particulier.

Le retard ne pouvait être diminué ou rattrapé que par la voie de l'intégration d'un type nouveau qui pouvait conduire à la formation d'un marché national. La création d'un système moderne de transports était le préalable de toute transformation de l'agriculture et de l'industrialisation.

La construction du réseau des communications

La modernisation des routes de Transylvanie, région entourée de hautes montagnes et ayant une surface fort accidentée, avait commencé au cours des années 1850. Conformément aux intérêts militaires et économiques de l'Empire, on construisit des routes importantes appelées « Reichstrasse », dans des directions déterminées, rendant praticables ainsi les voies qui, auparavant, selon les contemporains, ne méritaient pas le nom de routes. En 1860, il y avait déjà 230 lieues de routes bien aménagées en Transylvanie.

Une deuxième période de la modernisation commençait en 1890. Si bien qu'à la fin du siècle, il y avait déjà 753 km de route à revêtement de pierre et 1 250 km de routes nationales plus modestes, la majorité des 4 204 km de voies publiques étant en bon état. Ce fut la remise en état des routes provinciales effectuées à l'aide de moyens locaux qui prit le plus de temps. A la fin de cette période, plus de la moitié des 7 126 km de ces routes n'étaient encore nullement aménagées...

En 1853, on commença à installer le télégraphe. En quelques années, le réseau télégraphique s'élargit et fit sentir son effet bénéfique tant dans la vie économique que dans les relations privées. En 1914, 558 stations télégraphiques fonctionnaient en Transylvanie. (A la fin du siècle, on commençait à installer aussi des lignes téléphoniques. Au début des années quatre-vingt dix, il y avait déjà, dans plusieurs comitats, des réseaux de téléphones publics au service de la population. Il y avait un central téléphonique à Kolozsvár, Brassó, Szeben et Marosvásárhely et, en 1910, on entreprit même leur reconstruction. En 1914, 6 525 postes téléphoniques étaient en fonctionnement, ce qui était au-dessus de la moyenne nationale).

La construction des chemins de fer en Transylvanie démarra après le Compromis. Il est vrai que, dès 1848, on avait commencé à étudier le parcours Nagyvárad-Kolozsvár, puis des discussions s'ensuivirent pendant plus de dix ans pour décider si on allait d'abord construire la ligne Arad—Gyulafehérvár—Nagyszeben, ou plutôt celle de Nagyszeben—Kolozsvár—Brassó, déterminant ainsi pour longtemps l'axe principal des communications. Les représentants des propriétaires hongrois et ceux des habitants de Brassó — la ville économiquement la plus développée — étaient favorables à la construction de la ligne Kolozsvár-Brassó, tandis que les bourgeois de Nagyszeben — économiquement bien plus faibles mais qui, en politique, avaient davantage d'influence — étaient, de manière compréhensible, favorables à la ligne venant d'Arad.

Finalement, la société financée par les Rotschild, le Premier Chemin de Fer de Transylvanie, ouvrit son chantier en 1867, et en décembre 1868, la ligne Arad—Gyulafehérvár était déjà terminée.

La Société Ferroviaire de l'Est, avec l'aide des frères Waring d'Angleterre et de la Banque Anglo-Autrichienne, commença, en 1868, la construction de la ligne de Kolozsvár. La ligne Nagyvárad—Kolozsvár fut inaugurée en 1870 et on continua la construction du chemin de fer qui traversait la Transylvanie. En 1871, celui-ci atteignit Marosvásárhely, en 1873 Brassó. Construite par plus de 20 000 ouvriers, cette ligne, une fois terminée, comptait 633 km. Elle tirait la Transylvanie de son isolement, la rattachait aux villes les plus importantes, et apportait sur les marchés de la Monarchie les céréales du Mezőség, le sel de Torda, Parajd et Marosújvár. La ligne de la Société Ferroviaire de l'Est rejoignait, à Tövis, celle du Premier Chemin de Fer de Transylvanie qui, à partir de 1870, transporta le charbon de la vallée du Zsil et le fer de Vajdahunyad sur le marché national.

L'Etat acheta, en 1876, la Société Ferroviaire de l'Est. En 1884, le Premier Chemin de Fer de Transylvanie fut également nationalisé et ainsi le réseau principal des chemins de fer transylvains était devenu propriété de MÁV

(Chemins de Fer de l'Etat Hongrois). En 1879, deux raccordements furent construits vers la Roumanie, un troisième en 1895.

Le réseau de chemins de fer constitua un des maillons les plus considérables de la modernisation de la Transylvanie. D'importants résultats techniques furent appliqués afin de surmonter les difficultés d'un terrain accidenté, dans la construction de ponts, de viaducs et de tunnels ainsi que dans la lutte continuelle contre les glissements de terrain et les infiltrations d'eau. Un réseau de lignes avait été construit qui, sous plusieurs aspects, allait déterminer l'avenir de l'économie de cette partie du pays en pleine refonte. Au moment où éclatera la Première guerre mondiale, les 2384 km de chemins de fer de la Transylvanie constitueront 11% des lignes hongroises. Pour 100 km^2, il y avait 6,7 km, pour 1 000 habitants 1,02 km de chemins de fer, ce qui restait en-dessous de la moyenne nationale, mais qui était plus élevé que celle des pays de l'Europe de l'Est.

Le rôle économique de l'Etat

Cette période de plus d'un demi-siècle était dominée par une politique économique libérale qui, jusqu'aux années 1880, considérait le système économique du libre-échange et de la concurrence comme étant le plus approprié au développement de la Transylvanie en communauté d'intérêts avec la Hongrie. On favorisait le progrès de la production capitaliste non par des interventions directes, mais en s'efforçant d'éliminer les obstacles intérieurs et extérieurs.

Il y eut cependant, de temps à autre, des ruptures entre la pratique et la théorie de la politique économique. L'absolutisme supprima, en 1850, les frontières douanières séculaires de l'Empire qui séparaient la Hongrie (et la Transylvanie) de l'Autriche, et le gouvernement central établit, en 1854, des tarifs douaniers protectionnistes afin de soutenir en premier lieu les intérêts industriels des provinces austro-tchèques, tarifs que les économistes de l'époque trouvaient mesquins, désavantageux tant pour l'industrie hongroise que pour l'agriculture en général. Mais le problème essentiel résidait dans le fait que le gouvernement était instable et que le capital autrichien n'était pas assez important pour satisfaire à la demande de crédits des provinces de l'Est, tandis que le régime absolutiste ne pouvait donner de garanties politiques suffisantes pour permettre un afflux plus important de capitaux occidentaux.

Après 1867, un tournant intervint dans le développement économique de la Transylvanie. Exploitant les possibilités, devenues meilleures dans une Monarchie en train de se consolider à la suite du Compromis, le gouvernement hongrois autonome adopta une politique économique qui tenait compte des intérêts propres du pays. L'introduction d'un constitutionnalisme libéral créa les garanties politico-idéologiques pour un afflux massif de capitaux étrangers. L'Etat développa son réseau ferroviaire, pour une bonne part, par ses propres moyens ; favorisa la mise en place d'un système moderne de crédit, l'enseignement professionnel, la constitution de fermes modèles et joua ainsi un rôle important en tant qu'entrepreneur ; sa législation réglementa dans le détail les rapports de production capitaliste.

Unifiées économiquement par l'absolutisme et politiquement par le Compromis, la Hongrie et la Transylvanie purent désormais lutter, sous la direction du gouvernement de Pest, contre la prépondérance industrielle du centre occidental de la Monarchie. Il s'agissait en fait d'un pays ayant deux structures économiques divergentes, mais constituant une entité douanière, qui devint source de nombreux conflits tant entre les milieux dirigeants de Hongrie et d'Autriche que dans les relations commerciales entre la Monarchie et ses voisins. La politique douanière commune de l'Autriche-Hongrie était due à une série de compromissions qui, comme le montrent les relations économiques avec la Roumanie, touchaient de près la Transylvanie.

Les produits industriels de l'Empire, tout comme les commerçants et industriels transylvains, trouvaient depuis longtemps des débouchés favorables dans les Principautés roumaines d'où, en contrepartie, arrivaient des produits alimentaires et des matières premières agricoles, ces dernières principalement destinées à l'artisanat du Sud de la Transylvanie. Mais, à partir des années 1850, l'artisanat traditionnel transylvain dut affronter la concurrence grandissante des produits dit «de remplacement» de l'industrie austro-tchèque, l'invasion des produits français et anglais transportés à bon marché par mer au-delà des Carpates. Pour la première fois, l'industrie et le commerce transylvains tentèrent de trouver une issue à une crise que durait depuis longtemps, en exportant massivement. On essayait d'amener les pouvoirs publics à assurer à la Transylvanie un statut d'exception. A cette demande pressante, le ministre du Commerce s'efforça, dès 1869, de conclure un accord avec la Roumanie.

En 1875, première parmi les grandes puissances, la Monarchie devança la reconnaissance internationale de la Roumanie, formellement toujours placée sous la tutelle turque, et signa avec celle-ci un accord de libre-échange pour dix ans. En contrepartie de ce précieux geste politique, la Roumanie dut faire des concessions économiques. Son blé put être importé en franchise sur le marché de la Monarchie, mais le bétail fut taxé en fonction de la douane que l'Allemagne appliquait sur l'importation des animaux d'Autriche-Hongrie. Bucarest dut abandonner une partie de ses mesures protégeant l'industrie et laisser pénétrer pratiquement librement les produits industriels de la Monarchie.

En cinq ans, les exportations de la Monarchie triplèrent, mais les importations roumaines qu'on prévoyait fortement augmentant, stagnaient. C'est que l'Allemagne ferma bientôt ses frontières aux bestiaux en provenance d'Autriche-Hongrie, laquelle, à son tour, prétextant des mesures sanitaires, établit des restrictions, dès 1877, aux importations roumaines et russes. A partir de 1882, l'importation de bovins cessa totalement, celle d'ovins et de porcins devint intermittente. Lorsque l'accord expira, la Roumanie mit un terme aux faveurs accordées aux produits austro-hongrois et, en réponse, la Monarchie instaura une «taxe douanière de réplique» (30%) sur les importations roumaines.

La guerre douanière, qui dura de 1886 à 1893, réduisit les importations roumaines à presque rien. Mais la Monarchie dut elle aussi en payer le prix: ses exportations vers la Roumanie chutèrent et elle perdit sa position de monopole. Les fabriquants de produits industriels transylvains, d'un niveau d'usinage relativement bas et surtout destinés à l'utilisation populaire (outre la quantité de produits de bois, les textiles, les cuirs, les poteries, la verrerie) furent les plus touchés par les changements. «Nous savions que tôt ou tard nos produits industriels en seraient totalement évincés mais l'échec de l'accord commercial avec la Roumanie fit que le coup nous a frappés plus vite que nous ne le pensions», se plaignit l'association d'industriels de Kézdivásárhely.[1]

[1] Adresse du 15 juin 1886. *OL* Földművelés-, Ipar és Kereskedelemügyi Minisztérium iratai (Actes du ministère de l'Agriculture, de l'Industrie et du Commerce), 1886, vol. 38, 32 255.

La Société Economique Transylvaine, lors de son congrès de 1886, élabora un programme (saxon-hongrois) pour surmonter ces difficultés, programme qui exigea des commandes d'Etat et des facilitations, ainsi que le développement des coopératives et l'extension du réseau ferroviaire. Le gouvernement consentit de fournir une aide en passant des commandes aux entreprises et artisans des régions frontalières. On chercha de nouveaux marchés en Bulgarie et aussi à l'intérieur de la Monarchie : en Bukovine. Des tarifs de faveur, des réductions d'impôts vinrent compléter ces mesures.

En 1893, un nouvel accord commercial rétablit les relations ; l'industrie autrichienne reprit partiellement sa position en Roumanie et, avec elle, quelques moyennes entreprises textiles saxonnes du Sud de la Transylvanie qui proposèrent des marchandises de qualité. Par contre, l'artisanat et l'industrie domestiques ne purent profiter de la reprise ; certaines branches disparurent. L'Etat soutenait l'industrie, à partir de 1880, en accordant des avantages fiscaux et des crédits gratuits. Puis, il donna de plus en plus sa préférence aux subventions. A partir de 1907, le gouvernement pouvait réellement investir des sommes importantes dans le développement de l'industrie et des entreprises et petites fabriques de Transylvanie, sans distinction de nationalités (surtout dans la région de Brassó).

Malgré ses moyens limités, l'Etat joua un rôle important dans le développement de la production agricole de Transylvanie. Outre les effets plus spectaculaires d'une politique agricole, il faut mentionner la création de fermes modèles et de colonies d'élevages, la sélection des espèces et l'enseignement spécialisé se développant à partir de la fin du siècle. Les hommes politiques, qui étaient souvent des grands propriétaires voulant assurer des revenus agricoles plus importants, réservèrent le marché de la Monarchie, grâce à des mesures douanières protectionnistes, pour les producteurs de l'Etat hongrois et partiellement de Galicie. Après 1906, au lieu d'une baisse des prix agricoles due aux effets du marché mondial, on assista à leur augmentation d'environ 30%, suite aux tarifs douaniers du monopole agricole. L'agriculture transylvaine, en raison justement de son très faible développement, en tira la possibilité de produire et de progresser économiquement : pour les Saxons, plus expérimentés et se trouvant dans une meilleure position de départ, cela permit d'atteindre le niveau de développement le plus élevé, celui de la Transdanubie et, pour les couches larges de la paysannerie hongroise et roumaine, d'accéder, en regard des autres habitants de l'Europe orientale, à des conditions de vie stables.

Les mesures sociales de l'Etat en faveur de la paysannerie visaient d'abord la réduction de la misère dans certaines régions en procédant à des remises importantes d'impôts et à l'attribution de petits subsides dans le cadre du libéralisme économique. La première action notable fut le redressement de la situation économique de 44 communes de la région de Naszód (villages roumains d'anciens gardes-frontières) par des moyens déployés au niveau gouvernemental. A partir de 1890, l'Etat y exploita industriellement, par l'intermédiaire d'une administration forestière créée à cet effet, des forêts sur plus de deux cent mille acres qui avaient été auparavant biens des communes ; il construisit des voies ferrées, il établit des bergeries et étables modèles, il libéra les communes des dettes fiscales accumulées. La gestion était contrôlée par des représentants des villages, le revenu net annuel, montant à plus de cent mille couronnes, était affecté pour les besoins des communes, en partie culturels ; dans le même temps, elles utilisaient à leur gré les quelques soixante mille acres qui restaient. L'action réussit à raviver la population roumaine de la région de Naszód (il en fut de même à Karánsebes, à l'extrémité sud du Banat).

L'Etat était loin de pouvoir résoudre le problème le plus grave à l'époque, celui des Sicules. Dans la région sicule, l'affranchissement des serfs, la dissolution des organisations de gardes-frontières avaient gonflé les rangs des sans terre, la réduction des terres collectives avait mis des limites à l'élevage et à l'exploitation forestière par les pauvres à une époque où les perspectives d'un nouvel équilibre n'avait pu encore se présenter. Les effets négatifs du développement capitaliste s'y trouvèrent concentrés. Ainsi, la concurrence des produits industriels, après la construction des principales voies ferrées mit l'artisanat dans la gêne. La guerre douanière, qui commença en 1886, accéléra ce processus : en détruisant de petites existences, elle provoqua la transformation du mode de vie.

L'exode, l'embauche en Roumanie, l'établissement définitif là-bas attirèrent l'attention de l'opinion hongroise de l'époque sur les problèmes des Sicules. A la fin du siècle, on tenta de les attirer, comme cochers, valets de fermes et servantes, vers l'intérieur du pays. Afin de soutenir modestement leur industrie domestique et artisanale et de leur procurer une formation professionelle, le ministère du Commerce lança son «action industrielle sicule».

Le Congrès Sicule de Tusnád, en 1902, tenu en commun par le gouvernement et l'opposition, déclara que l'Etat devait intervenir pour surmonter les maux. La même année, une action destinée à favoriser le développement des quatre comitats sicules fut lancée. Avec le concours du ministère de l'Agriculture, plus de cent cercles d'agriculteurs furent fondés, et on leur organisa des cours. A partir de 1905, on leur fit visiter en stage des écoles d'agriculture, des fermes saxonnes, des maraîchers de Kecskemét, des colonies d'élevage. Pour leur apporter des connaissances nécessaires, on introduisit l'enseignement des industries domestiques, la bibliothèque populaire, les conseils juridiques gratuits. Ce fut l'élevage des animaux de reproduction, l'amélioration des pâturages qui donnèrent les meilleurs résultats, car les conditions en étaient généralement réunies.

A la demande de plusieurs comitats, «l'action sicule» fut progressivement étendue. Elle n'apporta nulle part de résultats spectaculaires mais, à long terme, elle favorisa le développement, du fait qu'elle suppléait aux organisations que la société ne pouvait pas produire par elle-même.

La transformation de l'agriculture

Les forêts et les pâturages dominaient le paysage transylvain, mais le gage du développement des structures de l'agriculture fut la culture végétale dans les vallées.

Dans les trente années qui suivirent 1848, les liens d'interdépendance féodale des exploitations seigneuriales et paysannes disparurent en partie ou se transformèrent. Mais le changement, dans un premier temps, eut plutôt tendance à ajouter aux anciens maux de l'agriculture de nouvelles difficultés et ne résolut rien. «Dans le monde d'aujourd'hui, le peuple des laboureurs et semeurs ne tient que sur une jambe ; l'autre est estropiée, notre agriculture est malade», écrivait, en 1865, un homme politique libéral.[2] L'introduction, après

[2] [DOMOKOS TELEKI], Siebenbürgen und die österreichische Regierung in den letzten vier Jahren 1860-1864, Leipzig, 1865, 141.

1850, d'un système fiscal moderne ne stimula pas la production mais l'appauvrit plutôt puisque l'impôt transylvain per capita était plus élevé qu'en Transdanubie, région pourtant bien plus développée. Au début des années soixante, 12 millions étaient versés par les «propriétaires fonciers» sous forme d'impôts directs et indirects, sur la base d'un revenu agricole évalué à 13 à 15 millions de florins.

Les observateurs contemporains constatèrent que le citoyen, même économe, ne supportait pas le poids fiscal, et ils se demandèrent à quel moment les contribuables de Transylvanie deviendraient insolvables.

La caratéristique de cette période transitoire est que l'ancienne propriété seigneuriale savait rarement produire des céréales avec rentabilité puisque, selon les contemporains, les coûts de la production sur les terres arables avaient quadruplés par rapport aux années antérieures à 1848. L'agriculture paysanne, avec ses instruments, ses animaux, son surplus d'efforts éclipsa longtemps, sur le marché, les propriétés seigneuriales.

Sur les terres seigneuriales, en raison de la pénurie de main-d'œuvre, de matériel et de crédits, le travail du paysan fourni contre l'utilisation de la terre, des pâturages, de la forêt ou à titre partiaire fonctionnait comme des pis aller. Au début des années soixante-dix, sous l'effet de l'amélioration soudaine des rapports prix-crédits, la mécanisation des grandes propriétés débuta et se poursuivit, avec quelques arrêts, durant toute la période, contrebalançant le fait que la majorité du cheptel resta dans les propriétés paysannes.

Ces dernières constituaient les deux tiers des terres labourables et produisaient du maïs et du blé selon la technique modernisée de l'assolement triennal (biennal dans les régions montagneuses). Dans les années soixante, les instruments commencèrent, dans les propriétés paysannes, à évoluer. La charrue en fer, fort rare encore en 1872, se répandit largement à partir de la fin du siècle. Certains sols des régions montagneuses, en revanche, contraignirent les agriculteurs à revenir à l'ancienne charrue. Dans les régions saxonnes où l'extension des plantes sarclées exigeait une culture en raies, les semoirs gagnèrent du terrain. Les paradoxes du développement voulurent que la mécanisation de la moisson commença dix ans avant la diffusion de la faux.

En définitive, à la fin du siècle, les techniques agricoles héritées des siècles précédents avaient reculé et l'arsenal des instruments avait fondamentalement changé, encore que beaucoup d'éléments d'ancien équipement continuassent à être utilisés. L'évolution des instruments, l'apparition de races bovines occidentales, les effets du marché accélérèrent la décomposition du système des jachères.

La liquidation de l'assolement ou l'amélioration de l'assolement triennal, le remembrement, au moins partiel, apportèrent, dans l'agriculture, un développement de portée historique. Si, dans les années 1850, 40% des terres labourables étaient en jachère, elles étaient 20% en 1910; les terres labourées s'étendirent, entre 1857 et 1910, de 2 163 067 acres à 2 741 642.

Dans les années 1840, le maïs était cultivé sur une superficie deux fois plus grande que celle du blé. Venaient ensuite dans l'ordre: l'avoine, le seigle et l'orge. Le maïs à fort rendement (ainsi que les légumineuses, promues article commercial) étaient principalement semés par les paysans roumains, le seigle par les Saxons, autour de Brassó, tandis que l'avoine l'était partout car c'était cette céréale qui poussait le mieux sous les cieux transylvains. A la fin du siècle, les surfaces ensemencées de blé et de maïs étaient déjà presque en équilibre. Dans les comitats céréaliers, le blé était semé dans une proportion identique à celle de la moyenne hongroise, mais le blé de printemps, d'une qualité plus faible et d'un rendement plus bas tenait ici une place singulièrement grande. En années à bonne récolte, la Transylvanie couvrait ses besoins en blé, mais dans les années moyennes, il était nécessaire d'en importer soit de la Roumanie, soit de la Plaine hongroise — dans la deuxième moitié de l'époque qui nous occupe, exclusivement de la Plaine hongroise. Du maïs, on en achetait de temps à autre hors des frontières.

Parmi les plantes industrielles, le chanvre et le lin occupaient depuis longtemps une place importante dans l'industrie domestique paysanne en tant que matière première pour l'habillement. La culture de la betterave à sucre prit, à la suite de la construction de deux grandes sucreries, de l'importance à la fin du siècle. Bien qu'elle n'occupât alors que 0,42% des emblavures de la Transylvanie, ses récoltes montraient un rendement élevé, particulièrement dans le comitat de Brassó.

Dans la sphère d'attraction des plus grandes villes, il s'était déjà constitué des zones maraîchères telles que le Hóstát à Kolozsvár (quartier dont le nom vient de l'allemand Hochstadt) ou les villages d'Aranyosszék qui ravitaillaient Torda et la Terre des Motz (Moţi = Roumains des Monts métalliques).

Dans les environs de Marosvásárhely, on produisit, sur les alluvions du Nyárád, de la betterave, du persil, des oignons, des pastèques.

Certains produits avaient un rendement plus élevé en Transylvanie qu'en Hongrie, tels le chou et la pomme de terre, et ce grâce aux traditions de culture.

La viticulture occupait déjà, aux alentours de 1848, environ 0,5% des terres productives et englobait de vieilles régions vinicoles telles les rives du Küküllő, ou les régions de Gyulafehérvár et de Nagyenyed.

A partir des années quatre-vingt, ces régions connurent elles aussi la réduction des surfaces vinicoles. En 1889, le phylloxéra attaqua dix mille des trente huit mille acres (chiffre qui a déjà diminué) puis, au cours des années suivantes, il balaya toutes les menues cultures locales. L'Etat apporta un soutien par des remises fiscales, par la distribution de sulfate de cuivre, et de plants bon marché pour le renouvellement des vignes.

La prune constituait les deux tiers de la production de fruits de Transylvanie. C'est dans les dernières décennies du siècle que s'opéra une plus large diffusion des fruits. Les statistiques recensent onze millions d'arbres fruitiers à la fin du siècle; les débouchés augmentent et les pommes de Transylvanie arrivent sur le marché des pommes à cidre de Stuttgart où, d'ailleurs, les fruits hongrois représentaient 30% de l'offre.

Les conditions naturelles d'exploitation forestière étaient favorables. Les forêts constituaient plus de la moitié des terres productives, soit 3,5 millions d'acres. Après l'affranchissement des serfs, l'ex-noblesse terrienne profita des forêts dans une plus grande proportion que des terres labourables; la moitié des forêts restaient cependant entre les mains de la paysannerie, sous forme de biens communaux ou de propriétés publiques et constituaient pour elle une ressource importante. Il nous est difficile d'insérer les biens forestiers des communes (1,2 millions d'acres) et les autres propriétés forestières collectives dans le système de l'économie paysanne. Leur importance se signale par le fait que 210 000 bovins et 300 000 ovins paissaient dans les forêts communes à la fin du siècle.

Dans les propriétés domaniales, une gestion plus moderne avait déjà auparavant remplacé le simple déboisement. Les lois forestières de 1858, et plus particulièrement celles de 1879 et 1898, posèrent les premiers jalons d'un contrôle par l'Etat de la gestion forestière qui exigeait savoir et patience. A la fin du siècle, c'était l'Etat qui gérait aussi les forêts des comitats et des communes.

A cette époque, des sociétés disposant d'importants capitaux introduisirent l'exploitation extensive de la forêt. Le commerce du bois devint une affaire gigantesque. De telles entreprises purent influencer le sort de la paysannerie de régions entières puisque, dans les sièges sicules, par exemple, la moitié de la population, sous une forme ou une autre, vivait de la forêt. En dépit de l'expansion des entreprises géantes, beaucoup de propriétés forestières communales subsistèrent et les petites scieries hydrauliques paysannes continuèrent de fonctionner. Cela constitua une partie des fondements d'une industrie populaire du bois qui allait de la cuillère en bois aux poutres en passant par les bardeaux et les tonneaux pour lesquels la Transylvanie, durant toute la période qui nous occupe, fut connue dans l'ensemble de l'Empire.

Quant à l'élevage, la Transylvanie comptait pour un des territoires pourvus des dispositions les plus favorables. Vu les similitudes de relief et le chiffre élevé du cheptel, les contemporains espéraient faire de la région une Suisse orientale. A la fin du siècle, les pâturages communaux ou collectifs atteignaient près de 780 000 acres, soit 56% de l'ensemble des pâturages.

Durant les siècles, l'activité pastorale avait été prépondérante dans l'économie de la province. Dans la division du travail au sein de la Monarchie des Habsbourg, ses habitants, et plus particulièrement les Roumains du Sud de la Transylvanie, remplissaient par excellence le rôle d'éleveurs.

La vie pastorale roumaine traditionnelle avait modelé l'aspect de villages tels que Resinar ou Szelistye, dans la région de Szeben qui constituaient également les sources de recrutement de l'intelligentsia roumaine.

La forme particulière de l'élevage ancien, la transhumance, spécialité transylvaine, perdit de son importance. Avant 1848, un bon million d'ovins, un peu moins de bovins et de chevaux étaient conduits sur les routes des montagnes au-delà des Carpates, dans la région du Bas-Danube, pour hiverner. Mais, dès les années 1850, le nombre du cheptel ovin transhumant baissa au-dessus d'un demi-million, tandis que celui des bergers transhumants passa de 20-25 000 à 10 000 en 1879, beaucoup d'entre eux s'étant installés en Dobroudja roumaine. Pourtant, en raison des besoins en laine, viande et produits laitiers, l'élevage conserva longtemps cette forme archaïque en tant que partie complémentaire de l'économie de marché.

Dans la tendance nationale qui se caractérisa, à partir de 1860, par une diminution du cheptel ovin, la Translyvanie occupa une place particulière. Pendant un certain temps, le chiffre tomba ici aussi puis, au début du siècle, suivit une forte augmentation. Les petites et très petites exploitations élevaient plus de 90% du cheptel ovin.

Parallèlement à la disparition de l'agriculture traditionnelle, aux défrichements des anciens pâturages communs et à la diminution des jachères, l'élevage bovin extensif recula. En retard par rapport aux régions occidentales ou centrales du pays, la transformation du cheptel bovin intervint également en Transylvanie.

Au milieu des années cinquante, le prix des bovins augmenta, puis se stabilisa (après une chute intervenue dans les années quatre-vingts). Les premiers trains transylvains transportèrent beaucoup de bovins et de porcins vers Pest mais la diminution numérique du cheptel était sensible dès 1868. La nouvelle tendance du développement apporta le changement des races lancé par l'Association Economique Saxonne, avec le soutien de l'Etat, dès les années soixante-dix. La période de croissance des animaux amenés d'Autriche

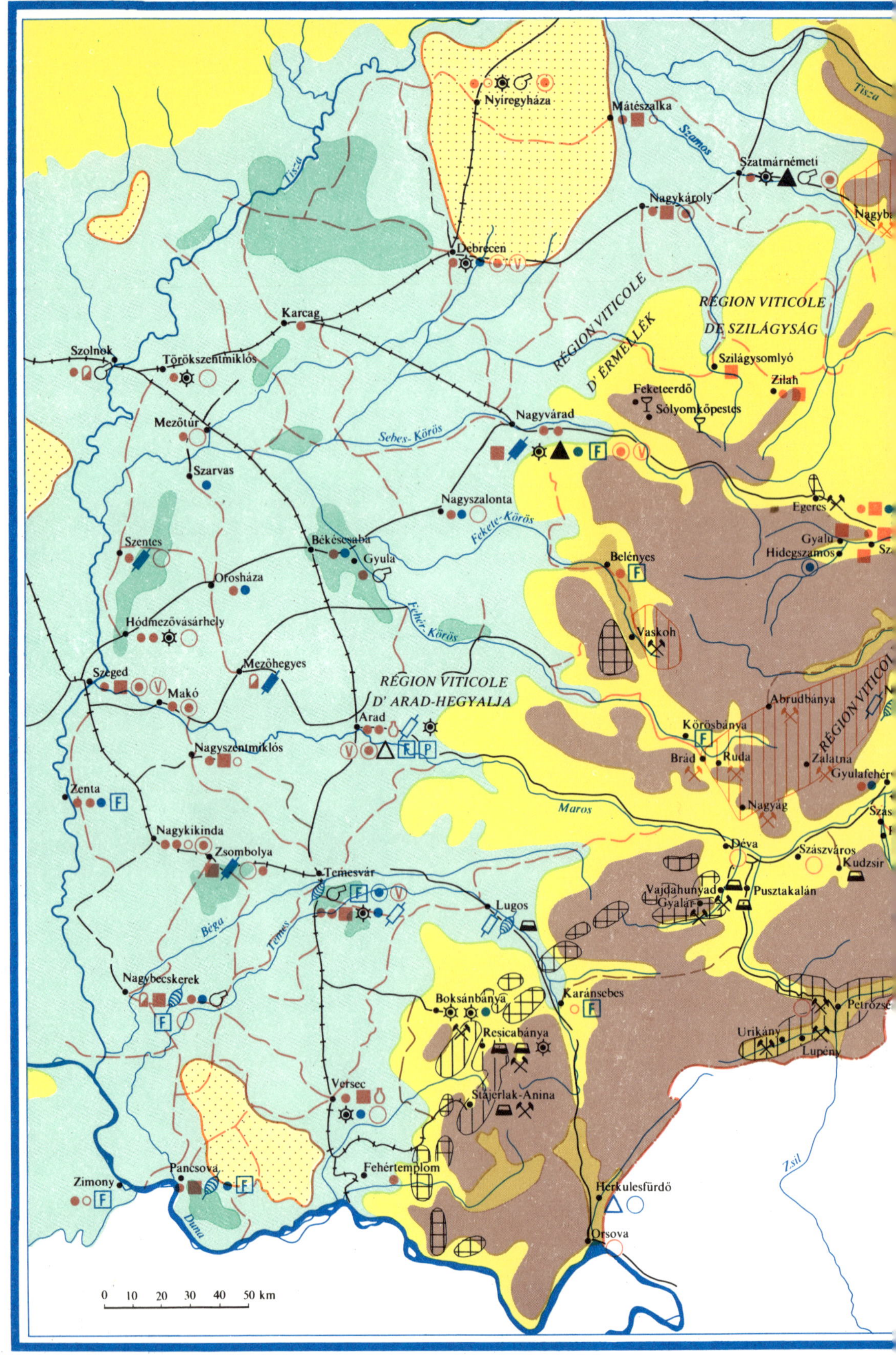

Nyíregyháza
Mátészalka
Tisza
Szamos
Szatmárnémeti
Nagykároly
Debrecen
Karcag
Szolnok
Törökszentmiklós
Mezőtúr
Szarvas
Sebes-Körös
Nagyvárad
RÉGION VITICOLE D' ÉRMELLÉK
RÉGION VITICOLE DE SZILÁGYSÁG
Szilágysomlyó
Zilah
Feketeerdő
Sólyomkőpestes
Egeres
Gyalu
Hidegszamos
Nagyszalonta
Fekete-Körös
Békéscsaba
Gyula
Szentes
Orosháza
Belényes
Hódmezővásárhely
Fehér-Körös
Vaskoh
Szeged
Mezőhegyes
Makó
RÉGION VITICOLE D' ARAD-HEGYALJA
Arad
Abrudbánya
Körösbánya
Brád
Ruda
Zalatna
Nagyszentmiklós
Zenta
Maros
Nagyág
Nagykikinda
Zsombolya
Déva
Szászváros
Kudzsir
Temesvár
Vajdahunyad
Gyalár
Pusztakalán
Béga
Temes
Lugos
Nagybecskerek
Boksánbánya
Karánsebes
Resicabánya
Urikány
Lupény
Versec
Stájerlak-Anina
Fehértemplom
Pancsova
Zimony
Zsil
Herkulesfürdő
Duna
Orsova
0 10 20 30 40 50 km

CARTE 22. L'ÉCONOMIE À L'EST DE LA TISZA À LA FIN DU XIXe SIÈCLE ET AU DÉBUT DU XXe SIÈCLE

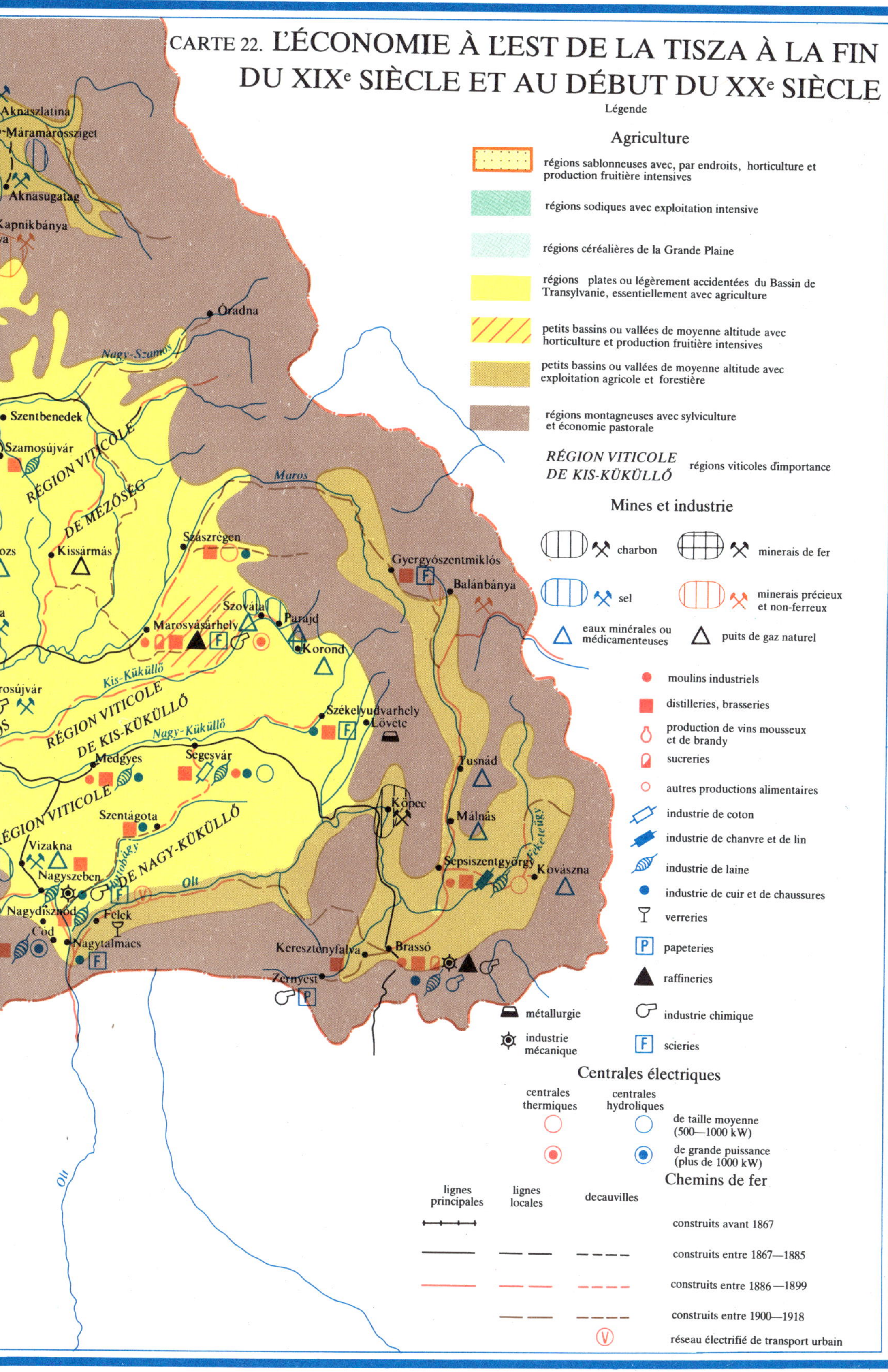

ou de Suisse était beaucoup plus courte, le poids vivant plus élevé, la production laitière souvent supérieure de 1 000 litres par rapport aux races transylvaines. L'acclimatation des nouvelles espèces resta inférieure à la moyenne nationale car la Transylvanie s'était spécialisée dans les bêtes de trait, et ses bœufs n'étaient pas seulement de bons animaux de transport, mais ils étaient aussi dix fois plus résistants aux maladies que les espèces occidentales. Les comitats de la Terre sicule, Nagy- et Kis-Küküllő et Alsó-Fehér furent déclarés, par le ministère de l'Agriculture, zone de conservation de l'espèce transylvaine, et des mesures furent prises afin d'améliorer ces espèces.

L'élevage des bovins en Transylvanie connut une modernisation due à la recherche de nouveaux marchés ainsi qu'à des initiatives officielles, modernisation qui maintenait cependant la variété des espèces (conservant par ex. le buffle). A la fin de l'époque, cette région passait pour avoir une faible densité de bétail, mais les paysans possédaient davantage de bovins que la moyenne nationale (dans le Fogaras, il y avait 678,2 animaux pour 1 000 habitants, chiffre qui tenait la comparaison avec les données européennes les plus favorables).

Dans la formation du cheptel chevalin, les points de vue purement économiques étaient moins dominants puisque les chevaux étaient élevés dans les grandes et moyennes propriétés pour répondre aux obligations de prestige; d'autre part, les achats de l'armée ne dépendaient pas de la conjoncture. Avec l'apparition des chemins de fer, le besoin en attelages augmenta même, pour cesser après la fin du siècle. Le haras de Kolozstorda, destiné à conserver les races de Transylvanie, ainsi que le haras national de Fogaras fondé après le Compromis et spécialisé dans l'élevage des lipizzans, jouèrent un rôle de premier plan dans l'amélioration du cheptel chevalin.

La répartition territoriale du bétail ne montre pas de particularités marquantes. Les Saxons élevaient les plus grandes quantités de bovins, de porcins et de chevaux, et l'élevage des ovins restait quasiment le monopole des Roumains. Les régions roumaines avaient davantage de bestiaux que les régions hongroises et leurs vaches donnaient davantage de lait, alors que le poids moyen des bovins des régions hongroises était plus élevé. Les paysans détenaient, en 1885, plus de 80% des animaux, proportion qui ne changera pas par la suite. Comparées à celles de la Transdanubie, les grandes propriétés possédaient ici trois fois moins de bovins et les moyennes propriétés deux fois moins; par contre, pour les exploitations d'une superficie de 5 à 20 acres, la moyenne de la Transylvanie était supérieure à celle de Transdanubie. Par ailleurs, les animaux des grandes propriétés pouvaient être en général vendus 30% plus chers, ce qui révèle la meilleure position des grandes exploitations en ce qui concerne la recherche des débouchés. Si les grands propriétaires avaient des mérites dans cette branche, cela consistait dans l'amélioration des races, tandis que les paysans entretenaient sur leurs pâturages restreints presque la totalité du cheptel de Transylvanie.

Modernisation des mines et de l'industrie

Ce sont les impératifs de l'aire douanière commune établie en 1850 pour la monarchie des Habsbourg, la pauvreté relative en capitaux de l'ensemble de la Hongrie et le faible niveau d'accumulation des capitaux locaux qui déterminaient le développement de l'industrie transylvaine. L'essor était fonction de l'afflux des capitaux et des investissements de l'Etat, mais les fondements étaient en général jetés par des entreprises locales anciennes ou nouvelles. Les mines, l'extraction des matières premières constituaient la base de l'économie de cette partie du pays.

Pendant longtemps, la Transylvanie avait donné environ la moitié de la production de sel de l'Empire et, avec les mines de sel de Máramaros, cela constituait d'importantes sources de revenus pour le Trésor. Après 1867, les mines de Marosújvár furent modernisées les premières en vue du traitement chimique des déchets salins.

Les mines d'or avaient perdu de leur éclat d'antan, bien qu'après 1850, la Transylvanie ait fourni encore les deux tiers de l'or de l'Empire. Dans cette région aurifère, la plus riche d'Europe, aussi bien le Trésor que des aristocrates, bourgeois et paysans possédaient des mines ou des actions. La mine la plus importante des compagnies de propriétaires fonciers était les « Douze Apôtres » qui, en 1864, avec 400 ouvriers produisait annuellement 46,3 kg d'or. Les mines du Trésor fournissaient un tiers de la production d'or nationale. Dans les années 80, la mine d'Orla employait 400 mineurs, celle de Nagyág 800. Dans cette décennie, l'intérêt du capital occidental pour la Transylvanie s'accrut, et on commença la modernisation des mines privées qui, dans leur majorité, végétaient. De la Deutsche Bank au Crédit Lyonnais, les banques allemandes, anglaises, belges, françaises furent, par l'intermédiaire de diverses entreprises, intéressées dans la production. La mine des « Douze Apôtres », devenue propriété de la S. A. Harcort de Gotha, construisit le plus grand établissement de traitement préparatoire de l'or du continent et cette firme fournit dès lors près de la moitié de la production hongroise d'or. Ce ne fut pas une fièvre de l'or, comme celle de la Californie, qui gagna la Transylvanie, mais les mines d'or se renouvelèrent toutes, de même que les usines du Trésor dans la région voisine de Nagybánya. Un personnel technique anglais et allemand fit son apparition et la mise en valeur s'effectua d'après les méthodes d'exploitation modernes. Des fours fonctionnant près de l'intendance centrale des mines, à Zalatna, fondaient la production brute des mines privées de très petites tailles (trente mille quintaux avant la Première Guerre mondiale) à partir de laquelle on frappait, à Körmöcbánya, la monnaie.

Face à la production d'or et d'un peu d'argent, les mines de cuivre restaient insignifiantes, quoiqu'à partir de 1858, plusieurs sociétés tentassent de les exploiter. Si elles n'y réussirent pas, la chute des prix des métaux y fut pour quelque chose et il en était de même pour l'extraction du plomb. A la fin du siècle, on commença à utiliser, dans l'industrie chimique, les divers composants des métaux et minerais non ferreux dans une plus grande proportion.

Les mines de charbon démarrèrent difficilement mais elles connurent par la suite un développement d'autant plus spectaculaire. Les chemins de fer qui venaient de l'Ouest apportèrent aussi le charbon des mines tchèques. De plus, dans le voisinage, la STEG (Société des Chemins de Fer Autrichiens, à participation française), développa considérablement les mines de charbon (et aussi la sidérurgie) du Banat. En 1860, elles atteignaient une production annuelle de cent mille tonnes de charbon. L'exploitation intensive de la vallée du Zsil, riche en charbon de qualité, commença après 1857, sous l'impulsion du Trésor et de la S. A. des Fonderies et Mines de Brassó. Dans les années 1880, sa production atteignait les deux cent mille tonnes annuelles. A la fin du siècle, la S. A. des Houillères de Salgótarján et celle des Houillères de Urikány-Zsilvölgy, à participation franco-hongroise, régnaient sur le bassin et elles élevèrent la production à un très haut niveau technique, avec 2,5 millions de tonnes en 1913. La plupart des ouvriers rompus à l'extraction minière vinrent de loin : Tchèques, Polonais, Allemands ; d'importantes colonies de mineurs s'installèrent avec l'infrastructure habituelle. Les villages de Petrozsény et Lupény devinrent des villes puisqu'en 1913, près de quatorze mille personnes travaillaient dans leurs mines.

En dehors de la vallée du Zsil, il y avait des mines dans le Nord de la Transylvanie à Egeresfalva, dans un premier temps avec des capitaux transylvains puis hungaro-belge, à Keresztényfalva avec des entrepreneurs saxons et à Köpecbánya, en Terre sicule, à partir de 1872, avec une société anonyme fondée par des aristocrates. La sidérurgie était fondée pendant longtemps sur des hauts fourneaux petits, éparpillés et basés sur une technique fort ancienne. Les arrêts y étaient par trop nombreux : seules les fonderies du Trésor offraient une production uniforme. Une fois de plus, la modernisation commença dans la région voisine, à Resica et Bogsan, dans les usines de la STEG du Banat, qui, depuis 1862, devenaient le plus grand centre sidérurgique de la Hongrie. En Transylvanie, la S. A. des Fonderies et Mines de Brassó acheta, à partir de 1856, successivement tous les vieux hauts fourneaux, les modernisa et, en 1867, produisit avec eux autant de fonte brute que ceux du Trésor. En 1872, deux hauts fourneaux ultramodernes furent construits à Kalán par des ingénieurs belges. Cette firme, au développement prometteur, connut, à la fin du siècle, une crise financière et fut mise en liquidation pour réapparaître, en 1898, sous le nom de S. A. des Fonderies et Mines de Kalán avec des capitaux autrichiens, allemands et hongrois. En 1867, le Trésor possédait cinq hauts fourneaux de type ancien en Transylvanie. Pour des raisons d'économie, le parlement s'opposait à une modernisation dispendieuse et ce ne fut que plus tard que le Trésor y effectua des investissements majeurs. A Vajdahunyad, à partir de 1884, on construisit plusieurs fourneaux et, en 1895, y vit le jour le plus grand fourneau de Hongrie avec une production annuelle de quarante mille tonnes de fonte. Les établissements nationaux de Kudzsir d'affinage du fer et de la fonte ne furent modernisés qu'à partir des années 80. Au début du siècle, le Trésor et la S. A. de Kalán produisaient la presque totalité de la fonte de Transylvanie.

Les forges paysannes, comme celles de Torockó, dépérirent, mais l'usine privée de Szentkeresztbánya, de taille moyenne, se maintint en essayant de diversifier sa production. L'ingénieur Péter Rajka, qui fabriquait des machines et outils agricoles d'excellente qualité, vendit à un commerçant de Kolozsvár sa petite entreprise où, en 1874, la première machine à vapeur de fabrication transylvaine fut exécutée ; mais il ne put jamais être question d'en faire une grande entreprise. A la fin du siècle, les ateliers Rieger, de Nagyszeben, se distinguaient parmi les entreprises moyennes. Il faut également mentionner les ateliers agrandis des Chemins de Fer d'Etat (MÁV) de Kolozsvár et Piskitelep. La branche des constructions mécaniques se développait plutôt dans le voisinage de la Transylvanie : la STEG s'était sérieusement implantée à Resica, c'était ici en 1872 qu'une locomotive fut pour la première fois fabriquée en Hongrie ; à Arad, l'usine de wagons et machines Weitzer s'agrandit et en 1909, une usine automobile (MARTA) qui, pendant la guerre, fabriquera des moteurs d'avion, y fut installé.

L'industrie chimique connut un essor tardif en Hongrie. Dans le Banat et en Transylvanie, le raffinage du pétrole importé de Roumanie commença à la fin des années 1850 (celui du pétrole russe et galicien, à partir de la fin du siècle). On fabriquait de l'acide sulfurique à Brassó et à Zalatna ; en 1894, on construisit, à Marosújvár puis à Torda, des soudières qui purent satisfaire les besoins de tout le pays. On découvrit du gaz naturel en Mezőség en 1909 et, comme on ne trouva pas d'investisseurs anglais ou américain, la S. A. Gaz naturel hongrois fut créée, en 1915, avec des capitaux allemands. Des gazoducs fonctionnaient déjà et, durant la guerre, on établit une usine chimique à Dicsőszentmárton afin de traiter le gaz naturel. En 1918, le nombre des puits s'élevait à 38.

L'industrie textile était née de façon naturelle des anciennes manufactures des villes saxonnes. Le marché roumain et local puis le soutien de l'Etat rendirent possible de fonder certaines draperies de renom (Scherg, Leonhardt) à Brassó et Nagyszeben. Quelques manufactures de coton furent construites.

L'industrie alimentaire joua un rôle remarquable dans l'accumulation des capitaux mais non pas à la même échelle que dans la Hongrie proprement dite. De grandes distilleries bordaient la Transylvanie sur une ligne allant de Temesvár à Nagyvárad mais des distilleries commerciales s'installèrent, dès 1849, à l'intérieur de la province. Le noble démuni Elek Sigmond fonda une usine à Kolozsvár en 1851, et celle du Juif Jeremias Baruch, à Marosvásárhely, instroduisit, en 1874, la première machine à vapeur de fabrication transylvaine. Puis, de la distillerie, des entrepreneurs passèrent à la minoterie ainsi qu'à d'autres secteurs. En 1878, on trouvait 125 distilleries industrielles, les plus grandes traitant le maïs, principalement importé de Roumanie. A la fin du siècle, les deux grandes usines appartenaient aux familles saxonne Czell et hongroise Sigmond, mais les autres étaient loin d'atteindre l'importance des usines du Banat. Les distilleries s'occupaient également de l'engraissement des bovins et les animaux étaient transportés en grand nombre à l'intérieur du pays ou à Vienne. Les brasseries commencèrent à se développer dès la fin du siècle ; conjointement au maintien des petites entreprises, celles de Torda et Marosvásárhely s'agrandirent avec une production annuelle de 120 000 hectolitres chacune.

Les grands moulins furent d'abord construits à Pest et sur les bords de la Plaine avec des capitaux accumulés dans le commerce. Alors qu'en 1863, dans les villes des comitats d'Arad, de Bihar et de Szatmár, 30 moulins à vapeur fonctionnaient, nous n'avons connaissance que de quatre en Transylvanie. Elek Sigmond construisit, en 1853, un grand moulin à Kolozsvár, Jeremias Baruch un autre à Marosvásárhely qui produisit plus tard du courant électrique pour l'éclairage public. Pendant longtemps encore, le nombre des moulins à eau augmenta : entre 1850 et 1890, on en construisit 1525 et, en 1895, parmi les 5 236 moulins, seuls 88 étaient à vapeur. A la fin du siècle, la modernisation s'accéléra. Entre 1881 et 1906, on construisit 109 moulins à vapeur, si bien qu'en 1906, la minoterie de Transylvanie avait une position d'avant-garde dans l'utilisation des moteurs à pression. Mais, bien entendu, les moulins à eau populaires, petits, fabriqués en bois subsistaient. A cette époque, dans le seul comitat de Hunyad, il en fonctionnait 1031.

L'ancienne industrie du sucre déclina après 1849. A la suite des avantages accordés par l'Etat vers la fin du siècle, la grande usine de Brassó-Botfalu, la S. A. Sucrerie Hongroise, vit le jour en 1889. En 1912, avec 1 218 ouvriers, elle produisait 145 000 quintaux de sucre. Des aristocrates, à l'aide d'emprunts d'Etat et avec des actions placées chez les producteurs qui les remboursaient par des betteraves à sucre, fondèrent, en 1893, l'usine de Marosvásárhely. En 1912, avec ses 405 ouvriers, elle put produire 47 000 quintaux de sucre pour les exporter en Angleterre, en Italie et en Egypte.

Les autres branches de l'industrie alimentaire, sans compter les deux manufactures de tabac de l'Etat, se développèrent plutôt dans les villes saxonnes. Des fabriques de salami fonctionnaient à Nagyszeben, Brassó, Beszterce, Medgyes, Szentágota; à Dés et à Déva des conserveries. La plus grande laiterie fut établie en 1902 à Nagyszeben.

Nous terminerons par l'industrie du bois qui, malgré une production forestière abondante, ne devint jamais importante. Le bois arrivé par flottage sur le Maros était en grande partie travaillé à Szeged, mais on en transportait également en Roumanie. Les premiers grands consommateurs étaient les Chemins de fer puis, avant la guerre, les mines de Petrozsény, qui utilisaient annuellement, à elles seules, 100 000 mètres cubes de bois.

Des scieries fonctionnaient près de chaque grande exploitation forestière, mais il n'existait que quelques usines de meubles et d'objets en bois. Outre les scieries paysannes, une série de villages travaillaient le bois dans les vallées situées entre les hautes montagnes et fabriquaient des planches, des lattes et des bardeaux pour les marchés urbains. A Zetelaka, dans le Hargita, on faisait les meilleures poutres débitées à la main. A Bedecs, avec une technique pour ainsi dire domestique, des maisons en bois étaient confectionnées puis démontées et définitivement reconstruites dans le village qui les commandait. Après un incendie, au début du siècle, sur les prés de Bedecs, un grand nombre de maisons ou de dépendances se contruisaient et attendaient d'être transportées.

Presque toute l'industrie de la Transylvanie se caractérise par la dualité : à la fin du siècle, l'industrie capitaliste fait son apparition, souvent en implantant les techniques les plus modernes et, à ses côtés, subsiste, pour satisfaire des besoins réels, le réseau vaste de l'industrie populaire, des petits ateliers que l'on ne saurait guère appeler entreprises au sens capitaliste : ils travaillent avec des méthodes archaïques, et embrassent toutes les branches, de la mine d'or à l'industrie du bois, en passant par la production de charbon de bois.

3. Vie culturelle et sociétés nationales

La vie culturelle et intellectuelle demeure, dans la seconde moitié du XIXe siècle, marquée par l'hégémonie du nationalisme libéral. Certes, l'unité du libéralisme et du nationalisme avait été entamée en Transylvanie par la tourmente des conflits nationaux et de la guerre civile consécutifs à la révolution de 1848, ce qui devait provoquer des heurts violents entre les deux idéologies au niveau de la pratique politique. Néanmoins, leur unité sera sauvegardée, pendant de longues décennies encore, dans les mentalités. La vie spirituelle de ce demi-siècle était profondément marquée par la génération qui avait participé, pour la plupart activement, aux événements de 1848-1849 — période déterminant tant l'histoire que ses acteurs.

A l'époque où s'épanouirent les sociétés nationales, le développement de la culture en langue maternelle et la propagation des produits intellectuels comptaient pour une tâche nationale primordiale. En Transylvanie, trinationale, dépositaire de trois patrimoines culturels bien différents où les ethnies s'interpénétraient sans frontières précises et où les équilibres étaient fragiles sur le plan des rapports numériques, de l'influence politique, de la force économique et du degré de développement, les intellectuels de chaque nation craignaient pour leur propre ethnie menacée par les visées d'assimilation linguistique ou la prépondérance culturelle de « l'autre nation ». L'anxiété devant l'avenir de la nation, aussi bien que l'espoir de sa «promotion» incitaient les gens de l'époque à une action culturelle incessante.

L'autonomie culturelle de la Transylvanie avait cessé avant même que la législation de 1848, puis définitivement celle de 1867 eussent mis fin à son statut séparé. Dans le creuset d'une culture nationale globale, les cultures locales finissent par disparaître. A l'époque du néo-absolutisme et plus encore pendant le dualisme, ce processus perce à fond : la vie intellectuelle hongroise de Transylvanie se confond complètement avec celle de la métropole, tandis que celle des Roumains se rattache définitivement à celle de la nation roumaine transcarpatique. Bien entendu, le rythme de la convergence n'est pas le même chez les Hongrois et les Roumains, puisque déjà le développement des deux nations ne suivait pas la même cadence. Les conditions étaient différentes des deux côtés des Carpates qui constituaient une frontière politique depuis des siècles et, de surcroît, au XIXe siècle, le développement culturel de l'Etat roumain restait en arrière de celui de la Hongrie, ce qui favorisait la survie relativement longue de littératures régionales roumaines dans le Banat et le Bihar, alors que nous n'en connaissons pas l'équivalent dans les lettres hongroises. Tout au long de cette période, seuls les Saxons gardent une physionomie spirituelle vraiment autonome, locale, malgré leur communication permanente avec l'Allemagne et en dépit de la position de l'intelligentsia saxonne qui rattachait son passé à celui des Allemands et se considérait comme tête de pont de la culture germanique.

Ainsi, à l'époque donnée, une vie culturelle spécifiquement transylvaine ne peut être observée que du côté des Saxons ; chez les Roumains beaucoup moins et chez les Hongrois, après 1867, pas du tout.

Les associations et leurs buts

A l'époque du néo-absolutisme l'activité spontanée de la société, strictement limitée, évolue dans le sillon de l'ère des réformes. Les trois nations créent leurs «sociétés» savantes et culturelles. Comme ces dernières cultivent et diffusent la science, elles remplissent, indirectement, une fonction politique de portée nationale.

Les Saxons avaient fondé dès 1840 le Verein für Siebenbürgische Landeskunde dont s'est détaché, au début de la période examinée, le Siebenbürgischer Verein für Naturwissenschaften. Ce dernier, tout comme la bibliothèque Bruckenthal et les lycées servent de cadre à une activité scientifique qui embrasse tout à partir de l'ethnographie, en passant par l'histoire jusqu'à l'étude de la faune et de la flore des Carpates et de leurs ressources minérales. Les futurs savants et chercheurs reçoivent tous leur formation de base dans des universités allemandes. Ils y assimilent la méthodologie qui leur permettra d'exceller dans tous les domaines, en particulier par la rigueur scientifique de leurs recherches. (Ces rapports toujours plus étroits avec l'Allemagne sont pour beaucoup dans le manque de rapports étroits entre le monde scientifique saxon et hongrois, à l'exception de rares relations personnelles.) Il serait plus que difficile de faire ici l'inventaire concis des résultats de la science soutenus et coordonnés par le Verein. Contentons-nous de citer une *Geschichte der Siebenbürger Sachsen,* éditée sous forme de cahiers à partir de 1852 par Georg Daniel Teutsch, la première histoire des Saxons puisée directement aux sources, ainsi que la série de sources historiques lancée à la fin du siècle sous le titre *Urkundenbuch zur Geschichte der Deutschen in Siebenbürgen*, considérée jusqu'à nos jours comme fondamentale. Parmi les sociétés culturelles qui se constituent en grand nombre, la plus notoire est le Karpaten-Verein, fondé en 1881, dont il convient de souligner les mérites en matière de tourisme et de protection de la nature.

Un trait particulier de la vie culturelle saxonne — qui s'observe jusqu'à nos jours — est que les professeurs dont le poids politique croît à cette époque au dépens des juristes, associent tous la recherche à l'enseignement. La société saxonne de l'époque paie un tribut d'admiration à tous ceux qui s'adonnent à l'écriture.

C'est un peu à l'instar de l'exemple saxon et en reprenant une vieille idée que naquît une institution nationale des Hongrois de Transylvanie : Erdélyi Múzeum (Musée Transylvain). Le comte Imre Mikó offre à cette fin un jardin de 10 acres (quelque 6 hectares) avec une villa à Kolozsvár ; il rédige en personne les Statuts et fait les démarches à Vienne pour obtenir l'autorisation de la cour. La première assemblée générale de la Société du Musée Transylvain est tenue dès 1857, mais l'autorisation se fait attendre jusqu'en 1859. Mikó en est aussi le premier président. Il estime que « notre Société pourrait s'imposer comme école pratique de l'autonomie ». Au moment de sa constitution, c'est une société savante purement hungarophone, qui réunit des pièces de collection, dont des antiquités, offertes par des aristocrates, des intellectuels et des bourgeois. Elle est financée de dons, la plus forte somme : 10 000 florins étant offerte par le baron Samu Jósika, un homme politique conservateur. Copie réduite de l'Académie, cette société embrasse des disciplines allant de l'histoire aux sciences naturelles et finit par s'imposer comme la plus grande société savante de Transylvanie. Son immense collection d'antiquités et ses archives comprenant des milliers de chartes et de manuscrits — qui seront complétées plus tard d'une précieuse collection sur 1848 —, ainsi que sa section de sciences de la nature, offrent dès le début une bonne base au travail d'érudit. Ses annuaires rédigés par le polygraphe Sámuel Brassai, le périodique *Erdélyi Múzeum* paraissant sous diverses formes atteignent une diffusion appréciable.

Fonder et organiser une société comptent à cette époque pour un exploit politique, comme on l'a vu plus haut dans l'aperçu général du néo-absolutisme. Or, dans les conditions d'une vie publique plus libre de la décennie 60 et plus particulièrement après le Compromis austro-hongrois de 1867 et l'union de la Transylvanie avec la Hongrie, la Société perdra beaucoup de son caractère de symbole politique, tout en gardant son importance scientifique. En 1872, la fondation de l'Université de Kolozsvár marque un nouveau tournant : la Société donne, par contrat, ses collections à l'usage de l'Université et désormais les conservateurs des diverses collections seront les professeurs de la discipline en question. A partir de là, l'activité de la Société sera étroitement liée à celle de l'Université sans que la première renonce à son autonomie. Une refonte de ses activités n'aura lieu qu'au siècle suivant lorsque ses assemblées itinérantes et ses conférences de vulgarisation seront multipliées. Elle se distingue comme éditeur de maints travaux scientifiques de valeur.

La société culturelle hongroise la plus connue est fondée en 1885 sous le sigle d'EMKE (Erdélyi Magyar Közművelődési Egyesület — Association Hongroise pour la Culture Publique de Transylvanie). Ténor, pendant longtemps, de la vie politique, nous en avons parlé dans le contexte de l'histoire politique.

Chez les Roumains, l'idée de mettre sur pied une académie ou une société pour la défense et le soin de la langue émerge dès 1852. La fondation de la société hongroise donne un coup de fouet à l'initiative et, en 1861 on voit se constituer à Nagyszeben l'ASTRA, Association transylvaine pour la littérature et la culture populaire roumaines (Asociaţiunea transilvană pentru literatura română şi cultura poporului român). Tournée essentiellement vers l'histoire, la langue et la littérature, cette société s'intéresse aussi aux sciences de la nature. Mettant entre parenthèses les differences confessionnelles, elle rassemble des intellectuels qui, jusque là, avaient été plutôt rivaux; si elle a pour premier président le baron Şaguna, prélat orthodoxe, elle choisit comme secrétaire un homme sans engagement religieux, Bariţ. Dans les premières années de son existence, l'ASTRA accède à une importance transfrontière car, faute d'organisation semblable en Roumanie, elle fait figure, pendant un certain temps, d'Académie roumaine.

L'ASTRA, quoique soutenue par des intellectuels de Roumanie, était plus pauvre que la Société hongroise ou le Verein saxon. Il est à noter qu'elle fut lancée non seulement grâce aux oboles des prêtres et des bourgeois : il fallut faire appel au sacrifice des paysans; des communautés villageoises s'étaient engagées à livrer pendant cinq ans une certaine quantité de grains de maïs pour la soutenir. L'importance de l'ASTRA ne se décroîtra pas après le Compromis de 1867, car la lutte politique des Roumains de Transylvanie pour l'émancipation nationale se poursuit, conférant à l'ASTRA, malgré ses affaiblissements périodiques, un rôle important politique et culturel. Organisée, dans un premier temps, d'après le système des décanats, elle met, à partir de 1868, en place ses propres organes territoriaux et étend, après 1895, ses activités hors de la Transylvanie, aux régions du Bihar et du Banat. Connaissant un nouvel élan vers le tournant du siècle, l'Association édite la première encyclopédie roumaine dont les 38 000 entrées sont, pour la moitié, rédigées par des auteurs de Roumanie. En 1905 est construit à Nagyszeben le Musée ASTRA abritant bureau, bibliothèque et théâtre. L'Association publie des livres populaires, organise des cours aux paysans et crée à leur intention une bonne centaine de petites bibliothèques populaires. Ses grands meetings d'avant la Première Guerre sont de véritables démonstrations de masse. Alors que la Société du Musée Transylvain se distingue avant tout par son activité savante, l'importance de l'Association roumaine réside en premier lieu dans ses activités de culture populaire. Durant les deux dernières décennies de l'époque examinée, l'ASTRA fait figure de ministère roumain de la culture en Transylvanie.

En 1891 est créée à Bucarest la *Liga Culturală* avec l'attribution formelle de focaliser et de soutenir la vie culturelle des Roumains où qu'ils vivent. Or, comme elle ne s'y emploie guère, préférant une intense activité politique nationale, il est plus juste d'en parler dans la partie d'histoire politique du présent ouvrage.

Des rapports notables ne se sont pas établis entre les trois grandes sociétés nationales quoique chacune ait d'abord élu par politesse des membres d'honneur issus des deux autres nations et que les contacts se soient maintenus en permanence entre spécialistes sur le plan du travail. Cependant, les gens de l'époque sont entièrement occupés à mettre en place les institutions nationales et à bâtir leurs unités nationales respectives dans le cadre d'une «lutte nationale». Dans un tel climat, on sent moins le besoin d'établir des rapports organiques entre nations.

Dans la seconde moitié du siècle, l'ambition d'une intégration culturelle

9. Pont en fonte, exécuté par la fabrique
e Füle en 1859 pour Nagyszeben

0. Couvercle de canalisation provenant
e l'usine Rieger de Nagyszeben, vers
900

83. Le remblai de Sztána, vu de Sud-Ouest. Photo de Ferenc Veress vers 1868

84. Ligne ferroviaire près de Bánffyhunyad au début des années 1870. Photo de Ferenc Veress

81. Pont-rail sur le Maros, construit pour la ligne Premier Chemin de Fer Transylvain en 1870

82. La station de Piski, 1870

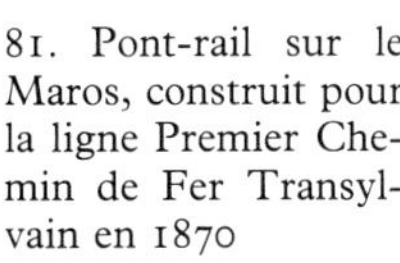

85. Les fonderies de plomb à Ó-Radna, avec leur fumée caractéristique. Années 1870. Photo de Ferenc Veress

87. L'aciérie type Siemens-Martin de la Société des Chemins de Fer Austro-Hongrois à Resica au début du siècle

◁ 86. Tours de cokerie à Lupény au début du siècle

88. Usine de papeterie à Péterfa au début du siècle. Vue plongeante

89. Une manufacture: l'intérieur de la basse-forge Lántzky, avec presse à fer, à Szentkeresztbánya, au début du siècle

90. Plat d'apparat en fonte de Resica, milieu du XIXe s.

91. Les hauts-fourneaux d'Etat à Vajdahunyad, 1896

92. Mineurs de sel gemme à Torda en 1894

93. La partie nord de la grande place de Kolozsvár dans les années 1860

94. La partie nord de la grande place de Kolozsvár autour de 1900

95. Une tour des remparts médiévaux de Kolozsvár, dite «la porte de la rue Híd». Photo de Ferenc Veress vers 1870

96. Le collège de l'université de Kolozsvár ▷

97. Le bâtiment central de l'université de Kolozsvár vers 1900 ▷

98. Nagyszeben vu de Nord-Ouest. Photo d'Emil Fischer vers 1900

99. Le Palais de la Culture et l'Hôtel de ville à Marosvásárhely. Architectes: Marcell Komor et Dezső Jakab, 1913

100. Les escaliers du Palais de la Culture de Marosvásárhely

101. La statue équestre du roi Mathias sur la grande place de Kolozsvár, par János Fadrusz, 1902

totale à la «nation-mère» suscite, et chez les Hongrois et chez les Roumains, un vrai «exode des cerveaux» vers Pest et Bucarest. En voie de devenir une grande métropole européenne, Budapest attire comme l'aimant artistes et savants hongrois. De leur côté, les intellectuels roumains gravitaient, depuis plusieurs décennies, vers Bucarest. Et non seulement ceux qui se sentaient mal à l'aise dans les conditions politiques de Hongrie ou qui se trouvaient en collision avec le pouvoir, mais même ceux qui avaient fait carrière en Hongrie. Originaire du Banat, Victor Babeş avait enseigné, à partir de 1879, à l'Université de Budapest. Auteur du premier manuel de bactériologie hongrois, il était en rapport avec Pasteur, Koch et Wirchow. En 1886, il répond à l'invitation du gouvernement roumain et s'installe à Bucarest. Son frère, chimiste, passe en Roumanie, de même que George Crăiniceanu, ophtalmologiste de grande notoriété, auteur de plusieurs monographies notamment en hongrois et en allemand. Leur exemple prouve que seul le milieu national offre la possibilité d'une carrière de pleine valeur aux intellectuels créateurs.

Les contre-exemples, comme celui de Grozescu, poète et publiciste qui quitte la Roumanie pour rentrer à Pest, relèvent de ces exceptions qui confirment la règle.

La situation des écoles

Le réseau scolaire des trois nations transylvaines commence à se développer à l'époque bourgeoise, à partir de niveaux fort différents. Leurs héritages historiques diffèrent tout aussi bien que le potentiel économique de chacune ou encore l'attitude populaire vis-à-vis de la culture. Le pouvoir en place apporte des modifications supplémentaires à ce tableau disparate: il façonne le développement du système scolaire en fonction de ses propres objectifs. Au début de la période examinée, les écoles sont, toutes, confessionnelles et cet état des choses ne changera pas essentiellement durant toute la période.

Une synthèse sur les écoles hongroises de Transylvanie reste encore à écrire. Nous manquons de données sûres quelquefois même quant au nombre des établissements scolaires. En 1851, sur 2146 écoles de Transylvanie, 949 sont hongroises, 742 roumaines et 455 saxonnes. En 1869, c'est-à-dire après le Compromis austro-hongrois quand le gouvernement hongrois inventorie les écoles primaires, sur 2654 établissements recensés, 866 dispensent l'enseignement en hongrois, 1436 en roumain et 273 en allemand — le reste étant multilingue. Sur 113 000 enfants hongrois en âge de scolarité obligatoire à peine 47 000 vont à l'école, et parmi ces derniers un sur deux pendant toute l'année scolaire; les enfants saxons, eux seuls, vont à l'école à 80%. Bon nombre de parents — surtout campagnards — se montrent plus ou moins hostiles à l'enseignement, si bien que le ministère des Cultes et de l'Instruction Publique constatera avec stupéfaction en 1870 que très souvent même les familles nanties cherchent à soustraire leurs enfants à l'école obligatoire.

Outre le retard général, une particularité transylvaine de l'enseignement hongrois consiste dans le fait qu'il se répartit entre plusieurs confessions. Les unitariens sont considérés comme la communauté la plus soucieuse de ses écoles; du moins, c'est parmi eux que l'on constate le taux le plus élevé d'élèves inscrits. Viennent ensuite les calvinistes, suivis de près par les catholiques. Les chiffres ne permettent guère de conclure au niveau de l'enseignement élémentaire, bien différent d'une région et d'une école à l'autre. On sait toutefois que la rétribution des instituteurs était, en milieu hongrois, la plus élevée chez les catholiques.

Après le Compromis, l'Etat assure un traitement préférentiel à l'école hongroise, en partie pour défendre la diaspora magyare, mais surtout pour diffuser la connaissance de la langue hongroise parmi les allogènes. La création des écoles par l'Etat et les aides ad hoc fournies aux écoles confessionnelles font incontestablement promouvoir l'enseignement élémentaire en langue hongroise. A la fin du siècle, on dénombre, rien que dans les comitats sicules, 797 établissements d'enseignement accueillant deux fois plus d'élèves que le nombre total d'enfants hongrois de Transylvanie scolarisés au moment du Compromis.

Le néo-absolutisme modernise et uniformise l'enseignement secondaire. L'Etat dualiste cherche à construire des lycées et des écoles spécialisées neufs. Les lycées et collèges de grande tradition gardent leur rôle éminent. Les écoles secondaires de Kolozsvár, Nagyenyed et Marosvásárhely jouissent d'une notoriété nationale. Le lycée piariste de Kolozsvár, tout comme d'autres établissements, accueille en permanence un nombre considérable d'élèves roumains. Le lycée calviniste de Zilah a formé non seulement Endre Ady, mais comptait aussi parmi ses élèves Iuliu Maniu, l'homme politique roumain de grande envergure du XXe siècle.

La fondation de l'Université François-Joseph à Kolozsvár en 1872 vient compléter le système scolaire hongrois. Elle est créée à partir de l'Académie de droit et de l'Institut de chirurgie supprimés et de la Société du Musée Transylvain. A ses débuts, elle est aux prises avec maintes difficultés, mais grâce à une pléiade de bons spécialistes, puis à la subvention budgétaire croissante, elle sera devenue, au tournant du siècle, un centre prestigieux de formation et de recherche. La fondation de l'Université transforme Kolozsvár en une ville scolaire moderne où professeurs et étudiants représenteront, avant la Première guerre mondiale, le quart de la population.

Le réseau scolaire saxon connut un développement exemplaire non seulement par rapport aux conditions générales du bassin des Carpates, mais aussi à l'aune européenne.

A l'époque du néo-absolutisme, la modernisation des lycées saxons, préconisée par le gouvernement, est opérée sans que l'Etat les prenne en charge, comme il agit à l'égard de l'Académie de droit de Nagyszeben. Les richesses de l'Universitas saxonne ont permis en 1850 d'instituer une dotation scolaire à part, assurant la gestion et l'entretien des établissements éducatifs, ce qui aidait à maintenir le niveau de scolarisation élevé. Le potentiel financier et l'exemplaire esprit de sacrifice des Saxons suffiront, même à l'époque dualiste, à parer aux velléités magyarisantes des pouvoirs publics affectant les établissements éducatifs et à n'accepter que des subventions d'État qui n'en menacent nullement l'autonomie. (Les communes saxonnes allouent, entre 1907 et 1910, 1,3 million de couronnes pour la construction d'écoles et, parmi les banques, rien que la Hermannstädter Sparkasse verse, jusqu'en 1912, plus de 2,6 millions de couronnes à des buts non lucratifs, surtout scolaires.) En 1907, grâce à des ventes de forêts, l'Universitas peut créer une nouvelle fondation de 18 millions de couronnes qui, avec les subventions d'Etat (plus substantielles à partir de 1910) suffit à la reconstruction nécessaire des lycées. Le corps enseignant de ces derniers se compose essentiellement de professeurs qui ont obtenu leur diplôme en Allemagne. Beaucoup d'entre eux font même des recherches. Le plus célèbre, Hermann Oberth, commence ses expérimentations à l'âge de lycéen et sera, après la Grande guerre, l'un des fondateurs de l'astronautique.

A la fin de l'époque examinée, l'illettrisme aura totalement disparu parmi les Saxons. Toutes leurs communes ont une école, le nombre des instituteurs, bien rémunérés, atteint 700. Les 5 lycées, 1 école secondaire sciences-langues de degré supérieur, 2 de degré inférieur, 1 lycée de degré inférieur et 2 écoles normales répondent, selon l'opinion de l'époque, parfaitement aux besoins de la population saxonne de 220 000 âmes. Le haut niveau de ces lycées n'attirait pas seulement les Saxons, car avant la Première guerre mondiale environ le quart de leurs élèves était roumain ou hongrois.

D'un bout à l'autre de la période en question, la faiblesse du réseau scolaire roumain reste une réalité des plus douloureuses et un lourd grief national non seulement pour l'intelligentsia roumaine, mais aussi pour toute la société roumaine de Transylvanie et de Hongrie.

Avant 1848, les Roumains orthodoxes n'avaient pas un seul lycée et celui de Balázsfalva ne pouvait même pas satisfaire les besoins des uniates. Pour rattraper leur retard culturel, dans la décennie 1850, ils expriment leur vœux de créer 18 lycées, mais durant le néo-absolutisme, seuls sont mis en place le lycée orthodoxe de Brassó (1850) et celui de Naszód créé par une fondation (1863). Les écoles élémentaires — à propos desquelles nous ne disposons pas de données dignes de foi pour cette période — appartenaient aux deux Eglises. Dans les années 50, on y introduit l'enseignement de la grammaire roumaine et de la langue allemande, et plus tard celui de l'histoire roumaine.

Après le Compromis, la loi Eötvös de 1868 sur l'école élémentaire instaure la scolarité obligatoire (à cette époque 28 à 33 pour cent seulement des enfants roumains fréquentent l'école) et en même temps la liberté de l'enseignement. Il s'ensuit une vague de fondation d'écoles: beaucoup d'écoles confessionnelles et communales sont créées. La loi a fait obligation à l'Etat d'implanter, dans les régions pauvres, des écoles élémentaires en la langue maternelle des élèves, obligation qui reste longtemps lettre morte même dans les régions hungarophones, et quant aux écoles roumaines, l'Etat n'en a point créé. L'enseignement est donc resté du ressort des Eglises : le pope du village faisait figure de «directeur», l'archiprêtre d'inspecteur et l'archevêché constituait l'instance suprême, une sorte de ministère de l'Instruction publique. Le gouvernement faisait publier des manuels d'enseignement de langue roumaine et un périodique pédagogique et Eötvös est allé jusqu'à créer en 1868 une école normale roumaine à Déva, mais dans l'ensemble, l'éducation était confiée à un inspectorat qui n'avait qu'à observer un certain nombre de normes. (A l'école élémentaire, l'enseignement du hongrois n'était pas obligatoire. Les Roumains de Transylvanie disposaient de manuels édités à leur intention qui étaient appréciés même en Roumanie.)

La décennie suivant le Compromis peut être considérée comme la grande époque de l'école roumaine. En 1879 on comptait déjà, sur le territoire de l'Etat hongrois, 2755 écoles élémentaires roumaines. Mais à partir de ce moment, l'expansion est pratiquement arrêtée et commence une politique de magyarisation dont nous parlerons dans notre aperçu d'histoire politique. En 1879 l'enseignement du hongrois comme une des disciplines obligatoires est introduit dans les écoles non hongroises et l'Etat a souvent recours à la fermeture des établissements non conformes aux prescriptions pour instituer à leur place une école de langue hongroise ou de plusieurs langues. Les communes pauvres essaient de se décharger de l'entretien d'une école, ce qui favorise les visées d'étatisation. Résultat : le retard ne sera pas rattrapé. Au début du siècle, l'analphabétisme sera le plus important en milieu roumain. (Dans le comitat de Szolnok-Doboka, les alphabétisés ne représentent que 20,8%, et dans les comitats de Kolozs et de Hunyad il n'en va guère mieux.) Lorsque, en 1908, la Lex Apponyi ordonne l'augmentation des appointements d'instituteur, bien des écoles roumaines se voient obligées d'accepter la subvention d'Etat, ce qui implique la pénétration accrue de l'enseignement du hongrois. D'autres établissements cessent d'exister. Alors qu'en 1904, la statistique officielle fait état de 2433 écoles entièrement roumaines et de 407 bilingues, en 1913, le nombre total de celles-ci se monte seulement à 2170. Certes, les Eglises roumaines font état d'un nombre plus élevé d'écoles, soit de 2665 au total, 3350 instituteurs bénéficiant d'aide de l'Etat.

La pauvreté de la société roumaine et la politique scolaire hongroise magyariste font que les Eglises s'avèrent incapables de développer davantage le réseau scolaire roumain. L'assistance budgétaire dont bénéficient les deux Eglises aux fins des écoles (3 millions de couronnes en 1914) ne contribue que tout au plus au maintien à niveau. Dans ces conditions, de 10 à 20 pour cent — selon certaines estimations, le tiers — des élèves roumains se voient obligés de fréquenter l'école hongroise ou allemande. Ajoutons que parmi les Roumains, le taux des non scolarisés atteint 39,2 pour cent, chiffre plus élevé qu'en milieu hongrois.

A l'époque du dualisme, 5 lycées roumains fonctionnaient. Pour en créer d'autres, les Eglises manquaient de ressources, mais aussi l'Etat entravait les efforts de ce genre, comme dans le cas de Karánsebes. La politique officielle en matière d'éducation concentrait ses efforts sur la magyarisation de l'enseignement secondaire ; soi-disant pour assurer la protection des Hongrois disséminés, le gouvernement installe des lycées dans les régions allogènes, notamment à Nagyszeben, Fogaras, Karánsebes et Oravica, qui accueillent un grand nombre d'élèves. (Dans l'année scolaire de 1911/12, 1913 élèves roumains fréquentaient l'école secondaire roumaine, 4256 allant à l'école hongroise ou allemande.) Cinq lycées d'Etat assuraient l'enseignement du roumain sur option. L'enseignement secondaire est considéré à cette époque comme une affaire nationale, ce dont témoignent les accusations de « comportement non patriotique » portées périodiquement contre les professeurs et les élèves des écoles secondaires roumaines. Une telle affaire a fourni le prétexte de la magyarisation partielle du lycée roumain de Belényes en 1889. Dans le même contexte, mentionnons le débat, à la fin du siècle, sur la subvention versée par la Roumanie au lycée roumain de Brassó, et rappelons que, lors des pourparlers avec le comte István Tisza, premier ministre, avant la Première guerre mondiale, l'une des revendications majeures du parti national roumain visait la création de nouvelles écoles secondaires roumaines.

De même, les Roumains avaient accès à l'enseignement supérieur en dessous de leur importance numérique. Outre trois séminaires orthodoxes et quatre uniates, on comptait, avant la Première guerre mondiale, 6 écoles normales roumaines. Ces dernières accueillaient quelque 400 élèves par an. Malgré le souhait formulé par la génération de 1848, on n'a pas créé d'académie de droit roumaine. Les jeunes Roumains désireux de recevoir une formation universitaire, allaient étudier à Budapest, Vienne ou Kolozsvár ou encore dans des universités d'Allemagne. La chaire roumaine fonctionne depuis 1862 à l'Université de Pest. Son premier titulaire, Alexandru Roman, gardera son poste jusqu'en 1897, malgré les procès en délit de presse qui lui valent des condamnations. Quant à l'Université de Kolozsvár, en vain les Roumains veulent-ils la voir bilingue, seule une chaire du roumain y est créée, dont le premier titulaire, Grigore Silași sera mis à la retraite en 1885 pour des motifs politiques ; son successeur, Grigore Moldovan, est considéré par beaucoup comme renégat à cause de son opposition intransigeante au parti national roumain. Les deux Universités hongroises et les Académies de droit accueillirent, dans les années précédant la Grande guerre, de 600 à 700 étudiants roumains.

Pour la jeunesse roumaine les études sont en partie financées par les sociétés, les banques et les fondations à caractère national. A côté des Eglises, la plus importante institution de ce genre était la fondation Gozsdu qui, jusqu'à la guerre mondiale, avait versé plus d'un million de couronnes de bourses à trois milliers d'étudiants. Mais on pourrait citer aussi les bourses offertes par les fonds communautaires de Naszód et de Karánsebes, par l'ASTRA et par maints particuliers.

Le monde changeant des sciences

Dès l'époque des réformes, la vie scientifique hongroise de Transylvanie était intimement liée à celle de Hongrie. Pendant l'ère du néo-absolutisme — on l'a vu à propos de la Société du Musée Transylvain — le monde savant remplissait une mission directe de politique nationale. Le Compromis a mis fin à l'existence d'une vie scientifique transylvaine séparée, sauf peut-être dans les domaines de l'histoire régionale et de l'activité des sociétés d'archéologie et d'histoire locale, elles-mêmes rattachées aux travaux à l'échelle nationale.

La fondation, en 1872, de l'Université de Kolozsvár dépasse en importance les cadres proprement transylvains : elle marque une étape du développement scientifique national. Certes, « le dernier savant polyvalent » et grand débatteur, Sámuel Brassai poursuit encore ses activités, mais les décennies suivantes sont déjà marquées par l'émergence de spécialistes.

L'histoire de la Transylvanie en six tomes par László Kővári, issu de la génération de 1848, est encore nettement centrée sur la politique, tout aussi bien que son précis d'histoire de la Transylvanie en 1848-49, paru en 1861. Sándor Szilágyi écrit une synthèse plus moderne tournée vers l'histoire de la civilisation. De son côté, Elek Jakab, archiviste, rédige un ouvrage historique concis sur 1848-49 et une excellente histoire de Kolozsvár. Peu à peu la publication des sources prend une importance croissante, ce dont témoigne le succès de la série *Erdélyi Történelmi Adatok* (Données historiques de Transylvanie) éditée par Imre Mikó et renfermant les célèbres *Erdélyi országgyűlési emlékek* (Documentes relatifs aux diètes transylvaines 1540-1699) publiés en 21 volumes par Sándor Szilágyi.

L'avènement du nouveau siècle marque un regain d'activité d'histoire locale et régionale. On voit sortir les unes après les autres des monographies sur les comitats. Utilisables même aujourd'hui, elles dénotent l'influence de l'œuvre monumentale de Balázs Orbán : *A Székelyföld leírása* (Description du pays des Sicules) (Budapest, 1868-1873). L'historiographie, de plus en plus spécialisée, ne se détache pas pour autant de la politique, comme le prouve l'activité de l'historien Benedek Jancsó, en particulier son excellent livre — quoique partial : *Szabadságharczunk és a dákoromán törekvések,* 1896 (Nos luttes pour l'indépendance et les prétentions daco-roumaines).

En sciences, on voit sortir de l'Université des spécialistes remarquables. Après 1900, un bâtiment, soutenant toute comparaison internationale, est construit pour la Bibliothèque universitaire qui sera la seconde bibliothèque publique du pays; les institutions annexes, dont aussi des laboratoires, se développent. Parmi les savants formés par cet établissement, on pourrait citer, un peu arbitrairement, les noms de Károly Böhm, philosophe, Géza Entz, zoologiste et son confrère István Apáthy, proposé même au prix Nobel, Ferenc Veress, professeur de photographie, pionnier des prises en couleurs, Lajos Martin, théoricien de l'aéronautique, ainsi que Gyula Szádeczky Kardos, géologue. L'activité de Hugo Meltzl tient une place spéciale: il traduit pour Nietzsche la poésie de Petőfi et édite avec Brassai à partir de 1877, *Összehasonlító Irodalomtörténeti Lapok* (Revue de littérature comparée), périodique innovateur d'importance internationale, paraissant en douze langues.

La vie scientifique roumaine doit beaucoup à la persévérance et à l'esprit de sacrifice de certains, car les cadres organisationnels et institutionnels lui faisaient presque totalement défaut. Son organisation ne commencera, même dans l'Etat roumain, qu'à partir des années 1880.

L'historiographie, discipline par excellence «nationale» suit deux voies distinctes chez les Roumains de Transylvanie: d'une part on publie, à partir des années 50, des ouvrages de synthèse qui, évoquant le passé tourmenté et héroïque de la nation, étayent les revendications nationales (August Treboniu Laurian, A. Papiu-Ilarian), de l'autre on voit démarrer la publication des sources à titre de fondement de l'historiographie rigoureusement scientifique. Une synthèse historique d'envergure de l'époque suivant le Compromis est l'ouvrage de Bariţ: *Părţi alese din istoria Transilvaniei pe 200 de ani în urmă* (Thèmes choisis des 200 dernières années de l'histoire de la Transylvanie), paru en 1889-91 à Nagyszeben en trois volumes. Ses successeurs choisiront des périodes plus courtes, porteront leurs investigations approfondies sur telle région ou telle personnalité ou encore sur l'histoire de l'Eglise et des écoles et multiplieront les publications de sources. Mais bien entendu, la science ne se détache pas entièrement de la politique du jour, même chez ceux qui font leurs études universitaire à Budapest ou à l'étranger. Il est caractéristique à cet égard que l'ouvrage représentatif du début du XXe siècle, un travail d'histoire politique en 8 tomes de T. V. Păcăţian: *Cartea de aur, sau luptele naţionale ale Românilor de sub corona ungară* (Livre d'or ou les luttes nationales des Roumains vivant sous la couronne hongroise) est aussi une publication de sources au service des objectifs immédiats du mouvement national roumain.

Dans la seconde moitié du XIXe siècle, la Transylvanie continue à jouer un rôle notable, quoique décroissant dans le développement de la linguistique roumaine. Dans la ligne droite des traditions de la triade transylvaine du XVIIIe siècle (S. Micu-Klein, Gh. Şincai, P. Maior), le savant chanoine de Balázsfalva, Timotei Cipariu, édite la première revue de philologie. Non content de s'occuper de l'histoire de la langue et de sa phonétique, il plaide pour l'adoption de l'ortographe latine étymologisante — fort différente du langage parlé. Enfin, les années 60 apportent le tournant décisif: la presse roumaine de Transylvanie passe de l'alphabet cyrillique aux caractères latins. Il va sans dire que cette tentative étymologisante, visant à éliminer de la langue les mots et éléments non latins trouvera des adeptes même de l'autre côté des Carpates, elle sera adoptée par l'Académie de Bucarest et il aura fallu plusieurs décennies de débats pour en redresser les criants dérapages.

Après le Compromis, la vie scientifique roumaine de Transylvanie emprunte trois voies différentes. Certains de ses représentants continuent la tradition désormais bien ancrée de s'établir en Roumaine ou d'y recevoir une formation de savant — comme par exemple Ioan Bogdan, père de la slavistique roumaine, d'autres vont aux universités de Hongrie et de l'étranger pour exercer ensuite à Budapest (Victor Babeş, G. Alexici) ; d'autres encore — et c'est là une tendance qui s'amplifie — sortant de l'Université, cherchent et trouvent leur place dans le réseau scolaire roumain de Transylvanie, ou font des travaux scientifiques avec le soutien de l'ASTRA ou de l'Eglise. Un créateur du domaine des sciences techniques comme Aurel Vlaicu, constructeur d'avion, dont la renommée dépasse les frontières des deux pays, constitue une exception.

Les lettres et les arts

Dans le long demi-siècle qui va de 1849 à la Première Guerre mondiale, le courant principal de la vie littéraire et artistique mène de la recherche des thèmes idéalisés véhiculant les aspirations nationales à l'affirmation graduelle des tendances dites modernes. Grâce aux progrès de la scolarisation, la littérature et les arts plastiques concernent aussi désormais, au-delà d'une mince couche de nobles et d'intellectuels, une bourgeoisie de plus en plus nombreuse et même les paysans cultivés, tout en présentant un clivage croissant entre le grand art et le divertissement de pacotille. Au lieu d'analyser ici les rapports complexes entre l'accueil fait à la culture par les diverses couches et le monde multiforme des lettres et des arts, contentons-nous d'un tableau de synthèse sur la vie littéraire et artistique.

Dans les premières décennies de l'époque étudiée, les belles-lettres roumaines sont rattachées à telle ou telle région restreinte ou encore à Pest-Buda, un des centres intellectuels de Roumains. Les prémices d'écrivains et de poètes voient le jour, outre les gazettes culturelles éphémères et des anthologies, publiées à partir de 1854 tant dans le Banat et le Bihar qu'à Pest, aussi dans la revue culturelle de Bariţ paraissant à Brassó : *Foaie pentru minte, inimă şi literatură* et plus encore dans *Familia,* fondée par Iosif Vulcan en 1865 à Pest et paraissant à partir de 1880 à Nagyvárad. Vulcan est le continuateur par excellence du programme culturel du réveil national : organisateur de la vie littéraire, rédacteur de journal, folkloriste, poète, nouvelliste et dramaturge à ses heures, auteur même d'un roman, il maintient d'excellents rapports avec la vie intellectuelle de Pest, est membre de la Société Kisfaludy, puis de l'Académie de Bucarest également. Il a le grand mérite de publier régulièrement des œuvres traduites du hongrois et d'offrir les colonnes de sa gazette aux premières poésies de Mihail Eminescu, le plus grand poète classique roumain, mais non transylvain. Outre les journaux, des almanachs et des calendriers adressés au large public proposent des lectures de bon niveau à ceux qui savent lire.

Jusqu'à l'entrée en scène de la génération de fin du siècle, l'histoire de la littérature ne fait état en Transylvanie d'aucun auteur roumain de grande importance. La poésie d'Andrei Mureşanu avait atteint son apogée avant 1849 pour s'intégrer dans le tout de la littérature roumaine. Dans les vers de ses épigones transylvains, le passé historique reste longtemps le leitmotiv. Les écrivains, les gens de lettres et les journaux roumains de l'époque considèrent la découverte et la publication de la poésie populaire, et du folklore en général, comme une mission nationale. Le premier recueil de chansons populaires est publié en 1859 par Atanasie Marienescu.

La polémique hungaro-roumaine à propos de la poésie populaire est bien caractéristique de l'époque. Edité en 1863 par le poète et évêque unitarien János Kriza, le recueil de poésie populaire sicule *Vadrózsák* (Eglantines) est pris à partie dans un journal de Budapest par Iulian Grozescu, par ailleurs excellent folkloriste, qui prétend que les ballades Kelemen Kőmüves et Anna Molnár sont de simples traductions de ballades populaires roumaines. La longue polémique, entrée dans l'histoire des lettres sous le nom de « Procès des Eglantines », éclaircit qu'il s'agit là de parallélismes remontant à des rapports interculturels très anciens et attire en même temps l'intérêt des Hongrois sur la poésie populaire roumaine. Une anthologie en langue hongroise en paraîtra en 1870 sous les auspices justement de Grozescu et de Vulcan dont nous venons de citer les noms. Les recherches sur le folklore doivent beaucoup au nouvelliste Ion Pop Reteganul, traducteur inspiré de maints ouvrages littéraires magyars qui a collecté plusieurs milliers de chansons et de légendes populaires, ainsi qu'aux professeurs Grigore Silaşi et Grigore Moldovan de Kolozsvár.

A la fin du XIXe siècle, le développement de la communauté roumaine de Transylvanie et de Hongrie et les progrès de l'intégration nationale portent leurs fruits, notamment littéraires. Fondateur du *Tribuna* de Nagyszeben, Ioan Slavici puise les thèmes de ses nouvelles et romans réalistes dans le monde rural roumain de Transylvanie, mais son activité d'homme de lettres le lie essentiellement à Bucarest. Collaborateur d'abord du *Tribuna,* le poète George Coşbuc, de Naszód, deviendra, de l'autre côté des Carpates, un rénovateur de la poésie roumaine, tout comme Ştefan Octavian Iosif, de Brassó.

Au début du XXe siècle, la capitale hongroise s'impose à nouveau comme foyer de la vie politique et spirituelle roumaine. La carrière du poète Octavian Goga, originaire de la région de Nagyszeben, avait débuté à Budapest où il sera la personnalité marquante du journal littéraire *Luceafărul* fondé en 1902. C'est là que paraissent ses premiers recueils. Le cénacle de cette nouvelle revue se fait le propagateur d'un nouveau populisme d'inspiration nettement nationale et politique. C'est parmi eux que commence la carrière du remarquable nouvelliste Ioan Agîrbiceanu. Goga sera marqué pour la vie par la poésie hongroise et surtout par son amitié avec le plus grand poète hongrois de l'époque, Endre Ady, amitié qui sera brutalement rompue en 1914. Mais à cette époque, *Luceafărul* paraît déjà depuis longtemps (depuis 1906) à Nagyszeben. Goga s'y installe lui aussi pour mettre son talent exceptionnel au service du mouvement national roumain et rester, jusqu'à la fin de ses jours, un homme politique actif.

C'est dans un milieu nettement hongrois que s'épanouit l'œuvre du nouvelliste Liviu Rebreanu de Naszód qui, à ses débuts, s'était même essayé à écrire en hongrois, puis, abandonnant la carrière militaire, s'établit en 1908 en Roumanie et atteindra une rare perfection de romancier après la guerre mondiale. Bien différent est le chemin du poète et écrivain Emil Isac, fort attiré par les progressistes magyars du début du siècle, en particulier par la social-démocratie, et dont la poésie fait place au prolétariat ; il restera solidaire de ses amis hongrois malgré la flambée nationaliste de la guerre mondiale. Le fait qu'il a pris la dernière photo valable du poète Endre Ady mourant, au moment de la débâcle de la Hongrie historique, a probablement valeur de symbole.

C'est également pour servir la cause nationale que les écrivains et poètes saxons se mirent à collecter la poésie populaire ou à exprimer, dans des poèmes, des nouvelles et des pièces de théâtre à thèmes historiques, leurs idées sur le réveil national. Poète réputé à l'époque, Viktor Kästner écrit ses vers en dialecte saxon et fait école. En revanche, Friedrich Wilhelm Schuster considère les Saxons comme partie organique de la grande culture allemande et cette conviction marque sa poésie. Michael Albert excella par ses poèmes didactiques plutôt traditionnels. Cependant la poésie politique tarit, chez les Saxons comme chez les autres, dans le dernier tiers du siècle. Les premières décennies de l'époque étudiée sont caractérisées par la nouvelle, le roman et le théâtre historique comme *Die Bürger von Kronstadt* de Traugott Teutsch (1865) qui évoque le XVIIe siècle, ou bien plus tard, son chef-d'œuvre, *Schwarzburg* (1882) qui présente les luttes intestines de la Transylvanie du XIVe siècle. Le message de la littérature saxonne demeure, après le Compromis, la lutte d'auto-défense héritée de l'époque précédente. Une expression en est *Johannes Honterus* (1898) considéré comme la meilleure pièce de théâtre de Traugott Teutsch. Le récit historique dominera l'avant-scène (au sens figuré comme au sens concret) pendant toute cette époque. Les auteurs renouent sans cesse avec le thème de l'arrivée des Saxons dans le pays et avec leur histoire précoce ce qui montre combien l'intelligentsia tout entière est comme hantée par les problèmes vitaux de cette ethnie peu nombreuse.

Dans des mutations du tournant du siècle, sous l'effet des nouveaux courants artistiques, on voit s'épanouir une littérature plus moderne tournée vers le temps présent, dont les morceaux les plus connus sont les romans d'Oskar Wittstock et de cet Adolf Meschendörfer qui lance en 1907 la revue littéraire et artistique *Die Karpathen* ; mais on observe aussi une production de vers et de prose consacrés à la vie rurale. Bien des ouvrages sont conçus dans le dialecte local. L'avancée de la langue dialectale contribue à l'intégration nationale et ne contraste nullement avec l'ancrage à la culture pan-allemande.

La vie littéraire hongroise se concentre, dès avant 1848, incontestablement à Pest. Le romancier baron Miklós Jósika qui ne rentrera plus d'émigration après la chute de la guerre d'indépendance, restera attaché, dans ses romans et nouvelles, au passé transylvain. De même, Zsigmond Kemény vivra essentiellement à Pest, mais ses romans psychologiques développent des thèmes transylvains. De poète transylvain, Pál Gyulai, de la génération de 1848, devient, toujours à Pest, un prestigieux critique littéraire et un chef de file de la vie intellectuelle. Pendant longtemps Dániel Dózsa restera le seul écrivain et poète incontestablement transylvain ; il puise d'ailleurs ses thèmes surtout dans le passé des Sicules.

Cependant, même après le Compromis, les tentatives se multiplient en vue d'organiser la vie littéraire et artistique régionale. L'écrivain-pasteur réformé Lajos Tolnai fonde en 1876 à Marosvásárhely la Société Zsigmond Kemény dont l'activité prometteuse a pourtant de la peine à démarrer et cessera presque complètement en 1884 dans un climat d'indifférence. Elu à sa présidence en 1896, le nouvelliste István Petelei, partisan zélé de la décentralisation, lui donnera un second souffle et l'on trouvera, avant la guerre, dans ses rangs Farkas Gyalui, Sándor Márki, Károly Szász et László Ravasz. En 1888 est fondée à Kolozsvár la Société Littéraire de Transylvanie, présidée longtemps par l'éminent orientaliste, le comte Géza Kun. Le noyau en est constitué par les hommes politiques József Sándor et Miklós Bartha, les hommes de science Kővári et Brassai et les écrivains Petelei et Elek Benedek. Sa revue littéraire *Erdélyi Lapok* (Gazette transylvaine) aura en 1912 pour rédacteur en chef le baron Miklós Bánffy.

Avant la Première guerre mondiale, la Transylvanie consomme près du tiers de la production de livres hongrois, sans parvenir à créer une culture régionale autonome.

Dans l'état actuel de la recherche, l'historiographie n'a pas grand'chose à dire des arts plastiques. Les maîtres de grande notoriété : Miklós Barabás et Károly Szathmáry Pap quittent tôt la Transylvanie. Le jeune Bertalan Székely peint probablement, dès 1850 le portrait du gouverneur Schwarzenberg à Nagyszeben, mais c'est la Hongrie proprement dite qui l'élèvera au rang de maître de la peinture historique. Resté dans son pays natal, le Sicule Jenő Gyárfás (1857-1925) n'en a pas moins accédé à une réputation nationale ; ses tableaux les moins connus à l'époque sont les plus réussis. (Ferenc Veress dont nous avons utilisé les photos dans le présent ouvrage, a joué un rôle d'importance internationale dans la création et les innovations techniques d'une nouvelle branche artistique, la photographie.) D'une manière générale, les travaux des artistes hongrois locaux sont pour le moment si peu connus que le plus que l'on puisse affirmer en toute certitude est qu'il n'y avait pas de régionalisme marquant dans toute l'époque étudiée.

Sur « la frontière de la Transylvanie » de l'époque, mais encore en deça, à Nagybánya, Simon Hollósy crée en 1896 sa célèbre école de peintres, en rupture avec l'académisme de type munichois ; c'est un atelier de grand prestige de la peinture impressionniste hongroise qui éveille un vif intérêt même à l'étranger. Les pionniers connus de la peinture hongroise moderne : Károly Ferenczy, István Réti, Béla Iványi Grünwald s'y étaient épanouis avant de remporter de grands succès aux expositions de Budapest.

Les beaux-arts saxons sont marqués après 1849 pour un certain temps par la prédominance d'Allemands non originaires de Transylvanie, comme Theodor Glatz, et Theodor B. Sockl. Puis, à partir de la décennie 80 une nouvelle génération sort des lycées. Elle fait parler d'elle après la première Exposition d'Art de Nagyszeben, de 1887. Certains de ses membres vont faire des études à Budapest, à Munich ou en Italie. Les plus connus sont Robert Wellmann (1866-1910), Karl Ziegler (1886-1945) et Fritz Schullerus (1866-1898) ; ce dernier peint de vastes tableaux historiques évoquant le passé saxon, dans la lignée académique. Arthur Coulin (1869-1912) est le fer de lance, en Terre saxonne, de l'art moderne qui façonnera le profil artistique de la revue *Die Karpathen* paraissant à partir de 1907. L'arrivée de la guerre sonnera le glas à la peinture réaliste en milieu saxon.

Un artiste original est János Máttis Teutsch (1884-1960), jadis à la tête de la peinture moderne en Transylvanie, revendiqué par les historiens des arts tant hongrois que saxons. De toute sa vie, il était ballotté entre les honneurs et l'oubli. Fils de père sicule, il grandit dans une famille saxonne. A l'école d'industrie du bois de Brassó, il se fait remarquer par son talent de sculpteur sur bois. Il poursuit des études à Budapest et à Munich et commence sa carrière comme sculpteur dans le style académique. En peinture, il commence par des portraits et des paysages conventionnels. Dans une nouvelle phase de son art, pendant la guerre, Lajos Kassák découvre en lui un des premiers représentants de l'expressionnisme et de l'art abstrait en Hongrie. Avec quelques interruptions, Máttis Teutsch vit comme professeur à Brassó, sa ville natale.

Parmi les artistes roumains vivant sur le territoire de l'Etat hongrois, certains déploient leur activité au-delà des frontières, comme Constantin Lecca (1810-1887), d'autres travaillent tant en Hongrie qu'en Roumanie, comme Mişu Pop (1827-1892) issu d'une famille de peintres d'icônes, qui fait des tableaux d'église et des portraits dans le style viennois ; il perpétue la presque totalité des personnalités marquantes de la génération roumaine de 1848. Parmi les peintres roumains du Banat, les plus importants sont Nicolae Popescu (1835-1877) chez qui l'on découvre l'influence des Viennois, Constantin Daniel (1789-1873) de Temesvár, auteur de plusieurs tableaux historiques, ainsi que le peintre d'église et portraitiste Ioan Zaicu (1868-1914).

Dans la génération 1900, mentionnons Octavian Smighelschi (1866-1912), ami intime du Saxon Coulin : ils partagent la tâche de peindre les murs de l'église orthodoxe de Nagyszeben, et font ensemble un voyage d'études en Italie grâce à la bourse Fraknói. Peintre d'église dans la tradition byzantine, Smighelschi est connu de ses contemporains comme portraitiste et paysagiste aussi.

En sculpture, les Transylvains en restent aux bustes et aux statuettes. Lorsque commence, vers la fin du siècle, l'érection de grandes statues de bronze sur les places publiques, les commandes sont passées généralement à des artistes extérieurs à la Transylvanie. La statue du général Bem à Marosvásárhely fut exécutée en 1889 par un artiste de Budapest et celle de Honterus à Brassó est confiée en 1898 à un artiste berlinois ; celle de l'évêque et historien Georg Daniel Teutsch est moulée à Nagyszeben en 1899, par un sculpteur de Stuttgart. La statue équestre du roi Mathias à Kolozsvár (1902) et la statue de Wesselényi à Zilah sont également dues à un artiste hongrois de la capitale.

En architecture, les styles courants prédominent ici aussi. Cet art suit la mode de Budapest, du néogothique à l'Art Nouveau, les courants modernes inondent les paysages urbains traditionnels. Mais le nouveau siècle apporte des touches nouvelles. De même qu'en musique Bartók et Kodály cherchent en Transylvanie les couches profondes du folkore musical magyar, de même en architecture, une branche à part jaillit de l'Art Nouveau. Ede Thoroczkai Wigand, Dezső Zrumeczky et le plus connu de tous, Károly Kós, puisent leurs formes dans l'architecture hongroise de Kalotaszeg et de la Terre sicule pour créer un style architectural « populiste » qui, en Transylvanie, donnera naissance à un certain nombre de bâtiments privés et publics et qui a aussi ses adeptes en Hongrie. Plusieurs de leurs œuvres restent, jusqu'à nos jours, des témoignages d'une architecture typiquement transylvaine.

Les tendances littéraires et artistiques nouvelles qui, vers 1900, émergent en tant que négation du courant dit populaire national, s'affirment en force dans la périphérie de la Transylvanie historique, dans la zone d'interférence culturelle s'étendant de Nagybánya à Temesvár dont les tendances profondes n'ont pas encore été étudiées. C'est surtout Nagyvárad qui condense, dans sa vie intellectuelle, face à la littérature conventionnelle et officielle, les ambitions radicales bourgeoises (et socialistes) dont Endre Ady s'érige en symbole, déjà aux yeux de ses contemporains.

III — La vie politique et le problème des nationalités à l'époque du dualisme (1867-1918)

1. L'instauration du dualisme

Le retour à la constitutionnalité et à l'union avec la Hongrie

Le Compromis de 1867 qui succéda aux tractations menées depuis 1865 et à la défaite subie par les Autrichiens dans la guerre contre la Prusse, transforma l'Empire des Habsbourg en une Monarchie constitutionnelle à deux centres. Désormais, l'Autriche et la Hongrie administrèrent leurs affaires intérieures séparément, en toute autonomie, tandis que les affaires étrangères et militaires furent traitées par une administration unitaire restant sous la coupe du souverain.

Le Compromis mit fin à une autonomie de trois siècles de la Transylvanie. De la part des Hongrois, l'une des conditions fondamentales du Compromis était justement la restitution totale de l'union adoptée en 1848. Le 20 juin 1867, une dépêche du souverain avait formellement dissout la Diète de Kolozsvár et une autre annulé les résolutions de la Diète régionale de Nagyszeben.

Le gouvernement hongrois formé par le comte Gyula Andrássy reçoit, le 8 mars, l'autorisation parlementaire de mener en toute souveraineté les affaires de Transylvanie également. A la tête du conseil gouvernemental, provisoirement maintenu, est nommé un comes venant de Hongrie, Manó Péchy qui, en tant que commissaire royal, aura la mission de surveiller également les mouvements des nationalités.

Le gouvernement ne mit aucune hâte à faire entrer dans les faits l'intégration de la Transylvanie car, comme le lui reprochaient les orateurs de l'opposition hongroise, il voulait « traiter la Transylvanie avec trop de ménagement, en raison du problème des nationalités ».[1] Il annula, par exemple, les résolutions des comitats qui autorisaient le seul usage de la langue hongroise aux assemblées. Le commissariat royal communiquait en allemand avec les sièges saxons, en roumain avec Fogaras, Naszód et Hátszeg, et cette même pratique devait être également respectée par les ministères. Dans ses dispositions concernant les charges à attribuer dans les comitats, le ministre de l'Intérieur prescrivait « qu'à tous les postes soumis aux élections soient désignées — en considération des différentes confessions et minorités nationales — au moins trois et au plus cinq personnes compétentes ».[2] Le gouvernement avait l'inten-

[1] *Magyar Polgár,* 2 septembre 1868.
[2] Törvények és hivatalos rendeletek gyűjteménye (Recueil de lois et de décrets officiels). Publ. par Bálint Ökrös, Pest, 1868, 207.

Carte 23. La division administrative de la Transylvanie à l'époque du dualisme (1913)

tion d'amener les personnalités dirigeantes des nationalités à collaborer avec lui, au moins partiellement. Eötvös invita le dirigeant le plus respecté de l'opposition roumaine, George Bariţ, à accepter, sans renoncer à ses principes et à ses convictions, un poste de conseiller ministériel où « il aurait la tâche de diriger l'éducation de la jeunesse roumaine ».[3] De tels gestes, de même que la procédure visiblement ralentie du rattachement de la Transylvanie à la Hongrie, prouvent que le gouvernement qui se débattait contre les difficultés

[3] Lettre de János Gál à G. Bariţ, 23 mai 1867, in: George Bariţ magyar levelezése (La correspondance hongroise de G. B.). Réunie par IOAN CHINDRIŞ–FERENC KOVÁCS, Bukarest, 1975, 103.

d'établissement et était aux prises avec les comitats hongrois d'opposition hostiles au Compromis, voulait éviter de créer, en Transylvanie, une situation politique susceptible d'amener le mécontentement des Saxons et des Roumains.

Une loi spéciale fut créée pour réglementer l'union dans tous ses détails (art. XLIII, 1868); on y énonça de nouveau l'égalité civile et politique, ainsi que la suppression des privilèges antérieurs accordés aux «nations»; en outre, l'égalité en droit des différentes confessions y était confirmée et leur autonomie maintenue. Le Gubernium fut supprimé, la nomination des «juges du roi» des Sicules et du comes saxon se faisait désormais sur la base des propositions du gouvernement. L'Universitas saxonne, bien que privée de sa juridication autonome, ne fut pas dissoute. De nombreuses règles juridiques édictées pendant la période néo-absolutiste restèrent en vigueur car, dans l'attente de la réforme à venir du système juridique, on ne voulait pas introduire en Transylvanie, à titre provisoire, les anciennes règles de droit de Hongrie. Aussi, pendant longtemps encore, la Transylvanie devait-elle constituer une région juridiquement distincte. L'entrée en vigueur des nouvelles lois diminua progressivement les différences entre les deux systèmes de droit, mais la suppression de celles-ci ne fut totale qu'à la fin de cette période. Il résulta de cette dualité qu'on vit régner en Transylvanie des conditions à la fois plus modernes et plus arriérées que dans la Hongrie proprement dite.

En effet, le code civil autrichien moderne, de même que la loi sur les mines de 1854 furent maintenus (avec, bien sûr, de nombreuses modifications survenues entre-temps). En Transylvanie (comme en Croatie), le gouvernement conserva l'organisation centralisée de la gendarmerie qui était quand même plus moderne que celle locale des comitats de Hongrie. La nécessité de surveiller les mouvements des minorités joua sans aucun doute un rôle non négligeable dans le maintien de la gendarmerie. On maintint la réglementation de presse antilibérale de 1852; la législation fut, certes, modernisée en 1871 pour «faire valoir, en Transylvanie également, la liberté de la presse garantie par l'institution du jury d'assises». Dans l'hypothèse d'une accusation de délit de presse, 6 votes «non coupable» des 12 jurés suffisaient à l'acquittement, ce qui limitait indubitablement l'arbitraire des autorités.[4]

Législation libérale et paternalisme

Dans le nouveau contexte, la couche dirigeante libérale hongroise s'avéra incapable de surmonter l'antagonisme entre son ancien idéal, à savoir l'Etat national unitaire, et la réalité héritée, c'est-à-dire le pays multiethnique. L'idéologie nationale fondée sur le droit historique élabora, sur la base du principe de l'unité du pays et de l'égalité civile, la notion de la «nation politique unitaire» comprenant l'ensemble des nationalités auxquelles on reconnaissait leurs spécificités; on admettait leur autonomie culturelle et linguistique dans la mesure où celles-ci ne menaçaient pas l'hégémonie historiquement établie des Magyars. Or, au-delà de cette conception, le camp libéral ne possédait pas de programme détaillé pour les minorités. Etant donné qu'au cours des dix années de liquidation de l'absolutisme, les différends entre les nationalités s'étaient ranimés, l'effort pour répondre aux exigences des

[4] Décret n° 1498/1871 du ministre de l'Intérieur et de la Justice, in : Rendeletek tára (Recueil des décrets), 1871, 183, 207.

minorités semblait, pour la partie hongroise, comme une «concession» plutôt que l'accomplissement d'une réforme nécessaire, concession dont l'étendue dépendait directement des rapports de force politiques.

L'élite libérale — Deák, Eötvös, Lajos Mocsáry — voyait la solution du problème minoritaire dans l'établissement de la liberté individuelle bourgeoise et d'un système administratif fondé sur l'autonomie. C'était peut-être Mocsáry qui avait la conception la plus hardie lorsqu'il reconnaissait ouvertement que l'unité de la Hongrie, en tant qu'« Etat polyglotte », ne pouvait être maintenue que si elle réussissait à assurer un développement libre à chaque peuple et si ceux-ci acceptaient volontairement de maintenir la coexistence. Eötvös, qui analysa à plusieurs reprises cette question sur le plan théorique, écrivait dans son journal, à propos de la Transylvanie, que même « l'idée d'une confédération républicaine ne me ferait pas peur », mais « je trouverais bon et justifié si l'on s'accomodait momentanément du dualisme pour gagner du temps, ce qui permettrait que les Hongrois, se fortifiant en tous points de vue et avant tout en culture, deviennent capables de jouer le grand rôle qui leur incombera dans l'avenir ».[5] Il estimait que l'existence ultérieure des peuples vivant dans le bassin des Carpates nécessitait le développement d'une Hongrie forte qui ne pourrait pourtant pas être transformée en un Etat national pur; qu'il faudrait satisfaire les revendications politiques et linguistiques « justes » des nationalités ayant acquis une conscience nationale et assurer à ces peuples une liberté plus large que dans les Etats voisins. Deák, plus sceptique, se fondant sur un sens de responsabilité libéral et ayant une vision plus réaliste, préconisait lui aussi une politique minoritaire plus équitable qui viserait à établir, dans la Hongrie de 1867, un Etat œuvrant, dans l'intérêt de tous, au-dessus de toutes les nationalités, mais cependant marqué par l'hégémonie hongroise.

La loi sur les nationalités (art. XLIV, 1868), malgré ses compromissions, constituait un acte libéral important. De longs débats avaient précédé sa venue au jour dans les commissions comprenant les représentants des nationalités, qui réclamaient leurs propres institutions politiques et culturelles ainsi que des comitats organisés selon les critères ethniques — en réalité elles exigeaient la fédéralisation — face aux représentants de la position hongroise qui défendaient l'hégémonie du hongrois en tant que langue d'Etat ainsi que le système des comitats déjà existant. Le texte définitif de la loi reflétait tout d'abord le pragmatisme de Deák disposé au compromis. D'après la loi, chaque citoyen pouvait intervenir en sa langue maternelle aux assemblées communales ou municipales, adresser en sa langue maternelle des requêtes jusqu'au niveau gouvernemental et avait droit à une réponse dans sa langue. Aux tribunaux de première instance, chacun pouvait mener son procès en sa langue et devait obtenir le verdict des instances supérieures également dans cette langue. La loi permettait le libre choix de la langue aux communes, aux Eglises ainsi qu'aux autorités ecclésiastiques et aux écoles communales et confessionnelles. Elle prescrivait à l'Etat d'assurer l'enseignement en langue maternelle « jusqu'au niveau où commence la formation supérieure, » et de choisir, pour les hautes fonctions de juridiction et d'administration, « des personnes compétentes » dans les rangs des nationalités.[6]

[5] JÓZSEF EÖTVÖS, Vallomások és gondolatok (Confessions et réflexions). Eötvös József művei (Œuvres de J. E.). Publ. par MIKLÓS BÉNYEI, Budapest, 1977, 624.

[6] Magyar törvénytár (Recueil de lois hongroises) 1836-1868, Budapest, 1896, 490.

Bien que la loi fût fondée sur le principe de la liberté individuelle, elle accordait également des droits collectifs. L'une de ses dispositions qui s'avéra des plus importantes déclarait que «pour promouvoir la langue, l'art, la science, l'économie, l'industrie et le commerce», il était possible pour les nationalités de créer des associations, des sociétés et des fonds financiers. Cela leur permit d'établir, pour leurs organisations, une base matérielle totalement indépendante du pouvoir d'Etat, ainsi que de maintenir leur autonomie indépendamment des retournements politiques.

Cependant, l'aspiration à la suprématie de la majorité de la classe dirigeante hongroise d'une part, et l'attitude de protestation et de refus des nationalités mécontentes de l'autre, vouèrent à l'échec l'application de la loi adoptée. Prétextant le refus des nationalités et profitant de l'absence de sanctions prévues par la loi, la majorité du parti gouvernemental s'efforça de réduire le plus possible l'exercice concret des droits politiques accordés. Au cours des décennies à venir, plusieurs lois contrediront dans leur esprit la loi sur les nationalités. Eötvös et Deák traitaient encore avec beaucoup de prudence cette question mais, après la mort de ces deux grandes personnalités libérales et avec la stabilisation du dualisme, ce furent les représentants moins souples de la classe possédante qui gagnèrent de plus en plus de terrain dans la politique et chez lesquels, lorsqu'il s'agissait des nationalités, le nationalisme l'emportait sur le libéralisme. Le publiciste du libéralisme tardif, Gusztáv Beksics, exprima ainsi leur point de vue : «Un Etat unitaire, indivisible, une nation unie, indivisible : c'est notre hypothèse de départ, le but de nos efforts, le fondement de nos actes. C'est l'impératif premier de toutes nos réformes.»[7]

L'affermissement de l'unité de l'Etat, les efforts pour écarter les nationalités de la vie politique firent qu'à la fin de cette époque, les minorités nationales en vinrent à revendiquer l'application de la loi de 1868, à l'origine jugée peu satisfaisante et, par conséquent, rejetée par elles, tandis que, du côté des nationalistes hongrois, cette loi était considérée comme une règle de droit impossible à mettre en pratique, que «la nation avait créée 'dans un moment d'oubli' sous le coup d'une dangereuse générosité».[8] Ainsi, cette loi libérale, fort sage, ne fut jamais intégralement appliquée.

Un facteur déterminant dans la restriction des droits politiques était le système électoral complexe (fort critiqué) qui présentait en Transylvanie des caractéristiques particulières. Durant toute cette période, le droit de vote était déterminé par les lois édictées en 1848. La suppression des privilèges féodaux se fit sous forme d'extension de droits, à savoir que, outre les nobles et les bourgeois citadins, qui conservèrent leur ancien droit de vote, d'autres citoyens possédant une fortune ou l'instruction prescrite (ingénieurs, médecins, avocats, prêtres, instituteurs) l'obtinrent également. La taille de la fortune nécessaire à l'obtention du droit de vote fut fixée — dans ce pays extrêmement varié par ses données naturelles et son niveau économique — de façon à permettre aux citoyens aisés de toutes les régions, d'entrer dans le cercle des ayant-droits. Dans la Hongrie proprement dite, on accorda le droit de vote à ceux qui, dans les villages, possédaient une terre, de taille variable, mais correspondant à un quart de l'ancienne tenure censière locale, ou qui possédaient en ville une belle maison, un atelier ou une boutique ; parmi les artisans, à ceux qui avaient au moins un employé. En Transylvanie, le cens correspon-

[7] Gusztáv Beksics, Kemény Zsigmond, a forradalom s a kiegyezés (Zsigmond Kemény, la révolution et le Compromis), Budapest, 1883², 333.

[8] Gábor Kemény G., Iratok... III. 65, 273, IV.474.

102. Femmes hongroises «csángó» de Moldavie à la kermesse de Csíksomlyó

103. Sicules se rendant au bal à Csíkmenaság

104. En sortant de l'église à Magyarvalkó

105. Femmes habillées pour la fête à Torockószentgyörgy

106. Intérieur paysan hongrois avec table-coffre à Gyimesközéplok

107. Dans l'église de Oltszakadát

108. Foulonnerie de bure à Parajd

109. Intérieur paysan hongrois à Torockó

110. Intérieur paysan roumain à Orlát

111. Talmács, riche village de bergers roumains à l'entrée de la gorge de Vöröstorony

112. Tenue de femmes roumaines des environs de Nagyszeben

113. Tenue de gala d'une Saxonne, avec boucle sur la poitrine

dait à l'impôt direct de 8 florins dans les villages, cette somme étant de près de 50% plus élevée qu'en Hongrie.

En 1874, un amendement de loi élargit quelque peu le cercle des ayant-droits en Transylvanie. Les intellectuels des villages reçurent alors légalement le droit de vote. Le nombre des électeurs censitaires allait pourtant diminuer pendant longtemps encore car le cens fut relevé, sous d'autres rapports, dans l'ensemble du pays. La loi laissait de larges couches d'ouvriers, de journaliers et d'employés payés à la semaine tout à fait privés de la chance d'acquérir le droit de vote. Tout au long de cette période, la masse des électeurs transylvains, au nombre variant entre 75 et 87 000, fut constituée, d'abord dans ses deux-tiers environ, d'électeurs selon « l'ancien droit », tandis qu'à peine 10 000 personnes furent recensées d'après la quotité d'imposition de 1848 et leur nombre ne dépassait pas, en 1869, les 25 000. Par la suite, le nombre des ayant-droits selon leurs biens et surtout selon leurs revenus augmenta, les anciens électeurs privilégiés disparurent progressivement, quoique cette dernière catégorie constituât encore, à la fin du siècle, le tiers des votants en Transylvanie. Même la loi sur le droit de vote promulguée en 1913 (qui ne fut cependant jamais appliquée), tout en améliorant de façon certaine la situation en Transylvanie, n'éleva qu'au double, à 150 000, le nombre des électeurs transylvains.

Dans les régions hongroises, les électeurs étaient généralement plus nombreux que dans les régions roumaines. Parmi les hommes adultes, près d'un quart des Saxons, 20% des Hongrois et seulement 9% de Roumains avaient le droit de vote. (Sur les territoires de la Hongrie proprement dite, il n'y avait pas une telle différence.) Les villes possédaient proportionnellement davantage d'électeurs que la campagne, ce qui avantageait une fois de plus les Hongrois et les Saxons. De ce système électoral (favorisant les Hongrois et les Saxons) les intellectuels roumains disaient qu'« il les avait humiliés de la façon la plus inique ».[9]

Le système électoral était pourtant beaucoup trop compliqué pour ne viser qu'à exclure les Roumains et à privilégier les Saxons et les Hongrois. Selon le recensement de 1904, qui fournit les données les plus précises, les électeurs de langue roumaine étaient majoritaires à la campagne, — à l'exception de la Terre sicule et des comitats de Kolozs et de Torda-Aranyos —, et même sur les territoires du Partium, dans les comitats de Szilágy, de Máramaros, d'Arad, de Temes et de Krassó-Szörény. Dans le comitat à prédominance roumaine de Hunyad, il fallait la moitié d'électeurs que dans les comitats sicules d'Udvarhely, de Háromszék et de Csík, pour qu'un député fût élu. Beaucoup de Hongrois étaient d'avis que « le droit de vote favorise les Roumains mais ceux-ci n'en profitent pas ».[10] Tout cela s'explique par le fait que les électeurs des régions hongroises votaient plutôt pour l'opposition en contestant la forme existante du dualisme, alors que dans les parties à majorité roumaine les électeurs hongrois étaient favorables au parti gouvernemental et leur attitude influençait également les Roumains. La population des villages considérait d'ailleurs les élections et la députation comme des affaires de « seigneurs. » Aussi les circonscriptions électorales roumaines purent-elles, en

[9] Emlékirat. A román választók képviselőinek 1881. évi május hó 12-étől 14-éig tartott egyetemes értekezlete meghagyásából szerkesztette és közzéteszi a kiküldött bizottság (Mémorandum. Rédigé et publié par la commission chargée par la réunion générale des députés des électeurs roumains, tenue du 12 au 14 mai 1881), Nagyszeben, 1882, 87.

[10] Ü[RMÖSSY] L[AJOS], Az oláh kérdés (La question des Valaques) II. *Ellenzék*, 5 octobre 1894.

raison de leur niveau politique et intellectuel, rester, jusqu'au début du XXe siècle, les bases solides du parti gouvernemental. Voilà pourquoi le droit de vote transylvain restrictif put se maintenir et devenir «une pierre de base par trop importante» dans la construction de l'Etat, selon le mot du premier ministre Szapáry lors d'une conversation avec le roi roumain Charles Ier, en 1892.[11] Le système électoral constituait l'un des piliers fondamentaux du maintien du dualisme. Il servait, face à Vienne et contre les nouvelles tentatives absolutistes, la constitutionnalité parlementaire, tandis que, par la limitation du droit de vote, il put empêcher que le dualisme et, par conséquent, l'hégémonie des classes dirigeantes ne fussent mis en cause — du moins au niveau de la grande politique — par des aspirations sociales et nationales venant de la base et impossibles à contenir.

Au début des années 1870, une partie de l'opposition indépendantiste hongroise voyait encore un allié potentiel en les nationalités luttant, elles aussi, contre le dualisme et elle fit des démarches en se référant au principe de l'extension des droits pour les gagner. L'administration elle-même tenta également de rompre leur résistance par des compromis. Les tâtonnements du premier ministre Lónyay n'eurent pourtant, dans ce domaine, en 1872, — comme nous le verrons dans ce qui suit — aucun résultat. La fusion des partis survenue en 1875 stabilisa le dualisme: les centristes de gauche, jusqu'alors dans l'opposition, entrèrent dans le parti gouvernemental et fondèrent le grand Parti Libéral dirigé par Kálmán Tisza.

Avec cette fusion, la majorité des propriétaires terriens hongrois renonça à son opposition initiale et finit par s'installer confortablement dans le régime dualiste. Or, le renoncement à la résistance en droit public s'accompagnait — comme par un effet de compensation — de l'intensification de l'intolérance à l'égard des nationalités. On cessait de traiter la question ethnique avec prudence. Kálmán Tisza, premier ministre pendant 15 ans après 1875, devint «l'oppresseur des nationalités» quoiqu'il eût auparavant souvent défendu certains de leurs intérêts partiels. Parallèlement à la «magyarisation» de l'administration, la politique visant à «magyariser» la population par la voie de l'enseignement gagnait du terrain.

Si dans les années qui suivirent le Compromis, le gouvernement trouvait naturel que la culture des nationalités fût, grâce à la solidarité ethnique, matériellement soutenue même par des subventions d'Etat venant de l'autre côté de la frontière et que le ministère versât à la Transylvanie les sommes modestes de la subvention envoyée par l'Etat roumain, dès 1875 il fut interdit aux écoles et aux Eglises d'accepter les subventions étrangères; on alla même, en 1879, jusqu'à promulguer, malgré la protestation du souverain, une loi qui stipulait l'obligation d'enseigner le hongrois comme matière distincte dans toutes les écoles élémentaires. Paradoxalement, cette action ne fut pas dictée par le nationalisme mais plutôt décidée par tactique parlementaire contre la volonté du souverain. Cette loi violait le droit des «propriétaires» d'écoles de décider en toute autonomie des langues à enseigner dans leurs établissements. Ce n'était pourtant pas à l'école que la majorité des milieux dirigeants espérait réaliser la magyarisation; celle-ci misait davantage sur le développement à venir, dans les prochaines 50 ou 100 années. Cette majorité désirait seulement

[11] Le rapport du 3 février 1892 de l'ambassadeur allemand de Bucarest sur l'entretien de Charles Ier et de Szapáry. Publié par TEODOR PAVEL, Mişcarea românilor pentru unitatea naţională şi diplomaţia puterilor centrale 1878-1895 (Le mouvement des Roumains pour l'unité nationale et la diplomatie des puissances centrales), Timişoara, 1979, 259.

accélérer ce processus en s'appuyant sur l'enseignement et par la limitation de l'activité des hommes politiques appartenant aux minorités.

Au cours de la réorganisation des comitats en 1867-77, l'autonomie traditionnelle de Königsboden fut supprimée et les sièges saxons et sicules furent insérés dans un système départemental unitaire. 15 comitats se formèrent sur le territoire de la Translyvanie historique, qui gardèrent, au moins dans leurs noms, les traditions de leur passé (Szolnok-Doboka, Maros-Torda, etc.). A la tête des comitats se trouvaient les *comes* («főispán») nommés en tant que représentants du pouvoir gouvernemental, tandis que les affaires administratives étaient menées par leurs premiers adjoints, les *vice-comes* («alispán») élus pour six ans par l'assemblée du comitat. (Les anciennes dénominations féodales furent donc maintenues.) Dans les districts, les juges de paix («szolgabíró») détenaient les pleins-pouvoirs. Ces derniers, élus également pour six ans, tenaient en main non seulement les instances municipales du comitat, mais aussi celles du pouvoir central (des autorités «royales hongroises»). Durant toute cette période, l'autonomie des comitats ne cessa de diminuer; néanmoins, leurs assemblées restèrent les seuls forums de droit public reconnus en dehors de l'Assemblée nationale et même les questions de la politique nationale pouvaient y être traitées. La moitié des membres de l'assemblée étaient élus, l'autre moitié était constituée par les plus grands contribuables, appelés les «virilistes»; la création de cette catégorie assurait — d'une façon incontestablement antidémocratique — la participation à la vie politique de la nouvelle bourgeoisie aux côtés des grands propriétaires fonciers. En tout cas, le cercle des «virilistes» étant très large, dans les régions pauvres de la Transylvanie, pouvaient même y figurer ceux qui payaient environ 100 florins d'impôt, alors que, dans la Hongrie proprement dite, le double de cette somme était généralement exigé.

Les communes, les villages ne possédaient aucun droit politique, ils étaient entièrement dominés par le comitat, les corps représentatifs des communes devaient être composés à moitié par les «virilistes», c'est-à-dire ceux qui payaient les impôts les plus élevés. Cependant, tous les hommes propriétaires de plus de 20 ans, indépendants et établis disposaient du droit de vote communal, ce qui assurait une autonomie relativement large.

Dans les villes, bien entendu, on vit se développer des conditions modernes favorisées par une politique sciemment pro-bourgeoise des gouvernements.

Les Saxons et les Roumains se trouvaient souvent en majorité dans les différents corps représentatifs inférieurs et ils étaient également nombreux dans l'appareil du comitat. Mais la proportion de ceux d'entre eux qui occupaient des postes clés diminua très rapidement. Pendant la longue période de l'administration Kálmán Tisza, il fut de plus en plus fréquent que les régions non-magyares fussent gouvernées pas des fonctionnaires qui ne parlaient pas leur langue et ne connaissaient par leur culture, leurs traditions. La bourgeoisie saxonne maintenait ses positions, surtout dans le comitat de Szeben, où l'administration se faisait presque entièrement en allemand. Dans le même temps, en raison de la «magyarisation» officielle et de la passivité des Roumains à l'Assemblée nationale, la nation roumaine se trouva, à la fin du siècle, très fortement repoussée à l'arrière-plan de la vie politique des comitats. En de nombreux endroits (Brassó, Maros-Torda), les Roumains n'étaient même pas représentés à l'assemblée du comitat: ailleurs ils constituaient une minorité modeste mais estimée. Leur position ne resta forte que dans les comitats de Beszterce-Naszód et de Hunyad, de Krassó-Szörény et de Máramaros. Le pouvoir y était contraint de faire des concessions et ce fut seulement grâce à des accords locaux réguliers que le fonctionnement de l'administration put être assuré ou, comme on disait à l'époque, que « les Hongrois réussirent à se maintenir ».

L'attitude des Hongrois

La vie politique autonome des Hongrois de Transylvanie cessa, tout naturellement, dans le nouveau régime, les mouvements politiques furent absorbés par les grands partis parlementaires hongrois. Pendant longtemps, il n'était pas de bon ton d'insister sur des intérêts particuliers — dont personne ne niait l'existence —, car une telle attitude aurait eu tôt fait d'être condamnée en tant que particularisme. Comme nous l'avons signalé plus haut, ce n'était que par une voie biaisée, conformément à l'esprit nationaliste ambiant et sous une forme déguisée, que pût prendre naissance une institution — l'Association Hongroise pour la Culture Publique de Transylvanie (EMKE) — qui tentera (avec la Société Economique de Transylvanie — Erdélyi Gazdasági Egylet, EGE) de remplir les fonctions d'une assemblée régionale ainsi que celles de l'organe gouvernemental local hongrois. « Même si nous avons perdu notre ancien rôle, celui que nous avions joué dans la grande politique (à l'époque des Princes), il nous en est resté la plus belle part, celle d'élever, par des efforts sociaux et individuels, le bien-être et la culture générale », affirmait le *Kolozsvári Közlöny* (Bulletin de Kolozsvár).[12]

L'EMKE commença ses activités au printemps de 1885, avec le but de diffuser la langue et la culture et de renforcer culturellement la diaspora hongroise. Pour des raisons de prestige, un président aristocrate fut élu en la personne du comte ex-garibaldiste Gábor Bethlen qui, par la suite, fit voter, en tant que comes du comitat de Kis-Küküllő, un impôt départemental de 2% (10 000 florins) pour l'EMKE. D'autres dirigeants tentèrent, au niveau des comitats, de suivre son exemple, provoquant en cela une violente protestation de la part des intellectuels roumains et saxons. La défense de la diaspora hongroise, dans un pays à ethnies mélangées, était une question extrêmement délicate, la remagyarisation de quelques petites communes roumanisées ou considérées comme telles ayant profondément choqué les Roumains, de même que le propos du Manifeste de fondation de l'EMKE qui invitait les Roumains « à ne pas se contenter de comprendre le hongrois, mais à partager également les sentiments hongrois ».[13]

Toute l'histoire de l'EMKE se caractérise par un patriotisme grandiloquent et par des actions modestes qui restèrent, eux, plus près de la réalité — cette contradiction appartenant en propre à l'époque. On voulait « réparer les négligences séculaires » des Magyars afin que « la masse ethnique des Sicules soit liée, par des moyens d'instruction publique appropriés, aux grandes masses hongroises de la Grande Plaine ».[14] Or, l'argent nécessaire à ses projets était collecté à l'occasion de bals de charité ou provenait de dons modestes, de quêtes. Un propriétaire foncier transylvain, par exemple, ayant donné 20 000 florins, devint en 1888 « le premier membre-fondateur majeur » de l'EMKE,

[12] *Kolozsvári Közlöny*, 29 août 1884. Cité in : Az EMKE megalapítása és negyedszázados működése 1885-1910 (La fondation et l'activité d'un quart de siècle de l'EMKE), Kolozsvár, 1910, 78.

[13] Ibid. 80.

[14] Rapport 1893-1894 de l'EMKE. *EMKE Értesítő*, 20 mai 1894.

tandis que le comte Kocsárd Kun légua une propriété de 2 190 acres à l'association pour que des Sicules y soient installés. Au lieu d'y établir des Sicules, on fonda, sur le domaine, une école d'agriculture sicule, essentiellement aux frais du ministère de l'Agriculture et gérée par ce dernier. Tout comme le projet d'établissement des Sicules, celui de magyarisation resta lettre morte.

Pour ce qui était du travail effectif de l'EMKE, il consistait à accorder, au début, des allocations de 50 à 150 florins par an à quelques pasteurs et instituteurs besogneux de la diaspora hongroise et à fonder, par la suite, près de 300 écoles, 200 bibliothèques populaires ainsi que des écoles maternelles. Dans le domaine économique, l'EMKE parvint à obtenir de nombreuses commandes d'Etat pour l'artisanat gravement atteint, depuis 1886, par la guerre douanière austro-hungaro-roumaine. L'Association rédigeait des mémoires à l'adresse du gouvernement et s'efforçait de promouvoir le tourisme. Elle s'était donné, dès le début, comme objectif l'établissement d'un important institut de crédit foncier mais, faute de soutien étatique, ce but se réalisa trop lentement.

Au lieu de protéger les propriétaires, l'activité bancaire se limitait ainsi à des ventes de propriétés, à des transactions de crédits et à la promotion des coopératives de crédit. L'EMKE participa à la création, en 1891, de la Chambre de Commerce et d'Industrie de Marosvásárhely, destinée à servir les interêts des Sicules et à la mise sur pied de l'Association Transylvaine pour l'Aide Industrielle.

La bourgeoisie roumaine et saxonne observait l'activité de l'EMKE avec méfiance bien qu'elle eût vite réalisé que l'EMKE ne menaçait pas la culture de ces deux peuples et encore moins leurs ethnies. Malgré la croissance de ses biens et des dons, toujours plus importants, l'impact de l'EMKE, au début du XXe siècle, perdit de son importance. Ses fondateurs hongrois tentèrent de l'orienter vers le développement de l'économie, qu'ils considéraient comme la tâche primordiale de l'Association. « Si elle ne vient pas, avec son argent, à l'aide de l'économie, les quatre millions de couronnes de l'EMKE suffiront tout juste à payer une gerbe de fleurs à poser sur la tombe de la Transylvanie hongroise », écrit une revue économique deux ans avant la Première Guerre mondiale.[15]

Or, à la fin du XIXe siècle, la couche des dirigeants politiques hongrois ne s'occupe, pas plus en Transylvanie qu'ailleurs, des dangers lointains. Par contre, elle s'était bien installée dans le régime dualiste qui, par la relance économique et le développement de l'appareil d'Etat, réussit à séduire même ceux qui étaient à l'origine mécontents de la semi-indépendance de la Hongrie. De même que les politicens transylvains sont présents dans les instances supérieures du pays, en rassemblant de temps en temps un lobby transylvain au sein des partis, de même toute l'intelligentsia de la Transylvanie s'oriente vers la capitale, Budapest. Les publicistes, les écrivains préfèrent publier dans les journaux de la capitale, et les Transylvains forment un groupe puissant à l'Académie. Seule la question sicule prend une importance nationale : les conditions économiques défavorables de la Terre sicule et l'émigration deviennent un problème de conscience de tout le pays d'alors, à la solution duquel il n'existe pas, dans la structure donnée, de remèdes satisfaisants.

[15] KÁROLY SCHANDL, A román bankok terjeszkedése (L'expansion des banques roumaines), *Magyar Gazdák Szemléje,* 1909, II (numéro de décembre), 221 ; 1912, II (numéro de novembre), 203.

Malgré les soucis locaux, l'opinion générale accepte la centralisation poussée, considérant en effet que «seule une administration correctement centralisée peut assurer la survie des Sicules et des Saxons».[16]

Avec l'établissement du régime dualiste, naquit une variante spécifique de l'Etat bourgeois, suffisamment libérale et moderne pour promouvoir l'accumulation et l'afflux des capitaux et les investissements. Elle est donc acceptable pour la bourgeoisie moderne même si celle-ci, malgré son importance grandissante, ne peut guère accéder au pouvoir politique. Ce type d'Etat bourgeois put en même temps sauvegarder suffisamment d'institutions traditionnelles, d'esprit et de méthode féodaux pour pouvoir maintenir l'influence politique de la classe des propriétaires fonciers, ainsi que celle de la couche intellectuelle qui la suit mais qui commence à évoluer dans un sens bourgeois. Aussi cet Etat est-il acceptable, dans son ensemble, pour la classe dirigeante traditionnelle. Sa structure politico-administrative semi-moderne s'était établie dans un contexte conflictuel : il ne peut donc exiger une identification avec le régime et doit se contenter d'une acceptation de la réalité.

Pour l'ensemble des Hongrois, 1867 avait stabilisé une situation ambiguë. La possibilité d'une solution fondamentalement différente de la question des nationalités étant exclue, le maintien territorial de l'Etat et, par conséquent, le maintien de la Transylvanie dans le cadre de l'Etat hongrois constituaient la pierre angulaire de la vie politique. Or, le maintien de la Hongrie historique supposait le rôle dirigeant de la classe nobiliaire, et les couches embourgeoisées de la société hongroise acceptèrent cette situation de fait au même titre que l'Empire de François-Joseph, garant de leur sécurité. 25 ans après le Compromis, cette acceptation rationnelle se figea en dogme de l'existence même. A part quelques personnes lucides, on ne comptait plus avec la possibilité d'une désagrégation de la Monarchie et de l'Etat hongrois historique avec elle. Même les Transylvains, plus sensibles aux dangers, finirent par refouler leurs angoisses d'être séparés de la Hongrie. Les journaux publiaient des articles parlant tantôt de l'avancement de la «magyarisation», tantôt de «la progression des nationalités», tandis que l'administration, également par tactique politique, tenait confidentielles les données de l'Office Central des Statistiques qui révélaient, justement à propos de la frontière linguistique hungaro-roumaine en Transylvanie, qu'au début du XXe siècle, «les Hongrois des confins avaient subi, sur toute la ligne, un grave échec».[17] Le régime dualiste était un piège : il offrait le sentiment de sécurité aux classes dirigeantes hongroises et camouflait les dangers qui menaçaient celles-ci et, par voie de conséquence, toute la Hongrie historique.

[16] Rapport du 9 avril 1890 de l'ambassadeur allemand de Vienne. *PA AA Bonn* Österreich 92. No 6a Bd. 3 A 4781.

[17] Note du premier ministre au ministre des Cultes et de l'Instruction publique, 27 mars 1908. *OL* Miniszterelnökség (Cabinet du premier ministre), 1908, XXV, 102.

2. Crise d'adaptation dans les mouvements nationaux saxon et roumain

La position des Saxons dans le régime dualiste

Les 200 000 Saxons de Transylvanie, dont la couche dirigeante, composée d'intellectuels et de fonctionnaires, craignait qu'avec l'avènement du régime dualiste disparaîtrait sa situation privilégiée, purent mieux s'intégrer dans le nouveau régime — encore que non sans conflits — que les Roumains. Pour leur intégration, le gouvernement recourut à l'aide des « nouveaux-Saxons » (on appelait ainsi les bourgeois et intellectuels prêts à s'adapter au nouveau régime), ainsi qu'à des moyens administratifs. En la personne de Moritz Conrad, un nouveau comes saxon fut nommé, en février 1867, tandis que la convocation de l'assemblée de l'Universitas à majorité antiunioniste fut empêchée. La loi de 1868, qui entérinait l'union, réaffirmait le maintien du droit des Saxons à l'autoadministration mais, dès l'année suivante, on amorça l'assimilation de Königsboden à l'Etat bourgeois.

Grâce à la nouvelle réglementation électorale promulguée par voie de décret en 1869, la composition de l'Universitas se modifia de sorte que, avec le soutien de 4 Roumains et d'un Hongrois, les 18 « nouveaux-Saxons » réussirent, contre les 21 « vieux-Saxons » à faire passer une proposition de restructuration de la Terre saxonne à la manière du système des comitats, c'est-à-dire conformément aux vœux du gouvernement. En 1872, les deux tendances saxonnes fusionnent et à l'assemblée de Medgyes du 11 mai, un Programme National Saxon sera adopté qui se soumet au dualisme et à l'« Etat hongrois unitaire », à condition toutefois que ce dernier n'intensifie pas la centralisation ; le Programme accepte le hongrois comme langue de l'Etat à condition que l'usage potentiel des langues minoritaires soit élargi ; il admet, de même, le système de représentation moderne pourvu qu'il ne conduise pas à la prédominance « des masses incultes ». Cette concession entourée d'autant de conditions exige comme contre-partie la sauvegarde de Königsboden en tant que comitat largement autonome.

Les aspirations centralisatrices de l'Etat moderne, d'une part, et l'émancipation des masses roumaines de la Terre saxonne et leur apparition dans la vie publique à des niveaux inférieur et moyen, de l'autre, voilà les deux pressions venant de haut et de bas, entre lesquelles les anciennes institutions saxonnes se trouvent broyées. Leur intérêt les amène à chercher les bonnes relations — ou du moins acceptables — avec le gouvernement, raison pour laquelle leurs représentants se rallient au parti de Deák, bien que, en 1870, le premier ministre Andrássy fît très clairement comprendre à l'influent archevêque Teutsch que ses collègues ministres étaient irrités par les privilèges saxons.

Après des consultations réitérées sur la transformation de Königsboden — dont les Roumains, leurs droits n'y étant pas respectés, exigeaient également la dissolution —, l'administration de Kálmán Tisza soutenue par les nouveaux-Saxons, appliqua l'article de loi XII de 1876, par lequel ce territoire fut pour la troisième fois démembré et, cette fois-ci, définitivement. L'Universitas perdit ses compétences politique et administrative, elle se transforma en une importante fondation destinée à gérer son immense fortune et à faire fonctionner des écoles. La perte d'une autonomie de près de deux siècles frappa douloureusement la bourgeoisie saxonne, mais elle n'eut point la conséquence que craignaient les vieux-Saxons, à savoir «la disparition de la nation saxonne des rangs des vivants».[18] Dans les régions saxonnes, l'administration resta en majorité de langue allemande et l'Universitas demeura une institution riche et puissante. Pour ce qui est des questions de patrimoine, l'Etat dualiste était conséquent dans son libéralisme, ne prescrivant qu'une chose: conformément au principe d'égalité, les grandes fortunes devraient profiter non seulement aux besoins culturels des Saxons, mais aussi à ceux des autres populations vivant sur leurs terres, donc surtout des Roumains. La constitution de l'Eglise luthérienne, en tant que bastion de l'autonomie nationale et culturelle, se maintint solidement. La transformation ne portait donc atteinte qu'aux anciens privilèges des Saxons, leurs positions réelles demeurant très fortes durant toute la période.

Dans les nouveaux comitats, les comes étaient des nouveaux-Saxons ou des aristocrates hongrois. Ces derniers, tel le comte Gábor Bethlen, à la tête des deux comitats de Küküllő, ou le baron Dezső Bánffy à Beszterce, menaient une vigoureuse politique de magyarisation. Tel n'était pas le cas du comitat de Brassó qui se montrait toujours plus moderne, l'un des bastions de la tendance nouvelle-saxonne, et, à ce titre, il entretenait de meilleurs rapports que les autres avec le gouvernement. Pourtant, dans l'ensemble, la période où Tisza était au pouvoir fut marquée par le conflit entre le gouvernement et les Saxons. La loi de 1879 sur les écoles, qui rendait obligatoire l'enseignement de la langue hongroise dans toutes les écoles élémentaires, fut contestée par les députés saxons aussi bien que par leur Eglise; ils obtiendront plus tard que le nombre d'heures de hongrois soit relativement bas. Au début des années 1880, les Saxons luttent contre la loi en préparation portant sur les écoles secondaires, car cette loi aurait prescrit non seulement l'enseignement de la langue hongroise, mais prévoyait aussi pour les futurs professeurs l'examen terminal en hongrois. Il s'avérera avec le temps que la crainte exagérée relative à la loi de 1883 n'était pas justifiée. L'enseignement secondaire saxon glissa légèrement des sciences humaines vers les sciences naturelles; il devint homogène et les futurs professeurs n'étaient nullement préjudiciés en fréquentant, pendant un an, la faculté hongroise. Tout compte fait, le contrôle étatique des écoles secondaires ne dépassait pas — selon l'opinion saxonne — les cadres professionnels.

Dans sa lutte menée pour garder ses positions, la bourgeoisie saxonne recevait un soutien moral important des intellectuels et des journaux d'Allemagne qui dénonçaient et condamnaient le gouvernement hongrois pour ses mesures de «magyarisation» et de restriction de l'autonomie. Les universités allemandes assurèrent dans une part considérable la formation de l'intelligentsia et du clergé saxons, et la guerre prusso-française augmenta encore la sympathie des Saxons à l'égard des Allemands; c'est ainsi que s'affermit en eux l'idée de leur appartenance au monde germanique. Tout cela n'était encore, dans la période donnée, que d'une faible incidence politique directe. Le chancelier Bismarck se prononça catégoriquement contre les aspirations des minorités allemandes de Hongrie: «Nous prêtons une importance particulière à l'affermissement et à l'unité du royaume hongrois, ce qui exige de nous de reléguer à l'arrière-plan nos partis-pris émotionnels.»[19] C'étaient davantage

[18] Cité par FRIEDRICH TEUTSCH, Die Siebenbürger Sachsen in den letzten fünfzig Jahren. 1868-1919, Hermannstadt, 1926, 77.

[19] Instruction du 2 mars 1883 de Bismarck au consul allemand de Budapest. *PA AA Bonn* Österreich 104. Bd. 8 A 3866.

les différentes associations d'Allemagne qui accordaient un soutien aux Saxons.

Par la suite, on put observer une remarquable restructuration de la bourgeoisie saxonne. La couche des artisans d'anciennes corporations s'affaiblit; cependant, certains d'entre eux devinrent propriétaires d'entreprises moyennes. La couche des commerçants de plus en plus différenciée par les fortunes, accusa une augmentation significative. La couche traditionnelle des fonctionnaires s'appauvrissait, son influence diminuait; par contre, celle des professions d'un prestige accru, comme les avocats, les professeurs et les médecins, se renforça. Tout cela eut pour conséquence que la défense du particularisme archaïque des Ordres fut reléguée derrière un travail édificateur économique et culturel. Ce changement — qui découlait du développement capitaliste — préparait le terrain à ce que le Parti Populaire Saxon, fondé en 1876, qui se trouva tout naturellement dans l'opposition avec des députés luttant tout au long des années 80 contre le parti gouvernemental cherchât, lui aussi, à trouver un compromis. Dès la chute, en 1890, de Kálmán Tisza, symbole des hostilités, un accord fut signé : les comitats saxons reçurent de nouveaux comes : par exemple, à la tête de Szeben, on mit Gustav Thälmann, vieux défenseur des droits saxons. A l'intelligentsia saxonne s'ouvrirent les voies de la carrière administrative, sans qu'elle fût pour autant contrainte de renoncer à sa nationalité. Dans les comitats, un plus grand nombre de fonctionnaires saxons ou pro-saxons furent employés. La petite et moyenne industrie saxonne se vit attribuer une subvention d'Etat substantielle. Il est tout à fait caractéristique de cette période que les Saxons purent parvenir à un compromis avec ce même comte Gyula Szapáry, premier ministre, que les dirigeants de la bourgeoisie saxonne avaient voulu auparavant, dans les années 70, traduire en justice pour avoir supprimé, en tant que ministre de l'Intérieur, leur autonomie administrative.

Le « Sachsentag », tenu le 17 juin 1890 à Nagyszeben et qui réunit 700 personnes, approuva la modification du programme politique; il adopta le dualisme, le principe de l'« Etat national hongrois unitaire », la loi de 1868 sur les nationalités comme base et exigea que l'intelligentsia saxonne participât activement à la réalisation des tâches de l'Etat. On exigea des mesures économiques, et plus particulièrement le développement de l'économie paysanne et de l'industrie, y compris de l'industrie manufacturière. Les députés saxons adhérèrent, sur la base du nouveau programme, au parti gouvernemental. Même si tous les conflits avec le gouvernement n'étaient pas aplanis, les élus saxons constituaient un soutien au gouvernement, et pendant toute cette période, la politique officielle fut toujours modérée et tolérante à leur égard.

Ce fut dans les années 1890 que se forma le mouvement d'opposition dit « saxon vert » qui s'attribua la tâche de prendre la tête de tous les Allemands de Hongrie, sans jamais pouvoir acquérir, même chez lui, une adhésion massive. La politique modérée des « Saxons noirs », par contre, était même rétribuée par le gouvernement, leur Eglise recevait régulièrement des subventions d'Etat et, dans les années qui précédèrent la Première guerre mondiale, une subvention d'Etat leur permit, par exemple, la rénovation de cinq lycées.

L'intégration de la bourgeoisie saxonne au régime dualiste montre bien les possibilités et les limites de la politique des minorités des gouvernements après le Compromis. Dans la mesure où la couche politique dirigeante d'une nationalité acceptait réellement le dualisme (et le faisait accepter par sa propre communauté), et où elle se résignait aux quelques mesures plutôt formelles de

« magyarisation », les différents gouvernements qui se succédèrent soutenaient leurs institutions ecclésiastiques et culturelles, admettaient leurs représentants dans les positions-clés de la vie politique aux niveaux bas et moyen et permettaient à ces nationalités de garder le caractère propre de leurs villes, de leurs provinces, même si elles constituaient, dans l'Etat, une couleur à part. Or, une telle politique de compromis ne pouvait être menée que par la couche dirigeante bien implantée d'une minorité qui possédait un important réseau d'institutions.

La voie des Roumains vers la résistance passive

Le Compromis porta un coup grave au mouvement national des Roumains qui ne s'en remit pas de si tôt. Jusque-là l'autonomie de la Transylvanie semblait encore assurée pour un temps indéterminé et, même si les Roumains avaient eu de mauvais pressentiments, ils espéraient progressivement acquérir une prédominance politique au sein de la Grande Principauté. Or, l'union les priva de cet espoir. Et ce qu'ils eurent en échange : la constitutionnalité et le fait que s'écroula la cloison juridique entre les Roumains de Transylvanie et ceux de Hongrie ne put être considéré, à ce moment donné, comme un acquis positif. Lors des élections préparant la Diète de couronnement de 1867, se manifestait déjà une tendance de plus en plus forte à prôner la passivité à l'égard du parlement hongrois et à rattacher la garantie de l'existence nationale des Roumains au maintien d'une Transylvanie autonome. Du côté hongrois, en revanche, il n'y avait aucune raison de faire des concessions. Et lorsque, finalement, le 3 juin 1867, quelques Roumains s'adressèrent à Ferenc Deák pour lui faire connaître leurs revendications, lui non plus ne put rien leur dire sinon qu'ils arrivaient en retard, qu'il n'était plus question d'autonomie. Il ne put leur promettre que l'égalité absolue des droits civiques.

Le commissaire royal chargé de faire cesser le statut séparé de la Transylvanie fut accueilli, lors de sa première tournée en plusieurs endroits, par des intellectuels roumains protestant solennellement contre le Compromis. Il leur recommanda, bien évidemment, de se résigner au fait accompli ; il repoussa la requête de l'évêque de Balázsfalva à propos de la convocation d'un rassemblement national roumain. Rien n'empêchait par contre que les Roumains se réunissent à Kolozsvár, sous l'égide de l'ASTRA, association culturelle roumaine en pleine renaissance, voire même que le commissaire participât à la séance et concert d'inauguration. Cette réunion définit pour un certain temps le programme du mouvement : attendre que l'expérience dualiste échoue et, en attendant, protester à chaque occasion contre le Compromis et l'union. A cette réunion succéda, au printemps de 1868, le *Pronunciamentum* de Balázsfalva qui prit position en faveur de l'autonomie de la Transylvanie, pour une assemblée nationale séparée ainsi que pour l'application des dispositions juridiques adoptées à Nagyszeben en 1863 et 1864. Le gouvernement ordonna à l'encontre des auteurs du *Pronunciamentum* et des rédacteurs des organes l'ayant publié, une enquête judiciaire. Or, ce procès de grande envergure — dont beaucoup attendaient qu'il attirât l'attention de l'opinion publique européenne sur la cause roumaine — n'eut pas lieu, car le gouvernement mit un terme à la procédure.

Au cours des débats sur la loi de 1868 portant sur les nationalités, les hommes politiques roumains de Hongrie, de concert avec les députés serbes, soumirent une contre-proposition. Le « projet Mocsonyi-Miletić » considérait tous les peuples du pays comme nations à part entière et, conformément à cela, il leur destinait à chacune une organisation politico-administrative séparée, sans toutefois nier la nécessité d'une certaine unité territoriale et politique du pays. Mais cette proposition était inadmissible même pour Mocsáry, et l'opposition hongroise, dirigée par Dániel Irányi, n'était disposée tout au plus qu'à faire des concessions tactiques. Dans le débat sur la loi qui réglementerait le détail du rattachement de la Transylvanie à la Hongrie, Deák refusa lui aussi, une fois de plus, la revendication du statut autonome.

L'échec ne fit qu'augmenter l'influence de ceux qui prônaient la passivité parlementaire et révéla en même temps que les régimes précédents avaient abusé sans vergogne des aspirations nationales et politiques des Roumains, qu'ils avaient exploité puis abandonné les Roumains. Etant donné que leur chemin historique était différent de celui des Roumains de Transylvanie, les dirigeants roumains de la Hongrie proprement dite restèrent partisans de la politique d'opposition active, avec l'intention d'obtenir la garantie de leurs droits nationaux, à l'encontre du gouvernement, mais au sein de l'Etat hongrois unitaire, car cela leur permettait la collaboration tactique avec les partis hongrois. Les Transylvains qui représentaient l'autre moitié des Roumains choisirent par contre le refus résolu et la résistance passive. Ainsi, non seulement la détérioration de la situation politique mais le désaccord et la désorganisation intérieurs contribuèrent à pousser l'intelligentsia politisée vers la passivité.

C'était sous la direction spirituelle de George Bariț que fut convoqué le rassemblement de Szerdahely, en mars 1869, désormais placé sous la présidence d'un laïc, le député parlementaire Elie Măcelariu. Les quelques activistes qui y étaient venus attirèrent l'attention des personnes présentes sur les dangers de l'attitude passive : passivité signifie renoncement à la responsabilité intellectuelle envers le peuple roumain, les masses paysannes risquant ainsi de passer sous l'influence des autres tendances politiques, sans compter avec la perte de l'unique forum libre que représente le parlement. Or, des quelque 300 participants, 4 seulement votèrent pour l'activisme car leur leader, Șaguna, ne voulait pas, cette fois non plus, mobiliser son camp contre les passivistes. La grande majorité partageait avec enthousiasme la profession de foi passiviste du chanoine Micu-Moldovan : « Dans la vie d'un peuple, 20 ou 30 ans ne signifient qu'une goutte dans la mer immense. Mais, nous savons que nous vivons dans un siècle éclairé, le XIXe, et il serait insensé de croire que, dans ce siècle, l'empire de l'injustice pourra se maintenir plusieurs dizaines d'années... »[20] Le rassemblement approuva le mémorandum qui avait été présenté au souverain, à la fin de 1866, encore au temps de la lutte menée pour empêcher le Compromis. Ce document dénonçait l'union et critiquait plusieurs lois de 1848. Un comité de 25 membres fut chargé d'organiser le Parti National Roumain de Transylvanie. Le gouvernement répliqua, sous prétexte de la défense des lois de base, par la dissolution du comité. De toute façon, le pouvoir ne reconnaissait pas la légalité des partis qui s'organisaient sur la base de l'exclusivisme national.

Ce fut alors que commença, pour les Roumains, la période caractéristique, et la plus longue de l'époque dualiste au cours de laquelle leur parti se trouvait à la limite de la légalité, son activité étant de temps à autre interdite. Interdiction que les gouvernements n'appliquaient d'ailleurs jamais trop sévè-

[20] Cité par VASILE NETEA, op. cit. (chap. V/1)381.

rement. Aux élections de 1869, l'abstention des Roumains fut considérable. Ils ne furent représentés que par les 15 législateurs roumains «de Hongrie» (du parti national) et par 8 députés du parti gouvernemental. Les députés, qui constituaient un groupe à part, participaient activement au travail du parlement et se prononcèrent en faveur des aspirations politico-culturelles roumaines, pour le suffrage universel, pour le développement de la liberté de presse et pour l'amélioration de l'administration publique.

Passant outre à l'interdiction du gouvernement, les Transylvains passivistes formèrent, à Torda, au début de 1870, une «députation» de 6 membres qui était destinée à organiser, en tant que direction de parti, la résistance, non au parlement mais, désormais, aux assemblées des comitats. En 1872, lors de sa visite en Transylvanie, le premier ministre Menyhért Lónyay invita les dirigeants passivistes à présenter leurs exigences. Le mémorandum de ces derniers posa comme conditions de l'acceptation de l'union et du régime dualiste : un nouveau découpage administratif de la Transylvanie sur la base ethnique, la légalisation du roumain comme langue officielle, un droit de vote plus démocratique, la nomination de certains fonctionnaires roumains. Aux élections de 1872, imposées de force, l'abstention roumaine fut très majoritaire en Transylvanie ; de plus, les Roumains de Hongrie subirent des pertes considérables : les deux figures de proue, le grand propriétaire foncier Alexandru Mocsonyi et l'intellectuel Vincenţiu Babeş furent évincés ; Şaguna, exaspéré par la désunion et l'affaiblissement des activistes, se retira de la vie politique et mourut l'année suivante. Par sa mort, le mouvement national roumain se libéra de la tutelle du haut-clergé.

Forte d'une conscience nationale raffermie par la guerre d'indépendance de 1877-1878 de Roumanie, l'intelligentsia roumaine trouva sa cohésion politique dans la lutte contre la loi Trefort de 1879 relative à l'enseignement du hongrois dans les écoles des nationalités. Après des réunions préliminaires et des prises de contact avec des hommes d'Etat de Bucarest et de Budapest, 117 députés roumains de Transylvanie et 34 députés roumains de Hongrie tinrent une réunion à Nagyszeben, le 13 mai 1881, au cours de laquelle les participants décidèrent de poursuivre la politique de passivité en Transylvanie et de militer activement dans le Partium. Ils déclarèrent également la création du Parti National Roumain uni, et Partenie Cosma, l'ambitieux avocat de la banque Albina, en fut élu président. Le programme du parti uni reprenait les anciennes revendications qui portaient essentiellement sur l'autonomie de la Transylvanie. « La nation roumaine ne peut jamais, en aucune circonstance, se réconcilier » avec le régime dualiste — écrit le mémorandum de 1882, publié en plusieurs langues, avec l'aide de la Roumanie.[21] C'est ce programme conscient, mais trop rigide et offrant peu de marge tactique qui restera jusqu'en 1905 la charte du mouvement national roumain.

La politique de passivité se fondait sur l'analyse relativement répandue et justifiable au début — et particulièrement populaire en Autriche — qui considérait le dualisme comme une expérience de quelques années, à caractère transitoire. Or, dans les années 1870, le régime du Compromis se stabilisa, prit un caractère définitif et les tentatives visant sa modification échouèrent les unes après les autres. Dans ces conditions, la politique passiviste, devenue générale à partir de 1882, s'avéra non pas une faute tactique, mais une erreur stratégique. Au lieu d'empêcher le gouvernement dans son activité politique,

[21] Memorandum, Nagyszeben, 1882, 121.

d'entraver la magyarisation lente mais vigoureuse de l'administration publique et la création du réseau des nouvelles institutions, ce passivisme, avec ses protestations solennelles et ses absences spectaculaires, ne fit, en fin de compte, que seconder le pouvoir. Dans un Etat où la vie politique se concentrait presque exclusivement au parlement, la désertion ostentatoire de l'assemblée nationale s'avéra une auto-limitation aux conséquences graves. Faute de candidats de leurs rangs, les électeurs de la minorité votaient pour les candidats du gouvernement, tandis que l'opposition roumaine ne pouvait compter que sur un ou deux milliers d'intellectuels.

Le Royaume de Roumanie et la cause des Roumains de Transylvanie

L'opinion publique de Roumanie portait un intérêt naturel et éprouvait des sentiments de fraternité à l'égard des habitants roumains de l'Etat hongrois. Dans la Roumanie des années 60 et 70, préoccupée avant tout par la tâche d'acquérir son indépendance, la cause des Roumains de Transylvanie intéressait surtout les intellectuels et la jeunesse estudiantine, encore que, de la part des gouvernements qui se succédèrent, il y eût également certains gestes pour les soutenir.

Le prestige de l'Etat roumain s'accrut considérablement au cours de la guerre russo-turque de 1877-1878 du fait que les Russes réussirent à remporter la victoire sur les Turcs grâce au concours des Roumains à l'offensive russe en difficulté et par suite de la soumission des armées russes au commandement du prince roumain Charles de Hohenzollern. Bien des jeunes Roumains de Transylvanie passèrent à l'armée roumaine, causant en cela des problèmes diplomatiques à la Monarchie, officiellement neutre.

Parmi les Roumains de Hongrie, des campagnes enthousiastes se lançaient pour collecter de l'argent, des vêtements et des équipements hygiéniques au bénéfice de l'armée roumaine. Le gouvernement de Tisza suivit avec inquiétude l'élan des Roumains, car il n'ignorait pas leur idée, ressurgissant régulièrement, que la Transylvanie serait bientôt rattachée à la Roumanie. Il imposait donc des restrictions aux collectes sans jamais les interdire véritablement. Parmi les donateurs, il y avait également, en petit nombres certes, des Saxons et des Hongrois, ce qui révélait bien la schizophrénie politique et sentimentale avec laquelle la société hongroise considérait cette guerre. Les Hongrois de Transylvanie voyaient un processus positif dans les efforts des peuples vivant sous le régime turc et luttant pour leur liberté, mais ils s'inquiétaient de voir se développer l'influence russe dans les Balkans. La turcophilie finit donc, de concert avec l'opinion publique libérale européenne, par l'emporter. Cette ambiance avait fourni l'arrière-plan psychique et sentimental à la dernière conspiration hongroise romantique, dont les instigateurs, les Transylvains du parti de l'indépendance, Gábor Ugron, Balázs Orbán et Miklós Bartha tentèrent de recruter parmi les Sicules un corps franc de quelques centaines de soldats. Cette unité — équipée d'armes probablement achetées avec l'argent des Anglais — projetait de pénétrer en Moldavie et de faire sauter l'un des ponts du Siret afin de couper ainsi l'unique ligne de ravitaillement des armées russes. Quelques intellectuels roumains songeaient déjà à une réplique armée, mais Tisza fit arrêter les recruteurs, confisqua les 600 fusils et mit ainsi un terme à cette affaire.

Après la conquête de l'indépendance de la Roumanie, les régions d'au-delà des Carpates virent également des vagues de nationalisme romantique. Se proliférèrent les calendriers, les cartes daco-roumaines présentant la Roumanie comme un seul pays s'étendant de la mer Noire jusqu'à la Tisza. Dans les journaux de Bucarest, foisonnèrent les articles traitant de la Transylvanie, écrits souvent en-deçà des Carpates. A Bucarest, on vit même se constituer quelques organisations considérées comme indépendantes qui soutinrent la cause des Roumains d'au-delà des frontières, telles l'association *Transilvania* (1867) ou l'association *Carpaţi* (1882). Les dirigeants de cette dernière caressaient même, dès 1882, le projet d'un soulèvement en Transylvanie; leurs émissaires parcoururent la Transylvanie, tentant de distribuer des proclamations exhortant à la création de l'Etat pan-roumain et appelant à l'insurrection. Ils invitèrent, en 1885, les habitants de la Roumanie à déployer le drapeau d'irrédentisme et encouragèrent, dans un appel passionné, les sujets roumains de l'Etat hongrois à déclencher un soulèvement armé.

Or, à ces projets enthousiastes fomentés par une poignée d'hommes, non seulement le fondement social manquait mais les conditions de politique internationale leur étaient, elles aussi, peu favorables. Pour contrebalancer la Russie, le Royaume de Roumanie cherchait appui en Allemagne et auprès de la Monarchie. En 1883, ayant signé un accord secret avec la Monarchie, la Roumanie rejoignit la Triple-Alliance. Même si Bucarest ne s'était pas engagée par écrit à étouffer les agitations anti-monarchiques, elle s'en délimitera très nettement. Elle prête aux aspirations culturelles et nationales des Roumains de Hongrie une modeste aide morale et matérielle, tout en maintenant l'association Carpaţi sous son contrôle. En 1885, la conspiration irrédentiste fut étouffée, six de ses instigateurs furent expulsés du pays. Dès les années 80, Vienne s'employa, par la voie diplomatique, à l'étouffement du mouvement unitaire roumain puis, reconnaissant que celui-ci ne représentait aucun danger direct, elle finit par tolérer son existence.

Entre-temps, la situation, et les perspectives des Roumains de Transylvanie entrèrent, en Roumanie, dans les préoccupations politiques compliquées des partis. Aussi, dans le traitement du problème transylvain, Vienne ne put pas faire jouer tout son poids de grande puissance sans risquer de perdre l'alliance roumaine, bien fragile, et de faire échouer le gouvernement de Bucarest. Les gouvernements roumains eux, arguaient justement de leur position incertaine conditionnée par la question nationale, et se réclamaient de leur fidélité à l'alliance pour convaincre les milieux dirigeants de la Monarchie de mener une politique des minorités davantage favorable aux Roumains de Transylvanie. Leur action trouva un appui modeste à Vienne et parfois une sympathie plus marquée à Berlin.

L'entrée de la Roumanie dans la Triplice offrit au gouvernement de Bucarest la possibilité d'intervenir officiellement au sujet du développement national des Roumains de Transylvanie. Alors même que semblait se mettre en place le «système d'étouffement» par lequel la Monarchie écarterait la Roumanie de la question de la Transylvanie, le gouvernement de Bucarest commençait en fait à jouer un rôle plus important dans le mouvement des Roumains de Transylvanie, et par conséquent, dans la formation de leur avenir.

Le mouvement du *Mémorandum*

En 1884, à Nagyszeben, un quotidien roumain moderne voit le jour sous le titre de *Tribuna* qui, dirigé par l'écrivain Ioan Slavici, de retour de Roumanie, rassemble autour de lui un certain nombre de jeunes intellectuels et attaque, sur un ton beaucoup plus virulent que jusque-là, le gouvernement et plus encore le nouveau parti national roumain fondé de fraîche date par le métropolite de Nagyszeben, qui se dit modéré et prend inconditionnellement le parti du Compromis et de l'union. Le parti modéré se désagrégera en un an et demi, selon la phrase ironique de *Tribuna*, « tué par la maladie de la modération ».[22] La nouvelle tendance ne se contente pas des vieilles méthodes libérales des leaders du mouvement national, qui se bornent presque exclusivement à des déclarations de protestation et à l'action culturelle, mais elle fait aussi entrer dans sa politique de griefs nationaux, les soucis quotidiens de larges couches de la population. *Tribuna* adopta en effet le style du journalisme moderne, le refus catégorique de toute idée opposée, le ton énergique des grands organes de Bucarest et de Budapest. Loin de nier la nécessité d'établir « un modus vivendi acceptable aussi bien pour nous que pour tous nos concitoyens d'autres ethnies, »[23] il écrira, à peine six mois après sa fondation : « Si, au sein de l'Etat hongrois, le statut solide de l'ethnie roumaine s'avère impossible... il ne nous reste alors aucune autre solution que la liquidation de cet Etat hongrois et la lutte pour sa liquidation ; l'alliance avec les ennemis de l'ethnie hongroise nous paraît une nécessité logique. »[24]

La nouvelle tendance tentait d'offrir de nouvelles bases aux efforts de la nation roumaine en vue de la formation de l'unité. Elle proclama fièrement le mouvement pour l'unité culturelle des Roumains vivant des deux côtés des Carpates et rattacha la politique des Roumains de Hongrie à des divisions de parti de Bucarest, ce qui deviendra la source de nombreuses controverses intérieures, mais sera également l'occasion d'un nouvel élan du mouvement roumain de Hongrie qui s'était quelque peu figé.

Les jeunes tribunistes s'assurèrent les postes de vice-président et de secrétaire du parti national roumain et poussèrent le parti à mettre ses anciennes résolutions en pratique, notamment à adresser au souverain un mémorandum de grande envergure sur les griefs politiques collectifs des sujets roumains de l'Etat hongrois. Désormais, Bucarest soutient les revendicateurs : en 1891, se crée une association se proposant de servir l'unité culturelle des Roumains, la *Liga Culturală*. Plus tard, la Ligue aura des sections à Paris, à Berlin, à Anvers et elles y déploieront une activité de propagande internationale. L'oppositionnel parti libéral de Bucarest, avec à sa tête Dimitrie A. Sturdza, trouve dans la question nationale un moyen extraordinaire de renverser le gouvernement — un peu à l'instar de la tactique du parlement hongrois — et utilise le mouvement des Roumains transylvains en tant qu'arme politique du parti. Le parti soutient la Ligue et la soumet assez rapidement à sa direction. Celle-ci publie, en 1891, le mémorandum des étudiants de Roumanie. La brochure, destinée à la jeunesse occidentale, « à l'Europe de l'avenir », sera distribuée en

[22] Cité par SÁNDOR BÍRÓ, Az erdélyi román értelmiség eszmevilága a XIX. században (La mentalité de l'intelligentsia roumaine de Transylvanie au XIXe siècle), in : *MR* II, 173.

[23] Cité par IOAN SLAVICI, Sbuciumări politice la români din Ungaria (Les tourments politiques chez les Roumains de Hongrie), Bucureşti, 1911, 23 et Românii din regatul ungar şi politica maghiară (Les Roumains du Royaume de Hongrie et la politique magyare), Bucureşti, 1892, 33.

[24] *Tribuna*, 25 septembre 1884. *MR* II, 171.

15 000 exemplaires, en langues roumaine, française, allemande et italienne. Après une introduction esquissant l'histoire des Roumains et définissant leur place dans le développement européen, elle présente la liste des griefs nationaux et culturels des Roumains de Transylvanie depuis 1867. Les étudiants hongrois, encouragés par les autorités officielles, élaborent, avec l'aide du professeur roumain de Kolozsvár, Grigore Moldovan, proche du parti au pouvoir, une réponse apologétique. C'est à celle-ci qu'un étudiant en médecine, Aurel C. Popovici répliquera, au nom des étudiants roumains de Hongrie, dans un manifeste publié en 1892 à Nagyszeben. Popovici sera accusé de provocation et condamné par le tribunal de Kolozsvár, mais il échappera à sa peine en fuyant le pays.

Analysant l'effet de cette guerre de tracts, Raţiu, le futur président de parti, fit la déclaration suivante: «Nos doléances, qui sont désormais connues de toute l'Europe, sont écoutées, jugées vraies et justes par toutes les nations et ce n'est pas par notre faute si l'opinion publique européenne s'est rendu compte qu'il y a quelque chose qui pourrit dans cet Etat.»[25] On décida de présenter sans plus tarder à l'Empereur le grand Mémorandum envisagé depuis longtemps. Les circonstances étaient effectivement propices à une action d'envergure de ce genre. La Hongrie, secouée par la crise gouvernementale, était en pleine fièvre électorale. L'Allemagne — à l'opposé des milieux dirigeants de la Monarchie — songeait à accorder un rôle important à la Roumanie dans les Balkans et tentait d'exercer une pression sur Budapest, pour lui extorquer des concessions dans sa politique des nationalités. Ce fut alors que se précisa à Bucarest l'idée d'une «alliance conditionnée» qui posait comme préalable à l'adhésion de la Roumanie, le traitement digne des Roumains vivant sur les territoires de la Monarchie. En janvier 1892, le roi Charles de Roumanie mena des négociations à Budapest avec le premier ministre, le comte Szapáry, lui demandant d'étendre le droit de vote en Transylvanie et de mettre un terme à la magyarisation et aux mesures administratives allant à l'encontre des institutions culturelles. Szapáry déclina la première demande et par peur de l'opposition n'osa pas écouter les deux autres non plus; le «non possumus» du premier ministre fut confirmé par François-Joseph. Charles finit par approuver l'action des mémorandistes, et il le fit savoir aux auteurs du projet de texte.

Le volumineux *Mémorandum* trahit le caractère ambigu de la tactique de l'opposition : il met en doute la légalité du Compromis, de l'union, de la loi sur les nationalités, donc, en fait, de l'ensemble du régime, pour revendiquer, dans d'autres passages, l'application des lois. Mettre fin à l'autonomie de la Transylvanie, déclare le Mémorandum, «correspond à négliger ouvertement le peuple roumain».[26] Il dénonce l'article XLIV de la loi de 1868, car «son titre mis à part, la loi ne contient rien d'effectif en ce qui concerne la formidable idée de l'égalité»,[27] tandis que, par l'introduction de l'idée de nation politique, elle commet un attentat ouvert contre l'existence nationale des non-Hongrois. Il attaque le niveau élevé du cens électoral transylvain ainsi que les illégalités qui marquent les élections et empêchent les Transylvains d'avoir une représentation conforme à la réalité. Il critique la trop grande rigueur de la loi sur la presse en Transylvanie ainsi que les procès intentés à ses organes. A

[25] Cité par Unirea Transilvaniei cu România. (L'union de la Transylvanie avec la Roumanie), Publ. par Ion Popescu-Puţuri–Augustin Deac, Bucureşti, 1972², 208.
[26] Publié par Gábor Kemény G., Iratok ... I, 827.
[27] Ibid. 831.

l'opposé de la période de 1848-1866, considérée comme celle de l'acquisition des droits, le régime de 1867 se donne pour but, selon le Mémorandum, «de nous prendre tout ce que nous avons reçu de la Monarchie unitaire».[28] D'un côté, il reproche la magyarisation des écoles, l'enseignement obligatoire du hongrois, l'absence d'enseignement universitaire en roumain et de lycées d'Etat roumains et, de l'autre, il critique la façon dont l'Etat subventionne le clergé roumain, parce qu'il fait tort ainsi à l'autonomie ecclésiastique des Roumains. Le document reproche également au régime de n'employer que très peu de fonctionnaires roumains, de persécuter les intellectuels roumains «qui doivent en conclure qu'ils sont considérés dans leur propre pays comme des étrangers».[29] Il n'y a pas de liberté de réunion et d'association, les cercles de magyarisation ne cessent de blesser l'amour-propre national des Roumains: «Jour après jour, ils nous provoquent et nous humilient».[30] Le ton du Mémorandum est dominé par la constatation principale très claire selon laquelle «après 25 années d'existence constitutionnelle, les âmes sont plus que jamais hostiles les unes aux autres», et que les Roumains «ne peuvent plus avoir confiance ni en l'assemblée nationale de Budapest, ni en le gouvernement hongrois».[31] Un tournant ne peut désormais s'attendre que de «la médiation naturelle» du souverain afin que «sous une forme légale et par la voie des instances appropriées, le système gouvernemental puisse être modifié dans notre pays».[32]

En mai 1892, à la veille des cérémonies du 25e anniversaire du dualisme, une délégation de 237 membres déposa le Mémorandum à Vienne. Mais le souverain, à la demande du gouvernement, refusa de les recevoir. Le président Rațiu laissa alors le Mémorandum, sous enveloppe cachetée, dans le bureau du cabinet d'où on l'expédia, sans l'avoir ouvert, à Budapest. Le Conseil des ministres, à son tour, en fit retour par la poste au domicile de l'«expéditeur», Rațiu. Le premier pas fut donc un échec. De cette situation délicate, les leaders roumains furent sauvés par l'opininon publique nationaliste hongroise et par le gouvernement. «Nous ne pouvions commettre aucune bêtise, — écrira plus tard un politicien roumain sous forme d'auto-critique — sans que les Hongrois n'y répliquassent par une bêtise encore plus grande.»[33] A Torda, des manifestants lancèrent des pierres sur la maison de Rațiu, ce qui suscita un très fort écho en Roumanie. Le Mémorandum avait été tiré en 11 000 exemplaires en roumain et 2 000 en d'autres langues, et en partie diffusé par l'intermédiaire de la *Liga Culturală*. Le gouvernement, après un temps d'hésitation, céda à la pression nationaliste: en mai 1893, le Parquet de Kolozsvár intenta un procès pour délit de presse contre le président Rațiu, signataire du Mémorandum, ainsi que contre la direction du parti qui se déclarait en être l'auteur spirituel. La *Liga Culturală* organisa des meetings de sympathie en Roumanie, intensifia son activité de propagande en Europe occidentale et finança la parution du journal *Tribuna,* interdit. Dans le même temps, à Bucarest, le parti libéral, dans l'opposition, tentait d'utiliser cette affaire pour

[28] Ibid. 844.
[29] Ibid. 833.
[30] Ibid. 841.
[31] Ibid. 824.
[32] Ibid. 846.
[33] Valeriu Braniște, Amintiri din închisoare. Insemnări contimporane și autobiografice (Souvenirs de prison. Notes contemporaines et autobiographiques), Notes et publ. d'Alexandru Porțeanu, București, 1972, 188.

renverser le gouvernement conservateur accusé d'avoir trahi les Roumains de Transylvanie. Sturdza proposa que l'ensemble du comité national passe à l'étranger et qu'il installe son siège en Roumanie afin que « la lutte atteigne une dimension européenne ».[34] Mais le comité comprit que le but premier de Sturdza était de renverser le gouvernement conservateur : « Que dira la paysannerie, qui ignore les tractations de la politique étrangère, si ses dirigeants lui tournent le dos et connaissent en Roumanie respect et honneur tandis que les petits et les pauvres se retrouvent en prison ? »[35] Rațiu se rendit à Bucarest en novembre et le gouvernement et le roi lui firent miroiter des concessions hongroises probables. Il se rendit immédiatement à Pest, mais le ministre de l'Intérieur hongrois ne lui promit ces concessions que pour plus tard et on exigea des Roumains qu'ils abandonnent le programme de 1881. Rațiu rentra donc bredouille. Entre-temps, la question d'émigrer ou de rester fut relancée par la presse roumaine, ce qui, ajouté aux différends déjà existants, eut pour conséquence une anarchie intérieure. C'est pour cela qu'on dira plus tard que « Sturdza nous a plus fortement démoralisés en un an que les gouvernements hongrois ne l'ont fait en 50 ans ».[36]

Le procès de presse commença le 7 mai 1894 à Kolozsvár. Les deux parties se préparaient à jouer le grand jeu. Des avocats serbes et slovaques étaient engagés à la défense des accusés. Dans l'intérêt d'une attitude cohérente, la défense avait élaboré des formules obligatoires à suivre et par les avocats et par les accusés. Durant leur voyage vers Kolozsvár, Rațiu et ses compagnons furent ovationnés dans presque toutes les gares. Des télégrammes de solidarité arrivaient en masse. Au cours des premiers jours du procès, plus de 3 000 (selon d'autres sources 25 000) sympathisants roumains défilèrent en manifestations dans la ville où des forces militaires considérables avaient été mises en alerte. En province également, de nombreuses manifestations de sympathie se déroulèrent et les autorités commençaient à s'inquiéter. Le procès traîna en longueur pendant plusieurs jours, la discussion tourna autour de la langue officielle du procès verbal et surtout de celle que les défenseurs devraient utiliser, car le tribunal, n'ayant pas refusé aux accusés de s'exprimer dans leur langue maternelle, exigeait des avocats l'usage du hongrois.

Les accusés ne purent que partiellement réaliser leur idée de base, à savoir de ne pas laisser réduire le procès à un simple procès de presse, mais de le transformer en une polémique politique de grande envergure. Ils ne réussirent pas à faire discuter le Mémorandum en tant que « mémoire de droit historique et de droit public ». Après le réquisitoire volontairement retenu du procureur, Rațiu fit lecture, au nom des accusés, d'un plaidoyer imposant, rédigé par le secrétaire du parti, aidé d'un politicien libéral de Bucarest. Rațiu déclara qu'ils avaient été envoyés à Vienne par le peuple roumain afin de solliciter la protection du trône contre la violation des droits des Roumains. « Il s'agit ici d'un procès séculaire entre les nations hongroise et roumaine » dans lequel « le tribunal du monde civilisé vous condamnera un jour encore plus sévèrement qu'il ne l'a jamais fait jusqu'ici. En nous condamnant, dans un esprit d'intolérance et de fanatisme raciste sans pareil en Europe, vous parviendrez seule-

[34] Lettre d'Ioan Bianu à Brote, 12 septembre 1893. Publié par Șerban Polverejan–Nicolae Cordoș, Mișcarea memorandistă în documente (1885-1897) (Le mouvement mémorandiste en documents), Cluj, 1973, 224.

[35] Cité par Ioan Georgescu, Dr. Ioan Rațiu. 50 de ani din luptele naționale ale românilor ardeleni (50 ans de luttes nationales des Roumains de Transylvanie), Sibiu, 1928, 156.

[36] Braniște, op. cit., 215.

ment à prouver que les Hongrois constituent une note fausse dans le concert de la civilisation. »[37]

Au terme d'un procès de 17 jours, le jury jugea la majorité des accusés coupables et disculpa 4 personnes. Le tribunal — s'opposant à l'avis de son propre président qui demandait une nouvelle procédure — voulait condamner l'esprit du Mémorandum ainsi que la conception des accusés afin de contenter ainsi le nationalisme hongrois et de satisfaire aux souhaits du comité national roumain qui cherchait la confrontation. Les peines furent extrêmement sévères. 15 personnes furent condamnées à titre de provocation par voie de presse à la prison d'Etat pour des durées allant de deux mois à deux ans et demi; le secrétaire du parti, Lucaciu, supposé l'instigateur principal de l'action, eut, contre l'avis du président et du procureur, la peine maximale: cinq ans de prison d'Etat.

3. Tendances nouvelles au tournant du siècle

La transformation de la politique du gouvernement à la fin du XIXe siècle

Au début de 1895, ce fut un homme politique de Transylvanie, le baron Dezső Bánffy, qui forma le gouvernement de Hongrie. Dans ses précédentes fonctions (il avait été, à partir de 1875, comes de plusieurs comitats de Transylvanie), il avait pratiqué une magyarisation intolérante, allant de pair avec un patriarcalisme et des méthodes policières, raison pour laquelle il était haï des milieux intellectuels roumains et saxons. Même ses contemporains hongrois l'appelaient « le pacha de Doboka ». Bánffy était persuadé que tout en coopérant avec la dynastie autrichienne et sans toucher au Compromis austro-hongrois, il fallait se concentrer sur l'aiffaiblissement des nationalités et hâter la magyarisation. En d'autres termes, pour se concilier l'opinion hongroise, il compensait la soumission à Vienne par un chauvinisme accru.

La politique minoritaire de Bánffy abandonna les méthodes de magyarisation par voie légale, qui évitaient la répression, pour y substituer un traitement des questions minoritaires par voie bureaucratique et administrative. Bánffy s'était fixé pour objectif de se renseigner continuellement sur la vie culturelle et les mouvements politiques des nationalités pour mettre en application régulièrement les points de vue nationalistes qui n'avaient été appliqués qu'empiriquement et inégalement par les gouvernements précédents.

Bánffy commença par créer un « département des affaires minoritaires » auprès du cabinet, et il s'en réserva la direction. Conformément à sa politique hypocrite, il permit la convocation à Budapest du congrès des minorités serbe, slovaque et roumaine qui, tout en prenant une résolution, le 10 août 1895, sur l'intégrité territoriale, exposa les griefs des minorités et chercha à faire reconnaître le caractère plurinational du pays ainsi qu'à mettre en place l'autonomie nationale fondée sur les comitats. Les minorités fondèrent une commission pour coordonner leur lutte, mais leur action, conformément à l'attente du

[37] Voir le texte hongrois du discours de Raţiu prononcé au tribunal le 25 mai dans GÁBOR KEMÉNY G., Iratok... II, 253-254.

gouvernement — abstraction faite de quelques conférences, échanges de lettres et de la protestation contre les fêtes millénaires de 1896 — s'enlisa.

Le mouvement national roumain fut secoué par une crise intérieure. Les remous du procès de Mémorandum, qui avait galvanisé les masses et les autorités, s'apaisèrent assez vite. Les condamnés sortirent de prison en 1895. Au demeurant, le camp nationaliste était las des procès et de la «production de martyrs». En Roumanie, le parti libéral, qui influençait toujours plus fort le mouvement transylvain, vit l'avènement de son cabinet dont le premier ministre, Sturdza, abandonna sa position antérieure par un acte de fidélité à la Monarchie. Il déclara que la Monarchie «telle qu'elle est constituée, est d'une nécessité primordiale pour l'équilibre européen» ainsi que pour la sécurité de l'Etat roumain et que, pour cette raison, il était souhaitable de mettre fin à «tout malentendu et toute dispute» entre Hongrois et Roumains.[38] Sturdza bloqua la majeure partie des subventions, en principe clandestines mais connues de tous, aux Eglises et écoles roumaines de Transylvanie qui durent ainsi renoncer à un apport financier annuel de 150 à 200 000 couronnes. Seul le lycée orthodoxe de Brassó et ses écoles annexes continuèrent à en bénéficier puisque Bánffy y consentit exceptionnellement, quoique le caractère illégal du versement de l'aide financière étrangère par l'intermédiaire de Budapest ne fît aucun doute. Bénéficiant de la subvention de la Roumanie, le lycée de grande renommée n'était plus contraint d'accepter l'aide de l'Etat hongrois et il put ainsi contourner le danger du contrôle de celui-ci.

Le gouvernement tenta d'organiser la surveillance des écoles de deux façons. Comme les Eglises et les communes ne pouvaient guère assurer la rémunération minimale des instituteurs, il cherchait à leur imposer l'aide de l'Etat. Blessés dans leur autonomie culturelle, les Roumains se défendaient contre cette tentative soit en refusant le traitement augmenté, soit en effectuant une augmentation nominale du traitement. Bánffy invita alors les comitats à percevoir sur les communautés soutenant les écoles les sommes nécessaires à l'augmentation des traitements, et à contraindre les intéressés à demander l'aide de l'Etat en haussant l'impôt dit «des cultes» (qui correspondait, dans le comitat d'Arad p. ex., à 70 à 100 pour cent de l'impôt foncier). Cependant, cette tentative retomba sur l'Etat et son appareil. En effet, les autorités ecclésiastiques se contentèrent d'établir les contributions scolaires et la perception — tâche impopulaire — en revint aux services hongrois de l'administration. Quant au projet de création d'un organisme habilité à contrôler les biens des deux Eglises roumaines, il demeura lettre morte.

L'une des mesures considérées comme proprement magyarisante de l'époque fut l'article 4 de la loi de 1898 sur «les noms de communes et autres noms de lieu» qui stipulait que chaque commune devait avoir un seul nom officiel. Les milieux saxons et roumains réagirent avec une grande indignation, car cette décision signifiait qu'il fallait désormais utiliser les versions hongroises des noms tant dans les papiers officiels que sur les inscriptions. Il est vrai que les nationalités étaient autorisées à utiliser leurs propres dénominations dans les manuels et les écrits scolaires et que la presse et les entreprises pouvaient utiliser, dans les documents publiés, les dénominations de leur choix.

Cependant, la politique autoritaire que Bánffy pratiquait envers les nationalités faisait plus grand bruit qu'elle ne le méritait. Rien ne put ébranler les

[38] Titu Maiorescu, Istoria contimporană a României, (Histoire contemporaine de la Roumanie), Bucureşti, 1917, 332-337 ; Benedek Jancsó, A román irredentista mozgalmak története (L'histoire des mouvements irrédentistes roumains), Budapest, 1920, 229.

Saxons, et les dirigeants des Roumains eurent tôt fait de faire face à la persécution. Bánffy ne réussit pas davantage à réaliser son objectif principal, à savoir d'unir les forces politiques hongroises centrifuges par un programme de persécution des nationalités et des socialistes. L'opposition parlementaire accusait Bánffy de trahison des intérêts nationaux hongrois face à l'Autriche et, en février 1899, elle le fit tomber. Sa chute entraîna celle du cabinet de Sturdza puisqu'il s'avéra que Bánffy et Sturdza s'étaient entendus sur le traitement des Roumains de Transylvanie, ce que l'opinion publique de Roumanie refusa d'accepter.

Le nouveau premier ministre, Kálmán Széll, rompit avec les méthodes de son prédécesseur. En lançant le slogan «droit, loi et justice», il promit au pays de retourner aux méthodes de gouvernement intègres de Deák et d'Eötvös. Fort du soutien d'un parti gouvernemental gonflé, Széll put, en 1901, ordonner des élections libres et dès lors les nationalités considéraient que les circonstances étaient favorables à leur retour au parlement. Le premier ministre voulut les apaiser par la dissolution du département des nationalités — décision en fait motivée par des considérations de politique extérieure — ainsi qu'en renonçant aux actions policières mesquines.

A partir de la fin du siècle, le traitement des problèmes minoritaires cessa d'être une question administrative et policière. Il faisait partie des tâches politiques quotidiennes de tous les gouvernements bien que ceux-ci ne fussent pas pressés de les régler. Ce fut alors que commença à prendre forme une nouvelle tendance des Hongrois de Transylvanie, qui visait à renforcer indirectement l'ethnie hongroise. Le gouvernement envisageait d'améliorer les conditions de crédit en Transylvanie ainsi que d'élargir le mouvement des coopératives et il fit des préparatifs en vue de mener une politique démographique à partir de considérations sociales et nationales. A ce propos, le Congrès des Sicules, tenu en 1902, à Tusnád, fut d'une importance primordiale parce qu'il établit un programme complet, soutenu par l'Etat, destiné à développer la Terre sicule. Plus tard, les Roumains revendiquèrent eux aussi l'aide de l'Etat pour leurs régions pauvres.

Crise de la recherche d'une issue et nouvelle activité des Roumains

La politique roumaine traditionnelle avait atteint son sommet dans le mouvement du Mémorandum. Elle avait donné satisfaction morale tant aux organisateurs qu'aux sympathisants de l'action, mais elle n'avait apporté aucune solution, ne pouvait remédier aux griefs et n'indiquait pas le chemin à suivre. Plusieurs années s'écoulèrent avant que le parti national roumain pût adapter son idéologie aux conditions politiques modifiées et aux nouvelles prétentions de l'intellingentsia et de la bourgeoisie roumaines en voie de transformation.

La crise de la recherche d'une issue avait commencé quand les dirigeants du parti étaient, à la suite de la sentence prononcée au procès du Mémorandum, en prison. Entre la direction du parti et les jeunes tribunistes, plus radicaux, éclata en 1896 une lutte d'influence qui toucha également certains émigrés à Bucarest et contribua au désordre idéologique.

Ce furent les milieux politiques de Roumanie qui donnèrent l'impulsion à l'élaboration d'un nouveau programme. En accord avec le parti libéral, les tribunistes élaborèrent un programme qui jugeait nécessaire de trouver un modus vivendi entre les Roumains de Transylvanie et le cabinet. Suivant ce programme, le parti devait sortir de sa passivité et, après être retourné au parlement, il pouvait établir un compromis avec le gouvernement, c'est-à-dire renoncer à exiger l'autonomie de la Transylvanie en contrepartie d'un système électoral plus avantageux. (Tous les gouvernements hongrois avaient depuis longtemps réclamé ce programme comme préalable de la négociation.) Les tribunistes fondèrent, en 1897, un nouveau journal *(Tribuna Poporului)*, non pas en Transylvanie mais en Hongrie proprement dite, à Arad, où l'activité du parti roumain était restée importante. Même si 15 pour cent seulement de la population d'Arad était roumaine, ce chiffre était cependant le plus élevé après Brassó. Il y avait, à Arad, un évêché et un séminaire orthodoxes, et c'était également là que se trouvait la deuxième grande banque des Roumains, la Victoria.

Toutefois, les Roumains d'Arad, trop avancés et trop attachés aux libéraux de Roumanie, ne pouvaient être les animateurs de la nouvelle activité politique. Ce fut la nouvelle couche moyenne ascendante et possédant une base financière indépendante qui s'appropria le programme des Roumains d'Arad et l'adapta à l'activité traditionnelle des partis. En 1902, un propriétaire foncier directeur de banque Ioan Mihu, annonça, dans le nouveau journal, *Libertatea,* la révision du programme de l'année 1881 : accepter le dualisme et abandonner la prétention à l'autonomie de la Transylvanie mais, en même temps, élaborer dans les détails une politique culturelle nationale et une nouvelle politique sociale. Un jeune avocat, Iuliu Maniu, mit au point un projet d'action pour organiser le parti dans la province, mener une politique roumaine dans les comitats et déployer une propagande dans la presse. En été 1903, un autre jeune avocat, Aurel Vlad se fit élire à Hunyad, lors d'une élection partielle, député du parti national sans avoir eu recours à la revendication d'autonomie.

Alors que les Hongrois accueillirent avec méfiance la nomination, en automne 1903, du comte István Tisza, considéré comme l'homme de la cour de Vienne, à la tête du cabinet, les Roumains et les Saxons placèrent de grandes espérances en lui. Dès le début de sa carrière politique, Tisza avait attaché beaucoup d'importance à la question roumaine et était conscient du fait que les Roumains de Transylvanie étaient au plus haut point liés avec leurs frères vivant dans le Royaume indépendant. Afin de renforcer l'Etat hongrois plurinational (ainsi que la Monarchie), il s'efforçait de trouver un terrain d'entente avec les Roumains de Transylvanie, qui constituaient la nationalité la plus nombreuse. Dans son discours d'investiture, il déclara tâche nationale de première importance « d'obtenir et de renforcer la confiance et la sympathie des citoyens non hongrois du pays », cherchant en même temps à faire la distinction entre la couche modérée ou prête à collaborer et les « instigateurs dangereux ».[39] Tisza put bientôt se mettre d'accord avec les dirigeants des Saxons qui adhérèrent au parti gouvernemental. L'aile gauche des activistes roumains, ceux d'Arad, considérant les déclarations de Tisza comme justifiant leur politique, décidèrent une nouvelle tentative de rapprochement. « Nous reconnaissons sans conditions et arrière-pensées l'unité de l'Etat hongrois et sommes prêts à sacrifier notre sang et notre fortune à cette unité politique et au maintien de l'intégrité territoriale de l'Etat hongrois tant que cet Etat

[39] Discours-programme du premier ministre, in : Gróf Tisza István képviselőházi beszédei (Les discours du comte István Tisza à la Chambre), II. Préf. et notes de JÓZSEF KUN, Budapest, 1935, 15-64.

garantira, par des institutions fortes et incontestables, notre développement conformément à nos spécificités ethniques nationales. Ce faisant, nous sommes convaincus que l'existence d'un Etat Habsbourg solide en Europe centrale est une garantie plus sûre de notre nationalité roumaine que ne le serait, faute de l'Etat Habsbourg, une Roumanie qui comprendrait tous les Roumains de la Dacie Trajane. Voilà notre réponse aux déclarations du comte István Tisza», écrivait leur journal.[40] Néanmoins, la majeure partie des dirigeants du parti roumain firent à Tisza un accueil méfiant car celui-ci considérait comme sa tâche la plus urgente la solution d'une crise parlementaire sans précédent et, précisément pour cette raison, il se vit bientôt contraint de faire des concessions à l'opposition indépendantiste. Ainsi, au lieu de tentatives de conciliation, le cabinet Tisza fit des projets pour établir le contrôle de l'Etat sur les écoles des minorités. Les nationalités protestèrent à l'unanimité contre la proposition faite en octobre 1904 par le ministre des Cultes, Albert Berzeviczy, alors que l'opposition hongroise, qui souhaitait une intervention plus directe de l'Etat, ne la jugeait pas suffisante. Cependant, au cours de sa campagne parlementaire, Tisza finit par retirer, pour des raisons tactiques, tous les projets de loi déposés.

Pour le mouvement roumain, l'importance du premier gouvernement Tisza consistait dans ses gestes modérés qui annonçaient déjà la politique des années 1910, soucieuse de trouver un compromis. Tisza ordonna aux dirigeants des comitats de faire autant que possible participer les Roumains à la vie politique et sociale. Il ne permit pas d'intenter des procès contre la presse, laissa les intellectuels roumains se réunir contre le projet de Berzeviczy et rendit (avec les intérêts) la somme collectée illégalement pour la statue d'Avram Iancu et saisi par Bánffy, à l'association culturelle ASTRA de Nagyszeben. On pourrait continuer encore la liste. On relança l'idée d'entamer des négociations avec des personnalités roumaines notables. Mais l'opposition parlementaire s'était entretemps liguée contre Tisza et ne tarda pas à l'évincer.

A la veille des élections, en janvier 1905, le parti national roumain tint sa conférence à Nagyszeben. Le nouveau programme adopté sous la pression de la jeune génération se proposait d'obtenir, au lieu de l'autonomie de la Transylvanie, «la reconnaissance politique du peuple roumain apte à constituer un Etat, et l'assurance de son développement ethnique et constitutionnel par des institutions de droit public.»[41] Il demandait l'application de la loi de 1868 relative aux nationalités, l'autonomie des districts administratifs rectifiés selon les frontières linguistiques, l'introduction du suffrage universel et secret ainsi que la mise en place d'une politique sociale.

La nouvelle phase de la lutte politique, qui empruntait la voie constitutionnelle, commença sous un mauvais augure pour le mouvement nationaliste roumain. Il obtint seulement 8 mandats au lieu des 40 escomptés et ne réussit donc pas à devenir un groupe parlementaire influent.

Les élections de 1905 amenèrent la chute de Tisza. Pour la première fois depuis 40 ans, la majorité des électeurs votèrent pour l'opposition hongroise, dans l'espoir qu'elle relâcherait les liens entre la Hongrie et l'Autriche et qu'elle irait plus loin vers l'indépendance totale du pays. La victoire de la coalition marque également une nouvelle étape dans la politique de nationalités.

[40] Contele Tisza István. *Tribuna Popurului*, 10 novembre 1903.

[41] Le programme électoral de 1905 est publié dans TEODOR V. PĂCĂŢIAN, Cartea de aur VIII, Sibiu, 1915, 169-172 ; GÁBOR KEMÉNY G., Iratok... IV, 534-536.

Le gouvernement de coalition et la dernière tentative de Vienne: «l'atelier» de François-Ferdinand

L'Empereur François-Joseph Ier, craignant pour l'unité de l'Empire, ne voulait pas autoriser la coalition de l'opposition victorieuse, dirigée par Albert Apponyi, Gyula Andrássy fils et Ferenc Kossuth, à former le gouvernement. Il chargea le baron Géza Fejérváry de constituer un cabinet hors le parlement. Le nouveau ministre de l'Intérieur, József Kristóffy, cherchait, en envisageant d'introduire le suffrage universel, à intimider la coalition craignant pour la suprématie hongroise et le rôle politique de la classe possédante. Il espérait que si Vienne abandonnait l'idée du suffrage universel, les Hongrois renonceraient aux prétentions qui affaiblissaient l'unité de la Monarchie : autonomie douanière de la Hongrie, banque d'émission autonome, emploi du hongrois comme langue de commandement obligatoire dans les régiments de l'armée commune recrutés en Hongrie. Les Saxons acceptèrent avec réserve l'idée de la réforme du droit électoral alors que les dirigeants des Roumains s'en montrèrent satisfaits ; ils la considéraient comme la réalisation d'une ancienne revendication démocratique. L'Empereur semblait se mettre du côté des nationalités. Mais Kristóffy ne permit pas (à la différence de Tisza) aux Roumains de convoquer une conférence nationale de crainte que l'opposition hongroise ne taxât de faiblesse son cabinet, considéré d'ailleurs comme insuffisamment patriotique. De plus, le ministre des Cultes ordonna que le catéchisme fût désormais enseigné dans les écoles d'Etat en hongrois et non dans la langue des confessions. Malgré cela, alors que la coalition lança en Translyvanie une campagne de «résistance nationale» tapageuse et bruyante qui, abstraction faite d'une partie de la Terre sicule, n'apporta aucun succès, les dirigeants des Roumains invitaient ostensiblement leur peuple à payer les impôts et à accomplir les obligations militaires, bref, à servir la dynastie.

L'Empereur finit par réduire à l'obéissance la coalition de l'opposition ; au printemps de 1906, celle-ci put enfin constituer un cabinet soumis à des ordres «précis et sévères», sous la direction de l'homme fidèle au Compromis de 1867, Sándor Wekerle. Ce cabinet exaspéra les Roumains qui, depuis la fin du siècle, tenaient le parti indépendantiste pour leur principal ennemi et «dépositaire du chauvinisme hongrois». Les dirigeants du nouveau gouvernement invitèrent alors à un entretien confidentiel les deux archevêques ainsi que quelques hommes politiques roumains. Bien que la collaboration électorale proposée ne se réalisât pas à cause de la résistance des comitats, 18 députés roumains furent pourtant élus aux élections de 1906. Leur majorité allait prendre une part active, avec les Serbes et les Slovaques, à la vie parlementaire.

Quant à ses méthodes, la politique minoritaire de la coalition rappelait celle du cabinet de Bánffy : son opportunisme à l'égard de Vienne était compensé par la rigueur à l'égard des nationalités. Cependant, elle devait cette fois faire face à des mouvements nationaux de plus en plus forts alors que la coalition s'était proposé de créer spectaculairement «un Etat hongrois national». Il s'ensuivit qu'il y eut un nombre croissant de procès en délits de presse intentés contre les représentants des nationalités, et que de nombreux pamphlets posaient la question de savoir si les Roumains étaient opprimés ou non. Cette politique finit par adopter les lois scolaires connues sous le nom de «lex Apponyi» qui reprirent le projet de Berzeviczy.

La loi XXVII de 1907 augmenta le traitement des instituteurs des écoles communales et confessionnelles en accordant une aide d'Etat, dépendant de 592 nombreuses conditions sévères, à ceux qui entretenaient des écoles. Les écoles devaient dispenser aux élèves une «éducation civique irréprochablement patriotique», qu'elles devaient en partie assurer par l'enseignement intense de la langue et de la littérature hongroises et de la constitution. Ce fut ainsi que la politique culturelle du gouvernement tenta de remédier au fait que près de 40 pour cent de la population ne parlait pas la langue d'Etat. Le cabinet prit des mesures, qui furent source de nombreux conflits; il décréta que la langue de l'enseignement fût le hongrois dans les écoles où la moitié des élèves étaient des Hongrois et que si 20 pour cent des élèves étaient Hongrois, le hongrois fût introduit pour ceux-ci comme langue d'enseignement. A tout cela s'ajoutèrent des prescriptions qui imposaient des formalités: il fallait apposer les armoiries de l'Etat et inscrire le nom de l'établissement en hongrois au front de toutes les écoles, hisser le drapeau de l'Etat pendant les fêtes nationales, utiliser des formulaires en langue hongroise et mettre des gravures représentant des scènes de l'histoire hongroise dans les classes. Les Saxons et les Roumains protestaient.

Au cours de la préparation de cette loi, dans l'atmosphère nationaliste largement alimentée des deux côtés, les efforts des radicaux bourgeois, qui constituaient le groupe le plus progressiste de la bourgeoisie hongroise, demeurèrent sans suites. Ils avaient l'intention de gagner les partis des nationalités en tant que partie prenante de la démocratie hongroise. Leur chef de file, le savant et homme politique Oszkár Jászi, plaida courageusement en faveur des nationalités, tout comme le Parti Social-démocrate qui fut le seul à organiser le prolétariat non hongrois. Les bourgeois radicaux établirent certains rapports personnels avec quelques représentants du parti national roumain, sans qu'un véritable rapprochement pût avoir lieu. Les hommes politiques roumains regardaient le mouvement socialiste également avec une certaine méfiance; ils cherchaient à imiter leurs méthodes d'organisation et même pensaient parfois à une alliance avec eux mais, à partir de leur position nationaliste, ils craignaient que les socialistes ne fissent échapper les paysans pauvres à l'influence de leur clergé.

Dans cette situation difficile, l'intelligentsia roumaine reçut une proposition d'alliance de Vienne, non pas du vieil Empereur, mais de la part de l'héritier du trône, François-Ferdinand. Après 1907, un «atelier secret» se constitua auprès de ce dernier qui élabora une nouvelle politique impériale nettement hostile aux Hongrois, considérés comme principaux ennemis de la dynastie des Habsbourg. Les Saxons de Transylvanie, eux, n'établirent pas de rapports avec l'archiduc.

A partir de l'automne de 1906, le médecin député roumain Alexandru Vaida-Voevod rédigea, sous un pseudonyme, des rapports pour l'Atelier. François-Ferdinand le reçut en février 1907, après qu'il eût prononcé au parlement un discours fidèle à la dynastie où il critiquait «le séparatisme hongrois». L'héritier du trône s'entretint avec lui en secret tout comme avec le futur évêque Miron E. Cristea et le chanoine Augustin Bunea, qui furent invités pour exprimer les points de vue des deux Eglises roumaines.

Aurel C. Popovici, qui vivait, à cette époque-là, comme émigré à Vienne, élabora le projet d'une Grande Autriche fédérée (Die Vereinigten Staaten von Grossösterreich). Dans cette Grande Autriche, il aurait voulu accorder une autonomie, rappelant celle des Etats membres des Etats-Unis, aux régions non historiques, mais ethniques. Il aurait réuni dans un groupe à part tous les Roumains vivant dans l'Etat hongrois historique (attribuant un territoire particulier aux Sicules) et envisageait de réaliser l'unité pan-roumaine par le passage du Royaume roumain sous la domination des Habsbourg. Comme son projet visait le renforcement de la dynastie, l'Atelier l'engagea comme collaborateur, quoique l'héritier du trône n'acceptât pas ses idées et lui demandât plus tard de les remanier dans un esprit conservateur.

Les collaborateurs roumains de l'Atelier espéraient que le futur Empereur briserait l'hégémonie hongroise et qu'il élargirait les droits nationaux. Ils connaissaient son aversion pour le dualisme et l'antipathie qu'il éprouvait à l'égard de la société hongroise. (« Tous les Hongrois, qu'ils soient ministres, princes ou cardinaux, qu'ils soient bourgeois, paysans, hussards ou domestiques, sont tous révolutionnaires, sont tous de la canaille », écrivait-il en 1904.[42]) Ils savaient fort bien que, pour renverser le gouvernement de coalition, François-Ferdinand avait l'intention de « lâcher sur les Hongrois » toutes les nationalités et c'était là la raison pour laquelle il voulait introduire le suffrage universel (d'ailleurs exclusivement dans la moitié hongroise de l'Empire). Vaida-Voevod et ses amis offrirent l'aide du parti roumain à la lutte menée contre le gouvernement de coalition et, par là, ils firent admettre leur mouvement national au futur empereur. Il ne fait aucun doute que leurs rapports avec le prince héritier aient augmenté leur prestige politique.

La dernière tentative dualiste : les négociations d'István Tisza avec les Roumains

La chute du gouvernement de coalition et la nomination du comte Károly Khuen-Héderváry comme premier ministre, en janvier 1910, marquèrent un tournant dans l'histoire politique du dualisme. Pour surmonter la crise de politique intérieure, qui durait depuis si longtemps, un nouveau parti gouvernemental adoptant le programme de 1867 commençait à se former et réunissait toutes les forces conservatrices.

Les Hongrois de Transylvanie étaient eux aussi fatigués de la coalition, et les nationalités considéraient le nouveau cabinet comme composé d'hommes de la Cour. Elles attachaient de grands espoirs à leur arrivée au pouvoir d'autant que l'héritier du trône attendait du nouveau premier ministre la réalisation de sa propre politique. Le gouvernement avait soin de nourrir leurs espoirs. L'application de plusieurs peines politiques fut suspendue et nombre de procès de presse furent arrêtés. L'usage du tricolore roumain fut tacitement permis et la cour suprême stipula qu'il n'était plus interdit de chanter publiquement le chant « Eveille-toi, Roumain », considéré comme l'hymne national roumain. La politique scolaire rattachée au nom d'Apponyi fut elle aussi reconsidérée.

Le groupe de *Tribuna* d'Arad réagit favorablement aux premières mesures prises par le nouveau gouvernement. Il reconnut que le comte Khuen-Héderváry aurait besoin, dans sa lutte menée contre l'opposition indépendantiste hongroise, de l'aide des nationalités. Encouragés par le parti libéral de Bucarest, les tribunistes sollicitaient un « accord honnête » et se mirent à s'organiser. Les dirigeants du comité national attendaient beaucoup de ces changements. Khuen les assura que le gouvernement ne voulait pas écraser les nationalités aux élections. Selon la rumeur, les Roumains auraient promis de soutenir le gouvernement dans 60 circonscriptions, et le gouvernement leur aurait offert

[42] Lettre du 30 juillet 1904 du prince héritier, in : ROBERT A. KANN, Erzherzog Franz Ferdinand Studien, Wien, 1976, 114-115.

en échange un subside considérable pour les élections : 60 à 100 000 couronnes dans certaines circonscriptions.

Ioan I. C. Brătianu, le chef de file des libéraux de Bucarest, fit également envoyer une somme importante au parti roumain qui pouvait compter sur la bienveillance de Khuen ainsi que sur l'aide de François-Ferdinand et du cercle du socialiste-chrétien viennois Lueger. Le parti roumain proposa 33 candidats dans 37 circonscriptions. La cohésion intérieure faisait cependant grandement défaut. Maniu, qui gardait la tête froide, eut beau mettre en garde : « Ne croyez pas, je vous prie, les rumeurs mensongères — dit-il à ses électeurs d'Alvinc — qui prétendent que nous, anciens députés roumains, en particulier aurions conclu un pacte quelconque avec le nouveau gouvernement... »[43]

Les élections de 1910 furent, surtout dans les régions hongroises, particulièrement houleuses. Le Parti National du Travail, créé par le comte István Tisza, voulait remporter une victoire qui lui permît d'anéantir plusieurs adversaires parlementaires, dont les nationalités, et qui pût empêcher la formation d'un bloc de députés puissant dévoué à François-Ferdinand. En conséquence de l'évolution d'une opinion publique déçue par le nationalisme tapageur de la coalition, le Parti du Travail remporta une grande victoire. Tisza déclara en privé : « Que vienne donc l'héritier du trône ! »

Parmi les candidats roumains seuls cinq furent élus dans trois circonscriptions où il n'y avait pas d'adversaires. Par contre, neuf candidats roumains parvinrent à la Chambre des Députés sur la foi du programme du parti gouvernemental. La surprise fut si grande que, dans un premier temps, le parti roumain ne tenta même pas d'attribuer l'échec à la terreur gouvernementale. « La violence ne nous a enlevé tout au plus que deux sièges dans les élections, écrivait un de leurs journaux plus modérés, dans plusieurs circonscriptions nos députés ont perdu malgré les milliers de votes roumains. »[44] Le journal de l'évêché de Nagyszeben qui prônait le compromis, écrivait tout simplement que le peuple s'était opposé à un programme irréalisable.

Le comte István Tisza, « l'homme providentiel » des classes dirigeantes hongroises, avait, avant les élections, pris position en faveur de l'accord hungaro-roumain. Son discours fut chaleureusement accueilli par les journaux roumains ; l'*Unirea* de Balázsfalva le compara à Deák, à celui qui prenait le parti des nationalités. En juillet, Tisza réitéra sa position devant le parlement. Le parti national roumain l'accepta en tant que point de départ, et consentit à ce que Mihu, qui avait déjà proposé un nouveau programme pour les Roumains en 1902, entamât des négociations avec lui. Lors du premier entretien, Tisza accepta, à la différence de sa position antérieure, le statut séparé du parti roumain et admit que les dirigeants de ce parti prissent part aux négociations et que l'accord éventuel fût ratifié par un congrès national roumain. La direction du parti formula ses revendications. Elle décida pour le cas où le gouvernement satisferait à leurs demandes, d'être « plus réservé » au parlement et d'élaborer un nouveau programme.

En automne 1910, le parti national roumain fit parvenir à Tisza un mémorandum contenant ses revendications politiques, économiques et culturelles. Ces revendications, formulées en 23 points, portaient sur l'élargissement du droit électoral ; des sièges garantis dans 50 circonscriptions ; l'usage

[43] *Tribuna*, 4 juin 1910.
[44] *Libertatea*, 4 juin 1910.

officiel systématique de la langue roumaine; l'établissement d'un nombre minimum obligatoire de fonctionnaires roumains; la fondation de trois évêchés roumains; la révision de la loi Apponyi; l'augmentation de la subvention affectée à des fins culturelles roumaines; l'établissement de trois lycées d'Etat roumains et l'extension du «programme sicule» à des régions roumaines en vue de favoriser leur développement économique. En revanche, le parti roumain promit d'accepter le Compromis de 1867 sans s'engager à soutenir la politique du gouvernement. Tisza et Khuen ne pouvaient pas accepter cette position, mais l'admettaient comme une base de discussion. Le parti roumain constitua une commission destinée à mener les négociations, mais les membres de la commission ne purent se mettre d'accord entre eux. Maniu et Vlad se refusaient même à reconnaître le statu quo juridique, et Mihu, à son tour, exaspéré par la dissension et les revendications de plus en plus poussées, se retira. Comme les divers groupements paralysaient avec leur propagande les négociations et que le gouvernement soupçonnait à juste titre que les dirigeants des Roumains n'étaient pas maîtres de leur propre camp, il fut d'une importance vitale de mettre fin à l'activité fractionnelle.

Le groupement le plus fort était celui des tribunistes d'Arad, qui était marqué du nom du célèbre poète Octavian Goga. Celui-ci s'était fait une célébrité des deux côtés des Carpates grâce à la revue *Luceafărul* qu'il avait lancée en 1902, à Budapest, puis à sa revue littéraire et politique, *Ţara Noastră*. Goga attaquait, dans une série d'articles sévères, le comité national, jugé responsable de l'échec électoral, et souligna la nécessité de son renouvellement. Les «jeunes d'acier» qui suivaient Goga, voulaient former une organisation de masse et éviter toute influence étrangère, hongroise ou «judéo-hongroise». Ils commencèrent à développer un système d'idées politiques, marqué par le messianisme, empreint de mysticisme religieux et d'anticapitalisme conservateur, mais teinté de démocratisme et influencé par la sociologie et le radicalisme bourgeois hongrois de l'époque.

Les dirigeants du parti commencèrent d'abord des tractations, puis condamnèrent dans une résolution l'activité fractionnelle et finirent par créer un journal officiel du parti, également à Arad. C'était le *Românul,* qui parut dès le début de 1911, animé par un tribuniste dissident, Vasile Goldiş. Le nouveau journal poursuivait un seul but: détruire le *Tribuna*. La campagne de presse qui alla jusqu'aux attaques personnelles les plus grossières tourna à une chasse à l'hérétique que les journaux hongrois commentaient non sans joie maligne. Ce fut Bucarest qui finit par se charger de dénouer la crise. En mars 1912, C. Stere, l'homme de confiance des libéraux de Bucarest, se rendit à Arad et liquida le *Tribuna* avec de dures méthodes. La propriété du journal et son capital furent transférés au comité; le *Tribuna* fut absorbé par le *Românul*. Le mouvement tribuniste, qui avait duré 25 ans, toucha à sa fin. L'aile plus démocratique succomba, mais la liberté de manœuvre et de compromis du comité s'en trouva accrue.

La vie publique roumaine s'était animée en Transylvanie, en partie sous l'effet de ces luttes intérieures. A partir de 1910, nombre de meetings politiques furent organisés, et l'activité des associations connut une période de prospérité. Le 50e anniversaire de l'ASTRA donna l'occasion d'une manifestation politique panroumaine de grande envergure dans laquelle l'aviateur transylvain, Aurel Vlaicu, qui avait essayé de survoler les Carpates, joua un rôle symbolique.

La deuxième partie des négociations entre le gouvernement du Parti du Travail et les Roumains de Transylvanie fut en partie entamée à l'instigation de Bucarest. En janvier 1913, Mihali, Maniu et Branişte transmirent les revendications du parti roumain formulées en 11 points, qui avaient été rédigées, sur les conseils de l'héritier du trône François-Ferdinand, de façon que l'accord éventuel «puisse à n'importe quel moment être déclaré nul et invalide, pour manquement de la part des Hongrois».[45] Ils revendiquaient l'enseignement du roumain à tous les niveaux dans les écoles d'Etat et communales, l'usage du roumain comme langue administrative et juridique, la liberté de réunion et de presse et, finalement, la part proportionnelle des mandats électifs. La réponse de Tisza fut, sans doute sous l'effet de l'accroissement sensible des revendications, très réservée. Il promit seulement de remédier aux griefs ecclésiastiques et administratifs les plus immédiats et de faire des concessions économiques. En accord avec l'héritier du trône, les Roumains interrompirent les négociations.

La troisième série de négociations commença à l'automne de 1913, sur un fond de grande tension internationale, après la paix de Bucarest qui marqua la fin de la guerre des Balkans. Nommé entre-temps premier ministre, Tisza négocia de nouveau avec les trois délégués qui, profitant du soutien accru de la Roumanie renforcée et de l'héritier du trône impérial, renchérirent encore sur leurs revendications. Tisza fut plus conciliant lui aussi : il donna l'assurance pour l'usage écrit et oral de la langue maternelle dans l'administration et la juridiction de première instance ; l'obligation des fonctionnaires de passer un examen de la langue de la région administrée et l'extension de l'enseignement de la langue roumaine. Il promit également un lycée d'Etat roumain, l'augmentation de la subvention de 7 millions de couronnes, affectée à des fins culturelles roumaines et, enfin, l'attribution de 30 circonscriptions à des députés roumains, ainsi que la «reconsidération» de la loi Apponyi. Mais les conditions de Tisza étaient lourdes. Il demandait que le parti roumain, renonçant à ses anciens griefs, acceptât sans réserves le statut existant de l'Etat et qu'il considérât l'accord comme une solution durable. Tisza destinait le pacte à être un règlement plus ou moins définitif de la question roumaine.

Le parti roumain se trouvait devant un grave dilemme. Il ne pouvait pas mettre en doute le sérieux des intentions de Tisza. Bucarest sollicitait l'accord, Vienne demandait elle aussi une sorte de pacte et la bourgeoisie roumaine aspirait également à établir de bons rapports avec le gouvernement. Le parti roumain aurait accepté l'offre de Tisza si celui-ci ne lui avait pas demandé de renoncer à la négation du dualisme, comme on disait, «la déclaration de renonciation». Les dirigeants du parti souhaitaient l'accord, mais ils n'osaient pas en assumer les conséquences. Ils auraient voulu rester opposants. Leur hésitation était nourrie par François-Ferdinand qui avait promis aux Roumains un rôle décisif sous son règne dont la venue semblait de plus en plus imminente. Cela explique en partie l'accroissement de leurs exigences qui culminèrent, en 1913, dans la revendication d'un poste de ministre roumain sans portefeuille et de deux postes de secrétaire d'Etat. Le premier ministre hongrois fit alors de nouvelles concessions. Voyant le dessous des cartes de l'héritier du trône, il abandonna, en bon tacticien, sa dernière prétention : il ne voulait plus faire accepter aux Roumains le statu quo comme définitif et ne tenait pas non plus à «la déclaration de renonciation». Par là, il déclina au préalable toute responsabilité de l'échec. Il ne resta au Belvedere qu'à révéler

[45] Lettre du 23 janvier 1913 d'Alexandru Vaida-Voevod. Kriegsarchiv, Vienne, Militärkanzlei Franz Ferdinand, Rumänische Akten, 303/9.

son vrai jeu. En décembre 1913, leur position était que « le compromis devra absolument se réaliser ».[46] Au mois de janvier de l'année suivante, l'héritier du trône affirma qu'il avait consenti aux négociations à contre-cœur, seulement sous l'effet de la situation internationale : « En effet, je suis contre le compromis parce qu'il risque de faire rentrer nos Roumains dans le camp des Hongrois antidynastiques, ce qui constituerait, à l'avenir, un grand péril pour moi. »[47] L'ordre fut donné qu'il ne fallait pas chercher le compromis à tout prix, ce qui vint à propos au comité national roumain toujours hésitant. Lors de la séance du 17 février 1914, la résolution fut prise que l'offre de Tisza « est impropre à vider le différend, même pour une courte période, entre la politique du gouvernement de l'Etat hongrois et les Roumains ».[48]

Si, jusqu'en 1913, les hommes politiques de Roumanie avaient poussé les Roumains de Transylvanie à se mettre d'accord avec le gouvernement hongrois, à ce moment-là seul le vieux roi Charles les y invita. Tisza prit conscience de l'échec. Il écrivait à Mihali : « Hélas, je n'ai guère l'espoir d'atteindre notre but, mais je constate avec plaisir que vous voyez vous aussi un progrès et un rapprochement considérables. »[49]

Au début de 1914, échoua la dernière tentative qui se proposait, conformément aux rapports de forces du régime dualiste, d'intégrer les Roumains, à la manière des Saxons, dans la vie politique de Hongrie.

Les négociations officielles hungaro-roumaines se poursuivaient à l'exclusion des hommes politiques hongrois de Transylvanie. En effet, le problème de la Transylvanie avait depuis longtemps dépassé les luttes pour la suprématie entre Hongrois et Roumains transylvains. L'attitude des Hongrois et leurs vues étaient avant tout caractérisées par l'angoisse, état d'âme qui s'aggrava en 1913 quand, à l'issue de la paix de Bucarest qui mettait un terme à la deuxième guerre des Balkans, la Roumanie devint une « puissance naissante » de l'Europe du Sud-Est. Les hommes politiques hongrois de Transylvanie savaient qu'il fallait régulariser la situation des Roumains, mais ils ne savaient pas comment y parvenir. Ils trouvèrent même excessives les concessions faites par Tisza, comme le montrent les discours d'István Bethlen et de Zoltán Désy, prononcés à l'occasion de la discussion parlementaire tenue sur ce sujet fin 1913-début 1914. Le premier voulait résoudre le problème par un refus catégorique et le second par une démocratisation générale.

Le camp des progressistes hongrois, le Parti Social-Démocrate et les radicaux bourgeois en particulier, étaient pleinement conscients du fait que les problèmes des minorités devaient être réglés d'urgence mais ils ne savaient pas en réalité que faire des négociations. Les socialistes les considéraient, conformément à la conception de l'époque, comme le combat du progrès et de la réaction. Ils croyaient voir se constituer un bloc conservateur englobant depuis Tisza jusqu'aux partis des nationalités. Les radicaux bourgeois étaient

[46] Note du 30 décembre 1913 de Carl von Bardolff à l'intention du prince héritier. Kriegsarchiv, Vienne, Militärkanzlei Franz Ferdinand, Rumänische Akten, non numéroté.

[47] Brouillon de lettre de janvier 1914 de François-Ferdinand à Czernin. Kriegsarchiv, Vienne, Militärkanzlei F. F., Rumänische Akten, non numéroté.

[48] Cité dans Magyarország története (L'histoire de la Hongrie) 1890-1918. Sous la dir. de Péter Hanák (Magyarország története tíz kötetben — L'histoire de la Hongrie en dix volumes) 7., Budapest, 1978, 853.

[49] Lettre de Tisza à Mihali, 12 février 1914. Cité par Ferenc Pölöskei, Tisza István nemzetiségi politikája az első világháború előestéjén (La politique minoritaire d'István Tisza à la veille de la Première guerre mondiale), *Sz*, 1970, n° 1.

à peu près du même avis. Oszkár Jászi était le seul à examiner le problème comme conséquence caractéristique de l'évolution non linéaire.

Au début de 1914, nombre de gens espéraient que l'accord pourrait être conclu avec Tisza, ou plutôt sans Tisza, attaqué de toutes parts. Mais l'arrivée de la guerre mondiale créa une situation historique toute nouvelle.

4. La Première guerre mondiale

Les premières années de guerre

Dans la crise politique suscitée par l'attentat de Sarajevo, le premier ministre hongrois fut, dans un premier temps, le seul à s'opposer à la déclaration de guerre à la Serbie. Sa position était motivée par la crainte que les Roumains n'envahissent la Transylvanie. En effet, Tisza compta d'emblée l'armée du royaume roumain au rang des ennemis. Il considérait qu'on ne pouvait pas déclencher la guerre « quand on a déjà plus ou moins perdu la Roumanie sans avoir eu une compensation ».[50] Cependant la résistance de Tisza céda sous la pression du gouvernement allemand qui garantissait la neutralité de la Roumanie et la promesse de l'état-major de fournir des troupes destinées à renforcer la frontière de la Transylvanie.

Le 26 juillet, la loi martiale fut proclamée dans une zone allant de la Serbie à la Galicie, par conséquent sur l'ensemble du territoire de la Transylvanie. Le passage des frontières, le droit de réunion et la compétence administrative des comitats furent limités, les tribunaux furent suspendus et des procédures criminelles sommaires furent introduites. La censure de la presse entra en vigueur dans l'ensemble du pays et les autorités se virent conférer le droit de contrôler les postes et les communications téléphoniques et télégraphiques. Chevaux et moyens de transport furent réquisitionnés, et un grand nombre d'enrôlés appelés sous les drapeaux.

Formellement un allié de l'Autriche-Hongrie, le Royaume de Roumanie affirma, au début de la confrontation mondiale, sa neutralité. La sagesse politique lui dictait de garder sa force militaire intacte aussi longtemps que possible. Dès le début de la guerre, l'Entente et les puissances centrales rivalisèrent pour se gagner la Roumanie, et la Transylvanie devint subitement un enjeu de la politique internationale.

Les hommes politiques roumains qui, dans leur crainte de la Russie tsariste, s'étaient tournés vers les puissances centrales, tentaient, par l'intermédiaire de Vienne et de Berlin, de faire pression sur le gouvernement de Budapest ; ils suggéraient d'accorder l'autonomie à la Transylvanie ainsi que de céder une partie de la Bukovine à la Roumanie. Ils espéraient que par ces gestes les puissances centrales pourraient gagner l'opinion en Roumanie. L'ambassadeur d'Allemagne à Bucarest apprit du roi Charles que la Russie avait promis la Transylvanie à la Roumanie avec le consentement de l'Angleterre et de la France. Les Allemands renforcèrent leur pression sur Tisza et le chancelier Bethmann-Hollweg lui demanda personnellement de faire des concessions. Tisza était d'avis que seules la victoire ou la perte de la guerre pourraient décider de l'attitude de la Roumanie. Dans le premier cas, il n'était pas

[50] Le mémorandum de Tisza est cité dans Magyarország története 7, op. cit., 1086-1087.

nécessaire de faire des concessions et dans le second, elles perdraient toute valeur. Cependant, ses vues étaient loin de faire l'unanimité. Dans un premier temps, on ne se rendit pas compte que seuls les conservateurs de Bucarest souhaitaient entrer en guerre aux côtés des puissances centrales. Brătianu, de son côté, proposait, en échange des concessions de l'Autriche-Hongrie, tout au plus une neutralité provisoire de la Roumanie. Finalement, au conseil du trône du 12 septembre, Tisza proposa, sous la pression multiple, de faire des concessions considérables. Le lendemain, il fit appeler les dirigeants du parti roumain et leur promit d'élargir les droits concernant l'emploi de la langue, de réviser la loi Apponyi sur les écoles et d'établir de nouvelles circonscriptions roumaines au cas où « toute la race roumaine » se rangerait aux côtés de la Monarchie. Vaida manifesta son accord mais Maniu se montra tellement réservé que Tisza fut contraint d'interrompre les entretiens.

Les milieux politiques de Bucarest et de Berlin suggérèrent alors à Budapest de créer un poste de ministre roumain, de nommer quelques Roumains à la tête des comitats, de mettre en place un système scolaire roumain et une université roumaine autonome et de promettre 40 circonscriptions aux Roumains. C'étaient les ambassadeurs de la Monarchie et de l'Allemagne à Bucarest qui, convaincus que Vaida, Vlad et Goldiş étaient « manifestement loyaux envers l'Empereur »,[51] avaient formé ces projets au cours de plusieurs entretiens avec ces derniers. A cette époque le ministère des Affaires étrangères d'Allemagne connaissait fort bien l'histoire des aspirations des Roumains de Transylvanie, de même que les matériaux abondants sur les négociations que Tisza avait poursuivies avec eux avant la guerre. « La responsabilité de l'atmosphère hostile de l'opinion publique de Roumanie à notre égard retombe sur la Hongrie, et le comte Tisza devra finir par céder tant qu'il ne sera pas trop tard », conclut l'ambassadeur d'Allemagne à Bucarest en accord avec le chancelier.[52] Mais Tisza cherchait, en élargissant modérément les concessions faites avant la guerre, à tenir les milieux dirigeants de la Roumanie dans l'incertitude et à retarder leur décision.

Le 8 novembre 1914, on publia l'échange de lettres entre le premier ministre hongrois et le métropolite orthodoxe roumain de Nagyszeben, dans lequel Tisza avait promis, dès le mois de septembre, l'extension des droits minoritaires en reconnaissance de la loyauté et du dévouement militaire des sujets roumains envers l'Etat hongrois. Les procès de presse furent suspendus, les Roumains condamnés dans des procès politiques furent amnistiés et l'usage du drapeau national roumain fut autorisé. Cependant, alors que ces mesures ne produisirent pas un effet considérable en Roumanie, elles furent fort mal accueillies par les milieux nationalistes hongrois. Dans une interview accordée au journal hongrois *Az Újság,* Maniu demanda à Tisza de détailler les garanties institutionnelles des droits nationaux roumains. Il ne faisait aucun doute qu'au terme des tractations diplomatiques menées pour gagner la Roumanie, la situation des Roumains de Transylvanie s'était nettement améliorée. Dès la fin de 1914, en particulier, le gouvernement hongrois veillait à ne pas irriter l'opinion publique roumaine. A tel point que le *Românul,* journal du parti national, était maintenu par le gouvernement bien que, à la fin de 1914, ses rédacteurs eussent voulu le faire cesser à cause de la censure.

[51] Rapport télégraphique de l'ambassadeur allemand de Bucarest Bussche, 18 octobre 1914. *PA AA Bonn* Österreich 104. Bd. 13. A 2720.

[52] Ibid.

114. Train de réfugiés à Brassó, fin d'août 1916

115. Brasserie détruite par l'artillerie près de Brassó

◁ 116. Butin de guerre : des canons roumains près de Brassó

118. Charles IV visitant la compagnie de parade sicule

119. Guillaume II en visite à Nagyszeben en 1917

◁ 117. Des troupes allemandes à Brassó

120. La proclamation de la république, 16 nov. 1918

121. L'évêque uniate Iuliu Hossu fait la lecture de la résolution de l'assemblée roumaine de Gyulafehérvár du Ier déc. 1918 sur l'union de la Transylvanie avec la Roumanie

Georg Daniel Teutsch

GYERGYÓSZENTMIKLÓS

Orice reproducere fără indicarea izvorului e oprită.

Ardealul în România.

Cucerirea nu e recentă. Datează tocmai de un veac. Dela Gheorghe Lazăr am început să ne mutăm sufletele dincolo de Carpaţi, jertfind fiecare generaţie pentru întărirea Principatelor, a României libere cea mai bună parte a energiilor născute pe acest pământ al suferinţelor. Capitalul de energii ce l-am trimis dincolo de munţi a fost productiv pentru fraţii noştri şi ne făgădueşte şi nouă dobânzi mari tocmai acum în zilele negre ale existenţei noastre naţionale. Numai să fim vrednici a le primi şi a le preface în aurul sufletesc al credinţei în izbândă prin muncă sistematică şi conştientă. Sunt semne că dela răsboiul din Balcani sufletul românesc a intrat într'o nouă fază; în faza muncii pozitive unitare şi a unei apropieri conştiente. Astăzi ne simţim rândurile mai strânse şi lucrăm cu toţii în vederea aceluiaş scop, care mai înainte ni se păreà un vis îndepărtat, dacă nu o utopie. Faptele tinerelor popoare balcanice ne-au învăţat că idealurile naţionale se pregătesc şi că atunci când sună ceasul mult aşteptat, întregul popor se ridică pentru întruparea lor.

Octavian Goga.

Idealul nostru, unitatea culturală, se ţese de sufletele distinse ale artiştilor. Ei sunt înainte mergătorii! Atunci, când glasul lor e ascultat, când cuvântul lor pune în mişcare mulţimea — e semn de biruinţă.

O asemenea biruinţă a câştigat de curând poetul Oct. Goga la Bucureşti. În piesa lui „Domnul Notar" a smuls o parte a vieţii reale din Ardeal şi a arătat-o pe scena Teatrului Naţional bucureştenilor. Cărţile, discursurile, oricât de cu măiestrie scrise şi rostite, nu pot pune în mişcare mulţimea ca teatrul. Chiar şi boierii intelectuali, cari s'au interesat de soartea noastră, au rămas de multeori indiferenţi la multele strigăte de durere ce plecau de aici. A trebuit să vină un artist, cu intuiţia lui puternică şi cu ochiul lui sigur să zugrăvească realitatea aşa cum este: crudă, înfiorătoare şi revoltătoare. Acea-

124. Octavian Goga

◁ 123. Béla Bartók. Photo prise à Gyergyószentmiklós

125. Endre Ady. Photo d'Emil Isac en automne 1918

Au cours de l'année 1915, les rapports devinrent problématiques entre les puissances centrales et la Roumanie. La pression allemande sur la Hongrie était forte quand la situation stratégique s'aggravait et elle ne l'était pas moins quand les puissances centrales remportaient du succès sur le front de l'Est, car, dans les deux cas, celles-ci avaient grand besoin de la force militaire de la Roumanie. Le mandataire particulier de Berlin, Mathias Erzberger, se rendit à Budapest et à Vienne aux mois de mai et juin et négocia avec des dirigeants roumains sur la transformation fédérative de la Monarchie austro-hongroise. Bien entendu, Tisza refusa catégoriquement cette idée et, au mois de juin, il partit pour Berlin afin d'opposer son véto à ces tentatives.

L'amélioration temporaire de la situation stratégique et l'entrée en guerre de la Bulgarie facilitèrent la position du gouvernement hongrois. Les journaux roumains furent réprimandés pour n'avoir pas commenté les différentes déclarations de fidélité. L'opposant le plus résolu, Maniu, fut envoyé au front et l'applicabilité des mesures policières fut élargie. Enfin, en mars 1916, le *Românul* fut suspendu.

La tentative roumaine d'occuper la Transylvanie

Les échecs militaires de la Monarchie, au cours de l'été 1916, amenèrent le gouvernement de Bucarest à entrer en guerre. Tisza demanda, dans un mémorandum, à l'Empereur François-Joseph Ier, de concentrer des forces militaires sur la frontière de la Transylvanie. Il voulait également obtenir une aide allemande. En échange, il était prêt à renoncer en leur faveur aux prétentions que la Monarchie avait sur la Pologne. Les états-majors allemand, austro-hongrois, bulgare et turc s'étaient entendus pour mettre, le cas échéant, la Roumanie hors le combat par une contre-attaque concertée.

Ayant jugé la défaite militaire des puissances centrales imminente, le gouvernement de Bucarest céda à la pression intense de la France et, le 17 août, il conclut un pacte secret, à Bucarest, d'adhésion à l'Entente. Celle-ci s'engagea à apporter son aide à la Roumanie en lançant des offensives sur le front de Salonique et en Galicie. L'Entente promit à la Roumanie, au cas où elle entrerait en guerre, une partie de la Bukovine, la totalité du Banat, la Transylvanie historique ainsi que les régions situées à l'ouest, grosso modo jusqu'à la Tisza, ne laissant à la Hongrie que les alentours de Debrecen et d'Orosháza. Le premier ministre Brătianu posa la question suivante devant le conseil des ministres: «Qui sait s'il y aura encore, dans les siècles à venir, un moment aussi favorable que celui-ci?»[53] Le soir du 27 août, la Roumanie déclara la guerre à la Monarchie et, la même nuit, les troupes du roi Ferdinand, qui avait succédé au roi Charles Ier, franchirent les passages des Carpates.

Les frontières de la Transylvanie n'étaient en effet gardées que par la gendarmerie: les troupes militaires avaient été transférées sur le front russe. Dès le début, les autorités se mirent à évacuer la zone menacée et sommèrent la population de quitter les régions situées au-delà du Maros. L'évacuation concernait avant tout les habitants des villes hongroises et saxonnes et la Terre sicule. Le nombre des réfugiés s'élevait à plus de 200 000.

L'attaque roumaine secoua la Hongrie bien que tout le monde fût convaincu qu'elle serait repoussée. Le mouvement national roumain se trouvait dans une

[53] Cité par VICTOR ATANASIU–ANASTASIE IORDACHE, România în primul război mondial (La Roumanie dans la Première guerre mondiale), Bucureşti, 1979, 139.

situation délicate. Bien que le parti lui-même gardât le silence, il consentit à ce que les dirigeants fassent des protestations de loyauté et condamnent l'offensive roumaine. Il semblait que les Roumains de Transylvanie éprouvaient moins de sympathie à l'égard des troupes roumaines que les milieux officiels roumains ou hongrois ne le pensaient. Selon le roi Ferdinand, « les Roumains de Transylvanie eux-mêmes les ont considérées comme des ennemis » et le professeur et homme politique Iorga fit remarquer que « personne (parmi les Roumains de Transylvanie) n'acclama les troupes roumaines lorsqu'elles franchirent la frontière, en 1916. »[54] Ce sont, bien entendu, les exagérations d'une déception. Il y en avait beaucoup qui se réjouissaient et qui pensaient que l'union nationale ne tarderait pas à se réaliser. Toutefois, la majorité des gens était réservée. Dans son rapport confidentiel sur l'attaque roumaine, le comes du comitat de Szeben constata, malgré ses plaintes formulées contre les intellectuels, que, « dans l'ensemble, nous pouvons être contents de l'attitude des Roumains ».[55]

Selon le plan d'opération militaire, l'armée roumaine, constituée de 400 000 hommes, devait atteindre en quelques jours la rivière Maros pour déboucher dans deux directions sur la plaine de la Tisza. Mais l'offensive roumaine avançait très lentement alors qu'on ne comptait, du côté hongrois, que 70 000 hommes avec les premiers renforts. Le 30 août, les troupes roumaines entrèrent dans Brassó, qui avait été évacuée, puis elles envahirent la majeure partie de la Terre sicule. Outre ces territoires, elles n'occupèrent que Petrozsény et Orsova mais n'entrèrent pas dans la ville de Szeben qui avait elle aussi été évacuée. Entre-temps, les troupes du feld-maréchal allemand Mackensen avaient battu, sur la frontière bulgaro-roumaine, les forces qui couvraient le dos de la Roumanie, après quoi, à la mi-septembre, le haut commandement roumain mit un terme à l'offensive en Transylvanie et fit prendre à ses troupes des positions défensives.

Les puissances centrales concentrèrent la 1e armée (défensive) austro-hongroise à Marosvársárhely et la 9e armée (offensive) allemande, constituée de troupes allemandes et austro-hongroises retirées des divers fronts, sur le cours sud du Maros. Cette dernière, commandée par le général Falkenhayn, infligea une défaite à l'armée roumaine dans la bataille de Szeben (26 au 28 septembre), et dans celle de Brassó, (7 au 9 octobre). Puis, la 1e armée, commandée par le général Arz (un Saxon de Transylvanie), brisa les forces de l'ennemi au sud-est de Marosvásárhely. L'armée roumaine commençait à se replier. Elle emmena des otages et la majorité des intellectuels roumains de la région frontalière du sud la suivit. Après de durs combats menés dans les Carpates, les troupes des puissances centrales débouchèrent, à la mi-novembre, sur la plaine d'Olténie et, après de nouveaux combats, elles entrèrent le 6 décembre dans Bucarest.

Au cours de la campagne de 1916, la Roumanie perdit 150 000 prisonniers de guerre et plus de 100 000 morts. Son armée, avec l'aide de la mission militaire française de Berthelot, fut réorganisée et, en juillet 1917, elle parvint à empêcher l'invasion de la Moldavie. Cependant, les deux tiers — la partie la plus riche — de la Roumanie étaient occupés.

Après la révolution d'octobre 1917 de Russie, la Roumanie demeura sans appui direct et conclut, malgré ses engagements envers l'Entente, au prin-

[54] Nicolae I. Iorga, Supt trei regi (Sous trois rois), Bucureşti, 1932, 288 ; Alexandru Marghiloman, Note politice II, Bucureşti, 1927, 221-223.

[55] Rapport du 5 novembre 1916. *OL* Miniszterelnökség 1917, XVI. 362 res. (1916. 6922 res.)

temps de 1918, une paix séparée avec les puissances centrales. Selon les termes de la paix de Bucarest, son économie passait sous contrôle allemand et austro-hongrois et son armée serait démobilisée. Au titre d'une correction de frontière stratégique, une zone d'une largeur de deux à dix kilomètres, habitée par 23 000 hommes, fut rattachée à la Hongrie. La Roumanie perdit la Dobroudja mais put conserver la Bessarabie, acquise en janvier 1918 de la Russie soviétique.

Les mesures prises à la suite des opérations militaires

Après avoir repoussé l'ennemi, les puissances centrales firent des «gestes» spectaculaires pour calmer les populations hongroise et saxonne de Transylvanie. Au début de novembre 1916, l'archiduc héritier et le roi de Bavière puis, en automne 1917, l'Empereur allemand s'y rendirent en visite solennelle. On commença à organiser des missions de secours. Cependant, l'administration civile et militaire prit des mesures répressives inhumaines à l'encontre des Roumains. Alors que plusieurs centaines de milliers de Roumains avaient courageusement combattu sous les drapeaux de la Monarchie, il y eut des internements, des arrestations et des procès. En automne 1917, le ministre de l'Intérieur reconnut l'internement de 825 hommes alors que, selon les Roumains, ils étaient plus d'un millier.

Le gouvernement de Tisza une fois relevé, le comte Albert Apponyi, nouveau ministre de l'Education déclara, au milieu de 1917, «zone culturelle» les régions limitrophes de la Roumanie, où des écoles d'Etat devaient remplacer toutes les écoles confessionnelles roumaines. Il voulait seulement laisser 15 à 18 établissements scolaires de grande renommée sous la tutelle de l'Eglise orthodoxe roumaine et envisageait d'établir, en 4 ou 5 ans, 1 600 écoles primaires et 800 écoles maternelles d'Etat. Des surveillants permanents furent, en tant que délégués du ministère, nommés auprès des écoles normales roumaines. A partir du mois de juin 1918, toute subvention d'Etat fournie aux 477 instituteurs des 311 écoles confessionnelles roumaines de la zone dite culturelle fut suspendue. Ce furent les événements survenus en automne 1918 qui mirent un terme à la transformation du système scolaire de la région frontalière.

Le gouvernement de Wekerle avait promulgué, en 1917, un décret limitant les achats et ventes de biens immobiliers en Transylvanie (et en Hongrie septentrionale). Il n'avait pas défendu aux paysans roumains l'achat de terres mais l'avait administrativement rendu compliqué et il ne voulait pas permettre à la bourgeoisie roumaine d'acheter des propriétés foncières. Les opérations militaires de l'offensive roumaine, bien qu'ayant causé des dégâts matériels, surtout en Terre sicule, n'eurent pas de conséquences aussi graves que sur les théâtres d'opération de l'Ouest ou de l'Est. La Transylvanie se releva vite, avec quelques subventions d'Etat, du chaos et des ravages de la guerre. L'industrie prospérait quoique la sidérurgie, les charbonnages et les transports fussent en grande difficulté. Nombre d'entreprises et d'établissements de crédit, dont l'Economul roumain, firent un considérable appel de fonds. Pour la seule année 1917, 19 sociétés anonymes se constituèrent et l'augmentation totale des capitaux s'éleva, en Transylvanie proprement dite, à près de 33 millions de couronnes. De nouvelles branches d'industrie furent créées, telles l'exploitation du méthane par les usines de produits chimiques de Dicsőszentmárton ou l'extraction de bauxite dans le Bihar.

Ce fut la paysannerie qui supporta les plus grands fardeaux de la guerre. Ce fut elle qui souffrit de la livraison obligatoire et de la pénurie de main-d'œuvre, car la plupart des soldats étaient issus du milieu paysan. Les terres cultivées, le volume du cheptel ainsi que le rendement des récoltes diminuèrent. En 1917, à la suite des réquisitions, les agriculteurs n'avaient que 10 ou 12 kilos de blé par mois et par tête et ce qui leur était resté après les semailles leur fut par la suite confisqué. La famine touchait la population rurale et surtout celle des villes. Les cantines publiques ne pouvaient guère atténuer la misère des indigents.

En raison de la diminution des salaires réels et surtout du manque en vivres, il y eut à partir de 1916, des manifestations ouvrières qui allaient de pair avec un désir de paix d'une population épuisée par la guerre et les signes évidents de la crise politique. En mai 1916, les grèves furent nombreuses dans les mines de charbon de la vallée du Zsil et suivies d'arrestations et de procès. Après la révolution russe de février 1917, le mouvement ouvrier prit un nouvel élan. Le 1er mai, des manifestations ouvrières se déroulèrent à Kolozsvár, à Brassó ainsi qu'à Arad et à Temesvár. Les cheminots et les mineurs reprirent leur mouvement de grève. Les revendications portaient partout sur l'amélioration des conditions de vie, le suffrage universel et la paix. L'influence des syndicats s'accrut considérablement dans ces mouvements.

En raison du danger imminent d'une exploison intérieure, la paix semblait une urgence. Mais la crise s'aggrava si vite que le gouvernement n'eut pas le temps de conclure une paix qui aurait pu sauver le statu quo.

IV — Révolutions et mouvements nationaux après l'effondrement de la Monarchie (1918-1919)

La « révolution des reines-marguerites »

La victoire de la révolution socialiste russe d'octobre 1917 modifia radicalement la situation politique de la partie orientale de l'Europe centrale. Tant qu'il existait une Russie forte, l'Empire des Habsbourg avait la mission historique d'en contenir la poussée. Mais, après la chute de l'Empire du Tsar et vu l'épuisement de l'Allemagne par la guerre, cette mission perdit sa raison d'être. L'avenir de l'Empire à 50 millions d'hommes posait un problème à résoudre.

La proclamation, publiée le 2 novembre par le Soviet des Commissaires du peuple de Russie, appela les peuples de la Monarchie à constituer l'union des peuples libres et l'unité des prolétaires de toutes les nations, dessinant ainsi la perspective d'un bloc révolutionnaire uni. Cependant, la bourgeoisie, s'alignant sur la position de Wilson concernant le nationalisme et l'autodétermination des nations, souhaitait découper l'ancien Empire en plusieurs parties et cherchait à empêcher la formation de l'unité prolétarienne à cette échelle.

L'Entente eut de la peine à se mettre d'accord sur le destin de la Monarchie. Les politiciens français inclinaient à démanteler entièrement l'Empire des Habsbourg tandis que les Anglais et les Américains souhaitaient, dans un premier temps du moins, le sauvegarder. Au printemps de 1918, en raison de la paix séparée de Bucarest, l'Entente semblait considérer comme nul le traité secret roumain de 1916. Cependant, vers l'automne, les premiers ministres anglais et français promirent au « conseil de l'unité roumaine » de Paris d'appuyer l'union de tous les Roumains. Par contre, dans sa réponse donnée le 18 octobre à la proposition de paix de la Monarchie, Wilson jugea important de satisfaire les exigences des Tchèques et des Slaves du sud mais il ne mentionna pas les Roumains.

Dès le début de l'automne, la vie politique fut très animée. Au Reichsrat de Vienne, les Roumains de Bukovine et, à Budapest, les hommes politiques roumains de Transylvanie exigeaient un Etat autonome à l'intérieur de l'Empire. A la suite de sa réunion du 12 octobre, le Comité national roumain tint les propos suivants devant la presse : « . . . on déclarera que les Roumains de Hongrie n'ont pas d'aspirations à la sécession . . . ils demandent seulement le droit à l'autodétermination des Roumains en vertu des 14 points wilsoniens ».[1] Au parlement, Vaida-Voevod revendiquait pour les Roumains une « liberté nationale intégrale ».

[1] *Aradi Hírlap,* 12 octobre 1918 ; *Gazeta Poporului,* 27 octobre 1918.

La majorité des hommes politiques hongrois de Transylvanie s'attachaient à maintenir l'unité de l'Etat, et étaient seulement disposés à faire des concessions dans les domaines de la langue et de l'administration (nomination d'un ministre roumain). « Il ne saurait être question de céder des comitats [à la Roumanie] et il ne saurait être question non plus de transformer la Hongrie en un ensemble de régions autonomes. »[2]

Le 18 octobre, Károlyi et Jászi, représentant une sorte de gouvernement parallèle, négocièrent pour la première fois avec les délégués du comité roumain. Károlyi prit position en faveur d'un plébiscite qui déciderait du sort de la Transylvanie. Le comité voulait avant tout obtenir des garanties que le futur gouvernement de Károlyi consentirait à la convocation d'un grand rassemblement national roumain. Au congrès social-démocrate tenu le 13 octobre à Budapest, le délégué roumain déclarait: « Dans notre propre intérêt, nous appuyons la lutte menée pour le démocratisation de la Hongrie car, si nous obtenons dans ce pays les droits qui nous reviennent, nous ne pourrons plus les perdre, même dans l'hypothèse où nous serions rattachés à un autre pays. »[3] Dans le même temps, les délégués roumains formulaient une sérieuse réserve à l'encontre du parti national roumain.

L'appel du 26 octobre du Conseil National Hongrois, constitué par la convention des Partis Indépendantiste, Radical et Social-Démocrate, déclara, sur la question nationale, qu'en vertu des principes wilsoniens, l'autodétermination devrait sans délai être accordée aux minorités nationales (« dans l'espoir que ces facteurs... assureront un fondement plus solide à l'intégrité territoriale de la Hongrie »[4]). Au sein du Conseil National Hongrois, un Comité de Transylvanie fut constitué. Il élit comme président István Apáthy, recteur de renommée européenne de l'Université de Kolozsvár, qui, en raison de son nationalisme, était très mal vu par les intellectuels roumains.

Parallèlement à l'épanouissement de la révolution d'octobre de la capitale, les sociaux-démocrates roumains établirent des rapports, à l'instar de leurs homologues hongrois, avec le parti national roumain. A leur demande expresse, se constitua à Budapest, le 31 octobre, le Conseil National Roumain. En tout cas, le parti national stipula que seuls soient délégués au Conseil des sociaux-démocrates qui « n'empêcheraient pas la prise de décisions », c'est-à-dire qui ne s'opposeraient pas au courant national.

Pendant la révolution démocratique bourgeoise, il y eut des agitations en Transylvanie également; les 30 et 31 octobre, des manifestations se déroulèrent à Kolozsvár. Les prisonniers politiques furent libérés et la censure suspendue.

Le gouvernement de Károlyi, porté au pouvoir par la révolution, libéra immédiatement les prisonniers politiques, autorisa la parution des journaux interdits, débloqua la fortune des condamnés, rouvrit toutes les écoles roumaines, consulta les nationalités avant la nomination des nouveaux comes, compléta l'amnistie politique d'une amnistie militaire et organisa des œuvres de secours dans tous les comitats de Transylvanie.

A Temesvár, puis dans la vallée du Zsil, s'établirent des pouvoirs indépendants d'ouvriers et de soldats; des actions révolutionnaires se déroulèrent dans

[2] *OSzK* Dép. Manuscrits, Actes Apáthy, Quart. Hung. 2955.

[3] *Adevĕrul,* 20 octobre 1918.

[4] A magyar munkásmozgalom történetének válogatott dokumentumai (Documents choisis de l'histoire du mouvement ouvrier hongrois) V. 7 nov. 1917–21 mars 1919. Publ. par Mme Sándor Gábor, Budapest, 1956, 267.

les comitats de Szeben, de Bihar et de Szilágy. Les premiers jours du mois de novembre, les unités militaires encore existantes furent dissoutes sous l'effet des mouvements des ouvriers et des soldats, et l'armée, moyen de coercition le plus efficace, cessa de ce fait d'exister. En plusieurs endroits, notamment à Kolozsvár et à Arad, le Parti Social-Démocrate employa des ouvriers organisés pour le maintien de l'ordre.

C'étaient avant tout la révolution de Budapest et les actions ouvrières de la province qui avaient déclenché les mouvements des villages pleins de tension sociale, et la force principale de ces mouvements était constituée par les milliers de soldats fatigués mais d'esprit révolutionnaire qui, les premiers jours du mois de novembre, étaient massivement rentrés des fronts. Le 6 novembre, le comes du comitat de Krassó-Szörény rapportait: «Une foule déchaînée qui, au départ, n'était constituée que de soldats, a petit à petit gagné à sa cause le peuple des villages. Puis, elle s'est tournée contre tous ceux en qui, en raison de leur bien-être, elle voyait son ennemi... On ne pourrait affirmer que cette action ait été un tant soit peu dirigée contre une nation particulière car il y a eu des pillages jusque dans des villages purement roumains.»[5]

Nombre de grandes propriétés et de fermes d'Etat furent attaquées; les ameublements de certains châteaux fracassés et les récoltes distribuées.

«Dans tous les districts du comitat de Kolozs, à très peu d'exception près, se sont produits des actes de négation de la propriété, de bolchévisme et de distribution des terres ou visant celle-ci» — écrivait-on dans un rapport officiel.[6]

C'était dans les régions plus développées, notamment dans les comitats d'Arad, de Temes, de Krassó-Szörény, et aussi dans les comitats de Bihar et de Kolozs que la lutte de la paysannerie était la plus acharnée. Mais ce mouvement était cependant dépourvu de caractère national. On rencontre assez fréquemment dans les rapports des phrases telles que: «on a chassé d'ici des prêtres et des notaires roumains tout comme on en a chassé dans la Plaine purement hongroise», ou, «en plusieurs endroits, les Roumains et les Hongrois ont pillé ensemble».[7] Les paysans roumains n'épargnèrent même pas les biens de «leurs propres chefs de file». Ils attaquèrent la propriété de 3 000 acres du vieux président du parti roumain, Gheorghe Pop, celle des Mocsonyi ainsi que les fermes de l'évêché uniate de Nagyvárad. Le politicien et propriétaire foncier Mihali, voulant défendre sa vie ou plutôt ses biens, fit tirer sur les paysans roumains à Nagyilonda.

L'Etat s'avéra impuissant face aux mouvements populaires. La gendarmerie, dont les effectifs étaient faibles, fut contrainte de se replier dans les centres urbains afin de sauvegarder au moins la vie de la troupe. Face à ces difficultés, le gouvernement demanda l'aide des conseils nationaux. En Transylvanie, dès le début de la révolution, une proclamation commune hungaro-roumano-saxonne fut lancée, invitant les peuples de Transylvanie «à chercher mutuellement les contacts les uns avec les autres afin de protéger la sécurité personnelle et matérielle». Le 2 novembre, à la suite des négociations du ministre Oszkár Jászi et d'Aurel Vlad, d'Ioan Erdélyi et de Rudolf Schuller,

[5] *OL* Nemzetiségi Ügyek Minisztériuma (Ministère des Affaires des Minorités Nationales), 1918, vol. IX, 27.

[6] Ibid. 839.

[7] Erdély története (L'histoire de la Transylvanie) II. Publ. par Miron Constantinescu, Bukarest, 1964, 425 ; *Aradi Hírlap,* 2-5 novembre 1918.

représentants des peuples non hongrois de la Transylvanie, le ministre de l'Education ordonna la liquidation de la « zone culturelle ». Jászi ajouta encore ceci : « Nous avons commencé par discuter les moyens de maintenir l'ordre et le calme en Transylvanie. Sur cette question nous étions parfaitement d'accord. »[8]

A l'instigation du gouvernement et des autorités locales, des conseils furent constitués là où le mouvement populaire ne les avait pas créés. Qu'ils fussent conservateurs ou radicaux, les conseils nationaux s'efforçaient également de canaliser les revendications sociales par des slogans nationaux. Les conseils nationaux roumains et le gouvernement hongrois craignaient également pour leur bonne réputation et leur influence face à une épreuve de force éventuelle entre les nations.

La bourgeoisie hongroise était mécontente de la faiblesse du pouvoir central et exigeait que « s'il le faut, le gouvernement ne se refuse pas à proclamer la loi martiale. Cette mesure, s'il l'utilise contre les malfaiteurs qui menacent la sécurité matérielle, n'est pas en contradiction avec la libération sociale ».[9] Les excès et les répressions ont fait nombre de victimes. L'ancienne historiographie a fait état des deux cas les plus connus à des fins de dénonciation nationaliste. Le 6 novembre, les paysans roumains forcèrent quelques magasins fermés à Facsád et même la salve de la gendarmerie ne put les disperser. Un avion arriva alors d'Arad et déversa des bombes sur la foule. Il y aurait eu 104 morts. Des prisonniers de guerre italiens et des paysans roumains mirent à sac une scierie et un château à Jósikafalva. Quelques jours plus tard, un détachement privé, recruté par le frère du propriétaire, exécuta une vingtaine de paysans et brûla leurs cadavres. Le 12 novembre, la commission mixte envoyée par les conseils nationaux roumain et hongrois de Kolozsvár trouva le détachement toujours en action et ne tarda pas à le condamner.

La mise en place du système de domination de la bourgeoisie roumaine

La révolution et les mouvements de masse brisèrent l'ancien régime et neutralisèrent ou mirent en fuite la plupart de ceux qui, des dizaines d'années durant, avaient bloqué la voie vers le pouvoir devant le Parti National Roumain qui pouvait tenter désormais de prendre en main le pouvoir politique.

Le gouvernement de Károlyi traitait en effet la bourgeoisie roumaine de façon démocratique : certes, il n'aurait guère pu agir autrement. Budapest « a non seulement permis aux Roumains d'organiser des conseils nationaux et des gardes civiles, mais les y a même encouragés puisque le gouvernement considérait ceux-ci comme des organes, quoique autonomes, de l'Etat »[10] et il fit verser à ces gardes des sommes considérables. Les gardes nationales roumaines contribuèrent à rétablir l'ordre, et, vers la mi-novembre, elles étaient incontestablement les forces les plus efficaces du maintien de la sécurité.

Au début, les autorités hongroises et les conseils roumains avaient entretenu des rapports cordiaux. Le mouvement républicain en expansion et la radicalisation de la société hongroise accélérèrent, semble-t-il, le processus d'émancipation de la bourgeoisie roumaine. « En ce qui nous concerne, nous Roumains,

[8] *Aradi Hírlap*, 3 novembre 1918.
[9] *Aradi Hírlap*, 5 novembre 1918.
[10] Les négociations de paix hongroises I. (Budapest, 1920), 384.

nous devons la considérer (la révolution — Z. Sz.) comme une catastrophe. Nous devons par tous les moyens possibles nous efforcer de conférer un caractère national à cette révolution » écrivait leur organe, en soulignant que « le Conseil National Roumain n'est pas l'enfant d'une seule révolution ». « . . . Que personne n'attende de nous que nous suivions l'exemple des Budapestois, c'est-à-dire que nous devenions républicains, révolutionnaires et ennemis de la dynastie ; nous ne l'avons pas été jusqu'ici et nous n'avons aucune raison de l'être dans l'avenir » . . . « Nous nous séparons d'eux . . . et nous allons suivre notre chemin . . . en nous préservant du sort des Budapestois, car nous ne souhaitons pas être conduits là où nous ne voulons pas aller, arriver là où nous ne voulions pas arriver. »[11]

Le Conseil National Roumain qui, entre-temps, s'était transféré à Arad, tenta d'organiser une force armée indépendante. Le Conseil central des soldats et officiers siègeait à Vienne ; Maniu y forma aussi, avec une centaine d'officiers, le conseil militaire roumain de Vienne qui s'appuyait sur un régiment d'infanterie (de nationalité roumaine) de 5 000 hommes tout en ayant également des soldats à Wiener-Neustadt. Cette action avait pour but de renvoyer en Transylvanie les soldats roumains de l'armée austro-hongroise qui refluaient des fronts. De cette manière le Conseil Roumain aurait possédé une immense force armée constituée de 50 000 hommes environ, ce qui aurait considérablement augmenté le poids d'Arad vis-à-vis de Budapest, voire même vis-à-vis de Bucarest. Un certain nombre de soldats étaient en effet arrivés en Transylvanie, mais vu l'incertitude qui planait sur le sort du Banat, le commandement serbe avait jugé bon de démobiliser la « Légion Roumaine de Prague » fort bien équipée, qui rentrait de Bohême par un chemin de détour et passait pas là. L'espoir d'une armée roumaine de Transylvanie s'était évanoui.

Bientôt, après la révolution hongroise, le 5 novembre, on divulgue le message de Lansing qui fait savoir que le président américain « sympathise avec l'idée de l'unité nationale des Roumains actuellement dispersés. Les Etats-Unis ne manqueront pas d'exercer, en temps opportun, leur influence afin que le peuple roumain puisse satisfaire ses justes prétentions politiques et territoriales. »[12] Ainsi, toutes les puissances victorieuses avaient assuré de leur soutien les revendications territoriales de la Roumanie, ce qui signifiait que l'union de la Transylvanie avec la Roumanie se ferait au besoin par la force. Le 9 novembre, même Berlin fit savoir au gouvernement roumain qu'« il traiterait avec bienveillance les aspirations roumaines en Transylvanie », si la Roumanie n'inquiétait pas l'armée de Mackensen en train de quitter le pays.

Les nouvelles conditions mirent les hommes politiques roumains de Transylvanie en action. Ils cherchaient à consolider leur position pour pouvoir garder et augmenter leur autonomie dans toute situation nouvelle. Le 9 novembre, sous prétexte de maintenir la sécurité matérielle et publique ainsi que le droit à l'autodétermination nationale, le Conseil National Roumain d'Arad adressa un « ultimatum » au « gouvernement du Conseil National Hongrois » en l'invitant à céder la souveraineté sur la Hongrie orientale. Le territoire demandé comprenait, outre la Transylvanie historique, les comitats de Torontál, de Temes, de Krassó-Szörény, d'Arad, de Bihar, de Szilágy, de

[11] *Românul,* 7 décembre 1918, 12 novembre 1918 ; *Drapelul,* 19 novembre 1918. Voir encore VASILE LIVEANU, 1918. Din istoria luptelor revoluționare din Romînia (De l'histoire des luttes révolutionnaires en Roumanie), București, 1960, 507, 510, 547-548.

[12] BENEDEK JANCSÓ, A román irredentista mozgalmak története, op. cit., 123.

Szatmár, de Máramaros, « ainsi que les régions roumaines de Csanád, de Békés et d'Ugocsa ».[13] Le conseil roumain voulait prendre le pouvoir en vertu de la continuité juridique, et demandait au gouvernement hongrois de soumettre toutes les institutions et autorités à sa dépendance et d'adresser une proclamation en ce sens aux habitants du pays.

Le gouvernement hongrois délibéra sur le mémorandum en conseil des ministres élargi.

Même les nationalistes, tels Apáthy et le comte István Bethlen, consentirent à accepter la proposition de Jászi, ministre des Nationalités, qui voulait résoudre le problème de la Transylvanie par la voie de négociations avec les Roumains et par la création d'une confédération cantonale à la Suisse. L'opinion publique hongroise espérait beaucoup du voyage de Jászi à Arad ; pourtant, les journaux transylvains avançaient, dès le 9 novembre, qu'une partie de la Transylvanie serait évacuée. Si ces négociations peuvent aboutir, « nous pourrons empêcher le rattachement de la Transylvanie à la Roumanie, sauvegarder notre intégrité territoriale contre les Tchèques et jeter les bases d'un Etat fédératif », affirmaient les milieux gouvernementaux dans un élan d'optimisme officiel.[14]

La délégation gouvernementale arriva le 13 novembre à Arad avec quelques membres de la Commission de Transylvanie ainsi que des délégués des conseils nationaux saxons et souabes de Transylvanie. Jászi déclara aux journalistes : « Si les Roumains souhaitent sérieusement la paix, nous prendrons une position telle qu'ils ne pourront s'y dérober. »[15]

En raison de la protestation des Roumains, les représentants des conseils transylvains non roumains ne purent participer aux négociations qu'à titre d'observateurs bien que (selon les calculs de Jászi), sur les 6,8 millions d'habitants du territoire revendiqué, seuls quelque 2,9 millions fussent de nationalité roumaine. Cette revendication éliminatoire indiquait que les dirigeants roumains interprétaient de façon exclusive le droit à l'autodétermination.

Jászi exposa à Arad le projet d'un nouveau pays démocratique où l'on pourrait vivre ensemble. Il offrit le droit à l'autodétermination et le plein pouvoir gouvernemental pour toutes les régions où les Roumains vivaient en masses compactes ou en majorité absolue. Ils auraient pu se représenter aux négociations de paix également. Son projet rognait considérablement les revendications territoriales des Roumains. Il traçait la frontière occidentale du territoire à céder suivant la ligne d'Orsova—Élesd—Zilah—Visóvölgy et, outre cela, il voulait créer un système d'îlots compliqué, conformément à la situation ethnique de la Transylvanie. (Ainsi, la Terre sicule et la région de Kolozsvár seraient devenues des îlots hongrois et l'autonomie hongroise aurait été accordée à Petrozsény, à Vajdahunyad, à Resica et à Lugos tandis qu'on aurait constitué trois îlots roumains sur le territoire hongrois.) Jászi proposa encore qu'une commission internationale contrôlât sur place la justesse des données ethniques de l'Office Hongrois de Statistiques. Il promit aux Roumains un poste de ministre au gouvernement et émit le souhait de créer des organismes communs pour l'administration des affaires communes. Entendant tout cela, les dirigeants roumains soupçonnèrent non sans raison que

[13] Lettre du Conseil National Roumain : *OL* Nemzetiségi Ügyek Minisztériuma 1918, vol. IX, 240.

[14] *Magyarország,* 12 novembre 1918.

[15] János Komáromi, Jászi Aradon (Jászi à Arad), *Új Magyar Szemle,* 1920, n° 1, 27-35.

Jászi voulait présenter des faits accomplis aux négociations de paix. Alors qu'eux cherchaient une autre solution.

Le lendemain, arriva la nouvelle de la convention d'armistice, signée par Károlyi et Franchet d'Esperey, le 13 novembre, à Belgrade, qui laissait l'administration de toute la Hongrie dans la sphère de compétence du gouvernement, quoique les troupes de l'Entente pussent avancer jusqu'à la rivière Maros. Cette nouvelle encouragea la délégation hongroise mais ne changea pas la marche des négociations. Les délégués roumains donnèrent une réponse négative à la proposition des Hongrois en déclarant que les « solutions provisoires » ne fournissaient aucune garantie pour le maintien de l'ordre public et de la sécurité personnelle et matérielle sur le territoire revendiqué. Après des marchandages réitérés et inutiles, Jászi posa la question : En fait, que veulent les Roumains ? — La sécession totale, répondit Maniu.

Les négociations se terminèrent donc sans résultat. Le gouvernement de Károlyi souhaitait sincèrement la résolution démocratique du problème des minorités. Il aurait voulu maintenir l'intégrité du territoire sur des bases toutes neuves, fédératives. Il ne put cependant consentir à la sécession des régions entières du pays.

Les dirigeants roumains remirent la solution définitive à l'armée de l'Etat roumain et aux négociations de paix. Ils omirent de proclamer unilatéralement la prise du pouvoir, car elle « susciterait une immense confusion auprès des peuples de Hongrie et cette confusion serait susceptible de bouleverser complètement un ordre qui reposait sur une base instable ».[16] Néanmoins, la prise du pouvoir commençait à se réaliser.

Le rassemblement roumain de Gyulafehérvár

Pendant les négociations d'Arad, Maniu fit parvenir un mémorandum à Paris dans lequel il demandait, contrairement à la convention d'armistice de Belgrade, l'autorisation, pour l'armée roumaine, de progresser au-delà du Maros. Il demandait également au gouvernement roumain d'intervenir, tout en persuadant le roi Ferdinand que ses troupes trouveraient en Transylvanie une quantité suffisante de vivres, de vêtements et de chaussures et qu'elles ne rencontreraient pas de résistance. Ainsi l'intervention militaire fut décidée.

Dans une proclamation adressée le 20 novembre « aux peuples du monde », le Conseil National Roumain affirma sa volonté de vivre en Etat séparé et que « son gouvernement s'oppose à la force brutale de l'Etat oppressif avec les aspirations qui reviennent de droit à la nation roumaine ». Conformément aux intentions du gouvernement roumain, le Conseil National publia, dans une nouvelle proclamation, un appel à un rassemblement national et publia également, à l'occasion de l'entrée de ses troupes en Transylvanie, la proclamation du chef d'état-major royal roumain. Le comité national somma, le 24 novembre, dans une circulaire confidentielle, les conseils des communes de « proclamer le rattachement sans conditions au royaume roumain, sous le règne de la dynastie actuelle ».[17] Un modèle de la déclaration leur fut également envoyé, déclaration dont on demanda plusieurs exemplaires car la diplomatie roumaine en avait elle aussi besoin. « De cette manière, le plébiscite pourra

[16] *Aradi Hírlap*, 15 novembre 1918.

[17] Voir la circulaire polycopiée publiée au nom de l'ancien comité national : *OL* Nemzetiségi Ügyek Minisztériuma, 1918, vol. X, 242.

probablement être évité », résumait la circulaire définissant le but de l'action.[18] Le gouvernement hongrois ne s'opposa pas à la convocation du rassemblement national roumain, il ordonna même aux Chemins de fer d'Etat de prévoir des trains spéciaux pour les Roumains qui désiraient se rendre à Gyulafehérvár.

Ce rassemblement fut source de bien des soucis pour les sociaux-démocrates roumains. La position de l'aile gauche était sans équivoque : « Nous nous unirons à la Roumanie mais nous devons faire dépendre cette union de certaines conditions. Elle devra être progressiste et chasser les tyrans. Il faut que le peuple roumain, libéré comme nous le sommes à présent, nous donne la main et que nous formions un grand pays libre et démocratique. Nous n'avons plus besoin des boyards ni du symbole de leur pouvoir (du roi). »[19] Même les socialistes de droite déclarèrent que « l'assemblée nationale devrait solennellement proclamer qu'elle maintiendrait l'autonomie de la Transylvanie libre tant que l'état actuel ne changera en Roumanie ».[20] On aboutit finalement à un compromis : l'aile droite des socialistes renonça à l'agitation républicaine et le parti national accepta l'idée de l'union progressive et garantit la mise en place des réformes démocratiques. D'importants hommes politiques bourgeois se montraient eux aussi favorables à une Transylvanie autonome au sein de la Roumanie.

Le 30 novembre, un comité plus restreint mais accordant les différentes aspirations, rédigea un nouveau projet de résolution qui ne parla plus de l'institution du royaume mais établit des principes démocratiques, tels que le suffrage universel et secret, la liberté de presse, de parole et de réunion ainsi que la réforme agraire et l'extension des droits politiques des ouvriers. Le point 3 de la résolution traitait des « minorités nationales » et prônait « une entière liberté nationale pour les peuples cohabitants. Chaque peuple a droit à sa propre éducation et à sa propre administration en sa langue maternelle et par des personnes choisies de ses rangs ».[21] Cette formulation indiquait que les dirigeants roumains avait tiré la leçon de leurs exigences minoritaires antérieures et promirent aux Hongrois et aux Saxons de Transylvanie des droits plus étendus que ceux dont ils avaient eux-mêmes joui dans l'Etat dualiste.

Le 1er décembre 1918, les 1 228 délégués de la réunion de Gyulafehérvár consentirent à l'union sous cette réserve que « nos institutions spécifiques demandent le maintien d'une autonomie provisoire, ce qui ne change rien au principe de l'union sans conditions ».[22] La réunion élit un Grand Conseil National constitué de 200 membres dont 30 sociaux-démocrates (à côté des évêques et d'éminents intellectuels, devenus automatiquement membres du conseil, ainsi que de riches bourgeois élus).

Le grand rassemblement eut lieu sur le glacis de la forteresse où l'on fit connaître la résolution à un grand nombre de paysans ainsi qu'à des ouvriers en nombre plus réduit. L'assemblée — cent mille hommes selon la tradition

[18] Voir encore Lajos Nagy, A kisebbségek alkotmányjogi helyzete Romániában (La situation des minorités en Roumanie au point de vue du droit constitutionnel), Kolozsvár, 1944, 18-19.

[19] *Adevĕrul,* 24 novembre 1918 ; Tiron Albani, Douăzeci de ani de la Unire (20 ans après l'Union), Oradea, 1938, 206.

[20] *Adevĕrul,* 1er décembre 1918.

[21] Le texte entier de la résolution : Ion Clopoţel, Revoluţia din 1918 şi unirea Ardealului cu România (La révolution de 1918 et l'union de la transylvanie avec la Roumanie), Cluj, 1926, 61 et L. Nagy, op. cit., 208-211.

[22] Albani, op. cit., 236.

roumaine — accueillit avec dévotion et enthousiasme la proclamation de la résolution. Le caractère progressif des principes était prometteur.

Le 2 décembre, le Grand Conseil National désigna les membres du Conseil Dirigeant (Consiliul Dirigent), dont deux socialistes, et envoya un télégramme d'hommages ainsi qu'une délégation à Bucarest afin de remettre solennellement la résolution qui proclamait l'union. Le 24 décembre, Bucarest inséra dans la loi que «les territoires mentionnés dans la résolution de la réunion tenue le 1er décembre 1918 à Gyulafehérvár s'unissaient à titre définitif au Royaume roumain»,[23] ne laissant que l'administration locale aux mains du Conseil Dirigeant. Trois membres du Conseil reçurent des postes au gouvernement de Bucarest.

Dans le camp des progressistes roumains, une rupture importante eut lieu en raison de la forme sous laquelle se réalisait l'unité roumaine. L'aile gauche de la bourgeoisie restera (pendant quelques années) extasiée de voir s'accomplir son rêve inespéré, la Grande-Roumanie. L'aile droite des sociaux-démocrates, elle, attendait qu'avec l'appui de l'union nationale, le mouvement ouvrier s'intégrât dans la vie politique roumaine. Par contre, l'aile gauche des socialistes se scindant petit à petit en centristes et communistes, désapprouvait d'emblée la coopération étroite entre la droite et les nationalistes. Les socialistes de gauche constituèrent «la fraction internationaliste des socialistes roumains», et menèrent une importante action de propagande en premier lieu sur les confins de la Plaine hongroise et parmi les ouvriers roumains des alentours de Budapest. Ils convoquèrent, pour le 31 décembre, à Budapest, le congrès «des socialistes internationalistes roumains d'Autriche, de Hongrie et de Transylvanie» qui «éleva sa voix contre la résolution proclamée à Gyulafehérvár sur le rattachement au Royaume roumain».[24] Le congrès revendiqua le droit de tous les Roumains de Hongrie, de Transylvanie et du Banat de pouvoir constituer un Etat indépendant sur la base d'un plébiscite ouvert à toutes les nationalités. Ce courant prolongeait la tradition internationaliste que les Roumains avaient adopté lors de leur collaboration avec les Hongrois prisonniers en Russie, au printemps de 1918, pendant les premiers mois du pouvoir soviétique. Minoritaires, les sociaux-démocrates roumains de droite organisèrent, en janvier 1919, à Szeben, un contre-congrès et en exclurent les participants au congrès de Budapest de l'aile gauche, notamment les représentants des ouvriers des grandes usines. Le congrès des sociaux-démocrates de droite déclara la constitution du parti social-démocrate de Transylvanie et du Banat.

La majorité du prolétariat syndiqué de la Transylvanie au sens élargi était constituée de Hongrois et d'Allemands. Ceux-ci considéraient que leur tâche historique consistait non pas à s'unir à la Roumanie mais à former une société démocratique et socialement progressiste.

La fin de la domination hongroise en Transylvanie

Pour les Hongrois de Transylvanie, il semblait impossible d'accepter le fait que l'Etat millénaire allait disparaître dans quelques semaines et ils ne pouvaient se résigner au sort minoritaire dans le cadre d'un pays moins développé

[23] Décret-loi n° 3631 de 1918. *Monitorul Oficial,* 13 décembre 1918.
[24] *Glasul Poporului,* 2 février 1919.

du point de vue économique et social. La bourgeoisie fut en proie à une impuissance léthargique qui passa par endroits à un affolement désespéré. Outre les conseils nationaux hongrois, un Conseil National Sicule se forma, à la fin du mois de novembre, d'abord à Marosvásárhely, puis à Kolozsvár qui insista, étant donné l'avenir incertain, soit sur le maintien de l'intégrité, soit sur le droit à l'autodétermination des Hongrois. Le gouvernement hésitait lui-même entre son programme maximum selon lequel, admettant l'autodétermination des nationalités, la Hongrie formerait un Etat fédératif, et son programme minimum selon lequel la sécession ne pouvait être empêchée et les droits des Hongrois minoritaires devaient être assurés par une voie pacifique. Il ne considérait pas la résolution de Gyulafehérvár comme valide et établit une force militaire transylvaine dont le noyau était le Détachement Sicule, mis sur pied à Kolozsvár. Quoique ses forces fussent suffisantes pour arrêter provisoirement l'armée roumaine sur la ligne de démarcation, le gouvernement hongrois ne prit pas les risques de l'affrontement jugeant que celui-ci pouvait susciter des complications internationales imprévisibles. De plus, il était impossible de connaître les véritables desseins de Paris car les militaires français, qui se comportaient comme en pays conquis à Belgrade et à Bucarest, et les officiers de la mission de l'Entente à Budapest provoquèrent plus d'une fois le désarroi par leurs mesures et déclarations contradictoires. Le général Henri Berthelot, commandant de l'armée française du Danube, autorisa dès le début de décembre les troupes roumaines à traverser le Maros et à occuper 8 villes, ce dont le gouvernement hongrois ne fut pas informé pendant longtemps.

Le 8 décembre, le gouvernement hongrois nomma « haut-commissaire de la Hongrie de l'Est » le professeur Apáthy qui dirigeait à la tête d'une commission à caractère gouvernemental installée à Kolozsvár, les affaires d'une région allant diminuant. Dans le même temps, le Conseil Dirigeant roumain, qui se considérait comme le gouvernement provisoire de la Transylvanie, entra en fonction à Szeben.

Les conseils hongrois de Transylvanie considéraient le principe de l'autodétermination comme valable aussi pour les Hongrois, ce qu'ils voulurent exposer à une grande réunion, le 22 décembre, à Kolozsvár. Le général Moşoiu, commandant des troupes roumaines entrées en Transylvanie, protesta contre le meeting envisagé en menaçant de le disperser avec ses canons. Près de 40 000 hommes se réunirent pourtant sous des drapeaux nationaux et rouges sur la grande place de Kolozsvár. Les représentants des socialistes roumains et des Souabes du Banat y assistaient également car eux, tout comme les Saxons, voulaient pour le moment rester dans le cadre de l'Etat hongrois. Le projet de résolution exposé par les socialistes hongrois et admis par les participants déclara qu'en vertu du droit à l'autodétermination, « nous désirons vivre dans une communauté d'Etat avec la République populaire de Hongrie. Nous revendiquons, dans les cadres d'une Hongrie intégrale et intacte, la pleine égalité des droits, la liberté et l'autonomie pour toutes les nationalités vivant dans le pays ».[25] Le lendemain, les troupes royales roumaines entrèrent à Kolozsvár.

Le haut-commissariat, afin de garder l'apparence de la continuité légale, resta en place même après que les soldats hongrois eurent quitté Kolozsvár. Le commandement roumain déclara l'état de siège, introduisit l'internement

[25] Voir son texte dans Imre Mikó, Huszonkét év (Vingt-deux ans), Budapest, 1941, 12.

politique, la censure, la bastonnade et suspendit le fonctionnement des organisations à caractère politique ainsi que la liberté de réunion et de déplacement. Il commença à persécuter les hommes de gauche, dans certaines régions par des moyens très durs. Plus tard, le commandement roumain fit arrêter jusqu'au haut-commissaire, le professeur Apáthy, en l'accusant de propagande bolchéviste.

Après l'occupation de Kolozsvár, les troupes roumaines continuèrent à avancer lentement en se référant à leur triple tâche : réaliser des objectifs nationaux, exécuter les instructions de l'Entente et lutter contre le bolchévisme. Le 22 janvier, elles atteignirent la ligne de Máramarossziget—Csucsa—Zám. L'armée du roi Ferdinand occupait désormais l'ensemble de la Transylvanie historique.

Les premiers jours de la débâcle de la Monarchie, les représentants de la bourgeoisie saxonne et souabe imaginèrent leur avenir dans l'Etat hongrois. Voyant l'apparition des contours du grand Etat roumain, ils étaient contraints de se plier aux réalités nouvelles. Après le rassemblement roumain de Gyulafehérvár, ils revendiquèrent le droit à l'autodétermination et à l'autonomie des régions saxonnes, c'est-à-dire de 212 communes (Municipium Sachsenland). Conformément aux vues de Jászi, ils voulaient faire de la Transylvanie un ensemble de régions nationales autonomes.

A la demande de Bucarest et de certains milieux français, le Conseil Dirigeant roumain cherchait à s'entendre avec les intellectuels saxons. La réunion du Conseil National Saxon, résigné à la nouvelle situation politique, déclara, le 8 janvier 1919, à Medgyes, que le peuple saxon de Transylvanie, espérant la garantie de son avenir national, prenait position pour l'union de la Transylvanie et de la Roumanie. Les Saxons transmirent leur résolution à Maniu, président du Conseil Dirigeant, qui les assura « de défendre et de respecter les droits nationaux du laborieux peuple saxon ».[26]

Dans le Banat, les ouvriers allemands et hongrois avaient l'intention ferme de constituer une république locale à l'intérieur de la Hongrie et refusaient le rattachement à la Roumanie. L'autonomie du Banat fut proclamée le 2 décembre à Temesvár sous la conduite du socialiste Otto Roth. En accord avec le conseil national allemand, le gouvernement de Károlyi élabora un système d'autonomie territoriale pour le Banat, représenté par Johann Junker au gouvernement de Budapest. Ce fut l'entrée des troupes serbes dans Temesvár qui mit fin à cette tentative.

Dès la mi-décembre, une nouvelle vague de mouvements sociaux se produisit en Transylvanie et cela dans le dos des troupes d'occupation. Les habitants des villages roumains furent saisis de la crainte que le partage promis des terres puisse ne pas avoir lieu. Les conseils des mineurs de la vallée du Zsil voulaient créer une république ouvrière. Les rebondissements du mouvement des mineurs provoquèrent ici et là des fusillades avec l'armée roumaine. Ralliés aux mineurs, les cheminots, pour la plupart hongrois, déclenchèrent, le 23 janvier, une grève générale et les postiers, les imprimeurs, les fonctionnaires et, par endroits, les ouvriers des usines cessèrent le travail.

Les restes de l'ancien appareil d'Etat ainsi que les nouveaux conseils nationaux à caractère essentiellement bourgeois n'étaient pas respectés par le prolétariat qui ne craignait d'ailleurs pas l'armée roumaine non plus. Cette

[26] Desăvîrşirea unificării statului naţional român. (L'achèvement de l'Union de l'Etat national roumain), Red. Miron Constantinescu–Ştefan Pascu, Bucureşti, 1968, 446-447.

nouvelle conduite désorienta la bourgeoisie. Les bourgeois hongrois considéraient les ouvriers socialistes tantôt comme les derniers combattants du maintien de l'intégrité du pays, tantôt comme les traîtres cyniques des intérêts nationaux, tandis que les services spéciaux de l'armée roumaine les prenaient pour l'incarnation à la fois du bolchévisme et du nationalisme hongrois, en faisant abstraction totale du fait que le parti communiste avait été le seul à rompre complètement avec le principe traditionnel hongrois de l'intégrité.

Parallèlement à l'essor révolutionnaire, les nouveaux organes de l'Etat roumain commençaient à s'établir. L'armée roumaine avait entrepris, au mois de janvier, de démobiliser les gardes nationales et avant tout les gardes ouvrières. Le Conseil Dirigeant roumain refusa la proposition de l'intelligentsia hongroise de Kolozsvár, selon laquelle l'administration devait rester hongroise dans les régions hongroises, et roumaine sur les territoires habités par des Roumains.

Le Conseil Dirigeant ordonna, le 24 janvier, de rétablir et de maintenir les anciennes lois et autorités (hongroises) mais suspendit l'autonomie des comitats et des communes. Il nomma des préfets (prefect) roumains à la tête des comitats et ceux-ci demandèrent aux anciens fontionnaires et employés d'Etat de prêter serment au roi Ferdinand alors que, selon le droit international, la Transylvanie appartenait encore à la Hongrie. Les conseils nationaux roumains furent également dissous et, paradoxalement, ils ne survécurent que dans la partie contrôlée par les forces militaires hongroises.

Comme l'Entente n'avait observé aucun accord précédent et que les troupes roumaines continuaient à avancer, le gouvernement hongrois envisageait de tenter une résistance armée. Le 2 mars, Károlyi déclara : « Si, contrairement aux principes wilsoniens, au droit à l'autodétermination des peuples et à la paix conventionnelle, la conférence de paix de Paris optait pour le partage de la Hongrie, dans ce cas, nous libérerons le pays par les armes. »[27]

Le 26 février, la conférence de paix de Paris prit la décision, sous la pression des Roumains, de déplacer la ligne de démarcation hungaro-roumaine. Elle décida de céder les régions de Szatmárnémeti, de Nagyvárad et d'Arad aux troupes roumaines et, à l'ouest de celles-ci, elle voulait établir une zone neutre, y compris Debrecen et Szeged, où l'administration hongroise aurait fonctionné sous surveillance française. C'était ainsi que la politique française voulait assurer les arrières de la force militaire roumaine qu'elle envisageait de lancer contre la Russie soviétique. Elle voulait, dans le même temps, contrôler la ligne ferroviaire de Temesvár—Szatmár—Csap à laquelle elle attribuait une certaine importance pour le ravitaillement de la Pologne en provisions de guerre.

Le gouvernement hongrois ne pouvait pas accepter la note du colonel Vix contenant les conditions de l'Entente qui lui avait été remise le 20 mars. La conférence de paix ne lui savait pas gré de sa coopérativité avec l'Entente et la possibilité d'un traité de paix acceptable s'étant évanouie, le gouvernement de Károlyi démissionna. La coalition de la bourgeoisie démocratique pro-Entente avec les sociaux-démocrates modérés avait conduit à un échec politique et moral.

[27] MIHÁLY KÁROLYI, Az új Magyarországért (Pour la nouvelle Hongrie). Válogatott írások és beszédek (Ecrits et discours choisis) 1908-1919. Publ. par GYÖRGY LITVÁN, Budapest, 1968, 294.

L'alternative socialiste : la république des Conseils

Le 21 mars 1919, la république des Conseils fut proclamée à Budapest. On vit donc se constituer, après la Russie, le second Etat prolétarien du monde qui fit entrevoir un tournant historique aux nations du bassin du Danube. Les sociaux-démocrates de gauche et les communistes ayant fait leurs premières armes pendant la révolution russe fusionnèrent au sein du Parti Socialiste. Son chef de file, en même temps président du Conseil Révolutionnaire, était Béla Kun, commissaire aux Affaires étrangères, qui avait fait son apprentissage politique dans le mouvement ouvrier de Kolozsvár.

La république des Conseils instaura une nouvelle ligne en politique étrangère et en politique des nationalités. Elle ne se fondait plus sur l'intégrité territoriale — elle se désolidarisa clairement de la politique nationale du régime démocratique de Károlyi — mais elle se refusait également à céder sans conditions certaines régions du pays aux armées des pays voisins aux visées manifestement impérialistes. La république des Conseils refusa la note de Vix et proclama la guerre pour libérer les mines et les régions productrices de vivres. Elle promit également la lutte « contre les boyards roumains » en invitant le prolétariat de Roumanie à constituer une alliance. Les dirigeants de la république des Conseils étaient fermement persuadés que le mouvement ouvrier révolutionnaire abolirait les frontières et créerait un Etat international uni dont la condition préalable aurait été « l'alliance fraternelle des travailleurs, la république fédérative ». Un décret prescrivit que toutes les nationalités devaient constituer des conseils nationaux. Les Allemands et les Ruthènes reçurent le plein droit à l'autodétermination, et l'usage oral et écrit de toutes les langues était autorisé dans l'administration. La constitution établissait que « la république des Conseils est l'alliance libre des peuples libres ».

Lorsque le gouvernement des Conseils prit le pouvoir, l'ensemble de la Transylvanie historique était déjà sous la domination de l'armée royale roumaine et du Conseil Dirigeant roumain de Nagyszeben. L'état actuel des recherches ne permet pas de savoir quel fut l'effet que la dictature prolétarienne exerça au-delà du Mont Bihar. On sait que, dès le début de décembre, l'influence des communistes s'y était renforcée, que des soldats roumains avaient désertés pour s'enrôler dans l'armée rouge hongroise et que plusieurs des futurs dirigeants ouvriers de Transylvanie avaient été soldats rouges. Il est également significatif qu'au début d'avril, les cheminots firent une grève générale. Dans les villes non encore occupées (Nagyvárad, Nagykároly, Szatmárnémeti) ainsi que dans plusieurs villages se constituèrent des directoires assurant l'administration et les organisations locales du nouveau parti. A Nagyvárad, plusieurs bataillons ouvriers furent, en une semaine, mis sur pied pour l'Armée Rouge.

La situation politique était toute autre dans les villages. Dans la majorité des communes roumaines, la fraction communiste roumaine de Nagyvárad ne sut pas amener un revirement de gauche bien qu'elle déployât une propagande importante, même dans la partie contrôlée par l'armée roumaine. Une partie considérable des 500 000 Roumains qui vivaient encore sous l'autorité hongroise éprouvaient de l'indifférence voire de la méfiance pour le pouvoir rouge, fréquemment incarné par les agitateurs urbains ou la présence de la Division Sicule.

Les puissances de l'Entente marquèrent, dès le début, une aversion profonde à l'égard de la république des Conseils qui s'acquit cependant, par ses attitudes déterminées, une autorité internationale plus importante que le régime de Károlyi. Le 24 mars, Béla Kun proposa, dans une note adressée aux grandes puissances, de régler la question des frontières sur la base de l'autodétermination réelle des peuples. La conférence de paix délégua le général Smuts à Budapest, qui proposa une ligne de démarcation plus favorable que celle de la note de Vix. Cette proposition ne livrait pas à l'armée roumaine les villes de Nagyvárad et de Szatmárnémeti, mais elle les soustrayait, en leur conférant la neutralité, à l'autorité de la république des Conseils. Dans sa contre-proposition, Kun demanda, en vertu de la convention de Belgrade, une solution plus favorable, et insista sur la convocation des représentants de la Hongrie et des pays voisins afin de traiter entre eux les questions des frontières ainsi que les futurs modes de coopération économique. Cependant, la politique française, plus agressive sur ce point l'emporta sur la politique anglo-saxonne qui était disposée à la négociation.

Le 15 avril, une importante offensive roumaine débuta tout le long de la ligne de démarcation hungaro-roumaine. Les Roumains portèrent un grand coup à la Division Sicule, disposée sur une zone de 130 kilomètres. (Lors de la proclamation de la dictature, elle constituait la seule unité efficace, à la fois suffisamment équipée et nombreuse, avec ses 12 000 soldats et 649 officiers). Il fallut rendre Szatmár, Nagyvárad, puis, le 23 avril, Debrecen. La Division Sicule se replia et essuya de grosses pertes, puis elle rompit ses rapports avec Budapest. Les chefs de la division convinrent, le 26 avril, avec une division de cavalerie roumaine de déposer les armes en acceptant même l'internement : en échange, l'armée roumaine libérerait leurs proches qui pourraient rentrer chez eux.

Le 27 avril, les Français occupèrent Makó et Hódmezővásárhely. Les troupes tchécoslovaques prirent contact avec les forces militaires roumaines. Le 30 avril, Béla Kun adressa un télégramme désespéré à Wilson, puis aux gouvernement de Tchécoslovaquie, de Yougoslavie et de Roumanie et reconnut, pour reprendre haleine, sans réserve « toutes les revendications territoriales et nationales » des pays voisins. Le 1er mai, l'armée roumaine atteignit la Tisza et rétablit partout, par des moyens très durs, l'ordre traditionnel de la société.

Le front se fixa alors sur la rivière Tisza. Quoique l'état-major roumain proposât à l'Entente de lancer de nouvelles offensives, il ne voulait cependant pas s'y risquer seul. La conférence de paix ne lui permit pas non plus d'avancer et la Russie soviétique, unique alliée de la république des Conseils, qui, afin de décharger la révolution hongroise, allait lancé une grande offensive sur le Dniester, contribua considérablement au raffermissement de la défense.

Le 30 mai, l'Armée Rouge hongroise lança l'offensive sur le front tchèque, en direction de Kassa. Sous l'effet des victoires des rouges, la conférence de paix sembla un temps disposée à inviter la Hongrie aux négociations de paix. Clémenceau notifia, le 13 juin, au gouvernement des Conseils les frontières définitives établies au mois de mars en promettant que les troupes roumaines seraient retirées de la Tisza dès que le gouvernement des Conseils aurait évacué les territoires du Nord-Est, récemment occupés. Dans sa note de réponse, Kun attira l'attention sur l'absurdité du tracé des lignes frontalières mais il ne refusa pas de les reconnaître. Les territoires du Nord furent évacués, mais les Roumains ne se retirèrent pas de la Tisza. Le gouvernement de Brătianu étant mécontent des nouvelles frontières puisqu'il recevait moins que ce qui avait été établi dans le traité secret de 1916. Pour délivrer la zone située à l'est de la Tisza, promise par Paris, l'Armée Rouge lança l'offensive le 20 juillet. Après les succès du début, elle fut contrainte de se retirer en raison de la prépondérance de l'ennemi. Le 30 juillet, l'armée roumaine traversa la Tisza et avança vers la capitale de la Hongrie. L'Armée Rouge une fois dissoute, le gouvernement révolutionnaire démissionna. La lutte pour la création d'une nouvelle société où les différends nationaux et les problèmes des frontières seraient relégués au second plan prit fin.

La contre-révolution et le traité de paix de Trianon

Le 4 août, l'armée roumaine entra à Budapest, malgré la désapprobation de l'Entente. Deux jours après, ayant renversé le gouvernement syndical de transition, un cabinet contre-révolutionnaire bourgeois se constitua, qui était sous la surveillance étroite du commandement roumain. Celui-là non plus, ne put se stabiliser et se constituer une force militaire autonome. Lorsque, à la suite de l'ultimatum de la conférence de paix, l'armée roumaine finit par évacuer, à la mi-novembre, Budapest et la région située entre le Danube et la Tisza, « l'armée nationale » de Horthy qui était au début insignifiante et placée sous les auspices des Français, put entrer à Budapest. Ce fut avec ce régime contre-révolutionnaire, hissé au pouvoir par l'Entente, que le traité de paix fut conclu.

La délégation hongroise de paix, arrivée à Paris en janvier 1920 sous la conduite du comte Albert Apponyi, fut invitée par les vainqueurs non pas à des négociations mais à la remise des conditions de paix déjà toutes prêtes. La conférence permit seulement à Apponyi de prononcer un discours sur la situation de la Hongrie et la position du gouvernement hongrois. Son exposé résuma tous les arguments apportés par la commission hongroise pour la préparation de la paix (sous la direction du comte Pál Teleki). Celle-ci chercha à persuader les puissances victorieuses que les frontières tracées ne correspondaient ni au droit à l'autodétermination nationale, ni au principe ethnique, qui d'ailleurs ne pouvait guère être appliqué équitablement dans le bassin des Carpates. La délégation avait insisté sur l'unité économique de l'ancienne Hongrie et l'interdépendance des diverses régions.

En ce qui concernait le problème de la Transylvanie, la délégation hongroise exposa plusieurs propositions selon lesquelles elle aurait pu être soit une province autonome à l'intérieur de la Hongrie, soit un Etat neutre indépendant à la manière de la Suisse. Les droits nationaux auraient été garantis par la formation de trois régions habitées par des ethnies dominantes et d'une quatrième région autonome de langue mixte. Pour terminer, la délégation hongroise demanda l'organisation d'un plébiscite en Transylvanie ainsi que dans les autres territoires litigieux en déclarant que « nous nous soumettons à l'avance au résultat du plébiscite, quel qu'il soit ».[28]

Toutes les propositions de la délégation hongroise furent rejetées. La lettre de Millerand notifiant le refus reconnut, du moins à mots couverts, certaines injustices du règlement ainsi que la fragilité de celui-ci, qui résidait dans le fait que le moindre changement pouvait rendre caduc le système tout entier.

La frontière hungaro-roumaine fut laissée là où l'avait tracée le compromis des grandes puissances. La Roumanie reçut un peu moins de ce qui lui avait été promis en 1916, mais plus que ce qu'avaient proposé les hommes poli-

[28] Discours d'Albert Apponyi à la conférence de paix le 16 janvier 1920, in : A magyar béketárgyalások. Jelentés a magyar békeküldöttség működéséről (Les négociations de paix hongroises. Rapport sur l'activité de la délégation de paix hongroise), I, Budapest, 1920, 278.

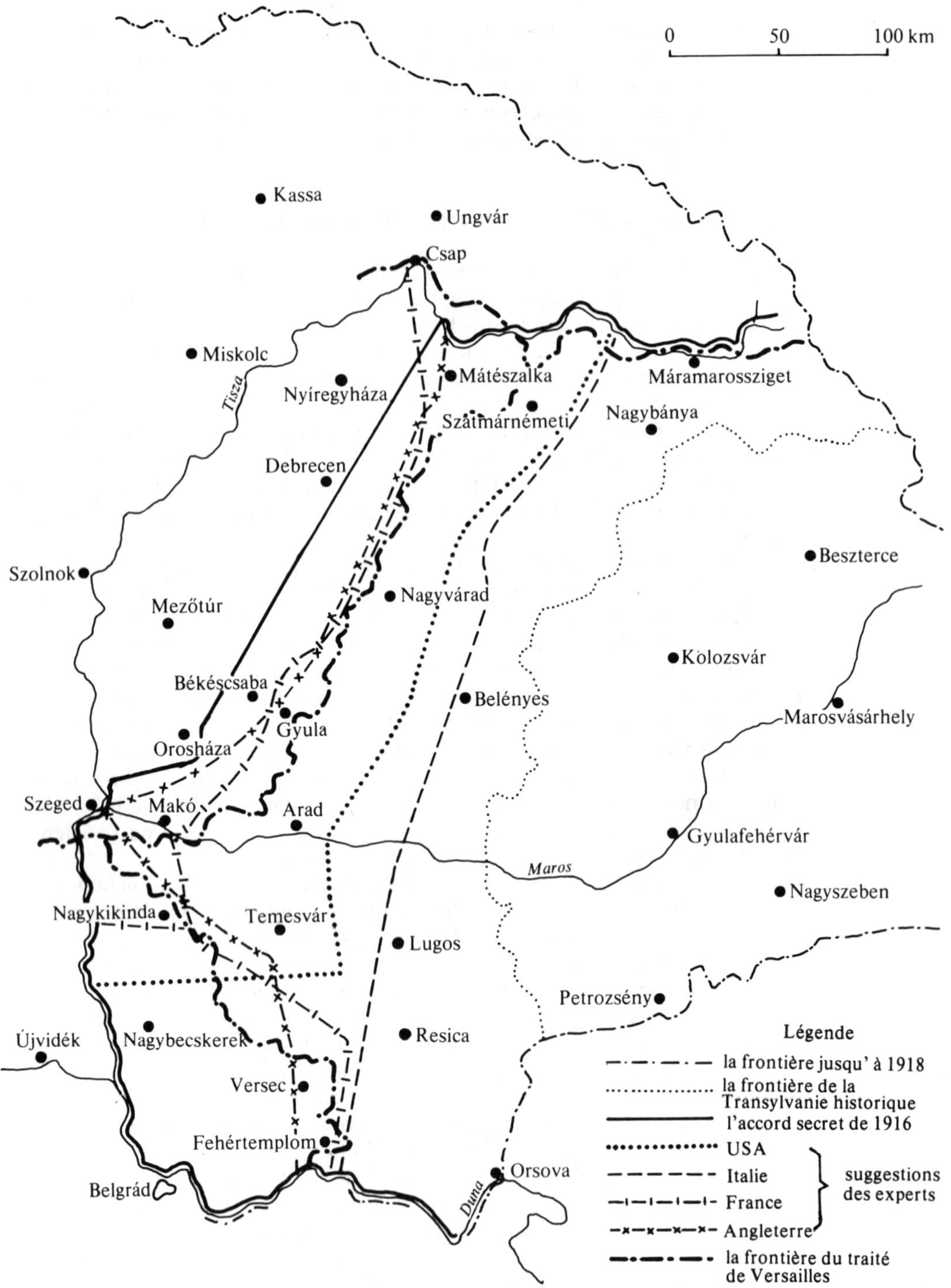

Carte 24. Tracées de frontière proposées et celles adoptées à la conférence de paix de Paris

tiques américains et italiens. Le 4 juin 1920, le traité de paix fut signé au château de Trianon. Une superficie de 102 200 kilomètres carrés (outre la Transylvanie historique, la périphérie de la Grande Plaine hongroise), soit 31,7 pour cent de l'ancien territoire de la Hongrie, et 5 257 476 habitants (dont 1 704 851 Hongrois et 559 824 Allemands), 25,2 pour cent de la population de l'ancien pays, passèrent à l'Etat roumain. Une période de l'histoire des peuples de Transylvanie prit alors fin.

Le système de paix impérialiste qui portait aussi une grave atteinte à bien des intérêts nationaux, fut condamné non seulement par la bourgeoisie brûlant d'aspirations révisionnistes des pays perdants, mais également refusé par le mouvement communiste international qui, lui, mettait l'accent sur la révolution sociale.

En effet, lorsque les hommes politiques de l'Entente voulurent mettre en place un système plus moderne qui dépasserait les conditions anachroniques de la Monarchie des Habsbourg, ils créèrent, dans le bassin du Danube une tension plus grande que celle qui avait précédé la conflagration mondiale et livré les pays de la région, d'une manière plus absolue qu'auparavant, à la politique d'intérêt des grandes puissances. La Transylvanie, rattachée désormais à un autre Etat subit elle aussi les conséquences de cette nouvelle situation.

Esquisse de l'histoire de la Transylvanie après 1918

Les rapports de forces internationaux

L'histoire de la Transylvanie est comprise, après 1918, dans celle de la Roumanie. Qu'ils s'inscrivent dans la continuité ou qu'ils apparaissent après cette date, les processus économiques, sociaux, politiques et culturels doivent, désormais, être analysés sous l'angle du développement de cette nouvelle entité géopolitique que constitue la Roumanie. Le terme ne recouvre d'ailleurs plus la même région : nous appellerons désormais Transylvanie l'ensemble des territoires rattachés, par le Traité de paix de Trianon, à la Roumanie au détriment de la Hongrie. Il ne s'agit donc plus de la seule Transylvanie historique, mais aussi des territoires situés à l'ouest du Mont Bihar, ainsi que d'une partie du Banat.

Fidèle à la méthode adoptée pour l'ensemble de l'ouvrage, nous tenterons de retracer, dans cette période aussi, l'histoire des trois ethnies qui habitent la Transylvanie, et de présenter les influences réciproques entre elles, ainsi que les traits constants ou variables qui déterminèrent leur coexistence sur le plan économique, social et culturel.

La proximité dans le temps et l'inaccessibilité partielle des documents ne nous permettent pas de brosser un vaste tableau ; dans l'état actuel des recherches, nous nous contenterons d'esquisser les grandes tendances du développement sans nous livrer à des analyses détaillées.

Après 1916, la Roumanie choisit l'orientation franco-anglaise ; les traités de paix une fois signés, elle s'associa, suivant cette même logique, à la Tchécoslovaquie et à la Yougoslavie qui avaient formé la Petite Entente, pour veiller au maintien du statu quo nouvellement créé en Europe Centrale et Orientale sous la tutelle de la France et de l'Angleterre. La préoccupation première de la politique extérieure du nouvel Etat roumain était d'assurer l'intégrité territoriale. Aussi les différents gouvernements subordonnent-ils à cette idée majeure leur politique intérieure et, dans le cadre de celle-ci, leur attitude à l'égard des minorités nationales. L'URSS ne reconnaît pas les traités de paix et ne renoncera pas un instant à la Bessarabie. De même, la Bulgarie n'accepte pas le rattachement de la Dobroudja méridionale à la Roumanie. La Hongrie, elle, se plie aux dispositions du traité du Trianon, mais ne fait pas mystère de son intention d'en obtenir la révision. Dans un premier temps, les velléités hongroises de réannexer la Transylvanie ne menacent pas directement la Roumanie car elles ne sont, au départ, cautionnées par aucune grande puissance. C'est en 1927 que la politique extérieure hongroise parvient pour la première fois à rompre son isolement complet : l'Italie fasciste, mécontente des traités de Paris, prend alors officiellement, pour des raisons tactiques, position en faveur des visées hongroises de redécoupage des frontières. Restée sans conséquence pratique, cette démarche n'en ravive pas moins l'irrédentisme hongrois qui espère voir se modifier, à la suite d'un tournant radical dans les rapports entre puissances en Europe, le statu quo territorial. Cet espoir ne sera que renforcé par l'avènement du fascisme allemand, puisque la politique étrangère hitlérienne réclamera elle aussi la révision des traités de paix.

Ainsi, l'évolution des rapports entre les deux pays, de même que le sort des peuples de la Roumanie et de la Hongrie étaient conditionnés d'avance par le système de paix, lui-même porteur de conflits prévisibles, et par la présence de blocs de puissances en désaccord quant à la politique à suivre dans cette région de l'Europe.

La situation intérieure du nouvel Etat roumain

Dans l'entre-deux-guerres, la Roumanie fait figure de pays agricole arriéré. A titre d'illustration, il suffit de rappeler qu'en 1930, 78,7 pour cent de sa population active travaille dans l'agriculture et à peine 6,7 pour cent dans l'industrie. La caractéristique principale de la structure agricole est le morcellement en exploitations minuscules ou petites dont la part sera encore plus grande à la suite de la réforme agraire de 1921. La petite entreprise prédomine aussi bien dans l'industrie que dans le commerce. Sur le long terme, le développement économique est marqué par la poussée des industries modernes d'extraction (pétrole et charbon), par le développement de la production de fer et d'acier et, partiellement, des constructions mécaniques. Outre les capitaux roumains, des investissements français, belge, allemand — et, dans une moindre mesure, en Transylvanie, hongrois — vont aux grosses entreprises industrielles et aux banques.

Un phénomène propre à l'Europe de l'Est : la structure sociale se caractérise avant tout par le sous-développement économique ; les plus larges couches de la paysannerie vivent dans des conditions traditionnelles et arriérées avec un niveau de vie extrêmement bas. Relativement peu développée, la classe ouvrière est concentrée dans des zones géographiques précises et se répartit entre un nombre restreint de branches industrielles. La petite bourgeoisie se constitue d'artisans, de détaillants et d'employés de bureau. L'administration de l'Etat reste sous la coupe des représentants du grand capital et des propriétaires terriens.

Royaume constitutionnel, la Roumanie connaît, jusqu'en 1938, un pluripartisme basé sur l'alternance parlementaire, où les garanties constitutionnelles sont limitées par le retard du développement économique et social. Les années 20 ont vu au pouvoir, avec de courtes interruptions, le Parti libéral que dominait la famille Brătianu appuyée par le gros capital de Bucarest. Pour faire aboutir leur politique économique de modernisation, à laquelle ils attachent l'étiquette de nationale, les libéraux se servent de toutes les formes de corruption, gangrène souvent dénoncée de la vie publique roumaine. Une bonne partie de la bourgeoisie et des intellectuels roumains de Transylvanie soutient le Parti National de Iuliu Maniu qui, en fusionnant avec le Parti des petits propriétaires, comprenant certains éléments de la petite bourgeoisie transcarpatique, prend en 1926 le nom de Parti Paysan National et devient, par le nombre de ses adhérents, la deuxième force du pays. Prônant une démocratie fondée sur la primauté de la paysannerie, ce parti s'érige en principal rival des libéraux. Cependant, après son arrivée au pouvoir en 1928, il ne peut tenir ses promesses d'intégrité de la vie publique et de probité de l'administration, et doit affronter la déception et des larges couches sociales, et de ses propres cadres.

A l'opposé des gouvernements orientés à droite, s'organise, dans chaque province, le mouvement ouvrier: jusqu'en 1920-1921, il conserve son autonomie et maintient, par la suite, ses cadres régionaux. Fondé en 1921, le Parti Communiste Roumain doit, après une courte période de légalité, passer dans la clandestinité, cependant, il marque de son empreinte la plupart des syndicats, qui fonctionnent d'ailleurs sous l'influence du Parti Social-démocrate jouissant d'un statut légal. Il déploie également son activité dans d'autres organisations, tel le Bloc des Travailleurs Urbains et Ruraux dont les membres sont aux deux tiers transylvains. Parmi les membres et les dirigeants de ce Bloc, les ouvriers et les intellectuels hongrois — dont beaucoup ont adhéré au mouvement ouvrier dès avant 1918 ou avaient pris part aux combats de la république hongroise des Conseils — sont en assez grand nombre. En 1924, le IIIe Congrès du Parti Communiste affirme le droit des peuples à l'autodétermination ainsi que le droit à la séparation.[1] Il précise en outre que, par l'union de différentes provinces, la Roumanie «s'est transformée d'Etat national en Etat multinational» et en déduit la nécessité de mettre un accent particulier sur le resserrement des relations avec les travailleurs appartenant aux minorités nationales. Plus tard, le parti révoquera cette résolution, mais l'exigence d'une solution démocratique de la question nationale restera jusqu'au bout une caractéristique de sa politique.

Les communistes prennent la tête des combats et rassemblent des travailleurs de toutes nationalités sur le thème de la crise économique mondiale et de ses conséquences. La lutte la plus importante est, en 1929, la grève des mineurs de charbon de Lupény, protestant contre les baisses de salaire et les licenciements. Ce mouvement es réprimé manu militari dans un affrontement qui fait au moins 30 morts. Parmi les victimes, les Hongrois sont nombreux tandis que, dans l'autre camp, la direction de la Société minière de Petrozsény compte, entre autres, des capitalistes de Hongrie, sans oublier ceux qui jouissent, sans y siéger, de la plus-value produite par les mineurs de charbon de la vallée du Zsil grâce à leurs actions. Les communistes sont également, en 1934, les «meneurs» du mouvement des paysans de la vallée du Gyimes, en 1935 de la grève des ouvriers de la tannerie Dermata de Kolozsvár, ainsi que de celle, en 1936, de la manufacture de textiles d'Arad. Ces combats forgent l'union nouvelle des travailleurs roumains et hongrois, phénomène unique et prometteur dans ce climat de haines nationalistes attisées.

Les années 30 voient renaître le nationalisme dont les thèmes sont surtout repris par le mouvement fasciste qui, originaire de Moldavie, ne reste nullement en arrière de ses homologues européens. Amalgamant plusieurs tendances, l'organisation connue sous le nom de Garde de Fer s'érige, après la grande crise économique mondiale, en une force avec laquelle il faut compter. Elle fait feu de tous bois: de la crise elle-même et du retard de la paysannerie spoliée et laissée pour compte par la société des nantis; de la profonde inimitié marquée par les jeunes intellectuels issus du peuple à l'égard aussi bien de

[1] Documente din istoria Partidului Comunist din România 1923–1928 (Documents de l'histoire du PCR), Vol. II. Bucureşti, 1953, 258.

l'immoralité de la vie publique bourgeoise que des querelles de partis, et enfin, de la xénophobie. L'évolution de la situation internationale, et plus particulièrement la montée du fascisme en Allemagne, ne font que la stimuler. Par l'utilisation, outre la démagogie sociale bien connue du fascisme, du mysticisme orthodoxe — qui compte des adeptes aussi en Transylvanie —, ce mouvement, tout en prônant l'avènement d'un monde plus juste et plus moral, a recours, pour liquider ses adversaires, aux assassinats politiques.

C'est le mouvement ouvrier, sorti renforcé des grèves organisées par les communistes lors de la crise économique, qui combat la droite et le fascisme avec le plus de détermination. Les intellectuels des différentes nationalités se solidarisent avec la lutte des communistes et des sociaux-démocrates, sans pour autant parvenir à stopper la montée du fascisme.

Aux attaques du fascisme européen et roumain la classe régnante oppose une dictature de droite. Le roi Charles II tente de mettre en place un régime autoritaire et d'y rallier l'opinion nationale. Au début de 1938, il chasse le gouvernement d'Octavian Goga — d'ailleurs à caractère provisoire — et met au plébiscite un projet de constitution d'esprit corporatif destiné à sanctionner le nouveau régime politique. Sur 4,3 millions de votants, 5483 seulement osent — dans des conditions d'état de siège — se prononcer contre ce projet, la plupart en Transylvanie. Les partis et les organisations sont dissous, la législation est confiée, au lieu de la représentation nationale traditionnelle, à une soi-disant représentation des intérêts, l'administration étant, la plupart du temps, subordonnée à des cadres militaires. Un Front de renaissance nationale, auquel sont intégrées aussi les organisations des minorités nationales, est érigé comme cadre de la vie politique. L'expérience de Charles II — curieux amalgame de fascisme et de néo-nationalisme, de libertés partielles et de mesures de modernisation administratives et économiques — n'est pas sans soutien. Faute de solution alternative, elle est acceptée, en Transylvanie comme ailleurs, par une partie de la bourgeoisie roumaine qui approuve ses mesures draconiennes visant à liquider la Garde de Fer et espère qu'elle saura relever le défi des prétentions hongroises toujours plus fortes à la révision du Traité de Trianon.

Les conditions économiques

Rappelons que les territoires occidentaux annexés à la Roumanie par le Traité de Trianon représentent 34,8% (102 200 km²) du territoire total et 30,7% (5,548 000 habitants en 1930) de sa population. En 1930, sur la population active de ces territoires, 76,6% travaillent dans l'agriculture, 9,6% dans l'industrie, 4,7% dans le commerce et 9,1% dans d'autres secteurs. Le tiers de cette superficie est couvert de forêts. 76% de la surface arable est destinée à la culture des céréales, 9% aux cultures fourragères, 4,5% aux plantes sarclées et un peu plus de 2% aux plantes industrielles. Dans les années 30, le rendement moyen à l'hectare est de 9 quintaux de blé et de 11 quintaux de maïs. Les bovins de ces régions constituent, en 1935, 35% du cheptel national et les porcins 44%. Le cheptel ovin est de l'ordre de 24%. Grâce à de meilleures conditions techniques et à un plus grand soin apporté aux cultures, la production agricole atteint, en Transylvanie, un niveau légèrement supérieur à celui des autres régions du pays. (En 1935, 44,8% du parc de tracteurs et 42,6% du parc de batteuses sont employés en Transylvanie où se trouve 24,5% de la surface arable totale du pays.)

Sur le plan de l'industrie minière, la production de sel, de charbon et de minerais non-ferreux se poursuit; l'extraction de minerai de fer et surtout l'exploitation des champs gazifères de Transylvanie se développent. A proximité des mines de charbon et de minerai, la production de fer et d'acier prend de l'ampleur, tout comme l'industrie chimique près des exploitations de sel et de gaz naturel. Les industries des matériaux de construction et celles du papier et du carton démarrent en plusieurs endroits, tandis que survivent certaines branches traditionnelles telles que les industries alimentaires, les cuirs et peaux, le textile, la céramique, la verrerie et l'industrie du bois. La production usinière est concentrée dans les zones industrielles classiques des régions de Resica, Arad, Temesvár, Brassó, Kolozsvár, Nagyvárad et Vajdahunyad. En 1937, les usines de Transylvanie entrent pour 38,6% dans la production nationale roumaine. La production industrielle du pays, après avoir connu une période de forte crise, va, à partir du milieu des années 20, doubler en quinze ans. En Transylvanie, cette croissance est plus modeste, de l'ordre de 60% seulement, ce qui s'explique surtout par le manque de capitaux et l'absence de subventions d'Etat, mais aussi par un niveau de départ supérieur.

De 1921 à 1938, le capital des entreprises passe, dans l'ensemble du pays, de 16 à 61 milliards de lei. Certes, au sein de cette croissance globale, le volume des capitaux étrangers est porté de 10,8 à 38,9 milliards. L'industrie transylvaine, comme l'industrie roumaine dans son ensemble, est largement tributaire des capitaux étrangers, surtout venus de France, de Grande-Bretagne, de Belgique et d'Allemagne dont la part atteint 67,5% en 1921 et 63,8% en 1938.

A examiner les grands secteurs de production sous l'angle des rapports de propriété, il apparaît qu'en Transylvanie, comme dans le reste du pays, la petite propriété privée est prédominante: 1 165 000 propriétaires se partagent les 3,5 millions d'hectares de terre arable, 1 007 000 d'entre eux possédant moins de 5 ha, 105 000 entre 5 et 10 ha et 53 000 plus de 10 ha. Le nombre total des entreprises industrielles et commerciales s'élève, en 1930, à 96 611 : elles emploient 362 125 personnes. En 1937, on compte 1691 grandes entreprises industrielles qui emploient un total de 130 000 salariés, soit près du double du chiffre de 1919.

En conformité avec le niveau de développement économique et la répartition socio-professionnelle, les conditions d'habitation reflètent le caractère agricole du territoire. En 1930, les ruraux représentent 82,7% de la population de la Transylvanie, le nombre des citadins s'élevant à 958 998 seulement (17,3%). Plus de la moitié de la population vit dans les communes rurales de moins de 2000 habitants. Sur 49 agglomérations ayant statut de ville, six seulement comptent plus de 50 000 habitants. La population urbaine, en raison de l'industrialisation, des progrès de la bureaucratie et du développement du secteur tertiaire a augmenté (+285 000 depuis 1910), tandis qu'au cours de la même période, la population rurale reste inchangée.

Les campagnes demeurent toujours très fortement autarciques et font appel au commerce pour la seule acquisition d'articles manufacturés de première nécessité. Leurs habitants sont — à l'exception du prêtre, du maître d'école, de l'épicier, de l'aubergiste et d'un ou deux artisans — très majoritairement agriculteurs avec, parmi eux, quelques fermiers aisés; la plupart exploitent de menus lopins ou sont salariés agricoles. La population citadine se compose essentiellement d'artisans, de détaillants et d'employés ainsi que, dans une faible mesure, d'intellectuels, mais aussi, en nombre non négligeable, d'agriculteurs qui approvisionnent le marché en légumes, fruits et volailles. Les ouvriers sont concentrés dans quelques villes et centres industriels. Il s'agit donc d'une société rurale ou de petites villes fortement hiérarchisées, qui conservent les formes de comportement communautaire et de mode de vie héritées du XIXe siècle.

Les Roumains en position dominante

La particularité de la Transylvanie, par rapport à l'ancienne Roumanie, consiste essentiellement — outre le niveau différent de développement économique et la diversité culturelle — dans son caractère multiethnique. Selon le recensement de 1930, la composition ethnique de la Grande-Roumanie offre l'image suivante: 71,9% de Roumains, 7,9% de Hongrois, 4,1% d'Allemands, 4% de Juifs, 3,2% de Ruthènes, 2,3% de Russes, 2% de Bulgares et 4,6% d'autres. En Transylvanie, sur une population de 5 548 363 habitants, les Roumains sont 57,8%, les Hongrois 24,4%, les Allemands 9,8%, les Juifs 3,2% et les autres 4,8%. Ce recensement marque la distinction entre appartenance ethnique et langue maternelle, réservant des catégories à part, même lorsqu'elles sont hungarophones, aux ethnies juive et tzigane. (Rappelons que le recensement de 1910 avait, sur le critère de la langue maternelle, enregistré 53,8% de Roumains, 31,6% de Hongrois, 9,8% d'Allemands et 4,8% de divers.)

Le changement de régime a profité aux Roumains, tant sur le plan économico-social que culturel. Les bénéficiaires de la réforme agraire décrétée par la loi de 1921 sont, au 1er juin 1927, selon les statistiques officielles, 212 803 Roumains, 45 628 Hongrois, 15 934 Saxons et Souabes et 6314 autres. Par sa politique fiscale et ses crédits, l'Etat cherche à soutenir les petits exploitants roumains endettés envers les banques, mais le retard technique ne permet pas une progression de la productivité dans l'agriculture. Les petits et tout petits propriétaires vivent dans des conditions de pauvreté, et la situation de la paysannerie — indépendamment de son appartenance ethnique — demeure le grand problème social.

L'Etat épaule, par des moyens tant économiques qu'administratifs, les artisans et les petits détaillants roumains, couches dont les effectifs augmentent peu. Fondée en Transylvanie, la société Albina devient une des grosses banques de Roumanie; à Kolozsvár, sont créées la Banca Centrală pour le développement du commerce et de l'industrie de la Transylvanie et la Banca Agrară pour financer l'agriculture. Malgré cela, le développement des infrastructures bancaires de Transylvanie est nettement défavorisé par la concurrence des banques de Bucarest.

Etant donné l'élargissement de l'appareil administratif et culturel, alors même que de nombreux Hongrois quittent le pays pour s'installer en Hongrie ou perdent leur poste, le changement de régime profite plus particulièrement aux fonctionnaires et aux intellectuels roumains. Cependant, les possibilités de promotion des Roumains de Transylvanie sont limitées par le grand nombre de cadres parachutés de la Vieille Roumanie, ce qui ne manquera pas de susciter bientôt des conflits.

Les divergences ne sont qu'accentuées par les différences d'ordre culturel ou relevant du mode de vie. Dans la Vieille Roumanie, la religion orthodoxe est largement prédominante, alors qu'en Transylvanie, les Roumains appartiennent à deux Eglises certes différentes, mais jusque-là égales en droit. (En 1930, 1,9 million de Roumains se déclarent orthodoxes et 1,4 million de rite uniate.) Or, la Roumanie nouvelle considère l'orthodoxie comme la religion d'Etat et n'assure qu'un « droit de priorité » au rite uniate face aux autres cultes (non roumains). Les deux Eglises, dans un premier temps, bénéficient d'importantes subventions d'Etat, mais, grâce à la mise en place de nouvelles communautés et à la construction d'églises neuves, l'Eglise orthodoxe prend progressivement le dessus. Par suite de la nationalisation du réseau des écoles confessionnelles roumaines, les uniates perdent leurs établissements remontant à de longues traditions et, avec ceux-ci, la possibilité de maintenir, dans l'éducation de la jeunesse, la continuité d'un patrimoine culturel solidement établi depuis le XVIIIe siècle, et attaché à Rome et à Vienne.

Comme la base sociale de la politique nationale roumaine de Transylvanie est la paysannerie, la classe dirigeante de Transylvanie réagit avec davantage de sensibilité que les Roumains du « Regat » (Royaume, Óromània) aux problèmes ruraux. Des dissemblances existent par ailleurs entre les traditions économiques et administratives de la Vieille Roumanie et de la Transylvanie. Les normes sont différentes dans la vie publique et aussi dans les coutumes et le mode de vie quotidiens.

Tradition, intérêts économiques et culturels, différences de mode de vie, tout concourt à ce qu'une partie notable des Roumains de Transylvanie prennent fait et cause pour le parti national de Maniu qui affiche des intérêts spécifiquement transylvains. La *Patria* de Kolozsvár exprime, dès le 26 décembre 1920, ses récriminations contre ceux du Regat, en ces termes : « Ils considèrent et traitent la Transylvanie comme une colonie » et, en 1922, le Parti National refuse même de prendre part au couronnement du roi. Fusionnant avec un partenaire du Regat, le parti de Maniu, nommé désormais Parti Paysan National, parvient enfin, en 1928, au pouvoir mais ne réussit pas à faire aboutir les intérêts spécifiquement transylvains : en raison des demi-mesures et du fait de la crise économique, son programme pro-paysan tourne en son contraire. La libéralisation de la vente des terres entraîne chez les petits paysans la perte de la propriété ; les coopératives et les « banques du peuple » deviennent des instruments de la spoliation des pauvres.

Alors que Maniu, pour redorer son blason, revendique, dans les années 20, une certaine autonomie de la Transylvanie, une autre partie des Roumains de Transylvanie, essentiellement de la tendance dont le poète Octavian Goga est le chef de file, clame, face aux efforts d'autonomie, la nécessité d'une forte centralisation. Les efforts de la classe dirigeante hongroise pour récupérer des territoires contribuent à revigorer l'idée d'unité de l'Etat roumain, même chez ceux qui fustigent la mainmise et la corruption des partis et souhaitent mettre en valeur la spécificité transylvaine.

Le changement de régime fut, du point de vue culturel, favorable à la population roumaine. En 1910, la moitié de la population était encore illettrée et la majeure partie des analphabètes vivaient dans les comitats à majorité roumaine. (Dans les départements (judeţ) de Hunyad, Alsó-Fehér, Kolozs, Szilágy et Máramaros les deux tiers de la population adulte étaient analphabètes.) La nationalisation des écoles, le développement du réseau scolaire et l'augmentation des effectifs du personnel enseignant améliorent les conditions de la promotion culturelle. En 1930, on compte déjà 67,4% de lettrés, 83,7% dans les villes et 62,5% en milieu rural. Cependant, dans les départements de Kolozs, Hunyad, Szilágy, Bihar, Torda et Máramaros, de 37,4% à 68,6% de la population rurale reste analphabète. La majeure partie de ceux qui savent lire et écrire n'ont pas fait plus de quatre classes d'école primaire.

L'enseignement secondaire s'élargit et se différencie, ce qui permet de faire augmenter le nombre des Roumains dans les professions libérales et intellectuelles. L'intelligentsia est essentiellement formée à l'Université bien équipée de Kolozsvár, qui, à partir de 1919, dispense ses enseignements en roumain. En 1921 est créée, à Temesvár, une école supérieure technique qui accèdera par la suite au rang d'université.

L'intelligentsia roumaine s'étoffe : elle ne se compose plus uniquement de maîtres d'école, de professeurs et de prêtres, mais aussi de médecins, d'ingénieurs et de juristes. Cette couche est essentiellement d'extraction rurale, surtout issue de familles paysannes aisées, ce qui renforce la foi en la possibilité de promotion sociale ainsi qu'en la nécessité de prendre part au pouvoir. Il en résulte qu'une majorité décisive de ces intellectuels se mettent aux côtés du parti des classes régnantes tandis qu'ils sont très peu nombreux à se solidariser avec le mouvement ouvrier. Le nationalisme des intellectuels est teinté de ce populisme qui caractérise la culture roumaine de Transylvanie depuis la fin du XIXe siècle et qui se manifeste surtout dans le soutien accordé à l'art populaire ainsi que dans l'attachement à une image de paysannerie mythifiée.

Cette orientation de la culture roumaine de Transylvanie s'affirme dans l'œuvre de Lucian Blaga qui, dans sa poésie cosmico-philosophique, cherche la réponse aux grandes interrogations humaines et qui, dans ses essais, s'inspirant de la philosophie allemande et de la poésie populaire roumaine, peint un tableau mythique du destin et du caractère de son peuple. La prestigieuse revue *Gândirea* (Pensée) est le principal organe au service de cette tendance pro-nationaliste. La littérature romanesque évoque elle aussi le monde rural roumain. Ses principaux représentants sont Liviu Rebreanu et Ion Agîrbiceanu qui dépeignent le paysan roumain de Transylvanie dans un milieu idyllique mais non sans évoquer les tragédies du quotidien ainsi que les anciennes luttes paysannes contre la classe dirigeante hongroise qu'ils identifient au « règne magyar ».

La problématique nationale marque profondément les activités et la recherche à l'Université de Kolozsvár où archéologues, historiens, linguistes et folkloristes s'évertuent à prouver la continuité daco-roumaine, à étudier les mouvements nationaux et sociaux roumains de Transylvanie, ainsi que le folklore et l'art populaire. Sous l'impulsion des besoins économiques, on voit par ailleurs s'épanouir les sciences naturelles et appliquées, enseignées à l'Université de Kolozsvár par d'éminents spécialistes.

Les tribulations des Hongrois

Les chefs de file des Roumains de Transylvanie avaient tenté, dans la résolution de Gyulafehérvár proclamant l'union, de formuler en même temps une Charte des libertés pour les minorités nationales. Citons-en le texte : « Liberté nationale totale pour les peuples cohabitants. Chaque peuple a droit à l'éducation, à l'administration et à la juridiction en sa langue maternelle et par une administration propre, exercée par des personnes issues de son sein. Chaque peuple a droit à une représentation conforme à son importance numérique dans les assemblées législatives et le gouvernement du pays. »[2] Cette résolution reflétait, sur le plan des questions politiques et sociales, un esprit de démocratie bourgeoise qu'elle promettait de faire valoir notamment en faveur des minorités nationales.

[2] Imre Mikó, Huszonkét év, op. cit., 265.

Tableau VI – Répartition de la population de la Transylvanie selon la langue maternelle et la nationalité, d'après les recensements hongrois de 1910 et roumain de 1930

Population	1910	1930		1910	1930	
	langue maternelle	langue maternelle	nationalité	langue maternelle	langue maternelle	nationalité
	(en milliers)	(en milliers)		%	%	
Roumains	2830	3233	3208	53,8	58,2	57,8
Hongrois	1664	1481	1353	31,6	26,7	24,4
Allemands	516	541	544	9,8	9,8	9,8
Juifs/Yiddish	49*	111	179	0,9	2,0	3,2
Tziganes	60	40	109	1,2	0,8	2,0
Autres	144	138	155	2,7	2,5	2,8
Total	5263	5548	5548	100,0	100,0	100,0

* donnée calculée

Sources: Les données du recensement de 1910 (en hongrois) M. Stat. Közlemények. Új Sorozat 42. kötet; JAKABFFY, E.: Statistiques de Transylvanie (en hongrois) Lugos 1923; Les données du recensement de 1930 (en roumain) Recensământul general al populației din 29 Decembrie 1930. II. (București 1938, 1-180).

En 1919, la Roumanie s'engage, dans une convention internationale, à mettre dans la pratique l'exercice des droits des minorités. Cette convention sur les minorités garantit aux non-Roumains l'égalité générale de leurs droits, le libre usage de la langue, l'enseignement dans les langues respectives des minorités nationales, ainsi qu'une certaine autonomie culturelle accordée aux Sicules et aux Saxons. Elle autorise les représentants des minorités à s'adresser éventuellement à la Société des Nations pour réclamer l'exercice de leur droit. L'égalité en droit des citoyens appartenant aux minorités sera, en principe, réaffirmé par la Constitution de 1923, mais cette dernière déclarera le pays «Etat national roumain» et ne donnera pas force de loi aux importantes promesses de la résolution de Gyulafehérvár. Aussi la contradiction subsistera-t-elle entre les dispositions de la Constitution et la pratique politique, contradiction qui bloquera dans une mesure non négligeable les possibilités de coopération entre le peuple majoritaire et les minorités.

Le recensement de 1930 fait état, en Transylvanie — suivant la langue maternelle déclarée —, de 1 480 712 Hongrois. Après 1918, selon les estimations, 200 000 Hongrois (selon d'autres données, 300 000), entre autres des intellectuels et des fonctionnaires, avaient quitté la Transylvanie pour s'établir en Hongrie. Au moment du recensement, plus du tiers de la population hongroise vit en Terre sicule, à peu près le quart dans les villes de Transylvanie et un autre quart aux abords de la frontière occidentale.

La stratification socio-professionnelle de la société hongroise de Transylvanie était, traditionnellement, plus complexe que celle des Roumains. Par rapport à la population totale, elle avait un caractère moins agricole, 58% seulement des Hongrois vivant des produits de la terre et de l'élevage. Près de 20% d'entre eux tiraient leur subsistance de l'industrie, minière ou autre, alors que 7,8% relevaient du secteur tertiaire (commerce, banques, transports). Le taux des travailleurs temporaires (surtout journaliers) était relativement élevé (2,5%).

Dans la Roumanie de régime mi-capitaliste mi-féodal, la situation des Hongrois ne cesse de se dégrader, en raison d'une part de certains processus socio-économiques défavorables, mais aussi à cause de la politique de discrimination nationale. Les régions habitées par les Hongrois, en particulier la Terre sicule souffrent du sous-développement industriel. La crise du capitalisme affecte tout particulièrement les ouvriers, les artisans et les petits détaillants, et notamment des Hongrois qui sont plus nombreux dans ces secteurs que les autres ethnies. Même si la réforme agraire de 1921 a, à certains endroits, profité aussi aux paysans hongrois, elle ne satisfaisait pas les besoins de terres du prolétariat agricole de cette ethnie. Cette réforme, où perce une discrimination nationale certaine, frappe en premier lieu les grands et moyens propriétaires fonciers hongrois et affecte gravement les Eglises et les communautés. Alors que les terres des Eglises roumaines tendent à augmenter en superficie, celles des Eglises hongroises se voient diminuées de plus de 314 000 acres et ce bien qu'elles en eussent, traditionnellement, utilisé le revenu à des fins éducatives et culturelles.

Une manifestation de la discrimination économique est l'établissement d'impôts plus élevés dans les départements sicules que dans les régions à prédominance roumaine. Les artisans et les petits détaillants hongrois se trouvent défavorisés non seulement par le système fiscal, mais aussi par le refus ou la cessation du crédit. Les banques hongroises ne jouissent pas des mêmes faveurs que les autres auprès de la Banque nationale de Roumanie, d'où le caractère limité du crédit qu'elles sont à même d'offrir. Et encore,

Tableau VII – Répartition de la population de la Transylvanie selon les catégories professionnelles et la nationalité en 1930 (actifs + personnes à charge)

Catégorie professionnelle	Roumains		Hongrois		Allemands		Juifs		Autres		Total	
	(en milliers)	%	(en milliers)	%	(en milliers)	%	(en milliers)	%	(en milliers)	%	(en milliers)	%
Agriculture	2598	81,0	786	58,0	294	54,1	16	9,2	171	64,5	3865	69,7
Mines, industrie	209	6,5	270	19,9	130	24,0	48	26,7	42	15,9	699	12,6
Commerce, banques, transports	112	3,5	106	7,8	40	7,2	72	40,4	8	3,0	338	6,1
Administration	48	1,5	25	1,8	8	1,5	3	1,9	2	0,6	86	1,5
Service ecclésiastique	16	0,5	8	0,6	2	0,5	6	3,6	1	0,2	33	0,6
Education	26	0,8	12	0,9	6	1,1	2	1,0	1	0,3	47	0,8
Armée et police	63	2,0	5	0,4	3	0,6	2	1,2	7	2,7	80	1,5
Santé	10	0,3	16	1,2	10	1,8	3	1,7	2	0,8	41	0,7
Travailleurs temporaires	37	1,2	34	2,5	7	1,4	5	2,7	13	4,9	96	1,7
Divers et inconnus	89	2,7	91	6,9	44	7,8	22	11,6	17	7,1	263	4,8
Total	3208	100,0	1353	100,0	544	100,0	179	100,0	264	100,0	5548	100,0

Sources: Recensământul general al populației din 29 Decembrie 1930. VII (București, s. d.)

gardiennes des intérêts capitalistes, elles n'aident en aucune manière, pas même dans la mesure de leurs possibilités, la paysannerie hongroise aux abois.

Les conditions naturelles des départements de la Terre sicule ne favorisent pas l'agriculture et, comme l'industrie y est presque inexistante, une part importante de la jeunesse se voit contrainte à l'émigration vers le Regat (où, selon les estimations, une centaine de milliers de Hongrois vont, à cette époque, chercher fortune) ou à chercher du travail dans les villes de Transylvanie. Par ailleurs, la crise économique pousse à l'émigration vers l'Amérique (on estime à quelque 50 000 le nombre des émigrés entre 1920 et 1940 vers l'Occident et surtout vers les Etats Unis).

Une partie de l'aristocratie hongroise avait quitté la Transylvanie, mais ceux qui sont restés peuvent, malgré le déclin de leur fortune et grâce à leurs relations avec les milieux dirigeants roumains ou à leurs rapports avec la Hongrie, jouer un rôle dans la vie politique et publique. Une part non négligeable des propriétaires fonciers moyens s'étaient appauvris; leurs enfants tentent de refaire leur vie dans les villes ou préfèrent s'expatrier. En 1919, nombreux étaient les fonctionnaires qui n'avaient pas prêté serment de fidélité au nouveau pouvoir, ce qui constitua pour ce dernier un excellent motif de licenciement. Plus tard, les licenciements frapperont ceux qui ne parlent pas roumain, qu'ils soient postiers ou cheminots. Dans les rangs de la bourgeoisie et des intellectuels, beaucoup vivent dans l'incertitude du fait que le nouveau pouvoir refuse de leur reconnaître la citoyenneté roumaine. Dès les années 30, le «numerus valachicus» est observé jusque dans les entreprises privées: cela signifie l'obligation d'employer un personnel à majorité roumaine et d'effectuer la gestion en roumain.

L'hégémonie de la langue roumaine est imposée par tous les moyens. Les noms des localités et des rues ne sont plus affichés en hongrois, interdiction qui est valable même pour les agglomérations à majorité hongroise et parfois jusque dans les publications de langue hongroise. Les enseignes bilingues sont d'abord assujetties à une taxe, puis enlevées. A partir de 1921, les tribunaux conduisent les procès, délibèrent et rendent leur verdict en roumain et les usagers de la justice ne parlant pas roumain doivent faire appel à un interprète. Tout document adressé aux autorités doit être rédigé en la langue d'Etat. Dans les lieux publics apparaît l'inscription: «Parlez uniquement en roumain! (Vorbiţi numai româneşte!)» Des colons roumains sont établis en masse, en particulier le long de la frontière occidentale et sur la Terre sicule, sans susciter, du reste, de changement majeur dans les conditions ethniques. Une campagne est tout spécialement lancée en vue de roumaniser les Sicules; des milieux nationalistes tentent par tous les moyens de prouver que les Sicules ne sont en fait que des Roumains magyarisés qu'il faut simplement ramener à leur culture d'origine. A partir de 1924, la roumanisation de la population presque entièrement hungarophone de la Terre sicule et de la zone frontalière mixte (mais à majorité hongroise) est activée par la création (dans dix départements de ces régions) d'une zone dite «culturelle» afin d'y intensifier, selon le discours officiel, l'enseignement du roumain. Des enseignants venus du Regat y sont embauchés dans les écoles laïques avec une rémunération majorée de 50% et l'octroi d'une ferme de 10 hectares. L'école apparaît donc désormais comme le principal instrument de l'assimilation.

Après 1919 un bon millier d'écoles élémentaires laïques de langue hongroise sont supprimées et l'enseignement en langue hongroise ne subsiste que dans les écoles confessionnelles. Au cours de l'année scolaire 1930-31, les Eglises font fonctionner — sans la moindre subvention d'Etat — 483 écoles primaires réformées, 297 catholiques, 36 unitariennes et 6 évangéliques. Le nombre des élèves y atteint 76 255, soit 57,6% des enfants hongrois soumis à l'école obligatoire. Les autres devaient, en principe, être accueillis par les écoles publiques de langue hongroise ou les sections hongroises des écoles roumaines, mais leur nombre va décroissant : en 1934-35, on n'en compte plus que 112 avec 11 484 élèves inscrits. Le fait que, dans certains départements, tels que Csík et Szatmár, aucune école publique à section hongroise ne fonctionne, est tout à fait révélateur. Il s'ensuit qu'une part notable des enfants hongrois se voient contraints de fréquenter l'école de langue roumaine. Ils le sont surtout quand on fait valoir l'analyse anthroponymique destinée à élucider les origines des habitants de la Terre sicule. Ajoutons que, selon les rapports officiels, toutes les écoles maternelles d'Etat sont de langue roumaine, alors que le nombre des maternelles confessionnelles hongroises ne dépasse pas, à cette époque, le chiffre de 18.

La situation est pire encore au niveau du secondaire. Dans l'année scolaire 1930-31, on compte 23 écoles dites bourgeoises de langue hongroise à tutelle confessionnelle, mais privées des biens que leur avaient procurés diverses fondations ; 17 lycées, 7 écoles normales, 4 écoles de commerce et 4 « écoles économiques d'hiver », soit une diminution de 50% par rapport à la situation de 1918 où l'on comptait pour le seul secteur confessionnel 116 écoles secondaires de langue hongroise. Une partie des écoles secondaires confessionnelles sont privées du droit de délivrer des diplômes reconnus, sans la supervision des autorités scolaires roumaines. En 1930-1935, 2 609 jeunes fréquentent les établissements d'enseignement qualifiés d'écoles privées et 3 645 autres vont à l'école secondaire de langue roumaine.

Promulguée en 1925, la loi sur l'enseignement privé prescrit que, non seulement la langue roumaine est obligatoire, mais aussi l'histoire, la géographie et le droit constitutionnel doivent être enseignés en roumain. Les lycéens sont désormais tenus de passer le baccalauréat en roumain, devant des jurys dont les membres sont choisis parmi les professeurs roumains d'autres écoles, situation qui est, de très loin, la principale source d'échecs.

Une conséquence, grave parmi d'autres, des déficiences du réseau scolaire est le blocage de la formation d'artisans et de commerçants. En effet, l'enseignement secondaire de langue hongroise ne compte que quelques rares établissements ; dans le même temps, peu de jeunes Hongrois peuvent s'inscrire dans les écoles roumaines de ce type, alors que, pour les Hongrois, les carrières économiques ont une importance accrue dans les conditions nouvelles. La formation d'ouvriers qualifiés se fait plutôt sur le tas, dans les usines et les petits ateliers et, à partir de 1927, il est obligatoire de former même les apprentis en roumain.

Pour le petit nombre de Hongrois ayant réussi au baccalauréat, la poursuite des études dans l'enseignement supérieur se heurte à maintes difficultés. Une tentative visant à créer une Université interconfessionnelle se heurte à l'interdiction des autorités. Le nombre des étudiants hongrois dans les universités de Roumanie ira diminuant : de 1 443 en 1933-34, il est ramené à 878 en 1937-38. L'Université roumaine de Kolozsvár admet chaque année quelque 2 500 étudiants dont à peu près 300 Hongrois, mais ils sont rares à pouvoir terminer leurs études. Durant les dix premières années, 304 Hongrois au total y obtiennent un diplôme, soit de 6 à 7% des diplômes. C'est dire que les réserves de l'intelligentsia hongroise se tarissent, puisque les quelques centaines de jeunes qui font leurs études universitaires ou supérieures en Hongrie sont loin de rentrer tous en Transylvanie. Pour ce qui est de l'embauche des diplômés, ce sont les enseignants qui se heurtent au plus grand nombre de difficultés : ils ne peuvent enseigner que dans des écoles confessionnelles, leur rémunération est fort modeste et leur titularisation liée à divers examens.

Les années 30 voient reculer l'enseignement en langue maternelle ; cela, dans une période où la situation économique, dégradée à la suite de la crise mondiale, met bien des familles hongroises dans l'impossibilité de payer les droits de scolarité élevés des écoles confessionnelles, c'est-à-dire privées. Sous la contrainte des conditions et la pression de la roumanisation forcée, beaucoup de parents inscrivent leur enfant dans une école publique roumaine. La pratique discriminatoire est tellement marquée qu'au moment où, en 1938, la dictature royale élaborera le statut des minorités nationales, même celui-ci proposera davantage de concessions aux minorités dans le domaine de l'éducation, sans qu'elles soient pour autant mises en application.

La tutelle essentiellement confessionnelle des institutions éducatives — et culturelles — de langue hongroise conférait, dans la vie des minorités nationales, un rôle accru aux communautés religieuses. En dépit des brimades des autorités, les prêtres et les pasteurs, en particulier les jeunes, se montrèrent très actifs, notamment dans les associations religieuses pour le développement de la culture.

La marge d'action des divers organes et institutions de l'information et de la culture va se rétrécissant. Vers le milieu des années 20, la presse hongroise commence à recouvrer ses possibilités perdues dans les premières années, et à suppléer au manque d'informations dû à la longue interdiction d'importation des journaux budapestois. Certes, les tirages ne sont guère élevés, à l'exception de celui de *Brassói Népújság* (Journal du peuple de Brassó) qui tire à 50 000. Les procès en délit de presse, ainsi que l'état d'exception prolongé à maintes reprises limitent la liberté de la presse des minorités nationales. Cette presse a le mérite d'exprimer, malgré sa tendance en général conservatrice, également des idées libérales. La production de périodiques étonne par sa richesse. En 1921, est lancée la revue littéraire *Pásztortűz* (Feu de pâtre), puis, en 1928, *Erdélyi Helikon* qui soutient l'activité de la Guilde transylvaine des Arts (Erdélyi Szépmíves Céh) fondée en 1924. En 1926, paraît la revue sociale et littéraire *Korunk* (Notre époque), d'esprit marxiste et d'horizons délibérément européens.

Parmi les institutions artistiques, il convient de réserver une place à part au théâtre hongrois de Kolozsvár qui, à force de monter des œuvres d'auteurs hongrois de Transylvanie, s'acquiert une forte réputation. Le monde du théâtre et de la musique voit en outre émerger un grand nombre de groupes amateurs.

Károly Kós, Aladár Kuncz, Sándor Reményik, János Kemény, Miklós Bánffy s'érigent en organisateurs de la vie littéraire hongroise. Cette littérature voit apparaître, dans les années trente, d'éminents auteurs tels que les prosateurs Áron Tamási, István Asztalos et Sándor Kacsó ainsi que les poètes Lajos Áprily et Jenő Dsida. La littérature se propose de procéder à une autopsie nationale, à assurer le renforcement de la conscience hongroise, la sauvegarde de la langue, la préservation et le développement du patrimoine transylvain.

Beaucoup d'intellectuels adhèrent au « transylvanisme » qui, prenant appui sur les expériences historiques, voue la Transylvanie et les Hongrois transylvains à un rôle particulier, cherchant avant tout l'issue dans la réconciliation et le rapprochement affectif des peuples cohabitants. La sensibilité aux problèmes sociaux se développe : écrivains et sociologues décrivent les tensions sociales au sein de la communauté sicule et dans les villes hongroises de

Transylvanie. Certains écrivains, cependant, offrent une image idyllique du monde paysan, considéré comme immuable, et créent une atmosphère mystique de conte populaire.

Connaître et faire connaître la littérature roumaine, voilà un enjeu particulier de la vie intellectuelle hongroise. Une coopération s'établit avec plusieurs écrivains roumains, notamment avec Octavian Goga, Emil Isac et Victor Eftimiu pour ne citer que les plus célèbres. Nombre d'écrivains hongrois de Transylvanie se posent en médiateurs entre les lettres roumaines et hongroises. D'autre part, certains écrivains populistes de Hongrie, dont László Németh, s'intéressent vivement à « la condition minoritaire » et cherchent à établir des contacts avec les écrivains hongrois de Transylvanie et, par leur intermédiaire, avec les Roumains. Des tentatives de ce genre sont également faites pour un rapprochement entre les écrivains hongrois et saxons, et notamment ceux, parmi ces derniers, qui appartiennent au cercle du *Klingsor*. Mais les poignées de main ne génèrent pas de véritables tournants : le climat de nationalisme effréné coupe court à toute tentative de coopération durable.

La vie scientifique hongroise est extrêmement limitée : si elle a quelques cerveaux solitaires, elle n'a plus guère d'institutions. Les grandes écoles modernes font défaut et l'activité de Erdélyi Múzeum Egylet se trouve également bloquée. Cette dernière s'occupe en particulier de la vulgarisation scientifique et encourage les recherches sur des thèmes historiques dans le passé commun des Roumains et des Hongrois. Jusqu'au milieu des années 30, l'intelligentsia a délibérément abandonné le terrain des luttes politiques aux éléments aristocratiques et bourgeois qui y étaient prédestinés par leurs traditions et leurs conditions matérielles. Puisque, par la signature du Traité de paix de Trianon, l'appartenance de la Transylvanie à la Roumanie devient un fait, les responsables politiques conservateurs de la minorité hongroise se prononcent pour l'insertion loyale et la mise en place d'une politique de défense de leurs droits, sans songer dans un premier temps à fonder un parti. En juin 1921, la tentative de Károly Kós, architecte d'esprit démocrate de créer « un parti du peuple » à Bánffyhunyad, se solde par un échec. Après différentes tentatives des démocrates et des aristocrates pour fonder un parti, voit enfin le jour une organisation viable, le Parti Hongrois National, à la fin de 1922. Ce dernier est dirigé, dans un esprit conservateur, par les représentants de l'aristocratie et de la bourgeoisie qui ont cependant la certitude que les doléances nationales sont les mêmes pour toutes les classes sociales. En 1923, le parti parvient à un accord avec le poète Goga, émissaire du Parti populaire du général Averescu. Ce pacte promet, à la condition de faire bloc et de vaincre aux élections, une certaine autonomie aux Eglises hongroises, le statut publique aux écoles confessionnelles, des facilités pour le fonctionnement d'autres institutions culturelles de langue hongroise et l'emploi plus large de cette langue dans les localités comprenant au moins 25% de Hongrois, ainsi que dans l'administration de la justice.

En 1926, le Parti hongrois dénonce ce pacte et entre en coalition, dans des conditions semblables, avec le Parti libéral lui paraissant plus fort, pour renouer peu après avec le Parti populaire, tenter l'alliance avec la minorité allemande, puis retourner de nouveau vers les libéraux. Malgré un système électoral défavorable aux petits partis, les pactes de ce genre peuvent contribuer à l'élection de quelques députés hongrois au parlement, mais, une fois en place, les gouvernements n'honorent plus leurs promesses et, dans la pratique, la politique des pactes n'améliorait pas le sort des Hongrois. Les quelques changements qui interviennent sont plutôt la conséquence d'une modeste évolution vers la démocratisation du pays, tels que la levée provisoire de l'état de siège ou des élections plus honnêtes organisées en 1928 par le gouvernement Maniu ; ces élections mettent le Parti hongrois en troisième position. Or, les avantages de cette évolution sont neutralisés par le chaos politique général ainsi que le glissement à droite favorisée par la crise économique.

Le Parti hongrois et les groupes ou institutions qu'il soutient tentent parfois de s'adresser, en vertu du Traité de 1919 sur la protection des minorités nationales, à la Société des Nations afin de la saisir essentiellement des doléances concernant les biens confisqués et l'éducation. Cependant, devant ce forum, les différents gouvernements roumains traitent bien entendu ces doléances en termes politiques et mettent tout en œuvre pour démontrer le caractère peu fondé des plaintes. Ils allèguent notamment que la minorité allemande (qui a opté pour une tactique différente) est « satisfaite de son sort » et ne demande pas d'aide extérieure. A l'exception de certains compromis profitant surtout aux propriétaires fonciers qui ont choisi de s'établir en Hongrie, la Société des Nations ne parvient pas à défendre les droits des minorités. D'autres tentatives de solliciter l'aide du Vatican pour donner suite aux plaintes de l'Eglise catholique, échouent elles aussi. Tout cela montre bien l'incapacité du système de protection des minorités de faire appel au contrôle international.

Dans les milieux hongrois, les communistes s'érigent en principaux porte-parole des revendications progressistes, tant sociales que nationales. Ils militent activement dans les rangs du Parti des communistes de Roumanie et dans les organisations en relation avec celui-ci. La spoliation croissante et le nationalisme seront battus en brèche par l'Union des travailleurs hongrois (selon son sigle hongrois MADOSZ) qui fut créée en 1934 par une fraction oppositionnelle du Parti hongrois sous l'influence des communistes pour organiser la lutte contre l'exploitation croissante des masses et ce, à partir d'un programme économique et social progressiste fondé sur les principes de la démocratie et de l'autodétermination, aussi dans la solution des problèmes des minorités nationales. Le MADOSZ obtiendra la solidarité non seulement des communistes roumains, mais aussi du Front aratoire (Frontul Plugarilor), né en 1933, dans le département de Hunyad, et devenu, sous la direction de Petru Groza, un mouvement national radical des petits paysans, ainsi que de certains représentants de la social-démocratie.

A l'initiative des communistes et d'autres jeunes intellectuels démocrates a lieu, en 1937, la Rencontre de Marosvásárhely inaugurée par l'écrivain Áron Tamási et se voulant le point de départ d'une ère nouvelle. Ce nouveau mouvement de front populaire se prononce en faveur de la lutte anti-fasciste et de la coopération avec les forces démocratiques roumaines et il proclame que pour les peuples roumain et hongrois liés historiquement l'un à l'autre, la solution consiste à « s'unir fraternellement et librement ». Cette rencontre suscite un large écho au sein de l'intelligentsia progressiste roumaine de même que dans les milieux intellectuels de Hongrie.

En 1938, après la dissolution des partis et la mise en place officielle du régime corporatif, se constitue, sous la direction du comte Miklós Bánffy, la Communauté hongroise qui se donne pour but de représenter les intérêts culturels, économiques et sociaux des Hongrois. Au même moment, des pourparlers sont engagés sur un nouveau Statut des minorités qui promet une amélioration surtout dans le domaine de l'éducation, des établissements culturels et des Eglises. Mais, étant donné l'oppression nationale durable et le chaos qui tend à gagner l'ensemble de la vie politique intérieure, la majorité des

Hongrois de Transylvanie accueillent désormais toute tentative de ce genre avec scepticisme, et misent davantage sur des facteurs extérieurs qui seraient susceptibles d'entraîner un revirement heureux de leur sort. De moins en moins de Hongrois — et de Roumains — continuent à chercher l'avenir des deux peuples dans la lutte commune contre le fascisme.

Les Allemands à la recherche d'une voie propre

Selon le recensement de 1930, on comptait 543 852 Allemands sur les territoires occidentaux rattachés à la Roumanie. Un groupe plus dense vivait entre la rivière Maros et les Carpates, sur le territoire des anciens « sièges » saxons et un autre, assez nombreux, constitué de Souabes, dans le Banat, aux environs de Temesvár. Comme on l'a vu plus haut, les émissaires des Saxons de Transylvanie avaient, le 8 janvier 1919, adopté, à Medgyes, une résolution déclarant leur adhésion au Royaume de Roumanie et saluant le programme de la résolution de Gyulafehérvár concernant les nationalités. Ils considéraient sa mise en pratique comme une condition de leur adhésion. Quelques mois plus tard, les Souabes du Banat font une déclaration analogue. Il faut en chercher la cause essentiellement dans un antagonisme de longue date entre la bourgeoisie allemande et la classe dirigeante hongroise et l'espoir de cette première d'accéder à une situation plus favorable dans le nouvel Etat. Cette adhésion réfléchie assure aux Allemands certains avantages : la possibilité de poursuivre librement leurs activités économiques, de rester plus nombreux dans la fonction publique, d'accéder plus facilement au mandat de député, d'avoir des possibilités plus larges dans l'éducation et la vie culturelle ; de bénéficier pour leurs écoles confessionnelles — contrairement à celles des Hongrois — de subventions budgétaires régulières. Or, il s'avère bientôt que la politique roumaine n'applique pas, dans le cas des Allemands non plus, les dispositions prises à Gyulafehérvár et incluses dans l'accord international sur les minorités. La réforme agraire est conduite de telle sorte que l'Eglise évangélique et l'Universitas saxonne perdent à peu près 55% de leurs biens. Ce qui reste des biens de cette dernière est partagé, en 1937, entre l'Eglise évangélique et une association culturelle roumaine (Aşezământul Cultural Mihai Viteazul).

Les statistiques montrent que le secteur agricole assure la subsistance de 54,1% de la population allemande seulement, ce taux étant légèrement supérieur chez les Souabes du Banat. 24% d'entre eux travaillent dans les industries d'extraction et de transformation. Le commerce et les banques, ainsi que les différents moyens de transport font vivre 7,2% d'entre eux. Le taux des Juifs est supérieur dans les premiers et celui des Hongrois dans les seconds. Dans le domaine de l'éducation, la part relativement la plus élevée revient aux Allemands. Enfin, pour les personnes vivant de travaux temporaires, seuls les Roumains se trouvent dans une situation plus favorable que la leur.

D'une manière générale, les paysans allemands exploitent leur ferme à un niveau moderne, ce qui assure leur prospérité. Cependant, à la suite des mesures adoptées au profit de la paysannerie roumaine, la couche paysanne allemande se trouve elle aussi défavorisée, ce qui ne manque pas de susciter son mécontentement. La restriction du crédit contraint les artisans et les détaillants allemands à faire des efforts supplémentaires.

Forte de ses relations, notamment avec les milieux ecclésiastiques d'Allemagne, l'Eglise évangélique joue un rôle important dans le développement culturel de la minorité allemande : elle assure une éducation confessionnelle de haut niveau et une vie communautaire très développée. La culture allemande bénéficie des activités du Kulturamt et de la revue *Ostland*, animés par Richard Csaki, ainsi que de la tribune que constitue *Klingsor*, la revue à caractère essentiellement littéraire, qui a H. Zillich pour rédacteur en chef.

La minorité saxonne de Transylvanie trouve l'expression littéraire de son identité dans les œuvres des écrivains Meschendörfer, Wittstock et Zillich. L'organe le plus éminent de la science allemande est la revue sociologique *Siebenbürgische Vierteljahrschrift*, animée par Karl Kurt Klein.

Un tournant majeur, par rapport à la période précédente, est l'union organisationnelle des ethnies saxonne et souabe dont la division politique était une tradition. La conscience saxonne commence à céder la place à la conscience de l'identité allemande de Roumanie, qui s'exprime désormais dans les noms de leur parti, de leurs institutions et de leurs journaux. Dans les années 20, le ton est donné par le Parti allemand, une formation à caractère bourgeois qui, afin de s'assurer des positions parlementaires, se coalise, le cas échéant, avec le Parti hongrois, mais plutôt avec les partis roumains au pouvoir. (Ce parti est même, pour une courte période, représenté au gouvernement en la personne de Rudolf Brandsch, secrétaire d'Etat aux minorités.)

Parmi les ouvriers allemands, beaucoup militent dans le mouvement ouvrier, et un nombre assez important d'entre eux participent aux activités du Parti communiste roumain clandestin. Suite aux retombées de la crise économique mondiale, à la politique d'oppression nationale et à l'avènement de l'hitlérisme en Allemagne, l'influence national-socialiste s'accentue en Roumanie, surtout auprès des jeunes. Après 1935, le mouvement dit de «renouveau» est dominé par les hitlériens qui lient le sort de la minorité allemande à l'Allemagne, en subordonnant même leurs propres intérêts aux visées de la politique extérieure du IIIe Reich. La classe régnante roumaine cherchera, surtout après 1938, à leur être favorable. Elle espère trouver en eux des médiateurs capables de faire aboutir la nouvelle politique extérieure roumaine qui, reniant brusquement ses alliances franco-britanniques, effectue une volte-face au profit de l'Allemagne hitlérienne. Une partie de la bourgeoisie allemande, la couche patricienne libérale, se prononce contre l'hitlérisme. Elle a à sa tête l'évêque évangélique Viktor Glondys mais est de plus en plus isolée en raison du glissement général vers la droite.

La Seconde guerre mondiale et la Transylvanie divisée

Après la prise du pouvoir des nazis, les rapports de force se modifient en Europe centrale et du Sud-Est. En quelques années et la Hongrie et la Roumanie passent dans la sphère d'influence de l'Allemagne. La classe dirigeante hongroise soutient, avec quelques réserves cependant, les puissances fascistes, ce qui lui permet de consolider ses positions internationales. En 1938, elle accède à l'égalité des droits en matière d'armement. La Petite Entente lui donne son agrément, ce qui, de sa part, n'est plus une concession, mais plutôt une résignation aux nouveaux rapports de force. Affaiblie, la Petite Entente cesse d'exister après la liquidation de la Tchécoslovaquie en 1938-39.

Devant la nouvelle donne, la Roumanie met fin, de son côté, à l'orientation exclusivement anglo-française de sa politique extérieure et adopte une politique d'équilibre entre ses anciens protecteurs et Berlin. Le paradoxe de la situation est que, tandis que la Hongrie fait appel à l'aide allemande pour faire aboutir ses visées révisionnistes, la Roumanie tente de gagner le bouclier allemand contre les prétentions hongroises. Conclu en mars 1939, un accord économique germano-roumain de grande envergure accorde un répit de courte durée à la Roumanie. Prenant conscience de l'inutilité de compter sur une aide allemande, Budapest mûrit un projet d'un autre ordre : celui de mener seul une guerre contre la Roumanie à un moment où la situation internationale est propice à cette entreprise. Or, c'est là lourdement surestimer la force militaire hongroise aussi bien que les conflits intérieurs du pays voisin. En automne 1939, Ribbentrop prévient que l'Allemagne ne tolérerait pas l'agression contre la Roumanie. De son côté, l'Italie invite le gouvernement hongrois à la modération. L'idée d'une telle action est d'autre part réprouvée par les puissances occidentales. En février 1940, le gouvernement Teleki renonce à ce projet militaire et fait part de sa décision à Londres et à Paris.

Le printemps de 1940 est, dans la politique hongroise, une période de neutralité pro-allemande. Informé d'un projet allemand d'éventuelle occupation des champs pétrolifères roumains, Budapest cherche à sonder la position britannique dans l'hypothèse d'une ouverture de la frontière magyare aux troupes allemandes en transit. Sur les conseils de Londres, Pál Teleki opte pour le maintien de la neutralité armée. Cependant l'offensive allemande à l'Ouest crée une situation nouvelle. Le gouvernement hongrois saisit cette occasion pour revenir sur la question transylvaine, d'autant que le passage de la Roumanie aux côtés de l'Allemagne hitlérienne apparaît au grand jour. Le 1er juillet, le gouvernement roumain a résilié les garanties britanniques et rendu publique une déclaration qui officialise la volte-face de sa politique extérieure. Le roi nomme immédiatement un gouvernement pro-allemand auquel participent même les dirigeants de la Garde de Fer. Encouragé par l'exemple de la Bessarabie rétrocédée à l'Union Soviétique, le gouvernement hongrois arrête, le 27 juin, la décision de faire aboutir ses revendications territoriales et adopte les mesures militaires. En juillet, Hitler convoque le premier ministre Teleki et lui déclare qu'il prendra personnellement en main le « règlement » de la question de la Transylvanie. Il cherche une solution qui corresponde le mieux à ses préparatifs de guerre contre l'URSS et qui lui assure le pétrole roumain, le blé hongrois et le réseau ferroviaire des deux pays pour sa guerre à l'Est. Il amène la Roumanie à entamer des négociations avec la Hongrie sur la rétrocession de certains territoires transylvains. Or les pourparlers hungaro-roumains des 16, 19 et 24 août, à Turnu Severin, ne sont rien d'autre qu'un dialogue de sourds : la partie hongroise réclame avant tout la rétrocession de vastes territoires, tandis que la partie roumaine — peut-être pour temporiser — propose en premier lieu des échanges de population. Le gouvernement hongrois en revient à l'idée d'action militaire séparée, tandis que — selon certaines sources — Bucarest soulève à Berlin l'idée d'arbitrage chère à Hitler qui y pense depuis un certain temps. Le 27 août, celui-ci fait son option et choisit, parmi les variantes possibles élaborées par des experts allemands, celle du découpage de la Transylvanie. Il convoque à Vienne les représentants des gouvernements hongrois et roumain. Après une courte hésitation, le gouvernement hongrois accepte l'arbitrage, le Conseil de la couronne roumain se prononçant dans le même sens.

Promulgué le 30 août 1940, le second arbitrage germano-italien de Vienne réannexe à la Hongrie la partie nord et est de la Transylvanie, soit 43 492 km². Mal élaboré sur le plan ethnique et plus encore en matière de géographie économique, cet arbitrage est de nature à faire jouer la devise « *divide et impera* ». Ethniquement, la Transylvanie du Nord représente 1,3 million de

Hongrois, 1,02 million de Roumains et quelque 45 000 Allemands.[3] Certains départements réannexés à la Hongrie sont à majorité roumaine (Beszterce-Naszód ou Máramaros). D'un tracé capricieux, la frontière coupe en deux des entités économiques, prive des villes de leurs arrières traditionnels et suscite des difficultés absurdes en matière de communication (la Terre sicule n'étant pas accessible par chemin de fer sur territoire hongrois).

Sur le plan politique, l'arbitrage a pour résultat que tant la Hongrie que la Roumanie deviennent les jouets de Hitler. La politique allemande fait dépendre le sort ultérieur de la Transylvanie de la participation de l'une et de l'autre à la guerre contre l'Union soviétique. Budapest espère de la bonne grâce des Allemands la conservation des territoires récupérés et Bucarest place son espoir en cette même Allemagne pour reconquérir les territoires perdus. Certes le premier ministre Teleki affiche, face aux Roumains, «une compréhension fraternelle et une coopération d'esprit pacifique», mais les mesures prises par son gouvernement et plus encore par son administration, ainsi que les tensions provoquées par une haine nationale revigorée, font que son discours reste lettre morte.

Une centaine de milliers de Roumains ont fui le régime hongrois installé en Transylvanie du Nord, surtout des fonctionnaires et des intellectuels, leur nombre a monté, jusqu'en 1944, à 200-220 000. L'armée hongroise venue début septembre prendre possession des territoires qui lui sont accordés par l'arbitrage de Vienne n'a pas rencontré de résistance et, malgré cela, plusieurs incidents et, à Ipp et Ördögkút, de graves atrocités sont signalées, ces dernières perpétrées par un bataillon qui a tué nombre d'habitants roumains. L'administration militaire hongroise expulse même des intellectuels roumains que Teleki prévoyait de coopter comme députés au Parlement.

Quelque 100-150 000 Hongrois ont fui la Transylvanie du Sud où on avait pris contre eux des mesures discriminatoires et procédé à des incarcérations et à d'autres privations de droits, le tout étant aggravé par les crises que traversait l'Etat roumain et qui ajoutaient encore au sentiment d'insécurité.

A partir de là, la politique des nationalités s'en tient à la réciprocité: expulsion d'un côté attire expulsion de l'autre, emprisonnement suscite emprisonnement, fermeture d'école aura pour réponse fermeture d'école. Les comités d'officiers germano-italiens chargés de l'examen des plaintes exprimées des deux côtés, renvoient les deux gouvernements dos à dos, sur quoi ceux-ci ne tardent pas à protester au lieu de prendre des mesures effectives.

La Transylvanie du Nord

En Transylvanie du Nord, l'économie était entièrement asservie à une exploitation de guerre. On s'efforçait de mettre à profit au maximum les ressources naturelles et les forêts et on a effectué même certains investissements industriels à cette fin. Le développement des transports posait des problèmes particulièrement graves et notamment l'établissement de la communication entre la Terre sicule et les autres parties de la Transylvanie.

[3] Zoltán Fogarasi, A népesség anyanyelvi, nemzetiségi és vallási megoszlása törvényhatóságonként 1941-ben (La répartition de la population par municipalités selon la langue maternelle, la nationalité et la confession en 1941), *Magyar Statisztikai Szemle,* 1944, vol. I, 1 sqq. — D'après les données roumaines, le nombre des Roumains était de 1 171 000 (49,1%), celui des Hongrois de 912 000 (38,2%). Analele Institutului Statistic al României, Bucureşti, 1942, vol. I, 340 sqq.

D'une manière générale, la population connut une dégradation de ses conditions de vie, mais les *Roumains* étaient, en outre, spécialement frappés par les discriminations nationales. Les hommes astreints au service militaire étaient pour la plupart appelés au service de travail obligatoire, ce qui avait pour conséquence, dans bien des familles, le manque de bras. Devant les difficultés économiques, le réseau de coopératives Plugarul restait peu opérant. Les écoles primaires publiques de langue roumaine subsistaient (au nombre de 1345) dans les régions à majorité roumaine, mais l'étude de la langue hongroise y était devenue obligatoire. Dans le secondaire, 14 sections ou écoles roumaines seulement continuaient à fonctionner. Pendant longtemps, un seul quotidien roumain fut autorisé à paraître, la *Tribuna Ardealului* à Kolozsvár et, même plus tard, on ne comptait que quatre périodiques de langue roumaine. Les Eglises roumaines, malgré les tracasseries auxquelles certains prêtres étaient exposés, redoublèrent d'activité culturelle.

Dans les conseils généraux des départements on n'a admis que très peu de Roumains ; ils sont restés plus nombreux dans la direction des communes. Ils n'avaient pas de représentants au parlement de Budapest et seul l'évêque uniate Iuliu Hossu pouvait siéger dans la Chambre Haute. Dirigée par Emil Haţieganu et Aurel Socol, la Communauté Nationale des Roumains, à laquelle les autorités refusaient la reconnaissance formelle, restait l'unique organisation politique considérée comme interlocuteur valable et par Budapest, et par Bucarest.

Dans un premier temps, il sembla que l'arbitrage de Vienne créât, dans le Nord, une situation favorable aux *Hongrois*. Or, on se rendit bientôt compte que les avantages ne concernaient qu'une couche plutôt mince. Les anciens propriétaires fonciers s'étaient élevés contre la réforme agraire, intentant 17 000 procès, pour la plupart contre des paysans roumains, ce qui eut pour résultat la restitution d'une partie de leurs terres à bon nombre d'entre eux. Les capitalistes hongrois, et même les détaillants et les artisans, pouvaient accéder à un certain nombre d'avantages : octroi de crédits, possibilité d'effectuer ça et là certains investissements. Le changement profitait aux intellectuels, leur permettant de remplir, après tant d'années de misère, une fonction publique ou d'obtenir un poste d'Etat. Mais la situation des paysans et des ouvriers restait à peu près inchangée (dans un premier temps, marqué par la reconversion de l'économie, beaucoup d'entre eux se retrouvèrent au chômage), celle des Sicules devenait particulièrement précaire, le gouvernement ne pouvant guère compenser le fait qu'ils étaient coupés d'une partie de leurs anciennes possibilités de trouver du travail (souvent saisonnier) et des marchés.

Pour les Hongrois, l'effet libérateur de l'arbitrage de Vienne se limitait essentiellement à la pratique directe de la langue et au développement de la culture. On vit réapparaître les écoles primaires publiques de langue hongroise, le réseau des écoles secondaires de langue hongroise se développa, Kolozsvár ouvrit à nouveau les portes de l'Université hongroise et, afin de stimuler les activités savantes, on fonda un Institut scientifique de Transylvanie. Dans le même temps, la vie intellectuelle et surtout artistique perdit de son éclat du fait qu'elle tendait à évincer les courants socialiste et démocrate bourgeois radical, ce qui mécontentait les meilleurs écrivains transylvains. Vers la fin de la guerre, les signes de ce mécontentement allaient se multiplier, car l'intelligentsia commençait à se rendre compte que la question nationale était indissociable du progrès social et que — en dépit d'avantages réels mais partiels — la division de la Transylvanie ne résolvait pas la question nationale.

Il fallait asseoir sur de nouvelles bases la coexistence des peuples roumain et hongrois.

A partir de 1940, des employés et fonctionnaires venus de Hongrie «envahissent» la Transylvanie du Nord. Les Hongrois de Transylvanie déplorent leur éviction et s'offusquent de l'esprit chauvin qui caractérise cette couche; le chauvinisme est encore plus marqué au sein de l'autorité militaire qui administre la région pendant deux mois. Le conservatisme politique, la mentalité de «gentry», le népotisme et — attitude courante — l'esprit revanchard, les velléités d'enrichissement rapide suscitent une hargne générale. Dans une économie de guerre qui va se dégradant, l'attitude arrogante et hautaine des fonctionnaires et encore davantage des officiers apparaît d'autant plus intolérable et choquante.

L'administration militaire baillonne la presse de gauche, se hâte d'interdire la presque totalité des organisations politiques progressistes et ne tarde pas à pratiquer la chasse aux sorcières, surtout aux communistes, indépendamment de leur ethnie. Seule organisation prolétarienne légale, le parti social-démocrate, fortement surveillé, subit des brimades, tout comme les syndicats qui luttent, parfois avec succès, contre le licenciement des ouvriers roumains aussi.

Après l'arbitrage de Vienne, les députés transylvains envoyés à la Chambre des députés s'unissent aux membres cooptés de la Chambre Haute de Transylvanie pour fonder le Parti transylvain qui, tout en soutenant le parti au pouvoir, s'efforce de défendre les intérêts spécifiques de la région, sans grand succès du reste. Ce parti, par ses prises de position, marque toutefois la distance qui le sépare du pouvoir en place et se désolidarise de certaines manifestations inhumaines du fascisme dont l'une des plus criantes est la persécution des Juifs. Et cela tout en cherchant à affirmer une position plus progressiste concernant les problèmes sociaux. Cette attitude n'empêche pas les notables de partager, pour l'essentiel, les idées conservatrices et nationalistes des milieux au pouvoir. Ce qui alimente plus particulièrement leur nationalisme, c'est la conscience de ce que la question transylvaine est loin d'être réglée. Dans les dernières années de la guerre, non seulement la gauche hongroise, mais aussi une partie de la classe au pouvoir chercheront, auprès des Roumains, la possibilité d'actions communes face à l'Allemagne hitlérienne.

Peu nombreuse, la *minorité allemande* du Nord de la Transylvanie est englobée dans la Volksgruppe de Hongrie. Cette organisation jouait cependant de droits moins larges en Hongrie qu'en Roumanie, raison pour laquelle l'Eglise évangélique put garder ses écoles confessionnelles. En 1942, les gouvernements allemand et hongrois passent un accord permettant aux S. S. de recruter des membres parmi les Allemands de Hongrie. En principe l'enrôlement est volontaire, mais la Volksgruppe exerce une pression notoire sur les Transylvains de culture germanique.

La Transylvanie du Sud

En Roumanie, quelques jours après l'arbitrage de Vienne, le général Ion Antonescu prend le pouvoir qu'il va exercer, en tant que «conducător», aux côtés de Michel Ier, fils du roi Charles ayant abdiqué, d'abord conjointement avec la Garde de Fer, puis seul, après avoir déjoué la tentative de celle-ci de s'accaparer le pouvoir. Le 22 juin 1941, dans l'espoir d'étendre sa domination à la Bessarabie et même aux territoires situés au-delà du Dniestr, et de récupérer le Nord de la Transylvanie, il déclare la guerre à l'URSS. (C'est la raison pour laquelle, dès le début, il envoie au front oriental des forces assez considérables, soit 12 divisions, et le nombre total de celles-ci devait monter à 25 en 1944.) L'Allemagne hitlérienne ne manquera pas de «jouer la carte roumaine», en particulier après l'amorce, en 1942-1943, de la «politique de bascule» hongroise du premier ministre Miklós Kállay qui recherche la conclusion d'une paix séparée. En mars 1944, avant d'occuper la Hongrie qu'il considère désormais comme peu sûre, Hitler dira: «L'Allemagne ne voit plus la nécessité d'être la garante de l'arbitrage de Vienne.»[4].

La guerre éprouve durement la population roumaine, et le nationalisme encore attisé par la perte de la Transylvanie du Nord restreint, dans le Sud, l'action des forces progressistes et renforce les positions du fascisme qui déverse sa fureur non seulement sur les Hongrois, mais aussi sur les communistes et les progressistes roumains. Sur la question transylvaine, le fascisme roumain trouve une large audience y compris auprès de certains des anciens partisans de la démocratie bourgeoise et des intellectuels qui voient une injustice dans l'arbitrage de Vienne. Dans ces conditions, il lui est facile de tout mettre au service de la propagande nationaliste, que ce soit dans le domaine de l'éducation, de la presse ou même de la science.

En Transylvanie du Sud les conditions économiques allèrent empirant à la mesure de la participation de la Roumanie à la guerre, mais certaines branches de l'industrie n'en connurent pas moins un développement.

Certes, frappée elle aussi par la guerre, la population roumaine du Sud de la Transylvanie ne voit pourtant pas sa situation économique se dégrader autant que les quelque 500 000 Hongrois qui y sont restés. Nombreux sont ceux qui sont astreints au service de travail obligatoire, d'autres sont internés ou emprisonnés. Leur vie culturelle s'étiole, seule la Société Economique Transylvaine (Erdélyi Gazdasági Egylet) était à même d'offrir un certain cadre organisationnel. Afin d'alléger la pression exercée des deux côtés sur les minorités nationales, les chefs de file de la communauté hongroise: Elemér Gyárfás, Pál Szász et l'évêque Áron Márton tentent désespérément la médiation entre Bucarest et Budapest.

L'arbitrage de Vienne avait laissé sous domination roumaine la majeure partie de la communauté allemande, soit près d'un demi-million de personnes. En novembre 1940, le gouvernement roumain signe un arrangement avec l'Allemagne hitlérienne. Dans ce document, il reconnaît des droits spéciaux, en matière d'activité économique et politique, à la communauté allemande et cède à l'organisation hitlérienne la tutelle des écoles confessionnelles. Voilà tranchée au profit des nazis la lutte interne qui se poursuivait depuis plusieurs années entre les groupes hitlérien et démocratique bourgeois de la minorité allemande; le peu de possibilité sinon d'opposition, du moins de sauvegarde des valeurs morales est limitée à la sphère religieuse, notamment en empêchant l'introduction de nouvelles coutumes païennes. En 1943, les deux pays signent un accord permettant d'enrôler les Allemands de Roumanie dans l'armée du Reich. La Waffen S. S. comptera quelque 60 à 70 000 membres recrutés parmi les Allemands de Roumanie tandis que quinze autres milliers travaillent dans l'appareil de guerre allemand.

[4] Hitler hatvannyolc tárgyalása (Soixante-huit négociations d'Hitler) 1939-1944, II. Choix et notes par György Ránki, Budapest, 1983, 268.

L'extermination des Juifs

La politique fasciste s'accompagne, des deux côtés, d'antisémitisme. En Transylvanie du Nord, le recensement de 1941 dénombre 153 333 personnes de religion israélite, contre lesquelles de graves mesures discriminatoires sont prises. Après l'occupation allemande de la Hongrie (19 mars 1944), la population juive sera, en dépit des protestations d'intellectuels progressistes et de dignitaires ecclésiastiques, déportée vers des camps de concentration allemands. On ne dispose pas de statistiques exactes sur le volume des déportations, mais les estimations font état de 110 à 130 000 personnes. Toujours selon les estimations, quelque 90 à 100 000 d'entre elles y trouvèrent la mort. (Sur l'ensemble du territoire de Hongrie d'alors, des 400 000 déportés 320 000 environ ont succombé.) En Transylvanie du Sud, l'administration Antonescu prive la population juive de tout droit, mais leur déportation prévue ne saura être accomplie. (C'est en Moldavie et en Bessarabie que la persécution des Juifs de Roumanie fait le plus grand nombre de victimes, les estimations y faisant état de quelque 280-380 000 morts.)[5]

La population juive de Transylvanie était, des deux côtés de la nouvelle frontière, essentiellement hungarophone et se sentait partie intégrante de la culture hongroise. La plupart des Juifs travaillaient dans le commerce et l'artisanat mais, en Transylvanie du Nord, bon nombre vivaient également d'agriculture. L'intelligentsia de souche juive était nombreuse. Elle contribuait largement à l'enrichissement et au rayonnement du patrimoine culturel hongrois. Un nombre assez important de ces intellectuels prenaient part aux mouvements progressistes, plus particulièrement dans les luttes de la classe ouvrière.

Le retournement contre le fascisme

Les communistes de Hongrie et de Roumanie rejetaient unanimement l'arbitrage de Vienne, y voyant un obstacle à la lutte commune contre le fascisme et un acte contraire aux intérêts authentiques des peuples hongrois et roumain. Le Parti des communistes de Hongrie avait pris position en ces termes : « Le funeste arbitrage de Vienne a tracé une frontière en plein cœur de la Transylvanie et brisé en deux une entité économique et culturelle séculaire. Le national-socialisme allemand, soutenu par les réactionnaires roumains et hongrois, a privé les deux pays de la liberté et de l'indépendance de sorte que ni ici, ni là-bas, les peuples de Transylvanie ne sont libres. »[6] Nombre de communistes hongrois de Transylvanie sacrifieront leur vie pour faire accepter cette vérité par la société hongroise. Les partis roumain et hongrois définissent une politique adaptée aux conditions nouvelles et envoient une délégation à Moscou afin de coordonner au niveau international les tâches de la lutte commune.

[5] Les données concernant les lourdes pertes subies par les juifs montrent, encore aujourd'hui, d'importantes divergences. Voir István Semlyén, Demográfiai viselkedés — népesedési politika (Comportement démographique — politique démographique), *A Hét,* 3 septembre 1982 ; Tamás Stark, Magyarország második világháborús embervesztesége (Les pertes d'humaines de la Hongrie dans la Seconde guerre mondiale), Budapest, 1989, 46 ; Matatias Carp, Cartea neagră (Le livre noir), III, Bucureşti, 1947, 13, 31 ; Randolph L. Braham, The politics of genocide. The holocaust in Hungary, I-II, New York, 1981.

[6] Dániel Csatári, Magyar–román kapcsolatok (Relations hungaro–roumaines), Budapest, 1958, 166-167.

Mené en profondeur, leur travail d'organisation et de propagande ne se laisse pas briser par les opérations de ratissage réitérées des autorités hongroises en 1941 et 1943. Le travail d'organisation du Parti de la Paix touche même les milieux bourgeois, et ce notamment après le martyre du persévérant Béla Józsa.

Nulle part la pression en vue d'une paix séparée n'a été aussi forte sur le gouvernement hongrois, ni aussi ouverte qu'en Transylvanie. A partir de 1943, même les caciques du Parti transylvain exercent leur influence dans ce sens. Dès le moment où il apparaît clairement que les puissances fascistes perdront la guerre, les hommes politiques transylvains incitent le gouvernement de Budapest à entamer des négociations. Cependant, la proximité de l'armée allemande, les relations tendues avec les voisins, la peur du communisme et, point non négligeable, la volonté de garder à tout prix la Transylvanie du Nord paralysent l'action. Au moment où, en 1943, le gouvernement hongrois envoie Miklós Bánffy à Bucarest pour négocier avec l'opposition roumaine, il apparaît que ses interlocuteurs n'ignorent plus le jeu infernal où Hitler a entraîné les uns et les autres, mais la méfiance réciproque est trop grande pour qu'une action conjointe contre l'Allemagne hitlérienne puisse être envisagée.

Les communistes auront joué un rôle important dans la préparation de la rupture de la Roumanie avec les belligérants fascistes. En collaborant avec d'autres forces progressistes, ils s'apprêtaient — avec l'aval du roi et de l'opposition bourgeoise — à renverser la dictature fasciste. La sortie de la guerre sera rendue militairement possible par l'avancée de l'armée soviétique qui, en août, perce le front près de Iaşi et marche sur Bucarest. Cette situation favorable est exploitée par le soulèvement de Bucarest du 23 août, qui retourne le roi, son entourage et l'armée roumaine contre les forces allemandes et fait passer la Roumanie dans le camp de la coalition anti-hitlérienne.

Désormais, l'armée roumaine participera, aux côtés de l'armée soviétique, à la libération de la Hongrie et de la Tchécoslovaquie, consentant de notables sacrifices et perdant près de 160 000 hommes (dont plus de 40 000 en Hongrie).

De nouveau en Roumanie

Conclu le 12 septembre 1944 avec l'Union Soviétique, l'accord de cessez-le-feu est formel : « Les gouvernements alliés considèrent comme nulles et non avenantes les dispositions de l'arbitrage de Vienne sur la Transylvanie et se prononcent en faveur de la restitution de la Transylvanie ou de sa plus grande partie à la Roumanie, à condition qu'elle soit entérinée par le traité de paix. Le gouvernement soviétique donne son agrément à ce que les troupes soviétiques participent à cet effet à des opérations militaires conjointes avec la Roumanie contre l'Allemagne et la Hongrie. »[7] En octobre 1944, après avoir repoussé l'absurde offensive germano-hongroise contre la Transylvanie du Sud, les troupes roumaines entrent, aux côtés de l'armée soviétique, dans le Nord de la Transylvanie. La tentative de « défection » du gouvernement hon-

[7] Dániel Csatári, Dans la tourmente. Les relations hungaro–roumaines en 1940-1945, Budapest, 1971, 430 ; 23 August 1944. Documente. II. Publ. par Ion Ardeleanu–Vasile Arimia–Mircea Muşat, Bucureşti, 1984, 699-703.

grois avorte le 15 octobre 1944 et l'occasion, pour les forces hongroises, est manquée de se retourner contre l'Allemagne hitlérienne.

Après le 23 août 1944, un gouvernement de coalition se créa à Bucarest sous la présidence du général Sănătescu dans lequel jouèrent un certain rôle, outre les partis dits « historiques » (le Parti Libéral National de Brătianu et le Parti Paysan National de Maniu), aussi les communistes et les socialistes. Ce fut surtout le Parti Paysan National qui, alléguant l'offense que l'arbitrage de Vienne avait fait au sentiment national roumain, cherchait à prendre la revanche et exigeait la punition. Les rapports de forces se modifièrent à tel point que, l'administration roumaine une fois revenue en vertu de l'accord de cessez-le-feu, les « gardes Maniu » purent se livrer à de lourdes atrocités dans quelques villages de la Terre sicule, notamment à Szárazajta et Szentdomokos, et aussi ailleurs, par exemple à Egres, près de Kolozsvár, ou en Bihar. La police et la gendarmerie roumaines arrêtèrent et internèrent des dizaines de milliers de personnes, surtout des fugitifs, y compris même bien des Hongrois de gauche, ce qui amena la Commission de Contrôle des Alliés à retirer de la Transylvanie l'administration roumaine qui ne put y retourner qu'en mars 1945. La période transitoire de quatre mois constitua un moment historique exceptionnel : la vie de la Transylvanie du Nord, sa reconstruction et ses mouvements politiques furent organisés et dirigés par les démocrates socialistes et, souvent, communistes roumains et hongrois, ces derniers s'appuyant sur les masses que regroupait dans ses organisations locales et départementales la Fédération Populaire des Hongrois (Magyar Népi Szövetség).

L'administration roumaine ne retourna en Transylvanie du Nord que lorsque le gouvernement présidé par Petru Groza, fondateur du Front aratoire (Frontul Plugarilor) promit de rétablir l'ordre intérieur et de garantir les droits minoritaires. L'assemblée organisée à Kolozsvár le 13 mars 1945, à laquelle prit part comme représentant des Alliés le vice-commissaire aux affaires extérieures de l'Union Soviétique A. I. Vichinski, adressa un télégramme à Staline lui exprimant sa « profonde reconnaissance pour avoir mis la Transylvanie du Nord sous administration roumaine » et l'assurant que les autorités roumaines « feront tout pour maintenir la sécurité et l'ordre derrière le front et pour faire respecter les droits et les obligations des peuples cohabitants ».[8]

Le 10 février 1947, on signa à Paris le traité de paix qui fixa les nouvelles frontières de la Roumanie. Passant outre l'alternative contenue dans l'accord de cessez-le-feu et eu égard au sacrifice que la Roumanie avait consenti dans la lutte contre les puissances fascistes, le traité de paix rendit à la Roumanie, aussi *de iure,* toute la Transylvanie du Nord, c'est-à-dire qu'il rétablit la frontière hungaro-roumaine tracée en 1920. (En vertu du même traité, l'Union Soviétique pouvait garder la Bessarabie et le Nord de la Bukovine, alors que la Bulgarie resta maître de la partie sud de la Dobroudja.)

Après 1945, une transformation radicale s'opéra dans la Roumanie comme dans les pays avoisinants, transformation qui fit naître l'espoir que, après tant de discordes, les peuples de la Transylvanie allaient enfin vivre ensemble dans l'égalité devant la loi, dans le respect des intérêts communs, des droits individuels et collectifs. Mais ces espoirs furent déçus. Pour en découvrir les raisons, nous devrions étudier l'évolution roumaine et internationale des dernières

[8] CSATÁRI, op. cit., 461-463 ; *Scînteia,* 14 mars 1945.

quarante années, tâche à laquelle nous devions renoncer pour les raisons explicitées dans l'Avant-propos de cet ouvrage.

*

Après 1918, la Transylvanie traversa donc de nouvelles épreuves lourdes, peut-être même plus lourdes que tout ce qu'elle avait connu au cours de son histoire mouvementée : guerres, changements de régime, transformations socio-économiques, bouleversements politiques ont marqué la vie de ses peuples. Nous avons la ferme conviction que l'entité d'une grande complexité ethnique et culturelle qu'est la Transylvanie pourrait jouer un rôle positif aussi de nos jours non seulement dans l'amélioration des rapports entre Roumains et Hongrois, mais même pour l'évolution générale de toute cette région de l'Est européen, à condition que les intérêts véritables des peuples cohabitants, la démocratie, les normes internationales des droits humains et collectifs y soient pleinement respectés.

Chronologie de l'histoire de la Transylvanie

La Transylvanie de la préhistoire jusqu'à l'arrivée des tribus hongroises

VIe-IVe siècle av. JC: Les Agathyrses occupent la Transylvanie.
IIIe-IIe siècle av. JC: Domination celte en Transylvanie.
IIe siècle av. JC: Début de l'époque dace.
Ier siècle av. JC: Burebista procède à l'unification des tribus daces.
Ier siècle av. JC: Apparition des agglomérations daces en Transylvanie.
environ 44 av. JC: Assassinat de Burebista, roi des Daces.
an 10 av. JC: Les Daces franchissent le Danube mais les Romains les repoussent.
37 après JC: Les Romains percent une voie de communication dans les falaises des Portes de Fer.

85-86, hiver Oppius Sabinus, gouverneur de Mésie tombe lors d'une attaque surprise des Daces.

86 Domitianus, empereur romain, arrive en Mésie. Cornelius Fuscus, général romain, franchit le Danube, tente d'envahir la Dacie mais échoue et succombe face à Décébale, roi des Daces.

88 Victoire sur les Daces de Tettius Iulianus, général romain, près du défilé de Tapae. Alliance entre les Daces et les Romains.

102 Première guerre de Trajan, empereur romain contre le royaume dace.
105-106 Deuxième guerre contre les Daces. L'empereur Trajan s'empare de Sarmizegethusa. Suicide de Décébale. Création de la province romaine de Dacie.
117-138 Règne de l'empereur Hadrien.
118-124 Réorganisation administrative de la Dacie en *Dacia Inferior, Superior, Porolissensis.*
167-170 Nouvelle réorganisation administrative : *Dacia Apulensis, Malvensis, Porolissensis.*
167-180 Guerre aux frontières de la Dacie avec des peuples vivant en dehors de l'Empire (guerre marcomane-vandale-sarmate).
193-211 Règne de l'empereur romain Septime Sévère.
235 Début des invasions des Goths qui dévastent la Dacie.
245–248 L'Empire cède sur la ligne de défense que constitue l'Olt (Limes transalutanus).
269 Victoire sur les Goths de l'empereur Claudius II à Naissus (Niš, Yougoslavie).
271 Aurélien, empereur romain fait évacuer la province de Dacie. La population est transférée vers une nouvelle province qui est créée au sud du Danube sous le nom de *Dacia Ripensis.* La Dacie tombe sous le joug des Goths.
291, avant l'automne Les Tervingi (Wisigoths) et les Taifals défendent l'ancienne Dacie contre les envahisseurs gépides et vandales.
332 Ariaric, roi des Wisigoths, lance une attaque contre les Sarmates de la plaine par la vallée du Maros, mais subit une défaite totale face aux Romains accourus au secours de ces derniers (*18 février*).
335 environ Geberic, roi des Wisigoths chasse de la vallée du Maros l'armée de Visumar, roi des Vandales.
369 Les troupes d'Athanaric, roi des Wisigoths reculent dans les *Serrorum Montes* (Carpates du Sud-Est).
376 L'armée wisigothe dirigée par Athanaric est mise en déroute par les Huns aux abords du Dniestr. Athanaric se réfugie dans la *Caucalanda* (Transylvanie); la majorité des Wisigoths, conduits par Fritigern, vont s'installer en territoire romain.
fin 380 Athanaric et sa suite se réfugient à Constantinople.
400 Les Huns, sous la direction d'Uldin, occupent la Valachie.

408 Uldin anéantit les défenses romaines au nord du Bas-Danube jusqu'aux Portes de Fer.
424 Le grand-roi Ruga transfère le centre du pouvoir hun à l'est de la Tisza. Les Huns occupent la Transylvanie.
435-445 Attila, second-prince s'installe en Valachie.
445-453 Attila, grand-roi des Huns.
455 Les Huns sont défaits par Ardaric, roi des Gépides et ses alliés.
455-474 Les Gépides occupent l'ensemble des anciens territoires huns jusqu'au Bas-Danube. Colonisation de la Transylvanie par les Gépides.
539-551 Les provinces de *Moesia Prima* et de *Dacia Ripensis* passent sous domination gépide.
567 Les Avars fédérés avec les Lombards écrasent la Gépidie. Les Avars s'installent en Transylvanie.
680 Les Turco-bulgares (Proto-bulgares) s'installent au sud du Danube.
à partir de 700 25 tribus slaves vivent sur le territoire de l'ancienne Dacie.
802-803 Le khan bulgare, Croum, lance une campagne militaire contre l'Avarie orientale.
818-824 Fuyant devant les Bulgares, les Slaves Timočans et Abodrites se réfugient en Dacie, au nord du Danube et demandent l'aide des Francs.
à partir de 827 Omourtag, khan de Bulgarie est en guerre contre les Francs et les Slaves du bassin du Danube.
832 Dans le cadre de la paix contractée avec l'Empire Carolingien, les Bulgares consolident leurs conquêtes. La Transylvanie passe sous domination bulgare.
838 Apparition des Hongrois près du Bas-Danube.
862 Première campagne hongroise contre l'Empire Carolingien.
881 Attaque hungaro-khazare (kabare) jusqu'aux environs de Venia (Vienne).
892 L'émissaire d'Arnulf, roi de Franconie orientale, demande au khan de Bulgarie de ne pas fournir de sel aux Moraves. Ceci représente la première évocation des mines et du commerce du sel en Transylvanie.
894 Árpád et Kursan, ducs des tribus hongroises concluent une alliance avec les Byzantins contre les Bulgares. L'armée hongroise attaque la Bulgarie.
895 Contre-attaque bulgare et pétchénègue contre les Hongrois. Les tribus hongroises se réfugient en Transylvanie à travers les Carpates de l'Est.

La Transylvanie dans l'Etat hongrois médiéval

895–900 Le territoire hongrois s'étend à l'est de la ligne Garam–Danube, dans le bassin des Carpates (« Dacie »).
900 Les Hongrois occupent la Pannonie et la Moravie à l'est de la Morava.
934 Première offensive hongroise contre Byzance.
943 Nouvelle offensive hongroise contre Byzance, qui s'achèvera sur une paix de 5 ans.
948 Le « horka » Bulcsu et Termacsu, prince de la maison d'Árpád arrivent à Constantinople. Le premier se convertit au christianisme et reçoit le titre de « patrikios », le second reçoit le titre d'« ami ». Le prince suprême des Hongrois est alors Falitzi (Fajsz), qui règne aussi sur la Transylvanie.
953–954 Le « gyula », deuxième dignitaire hongrois arrive à Constantinople, se convertit et reçoit le titre de « patrikios ». Il ramène un évêque missionnaire en la personne de Hiérotheos.
955–971 Taksony, prince suprême des Hongrois règne aussi sur la Transylvanie.
970 Défaite à Arcadioupolis, fin des offensives hongroises sur Byzance.
971 Les armées de Ioannes Tzimiskès conquièrent la Bulgarie orientale, la rive sud du Bas-Danube devient une province byzantine (thema).
après 971 Le gyula transfère son siège en Transylvanie.
972–997 Géza prince suprême.
973, 23 mars Le prince suprême Géza et ses alliés bulgares envoient une ambassade auprès de l'empereur Otton Ier. Ouverture de la politique hongroise en direction de l'Occident.
976 Les Bulgares chassent les Byzantins des bords du Bas-Danube. Le second gyula de Transylvanie marie sa fille Sarolt au prince Géza, dont il reconnaît la souveraineté.
977 Naissance probable de Vajk-István (par la suite Etienne), fils de Géza et de Sarolt.
à partir des années 980 Règne du troisième gyula (Prokuj, frère cadet de Sarolt) en Transylvanie.
997–1038 Règne d'Etienne Ier.
1002 Basileos II occupe Vidin et rétablit la domination byzantine sur le Bas-Danube.

1003 Etienne Ier destitue son oncle, le troisième gyula de Transylvanie, qui avait recherché l'appui de Byzance, et le fait déporter avec sa famille à Esztergom. La Transylvanie est incorporée dans le royaume d'Etienne.

1009 Création de l'évêché de Bellegrade–Gyulafehérvár.

entre 1010 et 1015 Csanád, le chef des armées d'Etienne défait et élimine Ajtony, le maître de Marosvár qui s'était allié à Basileos II. Marosvár change de nom et devient Csanádvár.

1030 Etienne fonde les évêchés de Bihar et de Maros (Csanád) et met à la tête de ce dernier Gellért (Gérard). La reine Gizella (Gisèle) octroie les villages transylvains de Lopath et Obon (Abony) à l'abbaye de Bakonybél.

1048–1060 Le dux Béla règne sur la partie orientale de la Hongrie, le siège de son pouvoir est Bihar.

1064–1074 Géza Magnus dux est maître de la Hongrie de l'Est, avec Bihar comme siège.

1067 Première évocation de la route de Szalacs, voie terrestre de transport du sel en Transylvanie.

1068 Jula, chef des Pétchénègues de Moldavie dévaste la Transylvanie et la région de Bihar. Son armée est anéantie par celles du roi Salomon et du prince Géza, sur les bords du Sajó, sur le mont Kyrieleis (Kerlés).

1071–1081 Franco évêque de Gyulafehérvár (episcopus Bellegradiensis).

1075 L'abbaye de Garamszentbenedek, dans les environs de Tordavár, sur les bords de l'Aranyos, reçoit le droit de lever la moitié de la gabelle.

1075–1077 László dux de Bihar.

1083, 25 juillet Canonisation de l'évêque Gellért à Csanád.

1091 Campagne de Kapoltch, chef des Coumans, en Transylvanie et en Bihar. Défaite face aux troupes de László (Ladislas) Ier.

1092 Ladislas Ier attribue à l'abbaye de Bakonybél des débiteurs et transporteurs de sel comme serfs. Premier document avec une liste de noms de personne de Transylvanie. Ladislas fonde Várad et y installe une collégiale. En Transylvanie, à peu près au même moment, il fonde l'abbaye bénédictine de Vieux-Kolozsvár.

1093–1095 L'évêque de Bihar est le prince Kálmán (Coloman)

avant 1095 Début de la construction de la nouvelle église épiscopale à Gyulafehérvár.

1095–1106 Le prince Álmos est le dernier dux de Bihar.

1106 Le prince Álmos fonde le monastère bénédictin de Meszes.

à partir de 1111 Le nouveau titre de l'évêque de Gyulafehérvár est « ultrasilvanus » (= transylvain).

1138 Béla II fait recenser les biens attribués par le prince Álmos à la prévôté de Dömös, et notamment les débiteurs et transporteurs de sel de Transylvanie.

1150 Défaite des troupes byzantines de Manuel Ier dans la région de Temes (Banat).

avant 1162 Géza II fait venir des chevaliers et des paysans allemands de la région du Rhin et de la Moselle dans les zones d'habitat libérées par les Sicules: la région de Nagyszeben et la vallée de l'Olt. La colonisation allemande s'échelonne sur un siècle.

1166 Deux attaques byzantines contre la Transylvanie.

1192 Béla III fonde la prévôté de Nagyszeben.

1199 Première évocation d'un voïvode hongrois en Transylvanie.

1200 (environ) Une zone de contrôle frontalier roumain existe déjà probablement le long des Carpates du Sud.

1211 André II cède le Barcaság à l'Ordre des Chevaliers Teutoniques.

1222 Première évocation documentaire de Roumains en Transylvanie.

1224 Lettre de privilèges d'André II (« Andreanum ») au bénéfice des Allemands de Transylvanie.

1225, printemps André II fait expulser par la force l'Ordre des Chevaliers Teutoniques du Barcaság.

1226 André II nomme son fils, le prince Béla, régent de Transylvanie.

1241, avril Les Mongols saccagent puis soumettent la Transylvanie.

1257 Béla IV partage le pays avec son fils Etienne qui, prince de Transylvanie, règne sur la partie orientale du pays.

1263 Achèvement du passage de la Transylvanie sous l'administration des voïvodes, ayant sous leur autorité sept administrateurs de comitat, nommés comes.

1285 Nouvelle invasion des Mongols en Transylvanie, qui s'achève par leur défaite.

fin du XIIIe–début du XIVe siècle Les voïvodes, prenant de plus en plus d'autonomie, administrent la Transylvanie comme leur propre propriété personnelle.

1316 Charles Robert réinstaure par la force le pouvoir royal sur la Transylvanie. *23 août* Kolozsvár reçoit le titre de ville franche royale.

1324 Charles Robert rétablit les voïvodes dans leurs compétences de justicier, divise la province de Szeben en districts et nomme un « juge du roi » pour Szeben; il dispense du payement des impôts royaux les nobles de Transylvanie, ce qui favorise leur assimilation à la noblesse hongroise.

1334 Le voïvode Bogdan, accompagné de nombreux colons roumains s'installe en Transylvanie; la colonisation roumaine se poursuit pendant tout le XIVe siècle.

milieu du XIVe siècle Apparition des corporations dans les villes de la Transylvanie.

1351, 16 décembre, Louis Ier (le Grand) assure la liberté du commerce dans tout le pays aux habitants de Nagyszeben. (En 1370–71, il étendra ce droit à la Dalmatie et à la Pologne.)

1357, 28 novembre Zalatna reçoit les droits de ville minière.

1368, 20 janvier Le voïvode de Valachie assure la franchise douanière aux commerçants de Brassó. Inscription du premier étudiant transylvain à l'université de Vienne.

1369, 18 décembre Brassó reçoit le droit d'étape pour les marchandises arrivant de l'Ouest.

1374 Achèvement de la rédaction des statuts du chapitre de Várad.

1376, 9 novembre Réforme des règlements corporatifs saxons (19 corporations fonctionnent avec 25 branches professionnelles).

1378 Nagyszeben obtient le droit d'étape.

1391, 28 avril Le roi Sigismond assure par un décret la liberté de déplacement aux serfs de Transylvanie.

1394, automne Première incursion turque importante en Transylvanie.

1396, juillet Croisade de Sigismond contre les Ottomans. *Août* Campagne de Stibor, voïvode de Transylvanie, en Valachie. *28 septembre* Défaite de Sigismond à Nicopolis.

1409, 18 octobre Sigismond offre le château et le domaine de Hunyad à Vajk, fils de Sorba (d'origine roumaine) et futur père de János (Jean) Hunyadi.

à partir de 1409 Des étudiants transylvains s'inscrivent régulièrement à l'université de Cracovie.

1420, septembre Les Ottomans triomphent des troupes du voïvode de Transylvanie près des Portes de Fer. Les incursions turques en Transylvanie se multiplient (1421, 1432, 1436, 1438, 1442).

1437, mars–décembre Mouvements paysans en Transylvanie, sous la direction d'Antal Budai Nagy. *16 septembre* Les représentants des trois «nations» (noblesse hongroise, Sicules et Saxons) concluent un accord d'union à Kápolna. *10-14 décembre* Les troupes nobiliaires mettent en pièces les bataillons paysans près de Kolozsmonostor.

1438, 2 février Les trois «nations» reconduisent leur union à Torda.

1441, février-6 juin 1446 János Hunyadi voïvode de Transylvanie.

1442 La bibliothèque paroissiale de Szeben compte 138 volumes.

1458 Soulèvement des Saxons de Beszterce contre leur seigneur féodal, Mihály Szilágyi qui porte atteinte à leurs privilèges.

1467, août-septembre Révolte étouffée des trois «nations» unies contre le roi Mathias Ier (Hunyadi).

1468, 28 septembre Le roi Mathias Ier étend le droit d'étape dont jouit la ville de Brassó aux marchandises provenant des principautés roumaines.

1469, 25 septembre Mathias Ier accorde le droit aux Saxons d'élire ou de révoquer librement leurs «juges du roi», à l'exception de celui de Szeben.

1473, 9 décembre Le roi réorganise le service armé des Sicules et interdit leur imposition, qu'ils soient primores ou gens de pied.

autour de 1477 Edification de l'Eglise Noire de Brassó.

1479, 13 octobre Défaite écrasante d'envahisseurs ottomans et valaques près de Kenyérmező.

1489, 14 février Mathias Ier ordonne l'usage des unités de mesures saxonnes dans les villes de Transylvanie.

1495 La population de la Transylvanie serait – selon les estimations établies à partir du dénombrement des tenures de serfs – de 500 000 personnes dont environ 60% de Hongrois et Sicules, 24% de Roumains et 16% de Saxons.

1506, été Révolte réprimée des Sicules contre l'impôt levé à l'occasion de la naissance du prince héritier.

1510, 10 novembre–10 novembre 1526 János (Jean) Szapolyai voïvode de Transylvanie.

1511 Soulèvement des Saxons de Segesvár contre leurs administrateurs et des Sicules communs contre leurs notables.

1514, début juin L'armée des paysans en révolte, dirigée par György Dózsa, se dirigeant vers l'Est, parvient aux limites de la Transylvanie. *15 juillet* L'armée de János Szapolyai, voïvode de Transylvanie triomphe de l'armée paysanne près de Temesvár.

1526, 29 août Bataille de Mohács s'achevant par la victoire des Ottomans et la mort du roi Louis II. *10 novembre* La Diète de Székesfehérvár élit roi János Szapolyai (Jean Ier), alors que le *17 décembre* celle de Pozsony opte pour Ferdinand de Habsbourg comme souverain.

1527 Début des affrontements entre les deux rois. *27 septembre* Le comte Nikolaus Salm, général de Ferdinand Ier bat l'armée de Jean Ier près de Tokaj. Jean demande l'aide du Sultan.

1538, 24 février Signature à Nagyvárad par Ferdinand et Jean d'une paix qui confirme la division du pays selon la situation de fait jusqu'à la mort de Jean, après laquelle son royaume devrait revenir aux Habsbourg.

1539, 2 mars Mariage de Jean avec Isabelle, princesse polonaise.

1540, 22 juillet Mort de Jean Ier peu après la naissance de son fils Jean II (Jean Sigismond).

1541, 29 août Le sultan Soliman occupe Buda. Isabelle et Jean Sigismond vont s'installer avec la cour royale en Transylvanie, que le Sultan leur laisse. *18 octobre* Première Diète commune des noblesses de Transylvanie et de la région à l'est de la Tisza, à Debrecen. *29 décembre* A Gyalu, les représentants d'Isabelle et de Ferdinand s'accordent sur la réunification de la Hongrie par le transfert de la Transylvanie aux Habsbourg.

1542, 20 janvier La Diète de Transylvanie élit le moine György comme régent. Isabelle et le moine György choisissent Gyulafehérvár comme siège de leur pouvoir. *20 décembre* La Diète de Torda dénonce l'accord de Gyalu et désigne Jean II comme souverain avec le titre de «roi élu».

1543 Premier payement par la Transylvanie de l'impôt annuel de 10 000 florins dû au Sultan.

1544, août Réunion de la Diète de Transylvanie à Torda avec la participation des comitats de la région de la Tisza. Cette Diète unifiée s'institutionnalise progressivement.

1549, 8 septembre Selon l'accord conclu à Nyirbátor par les émissaires du moine György et de Ferdinand, la Transylvanie reconnaît à nouveau la souveraineté des Habsbourg; Ferdinand fournit à celle-ci sa protection militaire contre les Ottomans.

1550 Première imprimerie de langue hongroise à Kolozsvár.

1551, juin–juillet Isabelle et Jean II quittent la Transylvanie envahie par les mercenaires de Ferdinand Ier sous la direction de Castaldo. *Octobre* Campagne punitive des Turcs contre Lippa et Temesvár. *16 décembre* L'assassinat du moine György sur l'ordre de Ferdinand Ier.

1552, été Suite à l'occupation de Lippa, Temesvár et Lugos, la voie est ouverte pour les Turcs vers la Transylvanie.

1556, automne Retour d'Isabelle et de Jean II en Transylvanie.

1559, 15 novembre Mort d'Isabelle.

à partir de 1565 La rédaction des textes législatifs de Transylvanie se fait en langue hongroise.

1566, été Avec l'occupation ottomane des places fortes de Gyula, Világos et Jenő, disparaissent les derniers bastions du pouvoir des Habsbourg à l'est de la Tisza.

1568, janvier La Diète de Torda proclame la liberté de culte pour les luthériens, calvinistes et unitariens.

1570, 16 août Selon l'accord passé à Speyer entre Jean II et Maximilien (ratifié le 10 mars 1571), l'Empereur Habsbourg reconnaît à Jean II sa souveraineté sur la Principauté de Transylvanie, qui, cependant, reviendra aux Habsbourg à l'extinction de la maison Szapolyai.

1571, 14 márs Mort de Jean II.

La Principauté de Transylvanie

1571, 25 mai La Diète de Transylvanie élit Prince István (Etienne) Báthori.

1575, 10 juillet Près de Kerelőszentpál, Etienne Báthori met en déroute l'armée de Gáspár Bekes aspirant au trône. *15 décembre* Election d'Etienne Báthori comme roi de Pologne.

à partir de 1575 La Transylvanie paye un tribut annuel de 15 000 florins au Sultan.

1581, 12 mai Etienne Báthori fonde une université à Kolozsvár, qui aura une existence brève. *Mai* Election comme voïvode de Zsigmond (Sigismond) Báthori par la Diète.

1586, 13 décembre Mort en Pologne d'Etienne Báthori, Prince de Transylvanie et roi de Pologne.

1588, 8 décembre La Diète de Transylvanie élit Prince Sigismond Báthori et bannit les jésuites de Transylvanie.

1591, printemps Retour des jésuites en Transylvanie.

1593, septembre–février 1594 Sigismond Báthori propose une alliance aux Habsbourg dans la guerre contre les Ottomans («guerre de 15 ans» 1593-1606) mais ce projet ne reçoit pas l'appui de la Diète. Première démission, puis rappel du Prince.

1594, août Après un règlement de compte sanglant avec les partisans de l'orientation pro-turque, la Diète prononce la rupture avec la Porte Sublime. Le *5 octobre* le Prince Sigismond Báthori, les voïvodes de Valachie et de Moldavie, Mihai Viteazul (Michel le Brave) et Aron se rallient à la ligue chrétienne.

1595, 28 janvier István (Etienne) Bocskai, capitaine de Nagyvárad, chef de file des partisans de la guerre, signe à Prague le traité d'alliance entre la Transylvanie et les Habsbourg. *Juin–*

octobre Reconquête sur les Ottomans de Lippa, Arad, Világos et Jenő. *29 octobre* Après la libération de Tîrgovişte et de Bucarest, Sigismond Báthori et Michel le Brave battent les Turcs près de Giurgiu.

1596, février La noblesse transylvaine réprime dans le sang la révolte des Sicules de bas rang.

1598, avril Deuxième démission de Sigismond Báthori qui transmet son pouvoir aux représentants de l'Empereur Rodolphe. *20 août* Retour au pouvoir du Prince.

1599, mars Sigismond Báthori démissionne pour la troisième fois, la Diète élit András (André) Báthori comme Prince. *28 octobre* Michel le Brave, voïvode de Valachie bat l'armée d'André Báthori près de Sellemberk. Le voïvode devient pour un temps le gouverneur de Rodolphe.

1600, 18 septembre Les armées unies de Transylvanie et de l'Empereur triomphent du voïvode Michel et, le *20 septembre,* Basta, général de l'Empereur entre dans Gyulafehérvár.

1601, 3 août Les troupes de Sigismond Báthori, de retour, sont battues par celles du voïvode Michel et de Basta, au cours de la bataille de Goroszló.

19 août Après la victoire, Basta fait assassiner Michel.

1602, 20 janvier L'Empereur Rodolphe nomme Basta commandant en chef des troupes impériales stationnant en Transylvanie. *26 juillet* Sigismond Báthori abandonne définitivement la Transylvanie.

1603, mars–juillet Mózes Székely, ancien commandant de Báthori accède au titre de Prince grâce à la pression du Sultan et ses troupes. *17 juillet* Il est mis en échec et meurt dans le combat contre les Moldaves près de Brassó.

1604, 15 octobre Etienne Bocskai et les haïdouks triomphent près d'Álmosd du général de l'Empereur Belgioso. C'est ainsi que débute «la lutte de libération» de Bocskai.

1605, 21 février La Diète élit Etienne Bocskai Prince de Transylvanie.

1606, 23 juin Les représentants de Bocskai, de la noblesse hongroise et de Rodolphe signent la paix à Vienne. La paix prévoit réparation des préjudices subis par la noblesse du Royaume et reconnaît la souveraineté de Bocskai et de ses descendants mâles sur la Transylvanie, le Partium et sur trois comitats de Hongrie (Ugocsa, Bereg et Szatmár). *29 décembre* Mort d'Etienne Bocskai.

1607, 11 février Zsigmond (Sigismond) Rákóczi est élu Prince de Transylvanie par la Diète.

1608, 6 février Alliance entre les haïdouks mécontents et Gábor (Gabriel) Báthori. *7 mars* Gabriel Báthori est élu Prince par la Diète.

1610, 20-21 mars Echec de la conspiration d'István Kendi contre le Prince. *11 décembre* Dans le cadre des mesures de rétorsion, Gabriel Báthori occupe Szeben, capitale des Saxons et y installe le siège de son pouvoir.

1611, janvier–février Campagne victorieuse de Gabriel Báthori en Valachie. Celui-ci prend le titre de voïvode mais le Sultan le rappelle. *Juin–octobre* Escarmouches entre Zsigmond Forgách, capitaine suprême, les haïdouks mécontents et le voïvode de Valachie d'une part, et le Prince et les renforts de l'armée ottomane de l'autre. *Décembre* Accord signé à Kassa sur la paix entre le Royaume et la Transylvanie.

1612, été L'envoyé de Báthori près la Porte, András Ghiczy revient en Transylvanie mandaté par le Sultan et à la tête de troupes valaques. *13 septembre* Gábor (Gabriel) Bethlen se réfugie en territoire ottoman.

1613, septembre–octobre Entrée de Gabriel Bethlen en Transylvanie avec les troupes turques *23 octobre* Il est élu Prince par la Diète. *27 octobre* Assassinat de Gabriel Báthori.

1615, 6 mai Accord entre Mathias II, roi de Hongrie et Gabriel Bethlen. Le roi reconnaît à la Transylvanie le droit de se choisir son Prince, Bethlen en revanche reconnaît l'appartenance de celle-ci à la Couronne. Une clause secrète prévoit une intervention conjointe contre les Ottomans.

1616, juin Bethlen cède la ville de Lippa aux Turcs.

1619, 27 août Gabriel Bethlen, avec l'approbation de la Porte Sublime et après avoir noué des relations avec les Tchèques en révolte, se lance contre Ferdinand II et prend ainsi part à la guerre de Trente ans. *20 septembre* Occupation de Kassa. *14 octobre* Occupation de Pozsony. *27 novembre* Occupation d'Ebersdorf, faubourg de Vienne.

1620, 25 août La Diète hongroise détrône les Habsbourg et élit roi Gabriel Bethlen.

1621, 31 décembre Les représentants de Gabriel Bethlen et de Ferdinand II, réunis à Nikolsbourg, signent un accord selon lequel Bethlen renonce au titre de roi de Hongrie, mais reçoit à vie sept comitats de Haute-Hongrie (Szatmár, Szabolcs, Ugocsa, Bereg, Zemplén, Borsod, Abaúj).

1622 Fondation de l'Ecole supérieure de Gyulafehérvár. Gabriel Bethlen permet aux artisans anabaptistes (les Habans) expulsés de Moravie de s'installer en Transylvanie.

1623, 14 août Bethlen lance une nouvelle campagne contre Ferdinand II.

1624, 8 mai Paix de Vienne entre Bethlen et Ferdinand II : reconduction de l'accord de Nikolsbourg avec quelques petites modifications.

1626, 25 août Lancement de la troisième campagne de Bethlen contre l'Empereur. *20 décembre* Paix de Pozsony sur la base de l'accord de Nikolsbourg.

1629, 15 novembre Mort de Gabriel Bethlen. Sa veuve, Catherine de Brandebourg prend sa succession.

1630, Ier décembre La Diète de Transylvanie élit György (Georges) Rákóczi comme Prince.

1638, mai–juin Au cours de plusieurs centaines de procès, Georges Ier Rákóczi fait condamner les membres de la secte des sabbatariens à l'emprisonnement et à la confiscation de leurs biens.

1643, 26 avril Le Prince, en contractant une alliance avec Christine, reine de Suède, entre dans la coalition contre les Habsbourg.

1644, 2 février Le Prince entre en guerre contre Ferdinand II. *12 mars* Occupation de Kassa. *Avril* Les troupes de Rákóczi parviennent jusqu'à la vallée du Vág.

1645, 28 mai Les troupes de Transylvanie occupent Nagyszombat. *13 juillet* L'armée transylvaine fait la jonction avec les troupes de Torstensson au sud de Brünn. *16 décembre* Signature à Linz de la paix entre Georges Rákóczi et Ferdinand II : en plus de la reconnaissance de la liberté religieuse dans tout le Royaume de Hongrie, elle attribue à Rákóczi les 7 comitats (voir 3 décembre 1621) et plusieurs places fortes.

1648, 11 octobre Mort de Georges Ier Rákóczi. Son successeur, déjà désigné en 1642, est son fils Georges II Rákóczi.

1652 Composition du recueil des lois de Transylvanie.

1653 Georges II Rákóczi, avec l'aide du voïvode de Valachie, contraint le voïvode de Moldavie à l'exil. A Gyulafehérvár János Apáczai Csere commence son activité de professeur.

1657, 6 janvier Georges II Rákóczi, après avoir passé l'année précédente une alliance avec Charles X, roi de Suède, avec les deux voïvodes roumains et l'hetman des Cosaques, lance son armée contre la Pologne. *Avril* Après la prise de Cracovie, jonction des armées suédoise et transylvaine. *9 juin* Entrée dans Varsovie. *Juillet* Le Prince, abandonné par ses alliés, prend le chemin du retour après avoir accepté les conditions des Polonais. *31 juillet* L'armée dirigée par Jean Kemény est battue et est faite prisonnière par les Tartares. *2 novembre* La Diète de Transylvanie fait abdiquer Rákóczi et élit à sa place Ferenc (François) Rhédey.

1658 Expédition punitive ottomane contre la Transylvanie. Le Grand vizir Mehmed Köprülü attaque de l'ouest, alors que les Tartares font irruption à partir de l'est et mettent à feu et à sang la Principauté depuis Gyulafehérvár jusqu'à Kolozsvár. *14 septembre* Le Grand vizir nomme Ákos Barcsay à la fonction de prince.

1659-1660 Affrontements entre les troupes ottomanes, celles de Barcsay et celles de Georges II Rákóczi réélu, qui ravagent la Principauté.

1660, mai Nouvelle expédition punitive ottomane contre Rákóczi. *22 mai* Défaite de Rákóczi près de Szászfenes face au pacha de Buda. Deux semaines plus tard, Rákóczi succombe à ses blessures. *27 août* Occupation de Nagyvárad par les Turcs qui conquièrent également une grande partie du Partium. *31 décembre* Démission du Prince Ákos Barcsay.

1661, Ier janvier La Diète de Transylvanie élit Jean Kemény à la fonction de Prince. *Juin–novembre* Les troupes ottomanes soumettent la Transylvanie. *14 septembre* La Diète, convoquée par le commandant en chef turc, élit Mihály (Michel) Apafi à la fonction de Prince.

1662, 22 janvier Défaite face aux Ottomans et mort de Jean Kemény près de Nagyszőlős.

1663, 20 septembre Michel Ier Apafi se soumet aux injonctions successives lui demandant de joindre son armée à celle du Grand vizir combattant en Hongrie.

1665 En vertu des dispositions de la paix signée en 1664 à Vasvár entre les Habsbourg et les Turcs, l'armée impériale quitte la Transylvanie dont elle occupait plusieurs places fortes depuis 1661.

1667, 24 mai Michel Ier Apafi ordonne la création d'une école et d'une imprimerie roumaines avec les fonds de l'évêché roumain de Gyulafehérvár.

1667-1670 Apafi, en raison de l'opposition de la Porte, n'apporte pas son soutien aux aristocrates hongrois s'organisant contre l'Empereur et abandonne son projet d'intervenir contre les Habsbourg.

1677, 27 mai A Varsovie, les représentants de Michel Ier Apafi, ceux de Louis XIV, roi de France et ceux des réfugiés hongrois (les «kouroutz») signent un traité d'alliance.

1679, fin juin Le Prince Apafi nomme le comte Imre (Eméric) Thököly à la tête de l'armée des «kouroutz», combattant depuis déjà un an.

1680 12 mille commerçants et artisans arméniens immigrent de Moldavie en Transylvanie.

1681, août–septembre Sur l'ordre du Sultan, Apafi dirige ses troupes vers la Hongrie. Jonction des armées de Transylvanie avec celle de Thököly et des renforts dépêchés par le pacha de Nagyvárad. *Octobre* L'armée de Transylvanie se retire.

1682, août–septembre Les troupes transylvaines, dirigées par le Prince Apafi participent à nouveau aux opérations militaires en Hongrie.

1683, 22 août Le Grand vizir Kara Mustafa, assiégeant Vienne, affecte les troupes transylvaines à la défense du pont de Győr sur le Danube. *12 octobre* Les troupes ottomanes en repli subissent, près de Párkány, leur première défaite en Hongrie ; c'est le commencement de la libération de la Hongrie. *13 octobre* Retrait de l'armée transylvaine.

1685, 24 octobre La Diète de Transylvanie répond négativement à l'appel de Léopold Ier l'invitant à se joindre à la ligue contre les Ottomans. *A partir de novembre* Les troupes impériales combattant en Hongrie entrent dans les comitats du Nord et de l'Ouest de la Transylvanie afin d'y prendre leurs quartiers d'hiver.

1686, 28 juin Accord secret entre Léopold Ier et Michel Ier Apafi, favorable à la Transylvanie mais qui ne se concrétisera pas par la suite : Léopold promet sa protection à la Transylvanie qui conserve sa souveraineté et participe financièrement à la guerre contre les Ottomans.

1687, octobre Charles, duc de Lorraine pénètre en Transylvanie. *27 octobre* Accord de Balázsfalva: les troupes impériales auront leurs quartiers d'hiver dans 12 forteresses de Transylvanie, la Transylvanie leur fournira de la nourriture et du fourrage et payera un impôt de 700 000 florins.

1688, 9-10 mai Dans la déclaration de Fogaras, le Prince Apafi et les représentants des Ordres de Transylvanie reconnaissent en Léopold Ier et ses successeurs leur protecteur et prince héréditaire.

1690, 15 avril Mort de Michel Apafi. Son fils, Michel II Apafi, désigné comme successeur en 1681, n'est plus Prince que de nom. *8 juin* Le Sultan nomme Eméric Thököly comme Prince. *21 août* Thököly, à la tête de troupes ottomanes et tartares triomphe de l'armée transylvaine près de Zernyest. *16 octobre* Léopold Ier promulgue son «Diploma Leopoldinum» régissant la situation de la Transylvanie : il conserve son statut de Principauté et le régime des Ordres mais adjoint un gouverneur élu au Prince, toujours mineur, il reconnaît les lois et la liberté de culte, et fixe l'impôt de la Transylvanie. *25 octobre* Après plusieurs défaites, Thököly se réfugie en Valachie.

1696, 5 juin Le général Heisler reprend Nagyvárad aux Turcs.

1696, 29 avril Léopold Ier nomme le général Bussy de Rabutin à la tête du haut-commandement militaire de Transylvanie. *Ier juin* Michel II Apafi est assigné à résidence à Vienne, avec une pension et le titre de prince de l'Empire.

1699, 26 janvier La paix est signée à Karlowitz entre la Ligue Sainte et la Porte. La Hongrie et la Transylvanie passent sous domination des Habsbourg, la région de Temes reste aux mains des Ottomans. *16 février* Léopold Ier consacre dans un «diplôme» la création de l'église uniate roumaine (le mouvement uniate avait débuté en 1697) : il garantit l'égalité de droit entre les clergés uniate et catholique romain.

1701, 19 mars Une nouvelle charte confirme cette union.

1703 Premiers succès à la frontière transylvaine de la lutte de libération lancée en mai par Ferenc (François) Rákóczi.

1704, 8 juillet La Diète de Transylvanie réunie à Gyulafehérvár élit François II Rákóczi comme Prince.

11 novembre L'armée kouroutz dirigée par Rákóczi est battue par les troupes impériales dans le défilé de Zsibó.

1706, 8 mars La Diète de Transylvanie prononce son alliance avec l'Etat de Rákóczi.

1707, 5 avril La Diète de Transylvanie prononce la rupture avec la maison des Habsbourg et considère comme souverain François II Rákóczi qui est investi des pleins pouvoirs. *Octobre* Les troupes impériales dirigées par le maréchal Rabutin occupent la Transylvanie.

1708, juillet Le commandant en chef de l'armée kouroutz, Sándor Károlyi se livre en vain à l'assaut de Kolozsvár.

1711, 14 novembre Echec de la lutte de libération de Rákóczi. Suite à la paix de Szatmár, signée le 30 avril, la Diète de Transylvanie prête serment à Charles III.

La Transylvanie dans l'Empire des Habsbourg

1712-1713 Selon les données officielles, la population de la Transylvanie est composée de 47% de Hongrois, 34% de Roumains et 19% de Saxons.

1713, 31 mars Charles III rétablit le Gubernium, dont le siège est à Nagyszeben.

1717, août Dernière invasion tartare en Transylvanie.

1717–1720 L'épidémie de peste anéantit env. 10% de la population transylvaine.

1718, 21 juillet Traité de paix conclu à Passarowitz entre Charles III et Ahmed III : la région de Temes est libérée de l'emprise turque.

1722, 19 février La Diète de Transylvanie accepte la Pragmatica Sanctio.

1735 La participation des Roumains à la vie politique est revendiquée pour la première fois par l'évêque uniate nommé en 1728, Inochentie Micu–Klein, qui fonde son argumentation sur la thèse de la continuité daco-romaine.

1737–1738 Grave épidémie de peste bovine.

1743, 21 août La Diète de Transylvanie abroge les anciennes lois en contradiction avec le pouvoir héréditaire des Habsbourg, abolit la liberté d'élire son souverain, l'union de 1437 entre les trois « nations » et les textes faisant obstacle à l'exercice du culte catholique.

1744, 6 juillet Inochentie Micu–Klein convoque un concile à Balázsfalva qui prend la forme d'un premier rassemblement à caractère national des Roumains de Transylvanie. *9 décembre* Suite à l'enquête ordonnée par Marie-Thérèse, l'évêque se réfugie à Rome.

1747 Premières activités de l'imprimerie de langue roumaine à Balázsfalva.

1749 Constitution d'une loge maçonnique à Brassó.

1751, 13 septembre La Chancellerie Aulique de Transylvanie de Vienne prend la direction des affaires de la province.

1752, 21 août La Diète de Transylvanie limite fortement les possibilités de faire des études à l'étranger.

1754, 12 août Mise en place d'un nouveau système d'imposition basé sur le statut juridique et sur la fortune (développements ultérieurs en 1763 et 1769).

1758, été La Cour nomme un évêque orthodoxe de Transylvanie.

1759 « Edit de tolérance envers les orthodoxes » : la reconnaissance rétroactive de l'existence d'une Eglise orthodoxe roumaine indépendante de l'Eglise uniate.

1759–1761 Mouvement populaire roumain contre l'Eglise uniate sous la direction du moine orthodoxe Sofronie.

1762, 24 juin Sur l'ordre du général Buccow, commandant en chef de Transylvanie, constitution par la force des unités sicules affectées à la garde des frontières. A l'automne la résistance des Sicules se généralise.

1763, 8 octobre En raison des troubles, Marie-Thérèse définit le statut juridique des gardes-frontières.

1764, 7 janvier « Siculicidium » : les troupes impériales massacrent un camp de Sicules protestant contre leur enrôlement comme gardes-frontières.

1765, 2 novembre Marie-Thérèse accorde le statut de Grand-Duché à la Transylvanie.

1769, 11 novembre Le décret émis sous le nom de « Certains points », première tentative de normalisation des redevances seigneuriales en Transylvanie, réglemente la corvée.

1781, 16 mai Joseph II publie la « Norma Regia », première réglementation globale des affaires scolaires en Transylvanie. *8 novembre* Edit de tolérance de Joseph II pour la Transylvanie.

1782, 27 mai Joseph II procède à la fusion des Chancelleries Auliques de Transylvanie et de Hongrie. Ouverture à Nagyszeben de la première bibliothèque de prêt.

1783, 6 juillet Décret de Joseph II sur les droits des serfs. *26 novembre* La nouvelle organisation administrative conduit à la division de la Transylvanie en 10 comitats (11 en 1784) et met fin au système des « nations ». *Fin de l'année* Parution du premier journal transylvain (saxon), la *Siebenbürger Zeitung*.

1784, 11 mai Décret de Joseph II sur l'usage des langues : jusqu'en 1790 le Gubernium promulguera ses circulaires dans les deux langues hongroise et allemande. *27 août* Suppression totale des barrières douanières entre la Hongrie et la Transylvanie. *31 octobre* Début du soulèvement paysan roumain dirigé par Horea et Cloşca. *7–11 décembre* Les troupes impériales écrasent les paysans au cours de deux affrontements.

1785, 2 août Joseph II abolit l'attachement des serfs à la glèbe. Définition des statuts de l'enseignement primaire.

1786 Selon le premier recensement « moderne », la Transylvanie compte 1 560 000 habitants.

30 novembre Mise en place des nouvelles instances judiciaires des comitats.

1787 Introduction en Transylvanie du code pénal impérial. Les représentants des trois « nations » présentent à Joseph II leurs cahiers de doléances.

1790 Le Gubernium quitte Szeben pour s'installer à Kolozsvár.

1791, 20 février Un décret de Léopold II scinde à nouveau en deux la Chancellerie Aulique de Hongrie et de Transylvanie. *11 mars* Les évêques roumains présentent au roi leur mémorandum (Supplex Libellus Valachorum) dans lequel ils revendiquent la reconnaissance des Roumains comme une quatrième « nation ».

1792, 21 août Au bout de deux années de consultations, la Diète de Transylvanie donne une forme définitive au projet de loi qui répartit les pouvoirs entre le souverain et la Diète en renforçant les privilèges des Ordres. Constitution d'une troupe théâtrale permanente de langue hongroise à Kolozsvár.

 1796, 16 mai Un décret royal reconnaît la religion orthodoxe comme une confession « reçue ».

1797 L'imprimerie universitaire de Buda commence son activité d'édition de livres scolaires et d'ouvrages de vulgarisation en langue roumaine.

1798 Le comte Sámuel Teleki ouvre au public sa bibliothèque de Marosvásárhely (Teleki Téka).

1819, 17 mai François Ier ordonne le lancement d'une réforme des redevances seigneuriales en Transylvanie.

1821, 21 mars Ouverture à Kolozsvár d'un théâtre de langue hongroise dans un bâtiment en dur.

1832 Publication à Marosvásárhely de l'Appendix de János Bolyai, première formulation de la géométrie non-euclidienne.

1834, 24 mai–6 février 1835 Première session de la Diète «des réformes».

1835, 4 mars Début du procès de Miklós Wesselényi devant la Table royale de Transylvanie, pour crime de lèse-majesté.

1836, 2 mai Vote par la Diète hongroise d'une loi qui sanctionne le rattachement du Partium à la Hongrie (l'application de cette loi sera ajournée jusqu'en 1848).

1847, 25 juillet Le roi prend acte de l'adresse de la Diète sur l'usage dans l'administration de la langue hongroise. *23 septembre* Il approuve le principe du rachat des biens féodaux.

1848, 20 mars Déclaration de programme commune aux libéraux et aux conservateurs hongrois de Transylvanie qui se rallient à la révolution de Pest du 15 mars, ils exigent l'union avec la Hongrie et des réformes à caractère bourgeois. *11 avril* Le roi ratifie les lois votées par la Diète hongroise et notamment la réunification. *15 mai* L'Assemblée des Roumains à Balázsfalva revendique la reconnaissance de la nation roumaine, une représentation politique et des droits civiques. *30 mai–18 juillet* La dernière Diète de Transylvanie proclame la réunification de la Transylvanie et de la Hongrie et abolit le servage. *16 septembre* Rassemblement national des Roumains à Balázsfalva qui récuse la réunification et qui appelle les Roumains au soulèvement armé. *Début octobre* Le commandant en chef Puchner regroupe les troupes impériales de Transylvanie en territoire saxon qui devient la base militaire de la contre-révolution. *16 octobre* Les Sicules en armes, réunis en rassemblement national à Agyagfalva, se rallient à la révolution. *18 octobre* Puchner prend le pouvoir en Transylvanie qui passe sous gouvernement militaire. *17 novembre* Puchner occupe Kolozsvár. *29 novembre* Kossuth nomme le général Joseph Bem commandant en chef de l'armée nationale («honvéd») en Transylvanie. *2 décembre* Après l'abdication de Ferdinand V, François-Joseph annonce son accession au trône comme empereur d'Autriche et roi de Hongrie. *22 décembre* Bem s'empare de Kolozsvár.

1849, 3 janvier Bem inflige une défaite aux troupes impériales frontalières près de Tihuca *13 janvier* Bem délivre Marosvásárhely. *24 janvier* Puchner demande l'aide militaire des troupes d'occupation russes stationnées en Valachie. *4 février* Puchner, assisté des troupes russes, bat l'armée du général Bem près de Vizakna. *9 février* Bem inflige une défaite aux troupes impériales et tzariennes près de Piski. *4 mars* La Constitution d'Olmütz décrétée par François-Joseph définit à nouveau la Transylvanie comme province indépendante de la Couronne. *11 mars* Prise de Nagyszeben par le général Bem. *15–20 mars* Les troupes impériales et russes battent en retraite en Valachie. *14 avril* La Proclamation d'Indépendance déclare Etat indépendant la Hongrie unifiée à la Transylvanie. *5 mai* Ion Dragoş, mandaté par Kossuth, entame des pourparlers de paix avec Avram Iancu, le chef des insurgés roumains de la région des Monts métalliques. La recrudescence des combats entre Hongrois et Roumains les empêche de parvenir à un accord. *11 mai* Malgré l'amnistie décrétée par Bem, le pasteur Stephan Ludwig Roth, un des leaders politiques saxons est exécuté à Kolozsvár. *28 mai* Kossuth et Nicolae Bălcescu, leader politique roumain de Valachie entament des négociations à Debrecen. *19 juin* Entrée en Transylvanie des troupes du Tsar arrivant à la rescousse de François-Joseph. *14 juillet* Signature par Kossuth et Bălcescu du «Projet de pacification» hungaro-roumaine. *28 juillet* Vote par la Diète d'une loi sur le droit des nations non-magyares d'utiliser leurs propres langues. *31 juillet* Bem subit une défaite près de Segesvár. *6 août* Au cours de la bataille de Nagycsűr, Bem est battu de manière décisive par les troupes russes et l'armée transylvaine est mise en déroute. *9 août* Ultime défaite de l'armée hongroise près de Temesvár. *13 août* Reddition formelle de l'armée hongroise devant le général russe Rüdiger. *25 août* Les restes de l'armée de Transylvanie déposent les armes à Zsibó. *24 octobre* Le décret du général Haynau sur l'organisation administrative provisoire sépare à nouveau de la Hongrie la Transylvanie et le Partium et divise le territoire en six districts.

L'époque des sociétés nationales bourgeoises

1850, 1er octobre Mise sur pied de l'administration régionale des finances en Transylvanie.

1851, juillet Conspiration contre les Habsbourg en Terre sicule. *4 juillet* Etablissement d'une nouvelle structure judiciaire.

1852, 27 octobre Les administrations locales propres des Saxons sont remplacées par l'administration étatique.

1853, 19 janvier Réglementation des compétences du gouvernement local et de ses rapports aux structures du pouvoir à Vienne. *20 avril* Intégration de la Transylvanie au réseau européen de télégraphe.

1854, 10 mars Exécution des leaders du soulèvement de Terre sicule. *21 juin* Lettres patentes du souverain sur la mise en pratique de l'affranchissement des serfs.

1857, 15 novembre Mise en service de la voie ferrée Szeged–Temesvár.

1858, 25 octobre Mise en service de la voie ferrée Szolnok–Arad.

1859, 29 mars Le Prince de Moldo-Valachie Alexandru Ioan Cuza et György Klapka, représentant de l'émigration hongroise, passent un accord (reconduit le 8 janvier 1861).

23 novembre Réunion constitutive à Kolozsvár de la Société du Musée Transylvain.

1860, 20 octobre Le Diplôme d'Octobre ordonne le rétablissement de la Chancellerie Aulique de Transylvanie. *10 décembre* Le souverain nomme le comte Imre Mikó à la tête du Gubernium ressuscité.

1861, 13–16 janvier Rassemblement des Roumains de Transylvanie à Nagyszeben. *11–12 février* Conférence de délégués hongrois, roumains et saxons à Gyulafehérvár pour la préparation de la Diète.

26 février Lettre patente de Février : sur les 343 sièges du Reichsrat, 26 seront alloués aux représentants envoyés par la Transylvanie. *23 avril* Dissolution du gouvernement local dont le siège était à Nagyszeben. *6 septembre* Le souverain approuve les statuts de la Société culturelle et littéraire roumaine (ASTRA). *Novembre* Avec la démission du chancelier de Transylvanie Ferenc Kemény et du président de Gubernium Imre Mikó, débute la période dite de «Provisorium» de six ans.

1862, 18 mai Parution du projet de Kossuth relatif à une confédération des pays danubiens.

1863, 15 juillet En l'absence des députés hongrois, ouverture à Nagyszeben de la session de la Diète qui accorde l'égalité en droit à l'église orthodoxe roumaine et déclare langues officielles le hongrois, le roumain et l'allemand.

1865, 19 novembre Ouverture à Kolozsvár de la Diète (à majorité hongroise) qui se prononce pour l'union de la Hongrie et de la Transylvanie.

1866, 10 janvier Le souverain consent à ce que la Transylvanie envoie des représentants à la Diète de Pest.

1867, 29 mai La chambre de députés hongroise approuve la loi 1867:XII sur le compromis austro–hongrois, par lequel l'union proclamée en 1848 est remise en vigueur.

1868, 15 mai Déclaration roumaine de Balázsfalva (Pronunciamentum) qui revendique l'autonomie de la Transylvanie. *5-6 décembre* Le roi approuve les lois 1868 : XXXII sur l'enseignement primaire (et notamment sur l'enseignement en langue maternelle), 1868 : XLIII sur les conséquences pratiques de l'union de la Transylvanie avec la Hongrie et 1868 : XLIV sur l'égalité en droit des nationalités. *22 décembre* Mise en service de la voie ferrée Arad–Gyulafehérvár.

1869, 7-8 mars L'assemblée roumaine de Szerdahely se prononce pour le boycottage de l'activité parlementaire et décide la constitution du parti national roumain de Transylvanie.

1872, 11 mai Au Ier Sachsentag à Medgyes, acceptation du dualisme avec des réserves. *12 octobre* Fondation de l'université de Kolozsvár. Constitution à Nagyszeben de la banque roumaine Albina.

1872-1873 Dernière grande épidémie de choléra sur le territoire de l'Etat hongrois.

1873, Ier juin Mise en service de la voie ferrée Segesvár–Brassó. Ainsi s'achève la construction du Chemin de Fer Hongrois de l'Est.

1876, 2 avril La loi 1876 : XII met fin à l'autonomie administrative des Sicules et des Saxons. *19 juin* La loi 1876 : XXXIII fond les «sièges» sicules et saxons dans les comitats. *22 octobre* Fondation du Parti Populaire Saxon.

1879, 22 mai La loi 1879 : XVIII rend obligatoire l'enseignement du hongrois (comme une des matières scolaires) dans toutes les écoles primaires.

1880 En Transylvanie fonctionnent 119 batteuses à vapeur et 1224 autres batteuses mécaniques.

1881, 13 mai Conférence commune des Roumains de Hongrie et de Transylvanie à Nagyszeben. Fondation du parti national roumain unifié.

1883 Adhésion de la Roumanie à la Triple-Alliance.

1884, 26 avril Lancement à Nagyszeben du quotidien roumain *Tribuna*. Mise en place de l'éclairage public à électricité à Temesvár.

1885, 12 avril Fondation à Kolozsvár de l'Association Hongroise pour la Culture Publique de Transylvanie (EMKE).

1886-1889 Guerre des tarifs douaniers entre la Monarchie et la Roumanie.

1889 Début de l'aménagement des Portes de Fer.

1890, 17 juin Le 2e Sachsentag à Nagyszeben reconnaît l'Etat national hongrois unifié. Les députés saxons adhèrent au parti gouvernemental.

1891, 24 janvier Fondation à Bucarest de la «Liga Culturală», alliance roumaine militant pour l'unité spirituelle des Roumains. *8 mai* Création de la section de Kolozsvár du Parti Social-Démocrate Hongrois.

1892, 28 mai Les Roumains de Transylvanie déposent à Vienne un mémorandum faisant état de leurs doléances et de leurs revendications.

1894, 7-25 mai Procès en diffamation des auteurs et des diffuseurs du Mémorandum, à Kolozsvár.

1895, 10 août Congrès commun des Serbes, Slovaques et Roumains de Hongrie à Budapest.

1898, 15 février La loi 1898 : IV n'autorise qu'une seule dénomination officielle pour chaque localité.

1901 Ouverture du premier cinéma permanent à Brassó.

1904, 24 avril A Élesd, les gendarmes ouvrent le feu sur des paysans qui manifestent.

1905, 10 janvier La conférence du Parti National Roumain se prononce pour une participation active au travail parlementaire. *5-6 décembre* Premier congrès de la section social-démocrate roumaine à Lugos.

1907, 2 juin La loi 1907 : XXVII («Lex Apponyi») élargit le contrôle central et accorde une plus grande place à l'enseignement en hongrois dans les écoles communales et confessionnelles.

1909 Début des activités de la première usine hongroise de construction automobile à Arad.

1910, 1-10 juin Aux cours des élections législatives, les partis des nationalités subissent une sévère défaite. Au cours de l'année, des négociations ont lieu entre les dirigeants de la minorité roumaine et les membres du gouvernement hongrois.

1912, mars Le journal d'Arad *Tribuna* se fond dans l'organe du parti roumain *Românul* créé en 1911.

1913, janvier puis automne Nouvelles négociations entre les politiciens roumains et le comte István Tisza (premier ministre à partir du Ier juin 1913).

1914, 17 février Le comité national roumain qualifie d'inacceptables les propositions de Tisza. Les négociations s'achèvent sur un échec. *28 juillet* Déclaration de guerre de la Monarchie à la Serbie. *3 août* Déclaration de neutralité de la Roumanie.

14 octobre Les troupes russes occupent provisoirement la ville de Máramarossziget.

1916, 17 août Accord secret à Bucarest entre la Roumanie et l'Entente: la Roumanie se voit garantir la possession de la Transylvanie jusqu'à la ligne de la Tisza.

27 août La Roumanie déclare la guerre à la Monarchie austro–hongroise, les troupes roumaines franchissent les Carpates. *Début septembre* Les troupes roumaines continuent leur avance jusqu'à la ligne Brassó–Petrozsény–Turnu-Severin. *Fin septembre et octobre* Les puissances centrales refoulent les troupes roumaines hors de Transylvanie et, le *6 décembre,* occupent Bucarest.

1918, 7 mai Paix signée à Bucarest entre les puissances centrales et la Roumanie. *30-31 octobre* Victoire de la révolution à Budapest. *31 octobre* Fondation à Budapest du Conseil National Roumain par le parti national roumain et les sociaux-démocrates roumains. *9 novembre* Le Conseil National Roumain demande au gouvernement le transfert du pouvoir sur les 26 comitats de l'Est. *13 novembre* Le gouvernement hongrois conclue à Belgrade un armistice avec l'Entente: les troupes de l'Entente peuvent se déployer jusqu'à la ligne de démarcation située le long du Maros. *13-14 novembre* Négociations infructueuses à Arad entre le gouvernement et les représentants du Conseil National Roumain. *21 novembre* Début du déploiement de l'armée roumaine en Transylvanie. *1-2 décembre* La grande assemblée des Roumains de Transylvanie, réunie à Gyulafehérvár, prononce l'union à la Roumanie, élit un Grand Conseil National et nomme un Conseil Dirigeant. *2 décembre* L'armée roumaine atteint – avec l'approbation de l'Entente – la ligne de démarcation. *22 décembre* Un rassemblement de masse de Hongrois de Transylvanie à Kolozsvár prend position pour le maintien de la Transylvanie au sein de l'Etat hongrois. *24 décembre* Entrée de l'armée roumaine dans Kolozsvár.

1919, 22 janvier Les troupes roumaines occupent la totalité de la Transylvanie historique. *20 mars* La «note de Vix» annonce l'occupation des territoires transylvains jusqu' à la ligne Szatmár —Arad. Abdication du gouvernement Károlyi. *21 mars* Proclamation à Budapest de la République (Socialiste) des Conseils. *15 avril* Lancement de l'offensive roumaine contre la République des Conseils. *Ier mai* L'armée roumaine atteint les bords de la Tisza. *Ier août*

Chute de la République des Conseils. *4 août* Entrée des troupes roumaines dans Budapest. *14-16 novembre* Retrait de l'armée roumaine jusqu'à la Tisza à la suite d'une décision de la Conférence de la paix. *9 décembre* Traité sur la protection des minorités entre l'Entente et la Roumanie.

1920, 10 avril Fin du fonctionnement du Conseil Dirigeant roumain. *4 juin* Signature à Trianon du traité de paix avec la Hongrie et à la suite duquel la Transylvanie, prise au sens le plus large (102 093 km²) est rattachée à l'Etat roumain avec 5 257 476 habitants (dont 1,7 millions de Hongrois et 0,6 million d'Allemands). *23-28 octobre* Grève générale, introduction de l'état d'exception.

1921, 8-11 mai Fondation du Parti Communiste de Roumanie. *15 juin* La fondation à Bánffyhunyad du Parti Populaire Hongrois marque le début de l'activisme politique hongrois en Transylvanie roumaine. *6 juillet* Constitution à Kolozsvár de l'Union Hongroise qui tient lieu de parti. *23 juillet* Une loi réglemente la mise en application de la réforme agraire. Dans le cadre de la réforme, 212 803 Roumains, 45 628 Hongrois et 15 934 Allemands accèdent à la propriété foncière ; les Eglises hongroises perdent 85% de leurs terres. *30 octobre* Les autorités suspendent l'activité de l'Union Hongroise qui est à nouveau autorisée à partir du *28 décembre.*

1922, 5 février Les personnalités hongroises optent, à Kolozsvár, pour la participation des Hongrois aux prochaines élections. *12 février* Fondation du Parti National Hongrois à Kolozsvár. *15 octobre* Couronnement de Ferdinand Ier à Gyulafehérvár comme roi de la Grande Roumanie.*28 octobre* Interdiction des activités de l'Union Hongroise. *28 décembre* Naissance à Kolozsvár du Parti Hongrois National suite à la fusion du Parti National Hongrois et du Parti Populaire Hongrois.

1923, 28 mars Entrée en vigueur de la nouvelle Constitution roumaine. *25 septembre* Le bilinguisme est introduit par voie de décret dans les écoles confessionnelles hongroises. *23 octobre* Le Parti Populaire du général Averescu conclue à Csucsa un accord politique avec le Parti Hongrois en vue des élections.

1924, 1er janvier Un examen de langue roumaine est désormais imposé aux fonctionnaires issus des minorités nationales. *26 juillet* Entrée en vigueur de la loi sur l'enseignement primaire, qui restreint l'autonomie des écoles des minorités nationales.

1925, 22 décembre Entrée en vigueur de la loi sur l'enseignement privé qui qualifie les écoles confessionnelles d'écoles privées et qui impose l'enseignement de cinq matières en langue roumaine.

1926, 17–20 février Au cours des élections municipales le Parti Hongrois coopère avec les libéraux. *27 mars* Le parlement adopte une nouvelle loi électorale qui avantage les grands partis. *21 avril* Accord entre le Parti hongrois et le gouvernement Averescu. Suite aux élections, 15 députés et 12 sénateurs hongrois entrent au parlement. *10 juin* Traité franco–roumain d'amitié et de coopération militaire. *16 septembre* Signature à Rome du traité d'amitié et de coopération entre l'Italie et la Roumanie. *10 octobre* Suite à la fusion du Parti National Roumain et du Parti Paysan du Regat, naissance du Parti National Paysan dirigé par I. Maniu et I. Mihalache. *12 novembre* Le synode de l'église évangélique (luthérienne) saxonne adopte de nouveaux statuts.

1927, 7–9 mai La fusion des différentes organisations social-démocrates locales débouche sur la création du Parti Social-Démocrate Roumain. *24 juin* Fondation de la « Légion de l'archange Michel », organisation d'extrême-droite qui sera par la suite surtout connue sous le nom de Garde de fer. *20 juillet* Mort du roi Ferdinand Ier, à la suite de laquelle un conseil de régence exerce le pouvoir au nom de Michel Ier, encore mineur.

1928, 6 mai Grande manifestation paysanne à Gyulafehérvár organisée par le Parti National Paysan contre le gouvernement libéral. *10 novembre* Constitution d'un gouvernement national-paysan sous la direction de I. Maniu. *12 décembre* Au cours des élections, le parti au gouvernement recueille 78% des suffrages, et le Parti hongrois devient le deuxième parti au parlement.

1929, 2–5 avril Congrès des syndicats de gauche à Temesvár; sous prétexte d'atteinte à l'ordre public, les autorités font dissoudre les Syndicats Unifiés. *20–22 mai* Reconduction et renforcement de la Petite Entente à Belgrade. *5–9 août* Grève des mineurs de Lupény (vallée du Zsil). 30 personnes au moins sont tuées au cours de la répression menée par l'armée.

1930, 4 avril Chute du gouvernement national-paysan. Un cabinet de spécialistes mené par N. Iorga gouverne jusqu'au 6 juin 1932. *Avril* Le Saxon Rudolf Brandsch est nommé secrétaire d'Etat aux minorités nationales (fonction qu'il assume jusqu'en mai 1932). *6 juin* Retour au pays de l'archiduc Charles qui avait renoncé à ses droits à la succession en 1926, et qui est proclamé roi le *8 juin* par le parlement.

1932, 5 avril Inauguration du musée ethnographique de Kolozsvár. *19 avril* La loi sur le ré-échelonnement des dettes agricoles diminue la pression que la crise fait peser sur les cultivateurs. *6 juin* Formation d'un nouveau gouvernement national-paysan sous la direction de A. Vaida-Voevod.

1933, 8 janvier Fondation à Déva du Front aratoire (Frontul Plugarilor) dirigé par Petru Groza. *1–5 octobre* Dernier Sachsentag à Nagyszeben, le Mouvement de Renouveau (Erneuerungsbewegung) recueille la majorité des suffrages. *14 novembre* Le Parti National Libéral forme le nouveau gouvernement sous la direction de I. G. Duca et reste au pouvoir pendant quatre ans. *30 décembre* Suite à l'assassinat du premier ministre par la Garde de fer, le gouvernement instaure l'état de siège et la censure sur l'ensemble du territoire du pays.

1934, août Fondation de l'Union Nationale des Travailleurs Hongrois, MADOSZ (organisation de gauche).

1936, 27 mars Une loi réglemente l'usage des langues dans les conseils de village, de ville et de comitat. Dans les deux dernières catégories, seul l'usage du roumain est admis.

1937, 2–4 octobre Grande réunion de la jeunesse hongroise à Marosvásárhely pour promouvoir la démocratie, la justice sociale et l'amitié hungaro–roumaine. *20 décembre* Echec aux élections du parti libéral au pouvoir. Le souverain nomme un gouvernement de droite dirigé par O. Goga.

1938, 10 février Instauration de la « dictature royale » de Charles II. *27 février* Entrée en vigueur d'une nouvelle Constitution. *30 mars* Dissolution des partis politiques. *4 août* Mise en place d'un commissariat suprême chargé des questions relatives aux minorités, et parution d'un arrêté du conseil des ministres (« Statut des Minorités ») dans lequel on s'engage à satisfaire les revendications des minorités dans le domaine culturel et en ce qui concerne les rapports avec l'administration.

1939, 11 février Fondation à Kolozsvár de la Communauté Populaire Hongroise dirigée par le comte Miklós Bánffy et qui se veut le « représentant universel » de la population hongroise de Roumanie. *23 mars* Traité économique de grande envergure entre la Roumanie et l'Allemagne. *15 avril* L'Angleterre et la France se portent garants de l'intégrité territoriale roumaine. *16 décembre* Fondation du parti unique: Frontul Renaşterii Naţionale.

1940, 26 juin Ultimatum soviétique à la Roumanie, à la suite duquel la Bessarabie et la Bukovine du Nord sont annexées par l'Union Soviétique. *4 juillet* Formation d'un gouvernement pro-allemand sous la direction de Ion Gigurtu. *16–24 août* Négociations infructueuses à Turnu-Severin entre la Hongrie et la Roumanie au sujet des revendications territoriales hongroises en Transylvanie. *30 août* Deuxième arbitrage de Vienne. Sur la base d'une décision italo-allemande, le Nord de la Transylvanie est rattaché à la Hongrie. Convention avec l'Allemagne sur le statut privilégié des minorités allemandes. *4 septembre* Ion Antonescu devient premier ministre de Roumanie. *6 septembre* Abdication du roi Charles II. *14 septembre* La Roumanie, avec à sa tête le Conducător Antonescu et avec la participation de la Garde de fer, devient un « Etat national-légionnaire ».

1941, 22 juin Entrée en guerre de la Roumanie contre l'Union Soviétique. *26 juin* Entrée en guerre de la Hongrie contre l'Union Soviétique.

1944, 17 mars Négociations secrètes au Caire entre la Roumanie et les Alliés, au cours desquelles il est question de la réannexion du Nord de la Transylvanie à la Roumanie. *19 mars* Occupation de la Hongrie par les troupes allemandes. *Mai* Déportation des juifs du Nord de la Transylvanie. *14 juin* Accord secret à Bucarest entre la Cour et les dirigeants des partis d'opposition en vue du retrait de la Roumanie de la guerre. *23 août* Tournant politique à Bucarest : Antonescu et les membres de son gouvernement sont arrêtés. *24 août* Déclaration de guerre roumaine à l'Allemagne. *12 septembre* Signature à Moscou d'un accord d'armistice entre la Roumanie et les Alliés. *5 septembre* Offensive hungaro-allemande dans le Sud de la Transylvanie, qui tourne rapidement à l'échec. Par la suite, l'armée soviétique et roumaine s'enfonce dans le Nord de la Transylvanie, occupe Kolozsvár le *11 octobre* et l'ensemble de la Transylvanie le *25 octobre*. De nombreux Saxons fuient le pays en même temps que les unités allemandes. *11 novembre* Interdiction de l'activité des organes de l'administration roumaine en Transylvanie du Nord. Mise en place d'une administration locale de gauche qui fonctionne de manière autonome par rapport à l'administration militaire soviétique.

1945, 12 janvier Déportation des Allemands de Transylvanie en Union Soviétique pour des travaux de reconstruction. *6 mars* Formation à Bucarest d'un gouvernement démocratique de coalition sous la direction de Petru Groza. *9 mars* L'Union Soviétique donne son accord à la réintroduction de l'administration roumaine en Transylvanie du Nord.

1947, 10 février Signature à Paris du traité de paix entre la Roumanie et les Alliés, qui annule – au niveau du droit international – le 2e arbitrage de Vienne.

Liste des abréviations

Acta Arch. Hung.	Acta Archaeologica Academiae Scientiarum Hungaricae
Acta Hist. Art.	Acta Historiae Artium Academiae Scientiarum Hungaricae
AEMA	Archivum Eurasiae Medii Aevi
AH	Acta Historica Academiae Scientiarum Hungaricae
AMN	Acta Musei Napocensis
Anonymus	P. Magister quondam Bele regis Hungariae notarius Gesta Hungarorum. Ed. L. Juhász. Szeged–Budapest, 1932
ANRW	Aufstieg und Niedergang der Römischen Welt. Red. W. Haase–H. Temporini. Berlin–New York
Arch. Hung.	Archaeologia Hungarica (Budapest)
AUSB	Annales Universitatis Scientiarum Budapestiensis de Rolando Eötvös nominatae. Sectio Historica
AVSL	Archiv des Vereines für Siebenbürgische Landeskunde (Hermannstadt)
G. Bariţ, Părţi alese...	George Bariţ, Părţi alese din istoria Transilvaniei (Chapitres choisis de l'histoire de la Transylvanie), I-III. Sibiu, 1889-1891
S. Benkő, A helyzettudat...	Samu Benkő, A helyzettudat változásai (Les modifications de la conscience de statut), Bukarest, 1977
V. Bíró, A fejedelmi hatalom...	Vencel Bíró, Az erdélyi fejedelmi hatalom fejlődése (Le développement du pouvoir princier transylvain) 1542-1690. Budapest, 1924
Cassius Dio	Cassii Dionis Historiarum Romanum libri
DAI	Constantine Porphyrogenitus, De administrando imperio. Ed. Gy. Moravcsik–R. J. H. Jenkins. Budapest, 1949; Washington, 1967
DFGS	Deutsche Fundgruben zur Geschichte Siebenbürgens. Ed. J. Kemény–E. Trauschenfels. Klausenburg, 1839-1860
DMÉ	A Debreceni Déri Múzeum Évkönyve (Annuaire du Musée Déri de Debrecen)
Á. Dobó, Inscriptiones...	Árpád Dobó, Inscriptiones extra fines Pannoniae Daciaeque repertae ad res earundem provinciarum pertinentes. Budapest, 1975[4]
Dolg. ENM	Dolgozatok az Erdélyi Nemzeti Múzeum Érem- és Régiségtárából (Etudes du Département de médailles et d'antiquités du Musée National de Transylvanie), Kolozsvár

DRH Transilvania	Documenta Romaniae Historica (Documente privind istoria României) C — Transilvania. I-VIII. Bucureşti 1951-1981
EHH	Etudes historiques hongroises. Budapest, 1975, 1980, 1985
EOE	Erdélyi országgyűlési emlékek. Monumenta comitialia regni Transsylvaniae 1540-1699. Publ. par Sándor Szilágyi, I-XXI. Budapest, 1875-1898 (MHH-C)
EOKL	OL Erdélyi Országos Kormányhatósági Levéltárak (Archives Gouvernementales de Transylvanie)
ETA	Erdélyi történeti adatok (Données historiques de Transylvanie) I-IV. Publ. par Imre Mikó et Károly Szabó, Kolozsvár, 1855-1862
FA	Folia Archaeologica (Budapest)
FBHH	Gy. Moravcsik, Fontes byzantini historiae hungaricae aevo ducum et regum ex stirpe Arpad descendentium. Budapest, 1984
Festschrift A. T. Szabó–Zs. Jakó	Forschungen über Siebenbürgen und seine Nachbarn. Festschrift für Attila T. Szabó und Zsigmond Jakó. Red. K. Benda–T. Bogyay, München, 1987
FVLK	Forschungen zur Volks- und Landeskunde (Sibiu)
GDGR	Geschichte der Deutschen auf dem Gebiete Rumäniens. Ed. C. Göllner. Bukarest, 1979
Gombos, Catalogus...	A. F. Gombos, Catalogus Fontium historiae Hungaricae aevo ducum et regum ex stirpe Arpad descendentium... I-III. Budapest, 1937-1938. Index: Budapest 1942
Gy. Györffy, Geographia...	György Györffy, Geographia historica Hungariae tempore stirpis Arpadianae (Az Árpád-kori Magyarország történeti földrajza), I-III. Budapest—Amsterdam, 1963-1987
Die Habsburgermonarchie	Die Habsburgermonarchie 1848-1918. I. Die wirtschaftliche Entwicklung. Hrsg. A. Brusatti. Wien, 1973; III. Die Völker des Reiches. Hrsg. A. Wandruschka–P. Urbanitsch, Wien, 1980
HHStA	Haus-, Hof- und Staatsarchiv, Wien
K. Horedt, Das frühmittelalterliche...	K. Horedt, Das frühmittelalterliche Siebenbürgen. Innsbruck, 1988
K. Horedt, Frühmittelalter...	K. Horedt, Siebenbürgen im Frühmittelalter. Bonn, 1986
Zs. Jakó, Írás, könyv...	Zsigmond Jakó, Írás, könyv, értelmiség (Ecriture, livres, intellectuels), Bukarest, 1976
I. Katona, Historica critica...	Stephanus Katona, Historica critica regum Hungariae I-XLII. Pest–Pozsony–Kassa–Buda–Kalocsa–Kolozsvár–Vác, 1779-1817
L. Kelemen, Ekv...	Emlékkönyv Kelemen Lajos születésének nyolcvanadik évfordulójára (Mélanges pour le 80e anniversaire de la naissance de L. K.), Kolozsvár, 1967
G. Kemény G., Iratok...	Iratok a nemzetiségi kérdés történetéhez Magyarországon a dualizmus korában 1867-1918 (Documents sur l'histoire de la question des nationalités en Hongrie à l'époque du dualisme). Publ. par G. Kemény G. I-VI. Budapest, 1952-1985
KLÖM	Kossuth Lajos összes munkái (Œuvres complètes de L. K.)
L. Kővári, Okmánytár...	Okmánytár az 1848-49-i erdélyi eseményekhez (Recueil de documents sur les événements en Transylvanie en 1848-49) Publ. par László Kővári, Kolozsvár, 1861
I. Lukinich, Erdély...	Erdély területi változásai 1541-1711 (Les changements territoriaux de Transylvanie). Publ. par I. Lukinich, Budapest, 1918

MBIÖ	Mitteilungen des Bulgarischen Instituts in Österreich
MGSz	Magyar Gazdaságtörténeti Szemle (Bulletin d'Histoire Economique Hongrois), Budapest
MHH-C, D et *S*	Monumenta Hungariae Historica. I. Diplomataria; II. Scriptores; III. Comitialia
MR	Magyarok és románok (Hongrois et Roumains) I-II. Publ. par JÓZSEF DEÉR—LÁSZLÓ GÁLDI, Budapest, 1943-1944
Műv.T.	Művelődéstörténeti Tanulmányok (Etudes d'histoire de la civilisation) I-II. Publ. par ELEK CSETRI, ZSIGMOND JAKÓ et autres, Bukarest, 1979-1980
NK	Numizmatikai Közlöny (Bulletin Numismatique), Budapest
OL	Magyar Országos Levéltár (Archives Nationales de Hongrie)
OSzK	Országos Széchényi Könyvtár (Bibliothèque Nationale Széchényi)
PA AA Bonn	Politisches Archiv des Auswärtigen Amtes, Bonn
M. PĂCURARIU, Istoria Bisericii...	M. PĂCURARIU, Istoria Bisericii Ortodoxe Române (Histoire de l'Eglise orthodoxe roumaine), I-II. Bucureşti, 1980-1981[2]
ŞT. PASCU, Voievodatul...	ŞT. PASCU, Voievodatul Transilvaniei (Le voïvodat de Transylvanie), I-II. Cluj, 1972-1979
RAPMP	Relations between the Autochthonous Population and the Migratory Populations on the Territory of Romania. Bucureşti, 1975
RHC	Revue d'Histoire Comparée. Etudes Hongroises (Paris)
RRH	Revue Roumaine d'Histoire (Bucarest)
RT	Rákóczi-tanulmányok (Etudes sur Rákóczi) Publ. par BÉLA KÖPECZI, LAJOS HOPP, ÁGNES R. VÁRKONYI, Budapest, 1980
SRH	Scriptores rerum Hungaricarum tempore ducum regumque stirpis Arpadianae gestarum. I-II. Ed. E. SZENTPÉTERY. Budapest, 1937-1938
Studii	Studii. Revista de Istorie (Bucureşti)
SUBB-H	Studia Universitatis Babeş–Bolyai. Series 4: Historia (Cluj)
Sz	Századok (Siècles), Budapest
Székely felkelés...	Székely felkelés 1595-1596, előzményei, lefolyása, következményei (Le soulèvement sicule 1595-1596, ses antécédents, son déroulement, ses conséquences). Publ. par SAMU BENKŐ, LAJOS DEMÉNY, KÁROLY VEKOV, Bukarest, 1979; sa version en roumain: Răscoala secuilor din 1595-1596, antecedente, desfăşurare şi urmări, Bucureşti, 1978
M. SZENTGYÖRGYI, Jobbágyterhek...	MÁRIA SZENTGYÖRGYI, Jobbágyterhek a XVI-XVII. századi Erdélyben (Les charges des serfs dans la Transylvanie des XVIe-XVIIe siècles), Budapest, 1962
TBCM	Transilvania, Banatul, Crişana şi Maramureşul 1918-1928 (La Transylvanie, le Banat, la région des Körös et le Máramaros), I-III. Bucureşti, 1929
TEt	Tanulmányok Erdély történetéről (Etudes sur l'histoire de la Transylvanie). Publ. par ISTVÁN RÁCZ, Debrecen, 1988
TSz	Történelmi Szemle (Bulletin d'Histoire)
L. ÜRMÖSSY, Tizenhét év...	LAJOS ÜRMÖSSY, Tizenhét év Erdély történetéből (Dix-sept ans d'histoire de la Transylvanie), Temesvár, 1894
ZA	Zeitschrift für Archaeologie

Bibliographie

La littérature spéciale parue en plusieurs langues sur l'histoire de la Transylvanie est tellement vaste qu'elle mériterait d'être publiée dans un volume à part. Les lecteurs désirant étudier une bibliographie plus détaillée sont priés de consulter celle de l'édition hongroise plus étendue qui, elle non plus, ne peut être considérée comme complète mais contient néanmoins toutes les publications importantes : *Erdély története* (L'histoire de la Transylvanie) I-III. Sous la direction de BÉLA KÖPECZI. Bp. 1986, I. 542-611, II. 1141-1185, III. 1779-1830.

La bibliographie qui suit n'embrasse qu'un nombre forcément restreint des éditions de textes et des ouvrages de synthèse jugés indispensables, ainsi que les titres parus en la matière depuis 1986.

Les titres, les revues et les séries le plus souvent cités figurent dans la bibliographie et dans les notes sous la forme adoptée dans la liste des abréviations.

★

Les grands ouvrages de synthèse traitant de l'histoire de la Transylvanie, de la Hongrie et de la Roumanie sont d'une importance primordiale ; ils devraient être cités et recités à la fin de chaque chapitre :

LÁSZLÓ KŐVÁRI, *Erdély története* (Histoire de la Transylvanie) I-IV, Pest, 1859-1866 ; SÁNDOR SZILÁGYI, *Erdélyország történelme különös tekintettel művelődésére* (L'histoire de la Transylvanie et de sa culture) I-II, Pest, 1865-1866 ; BENEDEK JANCSÓ, *Erdély története* (L'histoire de la Transylvanie), Kolozsvár, 1931 ; *A történeti Erdély* (La Transylvanie historique). Sous la dir. de MIKLÓS ASZTALOS, Bp., 1936 ; LÁSZLÓ MAKKAI, *Histoire de Transylvanie,* Bp.—Paris, 1946. ŞT. PASCU, *Istoria Transilvaniei* (Histoire de la Transylvanie), Sibiu, 1944 ; C. DAICOVICIU—ŞT. PASCU—V. CHERESTEŞIU, *Din istoria Transilvaniei* (De l'histoire de la Transylvanie) I-II, Bucureşti, 1961[2] ; *Brève histoire de la Transylvanie.* Sous la dir. de C. DAICOVICIU—M. CONSTANTINESCU, Bucarest, 1965 ; C. C. GIURESCU, *Erdély a román nép történetében* (La Transylvanie dans l'histoire du peuple roumain), Bukarest, 1968 ; ŞT. PASCU, *A History of Transylvania,* Detroit, 1982 ; G. D. TEUTSCH—FR. TEUTSCH, *Geschichte der Siebenbürger Sachsen für das sächsische Volk* I-IV, Hermannstadt, 1899[3].

LÁSZLÓ SZALAY, *Magyarország története* (Histoire de la Hongrie) I-VI, Lipcse—Pest, 1852-1860 ; MIHÁLY HORVÁTH, *Magyarország történelme* (Histoire de Hongrie) I-VIII, Pest, 1871—Bp., 1873 ; *A magyar nemzet története* (Histoire de la nation hongroise) I-X. Sous la dir. de SÁNDOR SZILÁGYI, Bp., 1895-1898 ; BÁLINT HÓMAN—GYULA SZEKFŰ, *Magyar történet* (Histoire hongroise) I-V, Bp., 1938[6]. Les volumes parus de la série *Magyarország története* (Histoire de la Hongrie) en dix volumes : I, III, V-VIII. Sous la dir. de ZSIGMOND PÁL PACH, Bp., 1978-1985.

N. IORGA, *Istoria românilor* (Histoire des Roumains) I-X, Bucureşti, 1936-1939 ; IDEM, *Geschichte der Rumänen und ihrer Kultur,* Hermannstadt-Sibiu, 1929 ; *Istoria României* (Histoire de la Roumanie) I-IV, Bucureşti, 1960-1964 ; M. CONSTANTINESCU—ŞT. PASCU—C. DAICOVICIU, *Histoire de la Roumanie,* s. l., 1970.

Finalement, il ne faut pas oublier que le présent ouvrage est la traduction de la version abrégée et en partie révisée de l'Histoire de la Transylvanie en trois volumes déjà mentionnée, dont il reprend les idées chapitre par chapitre.

La Transylvanie de la préhistoire jusqu'à l'arrivée des tribus hongroises

I — La préhistoire et l'Antiquité

Les monographies et les études sur la Transylvanie de l'époque préhistorique, antique et celle de la migration des peuples ont été groupées thématiquement dans la série *A Közép-Dunamedence régészeti bibliográfiája* (Bibliographie archéologique du bassin du Danube moyen), parue d'abord sous la direction de JÁNOS BANNER et IMRE JAKABFFY, puis sous celle de I. JAKABFFY, Bp., 1954-1981.

Les sources antiques concernant la Dacie et les Daces sont réunies dans les volumes de *Izvoare privind istoria României* (Sources pour l'histoire de la Roumaine) I-II, București, 1964-1970. Sur les inscriptions romaines découvertes hors de la province, voir Á. DOBÓ, *Inscriptiones...*

Comme ouvrages de synthèse le *Dicționar de istorie veche a României* (Encyclopédie de l'histoire ancienne de la Roumanie), dir. D. M. PIPPIDI (București, 1976), ainsi que *l'Arheologija Ruminii* par G. B. FEDOROV et L. L. POLEVOÏ (Moscou, 1973) sont à recommander.

1. La préhistoire de la Transylvanie

Les débuts des recherches sur la préhistoire de la Transylvanie remontent au XIXe siècle, mais leurs antécédents sont encore plus anciens. C'est en 1726 que la collection archéologique et numismatique du Collège Bethlen a été fondée à Nagyenyed. En 1845, on voit la parution de la série *AVSL,* suivie, en 1874, par celle de la série *Erdélyi Múzeum* (Musée de Transylvanie). Après 1899, l'année qui marque le début de la formation en archéologie à l'université de Kolozsvár, les fouilles hongroises et saxonnes fournissent de précieuses informations. La première synthèse roumaine importante : *Bericht der Römisch-Germanischen Kommission des Deutschen Archäologischen Instituts* (Frankfurt a/M.—Mainz—Berlin) due à I. NESTOR a été publié en 1933. Autres ouvrages de valeurs : D. BERCIU, *Romania before Burebista,* London, 1967 ; E. CONDURACHI—C. DAICOVICIU, Rumänien. *Archeologia Mundi,* Genf, 1972. Un ouvrage fondamental mais périmé est : *Istoria Romîniei* (Histoire de la Roumanie) I. Sous la dir. de C. DAICOVICIU, București, 1960.

Depuis la parution de l'Histoire de la Transylvanie en trois volumes, il n'y a qu'un seul ouvrage qui mérite l'attention, aussi pour les réflexions qu'il contient sur cette dernière : A. VULPE, Die Geto-Daker. Geschichte eines Jahrtausends vor Burebista, *Dacia* 31, 1987.

2. Le royaume de Dacie

H. DAICOVICIU, *Dacia de la Burebista la cucerirea romană* (La Dacie de Burebista jusqu'à la conquête romaine), Cluj, 1972, est une monographie embrassant toute l'époque ; C. DAICOVICIU, Dakien und Rom in der Prinzipatzeit, *ANRW* II : 6, 1977 et I. H. CRIȘAN, *Burebista and his time,* București, 1978. L'ouvrage le plus récent : G. VÉKONY, *Dákok, rómaiak, románok* (Daces, Romains, Roumains), Bp., 1989.

3. La Dacie, province romaine

Une bibliographie exhaustive concernant l'histoire et l'archéologie de la Dacie de l'époque romaine a été publiée dans les volumes déjà mentionnés de la *Bibliographie archéologique du bassin du Danube moyen,* de BANNER—JAKABFFY.

L'aperçu donné par C. DAICOVICIU sur l'histoire, la civilisation et la culture de l'ancienne province romaine reste toujours valable : *La Transylvanie dans l'Antiquité,* Bucarest, 1938 ; en allemand : *Siebenbürgen im Altertum,* Bukarest, 1943. Le catalogue de l'exposition « Römer in Rumänien » contient également des notices sur la province : *Ausstellung des Römisch-Germanischen Museums, Köln und des Historischen Museums Cluj,* Köln, 1969. Les résultats des recherches topographiques ont été regroupés selon les sites et publiés avec une bibliographie supplémentaire, dans les volumes de *Tabula Imperii Romani : TIR L-34, Aquincum-Sarmizegetusa-Sirmium,* Bp.,

1968; *TIR L-35, Romula-Durostorum-Tomis,* Bucureşti, 1969; *TIR K-34, Naissus-Dyrrhachion-Scupi-Thessalonike,* Ljubljana, 1976. Les inscriptions sont régulièrement publiées dans les volumes de *Inscriptiones Daciae Romanae,* Bucureşti, 1975. Le dernier travail de synthèse sur la conquête de la province et la mise en place de l'administration romaine: K. STROBEL, Untersuchungen zu den Dakerkriegen Trajans. Studien zur Geschichte des mittleren Donauraumes in der hohen Kaiserzeit, *Antiquitas,* Reihe 1, Abhandlungen zur Alten Geschichte 33, Bonn, 1984. Sur les gouverneurs et l'administration: A. STEIN, *Die Reichsbeamten von Dazien,* Bp., 1944; B. E. THOMASSON, Laterculi praesidium Moesia, Dacia, Thracia, *Gothoburgi Westrogotorum,* 1977.

Sur le système de défense militaire: N. GUDEA, Der Limes Dakiens und die Verteidigung der obermoesischen Donaulinie von Traianus bis Aurelian, *ANRW* II: 6, 1977. Gudea, comme tous les auteurs roumains, tient, sans aucun fondement, les rivières Tisza et Maros pour les frontières de la province.

Travaux importants sur l'industrie minière: S. MROŻEK, Aspects sociaux et administratifs des mines d'or romaines de Dacie, *Apulum* 7, 1968; IDEM, Die Goldbergwerke im römischen Dazien, *ANRW* II: 6, 1977; H.-CH. NOESKE, Studien zur Verwaltung und Bevölkerung der dakischen Goldbergwerke in römischer Zeit, *Bonner Jahrbücher* 177, 1977. Bref aperçu sur la circulation monétaire: J. WINKLER, Der Münzumlauf, in *Römer in Rumänien,* Köln, 1969, pp. 57-60. Sur les trésors monétaires livrés par les fouilles: D. PROTASE, Les trésors monétaires de la Dacie romaine. *Congresso Internazionale di Numismatica.* Atti, Roma, 1965, III. Sur les trésors monétaires trouvés dans le Balkan du Nord: B. GEROV, Die Einfälle der Nordvölker, *ANRW* II: 6, 1977.

Sur les guerres menées dans la région du Danube à l'époque de Severus: J. FITZ, A military history of Pannonia from the Marcomann wars to the death of Alexander Severus, 180-235, *Acta Arch. Hung.* 14, 1962; A. BODOR, Impăratul Caracalla în Dacia (L'Empereur Caracalla en Dacie), in *In memoriam Constantini Daicoviciu,* Cluj, 1974.

Sur l'urbanisation de la province: F. VITTINGHOFF, Die Bedeutung der Legionslager für die Entwicklung der römischen Städte an der Donau und in Dakien, *Studien zur europäischen Vor- und Frühgeschichte,* H. JANKUHN gewidmet. Neumünster, 1968; H. WOLF, Miscellanea Dacica II, *AMN13,* 1976.

Sur la composition ethnique et les langues de la population: D. DETSCHEW, *Die Thrakischen Sprachreste,* Wien, 1957; I. I. RUSSU, *Die Sprache der Thrako-Daker,* Bucureşti, 1969. Les noms de personne ont été réunis par ANDRÁS KERÉNYI, *Les noms de personne en Dacie,* Bp., 1941. Une approche récente: I. I. RUSSU, L'Onomastique de la Dacie romaine. *L'Onomastique Latin. Colloques Internationaux du CNRS* n° 554, Paris, 1977, pp. 353-363.

Un ouvrage déjà ancien résume la vie religieuse de la province: L. W. JONES, The Cults of Dacia, *Classical Philology* 9, 1929. Un bref aperçu: I. I. RUSSU, Die Kulte in der römischen Dobrudscha, in *Römer in Rumänien,* s. l., 1969.

Pour l'histoire événementielle du troisième siècle: C. DAICOVICIU, Einige Probleme der Provinz Dazien während des 3. Jahrhunderts, *Studii Classice,* 6 1965. Quant à la date de l'abandon de la Dacie, on en discute tout en étant d'accord pour la situer sous le règne d'Aurélien: A. BODOR, Impăratul şi părăsirea Daciei (L'Empereur et l'abandon de la Dacie), *SUBB-H* 17, 1972.

De la vaste littérature roumaine affirmant la continuité d'une population restée sur place, les auteurs: D. PROTASE, Der Forschungszustand zur Kontinuität der bodenständigen Bevölkerung im römischen Dazien, *ANRW* II: 6, 1977; K. HOREDT, *Siebenbürgen in spätrömischer Zeit,* Bukarest, 1982, la critique de la conception de l'œuvre précitée E. TÓTH, Zur frühen Völkerwanderungszeit von Siebenbürgen, *Acta Arch. Hung.* 37, 1985.

II — De la Dacie jusqu'à Erdőelve. L'époque de la migration des peuples en Transylvanie (271-895)

Une monographie récente sur l'époque: K. HOREDT, *Frühmittelalter...,* examine la période traitée dans ce chapitre. L'ouvrage est divisé en trois parties: Germanische Zeit (7-58), Slawische Zeit (59-110) et Ungarische Zeit (111-192). Nos résultats sont sur plusieurs points les mêmes ou plus ou moins proches, il reste toutefois des époques (celles des Goths et des Avares) dont les appréciations sont fort divergeantes. Un bref résumé du même problème: IDEM, Das frühmittelalterliche... L'ouvrage de base publiant le plus grand nombre de sources: HAMPEL, *Alterthümer des frühen Mittelalters in Ungarn* I-III, Braunschweig, 1905. Pour comprendre le contexte historique oriental provoquant la migration des peuples eurasiens: K. CZEGLÉDY, From East to West. The Age of Nomadic Migrations in Eurasia, *AEMA* 3, 1983. Une synthèse moderne sur le même problème: CS. BÁLINT, *Die Archäologie der Steppe,* Wien-Köln, 1989. I. BÓNA, *Das Hunnenreich,* Budapest—Stuttgart, 1991. Quelques approches archéologiques et historiques typiques sur cette époque, basées sur la théorie de la continuité daco-romaine : M. RUSU, Bodenständige und Wandervölker im Gebiet Rumäniens (3-9. Jahrhundert), *AMN* 17, 1980 et D. PROTASE, Die dakisch-römische Bevölkerung nördlich der Donau in der Periode von Aurelian bis zu den Slawen (7. Jh.) im Lichte der aktuellen Dokumente, in *Die Völker Südosteuropas im 6. bis 8. Jahrhundert. Südosteuropa Forschungen* 17, Berlin, 1987.

Un ouvrage de synthèse sur les monuments de la dernière période romaine et sur ceux des Carps de Dacie et des Goths : K. HOREDT, Siebenbürgen in spätrömischer Zeit, Bukarest, 1982, dont les thèses seraient aujourd'hui probablement reconsidérées par l'auteur lui-même. Sur les Carps et le cimetière de Septér : G. MARINESCU—N. MIROȚIU, Die karpische Nekropole von Șopteriu, *Dacia* 31, 1987. Sur l'histoire des Goths aux IIIe-IVe siècles : L. SCHMIDT, *Geschichte der deutschen Stämme. Die Ostgermanen,* München, 1941, E. A. THOMPSON, *The Visigoths in the Time of Ulfila,* Oxford, 1966 ; H. WOLFRAM, *Geschichte der Goten,* München, 1979. Une critique détaillée de ce dernier ouvrage sur les Goths en Dacie : I. BÓNA, Bemerkungen zu einer neuen historisch-archäologischen Bearbeitung der Visigotenzeit in Dazien, *Acta Arch. Hung.* 33, 1981. A consulter avec de sérieuses réserves, surtout en matière archéologique : TH. S. BURNS, *A History of the Ostrogoths,* Bloomington, 1984 ; E. K. CHRYSOS, Gothia romana. Zur Rechtslage der Westgoten im 4. Jh., *Dacoromania* I, 1973. Pour Marosszentanna : I. KOVÁCS, Cimetière de l'époque de la migration des peuples à Marosszentanna, *Dolg. ENM* 3, 1912 ; IDEM, Station préhistorique de Marosvásárhely, *Dolg. ENM* 6, 1915. E. BENINGER, Ein westgotisches Brandgrab von Maroslekencze, *Mannus* 30, 1938. Un ouvrage fondamental donnant une explication historique de la fin de la culture de Marosszentanna : Z. SZÉKELY, Der Fund von Tekerőpatak (Kom. Csík), *FA* 5, 1945.

Sur l'unité archéologique de la culture wisigothe en Dacie et hors Dacie : GH. DIACONU, Das Gräberfeld von Mogoșani, *Dacia* 13, 1969 et IDEM, Über die Fibel mit halbkreisförmiger Kopfplatte und rautenförmigem Fuß aus Dacien, *Dacia* 17, 1973 ; IDEM, Über die scheibengedrehte Keramik in der Sîntana de Mureș-Tschernyakow-Kultur, *Dacia* 14, 1979.

Auteurs contestant l'établissement des Goths en Dacie : B. MITREA, Die Goten an der unteren Donau — einige Probleme im III-IV. Jahrhundert et I. IONIȚA, Probleme der Sîntana-de Mureș-Černjachov-Kultur auf dem Gebiete Rumäniens (les deux in *Studia Gotica.* Sous la dir. de U. HAGBERG. Stockholm, 1972). Les « résultats » de ce dernier volume sont incompatibles avec l'ouvrage de HAGBERG traitant des cimetières goths en dehors de la Transylvanie : Chronologie der Sîntana de Mureș-Černjachov-Kultur, in *Peregrinatio Gothica,* Łódź, 1986. La conception de ces auteurs est critiquée encore plus sévèrement par la récente analyse scandinave très objective, portant sur la culture de Marosszentanna : U. NÄSMAN, in *Jernalderens Stammesamfund,* Aarhus, 1988.

Ouvrages de synthèse sur les matériaux archéologiques germaniques des 4-5e siècles de la région du Moyen-Danube et du Bas-Danube : V. BIERBRAUER, Zur chronologischen, soziologischen und regionalen Gliederung des ostgermanischen Fundstoffes des 5. Jahrhundert in Südosteuropa — avec l'esquisse chronologique du cimetière de Marosszentanna — et R. HARHOIU, Das norddonauländische Gebiet im 5. Jahrhundert und seine Beziehungen zum spätrömischen Kaiserreich — avec une liste des sites — tous deux in *Die Völker an der mittleren und unteren Donau im fünften und sechsten Jahrhundert.* Sous la dir. de H. WOLFRAM—F. DAIM, Wien, 1980. Voir aussi R. HARHOIU, Chronologische Fragen der Völkerwanderungszeit in Rumänien. *Dacia* 4, 1990.

Sur les Gépides de l'époque des Huns (outre les deux ouvrages déjà cités) : I. NESTOR, Zur Geschichte Siebenbürgens im IV. Jh. u. Z., *Dacia* 19, 1975 ; N. FETTICH, Der zweite Schatz von Szilágysomlyó, *Arch. Hung.* VIII. 1932 ; D. PROTASE, Ein Grab aus dem V. Jh. aus Cepari, *Dacia* 4, 1961 ; T. ROSU, Hunnenzeitliche Funde aus Oradea, *Dacia* 9, 1965.

Le trésor de la soi-disante « tombe princière » de l'époque des Huns de Mojgrad plusieurs fois publié par N. FETTICH et K. HOREDT est à rayer de la bibliographie comme étant composé de faux modernes : I. BÓNA, Über die Fälschungen des Goldschatzes von Moigrad, *Publicationes Museorum Com. Veszprémiensis* 18, 1986. Les données de 1879 et de 1884, prouvent que la fibule lamelliforme en argent rattachée au site « Karlsburg » par K. HOREDT (*Frühmittelalter*... Abb. 7,2) ne peut être, elle non plus, d'origine transylvaine.

Sur l'histoire des Gépides : outre l'ouvrage déjà cité de L. SCHMIDT, *Die Ostgermanen,* voir H. SEVIN, *Die Gepiden,* München, 1955 ; W. POHL, Die Gepiden und die Gentes an der mittleren Donau nach dem Zerfall des Attilareiches, in *Die Völker an der mittleren und unteren Donau im fünften und sechsten Jahrhundert,* Wien, 1980. Un bref aperçu historique et archéologique : I. BÓNA, *A l'aube du Moyen Age. Gépides et Lombards dans le bassin des Carpates,* Bp., 1976 ; IDEM, Ungarns Völker im 5. und 6. Jahrhundert, in *Germanen, Hunnen und Awaren,* Nürnberg, 1988.

Sur la tombe royale d'Apahida I : H. FINÁLY, Der Grabfund von Apahida, *Ungarische Revue,* 1890 ; N. FETTICH, La trouvaille de la tombe princière hunnique à Szeged—Nagyszéksós, *Arch. Hung.* XXXIV, 1953 ; A. KISS, Über ein Insigne des Gepidenkönigs von Apahida. *FA* 38, 1987.

Sur la tombe royale gépide de Apahida II : K. Horedt—D. Protase, Das zweite Fürstengrab von Apahida, *Germania* 50, 1972. Sur le trésor de Szamosfalva : Idem, Ein völkerwanderungszeitlicher Schatzfund aus Cluj-Someşeni, *Germania* 48, 1970. Une monographie sur les vestiges archéologiques gépides déterrés jusqu'à la fin des années 1950 : D. Csallány, Archäologische Denkmäler der Gepiden im Mitteldonaubecken (454-568 u. Z.), *Arch. Hung.* XXXVIII, 1961.

Sur les matériaux gépides provenant de Transylvanie : K. Horedt, Zur Geschichte der Gepiden in Siebenbürgen, in Idem *Untersuchungen zur Frühgeschichte Siebenbürgens*, Bukarest, 1958. Sur les plus anciennes tombes gépides trouvées en Transylvanie : Idem, Die Polyederohrringe des 5-6. Jh. u. Z. aus der SR Rumänien, *ZA* 13, 1979. Sur la chronologie archéologique de l'époque : Idem, Der östliche Reihengräberkreis in Siebenbürgen, *Dacia* 21, 1977. Sa critique : I. Bóna, Gepiden in Siebenbürgen — Gepiden an der Theiß, *Acta Arch. Hung.* 31, 1979.

Sur Mezőbánd : I. Kovács, Les fouillages de Mezőbánd, *Dolg. ENM* 4, 1913.

Cimetières et matériaux de tombe gépides : M. Roska, Das gepidische Grabfeld von Vereşmort—Marosveresmart, *Germania* 18, 1934 ; M. Comşa—D. Ignat, Gräber aus dem 6. Jh. in Mediaş, *Dacia* 15, 1971 ; I. Glodariu, Ein Grab aus dem 5. Jahrhundert in Slimnic, *Germania* 52, 1974 ; D. Popescu, Das gepidische Gräberfeld von Moreşti, *Dacia* 18, 1974 ; M. Rusu, Pontische Gürtelschnallen mit Adlerkopf, *Dacia* 3, 1959.

Une monographie sur l'agglomération et le cimetière de Malomfalva : K. Horedt, *Moreşti. Grabungen in einer vor- und frühgeschichtlichen Siedlung in Siebenbürgen*, Bukarest, 1979.

Monographie récente sur l'histoire des Avars : W. Pohl, *Die Awaren. Ein Steppenvolk in Mitteleuropa, 567-822 n. Chr.*, München, 1988. Sur le vrai contexte des rapports avaro-slaves : W. H. Fritze, Zur Bedeutung der Awaren für die slawische Ausdehnungsbewegung im frühen Mittelalter, in *Studien zur Völkerwanderungszeit im östlichen Mitteleuropa*, Marburg/Lahn, 1980. Un bref aperçu historique fondé sur les faits archéologiques : I. Bóna, Die Awaren. Ein asiatisches Reitervolk an der mittleren Donau, in *Awaren in Europa*, Frankfurt a/M. -Nürnberg, 1985 ; Idem, Die Geschichte der Awaren im Lichte der archäologischen Quellen, in *Studi dalla XXV. Settimana «Popoli delle Steppe : Unni, Avari, Ungari»*, Spoleto, 1988.

Un registre des sites avars découverts jusqu' au milieu des années 1950 : D. Csallány, *Archäologische Denkmäler der Awarenzeit in Mitteleuropa*, Bp., 1956, le registre en cours de préparation comprendra presque deux fois plus, soit plus de 2000 données.

Ouvrages de synthèse sur les trouvailles avares en Transylvanie : K. Horedt, Das Awarenproblem in Rumänien, *Študijné Zvesti* 16, 1968, récemment : Idem, *Frühmittelalter*... ; M. Comşa, Slawen und Awaren auf rumänischen Boden, in *Die Völker Südosteuropas im 6-8. Jahrhundert*, Berlin, 1987.

Sur le cimetière gépido-avare de Marosnagylak : M. Rusu, The Prefeudal Cemetery of Noşlac VIth-VIIth Centuries, *Dacia* 6, 1962. Sur les problèmes historiques et archéologiques traités sur la base de la conception de la continuité daco-romaine : Idem, Avars, Slavs, Romanic population in the 6th-8th centuries, *RAPMP*, 1975.

Sur l'établissement slave en général : I. Nestor, L'établissement des Slaves en Roumanie, *Dacia* 5, 1961. M. Rusu essaie de minimiser le rôle des Slaves : Aspects des relations entre la romanité orientale et les Slaves, *RRH* 20, 1980 et Idem, Les populations du groupe turc, les Slaves et les autochtones du bassin carpato-danubien aux VIe-IXe siècles, *RRH* 21, 1981. Par contre, le chercheur polonais, M. Parczewski a soutenu, tout récemment, la thèse de la slavisation rapide de toute la Roumanie : *Nejstarsza faza kultury wczesnoslowianskie* (La première phase de l'ancienne culture slave), Kraków, 1988, l'auteur reconnaît également la présence des Avars en Transylvanie.

Sur les vestiges archéologiques des Slaves en Transylvanie : Z. Székely, Die frühesten slawischen Siedlungen in Siebenbürgen, *Slavia Antiqua* 17, 1970 ; Idem, L'aspect de la culture matérielle des VIIIe-Xe siècles dans le Sud-Est de la Transylvanie, in *Les questions fondamentales du peuplement du bassin des Carpathes du VIIIe au Xe siècle*, Bp., 1972 ; K. Horedt, Die Brandgräberfelder der Mediaş-Gruppe aus dem 7-9. Jh. in Siebenbürgen, *ZA* 10, 1976 ; Idem, sur le même sujet sous le même titre, in *Rapports du IIIe Congrès International d'Archéologie Slave* I, Bratislava, 1979 ; Th. Nägler, Vorbericht über die Untersuchungen im Hammersdorfer Gräberfeld, *FVLK* 14, 1971, N° 1.

Une monographie consacrée au cimetière N° 2 de Baráthely : E. Zaharia, *La population roumaine en Transylvanie aux VIIe-VIIIe siècles. Le cimetière N° 2 de Bratei*, Bucureşti, 1977.

Sur Szilágynagyfalu : J. Hampel, *Alterthümer*.... op. cit. Sur les nouvelles fouilles: M. Comşa, Курганный могульник с трупосожжением в Месфалу. *Dacia* 3, 1959 et Idem, Восточные елементы в погребальном обряде курганных могильников в Месфалу и Сомешени, in Древняя Русь и славяне. Москва, 1978. Sur les kourgans de Szamosfalva : M. Macrea, Славянский могульник в Сомешени, *Dacia* 2, 1958.

Sur l'histoire de la conquête bulgare en Transylvanie : V. Gjuzelev, Forschungen zur Geschichte Bulgariens im Mittelalter, *Miscellanea Bulgarica* 3, Wien, 1986.

Sur la domination bulgare en la Roumanie actuelle et ses traces archéologiques en général : M. COMŞA, Die bulgarische Herrschaft nördlich der Donau während des IX. und X. Jh. *Dacia* 4, 1960, et IDEM, La civilisation balcano-danubienne (IXe-XIe siècles) sur le territoire de la R. P. Roumanie, *Dacia* 7, 1963. — Dans ses ouvrages récents, l'auteur a révisé sa conception précédente.

Sur le cimetière bulgare (A) de Maroskarna : K. HOREDT, Die Ansiedlung von Blândiana, *Dacia* 10, 1966. Sa critique et une rectification se trouvent dans : I. FODOR, Die Bulgaren in den ungarischen Ländern während der Ansiedlungsperiode der Ungarn, *MBIÖ* VI, 1984.

Sur les parallélismes fondamentaux dans la culture bulgare danubienne, indispensables pour comprendre la civilisation bulgare de Transylvanie : Ž. N. VAŽAROVA, *Slawen und Protobulgaren*, Sofia, 1976.

La Transylvanie dans l'Etat hongrois médiéval (895-1526)

I — Histoire de la Transylvanie depuis la conquête hongroise jusqu'à l'époque du premier établissement de colons allemands (895-1172)

Editions de textes, documents : les lois promulguées par les rois hongrois de la dynastie Árpád sont réunies dans le premier volume du *Corpus Iuris Hungarici*. Sous la dir. de D. MÁRKUS, Bp., 1899 ; le recueil des chroniques : *SRH* et GOMBOS, *Catalogus*... ; *Diplomata Hungarica antiquissima* I. Ed. GY. GYÖRFFY, Budapest, 1992, les sources byzantines : *FBHH* et GY. MORAVCSIK, *Byzantinoturcica* I-II^2, Berlin, 1958, et Constantin Prophyrogénète *(DAI) ;* diplômes : SZENTPÉTERY I., *Regesta regum stirpis Arpadianae critico-diplomatica* I, Bp., 1923. Les publications roumaines à ce sujet : *DRH Transilvania* I. et X. Parmi les chroniques ultérieures, la plus importante reste Anonymus ; on peut consulter pour certains sujets : J. THURÓCZY, *Cronica Hungarorum,* Augsburg, 1488, édition fac-similé : Bp., 1986, ainsi que A. BONFINI, *Rerum Hungaricum decades...,* Leipzig, 1936.

Un ouvrage fondamental : GY. GYÖRFFY, *Geographia...* ; ainsi que GY. KRISTÓ—F. MAKK—L. SZEGFŰ, *Adatok korai helyneveink ismeretéhez* (Données à la connaissance des toponymes hongrois anciens) I-II, Szeged, 1973-1974 ; Путешествие Али Хамида Гарнати в Восточную и Центральную Европу, 1131-1152. Dir. О. Г. БОЛЬШАКОВ—А. Л. МОНГАЙТ, Москва, 1971 ; *Anonymi Descriptio Europea Orientalis.* Sous la dir. O. GÓRKA, Cracoviee, 1916.

Études sur les premières sources hongroises : C. A. MACARTNEY, *Studies on the Early Hungarian Historical Sources,* Bp., 1940, IDEM, *The Medieval Hungarian Historians. A Critical and Analytical Guide,* Cambridge, 1953.

A propos de ce chapitre, il est particulièrement important de nous référer à l'*Histoire de Transylvanie* en trois volumes (vol. I. Des origines á 1606), Bp., 1986. où l'archéologie des agglomérations de la période de la conqûete du pays et de la fondation de l'Etat hongrois a été traitée par l'auteur du présent chapitre, tandis que la partie historique basée sur les chroniques et présentant la période après 895 a été rédigée par László Makkai dans une conception différente. D'autres ouvrages de synthèse importants : GY. PAULER, *A magyar nemzet története az Árpádházi királyok alatt* (L'histoire de la nation hongroise sous les rois árpádiens) I-II, Bp., 1899, réédition : 1984 ; B. HÓMAN, *Geschichte des ungarischen Mittelalters* I, Berlin, 1940 ; ŞT PASCU, *Voievodatul...* ; les parties relatives à cette question de *RAPMP* : M. RUSU, The Autochthonous Population and the Hungarians on the territory of Transylvania in the 9th-11th Centuries ; GY. GYÖRFFY, *István király és műve* (Le roi Etienne et son œuvre), Bp., 1977 ; K. BAKAY, *A magyar államalapítás* (La fondation de l'Etat hongrois), Bp., 1978 ; F. MAKK, *Magyarország a 12. században* (La Hongrie au XIIe siècle), Bp., 1986 ; GY. KRISTÓ, *Levedi törzsszövetségétől Szent István államáig* (Du fédéralisme tribal de Levedi à l'Etat de Saint Etienne), Bp., 1980, IDEM, *Tanulmányok az Árpád-korról* (Etudes sur l'époque árpádienne), Bp., 1983, IDEM, *A vármegyék kialakulása Magyarországon* (La formation des comitats en Hongrie), Bp., 1988, IDEM, A 10. századi Erdély politikai történetéhez (Essai sur l'histoire politique de la Transylvanie au Xe siècle), *Sz,* 1988.

Un tableau historique et archéologique de la période postérieure à la conquête hongroise, reflétant le point de vue saxon : K. HOREDT, *Frühmittelalter... ;* IDEM, *Das frühmittelalterli-*

che . . .; Brefs aperçus sur l'époque, sur l'histoire hongroise en français, en anglais et en allemand : L. MUSSET, *Les invasions : le second assaut contre l'Europe chrétienne (VIIe-XIe siècles)*, Paris, 1971 ; C. A. MACARTNEY, *Hungary, a short history*, Edinburgh, 1962 ; IDEM, *Geschichte Ungarns*, Stuttgart—Berlin—Köln—Mainz, 1971.

La théorie d'un «Etat féodal roumain» en Transylvanie aux IXe-Xe siècles, fondée sur la chronique d'Anonymus comme source authentique absolue a été formulée il y a bien des décennies, par : B. CÂMPINA, Le problème de l'apparition des Etats féodaux roumains, in *Nouvelles Études d'Histoire*, Bucarest, 1955 — depuis ce temps-là, cette conception se maintient : ŞT. STEFĂNESCU, Les premières formations étatiques sur le territoire de la Roumanie, *Dacoromania* I, 1973 ; M. RUSU, La population autochtone et les Hongrois sur le territoire de la Transylvanie aux IXe-XIe siècles, *Congressus Quartus Internationalis Fenno-Ugristarum* II, Bp., 1980 ; IDEM, Frühformen der Staatsentwicklung in Rumänien. Betrachtungen zur sozialökonomischen und politischen Lage, *ZA* 18, 1984 ; ŞT. OLTEANU, State Formations on the territory of Romania and the process of their unification in the Ninth-Fourteenth Centuries, in *RAPMP* ; IDEM, Rumänische politische Strukturen im 9-11. Jahrhundert, in *Interaktionen der mitteleuropäischen Slawen und anderen Ethnika im 6-10. Jahrhundert*, Nitra, 1984.

Il est non moins douteux de supposer au Xe siècle un Etat «Hetumoger» en Pannonie et un autre «Onogur» en Transylvanie, c'est-à-dire deux «quasi Etats hongrois» séparés et indépendants, cette conception étant fondée exclusivement sur l'«analyse» d'Anonymus et des Gesta de Simon Kézai datant de la fin du XIIIe siècle comme seules sources authentiques, ainsi que le fait I. BOBA, dans son étude Transylvania and Hungary. From the Times of Álmos and Árpád to the Times of King Stephen, in *Festschrift* A. T. SZABÓ—ZS. JANKÓ. L. MAKKAI choisit également comme source principale la chronique d'Anonymus dans son plus récent travail : Politische Geschichte Siebenbürgens im 10. Jahrhundert, ibid. ; où il développe sa conception formulée dans l'*Histoire de Transylvanie* de 1986, en établissant des parallèles entre les noms mentionnés dans la chronique (source, hélas, trop pauvre) et les noms de lieu, essayant ainsi de retracer l'histoire de l'époque.

GY. GYÖRFFY présente les thèses et l'évolution de l'analyse critique d'Anonymus : Formation d'Etats au IXe siècle suivant les Gesta Hungarorum du Notaire Anonyme, in *Nouvelles Etudes Historiques*, Bp., 1965 ; IDEM, Abfassungszeit, Autorschaft und Glaubwürdigkeit der Gesta Hungarorum des Anonymen Notars, *Acta Antiqua Academiae Sc. Hungaricae* 20, 1972. Un autre ouvrage fondamental : M. GYÓNI, Les Volochs des Annales primitives de Kiev, *Etudes Slaves et Roumaines* 2, 1949.

Sur la conquête du pays et sur les incursions militaires : C. A. MACARTNEY, *The Magyars in the Ninth Century*, Cambridge, 1968² ; A. BARTHA, *The Hungarian Society in the 9th and 10th Centuries*, Bp., 1975 ; GY. GYÖRFFY, *The Original Landtaking of the Hungarians*, Bp., 1975 ; IDEM, Landnahme, Ansiedlung und Streifzüge der Ungarn, *AH* 31, 1985; I. FODOR, *Die große Wanderung der Ungarn vom Ural nach Pannonien*, Bp., 1982 ; K. MESTERHÁZY, Die landnähmenden ungarischen Stämme, *Acta Arch. Ung.* 30, 1978 ; R. LÜTTICH, *Ungarnzüge in Europa im 10. Jh.*, Berlin, 1910, réédition : 1965 ; G. FASOLI, *Le incursioni ungare in Europa nel secolo X.*, Firenze, 1945 ; SZ. DE VAJAY, *Der Eintritt des ungarischen Stämmebundes in die europäische Geschichte (862-933)*, Mainz, 1968 ; M. SCHULZE, Untersuchungen zu den Ungarneinfällen nach Mittel-, West- und Südeuropa (899-955 n. Chr.), *Jahrbuch des Römisch-Germanischen Zentralmuseums* 31, 1984 ; TH. BOGYAY, Ungarnzüge gegen und für Byzanz, *Ural-Altaische Jahrbücher* 8, 1988.

Sur les relations avec Byzance : F. DÖLGER, Ungarn in der byzantinischen Reichspolitik, *Archivum Europae Centro-Orientalis* 8, Bp., 1942 ; GY. MORAVCSIK, *Die byzantinische Kultur und das mittelalterliche Ungarn*, Berlin, 1956 ; IDEM, *Studia Byzantina*, Bp., 1967 ; IDEM, *Byzantinum and the Magyars*, Bp., 1970; GY. GYÖRFFY, Zur Geschichte der Eroberung Ochrids durch Basileos II, *Actes du XIIe Congrès International d'Etudes Byzantines II*, Beograd, 1964 ; IDEM, *Rôle de Byzance dans la conversion des Hongrois. Cultus et cognitio*, Varsovie, 1976 ; GY. SZÉKELY, La Hongrie et Byzance aux Xe-XIIe siècles, *AH* 13, 1967 ; N. OIKONOMIDES, A propos des relations ecclésiastiques entre Byzance et la Hongrie au XIe siècle : le métropolite de Turquie, in *Revue des Etudes Sud-Est Européennes* 9, 1971 ; F. MAKK, Der ungarische Staat und Byzanz in der heimischen Forschung des letzten Jahrzehntes, *Acta Antiqua et Archaeologica* 23, 1981 ; GY. KRISTÓ, Ajtony and Vidin, *Studia Turco-Hungarica* V, 1981.

Les matériaux archéologiques de l'époque de la conquête du pays : I. DIENES, *Die Ungarn um die Zeit der Landnahme*, Bp., 1972 ; IDEM, *The Hungarians cross the Carpathians*, Bp., 1972 ; K. BAKAY, Archäologische Studien zur Frage der ungarischen Staatsgründung, *Acta Arch. Hung.* 19, 1967 ; J. GIESLER, Untersuchungen zur Chronologie der Bijelo Brdo-Kultur. Ein Beitrag zur Archäologie des 10. und 11. Jahrhunderts im Karpatenbecken, *Praehistorische Zeitschrift* 56, 1981 — sa critique détaillée : L. KOVÁCS, Über die Datierung der Grabfunde des 10. Jahrhunderts in Ungarn anhand der Arbeit von J. Giesler, *Acta Arch. Hung.* 37, 1985. Catalogue et description cartographique des objets et des traditions hongrois du Xe au XIe siècle dans le bassin des

Carpates: Cs. BÁLINT, Les tombes à cheval chez les Hongrois aux IXe-XIe siècles, *AEMA* 2, 1982; A. KISS, Studien zur Archäologie der Ungarn im 10. und 11. Jahrhundert, in *Die Bayern und ihre Nachbarn,* Wien, 1985; L. KOVÁCS; Byzantinische Münzen im Ungarn des 10. Jahrhundert, *Acta Arch. Hung.* 35, 1983.

Sur les trouvailles archéologiques de Transylvanie de l'époque de la conquête du pays: I. KOVÁCS, Der landnahmzeitliche Friedhof von Kolozsvár—Zápolya-Gasse, *Közlemények az Erdélyi Nemzeti Múzeum Érem- és Régiségtárából* (Publications du Département de médailles et d'antiquités du Musée National de Transylvanie) 2, Kolozsvár, 1942; K. HOREDT, Die Metallfunde des 10-11. Jahrhunderts aus Siebenbürgen, in IDEM, *Untersuchungen zur Frühgeschichte Siebenbürgens,* Bukarest, 1958. Sur le cimetière des Hongrois conquérants (B) de Maroskarna: K. HOREDT, Die Ansiedlung von Blândiana, *Dacia,* 10, 1966. Sur son caractère indubitablement hongrois voir I. FODOR, Die Bulgaren in den ungarischen Ländern, *MBIÖ* VI/1984/2.

Pour les agglomérations hongroises, leur toponymie et la mise en place de l'administration au cours des Xe-XIe siècles: GY. GYÖRFFY, Autour de l'Etat des semi-nomades: Le cas de la Hongrie, *EHH* 1, 1975; IDEM, Système des résidences d'hiver et d'été chez les nomades et les chefs hongrois au Xe siècle, *AEMA* 1, 1976. Les pages 134-135 de cet ouvrage contiennent la critique d'István Bóna concernant l'explication roumaine des fouilles de Doboka, avec de longues citations du livre de I. KNIEZSA, Ungarns Völkerschaften im XI. Jahrhundert, *Archivum Europae Centro-Orientalis* 4, 1938; ensuite E. WAGNER, *Historisch-statistisches Ortsnamenbuch für Siebenbürgen,* Köln—Wien, 1977; G. SCHRAMM, *Eroberer und Eingesessene. Geographische Lehnnamen als Zeugen der Geschichte Südosteuropas im ersten Jahrtausend n. Chr.,* Stuttgart, 1981; G. HALLER, *Comitatus Bihariensis. Die historischen Ortsnamen von Ungarn* Bd. 20, München, 1983; GY. GYÖRFFY, Árpád: Persönlichkeit und historische Rolle, *Acta Ant. Hung.* 28, 1976.

Sur Saint Etienne (Ier): T. BOGYAY, *Stephanus rex,* Wien-München, 1976; J. SZŰCS, König Stephan in der Sicht der modernen ungarischen Geschichtsforschung, *Südost-Forschungen* 31, 1972; GY. GYÖRFFY, *König Stephan der Heilige,* Bp., 1988.

Sur la population hongroise du XIe et du XIIe siècles, sur l'économie et la société: GY. GYÖRFFY, Zur Frage der Herkunft der ungarischen Dienstleute, *Studia Slavica Academiae Sc. Hung.* 22, 1976; I. G. BOLLA, Das Dienstvolk der königlichen und kirchlichen Güter zur Zeit des frühen Feudalismus, *AUSB* 17, 1978; GY. GYÖRFFY, *Wirtschaft und Gesellschaft der Ungarn um die Jahrtausendwende,* Graz-Wien-Köln, 1983; J. JAGAMAS, Beiträge zur Dialektfrage der ungarischen Volksmusik in Rumänien. *Studia Memoriae Belae Bartók Sacra* Bp., 1956. L. BENKŐ, A magyarság erdélyi megtelepedése a helynévanyag és a nyelvjárástörténet tükrében (L'établissement des Hongrois en Transylvanie selon le témoignage de la toponymie et de l'histoire des dialectes), *Új Erdélyi Múzeum* 1, 1990 et *Magyar Múzeum* 1, 1991.

Les agglomérations de la première époque árpádienne, monuments religieux et monuments d'art, la défense des frontières: GY. GYÖRFFY, Die Entstehung der ungarischen Burgorganisation, *Acta Arch. Hung.* 28, 1976; M. RUSU, Castrum, Urbs, Civitas. Transylvanische Burgen und «Städte» des 9. bis 13. Jahrhunderts, *Berichte über den II. Internationalen Kongreß für Slawische Archäologie* III, Berlin, 1973; K. HOREDT, Moreşti. Bd. 2. Grabungen in einer mittelalterlichen Siedlung in Siebenbürgen, Bonn, 1984, la critique détaillée de l'ouvrage: I. BÓNA, Arpadenzeitliche Dörfer, Kirche und Friedhof am Marosfluß, *Acta Arch. Hung.* 37, 1985; R. POPA, Streisîngeorgiu. Ein Zeugnis rumänischer Geschichte des 11-14. Jahrhunderts im Süden Transilvaniens, *Dacia* 20, 1976 — on y trouve l'excellente présentation d'une brillante fouille, ne comprenant tout de même pas de trouvailles roumaines remontant plus loin qu'au XIIIe siècle. Les plus anciens documents roumains de la région de Hátszeg datent du XIIIe siècle, voir IDEM, *La începuturile evului mediu românesc. Ţara Haţegului* (Au début du Moyen Age roumain. Le pays de Hátszeg), Bucureşti, 1988. Pour l'idée chimérique d'une Transylvanie sous domination «pétchénègue-coumane» aux Xe-XIIe siècles : M. RUSU, Quelques remarques d'ordre archéologique et historique sur les places fortes transylvaines des IXe-XIIe siècles, *Actes du VIIe Congrès International des Sciences Préhistoriques et Protohistoriques* 2, Praha, 1971. Sur les églises hongroises précoces: GY. GYÖRFFY, Zu den Anfängen der ungarischen Kirchenorganisation auf Grund neuer quellenkritischer Ergebnisse. *Archivum Historiae Pontificiae* 7, 1969; IDEM, Structures ecclésiastiques de la Hongrie médiévale, in *Miscellanea Historiae Ecclesiasticae* V, Louvain, 1974.

Sur les monastères bénédictins: L. CSÓKA, *Geschichte des benediktinischen Mönchstums in Ungarn,* München, 1980.

Sur les plus anciens monuments de l'architecture religieuse et sur les mobiliers de tombe en Transylvanie: G. ENTZ, Die Baukunst Transilvaniens im 11-13. Jahrhundert, *Acta Hist. Art.* 14, 1968; R. HEITEL, Archäologische Beiträge zu den romanischen Baudenkmälern aus Südsiebenbürgens I-II, *Revue Roumaine d'Histoire de l'Art* 9, 1972 et 12, 1975. La seule fouille effectuée sur la place principale de Kolozsvár qui ait été publiée dans ses détails: I. MÉRI, *Ásatás a kolozsvári főtéren, 1943* (Fouilles sur la Grande place de Kolozsvár en 1943), Bp., 1986. Sur la naissance des deux plus anciennes villes, avec des hypothèses en partie inacceptables: K. HO-

REDT, Die Anfänge von Karlsburg (Alba Iulia) und Klausenburg (Cluj-Napoca) in Siebenbürgen. *Stadtkernforschung,* Köln—Wien, 1987.

Une présentation détaillée et systématique de toutes les trouvailles de chaudière en terre cuite de l'époque árpádienne: M. TAKÁCS, *Die arpadenzeitliche Tonkessel im Karpatenbecken,* Bp., 1986, — précisons que la plupart des sites marqués correspondent à des villages abandonnés au cours de l'invasion des Mongoles en 1241-42 et dans la période de dépérissement qui suivit; la même chose est valable pour notre carte n° 9.

Sur la protection des frontières à l'époque árpádienne: H. GÖCKENJAHN, *Hilfsvölker und Grenzwächter im mittelalterlichen Ungarn,* Wiesbaden, 1972; Z. SZÉKELY, Beiträge zur Szekler-Frage in Süd-Ost-Transilvanien, *Crisia* 4, 1974; IDEM, Necropola medievală de la Peteni, *SCIVA* 41, 1990. La dernière étude sur la question des Sicules: I. BÓNA, *Korunk* II/12, 1991.

L'histoire de la monnaie hongroise a été résumée dernièrement par L. HUSZÁR, *Münzkatalog Ungarns von 1000 bis heute,* Bp.-München, 1979.

Le style et l'âge du tympan de Gyulafehérvár du XIIe siècle ont été définis par E. MAROSI (*Athleta Patriae,* Bp., 1980).

Sur l'histoire des Roumains (Valaques) dans les Balkans aux VIe-XIIe siècles: G. SCHRAMM, Die Katastrophe des 6. bis 8. Jahrhunderts und die Entstehung des rumänischen Volkes, Südosteuropa-Jahrbuch 17, 1987; M. GYÓNI, L'œuvre de Kekaumenos, source de l'histoire roumaine, *RHC* 24, 1945; IDEM, Skylitzes et les Valaques *RHC* 25, 1947.

Du point de vue de notre époque, le livre de ŞT. PASCU, *Was ist Siebenbürgen?* Cluj-Napoca, 1983, publié en plusieurs langues ne peut être considéré tout au plus que comme un pamphlet politique. On ne doit cependant pas passer sous silence les chiffres par lesquels l'auteur essaie de faire croire à ses lecteurs peu versés dans les conditions médiévales l'impossibilité d'une immigration roumaine. Il se tait sur le fait que 34% du territoire de Transylvanie est aujourd'hui encore couvert de forêts, proportion qui a dû être plus importante en remontant les siècles, les terres labourables n'ayant dépassé en 1865 encore 20% du territoire de cette partie du pays. Entre 271 et 1170 les surfaces montagneuses et couvertes de forêts ont pu occuper de temps en temps 90% même du territoire. Il en résulte qu'au début du Moyen Age, la Transylvanie n'avait tout au plus que 100 000 habitants; à certaines périodes, le nombre de la population était même bien inférieur (voir K. HOREDT, *Das frühmittelalterliche... op. cit.*). Pascu, lui, estime ce chiffre à 550 mille avant 1241, à 1 million 400 mille en 1500, à 1 million 800 mille en 1550. Le premier de ces chiffres égale à celui du relevé gouvernemental de 1710, les autres dépassent même le résultat du premier recensement fait en 1786, faisant état de 1 million 560 mille habitants. Sur cette population supposée quintuplée, voire décuplée, au Moyen Age, Pascu en désigne toujours 65% de Roumains, même alors qu'en 1930, selon le recensement officiel roumain, leur proportion ne représentait que 57,8% (en 1913: 53%). L'immigration des millions supposés par Pascu aurait en effet été impossible, mais dans l'Europe médiévale, il n'y avait nulle part des centaines de milliers ou millions d'habitants sur un territoire correspondant à celui de la Transylvanie. Pour appuyer son hypothèse, Pascu se réclame de l'historien américain John Matley qui dit: «la thèse de l'abandon de la Dacie et de son repeuplement par l'établissement massif des habitants arrivant de la région située au Sud du Danube est privée de tout fondement, elle n'a même pas valeur d'hypothèse, n'étant étayée par aucune source historique».

Précisons que la thèse «privée de tout fondement scientifique» d'une Dacie inhabitée pendant des siècles n'avait jamais été soutenue par aucun historien ou archéologue de valeur excepté les auteurs cités. D'autre part, l'«historien» américain doit bien avoir des préjugés ou être très engagé pour oublier qu'avant l'âge moderne pas un homme blanc ne vivait sur le continent américain.

Pour démontrer la majorité roumaine de 65% à travers toutes les époques, Pascu a recouru à la seule source médiévale paraissant utile à ses fins: la liste de la dîme ecclésiastique datant des années 1332-1337. ŞT. PASCU, Die mittelalterlichen Dorfsiedlungen in Siebenbürgen bis 1400, in *Nouvelles Études d'Histoire,* Bucarest, 1960, 135-148. S'appuyant sur les données de cette liste, l'auteur arrive à la conclusion erronée que jusqu'à l'an 1400, sur les 2600 villages connus il n'y avait que 1100 possédant une paroisse (hongroise ou saxonne); le reste, c'est-à-dire 1500 villages (60%) étaient donc habités par les Roumains orthodoxes. Pascu ne tient pas compte du fait simple qu'il y avait toujours plusieurs villages appartenant à la même paroisse, ce que GY. GYÖRFFY lui a déjà reproché: Zur Frage der demographischen Wertung der päpstlichen Zähntlisten, *EHH,* Bp., 1980, 61-85, en objectant que selon la méthode adoptée par Pascu, on pourrait bien affirmer que 60% des villages de la Pologne médiévale étaient habités par des Roumains orthodoxes. Une réfutation éclatante de l'hypothèse de Pascu a été fournie par l'examen minutieux des archidiaconés de Pata et de Heves de l'archevêché d'Eger. Il en résulte que la proportion des paroisses enregistrées sur la liste de dîme ecclésiastique et des villages (*filia*)non enregistrés mais existants déjà, selon les témoignages des diplômes, dans les diaconés de ces deux archidiaconés situées au milieu de la Hongrie purement catholique représente 1 à 3, parfois 1 à 4 ou 1 à 10. Donc le fait de n'enregistrer qu'une partie des villages sur les listes de dîme ecclésiastique correspond à une coutume répandue dans le pays, et non à une particularité transylvaine reflétant la répartition des catholiques et des orthodoxes. Voir l'étude de J. GY. SZABÓ, in *Tanulmányok Gyöngyösről* (Etudes sur Gyöngyös), Gyöngyös, 1984, pp. 41-64.

II — La naissance de la société d'Ordres (1172-1526)

Les sources historiques concernant l'histoire de la Transylvanie de la conquête du pays jusqu'à la catastrophe de Mohács (895-1526), se trouvent dans les archives nationales, de comitat et de ville ainsi que dans des fonds ecclésiastiques et familiaux. Leur bibliographie a été publiée par I. LUKINICH, *Les éditions de sources de l'histoire hongroise 1854-1930*, Bp., 1931. Un recueil de diplômes exhaustif qui rassemble les documents provenant de diverses archives et d'éditions de sources relatives aux parties de la Hongrie historique appartenant aujourd'hui à la Roumanie donc aussi à la Transylvanie, va jusqu'à 1360: *DRH Transilvanie,* celui-ci ne publie cependant les documents déjà publiés ailleurs qu'en traduction ou résumé roumains et ne donne en latin que ceux qui y sont publiés pour la première fois. Par conséquent, il semble indispensable de consulter aussi les éditions de documents hongroises et plus encore celles de Transylvanie, dont les plus importantes sont: G. D. TEUTSCH—FR. FIRNHABER, *Urkundenbuch zur Geschichte Siebenbürgens,* Wien, 1957 — jusqu'à 1301; FR. ZIMMERMANN—C. WERNER—G. MÜLLER—G. GÜNDISCH, *Urkundenbuch zur Geschichte der Deutschen in Siebenbürgen* II-V, Hermannstadt—Bucureşti, 1892-1975 — jusqu'à 1457; *Székely oklevéltár* (Recueil de documents sicules). Sous la dir. de KÁROLY SZABÓ—LAJOS SZÁDECZKY—SAMU BARABÁS, I-VIII, Bp., 1872-1934 — de 1211 à 1776; A. FEKETE-NAGY—L. MAKKAI, *Documenta historiam Valachorum in Hungaria illustrantia,* Bp., 1941 — jusqu'à 1400.

Le recueil de chroniques hongroises sur la période allant jusqu'à 1301: *SRH* II; quant aux sources étrangères: GOMBOS, *Catalogus...;* Les chroniques hongroises datant du XIVe au XVe siècles ont été utilisées et complétées par J. THURÓCZY, *Chronica Hungarorum,* Augsburg, 1488, édition fac-similé: Bp., 1986, ainsi que par A. BONFINI, *Rerum hungaricarum decades...*, Basel, 1568, en traduction allemande: *Ungarische Chronica,* Frankfurt a. M., 1581.

Sur l'établissement des peuples en Transylvanie et sur leur cohabitation: *Erdély és népei* (La Transylvanie et ses peuples). Sous la dir. de ELEMÉR MÁLYUSZ, Bp., 1943; MR; I. MOGA, *Les Roumains de Transylvanie au moyen âge,* Sibiu, 1944; *A magyar nemzetiség története és testvéri együttműködése a román nemzettel* (L'histoire de la nation hongroise et sa coopération fraternelle avec la nation roumaine) II. Sous la dir. de LAJOS DEMÉNY, Bukarest, 1976; BÉLA PUKÁNSZKY, *Erdélyi szászok és magyarok* (Les Saxons et les Hongrois de Transylvanie), Pécs, 1943; TH. NÄGLER, *Die Ansiedlung der siebenbürger Sachsen,* Bukarest, 1979. Les principaux ouvrages sur les origines des Roumains: LAJOS TAMÁS, *Romains, Romans et Roumains dans l'histoire de la Dacie Trajane,* Bp., 1936. La résonance roumaine: GH. BRĂTIANU, *Une énigme et un miracle historique: le peuple roumain,* Bucarest, 1937; C. DAICOVICIU—PETROVICI—GH. ŞTEFAN, *La formation du peuple roumain et de sa langue,* Bucarest, 1961; A. DU NAY, *The early history of the Rumanian language,* Lake Bluff, 1977. Sur les Roumains des Balkans voir les affirmations du recueil contenant plusieurs études de MÁTYÁS GYÓNI, A román történet bizánci forrásai (Les sources byzantines de l'histoire roumaine), *MTA I. Osztály Közleményei* (Publications de la Ire classe de l'Académie des Sciences de Hongrie), 1954; S. DRAGOMIR, *Vlahii din nordul Peninsulei Balcanice în evul mediu* (Les Valaques dans le Nord de la Péninsule Balkanique au Moyen Age), Bucureşti, 1959. Sur le lexique des bergers de langue roumaine et sa propagation: I. I. RUSSU, *Etnogeneza Românilor* (Ethnogenèse des Roumains), Bucureşti, 1981; *Viehwirtschaft und Hirtenkultur.* Sous la dir. de L. FÖLDES, Bp., 1969; G. SCHRAMM, Frühe Schicksale der Rumäner, *Zeitschrift für Balkanologie,* 1985-1987. Nous avons accepté le point de vue de ce dernier auteur. Sur les Roumains de la Coumanie et sur les premiers habitants roumains de la Transylvanie du Sud: LÁSZLÓ MAKKAI, *A milkói (kun) püspökség és népei* (L'évêché [coumane] de Milkó et ses peuples), Debrecen, 1936; GYÖRGY GYÖRFFY, Adatok a románok XIII. századi történetéhez és a román állam kezdeteihez (Données sur l'histoire des Roumains au XIIIe siècle et sur la naissance de l'Etat roumain), *Sz,* 1964.

Sur l'apparition des comitats transylvains, parmi les publications anciennes: KÁROLY TAGÁNYI, Szolnok-Doboka vármegye területének története (L'histoire du comitat de Szolnok-Doboka), in *Szolnok-Doboka vármegye monographiája* (La monographie du comitat Szolnok-Doboka) I, Dés, 1901; EMMA ICZKOVITS, Az erdélyi Fehér megye a középkorban (Le comitat de Fehér au Moyen Age), Bp., 1939; ÉVA H. BALÁZS, *Kolozs megye kialakulása* (La naissance du comitat de Kolozs), Bp., 1939; DEZSŐ CSÁNKI, *Magyarország történelmi földrajza a Hunyadiak korában* (La géographie historique de la Hongrie à l'époque des Hunyadi) V, Bp., 1913. — Hunyad et ses régions roumaines, les communes de Kolozs, Torda et Küküllő sont présentées sur la base de la totalité des sources allant jusqu'aux années 1330, in GY. GYÖRFFY, *Geographia...*

Sur Beszterce, Brassó, Doboka, Fehér, Fogaras, Hunyad, Kolozs, Küküllő et sur les communes autonomes roumaines en Hongrie de l'Est, hors de la Transylvanie : FRIGYES PESTY, *A Szörény vármegyei hajdani oláh kerületek* (Anciens cantons roumains dans le comitat de Szörény, Bp., 1876 ; VILMOS BÉLAY, *Máramaros megye társadalma és nemzetisége a megye betelepülésétől a XVIII. század végéig* (Le comitat de Máramaros, sa vie sociale et ses habitants dès les origines jusqu'à la fin du XVIIIe siècle), Bp., 1943.

Un ouvrage fondamental sur les grandes propriétés en Transylvanie médiévale (auquel nous avons porté certaines rectifications dans notre texte) : JÁNOS KARÁCSONYI, *Magyar nemzetségek a XIV. század közepéig* (Grands clans hongrois jusqu'au milieu du XIVe siècle) I-II, Bp., 1900-1901 ; sur la noblesse et les serfs : ELEMÉR MÁLYUSZ, *Az erdélyi társadalom a középkorban* (La société hongroise en Transylvanie au moyen-âge), Bp., 1988. Le voïvodat de Transylvanie est présenté d'une façon erronée et tendancieuse, comme troisième voïvodat roumain à côté des autres, comme un pays à part, même si non pas tout à fait indépendant du Royaume de Hongrie, par ŞT. PASCU, *Voievodatul*... ; pour prouver la majorité roumaine dans la population médiévale, il invoque le fait que ce n'est que plus tard, après 1350, que les régions montagneuses habitées par les Roumains ont été mises sous dépendance féodale et donc mentionnées dans les diplômes. Cet argument est contredit par le fait que la plupart des villages sicules et saxons sont enregistrés dans les diplômes avant 1350 bien qu'ils n'aient jamais été sous dépendance féodale. Selon Pascu c'est au milieu du XIVe siècle que le servage a été imposé au peuple roumain, ce qui aurait déclenché une série de révoltes populaires roumaines. Cette thèse a été réfutée par un auteur roumain : M. HOLBAN, *Din cronica relaţiilor româno-ungare în secolele XIII-XIV* (Chronique des relations roumano-hongroises aux XIIIe-XIVe siècles), Bucureşti, 1981, 245 sq., qui a démontré le caractère général de ces mouvements auxquels participaient toutes les ethnies. Sur l'anarchie à la fin du XIIIe siècle : GYULA KRISTÓ, Kun László és Erdély (Ladislas IV dit le Cuman et la Transylvanie), in *Valóság*, 1978, N° 11. Sur la noblesse sicule et saxonne : GY. GYÖRFFY, *Geographia*... et G. E. MÜLLER, *Die Gräven des siebenbürgischen Sachsenlandes. Festschrift Teutsch*, Hermannstadt, 1931. Sur la culture romane en Transylvanie : G. ENTZ, Die Baukunst Transylvaniens im 11-13. Jahrhundert, *Acta Hist. Art.* 14, 1968 ; IDEM, *A gyulafehérvári székesegyház* (La cathédrale de Gyulafehérvár), Bp., 1958 ; JÁNOS TEMESVÁRY, *Erdély középkori püspökei* (Les évêques de Transylvanie au Moyen Age), Kolozsvár, 1922 ; GYÖRGY GYÖRFFY, Gyulafehérvár kezdetei... (Les origines de Gyulafehérvár...), *Sz*, 1983 ; sur l'anoblissement des kenéz et des voïvodes roumains voir la bibliographie ci-dessus concernant les territoires roumains ainsi que ŞT. PASCU, Rolul cnezilor din Transilvania în lupta antiotomană a lui Iancu de Hunedoara (Le rôle des kenéz de Transylvanie dans la lutte contre les Turcs de Jean Hunyadi), *Studii şi cercetări de istorie*, 1957.

Sur le danger turc : G. GÜNDISCH, Die Türkeneinfälle in Siebenbürgen bis zur Mitte des 15. Jhs., *Jahrbücher für Geschichte Osteuropas* II, 1937 ; GYÖRGY SZÉKELY, A huszitizmus és a magyar nép (L'hussitisme et le peuple hongrois), *Sz*, 1956 ; LAJOS DEMÉNY, *Parasztfelkelés Erdélyben 1437-1438* (La révolte paysanne en Transylvanie de 1437-1438), Bp., 1987 ; LAJOS ELEKES, *Hunyadi*, Bp., 1952 ; C. MUREŞAN, *Iancu de Hunedoara*, Bucureşti, 1968. Les résultats récents sur les Hunyadi sont réunis dans GÁBOR BARTA, *Nándorfehérvár 1456*, Bp., 1983 ; KATALIN KISFALUDY, *Matthias Rex*, Bp., 1983. Sur les villes : P. NIEDERMAIER, *Siebenbürgische Städte*, Bukarest, 1979 ; OSZKÁR MELTZL, Az erdélyi szászok ipara és kereskedelme a XIV. és XV. században (L'artisanat et le commerce chez les Saxons transylvains au XIVe et au XVe siècles, *Sz*, 1892 ; LÁSZLÓ MAKKAI, Társadalom és nemzetiség a középkori Kolozsváron (Société et ethnies dans Kolozsvár médiéval), *Kolozsvári Szemle*, 1943 ; ŞT. PASCU, *Meşteşugurile din Transilvania pînă în secolul al XVI-lea*, Bucureşti, 1954 ; ZSIGMOND PÁL PACH, *Magyarország és a levantei kereskedelem a XIV-XVII. században* (La Hongrie et le commerce levantin aux XIVe-XVIIe siècles), Bp., 1986. Sur les mouvements pour les libertés sicules : LAJOS SZÁDECZKY-KARDOSS ; *A székely nemzet története és alkotmánya* (L'histoire et la constitution de la nation sicule), Bp., 1927 ; Sur la jacquerie de Dózsa : GÁBOR BARTA, *Keresztesek áldott népe* (Le peuple béni des croisés), Bp., 1977.

Sur l'art gothique et la Renaissance en Transylvanie, et sur la civilisation médiévale roumaine : *Magyarországi művészet 1300-1470 körül* (Les arts en Hongrie de 1300 à 1470) I-II, sous la dir. d'Ernő Marosi, Bp., 1987 ; SÁNDOR TONK, *Erdélyiek egyetemjárása a középkorban* (Etudiants transylvains dans les universités médiévales), Bukarest, 1979 ; FR. PALL, Contribuţii la problema locurilor de adeverire din Transilvania medievală (Contribution au problème des lieux justificatifs dans la Transylvanie médiévale), *Studii de Istorie Medie*, 1957 ; JOLÁN BALOGH, *Márton és György kolozsvári szobrászok* (Márton et György, sculpteurs de Kolozsvár), Kolozsvár, 1934 ; IDEM, *Az erdélyi renaissance* (La Renaissance en Transylvanie), Kolozsvár, 1943 ; V. DRĂGUŢ, *Arta gotică in România* (L'art gothique en Roumanie), Bucureşti, 1979 ; G. ENTZ, Mittelalterliche rumänische Holzkirchen in Siebenbürgen, in *Omagiu Oprescu*, Bucureşti, 1961 ; M. PĂCURARIU, *Istoria bisericii*... I, Sibiu, 1962.

La Principauté de Transylvanie

I — La première période de la Principauté de Transylvanie (1526-1606)

Les recueils de documents les plus importants sur l'époque: *EOE* I-V; plusieurs volumes de la série *Documente privitóre la istoria românilor* (Documents pour l'histoire des Roumains), sous la dir. de E. HURMUZAKI, Bucureşti, à partir de 1877 — puis reprise par d'autres; *Székely oklevéltár* (Recueil de documents sicules), I-VIII, Bp., 1872-1934; R. GOOSS, *Österreichische Staatsverträge.* I. Fürstentum Siebenbürgen, Wien, 1911; *Documente privitoare la istoria Ardealului, Moldovei şi Ţării Româneşti* (Documents pour l'histoire de la Transylvanie, de la Moldavie et de la Valachie). I-VII, sous la dir. d'E. VERESS, Bucureşti, 1929-1934; les volumes de *ETA;* ENDRE VERESS, *Báthori István levelezése* (La correspondance d'Etienne Báthori) I-II, Kolozsvár, 1944; IDEM, Báthory István király levélváltása az erdélyi kormánnyal 1581-1585 (La correspondance du roi Etienne Báthory avec le gouvernement de Transylvanie de 1581 à 1585), *MHH-D* 32, 42, Bp., 1948; IDEM, Alfonso Carillo levelezése (La correspondance d'Alfonso Carillo), *MHH-D* 32, 41, Bp., 1906, 1943; *Monumenta Historica Societatis Jesu, Monumenta Antiqua Hungarica* I-III, sous la dir. de L. LUKÁCS, Roma, 1969-1981.

Les chroniques les plus importantes: N. ISTVÁNFFY, *Historiarum de rebus Ungaricis libri XXXIV,* Colonia Agrippina, 1622; F. BETHLEN, *Historia de rebus Transylvanicis* I-VI, Cibinium, 1782-1793; *DFGS;* J. M. BRUTUS, Ungaricarum rerum libri, 1490-1552, *MHH-S* 12-14, Pest, 1863—Bp., 1876; Szamosközy István történeti maradványai (L'héritage historique de István Szamosközy), *MHH-S* 21, 28-30, Bp., 1876-1880; FERENC FORGÁCH, De statu rei publicae Hungaricae 1542-1572, *MHH-S* 16, Bp., 1886. Un choix utile (avec la traduction en hongrois de tous les extraits cités) est fourni dans la série *Erdély öröksége* (L'héritage de Transylvanie) I-X, publ. par LÁSZLÓ CS. SZABÓ—LÁSZLÓ MAKKAI, Bp., 1942. Il n'existe pas de source narrative roumaine de Transylvanie de cette époque.

Les introductions de Sándor Szilágyi aux volumes correspondants de *EOE* restent valables pour l'histoire événementielle de l'époque. Sont intéressants par leurs thèmes ou approches: I. LUKINICH, *Erdély*... Son résumé en français: Z. I. TÓTH, Biographie d'une frontière. La formation du «Partium», *RHC* 24, 1946; ZSOLT TRÓCSÁNYI, *Erdély központi kormányzata 1540-1690* (Le gouvernement central en Transylvanie de 1540 à 1690), Bp., 1980; IDEM, *Az erdélyi fejedelemség korának országgyűlései. Adalékok az erdélyi rendiség történetéhez* (Les diètes à l'époque de la principauté de Transylvanie. Documents sur l'histoire du système des Ordres en Transylvanie), Bp. 1976.

Les ouvrages de synthèse les plus importants concernant les différentes périodes: LÁSZLÓ BÁRDOSSY, *Magyar politika a mohácsi vész után* (La politique hongroise après la bataille de Mohács), Bp., 1944 — ici il convient de faire abstraction des allusions à la situation politique contemporaine; GÁBOR BARTA, *A Sztambulba vezető út* (La voie qui mène à Istambul) Bp., 1983; F. SZAKÁLY, Remarques sur l'armée de Iovan Tcherni, *AH* 24, 1978; ainsi que la biographie de Gritti par FERENC SZAKÁLY: *Vesztőhely az út porában* (L'exécution dans la poussière de la route) Bp., 1986; V. L. BOURILLY, Antonio Rincon et la politique orientale de François Ier, *Revue Historique* 113, 1913; R. GOOS, *Die Siebenbürger Sachsen in der Planung der deutschen Südostpolitik,* Wien, 1940; R. CONSTANTINESCU, *Moldova şi Transilvania în vremea lui Petru Rareş, 1526-1546* (La Moldavie et la Transylvanie à l'époque de Petru Rareş ~), Bucureşti, 1978; L'introduction au récent recueil de documents publié par M. BERINDEI—G. VEINSTEIN, *L'Empire ottoman et les pays roumains 1544-1545,* Paris—Cambridge, 1987, contient également un survol d'histoire intéressant; ENDRE VERESS, *Izabella királyné* (La reine Isabelle) Bp., 1901; Sur le Moine György et les circonstances de son assassinat: GÁBOR BARTA, *Vajon kié az ország?* (A qui appartient le pays?), Bp., 1988; Le recueil d'études: *Székely felkelés*... examine l'ensemble du siècle; de même, le recueil hungaro-polonais consacré à Etienne Báthory reste d'une grande utilité: *Etienne Bathory, roi de Pologne, prince de Transylvanie,* Kraków, 1935.

Ouvrages fondamentaux sur les conditions sociales et économiques: D. PRODAN, *Iobăgia în Transilvania în secolul al XVI-lea* (Le servage en Transylvanie au XVIe siècle) I-III, Bucureşti, 1967-1968; M. SZENTGYÖRGYI, *Jobbágyterhek*... Travaux importants sur des questions de détail: L. KELEMEN, *Ekv*... et dans *Székely felkelés*...; *Studien zur Geschichte der deutschen Nationalität und ihrer Verbrüderlichung mit der rumänischen Nation,* Bukarest, 1976.

Sur la Réforme en Transylvanie: L. BINDER, *Grundlagen und Formen der Toleranz in Siebenbürgen bis zur Mitte des 17. Jahrhunderts,* Köln—Wien, 1976; *Luther und Siebenbürgen.* Publ. par D. et R. WEBER, Köln—Wien, 1985; L. MAKKAI, *Etat des ordres et théocratie calviniste au XVIe siècle dans l'Europe centre-orientale,* Bp., 1975; A. PIRNÁT, *Die Ideologie der Siebenbürger Antitrinitarier in der* 1570-er Jahren, Bp., 1961; RÓBERT DÁN, *Mathias Vehe-Glirius and Radical Reformation,* Bp., 1982; MIHÁLY BALÁZS, *Az erdélyi antitrinitarizmus az 1560-as évek végén* (L'antitrinitarisme transylvain à la fin des années 1560), Bp., 1988; Sur les orthodoxes roumains voir M. PĂCURARIU, *Istoria Bisericii*... I, il voit en Eftimie, nommé en 1571, le premier évêque de Gyulafehérvár, alors que ses précurseurs le considéraient comme coévêque.

Sur les divers aspects de l'histoire de la civilisation: JÁNOS HORVÁTH, *A reformáció jegyében* (Sous le signe de la Réforme), Bp., 1953; ainsi que *Magyar irodalom története* (L'histoire de la littérature hongroise) I. Sous la dir. de TIBOR KLANICZAY, Bp., 1964; ÁDÁM DANKANITS, *XVI. századi olvasmányok* (Lectures du XVIe siècle), Bukarest, 1974; plusieurs études du volume cité plus haut: L. KELEMEN, *Ekv*... ; SZABOLCS Ö. BARLAY, *Romon virág* (Fleurs sur les ruines), Bp., 1986; P. P. PANAITESCU, *Începuturile scrisului în limba română. Studii şi cercetări de bibliologie* (Les débuts de l'écriture roumaine. Études et recherches bibliologiques), Bucureşti, 1963; ZS. JAKÓ, *Írás, könyv*...

Quant aux données démographiques, celles des Saxons ont été publiées — compte tenu des données valables de la littérature antérieure — par ISTVÁN BAKÁCS dans l'ouvrage: *Magyarország történeti demográfiája* (La démographie historique de Hongrie), sous la dir. de JÓZSEF KOVACSICS, Bp., 1963; E. WAGNER (Wüstungen in den Sieben Stühle als Folge der Türkeneinfälle des 15. Jahrhunderts, *FVLK* 21, 1978) a fait une estimation où il exagère les dévastations de la domination turque du début. Le nombre des Sicules a été évalué à partir du contingent de 25-30 000 Sicules participant aux campagnes de la fin du XVIe siècle.

Dans les sept comitats, jusqu'à la fin du XVe siècle, István Szabó (dans le volume publié par Kovacsics) a compté à peu près 31 mille unités d'imposition dites «porta». Utilisant les coefficients généralement adoptés pour le XVe siècle, nous avons estimé le nombre des habitants de l'époque à 350 mille, celui de la fin du XVIe siècle à 450 mille. Néanmoins, à la fin du XVe siècle, il n'existait en effet que 1400 communes environ dans les sept comitats. Admettant une certaine augmentation, le nombre des communes à la fin du XVIe siècle peut avoir monté à 1600 environ. Par conséquent, l'estimation concernant le nombre de la population doit être, elle aussi diminuée à 400 mille environ, sinon on obtiendrait des nombres d'habitants exorbitants par commune. (Même le nombre moyen de 250 habitants par commune ne peut être accepté qu'en admettant l'existence des villes et des bourgades comptant plusieurs milliers d'habitants.) Etant donné que le nombre d'habitants des Parties (Partium) a été calculé comme un chiffre relatif (le nombre des maisons s'élevant au milieu du XVIe siècle dans les sept comitats à environ 23 000, dans le Partium à environ 17 000), voir V. BIRÓ, *A fejedelmi hatalom*... pp. 24, 40 et 56; ainsi que I. LUKINICH, *Erdély*... pp. 134, 141, 146 et 160), le nombre d'habitants doit y avoir également diminué de 350 000 à 300 000.

Ces modifications entraînent des changements mineurs dans les estimations sur la répartition des nationalités. On sait de 550 communes, dans les sept comitats, qu'elles étaient sous le régime de la dîme, c'est-à-dire hongroises ou saxonnes: ZSIGMOND JAKÓ, *Adatok a dézsma fejedelemkori adminisztrációjához* (Données sur la levée de la dîme à l'époque de la Principauté), Kolozsvár, 1945. Vu les inexactitudes courantes de l'époque ainsi que les exemptions, ce chiffre peut être évalué à 650-700 environ. Le nombre d'habitants dans les villages roumains n'attegnait en général que le tiers de celui des villages hongrois ou saxons: ZSIGMOND JAKÓ, *Bihar megye a török pusztítás előtt* (Le comitat de Bihar avant la dévastation turque), Bp., 1940, 187; et LÁSZLÓ MAKKAI, *Szolnok-Doboka megye magyarságának pusztulása a XVII. század elején* (Le dépérissement de la population hongroise du comitat de Szolnok-Doboka au début du XVIIe siècle), Kolozsvár 1942, 31. Si l'on tient compte de ce fait, du mélange des ethnies (surtout par l'établissement des Roumains dans les villages catholiques) ainsi que des bergers libres, nous avons admis dans l'Histoire de Transylvanie en trois volumes une légère majorité hongroise (En Transylvanie 240 mille habitants hongrois contre 200 mille Roumains, dans les Partium 170 mille Hongrois contre 110 mille Roumains). La répartition adoptée dans le volume actuel résulte des rectifications énumérées plus haut.

Sur la guerre de Quinze ans il n'existe pas encore de monographie détaillée. Sur le rôle de la Transylvanie dans ces événements, une étude a été publiée récemment par LÁSZLÓ NAGY, Erdély a 15 éves háborúban (La Transylvanie dans la Guerre de quinze ans), *Sz,* 1982. Quant à l'appréciation de Mihail Viteazul, les opinions des historiens hongrois et roumains sont bien partagées. Le plus important des anciens ouvrages hongrois (LAJOS SZÁDECZKY, *Erdély és Mihály vajda* [La Transylvanie et le voïvode Michel], Temesvár, 1893) le présente comme un barbare conquérant et destructeur, tandis que dans la meilleure monographie roumaine jusqu'à nos jours (P. P. PANAITESCU, *Mihail Viteazul,* Bucureşti, 1936) il est vénéré comme un des grands héros de l'histoire roumaine. L'ouvrage de LAJOS DEMÉNY, *A székelyek és Mihály vajda* (Les Sicules et le voïvode Michel) Bukarest, 1977, est beaucoup plus proche de la vérité historique, tandis que le récent ouvrage de synthèse roumain (ŞT. OLTEANU, *Les pays roumains à l'époque de Michel le*

Brave, Bucarest, 1977) le décrit comme le précurseur conscient d'une idée qui ne fera jour que des siècles plus tard (c'est-à-dire l'union « des trois pays roumains »).

Quant à la littérature très riche sur le soulèvement de Bocskai, nous n'en citerons qu'un ouvrage plus ancien : KÁLMÁN BENDA, *István Bocskai,* Bp., 1942, et un ouvrage récent : LÁSZLÓ NAGY, *Bocskai István a hadak élén* (István Bocskai à la tête de l'armée), Bp., 1981.

II — L'âge d'or de la Principauté de Transylvanie (1606-1660)

Les éditions de texte retenues pour tout le chapitre : *EOE* V-X ; *Documente privitóre la istoria românilor* (Documents pour l'histoire des Roumains), vol. XV., sous la dir. de E. HURMUZAKI. Part II, 1601, 1825. Dir. N. IORGA. Bucureşti, 1913 ; *Erdélyország történeti tára* (Recueil de documents historiques sur la Transylvanie) II, publié par JÓZSEF KEMÉNY et ISTVÁN NAGYAJTAI KOVÁCS, Kolozsvár, 1845 ; *ETA* I-IV ; *Török—magyar-kori államokmánytár* (Archives de documents officiels de l'époque turco-hongroise). Dir. ÁRON SZILÁDY et SÁNDOR SZILÁGYI, I-III, Pest, 1868-1870 ; *Székely oklevéltár* (Recueil de documents sicules). Dir. LAJOS SZÁDECZKY, VI, Kolozsvár, 1897 ; *DFGS* III ; Les ouvrages de I. KATONA, *Historia critica*... XXIX-XXXIII, et de J. VON HAMMER—PURGSTALL, *Geschichte des Osmanischen Reiches* VI-VIII, Pest, 1830-1832, peuvent être considérés comme des éditions de texte sur cette époque. Tous ces ouvrages contiennent surtout des documents en latin. La bibliographie des ouvrages à retenir pour tout le chapitre : D. OGG, *Europe in the Seventeenth Century,* London, 1952 ; K. UHLIRZ—M. UHLIRZ, *Handbuch der Geschichte Österreichs und seiner Nachbarländer* II, Graz, 1927 ; C. J. FRIEDRICH, *The Age of the Baroque (1610-1660),* Stuttgart, 1954 ; *Handbuch der europäischen Geschichte,* III. Publ. par TH. SCHIEDER, Stuttgart, 1971 ; R. MANDROU, *Des humanistes aux hommes de sciences,* Paris, 1973 ; *The Fontana Economic History of Europe. The Sixteenth and Seventeenth Centuries.* Publ. par C. M. CIPOLLA, London, 1974 ; les chapitres correspondants de l'ouvrage de R. J. W. EVANS, *The making of the Habsburg Monarchy 1550-1700,* Oxford, 1979 ; I. LUKINICH, *Erdély*... ; I. MOGA, *Die wirtschaftliche Entwicklung Siebenbürgens* I, Bukarest, 1943 ; *Geschichte der Rumänen.* Dir. L. GÁLDI—L. MAKKAI, Bp., 1942.

Les sources et les ouvrages les plus importants dans l'ordre des sous-chapitres : S. GOLDENBERG, Le climat et l'histoire, *RRH,* 1974. Les chiffres concernant les impôts ont été puisés dans le volume *EOE* ainsi que dans l'ouvrage de V. BÍRÓ, *A fejedelmi hatalom*... Sur les dévastations et la situation démographique en général : LÁSZLÓ MAKKAI, *Szolnok-Doboka megye magyarságának pusztulása a XVII. század elején* (Le dépérissement des Hongrois dans le comitat de Szolnok-Doboka au début du XVIIe siècle), Kolozsvár, 1942 ; K. ALBRICH, Die Bewohner von Hermannstadt im Jahr 1657, *AVSL,* 1883 ; *Quellen zur Geschichte der Stadt Brassó* I-VII, Kronstadt—-Brassó, 1886-1918 ; F. KRAMER, Beiträge zur Geschichte der Stadt Bistriz in den Jahren 1600-1603, *AVSL,* 1874. Sur les registres des Sicules, l'ouvrage le plus récent : LAJOS DEMÉNY—JÓZSEF PATAKI, *Mihály vajda és a székelyek* (Le voïvode Michel et les Sicules), Bukarest, 1978 ; Sur les registres des Saxons : G. MÜLLER, Die sächsische Nationsuniversität, *SUBB-H* 1973. Pour les données généalogiques : IVÁN NAGY, *Magyarország családai* (Les familles de Hongrie) I-XII, Pest, 1857-1865. Pour les données sur les serfs : ZSIGMOND JAKÓ, *A gyalui vártartomány urbáriumai* (Les terriers de la châtellenie de Gyalu), Bp., 1944 ; D. PRODAN, *Urbariile ţării Făgăraşului* (Les terriers au pays de Fogaras), I. 1601-1630, Bucureşti, 1970.

Monographies et études : SÁNDOR SZILÁGYI, *Báthory Gábor fejedelem története* (L'histoire du prince Gábor Báthory), Pest, 1867 ; ZSOLT TRÓCSÁNYI, *Rákóczi Zsigmond. Egy dinasztia születése* (Sigismond Rákóczi. La naissance d'une dynastie), *DMÉ,* 1978 ; K. BENDA, Der Haiduckenaufstand in Ungarn und das Erstarken der Stände in der Habsburger Monarchie (1607-1608), in *Nouvelles Études Historiques,* sous la dir. de S. BALOGH—GY. EMBER, etc. Bp., 1965 ; ISTVÁN RÁCZ, *A hajdúk a XVII. században* (Les haïdouks au XVIIe siècle), Debrecen, 1969 ; A. GINDELY, *Rudolf und seine Zeit* II. (1600-1612), Prag, 1868 ; Hidvégi Mikó Ferenc históriája (La chronique de Ferenc Hidvégi Mikó) (*MHH-S* 7), ainsi que les études de MIHÁLY WEISS (*DFGS,* Neue Folge), ainsi que GYÖRGY KRAUSS (Fontes Rerum Austriacarum. I. Scriptores 3) ; GYULA SZEKFŰ, *Bethlen Gábor,* 1929 ; LAJOS DEMÉNY, *Bethlen Gábor és kora* (Gabriel Bethlen et son époque), Bukarest, 1982. Pour Bethlen, voir les contributions du Congrès organisé à l'occasion du 400e anniversaire de sa naissance, *Sz,* 1980 ; LÁSZLÓ NAGY, *Sok dolgot próbála Bethlen Gábor* (Gabriel Bethlen, novateur), Bp., 1981 ; ZSOLT TRÓCSÁNYI, *Az erdélyi fejedelemség korának országgyűlései* (Les diètes de l'époque de la principauté de Transylvanie), Bp., 1976. Les listes de participants des diètes : R. GOOSS, *Österreichische Staatsverträge* I, Wien, 1911, 454-456 et 608-609. Sur les impôts : V. BÍRÓ, *A fejedelmi hatalom*... ; VERA MRÁZ, Bethlen Gábor gazdaságpolitikája (La politique économique de Gabriel Bethlen), *Sz,* 1953. Les données concernant les impôts sont empruntées au volume *EOE.* Sur la structure du pouvoir : ZSOLT TRÓCSÁNYI, *Erdély központi kormányzata* (Le gouvernement central de la Transylvanie), Bp., 1980. Une récapitulation de l'absolutisme oriental : ZSIGMOND PÁL PACH, Egyetemes történeti bevezető (Introduction à l'histoire universelle), in *Magyarország története* (L'histoire de Hongrie) 3. Dir. ZSIGMOND PÁL PACH, publ. par ÁGNES R. VÁRKONYI, Bp., 1985.

Sur la situation internationale : P. CERNOVODEANU, England and the Question of free Trade in the Black Sea in the 17th Century, *RRH,* 1967 ; C. V. WEDGWOOD, *The Thirty Years War,* London, 1968 ; J. V. POLISENSKY, *The Thirty Years War,* London, 1971. Les représentants des Alliés auprès de la Porte ottomane : ARNOLD IPOLYI, *Rimay János államiratai és levelezése* (Les écrits officiels et la correspondance de János Rimay), Bp., 1887. Sur la campagne militaire de Bethlen en Hongrie, outre les biographies des personnages principaux : M. DEPNER, *Das Fürstentum Siebenbürgen im Kampf gegen Habsburg,* Stuttgart, 1938 ; LÁSZLÓ NAGY, *Bethlen Gábor a független Magyarországért* (Gabriel Bethlen pour une Hongrie indépendante), s. l. 1969. Les écrits de Bethlen concernant les diètes ont été publiés dans *EOE ;* I. KATONA, *Historia critica*... XXX ; TAMÁS BORSOS, *Vásárhelytől a Fényes Portáig* (De Vásárhely à la Sublime Porte), publ. par LÁSZLÓ KÓCZIÁNY, Bukarest, 1972 ; ANTON GINDELY, *Okmánytár Bethlen Gábor uralkodása történetéhez* (Recueil de documents sur l'histoire du règne de Gabriel Bethlen), Bp., 1890 ; LIPÓT ÓVÁRY, *Oklevéltár Bethlen Gábor diplomáciai összeköttetései történetéhez, 1620-1626* (Recueil de documents sur l'histoire des relations diplomatiques de Gabriel Bethlen, ~), Bp., 1886 ; BÉLA RADVÁNSZKY, *Udvartartás és számadáskönyvek. I. Bethlen Gábor udvartartása* (La cour princière et les livres de comptes. I. La cour de Gabriel Bethlen), Bp., 1888 ; F. KRONES, Katharina v. Brandenburg-Preussen als Fürstin Siebenbürgens, *Zeitschrift für Allgemeine Geschichte,* 1884.

Sur l'époque de Georges Ier Rákóczi : J. BETHLEN, *Commentarii de rebus Transilvanicis ab obitu Gabrielis Bethlenii triginta quatuor annis gestis* I-II, Viennae, 1779-1780 ; JÁNOS REIZNER, A Császár-féle felsőmagyarországi 1631-1632-ik évi pórlázadás okmánytára (Recueil de documents sur l'émeute de paysans menée par Császár en Hongrie septentrionale dans les années 1631-1632), *Történelmi Tár,* 1887-1888 ; LÁSZLÓ MAKKAI, I. Rákóczi György birtokainak gazdasági iratai (Les documents de la gestion des biens de Georges Ier Rákoczi), 1631-1648, Bp., 1954 ; *A két Rákóczi György fejedelem családi levelezése* (La correspondance familiale des deux princes Georges Rákóczi), publ. par SÁNDOR SZILÁGYI, 1875, *MHH-D* 24 ; *Levelek és iratok I. Rákóczi György keleti összeköttetései történetéhez* (Lettres et documents concernant l'histoire des relations orientales de Georges Ier Rákóczi), publ. par ANTAL BEKE—SAMU BARABÁS, Bp. 1888.

Sur les tendances générales du développement économique : ZSIGMOND PÁL PACH, *A nyugat-európai és a magyar agrárfejlődés a XV-XVII. században* (Le développement agraire en Europe occidentale et en Hongrie aux XVe-XVIIe siècles), Bp., 1963 ; IDEM, A kelet-európai « Gutswirtschaft » problematikájához (Le problème de la « Gutswirtschaft » en Europe orientale), *Agrártörténeti Szemle,* 1979 ; M. SZENTGYÖRGYI, *Jobbágyterhek*...

Sur la classe dirigeante à la fin du XVIe siècle voir : ZSIGMOND JAKÓ, *Adatok a dézsma fejedelemkori adminisztrációjához* (Données sur l'administration de la dîme à l'époque de la Principauté), Kolozsvár, 1945 ; le recueil d'études : *Székely fölkelés*... ; D. PRODAN, *Bojaren und Vecini des Landes Fogarasch im 16. und 17. Jahrhundert,* Bukarest, 1967.

Sur les constructions et la mode de vie : J. FABRICIUS-DANCU, *Siebenbürgisch-sächsische Bauernburgen und Wehrkirchen in Rumänien,* Gundelsheim, 1978 ; MARGIT B. NAGY, *Reneszánsz és barokk Erdélyben* (La Renaissance et le baroque en Transylvanie), Bukarest, 1970 ; IDEM, *Várak, kastélyok, udvarházak, ahogy a régiek látták* (Forteresses, châteaux, manoirs vus par les anciens), Bukarest, 1973 ; *Magyar református templomok* (Eglises calvinistes hongroises) I-II. Dir. J. KOVÁTS, Bp., 1942 ; J. TROESTER, *Das alte und neue Dacia,* Nürnberg, 1666. Des costumes transylvains : JÁNOS SZENDREI, Adatok az erdélyi férfiviselet történetéhez a XVIII. században (Contribution à l'histoire de l'habillement masculin de Transylvanie au XVIIIe siècle), *Archaeológiai Értesítő* 1908.

Civilisation, littérature : *A magyar irodalom története* (L'histoire de la littérature hongroise), I-II. Publ. par TIBOR KLANICZAY, Bp., 1963-1954 ; TIBOR KLANICZAY, *A magyar későreneszánsz problémái. Reneszánsz és barokk* (Problèmes de la Renaissance tardive hongroise. La Renaissance et le baroque), Bp., 1961 ; ZS. JAKÓ, *Írás, könyv*... *;* MÁRTON TARNÓC, *Erdély művelődése Bethlen Gábor és a két Rákóczi György korában* (La culture en Transylvanie à l'époque de Gabriel Bethlen et des deux Georges Rákóczi), Bp., 1978 ; JÓZSEF POKOLY, *Az erdélyi református egyház története* (L'histoire de l'Eglise calviniste en Transylvanie), II, Bp., 1904 ; FR. TEUTSCH, *Geschichte der evangelischen Kirche in Siebenbürgen,* II, Hermannstadt, 1922. MIKLÓS SZABÓ, Erdélyi diákok egyetemjárása a XVI-XVII. században (Etudiants transylvains dans les universités européennes aux XVIe-XVIIe siècles), *Műv. T.* II. ; G. D. TEUTSCH, *Die Synodalverhandlungen der Evangelischen Landeskirche in Siebenbürgen,* Hermannstadt, 1882 ; J. S. KLEIN, *Nachrichten von den Lebensumständen und Schriften evangelischer Prediger,* I-II, Buda, 1709 ; *Dicţionar de istorie* *veche a României* (Encyclopédie de l'histoire ancienne de la Roumanie), publ. par D. M. PIPPIDI, Bucureşti, 1976; JÓZSEF SZIGETI, Az élő Apáczai Csere János (1625-1659) (János Apáczai Csere vivant ~), in *Apáczai Csere János válogatott munkái* (Œuvres choisies de J. A. Cs.), I, Bukarest, 1965; S. BENKŐ, *A helyzettudat*... pp. 39-44.; E. STERE, *Gîndirea etică în Franţa secolului al XVI-lea* (La pensée ethique en France au XVIe siècle), Bucureşti, 1972. Le nombre des publications transylvaines de l'époque a été calculé d'après la série *Régi Magyar Könyvtár* (Ancienne Bibliothèque Hongroise). L. TOPPELTINUS, *Origines et occasus Transylvanorum*, Lugdunii Batavorum, 1667. RÓBERT DÁN, *Humanizmus, reformáció, antitrinitarizmus és a héber nyelv Magyarországon* (L'humanisme, la Réforme, l'antitrinitarisme et l'hébreu en Hongrie), Bp., 1973.

Sur le règne de Georges II Rákóczi et la situation internationale de l'époque: C. GÖLLNER, *Gheorghe Rákóczi II. Domnitori şi voievozi ai ţărilor române* (Georges II Rákóczi. Seigneurs et voïvodes des pays roumains), 9, Bucureşti, 1977; *Erdély és az észak-keleti háború* (La Transylvanie et la guerre du Nord-Est), publ. par SÁNDOR SZILÁGYI, Bp. 1890-91; B. ГОЛОБУЦКИЙ, *Дипломатическая история освободительной войны украинского народа (1648-1654)*, Киев, 1962; S. GÖRANSSON, *Den europeiska Konfessionspolitikens upplösning 1654-1660*, Stockholm, s. d.; T. GEMIL, La Moldavie dans les traités de paix turco-polonais du XVIIe siècle (1621-1672), *RRH*, 1973; L. DEMÉNY—P. CERNOVODEANU, *Relaţiile politice ale Angliei cu Moldva, Ţara Românească şi Transilvania în sec. XV-XVIII* (Les relations politiques entre l'Angleterre, la Moldavie, la Valachie et la Transylvanie aux XVe-XVIIIe siècles), Bucureşti, 1974; C. REZACHEVICI, Les relations politiques et militaires entre la Valachie et la Transylvanie au début du XVIIe siècle, *RRH*, 1972; N. NISTOR, Wirtschaftsbeziehungen zwischen Südsiebenbürgen und der Walachei während des 15-17. Jh., *FVLK* 14, 1971; A. HATTMANN, Aspekte des Kulturaustausches, *Siebenbürgisches Archiv. AVSL*, 1975; sur les espoirs hongrois: TIBOR KLANICZAY, *Zrínyi Miklós*, Bp., 1964; KATALIN PÉTER, *A magyar romlásnak századában* (Au siècle du dépérissement de la Hongrie), Bp., 1979; sur la campagne de Pologne: *Polska w okresie drugiej wojny potnocnej 1655-1660* (La Pologne au temps de la seconde guerre du Nord), I-IV, Warszawa, 1957.

III — Les dernières décennies de la Principauté autonome (1660-1711)

Le premier ouvrage de synthèse qui ait résumé l'histoire du dernier demi-siècle de la Principauté de Transylvanie en s'étendant aux processus politiques, économiques, sociaux et culturels sur la base de recherches suivies dans les archives hongroises, autrichiennes, roumaines et tchécoslovaques, et qui contient une très riche bibliographie avec la liste des sources: ÁGNES R. VÁRKONYI, *Erdélyi változások. Az Erdélyi Fejedelemség a török kiűzésének korában 1660-1711* (Les changements en Transylvanie. La Principauté de Transylvanie à l'époque du refoulement des Turcs 1660-1711), Bp., 1984.

Pour la participation de la Transylvanie à la guerre contre les Turcs dans les années 1663-1664: DÁVID ANGYAL, Erdély politikai összeköttetései Angliával (Les relations politiques de la Transylvanie avec l'Angleterre), *Sz*, 1900; SÁNDOR MÁRKI, Cromwell és Erdély (Cromwell et la Transylvanie), *Erdélyi Múzeum*, 1901; J. BETHLEN, *Rerum Transylvanicarum libri quatuor*, Cibini, 1663; A. R. VÁRKONYI, Gábor Bethlen and Transylvania under the Rákóczis at the European Peace Negotiations 1648-1714, in *Festschrift A. T. Szabó—Zs. Jakó;* IDEM, The Principatus Transylvania and the Genezis of the Anti-Turkish Alliance, *EHH*, 1985; GÉZA PERJÉS, *Zrínyi Miklós és kora* (Miklós Zrinyi et son époque), Bp., 1985. — Sur la politique d'équilibre à l'époque de l'alliance franco-transylvaine: ZSOLT TRÓCSÁNYI, *Teleki Mihály, Erdély és a kuruc mozgalom 1690-ig* (Mihály Teleki, la Transylvanie et le mouvement des Kouroutz avant 1690), Bp., 1972; LÁSZLÓ BENCZÉDI, *Rendiség, abszolutizmus és centralizáció a XVII. század végi Magyarországon* (1664-1685) (Le système des Ordres, l'absolutisme et la centralisation en Hongrie à la fin du XVIIe siècle, ~) Bp., 1980; V. BOGIŠIĆ, *Acta conjurationem Petri a Zrínio et Francisci de Frankopan, nec non Francisci Nádasdy illustrantia (1663-1671)*, Zagreb, 1888; J. BÉRENGER, Francia—magyar kapcsolatok a Wesselényi-összeesküvés idején (1664-1668) (Les relations franco-hongroises à l'époque de la conjuration de Wesselényi ~), *TSz*, 1967; D. KOSÁRY, Français en Hongrie, *RHC* 24, 1946; I. HUDITĂ, *Répertoire des documents concernant les négociations diplomatiques entre la France et la Transylvanie au XVIIe siècle (1636-1683)*, Paris, 1926; I. HUDIŢĂ, *Histoire des relations diplomatiques entre la France et la Transylvanie au XVIIe siècle (1635-1683)*, Paris, 1927.

Sur la situation et la politique de la Transylvanie à l'époque de la guerre refoulant les Turcs: M. PHILIPPI, Die Zeit des Übergangs von der türkischen zur österreichischen Herrschaft, 1683-1711, *GDGR;* A. MAGYARI, Lupta marii nobilimi ardelene pentru păstrarea poziţiilor sale economice şi politice în perioada consolidării Habsburgilor în Transilvania, 1685—1699 (La lutte de la haute noblesse transylvaine pour maintenir ses positions économiques et politiques pendant la période de consolidation des Habsbourg en Transylvanie, 1685-1699), *SUBB-H* 1971; BÉLA SZÁDECZKY, Erdély visszacsatolásának története (1683-1686) (L'histoire de la réannexion de la Transylvanie ~), *Erdélyi Múzeum,* 1901; B. KÖPECZI, *Staatsräson und Christliche Solidarität,* Bp., 1983; un exemplaire du document relatif à l'alliance entre la Transylvanie et les Habsbourg se trouve à Londres, Public Record Office SP 103/10. 440-441 fol.; un résumé général: F. SZAKÁLY, *Hungaria Eliberata,* Bp., 1986.

Une sélection de l'immense littérature sur la Principauté transylvaine de François II Rákóczi: ANDRÁS MAGYARI, A Rákóczi-szabadságharc társadalmi feltételeinek kialakulása Erdélyben (Les conditions sociales de la guerre d'indépendance de François II Rákóczi en Transylvanie), ainsi que P. CERNOVODEANU, A havasalföldi és moldvai vezető körök magatartása a kuruc felkeléssel szemben (Le comportement des cercles dirigeants de Valachie et de Moldavie vis-à-vis du soulèvement des Kouroutz), tous deux in *RT;* D. POP, Pintea Viteazul. Cele dintîi documente (~. Premiers documents), *Familia* 1934; IMRE BÁNKUTI, *Az Erdélyi Consilium leveleskönyve és iratai 1705, 1707-1710* (Le livre de correspondance et les documents du Consilium de Transylvanie), Bp., 1985; VILMOS CSUTAK, *Háromszék felkelése a Rákóczi-szabadságharc idején* (Le soulèvement dans Háromszék pendant la guerre d'indépendance de Rákóczi), Sepsiszentgyörgy, 1907; ZSOLT TRÓCSÁNYI, Erdély kormányzata II. Rákóczi Ferenc korában (Le gouvernement de la Transylvanie à l'époque de François II Rákóczi), *Levéltári Közlemények,* 1955; ÁGNES R. VÁRKONYI, A Rákóczi-szabadságharc kibontakozása Erdélyben (Le déploiement de la guerre d'indépendance de Rákóczi en Transylvanie), *SZ,* 1954; IDEM, «Ad Pacem Universalem». The International Antecedents of the Peace of Szatmár, *EHH,* 1980; B. KÖPECZI, *La France et la Hongrie au début du XVIIIe siècle* Bp., 1971.

Sur l'évolution démographique: BENEDEK JANCSÓ, Az erdélyi románság legrégibb hiteles statisztikája (Les premières statistiques authentiques concernant les Roumains de Transylvanie), *Sz,* 1900; ZSIGMOND JAKÓ, Újkori román települések Erdélyben és a Partiumban (Communes roumaines fondées à l'ère moderne en Transylvanie et dans Partium), *MR* I.; C. GÖLLNER, *Sein und Leistungen der Siebenbürger Sachsen im 15. und 16. Jahrhundert,* Sibiu-Hermannstadt, 1980; E. WAGNER, Ungarn (Csangonen) in der Moldau und in der Bukovina im Spiegel neuerer rumänischer Quelleneditionen, *Zeitschrift für Siebenbürgische Quelleneditionen,* Köln—Wien, 1980.

Sur l'économie: LAJOS HUSZÁR, Az erdélyi pénzverés története (L'histoire de la frappe de la monnaie en Transylvanie), in *A történeti Erdély* (La Transylvanie historique), dir. BENEDEK JANCSÓ, Bp., 1936; JÁNOS BUZA, Az oroszlános tallérok árfolyama és szerepe Magyarország pénzforgalmában (Le cours de change et la valeur des écus au lion dans la circulation monétaire de Hongrie), *NK,* 1983; SÁNDOR TAKÁTS, Külkereskedelmi mozgalmak hazánkban I. Lipót alatt (Les tendances du commerce extérieur à l'époque de Léopold Ier) et IDEM, Két világkereskedelmi cikkünk a XVII. században (Deux produits hongrois recherchés sur le marché mondial au XVIIe siècle) *MGSz,* 1899, 1903; JÓZSEF PATAKI, *A csíki vashámor a XVII. század második felében* (La forge de Csík dans la deuxième moitié du XVIIe siècle), Csíkszereda, 1971; M. SZENTGYÖRGYI, *Jobbágyterhek...;* ZSIGMOND JAKÓ, *A gyalui vártartomány urbáriumai* (Les terriers de la châtellenie de Gyalu), Kolozsvár, 1944; IDEM, *Adatok a torockói jobbágylázadások történetéhez* (Données sur l'histoire des révoltes paysannes à Torockó), Kolozsvár, 1945; D. PRODAN, *Urbariile ţării Făgăraşului* (Des terriers au pays de Fogaras), Bucureşti, 1970; ZSIGMOND JAKÓ, Az erdélyi papírmalmok feudalizmus-kori történetének vázlata (Esquisse d'une histoire des moulins à papier en Transylvanie à l'époque féodale), *SUBB-H* 1962-1964; ÁRPÁD KULCSÁR, Az erdélyi sóügy I. Apafi Mihály korában (L'administration du sel en Transylvanie à l'époque du prince Michel Ier Apafi), Memoria Rerum I, Bp., 1988. Manuscrit; VENCEL BIRÓ, Erdély XVI-XVII. századi kereskedelméről (Sur le commerce transylvain aux XVIe et XVIIe siècles), in L. KELEMEN, *Ekv...;* FR. JICKELI, Der Handel der Siebenbürger Sachsen in seiner geschichtlichen Entwicklung, *AVSL,* 1913; S. GOLDENBERG—M. P. DAN, Marchands balkaniques et levantins dans le commerce de la Transylvanie aux XVIe et XVIIe siècles, *Ier Congrès International d'Etudes Balkaniques et Sud-Est Européennes,* III, Sofia, 1969.

Sur la société: ATTILA T. SZABÓ, *Kolozsvár települése a XIX. század végéig* (L'agglomération de Kolozsvár jusqu'à la fin du XIXe siècle), Kolozsvár, 1946; KÁROLY KÓS, *Népélet és néphagyomány* (Vie paysanne et traditions populaires), le chapitre intitulé «L'ethnographie des échanges de marchandises» Bukarest, 1972; les chapitres correspondants de *GDGR;* PÁL PÉTER DOMOKOS, Háromszék és Csík vármegye adóügyi összeírása 1703-ban (Le recensement fiscal dans les comitats de Háromszék et de Csík en 1703), *Tanulmányok a Történeti Statisztika köréből* (Etudes sur les statistiques historiques), Bp., 1959; MÁRIA SZENTGYÖRGYI, *Kővár vidékének társadalma* (La société de la région de Kővár), Bp., 1972; ISTVÁN IMREH, *A rendtartó székely falu* (Les villages sicules et leurs statuts), Bukarest, 1973; ANDRÁS MAGYARI, A parasztság helyzete,

Habsburg-ellenes és antifeudális harca a XVII. század fordulóján (La condition paysanne, la lutte anti-Habsbourg et antiféodale des paysans à la fin du XVIe siècle), *SUBB-H* 1, 1961; VENCEL BÍRÓ, *Altorjai Apor István és kora* (István Altorjai Apor et son époque), Cluj, 1935; FARKAS DEÁK, *Uzoni Béldi Pál 1621-1679*, Bp., 1887; IMRE LUKINICH, *A bethleni gróf Bethlen család története* (L'histoire de la famille des comtes Bethlen de Bethlen), Bp., 1927; ISTVÁN LÁZÁR, Erdély főispánjai 1540-1711 (Les comes de Transylvanie ~) *Sz*, 1887-1889; ENDRE KARLOVSZKY, Erdély iparosai az 1702. évi védvámokról (Les manufacturiers de Transylvanie sur le droit de protection douanière de 1702), *MGSz*, 1897; ISTVÁN SINKOVICS, Esterházy Pál nádor és az erdélyiek kereskedelmi társasága (Le palatin Pál Esterházy et la Société commerciale des Transylvains), *A Bécsi Magyar Történeti Intézet Évkönyve* (Almanach de l'Institut Historique Hongrois de Vienne), 1935; *Bethlen Miklós levelei* (La correspondance de Miklós Bethlen) I-II. Recueillie et éditée par JÓZSEF JANKOVICS, Bp., 1987; ISTVÁN WESSELÉNYI, *Sanyarú világ* (Un monde de misère), I-II, publ. par ANDRÁS MAGYARI—LAJOS DEMÉNY, Bukarest, 1983, 1985.

Civilisation : SAMU BENKŐ, Századokat egybekötő emlékezet (La mémoire qui relie les siècles), in S. BENKŐ, *A helyzettudat*... ; I. CRĂCIUN—G. GÜNDISCH—S. JAKÓ, Cultura în Transilvania (La culture en Transylvanie) in *Istoria Romîniei* III, Bucureşti, 1964; MARGIT B. NAGY, *Várak, kastélyok, udvarházak* (Forteresses, châteaux, manoirs), Bukarest, 1973; ZSIGMOND JAKÓ, Az otthon és művészete a XVI-XVII. századi Kolozsváron. Szempontok a reneszánsz kori művelődésünk kutatásához (L'art au foyer à Kolozsvár aux XVIe-XVIIe siècles. Repères pour la recherche de la civilisation hongroise à l'époque de la Renaissance, in L. KELEMEN, *Ekv*... ; FERENC PÁPAI PÁRIZ, *Békességet magamnak és másoknak* (De la paix pour moi-même et pour les autres). Introduction et notes par GÉZA NAGY, Bukarest, 1977; JÁNOS APÁCZAI CSERE, *Magyar Encyklopédia* (L'Encyclopédie Hongroise). Présentée et publiée par JÓZSEF SZIGETI, Bukarest, 1977; JÓZSEF SPIELLMANN, *A közjó szolgálatában* (Au service du bien public), Bukarest, 1976; BÉLA KÖPECZI, A kartézianusok politikája Magyarországon és Erdélyben a XVII. században és a XVIII. század elején (La politique des Cartésiens en Hongrie et en Transylvanie au XVIIe et au début du XVIIIe siècles), in *Függetlenség és haladás* (Indépendance et progrès), Bp., 1977; EMMA BARTONIEK, *Fejezetek a XVI-XVII. századi magyarországi történetírás történetéből* (Chapitres de l'histoire de l'historiographie hongroise des XVIe-XVIIe siècles), publ. par ÁGNES RITOÓK, Bp., 1975; GYULA SZEKFŰ, A szász történetírás (L'historiographie saxonne), *Magyarságtudomány*, 1943; MIKLÓS SZABÓ, *Erdélyi diákok külföldi egyetemjárása a XVI-XVIII. században* (Les étudiants transylvains dans les universités européennes aux XVIe-XVIIIe siècles) in *Műv. T.* II.; G. HENK VAN DE GRAEF, *A németalföldi akadémiák és az erdélyi protestantizmus a XVIII. században, 1690-1795* (Les académies hollandaises et le protestantisme transylvain au XVIIIe siècle ~), s. l. 1979; FR. TEUTSCH, *Geschichte der evangelischen Kirche in Siebenbürgen* II, Hermannstadt, 1922; H. JEKELI, *Quellen zur Geschichte des Pietismus in Siebenbürgen*, Mediasch, 1922; *Misztótfalusi Kis Miklós és köre. Az erdélyi Féniks. Misztótfalusi Kis Miklós öröksége* (Miklós Misztótfalusi Kis et son cercle. Le Phoenix de Transylvanie. L'héritage de Miklós Misztótfalusi Kis). Introduction par ZSIGMOND JAKÓ, Bukarest, 1974; N. DRĂGANU, Mihai Halici, *Contribuţie la istoria culturală românească din sec. XVII* (Contribution à l'histoire de la culture roumaine au XVIIe siècle), Bucureşti, 1928; BÉLA KELEMEN, Ioan Zoboa és a puritanizmus (Ioan Zoboa et le puritanisme); JENŐ NAGY, A magyar—szász nyelvi érintkezés kutatásának eredményei és jövendő feladatai (Les résultats et les problèmes à résoudre de la recherche sur les échanges langagiers hongrois—saxons), tous deux in *Műv. T.* I.; ŞT PASCU, *O schiţă a istoriei politice şi bisericeşti transilvane dela sfârşitul sec. al XVII-lea* (Esquisse de l'histoire politique et religieuse de la Transylvanie à partir de la fin du XVIIe siècle), Cluj—Kolozsvár, 1947; ZOLTÁN I. TÓTH, *Az erdélyi román nacionalizmus első évszázada, 1697—1792* (Le premier siècle du nationalisme roumain de Transylvanie ~) Bp., 1946; LAJOS SZÁDECZKY, *Apafi Mihály udvartartása* (La cour de Michel Apafi), Bp., 1911; *Szalárdi János siralmas magyar krónikája* (La chronique hongroise plaintive de János Szalárdi). Réunie, introduction et notes par FERENC SZAKÁLY, Bp., 1980; ZSIGMOND JAKÓ—ISTVÁN JUHÁSZ, *Nagyenyedi diákok* (Les étudiants de Nagyenyed) 1662—1848, Bukarest, 1979; JOLÁN BALOGH, Renaissance építészet és szobrászat Erdélyben (Architecture et sculpture Renaissance en Transylvanie) *Magyar Művészet*, 1934; ZS. JAKÓ, *Írás, könyv*... ; MÁRIA KOCSI—LAJOS CSOMOR, *Festett bútorok a Székelyföldön* (Les meubles peints au pays des Sicules), Bp., 1982; KÁROLY KÓS—JUDIT SZENTIMREI—JENŐ NAGY, *Szilágysági magyar népművészet* (L'art populaire hongrois au pays de Szilágyság), Bukarest, 1974; C. PRUT, *Fantasticul în arta populară românească* (Le fantastique dans l'art populaire roumain), Bucureşti, 1972; GÉZA GALAVICS, A Rákóczi-szabadságharc és az egykorú képzőművészet (La guerre d'indépendance de Rákóczi et les beaux arts de l'époque), *RT*; TAMÁS ESZE, A kolozsvári pénzverőház II. Rákóczi Ferenc korában, 1703-1705 (La maison de monnayage de Kolozsvár à l'époque de François II Rákóczi), *NK*, 1942; MARGIT S. SÁRDI, *Petrőczy Kata Szidónia költészete* (La poésie de Kata Szidónia Petrőczi), Bp., 1976; PÁL MIKÓ, *Női magyar levélstílus a XVII. században* (Le style de la correspondance féminine hongroise au XVIIe siècle), Székelyudvarhely,

1896; O. L. COŞMA, *Hronicul muzicii româneşti* (L'histoire de la musique roumaine), Bukarest, 1973; G. BRANDSCH, Die Musik unter den Sachsen, in *Bilder aus der Kulturgeschichte der Siebenbürger Sachsen,* publ. par FR. TEUTSCH, Hermannstadt, 1928; voir aussi les essais de BÉLA BARTÓK, Székely balladák (Ballades sicules); Népzenénk és a szomszéd népek népzenéje (La musique populaire hongroise et celle des peuples voisins); A hunyadi román nép zenedialektusa (Le dialecte musical du peuple roumain de Hunyad); Román népzene (La musique populaire roumaine), in *Bartók Béla összegyűjtött írásai* (Ecrits recueillis de Béla Bartók), publ. par ANDRÁS SZŐLLŐSY, Bp., 1966.

La Transylvanie dans l'Empire des Habsbourg

I — Le long XVIIIe siècle (1711-1830)

Dans les Archives Nationales de Hongrie, tous les documents de l'administration gouvernementale dès le début du XVIIIe siècle sont à la disposition des chercheurs. Nous avons fait leur dépouillement avec la plus grande minutie. Concernant ces documents et l'histoire de l'administration transylvaine, ZSOLT TRÓCSÁNYI, *Erdélyi kormányhatósági levéltárak* (Les archives gouvernementales de Transylvanie), Bp., 1973. Sur le fonctionnement de l'administration transylvaine: R. KUTSCHERA, *Landtag und Gubernium in Siebenbürgen 1688-1869,* Köln—Wien, 1985.

Malgré la richesse des sources, on ne dispose pas de monographie sur le rôle de la Transylvanie dans les migrations en Europe centrale et en Europe du Sud-Est. Dans son ouvrage: *Les migrations des Roumains au-delà des Carpathes au XVIIIeme siècle,* Sibiu, 1945, D. PRODAN a tenté de clore les polémiques de l'entre-deux-guerres (sans pouvoir connaître les points de vue richement documentés, qui sont développés dans les deux volumes de *MR*). Références sur la migration vers la Transylvanie: A. CAMARIANO—CIORAN, Rapoartele inedite ale capucheielor lui Constantin Mavrocordat, (Les rapports inédits des envoyés à la Porte de Constantin Mavrocordat), *Studii,* 1961 et M. D. VLAD, *Colonizarea rurală în Ţara Românescă şi Moldova (secolele XV-XVIII)* (La colonisation rurale en Valachie et en Moldavie aux XVe-XVIIIe siècles), Bucureşti, 1973. Pour les données statistiques: KÁROLY NYÁRÁDY R., *Erdély népesedéstörténete* (L'histoire démographique de Transylvanie), MTA Történettudományi Intézet Kézirattára (Archives de l'Institut Historique de l'Académie des Sciences de Hongrie).

Un survol de l'agriculture et de la société rurale de Transylvanie dans: JENŐ BERLÁSZ, *Az erdélyi jobbágyság gazdasági helyzete a XVIII. században* (La situation économique des serfs dans la Transylvanie du XVIIIe s.), Bp., 1959 et ISTVÁN IMREH—ELEK CSETRI, Az árutermelés fokozódása az erdélyi mezőgazdaságban a feudalizmus bomlásának idején (La progression de la production marchande dans l'agriculture transylvaine au temps de la désagrégation du féodalisme), *SUBB-H* 1962, n° 1. Voir aussi: BOTEZAN, LIVIU—ROŞCA-ROSEN, MARIA, Contribuţii la problema premizelor sociale ale mişcărilor revoluţionare de la 1848 pe teritoriul ţării noastre (Contribution à l'examen des prémisses sociales des mouvements révolutionnaires de 1848 sur le territoire de notre pays), *AMN,* 1965; ELEK CSETRI—ISTVÁN IMREH, *Erdély változó társadalma, 1767-1821* (La société transylvaine en mutation ~), Bukarest, 1980; Concernant l'économie sur les domaines seigneuriaux: ZSIGMOND JAKÓ, *A magyarpataki és kalini hamuzsírhuta története* (L'histoire des usines de potasse de Magyarpatak et de Kalin), Bukarest, 1956; SAMU BENKŐ—ELEK CSETRI—ISTVÁN IMREH, *Tanulmányok az erdélyi kapitalizmus kezdeteiről* (Essais sur les débuts du capitalisme en Transylvanie), Bukarest, 1956; ISTVÁN IMREH, *Majorsági gazdálkodás a Székelyföldön a feudalizmus idején* (L'économie allodiale au pays des Sicules à l'époque féodale), Bukarest, 1956; M. ROŞCA—ROSEN, Veniturile şi cheltuielile băneşti ale domeniului Bonţidei 1780-1820 (Recettes et dépenses du domaine de Bonchida ~), *SUBB-H* 1971.

Ouvrages hongrois enrichissant la vaste littérature sur la transhumance: A. VERESS, Păstoritul ardelenilor în Moldova şi Ţară Românească (pînă la 1821) (Pâtres transylvains en Moldavie et en Valachie [jusqu'en 1821], *Academia Română, Memoriile Secţiunii Istorice,* Seria III. Tom. VII. Mem. 6., 1927; L. FÖLDES, Quellen zur Transhumance in Siebenbürgen-Walachei aus der ersten Hälfte des 19. Jahrhunderts, in *Viehwirtschaft und Hirtenkultur,* dir. L. FÖLDES, Bp., 1969.

Sur la politique économique de l'Empire des Habsbourg: FERENC ECKHART, *A bécsi udvar gazdaságpolitikája Mária Terézia korában* (La politique économique de la cour de Vienne à l'époque de Marie Thérèse), Bp., 1922; K. MÜLLER, *Siebenbürgische Wirtschaftspolitik unter Maria Theresia,* München, 1961.

Sur les groupes de commerçants: E. LIMONA—D. LIMONA, Negustori bucureşteni la sfîrşitul veacului al XVIII-lea (Négociants bucarestois à la fin du XVIIIe siècle), *Studii,* 1960; AMBRUS

MISKOLCZY, A brassói román levantei kereskedőpolgárság kelet—nyugati közvetítő szerepe (Le rôle d'intermédiaire des bourgeois commerçants roumains levantins de Brassó dans les échanges Est-Ouest) 1780-1860, Bp., 1987.

Monographies sur les aspirations nationales roumaines aux XVIIIe et XIXe siècles : ZOLTÁN I. TÓTH, Az erdélyi román nacionalizmus első százada 1697-1792 (Le premier siècle du nationalisme roumain en Transylvanie ~), Bp., 1946 ; L. BLAGA, *Gîndirea românească in Transilvania în secolul al XVIII-lea* (La pensée roumaine en Transylvanie au XVIIIe siècle), Bucureşti, 1966 ; D. PRODAN, *Supplex Libellus Valachorum* I-III, Cluj, 1948 ; Bucureşti, 1967, 1984 ; K. HITCHINS, *The Rumanian National Movement in Transylvania, 1780-1849,* Cambridge/Mass., 1969 ; E. TURCZYNSKI, *Konfession und Nation,* Düsseldorf, 1976 ; I. LUNGU, *Şcoala ardeleană* (L'école de Transylvanie), Bucureşti, 1978 ; K. HITCHINS, *Conştiintă natională şi acţiune politică la românii din Transilvania, 1700-1868,* (Conscience nationale et activités politiques chez les Roumains de Transylvanie ~), Cluj, 1987.

Sur les mouvements sociaux : C. GÖLLNER, *Die Siebenbürgische Militärgrenze,* München, 1974 ; D. PRODAN, *Răscoala lui Horea,* (Le soulèvement de Horea) I-II, Bucureşti, 1984.

Grâce à l'exploration de nouvelles sources, de nouveaux résultats ont été obtenus dans les recherches sur les Lumières hongroises de Transylvanie surtout en matière d'histoire culturelle : ELEMÉR JANCSÓ, *Az Erdélyi Magyar Nyelvmüvelő Társaság iratai* (Les documents de l'Association pour la Sauvegarde de la Langue Hongroise en Transylvanie), Bukarest, 1955 ; JÓZSEF HAJÓS, *Köteles Sámuel,* Bukarest, 1969 ; SÁNDOR KOVÁSZNAI, *Az ész igaz útján* (Sur le juste chemin de la raison), dir. LÁSZLÓ KÓCZIÁNY, Bukarest, 1970 ; SÁMUEL FOGARASI, *Marosvásárhely és Göttinga* (Marosvásárhely et Göttingen). Publ. par ISTVÁN JUHÁSZ, Bukarest, 1974 ; JÓZSEF SPIELMANN, *A közjó szolgálatában* (Au service du bien public), Bukarest, 1976 ; S. BENKŐ, *A helyzettudat...*

Quelques bonnes monographies roumaines sur la scolarisation : N. ALBU, *Istoria învăţămîntului românesc din Transilvania pînă la 1800* (Histoire de l'enseignement roumain en Transylvanie jusqu'à 1800), Blaj, 1944 ; IDEM *Istoria şcolilor româneşti din Transilvania între 1800-1867* (Histoire des écoles roumaines en Transylvanie entre 1800 et 1867), Bucureşti, 1971. — Les recherches sur l'histoire de la civilisation hongroise étant interrompues, on en est demeuré aux derniers résultats importants : ZSIGMOND JAKÓ—ISTVÁN JUHÁSZ, *Nagyenyedi diákok 1662-1848* (Les étudiants de Nagyenyed ~), Bukarest, 1979 ; ainsi que le volume *Műv. T.*

Une nouvelle analyse du mouvement réformiste nobiliaire : ZSOLT TRÓCSÁNYI, Kísérletek teljes katonai uralom létrehozására Erdélyben 1732-1739 (Tentatives pour établir un régime entièrement militaire en Transylvanie), *Sz.* 1983, N° 5.

Pour les antécédents et la naissance du libéralisme : ELEMÉR JANCSÓ, *A felvilágosodástól a romantikáig* (Des Lumières au romantisme), Bukarest, 1966 ; SAMU BENKŐ, *Sorsformáló értelem* (La raison qui préside à notre destin), Bukarest, 1971 ; ZOLTÁN ROHONYI, *A magyar romantika kezdetei* (Les débuts du romantisme hongrois), Bukarest, 1975 ; ELEK CSETRI, *Kőrösi Csoma Sándor,* Bukarest, 1984.

Sur les interdépendances culturelles : ENDRE VERESS, *A budai Egyetemi Nyomda kiadványainak dokumentumai* (Les documents des publications de l'Imprimerie Universitaire de Buda), publ. DOMOKOS SÁMUEL, Bp., 1982 ; KÁROLY KÖLLŐ, *Két irodalom mesgyéjén* (A cheval sur deux littératures), Bukarest, 1984.

Une lacune déplorable de l'historiographie transylvaine : aucune recherche moderne n'a été menée dans les archives pour connaître dans les détails le caractère laborieux de la vie quotidienne des Saxons, ni leur activité rehaussant le niveau économique et culturel, important du point de vue tant transylvain que centre-est-européen. La synthèse de Teutsch, citée plus haut, n'a pas encore été surpassée.

II — L'Ere des réformes nationales (1830-1848)

L'Histoire de la Transylvanie en trois volumes a été le premier ouvrage monographique-synthétique qui se soit proposé de présenter la transformation bourgeoise, les mouvements nationaux et la révolution bourgeoise en Transylvanie sans adopter la conception de l'une des ethnies en conflit ou mettre en valeur en particulier l'une ou l'autre d'entre elles.

Les mémoires et les analyses basées en partie sur des expériences personnelles restent, malgré leur caractère subjectif, toujours indispensables : *Kemény Zsigmond tanulmányai* (Les essais de Zsigmond Kemény), publ. par PÁL GYULAI, Bp., 1870 ; JÁNOS PÁLFFY, *Magyarországi és erdélyi urak* (Seigneurs hongrois et transylvains) I-II, dir. ATTILA SZABÓ T. Kolozsvár, 1939 ; *Mezőkövesdi Ujfalvy Sándor emlékiratai* (Les mémoires de Sándor Ujfalvy de Mezőkövesd), publ. par FARKAS GYULAY, Kolozsvár, 1941 ; LÁSZLÓ KŐVÁRY, *Erdély története 1848-1849-ben* (L'histoire de la Transylvanie en 1848-1849), Pest, 1861 ; ELEK JAKAB, *Szabadságharczunk történetéhez* (Sur l'histoire de notre guerre d'indépendance), Bp., 1881 ; A. PAPIU-ILARIAN, *Istoria românilor din Dacia Superiore* (Histoire des Roumains en Dacie Supérieure) I-II, Viena, 1852 ; G. BARIŢ, *Părţi alese*... ; E. FRIEDENFELS, *Joseph Bedeus von Scharberg* I-II, Wien, 1876-1877.

C'est surtout dans le domaine de l'histoire sociale que les historiens hongrois de Roumanie ont obtenu des résultats permettant une synthèse : ISTVÁN IMREH, *Erdélyi hétköznapok 1750-1850* (La vie quotidienne en Transylvanie ~), Bukarest, 1979 ; IDEM, *A törvényhozó székely falu* (Le village sicule légiférant), Bukarest, 1983 ; ÁKOS EGYED, *Falu, város, civilizáció* (Villages, villes, civilisation), Bukarest, 1981.

L'analyse des biographies et des activités des personnalités permet de mettre en lumière les corrélations entre développement social et politique : GH. I. BOGDAN-DUICA, *Viaţa şi ideile lui Simion Bărnuţiu* (La vie et la pensée de Simion Banuţiu), Bucureşti, 1924 ; IDEM, *Ion Barac*, Bucureşti, 1933 ; *Szász Károly*. Dir. GÉZA KISS—SÁNDOR TURNOWSKY, Bukarest, 1955 ; ÁRPÁD ANTAL, *Szentiváni Mihály*, Bukarest, 1958 ; J. MARLIN, *Ausgewählte Schriften*. Introduit par A. CONNERTH, Bukarest, 1958 ; O. FOLBERTH, *Der Prozeß Stephan Ludwig Roth*, Graz—Köln, 1959 ; ZSOLT TRÓCSÁNYI, *Wesselényi Miklós*, Bp., 1965 ; SAMU BENKŐ, *Bolyai János vallomásai* (Les confessions de János Bolyai), Bukarest, 1968 ; *Kemény Zsigmond naplója* (Le journal de Zsigmond Kemény). Introduit par SAMU BENKŐ, Bukarest, 1966 ; GYULA BARLA, *Kemény Zsigmond főbb eszméi 1849 előtt* (Les idées directrices de Zsigmond Kemény avant 1849), Bp., 1970. ; IMRE MIKÓ, *Az utolsó erdélyi polihisztor* (Le dernier polygraphe transylvain), Bukarest, 1971 ; M. KRONER, *Stephan Ludwig Roth*, Cluj, 1974 ; SÁNDOR BÖLÖNI FARKAS, *Journey in North America, 1831*, dir. A. KADARKAY, Oxford/Calif., 1978 ; ÁRPÁD ANTAL—JÓZSEF FARAGÓ—ATTILA SZABÓ T., *Kriza János*, Kolozsvár, 1971 ; *Varga Katalin pere* (Le procès de Katalin Varga). Introduit par ANDRÁS KISS, Bukarest, 1979 ; *Teleki és kora* (Teleki et son époque) Discussiones Nogradienses. Publ. par MIHÁLY PRAZNOVSZKY, Salgótarján, 1987.

Les éditions de sources les plus importantes : ST. L. ROTH, *Gesammelte Schriften und Briefe* I-VII, publ. par O. FOLBERTH, Berlin, 1964-1970 ; *George Bariţ şi contemporanii săi* (G. B. et ses contemporains), I-VII. publ. par ŞT. PASCU. Bucureşti, 1973-1986.

Études analysant la logique des aspirations nationales hongroises, les rapports aux autres nations, et les possibilités de l'unité nationale : *Iratok a magyar államnyelv kérdésének történetéhez* (Ecrits sur l'histoire du hongrois, langue officielle), publ. par GYULA SZEKFŰ, Bp., 1926 ; MIKLÓS ASZTALOS, *Kossuth Lajos kora és az erdélyi kérdés* (L'époque de Lajos Kossuth et la question transylvaine), Bp., 1928 ; ENDRE ARATÓ, *A magyarországi nemzetiségek nemzeti ideológiája* (L'idéologie nationale des minorités ethniques de Hongrie), Bp., 1983 ; GYÖRGY SZABAD, *Kossuth politikai pályája* (La carrière politique de Lajos Kossuth), Bp., 1977 ; JÁNOS VARGA, *Helyét kereső Magyarország* (La Hongrie cherchant sa place), Bp., 1982 ; AMBRUS MISKOLCZY, Társadalom, nemzetiség és ellenzékiség kérdései az erdélyi magyar reformmozgalomban, 1830—1843 (Les problèmes sociaux, nationaux et d'opposition politique dans le mouvement réformiste hongrois de Transylvanie ~), *Sz*, 1983/5 ; GYÖRGY SZABAD, Nézetek Magyarország és Erdély államjogi viszonyának rendezéséről a polgári átalakulás korában (Vues concernant la normalisation des rapports constitutionnels entre la Hongrie et la Transylvanie à l'époque de la transformation bourgeoise), Publié dans le volume de *TEt*.

Un tableau du mouvement national roumain est fourni dans G. EM. MARCIA—I. HAJÓS—C. MARE—C. RUSU, *Ideologia generaţiei române de la 1848 din Transilvania* (L'idéologie de la génération des Roumains de Transylvanie en 1848), Bucureşti, 1968 ; L. GYÉMÁNT, Mişcarea naţională a românilor din Transylvania 1790-1848 (Le mouvement national des Roumains de Transylvanie ~), Bucureşti, 1986.

Les rapports entre les aspirations roumaines de Transylvanie et celles des régions transcarpatiques ont fait l'objet d'analyses nuancées : P. CORNEA, *Originile romantismului românesc* (Les origines du romantisme roumain), Bucureşti, 1972 ; O. PAPADIMA, *Ipostaze ale iluminismului românesc* (Les caractéristiques des Lumières roumaines), Bucureşti, 1976 ; AL. NICOLESCU, *Individualitatea limbii române între limbile romanice* (L'individualité du roumain parmi les langues romanes) II, Bucureşti, 1978 ; K. BOCHMANN, *Das politisch-soziale Wortschatz des Rumänischen von 1821 bis 1850*, Berlin, 1970 ; V. GEORGESCU, *Istoria ideilor politice româneşti (1369-1878)* (Histoire des idées politiques roumaines ~), München, 1987.

III — La Transylvanie sous la Révolution et la Guerre d'indépendance de 1848-49

Quant à l'étude des événements de 1848-1849, à part quelques tentatives des contemporains se conformant aux visées politiques du jour, on n'a commencé qu'assez tard un travail systématique d'édition de sources et de documents des archives, travail qui ne devait cependant pas être mené à son terme : S. DRAGOMIR, *Studii şi documente privitoare la revoluţia românilor din Transilvania în anii 1848-1849* (Etudes et documents sur la révolution des Roumains de Transylvanie dans les années 1848-1849) I-III, Sibiu, 1944. Contrairement à un programme d'objectivité annoncé, les sources ont été sélectionnées d'une façon assez tendancieuse dans : *Revoluţia de la 1848-1849 din Transilvania* (La révolution de 1848-1849 en Transylvanie) I, publ. par ŞT. PASCU—V. CHERESTEŞIU, Bucureşti, 1977 ; *Documente privind revoluţia de la 1848 în ţările române. C. Transilvania* (Documents sur la révolution de 1848 dans les pays roumains ~) II, publ. par ŞT. PASCU—V. CHERESTEŞIU, Bucureşti, 1979, III. Publ. par Şt Pascu, Bucureşti, 1982.

Sur le dynamisme et l'ampleur des mouvements paysans : ZSOLT TRÓCSÁNYI, *Az erdélyi parasztság története 1790-1848* (L'histoire de la paysannerie transylvaine ~), Bp., 1956 ; ENDRE ARATÓ, *Die Bauernbewegungen und der Nationalismus in Ungarn im Frühling und Sommer 1848, AUSB,* 1967, 1977 ; *1848. Arcok, eszmék, tettek* (1848. Visages, idées, actes), Bukarest, 1974.

Les événements survenus au printemps et en été 1848 sont présentés avec une grande compétence professionnelle qui exprime correctement les points de vue du nationalisme bourgeois roumain : S. DRAGOMIR, *Studii şi documente ... op. cit.* V, Cluj, 1946. Un ouvrage cherchant à surmonter les partis pris nationalistes : V. CHERESTEŞIU, *A balázsfalvi nemzeti gyűlés 1848. május 15-17* (Le rassemblement national de Balázsfalva du 15 au 17 mai 1848), Bukarest, 1967.

La seule monographie moderne consacrée à une région : ÁKOS EGYED, *Háromszék 1848-1849,* Bukarest, 1978. La biographie la plus réussie : S. DRAGOMIR, *Avram Iancu,* Bucureşti, 1965.

Une importance particulière a été attribuée par les historiens hongrois aux relations hungaro—roumaines et à la politique du gouvernement hongrois envers les minorités nationales : ZOLTÁN I. TÓTH, *Bălcescu Miklós élete* (Le vie de M. B.), Bp., 1958 : IDEM, *Magyarok és románok* (Hongrois et Roumains), Bp., 1966 ; GYÖRGY SPIRA, *A nemzetiségi kérdés a negyvennyolcas forradalom Magyarországán* (Le problème des minorités nationales en Hongrie pendant la révolution de 1848), Bp., 1980 ; AMBRUS MISKOLCZY, Rumanian–Hungarian Attempts at Reconciliation in the Spring of 1849 in Translyvania, *AUSB,* 1981.

Sur le rôle des Saxons : C. GÖLLNER, *Die Siebenbürger Sachsen in den Revolutionsjahren 1848-1849,* Bukarest, 1976 ; ZOLTÁN SÁRKÖZI, *Az erdélyi szászok 1848—49-ben* (Les Saxons de Transylvanie en 1848-49), Bp., 1974.

Il est assez souvent question des pertes humaines occasionnées par la guerre civile, mais vu le caractère partial des sources, il est difficile d'en dresser un tableau exact. Le gouvernement militaire autrichien n'a fait recenser que les « victimes du terrorisme hongrois ». Sa liste dressée par communes fait état de 6112 personnes tuées. Sur ce chiffre 449 à 769 personnes condamnées par les cours martiales hongroises, c'est-à-dire exécutées sur l'ordre des officiers sans procédé juridique. Lors de la prise des communes, 31 personnes ont été pendues, 709 fusillées et 2871 personnes ont perdu la vie de façons diverses. 1283 personnes civiles ont trouvé la mort pendant les accrochages militaires. Ces mêmes 6112 personnes peuvent également être réparties comme suit : 5680 hommes, 363 femmes, 69 enfants, ou selon leur nationalité : 5405 Roumains, 310 Saxons, 304 Hongrois, 93 autres. Dans leur propagande, les contemporains roumains ont porté le nombre des victimes roumaines à 40 mille environ. En admettant cette donnée, I. STERCA ŞULUTIU estime à 100 mille le nombre des victimes hongroises dans son ouvrage : Din istoria Munţilor Apuseni (De l'histoire des Monts métalliques), *Gazeta Transilvaniei,* 1891, 18. Tenant compte de la situation démographique de l'époque et du recensement autrichien cité plus haut, E. A. BIELZ estimait les pertes exceptionnelles en 1848-1849 à 18 mille personnes environ, tout en ajoutant aux morts par un acte violent les victimes de l'épidémie de typhus qui s'est déclarée à la suite des désastres causés par la guerre (*Handbuch der Landeskunde Siebenbürgens,* Hermannstadt, 1857, p. 149). Outre les souffrances et les dégâts physiques, les lésions psychiques subies ont entraîné encore des conséquences bien plus graves et profondes.

L'époque des sociétés nationales bourgeoises

I — Le néo-absolutisme (1849-1867)

C'est à partir de témoignages et de la presse cotemporaine qu'un vaste tableau a été brossé par L. ÜRMÖSSY, *Tizenhét év*... On peut toujours considérer comme ouvrages fondamentaux: G. BARIŢ, *Părţi alese*...; ALBERT BERZEVICZY, *Az abszolutizmus kora Magyarországon 1849-1865* (La période de l'absolutisme en Hongrie ~), I-IV, Bp., 1922-1937; J. REDLICH, *Das Österreichische Staats- und Reichsproblem* II, Leipzig, 1926. Quelques ouvrages récents: R. A. KANN, *Das Nationalitätenproblem der Habsburgermonarchie* I-II, Graz—Köln, 1964²; *Die Habsbuergermonarchie* III; C. GÖLLNER, *Die Siebenbürger Sachsen in den Jahren 1848-1918*, Bukarest, 1967.

Sur le régime absolutiste, outre les ouvrages cités plus haut: *A föld megőszült. Emlékiratok, naplók az abszolutizmus (Bach) korából* (La terre a tourné en gris. Mémoires, journaux intimes de l'époque de l'absolutisme [de Bach]) I—II, recueilli par GYULA TÓTH, Bp., 1985; *Hundert Jahre sächsischer Kämpfe*, Hermannstadt, 1896; HARM-HINRICH BRANDT, *Der österreichische Neoabsolutismus*, Göttingen, 1978; J. GRIMM, *Die politische Verwaltung im Grossfürstenthum Siebenbürgen* I-III, Hermannstadt, 1854-1857; IDEM, *Carl Fürst zu Schwarzenberg, Gouverneur von Siebenbürgen. Ein Gedenkblatt*, Wien, 1861; E. FRIEDENFELS, *Joseph Bedeus von Scharberg. Beiträge zur Zeitgeschichte Siebenbürgens im 19. Jahrhundert* I-II, Wien, 1876-1877; C. GÖLLNER, *Die Siebenbürgische Militärgrenze*, München, 1974; O. FOLBERTH, Minister Thun und die Siebenbürger Sachsen, in *Jahrbuch für Geschichte des Protestantismus in Österreich*, 1964; K. HITCHINS, *Studien zur modernen Geschichte Transylvaniens*, Klausenburg, 1971; M. POPESCU, *Documente inedite privitoare la istoria Transilvaniei între 1848-1859* (Documents inédits de l'histoire de la Transylvanie entre 1848-1859); Bucureşti, 1929. L'histoire des Saxons a été reconstituée principalement d'après les travaux de FR. TEUTSCH et celui de I. MARTIUS, *Grossösterreich und die Siebenbürger Sachsen 1848-1859*, München, 1957.

Sur le problème des aspirations roumaines voir: G. BARIŢ, *Părţi alese*... III. Une édition de sources: T. V. PĂCĂŢIAN, *Cartea de Aur sau luptele politice-naţionale ale românilor de sub corona ungară* (Le Livre d'Or ou les luttes politiques nationales des Roumains vivant sous la Couronne de Hongrie) I-IV, Sibiu, 1902-1915. Voir encore K. HITCHINS, Andreiu Şaguna and the Rumanians of Transilvania during the Decade of Absolutism 1849-1859, *Südostforschungen*, 25, 1966; I. PUŞCARIU, *Notiţe despre întîmplările contemporane* (Notes sur des événements contemporains), Sibiu, 1913; V. NETEA, *Lupta românilor din Transilvania pentru libertatea naţională 1848-1881* (La lutte des Roumains de Transylvanie pour la liberté nationale ~), Bucureşti, 1974.

Concernant l'émigration et la résistance hongroises: L. ÜRMÖSSY, *Tizenhét év*...; ALBERT BERZEVICZY, *Az abszolutizmus kora, op. cit.*; SÁNDOR VERESS, *A magyar emigratio a Keleten* (L'émigration hongroise en Orient) I-II, Bp., 1879. FARKAS DEÁK, *Fogságom története* (L'histoire de mon emprisonnement), publ. par JÓZSEF KOVÁCS, Bukarest, 1972; LAJOS LUKÁCS, *Magyar függetlenségi és alkotmányos mozgalmak 1849-1867* (Mouvements hongrois pour l'indépendance et le droit constitutionnel ~) Bp., 1955; *Székely vértanúk, 1854* (Les martyres sicules ~). Introduit par DÉNES KÁROLYI, Bukarest, 1975; LAJOS LUKÁCS, *Magyar politikai emigráció 1849-1867* (L'émigration politique hongroise ~) Bp., 1984; ENDRE KOVÁCS, *A Kossuth-emigráció és az európai szabadságmozgalmak* (L'émigration Kossuth et les mouvements pour la liberté en Europe), Bp., 1967; GYÖRGY SZABAD, *Kossuth politikai pályája ismert és ismeretlen megnyilatkozásai tükrében* (La carrière politique de Kossuth à travers ses déclarations connues et inédites), Bp., 1977; KÁLMÁN, BÉLA BORSI, *Együtt vagy külön utakon. A Kossuth-emigráció és a román nemzeti mozgalom kapcsolatának történetéhez* (Ensemble ou sur des chemins divergents. Les rapports entre l'émigration Kossuth et le mouvement national roumain), Bp., 1984.

Données officielles sur l'émancipation des serfs: J. GRIMM, *Das Urbarialwesen in Siebenbürgen*, Wien, 1863; Des études: ÁKOS EGYED, *A parasztság Erdélyben a századfordulón. Társadalom- és agrártörténeti áttekintés.* (La paysannerie en Transylvanie à la fin du siècle. Apercu historique sur la société et l'agriculture), Bukarest, 1975; J. KOVÁCS, *Desfiinţarea relaţilor feudale în Transilvania* (La désintégration des conditions féodales en Transylvanie), Cluj, 1973.

Sur la guerre de Crimée: D. JÁNOSSY, *Die ungarische Emigration und der Krieg im Orient*, Bp., 1939; Sur les conséquences de la guerre d'Italie de l'année 1859: les ouvrages déjà cités de LAJOS LUKÁCS; ENDRE KOVÁCS, *L'émigration Kossuth*... cité plus haut; GYÖRGY SZABAD, *Forradalom és kiegyezés válaszútján 1860—61* (Un carrefour: révolution ou compromis, ~), Bp., 1967.

Sur les événements survenus après 1860: GYÖRGY SZABAD, *Forradalom és kiegyezés*..., cité plus haut; ÉVA SOMOGYI, *A birodalmi centralizációtól a dualizmusig. Az osztrák—német liberálisok útja a kiegyezéshez* (De la centralisation impériale au dualisme. Le chemin des libéraux allemands et autrichiens vers le compromis), Bp., 1976. Les éditions de sources consultées : JÓZSEF SÁNDOR, *Okmánytár Erdély legújabb jogtörténelméhez 1848—1865* (Recueil de documents sur l'histoire du droit commun en Transylvanie ~), Kolozsvár, 1865; *Die Protokolle des österreichischen Ministerrates 1848-1867*. Abt. V. Die Ministerien Erzherzog Rainer und Mensdorff. Bd. 1. 7. 2. 1861-30. 4. 1861. Bearb. von ST. MALFER, Wien, 1981.

Sur la Diète de 1863-64 de Nagyszeben : [DOMOKOS TELEKI], *Siebenbürgen und die österreichische Regierung in der letzten vier Jahren 1860-1864*, Leipzig, 1865. L. ÜRMÖSSY, *Tizenhét év*... ; G. BARIŢ, *Părţi alese*... II ; I. PUŞCARIU, *Notiţe*..., ouvrage cité plus haut. Etudes à consulter : MIKLÓS MESTER, *Az autonóm Erdély és a román nemzeti követelések az 1863-64 évi nagyszebeni országgyűlésen* (La Transylvanie autonome et les aspirations nationales roumaines à la Diète de Nagyszeben de 1863-64), Bp., 1936; S. RETEGAN, *Dieta românească a Transilvaniei 1863-1864* (La Diète roumaine de Transylvanie ~), Cluj-Napoca, 1979.

Sur la Diète de Kolozsvár : *Die Protokolle des österreichischen Ministerrates 1848-1867*. Abt. VI. Das Ministerium Belcredi. Bd. 1. 27. 7. 1865-7. 4. 1866. Bearb. von H. BRETTNER-MESSLER, Wien 1973; K. HITCHINS—L. MAJOR, *Corespondenţa lui Ioan Raţiu cu George Bariţiu 1861-1892* (La correspondance de I. R. avec G. B. ~), Cluj, 1970.

II — Population et économie à l'époque capitaliste

Il n'existe pas d'ouvrages de synthèse sur le développement social et économique de la Transylvanie après 1848. Quelques travaux à titre d'exemple de la très riche bibliographie y relative :

Sur la situation démographique : les volumes de la série *Tafeln zur Statistik der Österreichischen Monarchie*, Neue Folge I-V. 1849-1865, Wien, 1856-1868; *Mitteilungen aus dem Gebiete der Statistik*, Wien, 1853; 1967; Pour la période ultérieure à 1867; *Magyar Statisztikai Évkönyv* (L'Annuaire statistique de Hongrie), *Magyar Statisztikai Közlemények* (Bulletin Statistique de Hongrie). Concernant la fin de la période en question, voir : ELEMÉR JAKABFFY *Erdély statisztikája* (Données statistiques sur la Transylvanie), Lugos, 1923.

Ouvrages riches en données fondamentales : E. WAGNER, *Historisch-statistisches Ortsnamenbuch für Siebenbürgen*, Köln—Wien, 1977; KÁROLY NYÁRÁDY R., *Erdély népesedéstörténete* (L'histoire démographique de la Transylvanie), étude statistique restée en manuscrit; PÁL BALOGH, *Fajnépességi viszonyaink az Erdélyi részek körül az 1890—1900 években* (Constitution ethnique de la population en Transylvanie et dans le Partium dans les années 1890-1900), Kolozsvár, 1904. Voir encore ALAJOS KOVÁCS, A nyelvismeret mint a nemzetiségi statisztika ellenőrzője (La connaissance de langue, comme moyen de contrôler les statistiques des nationalités), *Magyar Statisztikai Szemle*, 1928.

Sur l'urbanisation : *Istoria Clujului* (Histoire de Kolozsvár) publ. par ŞT. PASCU, Cluj, 1974; GUSZTÁV THIRRING, A magyar városok statisztikai évkönyve (L'annuaire statistique des villes hongroises) I, Bp., 1912; P. SUCIU, *Clasele noastre sociale* (Nos classes sociales), Turda, 1930; IDEM, *Proprietatea agrară în Ardeal* (La propriété agraire en Transylvanie), Cluj, 1931; P. J. FRANK, *Gegenwart und Zukunft der Siebenbürger Sachsen. Eine volkswirtschaftliche Studie*, Hermannstadt, 1892.

Sur les ouvriers : ÁKOS EGYED—LAJOS VAJDA—IOAN CICALĂ, *Munkás- és parasztmozgalmak Erdélyben 1905—1907* (Mouvements ouvriers et paysans en Transylvanie ~), Bukarest, 1961; LAJOS VAJDA, *Erdélyi bányák, kohók, emberek, századok* (Mines, fourneaux, hommes, siècles en Transylvanie), Bukarest, 1981.

Sur les conditions du développement économique : *Die Habsburgermonarchie* I.; L. KATUS, Economic Growth in Hungary During the Age of Dualism 1867-1913, in *Social-Economic Researches on the History of East Central Europe*, publ. par E. PAMLÉNYI, Bp., 1970.

Sur l'union douanière avec l'Autriche : K. M. FINK, *Die Österreichisch-Ungarische Monarchie als Wirtschaftsgemeinschaft*, München, 1968.

Sur les chemins de fer : BÉLA LUKÁCS, *A Magyar Keleti Vasút* (Le Chemin de Fer de l'Est de Hongrie), Kolozsvár, 1870; E. F. TANDLER, *Die industrielle Entwicklung Siebenbürgens*, Kronstadt, 1909.

Sur le développement de l'agriculture voir les volumes de *Magyar Statisztikai Évkönyv* (Annuaire Statistique de Hongrie) et de *Magyar Statisztikai Közlemények* (Bulletin Statistique de Hongrie) Új folyam, Új sorozat; GYULA BENDA, *Statisztikai adatok a magyar mezőgazdaság történetéhez 1767—1867* (Données statistiques pour l'histoire de l'agriculture hongroise ~), Bp., 1973.

Sur les changements dans l'économie : ANTAL VÖRÖS, A magyar mezőgazdaság a kapitalista átalakulás útján (L'agriculture hongroise sur la voie du capitalisme, in *A magyar mezőgazdaság a XIX-XX. században* (L'agriculture hongroise aux XIXe-XXe siècles), publ. par PÉTER GUNST et Tamás Hoffmann, Bp., 1976; Ákos Egyed, *A parasztság Erdélyben a századfordulón* (La paysannerie en Transylvanie au début du siècle), Bukarest, 1975; Károly Kós, *Népélet, néphagyomány* (La vie paysanne et les traditions populaires), Bukarest, 1970; *Die Agrarfrage in der Österreichisch-Ungarischen Monarchie 1900-1918*, Bukarest, 1965; *Székely Kongresszus* (Le Congrès Sicule), publ. par Országos Gazdasági Egyesület, Bp., 1902; László Tokaji *Eladó ország* (Un pays à vendre), Kolozsvár, 1913. Sur l'élevage: Ernő Éber, *A fajok harca Erdélyben* (La guerre des races en Transylvanie), Bp., 1905; J. Hintz, *Das wandernde Siebenbürgen*, Kronstadt, 1876; *Viehzucht und Hirtenleben in Ostmitteleuropa*, publ. par L. Földes, Bp., 1961; Béla Enesei Dorner, *Az erdélyi szászok mezőgazdasága* (L'agriculture des Saxons de Transylvanie), Győr, 1911; Sur les formes de la possession commune des terres: József Venczel, *Az erdélyi román földbirtokreform* (La réforme agraire roumaine en Transylvanie), Kolozsvár, 1942.

Sur le développement de l'industrie minière et de la métallurgie: Lajos Vajda, *Erdélyi bányák, kohók...*, cité plus haut; Sur l'industrie, voir l'ouvrage cité de E. F. Tandler ainsi que *Industria şi bogăţiile naturale din Ardeal şi Banat* (L'industrie et les ressources naturelles en Transylvanie et dans le Banat), Cluj, 1927; *TBCM* et l'ouvrage *Technikai fejlődésünk története 1867—1927* (L'histoire du développement technique en Hongrie ~), Bp., 1929[2].

Le bref aperçu que nous avons donné de l'incidence de la culture sur l'évolution politique des sociétés nationales est basé sur les ouvrages cités dans l'introduction. Voir encore: *A történeti Erdély* (La Transylvanie historique), publ. par Miklós Asztalos, Bp., 1937; *Erdély magyar egyeteme* (L'université hongroise de Transylvanie), publ. par Gyula Bisztray—Attila Szabó T.—Lajos Tamás, Kolozsvár, 1941; *Erdély és népei* (La Transylvanie et ses peuples), publ. par Elemér Mályusz, Bp., 1941; *A románok története* (L'histoire des Roumains), dir. László Makkai et László Gáldi, Bp., 1941.

Sur les associations culturelles: *Emlékkönyv az Erdélyi Múzeum Egyesület félszázados ünnepére 1859—1909* (Mélanges consacrés au Cinquantenaire de l'Association du Musée Transylvain), dir. P. Erdélyi, Kolozsvár, 1909-1942; Veritas [Antal Huszár], *A magyarországi románok egyházi iskolai, közművelődési, közigazgatási intézményeinek és mozgalmainak ismertetése* (La description des institutions et des mouvements des Roumains de Hongrie en matière d'enseignement ecclésiastique, de culture publique et d'administration), Bp., 1908. Quelques-uns des ouvrages, nombreux mais de niveaux variés, consacrés à l'enseignement public: N. Albu, *Istoria şcolilor româneşti din Transilvania între 1800-1867* (Histoire des écoles roumaines en Transylvanie entre 1800-1867) Bucureşti, 1971; O. Ghibu, *Şcoala românească din Transilvania şi Ungaria* (L'école roumaine en Transylvanie et en Hongrie), Bucureşti, 1915; Piroska Magyari, *A magyarországi románok iskolaügye* (L'enseignement public des Roumains en Hongrie), Szeged, 1936; Sándor Bíró, *Kisebbségben és többségben* (En situation minoritaire et majoritaire), Bern, 1979.

Sur la littérature hongroise de Transylvanie, outre les synthèses historiques: *A magyar irodalom története* (L'histoire de la littérature hongroise) IV, V, dir. István Sőtér, Bp., 1965. Sur la vie littéraire roumaine: I. Breazu, *Povestitori ardeleni şi bănăţeni pînă la unire* (Conteurs de Transylvanie et de Banat jusqu'à l'union), Cluj, 1937; Idem, *Literatura Transilvaniei*, s. l., 1944; *La Transylvanie*, Bucarest, 1938. Sur la littérature saxonne: *Die Literatur der Siebenbürger Sachsen in den Jahren 1849-1918*, publ. par C. Göllner—J. Wittstock, Bukarest, 1979.

Sur la peinture, la sculpture et l'architecture: József Bíró, *Erdély művészete* (L'art en Transylvanie), Bp., 1989[2]; Sur la peinture roumaine: G. Oprescu, *Pictura românească în sec. al. XIX-lea* (La peinture roumaine au XIXe siècle), Bucureşti, 1937; I. Frunzetti, *Pictori bănăţeni din secolul al XIX-lea* (Les peintres de Banat au XIXe siècle), Bucureşti, 1957.

Le vaste panorama offert par l'ouvrage: *Die Siebenbürger Sachsen in den Jahren 1848-1918*, dir. C. Göllner, Köln — Wien, 1988, s'accompagne aussi d'une bibliographie détaillée. D'autres aspects et données sont traités dans les ouvrages toujours valables de Béla Pukánszky, *Erdélyi szászok és magyarok* (Saxons et Hongrois de Transylvanie), Pécs, 1943 et de Gyula Szekfű, A szász történetírás (L'historiographie saxonne), in *Állam és nemzet* (Etat et nation), Bp., 1942.

III — La vie politique et le problème des nationalités à l'époque du dualisme (1867-1918)

De la riche bibliographie portant sur le dualisme, on se borne à citer quelques ouvrages particulièrement importants. Des ouvrages anciens: Gusztáv Gratz, *A dualizmus kora* (L'époque du dualisme) I-II, Bp., 1934; N. Iorga, *Istoria românilor X.: Întregitorii* (Histoire roumaine X: Les accomplisseurs), Bucureşti, 1939. Parmi les ouvrages polémiques d'un certain sérieux: *La Transylvanie*, Bucureşti, 1938; *Erdély* (La Transylvanie), Édition de l'Association Historique de Hongrie. Dir. József Deér, Bp., 1940; *Die siebenbürgische Frage*, dir. E. Lukinich, Bp., 1940; Şt Pascu, *A history of Transylvania*, Detroit, 1982.

Des ouvrages de synthèse : *Die Habsburgermonarchie* III ; R. A. KANN, *Das Nationalitätenproblem der Habsburgermonarchie* I-II, Graz—Köln, 1964².

De la littérature polémique internationale sur le sujet en question : IMRE MIKÓ, *Az erdélyi kérdés az európai közvélemény előtt 1865—1920* (La question de la Transylvanie et l'opinion européenne), Lugos, 1936.

Sur le fonctionnement du régime dualiste : PÉTER HANÁK, *Ungarn in der Donau-monarchie*, Bp., 1985 ; JÓZSEF GALÁNTAI, *Az 1867-es* kiegyezés (Le compromis de 1867), Bp., 1967. Sur la question des minorités nationales : IMRE MIKÓ, *Nemzetiségi jog és nemzetiségi politika* (Les droits des minorités ethniques et la politique minoritaire), Kolozsvár, 1944 ; GÁBOR KEMÉNY G. *Iratok... ;* ZOLTÁN I. TÓTH, *Magyarok és románok* (Hongrois et Roumains), Bp., 1966 ; J. WEBER, *Eötvös und die Nationalitätenfrage*, München, 1966 ; *Mocsáry Lajos válogatott írásai* (Écrits choisis de Lajos Mocsáry). Introduit et publ. par GÁBOR KEMÉNY G., Bp., 1958 ; Etudes de synthèse : L. KATUS, *La couche dirigeante de la politique hongroise et la question de nationalités à l'époque du Compromis austro-hongrois de 1867 (Der Österreichisch-Ungarische Ausgleich 1867)*, bearb. A. VANTUCH. Hrsg. L. HOLOTÍK, Bratislava, 1971 ; L'ouvrage cité plus haut de V. NETEA, *Lupta românilor din Transilvania*... op. cit. ; LÁSZLÓ MAKKAI, *Magyar—román közös múlt* (Le passé commun hungaro-roumain), Bp., 1948, 1989². Sur le droit électoral : EMIL HORVÁTH, *Választójogi reform és Erdély* (La réforme électorale et la Transylvanie), Dés, 1913 ; L. RÉVÉSZ, Nationalitätenfrage und Wahlrecht in Ungarn (1848-1918), *Ungarn-Jahrbuch*, 1971.

Sur les Saxons cherchant leur place après 1867 : FR. TEUTSCH, *Die Siebenbürger Sachsen in den letzten fünfzig Jahren*, Hermannstadt, s. d. ainsi que OSZKÁR MELTZL, *Az erdélyi szászok állása Magyarországon* (La situation des Saxons de Transylvanie en Hongrie), Nagy-Szeben, 1878 ; EMIL NEUGEBOREN, *Az erdélyi szászok* (Les Saxons de Transylvanie), Bp., 1913.

De la littérature ancienne sur les Roumains, ce sont les travaux de BENEDEK JANCSÓ qui méritent d'être cités — surtout : *A román irredentista mozgalmak története* (L'histoire des mouvements irrédentistes roumains), Bp., 1920. Des ouvrages plus récents : *MR* II, Bp., 1944 ; I. SLAVICI, *A világ, amelyben éltem* (Le monde où je vivais). Recueilli, traduit, notes par GYULA DÁVID, Bukarest, 1980 ; T. V. PĂCĂŢIAN, *Cartea de Aur ..., op. cit.* I-VIII, Sibiu, 1902-1915 ; K. HITCHINS—L. MAIOR, *Correspondenţa lui Ioan Raţiu ... op. cit.*, Cluj, 1970 ; SÁNDOR BÍRÓ, *A Tribuna és a magyarországi román közvélemény* (Tribuna et l'opinion publique des Roumains de Hongrie), Kolozsvár, 1942 ; NÓRA POLÓNYI, *A Liga Culturală és a román nemzetiségi törekvések* (La Liga culturală et les aspirations nationales roumaines), Bp., 1939 ; L. BOIA, *Eugen Brote 1850-1912*, Bucureşti, 1974 ; T. PAVEL, *Mişcarea românilor pentru unitate naţională şi diplomaţia puterilor centrale* (Le mouvement des Roumains pour l'unité nationale et la diplomatie des puissances centrales) I. 1878-1895. Timişoara, 1979, II. 1894-1914. Timişoara, 1982. A partir d'un grand nombre de publications de presse, beaucoup de données sont fournies sur la condition de vie des Roumains par SÁNDOR BÍRÓ, *Kisebbségben és többségben*. ...ouvrage cité plus haut.

Sur le mouvement de Memorandum voir l'édition de sources de Ş. POLVEREJAN—N. CORDOŞ, *Mişcarea memorandistă în documente 1885-1897* (Le mouvement de Mémorandum dans les documents ~), Cluj, 1973 — contenant également la bibliographie roumaine complète. Sur la politique gouvernementale : *Procesul Memorandului românilor din Transilvania. Acte şi date*, (Le procès de Mémorandum des Roumains de Transylvanie. Actes et dates), Cluj, s. d. ; V. NETEA, *Istoria memorandului românilor din Transilvania şi Banat* (L'histoire du mouvement de Mémorandum des Roumains en Transylvanie et dans le Banat), Bucureşti, 1947 ; V. BRANIŞTE, *Amintiri din închisoare* (Souvenirs de prison) dir. A. Porţeanu, Bucureşti, 1972. Sur la période du gouvernement Bánffy : T. MAIORESCU, *Istoria contimporană a României* (Histoire contemporaine de la Roumanie), Bucureşti, 1925 ; BENEDEK JANCSÓ, *Bánffy Dezső nemzetiségi politikája* (La politique de Dezső Bánffy envers les minorités), Bp., 1899.

Sur les relations entre le prince héritier et les nationalités : R. A. KANN, *Erzherzog Franz Ferdinand Studien*, Wien, 1976 ; *The Nationality Problem in Austria-Hungary. The Reports of Alexander Vaida to Archduke Franz Ferdinand's Chancellery*, publ. par K. HITCHINS, Leiden, 1974. Sur la recherche d'une voie des Roumains dans les années 1910 : I. SLAVICI, *Sbuciumări politice la români din Ungaria* (Tourments des Roumains de Hongrie pendant la crise politique), Bucureşti, 1911 ; C. STERE, *Documentări şi lămuriri politice* (Documentations et déclarations politiques), Bucureşti, 1930. Sur les négociations de Tisza avec les Roumains : GÁBOR KEMÉNY G., *Iratok... ;* I. MIHU, *Spicuiri din gîndurile mele* (Quelques-unes de mes pensées). publ. par S. Dragomir, Sibiu, 1938 ; FERENC ALBRECHT, *Forrástanulmányok gróf Tisza István román nemzetiségi politikájához* (Etude des sources concernant la politique du comte István Tisza envers la minorité roumaine), Lugos, 1933.

Sur les prises de position de la social-démocratie concernant la question nationale : JÁNOS KENDE, *A Magyarországi Szociáldemokrata Párt nemzetiségi politikája 1903-1919* (La politique nationale du Parti Social-démocrate Hongrois de 1903 à 1919), Bp., 1973.

Les vues des radicaux bourgeois sont présentées par OSZKÁR JÁSZI, *A nemzeti államok kialakulása és a nemzetiségi kérdés* (La naissance des Etats nationaux et le problème des minorités nationales), Bp., 1912. Voir encore : PÉTER HANÁK, *Jászi Oszkár dunai patriotizmusa* (Le patriotisme danubien de Oszkár Jászi), Bp., 1985. GYÖRGY LITVÁN, *„Magyar gondolat — szabad gondolat". Nacionalizmus és progresszió a század eleji Magyarországon* („Pensée hongroise — pensée libre". Nationalisme et progression en Hongrie au début du siècle), Bp., 1978.

Un choix de la vaste littérature sur la première guerre mondiale : JÓZSEF GALÁNTAI, *Magyarország az első világháborúban 1914—1918* (La Hongrie dans la première guerre mondiale de 1914 à 1918), Bp., 1974[2]; *Osztrák—magyar vöröskönyv. Diplomáciai ügyiratok Ausztria—Magyarországnak Romániához való viszonyáról az 1914. július 22-től 1916. augusztus 27-ig terjedő időben* (Livre rouge austro-hongrois. Documents diplomatiques sur les relations de l'Autriche-Hongrie avec la Roumanie dans la période du 22 juillet 1914 au 27 août 1916), Bp., 1916; C. NUȚU, *România în anii neutralității 1914-1916* (La Roumanie dans les années de la neutralité ~) București, 1972; MIKLÓS BETEGH, *Erdély a háborúban* (La Transylvanie dans la guerre), Dicsőszentmárton, 1924; *Gróf Tisza István összes munkái* II-VI. *Levelek* (Œuvres complètes de István Tisza II-VI. Correspondance), Bp., 1924-1937; O. CZERNIN, *Im Weltkriege*, Berlin-Wien, 1919. Sur les opérations de guerre : VILMOS NAGYBACZONI NAGY, *A Románia elleni hadjárat 1916-1917* (La campagne contre la Roumanie ~) I, Bp., 1925; LAJOS SZÁDECZKY-KARDOSS, *Az oláhok Erdélybe törése és kiveretésük 1916—17* (L'irruption des Roumains en Transylvanie et leur refoulement en 1916 et 1917) I-II, Bp. s.d.; *România în primul război mondial* (La Roumanie dans la Première guerre mondiale), publ. par I. M. OPREA, București, 1979.

IV — Révolutions et mouvements nationaux après l'effondrement de la Monarchie (1918-1919)

Editions de sources concernant les événements de l'automne 1918 : *1918 la români. Desărvîrșirea unității național-statale a poporului român. Documente externe 1916-1918* (1918 chez les Roumains. L'accomplissement de l'unification des Etats nationaux du peuple roumain. Documents étrangers ~) I-II, dir. I. ARDELEANU, V. ARIMIA etc., București, 1983. Témoignages des contemporains : I. CLOPOȚEL, *Revoluția din 1918 și unirea Ardealului cu România* (La révolution de 1918 et l'union de la Transylvanie avec la Roumanie), Cluj, 1926; V. STOICA, *Iuliu Maniu*, Cluj, 1934; T. ALBANI, *Douăzeci de ani de la Unire* (Vingt ans après l'Union), Oradea, 1938. Des études marxistes roumaines : V. LIVEANU, *1918. Din istoria luptelor revoluționare din Romînia* (1918. De l'histoire des luttes révolutionnaires en Roumanie), București, 1961; Une sélection de la littérature hongroise : ISTVÁN APÁTHY, Erdély az összeomlás után (La Transylvanie après la débâcle), *Új Magyar Szemle*, 1920; JENŐ KERTÉSZ, A tíz év előtti Erdély napja (La Transylvanie il y a dix ans), *Korunk*, 1929; BENEDEK JANCSÓ, *A román irredentista mozgalmak története* (L'histoire des mouvements irrédentistes roumains), Bp., 1920; TIBOR HAJDÚ, *Károlyi Mihály*, Bp., 1978; ERNŐ RAFFAY, *Erdély 1918—1919-ben* (La Transylvanie en 1918-1919), Bp., 1987.

Sur les circonstances et les conditions de l'union de la Translyvanie avec la Roumanie en 1918-1919 : ZSUZSA L. NAGY, *A békekonferencia és Magyarország 1918-1919* (La conférence de la paix et la Hongrie ~), Bp., 1965; MÁRIA ORMOS, *Padovától Trianonig 1918-1920* (De Padoue à Trianon ~), Bp., 1984[2].

Sur l'établissement de l'administration roumaine : *Decretele, regulamentele și ordonanțele Consiliului Dirigent din Transilvania* (Décrets, règlements et ordonnances du Conseil Directeur de Transylvanie), Cluj, 1929; *Erdélyi Magyar Évkönyv 1918—1929* (Annuaire Hongrois de Transylvanie ~), publ. par ISTVÁN SULYOK—LÁSZLÓ FRITZ, Kolozsvár, 1930; ZSOMBOR SZÁSZ, *Erdély Romániában* (La Transylvanie en Roumanie), Bp., 1927. Sur la souplesse de la bourgeoisie saxonne : W. KÖNIG, Haben die Siebenbürger Sachsen und die Banater Schwaben bedingungslos dem Anschluss an Rumänien zugestimmt? *Zeitschrift für Siebenbürgische Landeskunde* 2, 1979.

Sur la période de la République des Conseils : TIBOR HAJDÚ, *A Magyar Tanácsköztársaság* (La République Hongroise des Conseils), Bp., 1969; LÁSZLÓ KŐVÁGÓ, *A Magyarországi Tanácsköztársaság és a nemzeti kérdés* (La République des Conseils de Hongrie et la question des minorités), Bp., 1979; *Magyarország hadtörténete* (L'histoire militaire de la Hongrie) II, dir. ERVIN LIPTAI—SÁNDOR TÓTH, Bp., 1985. Sur la Division sicule de l'armée : LÁSZLÓ FOGARASSY, Az ismeretlen Székely Hadosztály (La Division sicule, son histoire inconnue), *DMÉ* 1971. Sur les actions diplomatiques roumaines : GH. I. BRĂTIANU, *Acțiunea diplomatică și militară a României în 1919* (Les activités diplomatiques et militaires de la Roumanie en 1919), București, 1940[2].

Sur le traité de paix : *A magyar béketárgyalások. Jelentés a magyar békeküldöttség működéséről* (Les négociations de paix hongroises. Rapport sur l'activité de la délégation hongroise aux négociations de paix) I-III, Bp., 1920-1921; JENŐ HORVÁTH, *A trianoni béke megalkotása 1915*

-1920 (La genèse du traité de Trianon ~), Bp., 1924; JÓZSEF GALÁNTAI, *Magyarország az első világháborúban 1914-1918* (La Hongrie dans la première guerre mondiale ~), Bp., 1974²; F. DEÁK, *Hungary at the Paris Peace Conference,* New York, 1942; SH. D. SPECTOR, *Rumania at the Paris Peace Conference,* New York, 1962.

Esquisse de l'histoire de la Transylvanie après 1918

Ouvrages de synthèse roumains sur l'histoire de la Transylvanie entre 1918 et 1940: *La Transylvanie,* Bucarest, 1938; *Siebenbürgen* I-II, Bukarest, 1942; le volume *Erdély* (La Transylvanie), publ. par Magyar Történelmi Társulat (Association pour l'Histoire Hongroise), dir. JÓZSEF DEÉR, Bp., 1940; *Die Siebenbürgische Frage. Studien aus der Vergangenheit und Gegenwart Siebenbürgens,* publ. par E. LUKINICH, Bp., 1940; voir encore *TBCM; Enciclopedia României* I-IV, Bucureşti, 1938-1943; V. N. MADGEARU, *Evoluţia economiei româneşti după războiul mondial* (L'évolution de l'économie roumaine après la guerre mondiale), Bucureşti, 1940; *Contribuţii la istoria capitalului străin din România* (Contribution à l'histoire des capitaux étrangers en Roumanie), publ. par R. PAUL—C. BOGDAN—M. ŞTEFAN etc. Bucureşti, 1960.

Une sélection de la littérature sur les deux décennies d'après 1919: M. MUŞAT—I. ARDELEANU, *Political life in Romania, 1918-1921,* Bucharest, 1982; E. CAMPUS, *Politica externă a României in perioada interbelică (1919-1939)* (La politique extérieure de la Roumanie entre les deux guerres, ~) Bucureşti, 1975; N. N. PETRAŞCU, *Evoluţia politică a României în ultimii douăzeci de ani (1918-1938)* (L'évolution politique de la Roumanie pendant les deux dernières décennies, ~), Bucureşti, 1939; ŞT. FISCHER-GALATI, *The Twentieth-Century Rumania,* New York—London, 1970; A. HEINEN, *Die Legion «Erzengel Michael» in Rumänien,* München, 1980; M. FĂTU—I. SPĂLĂŢELU, *A Vasgárda. Fasiszta típusú terrorszervezet* (La Garde de Fer. Une organisation terroriste de type fasciste), Bukarest, 1971.

Sur la situation de la minorité hongroise: *Erdélyi Magyar Évkönyv 1918-1929* (Almanach Hongrois de Transylvanie ~), publ. par ISTVÁN SULYOK et LÁSZLÓ FRITZ, Kolozsvár, 1930; ELEMÉR JAKABFFY, *A bánsági magyarság húsz éve Romániában, 1918-1938* (Vingt ans passés en Roumanie par la communauté hongroise du Banat ~), Bp., 1939; ZSOMBOR SZÁSZ, *Erdély Romániában. Népkisebbségi tanulmány* (La Transylvanie en Roumanie. Etude sur la minorité nationale), Bp., 1927; ERNŐ LIGETI, *Súly alatt a pálma. Egy nemzedék szellemi élete* (Le palmier sous le poids. La vie intellectuelle d'une génération), Kolozsvár, 1941; LÁSZLÓ BÁNYAI, *Harminc év. Jegyzetek a romániai magyarság útjáról* (Trente ans. Notes sur le cheminement des Hongrois en Roumanie), Bukarest, 1949; EDGÁR BALOGH, *Dunavölgyi párbeszéd. Cikkek, tanulmányok, dokumentumok. 1929-1972* (Dialogue dans la vallée du Danube. Articles, essais, documents ~). Réunis et anotés par LÁSZLÓ SÁNDOR, Bp., 1974. Le meilleur résumé: IMRE MIKÓ, *Huszonkét év. Az erdélyi magyarság története 1918 december 1-től 1940. augusztus 30-ig* (Vingt-deux ans. L'histoire de la communauté hongroise en Translyvanie du 1er décembre 1918 au 30 août 1940), Bp., 1941, Bern, 1987², Bp., 1989³. Sur les Allemands: E. WAGNER, *Geschichte der Siebenbürger Sachsen. Ein Überblick,* Innsbruck, 1981; *Quellen zur Geschichte der Siebenbürger Sachsen 1191-1975,* publ. par E. WAGNER, Köln—Wien, 1976.

Sur la période de 1940-1945: DÁNIEL CSATÁRI, *Dans la tourmente. Les relations hungaro—roumaines entre 1940-1945,* Bp., 1974; LÓRÁNT TILKOVSZKY, *Revízió és nemzetiségpolitika Magyarországon (1938-1941)* (Révision territoriale et politique de minorités en Hongrie ~), Bp., 1967; LÁSZLÓ SZENCZEI, *Az erdélyi magyarság harca (1940-1944)* (La lutte de la communauté hongroise de Transylvanie ~), Bp., 1946; *Allianz Hitler—Horthy—Mussolini. Dokumente zur ungarischen Aussenpolitik (1933-1944),* publ. par L. KEREKES, Bp., 1966; A. HILLGRUBER, *Hitler, König Carol und Marschall Antonescu,* Wiesbaden, 1954; S. A. MACARTNEY, *October Fifteenth. A History of modern Hungary 1929-1945* I-II, Edinburgh, 1956; *Hitler hatvannyolc tárgyalása 1939-1944* (Les soixante-huit négociations de Hitler de ~) I-II. Réunis, introduit et notes par György Ránki, Bp., 1983; *Staatsmänner und Diplomaten bei Hitler,* dir. A. Hillgruber, Frankfurt am Main, 1970; I. BOTEA—PANĂ, *Din august pînă în mai* (D'août au mai), Bucureşti, 1965; *Magyarország külpolitikája a nyugati hadjárattól a Szovjetunió megtámadásáig, 1940—1941* (La politique étrangère de la Hongrie de la campagne de l'Ouest jusqu'à l'attaque de l'Union Soviétique, ~) publ. par GYULA JUHÁSZ et JUDIT FEJES, Bp., 1982. Sur l'holocauste, voir le volume 8 de *Magyarország története* (L'histoire de Hongrie) par GYÖRGY RÁNKI, Bp., 1972; RANDOLPH L. BRAHAM, *A magyar Holocaust* (L'holocauste en Hongrie), Bp., 1988 et *Cartea Neagră* (Le Livre Noir), sous la dir. de MATATIAS CARP, III, Bucureşti, 1947; Une évaluation nouvelle des données : TAMÁS STARK, *Magyarország második világháborús emberveszteségе* (Les pertes humaines de la Hongrie pendant la Deuxième guerre mondiale), Bp., 1989.

Sur les négociations de paix : *La Roumanie devant la Conférence de la paix,* Paris, 1946 ; *Hungary's international Relations before the Conference of Paris,* Bp., 1947 ; ST. D. KERTÉSZ, *The last European peace conference,* Paris, 1946 ; SÁNDOR BALOGH, *A népi demokratikus Magyarország külpolitikája* (La politique étrangère de la Hongrie démocratique populaire), Bp., 1982 ; IDEM, Erdély és a második világháború utáni békerendezés (La Transylvanie et le traité de paix après la Deuxième guerre mondiale), *Külpolitika,* 1987/5 ; ȘT. LACHE—GH. ȚUȚUI, *La Roumanie et la Conférence de la paix de Paris 1946,* București, 1987 ; MIHÁLY FÜLÖP, *A Sebestyén-misszió* (La mission de Sebestyén), in *TEt.*

Liste des illustrations

Abrévations : ELTE = Eötvös Loránd Tudományegyetem (Université E. L., Budapest), IM = Iparművészeti Múzeum (Musée d'Arts Décoratifs, Budapest), MNG = Magyar Nemzeti Galéria (Galerie Nationale Hongroise, Budapest), MNM = Magyar Nemzeti Múzeum (Musée National Hongrois, Budapest), MTA MKCs = Magyar Tudományos Akadémia Művészettörténeti Kutató Csoport (Académie des Sciences de Hongrie, Groupe de Recherches d'Histoire d'Art), MTKCs = Magyar Történelmi Képcsarnok (Galerie Historique Hongroise), au MNM, OL = Országos Levéltár (Archives Nationales de Hongrie), OMF = Országos Műemléki Felügyelőség (Office National des Monuments Historiques, Budapest), OMM = Országos Műszaki Múzeum (Musée Technique National, Budapest), OSzK = Országos Széchenyi Könyvtár (Bibliothèque Nationale Széchenyi, Budapest), RMK = Régi magyar könyvtár (Ancienne bibliothèque hongroise). Publ. par Gusztáv Heinrich, RMNy = Régi magyar nyomtatványok (Anciens imprimés hongrois)

Photographies en noir et blanc

16. Vestiges de l'église et du couvent cisterciens de Kerc, première moitié du XIIIe s. Vue de Sud-Est.
17. L'abside de l'église luthérienne Saint-Barthélémy de Brassó, œuvre de l'atelier de Kerc, milieu du XIIIe s.
18. Nef latérale du Sud de la cathédrale de Gyulafehérvár, premier tiers du XIIIe s.
19. Eglise orthodoxe roumaine à Demsus, faite avec des pierres romaines, milieu du XIVe s. Vue de Sud-Est.
20. Eglise orthodoxe roumaine de Zeykfalva, seconde moitié du XIIIe s. Vue de Nord-Ouest.
21. Abside surélevée de l'église luthérienne de Szászsebes, seconde moitié du XIVe s.
22. Saint Georges par les frères Martin et Georges Kolozsvári à Prague. L'un des chefs-d'œuvre de l'art médiéval européen, 1373 (Photos : Jaroslav Jerábek, Národni Galerie v Praže).
23. Latorvár, un des châteaux frontaliers de la Transylvanie médiévale dans la gorge de Vöröstorony, avec une tour à canons du XVIIe s. et le château de Talmács à l'arrière-plan. Lavis fait vers 1735 par J. Blössing (MTKCs 69.114).
24. Détail de la Pietà de l'église luthérienne de Nagyszeben, vers 1400 (Musée Bruckenthal. MNG, collection des photos).
25. Intérieur des nefs de l'église Saint-Michel de Kolozsvár, vers 1430.
26. Peinture murale par Johannes von Rosenau dans l'abside de l'église luthérienne de Nagyszeben, 1445. Copie (MNG).
27. Le château de Vajdahunyad vu de Sud-Ouest, XIIe-XVe s. (OMF, collection des photos).
28. Le château de Vajdahunyad vu de Sud-Est. Lavis de J. Blössing (?) 1735 (MTKCs 68.113).
29. La dalle supérieure de la tombe de János Hunyadi à Gyulafehérvár, dernier tiers du XIVe s. Dans la nef du Sud de la cathédrale de Gyulafehérvár.
30. Dalle latérale du sarcophage de János Hunyadi, fin du XVe s. (L'actuelle dalle de couverture date du XVIe s.) Gyulafehérvár (MNG collection des photos).
31. Fonts baptismaux en bronze à Segesvár, dans l'ancienne église dominicaine (actuellement luthérienne), 1440.
32. L'église luthérienne (XIVe-XVIe s.) et l'Hôtel de ville (début du XVIe s.) à Nagyszeben, vus de Sud-Ouest (Photos : Emil Fischer, autour de 1900).
33. Fresques dans des églises roumaines du XVe s. : *1)* Saint Etienne, Saint Ladislas et Saint Eméric sur le mur du Sud de l'église orthodoxe de Kristyor ; *2)* Les fondateurs de l'église orthodoxe de Ribice : Vladislav et Anca sur le mur du Sud ; *3)* Les fondateurs de l'église de Kristyor : Bălea, sa femme Vişe et son fils Ştefan sur le mur de l'Ouest.
34. Façade du Nord de la chapelle du chanoine János Lázói à Gyulafehérvár, 1512 (OMF collection des photos).
35. Détail du sarcophage de Jean Sigismond dans la nef du Nord de la cathédrale de Gyulafehérvár, vers 1571.
36. Clocher en bois à Mezőcsávás, seconde moitié du XVIe s.
37. Carte de la Transylvanie par J. Honterus (Chorografia Transylvaniae, Basiliae, 1532).
38. Frontispices de livres imprimés en Transylvanie *1)* Augustinus, Aurelius : *Sententiae ex omnibus operibus divi Augustini decerptae.* (Corona) MDXXXIX (Honter) (RMNy 30.) ; *2)* (Heltai Gáspár transl.) : *Catechismus minor, az az a keresztyeni tudomanac reuideden valo sumaya.* Colusuarba 1550 (Heltai et Hofgreff) (RMNy 86) ; *3)* Tinódi Sebestyén : *Cronica, Tinodi Sebestien szörzese.* Colosvarba, 1554 (Hofgreff) (RMNy 109) ; *4)* Werbőczy István : *(Magyar) Decretum, az az, Magyar és Erdély országnac Töruény könyue.* Heltai Gaspartol wyonnan meg nyomtattot. Colosvarot, 1571 (RMNy 307).
39. Reliure d'un livre de Pál Bánffy, avec les portraits de Luther et de Melanchton, 1569. En lieu inconnu (publ. in *Magyar Iparművészet* XIX, 1916, 15).
40. Les premiers textes imprimés en roumain : traduction roumaine partielle de la Bible commandée par le bourgmestre de Brassó Johann Benkner à des fins liturgiques. *1)* [Tetroeuangel] (Тетроєѵ҇[ангє]л. Брашовь 1561 Кореси ши Тѹдѡр.) [Braşov, 1561. Coresi şi Tudor]. Frontispice (RMNy 168 OSzK) ; *2)* [Palia] (Палїа) (Ѡрѫщїє 1582 Шербань ши Марїень) [Orăştie, 1582. Şerban şi Marien]. Traduit par Mihály Tordasi, évêque des Roumains calvinistes de Transylvanie. Frontispice (RMNy 519 OSzK) ; *3)* Monogramme du premier imprimeur roumain, maître Filip dans l'évangéliaire de Szeben, 1546 (Gutenberg Jahrbuch, 1966).
41. Etienne Bocskai. Taille-douce d'un artiste inconnu, 1605-6 (MTKCs 11-766).
42. Kolozsvár vu de Nord. Taille-douce d'un artiste inconnu d'après le dessin d'Egidius van der Rye, 1617 (MTKCs T 1420).
43. Appui de la chaire de l'église de la rue Farkas à Kolozsvár. Les tables d'albâtre sont dus à Elias Nicolai. 1646.
44. Portrait de Gabriel Bethlen. Taille-douce d'Egidius Sadaler le jeune, 1620 (MTKCs 776).
45. Pierres tombales de « juges du roi » saxons dans l'église luthérienne de Nagyszeben. A gauche : Valentin Seraphin (†1639), à droite : Valentin Frank (†1648).

46. Le Nouveau Testament en roumain publié sur commande de Georges Ier Rákóczi à Gyulafehérvár, 1648 (RMK II 686, Budapest, Akadémiai Könyvtár).
47. L'église orthodoxe roumaine Saint-Nicolas à Fogaras, fondée par le prince de Valachie Constantin Brîncoveanu, 1697-98 (OMF collection des photos).
48. Monnaies princières : *1)* Pièce d'or de dix florins de Georges Ier Rákóczi, 1631 ; *2)* Thaler de Georges II Rákóczi, frappe de Nagybánya, 1652 ; *3)* Thaler d'Ákos Barcsai, frappe de Kolozsvár, 1659 ; *4)* Thaler de Jean Kemény, frappe de Kolozsvár, 1661 (MNM Département des monnaies).
49. Michel Apafi et Charles de Lorraine. *Abrégé historique et iconographique de Charles V, duc de Lorraine.* Vers 1688, avec les dessins de D.M.G.P. (OSzK App. H. 2355).
50. Intérieur de l'église catholique de Csíkdelne, du côté de l'abside, seconde moitié du XVe s. : plafond à caissons de 1613 et autel de 1675 (OMF collection des photos).
51. Pierre tombale de Miklós Misztótfalusi Kis dans le cimetière Házsongárd à Kolozsvár, 1702. Inscription par Ferenc Pápai Páriz.
52. Filigranes de moulins à papier du XVIIe s. : *1)* Kolozsmonostor, 1635 ; *2)* Nagyszeben, 1664 ; *3)* Gyulafehérvár, 1665 ; *4)* Nagyszeben, 1672 (*Századok,* 1878, 531.).
53. Vue de Sud de Kolozsvár. Lavis de l'ingénieur du génie Conrad von Weiss, 1735 (Wien Kriegsarchiv, photo : Budapesti Hadtörténeti Intézet, Département des cartes).
54. Plan de la forteresse de Gyulafehérvár, construite par Charles III à partir de 1715. Lavis d'un maître autrichien inconnu du milieu du XVIIIe s. (MTKCs 58.4052).
55. L'église des jésuites, puis des piaristes à Kolozsvár, avec le collège, 1718-1724. La colonne de Marie figurant sur la photo fut élevée sur la commande de la famille Kornis en 1744. Photo de Ferenc Veress vers 1860 (Album de Kolozsvár, Budapest, Fővárosi Szabó Ervin Könyvtár, Collection de Budapest).
56. Beszterce vu de Sud. Lavis de Conrad von Weiss, 1735. Wien, Kriegsarchiv, photo : Budapesti Hadtörténeti Intézet, Département des cartes.
57. Eglise catholique arménienne à Szamosújvár, seconde moitié du XVIIIe s. Photo de Josef Fischer, vers 1930.
58. Eglise orthodoxe roumaine à Brassó–Bolgárszeg, XVIe-XVIIIe s., fondée par la Tsarine Anne en 1512, développée par le voïvode Petru Cercel de Valachie en 1583-85 et le voïvode Aron de Moldavie en 1592-95. Tour construite en 1752 avec l'aide de la Tsarine Elisabeth. Photo datant du début du siècle (OMF collection des photos).
59. *Floare adevărului.* Balázsfalva 1750. Frontispice. Ouvrage de dogmatique uniate (OSZK).
60. *Aron, Petrus Paulus, Sancti patris nostri Joannis Damasceni...* Balázsfalva 1763. Frontispice. Imprimé avec les caractères de Miklós Misztótfalusi Kis (OSZK).
61. *Acatistiiariu.* Balázsfalva 1763. Missel catholique grec. Imprimé avec les caractères cyrilliques d'István Páldi Székely (publié in : Zsigmond Jakó, *Könyv, írás, értelmiség,* Bukarest 1976, fig. 67).
62. La place centrale de Balázsfalva avec l'ancienne cathédrale et l'institut théologique uniates. Photo du début du siècle (OMF collection des photos).
63. Fresques dans l'église orthodoxe roumaine Saint-Nicolas, XVIIIe s. Copies en aquarelle (OMF).
64. Horea et Cloşca à la tête de leurs troupes. Taille-douce d'un artiste allemand inconnu, milieu des années 1780 (MTKCs 85.31).
65. La grande place de Nagyszeben avec le palais Bruckenthal, 1778-79. Photo de Josef Fischer, vers 1930.
66. La grande salle de la bibliothèque épiscopale «Batthyaneum» de Gyulafehérvár, fondée par l'évêque Ignace Batthyány en 1781 ; mobilier des années 1820. Photo de Josef Fischer, vers 1930.
67. Portrait de Samuel Teleki, par Johann Tusch, huile, 1798 (MNG).
68. Portrait de Samuel Bruckenthal, par Martin van Meytens, peu avant 1770, Musée Bruckenthal de Nagyszeben (publié in : C. Göllner, *Geschichte der Deutschen auf dem Gebiete Rumäniens,* Bucarest, 1979).
69. La façade du château des Bánffy à Bonchida, vue de la cour. Architecture de Johann Eberhard Blaumann, milieu du XVIIIe s. Photo de Josef Fischer, vers 1930.
70. L'ancien salon «Marie-Thérèse» du château de Bonchida (publié in : József Bíró, *Erdélyi kastélyok,* Bp. s.d., fig. 36).
71. Le château des Wesselényi à Zsibó. 1778-1785.
72. Pont de bois à Torda. Construit par le maître-constructeur János Kövesi, 1797-1804. Chaussée à toit, suspendue, sur arcs. Photo de 1909 (OMF départ. des plans).
73. Le four des fontes inférieur à Zalatna, 1799. Wien, Hofkammerarchiv. Karten und Planen N 218 (collection de Gy. Kiszely).

74. La sucrerie de Nagyszeben dans la première moitié du XIXe s. Lithographie (MTA, archives de l'Inst. des Sciences Historiques).
75. Marosvásárhely vu de Sud-Est. Gravure sur acier de Sámuel Nagy en 1827 d'après le dessin d'István Mikolai de 1824-25 (Budapest, propriété privée).
76. *Appendix* de János Bolyai — les fondements de la géométrie non-euclidienne (FARKAS BOLYAI, *Tentamen* II, Marosvásárhely 1833, appendice).
77. PETRU MAIOR, *Istoria pentru începutul romănilor în Dakia*. Nouvelle édition. Buda 1834. Frontispice.
78. Bem devant les murs de Nagyszeben le 11 mars 1849. Lithographie (MTKCs).
79. Pont en fonte, exécuté par la fabrique de Füle en 1859 pour Nagyszeben. Etat actuel.
80. Couvercle de canalisation provenant de l'usine Rieger de Nagyszeben, vers 1900 (propriété privée).
81. Pont-rail sur le Maros, construit pour la ligne Premier Chemin de Fer Transylvain en 1870 (OMM, F.G.Sz. 347. L'album *Első Erdélyi Vasút*. Photo de l'ingénieur aradien Drescher).
82. La station de Piski, 1870 (OMM, l'album *Első Erdélyi Vasút*).
83. Le remblai de Sztána, vu de Sud-Ouest. Photo de Ferenc Veress vers 1868 (coll. privée).
84. Ligne ferroviaire près de Bánffyhunyad au début des années 1870. Photo de Ferenc Veress (coll. privée).
85. Les fonderies de plomb à Ó-Radna, avec leur fumée caractéristique. Années 1870. Photo de Ferenc Veress (coll. privée).
86. Tours de cokerie à Lupény au début du siècle (Musée d'Histoire Récente, Budapest, coll. des photos).
87. L'aciérie type Siemens-Martin de la Société des Chemins de Fer Austro-Hongrois à Resica au début du siècle (coll. de Gyula Kiszely).
88. Usine de papeterie à Péterfa au début du siècle. Vue plongeante. Estampe de Josef Hesse, Leipzig (coll. privée).
89. Une manufacture : l'intérieur de la basse-forge Lántzky, avec presse à fer, à Szentkeresztbánya, au début du siècle (ALADÁR EDVI ILLÉS, *A Székelyföld vasipara*, Bp. 1898).
90. Plat d'apparat en fonte de Resica, milieu du XIXe s. (IM 57.372).
91. Les hauts-fourneaux d'Etat à Vajdahunyad, 1896 (ALADÁR EDVI ILLÉS, *Műszaki ismertetések az 1896. évi ezredéves országos kiállításról*. Tiré à part des tomes 1896 et 1897 de *Magyar Mérnök- és Építész Egylet Közlönye*, Bp. 1898, B 35).
92. Mineurs de sel gemme à Torda en 1894. Photo de János Jankó (Musée d'Ethnographie, Budapest).
93. La partie nord de la grande place de Kolozsvár dans les années 1860. Photo de Ferenc Veress (*Album de Kolozsvár*, Bibl. Szabó Ervin, Budapest).
94. La partie nord de la grande place de Kolozsvár autour de 1900 (Id.).
95. Une tour des remparts médiévaux de Kolozsvár, dite «la porte de la rue Hid». Photo de Ferenc Veress vers 1870 (Id.).
96. Le collège de l'université de Kolozsvár (GY. BISZTRAY—A. SZABÓ T.—L. TAMÁS, *Erdély magyar egyeteme*, Kolozsvár 1941, 271).
97. Le bâtiment central de l'université de Kolozsvár vers 1900 (OMF coll. des photos).
98. Nagyszeben vu de Nord-Ouest. Photo d'Emil Fischer vers 1900.
99. Le Palais de la Culture et l'Hôtel de ville à Marosvásárhely. Architectes : Marcell Komor et Dezső Jakab, 1913. Photo de Josef Fischer, vers 1930.
100. Les escaliers du Palais de la Culture de Marosvásárhely.
101. La statue équestre du roi Mathias sur la grande place de Kolozsvár, par János Fadrusz, 1902.
102. Femmes hongroises «csángó» de Moldavie à la kermesse de Csíksomlyó (Photo de Josef Fischer, vers 1930).
103. Sicules se rendant au bal à Csíkmenaság (Ibid.).
104. En sortant de l'église à Magyarvalkó (Ibid.).
105. Femmes habillées pour la fête à Torockószentgyörgy (Ibid.).
106. Intérieur paysan hongrois avec table-coffre à Gyimesközéplok (Ibid.).
107. Dans l'église de Oltszakadát (Ibid.).
108. Foulonnerie de bure à Parajd (Ibid.).
109. Intérieur paysan hongrois à Torockó (Ibid.).
110. Intérieur paysan roumain à Orlát (photo de Béla Révész, 1908, Musée d'Ethnographie de Budapest).
111. Talmács, riche village de bergers roumains à l'entrée de la gorge de Vöröstorony (photo de Josef Fischer, vers 1930).
112. Tenue de femmes roumaines des environs de Nagyszeben (Ibid.).
113. Tenue de gala d'une Saxonne, avec boucle sur la poitrine (Ibid.).
114. Train de réfugiés à Brassó, fin d'août 1916 (Musée Militaire de Budapest 33.865 fk).

115. Brasserie détruite par l'artillerie près de Brassó (Idem 33.865 fk).
116. Butin de guerre : des canons roumains près de Brassó (Idem).
117. Des troupes allemandes à Brassó (Idem. 82.657 12/a).
118. Charles IV visitant la compagnie de parade sicule (Idem. 33.865 fk 6/d).
119. Guillaume II en visite à Nagyszeben en 1917 (*Front* 28 oct. 1917, n° 15-17, 30).
120. La proclamation de la république, 16 nov. 1916 (Musée Militaire de Budapest).
121. L'évêque uniate Iuliu Hossu fait la lecture de la résolution de l'assemblée roumaine de Gyulafehérvár du Ier déc. 1918 sur l'union de la Transylvanie avec la Roumanie (*Enciclopedia României* I. Bucarest 1938, 804).
122. Georg Daniel Teutsch (Fr. Teutsch, *Georg Daniel Teutsch,* Hermannstadt 1909, 14/15).
123. Béla Bartók. Photo prise à Gyergyószentmiklós (MTA Institut de Musicologie, Archives Bartók).
124. Octavian Goga (*Luceafărul,* 1914, n° 5, 129).
125. Endre Ady. Photo d'Emil Isac en automne 1918 (Musée Littéraire Petőfi de Budapest).

Photographies en couleur

1. Fibule d'or couverte de pierres précieuses d'une femme gothe de haut rang, dans la Collection Jankovich «ex Transilvania» (MNM Orn. Jank. 34)
2. Pendentif d'or à tête de sanglier, provenant de la tombe royale n° 1 gépide de Apahida (MNM 27.1897.1.). H. : 16 cm
3. *1)* Coupe en argent doré venant de l'église réformée de Vizakna, probablement un cadeau du roi Louis Ier d'Anjou, ouvrage italien du XIVe siècle (?) (MNM 58. 173. C) ; *2-3)* Plaques d'émail sur le pied de la coupe avec les figures de Saint Georges et de Sainte Barbara
4. Miniature de la Chronique Enluminée représentant la bataille de Posada (9-12 novembre 1330), autour de 1358 (OSZK Clmae 404. p. 143, f 72^b^) Grossissement 4 env.
5. Calvaire, détail du retable de l'église luthérienne de Medgyes, 1480
6. Fondateurs de l'église orthodoxe roumaine de Sztrigyszentgyörgy : au milieu, le joupan Kindres et sa femme Nistora, à gauche, joupan Lackó (frère de Kindres), à droite, le fils de Kindres, Vlaicu. Peinture sur le mur latéral de l'Ouest. D'après une inscription de 1743, date où la fresque fut entièrement repeinte, l'église avait été fondée en 1409. Copie en aquarelle (OMF Département des Plans 565)
7. Une page du bréviaire de Domokos Kálmáncsehi. Ses ornements ont été exécutés par Franciscus de Castello Italico de Mediolano dans l'atelier d'enluminure royal de Buda entre 1481-1495 (OSZK Clmae f. 446)
8. Jean Sigismond reçu par Soliman se préparant au siège de Szigetvár, dans son camp de Zimony, 1566. Miniature turque, 1568 Istambul, Topkapi Sarayi Muzesi H 1339 16A. (Publiée dans : Géza Fehér, *Török miniatúrák a magyarországi hódoltság korából* — Miniatures turques de l'époque de la domination turque en Hongrie, Budapest 1975)
9. Le virginal de Catherine de Brandebourg, 1617 (MNM)
10. Cruche habane, 1615 (IM 2873)
11. Parchemin aux armoiries d'István Nagybányai Csengeri Képíró, peintre de la Cour, titre de noblesse accordé par le Prince Georges Ier Rákóczi, Gyulafehérvár 11 mars 1632, détail (OL R 64)
12. Parchemin aux armoiries d'Adam Erazmus, secrétaire princier, titre de noblesse accordé par Sigismond Rákóczi, Gyulafehérvár, 11 mai 1607 (OL F 21, Ar.3)
13. Monnaie de dix ducats, frappée par Gabriel Báthori comme objet de cadeau. Partiellement émaillée, en monture à perles et almandins. Frappe de Nagyszeben, 1611. Face et revers (MNM Département des Monnaies)
14. Milieu de la nappe de Susanne Lorántffy avec les armoiries de la Transylvanie et de la famille Lorántffy. Velours de soie, brodé d'argent, second quart du XVIIe siècle (MNM 1932.121)
15. Noble hongrois (*Costume Bilder aus Siebenbürgen.* OSZK Oct. germ.198.2)
16. Demoiselle noble hongroise (*Id.* Oct. germ. 198.5)
17. Bourgeois, membre du Conseil des Cents, se rendant à l'hôtel de ville (*Id.* Oct. germ. 198.19)
18. Bourgeois saxon de Nagyszeben (*Id.* Oct. germ. 198)
19. Juif de Transylvanie (*Id.* Oct. germ. 892)
20. Pope roumain de la campagne (*Id.* Oct. germ. 198)
21. Roumain de la région de Hátszeg (*Id.* Oct. germ. 198)
22. Roumaine avec fuseau de fileuse (*Id.* Oct. germ. 198)
23. Roumaine de la région de Fogaras (*Id.* Oct. germ. 198)
24. Famille roumaine se rendant à la foire. Peinture de Miklós Barabás, 1843-44 (MNG)

25. Miklós Wesselényi, peinture de Miklós Barabás, 1836 (MTA)
26. Imre Mikó, peinture de Miklós Barabás, 1884 (MTKCs)
27. Usine de gaz de Marosvásárhely. Les bâtiments conçus par Ede Thoroczkai Wigand et Károly Kós sur une carte postale. Autour de 1911
28. L'usine de celluloze à Torda. Carte postale du début du siècle
29. Vitraux de Sándor Nagy dans la salle de glaces du Palais de la Culture à Marosvásárhely, 1913

Figures

1. Les tablettes de terre cuite de Alsótatárlaka (Tărtăria) (M. VLASSA, Dacia VII. 1963, fig. 7-8)
2. Autels élevés à Poetovio, en Pannonie occidentale en l'honneur de Mithras par les légions évacuées de Dacie dans les années 260 (V. HOFFILLER–B. SARIA, *Antike Inschriften aus Jugoslawien*, Zagreb, 1938, 144-149 — dessin de Csaba E. Kiss, d'après l'ouvrage cité)
3. Fibules de bronze, boucles de ceinture et peignes d'os provenant du cimetière goth de Marosszentanna. *1-4)* Des tombes 23,62,27 et 58 ; *5-8)* Des tombes 55,46 et 49 ; *9-11)* Des tombes 63, 1 et 36 ; *12-14)* De la tombe 56 détruite mais gardant les traces d'incinération ; *15-17)* Des tombes 64,14 et 32. Dessinés par Sándor Csonka d'après ISTVÁN KOVÁCS, A marosszentannai temető (Le cimetière de Marosszentanna), *Dolg. ENM*, 3, 1912, 250-342, fig. 5,12,23,32,42,45,62,66,74,75,78,83,86,88.
4. La fibule à plaque, la parure la plus caractéristique des Goths, en Transylvanie (1- Kolozsvár, 2- Magyarpalatka, 3- Vajdakamarás, 4- Újős-Rét, 5- Mezőakna, 6- Marosszentanna, 7- Marosvásárhely, 8- Gyergyótekerőpatak, 9- Maroslekence, 10- entre Baráthely et Ecel, 11- Szászhermány)
5. Les territoires de la Gépidie sont marqués, au VIe siècle, par la parure la plus caractéristique des Gépides, le boucle à tête d'aigle (d'après ISTVÁN BÓNA, *A l'aube du Moyen Age. Gépides et Lombards dans le bassin des Carpates*, Budapest, 1976, 20-21)
6. Boucles d'oreille d'argent des Bulgares danubiens provenant du cimetière de Csombord (ISTVÁN FERENCZI–ÁDÁM DANKANITS, Săpăturile archeologice de la Ciumbrud. [Les fouilles archéologiques de Csombord], Materiale şi Cercetări Archeologice, 6, 1960, 609, fig. 4)
7. Sépulture de guerrier hongrois à sabre, avec restes de cheval empaillé à sa gauche et sépulture détruite d'un guerrier de l'époque de la conquête, avec peau de cheval étalée à sa gauche, Kolozsvár, ancienne rue Zápolya (fouilles de 1941, dessinés par János Balatoni d'après les plans de Gyula László)
8. Mobilier funéraire d'une femme hongroise : boucles d'oreille d'argent, perles de verre, de plomb et de coque, bouton de corsage, bracelets, bordures de robe en argent. Marosgombás-Kismagura, tombe n⁰ 10 (MÁRTON ROSKA, A honfoglalás és Erdély [La conquête du pays et la Transylvanie] in : *A történeti Erdély* [La Transylvanie historique]. Publ. par MIKLÓS ASZTALOS, Budapest, 1936, 167, fig. 2)
9. Les châteaux forts des comes en Transylvanie à l'époque de la fondation de l'Etat *1)* Vieux-Kolozsvár et son église rotonde à la fin du XIIe s. (P. IAMBOR–ŞT. MATEI, Incinta fortificată de la Cluj-Mănăştur. *AMN*, 16, 1979, 599-620, planches I et IX) ; *2)* Vieux-Tordavár (GH. ANGHEL, *Középkori várak Erdélyben* [Châteaux médiévaux en Transylvanie], Bukarest, 1973, 13,16) ; *3)* Vieux-Hunyadvár (d'après les données de T. Mariş, R. POPA, *La începuturile evului mediu românesc. Ţara Haţegului* [L'aube du Moyen Age roumain. La région de Hátszeg] Bucureşti, 1988, 58, fig. 11) ; *4)* Biharvár (GH. ANGHEL, op. cit., figure 17 de la page 13 et M. RUSU, Contribuţii archeologice la istoricul cetăţii Biharea (Données archéologiques sur l'histoire du château de Bihar), *Anuarul Institutului de Istorie din Cluj*, 3, 1960, 7-25 et aussi d'après le plan, compte tenu de la prise de vue aérienne corrigée, publié dans *Istoria militară a poporului român*, I. Bucureşti, 1984, 284. Dessin de Sándor Csonka) ; *5)* Dobokavár (KÁROLY CRETTIER, A dobokai vár — Le château de Doboka, *Dolg. ENM*, 3, 1943, 197-208, fig. 2 ; ŞT. PASCU–M. RUSU–O. IAMBOR, Cetăţea Dăbîca. *AMN* 5, 1968, 153-202, p1.I et d'après les fig. 1-2) ; *6)* Küküllővár (GH. ANGHEL, *Apulum*, 19, 1981, 154, p1.I et d'après les observations faites sur les lieux — au milieu, un château de pierre du XIIIe siècle) ; *7)* Sajósárvár (HENRIK FINÁLY, A sárvári földvárról — Du château en terre de Sárvár, *Archaeológiai Értesítő*, 22, 1902, 266-271, fig. 1. Dessin de Sándor Csonka)
10. Les églises de Gyulafehérvár aux Xe-XIIIe siècles (R. HEITEL, Archäologische Beiträge zur Geschichte der romanischen Baudenkmäler, in Südsiebenbürgen II. *Revue roumaine d'histoire de l'art*, 12, 1975, 3-10, pl. 1 et ID., *Studii şi Cercetări de Istorie Veche şi Arheologie*, 36, 1985, 215-230, d'après la fig. 1)

11. Le palais princier de Belényesszentmiklós aux XIe-XIIe siècles (R. POPA–N. CHIDIOŞAN–A. LUKÁCS, O reşedinţă feudală din secolele XI-XII la Sînnicolau de Beiuş [Une résidence féodale des XIe-XII^e^s. de Belényesszentmiklós], *Revista muzeelor şi monumentelor. Monumente istorice şi de artă*, 15/2, 1984, 21-34, d'après les fig. 3 et 7)

Cartes

Feuille de garde avant : Les régions de la Transylvanie (Conçue par Lajos Palovics)

1. La Transylvanie à l'époque du royaume de Dacie (Conçue par András Mócsy, dessinée par Sándor Csonka)
2. La Dacie entre 106-261 (Conçue par Endre Tóth, dessinée par S. Csonka)
3. L'abandon de la Dacie (Conçue par Endre Tóth, dessinée par S. Csonka)
4. Les Goths en Dacie, 270-376/80 (Conçue par István Bóna, dessinée par S. Csonka)
5. Les Gépides dans la Transylvanie et dans la partie est de la Plaine, 445/55-567 (Conçue par István Bóna, dessinée par S. Csonka)
6. La population de la Transylvanie et de l'Est de la Plaine entre 567-895 (Conçue par István Bóna, dessinée par S. Csonka)
7. La Transylvanie et l'Est de la Plaine à l'époque de la conquête hongroise et de la fondation de l'Etat (Conçue par István Bóna, dessinée par S. Csonka)
8. Les agglomérations de la Transylvanie et de l'Est de la Plaine entre 1003-1172 (Conçue par István Bóna, dessinée par S. Csonka)
9. Des sites hongrois de l'époque de la conquête et des rois árpádiens, avec des vases de type oriental à col canulé et des chaudrons en terre cuite, découverts dans la partie orientale du Bassin carpatique (Conçue par István Bóna, dessinée par S. Csonka)
10. Les noms de lieu connus en Transylvanie dès avant 1400 (Conçue par László Makkai, dessinée par L. Palovics)
11. Agglomérations hongroises en Transylvanie au milieu du XIIIe s. d'après les noms de lieu (Conçue par László Makkai, dessinée par L. Palovics)
12. Division administrative ecclésiastique au début du XIVe siècle (Conçue et dessinée par L. Palovics d'après *Magyarország egyházi földleírása a XIV. század elején* — La description géographique ecclésiastique de la Hongrie au début du XIVe s., t. I-II. Publ. par TIVADAR ORTVAY, Budapest, 1891-92)
13. Eglises orthodoxes roumaines jusqu'au milieu du XVIe siècle (Conçue par L. Palovics, dessin d'Ida Częglédi)
14. La Transylvanie et l'Est de la Hongrie aux XVe-XVIIe s. (Conçue par G. Barta et L. Palovics)
15. L'économie de la Transylvanie dans la seconde moitié du XVIIe s. (Conçue par L. Palovics, dessin de Zsuzsanna Tihanyi)
16. Les écoles, les imprimeries et les arts au XVIIe s. (Conçue par L. Palovics)
17. La Transylvanie dans l'Empire des Habsbourg, 1815-1847 (Complétée et dessinée par L. Palovics d'après la carte figurant à la page 610 de *Magyarország története* — Histoire de la Hongrie, t.5. Dir. par ZSIGMOND PÁL PACH, Budapest, 1980)
18. Etablissements d'enseignement secondaire et supérieur en 1846 (Conçue par L. Palovics et dessin de Mme Éva Palovics d'après la carte figurant aux pages 1128-29 de *Magyarország története* — Histoire de la Hongrie, t. 5.)
19. Les opérations militaires de Transylvanie entre le 18 décembre 1848 et le 9 février 1849 (Conçue et dessinée par L. Palovics d'après la carte améliorée par A. Miskolczy et figurant aux pages 536-37 de *Magyarország története* 1790-1849 — Histoire de la Hongrie —. Dir. par GYULA MÉREI et GYÖRGY SPIRA, Budapest, 1961, manuel univ.)
20. Les opérations militaires de Transylvanie au printemps de 1849 (Conçue et dessinée par L. Palovics, ibid. pp. 536-37)
21. Les opérations militaires de Transylvanie en juin-août 1849 (Conçue et dessinée par L. Palovics, ibid. pp. 600-601)
22. L'économie à l'est de la Tisza à la fin du XIXe siècle et au début du XXe siècle (Conçue par L. Palovics)
23. La division administrative de la Transylvanie à l'époque du dualisme (1913) (Conçue et dessinée par L. Palovics)
24. Tracées de frontière proposées et celles adoptées à la conférence de paix de Paris (Dessinée par L. Palovics d'après V. V. TILEI, *Acţiunea diplomatică a României*, Sibiu, 1925)

Feuille de garde arrière: Les principales agglomérations de la Transylvanie (Conçue par L. Palovics)

Index

Abréviations et signes

→	voir
∅	localité n'existant plus
∩	localité intégrée
A	Allemand
all.	allemand
archev.	archevêque
AT	Angleterre
AU	Autriche
B	Belgique
BG	Bulgarie
BH	Bosnie-Herzégovine
br.	baron
Byz.	Byzance
byz.	byzantin
card.	cardinal
chanc.	chancelier
com.	comitat
CR	Croatie
ČS	Tchécoslovaquie
cte.	comte
ctesse.	comtesse
dyn.	dynastie
E	Espagne
emp.	empereur
EU	Etats-Unis
év.	évêque
germ.	germanique
gouv.	gouverneur
GR	Grèce
H	Hollande
hongr.	hongrois
I	Italie
M	Macédoine
pr. min.	premier ministre
P	Pologne
pol.	polonais
pr.	prince
R	Roumanie
r.	roi
rom.	romain
roum.	roumain
RU	Russie
S	Serbie
sax.	saxon
sic.	sicul
SL	Slavonie
SU	Suisse
SUE	Suède
T	Turquie
Trans.	Transylvanie
U	Ukraïne
v.	voïvode
vice-chanc.	vice-chancelier
vice-v.	vice-voïvode
victe.	vicomte

L'Index contient les noms de lieu sous leur forme publiée dans le texte. Nous indiquons les noms roumain et allemand avec le nom de lieu hongrois. Les références à la préparation de l'Index furent: *Helységnévtár* (Index officiel des noms de lieu de la Hongrie), Budapest, 1913; C. SUCIU *Dicționar istoric al localităților dîn Transilvania,* București, 1967 et l'œuvre de E. WAGNER *Historisch-statistisches Ortsnamenbuch für Siebenbürgen,* Köln-Wien, 1977. L'Index ne contient pas les noms de fleuves, de rivières, de montagnes. Le pays des lieux géographiques de Hongrie et de France n'est pas indiqué. Les noms en italique indiquent les lieux qui n'existent plus aujourd'hui ou dont le nom n'est plus en usage. Les lieux dont les noms sont identiques ou semblables sont distingués par comitats.

Table des matières

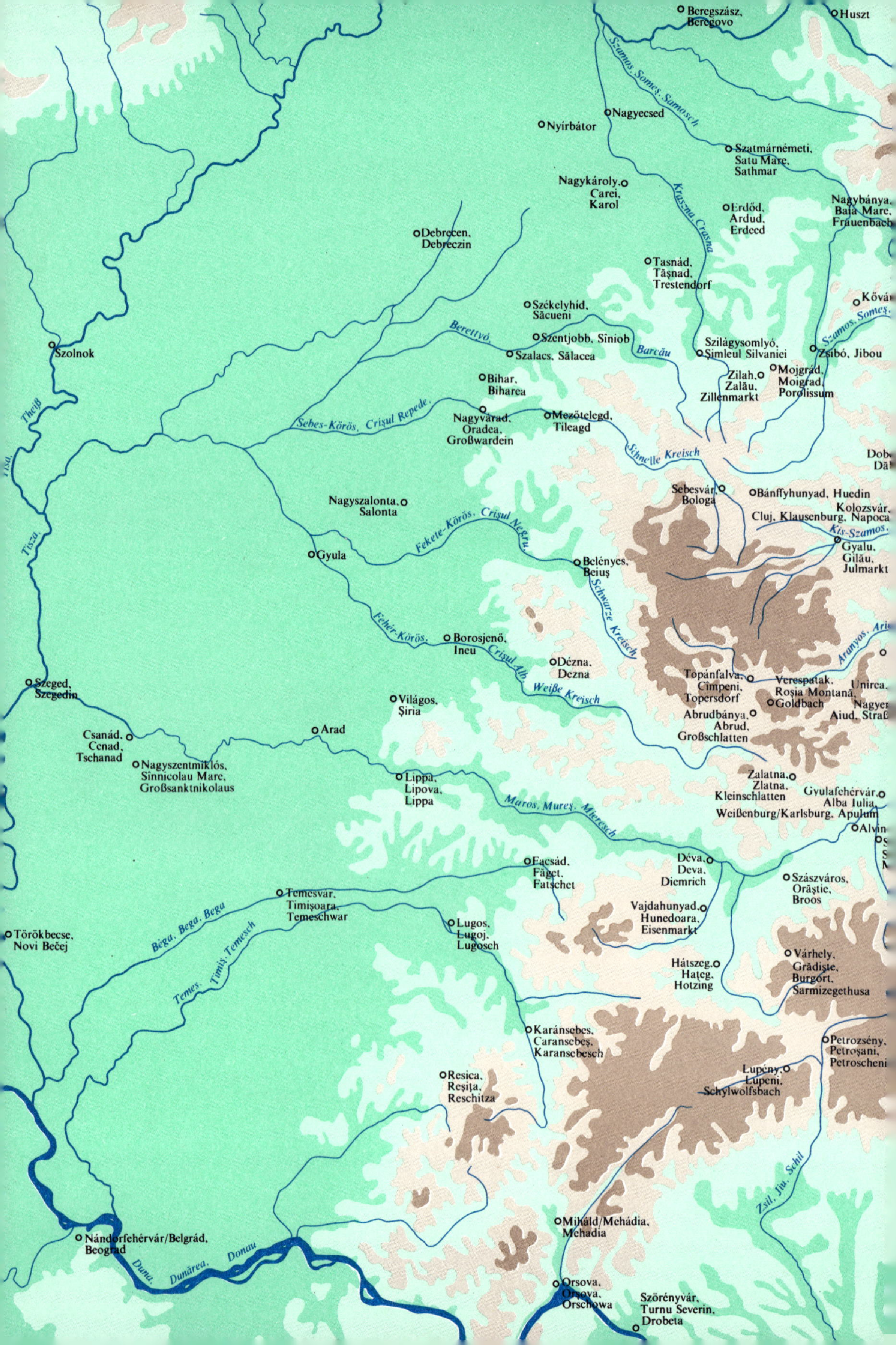

Beregszász,
Beregovo
Huszt
Szamos, Someş, Samosch
Nagyecsed
Nyírbátor
Szatmárnémeti,
Satu Mare,
Sathmar
Nagykároly,
Carei,
Karol
Kraszna, Crasna
Erdőd,
Ardud,
Erdeed
Nagybánya,
Baia Mare,
Frauenbach
Debrecen,
Debreczin
Tasnád,
Tăşnad,
Trestendorf
Kővár
Székelyhíd,
Săcueni
Berettyó,
Szentjobb, Sîniob
Szalacs, Sălacea
Barcău
Szilágysomlyó,
Şimleul Silvaniei
Szamos, Someş
Zsibó, Jibou
Szolnok
Zilah,
Zalău,
Zillenmarkt
Mojgrád,
Moigrad,
Porolissum
Bihar,
Biharea
Theiß
Sebes-Körös, Crişul Repede,
Nagyvárad,
Oradea,
Großwardein
Mezőtelegd,
Tileagd
Schnelle Kreisch
Tisza,
Sebesvár,
Bologa
Bánffyhunyad, Huedin
Kolozsvár,
Cluj, Klausenburg, Napoca
Kis-Szamos,
Nagyszalonta,
Salonta
Fekete-Körös, Crişul Negru,
Gyalu,
Gilău,
Julmarkt
Gyula
Belényes,
Beiuş
Schwarze Kreisch
Fehér-Körös,
Borosjenő,
Ineu
Crişul Alb,
Dézna,
Dezna
Aranyos, Arieş
Szeged,
Szegedin
Topánfalva,
Cîmpeni,
Topersdorf
Verespatak,
Roşia Montană,
Goldbach
Weiße Kreisch
Világos,
Şiria
Abrudbánya,
Abrud,
Großschlatten
Csanád,
Cenad,
Tschanad
Arad
Nagyszentmiklós,
Sînnicolau Mare,
Großsanktnikolaus
Lippa,
Lipova,
Lippa
Zalatna,
Zlatna,
Kleinschlatten
Gyulafehérvár,
Alba Iulia,
Weißenburg/Karlsburg, Apulum
Maros, Mureş, Mieresch
Alvinc
Facsád,
Făget,
Fatschet
Déva,
Deva,
Diemrich
Szászváros,
Orăştie,
Broos
Temesvár,
Timişoara,
Temeschwar
Bega, Bega, Bega
Vajdahunyad,
Hunedoara,
Eisenmarkt
Lugos,
Lugoj,
Lugosch
Törökbecse,
Novi Bečej
Temes, Timiş, Temesch
Hátszeg,
Haţeg,
Hotzing
Várhely,
Grădişte,
Burgort,
Sarmizegethusa
Karánsebes,
Caransebeş,
Karansebesch
Petrozsény,
Petroşani,
Petroscheni
Resica,
Reşiţa,
Reschitza
Lupény,
Lupeni,
Schylwolfsbach
Zsil, Jiu, Schil
Nándorfehérvár/Belgrád,
Beograd
Mihald/Mehádia,
Mehadia
Duna,
Dunărea,
Donau
Orsova,
Orşova,
Orschowa
Szörényvár,
Turnu Severin,
Drobeta

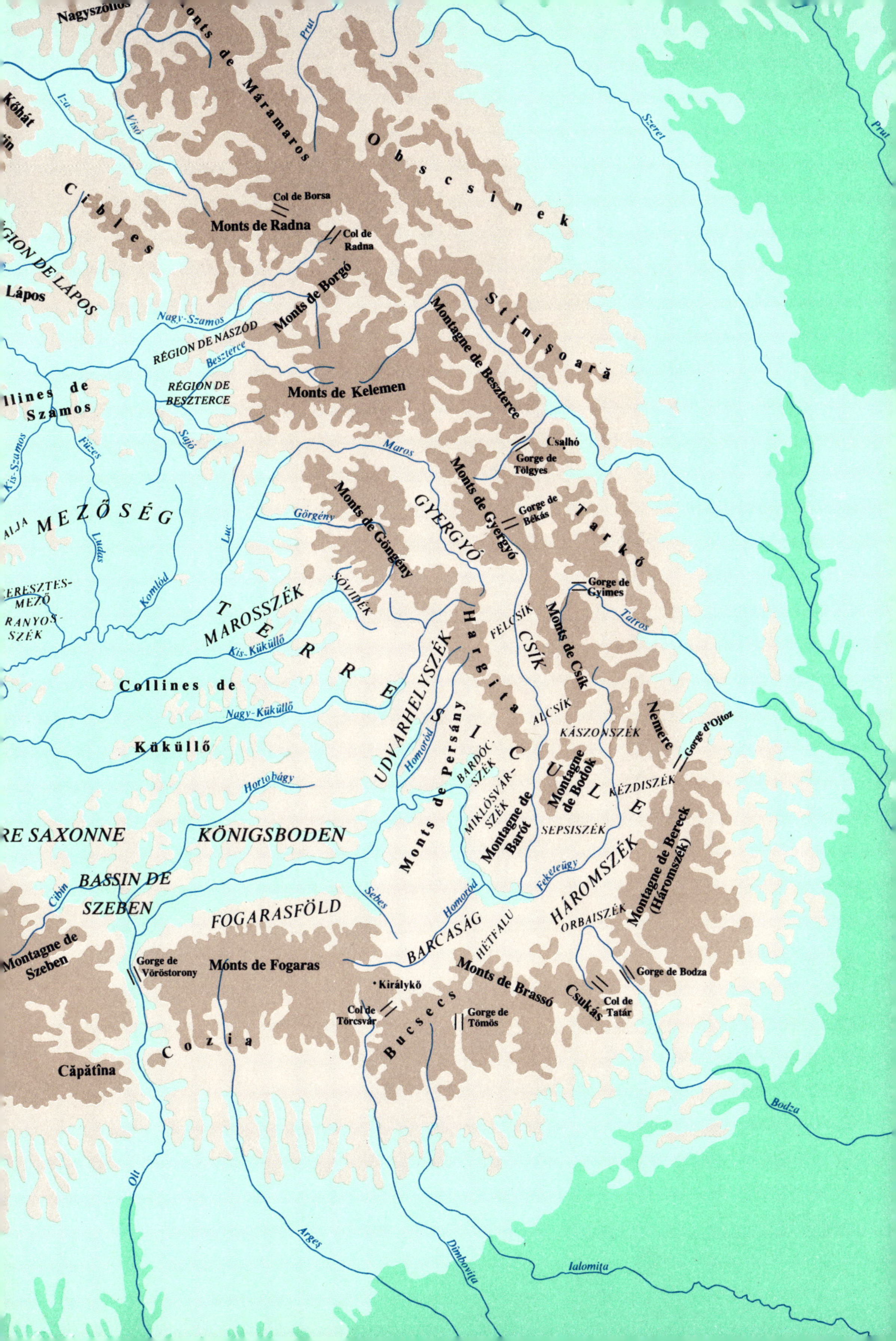

Nagyszőllős
onts de Máramaros
Prut
Iza
Visó
Kőhát
Cibles
Obcsinek
Col de Borsa
Monts de Radna
Col de Radna
GION DE LÁPOS
Lápos
Monts de Borgó
Stinişoară
Nagy-Szamos
RÉGION DE NASZÓD
Beszterce
RÉGION DE BESZTERCE
Monts de Kelemen
Montagne de Beszterce
llines de Szamos
Kis-Szamos
Füzes
Sajó
Maros
Csalhó
Gorge de Tölgyes
Monts de Gyergyó
Gorge de Békás
Tarkő
Szeret
Prut
Görgény
Monts de Görgény
GYERGYÓ
MEZŐSÉG
Ludas
Luc
Komlód
ERESZTES-MEZŐ
RANYOS-SZÉK
SÓVIDÉK
MAROSSZÉK
TERRE SICULE
Hargita
FELCSÍK
CSÍK
Monts de Csík
Gorge de Gyimes
Tatros
Kis-Küküllő
Collines de Küküllő
Nagy-Küküllő
UDVARHELYSZÉK
Homoród
Monts de Persány
BARDÓCSZÉK
ALCSÍK
KÁSZONSZÉK
Nemere
Gorge d'Ojtoz
Montagne de Bodok
KÉZDISZÉK
MIKLÓSVÁRSZÉK
Montagne de Barót
SEPSISZÉK
Montagne de Bereck (Háromszék)
Hortobágy
RE SAXONNE
KÖNIGSBODEN
BASSIN DE SZEBEN
Cibin
Sebes
Feketeügy
HÁROMSZÉK
Homoród
FOGARASFÖLD
ORBAISZÉK
BARCASÁG
HÉTFALU
Montagne de Szeben
Gorge de Vöröstorony
Monts de Fogaras
Királykő
Monts de Brassó
Gorge de Bodza
Col de Törcsvár
Bucsecs
Gorge de Tömös
Csukás
Col de Tatár
Cozia
Căpăţîna
Bodza
Olt
Argeş
Dîmboviţa
Ialomiţa